浙江文化和旅游年鉴 2020

《浙江文化和旅游年鉴》编纂委员会 编

浙江工商大学出版社
ZHEJIANG GONGSHANG UNIVERSITY PRESS
杭州

编 辑 说 明

一、"浙江文化和旅游年鉴"系列由浙江省文化和旅游厅主持编纂,是社会各界及国内外关心支持文化和旅游工作的人士了解与研究浙江文化和旅游的信息资料工具书,具有资政、存史、交流、宣传浙江文化和旅游的作用。

二、《浙江文化和旅游年鉴2020》主要记载2019年1月1日至12月31日期间发生的主要文化和旅游事件。为便于读者了解事情始末,个别条目所记时间适当上溯或延伸。

三、《浙江文化和旅游年鉴2020》设图记,特载,特辑,概览,概况,大事记,厅属单位建设发展,市、县(市、区)文化和旅游工作,文献资料,统计资料,附录11个部类。

四、本年鉴设双重检索系统,书前有详细目录,书后备有主题索引,范围详及条目。为方便读者查阅和保存,配有光盘。

五、本年鉴所收内容(含图片)均由浙江省文化和旅游厅、省文物局各处(室)和厅属各单位,各市、县(市、区)文化和旅游主管部门提供并经各单位领导审核,涉及的全省性统计数字以省文化和旅游厅财务处及有关处(室)核准的数字为依据;厅直属各单位和市、县(市、区)的有关数字以本单位和本市、县(市、区)文化和旅游主管部门提供的为准。

六、本年鉴编纂出版工作得到浙江省文化和旅游厅、省文物局各处(室),厅直属各单位及全省各市、县(市、区)文化和旅游主管部门的高度重视与积极配合,在此谨表谢意。因编辑水平所限,书中难免有不足之处,敬请有关方面和广大读者批评指正。

《浙江文化和旅游年鉴》编辑部

2020年11月

◆10月5日，全国政协副主席兼秘书长夏宝龙（前排右二）考察浙江自然博物院安吉馆

◆6月6日，"诗画浙江"——"南孔圣地"衢州文化旅游品牌推介活动在莫斯科中国文化中心开幕，文化和旅游部部长雒树刚（左三）参观推介活动中的展览

◆5月24日，浙江省委书记车俊（左二）与捷克皮尔森州副州长伊沃·格律能（左三）出席"丝·茶·瓷——丝绸之路上的跨文化对话"活动启动仪式

◆9月9日，"彩虹之约"浙江·南非文旅合作推介会在南非勒托利亚举办，现场启动"万人游非洲"进入南非项目。浙江省人民政府省长袁家军（右二）出席活动

◆10月11日，浙江省人民政府省长袁家军（前排左二）考察浙江自然博物院安吉馆

◆5月10日，浙江省政协主席葛慧君（右三）与吉布提、坦桑尼亚、津巴布韦等国代表共同启动"万人游非洲"活动

◆6月6日至8日北京世界园艺博览会期间,浙江省人民政府副省长朱从玖(前排左二)参观浙江园区非遗展区

◆8月29日,2019年国际海岛旅游大会开幕式在舟山举行。浙江省人民政府副省长成岳冲(中)出席

◆1月5日，浙江音乐学院获"酷狗校际音超联赛"全国总冠军

◆1月9日，浙江京昆艺术中心（浙江京剧团）和青海省京剧团联手创演的现代少儿京剧《藏羚羊》第一千场演出在北京梅兰芳大剧院举行

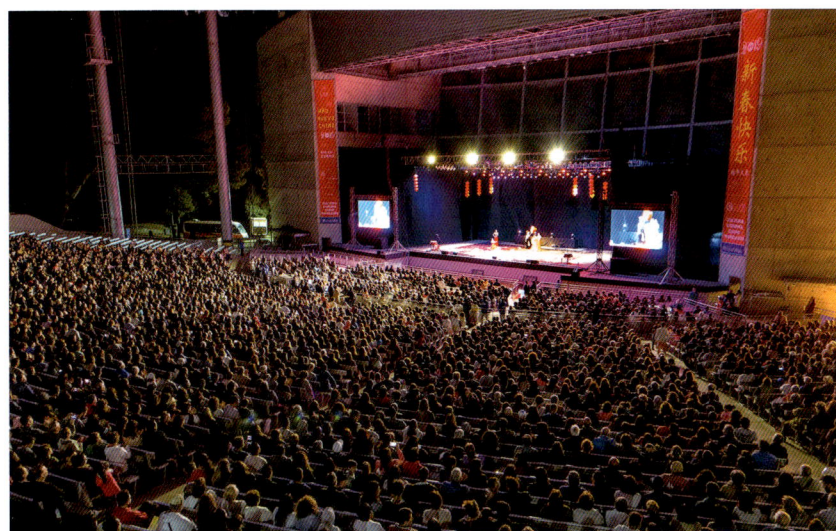

◆1月20日，杭州艺术团赴智利参加第九届"欢乐春节"庆典

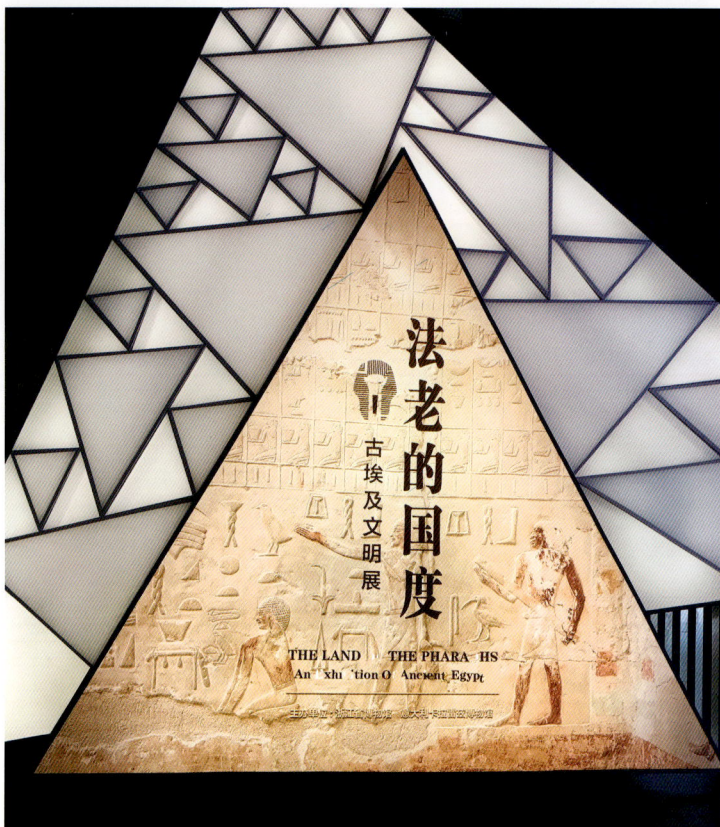

◆1月22日,浙江省博物馆收费特展"法老的国度——古埃及文明展"在孤山馆区西湖美术馆开幕

◆1月25日,浙江交响乐团"欢乐春节"埃及巡演第一场在开罗歌剧院音乐厅举行

◆1月26日,岱山县"我们的春晚·我们的年2019岱山百姓春晚"在县体育馆上演

◆1月29日，浙江婺剧艺术研究院（浙江婺剧团）在捷克奥洛穆茨桑托夫卡剧院与当地艺术团合奏歌曲《跳吧跳吧》

◆1月29日，浙江音乐学院艺术团在中国驻洛杉矶总领事馆春节招待会上表演民乐《采茶舞曲》

◆2月3日，浙江婺剧艺术研究院（浙江婺剧团）优秀青年演员参加2019年中共中央国务院春节团拜会文艺演出

◆2月15日，浙江京昆艺术中心在迪拜地球村主题乐园大舞台"欢乐春节"演出《金猴闹春》

◆2月18日，开化县举办我们的村晚——城乡文艺大汇演暨第六届"最美开化人"发布文艺晚会

◆2月22日，2019"台湾·浙江文化节"（第十三届）在台北开幕

◆2月23日，泰顺廊桥圆桥通桥典礼暨交接仪式在台湾南投县举行

◆2月24日，江山婺剧研究院赴意大利参加"欢乐春节·米兰中国文化周"活动

◆2月27日至3月18日，浙江省博物馆"东方生活美学展"在莫斯科举行

◆3月8日，诸暨（己亥）南孟文化节在十二都村举行

◆3月28日，中国越剧戏迷网爱越小站年会暨越剧主题文化旅游论坛在嵊州举办

◆4月3日，"中华一家亲　共画同心圆"——苍南县第三届海峡两岸少数民族风情文化节暨欢度"三月三"活动开幕

◆4月3日,浙江省省级文化和旅游系统召开警示教育大会

◆4月7日,"梅红春江"越剧折子戏专场在桐庐剧院上演,5位桐庐籍"中国戏剧奖·梅花表演奖"得主共同出演

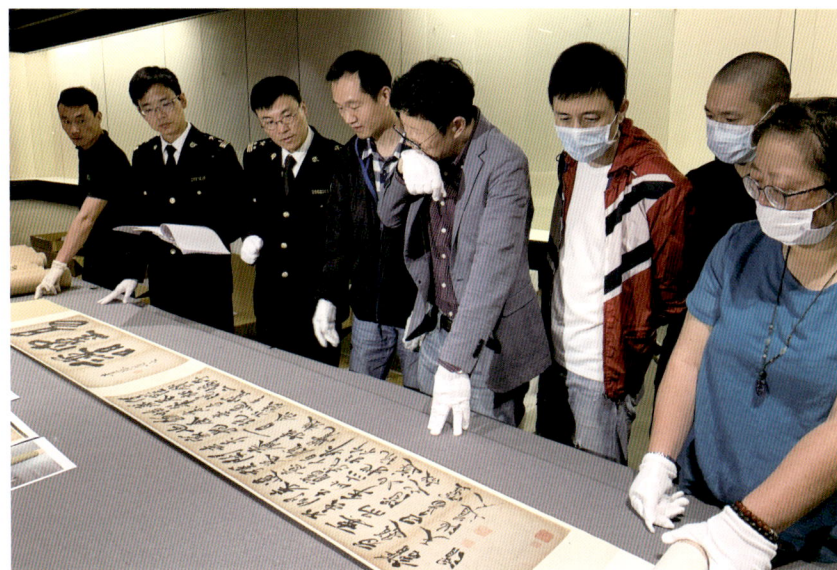

◆4月9日,浙江省文物鉴定站为浙江美术馆引进中国台湾何创时书法艺术文教基金会"心相·万象——大航海时代的浙江精神"展览展品办理临时入境手续

◆4月16日,第十一届中国国际普陀佛茶文化节在塘头佛茶文化园开幕

◆4月25日,首届北仑青年文化节在宁波北仑博地影秀城启动

◆4月28日,"不忘初心跟党走 青春建功新时代"浙江省省级文化和旅游系统纪念五四运动100周年暨"文旅青年说"主题活动在浙江旅游职业学院开幕

◆5月6日,全国传统工艺工作站拱墅站揭牌仪式在浙江省非物质文化遗产文献馆举行

◆5月14日,浙江艺术职业学院参加2019年浙江省高职院校职业技能大赛,获舞蹈表演2个一等奖

◆5月15日,亚洲文明对话大会之"亚洲文化嘉年华"在国家体育场举行。浙江婺剧艺术研究院(浙江婺剧团)在唯一的戏曲节目《盛世梨园》中精彩亮相

◆5月16日,首届台州府城公共艺术节在台州临海开幕

◆5月16日,浙江"万人游非洲"首航团成员专机抵达非洲

◆5月19日,"鼎盛诺蓝杯"第十一届全国旅游院校服务技能(饭店服务)大赛在杭州落下帷幕

◆5月19日,嘉兴市举办"百县千碗·嘉肴百碗"IP发布暨"嘉肴百碗进万家"活动启动仪式

◆5月24日至6月3日,"丝·茶·瓷——丝绸之路上的跨文化对话"展览在捷克皮尔森举办。图为现场展示织造技艺

◆5月27日,台州乱弹现代剧《我的大陈岛》在浙江省人民大会堂举行汇报演出

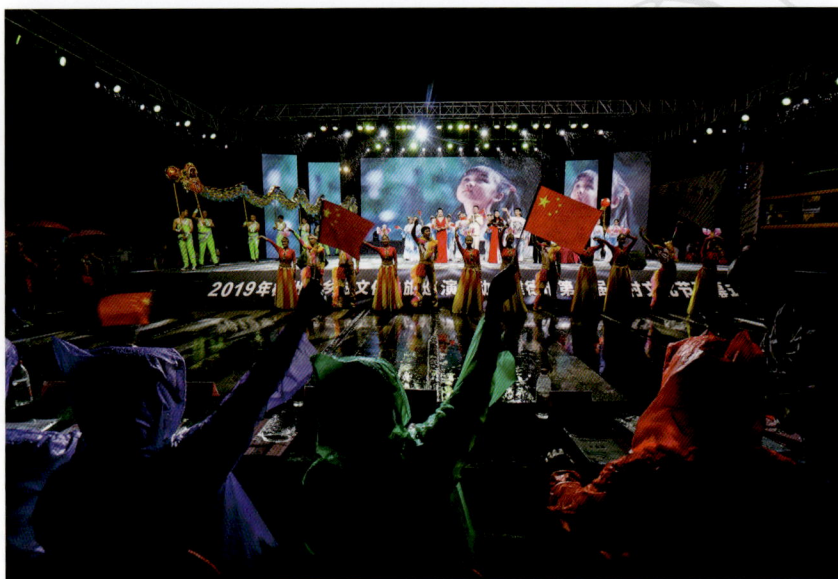

◆5月30日，2019杭州市乡村文化之旅巡演启动暨建德市第六届农村文化节在航空小镇开幕

◆5月31日，海宁小品《父与子》荣获第十八届群星奖

◆5月31日，绍兴有戏非遗兴乡大巡游（新昌站）活动在东茗乡后岱山村举行

◆5月31日,桐庐大地艺术节发布会暨启动仪式在新合乡引坑村钟氏大屋三星堂举行

◆6月5日,海宁市举办首届端午旱地龙舟赛暨留学生旱地龙舟趣味赛

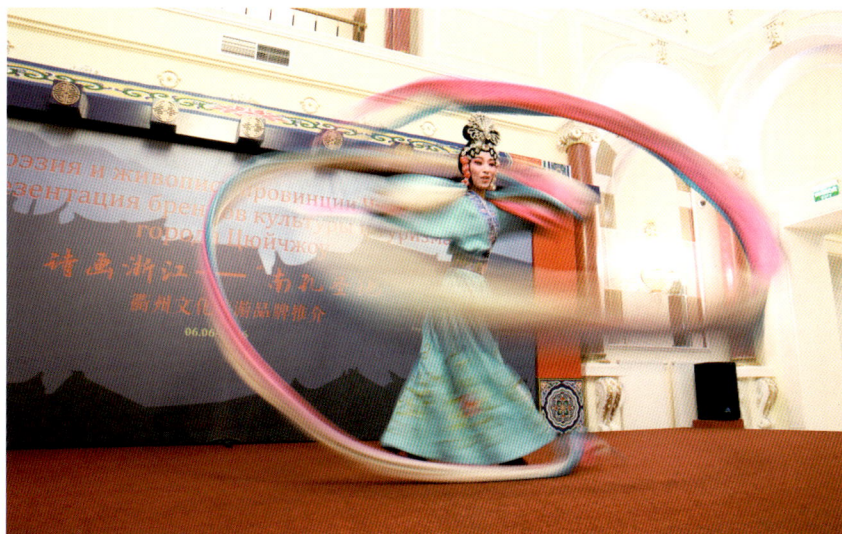

◆6月6日,"诗画浙江——'南孔圣地'衢州文化旅游品牌推介"活动在莫斯科中国文化中心举办。图为开幕式演出《天女散花》

◆7月6日，在第43届联合国教科文组织世界遗产委员会会议上，良渚古城遗址获准列入《世界遗产名录》

◆7月12日，浙江自然博物院协办的"恐龙脑科学"展览在日本福井县立恐龙博物馆开展

◆7月12日，浙江省第十四届美术作品展览在浙江美术馆开幕

◆7月23日，由中共杭州市委宣传部、中共杭州市江干区委员会、江干区人民政府出品，中国交响乐团"钱塘江交响"音乐会在国家大剧院首演

◆7月26日至27日，第十届岱山东沙弄堂节暨浙江非遗大联展在东沙古渔镇举办

◆7月29日，舟山市"淘文化"2019业余文艺团队大比武在淘味城广场启动

◆7月下旬，由浙江旅游职业学院和贝尔格莱德应用技术学院合办的中塞旅游学院在塞尔维亚贝尔格莱德正式成立

◆8月9日，浙江美术馆举行开馆十周年庆典活动

◆8月11日，为期3天的上山文化论坛暨义乌桥头遗址考古学术论证会结束。义乌市桥头遗址发现距今8000多年的"最早浙江人"

◆8月11日，浙江自然博物院"云谷学校博物馆课程之自然探索奇妙夜"获第二届中国科普研学论坛"科普研学十佳品牌"

◆8月12日至18日，"欢舞盛世 桃李天下"——第12届全国"桃李杯"舞蹈教育教学成果展示活动在浙江音乐学院举行

◆8月14日，"美丽中国·诗画浙江"文化和旅游交流推介会在美国纽约举行

◆9月11日，开化县"开化味道迎国庆·香火草龙庆丰收"2019中秋民俗文化节暨第十届戴家草龙文化节在音坑乡戴家村举办

◆9月12日，"光影瞬间·映像两岸"2019浙江·台湾合作周摄影作品展在浙江美术馆开幕

◆9月17日，"千年清音——浙江省博物馆藏唐代古琴音乐会"在杭州剧院举办

◆9月17日，浙江省文物鉴定站组织赴台州黄岩博物馆为赵伯沄墓出土文物等进行馆藏定级鉴定

◆9月19日，"共同的家园——2019非洲艺术家木雕创作交流成果展"在杭州艺创小镇开幕

◆9月20日，第十一届浙江·中国非物质文化遗产博览会（杭州工艺周）在杭州市拱墅区开幕

◆9月22日至29日，常山县开展"壮丽七十年·唱响新时代"全县万人合唱大赛

◆9月23日，中国丝绸博物馆"传统与时尚——中国丝绸服饰艺术展"在中国驻希腊大使馆庆祝中华人民共和国成立70周年招待会上亮相

◆9月25日，台州市举办庆祝中华人民共和国成立70周年主题歌咏晚会

◆9月27日，杭州市富阳区举办"拥抱新时代"——庆祝中华人民共和国成立70周年文艺晚会

◆9月29日，"辉煌——庆祝中华人民共和国成立70周年暨浙江美术馆开馆10周年美术作品展览"在浙江美术馆开幕

◆9月29日，"壮丽七十年　奋斗新时代"温岭市庆祝中华人民共和国成立70周年文艺晚会在温岭市体育馆举行

◆9月30日,浙江京昆艺术中心(浙江京剧团)创排的大型现代京剧《渡江侦察记》在萧山大剧院首演

◆10月11日,台州和合文化代表团参加韩国罗州市政府举办的"马韩文化庆典"开幕式演出。图为民乐合奏《拔根芦柴花》

◆10月11日,浙江交响乐团携原创交响乐《祖国畅想曲》在国家大剧院公演

◆10月14日,杭州市下城区举办"讴歌美丽下城·献礼伟大祖国"——"武林新韵"首届群众原创文艺精品展演

◆10月15日至16日,2019浙江省群众舞蹈大赛在嘉兴平湖举办。图为金奖作品《布襕女》剧照

◆10月16日,国务院核定公布第八批全国重点文物保护单位名单,浙江新列入全国重点文物保护单位52处,为入选文物较多的省份之一。图为此次入选的杭州"五四宪法"起草地旧址

◆10月19日，中国考古学会水下考古专业委员会成立大会暨水下考古·青年论坛在宁波中国港口博物馆举行

◆10月20日，嘉兴海盐举办2019中国·海盐南北湖秋季徒步大会暨第六届旅友大会

◆10月21日，第五期阿拉伯国家文博（博物馆管理与展览策划）专家研修班回顾展在浙江万里学院举办

◆10月22日，浙江自然博物院安吉馆正式开馆

◆10月24日，浙江婺剧艺术研究院（浙江婺剧团）为献礼中华人民共和国成立70周年创作的大型红色题材婺剧现代戏《信仰的味道》在中国婺剧院首演

◆10月24日至27日，2019龙游石窟国际音乐盛典在龙游县龙游石窟景区举办

◆10月26日,"诗路传薪"浙江传统体育类非物质文化遗产大会在台州天台举办

◆10月28日,2019第二届国际室内乐音乐节在浙江音乐学院开幕

◆11月1日,"浙中考古基地"在金华经济技术开发区正式授牌成立

◆11月4日，湖州市美术馆开馆

◆11月9日，2019年度国家艺术基金资助项目——新编越剧《苏秦》全国巡演（北京站）在清华大学举行

◆11月9日至10日，舟山市艺术剧院原创文旅大戏《观世音》在新加坡滨海艺术中心演出

◆11月10日,非洲留学生和金华市民共同参与"非洲之夜"嘉年华活动

◆11月13日,浙江艺术职业学院原创电影《一路百花开》首映

◆11月15日至17日，2019中国国际旅游交易会上，浙江馆获得追加组织奖、追加展台奖和优秀广告奖

◆11月16日，浙江交响乐团在葡萄牙法鲁市参加葡萄牙"365阿尔加维"第四届国际钢琴节，演出原创交响乐《良渚》

◆11月20日，长三角乡村文旅创客大会在湖州吴兴举行

◆11月22日,在第二届长三角国际文化产业博览会上,浙江省博物馆与上海博物馆、南京博物院和安徽博物院签约缔结了长三角三省一市博物馆文创联盟

◆11月22日至23日,全国高职高专校长联席会议2019年年会在重庆召开。浙江旅游职业学院接受"育人成效50强""国际影响力50强"和"服务贡献50强"3项表彰

◆11月22日至26日,浙江文旅代表团在日本静冈县、福井县举办文旅业界交流会

◆11月25日,2019第九届中国·嘉兴国际漫画双年展在嘉兴大剧院开幕

◆11月26日,"美丽中国·诗画浙江"浙江(吉隆坡)文旅交流推介会在马来西亚吉隆坡举办

◆11月26日,"无界之归——2019杭州纤维艺术三年展"在浙江美术馆开幕

◆12月4日,"浙东唐诗之路目的地"山海台州文旅产品推介会在南京收官

◆12月4日,温州瓯海举办首届旅游美食评选活动

◆12月4日,文化和旅游部、武警部队"文化建设军地共建共享试点成果现场推广会"在金华召开

◆12月7日至8日,"百县千碗·瓯味百碗"温州人文交流活动在温州市区禅街举行

◆12月11日,"美丽中国·诗画浙江"文化旅游推介活动走进美国洛杉矶

◆12月11日至13日,2019未来景区发展论坛暨莫干山民宿研讨会在德清举行

◆12月29日,浙江省文物考古研究所联合钱江晚报举行"跨年生日趴——探秘考古所标本库房"
公众开放活动

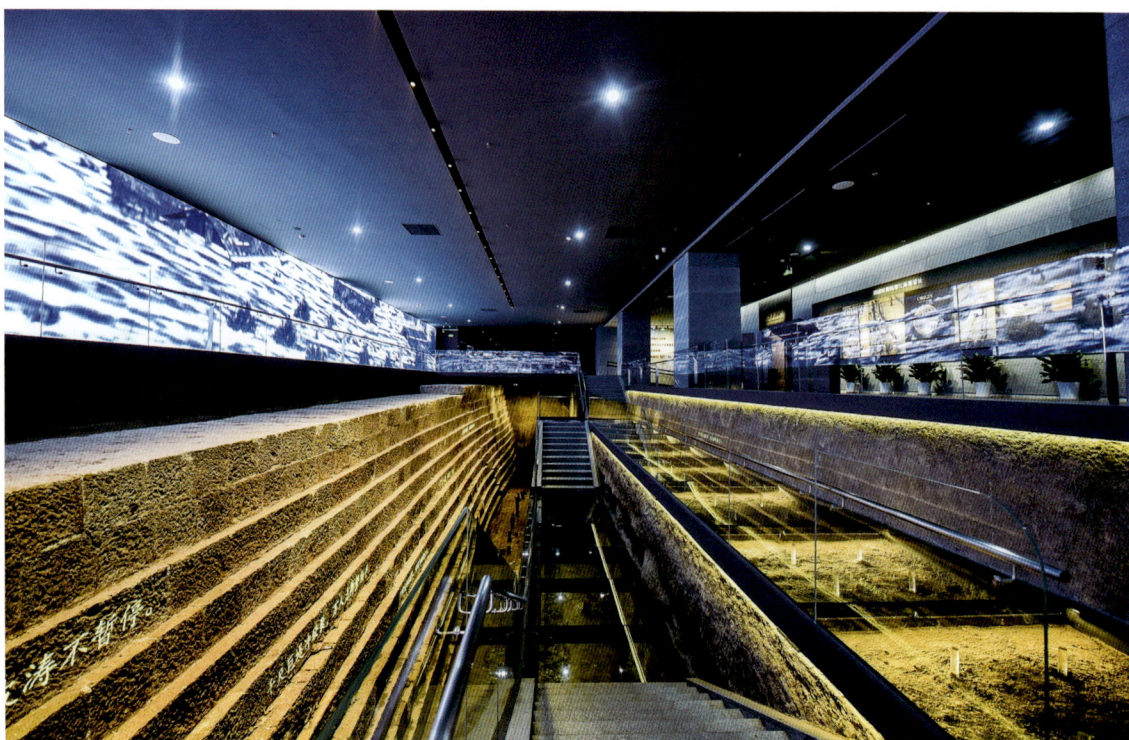

◆12月31日,杭州海塘遗址博物馆试运营

目　录

特　载

特　辑

概　览

概　况

大事记

厅属单位建设发展

市、县（市、区）文化和旅游工作

文献资料

统计资料

附　录

索　引

特　载

ZHEJIANG CULTURE AND TOURISM YEARBOOK

良渚古城遗址正式列入《世界遗产名录》

7月6日,第43届世界遗产大会上,良渚古城遗址正式列入《世界遗产名录》,成为我国第55处世界遗产和浙江省第3处世界文化遗产,实证中华文明5000年。

(省文物局)

《呦呦鹿鸣》获中宣部第十五届"五个一工程"奖

8月19日,在全国第十五届精神文明建设"五个一工程"奖颁奖典礼上,由宁波市演艺集团、宁波交响乐团共同创排的民族歌剧《呦呦鹿鸣》喜获全国第十五届精神文明建设"五个一工程"奖(戏剧)。这也是我省唯一一部获奖的戏剧类作品。

(省文化和旅游厅艺术处)

小品《父与子》荣获全国第十八届群星奖

5月31日,全国第十八届群星奖在上海举办颁奖仪式。浙江省文化和旅游厅选送,海宁市文化馆创编的小品《父与子》荣获全国第十八届群星奖。

(嘉兴市文化广电旅游局)

象山正式获批国家级海洋渔文化(象山)生态保护区

12月26日,文化和旅游部公布国家级文化生态保护区名单,象山县入选,成为国家级海洋渔文化(象山)生态保护区。

(象山县文化和广电旅游体育局)

宁波市获批创建国家文化与金融合作示范区

由文化和旅游部、中国人民银行、财政部正式批复,同意宁波市创建国家文化与金融合作示范区,创建时间从2020年1月至2021年12月。全国仅宁波市和北京市东城区两地入选。

(宁波市文化广电旅游局)

我省列入首批全国文化和旅游资源普查试点省

文化和旅游部确定浙江省为第一批全国文化和旅游资源普查试点省,嘉兴市入选第一批全国红色旅游资源普查试点市。

（省文化和旅游厅资源开发处）

3个县（市）入选首批国家全域旅游示范区

安吉县、江山市、宁海县成功入选第一批国家全域旅游示范区,总数位居全国第一（并列）,全省国家级、省级示范县（市、区）覆盖率达41.1%。

（省文化和旅游厅资源开发处）

3个博物馆获全国博物馆界最高奖

5月18日,中国丝绸博物馆被评为2019年度“全国最具创新力博物馆”,良渚博物院“良渚遗址是实证中华五千年文明史的圣地”、浙江省博物馆“越地宝藏——100件文物讲述浙江故事”展览分获全国第十六届（2018年度）全国博物馆十大陈列展览精品奖和优胜奖。

（省文物局博物馆与社会文物处）

文旅融合 IP 工程开启全国先河

7月22日,浙江省文化和旅游厅正式印发了《关于加快推进文旅融合 IP 工程建设的实施意见》,力争到2022年,使我省成为全国文旅融合 IP 发展的先行省、示范省、样板省。是年,完成全省文旅 IP 的摸底登记,全省已注册的文旅融合 IP 超300个,通过专家评审,遴选其中10个作为全省首批示范性文旅融合 IP 项目;指导浙江工商大学成立全国首个文旅 IP 研究中心。

（省文化和旅游厅产业发展处）

公共文化领域 4 项改革任务领先全国

浙江省积极推进基本公共文化服务标准化、基层综合性文化服务中心建设、公共文化机构法人治理结构改革和县级图书馆文化馆分馆建设 4 项改革,把相关工作纳入《浙江省基本公共文化服务标准（2015—2020 年)》和"五个百分百"建设,浙江省文化馆和嘉兴市图书馆入选第二批全国法人治理结构改革试点,各项工作稳步推进。6 月,在文化和旅游部召开的全国公共文化领域重点改革任务暨旅游厕所革命工作现场推进会上,浙江的 6 项改革数据位列全国第一;《浙江省基层综合性文化服务中心建设情况》4 个案例进行书面交流,占案例总数的 14.3%,入围数列全国第一;温州市围绕法人治理结构改革和图书馆总分馆建设进行了书面交流。

（省文化和旅游厅公共服务处）

新增 52 处全国重点文物保护单位

10 月 7 日,国务院核定公布第八批全国重点文物保护单位名单,浙江省列入 52 处,其中新增项目 50 处,合并项目 2 处,全国重点文物保护单位总数达 281 处,居全国第四。

（省文物局文物保护与考古处）

推出一批反映时代脉搏和浙江特色的精品力作

全省文化文艺战线紧扣时代脉搏,紧扣重要时间节点,推出一批反映时代脉搏和浙江特色的精品力作,京剧《渡江侦察记》、交响乐《祖国畅想曲》、话剧《雄关漫道》《青青余村》、台州乱弹《我的大陈岛》等一批新创剧目先后亮相。歌剧《红船》入选 2019 年"中国民族歌剧传承发展工程"重点扶持剧目。歌剧《在希望的田野上》参评第十六届文华奖。浙江小百花剧院越剧《枫叶如花》入选2019 年度全国舞台艺术重点创作剧目名录。浙江婺剧团婺剧现代戏《血路芳华》入选中宣部2019 年全国基层院团戏曲会演。越剧《苏秦》等 3 个剧本入选文化和旅游部剧本扶持项目,数量位居全国第一。交响乐《祖国畅想曲》入选文化和旅游部"时代交响——中国交响音乐作品创作扶持计划"2018—2019 年度扶持作品,从 168 部作品中脱颖而出,成为 9 部入选的交响乐作品之一。

（省文化和旅游厅艺术处）

蔡浙飞荣获"中国戏剧奖·梅花表演奖"

4月26日，第29届"中国戏剧奖·梅花表演奖"颁奖，浙江小百花越剧团演员蔡浙飞荣获"中国戏剧奖·梅花表演奖"。

（浙江小百花越剧院）

我省发布全国首部乡村旅游领域地方性法规

10月21日，湖州市人大常委会举行新闻发布会，正式向社会公布《湖州市乡村旅游促进条例》，这是全国首部乡村旅游领域地方性法规。

（省文化和旅游厅政策法规处）

《品质饭店评价规范》发布

8月19日，浙江省市场监督管理局批准发布了《品质饭店评价规范》（DB 33/T 2218—2019）省级地方标准，旨在推动浙江饭店行业服务设施更加完善、消费结构更加合理、消费环节更加优化、产品供给更加丰富，使其成为持续推进文化和旅游消费规模快速增长的中坚力量，更好地满足人民群众对美好生活的向往和追求。

（省文化和旅游厅市场管理处）

《公共美术馆设置与服务规范》发布

11月26日，浙江省市场监督管理局批准发布《公共美术馆设置与服务规范》（DB 33/T 2229—2019）地方标准。该地方标准的发布，有效填补了行业空白，对全面提高浙江省公共美术馆设置与服务有着重大现实意义，有利于规范现有公共美术馆的服务标准体系，为建设中的公共美术馆提供参考依据，同时也为全国公共美术馆发展贡献"浙江样本"。

（省文化和旅游厅艺术处、浙江美术馆）

《城市书房服务规范》发布

1月15日,浙江省市场监督管理局批准发布《城市书房服务规范》(DB 33/T 2181—2019)地方标准。该标准由温州市图书馆、温州市标准化研究院联合起草。标准规范的实施能凝练现有建设经验,规范运行和管理,推动全省城市书房的精细化管理和品质化发展,形成可复制、可推广的样本,对城区的场馆型自助图书馆建设具有重要借鉴意义。

(温州市文化广电旅游局)

全面深化院团改革

为进一步深化文化体制改革,进一步繁荣文化演艺产业,实现浙江舞台艺术事业继续走在全国前列,组建成立了浙江演艺集团。浙江演艺集团由浙江歌舞剧院、浙江话剧团、浙江曲艺杂技总团等单位融合组建,并将整合省属国有剧场资源,将拥有浙江歌舞剧院、浙江民族乐团、浙江话剧团、浙江儿童艺术剧团、浙江曲艺团、浙江杂技团、浙江艺术教育培训中心、浙江演出院线经营管理公司、浙江舞台工程管理公司 9 家独立子公司,力争用 5 年时间将演艺集团发展成为演艺创作演出、剧场运营管理、文化旅游融合、艺术教育培训、文创产品开发、文化资本运作多元发展的一流演艺产业集团。完成浙江小百花越剧院、浙江京昆艺术中心实质性融合,进一步理顺了两家单位的管理体制和运行机制。

(省文化和旅游厅艺术处、
浙江演艺集团)

首批"浙江省非遗旅游商品"发布

4月29日,浙江省文化和旅游厅发布首批"浙江省非遗旅游商品",涉及雕刻塑造、金属加工、器具制作、纺染织绣等13类技艺,王星记的全棕黑纸扇《西湖风景》、余杭江韵乐器的中泰竹笛等100项优秀作品入榜。

(省文化和旅游厅非遗处)

浙江省文明旅游志愿服务指数报告发布

5月25日，浙江省文化和旅游厅正式发布浙江省文明旅游志愿服务指数报告，是全国首份省级文明旅游志愿服务指数报告。

报告指出，当前浙江官方和民间成立的"文明旅游"志愿服务队伍共有4583支，累计参与活动志愿者140213人次，累计志愿服务信

用时数586476.72小时。

（省文化和旅游厅市场管理处）

浙江自然博物院安吉馆开馆

10月22日，浙江自然博物院安吉馆区经试运行正式开馆。该馆由10个场馆组成，占地300

亩，馆舍6万平方米，是亚洲单体建筑最大的自然博物馆，其中生态馆与自然艺术馆展示为首创。

（省文物局博物馆与社会文物处）

浙江旅游职业学院被认定为国家优质专科高等职业院校

7月，浙江旅游职业学院被教育部认定为国家优质专科高等

职业院校，是全国唯一获此殊荣的旅游类高职院校。

（省文化和旅游厅科技与教育处）

基本公共文化服务标准化建设高质量推进

年初，启动了全省范围基本公共文化服务标准化完成情况的认定工作。是年，全省87个县

（市、区）达到《浙江省基本公共文化服务标准（2015—2020年）》，完成率97.7%。

（省文化和旅游厅公共服务处）

政府数字化转型取得新进展

"诗画浙江·文化和旅游信息服务平台"上线并实现省、市、县(市、区)各级贯通。完善"浙里好玩"文旅公共服务平台,建立文旅资源导航导览一张图,覆盖全省景区导游导览341家。全面对接"浙里办""浙政钉"等省级平台,实现年服务人次达2000万。依托"浙里办"建设"文化和旅游服务专区",构建了文化市场执法、文旅产业发展等五大掌上服务功能模块。

(省文化和旅游厅数字化工作班)

特　辑

ZHEJIANG CULTURE AND TOURISM YEARBOOK

全省文化广电旅游局长会议

【概况】 2月1日，全省文化广电旅游局长会议在杭州召开。省文化和旅游厅党组书记、厅长褚子育出席会议并做工作报告。厅党组副书记、巡视员傅玮主持会议，厅领导许澎、柳河、杨建武、刁玉泉、叶菁、卢跃东、任群、王淼，各市、县（市、区）文化广电旅游局局长，省文物局副局长，省文化和旅游厅、省文物局机关各处室和厅属各单位主要负责人参加会议。

会议全面贯彻落实党的十九大和十九届二中、三中全会精神，认真学习贯彻省委、省政府与文化和旅游部的系列决策部署，紧密结合实际，系统总结2018年全省文化旅游工作，全面谋划2019年重点任务。会议提出，要以习近平新时代中国特色社会主义思想为指导，坚持以人民为中心的发展思想，以"'八八战略'再深化、改革开放再出发"为主线，以高质量发展为目标，以融合发展为重点，以改革开放为动力，紧扣提供优秀文化产品和服务、优质旅游产品和服务这个中心环节，守住政治底线和安全底线，着力推进文化建设和旅游发展再上新台阶，着力建设全国文化高地、中国最佳旅游目的地、全国文化和旅游融合发展样板地。

2018年，在省委、省政府的坚强领导下，全省文化和旅游工作围绕高质量、竞争力、现代化，勇于改革创新，奋力开拓进取，迈上新的台阶。主要体现在党的领导和全面从严治党持续加强；省委、省政府重大决策部署一以贯之认真执行；各项改革任务统筹推进，动能快速转换和效率全面提高；公共服务体系建设扎实推进，有效供给不断强化；社会主义文艺繁荣发展，精品力作不断涌现；优秀传统文化创造性转化、创新性发展，文化遗产保护利用成效显著；旅游资源开发建设全面推进，"诗画浙江"日见成效；文化和旅游产业培育壮大，监管体系更健全、更规范；对外和对港澳台交流合作不断深化，全方位开放新格局逐步形成；系统人才队伍建设加快推进，人才培育力度持续增强，一手抓改革，一手抓发展，取得了新业绩、新成效。

会议明确，2019年，全省文化和旅游工作要着力提升系统党建工作的质量和水平；深入推进全域型的文化和旅游融合发展；大力推动艺术事业发展取得新突破；提供更丰富优质高效的文化和旅游公共服务；深入实施文化遗产保护、利用和传承工程；高质量高水平培育双万亿主导型产业；不断挖掘、开发和丰富文化旅游产品供给；进一步强化市场监管；持续打造国际和对港澳台合作交流新品牌；深化改革和强化保障取得新成果，全面谱写"文化浙江""诗画浙江"建设的新篇章。

会议指出，全面推进"文化浙江""诗画浙江"建设，必须保重点、抓关键，花大力气予以推进十大重点工作，即：推进良渚古城遗址申遗；扎实推进"富民强省十大行动计划"的落实；推进政府数字化转型；深化文化市场综合行政执法改革；基本实现公共文化服务标准化；加大全域旅游示范区创建力度；打造文化和旅游融合发展IP工程；搭建文化和旅游投融资平台；做实做好"百县千碗"品牌；启动实施"111"人才计划。

会议强调，全面完成2019年的重点工作任务和要求，必须要做到践行"三服务"抓落实、创新思路抓落实、提质增效抓落实、依法行政抓落实、守牢底线抓落实，以更加务实的作风创造新业绩。

会议还颁发了全国文物系统先进集体，全国田野考古奖二等奖，第十五届全国博物馆陈列展览十大精品奖、优胜奖，全国非物质文化遗产保护工作先进集体，"浙江省文明游客"组织奖，浙江省文化创新团队，2018年度全省文化市场综合行政执法考评优秀单位等多个奖项。杭州市园林文物局文物处、宁波市文物考古研究所、浙江省非遗保护中心、台州市文化和广电旅游体育局、浙江群众舞蹈创作团队等30家单位获奖。会后，全体与会代表分为5个小组进行交流探讨，分享文化广电旅游工作的创新探索和心得体会。

（省文化和旅游厅办公室）

在全省文化广电旅游局长会议上的讲话

省文化和旅游厅党组书记、厅长　褚子育

（2019 年 2 月 1 日）

这次会议的主要任务是，坚持以习近平新时代中国特色社会主义思想为指导，全面贯彻落实党的十九大和十九届二中、三中全会精神，认真学习贯彻省委、省政府与文化和旅游部的系列决策部署，紧密结合实际，总结 2018 年工作，部署 2019 年重点任务，全面推进"文化浙江""诗画浙江"建设。

一、关于 2018 年工作总结

2018 年，在省委、省政府的坚强领导下，全省文化和旅游工作围绕高质量、竞争力、现代化，勇于改革创新，奋力开拓进取，迈上新的台阶。

（一）过去一年，是加强党的领导和全面从严治党，持续提升统领各项工作能力的一年

坚持把党的政治建设摆在首位，加强党的思想建设和制度建设同向发力，统筹推进党建工作。坚决落实管党治党主体责任和监督责任，进一步落实领导干部党建和党风廉政建设"一岗双责"。落实意识形态责任制，进一步加强各类文化阵地管理，全年无重大政治安全事件。原省文化厅党组和旅游局党组分别研究制定180 条、119 条整改措施，完成 88 项问题整改。配合省审计厅完成原省文化厅 2017 年预算审计和经济责任审计，基本完成了整改工作。严肃党内政治生活，严格

执行组织生活制度等。积极开展"大学习、大调研、大抓落实"活动，逐步形成将活动落到实处、引向深入的经常性机制。进一步加强党风廉政建设，统筹抓好政治纪律、组织纪律、廉洁纪律、群众纪律、工作纪律、生活纪律，严格遵守"八项规定"，强化作风建设，保持奋发有为的精神状态。

（二）过去一年，是一以贯之认真执行省委、省政府重大决策部署的一年

党的十八大以来，中国特色社会主义进入新时代。省委、省政府决定组建成立省文化和旅游厅，赋予了新的职责和使命。省委、省政府高度重视文化建设和旅游发展，主要领导 103 次对文化和旅游工作做出重要批示。全省文化和旅游系统坚定文化自信，推动社会主义文化繁荣发展坚决有力，各项文化和旅游发展指标持续走在全国前列；贯彻执行"乡村振兴"战略坚决有力。深入实施"万村景区化"工程，该工程被评为 2018 年度省政府部门改革创新项目；深入践行"两山"理念，乡村民宿、乡村旅游工作领跑全国，文化和旅游部在湖州安吉召开全国发展乡村民宿推进全域旅游现场会，浙江省和温州市洞头区分别做了典型发言；贯彻执行坚决打赢三大攻坚战坚决有力。积极打造生态文化，推进生

态旅游，推动文化事业和旅游业发展，高质量完成了对口帮扶工作，对扩大社会就业，为低收入人群增收做出贡献；进一步加强文化和旅游企业金融风险、财务风险防范，确保全省文化和旅游系统全年无重大金融风险等事故；坚决执行"富民强省十大行动计划"，强化顶层设计，牵头制订《传承发展浙江优秀传统文化行动计划》，积极推进《大花园建设行动计划》等行动计划涉及的文旅项目，谋划文旅融合发展突破口，形成文旅产业发展新的增长点。

（三）过去一年，是统筹推进各项改革任务，动能快速转换和效率全面提高的一年

加强领导，科学统筹，锲而不舍狠抓改革任务落实。一是机构改革加快推进。去年 10 月 25 日，省文化和旅游厅正式挂牌成立，并于 12 月 8 日提前完成内设机构重组、人员转隶安排、财产合并处置、人员集中办公等各项任务，并按新体制新机制运行。目前，全省各市、县（市、区）均完成文化和旅游行政部门新机构组建。二是体制机制改革迈上新台阶。加强顶层谋划，制订《浙江省文化厅关于全面深化文化体制改革的意见（2018—2022）》。推进"最多跑一次"规范化标准化工作，省级文化和旅游领域办事事项全部实现"最多跑一次"。深化

省属院团改革。试行地方出题材、资金，省属院团出创作、表演，优势互补，开展合作，协同打造《赤子》《通达天下》等9个重点舞台剧目，创作活力得到激发。完善现代治理体系，浙江省博物馆等187家县级以上国有公共文化机构成立理事会，占比53.9%。实施景区、度假区退出机制，全年摘牌14家，警告20家，通报批评9家。加快人才评价机制改革，开展文化人才职称分类评审；打破体制内外人才评价壁垒，促进人才脱颖而出。三是政府数字化转型富有成效。"诗画浙江"全域旅游信息服务系统纳入首批省政府数字化转型重大项目，完成建设并上线运行。在衢州等地实现省、市、县（市、区）3级数据互联互通，全省近50个市、县（市、区）建立旅游数据中心。浙江智慧旅游作为典型代表亮相首届"数字中国"建设成果展。搭建"浙江智慧文化云"，有效推进省域范围内公共文化资源的共建共享。借助"礼堂家"资讯共享平台推行"菜单式"服务，推动文化惠民项目与群众文化需求有效对接。

（四）过去一年，是扎实推进公共服务体系建设，有效供给不断强化的一年

以满足人民日益增长的物质文化需求为目标，推动覆盖城乡的基本公共文化和旅游服务体系逐步完善。一是公共文化服务能力不断加强。加快推进公共文化服务标准化建设，研究制定45个省、市、县（市、区）标准，形成基本标准体系。全省完成《浙江省基本公共文化服务标准（2015—2020年）》90%以上指标的县（市、区）占比达93.3%，实现度

达84%。加快公共文化服务"十百千"工程建设，全年累计投入28.67亿元，完成重点县的47个提升项目和63个重点乡镇、991个重点村建设任务。加强乡镇综合文化站建设，新建农村文化礼堂3143家。台州市、温州市城市书房项目和丽水市乡村春晚项目以优异的成绩通过第三批国家公共文化服务体系示范区和项目验收，温州市获批创建第四批国家公共文化服务体系示范区，杭州市下城区、萧山区获第四批示范项目创建资格。全年送戏下乡2.58万场，送书下乡260万册次，送讲座、展览下乡5000场次。二是公共旅游服务效能不断提升。受文化和旅游部委托，制订旅游风情小镇、民宿、A级景区等国家行业标准，率先制订省级品质饭店等级评定标准。新建、改扩建景区厕所2278座，完成率达115%，累计达7784座。选送旅游商品在多个国家级旅游商品大赛上获5项金奖。指导帮助市场主体提升能级，新评定星级饭店、特色文化主题饭店、绿色旅游饭店58家，省级放心景区194家，浙江省优质旅游经典景区33家。三是服务设施建设不断完善。杭州市和萧山区成功争取世界旅游联盟总部落户湘湖，并启动建设；建成浙江自然博物院核心馆区、浙江小百花艺术中心；之江文化中心将于2月28日举行开工仪式；推进新时代文化艺术创研基地等一批重大文化和旅游服务设施建设，加快推进衢州本级、柯城、衢江、开化、江山、龙游、常山立项建设的艺术中心、文化广场、文化馆、博物馆、美术馆等项目30余个，总投资超过40亿元。

（五）过去一年，是繁荣发展社会主义文艺，精品力作不断涌现的一年

围绕"攀高峰、强队伍、有作为"目标，加快推进社会主义文艺繁荣发展。一是服务大局有新作为。精心组织浙江省纪念改革开放40周年优秀剧目展演、图片展和首届联合国地理信息大会、第五届世界互联网大会高水平专场文艺演出。启动"最多跑一次""新时代　新征程"主题文艺创作。举办浙江省第六届曲艺杂技魔术节。宁波市江北区成功承办2018年"新松计划"全省青年歌手大赛。实施"文化暖冬千百万计划"，完成各类演出6931场。二是艺术创作有新亮点。出台《浙江省当代舞台艺术精品创作扶持工程实施办法》《浙江省舞台艺术创作重点题材扶持暂行办法》。推出民族歌剧《在希望的田野上》、多媒体交响乐《良渚》、越剧《枫叶如花》、民族管弦乐《钱塘江音画》、话剧《天真之笔》等一批精品力作。44个项目获国家艺术基金资助，舞剧《花木兰》获中国舞蹈荷花奖，绍剧《于谦传之两袖清风》、话剧《新新旅馆》、魔术《烟雨伊人》和浙江美术馆等单位的多个项目获国家级奖项。三是戏曲传承有新突破。绍兴市精心承办第四届中国越剧艺术节，并争取将该艺术节永久落户越剧故乡。通过开展"浙漾京城"浙江戏曲北京周、浙江省传统戏曲演出季，促使传统戏曲在保护的基础上创新发展。成立"浙江高腔联盟""浙江省民间职业剧团联盟"，拓展戏曲传播渠道。推进"戏曲进校园"工作，组建各类学校戏曲社团200多个。

（六）过去一年，是推动优秀传统文化创造性转化创新性发展，文化遗产保护利用成效显著的一年

坚持创造性转化、创新性发展，文化遗产保护利用传承体系不断完善。一是传统文化保护利用能力显著提升。牵头实施《浙江省传承发展浙江优秀传统文化行动计划》，梳理分解107个项目，按项目先规划再实施。杭州市良渚古城遗址价值研究、文物保护、申报世界文化遗产等各项工作进展顺利，通过了国际专家现场考察评估；良渚博物院基本陈列改造完成后精彩亮相。完成"四条诗路"沿线文化遗产资源调查并形成保护方案。历史文化名城、名镇、名村继续得到有效保护。临海对古城的保护几十年来一以贯之，历任班子一张蓝图绘到底，一任接着一任干。丽水松阳"拯救老屋行动"项目深入实施，完成首批142幢老屋修缮，已成为全国经验加以推广。全年组织实施考古调查勘探项目109项，考古发掘绍兴"宋六陵"、安吉龙山八亩墩等项目47项。二是博物馆建设管理水平明显提高。新定级为国家二级博物馆有10家、三级博物馆8家，至此全省国家三级以上博物馆总数已达62家，位居全国第一。杭州工艺美术博物馆获全国博物馆十大陈列展览精品奖，浙江省博物馆获国家一级博物馆运行评估"优秀"等次，中国丝绸博物馆成功复原"五星出东方利中国"锦。指导推进淳安、温岭、长兴等地博物馆建成开放。武义县按照政府引导、社会力量自愿参与思路，创成51家民间特色展示馆，对老祖宗留下的宝

贵文化遗产进行有效保护，为下一步研究和传承奠定良好基础。三是非物质文化遗产活力不断增强。研究出台《浙江省省级非物质文化遗产项目管理办法》。22个项目入选第一批国家传统工艺振兴目录，公布首批浙江省传统工艺振兴目录。组织开展第二、三批国家级代表性传承人的抢救性记录工作、民间文化和民俗类国家非遗项目记录成果梳理和遴选工作。组织对我省列入人类非遗代表性名录的非遗项目开展"3＋N"保护行动。开展2018"文化和自然遗产日"系列活动。文化生态保护试验区建设持续推进。组织开展非遗采风央媒浙江行等系列活动，浙江非遗影响力不断扩大。

（七）过去一年，是全面推进旅游资源开发建设，"诗画浙江"日见成效的一年

全力推进"诗画浙江"中国最佳旅游目的地建设，"大花园"建设成效日益凸显。一是加快推进全域旅游发展。省政府正式批复《浙江省全域旅游发展规划》。稳步推进国家全域旅游示范省和19家国家全域旅游示范区创建，认定省级全域旅游示范县（市、区）25个。完成"四条诗路"黄金旅游带规划编制工作。培育24个省旅游产业类特色小镇。新入选国家5A级景区1家。二是推进乡村旅游和民宿经济发展。持续推进"万村景区化"建设，完成2640个A级景区村庄的认定，其中：3A景区村庄465个，累计建成4876个A级景区村庄。评出第二批28家省级旅游风情小镇，总数达42家。中国首批最佳民宿我省占比达50％。率先认定122家省级精品民宿，成立全国

首个省级民宿产业联合会，发布国内首部民宿蓝皮书；指导磐安尖山、德清莫干山等创建乡村旅游产业集聚区。联合发布3100条乡村旅游精品线路，评选100个"最美田园"。三是积极培育多样化旅游业态。评定90余个"旅游＋"各类产业融合示范基地。评选首批研学旅行示范基地54个、营地9个。联合举办全国首届红色旅游经典景区年会，编制红色旅游发展三年行动计划，命名首批红色旅游教育基地6家，嘉兴南湖成为红色旅游的"金名片"。启动丝绸、茶、瓷旅游体验专线规划编制，其中丝绸专线规划已完成。评定宋城景区等24家省级文化旅游示范单位。推进海洋旅游发展，编制《浙江省邮轮游艇发展规划》，舟山努力创建中国邮轮旅游试验区。

（八）过去一年，是培育壮大文化和旅游产业，监管体系更健全更规范的一年

一手抓产业培育壮大，一手抓行业规范管理，高质量推进文化和旅游"双万亿"产业发展。一是加快推进产业发展。预计2018年文化产业增加值占全省生产总值比重为7.5％左右，增长12％；旅游产业增加值占全省生产总值比重为7.8％左右，增长10％。4家企业入选第十届"全国文化企业30强"，位居全国第一。4家企业被认定为2018年国家动漫企业，5个动漫项目获中国文化艺术政府奖第三届动漫奖，获奖数占全国总量的1/4。举办浙江省暨杭州市文化消费季活动，实现文化消费总额8.84亿元。第13届中国（义乌）文化产品交易会实现洽谈交易额53.21

亿元。2018年接待游客总人数达6.8亿人次。二是推动项目平台载体品牌打造。指导推进长兴龙之梦、山水六旗等重点文旅项目建设。全省在建旅游项目2382个,总投资13875亿元,实际完成投资1802亿元,入库省级重大旅游项目超200个,其中:超100亿元的有17个;建成露营地36处,营位数1993个。加强产业平台建设,推进杭州白马湖生态创意城、衢州儒学文化产业园区创建国家级文化产业示范园区,网络作家村等单位入选国家级文化产业园区服务能力提升计划项目,认定18家企业为省文化产业示范基地。通过载体建设推进产业发展,召开中国(宁波)-中东欧国家旅游合作交流会,举办中国国际旅游商品博览会、浙江(上海)旅游交易会等活动,赴广州、深圳等地开展境内旅游推介37场。启动打造"诗画浙江·百县千碗"品牌,以县(市、区)为单位评出美食1000碗,持续开展旅游美食系列推广活动,着力培育新的消费热点。西湖、普陀、乌镇、兰亭等传统文旅产品品牌建设更加重视,影响力持续扩大,形成浙江"金名片"。三是不断优化市场环境。中国(浙江)自贸区促进文旅业管理服务改革倒逼机制日渐形成。宁波专门就优化软环境扩大国际游客,出台了一系列政策举措。省里印发《关于文化市场"僵尸企业"处置的若干意见》《关于加强网络表演管理和网络游戏管理工作的指导意见》,规范文化市场管理。推进上网服务行业和文化娱乐行业转型升级。开展全省文化市场监管"对标亮剑"行动,组织4次远程集中排

查,检查网络文化企业14713家次。在全国率先开展"文化市场安全日"活动。1个案件获2017—2018年度全国文化市场十大案件,5个获重大案件,数量位居全国第一。实施全省旅游市场秩序专项整治"利剑行动"。认真做好旅游投诉受理,诉转案率100%,结案率98.45%。持续提升文明旅游素质,率先推行实施"文明出游革命"。

(九)过去一年,是不断深化对外和对港澳台交流合作,全方位开放新格局逐步形成的一年

立足浙江特色,充分挖掘浙江文化和旅游资源,对外和对港澳台交流合作不断深化。一是大力推动对外文化和旅游交流合作。拟订《"一带一路"文化交流合作行动计划(2018—2022年)》,实施对外文化交流项目1821起,完成境外旅游推介15场。成功举办世界旅游联盟年会、首届世界青瓷大会等重大活动。组派16个艺术团,分赴16个国家的30座城市开展96场"欢乐春节"活动。指导服务龙泉市赴联合国总部举办青瓷艺术展。支持宁波市运营保加利亚中国文化中心。在约旦、法国等国举办"浙江文化节"。与德国石荷州签订旅游合作备忘录,与全球第一大综合旅游集团——德国途易集团签署战略合作框架协议。赴德国、瑞士、加拿大、毛里求斯等国家开展旅游宣传促销。二是多方位推动对港澳台交流合作。实施对港澳台文化交流项目300余起,举办第十二届"台湾·浙江文化节——衢州文化周""情系钱塘·诗画浙江——两岸文化联谊行"等活动。开展香港学生演艺

夏令营、"2018港澳视觉艺术双年展(杭州站)"等活动。三是进一步提高省际交流合作力度。主动融入长三角一体化战略,成功举办2018年江浙沪特色文化产业项目路演及对接会等系列活动。签订《长三角地区高品质世界著名旅游目的地战略合作协议》。牵头组织浙皖闽赣国家生态旅游协作区总体方案的修订,努力争取上升为国家战略。

(十)过去一年,是大力推进系统人才队伍建设,人才培育力度持续增强的一年

完善人才培育体系,打造最优人才生态,强化人才支撑。一是完善人才保障机制。聚焦"引""育""用""管",不断完善和创新文旅人才工作机制。建立厅领导联系人才专家制度,在薪酬待遇、经费支持、评优评先等方面,开展精准服务,努力营造良好的人才环境。二是突出拔尖人才和紧缺人才培养。持续开展图书馆、文博、舞台艺术等"拔尖人才"培养。依托浙江音乐学院、浙江艺术职业学院、浙江旅游职业学院,开展编剧、导演、舞美、文物科技、全域旅游等紧缺文旅人才培养工程。2018年新增中宣部"四个一批"人才2人、省级各类人才10人;入选第五批国家级非遗代表性传承人74人,位居全国第一;命名培育27个创新团队和39名优秀专家;引进高层次人才56人。三是突出青年人才培养。探索实施由文艺名家参与培养的"点睛"计划、未来艺术家培养计划,实施"名家传戏""旅游业青年专家"项目,定向扶持一批中青年编剧、导演、作曲等的创作实践活动。四是突出基层人才培养。省本级培

训基层文化人员 5000 多人，市、县(市、区)培训 20 多万人。开展"耕山播海""送教下乡"，面向全省欠发达县培训 4 万多人次。招生招聘相结合，继续开展定向培养乡镇文化员工作，面向 44 个县(市、区)招收新生 59 名。

总的来说，2018 年，我们一手抓改革，一手抓发展，特别是在机构改革过程中，思想不乱、队伍不散、工作不断、力度不减，全省文化建设和旅游发展取得了新业绩新成效。成绩来之不易！这凝聚了广大干部的智慧、汗水和心血，在此，我代表厅党组，向在座的各位，并通过你们向全省文化和旅游系统全体干部职工表示衷心的感谢！

看到成绩的同时，也要清醒地认识到，与新时代文化和旅游工作的新任务新要求相比，我们的工作还存在不足、问题和困难。一是文化和旅游融合发展有待进一步加强。文化和旅游密不可分、相辅相成。文旅融合，既是新的机遇，又是新的挑战。文化和旅游可以与很多领域进行融合，首要的是抓好文化和旅游的融合。文旅产品既有意识形态属性，又有经济属性；既要强调经济效益，更要强调社会效益，要把社会主义核心价值观的传承摆在首要位置。深化文旅领域理念、方法、路径的融合，还需进一步探索。二是制约高质量发展的"不平衡不充分"问题还未完全解决。优质资源地区之间、城乡之间、人群之间仍存在较大的差距，难以向欠发达地区辐射、向农村下沉、向弱势群体同质覆盖的问题依然存在；公共文化服务标准化建设任务艰巨，2020 年完成"市有五

馆、县有四馆"建设任务仍需极大的付出，不少地方重外延轻内涵，全面实现标准化仍需加速；文物保护工作重保护轻利用、重陆地轻水下、重国有轻民间、重地下轻地上的"四重四轻"问题仍然存在；各地文博事业发展与人才支撑普遍不相匹配；文旅产品存在低层次同质化现象，存在有星星、缺月亮的问题；旅游消费呈现假期热平时冷、国内旅游热入境旅游冷、乡村热城市冷的"三冷三热"新情况；艺术发展参差不齐，18 个地方剧种除越剧、婺剧、绍剧等少数剧种外，其他多数剧种向专业化市场化发展举步维艰；美术强、音乐弱，音乐艺术还未下沉到设区市一级。三是体制机制与新时代要求不相适应。宏观上，省、市、县(市、区)协同发展、政府与社会力量合力推进的体制机制有待进一步完善；微观上，市场主体活力还没有完全迸发，特别是事业单位对政府依赖性偏强，习惯"不找市场，专找市长"，主动发展自主发展创新发展能力仍需提高。四是公共服务水平仍需提升。基层公共文化场所利用率不高、产品服务难以符合群众口味等问题仍然存在，服务产品和内容重形式轻质量；对解决游客旅游旺季"高高兴兴来、骂骂咧咧走"这一深层次问题的办法不多，尤其是景区停车、旅游购票、如厕、申诉等旅游服务便利度、效能度、满意度仍需提高；国际旅游免签率、通关便捷度、服务国际化需要进一步加强；数字化服务平台建设仍需加快推进；人才、经费保障支撑文旅事业发展亟需加强。五是现代化治理能力仍需加快提升。干部能力提升非常紧

迫；全社会形成合力推动社会资本进入文旅行业的效率仍需提高；演出、艺术品等市场监管有待进一步加强，旅游景区、企业、导游的管理水平仍需全面提升。如何加大力度做好简政放权的"减法"，加强监管的"加法"，破除"中梗阻"的"除法"，优化服务的"乘法"，等等，都需要高度重视，大力破解。

二、关于 2019 年工作安排

2019 年，是中华人民共和国成立 70 周年，是决胜高水平全面建成小康社会的关键一年，也是开启文化和旅游深度融合发展的第一年。做好全省文化和旅游工作的指导思想是：以习近平新时代中国特色社会主义思想为指导，紧紧围绕"五位一体"总体布局和协调推进"四个全面"战略布局，牢固树立"四个意识"，始终坚定"四个自信"，坚决做到"两个维护"，坚持和加强党的全面领导，坚持以人民为中心发展思想。以"'八八战略'再深化、改革开放再出发"为主线，以高质量发展为目标，以融合发展为重点，以改革开放为动力，紧扣提供优秀文化产品和服务、优质旅游产品和服务这个中心环节，守住政治安全底线和生产安全底线，着力推进文化建设和旅游发展再上新台阶，着力建设全国文化高地、中国最佳旅游目的地、全国文化和旅游融合发展样板地。

(一)着力提升系统党建工作的质量和水平

以党的政治建设为统领，学通弄懂习近平新时代中国特色社会主义思想，牢固树立"四个意识"，始终坚定"四个自信"，坚决做到"两个维护"。高质量开展

"不忘初心、牢记使命"主题教育，以高度的思想自觉、政治自觉、行动自觉，承担起"举旗帜、聚民心、育新人、兴文化、展形象"的使命任务。一是扎实开展政治理论学习。省级文旅系统围绕"三个地"宝贵资源，全面推开"学习强国"平台试点工作，组织开展"十名处长设论坛，百名书记上党课，千名党员谈体会"活动，增强干事创业信心；各地比照省级系统开展活动。二是落实系统意识形态责任制"一岗双责"，在推进文旅融合、课程思政、文艺创作等日常工作中，把弘扬社会主义核心价值观、红船精神、浙江精神放在首位，履行好岗位职责；同时，在坚守文化阵地、铸牢安全底线上主动担当作为。三是加强党风廉政建设。全面落实省委关于"清廉浙江"建设的决策部署和省第十四届纪委第四次全会精神，深入实施文旅系统"1＋10＋N"党风廉政建设制度体系；加强作风建设，完善民主集中制，坚持斗争精神，力戒形式主义、官僚主义。积极巩固省委巡视成果。健全问题发现机制，把问题解决在萌芽状态初始阶段；继续保持党风廉政建设和反腐败斗争高压态势，打造风清气正的政治生态。四是加强基层党建。要把增强基层党组织和党员战斗力作为基层党建根本点和出发点，突出围绕中心工作抓党建，以"大学习、大调研、大抓落实"彰显党建工作成效。继续推进"六强六规范"支部建设工作，开展"堡垒指数""先锋指数"评价，夯实党建工作基础。

（二）深入推进全域型的文化和旅游融合发展

牢固树立"宜融则融，能融尽融，以文促旅，以旅彰文"的理念，既尊重规律，又因地制宜；既稳中求进，又鼓励创新，从实践中找到文旅融合发展有效路径，推动文化和旅游高质量融合。开展文化和旅游资源普查。召开全省文化和旅游融合发展大会，出台《推进文化和旅游融合发展的实施意见》，大力推进理念融合、职能融合、产业融合、市场融合、服务融合、交流融合。文化是灵魂，旅游是载体，可考虑从3个维度思考推进文旅融合：一是在现有的旅游产品中植入文化元素，发挥文化统领作用；二是现有文化资源尽可能地转变成旅游产品；三是新的文旅资源开发要在研究文化、梳理文脉的基础上，按文旅融合的思路去规划建设。开展文旅融合，要实事求是，讲求质量，不要"一窝蜂"。要注重先试点，再总结经验，以点带面、逐步推进。典型引领非常重要，今后一个时期，推行建立部省共建、省市（县、区）共建机制，启动打造100个文化和旅游融合发展"金名片"工程，其中10个成为国家级"金名片"。选择10个左右县（市、区）设立文旅产业融合改革试验区。遴选100个项目先行试点，将传统文化资源转化为旅游开发项目，将传统文化元素植入旅游产品，指导浙江音乐学院、中国丝绸博物馆等创建文旅融合型高等级景区。

（三）大力推动艺术事业发展取得新突破

着力出政策、把方向、给支持、促传播，扶持推出10个舞台艺术创作重点题材项目和5部左右当代舞台艺术精品创作扶持剧目。抓好民族歌剧《红船》、交响乐《祖国畅想曲》、话剧《青山绿水——余村轶事》、京剧《渡江侦察记》等重点剧目的创作。精心组织好庆祝中华人民共和国成立70周年、庆祝澳门回归20周年、第六届世界互联网大会专场文艺演出。全力支持浙江音乐学院、浙江艺术职业学院在办学定位、专业设置、服务面向、发展重点上，做到优势互补、错位发展，成为全省艺术事业发展的强大支撑；推动浙江音乐学院立足高水平、国内一流办学定位，鼓励创造条件，开展博士生教育，以此为牵引，带动教育质量、研究创作、社会服务全面提升；推动浙江艺术职业学院以培养高水平、艺术应用型人才为目标，强化特色，提升竞争力。推动传统戏剧发展，举办第十四届浙江省戏剧节，指导、支持办好乌镇戏剧节。在发展传统戏剧上迈出新步伐，凡传统戏剧保护项目所在地，实行"五个一"计划，成立一个院团、每年原创一部戏、每年复排一部经典戏、培养一批骨干人才、打造一个基地。推进浙江艺术职业学院与传统戏剧保护项目地开展校地合作、联合办学，下决心帮助地方传统戏剧向专业化市场化方向发展。在创作剧目上，地方出经费出题材，浙江艺术职业学院出智力出服务，省里每年开展省级传统戏剧展演、评选活动。在人才培养上，实行"3＋2""专升本"等招生办法改革，增强培养针对性有效性。命名100个戏曲之乡。鼓励各设区市将音乐艺术发展列入重要议事日程，结合实际，重点规划西洋音乐、管弦民乐、流行音乐等发展品种，重点打造音乐厅、成立乐团、设立音乐艺术学校，以及搭建音乐谷、音乐小镇、音乐码头等平台。继续加强美术工作，启动打造 100 个美丽乡村美育村，10 个美育样板村。

（四）提供更丰富优质高效的文化和旅游公共服务

全面实施"标准化"工程，以标准化推动高质量发展，制订实施《浙江省文化和旅游标准化建设行动计划（2019—2022）》，推动更多地方标准上升为国家标准。2019 年基本实现公共文化服务标准化。高质量完成"十百千"工程；开展浙江省基本公共文化服务标准完成情况认定工作，县（市、区）达到《浙江省基本公共文化服务标准（2015—2020 年）》的比例不低于 90％。印发《农村文化礼堂服务规范》，探索推进公共文化服务社会化的新思路、新路径，大力提升乡镇（街道）综合文化站、农村文化礼堂服务效能。组织开展百城联动"歌唱祖国"等群众文化活动。新增农村文化礼堂 3000 家。新建和改扩建旅游厕所 1600 座。以评促建，开展"品质旅游年""品质生活旅游文化周"活动，评选一批省级放心景区、星级旅行社、品质服务饭店，评定一批文明旅游先进县（市、区）、文明旅游示范单位和最美旅游人，改善服务水平、质量，营造良好旅游环境。加大"诗画浙江"全域旅游信息服务系统推广应用。做好带薪休假服务，完善旅游信息发布，推进网络购票景区覆盖率，推动错峰旅游。推动游客服务中心等旅游公共服务转型升级。扩大国际旅游免签覆盖率，提高通关便捷度，提升旅游服务国际化水平。推广旅游执法与公安、法律服务、人民调解等管理和服务协同，完善旅游申诉处置机制。

（五）深入实施文化遗产保护、利用和传承工程

构建以政府为主导、全社会参与的大保护格局，加大文化遗产保护力度，提升活化利用效率，让文化遗产焕发当代活力，让文化记忆历久弥新。制订实施《关于加强文物保护利用改革的实施意见》，构建文物保护利用新体制新机制。制订出台《关于推进革命文物保护利用工程（2018—2020 年）的实施意见》，盘活用好革命文物资源，统筹保护利用与红色旅游发展，推出一批纪念中华人民共和国成立 70 周年主题展览和活动。2019 年确保良渚古城遗址申遗成功。推进海洋文物考古工作。继续实施"拯救老屋行动"项目，推进传统古村落保护。实施出土文物移交专项行动计划。坚守文物安全底线，严打文物犯罪。推进"互联网＋中华文明"三年行动计划，加大以物质和非物质文化遗产为支撑的优秀传统文化研究阐释、传播和滋养工作。加大古籍保护工程实施力度。坚持"见人见物见生活"，以文旅融合为重点，构建非遗科学保护新格局。加强分类精准指导，对濒危的非遗项目实施抢救性保护，对具有市场前景的非遗项目，实施生产性保护，对非遗集聚区实施整体性保护。加强非遗保护四大体系建设，每项非遗项目保护地，都要明确指标体系、政策体系、工作体系、评价体系，一项一方案，抓好落实。加强对社会文物引导和管理，发挥好社会力量参与文物保护和利用工作的积极性。加强地方文博人才队伍建设，提高保护利用能力与事业发展匹配度。

（六）高质量高水平培育双万亿主导型产业

深化供给侧结构性改革，实现文化产业和旅游产业增加值增速不低于全省生产总值增速，力争分别达到 10％、8％左右。加强行业指导，加强产业政策法规体系建设，研究出台文旅产业融合发展政策性文件，重点推出海洋旅游发展行动计划并组织实施。实施文化旅游千亿投资促进工程，搭建文化和旅游投融资平台，提供供需见面优质服务，推进项目投资。试行省、市、县（市、区）共同筹设 1000 亿规模的文化和旅游融合发展产业投资基金。加强产业平台建设，建设一批生态旅游文化产业园等文旅产业基地、产业园和特色产业集群，推动转型升级，发挥好集聚效应。争创浙皖闽赣国家生态旅游协作区；加快培育省级文旅特色小镇。积极壮大市场主体，设立风投基金、产业孵化基地，启动文旅系统"凤凰行动""雄鹰行动""雏鹰行动"，加大对龙头示范企业支持力度，启动培育 1000 家成长型文旅企业，推动文化和旅游企业在上海科创板上市。加大市场开发力度，提高跨省推介会质量，加大"诗画浙江"宣传推广力度；整合办好第 14 届中国（义乌）文化产品交易会、第十一届中国国际旅游商品博览会，举办国际海岛旅游大会博览会、浙江旅游交易会等；支持宁波创建国家文化与金融合作示范区；探索开展文旅消费试点示范，举办全省文化和旅游消费季，打好推广"百县千景""百县千碗"美景美食系列组合拳，培育新型消费模式；拓展欧美

旅游市场,积极发展对外文化贸易。加强宏观研判,探索建立文化和旅游经济形势运行分析制度,提供及时、高效的产业决策服务。

(七)不断挖掘、开发和丰富文化和旅游产品供给

以资源普查为先导,以创新转化为抓手,以品牌建设为重点,丰富优秀文化产品和优质旅游产品供应链。落实文化资源普查工程,开展旅游资源普查试点,摸清家底;大力推进之江文化中心、世界旅游联盟总部、新时代文化艺术创研基地等重大项目建设。以市场化机制促进文旅产品开发,大力培育文化创意产品和旅游商品品牌;着力开发高质量的动漫、网络音乐、数字艺术等新型文化产品,加大传统工艺品、非遗衍生品等文创产品开发力度,扩大文化供给;编制全省旅游演艺事业发展规划,谋划与景区景点相吻合的舞台艺术精品,办好首届浙江省旅游歌曲创作演唱大赛,开展年度优秀旅游演艺项目评选工作,试行省级专业赛事进旅游景区;签约打造一批旅游演艺精品项目,推出一批艺术与科技融合示范项目。扩大旅游产品供给,在完成"诗路文化带"规划的基础上,加快文化旅游线路串珠成链,着力抓好"四条诗路"重大文物保护展示项目和千万级核心景区建设,建设"十个区域文化高地""百个特色文化明珠";加快长江国际黄金旅游带、浙西南生态旅游带建设。高质量推进全域旅游建设,推进国家全域旅游示范省建设,鼓励各地创造条件推进省级全域旅游示范县(市、区)建设,逐年提高示范省建设实现度,

实施动态管理,对建设进度慢的示范县(市、区)实施"黄牌警告",推动点上示范、面上覆盖;推进百城千镇万村景区化建设,实现城镇景区化、村村成风景,形成"一户一处景、一村一幅画、一镇一天地、一县一风光"的全域大美格局;启动良渚等国家文化公园创建前期工作;深入推进旅游风情小镇和文化旅游类特色小镇创建,制订并实施《浙江省乡村民宿提质富民三年行动计划(2020-2022)》,创建20家左右省级旅游风情小镇,认定150家精品民宿。印发并实施红色旅游三年行动计划,指导嘉兴等市创建首批全国红色旅游示范城市,指导推进遂昌王村口镇、余姚梁弄镇、三门亭旁镇等争创国家红色旅游示范小镇。

(八)进一步强化市场监管

简政放权与规范管理并举,适时将部分文化和旅游市场行政许可事项权限下放到市、县(市、区)文化和旅游行政部门。进一步优化审批流程,精简审批环节,压缩审批时限,推进事中事后监管,强化监管责任。深入推行旅行社"证照分离"业务。全面推行文化市场分级分类监管机制和黑名单、红名单、警示名单管理制度,建立文化和旅游诚信体系,线上线下结合,加强对新业态、新主体、新群体的引导、服务和管理,保障文化和旅游市场健康有序发展。整合组建执法队伍,推动全省文化市场指挥监控中心建设。以中华人民共和国成立70周年等重要时节为重点,突出属地管理职责,落实主体责任,加强对网络文化市场、"不合理低价游"等的监管,全力打造放心消费的文

旅市场环境。特别是涉及文旅领域的扫黑除恶及网络赌博专项整治工作,要抓紧抓实。

(九)持续打造国际和对港澳台合作交流新品牌

聚焦特色品牌,打开全球视野,拓展平台渠道,以旅游为载体,用独具地方特色和文化内涵的浙江语言,输出浙江的文化。实施"中华(浙江)文化友好使者"计划,为在浙外国友人和留学生开展文化服务。在金华、青田、义乌等地积极打造国际人文交流基地;发挥好浙籍侨胞侨团、海外发展企业、外资进出口企业等的作用,深化"万家海外中餐馆 同讲浙江好故事"品牌项目,打造我省特有的文化传播新渠道和旅游合作新平台。树立精品意识,继续培育"浙江文化节"等传统品牌。积极借助"欢乐春节"、中俄建交70周年、中美建交40周年等重要节点、重要平台开展文旅交流活动,办好"万人游非洲"大型文旅交流活动。大力提振入境旅游,瞄准欧洲、美洲、东亚及东南亚市场开展精准营销;与全球知名旅游UGC平台(UGC:网络术语,用户生成内容)等合作,邀请全球知名摄影师走进浙江,实施文旅"金名片"海外推广。推动港澳台文旅双向流动,认真完成承办文化和旅游部内地与港澳文化界大型交流、举办澳门回归20周年非遗展示、落实"华夏文明·薪火相传"台湾青年大陆游学等活动。

(十)深化改革和强化保障取得新成果

一是坚持改革创新,催生文化建设和旅游发展新动能。以"最多跑一次"改革撬动全面深化改革,加快推进政府数字化转型,

推动"最多跑一次"改革向纵深发展,下好高质量发展先手棋。深化文化旅游市场综合执法改革,高质量完成改革任务。以打造浙江省文旅融合 IP 工程为抓手,推进浙江成为全国首批文化和旅游融合创新发展先行区。以人事和收入分配制度改革为突破点,深化院团改革。推进浙江小百花越剧院、浙江京昆艺术中心内部管理体制改革,组建成立浙江省演艺集团。积极稳妥推进经营性事业单位转企改制和国有文化企业改革工作。推进省级艺术节、艺术比赛永久落户有条件的市、县(市、区),充分调动地方积极性,促进地方艺术事业发展。深化办学体制,推进构建校团、校企、校地合作办学新模式,3 所高校选择基础较好的学科、专业重点打造,加快成为国内同类院校制高点。坚持共建共享,深化治理体系改革,推动和引导社会力量参与文化建设和旅游发展。二是强化基础保障。持续加强干部队伍建设,培养造就一支具有铁一般信仰、铁一般信念、铁一般纪律、铁一般担当的文旅干部队伍。推进人才队伍建设,开展文化和旅游领域领军人物遴选工作,实施"111"人才计划和舞美、灯光、化妆、服装设计等"艺术名匠"培育工程。实施"未来艺术家"培养项目,继续实施青年艺术人才培养"新松计划"、文博人才"新鼎计划"。深化人才培育模式改革,推进大中小学一体化特殊艺术人才培育标准的衔接和标准化课程的开发建设。组织开展文旅管理、文艺业务骨干、文化市场综合执法人员、导游等各类人才培训,多方面培养优秀人才。建立完善文

旅智库,加强理论研究和智力支撑。提升财务保障水平,改革财会管理体制机制,提高预算编制科学性和执行率。发挥科技支撑作用,组织实施重点研发项目协同攻关,推动成果转化。

三、关于 2019 年需要重点突破的工作

全面推进"文化浙江""诗画浙江"建设,必须保重点、抓关键,提纲挈领,纲举目张,实现突破。以下 10 个重点工作,必须花大力气予以重点推进:

(一)确保良渚古城遗址申遗成功

按照今年申遗的节点安排,结合 2018 年 9 月份国际专家现场评估反馈情况、11 月份与国际古迹遗址理事会及世界文化遗产公约缔约国的沟通情况,全力完善良渚古城遗址申遗后续工作,确保申遗成功。提前谋划申遗成功后的宣传推广工作。

(二)扎实推进"富民强省十大行动计划"的落实

省委、省政府"十三五"期间重点实施的十大行动中,"传承发展浙江优秀传统文化行动计划"由我厅牵头负责,要抓紧编制 2019 年投资计划,推进项目计划落地见效,2019 年完成项目总投资 25%;创新经费投入模式,公益类项目争取财政投入,经营性项目引入社会资金,走市场化建设的路子。每个项目都要建立指标体系、工作体系、政策体系、评价体系。其他行动计划涉及由我厅负责的文旅项目,要创造条件积极推进,特别是"四条诗路"建设,加大统筹力度,按照工程化、项目化、品牌化的思路,在完成规划的基础上立项建设,一个项目一个项

目推进,一步一个脚印向前,砌砖成墙、集腋成裘,久久为功。

(三)推进政府数字化转型

制订实施《浙江省数字文旅建设行动计划(至 2022 年)》,以合并、连通、顺畅三大步骤,全力推进文旅数字化转型,加快形成一中心文旅数据支撑、一站式文旅公共服务、一体化文旅市场监管、一网式文旅品牌推广、一张卡体验"诗画浙江"目标。2019 年组织实施一批文旅数字化转型示范工程,到年底,实现掌上办公和掌上办事;文旅数据资源采集率 95% 以上,实现数据资源 100% 全共享、网上办事 100% 全开通;政务办公、市场执法监管、文旅公共服务等领域数字化转型实现融合及闭环服务。

(四)深化文化市场综合行政执法改革

牵头制订实施浙江省《关于进一步深化文化市场综合执法改革的实施意见》,整合组建全省统一的文化市场综合执法队伍,厘清执法项目,完善制度规范,健全工作机制,加强能力建设。市、县(市、区)文化和旅游行政部门要根据中央和省委机构改革精神,明确任务目标,制订时间表、路线图,加快执法机构设立、人员转隶,完成文化市场综合行政执法改革。各地要重点把握好 3 个方面:一是把握统一性,文化市场综合行政执法队伍统一行使文化、文物、出版、广播电视、电影、旅游市场行政执法职责,在此基础上,各地可以结合实际,增加执法职能和范畴;二是处理好监管和执法关系,执法从"诉转案"开始,负责立案、调查、定性、处理等环节,涉及刑事责任及时移交司法部

门;三是保持稳定,机构改革和日常执法两不误,推进改革进程的同时确保日常执法不受影响。

(五)基本实现公共文化服务标准化

确保公共文化服务标准化完成度达90％以上。完成10个重点县(市、区)、107个重点乡镇、1230个重点村的公共文化服务"十百千"工程。推进"五个百分百"建设,即:100％的市、县(市、区)完成规定场馆建设要求;100％的市、县(市、区)建有城市书房,完成县级图书馆、文化馆法人治理结构改革和图书馆分馆建设任务;100％的乡镇(街道)建有省定三级以上综合文化站、按要求组建乡村"三团三社";100％的省级中心镇和5万人以上的乡镇(街道)落实文化下派员制度、建有县级文化馆分馆;100％的农村文化礼堂按照省定标准规范运行。

(六)加大全域旅游示范区创建力度

创成首批国家全域旅游示范区是我们的努力目标。修订省级全域旅游示范县(市、区)创建指南,加大对文旅融合导向力度,继续创建一批省级全域旅游示范县(市、区),鼓励有条件的县(市、区)积极申报。全面贯彻落实乡村振兴战略和"大花园"建设行动计划,在全域旅游大背景下,省委、省政府启动"百千万"工程,推进"万村景区化"和A级景区县城、小城镇建设,即2021年底前建成10000个A级景区村庄(其中3A级1000个,建成10个乡村旅游集聚区),到2022年建成1000个A级景区小城镇(乡镇、街道)、100个A级景区县城(城区)。2019年新增A级景区村庄

不少于2000个,其中:3A级及以上不少于200个;启动A级景区小城镇、县城建设。加大5A级旅游景区和国家级旅游度假区争创力度,新增分别不少于1家。加快发展海洋旅游,积极打造一批邮轮游艇、海港渔村、主题旅游岛和渔家民宿等特色海洋旅游业态;完善旅游配套设施,启动推出浙东沿海海上旅游线路。以上都是推进全域旅游涉及的具体重点工作。随着大众旅游时代的到来,全域旅游示范县(市、区)创建是难得的机遇,是"人人成园丁、处处成花园"的有力抓手,要高起点规划、高标准建设,努力开创全域旅游工作新局面。

(七)打造文化和旅游融合发展IP工程

IP原意为知识产权,也是一个品牌,文旅融合IP可以以一个产品、一处景点、一条旅游线路、一个区域(特色小镇)、一个平台为着力点谋划打造,以文化内容为切入点,通过IP打造提升文旅产品品质和影响力。打造文旅IP,第一要有IP名称和LOGO。第二要有核心的文化元素,挖掘IP标志物的文化资源,阐释文化内涵,提炼文化价值,讲好产品文化故事。第三要围绕主打IP品牌,开发衍生品、形成产业链,实现IP消费变现。第四要加大宣传推广,线上线下结合、政府社会合力,形成IP流量集聚力和辐射力。第五要提供政策支撑。文化多元的区域或景区,要提炼核心文化,形成主打品牌,要注重文脉挖掘和机理梳理,以文脉和机理为依据形成产品链。下一步,省里还要出台实施意见,开展经验交流和品牌评选活动,启动打造

100个左右文旅融合发展品牌IP,其中10个为省级IP。

(八)搭建文化和旅游投融资平台

全面实施全省文化和旅游项目评估引导和入库管理,建立信息发布和推介机制,举办大型"路演"活动,及时推进供需见面,做好服务,引导民营企业家在浙江投资创业。2019年要精心包装推出不少于50个、每个项目50亿元以上的大型文旅招商项目。

(九)做实做好"百县千碗"品牌

打造"诗画浙江·百县千碗"主题IP,制定"百县千碗"品牌入选标准。在杭州建立"百县千碗"美食特色小镇或美食一条街,在其他设区市建立美食园,在县(市、区)开设美食店。引导培育一批"百县千碗"放心消费场所并予以认证授牌。开展"百县千碗""五进"活动,即进100个A级景区、100家旅游企业(饭店)、100所大中学校、100个政府机关食堂、10个高速服务区。认定10名左右"百县千碗"旅游美食大师;评定100名左右浙江旅游美食工匠;培育1000名旅游美食守艺人;培训10000名从业者。实施"百县千碗"厨师持证上岗制度。将"百县千碗"旅游美食纳入全域旅游示范创建评定内容。

(十)启动实施"111"人才计划

选定10位中青年名编、10位中青年名导、10位中青年名角培育对象。通过资助艺术创作实践、打造艺术创新团队、量身定制剧目、举办个人艺术专场、出版个人专辑专著、推荐参加重要艺术比赛展演、媒体个人专访等多种方式

予以支持,使拔尖人才不断涌现。同时,实施舞美、灯光、化妆、服装设计等"艺术名匠"培育工程。

四、关于做好 2019 年工作的几点要求

中国特色社会主义进入新时代。随着全省机构改革任务全面完成,文化和旅游工作进入了一个全新发展时期。立足新方位、锚定新坐标、肩负新职责、展现新风貌、开拓新局面,文化和旅游工作大有希望,文化和旅游工作者大有可为。全面完成 2019 年的重点工作任务和要求,要求我们必须做到以下几点:

(一)要践行"三服务"抓落实

开展"三服务",是深入贯彻习近平总书记对浙江工作重要指示精神,推进"'八八战略'再深化、改革开放再出发"的具体行动,是推动 2019 年工作任务落实的有效手段。要按照省委、省政府稳中求进总基调的要求,紧密结合"大学习、大调研、大抓落实"活动,牢固树立以人民为中心的发展思想,以"最多跑一次"改革为引领,省、市、县(市、区)3 级文旅部门要结合工作实际,把年度工作转化成"服务企业、服务群众、服务基层"计划,奔着问题去,建立问题清单、落实清单、责任清单,通过更具针对性、有效性的帮扶措施,切实帮助文旅企业解决经营发展中的实际困难,切实呼应基层和群众关注的现实需求,不断激发企业的创业创新激情,不断提高群众的获得感和基层的工作活力。

(二)要创新思路抓落实

大力破解制约发展的体制机制障碍,让改革激发活力,让创新增添动力。文旅融合工作,大家都刚开始,都处在同一起跑线上。各地资源禀赋不同、情况千差万别,唯有发挥各地创新精神,才能闯出一片艳阳天。面对困难和问题,不能等、不能靠、不能要,"不为困难找理由,只为成功想办法",只要有决心、有毅力、有韧劲,办法总比困难多。

(三)要提质增效抓落实

新时代,加快文化建设和旅游发展,就是要坚持求真务实,察真情、说实话、出真招、办实事,下真功、求实效。增强执行力,力戒官僚主义、形式主义,说一件、干一件、成一件。为官一任、造福一方,争取在任期内实实在在在当地留下有印记的业绩。

(四)要依法行政抓落实

坚持依法行政,自觉用法治思维谋划思路,用法治手段破解难题。坚持民主集中制,坚持科学决策、民主决策、依法决策,切实推动事关群众切身利益、事关重大发展的工作任务有效落实。加强队伍建设,提高能力水平。坚持依法行政、文明执法、秉公办事,形成"办事不求人"的良好氛围,塑造清新文旅形象。

(五)要守牢底线抓落实

文化和旅游系统既是意识形态安全重要部门,也是安全生产重点领域。要始终绷紧安全这根弦,层层压实责任,牢牢守住政治底线和安全底线,为各项目标任务的落实创造安全和谐稳定的社会环境。要以管好各类阵地,严格项目、活动审核审批把关为抓手,落实、落细意识形态工作责任制;要以"万无一失、一失万无"的认识,紧盯公共文化机构运行、文物保护、涉外文旅活动等重点,健全隐患排查、风险预警、应急处置、整改落实等防控体系,坚决扛起安全生产的责任,牢牢把握安全底线。

省级文化和旅游系统工作总结表彰部署、党建和党风廉政建设工作会议

【概况】 2 月 11 日,省文化和旅游厅在浙江图书馆召开省级文化和旅游系统工作总结表彰部署、党建和党风廉政建设工作会议。会议表彰了 2018 年度先进单位(处室)和个人,回顾总结了省级文化和旅游系统 2018 年主要工作,部署了 2019 年重点任务。厅党组书记、厅长褚子育做工作报告。派驻纪检监察组组长王乐对纪检监察和党风廉政建设提出了具体要求。会议由厅党组副书记、巡视员傅玮主持,厅领导许澎、柳河、杨建武、刁玉泉、叶菁、卢跃东、任群、王淼、省文化和旅游厅、省文物局机关全体工作人员和厅属各单位领导班子成员参加会议。

2018年，省级文化和旅游系统深入贯彻落实省委、省政府和厅党组的工作部署，认真履职尽责，奋力实干担当，勇于创新开拓，圆满完成了各项目标任务，全省文化和旅游事业迈上新的台阶，呈现出6个新特点：一是干出了争先创优的新态势，各项文化和旅游发展指标持续走在全国前列；二是干出了全面繁荣的新局面，实现了事业建设和产业发展双轮启动、繁荣发展；三是干出了持续向好的新气象，传统文化保护利用、非遗文化传承发展、旅游资源开发建设一体推进；四是干出了以民为本的新风貌，基本公共文化和旅游服务体系不断完善，市场环境不断优化；五是干出了积极有为的新成效，文化交流、旅游推广、区域合作持续稳步推进，政府数字化转型取得创新实效；六是干出了文旅铁军的精气神，围绕加强党的建设和建设过硬队伍的目标，铸就了一支绝对忠诚、干事担当、干净自律、充满活力的文旅铁军。

会议指出，2019年全省文化和旅游工作概括为"1＋3＋10"，即1个目标，3个聚焦，10大任务。1个目标：2019年基本实现公共文化服务标准化，实现文化产业和旅游产业增加值高于全省生产总值增长预期，力争分别达到10％和8％左右，着力建设全国文化高地、中国最佳旅游目的地、全国文化和旅游融合发展样板地。3个聚焦：一是聚焦长三角文化和旅游高质量一体化；二是聚焦三大攻坚战；三是聚焦"富民强省十大行动计划"。10大任务：一是着力提升系统党建工作的质量和水平；二是着力推进全域型的文化和旅游融合发展；三是深化体制机制改革，着力激发文化和旅游融合发展新活力；四是推出一批精品力作，着力推动社会主义文艺繁荣发展；五是加强资源开发利用，着力提升文化和旅游产品供给质量；六是实施"标准化"工程，着力加快文化和旅游公共服务提质增效；七是加大文化遗产保护传承力度，着力推动中华优秀传统文化创造性转化、创新性发展；八是完善现代文化和旅游产业体系与市场体系，着力培育双万亿主导型产业；九是拓展国际和对港澳台合作交流渠道，着力讲好浙江故事；十是强化基础保障，着力支撑文化建设和旅游发展。

会议强调，2019年是中华人民共和国成立70周年，是决胜高水平全面建成小康社会的关键一年，也是开启文化和旅游深度融合发展的第一年。省级文化和旅游系统全体干部职工要认真对照信念过硬、政治过硬、责任过硬、能力过硬、作风过硬的要求，高举旗帜，全面加强党的建设；弘扬正气，营造风清气正的政治生态；闻令即行，发扬斗争精神，狠抓工作落实，以更加饱满的热情、更加昂扬的斗志、更加务实的作风，奋力谱写"文化浙江""诗画浙江"建设的新篇章，以优异的成绩迎接中华人民共和国成立70周年华诞！

会上，厅党组书记、厅长褚子育与厅党组成员逐一签订了2019年度厅党组成员党风廉政建设和履行意识形态工作责任书；会后，厅党组成员和分管厅属单位负责人签订了2019年度省级文化和旅游系统党风廉政建设和履行意识形态工作责任书。通过层层签署"军令状"，既完善了压力逐级传导、责任层层落实的党风廉政建设责任链条，也为全面践行"一岗双责"明晰了追责源头，夯实了纪律防线。

（省文化和旅游厅办公室）

在省级文化和旅游系统工作总结表彰部署、党建和党风廉政建设工作会议上的讲话

省文化和旅游厅党组书记、厅长　褚子育

（2019年2月11日）

同志们：

节后第一天，厅党组就召开省级文化和旅游系统工作总结表彰部署会议、党建和党风廉政建设工作会议，这既是延续多年来好的传统，更是出于对工作早布

局、早行动、早落实的考虑,动员全体干部迅速收心归位,拿出奋斗姿态,以新的状态、新的作风投入新一年的工作中,推动各项工作再上新台阶。刚才,我们表彰了一批先进单位和先进个人,签订了党风廉政建设责任书。在此,我代表厅党组,向刚刚受到表彰的先进集体和先进个人表示祝贺!希望你们在新的一年里再接再厉、再创佳绩,也希望其他单位和同志向先进看齐,拉高标杆,争先进位,干出新业绩,再做新贡献,共同推动文化和旅游事业开创新局面。下面,我讲3点意见:

一、真抓实干、开拓创新,过去一年发展取得了新成绩

一年来,省级文化和旅游系统深入贯彻落实省委、省政府和厅党组的工作部署,认真履职尽责,奋力实干担当,勇于创新开拓,圆满完成了各项目标任务,全省文化和旅游事业建设、产业发展迈上新的台阶。具体呈现"六个新"特点:

(一)干出了争先创优的新态势

去年,我们坚定文化自信,推动社会主义文化繁荣发展坚决有力,各项文化和旅游发展指标持续走在全国前列。从全国位次数据上看,去年有6个全国第一:全省4家企业入选第十届"全国文化企业30强",位居全国第一;全省新增国家二级博物馆10家、三级博物馆8家,至此全省国家三级以上博物馆总数达62家,位居全国第一;全省入选第五批国家级非遗代表性传承人74人,位居全国第一;我省1个案件获评2017—2018年度全国文化市场十大案件,5个获评重大案件,位

居全国第一;在中国国际旅游交易会暨中国国际旅游商品博览会上,我省获奖总数、金奖数、银奖数均为全国第一。从对标争先看,对标省级部门,把"拯救老屋行动"、乡村民宿发展两项工作有机融合申报的"万村景区化"项目,被评为2018年度省政府部门改革创新项目,在36个省政府部门申报项目中排名第九。对标全国各省(区、市),乡村民宿、乡村旅游工作领跑全国,文化和旅游部在湖州安吉召开全国发展乡村民宿推进全域旅游现场会,我省做典型发言;省文物局、省古建院参与实施的松阳"拯救老屋行动",成为全国经验加以推广;我省旅游风情小镇、民宿、A级景区等标准上升为国家标准;从竞争力看,实现两个"落户",世界旅游联盟总部落户萧山湘湖并启动建设,第四届中国越剧艺术节永久落户越剧故乡绍兴;"诗画浙江"旅游品牌成为全省"大花园"的统一品牌,在全国形成影响力;首批中国最佳民宿我省占比达50%;全省44个项目获国家艺术基金资助;全省在建旅游项目2024个,总投资1.3万亿元,其中超过100亿元的项目有17个。

(二)干出了全面繁荣的新局面

去年,我们一手抓事业,一手抓产业,勇攀高峰、精益求精,实现了事业建设和产业发展双轮启动、齐头并进、繁荣发展。文艺事业日益繁荣,原省文化厅艺术处精心组织浙江省纪念改革开放40周年展演、首届联合国地理信息大会、第五届世界互联网大会专场文艺演出,举办省第六届曲艺杂技魔术节。实施"文化暖冬

千百万计划",完成各类演出6931场。出台全省当代舞台艺术精品创作、舞台艺术创作重点题材扶持政策,涌现出了浙江歌舞剧院的《在希望的田野上》、浙江交响乐团的《良渚》、浙江小百花越剧院的《枫叶如花》以及浙江音乐学院的《钱塘江音画》等一批精品力作。舞剧《花木兰》获中国舞蹈荷花奖。浙江曲杂总团的《烟雨伊人》、浙江话剧团的话剧《新新旅馆》、绍剧《于谦传之两袖清风》获国家级奖项。厅属院团积极作为,担当有为,浙江京剧团的大型现代京剧《藏羚羊》全国巡演超千场;浙江小百花越剧团的"越学越有戏"活动获省政府"千村示范、万村整治"工程和美丽浙江建设突出贡献集体三等功;浙江省文化艺术研究院成立"浙江高腔联盟""浙江省民间职业剧团联盟";浙江美术馆策划"潘天寿展""水印千年"等系列重要展览;浙江话剧团积极实施舞台艺术精品"省地合作"模式;浙江昆剧团开创"三地联动"品牌,联动昆曲唱响全国。文旅产业日益繁荣。文化和旅游成为双万亿产业,产业增加值占GDP比重预计分别达到7.5%和7.8%左右,全省接待境内外游客6.9亿人次。原省文化厅产业处积极组织协调,举办第13届中国(义乌)文化产品交易会、浙江省暨杭州市文化消费季活动,文化消费额和交易额达62.05亿元。全年有4家企业被认定为国家动漫企业,5个动漫项目获中国文化艺术政府奖第三届动漫奖,获奖数占全国总量的1/4。新评定省级文化产业示范基地、文化旅游示范单位46个。全省在建旅游项目实际完成

投资 1802 亿元,长兴龙之梦、山水六旗等投资超百亿的重大文旅项目稳步推进。原省旅游局产业促进处积极培育多元化旅游产品和业态,评定"旅游＋"各类产业融合示范基地 90 余个,全年建成露营地 36 处,营位数 1993 个,牵头组织举办全国首届红色旅游经典景区年会和"心系红船 重走一大路"百万游客南湖行启动仪式,编制红色旅游发展三年行动计划,命名首批红色旅游教育基地 6 家,嘉兴南湖成为红色旅游的"金名片"。原省旅游局行业管理处实施饭店业品质提升行动,组织新评定星级饭店、特色文化主题饭店、绿色旅游饭店 58 家。

（三）干出了持续向好的新气象

去年,我们坚持保护利用、传承发展、开发建设一体推进,各项重点工作展现持续向好态势。传统文化保护利用持续向好,牵头实施由原省文化厅政策法规处为主起草并提交省政府发布的《浙江省传承发展浙江优秀传统文化行动计划》。省文物局文物保护与考古处牵头负责的良渚申遗取得实质性进展,通过国际专家现场考察评估。完成"四条诗路"沿线文化遗产资源调查并形成保护方案。全年组织实施考古调查勘探项目 109 项,考古发掘项目 47 项,尤其是省文物考古研究所考古发掘绍兴"宋六陵"、安吉龙山八亩墩等项目引人关注。省文物局博物馆处做好全省博物馆组织提升工作,杭州工艺美术博物馆获全国博物馆十大陈列展览精品奖;浙江省博物馆荣获国家一级博物馆运行评估"优秀"等次;中国丝绸博物馆成功复原国宝"五

星出东方利中国"锦;浙江自然博物院安吉馆建成试开馆,"恐龙大复活展"获评中国古生物学会"年度中国古生物科普十大进展";良渚博物院基本陈列改造完成后精彩亮相;省文物局文物安全处组织开展全省文物消防安全大检查大整治行动,得到了应急管理部、国家文物局现场督导组的充分肯定;省文物鉴定站多次承担国家层面的文物鉴定工作。非遗传承发展持续向好,原省文化厅非遗处研究出台《浙江省省级非物质文化遗产项目管理办法》。22 个项目入选第一批国家传统工艺振兴目录,公布首批浙江省传统工艺振兴目录。组织开展第二、三批国家级代表性传承人的抢救性记录工作、民间文化和民俗类国家非遗项目记录成果梳理和遴选工作。组织对我省列入人类非遗代表性名录的非遗项目开展"3＋N"保护行动。开展 2018"文化和自然遗产日"、非遗采风央媒浙江行等系列活动,浙江非遗影响力不断扩大。原省文物监察总队着力推动文物行政执法工作制度化、规范化,有 2 个案卷分获 2018 年度全国文物行政处罚十大案卷和优秀案卷。省非遗保护中心荣获"全国非物质文化遗产保护工作先进单位"。旅游资源开发利用持续向好。全力推进"诗画浙江"中国最佳旅游目的地建设,原省旅游局规划发展处积极争取省政府正式批复《浙江省全域旅游发展规划》,稳步推进国家全域旅游示范省和 19 家国家全域旅游示范区创建,认定省级全域旅游示范县（市、区）25 个。完成"四条诗路"黄金旅游带规划编制工作,启动丝绸、茶、瓷旅游

体验专线规划编制,其中丝绸专线规划已完成。培育 24 个省旅游产业类特色小镇。新入选国家 5A 级景区 1 家,省级旅游度假区 5 家。推进乡村旅游和民宿经济发展,认定 2 个省级乡村旅游产业集聚区,2640 个 A 级景区村庄,其中:3A 景区村庄 465 个。评出第二批 28 家省级旅游风情小镇,总数达 42 家。率先认定 122 家省级精品民宿,成立全国首个省级民宿产业联合会,发布国内首部民宿蓝皮书。联合发布 3100 条乡村旅游精品线路,评选 100 个"最美田园","大花园"建设成效日益凸显。

（四）干出了以民为本的新风貌

去年,我们以满足人民日益增长的文化需求为目标,不断完善基本公共文化和旅游服务体系,不断优化市场环境。坚持公共服务为民。原省文化厅公共文化处牵头加快推进公共文化服务标准化建设,形成 45 个覆盖省、市、县（市、区）的基本标准体系。全省完成《浙江省基本公共文化服务标准（2015—2020 年）》90% 以上指标的县（市、区）占比达 93.3%,实现度达 84%。加快公共文化服务"十百千"工程建设,全年累计投入 28.67 亿元,完成重点县（市、区）的 47 个提升项目和 63 个重点乡镇（街道）、991 个重点村建设任务。全年新建、改扩建景区厕所 2278 座,累计达 7784 座。浙江省博物馆等 187 家县级以上国有公共文化机构成立理事会,占比 53.9%。原省文化厅计财处通过勤奋工作使厅里成为 2018 年省财政管理绩效综合评价工作考核先进单位,牵头

组织实施省级文化系统基础设施建设,建成浙江小百花艺术中心,加快推进之江文化中心、新时代文化艺术创研基地建设。坚持公共文化惠民。加强乡镇综合文化站建设,全年新建农村文化礼堂3143家,送戏下乡2.58万场,送书下乡260万册次,送讲座、展览下乡5000场次,开展"文化走亲"1200场次。浙江图书馆推行"信用借阅",联合全省各市图书馆,为读者提供远程定制化借阅服务。省文化馆承办群文活动97项,开办12个艺术门类41个课程公益免费培训129期,推出农村文化礼堂菜单35项197场。坚持市场监管安民。原省文化厅文化市场管理处牵头组织,在全国率先开展"文化市场安全日"活动,印发加强文化市场"僵尸企业"处置、网络表演和网络游戏管理的指导意见,规范文化市场管理。开展全省文化市场监管"对标亮剑"行动,组织4次远程集中排查,检查网络文化企业14713家次。原省旅游质量监督管理所组织实施全省旅游市场秩序专项整治"利剑行动"。组织评定省级放心景区194家,省级优质旅游经典景区33家。实施景区、度假区退出机制,全年摘牌14家。规范旅游投诉受理,诉转案率100%,结案率98.45%。持续提升文明旅游素质,原省旅游局政策法规处组织实施,率先推行"文明出游革命"。坚持做优教育利民。浙江音乐学院正式成为艺术硕士专业学位研究生培养单位,顺利通过音乐与舞蹈学硕士点合格评估;获批3个新设自主招生专业;取得港澳台地区研究生招生资格,实现国际留学生招生

"零"的突破;数字音乐工程研究中心获批省级工程研究中心。浙江艺术职业学院被列为教育部第三批现代学徒制试点单位,《地方戏曲传承人群培养的"三联"模式》获2018年国家级教学成果二等奖,是全国同类院校中唯一一所连续3届获奖的学校。浙江旅游职业学院再次获评全国高职院校"国际影响力50强""服务贡献50强",国际化总体水平在全省高职高专院校中排名第一。浙江省乡村旅游应用技术协同创新中心获第二批省应用技术协同创新中心立项。

(五)干出了积极有为的新成效

去年,我们开拓创新、奋发有为,文化交流、旅游推广、区域合作持续稳步推进,政府数字化转型取得创新实效。主要有:文化交流有新成效。立足浙江特色,原省文化厅外事处精心拟订"一带一路"文化交流合作行动计划,全年实施对外文化交流项目1821起。组派16个艺术团,分赴16个国家30座城市开展96场"欢乐春节"活动。成功举办首届世界青瓷大会,指导服务龙泉市赴联合国总部举办青瓷艺术展。支持宁波市运营保加利亚中国文化中心。在约旦、法国等国举办"浙江文化节"。多方位推动对港澳台交流合作,实施对港澳台文化交流项目300余起,开展第十二届"台湾·浙江文化节——衢州文化周""情系钱塘·诗画浙江——两岸文化联谊行"、香港学生演艺夏令营、"2018港澳视觉艺术双年展(杭州站)"等活动,浙江文化的世界影响力逐年提升。宣传推广有新成效。原省旅游局市场开发处着力拓展境

内外旅游客源市场,全年赴德国、瑞士、加拿大、毛里求斯等国家开展境外旅游推介15场,在广州、深圳等地开展境内旅游推介37场。成功举办世界旅游联盟年会、2018中美旅游高层对话等重大活动。与德国石荷州、全球第一大综合旅游集团——德国途易集团开展战略合作。召开中国(宁波)-中东欧国家旅游合作交流会,举办中国国际旅游商品博览会和浙江(上海)旅游交易会。省文化和旅游信息中心创新开展"诗画浙江·百县千碗"活动,以县(市、区)为单位评出美食1000碗,成为浙江消费"金名片"。省旅游推广中心编印发行"诗画浙江"旅游宣传画册,成功举办百万游客走进阿克苏市和海西州等活动,持续打响"诗画浙江"品牌。区域合作有新成效。浙江、安徽两省签订战略合作协议,共推长三角地区高品质世界著名旅游目的地。牵头创建浙皖闽赣国家生态旅游协作区,努力争取上升为国家战略。主动融入长三角一体化战略,成功举办2018年江浙沪特色文化产业项目路演及对接会等系列活动。政府数字转型有创新成效。建成投用"诗画浙江"全域旅游信息服务系统,该项目纳入首批21个省政府数字化转型项目。在衢州等地实现省、市、县(市、区)3级数据互联互通,全省近50个市、县(市、区)建立旅游数据中心。浙江智慧旅游作为典型代表亮相首届"数字中国"建设成果展。搭建"浙江智慧文化云",有效推进省域范围内公共文化资源共建共享。

(六)干出了文旅铁军的精气神

去年,我们围绕加强党的建

设和建设过硬队伍的目标,铸就了一支绝对忠诚、干事担当、干净自律、充满活力的文旅铁军。党建工作全面加强。在原省文化厅、原省旅游局机关党委、机关纪委组织实施下,我们始终把党建工作作为统领,深入学习贯彻习近平新时代中国特色社会主义思想,坚决落实管党治党主体责任和监督责任,坚决落实意识形态责任制,强化各类文化阵地管理,守牢安全底线;扎实开展"两学一做"学习教育活动,引导全体党员干部坚定政治站位、政治立场、政治方向,树牢"四个意识",坚定"四个自信",切实做到"两个维护"。在原省文化厅办公室、原省旅游局办公室、省文物局综合处牵头精心组织下,扎实推动299项整改措施落地,完成了省委巡视88个问题的整改;配合省审计厅完成原省文化厅2017年预算审计和经济责任审计,并基本完成整改。积极开展"大学习、大调研、大抓落实"活动。严肃党内政治生活,加强党风廉政建设,强化作风建设,系统上下保持奋发有为的精神状态。机构改革全面到位。在厅党组领导下,原省文化厅人事处、原省旅游局人事教育处和全体同志共同努力,提前顺利完成机构改革任务。加强顶层谋划,制订《浙江省文化厅关于全面深化文化体制改革的意见(2018—2022年)》。省级文化和旅游领域办事事项全部实现"最多跑一次"。省属院团改革进一步深化,新远集团积极推进企业内部机制转换,"腾笼换鸟、凤凰涅槃"速度加快。自贸区文旅服务和监管模式改革得到有益探索。人才建设全面提升。建立厅领导联系人才专家制度,持续开展"拔尖人才"培养,依托厅属高校开展紧缺文旅人才培养工程。2018年新增中宣部"四个一批"人才2人,省级各类人才10人;命名培育27个创新团队和39名优秀专家;引进高层次人才56人。探索实施"点睛"计划、未来艺术家培养计划,实施"名家传戏""旅游业青年专家"项目,定向扶持一批中青年编剧、导演、作曲等的创作实践活动。省本级培训基层文化人员5000多人,市、县(市、区)培训20多万人。开展"耕山播海""送教下乡",面向全省欠发达县培训4万多人次。

回顾过去的一年,成绩来之不易。这归功于省委、省政府的正确领导和文化和旅游部的大力支持;归功于原省文化厅和原省旅游局历届领导班子和离退休老同志接续奋斗打下的坚实基础;归功于省级系统干部职工上下同欲开拓进取。在此,我代表厅党组向大家,并通过大家向全体干部职工表示衷心的感谢!文化和旅游系统的每一位同志,都必须坚决维护好、巩固好历届领导班子和系统同志打下的坚实基础,坚决呵护好、发展好全省文化和旅游工作来之不易的良好局面。

二、全力实施"1+3+10"工程,尽心竭力推动2019年文化和旅游工作迈上新台阶

2019年,全省文化和旅游工作可以概括为"1+3+10",即1个目标,3个聚焦,10大任务。

1个目标:2019年基本实现公共文化服务标准化,实现文化产业和旅游产业增加值高于全省生产总值增长预期,力争分别达到10%和8%左右,着力建设全国文化高地、中国最佳旅游目的地、全国文化和旅游融合发展样板地。

3个聚焦:一是聚焦长三角文化和旅游高质量一体化。推进签订3省1市文化和旅游交流合作协议,推动长三角地区在制度建设、标准统一、市场准入、执法协作等方面迈出实质性步伐。推动文化和旅游企业在上海科创板上市。推进正式设立浙皖闽赣国家生态旅游协作区。谋划文旅重点项目纳入长三角一体化规划。二是聚焦三大攻坚战。推进文化和旅游事业产业区域均衡发展,《全面实施乡村振兴战略高水平推进农业农村现代化行动计划(2018—2022年)》文旅项目完成度实现30%,为进一步扩大就业,为低收入农户增加收入做出应有贡献。完成省委、省政府交办的文化和旅游新一轮扶贫协作和对口支援任务,省内帮扶地区仙居实现低收入农户达到7500元/人的脱贫比例超过30%。制订生态文化建设和旅游发展行动计划并组织实施,积极打造生态文化、生态旅游。加强风险管控,全力防范文化和旅游企业金融风险、债务风险。三是聚焦"富民强省十大行动计划"。在完成规划基础上,编制"富民强省十大行动计划"2019年文化和旅游项目投资计划,完成项目总投资不低于25%。

围绕年度目标和重点任务,以10个着力完成10大任务:

(一)着力提升系统党建工作的质量和水平

扎实组织开展政治理论学习,以党的政治建设为统领,学通弄懂习近平新时代中国特色社会主义思想,牢固树立"四个意识",

始终坚定"四个自信"，坚决做到"两个维护"。落实系统意识形态责任制"一岗双责"，发挥文化和旅游积极作用，主动弘扬社会主义核心价值观、红船精神、浙江精神，同时在坚守文化阵地、铸牢安全底线上主动担当作为。加强党风廉政建设，深入实施省级文旅系统"1＋10＋N"党风廉政建设制度体系；扎实巩固省委巡视和经济责任审计整改成果。健全问题发现机制，把问题解决在萌芽状态初始阶段；继续保持党风廉政建设和反腐败斗争高压态势，打造风清气正的政治生态。加强作风建设，完善民主集中制，坚持斗争精神，力戒形式主义、官僚主义。加强基层党建，以"大学习、大调研、大抓落实"彰显党建工作成效；着力推进"三服务"活动深入实施，坚持问题导向、效果导向，不断提升服务企业、服务基层、服务群众的水平。

（二）着力推进全域型的文化和旅游融合发展

开展文化和旅游资源普查。召开全省文化和旅游融合发展大会，出台《推进文化和旅游融合发展的实施意见》，大力推进理念融合、职能融合、产业融合、市场融合、服务融合、交流融合。推行建立部省共建、省市（县、区）共建机制，启动打造100个文化和旅游融合发展"金名片"工程，其中10个成为国家级"金名片"，推进各地将传统文化资源转化为旅游开发项目，将传统文化元素植入旅游产品，新的资源以文旅融合的思路加以开发，不断提升产品质量和服务水平。指导浙江音乐学院、中国丝绸博物馆等创建文旅融合型高等级景区。

（三）深化体制机制改革，着力激发文化和旅游发展新活力

深化"最多跑一次"改革，加快文旅领域综合性改革向纵深推进；深入推进政府数字化转型，努力实现掌上办公、掌上办事。争取成为全国首批文化和旅游融合改革创新先行区，打造浙江省文化旅游IP工程，启动打造100个左右文旅融合发展品牌IP，其中10个为省级IP，促进文旅业转型升级。部省共建、省市（县、区）共建，调动方方面面积极性，增强发展活力。组建成立浙江省演艺集团，使其成为全省演艺业龙头企业。积极稳妥推进经营性事业单位转企改制和国有文化企业改革工作。深化办学体制，构建校团、校企、校地合作办学新模式，3所高校选择基础较好的学科、专业重点打造，加快成为国内同类院校制高点。

（四）推出一批精品力作，着力推动社会主义文艺繁荣发展

扶持推出10个舞台艺术创作重点题材项目和5部左右当代舞台艺术精品创作扶持剧目。抓好民族歌剧《红船》、交响乐《祖国畅想曲》、话剧《青山绿水——余村轶事》、京剧《渡江侦察记》等重点剧目的创作。精心组织好庆祝中华人民共和国成立70周年、庆祝澳门回归20周年、第六届世界互联网大会专场文艺演出。推进省级艺术节、艺术比赛永久落户有条件的市、县（市、区）。编制全省旅游演艺事业发展规划，大力推进表演艺术进乡村进校园进景区，办好首届浙江省旅游歌曲创作演唱大赛。推动传统戏剧发展"五个一"计划，举办第十四届浙江省戏剧节，推进浙江艺术职业

学院与传统戏剧保护项目地开展校地合作、联合办学。命名100个戏曲之乡。继续加强美术工作，启动打造100个美丽乡村美育村，10个美育样板村。

（五）加强资源开发利用，着力提升文化和旅游产品供给质量

大力推进之江文化中心、新时代文艺创研中心等重大项目建设。在开展文化和旅游资源普查基础上，谋划新业态新产品，垦荒浙江海洋文化旅游黑土地。着力开发高质量的动漫、网络音乐、数字艺术等新型文化产品，加大传统工艺品、非遗衍生品等文创产品开发力度。高质量推进全国全域旅游示范省建设，新增5A景区、国家旅游度假区各不少于1家，A级景区村庄超2000个。着力抓好"四条诗路"千万级核心景区建设，建设"十个区域文化高地""百个特色文化明珠"。制订并实施《浙江省乡村民宿提质富民三年行动计划（2020－2022）》，新创建20家左右省级旅游风情小镇，认定150家精品民宿。印发并实施红色旅游三年行动计划，指导推进首批全国红色旅游示范城市和国家红色旅游示范小镇创建工作。

（六）实施"标准化"工程，着力加快文化和旅游公共服务提质增效

制订《浙江省文化和旅游标准化建设行动计划（2019－2022）》，并组织实施。力争我省风情小镇、红色旅游示范城市、示范小镇标准正式成为国家标准。完成公共文化服务"十百千"工程，促进全省95％以上的县（市、区）完成指标任务，基本实现公共文化服务标准化。新增农村文化

礼堂3000家,印发《农村文化礼堂服务规范》,大力提升农村文化礼堂服务效能。组织开展百城联动"歌唱祖国"等群众文化活动。新建和改扩建旅游厕所1600座。以评促建,开展"品质旅游年""品质生活旅游文化周"活动,评选一批省级放心景区、星级旅行社、品质服务饭店,评定一批文明旅游先进县(市、区)、文明旅游示范单位和最美旅游人,提升服务水平、质量,营造良好旅游环境。加大"诗画浙江"全域旅游信息服务系统推广应用。做好带薪休假服务,完善旅游信息发布,推进网络购票景区覆盖率,推动错峰旅游。推动游客服务中心等旅游公共服务转型升级。扩大国际旅游免签覆盖率,提高通关便捷度,提升旅游服务国际化水平。推广旅游执法与公安、法律服务、人民调解等管理和服务协同,完善旅游申诉处置机制。

(七)加大文化遗产保护传承力度,着力推动中华优秀传统文化创造性转化、创新性发展

制订实施《关于加强文物保护利用改革的实施意见》《关于推进革命文物保护利用工程(2018—2020年)的实施意见》,推出一批纪念中华人民共和国成立70周年主题展览和活动。全力冲刺良渚古城遗址申遗工作,确保申遗成功。着力抓好"四条诗路"重大文物保护展示项目。启动海洋文物考古工作。继续实施"拯救老屋行动"项目,推进传统古村落保护。坚守文物安全底线,严打文物犯罪。推进"互联网＋中华文明"三年行动计划。坚持"见人见物见生活",以文旅融合为切入点,构建非遗科学保护新格局。加强分类精准指导,

对濒危的非遗项目实施抢救性保护,对具有市场前景的非遗项目,实施生产性保护,对非遗集聚区实施整体性保护。加强非遗保护四大体系建设,每项非遗项目保护地,都要明确指标体系、政策体系、工作体系、评价体系,一项一方案,一事一评估,实实在在抓好落实。遴选100个项目先行试点,推进传统文化资源文化元素转化为旅游产品。

(八)完善现代文化和旅游产业体系与市场体系,着力培育双万亿主导型产业

实现文化产业和旅游产业增加值增速不低于全省生产总值增速,力争分别达到10％、8％左右。研究出台文旅产业融合发展政策性文件,谋划实施存量文旅产业升级,开发海洋旅游、打造数字文旅,形成新的增长点。实施文化旅游千亿投资促进工程,搭建文化和旅游投融资平台,推进项目投资。试行省、市、县(市、区)共同筹设1000亿规模的文化和旅游融合发展产业基金,启动文旅"凤凰行动""雄鹰行动""雏鹰行动",培育1000家成长型文旅企业。加强产业平台建设,建设一批生态旅游区、文化产业园区等文旅产业基地、产业园和特色产业集群;加快培育省级文旅特色小镇。建立促进文创产品开发新机制,丰富消费产品,打好推广"百县千景""百县千碗"美景美食系列组合拳,扩大文旅市场消费。提高跨省推介会质量,整合办好第14届中国(义乌)文化产品交易会、第十一届中国国际旅游商品博览会等。探索建立文化和旅游产业运行分析制度。简政放权与规范管理并举,适时将部

分文化和旅游市场行政许可事项权限下放到市、县(市、区)。进一步优化审批流程,精简审批环节,压缩审批时限,推进事中事后监管,强化监管责任。以中华人民共和国成立70周年等重要时节为重点,突出属地管理职责,落实主体责任,加强对网络文化市场、"不合理低价游"等的监管,全力打造放心消费的文旅市场环境。抓紧抓实涉及文旅领域的扫黑除恶及网络赌博专项整治工作。

(九)拓展国际和对港澳台合作交流渠道,着力讲好浙江故事

突出浙江传统文化特色和时代特征,突出品牌项目,突出在浙外国友人和留学生人群,开展文化传播工作,增强对外交流与合作针对性和有效性。在义乌、高校等外国友人、留学生聚集地区、单位,试行实施"中华(浙江)文化友好使者"计划。在金华、青田、义乌等地积极打造国际人文交流基地;发挥好浙籍侨胞侨团等作用,讲好浙江故事。树立精品意识,继续培育"浙江文化节"等传统品牌。积极借助"欢乐春节"、中俄建交70周年、中美建交40周年等重要节点、重要平台开展文旅交流活动。办好"万人游非洲"大型文旅交流活动。推进世界旅游联盟总部建设,加强对外文旅战略合作。大力提振入境旅游,瞄准欧洲、美洲、东亚及东南亚市场开展精准营销。推动与港澳台地区文旅双向交流,认真完成承办文化和旅游部内地与港澳文化界大型交流、举办澳门回归20周年非遗展示等活动。

(十)强化基础保障,着力支撑文化建设和旅游发展

指导推动浙江音乐学院、浙

江艺术职业学院、浙江旅游职业学院加强学科专业建设,深化人才培养模式改革,推进校团合作、产学研合作、校地合作,全面提升教学质量和办学水平。启动100位文化和旅游"未来艺术家"培育工作。启动实施"111"人才计划,选定中青年名编、名导、名角各10名重点打造。启动舞美、灯光等"艺术名匠"培育工程。建立完善文旅智库。改革财会管理体制机制。

三、全面加强党风廉政建设,为全省文化和旅游实现更高质量发展提供强有力的保障

2019年,是中华人民共和国成立70周年,是决胜高水平全面建成小康社会的关键一年,也是开启文化和旅游深度融合发展的第一年。新的一年,要认真对照信念过硬、政治过硬、责任过硬、能力过硬、作风过硬的要求,提振精气神,增强责任心,集中精力抓落实,一门心思干事业,在平凡的岗位上干出不平凡的事业。

(一)高举旗帜,全面加强党的建设

要高举习近平新时代中国特色社会主义思想伟大旗帜,以高度的思想自觉、政治自觉、行动自觉,承担起"举旗帜、聚民心、育新人、兴文化、展形象"的使命任务。要强化理论武装,围绕"三个地"宝贵资源,全面推开"学习强国"平台试点工作,组织开展"十名处长设论坛,百名书记上党课,千名党员谈体会"活动,增强大家干事创业信心和自觉;要强化阵地建设,落实系统意识形态责任制"一岗双责",在推进文旅融合、课程思政、文艺创作等日常工作中,把弘扬社会主义核心价值观、浙江精神、红船精神放在首位,履行好岗位职责;同时,在坚守文化阵地、铸牢安全底线上主动担当作为。加强基层党建,把增强基层党组织和党员战斗力作为基层党建根本点和出发点,突出围绕中心工作抓党建,以"三服务"作为今年"大学习、大调研、大抓落实"有效抓手,彰显党建工作成效。继续推进"六强六规范"支部建设工作,开展"堡垒指数""先锋指数"评价,夯实党建工作基础。

(二)弘扬正气,营造风清气正的政治生态

风清气正的政治生态,对于全省文化和旅游事业和谐健康运行至关重要。我们讲的和谐,不是无组织无纪律的一团和气,而是要树正气、转作风、明纪律、讲团结。要树正气。树正气,对于一个单位来说,关乎工作成败、事业兴衰;对于一个干部来说,关乎个人进步发展。新的一年,全厅上下要同心同欲,确保整个系统心齐气顺、风正劲足。要转作风。作风问题是个老生常谈的问题,也是一个常说常新的问题,更是一个至关重要的问题。这里我着重强调下工作作风问题,今年,厅党组要按照省委、省纪委统一部署,将推动干部工作作风大变革,以铁的手腕,整治和改变工作慢吞吞的问题,改变工作推诿扯皮、不负责任的问题,改变工作"一部分人干、一部分人看"的问题,整治干部队伍"庸懒散"现象,既鞭打快牛,更鞭打慢牛,把机关的中层干部、一般干部的工作积极性调动起来,全身心力投入新一年工作中。要明纪律。纪律是每个党员干部都不能逾越的"雷池"。全体干部要以党员的标准和要求,时时刻刻严格要求自己,在其位谋其政,在岗一天,贡献一天。要增强纪律意识、规矩意识,无论是讨论问题、谋划工作还是推动落实,都要更加自觉、更加严格地按照党的纪律和规矩来办,以强烈的纪律意识、严格的纪律执行保障中央和省委的决策部署在系统不折不扣地实施和落地。要讲团队。去年,我们之所以能取得显著的成绩,与机关上下团结协作,互相支持的良好氛围是分不开的。希望大家倍加珍视团结,精心维护团结,自觉加强团结,不断开创齐心协力、干事创业的新局面。处长们要树好"一面旗",以身作则、带头团结,带动处室干部团结共事、合作干事。厅机关各处室和厅属各单位要同划"一条船",坚决执行领导班子的集体决策,局部服从整体、下级服从上级,切实做到分工不分家,切实做到在职责上分,在思想上合,在工作上分,在目标上合,在权限上分,在力量上合,不断增强整个单位的整体战斗力。全体党员干部要拧成"一股绳"。一滴水,融入大海才能波澜壮阔;一个人,融于集体才能有所作为。每名干部都要树立强烈的集体荣誉感,相互尊重理解,相互信任支持,相互关心帮助,相互配合补台,做到心往一处想,劲往一处使。

(三)闻令即行,发扬斗争精神,狠抓工作落实

实干是真功夫,落实是真本领。系统上下务必要把抓落实贯穿各项工作始终,体现到方方面面,具体形成"四股劲":解放思想要有闯劲。理念一变天地宽。今年工作重点是聚焦高质量、竞争力、现代化,核心是文旅融合发展,新时代新形势不能依赖老思想、老套路、老手段,要探索形成新理念、新方法和新路径,拿出有效的举措、管用的招数。干旅游的要学文化,干文化的要学旅游,这是一道永恒的命题作文,请厅机关各处室、厅属各单位负责人务必认真答题、尽快破题,适应新岗位、熟悉新工作。攻坚克难要有拼劲。唯其艰难,才更显勇毅。今年全省文化和旅游发展"1+3+10"目标体系,绝不是轻轻松松、敲锣打鼓就可以实现的,而是要沉下心、拼搏干。特别是我在全省局长会议上提出,与新时代文化和旅游工作的新任务新要求相比,我们的工作还存在的五方面不足、问题和困难,全体党员干部要拿出啃"硬骨头"的劲头,确

保说一件、干一件、成一件。特别是中层干部要勇于挑最重的担子,敢于啃最硬的骨头,努力把"想到"变成"办到",把"不可能"变成"可能",既要强调干活,更要看能否出活,把职责范围的工作抓紧抓实、抓出成效,为全省大局做出更多更大的贡献。狠抓落实要有干劲。事业是干出来的,幸福是奋斗出来的。必须事事马上办、人人钉钉子。今年工作多、任务重,班子成员要带着中层干,中层干部要带着一般干部干,真正把责任分解下去、把压力传导下去、把工作落实下去,一级带着一级干,一级做给一级看,切实提高队伍的行动力、战斗力、服务力和凝聚力。久久为功要有韧劲。要坚持不懈纠"四风"、转作风,坚决

克服形式主义、官僚主义,做到说实话、办实事、求实效。对定准了的事,既要雷厉风行抓落实,更要在抓"常"和"长"上下功夫,要有功成不必在我的境界,多做打基础、利长远的事。一张蓝图绘到底,不达目标不罢休。

同志们,文旅融合发展新的征程已经扬帆起航。功崇惟志,业广惟勤。让我们始终高举习近平新时代中国特色社会主义思想伟大旗帜,在省委、省政府的坚强领导下,埋头苦干、真抓实干,发扬斗争精神,勇于担当作为,为推动新时代文化和旅游事业、产业实现更高质量发展,全面建成全国文化高地、中国最佳旅游目的地、全国文化和旅游融合发展样板地做出更大贡献。

全省文物局长培训班

【概况】 2月26日至27日,浙江省文物局在杭州举办了全省文物局长培训班。省文化和旅游厅党组书记、厅长褚子育出席培训班并讲话。省文化和旅游厅党组成员、省文物局局长柳河做工作报告。全省各市、县(市、区)文物行政部门分管领导、省级各文博单位主要负责人、省文物局各处室负责人及部分干部职工参加培训。

褚子育在讲话中充分肯定了2018年全省文物工作取得的成绩,就做好2019年的文物工作和加强全省文物系统建设提出了要求。他指出,党的十八大以来,习

近平总书记站在坚定文化自信、传承中华文明的高度,就保护弘扬中华优秀传统文化发表了系列重要讲话、不断做出新的重要指示。学深悟透习近平总书记关于历史文化遗产保护的重要论述,努力把总书记的重要论述转化成为我们谋划文物工作、抓好文物保护利用工作的利器,是我们要持之以恒抓好的重要工作。他强调,新时代的文物工作已经提到了前所未有的高度,文物事业改革发展的集结号已经吹响,目标路径已经绘就,任务清单已经下达。全省文物系统要倾尽全力抓好落实,主动承担起新使命新任

务,展现出新担当新作为,在大有可为的新时代里奋发有为、大有作为。他要求,要在抓好保护、守牢底线的基础上,大力推进文物资源活起来,推进文化和旅游深度融合,全力助力"文化浙江""诗画浙江"建设。要从全面加强党的建设、守牢文物安全、创新工作方式方法等3个方面入手,推动各项工作提档升级。

柳河回顾总结了2018年我省文物事业发展取得的成效,对2019年的工作进行了部署。他强调,全省文物系统要以习近平新时代中国特色社会主义思想为指导,坚持"保护为主、抢救第一、

合理利用、加强管理"的文物工作方针,进一步贯彻落实中央领导同志关于文物工作重要指示批示精神和中办、国办两个文件精神,按照省委、省政府的要求,扎实推进文物保护利用改革。其中特别要做好良渚申遗、大运河文化带建设、文物安全监管、文物资源活化利用、博物馆建设管理、文物保护管理、文物科技保护、文物系统

自身建设等 8 方面工作。

培训班邀请浙江省人大常委、教科文卫委员会副主任委员梅新林教授做了题为"光荣与梦想——浙江文化和历史辉煌与复兴之路"的专题讲座。省文物局机关各处室负责人围绕相关工作做了交流发言,提出了工作要求。杭州市园林文物局、杭州工艺美术博物馆、宁波中国港口博物馆、

龙湾区文化和广电旅游局、湖州市文化广电旅游局、嘉兴市文化广电旅游局、嵊州市文化广电旅游局、江山市文化广电旅游局、龙游县文化和广电旅游局、松阳县文化和广电旅游局做了典型发言,分别介绍了各自的工作亮点和经验。

(省文物局综合处)

在全省文物局长培训班上的讲话

省文化和旅游厅党组书记、厅长　褚子育

(2019 年 2 月 27 日)

新春伊始,省文物局就在这里举办全省文物局长培训班,以培训、会议相结合的方式,总结回顾 2018 年文物工作情况,部署安排 2019 年的重点任务,并对全省各市、县(市、区)文物局长开展一次集中培训。我认为,很有必要,也非常及时。新一轮机构改革刚刚结束,不少同志从新的岗位上转岗过来,正好可以借这样一个机会熟悉工作、领会要求,并围绕机构改革、文旅融合等主题进行探讨和交流,碰撞出思想火花。

下面,我谈 3 点意见:

一、充分肯定 2018 年的文物工作

2018 年,在省委、省政府的坚强领导下,全省文物系统以习近平新时代中国特色社会主义思想为指导,紧紧围绕党中央、国务院和省委、省政府关于文物工作的决策部署,突出高质量、竞争力、现代化,谋大事、抓改革、强担

当,取得了显著成绩。

(一)谋大局、促改革切实有力

在新一轮机构改革中,省文物局列入 60 个省级党政机构序列,行政编制从 19 名增加到了24 名。中央印发关于实施革命文物保护利用工程和加强文物保护利用改革的两个重要文件后,省文物局第一时间着手制订我省贯彻落实中央文件精神的政策文件,谋划提出了一系列抓好革命文物保护利用和推进文物保护利用改革的有力举措。截至目前,省委办公厅、省政府办公厅已印发《关于浙江省实施革命文物保护利用工程(2018—2022 年)的意见》,加强文物保护利用改革的实施意见也已进入征求意见阶段。

(二)扣中心、抓重点积极有为

紧扣《浙江省传承发展浙江优秀传统文化行动计划》,认真抓好各项任务。良渚古城遗址工作

取得重要阶段性成果,经国务院批准成了 2019 年我国申报世界文化遗产唯一项目,并顺利通过国际专家现场评估,获得了较高的正面评价。大运河遗产保护立法工作取得了重要进展,50 项保护展示利用项目得以确立,已有部分项目启动实施。浙东唐诗之路、钱塘江唐诗之路、瓯江山水诗之路沿线文物资源调查均取得了实质性进展,为大运河文化带和诗路文化带建设打下了坚实基础。松阳县"拯救老屋行动"项目首批 142 幢老屋完成修缮并通过验收,其成功经验还获得了中央媒体的广泛关注,得到了肯定推广,并获评第五届浙江省公共管理创新案例十佳创新奖。在第五届世界互联网大会上,成功承办了"互联网＋中华文明"展览。

(三)守底线、夯基础扎实有效

文物安全责任制进一步落

实,省政府办公厅印发了《关于进一步加强文物安全工作的若干意见》,全省文物消防安全责任书签订率明显提升。文物安全防护网进一步织密织牢,首批 360 项文物平安工程完成绩效评估,一批文物法人违法事件得到严肃查处。考古工作扎实推进,全年实施考古调查勘探项目 109 项,考古发掘项目 47 项,其中宁波大榭史前制盐遗址考古发掘项目获评"2016—2017 年度全国田野考古奖"二等奖,安吉龙山越国贵族墓、衢州市衢江区庙山尖土墩墓抢救性发掘取得了重要成果。文物保护科技能力明显提升,中国丝绸博物馆成功复原"五星出东方利中国"锦,在行业内外产生广泛影响。中国丝绸博物馆纺织品文物保护国家文物局重点科研基地,在国家文物局组织的评估中获得第 3 名的佳绩。文博人才队伍建设有新气象,启动实施文博人才培养"新鼎计划",10 名优秀人才得到培养推介。举办各类培训班 10 余个班次,累计培养各类人才近 600 人。

(四)优管理、塑精品推动博物馆提质升级成效显著

浙江自然博物院安吉馆区建成并对外开放,良渚博物院完成陈列改造提升实现重新开放,淳安博物馆、温岭博物馆、临海博物馆等一批市县级博物馆建成开放。浙江省博物馆在 2014—2016 年度国家一级博物馆运行评估中获评优秀。在第三批国家二、三级博物馆评估定级中,10 家博物馆被评定为国家二级博物馆,8 家博物馆被评定为三级博物馆。至此,全省等级博物馆总数上升至 62 家,位居全国第一。

博物馆展陈精品不断涌现,杭州工艺美术博物馆"明月入怀·中国团扇文化印象展"和中国丝绸博物馆"古道新知——丝绸之路文化遗产保护科技成果展",分获第十五届(2017 年度)全国博物馆十大陈列展精品奖和优胜奖。我省博物馆免费开放项目入选"浙江省民生获得感示范工程"优秀案例。

(五)创先进、塑典型形成干事创业良好氛围

在 2018 年度全国文物行政处罚案卷评查工作中,有两个案卷分别获得全国十大案卷和优秀案卷,省文物局获评"优秀组织单位"。在 2018 年度全省消防安全目标管理责任和消防安全三年翻身仗考核中,省文物局获得优秀等次。杭州市园林文物局、松阳县文保所、浙江省博物馆郑幼明同志分别荣获全国文物工作先进集体、先进个人荣誉称号。省文物考古研究所王宁远同志入选"2017 年度浙江十大骄傲人物"。28 名"最美浙江文物守望者"受表彰推介。

文物战线取得的这些成绩,是我省文化和旅游工作成绩的重要组成部分,为我省文化和旅游工作增了光、添了彩、提供了重要支撑。取得这些成绩实属不易,凝聚了全省文物系统广大干部职工的智慧、汗水和心血。在此,我代表省文化和旅游厅党组,向各位并通过你们向全省文物系统干部职工表示衷心的感谢!

二、以更高站位把握新时代的文物工作

党的十八大以来,以习近平同志为核心的党中央,高度重视文化遗产的价值与作用,将其作

为新时期治国理政新理念新思想新战略的组成部分。2018 年,习近平总书记专门就文物工作做出的重要批示达 12 次,在关于文化和旅游工作的重要批示中数量最多;中央办公厅、国务院办公厅相继印发了关于实施革命文物保护利用工程和加强文物保护利用改革的两个重要文件;在新一轮机构改革中,对文物保护管理机构队伍建设也给予了倾斜支持。可以说,新时代的文物工作已经提到了前所未有的高度,文物事业改革发展的集结号已经吹响,目标路径已经绘就,任务清单已经下达。下一步,我们的任务就是要倾尽全力抓好落实,主动承担起新使命新任务,展现出新担当新作为,在新时代坚定信心、奋发有为。

(一)以讲政治的高度贯彻好落实好习近平总书记重要指示批示精神和中央重要部署

党的十八大以来,习近平总书记站在坚定文化自信、传承中华文明的高度,就保护弘扬中华优秀传统文化发表了系列重要讲话、不断做出新的重要指示批示。春节前,习近平总书记在北京看望慰问基层干部群众过程中,强调"一个城市的历史遗迹、文化古迹、人文底蕴,是城市生命的一部分。文化底蕴毁掉了,城市建得再新再好,也是缺乏生命力的。要把老城区改造提升同保护历史遗迹、保存历史文脉统一起来,既要改善人居环境,又要保护历史文化底蕴,让历史文化和现代生活融为一体"。比如"保护文物也是政绩""要像爱惜自己的生命一样保护好城市历史文化遗产""如果说以前无知情况下的不重视还

可以原谅,那么现在有认识情况下的不重视,那就是意识问题、政绩观问题"等等,都是一针见血、振聋发聩的精辟论断。习近平同学在浙江工作期间,就身体力行保护历史文化遗产并提出了一系列重要论述。习近平总书记关于历史文化遗产保护利用的重要论述高屋建瓴、内涵丰富,为做好文物工作提供了根本遵循,是做好新时代文物工作的根本指南。学深悟透习近平总书记关于历史文化遗产保护的重要论述,努力把总书记的重要论述转化成为我们谋划文物工作、抓好文物保护利用工作的利器,是我们要持之以恒抓好的一项重要任务。2018年,中办、国办相继印发的两个重要文件,省委办公厅、省政府办公厅已经印发和即将印发的配套政策文件,各地各单位都要在认真领会、把握精神实质的基础上,全面抓好贯彻落实。随着经济发展、社会进步,文物工作存在许多不足,面临许多挑战,过去先进的,现在可能落后了;过去显得不重要的东西,现在要重视了;过去管用的办法,现在可能失灵了。所以,我们要有忧患意识,要找标杆、找差距,发现问题。以问题为导向,因地制宜,出实招,求实效。如在"市有五馆、县有四馆"格局下,各大博物馆如何定位,如何实现特色发展、错位发展?人才如何保证?社会文物如此丰富且良莠不齐,我们如何管理和服务?在传承发展优秀传统文化大潮中,文博单位如何更好地发挥作用?省委、省政府建设10大海岛公园,发展海洋旅游,我们考古工作怎么去服务?省级文博单位基本建设近年来日新月异,规模翻

番,其运行机制如何创新?等等。我们要抓紧谋划并推进文物保护利用改革,通过亮眼的项目、创新的工作,无论是保护还是利用,无论是传承还是发展,无论是事业还是在保障上,都要努力推动我省成为全国文物保护利用改革的示范区、排头兵。只有把习近平总书记关于文物工作的重要讲话、指示精神创造性地落实到具体工作中,并做出不平凡的业绩,才是真正讲政治。

(二)从融入重大战略、围绕中心工作的角度实现更大作为、做出更大贡献

树立"在发展中保护,在保护中发展"的理念,研究新方法、建立新理论、探讨新模式,充分发挥文物在经济社会发展中的社会功能和文化属性,是做好新时代文物工作的基本要求。要不失时机地将文物工作融入国家重大战略中来,融入党委、政府的中心工作中去,推动文物工作与地方经济社会发展良性互动、同频共振。省委、省政府要求全面实施"富民强省十大行动计划",我们要千方百计抓好大运河文化带建设、"三条诗路"建设,以及丝茶瓷精品文化旅游线路打造等重点任务;如省委、省政府要求确保良渚古城遗址申遗成功,我们就要千方百计去完成;省委、省政府要求扩大投资,拉动内需,有效应对经济不确定因素,我们就要千方百计谋划考古、遗址公园建设等大项目;省委、省政府要求实施乡村振兴战略,我们就要千方百计加强全省4万幢老屋保护,"拯救老屋",要把乡村"古"字号东西(古屋、古桥、古村、古井、古家具等)都保存下来,用于发展乡村旅游;这些东

西有的考古价值不是很大,但也很珍贵,消失了就永远回不来了。这些都与文物工作密切相关,全省文物战线要按照工程化、清单化、品牌化的思路,在前期准备工作的基础上,加快启动推进相关项目建设,争取早出成效、多出亮点。总而言之,文物战线的同志们一定要牢固树立"有服务才有拥护,有作为才有地位"的理念,克服停留于行业仅仅要求抓保护的惯性思维,努力在融入助推全域旅游工作、提升地方经济社会发展水平、满足人民群众对美好生活新需求方面,多下功夫、拓展思路、谋划项目,实现更大作为,做出更大贡献。

(三)以提升文旅融合的深度助力"文化浙江""诗画浙江"建设

随着新一轮机构改革的推进,今年我们要重点推进文化和旅游的深度融合,实现"1+1>2"的成效。文旅融合,就是要发扬文化灵魂作用和旅游载体作用,通过旅游这一载体,传播弘扬优秀传统文化、革命文化、社会主义先进文化。2018年,浙江旅游人次达6.9亿。这项工作如抓得好,作用不可估量。事实上,文物与旅游有着天然的联系,文物与旅游的融合早已先行一步,文物名胜古迹的门票经济可以说就是旅游业发展的最初形态。我省许多地方已探索出了很成熟的旅游产品和模式。但是,随着形势的发展,以及小康之后群众需求的变化,我们还需不断努力。因此,文物部门一定要想方设法在文旅融合方式更加多元、程度趋向深化、效应扩大提升方面先试一步、先行一步。一是抓保护。老祖宗留下的宝贝一定要想方设法保护

好。考古价值大的要保，一般的也要保；物质的要保，非物质的也要保；地上的要保，地下水下的也要保。二是研究阐释。要想方设法把文物蕴含的文化价值挖掘出来，研究透彻，变成老百姓读得懂、听得清、记得住的知识、故事。三是生产产品。把文化知识故事转变成旅游产品（景区、景点、文化小镇、文创产品等）或根植进现有的旅游产品里面，为广大游客提供高质量的产品供给。四是滋养。通过广告推介、导游介绍、产品介绍、网络宣传等，使广大游客有感悟、有熏陶、有教育、有启迪。五是打造文旅 IP 工程，加强品牌建设。这方面已不乏成功的先例，中国旅游标志"铜奔马"就是最著名的例子，《国家宝藏》《如果国宝会说话》《我在故宫修文物》等节目也已经成为现象级的超级文化 IP，它们在有效推动文物资源"活"起来、传播文物资源价值内涵的同时，也让文博单位赢得了可观的旅游收入和很高的人气。今年春节，故宫博物院推出的"我在故宫过大年"出现了一票难求的局面。我们要通过品牌的打造，推进文旅融合工作。总之，文旅融合是时代赋予我们的新使命新任务，我们要在理念上牢固树立起"宜融则融，能融则融，以文促旅，以旅彰文"的理念，在尊重规律、确保安全的基础上，因地制宜、大胆创新、积极探索，在实践中探索走出一条文物工作和旅游发展深度融合、良性互动、共赢发展的新路子。

三、关于做好 2019 文物工作的几点要求

2019 年，是中华人民共和国成立 70 周年，是加快推进"两个高水平"建设的关键之年，也是文化和旅游深度融合发展的起步之年。经厅党组决定，2019 年全省文化和旅游工作，我们确定了"1＋3＋10"的目标体系，即 1 个目标，3 个聚焦，10 大任务。我在全省文旅局长大会上的讲话、厅 2019 年工作要点都已印发，文物工作相关重点也在这两个材料中充分体现，我们要共同努力，抓好落实。下面，我针对做好 2019 年的文物工作再提几点要求：

（一）全面加强党的建设

党政军民学，东南西北中，党领导一切。在文博战线，只要各基层党组织堡垒作用、党员先锋模范作用充分发挥，我们一定战无不胜。新的一年，我们要以党的政治建设为统领，学通弄懂做实习近平新时代中国特色社会主义思想，牢固树立"四个意识"，始终坚定"四个自信"，坚决做到"两个维护"，高质量开展"不忘初心、牢记使命"主题教育活动，全面提升文博系统党员干部的党性修养和政治能力。除了政治建设之外，还有作风建设、干部队伍建设、能力建设、履行意识形态主体责任、基层党组织建设、党风廉政建设等等，都是党建的重要工作。都要结合文博系统特点，抓出特色、抓出成效。结合中心工作抓党建，要牢牢把握"'八八战略'再深化，改革开放再出发"的前进方向，主动服务大局，以开展"三服务"推进"大学习、大调研、大抓落实"引向深入，以文博事业不平凡业绩彰显党建工作的成效。

（二）坚决守住安全底线

要深入学习贯彻习近平总书记在省部级主要领导干部坚持底线思维着力防范化解重大风险专题研讨班上的重要讲话精神，切实把保障安全作为工作的底线、生命线。我们要建立问题发现机制，知道风险在哪里、漏洞在哪里，然后用有效的措施补上。文博系统安全底线主要有两个，一是政治安全，二是生产安全。政治安全体现在要切实加强文博领域意识形态的防控，加强文博领域舆情监测，强化博物馆展览的审查和备案工作，确保文博领域意识形态安全万无一失。文物市场鱼龙混杂，稍有不慎，就会成为热点问题，进而演变成其他各类风险。我们是政府部门，要像市场领域打假一样，拿出管用办法，治理成一方净土；所谓生产安全包括对文物被损、被毁、被盗、被烧的防治。要始终绷紧文物安全这根弦，着力完善文物安全防控体系，包括启动实施文物平安工程二期项目，切实提升文物博物馆单位安全防护设施覆盖率和智能化水平，做实、做细各项防控措施，把各类文物安全风险隐患管控在属地、消除在萌芽、处置在未发。年前，在国家文物局组织的博物馆、文物建筑消防安全大检查中，我省的一些文保单位、博物馆也发现了重大消防安全隐患，甚至有的单位有可能要被国务院挂牌督办，这些地方和单位要高度重视、直面问题，抓紧全面彻底整改；要举一反三，其他地方和单位也要吸取教训，不能有一点儿侥幸心理，认认真真、仔仔细细地再查一查、找一找，尽快消除一切消防安全隐患。要研究文物考古挖掘后到移交博物馆保存这段时间的安全措施和健全制度；要重视高等级文物因未申报或未发现而未受到相应重视的安全问题。

各地各部门要着眼长远,加快建立健全联防联控联治工作体系,紧盯文物法人违法、文物盗窃盗掘、文物流通市场等方面的风险点,联合应急管理、公安、市场监管等部门的专业力量,全方位、多层次开展检查、巡查、督查、督办。

（三）创新工作方式方法

新一轮机构改革完成后,政府的职能主要聚焦在"搭平台、谋抓手、供制度"上。目标任务确定之后,我们要针对重点、难点、关键问题想方设法,设计一些平台,谋划一些抓手,让各地各单位乃至个人,在同一平台上共同努力;建立激励机制,推动奋勇争先。要严格按照"建立科学的指标体系、完备的工作体系、协同的政策体系、精准的评价体系"的要求,根据年度工作计划,量化各项工作指标,制订好时间表、任务书、责任单,落实好 2019 年的各项工作任务。要主动对标全省乃至国内国际先进单位,借鉴吸收体制机制、亮点工作等方面的好经验好方法,补齐工作短板,苦练内功,发挥自身优势,推动各项工作提档升级。

钱塘江诗路建设座谈会

【概况】　为落实省委、省政府关于推进"大花园"建设、打造"四条诗路"的工作部署,加快推进钱塘江诗路建设,6 月 20 日,由省文化和旅游厅主办的钱塘江诗路建设座谈会在衢州举办。省文化和旅游厅党组书记、厅长褚子育,衢州市委副书记、市长汤飞帆,衢州市政府副市长毛建民,省发改委、省财政厅、省水利厅、省交通厅、省文化和旅游厅及省文物局相关业务处室负责人,杭州市、金华市、衢州市、嘉兴市 4 市文化和旅游部门主要负责人,沿线相关的县(市、区)政府、文旅部门的负责人参加座谈会。

褚子育表示,各地要统一思想,充分认识到"四条诗路"文化带建设是经济高质量发展的需要,是落实省委、省政府中心工作的要求,是文化和旅游融合发展的新增长点。要理顺发展思路,以全域的理念进行整体规划,扩充钱塘江诗路建设的范围;实施文化基因解码工程,做好文化挖掘、整理和传播;谋划、储备、实施一批重大文化和旅游项目,通过项目抓落实;用不同主题的旅游产品将钱塘江沿线各地串珠成链;突显沿江古城底蕴、钱塘江特色,形成竞争力;加强资金、土地等要素保障;建立并完善"目标、工作、政策、评价"四大工作体系。下一步,省文化和旅游厅将以"一部规划、一批项目、一个数字平台、一组音乐、一部宣传片、一批重点企业、一项高规格的文化和旅游节庆、一个高层次论坛、一打国际文旅推荐、一系列工作机制"为重点抓手,全力建设钱塘江诗路,打造"诗画浙江"最亮丽的风景线。

汤飞帆表示,钱塘江唐诗之路之于衢州是一条文化复兴之路,是一条产业振兴之路,也是一条区域协作之路。近年来,衢州以全市域统筹、大产业支撑、高品质创建为抓手,全力推进钱塘江诗路建设。下一步,衢州要整合市域范围内的文化资源和旅游资源,并在此基础上,加强与钱塘江沿线地区的合作与交流,合力将钱塘江沿线区域串珠成链,努力建设好钱塘江诗路,助力打造"大花园建设核心区"。

会上,杭州、嘉兴、金华、衢州文化和旅游部门分别汇报钱塘江诗路建设情况;衢州市、杭州市上城区、建德市、海宁市、金华市婺城区、兰溪市政府相关负责人分别汇报钱塘江沿线古城建设情况;省发改委、省财政厅、省水利厅、省交通厅、省文物局分别就钱塘江诗路建设做发言并提出相关建议。

（省文化和旅游厅办公室）

在钱塘江诗路建设座谈会上的讲话

省文化和旅游厅党组书记、厅长　褚子育

（2019 年 6 月 20 日）

今天来衢州市就钱塘江诗路建设的问题进行调研座谈，一方面，是开展"不忘初心、牢记使命"主题教育的要求，另一方面，也是贯彻落实好省委、省政府中心工作，一起加快谋划、加快推进钱塘江诗路建设的要求。由于诗路建设规划工作量比较大，必要的程序要走，等规划完成再开展显然来不及，因此这项工作需要同步启动。省委、省政府决策之后，各地都联动推进，工作的力度、工作的速度超出我的想象，大家思路多，办法多，经验也不少。听了大家的介绍和发言，今天的收获很大，也增强了我们高质量高水平完成钱塘江诗路建设各项目标任务的信心和决心。发改委的规划文本征求意见稿编得很好，等规划批准后，大家要按照文本就思路举措再完善、再细化。结合大家发言，提 3 点意见，供大家参考。

一、提高政治站位，充分认识加快推进钱塘江诗路建设的意义

推进钱塘江诗路建设，首先要统一思想。主要有 3 方面的意义。

（一）推动经济发展的需要

中美贸易摩擦影响最大的是出口。这个影响，目前专家众说纷纭，但是肯定存在。出口下行后，投资和消费这两驾马车要上去。投资实际由消费决定，光投资不消费，供给侧结构就会产生问题。消费要找消费热点，消费热点在哪里？汽车有点卖不动了，家家户户都有车，有的家庭还有好几辆车。房子限价，杭州等一些城市还要摇号。分析来分析去，现在一个热点还是文化和旅游。所以省委、省政府的决策非常英明，大家大抓文化和旅游是对的。这几年，我省重点打造八大万亿产业，其中文化和旅游分别是万亿产业之一。去年，文化和旅游产业双双迈进万亿产业的门槛，成为支柱产业，旅游产业增加值占 GDP 的比例达到 7.8%，如果超过 8% 就成为主导型产业；全省旅游人次 6.9 亿人次，与浙江常住人口比，比例已经超过12：1，全国旅游平均水平是 5.5：1，我省已经到了大众旅游消费的时代，接近发达国家旅游发展水平。随着省委、省政府提出建设美丽"大花园"目标的推进，文化和旅游将成为新的消费热点，"诗画浙江"成为最佳旅游目的地，文化和旅游对经济的实际贡献是非常大的。省委、省政府提出了一系列的组合拳，包括"四条诗路"建设：钱塘江诗路、瓯江山水诗路，浙东唐诗之路，还有大运河诗路。除此之外，省里还在谋划海岛公园建设，大力发展海洋旅游。浙江的海岛资源在全国是数一数二的，从嵊泗到平阳南麂岛，海岛资源非常丰富。再结合原来一直推动建设的全域旅游、"百千万工程"和加强景区景点建设等举措，所产生的文化和旅游发展推动力，对拉动经济增长，保持稳中求进的总基调，意义非常重大。全省是这样，每个县（市、区）也是如此。各地都提出"旅游兴市（县）""文化强市（县）"的口号和行动方案，对各地推动经济发展的作用是非常对路的。

（二）落实省委、省政府中心工作的需要

袁家军省长曾说过本届政府的重点工作就是"1+3+10"："1"就是长三角高质量一体化，"3"就是三大攻坚战，"10"就是十大行动计划。十大行动计划中包括"大花园"建设行动计划和传承发展浙江优秀传统文化行动计划，旅游都包括在"大花园"建设行动计划里边。钱塘江诗路原来叫唐诗之路，后来发现沿江不但是唐诗，还有宋诗资源也非常丰富，所以就改成诗路。省委有号召，我们就要有行动。各条诗路要同频共振，钱塘江诗路如果没有建设好，那整个诗路建设就没完成。

（三）形成文旅发展新的增长点的需要

发展文化事业和旅游产业是永恒的主题，一代人有一代人的使命。去年 10 月 25 日，原省文化厅和原省旅游局合并，组建了省文化和旅游厅。要发挥好文化

的灵魂作用,发挥好旅游的载体作用,加快文化和旅游的融合。全国一年 55 亿人次的游客,如果能通过旅游,领悟到中华民族优秀的传统文化,接受红色文化、社会主义先进文化的滋养,效果就不得了。教育、体育都是大文化的一部分,文化人要有胸怀。文旅融合以后,一方面要通过文化,提升旅游品位,这就要加强合作,培育增长点;另一方面,要以文旅融合的思路,再拓展旅游新空间,在原来的基础上,通过"四条诗路"的建设,再形成旅游经济新的增长点。诗路本身就是文旅融合的名称,诗是文化,路是旅游。省委、省政府决策以后,就要做出实实在在的成果。

二、加快推进钱塘江诗路文化带建设的思路与理念

工作不能蒙头做,不想好就做会出错。诗路建设与造房子是一个道理,先立项设计,再施工,这样才能造出房子,否则就像脚踩西瓜皮,滑到哪里到哪里,肯定要出问题。刚才很多同志讲到古城的建设,其中拆迁难度大,花钱也不少;如果说前几届政府都认为古城建设很必要,那规划就不至于建了很多不该建的房子,导致后人花大代价来拆。因此,思路非常重要,许多问题要先想好想明白再做。钱塘江诗路我看有以下 7 个方面要把握好。

(一)建设范围

钱塘江诗路建设范围是整流域的概念,不能就管钱塘江两岸的风景点。工作的对象也是流域,钱塘江两岸以县(市、区)为单位。工作要有全流域的考虑。钱塘江的入海口是江,"毛细血管"也是江的范围。所以,衢州的开

化、常山、江山、龙游,金华的兰溪等部分县(市、区)也要进入范围。要利用省委、省政府决策,把整个流域的文旅工作往上推。

(二)文化基因解码

诗路建设,诗的文章要做足。什么叫文化?什么叫当地的文化?这个问题要分析,不能泛泛而谈。建德、海宁、婺城的文化是什么?县与县、乡与乡、村与村的文化是不一样的。我们当文旅厅长局长的,要有情怀,就是要把文化挖掘出来,传承下去,弘扬开来。前提是要把"文化是什么"这个问题解决好,最近,我起了个名字叫"文化基因解码工程",只有把当地的文化基因解码出来,才能传承,才能创新性发展,就能具象地把文化基因转换成旅游产品,包括旅游景区景点文创产品。不解码出来,别人到你这儿就不知道学习什么文化,了解什么样的故事,所以,要花大力气解决这个问题。相对自然来讲,相对原始来讲,只要有创造就有文化,文化是人类创造的一切文明成果。文化要软功实做,"解码工程"要把各种文化的形态作为切入点,从美术、音乐、小说、戏剧、故事等文化形态切入,然后对当地每一个文化形态的文化要素进行分析,从物质要素、精神要素、语言和符号要素、制度规范要素等进行分析,特别是价值提炼。另外,还有方言一定要保留,方言一消失,当地文化就很快消失。文化元素中,决定人的思维方式和性格特征的文化基因最为要紧,要重点下功夫。只有把每个县、乡、村文化基因解码出来,下决心传播,进入景区,进入艺术作品内容,工作就心里有底,就知其然知

其所以然,就心安。所以,抓文化旅游工作,首先要把什么是文化的问题解决好。讲到这点,不得不说诗路。现在有两种现象:一是抛开诗,用传统的旅游工作思路在做工作,一句诗都不讲,刚才的汇报材料里很多都有这个问题;二是形式化,把诗找出来印成本子,搞一次诗会什么的,营造一下气氛,实际没啥效果。诗是赋予生活情趣或能引发人强烈情感的事物等。诗路建设的功夫在诗外,要把诗的内涵和情怀找出来,文化元素中价值要提炼出来,找出来以后想办法融进要开发的旅游产品里去。然后看到这个产品,到这个景点景区体验,使游客有一种诗意的感受、美的享受,有感悟有收获,就是这种目的。有文字的诗是一种提示作用,通过唐诗、宋词来提示,景和诗结合,让游客在体验的同时,使价值观润物细无声地得到滋养。浙江有许多的古建筑、名居故居,复建复修以后,内部空空如也,很可惜。据了解,衢州要建 Y 形沿江美丽廊道,力度非常大,全省目前没有。我们有共同想法,规划的时候就既考虑交通又考虑旅游,按照诗意去设计,假设 20 千米种樱花,50 千米种银杏,40 千米种水杉,配上衢州丰富的唐诗宋词,20 年以后这条路两边该有多美。所以这些问题都要谋划好,考虑好。

(三)文旅项目

抓诗路建设,不能光谈理想,谈感受,要落地就要实抓项目。项目就像砖头,叠起来就是墙,是长城,是高楼大厦。搞任何工作,要以项目为抓手。项目有大有小,有硬项目和软项目,有点上项目和线性项目。每条诗路应有首

主题歌,钱塘江诗路和浙东唐诗之路、瓯江山水诗路、大运河诗路的歌要不一样。要创作的歌也可看成是软性项目,难道没有必要吗?个人认为,钱塘江诗路的歌好创作,很奔腾,很汹涌,能搞出精品。要谋划一批,储备一批,实施一批。大家汇报内容很丰富,但是项目还没凝练成,没落地,所以项目本子非常薄。大家要以充分挖掘沿线资源为基础来谋划项目;但也不是说一定要以现有的资源为基础,有些可以"无中生有"。比如说湖州的龙之梦,200多亿的大项目;绍兴的鲁镇,在鉴湖边征了200亩地,根据鲁迅小说《阿Q正传》的内容,把绍兴水乡的元素集聚起来,乌篷船、乌毡帽、阿Q、祥林嫂及越剧、茴香豆、白墙黛瓦,典型的"小说+旅游"项目,现在游客多得不得了;还有乌镇,多数也是"无中生有"的内容,这个地方原来很破败,现在是世界互联网大会永久会址。所以旅游项目一定要谋划好,有些需要自然禀赋,有的也可以根据文化故事"无中生有"。总之,大大小小的事情要通过项目来抓落实。

(四)串珠成链

串珠成链的功夫要下下去。诗路,主要的是路,大家开发出来的好的文化和旅游产品,从开化到海宁,要通过钱塘江这一黄金水道串联起来,按主题按时间等规划出许多的线路供游客选择。钱塘江诗路肯定会是一条非常不错的路,这条路一定能做成"金名片":第一,沿线有厚实的文化底蕴。第二,大家有热情、有工作基础。第三,城市辐射效应。这条路沿线杭州、金华、衢州三大城市

群,水路、陆路都有;衢州机场外迁,小机场变大机场,交通问题规划得很好,以后这条路希望很大。所以,一定要考虑重视线路谋划和营销。

(五)竞争力

特色决定竞争力。沿线古城多,这一优势其他地方比不上,这是特色,要把古城作为明珠来打造。沿线还有江的特色,游轮项目可以上来,有了游轮和江河,晚上夜游或从钱塘江游到开化,多好的享受。再者,以市、县(市、区)为单位,以特有的文化资源、旅游资源为基础,谋划大项目,打造"金名片",形成特色群。年初全省文旅局长会议上,就提出希望每个设区市谋划10来个"金名片"项目,省、市共建,共同打造,希望我们共同努力,为后人留下印记,这件事,在座的同志抓紧推进。

(六)强化保障

工程项目要资金、土地等要素来支撑保障。近3年,省财政厅安排"四条诗路"建设资金20个亿,钱塘江这条路估计要补助4到5个亿,这个钱主要用于公共产品和公共服务。要"不找省长找市场",走社会力量投资建设路子。计划设想搭建投融资平台,解决信息不对称问题。目前,我们已和中国农业银行等3家银行签了合作协议,他们对文旅项目非常感兴趣。要搭建平台,解决投资者有钱没项目、地方政府有项目没钱的情况,做好对接,搞好服务。此外,还有政策的问题,比如有土地方面问题,有港航方面问题,低空航线问题等,要抓紧协调。

(七)工作机制

由于是个线性工程,工作要

点线结合,要善于利用钱塘江,把线路都串起来。要谋划组织架构,省文化和旅游厅牵头形成集体办公制度,实行大兵团作战,沿线的县(市、区)派人集体办公,集中的时候一起来集体干,分散的时候回去分头干。这项工作还是要有专人,没人干不了活。大家要按照袁家军省长要求,建立完善4个体系。第一,目标体系。到2022年,把钱塘江诗路搞到什么程度,要清楚、要量化。要有所为有所不为。这一点,每个局长心里要有本账。第二,工作体系。哪些工程项目支撑我们的目标,要谋划好。第三,政策体系。要出台哪些政策,哪些要素配置要到位,都要清楚,以问题为导向去破题,政策不到位,办不成事。第四,评价考核体系。做得行不行,要有说法,要在量化考核基础上去评价,要制定相应的办法。所以,大家目标要具体化,一旦定下来就要往前冲,把工作做实做到位。

三、重点抓好"十个一",打造"诗画浙江"最亮丽的风景线

工作要有抓手、抓重点。重点就是纲,纲举目张。下一步,初步考虑,重点抓住以下10个方面工作,带动面上的联动。

(一)一部规划

根据省发改委"四条诗路"的总体规划,我们还要出台文化旅游专项规划和三年(至2022年)行动计划,使大家干活有蓝图、有依据、有说法。

(二)一批项目

要重点谋划推进一批大项目、好项目。在集中精力抓大项目的同时,对有些小项目、软项目也要做好。要尽快形成项目库大本子,要进行动态管理。因项目

建设需要周期,希望在本届政府内建成一批,工作要系统全面尽早。总之,要形成通过抓项目才能抓落实的思维习惯和浓厚氛围。

（三）一个数字平台

我们已经在构建政府数字化转型的应用系统,其中把钱塘江诗路专门列出来,进入核心业务栏目。今后的建设、管理和运行一定要以这个大数据平台来支撑。

（四）一组音乐艺术作品

创作歌颂钱塘江的歌,唱响浙江唱响全国。去年浙江音乐学院作曲系的全体老师从开化出发,一路到杭州体验生活、采风,搞出了《钱塘江音画》民族管弦乐,再次列入国家艺术基金的滚动资助项目,说明质量非常高,下步还将演出推广。此外,还要创作其他艺术形式的优秀作品。

（五）一部宣传片

要力求高档次、高品位,通过各类媒体,扩大宣传影响。

（六）一个节庆活动

要搞一个高层次的文化和旅游节,针对钱塘江流域县（市、区）,每年搞一次高规格的活动。把各种活动都整合到这个节的名下扩大影响力,集体抱团,集体宣传,防止碎片化。

（七）一个高层次论坛

论坛也可以和节庆活动放在一起搞,主要是加强对文化的研究,对旅游的研究,对文旅融合的研究,不断提升工作的质量和水平。

（八）一打国际文旅推介

现在我国与世界其他国家、地区比较,文化和旅游都是逆差。出境游玩的越来越多,国际游客越来越少。这其中因素很多,既有出入境政策问题,还有食品卫生、服务能力等问题。要"走出去",加强有效推介;同时,通过国际推介,逐步解决许多短板问题,提升服务水平,改善外部形象,吸引更多的境外游客来钱塘江诗路旅游。

（九）一批重点企业

对沿线的文旅企业,对为钱塘江诗路经营服务的企业,加大扶持力度,使其成为市场化建设和运行的生力军;鼓励企业增加投资,推动诗路建设。

（十）一项工作机制

这项工作,我上面已经讲过了,就不再赘述了。

希望大家通过"十个一"工作,真正把省委、省政府的决策部署及钱塘江诗路规划落地落实。

"不忘初心、牢记使命"主题教育党课

【概况】 7月12日,省文化和旅游厅党组书记、厅长褚子育在省委党校为厅局机关全体干部和省级文化和旅游系统全体处级以上干部上了"不忘初心、牢记使命"主题教育党课。

褚子育首先强调了把握好"守初心、担使命,找差距、抓落实"这一总要求对开展"不忘初心、牢记使命"主题教育的重大意义,并结合当前面临的新形势、新任务,从3个方面出发,深入剖析"全省文旅系统如何做好新时代担当有为践行者"的问题,为全体党员干部指明了努力的方向和方法。

褚子育表示,新时代是担当者、奋斗者的时代,干事创业,推进改革,需要担当。全体党员干部要强化政治忠诚意识,提升政治履职能力,涵养有为奉献精神,坚持狠抓落实工作作风,守牢干净干事底线要求,在破解难题中做勤政爱民、为民担当、货真价实的好干部;要深刻领会担当是共产党员的本质属性和新时代的使命呼唤,中国共产党人领导人民取得了新民主主义革命胜利和社会主义建设的巨大成就,在改革开放伟大实践中实现国家富强、人民富裕,担当有为是新时代共产党人不朽的政治本色。

褚子育指出,在习近平新时代中国特色社会主义思想的指引下,在文化和旅游高质量融合发展的新形势下,广大文化和旅游系统共产党员特别是党员干部面临新任务、新使命,亟须以新担当承载新时代,以新作为开启新征程。全体党员要争做"担当型"党员干部,困难当头以身作则,工作都当事业做,服从组织决定,用领导影响力来赢得群众的信服。要培养创新的担当意识和方法，破除权威性思维定式，培养有效的思维方式方法，树立工作流程再造的全新理念，抓好短板和弱项，推进各项工作再上新台阶。要落

实好细节管理好时间提高效率，做到按标准是起码要求，大事小事追求极致，落实工作零失误，以执着和坚毅，创造出无愧于时代和人民、无愧于历史的业绩。

省委主题教育第三巡回指导

组组长孙光明、副组长沈亚伟及部分成员出席，厅局机关全体干部和系统全体处级以上干部等160余人聆听了党课。

（省文化和旅游厅直属机关党委）

在"不忘初心、牢记使命"主题教育党课上的讲话

省文化和旅游厅党组书记、厅长　褚子育

（2019 年 7 月 12 日）

习近平总书记在"不忘初心、牢记使命"主题教育工作会议上强调，开展"不忘初心、牢记使命"主题教育，要牢牢把握守初心、担使命、找差距、抓落实的总要求。将"守初心、担使命，找差距、抓落实"总要求贯穿主题教育全过程，是确保主题教育取得成功的基本保证，对把握此次主题教育的目标要求和重点措施，具有重大意义。

守初心、担使命是主题教育的理论起点，既回答了中国共产党是一个什么样的政党——为人民谋幸福、为民族谋复兴的马克思主义执政党这一党的性质问题，又回答了中国共产党为什么能——始终坚守初心、坚定信念、矢志不渝而成为中国特色社会主义事业领导核心这一理论问题。守初心、担使命，既要回望过去，更要面向未来。今年是中华人民共和国成立 70 周年，也是中国共产党在全国执政第 70 个年头。70 年栉风沐雨，70 年砥砺前行，党的初心，也是党的恒心。回望过往，就是要看到中国共产党人

坚守初心和使命的不易、艰辛和执着；展望未来，就是要不断实现中国共产党对人民、对民族的庄严承诺。唯有坚守初心、牢记使命，方可告慰历史、告慰先辈，方可赢得民心、赢得时代，方可善作善成、一往无前。

找差距、抓落实是主题教育的实践要求，就是要坚持问题导向，以刀刃向内的自我革命精神，对照党章党规，对照先进典型，把自己摆进去，把思想摆进去，把工作摆进去，聚焦群众最关心、最期盼解决的现实问题，找到症结所在，把问题找实、把根源挖深，明确努力方向和改进措施，切实把问题解决好；就是要把习近平新时代中国特色社会主义思想转化为推进改革发展稳定和党的建设各项工作的实际行动，推动党的路线方针政策落地生根，推动解决人民群众反映强烈的突出问题，不断增强人民群众获得感、幸福感、安全感。

"守初心、担使命，找差距、抓落实"总要求是相互联系的有机整体，有着内在的逻辑关系和实

践要求，与党的十八大以来的一系列教育实践活动，如群众路线教育实践活动、"三严三实"专题教育、"两学一做"学习教育，是一脉相承的，同时"不忘初心、牢记使命"主题教育在总要求、根本任务和具体目标上规定更为明确，要求更为具体，充分体现了一个马克思主义执政党的雄心壮志和使命追求。而这个有机整体的最终实现，重中之重就在于，我们的党员干部要敢于担当、善于担当，坚定地做时代的引领者、推动者、实践者，唯有如此才能守得住初心，担得起使命，找得准差距，抓得好落实。

下面，我从 3 个方面谈谈不忘初心、牢记使命，拼搏进取，做新时代担当有为的践行者。

一、准确把握担当的丰富内涵

新时代是担当者、奋斗者的时代。敢担当有作为，首先要准确把握担当的概念、要素和分类。

（一）关于担当的概念

从字面上讲，担当，指承担、担负任务、责任等。敢于担当是

中华民族自古以来的精神品质，是"先天下之忧而忧，后天下之乐而乐"的胸怀，是"为中华崛起而读书"的信念，是"寄意寒星荃不察，我以我血荐轩辕"的豪情，是"人生自古谁无死，留取丹心照汗青"的壮志，更是"天下兴亡，匹夫有责"的情怀。

习近平总书记指出："当干部就要有担当，有多大担当才能干多大事业，尽多大责任才会有多大成就。"作为共产党人的担当，概括起来有三重境界：一是能知重负重，在压力面前迎难而上，不退缩；二是面对失误要站出来，勇于承担责任，不逃避；三是要树立正确政绩观，顶住压力忍住骂声，不短视。我们要以身作则，践行这三重境界，努力锻造成为新时代担当有为的领导干部。

（二）关于担当的要素

担当，是一种自觉的状态，是一种舍我其谁的精气神，是忠诚、能力、奉献、落实和干净五要素的有机统一。

一是正确认识政治忠诚是担当的第一要素。"天下至德，莫大乎忠。"政治忠诚，是新时代好干部的前提条件，也是担当的第一要素，是解决为谁担当的根本问题。政治忠诚就是坚定理想信仰，心中有信仰，脚下才有力量；就是始终坚持把党放在心中最高位置，不断增强"四个意识"，坚定"四个自信"，做到"两个维护"，坚持党对一切工作的领导，时刻对党忠诚老实、言行一致，不阳奉阴违，不做"两面人"，不当"墙头草"，自觉做到思想上认同组织、政治上依靠组织、工作上服从组织、情感上信赖组织，用担当去诠释习近平新时代中国特色社会主义思想的真理之美。

二是正确认识政治能力是担当的基本要求。练就过硬素质，才能增强担当本领。这种本领就是适应新形势、新任务、新要求的学习本领、政治领导本领、改革创新本领、科学发展本领、依法执政本领、群众工作本领、狠抓落实本领和驾驭风险本领，既要有兵来将挡、水来土掩、见招拆招的硬功夫，又要有四两拨千斤、借力发力、借势谋势的软办法，始终坚持敢于担当和善于担当的有机统一。

三是正确认识有为奉献是担当的本质特征。担当不是停留在口头上，而是立足职责，实干在岗位。敢于担当作为，就是不怕苦不怕累，理直气壮地干、脚踏实地地干、大张旗鼓地干；就是不拣轻怕重、敷衍塞责；就是甩开"膀子"大胆干、心无旁骛埋头干、撸起袖子加油干。敢于担当有为，就是涵养无私的奉献精神，在破解发展难题中展示担当，在碰到发展中的"烫手山芋"时展示担当，在勤政为民办实事中展示担当，以"货真价实"的有为奉献创造更多的成就和辉煌。

四是正确认识狠抓落实是担当的不二选择。行动是最好的表态，落实是最有力的回答。能否把思路变成行动、把目标变为现实，是衡量一名党员干部担当与否的评价标准，也是党员干部担当有为的目标所在。抓落实，贵在真抓、重在实干；贵在精细、重在"出活"。要坚持工程化项目化的推进办法，倡导认真的工作态度，完善差异化的考核办法，对重大事项、重点工作既要有"军令状"，又要有"施工图"，一步一步扎实推进，把每一项工作都抓到底抓到位，以结果量成绩，以成败论英雄。

五是正确认识干净干事是担当的底线要求。干净是政治底线。干净出正气、出权威、出凝聚力、出战斗力，党员干部只有自觉做到干干净净，才能公平，才能坦荡，才能晚上"睡得着"，不辱肩负使命，不负时代和人民厚望。干净干事的担当，就是守得住清贫、耐得住寂寞、稳得住心神、经得住考验。我们要牢固树立纪律意识、规矩意识，严格遵守党章、党的纪律、国家法律法规以及党在长期实践中形成的优良传统，将其作为从政之绳、工作之纲、人生之镜，始终做到心有所畏、言有所戒、行有所止。

（三）关于"三个担当"的类别

去年5月，中共中央办公厅印发《关于进一步激励广大干部新时代新担当新作为的意见》，强调广大党员干部要从政治担当、历史担当、责任担当3个维度，努力创造属于新时代的光辉业绩。

一是政治担当。政治担当是共产党人的最高价值追求，反映到思想意识层面，体现为初心使命、"四个意识"、"四个自信"；在现实层面表现为对党忠诚、为党分忧、为党尽职、为民造福。汉使苏武流放塞外19年，渴饮雪、饥吞毡，归来持汉节，正所谓"临患不忘国，忠也"。先人以做榜样，共产党人更应如此！苏联共产党从成长壮大到最后衰亡的历史，也告诉我们理想信念是党员干部的精神之基。作为新时代的党员领导干部，直面世界多极化、经济全球化、社会信息化、文化多样化的大变革大调整，必须当好笃定举旗人,积极应对党面临的"四大考验""四种危险",带头坚定"四个自信",保持政治定力,坚定不移高举中国特色社会主义伟大旗帜。切实增强政治敏锐性和鉴别力,坚决与错误思潮做斗争,在形形色色的蛊惑和诱惑面前保持清醒、坚决斗争。

二是历史担当。历史担当是共产党人精神的体现,反映到思想意识层面体现为对新时代、新思想、新矛盾、新目标的深刻洞察的理论自觉,在现实层面表现为勇当时代先锋,时不我待、只争朝夕、勇立潮头的行动自觉。正是因为有了无数仁人志士铁肩担道义,才使中华文明延续至今;正是因为无数革命前辈浴血奋斗,才有了共和国今日的辉煌。新时代是开拓奋进的时代、比肩超越的时代,为人民谋幸福,为民族谋复兴的重任,历史地落在了我们这一代人肩上。"苟利国家生死以,岂因祸福避趋之。"共产党人理应扛起这份历史重担,带头走在前列,全力跑好这历史的一棒,做历史使命的忠实践行者,全神贯注抓建设,奋发有为促发展。

三是责任担当。责任担当是政治担当在本职岗位上的具体体现,反映到思想意识层面,体现为守土有责、守土负责、守土尽责的思想自觉,在现实层面表现为在其位、谋其政、干其事、求其效的实际工作。党员干部不论资历长短、职务高低、年龄大小,一旦走上了"岗位",就意味责任在肩,意味着使命,意味着"责任重于泰山"。古人云,顺境逆境看襟度,大事难事看担当。责任从大处讲,就是对群众负责,对社会负责,对历史负责等;从小处说,责任就是对工作负责,对家庭负责,对自己负责等。我们要敬畏责任、重视责任,积极实践责任,严格履职尽责,要强化对责任的落实力、执行力,真正担当起所分工的职责、所分配的任务、应负起的责任。

二、深刻认识领会担当是共产党员的本质属性和新时代的使命呼唤

"为官避事平生耻。"习近平总书记指出,"干部敢于担当作为,这既是政治品格,也是从政本分。"

担当是共产党人的政治本色。中国共产党是以马克思主义理论武装起来的先进政党,是中国工人阶级的先锋队,是中国人民和中华民族的先锋队。2017年新修订的《中国共产党章程》第三十五条明确提出"党的干部是党的事业的骨干,是人民的公仆,要做到忠诚干净担当";第三十六条明确规定"党的各级领导干部必须信念坚定、为民服务、勤政务实、敢于担当、清正廉洁"。党的性质、宗旨和奋斗目标决定了担当是共产党人的政治本色。

什么是初心?初心就是做某件事情的初衷。共产党人的初衷是什么?为了信仰,"为人民谋幸福,为民族谋复兴"。近代以来,中国社会受尽西方帝国主义蹂躏,从封建社会逐步陷入半殖民地半封建社会。从鸦片战争到甲午战争,在西方列强的坚船利炮下,祖国的大好河山一次次被撕裂,又是割地又是赔款。沉重的历史,促使先进知识分子觉醒。民族要独立,前提是政治要统一,政治要统一,首先社会要重组,就需要建立一个深耕于中国社会的政党。俄国十月革命的成功,使中国知识分子看到了新的曙光,他们放弃了对资本主义的幻想,高举马克思主义旗帜,组建中国的布尔什维克。

1921年7月23日,党的一大召开于上海,结束于嘉兴南湖,诞生了第一个纲领、第一个决议、第一个中央组织。从此,我们党从嘉兴南湖诞生,从嘉兴南湖出征。共产党人从艰苦困难中走来,从百折不挠的斗争中走来,从一心为民的奉献中走来,带领中华民族傲然屹立世界民族之林,雄健迈入世界舞台中央,从原先的58名党员发展成为世界第一大党,其背后支撑的就是担当!

(一)担当使中国共产党人取得了新民主主义革命胜利

革命时期,正是一个又一个共产党人发扬不怕牺牲的担当精神,团结带领中国人民进行28年浴血奋战,结束了旧中国半殖民地半封建社会的历史,实现了中国从几千年封建专制政治向人民民主的伟大飞跃。1921年到1949年,牺牲的烈士,有名可查的就有约370万党员,无名烈士更是难计其数。江西"莲花君子"刘仁堪,他随毛泽东同志奔赴井冈山,是莲花县苏维埃政府主席。被捕后,面对酷刑,他严守党的秘密。在被敌人押赴刑场的路上,他坚持大声宣传革命理想,被敌人残忍地割断舌头,他忍着剧痛用脚趾蘸着鲜血写下"革命成功万岁",牺牲时年仅34岁,书写了"为有牺牲多壮志,敢教日月换新天"的壮丽诗篇。1936年6月30日,赵一曼在逃出监狱后,又一次被捕。负责审讯的日寇特务用竹签插进她的指甲,用鞭子戳进她

流血的伤口,用老虎凳、辣椒水、电刑等酷刑逼她投降;用她尚未成年的儿子需要抚养来诱使她投降。但她始终坚贞不屈,没有吐露任何实情。她怒斥敌人:"你们可以让整个村庄变成瓦砾,你们能够把人剁成烂泥,但你们消灭不了共产党员的信仰!"日军知道从赵一曼的口中得不到有用的情报,最终将她杀害,时年31岁。正是无数个赵一曼同志"未惜头颅新故国,甘将热血沃中华"的担当,才换来了"白山黑水除敌寇,笑看旌旗红似花"的胜利。

（二）担当使中国共产党人取得了社会主义建设的巨大成就

中华人民共和国成立后,百废待举,百业待兴。中国共产党人发扬艰苦奋斗的担当精神,完成了新民主主义社会再到社会主义社会的历史跨越,实现了中华民族由不断衰落到根本扭转命运、持续走向繁荣富强的伟大飞跃。由于建设经验不足,出现过指导思想偏差,但共产党人敢于担当,敢于反思,敢于承认错误,及时纠偏,促进经济、教育、科技、文化、卫生、体育等各项事业发展,发挥了集中力量办大事的优势,逐步建立独立完善的工业体系和国民经济体系,维护了国家的安全和独立。周恩来同志曾说:"我们这些人一辈子就是为国家、为人民拉车啊!一息尚存,就得奋斗。"邓小平同志回忆说:"周总理是一生勤勤恳恳、任劳任怨工作的人。他一天的工作时间总超过12小时,有时在16小时以上,一生如此。"当有外宾问他哪里来的这么充沛的精力去工作时,周恩来同志说了这么一段话:"在漫长的中国革命战争岁月中,

有许多同志都牺牲了。为了把牺牲同志的工作都承担起来,我们活着的人更要加倍工作。我每天都以此激励自己。"这一时期,还涌现出王进喜、焦裕禄、雷锋等一批批共产党人的英雄模范人物,他们以艰苦奋斗的担当精神,激励我们振奋精神、奋勇前进。

（三）担当使中国共产党人在改革开放伟大实践中实现富起来

在改革开放新时期,中国共产党人发扬改革创新的担当精神,坚决破除阻碍国家和民族发展的一切思想和体制障碍,积极推进改革开放新的伟大革命,实现中国人民从站起来到富起来的伟大飞跃。浙江是中国革命红船起航地、改革开放先行地、习近平新时代中国特色社会主义思想重要萌发地。在座的每一位党员干部都恰逢其时。40多年来,浙江干部始终沿着解放思想、实事求是的思想路线和中国特色社会主义道路,敢于担当、勇于创新,使浙江这个人口多、土地少、资源不丰富的沿海小省,在"文革"中经济发展不断下降、财政连续7年赤字、经济社会陷于严重困境的穷省,逐步发展为经济总量全国第四、居民人均可支配收入居全国各省(区、市)第一的经济大省。浙江改革开放40多年并非一条平坦的直线,意识形态、产业交替、经济周期等诸多因素纠缠,风雨跌宕,冷暖自知,昭示着逢山开路、遇水架桥的担当精神。在2018年新年贺词中,习近平总书记说:"改革开放是当代中国发展进步的必由之路,是实现中国梦的必由之路。我们要以庆祝改革开放40周年为契机,逢山开路,遇水架桥,将改革进行到底。"

（四）担当是新时代共产党人的使命呼唤

习近平总书记在党的十九大报告中庄严宣告:"中国特色社会主义进入了新时代。""这个新时代,是承前启后、继往开来、在新的历史条件下继续夺取中国特色社会主义伟大胜利的时代。"时代决定使命,使命呼唤担当。我们清醒地认识到,已经走进世界舞台中央的中国,仍处在社会主义初级阶段。社会主要矛盾已经由人民日益增长的物质文化需要同落后的社会生产之间的矛盾,转换为人民日益增长的美好生活需要和不平衡不充分的发展之间的矛盾。正是社会主要矛盾的变化,对党和国家工作提出了许多新要求,特别突出的是要在继续发展的基础上,着力解决好发展不平衡、不充分问题,大力提升发展质量和效益,更好满足人民在经济、政治、文化、生态等方面日益增长的需要,更好推动人的全面发展、社会全面进步。新时代的进军号角正在响彻中华大地,全面建成小康社会的决战正在加紧进行,到本世纪中叶把我国建设成为富强民主文明和谐美丽的社会主义现代化强国的伟大进军正在迈出新步伐,这就为实现中华民族伟大复兴开启了具有划时代意义的新的伟大征程。时代也由此赋予了中国共产党人新的历史使命。

习近平总书记寄语浙江:"干在实处永无止境,走在前列要谋新篇,勇立潮头方显担当。"我们文旅人就要有文旅人的担当。新时代面对文化和旅游融合发展的新形势,省级文化和旅游系统全体干部要坚定舍我其谁的信念、

勇当尖兵的决心,坚持向内用劲、苦干实干,积极推动浙江文化建设和旅游高质量发展。一要把握新方位,树立新理念。找准文化和旅游工作的最大公约数、最佳连接点,发挥旅游载体作用增强文化竞争力,推动文化建设再上新台阶;发挥文化引领作用推动旅游再提升,拉动新发展。要树立大文化理念,力争覆盖文化和旅游工作各领域、多方位、全链条深度融合,实现资源共享、优势互补、协同并进,突出高质量、竞争力、现代化,提供新引擎新动力,形成发展新优势。二要锚定新目标,明确新任务。年初我们召开的全省文化和旅游局长会议,分析了新时代文化和旅游工作面临的新情况新问题,揭示了新挑战新考验,明确了新目标新任务,提出了着力建设全国文化高地、中国最佳旅游目的地、全国文化和旅游融合发展样板地的目标及3个聚焦、10大任务、10大工程。接下来,我们要研究制订好"十四五"规划。要锚定目标,实现文化强、旅游佳、文旅融。三要创新新方法,探索新路径。要以敢于领先之魄力、敢闯敢试之作为,争当改革开放先行者、排头兵,创新新方法、探索新路径,破除一切不合时宜的思想观念和体制机制弊端,打破"坛坛罐罐",创新活力、释放潜力,调动干部、群众和市场主体的最大积极性、能动性,把效率发挥到极致,以改革创新撬动、赋能"文化浙江"建设和"诗画浙江"建设。

三、机关党员干部新时代担当的新要求

一代人有一代人的使命,一代人有一代人的担当。在习近平新时代中国特色社会主义思想的指引下,在文化和旅游高质量融合发展的新形势下,广大文化和旅游系统共产党员特别是党员干部面临新任务、新使命,亟须以新担当承载新时代,以新作为开启新征程。

(一)做一名担当型的党员干部

"其身正,不令而行;其身不正,虽令不从。"

一是要让群众做到的事情,自己要先做到。领导心理学研究表明,群众易于接受领导者的示范和暗示。一名党员干部,要使本组织的工作和任务落实到位,必须以身作则。三年经济困难时期,我们能够渡过难关,一个非常重要的原因是老一辈无产阶级革命家以身作则,给全国人民做出榜样,鼓舞全国人民同心同德,克服困难。中南海,领袖们吃饭实行定量管理,毛泽东26斤/月,朱德26斤/月,刘少奇18斤/月,周恩来24斤/月。在领袖们的带领下,机关干部采集一切可食用植物和粮食掺和吃,俗称"瓜菜代"。领导们不搞特殊,以身作则渡难关。新时代有新时代的担当,最近公布的浙江省102名担当作为好干部是我们学习的楷模。因此我们要带头走进问题、走进矛盾、走进困难,以改革的精神、创新的办法努力解决重大难题。天下没有跨不过的山,世上没有迈不过的坎。只要我们面对困难时,不缩手缩脚、躲躲闪闪,冲在前面,勇担责任,"文化浙江""诗画浙江"建设一定无往而不胜。

二是把每项工作都当事业去做。要树立正确的事业观。"业无高卑志当坚,男儿有求安得闲。"工作没有贵贱之分,都是事业的需要。要珍惜岗位,对负责的工作怀有满腔的热忱。热忱是一种具有矢量性的精神力量,是成就一番事业的原动力。要想获得领导和群众的认可和尊重,必须以满腔的热忱对待工作,而不是和领导讨价还价、牢骚满腹,以至于"做一天和尚撞一天钟";以至于成为业务不精、能力不强、避重就轻、得过且过的"庸官",不作为、慢作为、乱作为的"懒官",重权轻责、自由散漫、谋人不谋事的"散官"。前年热播剧《人民的名义》中的光明区区长孙连成不是贪官,有一次山水集团的副总抱着茅台酒、中华烟去给他送礼,就被他轰出家门,并嚷道:"我可不是丁义珍。"是啊,他不像丁义珍贪污受贿、贪赃枉法那样可恨,但他无所事事、处处不作为,被市委书记李达康上了信访"实战课"后,和属下交代整改方案时,第一个想法竟然还是"凑合着吧,反正李书记那么多事,过几天也就忘了!"正如李达康酣畅淋漓的批评:"懒政不作为,白吃干饭……你们觉得升不了升,都无所谓了,以集体决策为由头,在工作当中,相互推诿、扯皮,不作为……党跟人民有所谓呀,党和人民绝不允许你们浪掷一个国家伟大复兴的大好时机跟时间。"典型就在身边。比如我们文物系统干部把工作当事业,从1936年施昕更先生发现良渚古城遗址开始,几代考古人不舍不弃、孜孜以求,一直将此项工作作为事业在努力,最终在今年使良渚古城遗址申遗成功。省考古研究所刘斌先生从大学毕业参加工作开始到现在快要退休了,一直在为良渚古城遗址考古工作和申遗工作奋斗，天当被，地当床，栉风沐雨，终于铸就了事业辉煌。

三是以服从组织的决定为天职。军人以服从上级的命令为天职。我们要向军人学习，服从组织的决定，否则就无法做到"围绕中心、服务大局"。没有规矩不成方圆。强大的规矩意识、纪律意识，过去确保了革命的胜利，确保了改革开放的成就，我想将来一定会确保实现"两个百年目标"。我们要"说一件，干一件；干一件，成一件"，雷厉风行。面对繁重的文化建设和旅游发展的任务，立说立行，马上就办，坐不住、等不起、睡不着，而不是"你说你的，我做我的"，面对中心工作重点工作，做"不清楚、不了解、不知道"的"三不"干部。面对党组织的号召、党组织的决定，"没有任何借口"，应成为文化和旅游系统党员干部的口号和习惯。

四是用领导影响力来赢得群众的信服。党员干部都是领导者，领导者在领导过程中，要具备有效控制、支配和激励、感召被领导者的能力。要正确行使手中的权力，使用权力要正当，不越位不缺位；要发扬民主，走群众路线，不要摆架子、打官腔；要做到原则性和灵活性统一；要处事公正，不以权谋私，不以权徇私，不义气用权。要提高自身的内在素养，"为政以德，譬如北辰，居其所而众星共之"。要自重、自省、自律。要锤炼健康的心理素质，著名心理学家特尔曼实验结果表明，一个人成就大小，不是智力因素，而是心理因素，重要的是心胸开阔、气度博大、意志坚强、临危不惧。还要增强自身的文化底蕴，古人云：

"学者非必为仕，而仕者必为学。"习近平总书记要求我们必须具备8种能力，我们一定要认真学习领会并笃行致远。

（二）培养创新的担当意识和方法

担当贵在创新。只有创新，才能创造性地开展工作，才能找到解决问题的有效方法，工作才能落实落地。因此，我们不仅要担当，而且要会担当。

一是破除思维定式。"创造之前必先破除。"培养创新的担当意识，一定要破除权威性思维定式、习惯性思维定式、经验性思维定式。特别是厅局合并之后，大家融合在一起，面对新的形势、新的要求，都要打破原有的习惯去思考问题解决问题。不能囿于过去的经验套路，束缚了思想和手脚。

二是培养有效的思维方式方法。车俊书记告诉我们，浙江要走在前列，重要的一条，是要把不可能变成可能。1972年，新加坡李光耀要求旅游局制订一个旅游规划，发展新加坡旅游事业。旅游局局长接到指示后，十分为难，认为新加坡没有埃及的金字塔、中国的长城、日本的富士山，除了一年四季的阳光，什么名胜古迹都没有，实在是巧妇难为无米之炊。李光耀听后，非常不高兴，批示："你想让上帝给我们多少东西？阳光，阳光就够了！"后来，新加坡利用一年四季的阳光，种植花草，大搞"花园城市"，现在成为世界旅游最佳目的地之一。袁家军省长出访新加坡后对我说过，新加坡旅游搞得好，特别肯定新加坡善于利用资源，人造"超级树"，打造城市森林。

我们要创新，就要改变思维，思维一变，结果就会不一样。可用逆向思维去思考，逆事物的常规方法去寻找解决的办法，即"倒过来想"。土豆刚传入欧洲时，被视为"魔鬼的食物"。普鲁士国王腓特烈为推广土豆，故意派士兵严密看守一块土豆田，引诱好奇的农民去偷土豆自己种，从而推广土豆的种植。可用发散思维思考，从一点向四面八方想开去的思维方式。可用转向思维，即在一个方向上受阻时，马上转向另一个方向去思考，不要一条道走到黑。《伊索寓言》有一个故事：一天，太阳和北风在争论谁比较强壮，北风说："当然是我。你看下面那位穿着外套的老人，我打赌可以比你更快要他把外套脱下来。"说着，北风便用力对着老人吹，希望把老人的外套吹下来。但是它愈吹，老人把外套裹得愈紧。后来，北风吹累了，太阳便走出来，暖洋洋地照在老人身上。没有多久，老人便开始擦汗，把外套脱下。可见，工作要讲究方法。

三是流程再造。链条的最大强度，取决于最薄弱的环节；木桶的最大容量，取决于最短的木板。针对新生事物，针对工作中的矛盾，针对发展中的困难，我们不要紧张不要害怕，要分析，要找到管理流程中的问题，通过流程再造，往往柳暗花明。17、18世纪英国经常要把大量犯人运送到澳大利亚，起初是按照上船时犯人的人头给私营船主付费。私营船主为了牟取暴利，便不顾犯人的死活。每船运送人数过多，造成生存环境恶劣，加之船主克扣犯人的食物，使得大量犯人在中途就死去。

更为严重的是,有的船主一出海就把犯人活活丢进大海中。后来,为了降低犯人死亡率,英国政府发现了运送犯人的制度弊端,并想到了巧妙的解决办法。他们不再在船只离岸前支付运费,而是按照到达澳大利亚的犯人人数和其身体健康情况来支付船长运送费用。实行"到岸计数付费"的办法以后,犯人的死亡率降到了1‰以下,有的船只甚至创造了零死亡纪录。"二战"时,美国降落伞的合格率难以达到100%,即使经过厂商最大的努力,降落伞的合格率也只能达到99.9%。厂商认为,能够达到这个程度已经饱和,没有什么必要再改。后来,美国军方改变了验货方法,那就是从厂商前一周交货的降落伞中,随机挑出一个,让厂商负责人装备上身后亲自从飞行中的机身跳下。这个方法实施后,不良率立刻变成零。这两个故事都告诉我们,只要找到制度的弊端,通过流程再造,很多看似不可能解决的问题都应声而解。我们要以"最多跑一次"改革、政府数字化转型为契机,以全新的理念,解决我们多年想解决而不能解决的短板和弱项,担当有为,推进各项工作再上新台阶。

(三)要落实好细节,管理好时间,提高好效率

关键的不是做事,而是把事情做成。进入新时代,我们要重塑一个新理念,"不重过程重结果,不重苦劳重功劳"。这当中,细节、时间、效率非常关键。

一是落实好细节。"小事成就大事,细节成就完美"。2003年2月1日,美国航天飞机"哥伦比亚号"在返回地球过程中,发生爆炸,7名宇航员遇难。凶手竟然是一块脱落的泡沫材料。比如这次我们良渚古城遗址申遗成功,也体现落实好细节的重要。省文物局从争取考察专家到国际古迹遗址理事会专家评议、对外宣传等,每个环节都做出了细致的准备,考虑了各种预案和应对办法,可谓步步惊险,处处化险为夷,确保全票通过。由此可见,落实好细节的重要性。细节没有止境。要做到符合标准是起码的要求,无论大事小事都要做到极致,落实工作零错误,只有这样才能成事、成好事、成美事。

二是管理好时间。时间无法储蓄,时间不可逆转,时间无法取代。有些人,忙得晕头转向,一无所成;有些人忙闲得当,成果累累。我们经常会碰到不速之客造访,文山会海,朋友、亲戚、同学约会等情况,影响工作。要学会制订科学合理的工作计划,按计划做事,按设计施工。要学会授权,不要事必躬亲。学会拒绝,减少请托应酬。

三是提高好效率。效率是担当的落脚点。工作千头万绪,效率见真功夫。半年下来,有的部门任务超额完成,有的处室年初定的工作一动未动。俗话说:"吃不穷、穿不穷、计划不到一世穷。"提高工作效率,首先要把该挑的工作挑起来,不能相互推诿、扯皮、打太极;二是要排定科学的工作次序,要有轻重缓急,弹好钢琴;三是马上做,不能拖拉,拖拉误事;四是专心致志;五是第一次把事情做好。第一次做不好就得返工,一返工就浪费时间,影响效率。袁家军省长年初视察我厅时,提出"四个工作体系"的工作标准,袁家军省长提出的目标体系、工作体系、政策体系、评价体系是我们做每一件事的四要素,非常科学,非常务实,非常"接地气",我们要学习好、领悟好、运用好,不断地把握好细节、时间、效率,不断地提高工作的效率和水平。

2019 年全省文化和旅游系统半年度综合业务培训会

【概况】　7 月 31 日,2019 全省文化和旅游系统半年度综合业务培训会在武义召开。培训会紧紧围绕年初提出的工作目标,突出文旅融合,系统总结上半年全省文化和旅游工作,明确下半年及今后一个时期的工作重点,研究推进"富民强省十大行动计划"文旅项目建设和"四条诗路"建设,全面推进"文化浙江""诗画浙江"建设。省文化和旅游厅党组书记、厅长褚子育出席培训会并讲话。厅党组副书记、巡视员傅玮主持会议,厅领导许澎、柳河、刁玉泉、叶菁,各市、县(市、区)文化广电旅游局主要负责人,省文物局副

局长,省文化和旅游厅、省文物局机关各处室、工作专班和厅属各单位主要负责人参加会议。

　　会议回顾总结了上半年度省文化和旅游系统工作情况。上半年,全省文化和旅游系统以习近平新时代中国特色社会主义思想为指导,全面贯彻党的十九大和省第十四次党代会,以及省委十四届三次、四次、五次全会精神,按照省委"'八八战略'再深化、改革开放再出发"的要求,以高质量发展为目标,以融合发展为重点,以改革开放为动力,以防范化解风险为保障,紧紧围绕年初提出的工作目标,深入推进文化建设

和旅游发展再上新台阶,着力建设全国文化高地、中国最佳旅游目的地、全国文化和旅游发展融合样板地。截至目前,111 项年度工作措施已全部启动实施,完成度超过 50% 的 78 项,占比 70.27%,11 项措施已全部完成,占比 9.91%,整体突出高质量、竞争力、现代化 3 个重点。但值得注意的是,仍存在年度工作任务推进进程不均衡,对新工作新任务新问题敏感度不高、应对力不强,重心不够聚焦等不足、问题和困难。

(省文化和旅游厅办公室)

在 2019 年全省文化和旅游系统半年度综合业务培训会上的讲话

省文化和旅游厅党组书记、厅长　褚子育

(2019 年 7 月 31 日)

　　今天,我们在武义召开半年度综合业务培训,目的就是紧紧围绕年初提出的工作目标,突出文旅融合,总结上半年工作,明确下半年及今后一个时期的工作重点,研究推进"富民强省十大行动计划"文旅项目建设和"四条诗路"建设,全面推进"文化浙江""诗画浙江"建设。刚才各位厅领导就各自分管的工作做了发言,他们都讲得很好,我完全同意。

下面,我讲几点意见。

　　上半年,按照年初制定的工作要点,111 项年度工作措施已全部启动实施,完成度超过 50% 的 78 项,占比 70.27%,11 项措施已全部完成,占比 9.91%。总的来说,时间过半任务过半。半年工作,突出了 3 个重点:一是突出高质量。实证中华 5000 年文明史的良渚古城遗址申遗取得圆满成功,成为中国第 55 处世界遗

产;海宁海塘·潮文化景观被列入中国世界文化遗产预备名单。坚持以标准化促进发展质量提升,印发了《浙江省文化和旅游标准化建设行动计划(2019—2022)》,完成旅游民宿国家标准制订,13 项地方标准提请省市场监督管理局立项;完成首批 21 个县(市、区)基本公共文化服务标准化完成情况认定工作;公共文化服务"五个百分百"完成率达

61.8%,完成512家A级景区村庄认定,组织送文艺演出下乡7899场,送书下乡56.8万册次,送讲座、展览2729场次,逐步推进"盆景"变"风景"。二是突出竞争力。"诗画浙江"旅游品牌成为全省"大花园"的统一品牌,在全国形成影响力。获批全国文化和旅游资源普查试点省、全国民宿等级评定试点省、"全国旅游服务监管平台"试点省。14个村入选全国乡村旅游重点村,数量居全国第一。68个项目获国家艺术基金资助,位居全国第二。文化产业增加值增长6.3%;旅游总收入增长8.9%。上半年全省文化和旅游在建项目1654个,总投资12873亿元,实际完成投资583.3亿元。三是突出现代化。"最多跑一次"改革深入推进,"放管服"齐头并进,政府数字化转型加快实施,努力构建文旅发展新体制新机制。完成"诗画浙江·文化和旅游信息服务平台"全功能上线和省、市、县(市、区)3级贯通;率先建成浙江文旅数据仓,完成文化市场执法等6个应用的整合,汇集18个部门数据及业务,实现文旅数据共享。长三角一体化全面启动,法治建设得到加强,文化市场综合行政执法改革有序推进,文旅对外开放度不断扩大。

虽然上半年工作任务整体推进平稳有序,但是,与高质量高水平完成年度目标的要求相比,还存在不足、问题和困难。一是年度工作任务推进进程不均衡。仍有33项年度工作措施完成度未超过50%,占比达29.73%,个别项目还在调研阶段,进度偏慢。二是对新工作、新任务、新问题敏感度不高,应对力不强。推进长三角一体化进程中,体现浙江特色、凸显浙江文旅优势的办法和手段需创新谋划;对在中美贸易摩擦不确定、国内经济下行压力加大的背景下,文旅产业如何有效应对这一问题的深入思考尚有欠缺;面对文化解码、自贸区建设对文旅影响、文旅IP建设、单位改制、资本运作、数字化转型等新情况,难字当头,不适应、少办法,想躲、想避、想绕,工作打不开局面。三是重心不够聚焦。传承发展浙江优秀传统文化行动计划列入省政府十大行动计划,是文旅系统唯一牵头必须抓好的工作,但部分地区和部门认识不够到位,心中无数。履行好意识形态工作主体责任,主动有为还显不足,还停留在文字里、嘴巴上,滞留在班子层面,尚未成为每一个部门、每一个岗位、每一位干部日常工作重要组成部分,等等。

下半年,全省文化和旅游系统要以习近平新时代中国特色社会主义思想为指引,以全面深入开展"不忘初心、牢记使命"主题教育为契机,紧盯省委、省政府中心工作和年度工作目标,"守初心、担使命,找差距、抓落实",主动对标对表,锚定目标任务,画好"施工图纸",排好时间节点,狠抓工作落实,确保年度工作目标高质量高水平完成,为努力谱写新时代"文化浙江""诗画浙江"建设新篇章奠定良好基础。

一、凝心聚力,着力提升系统党建和宣传工作质量水平

一是高质量完成"不忘初心、牢记使命"主题教育。按照省委统一部署,结合文旅系统特点,狠抓后半程主题教育任务落实,一气呵成。掀起文旅系统"三服务"热潮,以"三服务"实效检验主题教育成效,确保抓思想认识到位,抓检视问题到位,抓整改落实到位,抓组织领导到位。二是坚定不移做好新时代文旅系统的宣传工作。要把学习贯彻《中国共产党宣传工作条例》作为重大政治任务,统一思想认识,明确目标任务,落实主体责任,进一步提升宣传思想工作科学化、制度化、规范化水平。要在建设强大凝聚力、引领力的社会主义意识形态上彰显文旅人担当。聚焦社会主义先进文化建设,抓好红色旅游工作,为"立心""立魂"做出贡献。加强文旅系统网评员队伍建设,以网络阵地为重点,坚决守好文化阵地意识形态安全。全面落实"一岗双责",将意识形态工作任务落实到每个部门、每个岗位、每一位干部;要在建设强大生命力、创造力的社会主义精神文明上,彰显文旅人的担当。加强传播手段和话语方式创新,在推进文旅融合、课程思政、文艺创作等日常工作中,在文化滋养和旅游体验中,以"春风化雨"的方式潜移默化地弘扬社会主义核心价值观和浙江"三个地"精神;要在建设强大感召力、影响力的社会主义先进文化上彰显文旅人担当。以破题"什么是文化?""文化是什么?"为重点,省、市、县(市、区)、乡(镇)联动,深入全面挖掘、研究、阐释优秀传统文化、革命文化、社会主义先进文化,并做好文化传播工作。三是深入推进党风廉政建设和反腐败斗争。全面实施文旅系统"1+10+N"党风廉政建设制度体系,加强作风建设和纪律教育,力戒形式主义、官僚主义;开展清廉机关建设、模范机关创建工作,打造清廉有为的文旅单位;强化日常监管,紧盯各种形式的"四风"反弹回潮、隐性变异新动向新表现,继续保持高压态势。

二、戮力同心,大力推动省委、省政府中心工作落地见效

切实把思想和行动统一到省委、省政府重大决策部署上来,增强使命感和责任感,围绕中心,服务大局,努力展现文旅工作新作为。年初布置的全年工作计划都是省委、省政府重点工作在文旅系统的具体化,要对标对表,找弱项,补短板,对进展慢的,甚至尚未启动的工作,下半年要迎头赶上,争取超额完成。以下几项工作要重点聚焦,确保省委、省政府中心工作落地见效。一是着力加强长三角一体化合作。制定《浙江省文化和旅游厅推进长三角区域文化和旅游一体化发展实施方案》,分解落实长三角合作各项工作任务。与上海、江苏、安徽文化和旅游部门通力合作,开好局,起好步。围绕省内一体化合作先行区打造,推动文旅领域杭绍一体化、甬绍一体化、甬舟一体化、嘉湖一体化、杭嘉一体化建设。二是着力推进"四条诗路"建设。以每条诗路"一部规划、一批项目、一个数字平台、一组音乐作品、一部宣传片、一批重点企业、一个主题节庆、一个高端论坛、一场文旅推介、一系列工作机制"为重要抓手,全力推进诗路建设,打造"诗画浙江"最亮丽的风景线。加快完成"四条诗路"规划报批,印发三年行动计划;重点打造一批诗路沿线重点城镇和重大项目,培育10家左右千万级核心景区;珠链并进,串珠成链,滚动推进、迭

代升级。三是着力落实传承发展浙江优秀传统文化行动计划。摸清底子,完成行动计划重点项目投资的数据汇总和核对,保证年度投资计划完成25%。抓好申遗成功后的良渚古城遗址保护传承和利用工作,完成创作昆曲《宛在水中央》等3部以良渚为题材的舞台艺术作品,加上已经完成的交响乐《良渚》,开展国内外巡演。与中国文物保护基金会联合在松阳共同建立拯救老屋南方培训基地。制定全省文化生态区建设指导意见并启动项目遴选工作;组织开展第五批国家级非遗代表性项目、国家级文化生态区申报。开展歌剧《红船》等重点剧目的创排;举办第十四届浙江省戏剧节,组织开展原创旅游歌曲创作演唱大赛。指导嘉兴完成红色旅游资源普查,开展中华人民共和国成立70周年红色旅游活动。完成《浙江通志·非物质文化遗产志》的编纂和《浙江省非物质文化遗产代表作丛书》(第四批国家级非遗项目30种)的出版。四是着力推动乡村振兴。召开全域旅游暨"百千万"工程推进工作会议。新增A级景区村庄不少于2000个,启动200个左右景区镇、10个景区城创建。认定30家左右旅游风情小镇,认定150家精品民宿。创建30个浙江省文化强镇、100个浙江省文化示范村(社区)。加快旅游厕所建设,探索长效管理机制,提升旅游厕所的建设管理水平。五是着力加强风险防范。提高认识,压实责任,持续开展文化和旅游领域安全专项治理,切实抓好政治安全、生产安全、保密安全,打好打赢防范化解重大风险攻坚战。六

是着力围绕重要节庆和重大活动组织好文旅活动。重点办好庆祝中华人民共和国成立70周年大型音乐舞蹈晚会;组织好世界互联网大会等国家级活动及省委、省政府、省政协新春团拜会等重要活动文艺演出。积极配合省领导重大出访活动,开展文旅推介。七是着力打好"百县千碗"品牌。制订《做实做好"诗画浙江·百县千碗"工程三年行动计划(2019—2021年)》并组织实施。召开全省"诗画浙江·百县千碗"工作推进会。推进"百县千碗"进食堂、进学校、进景区、进高速服务站,建设一批消费体验点。与大众点评、美团等平台建立合作,对产业指数、消费指数进行监测分析,定期发布"百县千碗"旅游美食大数据报告。完成"百县千碗"品牌商标注册,坚持授权经营,厨师持证上岗,保证质量。

三、别开生面,聚力做出文旅新贡献

积极应对经济运行稳中有变,外部环境发生明显变化的经济形势,做出文旅新贡献。一是积极扩大有效投资。加快文旅项目谋划包装,打造高品质文旅特色项目,形成新的经济增长点。加快实施文化旅游千亿投资促进工程,尽快推进文化和旅游投融资平台运营,提供优质供需双方见面服务,推进投资项目尽快落地见效。推动加快出台浙江省十大海岛公园建设行动计划,完成海岛公园创建导则编制工作。试行文化产业运行季度分析,全面掌握文化产业运行状况,分类研究好对策举措。扎实推进《推动数字文化产业发展三年行动计划(2018—2020年)》,推动数字文

旅产业提质增效。加强产业平台建设,建设一批生态旅游文化产业园等文旅产业基地、产业园和特色产业集群,推动转型升级,发挥好集聚效应。积极壮大市场主体,设立风投基金、产业孵化基地,加大对龙头示范企业支持力度,在加快培育1000家成长型文旅企业上尽快见效。二是积极扩大内需拉动消费。以市场化机制促进文旅产品开发,着力开发高质量的动漫、网络音乐、数字文旅等新型文化产品,加大传统工艺品、非遗衍生品等文创产品开发力度,扩大文化产品供给。加快文化旅游线路串珠成链,加大供给侧结构性改革力度。针对旅游市场的变化,着力发展夜游经济,着力回暖城市旅游,着力解决假日游与非节假日游峰谷差现象。优化文旅服务,升级打造"浙里好玩"智慧文旅公共服务平台,提供更精准、更匹配、更个性化的服务。加快建设全省统一导览服务平台,针对市场不同需求提供旅游线路推介、目的地文化、美食、景点及配套交通食宿信息和价格查询等。研究制订推动文旅消费的政策措施,开展省级文旅消费试点城市创建工作。加强对网络文化市场、"不合理低价游"等的监管,完善旅游申诉处置机制,全力打造放心消费的文旅市场环境。三是积极扩大文旅出口。扩大国际旅游免签覆盖率,努力争取拓展国际航线,提高通关便捷度,提升旅游服务国际化水平。加大"诗画浙江"全域旅游信息服务系统推广应用,为外国游客开发提供多语种在线翻译服务。组织赴北美、欧洲、中东、非洲、东南亚等地区举办文化旅游系列推介

活动,全面开拓入境旅游市场。开展"环球摄影师走进诗画浙江"活动,运用跨界营销,做好品牌传播。加大文创产品研发,提升中华文化"附加值",加快文旅产品出口市场和营销渠道全球布局。

四、见微知著,致力文化解码推进文旅融合

试行文化基因解码工程,下大力气挖掘、研究、阐释优质文化基因,为文化建设和文旅融合发展提供前提条件、夯实基础。一是加强文化现象研究。从当地文化现象切入,按美术、音乐、戏剧、小说、故事、俗语等文化形态,选定项目按要素进行逐项分析。各地要尽快制定项目清单,有计划有步骤地有序推进。二是实施文化要素提炼。对每一个项目,围绕物质要素、精神要素、语言和符号要素、制度规范等4个维度进行研究分析,提炼最具价值、最为核心、必须传承的关键点(基因),进行记录和描述,呈现好解码结果。三是加强质量评价。对提炼传承的文化要素的关键点(基因)按生命力、凝聚力、影响力、发展力开展质量评价。试行制订质量评价标准,优胜劣汰,保证文化质量。四是推动传承和利用工程。以挖掘提炼出来的优质文化基因为原材料,用于传承和开展文旅融合工作,以此基因为标准评价已有文化和旅游产品,并及时矫正。以打造文旅IP为抓手,推进文旅融合,组织开展全省文旅融合IP的资源摸底登记工作,研究制定《浙江省文旅融合IP发展综合评价办法》,认定一批省级文旅IP。改革评标评先评优办法,增加文化内涵指标和分值,探索建立对A级景区、度假区、风情小

镇等动态管理制度,促其按文旅融合要求,转型升级。推进设立文旅产业融合改革试验县(市、区),加快遴选100个项目先行试点,将传统文化资源转化为旅游开发项目。五是构建工作体系。积极构建省、市、县(市、区)、镇(乡、街道)4级工作联动体系,大力开展文化基因解码工作。先行试点,在试点基础上积累经验,不断推广。先易后难,先粗后精,迭代提升。总之,要下决心把浙江优秀传统文化、浙江革命文化、浙江社会主义先进文化擦亮用活,真正做到创造性转化、创新性发展。

五、朝乾夕惕,奋力担当作为

坚定舍我其谁的信念、勇当尖兵的决心,坚持向内用力用劲、苦干实干巧干,积极推动浙江文化建设和旅游高质量发展。一是加速文旅系统政府数字化转型工作。加快升级省文旅数据仓,完善数据标准体系,加大推动省、市、县(市、区)3级文旅数据采集和共享力度。建立健全省级数据集市,汇集文旅系统、各部门、商用等各类数据,打造省级数据总入口和分级交换出口,提升省平台各类数据的利用率。建立健全数字文旅应用模块库,在开发景区流量监测、出境团队监测等应用系统的基础上,鼓励各地结合实际,研发特色应用,争创试点、争取示范。深入推进与阿里巴巴、美团等互联网平台的合作,利用5G、人脸识别等先进技术,培育智慧景区、智慧酒店、智慧文旅创客基地、智慧乡村等,以点带面,全面提升我省文化和旅游产业信息化水平。建立健全文旅数字化转型工作管理和考核机制,设立各市、县(市、区)工作进度晾

晒台,对省平台应用系统的使用频率、核心业务的梳理进度等进行排名和公布。建立常态化的全省文旅数字化转型集中办公制度,切实强化保障力度,加快工作进度,力争全省文旅系统数字化转型工作干在实处、走在前列。二是深入开展"三服务"活动。紧密结合"大学习、大调研、大抓落实"活动,牢固树立以人民为中心的发展思想,以"最多跑一次"改革为引领,结合工作实际,把年度工作转化成"服务企业、服务群众、服务基层"计划,奔着问题去,建立问题清单、落实清单、责任清单,通过更具针对性、有效性的帮扶措施,切实帮助文旅企业基层单位解决运行发展中的实际困难,切实呼应基层和群众关注的现实需求,不断激发企业单位的创业创新激情,不断提高群众的获得感和基层的工作活力。三是建立健全"四个体系"机制。通过指标体系明确"做什么",通过工作体系明确"谁来做、怎么做",通过政策体系予以"能做好"的环境和条件,通过评价体系看"做得好不好"。每项工作都要建立指标体系、工作体系、政策体系、评价体系,建立健全跨部门、跨区域协同推进工作机制,做到功不独居、过不推诿,确保说一件、干一件、成一件,加快形成滚雪球效应。

全省"诗画浙江·百县千碗"工作推进会

【概况】　8月28日,由浙江省文化和旅游厅主办的全省"诗画浙江·百县千碗"工作推进会暨"一家人·一桌菜"主题展示活动在舟山举行。浙江省人民政府副省长成岳冲莅临主题展示活动现场观摩指导。省文化和旅游厅党组书记、厅长褚子育出席推进会并做部署讲话,会议由省文化和旅游厅党组成员、副厅长卢跃东主持。舟山市副市长毛江平、省市场监督管理局二级巡视员邢泽亮等领导出席。省商务厅、省交通运输厅、省教育厅、省机关事务管理局等省级相关部门,全省各市、县(市、区)文化和旅游局,阿里巴巴集团、浙勤集团、浙江新远文化产业集团和相关行业协会等单位负责人参加会议。

会议总结了一年来全省"百县千碗"工作的开展情况,并对下一阶段工作任务及扎实推进省文化和旅游厅等6部门联合出台的《做实做好"诗画浙江·百县千碗"工程三年行动计划(2019—2021年)》做出部署。

褚子育指出,"诗画浙江·百县千碗"工程自2018年8月启动以来,得到省政府高度重视,袁家军省长多次做出重要批示予以肯定,"做实做好'百县千碗'"被写入2019年省政府工作报告,成为省政府的一项重要品牌工程。全省文化和旅游系统将其作为重中之重来打造,明确目标任务,建立指标体系;探索运行模式,建立工作体系;"标准""监管"并重,建立政策体系;实施动态分析,建立考评体系,做了大量卓有成效的工作,但也存在着认识不够到位、落地见效还不明显、形成合力有待加强等问题和不足。

褚子育强调,"民以食为天",做好美食的文章就是服务群众最好的举措,务必把对"百县千碗"工程的认识提高到更高层面上来,把做好"诗画浙江·百县千碗"工程作为一项惠民利民的民生工程、推动全省"大花园"建设的重要工作、促进文化传承的有效抓手、产业高质量融合发展的IP工程,真正将思想统一到构建高品质生活的高度上来。

褚子育要求,全省文化和旅游系统要主动担当,进一步明确目标体系,加快培育消费体系,建立健全质量体系,着力打造评价体系,积极构建人才体系,全面打响"百县千碗"浙派美食品牌;要强化保障,加强组织领导、加大政策支持、严格质量监管、强化检查考核,扎实推进"百县千碗"工程落地见效,努力开创"百县千碗"工程建设的新局面,为助推浙江建设全国文化高地、中国最佳旅游目的地、全国文化和旅游融合发展样板地,为满足广大群众对美好生活的需求做出新的更大的贡献。

会上,"百县千碗"VI系统揭晓发布;省文化和旅游厅分别与阿里巴巴集团、浙勤集团签订战略合作框架协议(备忘录);杭州市上城区、拱墅区、开化县分别与浙勤集团签订了共同推进"百县千碗"工程的合作备忘录;杭州市、嘉兴市、开化县、新昌县、岱山县、省餐饮行业协会6家单位分别做交流发言,介绍"百县千碗"工作经验。

当晚,"诗画浙江·百县千碗""一家人·一桌菜"主题展示活动在舟山普陀朱家尖东沙东荷嘉园民宿集聚区举办。来自全省11个市的名师大厨自带食材在现场制作了300余道"百县千碗"佳肴,免费让市民游客品鉴分享;通过网络招募的99位美食品尝团成员,现场品尝了来自全省各地的110道"百县千碗"特色长桌宴和舟山"冰船"海鲜美食大餐;在全省各地特色美食商品展销活动中,杭州楼外楼、嘉兴五芳斋等40余家浙江省知名企业选送3000余份特色美食商品参加;配套举办的舟山本土乐队演绎吸引了大批市民游客参与到活动中来。

(省文化和旅游厅产业发展处)

在全省"诗画浙江·百县千碗"工作推进会上的讲话

省文化和旅游厅党组书记、厅长　褚子育

(2019年8月28日)

今天,在这里召开全省"诗画浙江·百县千碗"工作推进会。主要任务是:回顾总结一年来的工作,交流经验,明确下一阶段的目标要求和任务分工,全面推进"诗画浙江·百县千碗"工程建设,更好地落实省委"两个高水平"建设和"大花园"建设的决策部署,聚焦聚力人民群众对浙江美食的消费需求,助力高质量高水平推进文化建设、发展旅游产业,努力为创造百姓高品质生活做出新的贡献。

"诗画浙江·百县千碗"工程自2018年8月启动以来,省政府高度重视,袁家军省长多次做出重要批示予以肯定,"做实做好'百县千碗'"被写入2019年省政府工作报告,成为必须要抓好的一项重要品牌工程。一年来,全省文旅系统将"诗画浙江·百县千碗"工程作为重中之重来打造,做了大量卓有成效的工作。我们的思路和做法:

一、明确目标任务,建立指标体系

组织全省开展了1088道"百县千碗"美食的认定。今年5月,省文化和旅游厅会同省商务厅、省市场监督管理局等5个部门,联合出台了《做实做好"诗画浙江·百县千碗"工程三年行动计划(2019—2021年)》。计划利用3年左右时间,努力将"百县千碗"打造成为全国知名旅游美食品牌,形成旅游消费新的增长点,餐饮行业振兴的新引擎。美食小镇、美食街、旗舰店、餐饮体验店等消费平台完成全省布局,并努力向省外拓展;实现"百县千碗"进100个A级景区、100家旅游饭店、100所大中学校、100个机关食堂、10个高速服务区,打造万名专业厨师队伍,工作体制机制完善成型。

二、探索运行模式,建立工作体系

政府引导、市场运作、协会参与、企业主体、品质至上。一是委托浙勤集团(省政府直属的国有独资企业)组建餐饮公司,成为"百县千碗"美食专营企业,采取授权经营的模式,以保证质量。"百县千碗"这个品牌不是社会上任何企业和个人都可以随便拿来用的,委托一家企业授权经营,当然授权是免费的,如果经营主体做得不好,有消费投诉、有质量和卫生问题,有权收回经营权。当前已设计了"百县千碗"LOGO,着手开展商标注册工作,以加强知识产权保护。今后,凡从事"百县千碗"经营的单位、个人,必须获得浙勤集团免费授权,经营单位和个人一旦发生质量、卫生、侵害消费者权益行为等问题,集团有权收回经营权。"百县千碗"菜品,市场主体都可以经营,但是只要挂"诗画浙江·百县千碗"这块牌子,就必须接受监管。二是邀请省餐饮协会、省旅游协会、省饭店业协会、浙江旅游职业学院等

参与,开展标准制订、市场推广、行业监管、人才培养培训等。三是示范引领。分别与杭州上城区、拱墅区对接,提升河坊街、胜利河美食街品牌,力争年底前建成两条"百县千碗"品牌特色美食街区。这两条街是杭州非常有名的两条美食街,两区政府也非常重视,准备纳入"百县千碗"体系进行全面提升,刚才浙勤集团与两区的文化和旅游局局长已签订了合作协议。四是着手推广"百县千碗"品牌。线上线下联动,在宁波举办"舌尖上的相遇——中东欧美食与'诗画浙江·百县千碗'人文交流活动",还在京津冀旅游主题推介、浙江旅游交易会、山水旅游节、"5·19中国旅游日"活动等重大文化和旅游宣传活动中有目的地宣传"百县千碗",逐步形成广告效应。

三、"标准""监管"并重,建立政策体系

一是由省餐饮行业协会牵头,逐一制定"百县千碗"菜系认定标准,也就是说,1088道菜就会有1088个标准。启动编制《百县千碗工作指南》,重点对"百县千碗"特色美食体验(示范)店、旗舰店、特色美食街区、特色美食小镇等出台认定标准和范围,并由省餐饮行业协会会同省旅游协会、省饭店业协会、浙勤集团对符合条件的实体授牌。二是实施厨师持证上岗制度。委托浙江旅游职业学院联合省、市、县(市、区)餐饮行业协会按标准实施"万名厨师培训工程"。在此基础上,联合认定一批"百县千碗"旅游美食大师、美食工匠、美食守艺人。三是加强行业自律和监管,以保证质量,促进放心消费。将"百县千碗"经营单位和个人,列入省文化市场执法范围。

四、实施动态分析,建立考评体系

建立"百县千碗"美食考核评价体系,将"百县千碗"纳入全域旅游县(市、区)、景区、度假区、风情小镇等评价指标,并赋予一定的分值权重。建立"百县千碗"消费大数据平台,对每道菜品消费指数进行监测分析,定期公布,实行末位淘汰、动态管理。每季度发布每个县(市、区)"百县千碗"名菜消费排行榜。

在肯定成绩的同时,也要看到当前仍存在的问题和不足。一是认识还不够到位。"百县千碗"工作启动一年多来,大部分县(市、区)是高度重视的,但也有部分地方认识不够到位,对省政府重点工程重视程度不够,行动不够迅速,有的地方还没明确"百县千碗"工程的经办部门和人员,统筹谋划和开展工作还有不少差距。二是落地见效还不明显。有的地方政府层面引导推动"百县千碗"工程力度还不够,接待餐饮看不到列入"百县千碗"的菜品。引导大众消费和调动市场主体积极参与方面也还有待提升。三是形成合力有待加强。"百县千碗"是一项系统工程,单靠文化和旅游系统很难有效推动,需要协调多个部门以及企业、行业协会等各方面的力量,努力形成工作合力,许多地区在这方面还有不少差距。

今天,借舟山2019国际海岛旅游大会的平台和契机,首次召开全省"诗画浙江·百县千碗"工作推进会,目的是推进这项工作的全面落实,在全省各地掀起新的热潮,确保说一件、干一件、成一件。下面,我讲3点意见。

一、提高认识,把思想统一到构建高质量高品质生活的高度上来

"民以食为天。"做好美食的文章就是服务群众最好的举措。务必把做好"诗画浙江·百县千碗"工程的认识提高到更高层面上来。

(一)要把做好"诗画浙江·百县千碗"工程作为一项惠民利民的民生工程

当前,全党上下正在轰轰烈烈地开展"不忘初心、牢记使命"主题教育,为人民谋幸福就是我们共产党人的初心。做好"百县千碗"工程,不断挖掘、培育、提升我省传统美食,满足人民群众对美食的消费需求,就是为老百姓谋幸福最务实的举措,也是文旅人最有效的工作担当。做实做好"诗画浙江·百县千碗"工程,做大做强美食产业,做优做精"养胃"产品,既能为广大老百姓搭建放心消费的美食平台,提供更多美食产品供给,进一步丰富百姓餐桌,让群众吃得放心、吃得舒心;又能带动广大老百姓增收致富,迅速提升餐饮业、旅游业的发展水平,持续打响浙菜品牌,助推高质量高水平文化建设和旅游产业发展。

(二)要把做好"诗画浙江·百县千碗"工程作为推动全省"大花园"建设的重要内容

"大花园"建设是全省"四大"(大花园、大通道、大湾区、大都市)建设的重要内容。建设"大花园"的本质是人与自然和谐共生,初心是建设幸福美好家园,是实现高质量发展和高品质生活有机

结合的战略之举。"百县千碗"工程是袁家军省长在全省"大花园"建设动员大会上谈到"五养"工程中的"养胃"工程时提出来的,后来被写进省政府工作报告。全省各个县(市、区)都有当地的"八大碗""十大碗"美食,这是老祖宗留给我们的宝贵财富。比如,刚才新昌介绍的唐诗宴,蕴含着丰富的文化元素。再比如开化齐溪镇,拥有钱江源青蛳、清水鱼、汤瓶鸡等11道名菜,获评全省唯一的"美食小镇",因为有了美食这个品牌,游客纷至沓来。还有缙云烧饼,一个烧饼走天下,一个烧饼一年卖了15亿元,既好吃,又增收,缙云县委、县政府专门成立了烧饼办公室,全力推广,努力让缙云烧饼走向世界。抓"百县千碗"工程就是要使它成为"大花园"建设中最为亮丽的一道风景线。

(三)要把做好"诗画浙江·百县千碗"工程作为促进文化传承的有效抓手

"百县千碗"既是一道道美食,更是一缕缕乡愁。它寄托了外地游子对家乡的思念,寄托了无数成人对儿时的回忆。随着城市化进程的大幅推进,很多具有经典故事和乡土文化的浙派菜肴存在失传的危险。美食本身就是一种文化。做好"百县千碗"的文章就是在挖掘、传承和弘扬传统文化。浙菜富有江南特色,历史悠久,源远流长,是中国著名的地方菜种。它具有选料讲究、烹饪独到、注重本味、制作精致的特点,体现的是浙江灵秀和雅致的文化内涵。把浙菜做大做强,做精做细,突出浙菜在中国菜系中的地位作用,也是浙江文化自信

的充分展示。

(四)要把"诗画浙江·百县千碗"作为全省文化和旅游产业高质量融合发展的IP工程

今年是文化和旅游深度融合的第一年,良好的开端就是成功的一半。文化产业和旅游产业作为我省两大万亿产业,迫切需要找到一个高质量融合发展的结合点。年初全省局长会议就明确提出要打造一批文化和旅游融合发展的IP工程,现这项工程正在逐步推进,为了提升和挖掘文旅融合IP工程的内涵,委托浙江工商大学专门成立了文旅融合IP研究中心。做好"诗画浙江·百县千碗"工程就是文旅系统最大的IP工程。旅游六要素"吃住行游购娱",吃排在第一位,旅游搞得好,吃得好是第一位的。中国人最讲究吃。当前不再是解决温饱问题的年代,而是追求高品质生活的年代,在吃的海洋里,要吃出味道、吃出文化、吃出健康、吃出幸福。要通过品牌的引领,使"诗画浙江·百县千碗"这张文旅融合金名片的作用得以充分发挥。

二、主动担当,全面打响"诗画浙江·百县千碗"浙派美食品牌

从今年开始,在未来3年时间里,要重点围绕"6个体系"来做实做好"诗画浙江·百县千碗"工程,把各项工作推向深入。这里需要强调的是,全省文化和旅游部门一定要有所为有所不为,重点就是抓好"百县千碗",而不是把整个餐饮业都拿过来管。餐饮业是商务部门主抓的,文旅部门主要是通过"诗画浙江·百县千碗"来引领特色美食的工作,通过这个品牌来提升旅游业的发

展。所以大家在工作中一定要注意把握,否则就会越位。

(一)进一步把目标体系做实做好

"做实做好"这4个字是袁家军省长对"百县千碗"的总要求,年初我们围绕"百县千碗"工作专门给袁省长递送了一个报告,袁省长批示"做实做好"4个字。按照"政府引导、市场运作、协会参与、企业主体、品质至上"的运营模式,各市、县(市、区)都要加强顶层设计。开多少店、厨师队伍怎么建、质量怎么保证、市场怎么打开、监管怎么跟得上、协同体制怎么构建、业绩点怎么统计等等,都要先想好、先设计再施工。在总体规划的同时,制订好时间表和路线图。有目的地把这项工作推开来,而不是想一点做一点,脚踩西瓜皮——滑到哪儿算哪儿。

(二)进一步把消费体系做实做好

按照体验店、示范店、旗舰店、美食街、美食小镇这个体系进行布局,然后考虑如何进景区、进饭店、进学校、进高速服务区、进机关食堂等工作。各市、县(市、区)可以经营当地的10碗名菜,也可以经营全省的千碗名菜。要择优选择好经营主体,请各地加强与浙勤集团的衔接和沟通,来获得经营的授权。如果浙勤集团态度不好,违反协议,省文化和旅游厅可以收回授权,刚才省厅与浙勤集团已经签了协议,承诺"优质服务""微笑服务""最多跑一次",如果跑两次,就收回。同时,还要做到免费。授权的目的不是盈利,而是为了保证质量。在确定授权经营实体的时候,需要挂牌经营。牌子怎么挂,要专题研

究。现在看来各地牌子五花八门，不利于品牌的整体打造。最权威的是"诗画浙江·百县千碗"这个品牌，在这个品牌下再去设计各地自己的特色。各地可以在"诗画浙江·百县千碗"这个统一的商标品牌下，结合当地的特色，进行设计规范。总之，今年要把消费体系做实做好。2019 年，希望政府接待工作方面实现"百县千碗"全覆盖，每个市、每个县（市、区）当地的"十大碗"都要进食堂，领导去检查调研，都吃这"十大碗"，文旅系统要带头推动、带头督促。同时，要推动"百县千碗"进入部分大景区，这是今年的总体目标。明后年再按照总体的计划逐步推进，认真谋划饭店怎么进、学校怎么进、高速服务区怎么进。

（三）进一步把质量体系做实做好

主要有以下几个方面：第一是启动编制《百县千碗工作指南》地方标准，制定"百县千碗"美食体验店、示范店、旗舰店、美食商业街以及特色美食小镇等认定标准，开展认定工作。第二是要制定千碗菜肴的标准。每一碗菜都要有自己的标准。原材料怎么样、食材配比怎么样、工艺怎么样、文化故事怎么样，都要有标准，要实现一菜一品。这个标准出台以后要严格执行。比如刚才讲的缙云烧饼，现在的市场影响力没有以前大，主要是质量控制方面没做好。我特别留意过杭州街头售卖的缙云烧饼，周六周日有意地去买来吃，发现杭州的做法和工艺跟缙云不一样。比如食材，缙云当地做的烧饼都是五花肉带皮的猪肉馅，杭州做的烧饼

大多用的都是精肉馅；另外，缙云当地多数是刀工剁的馅，杭州大多是机器绞的肉馅。所以最后做出来的味道不一样。为什么要制定标准，就是要把好质量关，品牌一旦倒下去，再想扶起来就难。第三是要制定厨房的规范和服务规范。如果厨房卫生很差，那肯定不行；服务规范方面，菜单怎么介绍，上菜的时候，每道菜旁边都要有一块牌子，详细介绍这道菜的特点，就像刚才新昌局长介绍的一样，要讲出文化来。不能端上来一大盆菜，也不吭声，就说这是"百县千碗"的菜肴，谁也不知道里面有什么故事，自然吃不出味道。服务员也要进行培训，嘴巴要甜，不光服务要好，还要讲得好，要讲得头头是道。餐厅的服务员不可能都让文旅局局长去当。所以要培训，服务的规范要上去。第四是要推进厨师持证上岗制度。凡是烧"百县千碗"，主打"诗画浙江·百县千碗"这个牌子的，厨师必须经过培训，要拿到专门认定的厨师资格证，有资格烧这道菜才行。同样一道菜厨师可以烧，老百姓可以烧，家里可以烧，但火候、技艺不一样，最后的味道不一样，要让名师烧名菜。第五是执法检查。"百县千碗"的专营店挂牌以后，需要纳入规范管理，不符合规范就要收回专营店经营权。过渡期可以稍微宽松点，因为现在厨师培训还没有完成。这个还要继续研究。不过总的要求还是要加强监管。凡是没有授权的，乱挂"诗画浙江·百县千碗"的牌子，砸我们的场子，我们要维权。所以质量方面始终要坚持品质至上。

（四）进一步把评价体系做实做好

"诗画浙江·百县千碗"这么好的文旅融合 IP，建得好与坏一定要有一个评价体系。评价体系主要从 3 个层面来建。第一是对每一道菜进行评价。纳入政府数字化转型的应用平台，这个任务交给信息中心来完成。所有菜的信息都要进行大数据采集、分析。如果说是名菜，但是老百姓没人知道、没人点，那不行。所以要建立末位淘汰制度。各地的 10 个菜的名额虽然有所限定，但是如果菜品老百姓不欢迎，那各地可以更换，否则名不副实。第二是对各地的工作进行评价。以每一道菜的评价为基础进行叠加，从市场份额、营收、工作业绩等方面，对每个市、县（市、区）进行评价。第三是每季度发布"百县千碗"排行榜。对标对表、扎扎实实推进"百县千碗"工作，使大家通过排名找到自己的薄弱点、短板和工作的努力方向。

（五）进一步把人才培养体系做实做好

主要有 3 个方面：一是厨师的培训。这项工作委托浙江旅游职业学院牵头，请餐饮行业协会、旅游协会、饭店业协会配合，与各市、县（市、区）协同，真正做到名师烧出来的是名菜。请浙江旅游职业学院牵头，抓紧打造出万名厨师队伍。同时，要加强对浙江旅游职业学院烹饪系在校学生的培训，把"百县千碗"的菜系纳入教学内容，让学生一出校门就会烧。通过这样的形式把"百县千碗"人才队伍培养起来。二是抓紧评选一批美食大师、美食工匠、美食守艺人。让他们成为行业里

的骨干人才，技术带头人，发挥带头作用。三是加强智库建设。在高校、科研院所、协会里选一些专家，让他们在各类消费平台的评定中提供帮助、发挥作用。

（六）进一步把政策支持体系做实做好

政策支持是"百县千碗"工程的支撑体系。不论做什么事都需要有相关政策的支撑。首先是资金的补助。主要从3个方面进行补助：一是公共服务，挂个牌子、开个会、搞个培训等方面都需要花钱；二是推介，品牌推介方面要有专门的资金；三是对经营业绩好的奖励和补助。总之资金补助方面各地要给予一定的支持。打造队伍方面，特别是厨师队伍、经营队伍等方面要给予一定的支持。在从业人员中评优评先、评选优秀工作者、先进工作者、劳动模范等方面给予适当倾斜。各地要舍得把当地最好的地段拿出来经营"百县千碗"。"百县千碗"体验店、旗舰店、示范店的选址不能选到城乡接合部去，要放在繁华的地方、人员密集的地方，这样才能扩大影响力。要向杭州的上城区、拱墅区学习。要对"百县千碗"充满文化自信，要相信经营"百县千碗"，一定会赚得盆满钵满。要加强知识产权的保护，任何人都可以烧"百县千碗"，因为这是老祖宗留下来的宝贵财富，人人都可以分享；但是如果要挂"诗画浙江·百县千碗"的牌子，就必须接受监督。这是从政策保

护方面对"百县千碗"提供良好的环境。不能随便一个人，随便开个店，就挂"诗画浙江·百县千碗"的牌子，最后把牌子搞砸了，就很麻烦。所以希望各地结合实际，围绕怎样把"诗画浙江·百县千碗"做实做好，制定配套政策体系。

三、强化保障，扎实推进"百县千碗"工程落地见效

（一）加强组织领导

"诗画浙江·百县千碗"工作领导小组已经成立，并加强统筹指导推进。省级层面，省文化和旅游厅会同省商务厅、省市场监管局、省交通运输厅、省教育厅、省机关事务管理局等部门，定期召开省级联席会议，协调解决"诗画浙江·百县千碗"工作推进中的重点和难点问题。省级相关部门非常支持省文化和旅游厅的工作，主动出谋划策，共同研究相关问题。各地也要建立健全相应的工作推进机制，最起码各市、县（市、区）文化和旅游局都要有一个部门来做这件事，要有人来做这件事，还要联系相关部门、有关协会，合力推进工作。同时，在政府数字化推进过程中要加强协同，这个协同就是"互联网＋监督""互联网＋信用体系"建设。如果有人未经许可挂"诗画浙江·百县千碗"的牌子，那就要查，经营情况要进入征信系统记录。现在数字化转型以后征信系统已经全省联网，在座的每一个人在这个系统里都有自己的信

誉。所以，加强工作协同非常重要。

（二）加强对外推介

对外推介"诗画浙江·百县千碗"，一定要统一口径。省、市、县（市、区）3级的推荐一定要打"诗画浙江·百县千碗"的牌子。当然也可以叫"诸暨十碗""萧山十碗""嘉兴百碗"，但前提是要讲一个完整的"诗画浙江·百县千碗"，不然品牌就散掉了，一定要统一口径有目的地推广。要想办法立足本地，经营好本地的"十大碗"，同时吸收其他地区的千碗来落地，形成产业，还要争取走出去，走出县，走出省，甚至走到国外，要把"诗画浙江·百县千碗"作为一个品牌打出去，形成全国知名的一个品牌。对国外的推介，语言的翻译、介绍要做足文章，要讲老外听得懂的故事。比如唐诗，我们听起来都吃力，老外就更加一头雾水了，所以一定要动脑筋，要让老外能听懂，那样才能有效果。

（三）重视名菜生态的构建

"百县千碗"是金字招牌，包含原材料供应、食材的选择、制作工艺、服务规范等。老百姓消费，甚至可以创作一些文化品牌，包括一首歌、一台戏的打造等方面，希望有一个系统的构建，形成一种良好的生态。要让"百县千碗"这个品牌在浙江大地上可持续地知名下去。

全省实施传统戏剧发展"五个一"计划工作座谈会

【概况】　10月30日,省文化和旅游厅在绍兴召开全省实施传统戏剧发展"五个一"计划工作座谈会。会议旨在全面贯彻浙江省传统戏剧发展"五个一"计划,切实推动我省传统戏剧的保护振兴。绍兴市委常委、宣传部部长丁如兴致辞,省文化和旅游厅党组书记、厅长褚子育做重要讲话。会议由省文化和旅游厅党组成员、副厅长叶菁主持,10个拥有传统戏剧类国家级非遗代表性项目的设区市文化和旅游局负责人,各设区市文化和旅游局职能部门负责人,24个传统戏剧类国家级非遗代表性项目保护单位负责人,厅相关职能处室和部分厅属单位负责人,传统戏剧专家等70余人参加会议。

褚子育在讲话中指出,要统一思想,切实提高认识。浙江传统戏剧58个项目列入省级以上非遗名录,在振兴的路上一个都不能少,都要保护发展好。传统戏剧一定要在传承中发展,在发展中传承,不能单就保护而保护,要积极主动想办法实现持续发展。对传统戏剧重视不重视不是能力问题,而是责任心的问题,老祖宗留下来的东西要保护好、传承好,我们现在有这个条件,只要思想统一、认识到位,工作就一定

能做好。

褚子育强调,要抓住重点,积极推动"五个一",解决平台问题、团的问题、人的问题、内容问题、生存环境或文化生态问题。要坚持分类指导。根据传承发展情况,全省58个项目可以分3类,越剧、婺剧、京剧、昆剧等是一类,瓯剧、甬剧、姚剧等是一类,湖剧、睦戏等归为第三类。按照58个项目一个都不能少的要求,各地要承担起责任,实施分类指导,抓好"五个一"的落实。要重视创新。各个团的情况不一样,我们在认识上一定要动脑筋、想办法,不能总是讲困难,面对困难矛盾一定要创新,力不能及时要善于借力,要找对方法,实现快速发展。要重视市场的开拓。特别是在起步阶段,要在怎样保障院团的生存、怎样养活这支队伍上动脑筋。第三类的院团,要把重点放在中小学校、老年群体方面,要有市场意识,通过政府购买服务的办法解决基本的生存问题。

褚子育要求,要抓好平台。任何工作都要有抓手,重点抓4个平台:一是展示平台。要充分利用好"浙江好腔调"展演活动,组织开展比赛、评奖,加强社会推介的力度。二是人才培养平台。要实施全省舞台艺术"1111"人才

计划,加强舞台艺术名家培养。要继续实施"新松计划",推动青年艺术人才培养。要加强专门人才的培养,建立从小学到大学,甚至到研究生一条龙的人才培养体系,创新"基础教育＋专业教育＋实践教育"新的教育模式,探索建立从中小学到大专、从中小学到本科以及专升本的不同办学模式。三是合作平台。要文教结合,在各地开展传统戏剧进校园的同时,鼓励兴办普通学校性质的艺术学校。四是考核平台。要围绕院团建设、队伍建设、基地建设、经费保障等指标,采取分类评价,综合打分。

会上,绍兴市文化广电旅游局、浙江婺剧艺术研究院、台州乱弹剧团、新昌县调腔保护传承发展中心等单位就贯彻"五个一"计划做交流发言;省文化艺术研究院副院长蒋中崎作为专家代表发言;浙江艺术职业学院、省文化艺术研究院、省非遗保护中心负责人结合各自工作职责做相关情况汇报。与会代表还观摩了29日晚举行的2019"浙江好腔调"传统戏剧展演系列活动绍兴专场演出。

（省文化和旅游厅非遗处）

在全省实施传统戏剧发展"五个一"计划工作座谈会上的讲话

省文化和旅游厅党组书记、厅长　褚子育

（2019 年 10 月 30 日）

在第十四届省戏剧节期间，我们利用半天时间召开座谈会，主要目的是，就全省实施传统戏剧发展"五个一"计划开展交流，进一步统一思想，压实责任，凝心聚力，确保各项任务落到实处，切实推动我省传统戏剧更好地传承发展。

昨晚，我们一起观看了"浙江好腔调"传统戏剧展演绍兴专场的演出，收获不少。今天上午，我又认真地听了 8 位同志的发言，很受启发，感到抓好传统戏剧的传承发展这件事情很重要，也很迫切，这是在座的每一位文旅厅厅长、文旅局局长的职责。下面，我谈 3 点意见：

一、统一思想，提高认识

浙江是戏剧大省，有 18 个剧种、58 个省级非遗代表性项目，这些都是我省传统文化的宝贝，要像保护大熊猫一样保护好，传承好，发展好。做好这项工作的指导思想：

（一）传统戏剧振兴的路上"一个都不能少！"

昨晚的展演有许多剧团来参加，这很好，不论是专业院团还是业余剧团，都欢迎大家来登台亮相。但问题还是不少。从大家的发言中可以看到，目前各剧种的生存状况、传承发展状况都不平衡。有的剧团好戏连台，团长有作为、有地位；有的剧团却困难重重。因此，要坚持问题导向，不能在振兴路上少了哪一个剧种、哪一个剧团。

（二）要在传承中发展，在发展中传承

传统戏剧不能仅为保护而保护，要坚持发展中保护的理念。就像人体的肌肉，光保护在那里不运动就会萎缩。戏剧也一样，萎缩后只能进书本、进非遗馆，能传承多久都很难说。所以，传统表演艺术必须靠人来进行活态传承，不能断代。浙江婺剧艺术研究院从来不担心人的问题，因为他们创作品、拓市场、有活力，发展得很好。在其他的非遗门类中，像龙泉青瓷、青田石雕也从不用担心缺少大师，因为他们的产业化发展得很好。当前，有的剧种"老戏老演，老演老戏"，作品题材和表演形式不能满足时代需要，新人进不来、骨干留不住，形成了恶性循环。特别是相对边缘化的、冷门的小剧种，不要以为上了非遗代表性项目名录就可以躺着睡大觉。要处理好传统戏剧传承和发展的辩证关系。

（三）强化主体责任

重不重视戏曲的保护，不是条件问题，而是责任心问题。现在有这个条件，把老祖宗留下来的东西保护好、传承好。一个戏曲的保护工作不算太难，只要思想统一、认识到位，工作就一定能做好。20 世纪 80 年代、90 年代说没有钱可以理解，而如今，浙江的经济总量已是全国第四，财政状况不可同日而语，光文旅项目在建的有 1.6 万亿元，可见传统戏剧保障的困难不是条件问题，而是认识问题、态度问题。戏曲具有悠久的历史、独特的艺术魅力和深厚的群众基础，是表现和传承中华优秀传统文化的重要载体。党的十八大以来，以习近平同志为核心的党中央高度重视戏曲艺术的传承发展，国务院办公厅专门印发了《关于支持戏曲传承发展的若干政策》，为传统戏剧的传承发展提供了重要保障。在对待中华优秀传统文化的态度上，要将其纳入"不忘初心、牢记使命"主题教育中，以切实保护弘扬优秀传统文化的实际行动，真正做到"两个维护"。

二、抓住重点，紧盯"五个一"

推动传统戏剧的传承发展，重点就是实施"五个一"计划，这既是推动新时代我省戏剧非遗传承发展的内在要求，也是传承弘扬中华优秀传统文化的创新举措。"五个一"重点是解决传统戏剧传承发展的平台问题、传承人问题、作品内容问题和文化生态问题。"五个一"计划具体包括：

（一）成立一个院团，着力扶持传统戏剧平台建设

院团是保护戏剧的基础。不

建院团去谈保护,那是唱"空城计"。列入国家级非遗名录的传统戏剧类项目,均须建立对应的传统戏剧表演团体(药发木偶戏、单档布袋戏等个人表演项目除外)。支持和鼓励多种形式的办团渠道,这里可以是国有的,也可以是民办的,或者民办公助的;可以是专业的,也可以是业余的。人员配备须较为完整,具备一定的服装、舞美、音响、灯光等设备,能够完整演出2个以上代表性剧目,全年公演10场次以上。

(二)每年原创一部戏,着力促进精品剧目创作生产

剧目建设是实现传统戏剧活态传承的基础。鼓励精品创作,加强新剧目的编排,注重传统戏剧的当代表达,在继承传统的基础上推进创新。列入国家级非遗名录的传统戏剧类项目,每年须原创一部戏,可以是大戏,也可以是小戏、折子戏。鼓励和支持原创大戏,原创剧目获得省级创作或演出奖项的,时间可计算至每两年原创一部;获得国家级创作或演出奖项的,计算至每三年原创一部。

(三)每年复排一部经典戏,着力推动传统戏剧非遗项目传承

要鼓励和支持基层院团复排传统优秀剧目,组织开展全省戏曲院团经典保留剧目展演活动,推动经典剧目重新登上戏台,焕发传统戏剧项目新的生机与活力。列入国家级非遗名录的传统戏剧类项目保护地,每年应复排一部本项目传承发展的经典戏,或者移植改编其他传统戏剧剧目,推动传统戏剧非遗项目在新时代更好地传承发展。

(四)培养一批骨干人才,着力保障事业后继有人

要加强传统戏剧人才培养,特别是要重视后备人才储备,确保事业后继有人、基业长青。从3个维度来安排推进:一是构建从小学到大学一体化戏剧人才培养体系,这项工作事关长远,从明年起开始实施。文化和旅游系统有浙江音乐学院、浙江艺术职业学院,有得天独厚的优势。二是接续实施青年艺术人才培养"新松计划",重点扶持一批中青年骨干人才。三是启动实施"名编、名导、名角、名匠"工程,培养一批拔尖人才。要创新人才培养模式,推广"文教结合、院团合作",还要和推进传统戏剧非遗代表性传承人带徒授艺工作结合起来。中青年代表活力,我们定了个目标:3年内,演出团队中40周岁以下青年传承人群数量应达到团队人数的40%。所在地文化和旅游主管部门要搭建多种形式的学习、培训和展示平台,推动各类剧团(业余班社)人才队伍建设。

(五)打造一批基地,着力营造剧种运行提升的生态环境

根据各传统戏剧项目的不同特点,在社区、学校、旅游景点和农村文化礼堂建设一批形式多样、传播多元、活动常态的传统戏剧保护基地,加强传统戏剧的展示传播和活态传承。每个传统戏剧项目应建有两个以上不同形式的基地,主要包括有固定场所的传承基地,以及在社区的戏剧广场、戏剧角等宣传展示基地。特别要强调的是,要重视推动戏剧进学校活动,除了传承传统文化之外,这是做大戏剧"底基"的有效途径。

在实施"五个一"计划过程中,一要坚持分类指导。根据传承发展情况,全省传统戏剧大致分3类,越剧、婺剧等传承发展情况比较好的是第一类,瓯剧、甬剧、姚剧等有专业剧团、情况尚好的属第二类,湖剧、睦戏等目前比较困难的归为第三类。情况不一样,基础不一样,目标要求要有所区别,做到精准指导和服务。二要创新发展。各个戏剧历史不一样,情况千差万别,在振兴路上,唯有创新才能找到解决问题的办法。一定要闯出一条路子出来。三要重视市场的开拓。条件好的剧团,要在"高原"的基础上向"高峰"发展;第二类剧团要在作品质量上下功夫,重在打造"高原";第三类的院团,要把重点放在中小学校、老年群体方面,通过政府购买服务的办法解决基本的生存问题,再创造条件发展。总之,要有市场意识,通过开拓市场解决"五个一"计划实施空间问题。

三、建好公共平台,抓出成效

任何工作都要有抓手,实施传统戏剧发展"五个一"计划,重点是抓4个公共平台的建设:

(一)展示平台

戏剧的魅力在舞台,要把传承发展的压力传导到每一个剧团,让剧团拿出作品来参加演出。下一步要研究组织各剧种全面参与展演,不论是越剧、婺剧,还是睦剧、湖剧,在艺术展演中也要有奥林匹克精神,同时体现非遗传承"人美其美,美美与共"的理念,切实办好一年一度的"浙江好腔调"展演、三年一届的浙江省戏剧节等活动。要把这两个平台做活、做强、做大。

(二)人才培养平台

这一点前面已讲过,这里再

展开一下。搭建这个平台,就是要加强专门人才的培养,做好艺术人才的基本面。现在人才有青黄不接的现象,主要是培养和使用脱节造成的。要建立从小学到大学,以及到研究生"一条龙"的人才培养体系,创新"基础教育＋专业教育＋实践教育"新的教育模式,探索建立从中小学到大专,从中小学到本科,以及"专升本"的升学通道,真正搭建人才的"立交桥",切实解决人才问题。只有把人才基础打好了,全省文艺院团、传统优秀剧目传承保护的关键问题就解决了。

（三）合作平台

学生是民族的未来,要把传承的重点放在中小学,坚持"文教结合、院团合作"。从艺术的规律讲,从小培养非常重要。各地在开展传统戏剧进校园的同时,要鼓励兴办普通学校性质的艺术学校,把传统表演艺术纳入教学计划,纳入课程体系,这就进入中小学教育的肌体,这方面的工作大

有可为。各地都承担了戏曲保护的任务,要像绍兴、金华那样办自己的艺术学校,浙江音乐学院、艺术职业学院可以作为一个教育集团的总牵头学校。如果每个市、县(市、区)都有一所综合性的或是几年一贯制的艺术学校,而且是普通教育系列的,不是原来职业教育系列的学校,我想,社会支持、家长放心,学校一定会办得好,全省的文化艺术事业一定会非常红火。所以,大家在合作平台上一定要盯牢教育作为主攻方向。

（四）考核平台

考核是推动工作落实的抓手,现阶段,主要是对市、县(市、区)文化和旅游部门考核抓"五个一"工作的成效。厅职能部门要制订综合的考核办法,围绕院团建设、队伍建设、基地建设、经费保障等指标,采取分类评价,进行综合打分,在数字化平台上考核各地文化和旅游部门的落实情况,推动"五个一"计划真正落地见效。考核办法要体现分类指导

的原则,对3类不同情况的剧种或项目确定不同的考核重点,考核的结果要运用好,与厅对地方的其他调控措施挂钩,综合施策推动全省传统戏剧的传承发展。

实施传统戏剧发展"五个一"计划,责任重大。希望大家通过今天的会议,坚定信心,强化担当,克难攻坚,真抓实干。要认真学习习近平总书记在文艺工作座谈会上的重要讲话精神,深刻认识"文艺事业是党和人民的重要事业""文艺是时代前进的号角,最能代表一个时代的风貌,最能引领一个时代的风气"等重要论述的重大意义,在实施传统戏剧发展"五个一"计划的进程中,立足习近平新时代中国特色社会主义思想创建以来,浙江大地发生的轰轰烈烈的改革发展大事,以此作为文艺创作的背景,以浙江深厚的传统表演艺术资源为支撑,不断创作出无愧于时代的优秀作品,推动浙江舞台艺术繁荣兴盛。

第四次全省全域旅游暨百城千镇万村景区化工作培训班

【概况】 为认真贯彻落实党的十九届四中全会、省委十四届六次全会、中央经济工作会议和2019年全国全域旅游工作推进会精神,总结前3次推进会成果,学习推广乐清下山头村等地经验,大力推进"百千万"工程,加快发展全域旅游,为"两个高水平"做出更大的贡献,12月25日,全省第四次全域旅游暨"百千万"工程推

进现场会在乐清召开。省文化和旅游厅党组书记、厅长褚子育,温州市政府副市长汤筱疏出席。会议由省文化和旅游厅党组成员、副厅长杨建武主持。

褚子育在讲话中指出,在省委、省政府的正确领导及各级党委、政府和省级旅游发展领导小组成员单位的全力支持下,在全省文化和旅游系统同志们奋力拼

搏下,浙江全域旅游和"百千万"工程走在全国前列。旅游综合贡献越来越大、全域旅游发展如火如荼、"百千万"工程有声有色、对外和区域合作稳扎稳打、旅游品质可圈可点。发展全域旅游是党中央、国务院,省委、省政府在全面深化改革背景下确定的重大战略,百城千镇万村景区化是全域旅游发展战略纵向到底,强大坚

实的支撑体系,是落实文化和旅游部提出的"城、乡、景区三位一体发展"的具体行动。推进全域旅游高质量发展、深入抓好"百千万"工程,对于贯彻落实"八八战略",践行"两山"理念和乡村振兴战略,助推全省"大花园"建设,确保浙江高质量发展具有十分重要的意义。全域旅游和"百千万"工程是推动"两个高水平"建设的新路径,是推进省域治理现代化的排头兵,是推动旅游业高质量发展的总抓手。要牢记习近平总书记"发展全域旅游,路子是对的,要坚持走下去"重要指示,坚决扛起全域旅游和"百千万"工程的新担当。

褚子育要求,要树立"毕其功于一役"的雄心壮志,奋力掀起全

域旅游和"百千万"工程新高潮。一是要紧紧抓牢全域旅游创建的"重"点;二是要大力化解"万村景区化"的"难"点;三是要精心打造千镇百城景区化的"亮"点;四是要牢牢盯住项目建设的"支"点;五是要全面整治景区提质的"痛"点;六是要抓好扣紧文旅融合的"要"点。

对下一步工作的落实,褚子育强调,全省文化和旅游系统要以"八八战略"为总纲,一张蓝图绘到底,自觉把思想和行动统一到中央和省委、省政府对旅游工作的部署上来,"干"字当头,大抓落实,全力推动全域旅游和"百千万"工程向纵深发展,推动旅游高质量发展,建设"诗画浙江"中国最佳旅游目的地。要紧盯目标抓

落实、上下同欲抓落实、对标对表抓落实、强化考核抓落实。

会议对浙江省 2019 年 3A 景区村庄代表进行了授牌。温州市文化广电旅游局、新昌县、建德市寿昌镇、乐清市大荆镇石斛田园综合体等单位围绕全域旅游示范区和"百千万"创建工作、文旅融合新时代的发展思路与举措以及农旅融合发展的实践与创新等工作做了典型交流发言。

省级相关部门处室负责人,全省各市、县(市、区)文化和旅游管理部门主要负责人,第一批景区城、景区镇代表,2019 年评定的 3A 级景区村代表等参加会议。

（省文化和旅游厅资源开发处）

在第四次全省全域旅游暨百城千镇万村景区化工作培训班上的讲话

省文化和旅游厅党组书记、厅长　褚子育

（2019 年 12 月 25 日）

今天在乐清召开全省第四次全域旅游发展暨"百千万"工作推进现场会,主要任务是:坚持以习近平新时代中国特色社会主义思想为指导,认真贯彻落实中央十九届四中全会、省委十四届六次全会、中央经济工作会议和 2019 年全国全域旅游工作推进会精神,总结前 3 次推进会成果,学习推广乐清山下头村等地经验,大力推进"百千万"工程,加快发展全域旅游,为"两个高水平"做出更大的贡献。

全域旅游是本届政府的重要

工作。全域旅游的特点:"处处、时时、行行、人人。"一个县(市、区)基本格局应该是"点线面"结合,所谓"面":景区城、景区镇(乡)、景区村 3 个层面,即"百千万"工程;所谓"点":就是区域内各景区景点;所谓"线":串珠成链,形成黄金旅游线。这个"点线面"支撑全域旅游基本格局。因此,全域旅游是目的,是总抓手,支撑柱还是这个"点线面"。在这个"点线面"中看,"面"的任务很艰巨,是短板,所以,在这个会上,就重点讲全域旅游和"百千万"工程。

今年 9 月 25 日,车俊书记深入乐清市大荆镇下山头村调研,考察了阳光农场、村容村貌,了解乡村振兴情况。在村党支部的带领下,这个村以景区村建设为抓手,形成以股份经济合作社与浙商回归企业合作开发铁皮石斛为主的农产品全产业链,以此为吸引物,开发文化和旅游项目,全村实现了从过去"脏乱差"到"绿富美"的转变。车俊书记与村干部、企业负责人座谈,共算农民增收账、村集体收入账、生态账和社会账,对"村企共建、以企带村"的发

展模式进行点赞,鼓励为全省美丽乡村建设做示范。昨天下午,会议特别安排大家到大荆镇山下头村进行了现场观摩。下山头村为景区村建设找到了一条成功的路子,学习下山头村,一是要学习村带头人和热心企业家求富求美求变的决心和信心,突出的是学习他们创业精神,"无中生有",走出一条新的发展路子;二是要学习结合村企的资源禀赋,因地制宜,找到发展模式;三是要学习其围绕景区村建设,为其所建立的土地使用权流转、点状供地、村集体提留、政府基础设施配套等发展环境。刚才,温州市、新昌县、寿昌镇、大荆镇石斛田园综合体的同志做了交流发言,总体感觉大家目标定位很明确、工作思路很清晰、改革创新有实招、重点推进有实效,经验和做法值得大家学习借鉴。借此机会,下面就推进全域旅游和"百千万"工程讲4点意见。

一、"'八八战略'再深化、改革开放再出发",积极推动浙江全域旅游和"百千万"工程走在全国前列

习近平同志在浙江主政期间,聚焦"如何发挥优势,如何补齐短板"两个关键问题提出了"八八战略",并亲自推动"千村示范、万村整治"工程。这项工程在2018年被联合国环境署授予"地球卫士奖"中的"激励和行动奖"。历届省委、省政府坚持一张蓝图绘到底,以"八八战略"为总纲,提高发展站位,统揽经济和社会发展全局。2017年,省第十四次党代会做出继续推进"千万工程",大力发展全域旅游,推进"万村景区化",全面建成"诗画浙江"中国

最佳旅游目的地的战略部署。近年来,全省各地党委、政府,以及文化和旅游等相关部门,把全域旅游作为"八八战略"的重要实践,把"百千万"工程作为"千万工程"的升级版进行打造,抢抓机遇,顺势而为,统筹推进,各项工作走在了全国前列。

(一)综合贡献越来越大

综观浙江这些年来的变化,全省旅游业发展持续强劲,2018年开始成为万亿产业,总量位居全国第三,旅游定位提到新高度、旅游发展构筑新格局、改革创新形成新局面,旅游贡献达到新水平,为全省扩投资、促消费发挥了重大作用。2018年,全省旅游产业总产出超1万亿元,旅游产业增加值4931亿元,占全省GDP的7.8%,对GDP综合贡献达18.5%,全国旅游业对GDP综合贡献为11.04%,我们高出全国平均水平7.45个百分点;全年接待国内外游客6.9亿人次,旅游从业人员近400万人。预计2019年旅游产业增加值、旅游人次将持续增长,对GDP综合贡献继续提升。值得充分肯定的是,旅游投资稳中有进,逆势增长,2019年全省在建文旅项目2326个,总投资近1.6万亿元,实际完成投资有望突破1500亿元,全域旅游的发展动力和后劲不断增强。

(二)全域旅游发展如火如荼

各地把旅游业作为支柱产业或主导产业来抓,集中人才、财力和物力,发展全域旅游。丽水成立了全域旅游发展中心,永嘉县委书记王彩莲亲自担任旅游发展工作委员会书记,这在机构改革后是非常罕见的。近3年全省各市、县(市、区)召开旅游发展大会或全域

旅游发展大会160余次,以党委、政府名义出台旅游扶持政策200余项。安吉、江山、宁海3个县(市)成功创成国家全域旅游示范区,总数并列全国第一。今年,《浙江省全域旅游示范县(市、区)评分细则》正式出台,第二批省级全域旅游示范县(市、区)启动验收认定,国家级、省级示范县(市、区)覆盖率预计达到38.9%。据2019年竞争力智库和中国信息化发展研究院发布《中国县域旅游竞争力报告2019》,全国旅游百强县中浙江占了17个,位居榜首,遥遥领先。

(三)"百千万"工程有声有色

这是列入省委、省政府"大花园"建设、乡村振兴等规划而必须抓好的工程。今年全省启动了景区城、景区镇建设,持续推进景区村建设,各地大展拳脚,全力推进,如景宁、柯桥、临海等地方,召开了全县(市、区)创建动员大会,一把手亲自部署、亲自推动、亲自督查;湖州市提出了"村村景区化",新昌县提出了3A级景区镇全覆盖,这些都掀起了"百千万"工程新的高潮。全省启动景区城建设20个,数量占比20%;创成景区镇144个,数量占比12%;建成景区村庄7276个,数量占比33%。"百千万"工程的推进,推动了民宿的优质发展,全省拥有民宿1.75万家,占全省有证住宿业46%,总床位超15万张,超过星级饭店总规模,我省民宿产业领跑全国,全国民宿现场会就放在安吉县召开。全省探索出了一条以旅游促进乡村振兴、村民增收的成功路子。

(四)对外和区域合作稳扎稳打

一是国际层面。9月19日,

第二届"世界旅游联盟·湘湖对话"活动在杭州萧山区召开。世界旅游联盟总部项目建设顺利，预计2020年配套的世界旅游博物馆项目基本建成，相应的关于总部落户、国际性活动载体的谋划加紧同步推进。二是省际层面。全面开展长三角高质量一体化工作，3省1市签订文化和旅游合作协议，建立了正常性工作机制。浙皖闽赣国家生态旅游协作区扎实推进，4省正式签订合作协议，在衢州设立了秘书处，召开了首届浙皖闽赣国家生态旅游协作区推进会。还有环太湖、杭黄世界级生态和文化旅游廊道等升级合作项目启动谋划。三是省内层面。《浙江省诗路文化带发展规划》正式发布，浙江省诗路文化带建设将于明年全面启动。省财政从2019年安开始每年排5个亿资金支持诗路建设。大运河国家文化公园建设启动。"四条诗路"串联和优化了全域旅游的大美格局。同时，杭绍、甬绍、甬舟、嘉湖、杭嘉等省内区域一体化启动推进，进一步消除市场壁垒，推进标准和制度统一。

（五）旅游品质可圈可点

全面开展浙江省A级旅游景区品质提升专项活动，指导缙云仙都、台州府城等景区创建提升；在专项活动中，我们也发现各地不同程度存在"重帽子、轻创建"现象，经不起检查与评估。因此，大家不仅要抬头看路，更要低头拉车。我们还指导金华山风景区成功通过文化和旅游部5A景区景观质量评估。督促雁荡山、横店影视城加强整改，指导完成"利奇马"台风后旅游景区重建任务。以"刀刃向内"的勇气，开展

A级景区全面复核，首次在浙江发布通报景区问题，促进问题整改。全省全年处理景区总数达到100家，处理率达12.4％，其中取消4A级旅游景区5家，警告18家，通报批评9家。浙江的做法得到了文化和旅游部的充分肯定，今年在全国旅游市场秩序监管电视电话会议上做典型发言。

这些成绩是在省委、省政府的正确领导下取得的，同时也是在各级党委、政府和省旅游发展领导小组成员单位的全力支持下取得的，更是在全省文化和旅游系统同志们奋力拼搏下取得的。在此，请允许我代表省文化和旅游厅，向关心、支持、帮助和参与浙江文化建设和旅游发展的所有同志致以崇高的敬意和衷心的感谢！

在肯定成绩和总结经验的同时，我们也要清醒看到，实现旅游高水平高质量发展，路还很长，距离省委、省政府的要求还有不少短板弱项，距离人民对文化和旅游美好生活的需求还有较大的差距。具体来说，主要表现在以下几个方面：一是认识还需进一步提高。发展全域旅游，在有的地方仍停留在口号上，省委、省政府提出百城千镇万村景区化创建已经2年了，有县（市、区）主要领导还没有加以重视和关注，工作没有形成合力，重点难点问题没有突破。二是标杆还需进一步立起来升起来。机构改革后，有些局长还不知道全域旅游"抓什么，怎么抓"，工作不见成效。重农村，轻城镇；重增量建设，轻存量提升；重局部，轻全域；重外延，轻内涵等现象不同程度存在。今年我们验收了一批景区城、景区镇、景

区村，各地标准把握不一，在同一标准水平又参差不齐。三是创新融合工作还需进一步加大力度。旅游是综合性牵引性的产业。随着科技日新月异，新业态新产品不断迭代更新；消费群体不断细分，消费方式不断变化，一定需要我们以市场需求为导向，适应新时代新变化。"旅游＋""＋旅游"不明显，景区景点没有故事、特色和竞争力不够、品牌打造和旅游推广跟不上、旅游公共服务不足等，制约了旅游品质的提升。走高质量发展道路，任务很艰巨。

二、牢记"发展全域旅游，路子是对的"重要指示，坚决扛起发展高质量全域旅游和推进"百千万"工程的新担当

2016年7月，习近平总书记在宁夏调研时指出，发展全域旅游，路子是对的，要坚持走下去。总书记的这一重要指示，为开启新时代旅游发展新征程指明了前进方向，为推动旅游高质量发展提供了根本遵循。发展全域旅游，是党中央、国务院、省委、省政府在全面深化改革背景下确定的重大战略。而"百千万"工程则是全域旅游发展战略纵向到底、强大坚实的支撑体系，是落实文化和旅游部雒树刚部长提出的"城、乡、景区三位一体发展"的具体行动，我们已领先一步、抢位上前。推进全域旅游高质量发展、深入抓好"百千万"工程，对于贯彻落实"八八战略"，践行"两山"理念、振兴乡村战略，助推美丽"大花园"建设，具有十分重要的意义。

（一）全域旅游和"百千万"工程是推动"两个高水平"建设的新路径

省第十四次党代会提出"两

个高水平"的奋斗目标,是省委向全省人民做出的庄严承诺。"两个高水平"建设,既要促进发达地区加快发展,也要促进加快发展地区跨越式发展;既要城市昌盛,也要农村繁荣。全域旅游和百城千镇万村景区化工程,是浙江在实践中摸索出来的一条促进经济政治文化社会生态协调发展的新路径之一。通过发挥旅游"一业兴百业"的带动作用,旅游综合贡献水平不断提高,能够促进传统产业提档升级,能够扩投资、促消费、稳就业,能够提升社会文明,为浙江"两个高水平"建设,起到独特的作用。

(二)全域旅游和"百千万"工程是推进省域治理现代化的窗口地

省委十四届六次全会做出了高水平推进省域治理现代化的决定,提出浙江要争当推进省域治理现代化排头兵、中国治理现代化的重要窗口。车俊书记强调,要"以全面深化改革推动省域治理现代化"。省委提出的"治理十招",其中一招就是"全面推进美丽建设,增强治理的绿色动能"。而全域旅游的核心要义,就是治理体系的改革创新,以旅游发展来促进经济发展,不仅如此,还会带来全域美丽升级,带来乡村振兴,带来公共服务提质,带来百姓致富。旅游好,人气旺,地方富。所以,重视旅游的领导一定是领导力很强、有智慧的领导。就旅游内部讲,通过近年来的探索,把旅游警察、旅游工商、旅游巡回法庭和旅游调解中心等集成到一个平台上,是"最多跑一地"改革在旅游领域的生动实践,是贯彻中央、省委"最多跑一次"改革微观

层面的重要创新。

(三)全域旅游和"百千万"工程是推动旅游业高质量发展的总抓手

刚刚结束的中央经济工作会议提出,"要推动旅游业高质量发展"。当前,旅游业已逐步摆到突出位置,现阶段在拉动经济发展的"三驾马车"中,出口、投资下行压力较大,消费作用要更加凸显出来,而旅游消费是消费领域的主力军。当前,旅游业发展突飞猛进,但瓶颈矛盾也很凸显。总体来说,"有没有"的问题已经基本解决了,但是"好不好"的问题越来越突出。全域旅游和"百千万"工程从"大"处着眼,强调全空间大拓展、全产业大融合、全领域大布局;从"小"处着手,将举措具体落实到一座小城、一个小镇、一个小村,甚至是一个具体的节点,实现"各美其美、美美与共",进而把浙江建成美丽"大花园"。这种既要谋全局,也要谋一域的务实行动,将为旅游高质量发展和"诗画浙江"建设提供绵绵不绝的动力。

三、树立"毕其功于一役"雄心壮志,奋力掀起全域旅游和"百千万"工程建设新高潮

2020年是"十三五"规划的收官之年,这一年我省将高水平全面建成小康社会,开启高水平推进社会主义现代化建设新征程。面对新时代、新形势,我省全域旅游发展和"百千万"工程进入攻坚阶段,使命光荣,任务艰巨。我们睡不着、等不起、坐不住。在年底岁末的时间节点,尽管大家都很忙,我们还是下定决心开这个会,就是告诉大家,这项工作很重要,要牢牢抓在手上,与时间赛跑,早谋划、抢进度、争速度,确保

到2022年,力争创成国家全域旅游示范省,全省70%以上的县(市、区)达到国家全域旅游示范区标准,100%的县(市、区)的城区成为景区城,80%的镇(乡)成为景区镇(乡),50%的村成为景区村庄。当前及今后时期,重点抓好6个点:

(一)紧紧抓牢全域旅游创建的"重"点

要重点融入大战略。大战略就是大机遇、大发展。要把全域旅游全面融入长三角一体化、乡村振兴战略、"四大"行动计划、"四条诗路"建设等省委、省政府中心工作中。借力发展、借船出海、借梯登高,实现跨越发展。要重点开展大创建。上周,我们已经正式印发了《浙江省全域旅游示范县(市、区)评分细则》。这标准都是按照示范省创建的要求,精心组织编制的,体现国家要求、浙江特色,应该说这个标准是走在全国前列的。希望各地认真吃透,组织实施,创出品牌。下一步,我们将开展复核程序,制定评估考核体系,并设立A、B、C 3档。划入A档的单位,将作为"保送生",我厅将优先推荐至文化和旅游部,参评国家全域旅游示范区;划入B档的单位,属于"中等生",获得参加省级评选的资格;划入C档的单位,作为"后进生",我们将约谈县(市、区)领导,并对连续两年被划入C档的单位进行摘牌处理。希望已经成为省示范县(市、区)的地方要主动对标对表,迎头赶上、做好示范,特别是已经创成国家级全域旅游示范区的安吉、江山、宁海3个县(市)更要对标对表,做好领跑者。要重点谋划。各地要按照

"处处、时时、行行、人人"理念、"点线面"要求，本次会议提供的标准，提高站位，提早谋划"十四五"规划，加强"十四五"规划与其他规划的"多规合一"，为下一轮发展留足空间；要注重"搭平台、谋抓手、供制度"，树立项目为王理念，通过项目建设实实在在抓好落实。

（二）大力化解"万村景区化"的"难"点

村庄景区化工作面广量大，"万村景区化"工作时间过半，任务也已经过半。但是我们要清醒地认识到，资源好、环境好、基础好的村庄都已经完成任务，剩下的都是"硬骨头"，困难很大。主要是难在全省行政村在调整，有的村两委还在融合，创建主动性不高；难在行政村范围扩大，管理服务不够到位；难在有的资源禀赋质量不高，创建基础非常薄弱；难在有的地区为了追求速度，搞形式主义，满足于"挂牌""授匾"，沾沾自喜，不去纠偏。有的地区连基本的村庄洁化、绿化、美化都难以做到，甚至有网线电线乱拉形成"蜘蛛网"、垃圾杂物乱堆乱放、房子倒塌没有清理等情况。因此，要加强一线指导，因地制宜，分类分级，下大力气完成一批困难村、堡垒村的创建，明年力争再创建 A 级景区村庄 2000 余个，景区村庄覆盖率超过 45%。要开展"万村景区化""回头看"工作，重点复核一批村容村貌差、生态破坏严重、游客投诉反映集中的 A 级、2A 级景区村庄，要警告一批、整改一批、摘牌一批。

（三）精心打造千镇百城景区化的"亮"点

千镇百城景区化是一项全新工作，属于全国首创。我们要按照"做示范、创样板"要求，全面铺开千镇百城景区化，为全国提供浙江经验。坚持高标准、严要求，要结合美丽城镇、旅游风情小镇和旅游类特色小镇建设，有机融合推进景区城、景区镇建设，围绕业态产品、公共设施、民俗风情、环境景观、管理服务五大重点，打造一批 5A 级景区城、景区镇。对目前尚在"沉睡"的地区，要全面叫醒，尽快行动，特别是景区城、景区镇，要全面启动，不断将"百千万"工程推向纵深发展。2020 年要认定 200 个景区镇，20 个景区城。一般来讲，景区城要在吃、购、行、娱，以及文化旅游方面更加突出优势；景区镇（乡）要立足于自身资源的禀赋，在特色亮点上下功夫，依靠创新，闯出一片新蓝天。

（四）牢牢盯住项目建设的"支"点

要以钉钉子的精神、高度负责的担当和百折不挠的韧劲，抓好每个项目建设的这个支点，2020 年力争旅游总投资突破 2 万亿，实际完成投资 2000 亿元。一是抓招引。要变"招商引资"为"招商选资"，把持住"宁可荒，不可慌"的思想，把真正的好项目、真项目、大项目争过来落好地。我们要搭建好投融资平台，做好服务工作。二是抓开工。再好的项目，不开工都是纸上谈兵。积极争取更多文化和旅游项目列入省重点项目、省服务业重点项目、省市县长项目。要深入践行"最多跑一次"，简化审批流程，积极协调发改、自然资源、环保等部门支持项目早开工早落地。三是抓开业。开业前是项目，开业后才

是产品。要强化重大项目服务督查，进一步完善厅、市两级文化和旅游部门领导联系重点项目等制度，确保项目如期竣工营业，释放投资效益。

（五）全面整治景区提质的"痛"点

随着大众化旅游时代来临，景区发展处在了分水岭。总体看，传统观光型景区形势不容乐观，产品的落后、服务的弱化、管理的缺失等痛点不断显现，景区核心竞争力不断下降。如果不转型升级、有机更新，就会面临淘汰出局，失去市场。大家要痛定思痛，统一认识，以刀刃向内、自我革命的坚决态度，切实做好传统景区提质增效工作，彻底整治化解痛点问题，实现从门票经济向综合经济转变。我们要对部里、省里通报的问题照单全收，全力整改，全省其他景区要引以为戒、举一反三，自行对照标准查找问题抓整改，全面提升景区质量。要形成常态化的"发现问题、整改问题、提升质量"的工作闭环。我们要帮助企业按照"文旅融合""旅游+"等多种形式实现华丽转身。我们要思考引入"亩产论英雄"等手段，形成倒逼机制，丰富奖惩机制，推进质量提升工作。大家一定要把措施跟上，把存量提升工作抓起来。

（六）抓好扣紧文旅融合的"要"点

深化文化和旅游融合是党中央确定的一项重大战略。要按照"宜融则融、能融尽融，以文促旅、以旅彰文"的理念，持续推进文化和旅游融合发展再上新台阶。要时刻谨记文化和旅游单位是意识形态的重要阵地，发挥好阵地的

作用。一要开展文化基因解码工程。要解决"什么是文化,文化是什么"的问题,要按照传统文化、革命文化、社会主义先进文化,从当地文化现象切入,按美术、音乐、戏剧、小说、故事、俗语等文化形态总结提炼出当地的文化元素,以此为重要资源,植入旅游产品,讲好当地故事,使游客在精神层面有触动、有感悟、有收获。当前,我们要把"三个地"资源优先解码,重点融入旅游产品。二要加快产品转化。树立"文化场馆景区化、旅游景区博物馆化"理念。大力实施"文化润景、四化五名、满意100"工程,有效提升和深入挖掘传统村落、文物遗迹、非遗文化,以及博物馆、纪念馆、美术馆、艺术馆、非遗馆等文化场馆的旅游体验和价值功能,把文化设施转化为旅游产品、把文化元素转化为旅游元素。要在存量景区景点通过植入文化基因,实现质量提升。在新项目开发中,要努力按照文旅融合的要求,打造既有民族文化底蕴,又富有时代精神的旅游精品,开发具有文化内涵的旅游商品,推动旅游业成为传播中华优秀传统文化的重要渠道。三要打造文化和旅游"金名片"。按照"见形见物、文旅融合、三年见效、全国知名"要求,各地要梳理一批"金名片"项目,今年全省文化和旅游局长会议上,省厅与各市签订合共建协议,全力支持各地金名片项目建设,力争到2022年,全省打造100张文旅"金名片"。我们还要串珠成链,抓旅游线路串联开发建设,抓线路就是抓特色抓品牌抓协同,不能把线路工作甩给旅行社,一

丢了之,要坚决管起来,2020年要启动100条精品线路建设。

四、"干"字当头、大抓落实,以实干和实绩彰显文化和旅游系统新作为

美好的蓝图,需要落实,才能成真。落实是硬道理,不落实就是空话。全省文化和旅游系统要以"八八战略"为总纲,一张蓝图绘到底,自觉把思想和行动统一到中央和省委、省政府对旅游工作的部署上来,"干"字当头、大抓落实,全力推动全域旅游和"百千万"工程向纵深发展,推动旅游高质量发展,建设"诗画浙江"中国最佳旅游目的地。

(一)紧盯目标抓落实

目标就是指南针,目标就是风向标,目标就是加压器。今天的会议,目标很明确,方向很清晰,核心就是到2022年达到国家全域旅游示范省标准,建成100个A级景区城区、1000个景区乡镇、10000个景区村庄。任务艰巨、压力巨大,当务之急要对照车俊书记提出的"最多跑一次""最多跑一地"的要求,袁家军省长提出的"目标、工作、政策、评价"4个体系,改革创新、竭力推进。制定作战书,排出时间表,做好清单式管理、项目化推进、责任制落实,确保完成任务。

(二)上下同欲抓落实

上下同欲,实际上是一个上下左右、统一思想、凝聚共识的过程。无论是全域旅游示范省的创建,还是"百千万"工程的推进,都是一项"干在实处"的系统工程,也是一个"勇立潮头"的具体行动。只要大家齐抓共管、共同推进,心往旅游想、劲向旅游使,就

能真正形成理念统一、步调一致、齐抓共管、共建共享的合力。

(三)对标对表抓落实

有的同志到我办公室,要起"牌子"头头是道,说起标准什么也不知道。《浙江省全域旅游示范县(市、区)评分细则》《浙江省景区城建设指南》《浙江省万村景区化五年行动计划(2017—2021年)》等文件均已下发,这是我们推进工作的基本遵循和行动指南。"磨刀不误砍柴工",对大家来说,最重要的是认真研究、仔细对照、吃透精神、掌握要义,严格对标创建、对标验收、对标复核,找准短板和弱项,迎头赶上。

(四)强化考核抓落实

考核出压力,考核增动力,考核是鲜明的导向和重要的杠杆。考核这一利剑用得好不好,直接关系到抓落实的成效。要按照"目标项目化、任务阶段化、工作责任化"要求,坚持问题导向、效果导向,用数据说话、用指标衡量,加大对抓落实过程中的关键环节、堵点痛点、神经末梢解决成效的考核力度,更好地推动工作落实。今年要试行省对县(市、区)文化建设和旅游发展评价制度,要把全域旅游和"百千万"工程作为重要指标放进去。

同志们,今天我就讲到这里,希望大家会后,把本次会议的精神带回去,好好消化;把下山头村"农业+旅游"的发展模式、奋斗拼搏的精神带回去;把温州人创业创新的精神带回去;把各地先进典型的经验带回去;把省里的要求想法带回去。大家守土有责,一定要把当地全域旅游和"百千万"工程这项重点工作做好。

概　览

ZHEJIANG CULTURE AND TOURISM YEARBOOK

浙江文化和旅游概览

浙江省地处中国东南沿海、长江三角洲地区南翼,毗邻上海市和江苏、安徽、江西、福建等省,向有"鱼米之乡、丝茶之府、文物之邦、旅游胜地"之美誉。全省陆域面积 10.56 万平方公里,海域总面积 26 万平方公里,海岸线总长 6486.24 公里,居全国首位。境内有面积 500 平方米以上岛屿 2878 个,是中国岛屿最多的省份。

浙江的名称,最早见于《山海经·海内东经》。唐肃宗乾元元年(758),置浙江西道和东道两节度使,分辖浙江以西(长江以南)十州和以东八州,这是浙江作为行政区域名称之始。南宋(1127—1279)建都临安(今杭州)。元代丙午年(1366)置江浙行中书省,明初改元制为浙江承宣布政使司,辖 11 府 1 州 75 县,清康熙初年改称浙江省,省界区域基本定型,沿用至今。

浙江省有杭州、宁波两个副省级城市,温州、湖州、嘉兴、绍兴、金华、衢州、舟山、台州、丽水等 9 个地级市,下设 36 个市辖区、20 个县级市和 34 个县。2018 年,全省常住人口 5850 万人,比上年末增加 113 万人。浙江属少数民族散杂居省份,在浙江居住的人口中已包含全部 56 个民族,世居浙江的少数民族主要是畲族,设有中国唯一的畲族自治地方——景宁畲族自治县。

浙江自然资源丰厚,素有中国"东南植物宝库"之称,树种资源丰富。"活化石"银杏等 50 多种野生植物列入《中国珍稀濒危保护植物名录》。已知野生动物 1900 种,其中列入《国家重点保护野生动物名录》的有 120 多种。浙江矿产以非金属矿产为主。已发现的固体矿产 113 种,叶蜡石、明矾石探明资源储量居全国第一位,萤石、伊利石列第二位。东海大陆架蕴藏着丰富的石油和天然气资源,开发前景良好。浙江海域渔业资源丰富,舟山群岛是中国最大的海洋渔业基地。

改革开放以来,历届省委、省政府团结带领全省人民艰苦奋斗、开拓创新,走出了一条具有浙江特色的发展路子,浙江经济快速发展,社会全面进步,城乡面貌发生了巨大变化,实现了从资源小省向经济大省的历史性跨越,人民生活实现了由基本温饱向全面小康的历史性跨越。2019 年,全省生产总值 62352 亿元,居全国第四位,比上年增长 6.8%;全省人均生产总值 107624 元(按年平均汇率折算为 15601 美元),比上年增长 5.0%。2019 年,财政总收入 12268 亿元,比上年增长 4.8%;财政一般公共预算收入 7048 亿元,同口径增长 6.8%。城乡居民生活继续改善,2019 年全省城镇居民人均可支配收入 49899 元,农村居民人均纯收入 29876 元,扣除价格因素,分别比上年实际增长 8.9% 和 9.4%。

浙江风光秀丽,旅游资源丰富。钱塘江是浙江第一大江,从南源头至杭州湾河口入海处全长 612 千米。钱塘江大潮与印度恒河潮、巴西亚马孙潮合称为世界自然奇观的三大涌潮。千岛湖是浙江最大的人工湖,因拥有 1078 座形态各异的翠岛而得名。拥有中国佛教四大名山之一的舟山普陀山、中国四大避暑胜地之一的湖州莫干山,以及世界自然遗产衢州江郎山。全省共有 798 家国家 A 级旅游景区,其中 5A 级旅游景区 18 家,数量位居全国前列。国家级和省级风景名胜区、历史文化名城、自然保护区、森林公园、地质公园、湿地公园和重点文物保护单位等旅游资源的数量均居全国前列。

浙江历史悠久,是中国古代文明的发祥地之一。长兴七里亭旧石器早期遗址的考古发现表明,早在 100 万年前浙江就已出现了人类活动。境内已发现新石器时代遗址百余处,最著名的有距今 5300—4300 年的良渚文化、距今 7000—5000 年的河姆渡文化、距今 6000 多年的马家浜文化、距今 8000—7000 年的跨湖桥文化、距今 1 万年的上山文化,其中在良渚遗址还发现了 5000 年前中国最大的古城。2019 年,良渚古城遗址在第 43 届世界遗产大会成功列入《世界遗产名录》,实证中华文明 5000 年。

浙江文物古迹众多。全省有

世界文化遗产3处,国家级历史文化名城10座,省级历史文化名城10座;中国历史文化名镇27个,中国历史文化名村44个;省级历史文化街区、名镇、名村231处。全省有全国重点文物保护单位281处,省级文物保护单位869处。第三次全国文物普查中全省共登录不可移动文物73943处,其中新发现61728处。杭州西湖文化景观成为我国列入《世界遗产名录》独一无二的湖泊类文化遗产,填补了世界遗产中以"文化名湖"为主要价值特征的湖泊类遗产空白。

浙江的藏书之盛自古闻名。杭州文澜阁、宁波天一阁、瑞安玉海楼、湖州嘉业堂等著名藏书楼在保存与传播文献典籍、培养人才、促进学术研究等方面成就卓越。始建于明嘉靖四十年(1561)的天一阁是中国现存年代最早的私家藏书楼。同时,浙江也是中国兴办近代图书馆较早的省份之一,1902年绍兴古越藏书楼的建立,标志着中国私立藏书楼向公共图书馆的过渡,而在原杭州藏书楼(1900年建立)基础上扩充改建的浙江图书馆,则是中国最早建立的省级公共图书馆之一。

浙江的戏剧艺术底蕴丰厚,是中国南曲戏文的诞生地,并拥有越、婺、绍、瓯、甬、姚、湖等多个剧种。越剧是中国主要剧种之一,20世纪初发源于浙江嵊县(今嵊州市),曲调优美婉转,细腻抒情。早期越剧全部由女演员演出,中华人民共和国成立后,提倡男女合演,越剧得到迅速发展并日益成为国内最具影响的地方剧种之一。21世纪以来,浙江创作生产了一大批优秀剧目,越剧《陆游与唐琬》、昆剧《公孙子都》、越剧《梁山伯与祝英台》、京剧《藏羚羊》、话剧《谁主沉浮》等先后入选国家舞台艺术精品工程重点资助剧目。越剧《五女拜寿》、昆剧《十五贯》荣获原文化部优秀保留剧目大奖。

浙江书画名家辈出,自成一派,影响深远。书画艺术成就在中国书画史上占有极其重要的地位。历史上曾出现王羲之、吴镇、赵孟頫、吴昌硕等浙籍书画大家,现当代又出现了黄宾虹、潘天寿、沙孟海等知名书画家。成立于1928年的中国美术学院(前身为国立艺术院),是中国最早的美术高等教育学校,如今已成为美术人才辈出的摇篮之一。创建于1904年的西泠印社是中国最早的以研究印学为主的学术团体和专业金石书画出版机构,在国内外享有很高的声誉。绍兴兰亭因东晋(317—420)大书法家王羲之曾在此作《兰亭集序》而成为中国的"书法圣地"。

浙江浓郁的乡土风情孕育了绚丽多姿的民间艺术。"三雕一塑"即东阳木雕、青田石雕、温州黄杨木雕和瓯塑蜚声中外;剪纸、刺绣、染织、编织和灯彩丰富多彩;而以嘉兴秀洲、宁波慈溪和舟山为代表的农民画和渔民画则充满了生活劳作气息。浙江民间的音乐、舞蹈、戏曲、曲艺独具浓郁的地域特色。浙江有8个项目入选联合国教科文组织公布的《人类非物质文化遗产代表作名录》,2个项目入选联合国教科文组织公布的《急需保护的非物质文化遗产名录》,上榜数居全国第一;在国务院公布的4批国家级非物质文化遗产名录中,浙江共有217项入选,入选数量居全国第一。

浙江自古人文荟萃、文风鼎盛、代有人出。自东汉以来,载入史册的著名浙江籍文学家已逾千人,约占全国的六分之一。举凡思想家王充、王阳明、黄宗羲、龚自珍,诗人贺知章、骆宾王、孟郊、陆游,科学家沈括,戏剧家李渔、洪昇等都是杰出代表。20世纪,中国文学巨匠鲁迅、茅盾,教育家蔡元培,著名科学家茅以升、竺可桢、钱学森、陈省身,以及李叔同、王国维、夏衍、艾青、徐志摩、陈望道、马寅初、金庸等一批名人均为浙江人。中华人民共和国成立以来的全国"两院"院士(学部委员)中,浙江籍人士占近五分之一。

浙江省委、省政府高度重视文化建设和旅游发展,对文化和旅游发展做出了一系列重大部署。1978年,第一次全省旅游工作会议召开。1996年,省政府成立了省旅游发展领导小组,统筹领导全省旅游经济发展工作。1997年,省政府召开了全省旅游工作会议,要求从经济发展全局的高度,提高对旅游业在国民经济中地位的认识,动员全社会的力量,加快推进旅游产业的发展。1998年,省委、省政府召开全省旅游工作会议,首次提出浙江省"由旅游资源大省建设成旅游产业大省"的目标,在全国较早地提出旅游是国民经济的支柱产业,是第三产业龙头的战略思想,确立了浙江省旅游业在国民经济中支柱产业的地位,并出台了《关于进一步加快旅游业发展若干意见的通知》。1999年,提出了建设文化大省的战略目标。2000年,颁布了《浙江省建设文化大省纲要(2001—2020年)》。2001年,出台了《关于建设文化大省的若干文化经济政策》。2002年,将建设文化大省、发展文化经济写入省党代会报告,并召开全省文化工作会议;出台了《关于深化文化体制改革加快文化产业发展的若干意见》。2003年,部署了文化体制改革综合试点工作。2004年,省委、省政府召开全省旅游发展工作,习近平同志提出了建设旅游经济强省的目标和重要部署,省委、省政府随后出台了《关于建设旅游经济强省的若干意见》,提出"大旅游、大产业、大市场"的要求,勾画了全省旅游"三带十区"的布局。2005年,省委做出了《关于加快建设文化大省的决定》,全面实施文化建设"八项工程"。2006年,省政府出台《浙江省文化建设"四个一批"规划(2006—2010)》。2007年,省政府召开全省农村文化工作会议,部署实施"新农村文化建设十项工程"。2008年,省委召开工作会议,制定出台了《浙江省推动文化大发展大繁荣纲要(2008—2012)》。2009年,省委、省政府召开全省旅游发展大会,明确提出"把旅游业培育成为服务业发展的龙头产业和国民经济发展的重要支柱产业",对新时期加快建设旅游经济强省做出了总体部署,提出了"一强四化五转变八创新"的具体要求,省委、省政府出台了《关于推进旅游业转型升级,加快建设旅游经济强省的若干意见》。省政府办公厅印发《关于加快发展民营文艺表演团体的意见》。2010年,省委专门成立了由省委书记任组长的文化建设小组。省政府出台了《关于进一步加快旅游业发展的实施意见》。2011年,省委召开十二届十次全会专题研究部署文化强省建设,出台了《中共浙江省委关于认真贯彻党的十七届六中全会精神大力推进文化强省建设的决定》;省政府出台了《浙江省文化产业发展规划(2010—2015)》《浙江省文化服务业"十二五"发展规划》《浙江省旅游业发展十二五规划》。2012年,省委召开第十三次党代会,将文化建设作为实现物质富裕精神富有的现代化浙江的重要目标。2013年,省委、省政府召开全省文化产业发展大会,出台了《关于进一步加快发展文化产业的若干意见》。2014年,省委、省政府召开全省旅游发展大会,省政府出台了《关于加快培育旅游业成为万亿产业的实施意见》。2015年,省委办公厅、省政府办公厅印发《关于加快构建现代公共文化服务体系的实施意见》。省人大常委会审议通过《浙江省旅游条例》,旅游法制建设迈上新台阶。2016年,省政府调整升格省旅游发展领导小组并由省长任组长,建立"一事一议"机制研究解决旅游重大问题。省政府办公厅出台了《浙江省旅游业发展"十三五"规划》《浙江省旅游风情小镇创建工作实施办法》。省政府办公厅出台《关于推进基层综合性文化服务中心建设的实施意见》。2017年,省委、省政府先后出台了《浙江省公共文化服务保障条例》《关于加快把文化产业打造成为万亿级产业的意见》《关于推进文化浙江建设的意见》。省第十四次党代会明确提出打造"诗画浙江"中国最佳旅游目的地。2018年,省政府发布《浙江省传承发展浙江优秀传统文化行动计划》,并正式批复实施《浙江省全域旅游发展规划(2018—2022)》。2019年,省委办公厅、省政府办公厅出台了《关于加强文物保护利用改革的实施意见》《关于浙江省实施革命文物保护利用工程(2018—2022年)的意见》。这些举措有力地推动了浙江省文化事业和旅游产业持续快速发展,多项工作走在全国前列。

(厅办公室)

概　况

ZHEJIANG CULTURE AND TOURISM YEARBOOK

2019 年浙江省文化和旅游工作

2019 年，全省文化和旅游系统以习近平新时代中国特色社会主义思想为指导，全面贯彻落实党的十九大和十九届二中、三中、四中全会与省委十四届六次全会精神，按照省委"'八八战略'再深化、改革开放再出发"的要求，以高质量发展为目标，以融合发展为重点，以改革开放为动力，以防范化解风险为保障，深入推进文化建设和旅游发展再上新台阶，着力建设全国文化高地、中国最佳旅游目的地、全国文化和旅游融合发展样板地。

一、坚持思想引领和正风肃纪双轮驱动，全面从严治党成效显著

按照中央和省委统一部署，高质量开展省级文化和旅游系统"不忘初心、牢记使命"主题教育。省文化和旅游厅党组第一时间制定实施方案、组建工作机构、搭建工作平台、建立工作机制，组织专题培训，以理论武装强政治意识，以问题整改促事业发展，有效引领全系统 26 家单位主题教育方向，圆满完成主题教育各项工作任务。持续推进系统各单位党组织的思政建设、组织建设、作风建设和纪律建设，全年厅党组理论学习中心组集中学习 37 次，专题研讨 12 次，党组会研究讨论党建和党风廉政建设议题 41 次。开展"十名处长开论坛，百名书记上党课，千名党员谈体会"系列活动，推进"六强六规范"党支部规范化标准化建设，启动"清廉机关、模范机关"建设三年行动计划等。建立系统"1＋10＋N"党风廉政建设制度体系，排查廉政风险点 489 个，制定防控措施 572 条。深入贯彻落实省委"大学习、大调研、大抓落实"部署，形成调研报告 25 篇。开展"三服务"活动 192 次，收集问题 211 个，走访企业 290 家，办结问题 205 个。立足文化和旅游，主动有为，弘扬优秀文化，唱响主旋律。

二、坚持理论研究和实践探索有机结合，文旅融合发展开局顺利

深入开展文化和旅游高质量融合发展、"十四五"时期文化和旅游发展思路调研。1 个课题获浙江省党政系统优秀调研成果一等奖。启动文旅融合改革试点县（市、区）创建工作。成立浙江省文化和旅游发展研究院。建立部省共建、省市（县、区）共建机制，推动重大项目协同攻坚攻关；遴选推荐 3 家单位为文化和旅游部文旅改革发展调研联系点。省、市联合打造文化和旅游融合发展"金名片"82 张。出台《关于加快推进文旅融合 IP 工程建设的实施意见》，全省已注册的 IP 超 300 个。指导浙江工商大学成立全国首个文旅 IP 研究中心。成功列入第一批全国文化和旅游资源普查试点省，指导宁海县、江山市等试点县（市、区）率先启动普查工作。推进省之江文化中心、世界旅游联盟总部、新时代文化艺术创研基地等重大文旅项目建设。

三、坚持服务大众和精品创作同步推进，艺术事业发展再上新台阶

开展元旦春节期间"文化暖冬千百万计划"；组织开展春节传统文化活动 1048 项。圆满完成中华人民共和国成立 70 周年大型音乐舞蹈史诗晚会、省政协成立 70 周年演出等大型演出。成功举办第十四届浙江戏剧节、浙江戏曲北京周、"不忘初心、牢记使命"红色剧目展演等活动。抓好重点剧目的创作，歌剧《在希望的田野上》、京剧《生如夏花》、交响乐《祖国畅想曲》、话剧《雄关漫道》《青青余村》等一批新创剧目先后亮相。抓好重大题材建设，推出 14 个 2019 年度全省舞台艺术创作重点题材，命名 10 个"文艺创作采风基地"。全省共创排大型舞台艺术作品 52 部，入选国家级各类奖项及扶持项目 13 部，其中歌剧《红船》入选 2019 年"中国民族歌剧传承发展工程"重点扶持剧目；歌剧《呦呦鹿鸣》入选中宣部"五个一工程"奖；越剧《枫叶如花》入选 2019 年度全国舞台艺术重点创作剧目名录；越剧《苏秦》等 3 个剧本入选文化和旅游部剧本扶持项目，数量位居全国第一。1 人获"中国戏剧奖·梅花表演奖"；5 人入选文化和旅游部"名家传戏""名家传曲"人才库；新引入 3 名高层次艺术创作人才。争取中国越剧节永久落户绍兴，命名越剧之乡 10 个。《公共美术馆设置与服务规范》地方标准正式发布，评定杭州市富阳区龙门五村等 94 个美丽乡村美育村（社区）试点单位；获文化和旅游部美术优秀展览项目 2 项。开展基金申报工作，全省 68 个项目获国家艺术基金资助，数量位居全国第二。

四、坚持以标准化均等化促进质量提升，文旅公共服务建设形势喜人

制定《浙江省文化和旅游标

准化建设行动计划》并组织实施，"文化和旅游融合发展标准化试点项目"被列入省标准化战略重大试点项目。承担 3 项国家标准研究制订，12 项标准经立项列为省地方标准。协同推进长三角文旅标准一体化工作，主动输出 2 项浙江特色文旅标准，共同制定《房车旅游服务区基本要求》等长三角地区通用标准。《湖州市乡村旅游促进条例》正式公布，成为全国首部乡村旅游领域地方性法规。组织开展《浙江省基本公共文化服务标准（2015—2020 年）》完成情况认定工作，87 个县（市、区）通过认定，占总量的 97.8%，在全国率先实现了基本公共文化服务标准化。推进公共文化服务重点市县及薄弱乡村建设，9 个重点县、107 个重点乡镇和 1228 个村全部完成提升任务。评定"浙江省文化强镇"30 个、"浙江省文化示范村（社区）"94 个。配合省委宣传部新建农村文化礼堂 3282 家，累计建成 14341 家；印发《农村文化礼堂管理与服务规范》，下发《公共文化服务菜单》，规范文化礼堂的开放和管理。有条件的农村文化礼堂赋能旅游公共服务。开展全省旅游厕所自查工作，实现厕所百度上线。新建改建旅游厕所 1935 座，完成率 123.3%。建立"一张卡"体验"诗画浙江"，上线景区酒店 78 家、博物馆 20 余家。持续开展文化惠民活动，组织送文艺演出下乡 2.49 万场次，送书下乡 345.22 万册，送讲座、展览 15042 场，组织"文化走亲"活动 2045 场次。持续推进"耕山播海"免费培训活动。联动百家公共图书馆举办"图书馆之夜"主题系列活动 600

余场。小品《父与子》荣获第十八届群星奖。丽水乡村春晚成为全国品牌，首次集中开展展示活动。

五、坚持一手抓保护，一手抓传承，文化遗产保护利用亮点纷呈

良渚古城遗址被正式列入《世界遗产名录》，成为实证中华 5000 年文明史的圣地，进一步增添了浙江大地的厚重感和知名度。省委办公厅、省政府办公厅相继印发《关于加强文物保护利用改革的实施意见》《关于浙江省实施革命文物保护利用工程（2018—2022 年）的意见》。15 个县（市）列入全国第一批革命文物保护利用片区分县名单。推荐杭州天目窑遗址群、温州江心屿东西塔 2 处申报"海上丝绸之路"建议申遗遗产点。联合推荐江南水乡古镇申报世界文化遗产。完成"四条诗路"沿线历史遗存摸底调查，成立"四条诗路"智库，建立诗路文化带协调推进工作机制和联席会议制度。启动大运河国家文化公园建设，成立大运河（浙江）城市博物馆联盟。2 个展览分获第十六届全国博物馆十大陈列展览精品奖和优胜奖。坚守文物安全底线，强化文物安全执法监管，督办 12 起文物违法案件和 4 起文保单位火灾事故。全年组织实施考古调查勘探项目 72 项，考古发掘项目 69 项，绍兴宋六陵、安吉龙山越国贵族墓八亩墩等考古进展顺利，义乌市桥头遗址发现了距今 8000 多年"最早浙江人"完整遗骸，德清中初鸣良渚文化制玉作坊群遗址入围 2018 年度全国十大考古新发现终评。省文物考古所良渚团队入选 2019 年度"最美浙江人·浙江骄傲"。提出非遗体系建设目标和融合发展

要求，推动浙江省非遗保护工作由数量规模型向质量效益型转变。倡导科学保护，入选全国非遗优秀实践案例 3 项，总数居全国第一（并列）；海洋渔文化（象山）入选全国首批国家级文化生态保护区。实施传统戏剧发展"五个一"计划，组织开展曲艺保护系列活动。举办杭州工艺周等大型非遗展会，推进国家化品牌建设。组织开展"文化和自然遗产日"非遗保护宣传展示活动近 200 项。

六、坚持外搭平台内促动力，有效助推文旅产业发展提质增速

全年文化产业增加值 4600 亿元，增长 10%；预计旅游产业增加值增长 8%，旅游人次超 7 亿。全省 4 家企业入选第十一届"全国文化企业 30 强"；在建旅游项目 2634 个，总投资 1.7 万亿元，实际完成投资 1705 亿元。大力推进"文旅＋"产业融合发展，认定省级乡村旅游产业集聚区 8 个、省级中医药文化养生旅游基地 12 家、省级工业旅游示范基地 23 家、省级生态旅游区 10 家；认定省中小学生研学实践教育基地、营地 63 家。加强金融合作，与杭州银行、中国农业银行分别签订战略合作协议，已累计向文化和旅游项目投放贷款 600 多亿元；推动成立全国首家文旅支行——中国农业银行杭州文旅支行。强化平台搭建，同期举办第 14 届中国（义乌）文化产品交易会和第十一届中国国际旅游商品博览会，第十五届中国国际动漫节交易额达 165.04 亿元。指导宁波市获批创建国家级文化金融合作试验区。举办浙江省文旅惠民消费季活动，以宁波、杭州两个国家文化消费试点城市为示范，

推动文旅消费转型提质扩面。积极开展之江文化产业带、大运河文化带（浙江）数字文化产业发展调研，指导推进浙江（金华）数字创意产业试验区创建，发展数字文化。遴选推荐全国优选文化和旅游投融资项目30个。举办首届长三角乡村文旅创客大会。出台《做实做好"诗画浙江·百县千碗"工程三年行动计划（2019—2021年）》，遴选各地1088道名菜。赴京津冀地区开展"诗画浙江"主题营销，举办2019年"中国旅游日"浙江省主会场活动暨第十七届徐霞客开游节等各类活动350场。

七、坚持紧扣项目引领和特色提升，文旅产品供给不断丰富

推进精品旅游线路开发，浙东唐诗之路、钱塘江诗路、瓯江山水诗路、大运河（浙江段）文化带建设在完成规划的基础上全面启动。高质量推进国家全域旅游示范省建设，安吉县、江山市、宁海县成功入围全国首批国家全域旅游示范区，示范区总数位居全国第一（并列）；丽水市缙云仙都景区入选国家5A级景区，5A级景区总数达18家，排名全国第二，实现全省11市5A级景区全覆盖。出台《浙江省全域旅游示范县（市、区）评分细则》，初步认定第二批省级全域旅游示范县（市、区）12家，国家级、省级示范县（市、区）覆盖率达到41.1%。出台景区城景区镇建设指南，完成3034家A级景区村庄认定，累计建成7236家，完成率达72.4%；认定A级景区镇135家、A级景区城19家；淳安县下姜村等14个村入选全国第一批乡村旅游重点村名录，数量位居全国第一。

完成《浙江省十大海岛公园建设三年行动计划（2020—2022）》。编制《浙江省乡村民宿提质富民三年行动计划（2020—2022）》，被文化和旅游部确定为第一个全国民宿等级评定试点省，全年评定等级民宿183家。深入推进旅游风情小镇创建和红色旅游发展，公布浙江省第三批旅游风情小镇培育创建单位31家，评定省级红色旅游教育基地9家。举办"红动浙江"2019红色旅游季暨万人初心之旅等活动。温州市入选全国首批智慧旅游试点城市，嘉兴市入选第一批全国红色旅游资源普查试点市。推进高等级景区提质升级，金华山风景区通过5A级景区资源评估，获准创建；制订旅游度假区管理办法，指导推进千岛湖、莫干山、鉴湖等创建国家级旅游度假区。推进"艺术＋旅游"产品开发，拟订《关于促进旅游演艺发展的指导意见》，完成全省旅游演艺资源普查。举办2019年全省茶歌大赛和2019"诗画浙江"全省旅游歌曲创作演唱大赛。推进文化文物单位文创产品开发试点工作。12件商品入选全国优秀红色旅游文创产品，全国特色旅游商品大赛金牌数、奖牌数均列全国第一。推进"非遗＋旅游"产品开发，发布首批100项非遗旅游商品，命名第五批省级非遗旅游景区共50个。

八、坚持突出抓规范抓安全，文化和旅游市场监管更加有力

继续深化文旅市场领域"放管服"改革，办理文旅类审批事项2900件。成立"网络表演"内容审核小组，建立营业性演出常态监管工作机制。利用大数据平台，加大口碑、文旅市场负面舆情

监测，把问题解决在萌芽状态。加速推进文化和旅游领域信用体系建设，全面梳理拟纳入信用业务协同应用的权力事项84项，梳理纳入《浙江省守信激励与失信惩戒措施清单》事项10项。率先制定"浙江省旅行社信用监管评价指标模型"。完善问题发现机制，组织体检式暗访，开展对高星级饭店、景区暗访检查工作；处理有问题景区总数达100家，处理率12.4%。深入推广应用"全国旅游监管服务平台"。加大文旅执法监督，开展扫黑除恶集中宣传2749家次、组织网络赌博专项整治网络远程集中执法行动3次；开展文化和旅游市场"平安护航中华人民共和国成立70周年"活动；严厉打击"不合理低价游"，深入整治互联网上网服务营业场所，加强演出票务等新兴领域监管，打造放心消费的文旅市场环境。获评全国文化市场综合执法优秀案卷、重大案件数量位居全国前列。率先出台省级《品质饭店评价规范》地方标准，评定首批80家"品质饭店"。扎实推进特色文化主题饭店建设，新评定31家特色文化主题饭店，总数达108家，数量居全国第一。

九、坚持做好"引进来""走出去"文章，对外和区域交流合作持续打响品牌

充分发挥文化和旅游在促进民心相通、铺就文明之路中的重要作用，讲好浙江故事。实施对外文化和旅游交流项目1746起，实施对港澳台文化和旅游交流项目221起，开展交流推介活动41场。深化与"一带一路"沿线国家和地区文旅交流合作，赴德国、捷克成功举办大型文旅交流活动，

组织开展"诗画浙江与狂野非洲的亲密接触——万人游非洲"活动。重点围绕"欢乐春节"、中俄建交70周年、世界园艺博览会等六大节点开展系列文旅交流工作。组派12个艺术团组、316名演展人员,分赴捷克、俄罗斯、智利等9个国家和中国台湾地区的23个城市,举办61场"欢乐春节"文化交流活动。借助国家"16＋1"合作机制开展交流互动,持续加强国际丝绸之路研究联盟、中国-中东欧国家音乐院校联盟、图书馆联盟等建设。中国丝绸博物馆牵头启动12国"世界丝绸互动地图"科技合作。积极参与中国-老挝、柬埔寨、新西兰、太平洋岛国旅游年活动。承办文化和旅游部内地与港澳台文化旅游界大型交流活动"艺海流金",浙港澳3地文旅业界共120人参会。赴澳门举办庆祝澳门回归20周年"根与魂"非物质文化遗产展示活动,赴台举办第十三届"台湾·浙江文化节"、"诗画浙江"文化和旅游(台北)推介会等活动,接待9批300余人次台湾青年学生到浙交流。全面开展长三角高质量一体化工作,3省1市签订文化和旅游合作协议,建立了正常性工作机制。正式签订浙皖闽赣国家生态旅游协作区4省合作协议,在衢州市设立了秘书处。启动谋划环太湖、杭黄世界级生态和文化旅游廊道等升级合作项目。杭绍、甬绍、甬舟、嘉湖、杭嘉等省内区域一体化启动推进。

十、坚持改革创新和成果转化同频共振,宏观管理和保障能力稳步提升

坚持改革创新。推动"最多跑一次"改革提速扩面,颗粒化事项梳理、多部门联办"一件事"、"证照分离"改革全覆盖事项清单梳理等全面推进,实现承诺期限大幅压缩、网上办事全面实现、掌上办事全国领跑。全面开展文物区域评估,将文物保护纳入全省国土空间规划。顺利完成行政机关合并后的融合工作。推进文化市场综合行政执法改革,组建统一执法队伍,厘清部门监管与统一执法关系。与嘉兴市、湖州市、金华市金东区等地协同打造《红船》《青青余村》《在希望的田野上》《赤子》等9部重点舞台剧目;与温州市、龙游县等市、县共同举办第十四届省艺术节、龙游石窟国际音乐盛典等赛事活动。在艺术、文博、群文等专业,打破学历资历限制,率先建立优秀人才职称评审绿色通道制度。深化院团改革,完成浙江小百花越剧院、浙江京昆艺术中心内部管理体制改革;组建成立浙江演艺集团;加快推进杭州剧院、胜利剧院等4家经营性事业单位改制工作;牵头省属国有旅游酒店资产重组整合;推进将浙江新远集团、浙江省古建筑设计研究院两家企业整体划归浙江省文化产业投资集团有限公司管理。建立与高水平大学合作机制,与浙江大学签订战略合作协议;推动中国丝绸博物馆和浙江理工大学共建国际丝绸学院,浙江自然博物院与中国计量大学共建生态研究院。全省公共图书馆和公共文化馆全部建立理事会制度。金华市入选文化建设军民融合发展试点城市,宁波市获批创建首批国家文化与金融合作示范区,省文化馆和嘉兴市图书馆入选第二批全国法人治理结构改革试点。

政府数字化转型工作加速推进。建成数据共享和业务协同模型,推出数字化转型工作晾晒制度。完成"诗画浙江·文化和旅游信息服务平台"项目全功能上线和省、市、县(市、区)全领域贯通。建成全国首个文旅融合数据共享的大数据仓。汇集18个横向部门13亿数据及业务协同,与文化和旅游部初步实现了投诉数据以及团队监测数据的共享。完善"浙里好玩"文旅公共服务平台,建立文旅资源导航导览一张图,覆盖全省景区导游导览341家。全面对接"浙里办"、"浙政钉"、省统一执法、省经济运行监测等省级平台,实现年服务人次达2000万。依托"浙里办"建设"文化和旅游服务专区",构建了文旅动态监测、文旅基础资源、文化市场执法、大数据报告、文旅产业发展五大功能模块的掌上文旅决策服务。

强化基础保障。开展文化和旅游领域领军人物遴选工作,实施浙江省舞台艺术"1111"(名编、名导、名角、名匠)人才计划。继续实施青年艺术人才培养"新松计划"、文博人才"新鼎计划",启动实施"未来艺术家计划"。深化人才培育模式改革,推动浙江音乐学院开展"3＋4",浙江旅游职业学院、浙江艺术职业学院开展"3＋2"5年一贯制艺术人才培养,推动厅属艺术高校就人才培养开展校校、校团合作。持续做好浙江艺术职业学院乡镇文化员定向培养工作,完成招生65名。开展文化和旅游教育培训项目150期,培训10142人次。稳步推进文化和旅游智库整合改造工作。探索建立厅属单位财务集中交叉会审制度,防范和控制财务风险。推荐212个项目申报各类国家级项目,17个项目获得国家社科基金艺术学项目立项。浙江音乐学院2个专业入选国家级一流本科专业,浙江旅游职业学院、浙江艺术职业学院双双入选国家"双高"职业院校行列。

（省文化和旅游厅办公室）

2019年浙江省文物工作

2019年,全省文物工作加快推进"富民强省十大行动计划"相关任务,推动文物保护利用改革,传承发展浙江优秀传统文化,守住安全底线,努力使文物"活"起来。

一、推进数字化转型改革

学习贯彻《浙江省保障"最多跑一次"改革规定》,按照统一部署完成政府数字化转型改革相关任务,做好机构改革后行政权力清单梳理、政务服务网办事指南、行政处罚事项梳理调整等工作。确认全省文物系统"最多跑一次"事项54项,并100％开通网上办理通道。做好相关数据归集,完成文物行政执法网络监管平台数据迁移,抓好省级单位部门业务系统情况调查及系统前期对接。梳理文物条线机关内部"最多跑一次"事项及上线工作。落实文物领域依法行政,受理信访举报投诉咨询事项100余项,政府信息公开依申请事项5项,完成行政诉讼应诉事项3项,实现无败诉目标。

二、优化文博人才队伍

继续开展"新鼎计划"优秀青年文博人才评选推介,评选第二届人才10人。与浙江大学合作举办第二届"新鼎计划"优秀青年文博人才培训班、"新鼎讲坛——与文物零距离"系列讲座等。举办文物专题培训班,第二期古陶瓷鉴定培训班以瓯窑和龙泉窑为重点,提升基层专业人员鉴定能力;全省纸质文物保护修复培训班以古籍修复为重点,提高专业人员纸质文物修复水平;全省博物馆行业负责人培训班针对机构改革后全省文博行业现状及发展需求,就博物馆行业法律法规等方面进行授课,培养优秀管理团队,提升博物馆专业化程度、社会服务能力和经营管理水平;博物馆公共服务综合平台推广使用培训会指导全省文物行政部门和博物馆熟悉平台操作;全省年度文物保护实训班为期57天,涉及文物保护法律法规、传统建筑特征与工艺、勘察测绘及修缮方案编制等方面;全省年度田野考古实训班为期3个月,涉及浙江新石器至宋元时期考古、浙江瓷窑址考古等方面,提升基层学员专业管理水平和业务能力;全省文物安全监管、文物行政执法人员等培训班,培训人员230余名,并派人参加全国文物行政执法骨干培训班、安全培训班。召开部分市县文物执法工作座谈会,借助各种平台开展与各地的业务指导与交流。

良渚考古队入选2019年度"最美浙江人·浙江骄傲"。开展第三届"最美浙江文物守望者"评选推介,评选产生"最美修缮师"12人、"最美考古人"14人,进行公开表彰授奖与专题宣传。

三、加强文博宣传

在杭州举办"文化和自然遗产日"主场城市活动,举行"诗画浙江·美好家园"浙江诗路文化带文化遗产主题展演及"红色记忆"红色微视频征集启动与授旗仪式等文物便民惠民活动,现场举办不可移动文物保护利用优秀案例图片展等展览,各市、县(市、区)联动开展文化遗产保护宣传展示活动。在绍兴柯桥区举办国际博物馆日主场系列活动,举行"作为文化中枢的博物馆:传统的未来"主题学术报告会、博物馆文创产品展销、博物馆业企业新技术展示等活动,组织全省博物馆开展相关活动。召开全省文物宣传工作通联会议和文物工作媒体座谈会。浙江文物网完成改版并迁移至政务云平台,发布各类文博信息3000余条。省文物局官方微信服务号发布各类文博信息300余条。《发现浙里》《让文物活起来——浙江省不可移动文物保护优秀案例集萃》《2019新鼎计划文萃》《第三届最美浙江文物守望者》等文集编写完成。

四、强化内部建设与党建工作

根据部署和总体要求,增强"四个意识""四个自信",做到"两个坚决维护",全省各级博物馆相继推出"红船精神万里行大型图片展览巡展""红旗漫卷钱江·纪念浙江解放70周年"等系列红色主题展览,服务主题教育。做好局机关和省级文博片各单位党建工作,召开省级文博片党建工作联席会议,开展庆祝中华人民共和国成立70周年省级文博系统朗诵会等活动。开展主题党日活动,组织党员干部前往义乌陈望道故居等地接受红色主题教育,到杭州南郊监狱接受党风廉政警示教育。落实"三会一课"等制度,常态化开展政治理论学习。梳理意识形态责任清单和岗位廉政风险点,提出应对措施。开展"大学习、大调研、大抓落实""服务企业、服务基层、服务群众"活动,"在实施乡村振兴战略下推动传统村落保护的调查和研究"课题获浙江省党政系统 2017—2018 年度优秀调研成果一等奖。

五、继续拓展对外交流与合作

做好文物进境展览备案审核,加强对引进文物展览的监督管理,指导做好国家文物进出境审核平台申报。省古建筑设计研究院承担中国援柬埔寨茶胶寺维修项目验收和王宫遗址管理任务,参与迄今规模最大的全球性文化遗产跨国保护行动——柬埔寨吴哥古迹国际保护。省文物考古研究所与国外多家单位开展合作。作为"2019 莫斯科欢乐春节"及"2019 俄罗斯·浙江文化旅游年系列活动"之一,浙江省博物馆"东方生活美学"展在俄罗斯莫斯科展出,同时举办"中国古代茶文化"配套讲座;参加在保加利亚举办的 2019"中国旅游文化周"活动,举办"东方之美"展;引进"法老的国度——古埃及文明展"。浙江自然博物院与俄罗斯国立达尔文博物馆签订战略合作协议,成为友好姊妹馆,引进第 54 届国际野生生物摄影年赛获奖作品巡展·中国站展览,在日本福井县立恐龙博物馆合作举办"恐龙脑科学"展。中国丝绸博物馆新增设国际交流部,举办国际丝路之绸研究联盟(IASSRT)第四届学术研讨会"丝路之绸:作为历史资料的纺织品"暨第五次理事会、"天然染料:多彩的世界"国

际研讨会、"主题与合作"丝绸之路博物馆策展人论坛、"走进东方:迪奥时装艺术和当代中国设计的对话"学术研讨会等交流活动;与韩国国立大邱博物馆、荷兰蒂尔堡纺织博物馆、法国里昂纺织博物馆签署合作协议;与宁波海上丝绸之路研究院合作举办第五期阿拉伯国家文博专家研修班;在俄罗斯、希腊、捷克等国分别举办"丝·尚:30 件服装讲述中国非遗故事""传统与时尚:中国丝馆绸服饰艺术""丝·茶·瓷:丝绸之路上的跨文化对话"等境外临展。

(省文物局)

政　策　法　规

【概况】　2019 年是中华人民共和国成立 70 周年,也是文化和旅游深度融合发展的开启之年。全省政策法规工作围绕"全国文化高地、中国最佳旅游目的地、全国文化和旅游融合发展样板地"建设目标,注重政策供给,深入调查研究,抓好法治政府建设,发挥了应有的作用。

【开展文化和旅游融合发展调查研究】　研究下发《浙江省文化和旅游厅关于开展文化和旅游高质量融合发展调研工作的通知》,部署文化和旅游融合相关课题调研工作,共完成课题研究报告 31篇。组织专家开展促进文化和旅游融合发展研究,为谋划起草《关于推进文化和旅游高质量融合发展的实施意见》打好基础。组织开展《关于推进文化和旅游高质量融合发展的实施意见》调研起

草工作。配合省委宣传部起草《文化和旅游融合发展工程》,作为党的二十大召开之前全省宣传思想文化工作的重点项目。

【开展"十四五规划"前期思路调研工作】　开展"十四五"规划前期调研工作,完成浙江省"十四五"时期促进文化和旅游高质量发展研究报告初稿。制定《浙江省文化和旅游发展"十四五"规划编制工作方案》,初步明确了规划编制的主要任务、时间进度、保障措施。举办全省"十四五"文化和旅游发展规划培训班,邀请专家学者就文旅融合发展和规划编制进行授课。

【牵头促进区域融合发展】　5月20日,长三角地区 3 省 1 市文化和旅游厅(局)在沪签署《长三角文化和旅游高质量发展战略合作框架协议》。推进杭黄世界级自然生态和文化旅游廊道建设,浙旅集团和黄山旅游发展股份公司在浙江省推进长三角一体化发展大会上签署了"千岛湖-新安江(黄山)大画廊"文化旅游综合开发项目战略合作框架协议,杭州市与黄山市拟签订《联合打造杭黄国际黄金旅游线合作协议》。推进环太湖生态文化旅游圈建设,在湖州举办了 2019 长三角一体化文化旅游峰会暨国际滨湖旅游度假大会,成立了"长三角国家级旅游度假区(推广)联盟"。加大乌镇、西塘、南浔等江南水乡古镇联合申遗力度,3 省 1 市联合向国家文物局提交了要求将江南水乡古镇纳入正式申遗议程的报告。深入推进长三角文化和旅游信用体系建设,3 省 1 市联合发

布了《文化和旅游领域信用联合奖惩办法》。

【牵头开展课题调研】 组织开展省文化和旅游厅2019年调研工作,全省有4个课题被纳入文化和旅游部2019年重点调研课题,形成了《浙江省文化和旅游助力乡村振兴研究》和《浙江省生态文化建设对策研究》等调研报告。制定《深入开展"大学习、大调研、大抓落实"活动方案》,并确定了2019年9项重点工作任务。在全国文化和旅游系统2018年度十佳调研报告和优秀调研报告评选中,我省1篇调研报告荣获十佳优秀调研报告,3篇调研报告荣获优秀调研报告。在2019年全国文化和旅游系统调研工作培训班上,浙江省文化和旅游厅是5个省份的典型发言单位之一,介绍了浙江调研工作的做法和经验。

【强化法治建设和依法行政】 部署2019年法治政府工作,印发《关于做好2019年法治政府建设(依法行政)工作的通知》,明确任务和责任。修改完善相关制度,制定《浙江省文化和旅游厅重大行政决策程序办法》《浙江省文化和旅游厅行政规范性文件管理办法》《浙江省文化和旅游厅合同管理办法》。为更好满足文化和旅游融合发展需要,对涉及文化和旅游现行有效的规范性文件和相关法律、行政法规、地方性法规、部门规章、地方政府规章进行系统梳理,并通过省文化和旅游厅官网对外公布。举办全省文化和旅游系统法治政府建设能力提升专题培训班,全省各市、县(市、

区)相关工作人员共100余人参训。做好行政规范性文件合法性审查工作,审查并报备7件行政规范性文件。会同省文化和旅游厅法律顾问,对之江文化中心建设合同等近20件合同进行了合法性审查。认真做好省人大代表建议、省政协委员提案的答复工作,共办理主办件9件、会办件1件。

【推动融合发展】 与建德市政府多次协调商议,及时下发《浙江省文化和旅游厅关于支持严州古城(梅城)文旅融合发展创建省级旅游风情小镇的通知》,省文化和旅游厅与建德市人民政府签订合作备忘录。与杭州市拱墅区人民政府多次协调,修改完善《浙江省文化和旅游厅、拱墅区人民政府推动"大运河文化和旅游融合发展试验区"建设框架协议书》的主要内容。多次对接文化和旅游部政策法规司,积极争取成为全国文旅融合改革创新示范省。遴选推荐松阳县、长兴县水口乡和宋城演艺发展股份有限公司为文化和旅游改革发展调研联系点。

【指导智库建设】 多次联系对接原先负责旅游智库的浙江旅游职业学院和负责文化智库的省艺术研究院,了解两个单位承担的文化和旅游智库工作的基础条件和现状,及时报送《关于加快省文化和旅游智库建设的报告》。联系浙江图书馆,多次商议发挥浙江图书馆在文化和旅游智库情报收集方面的优势,尝试编撰《浙图文旅资讯》,结合"不忘初心、牢记使命"专题教育,编纂了《习近平在浙江工作期间关于文化和旅游的

论述》。召开专家座谈会,商议文化和旅游智库的自身品牌建设,力争引领全国文旅智库的发展。

【深化体制机制改革】 深入贯彻落实省委、省政府关于深化"最多跑一次"改革和其他重要改革的决策部署,围绕建设全国文化高地、中国最佳旅游目的地、全国文化和旅游融合发展样板地的总体目标,结合自身实际做细做实,各项改革工作总体进展顺利,全年改革目标基本完成。建立健全改革相关工作机制。制定《浙江省文化和旅游厅深化改革2019年主要任务分解方案》。召开省文化和旅游厅"最多跑一次"改革考核工作会议。进一步健全"最多跑一次"改革试点推广机制、协同配合机制、考核督查机制和会议制度、台账制度、信息制度。发布《浙江省文化和旅游厅改革专刊》。研究起草《浙江省文化和旅游厅深化体制机制改革工作制度》和《省文化和旅游厅深化改革工作考核扣分加分细则(试行)》。

【完成重点改革任务】 列入省文改办重点改革牵头项目6项,其中,深化文化市场综合行政执法改革顺利推进,全省11个设区市和89个县(市、区)已挂牌成立文化市场综合行政执法队伍,省、市、县(市、区)3级均成立文化市场管理工作领导小组,综合执法经费列入同级人民政府财政预算,机制运行情况、保障落实情况均位居全国前列;浙皖闽赣国家生态旅游协作区工作取得进展;国有文艺院团改革进一步深化;浙江演艺集团组建;推进厅属企业分类转隶改革;加强文物保护

利用改革,省文物局起草的《浙江省加强文物保护利用改革的实施意见》提交省委办公厅,进入发文流程。

【推进重点改革项目】 省文化和旅游厅 19 项重点改革项目均按照任务分解方案要求推进。文旅融合 100 张"金名片"工程已筛选出 58 张备选"金名片"。积极开展文旅融合改革试点县(市、区)创建,近 40 个县(市、区)提交申报文本。全省文旅系统政府数字化转型工作加快推进,完成 10 个系统的梳理;省政府数字化转型重大项目"诗画浙江·文化和旅游信息服务平台"完成建设任务;实现国家、省、市、县(市、区)4 级纵向共享、18 个省直部门横向协同;建成浙江文旅数据仓;全面加强文旅政务办公及信息融合,建立了文旅资源一张图,"浙里好玩"文旅公共服务平台所含内容已覆盖全省 11 个地级市,89 个县级行政区,服务游客近 2000 万人次。继续深化文化市场领域"放管服"改革,涉外涉港澳台营业性演出活动审批权下放至义乌市,在杭州、宁波设立涉外涉港澳台驻场演出受理窗口,完善"网络表演"审批事项管理,进一步压缩审批时限,推动审批事项实现网上办、掌上办,建立重点营业性演出活动实行监管常态工作机制。加快公共文化机构法人治理结构改革,全省文化文物部门管理的公共文化机构(不包括农村文化礼堂)共 352 家,227 家建立了理事会制度,占比 64.5%。积极稳妥推进事业单位分类改革。建立完善了财会集中交叉会审机制,推进院团一体化办学新体制,推

进美丽乡村美育样板村建设,规范社会组织管理,实施标准化工程,搭建文化和旅游投融资平台、探索开展文旅消费试点示范。推进统计改革,研究制订文化及相关特色产业重点企业景气监测方案,建立文化事业、产业统计数据和分析体系,加速推进文化和旅游信用体系建设等,取得了很好的实效。

【深化"最多跑一次"改革】 成立"最多跑一次"工作专班。共梳理大小事项表格 2000 多项,各类数据表格 10000 多页;统计公文交换 11 项;建立"钉钉"工作群 9 个;参加省级业务培训 4 次;接收各地市咨询电话 300 多次;召集地市会议和各碰头协调会 20 多次;动态对比调整 3 省 1 市(上海、江苏、浙江、安徽)事项数以及网上办、掌上办、跑零次、即办率等各类数据数十次;每周随时针对上级有关单位的通报和要求变化做出动态修改调整。在全省统一核心数据考核中,审批和服务事项数、网上办率、掌上办率、跑零次率、即办率、承诺时限压缩比、材料电子化率等数据领跑全国。深入推进"最多跑一次"改革向公共服务领域延伸扩面。出台《浙江省文化和旅游公共服务领域深化"最多跑一次"改革行动方案》,聚焦智慧文旅、幸福文旅、平安文旅三大目标,着力优化服务流程、改进服务方式、增强服务效能。认真落实省委书记车俊在省委改革委第二次会议上提出的"要积极推动'最多跑一次'改革向文化场馆延伸,让群众有更多的改革获得感"的指示要求,调研起草《高水平打造浙江省文化和

旅游公共服务"乐享文旅"品牌行动方案》,指导完成《全省公共图书馆贯彻落实"最多跑一次"改革理念优化提升工作方案》。

(郭　驰)

专业艺术

【概况】 2019 年是中华人民共和国成立 70 周年,是深入贯彻落实党的十九大精神和习近平总书记系列讲话精神的重要一年,也是深入推进文化和旅游融合发展的关键一年。全省专业艺术工作紧紧围绕"攀高峰、强队伍、求创新、促改革"的工作思路,努力推出文艺精品,持续加强队伍建设,不断探索创新,有效深化国有文艺院团改革,精心组织重大活动,着力传承发展浙江优秀传统文化,大力推动文旅融合,不断满足人民美好生活需求,推动"文化浙江"建设。

【党建工作】 进一步提升厅属艺术单位党建工作水平,做到以党建引领增强业务能力,提升活力促进发展进步。4 月,在浙江话剧团有限公司召开了厅属艺术单位党建工作现场交流会,以浙江话剧团有限公司创新推出"流动党支部"为工作样板,将"流动党支部"制度在厅属艺术单位全面推广,将党建工作"空白点"变成"创新点",为圆满完成演出任务提供坚强的组织保障。发挥文化和旅游系统的艺术资源优势,运用舞台艺术红色基因,创作了一批红色题材剧目。6 月至 8 月,在"不忘初心、牢记使命"主题教育期间,推出了优秀红色剧目展

演,传承红色经典文化。展演立足本系统、面向全社会,持续到8月,时间跨度长,覆盖整个主题教育过程。实现传统艺术与红色精神高度融合,艺术精品成为走心党课,把初心使命转化为推进文旅融合发展的具体行动。9月至10月,开展了浙江省庆祝中华人民共和国成立70周年优秀舞台艺术作品展演,用鲜明的导向,弘扬主流价值,倡导真善美,鞭挞假恶丑,讴歌新时代,央视《新闻联播》予以报道。

【重大题材】 围绕习近平新时代中国特色社会主义思想、中华民族伟大复兴中国梦,聚焦中华人民共和国成立70周年、建党100周年等重大主题,组织重大题材创作,着力扶持现实题材作品,助推省地联手合作重大题材创作项目,推动和提升浙江舞台艺术精品创作。开展2019年度全省舞台艺术创作重点题材项目扶持,推出话剧《雄关漫道》、交响乐《祖国畅想曲》、京剧《生如夏花》等14个项目。开展第六期全省中青年编剧扶持计划,评选推出《国之歌》等3个剧本。通过剧本创作项目资助和定向委约创作等多种方式,扶持培养本土中青年编剧人才。开展2019年度浙江省当代舞台艺术精品创作扶持工程申报,推出5个重大革命历史题材和现实题材优秀作品。

【重点项目】 全省文化文艺战线紧扣时代脉搏,紧扣重要时间节点,推出一批反映时代脉搏和浙江特色的精品力作,京剧《渡江侦察记》、交响乐《祖国畅想曲》、话剧《雄关漫道》《青青余村》、台州

乱弹《我的大陈岛》等一批新创剧目先后亮相。歌剧《红船》入选2019年"中国民族歌剧传承发展工程"重点扶持剧目。歌剧《在希望的田野上》参评第十六届文华奖。浙江小百花剧院越剧《枫叶如花》入选2019年度全国舞台艺术重点创作剧目名录。浙江婺剧团婺剧现代戏《血路芳华》入选中宣部2019年全国基层院团戏曲会演。越剧《苏秦》等3个剧本入选文化和旅游部剧本扶持项目,数量位居全国第一。交响乐《祖国畅想曲》入选文化和旅游部"时代交响——中国交响音乐作品创作扶持计划"2018—2019年度扶持作品,从168部作品中脱颖而出,成为9部入选的交响乐作品之一。抓好"面上扶持"的同时,抓好"点上突破",紧盯一批重点创作项目的实施进度,对歌剧《在希望的田野上》、越剧《枫叶如花》、歌剧《红船》等重点项目,紧盯每一个创作环节,主动对接、主动服务、主动帮扶,定期汇报作项目的进度情况。

【主题创作】 9月28日,在黄龙体育中心圆满完成"我的祖国"浙江省庆祝中华人民共和国成立70周年大型音乐舞蹈史诗演出任务,省委、省人大、省政府、省政协"四套班子"领导,在杭副省级以上老同志,驻浙部队,在杭高校,社会各界群众共约2500人观看演出,浙江卫视现场直播。省委书记车俊给予了"气势磅礴,主题突出,时代感强,浙江特色鲜明"的高度评价。完成庆祝中华人民共和国成立70周年优秀歌曲征集创作演唱活动,共收到有效申报作品212件,评出一、二、

三等奖作品9件。完成委约创作采风和专场音乐会演出。完成"与时代共进,与祖国同行"浙江省政协庆祝人民政协成立70周年文艺晚会,9月17日在省人民大会堂演出,受到省政协主席葛慧君表扬。完成"携手奔小康,同心共追梦"浙江省对口地区民族文艺巡演。巡演历时1个月,走遍全省11个市,演出12场。9月22日,在省人民大会堂举行主场汇报演出,省委书记车俊、省长袁家军出席观看。

【创研中心】 积极发挥浙江文艺创研中心作用,通过签约特聘专家、委约创作等方式,引聚国内外高层次领军艺术人才,助推重大题材创作项目,提升全省文艺精品创作质量和水平。新引入喻荣军等3名在国内外有影响的高层次艺术创作人才。搭建文艺创作平台,为进一步帮扶地方文艺精品创作,培育孵化浙江省中青年主创团队,努力推出讲述浙江故事、体现浙江特色、弘扬浙江精神、代表浙江水平的精品佳作。开展首批浙江文艺创作采风基地申报工作,经评审研究确定,泰顺县雅阳镇等10家单位为"首批浙江文艺创作采风基地"。省属艺术院团围绕民族歌剧《红船》《在希望的田野上》、大型滑稽戏《南湖人家》、越剧《下姜女人》《伪装者》《胡庆余堂》、现代京剧《渡江侦察记》、话剧《雄关漫道》《青青余村》、中篇弹词《新琵琶行》等项目,累计派出人员451人次,分赴浙江、江苏、安徽、福建、陕西、湖南6省16个地市开展蹲点创作、体验生活等活动;赴泰顺、云和、江山、岱山、德清等县(市)以及青海省,以合作创排、培训辅导、专

题讲座、传统戏曲进校园等多种形式开展有关活动。

【基金申报】　全省68个项目获国家艺术基金资助,位居全国第二,获助资金3605万元。精心做好2020年度国家艺术基金申报工作,全省共有682个项目申报2020年度国家艺术基金,进入复评的项目有88个。民族管弦乐《钱塘江音画》被列为2019年度大型舞台剧和作品滚动资助项目;3部小型剧(节)目和作品被评为2019年度成果运用项目;1位青年艺术创作人才的1件(组、部)作品和5位艺术人才培养资助项目学员的5件(组、部)作品被评为美术类、编剧(编导)类、作曲类成果运用作品。

【人才培养】　陈美兰、方汝将、谢群英等3人入选文化和旅游部"名家传戏——当代戏曲名家收徒传艺工程",王明强、胡山岗等2人入选文化和旅游部"名家传曲——当代戏曲音乐名家收徒传艺工程"。举办2019"新松计划"浙江省青年话剧演员大赛。大赛在杭州、温州、金华3个赛区历经初赛、复赛、决赛总计24场比赛,50名选手从600位报名者中脱颖而出,获得"浙江舞台艺术兰花奖"金、银、铜奖及优秀奖。大赛与浙江电台音乐调频(FM96.8)深度合作,采取与金华市"省地合作"模式,宣传工作实现广播、电视、网络、微信全覆盖,历时3个月,总计发布各类消息、报道58篇,决赛网络直播6场,电视录播1场,其中网络直播观众62.5万人次。启动实施舞台艺术"1111"人才计划,共95人申报,拟选定

约40名中青年名编、名导、名角、艺术名匠培育对象,通过导师对标指导、实施一人一策、开展集中培训、扶持艺术实践、开启绿色通道、强化宣传推广等多种方式予以支持。启动实施"未来艺术家计划",完成浙江省"未来艺术家"培育建议方案初稿。

【文旅融合】　完成全省旅游演艺资源普查,摸清家底。成立浙江省旅游演艺事业发展研究工作小组,完成《浙江省旅游演艺指导意见》初稿撰写。第十四届浙江省戏剧节在文旅融合大背景下实现省内文旅首次全面牵手,积极探索戏剧与互联网、旅游市场多元融合的办节新路,以文促旅,以旅彰文,着重在文化和旅游融合、艺术性与惠民性结合方面下功夫,策划推出万名戏迷"看南戏,游温州"等一批具有温州特色的文化和旅游活动,进一步扩大了戏剧节的影响力,带动了温州文化和旅游的发展。开展2019全省茶歌大赛,唱响文旅融合曲。大赛吸引了全省11个市、省内各大艺术院校、艺术院团,以及福建、江西、安徽等周边省份的200多名茶歌爱好者参与,历时近3个月,决赛单平台直播点击量达110多万次,进一步推动全省"大花园"建设和浙闽赣皖生态旅游协作,促进文旅融合,助力乡村振兴。携手宁波市奉化区人民政府主办,完成2019"诗画浙江"全省旅游歌曲创作演唱大赛。大赛历时5个月,共收到有效申报作品252件,经过初评、复评和现场决赛,《梦里梦外都想你》等37件作品分获"浙江舞台艺术兰花奖"作品金、银、铜奖和优秀奖。邀请徐沛

东、孟卫东、李峰、白雪等知名艺术家担任决赛评委,提升了大赛的权威性。与媒体深度合作,引发社会广泛关注。浙江卫视《浙江新闻联播》《正午播报》对本次大赛进行2次报道,宣传覆盖全国11.82亿人口。浙江广播电视集团旗下7家媒体多次对本次大赛进行报道。中国新闻网、新浪、网易、今日头条、网易云音乐、中国旅游报、浙江在线、杭州电视台、杭州移动电视、杭州网、宁波电视台、宁波日报、奉化电视台等超过50家主流媒体共同报道本次大赛。各类报道总数超200次,网络点击量过百万。与龙游县人民政府合作,携手上海音乐学院音乐工程系、浙江音乐学院音乐工程系、英国皇家伯明翰音乐学院完成龙游石窟国际音乐盛典。该活动利用龙游石窟这一我国古代最高水平的地下人工建筑群所具有的深厚的文旅价值和备受世界音乐(声学)领域关注的独特声学环境,集人文、艺术、文化、工程技术于一体,向世界展现龙游石窟独特神秘的魅力,主动融入"一带一路"文旅交流合作行动,实施长三角一体化战略,做好文旅融合大文章,以艺术的形式打造省级文化旅游"金名片"。共邀请来自美国、德国、英国、挪威、奥地利的13位音乐声学专家及"一带一路"沿线民族特色音乐艺术等多方力量,在龙游石窟景区完成包括学术论坛在内的16场展示交流活动。

【院团改革】　为进一步深化文化体制改革,进一步繁荣文化演艺产业,实现浙江舞台艺术事业继续走在全国前列,组建成立了浙

江省演艺集团,力争用5年时间将浙江省演艺集团发展成为形成演艺创作演出、剧场运营管理、文化旅游融合、艺术教育培训、文创产品开发、文化资本运作多元发展的一流演艺产业集团。完成浙江小百花越剧院、浙江京昆艺术中心实质性融合,进一步理顺了两家单位的管理体制和运行机制。

【民营院团】 通过专业培训,提升省内民营文艺表演团体管理水平以及演职人员运营、宣传、策划、业务、表演等多方面的能力,带动全省民营文艺表演团体实现新发展、新作为。全年共主办5期民营文艺表演团体系列培训班。从团长管理培训到不同专业培训、从基础培训到提升培训,涵盖民营文艺表演团体团长及花旦、小生、主胡、琵琶、鼓板、化妆、灯光、音响等各类各项业务骨干。10月23日,在浙江省人民大会堂举办了"奋斗在最好的时代"庆祝中华人民共和国成立70周年浙江省民营文艺表演团体汇报演出,全省10个地市的民营文艺表演团体携12个精品节目参演,近20万人次收看展演和直播。

【美术工作】 起草出台《浙江省公共美术馆服务规范》,明确了公共美术馆的定义,推动浙江省地方标准的建立,提高全省美术馆公共文化服务能力和水平,实现公共文化资源共享。浙江美术馆在国庆期间组织开展"辉煌——庆祝中华人民共和国成立70周年暨浙江美术馆开馆10周年美术作品展",展现中国共产党领导中国人民进行艰苦卓绝的伟大斗争,昂首阔步迈向中华民族复兴的历史征程。召开浙江省百个美丽乡村美育村(社区)培养对象评审会,公布了一批浙江省美丽乡村美育村(社区)试点单位,杭州市富阳区龙门镇龙门五村等94个村(社区)入选,为深入挖掘乡村文化内涵,推进文化和旅游深度融合,助力"文化浙江"建设和乡村全面振兴起到了积极的作用。

【戏曲传承】 受文化和旅游部邀请,浙江省著名戏曲导演杨小青担任2019年新年戏曲晚会总导演,出色圆满地完成了任务。省文化和旅游厅高度重视本次晚会相关工作,推荐并协调浙江音乐学院、浙江昆剧团、浙江婺剧艺术研究院、杭州越剧传习院、温州市瓯剧艺术研究院等60余人赴京参演。省委常委、宣传部部长朱国贤就戏曲晚会做出批示,给予了充分肯定。举办第十四届浙江省戏剧节。全省40余台剧目报名参赛,评选出20台优秀剧目参加戏剧节终评演出。10月至11月,戏剧节在温州举行,举办开幕式和闭幕式专场演出、评奖演出,展现戏剧领航者、接棒者、未来者的风姿,展示了浙江戏剧创作演出的最高成就和最新成果。着力推进"传统戏曲进校园""传统戏曲进社区""传统戏曲进农村文化礼堂",大力培养年轻戏曲观众。举办"传统戏曲演出季",实施"越剧走出去计划",大力培育戏曲演出市场,扩大戏曲传播渠道。举办第四届浙江戏曲北京周,进一步擦亮浙江戏曲品牌。此次共有7家院团11台大戏赴京展演,有8万余人次现场观看演出,平均每场上座率达80%,媒体报道合计超100余篇,品牌力和影响力进一步彰显。11台大戏集中了浙江昆、越、婺、瓯、新昌调腔五大剧种,汇集名家名角、传承剧目和创新大戏,展现了"浙江有戏、同行万里"的文化力量。

【文化惠民】 开展元旦春节期间"文化暖冬千百万计划",组织一系列内容丰富、形式多样的文化惠民活动。副省长成岳冲就"文化暖冬千百万计划"做了批示。发挥省属文艺院团示范作用,为基层群众送上儿童剧、话剧、戏曲、民族歌剧、曲艺、杂技、魔术等丰富多彩的"文化年货"。举办2019舞台艺术新年演出季活动。组织专业文艺院团集中投放一批思想性、艺术性、观赏性俱佳的优秀演出项目。通过政府补贴,降低演出成本,实行低票价惠民政策,打响"新年演出季、天天看好戏"的品牌。举办浙江省庆祝中华人民共和国成立70周年舞台优秀作品展演。

(吕黛芬)

链接：

2019 年浙江省文旅系统专业艺术门类在国际和全国及华东区域性专业艺术评比中所获荣誉

评比活动名称	获奖剧(节)目名称	获奖类别及等次	获奖单位或个人
全国第十五届精神文明建设"五个一工程"奖	歌剧《呦呦鹿鸣》	全国第十五届精神文明建设"五个一工程"奖(戏剧)	宁波演艺集团有限公司
2019 年"中国民族歌剧传承发展工程"	歌剧《红船》	2019 年"中国民族歌剧传承发展工程"重点扶持剧目	浙江演艺集团有限公司、浙江交响乐团、浙江音乐学院
2019 年度全国舞台艺术重点创作剧目名录	越剧《枫叶如花》	2019 年度全国舞台艺术重点创作剧目名录	浙江小百花越剧院
文化和旅游部"时代交响"——中国交响音乐作品创作扶持计划	交响乐《祖国畅想曲》	入选文化和旅游部"时代交响"——中国交响音乐作品创作扶持计划	浙江交响乐团
中宣部 2019 年全国基层院团戏曲会演	婺剧《血路芳华》	中宣部 2019 年全国基层院团戏曲会演剧目	浙江婺剧团
文化和旅游部"名家传戏——当代戏曲名家收徒传艺工程"		文化和旅游部"名家传戏——当代戏曲名家收徒传艺工程"	陈美兰(浙江婺剧团)
			方汝将(温州市瓯剧艺术研究院)
			谢群英(杭州越剧传习院)
文化和旅游部"名家传曲——当代戏曲音乐名家收徒传艺工程"		文化和旅游部"名家传曲——当代戏曲音乐名家收徒传艺工程"	王明强(浙江京昆艺术中心)
			胡山岗(浙江小百花越剧院)
国家艺术基金2019 年度资助项目	越剧《苏秦》	大型舞台艺术作品新创作项目	绍兴市柯桥区小百花越剧艺术传习中心
	婺剧《基石》		浙江婺剧艺术研究院(浙江婺剧团)
	越剧《鉴湖双烈》		绍兴大剧院管理经营有限公司
	瓯剧《好人兰小草》		温州市瓯剧艺术研究院
	小剧场戏剧《南湖人家》		浙江曲艺杂技总团有限公司
	儿童剧《小贝的书柜》		浙江话剧团有限公司
	小戏曲《葬花吟》	小型舞台艺术作品资助项目	浙江艺术职业学院
	戏剧小品《和你在一起》		
	群舞《红船》		
	歌曲《阳光大道》		
	戏剧小品《壹圆茶馆》		湖州市南浔区文化馆
	戏剧小品《京巴小白》		平阳县文化馆
	单人舞《偶人·廿八都》		杭州江南丝竹南宋乐舞传习院
	双人舞《一线之间》		
	群舞《斗茶馆儿》		浙江歌舞剧院有限公司
	群舞《三潭印月》		
	双人舞《四月》		
	群舞《白纻舞·在水一方》		
	独奏曲《十二生肖》		
	独奏曲《祁连音画-舞沙》		
	重奏曲《西寻》		
	重奏曲《远思》		浙江音乐学院
	室内乐《绽放》		
	民乐小合奏《春华秋实》		
	民乐小合奏《思源》		
	合唱《彩带献北京》		
	绍兴莲花落《孝子的检讨》		绍兴市柯桥区文化发展中心
	三跳书《英台担水》		湖州市文化馆

续　表

评比活动名称	获奖剧(节)目名称	获奖类别及等次	获奖单位或个人
国家艺术基金2019年度资助项目	歌曲《啊，红船》		嘉兴市文化馆
	歌曲《金石之声》		安吉县文化馆
	越剧《五女拜寿》巡演	传播交流推广资助项目	浙江小百花越剧院
	越剧《德清嫂》巡演		杭州越剧传习院
	越剧优秀剧目巡演		绍兴市演出有限公司
	越剧《屈原》巡演		绍兴市柯桥区小百花越剧艺术传习中心
	舞台剧《平潭映象》巡演		浙江鸿艺影视文化有限公司
	中华扇艺创意创新人才培养	艺术人才培养资助项目	杭州王星记扇业有限公司
	音乐作曲	青年艺术创作人才资助项目	李秋筱（浙江音乐学院）
	舞蹈、舞剧编导		李毅源（浙江艺术职业学院）
	舞台艺术表演		颜丽花（浙江曲艺总团有限公司）
			刘瓅元（浙江音乐学院）
			张咏音（浙江音乐学院）
	油画创作		李　青（浙江音乐学院）

公共服务

【概况】　2019年，全省文化和旅游公共服务工作牢牢抓住率先基本完成公共文化服务标准化建设任务这一目标，狠抓落实，年度工作目标基本实现，全省文化和旅游公共服务事业稳步推进。

【公共文化服务标准化均等化工作扎实推进】　开展基本公共文化服务标准完成情况认定工作。紧扣"到2019年末，全省90%以上的县（市、区）完成省定标准和'五个百分百'建设要求，率先在全国基本实现公共文化服务标准化"的工作目标，全年分4批部署实施标准化完成情况认定工作。制定出台《浙江省基本公共文化服务标准完成情况认定办法》《浙江省基本公共文化服务标准完成情况指标说明》《浙江省基本公共文化服务标准完成情况实地认定工作指南》等文件，建立与省广电局、省体育局、省文物局等相关单位的联席会议制度，每两个月发布进展情况通报，确保认定工作规范、有序。会同浙江图书馆和软件开发公司，在"浙江智慧文化云"平台开设基本公共文化服务标准完成情况认定模块，实现认定工作网上上传佐证材料、网上完成资格认定、实时显示工作进度，并组织开展认定软件培训20余次，有效提高了申报认定工作效率，切实减轻了基层压力。组织专家组赴61个县（市、区）开展"三服务"工作，指导当地认定工作。下发《认定工作情况通报》4期，及时通报各地工作进度，压实县级人民政府主体责任，积极营造向上争先的认定氛围。第四批认定工作结束后，共有87个县（市、区）完成了认定工作，完成率为97.8%，全年工作目标顺利实现。

扎实推进公共文化服务"十百千"工程。下发《浙江省公共文化服务"十百千"考核办法》，全面启动对重点县（市、区）、重点镇（乡、街道）和重点村的验收工作。全省10个重点县确立的124个提升项目中，108个已完成建设任务，庆元县文化中心、江山市文化中心、云和县世界梯田博物馆等16个项目建设有序推进；常山县"三馆合一"工程因土地变更等原因滞后，已重新进入项目前期。9个县（市、区）和107个镇（乡、街道）、1228个村通过了省文化和旅游厅组织的考核验收。

不断完善公共文化服务标准化体系。《农村文化礼堂管理和服务规范》由省市场监督管理局正式发布，被纳入"五个百分百"建设内容加以推广。《文化馆总分馆服务规范》正式立项并取得阶段性成果，《文化志愿者服务规范》已通过省市场监督管理局组织的立项论证。全省已有省级地方标准12个、市级标准11个、县级标准31个，与《浙江省基本公共文化服务标准（2015—2020年）》和100个市、县（市、区）制定的基本公共文化服务实施目录（标准），共同组成了覆盖面广、要求细致、程序规范、相对完善的公共文化服务标准体系。

指导开展公共文化服务体系示范区（项目）创建工作。积极推进公共文化示范引领工程，打造一批具有浙江特色、领先全国的公共文化示范典型。指导温州市、杭州市下城区和萧山区做好第四批国家公共文化服务体系示范区（项目）的创建工作，协助温州市承接办好文化和旅游部公共服务司"关于推进公共文化领域重点改革任务落实培训班"，推进温州市示范区创建工作，交流推广温州、宁波等地的先进工作经验。组织开展第四批省级公共文化服务体系示范区（项目）中期创建自查工作，举办中期创建工作培训班，在各创建单位在中期自查的基础上，对创建工作进行汇报交流，并邀请省公共文化服务体系专家组专家进行点评，查找问题，补齐短板，指导下一步创建工作，确保保质保量完成创建任务。

组织开展省级文化强镇、文化示范村评选工作。加快推进现代公共文化服务体系建设，充分发挥镇（乡、街道）和村（社区）文化建设先进典型在推进我省基层公共文化服务体系建设中的示范引领作用，继续开展浙江省文化强镇、文化示范村（社区）评选活动，评出"浙江省文化强镇（乡、街道）"30个、"浙江省文化示范村（社区）"94个。

【公共文化惠民工程成果高质量呈现】　认真做好"富民强省十大行动计划"的组织协调。研究制订《传承发展浙江优秀传统文化行动计划督查激励措施配套实施办法（试行）》，下发《传承发展浙江优秀传统文化行动计划任务分解表》和《"富民强省十大行动计划"其他参与项目任务分解表》。召开文化和旅游厅"富民强省十大行动计划"领导小组工作会议，研究部署2019年工作。根据《浙江省人民政府办公厅关于开展2018年度省政府督查激励工作的通知》精神，对设区市2018年传承发展浙江优秀传统文化工作开展督查，杭州市、绍兴市、衢州市被省政府办公厅认定为当年度工作积极主动、成效明显的地区。制订传承发展浙江优秀传统文化行动计划重点项目投资计划情况表，做好与各地各部门的对接和反馈汇总工作，全面摸底掌握各地传承发展浙江优秀传统文化行动计划重点项目投资计划情况。配合完成省政府对传承发展浙江优秀传统文化行动计划的半年度督查，起草上报重点工作推进情况自查报告。陆续对《传承发展浙江优秀传统文化行动计划》有关项目开展实地调研和现场踏勘，根据实际情况对项目库进行微调，按照年底完成项目总投资25％的要求，对标督促落实。启动文化基因解码工作，邀请浙江大学、浙江省文化艺术研究院专家参与前期调研和座谈，在湖州、诸暨、上虞等地开展前期试验工作，制订《文化基因解码工程实施方案（草稿）》。

不断丰富公共文化产品供给。全力做好国庆70周年彩车巡游浙江彩车上的文艺展演工作。组织创作代表浙江经济社会发展水平，体现浙江特色、浙江风格、浙江气派的文艺节目配合彩车在天安门前进行呈现，在展演部全体工作人员的努力下，圆满完成此次任务，向中华人民共和国成立70周年献礼。组织群文精品参加全国第十八届群星奖，音乐《阿家里格啰》、舞蹈《村里的画室》、小品《父与子》、曲艺《外婆坑》等四个节目入围决赛，其中小品《父与子》荣获群星奖，我省成为14个获奖省份之一。围绕省委、省政府"庆祝中华人民共和国成立70周年"等中心工作，举办了"百城联动，歌唱祖国"全省群众声乐大赛系列活动、浙江省广场舞大赛、浙江省第三十届戏剧小品大赛、浙江省第六届群星视觉艺术综合大展等一系列全省示范性群文活动，实现省、市、县（市、区）3级联动、参与面全覆盖。"百城联动，歌唱祖国"浙江省群众声乐大赛系列活动以"互联网＋"线上、线下结合的形式，在国家"公共文化云"上的直播刷新了网络观看人数50余万人次的记录。持续开展文化惠民活动，全省组织送文艺演出下乡2.49万场次，送书下乡345.22万册，送讲座、送展览15042场，组织"文化走亲"活动2045场次。深入推进"耕山播海"培训活动，组织省级专家赴文成、泰顺等经济欠发达地区开展"耕山播海"免费培训114场，受惠人数20000余人次。组织开展新一批"浙江省民间文化艺术之乡"申报评选工作和2014—2016年度"浙江省民间文化艺术之乡"复核工作，共评出"浙江省民间文化艺术之乡"96个。

深入开展全民阅读活动。组织开展公共图书馆全民阅读节系列活动，联合全省近100家公共图书馆举办"图书馆之夜"主题系列活动、"2019长三角地区阅读马拉松大赛"等活动600余场。阅读马拉松活动中,全省开设赛点76个,3700余名参赛者参赛,几乎包揽了"答题质量奖""个人总成绩三甲""团队总成绩亚军、季军"等全部奖项。文成县图书馆的"乘风破浪队",获得长三角地区团队总成绩季军。

推动公共数字文化服务。整合各级公共数字文化服务平台,积极推进同标准、多媒体、跨平台、多终端的"浙江智慧文化云"建设,着力构建全省公共文化大数据中心。开发移动端"文化眼"App,大力推动大数据应用,为公共文化的科学决策服务。加强文化信息资源共享工程、数字图书馆推广工程、公共电子阅览室等三大数字工程的整合工作,提升公共数字文化服务绩效。

【公共服务体制机制持续优化】公共文化领域4项改革任务领先全国。积极推进基本公共文化服务标准化、基层综合性文化服务中心建设、公共文化机构法人治理结构改革和县级图书馆文化馆分馆建设四项改革,把相关工作纳入《浙江省基本公共文化服务标准(2015—2020年)》和"五个百分百"建设,浙江省文化馆和嘉兴市图书馆入选第二批全国法人治理结构改革试点,各项工作稳步推进。6月,在文化和旅游部召开的全国公共文化领域重点改革任务暨旅游厕所革命工作现场推进会上,我省的6项改革数据位列全国第一;《浙江省基层综合性文化服务中心建设情况》4个案例进行书面交流,占案例总数的14.3%,入围数列全国第一;

温州市围绕法人治理结构改革和图书馆总分馆建设进行了书面交流。

旅游厕所革命工作持续推进。组织开展全省旅游厕所自查自纠,纠正了实际完成数与系统数据不符、计划数和实际建设数不相符合、"全国旅游厕所管理系统"内厕所定位与实际位置存在不符合现象等问题,申请删除了1012座数据错误的厕位信息。推进旅游厕所百度地图等App上线工作,上线率达到80%以上。积极参与2018年省政府民生实事"办得怎么样?由您说了算!"活动,通过"一个民生项目、一个二维码"的形式,在旅游厕所所在地的醒目位置或人流集中位置张贴活动标识,群众扫码就能进入页面评价和留言,全省旅游厕所在十大民生实事群众满意度中排名前三。全力推进完成年度旅游厕所新建改建工作。有效克服机构改革人员变动等客观困难,及时调整工作思路,加强调研、指导和督查,紧盯工作进度不放松,完成新改建旅游厕所1935座,完成率123.3%,超额完成年度旅游厕所的新建改建任务。

军地共建文化试点工作。根据武警部队、原文化部有关文化建设军民融合发展试点工作要求,省文化和旅游厅和武警浙江省总队成立了由军地双方主要领导为组长的共建领导小组,出台共建文件,签订共建协议。谋划实施军地共建十大文化项目。联合主办了"红动浙江"2019年红色旅游季暨万人初心之旅、"向祖国致敬"建军92周年主题朗诵会等活动。加强对金华市军地共建文化工作的指导,配合省武警部

队抓好文化建设军地共建共享试点工作成果推广会。

部署开展乡镇(街道)公共文化服务绩效评估工作。以县(市、区)为主体对辖区内乡镇(街道)公共文化服务绩效进行评估,明确各级政府的主导责任,提升基层公共文化建设服务水平。到6月底,全省各县(市、区)对上一年度的绩效评估工作全部完成。

不断加强基层文化队伍建设。继续做好乡镇文化员定向培养工作,首次将招生范围扩大至二类一档、二档的县(市、区),全年完成招生65名,招生计划执行率达到98.5%。利用浙江音乐学院、浙江艺术职业学院等培训平台,组织举办公共文化处(科)长、公共文化重点乡镇建设分管领导、乡村文艺团队建设"三团三社"建设带头人等培训班,1200余人次参加省级培训,切实提升基层文化干部的业务能力与水平。组织动员基层业务骨干80余人次参加文化和旅游部组织的国家级培训。加强乡村文艺团队建设。通过乡村文艺团队建设进一步整合基层文化资源,激发群众文艺创造活力,造就乡村优秀文艺人才,催生乡村文艺精品,对接基层群众文化需求,提升基层文化设施的服务效能。组织开展文化志愿者服务工作,组织全省22名文化志愿者赴内蒙古呼和浩特、鄂尔多斯、呼伦贝尔开展2019"春雨工程"浙江省文化和旅游志愿者内蒙古行活动,通过"大舞台""大讲堂""大展台"等形式,与内蒙古文化和旅游工作者、志愿者开展文化交流,服务人数达到1000余人次。

(胡　楠)

图书馆事业

【概况】　2019 年,浙江省有县(市、区)以上公共图书馆 103 个,其中省级图书馆 1 个、市级图书馆 14 个(其中市级少儿图书馆 3 个)、县(市、区)级图书馆 88 个。全省公共图书馆馆舍面积 130.66 万平方米,阅览座席 8.49 万个。文献总量 9432.94 万册(件),累计发放有效借书证 1286.45 万张,全年外借文献 7846.38 万册,图书馆网站访问量 17563.56 万人次,总流通人次 1.39 亿人次,读者活动次数 2.3 万次,参加活动 1398.36 万人次。平湖市图书馆等 26 个图书馆成立首届理事会。

【公共文化服务体系建设】　浙江图书馆联合杭州西湖风景名胜区岳庙管理处打造“书香浙江·杭州岳王庙启忠书吧”,成为国内首个公共图书馆与 5A 级景区共建、面向所有游客免费开放的公共图书馆信用书吧。杭州图书馆新增李白诗词文化主题分馆、钢琴主题分馆、康养主题分馆、国际分馆等主题图书馆 9 个。宁波图书馆与城市公共出行相结合,开通“到图书馆去”主题地铁专列,发行纪念票卡,并与东钱湖心宿福泉度假客舍、宁波南塘阅居酒店等民宿合作开设创意阅读空间。嘉兴市图书馆与文化旅游融合,在总馆和景区建立红船书苑。金华市图书馆新建“悦读吧”自助图书馆 3 个。衢州市图书馆 3 个南孔书屋开馆运营。温州市图书馆、温州市标准化研究院联合起草的省级地方标准《城市书房服务规范》发布。该规范是温州城市书房建设经验的基本总结。

【图书馆基础设施建设】　5 月,嘉兴市图书馆二期工程(古籍善本藏书楼)通过竣工验收。6 月,嘉善县图书馆新馆建成开放,面积近 1.8 万平方米。7 月,温州市图书馆完成装修改造正式恢复开馆。12 月,桐乡市图书馆新馆开馆,面积 2.07 万平方米;安吉县图书馆新馆正式运行,总建筑面积 9300 平方米;宁波市奉化区图书馆新馆建成开放,总建筑面积 1.2 万平方米。

【图书馆信息服务】　浙江图书馆为省“两会”编辑《时事观察》特刊;为省人大、省政协履职服务综合平台提供专栏内容 400 多篇,编发《时事观察》12 期、《经济洞察》66 期,新增信息产品《文旅快讯》和《文旅纵览》。开展全省公共图书馆信息服务产品编辑奖项评选,浙江图书馆、杭州图书馆等 9 个公共图书馆编辑的 10 种信息产品获奖。杭州图书馆向市民提供专题咨询、文献传递、智能机器人咨询等服务,为市委、市政府职能部门编辑《经济专家观点》《政治专家观点》《杭州信息八面来风》等刊物。宁波图书馆在市“两会”代表驻地提供现场办证、信用借书、数字阅读、专题信息咨询等服务。

【读者服务】　浙江图书馆率先推出面向全国读者的“免证、免押金、免逾期费”的无边界“信用浙图”服务,实现公共图书馆服务“零门槛”和“零边界”。宁波图书馆在创客空间成立宁波市首家图书馆 5G 体验空间,推出“5G＋AR”阅读、“5G＋VR”科普箱、“5G＋VR”实景演出等应用供读者体验。“天一约书”开通全市借阅服务,“天一约书”全市信用借阅服务点达 30 个。温州市图书馆推出逾期停借机制,实现“诚信分”享受信用借阅等信用升级服务。5 月 23 日起,绍兴图书馆与越城区、柯桥区、上虞区、诸暨市共 5 个公共图书馆减免图书逾期费。台州市图书馆强化汽车图书馆服务工作,随车带上展览讲座活动,丰富基层服务类型。湖州市图书馆建立“馆长接待日”制度,专门设立读者电话,畅通投诉建议渠道,强化服务监督管理。金华市图书馆借阅证全面升级,用芯片借阅证代替磁条借阅证。丽水市图书馆牵头各县(市、区)图书馆,打通区域限制,实现丽水全市“一证通”。衢州市图书馆南孔书屋和政务服务自助终端机结合,为市民提供“24 小时不打烊”服务。舟山市图书馆联合地方公共图书馆与书店共同开展信阅服务宣传,让更多读者了解信阅,享受阅读资源。

【读者活动】　浙江图书馆联合省内 67 个公共图书馆举办图书馆之夜主题活动,并于“4·23”图书馆之夜开启科普阅读之旅——“星耀九天　畅想未来”主题系列活动,超过 74 万人观看直播。牵头长三角 3 省 1 市举办长三角地区阅读马拉松挑战赛,苏浙沪皖同时开赛,省内 11 个设区市 76 个赛点 3765 名读者参赛。举办“天籁浙江”系列朗诵活动,分别走进上虞、三门等 6 地,挖掘地方特色,用声音传达阅读魅力,"天籁浙江"系列朗诵活动启动仪式暨诗话曹娥江·浙东唐诗之路发祥地大型主题晚会通过腾讯视频直播,115万人同时在线观看。宁波图书馆"天一音乐"首创馆员主讲系列活动,联合共青团宁波市委推出"音为梦想·筑梦宁波"宁波市新青年音乐计划。温州市图书馆组织举办"百年守望 世纪书香"温州文化论坛暨温州市图书馆建馆100周年庆典活动,全国图书馆界代表、知名专家、文化名人等250多人参加,并推出"新锐说"活动品牌,打造行业领袖精英分享新思想新知识的演讲平台。嘉兴市图书馆新设"嘉兴故事"文化讲堂,邀请地方文化专家讲述不同内容的嘉兴故事,推出"文化行走·阅读嘉兴"阅读推广品牌系列活动。湖州市图书馆融合文旅元素,推出"思吾国学课堂""馆长荐书""乡里乡韵"等特色品牌,丰富阅读活动内容。

【特殊群体服务】 浙江图书馆举办"声游世界,传播文化好声音"浙江图书馆年度国际盲人节公益活动。浙江省视障信息无障碍服务联盟新增衢州市柯城区图书馆、平阳县图书馆2个成员馆,并为其提供盲用文献的支持。杭州图书馆实施"筹建漂流图书馆:乡村学校图书室"爱心计划,为乡村学校学生提供阅读服务。嘉兴市图书馆针对特殊儿童开展"星光彩虹"培智儿童阅读服务,带领特殊家庭走进图书馆,体验亲子阅读活动。衢州市图书馆对无障碍设施进行改造升级,方便服务特殊群体。

【少儿服务】 5月,由浙江图书馆和嘉兴市图书馆合办的第十五届浙江省未成年人读书节启动仪式暨"家风少年说"大赛决赛在嘉兴举行,来自全省11个设区市的20支代表队参加比赛,向大众讲述家风文化,全省17万人次在线观看。由浙江省图书馆学会主办、杭州少年儿童图书馆承办的"魅力声音——家·变化"浙江省少儿故事音频大赛评选出最佳作品9个、优秀作品200个、优秀组织单位11个及优秀指导教师34人。湖州市图书馆联合社会力量开展儿童阅读推广活动,推出暑期"当绘本遇上乐高"系列活动和暑期青少年科技节系列活动。温州市少年儿童图书馆开展寒暑假阅读计划活动,举行年度"读者成长计划"表彰大会,通过多种方式给少年读者带去新鲜阅读体验。嘉兴市图书馆开展"阅动全家·书香嘉兴"活动,从农村孩子入手,带动家庭阅读,缩小城乡儿童阅读能力和信息素养差距。金华市少年儿童图书馆举办少儿国学公益培训班、儿童文学作家进校园讲座和小橘灯公益讲座等活动。

【古籍与地方文献数字化工作】 浙江图书馆启动馆藏古籍数字化工作,召开古籍、碑帖数字化选目论证会,制定馆藏古籍、地方文献数字化标准和工作流程,确定古籍、历史文献的著录标准、现场管理规范等相关制度;53种珍贵古籍核对入选《国家珍贵古籍名录》,完成4015册古籍的数字化拍摄等工作;搭建地方文献征集网络,加强历史文献资源库、浙学文献中心总库的建设。宁波图书

馆创立"宁波市政协文史资料专柜"及"阳明文献专柜"等特色文献专藏区,编印《宁波文献》(第一辑)。温州市图书馆设立温州学文献中心和"郑张尚芳文库"。绍兴图书馆承办的"文献名邦·书香绍兴——越地历史文脉展"在国家典籍博物馆开展,展出先秦至民国时期有关绍兴的代表性传世珍本72种。舟山市图书馆复印清钞本《宝庆昌国县志》2卷并整理印刷成册。

【公共数字文化建设】 浙江图书馆开展公共数字文化互联互通工作,完成金华、衢州地区公共图书馆联通国家数字图书馆推广工程的虚拟网建设工作。配合省文化和旅游厅完成浙江省公共文化服务"智慧文化云"一期建设,联通国家"公共文化云",接入浙江政务服务网,开展"浙江智慧文化云"在基层文化服务点的落地服务。至年底,"浙江文化通"客户端下载安装量1.35万次,用户访问量1056.9万人次。"浙江网络图书馆"访问量2249.12万次,文献传递量50.36万次,电子图书阅读量60.48万册,期刊下载量656.86万篇次。杭州图书馆面向全市开展人工智能技术、网络安全、图书馆自动化业务系统的业务培训。

【数字资源建设】 浙江图书馆通过省级专项资金统一采购、联合采购、协商采购等方式协商引进全省、区域共用数据库,33个数据库使用范围开放给全省公共图书馆读者。全年浙江图书馆新增数字资源20.92TB,总量186.37TB;新增特色资源数据库

2个,新增元数据1664.34万条。浙江省采访编目中心继续推动全省公共图书馆加入联机计算机图书馆中心(OCLC)等国际性馆际互借查询平台,加快全省馆际互借和文献传递网上平台建设,完成上年度馆藏数据80970条批量上传联机计算机图书馆中心(OCLC)书目数据库WorldCat,共上传全省批量处理数据22.52万条,推动浙江省文献资源的全球共享。杭州图书馆初步建设完成古籍特色资源数据库,免费供读者使用。嘉兴市图书馆与嘉兴地区联盟馆之间实现读者互访资源的服务,实现资源互通互用。

【国际交流合作】　浙江图书馆与澳大利亚新金山中文图书馆签订战略合作协议书,首次与澳大利亚建立合作关系;与新加坡国家图书馆、俄罗斯国家图书馆、中国香港"中央图书馆"建立文献交换关系;派员参加年度未来图书馆会议、第三届中国与阿拉伯国家图书馆及信息领域专家会议、国际图书馆协会联合会(IFLA)大会及卫星会议、联机计算机图书馆中心(OCLC)会议等国际学术交流活动,赴莫桑比克国家图书馆提供技术援助并举办"传承与创新——浙江省公共图书馆事业发展图文展"展览。杭州图书馆发挥中国-中东欧国家图书馆联盟秘书处作用,正式运营联盟官方网站,完成联盟内首次文献交换,向波兰国家图书馆赠送介绍中国和杭州文化的书籍26种。完成联盟内首次馆员培训。筹备第二届中国-中东欧国家图书馆联盟馆长论坛。

【区域联盟合作】　由浙江图书馆主办的首届长三角地区公共图书馆信用服务年会在宁波召开,长三角地区公共图书馆界相关业界专家学者、图书馆工作人员80多人参加。年会期间,上海图书馆、南京图书馆、浙江图书馆和安徽省图书馆共同签署长三角公共图书馆信用服务联盟协议。浙江图书馆牵头开发"阅读的声音"线上平台,联合上海市、江苏省、安徽省共同举办长三角有声阅读联盟年度交流活动,打造长三角有声阅读交流平台和阅读空间。由浙江图书馆主办,嘉兴市图书馆承办的"弘扬运河文化·传承棹歌之美"大运河阅读接力浙江站活动在嘉兴举行,发布大运河文献资源共建共享的"嘉兴共识"。由中国图书馆学会学术委员会和杭州国际城市学研究中心主办,浙江图书馆承办,杭州图书馆协办的全国"公共图书馆主题分馆建设"馆长论坛在杭州召开,发布全国公共图书馆主题分馆建设馆长论坛"杭州共识"。浙江图书馆在内蒙古图书馆、呼伦贝尔图书馆举办"文化走亲"活动,为两地文化事业发展提供新视角。杭州图书馆、湖州市图书馆、嘉兴市图书馆、绍兴图书馆、衢州市图书馆、黄山市图书馆签署《杭州都市圈城市图书馆联盟合作共识》,成立杭州都市圈城市图书馆联盟。湖州市图书馆和长兴县图书馆联合举办首届中国阅读传统与文化传承学术论坛,围绕"阅读传统与文化传承"主题展开学术交流,近50名国内业界代表参加。嘉兴市公共图书馆和嘉兴地区高校图书馆联盟共同发起嘉兴地区图书馆联盟成立大会,并签订《嘉兴地区图书馆联盟合作共识》。

【学术交流与研究】　5月6日,浙江图书馆主办的新时代公共图书馆文旅融合发展浙江现象研讨会在杭州召开,全国30多个省、市公共图书馆馆长及业界专家学者等70多人参加,会议交流文旅融合发展的浙江现象,加快推动全国图书馆界关注文旅融合发展事业和工作步伐。6月14日,浙江图书馆主办第四届"浙思享"之智能互联时代文旅融合与图书馆服务创新研讨会,来自全省公共和高校图书馆的50多人参加,跨界的信息共享为全省图书馆服务的创新和发展提供新的起点。9月26日,浙江图书馆主办的浙江省图书馆学会第十六次(2019)学术年会暨第五届浙闽论坛在宁波召开,国内外业界专家学者、图书馆从业人员等200多人参加,围绕"构建开放融合的图书馆共同体"展开交流。浙江图书馆出版《浙学未刊稿丛编·第一辑·书志》。杭州图书馆编撰出版专著《主题图书馆的杭州模式》,总结宣传杭州图书馆主题图书馆建设成果。温州市图书馆编辑出版《张棡日记》;与国家图书馆、浙江图书馆及浙江大学图书馆联合出版《西泠印社社务委员会等十家收藏单位、浙江省瑞安中学等八家收藏单位古籍普查登记目录》和《孙诒让稿本汇编》。绍兴图书馆编撰出版《宛委琅嬛——越地文献精粹》。

【志愿者服务】　杭州图书馆借助"中国志愿服务管理平台"网站和"志愿汇"App加强志愿服务管理。年末,宁波市级地方标准《阅读推广志愿服务规范》正式实施，该标准规定阅读推广志愿服务的筹备计划要求，规范志愿者的招募、培训、服务记录、服务质量、绩效评价、服务激励等工作。绍兴图书馆与浙江越秀外国语学院建立合作关系，以"共商、共建、共享"为宗旨，从讲座、实践、志愿服务等方面开展志愿服务工作。

（钱冰洁）

科技与教育

【概况】 2019 年，"文旅＋教育"呈现新局面，浙江旅游职业学院、浙江艺术职业学院入选"双高计划"高水平专业群建设单位。深化校际、校地、校团合作，中本一贯制"3＋4"艺术教育培养工作取得新进展。统筹省内教育资源服务文化和旅游发展，与浙江大学、浙江理工大学、中国计量大学签订战略合作协议。推进政产学研结合，成立省文化和旅游发展研究院、省文化和旅游智库。制订《浙江省文化和旅游标准化建设行动计划（2019—2022）》，成立省文化和旅游厅统计数据中心，文旅标准制定与实施工作、统计工作领跑全国。17 个项目入选国家社科基金艺术学项目。制订《浙江省数字文旅建设行动计划（至 2022 年）》，与中国移动浙江公司签订《浙江省"5G＋文旅"建设战略合作协议》。加强省文化和旅游系统网络安全等级保护工作。开展文化和旅游教育培训项目 150 期，培训 10142 人次。组织 12550 名考生参加全国导游等级考试。完成省级 9 家考级机构评估。

【"文旅＋教育"呈现新局面】 厅属 3 所院校建设成果丰硕。浙江旅游职业学院、浙江艺术职业学院入选"双高计划"高水平专业群建设单位（"导游专业群""戏曲表演专业群"）。省文化和旅游厅与浙江音乐学院承办第 12 届全国"桃李杯"舞蹈教育教学成果展示活动，与浙江旅游职业学院承办"鼎盛诺蓝杯"第 11 届全国旅游院校服务技能（饭店服务）大赛。浙江音乐学院音乐学、音乐表演、舞蹈学、作曲与作曲技术理论 4 个专业被推荐参评国家一流专业"双万计划"；流行音乐系学生邢晗铭勇夺《中国好声音 2019》总冠军，引起极大社会反响。浙江旅游职业学院被认定为国家优质专科高等职业院校（国家优质校），是全国唯一获此殊荣的旅游类高职院校。浙江旅游职业学院联合发起的长三角旅游职业教育联盟正式成立。在塞尔维亚成立中塞旅游学院，成为学院第 2 个境外办学机构。浙江艺术职业学院 9 个项目通过《高等职业教育创新发展行动计划（2015—2018 年）》项目认定，在全国同类院校中处于领先地位。浙江艺术职业学院 2 个课程入选全国文化艺术职业院校"课程思政"展示交流课（共 10 个）。支持校际、校地、校团合作。推进浙江音乐学院和浙江艺术职业学院开展中本一贯制"3＋4"艺术教育培养工作。支持浙江音乐学院与嵊州越剧艺术学校在戏曲表演专业合作办学，浙江艺术职业学院和浙江传媒大学开展音乐剧专业"3＋4"联合办学。支持浙江艺术职业学院与湘湖旅游度假区管委会开展"文旅融合山水课堂"项目合作；与松阳

县人民政府签订文化战略合作协议，开展高腔传承保护。支持浙江艺术职业学院与浙江京昆艺术中心联合培养昆剧人才。促成浙江旅游职业学院与浙江京昆艺术中心（昆剧团）互设昆曲传承基地与文旅融合传播发展基地，共同培养培育文化旅游"双师型"教师和复合型人才。

统筹省内教育资源服务文化和旅游发展。经与浙江大学友好协商，决定建立战略合作关系，12 月中旬完成签约，加强双方在文化设施建设、项目规划、智库建设、产学研合作、国际平台建设、文化遗产保护利用、人才培养工作等方面的协作。推动中国丝绸博物馆和浙江理工大学共建国际丝绸学院，学院于 6 月 21 日正式揭牌，在人才培养、科研创新、社会服务、文化传承、国际交流与合作等领域展开密切合作。促成浙江自然博物院与中国计量大学结成战略合作伙伴关系，共建浙江生态研究院，联合培养研究生。

成立浙江省文化和旅游发展研究院、浙江省文化和旅游智库。推进政产学研结合，开展协同创新，为文化建设和旅游发展提供理论和人才支撑，浙江省文化和旅游发展研究院于 7 月 5 日挂牌，拥有智库专家 46 名，引进高层次人才 6 名。浙江省文化和旅游发展研究院承办了 2019 全国体育旅游产业发展高峰论坛，3 期浙江文旅大讲坛，获得省部级课题 6 项，承接 10 多项横向课题的研究任务。

【文旅标准化工作取得新突破】 坚持以标准化促进发展质量提升，制订《浙江省文化和旅游标准

化建设行动计划》,"文化和旅游融合发展标准化试点项目"被列入省标准化战略重大试点项目。浙江省文旅标准制定与实施工作领跑全国,省文化和旅游厅在文化和旅游部标准化工作会议上做经验交流发言(全国共2家)。浙江省承担的《主题公园演艺服务规范》《工业旅游景区服务指南》2项国家标准正式实施,《旅游民宿的基本要求与评价》等4项国家标准、行业标准制定工作积极推进,12项标准经立项列为省地方标准,其中《品质饭店评价规范》等标准,对推动行业提质升级发挥积极作用。协同推进长三角文旅标准一体化工作,主动向长三角地区输出2项浙江特色文旅标准,共同制定《房车旅游服务区基本要求》等长三角地区通用标准。省旅标委以优秀成绩通过2019年全省专业标准化技术委员会的考核。浙江艺术职业学院受全国文化艺术行指委委托,共牵头制定戏剧影视表演、戏曲表演等8个表演艺术专业教学标准。组织文化和旅游领域服务质量提升活动参与全省"质量月"活动,配合质量强省领导小组开展全省旅游服务质量提升情况督查。

【统计工作取得新进步】　成立省文化和旅游厅统计数据中心,是国内首家厅属专门技术机构。推进统计改革,建立文化事业、产业统计数据分析体系,按季度撰写浙江省文化事业和产业运行数据简报。全域旅游产业测算工作进一步完善,开展2018年11个设区市、淳安等26县、两批52个全域旅游示范县的全域旅游产业测算、考核和评价工作。为文化发

展指数(CDI)绩效考核提供的文化文物统计数据占考核指标量的近50%。初步完成省发改委经济运行监测分析数字化平台文旅专项分析展示页面的建设,包含产业经济、旅游市场和公共文化服务三大模块。

开展统计研究,完成《浙江省农村居民旅游收入调查研究报告》,反映乡村旅游对农村居民可支配收入的贡献,体现乡村振兴背景下农村居民在乡村旅游发展中的主体作用。编撰《浙江旅游业发展报告(2018)》和《浙江省2018年文化和旅游发展情况分析》,入编文化和旅游部公开发行统计分析报告,进一步提高对全省文化发展和旅游建设领域新情况、新问题的分析研判水平,发挥统计为领导决策和社会服务的重要作用。

【文旅科研管理工作取得新成效】组织推荐196个项目申报全国艺术科学规划项目,17个项目入选国家社科基金艺术学项目;遴选推荐5个项目申报国家文化和旅游科技创新工程项目,1个项目("面向中国传统纹样当代呈现的3D打印技术体系研究")入选。2个项目入选文化和旅游部文化和旅游装备技术提升案例项目,1个项目入选文化和旅游部文化艺术和旅游职业教育研究委托项目。推荐8个项目申报国家社会科学基金艺术学重大项目投标;推荐3个项目申报文化和旅游部文化艺术和旅游研究项目信息化发展专项。完成国家文化创新工程项目、全国艺术科学规划项目、历年文化和旅游厅厅级课题项目等81项结项清理工作,在专家鉴

定进程中的27项。大丰实业获评全国首批单体类国家文化和科技融合示范基地。丝绸文化传承与产品设计数字化技术文化和旅游部重点实验室承担教育部、文化和旅游部等纵向科研项目近30项,横向科研项目8项,组建浙江省时尚产业产教融合联盟。

【数字文旅建设与网络安全工作实现新提升】　制定实施了《浙江省数字文旅建设行动计划(至2022年)》,推动《文化和旅游数据采集规范》标准制订工作,调研协调"浙江诗路文化带大数据项目"等一批文旅数字化建设项目。与中国移动通信集团浙江有限公司拟定《浙江省"5G+文旅"建设战略合作协议》,率先探索"5G+文旅"发展新模式,为文旅融合发展、创新发展"赋能"。旅职院与中国移动杭州分公司签署"5G+智慧校园"战略合作协议,在"5G+Wi-Fi网络"、"互联网+教学环境"、大数据治理、物联网和人工智能应用等方面开展合作,深度打造5G智慧校园。

加强网络安全管理工作。全面排查文旅系统网站和信息系统底数,印发《省级文化和旅游系统网络安全事件应急预案》,与省公安厅联合印发《关于加强全省文旅系统网络安全等级保护工作的通知》,对全省文旅信息系统的等级保护进行明确定级,对还没落实等级保护的厅属单位网站实行挂牌督导、销号管理。督促厅属单位开展"僵尸网站、平台"清理活动。省文化和旅游厅副厅长刁玉泉召开系统网络安全会议,部署开展护航中华人民共和国成立70周年网络安全保障行动,加强

重要时段的值班值守,落实重要时段"7×24 小时"实时监测机制和网络安全"零报告"制度。

贯彻落实全面深化公共服务领域"最多跑一次"改革工作要求,坚持秉承"简政放权、放管结合、优化服务"的改革理念,厅属 3 所院校充分运用"互联网＋"、大数据等技术,多措并举推进"最多跑一次"改革落地。师生事务实现"网上办",校务服务实现"最多跑一次"或"跑零次",基本形成了"信息化教学支撑、网络化办事流程、自助化公共服务、物联化校园管理、数据化科学决策"等信息化建设体系,切实提升了师生办事的满意度与获得感。

【人才培训工作取得新发展】 有力服务文化和旅游干部人才培养战略,开展文化和旅游教育培训项目 150 期,培训 10142 人次。组织全省文化和旅游系统专业人员参加中宣部、文化和旅游部主办的 30 多个专题培训班。经文化和旅游部人事司批准同意,厅属 3 所院校为文化和旅游部浙江培训基地的依托单位。贯彻乡村振兴战略,选派 36 名教师赴 9 个地市、35 个县(区)开展暑期"送教下乡"活动,共开设 55 个班次,6000 余人参加培训。赴阿克苏地区实施旅游行业培训"千人计划",完成培训 3 个班次,285 人次参加培训。浙江旅游职业学院获得 2 个国家级生产型实训基地、2 个国家级"双师型"教师培养培训基地。与浙江艺术职业学院共同举办中宣部《2018—2019 年全国文艺业务骨干和管理干部培训工作计划》重点班次活动。浙江音乐学院承办全国文化和旅游领域优秀青年人才国情研修班。

组织中高级导游考试工作,共有 2054 名考生,为全国报考考生人数最多的省份。10496 人参加导游资格证考试,比上年增加 2132 人。实施"金牌导游"人才培养项目和专业研究生重点研究扶持项目,8 人获评文化和旅游部"金牌导游"。规范导游考试管理工作,修订中英文版现场导游考试指南教材,多次协商省发改委、省财政厅,调整考试收费标准,解决 10 余年的遗留问题。批准浙江音乐学院开设社会艺术水平考级资质。对本省 9 家考级机构进行业务指导、评估和监管,梳理开考专业上报国务院政务一体化平台公布。

(王子禹)

数字化转型

【概况】 2019 年,全省数字化转型工作秉承"整体政府"的理念,按照目标明确、重点突出、举措有力的工作思路,在平台项目建设、文旅数据仓建设、纵向和横向数据共享、业务协同与流程再造、功能应用输出以及"互联网＋政务服务"等方面取得了良好成效。

【建成首个政府数字化转型重大项目】 首个政府数字化转型重大项目建设完成,并实现全功能上线、全系统覆盖。11 月,"诗画浙江·文化和旅游信息服务平台"实现了全功能正式上线运行、省、市、县(市、区)3 级推广应用,标志着省文化和旅游厅牵头的首个政府数字化转型重大项目圆满完成建设任务。作为全国首个纵向互通、横向共享的文化和旅游信息服务平台,该平台以"数据共享、业务协同"为建设理念,跨层级连通部、省、市、县(市、区)4 级数据,跨部门协同公安、交通、气象、环境等 18 个外部数据,跨内外整合内部 18 个自建系统和互联网数据,建设产业管理、行业监管、公共服务、数据中心四大功能共计 40 个应用模块,形成从业务申报到监管再到公共信息服务的全生态数据链条。应用上线率 100%,平台账号覆盖率 100%,已服务 2000 多万人次。其中产业管理模块以服务企业"零次跑"为目标,实现了全域旅游管理、民宿管理、饭店评定、非遗项目认定等 10 项产业认定、评定与管理类应用的流程再造,通过横向部门数据共享实现企业申报"零次跑"。行业监管模块以"一景一档""一团一档"为建设理念,对省文化和旅游厅认定过的企业进行立体式实时运行监测。已汇聚全省 211 家 4A 级以上景区(占比 100%)、978 家 3A 级以上饭店(占比 90%)、2423 家旅行社(占比 80%)的信息,接入全省 191 家重点景区共计 283 个视频数据实时监测。汇聚 13 家 OTA 平台中浙江省内景区、酒店、文博场馆的口碑评论数据,接入浙江省内 393.62 万条景区口碑数据和 2280.08 万条酒店口碑数据,对全网关于浙江省评论情况进行全方位、多维度综合监测,辅助景区、酒店暗访与评定。公共服务模块以"权威、有效、时效、便捷"为理念,建设面向公众文旅服务的"浙里好玩"子平台,通过微信小程序、App、"浙里办"、"浙政钉"、支付宝等多种方式和渠道面向公众提供公共文旅信息服务。实现省、市、县（市、区）3 级信息维护管理与审核机制，保障公共服务信息多维度精准来源及信息及时性。内容已覆盖全省 11 个地级市、89 个县级行政区。在全国率先建设全省全域旅游导览一张图，实现覆盖全省各市、县（市、区）的景区导游导览 341 家，建设"四条诗路"等主题导游导览服务。实现"一张卡"体验"诗画浙江"，打造全省旅游产品折扣预订入口。设立"百县千碗"、非遗传承、运动休闲等主题服务模块。

【建成首个文旅数据仓】　首个文旅数据仓建成，成为全国首个上下贯通、左右联通、数据充分共享的文旅大数据中心。11 月，在全国率先建成文旅数据仓，数据的丰富性、共享性和交换性全国领先，基本实现了"一合二通三畅"（合并、连通、顺畅）的目标。文旅数据仓共归集各个来源 43 类数据 16.95 亿条，共享数据 5369 万条，接口调用次数 465 万次，汇集 18 个横向部门 32 大类数据及业务协同，向上与文化和旅游部初步实现了投诉数据以及团队监测数据的共享，向下实现数据省、市、县（市、区）3 级贯通。共享公安、交通、应急、工会等横向部门提供的业务数据 14.6 亿条，有效地对涉旅住宿、交通、气象等要素提供了监测和服务。

【推出一批新应用】　面向政府、企业、公众推出一批新应用，实现从平台建设迈向集成创新出成果的新阶段。平台应用场景不断丰富，已纳入各级管理用户 4000 多个、企业用户 20000 多个、专家用户 500 多个，实现省、市、县（市、区）、企 4 级用户管理及应用体系，为不同类型用户提供分类应用。面向政府，提供掌上文旅决策支持服务。深化"浙里办""浙政钉"多场景应用，提升省、市、县（市、区）一体化管理水平。3 月，省文化和旅游厅 OA 接入"浙政钉"，率先各省直部门实现了掌上办公的厅内普遍应用；打造掌上文旅决策服务，实现文旅决策辅助掌上化；9 月，依托"浙里办"整合建设"文化和旅游服务专区"，完成文旅监测应用在"浙政钉"上架。面向企业，提供多渠道推广服务。民宿管理实现民宿在线申报与在线评定结合，实现各级应用的统一性，以及服务企业的应用。"诗画浙江·文旅一卡通"吸收景区、酒店、民宿等企业产品入驻，大大降低了相关企业的平台入驻服务费，实现了产品的多渠道分发与引流，通过在线预约、预订能力，大大提升了文旅企业产品的推广力度以及游客消费的便捷度、体验度。面向公众，提供多渠道精准触达。通过对活动、营销节庆的效果以及游客的精准画像分析，建立"1＋X"推广机制。"1"是指"浙里好玩"子平台，"X"指新媒体及 OTA 等各类渠道。建立集内容与流量于一体的生态流量新媒体矩阵，文旅官方微博、文旅头条号、文旅企鹅号、文旅网易号、文旅搜狐号、文旅一点号、文旅简书号、小红书、文旅抖音号等热门资讯服务平台同步传播，更加实时、精准地定位人群，进行推广与服务。利用"浙政钉"、"浙里办"、支付宝、微信、高德地图、百度地图及 OTA 等多端有效触达公众。9 月，建立国内首家为景区管理者与游客打造信息通路的融资讯系统，实现省内重点景区动态信息平台内统一上报、多渠道同步发布、传播监测和数据报告服务，实现动态信息同步发布至百度地图、高德地图及 OTA 等，转变传统景区信息推送各自为战的现状，为游客提供翔实、可靠、及时的信息。

【确立省级文旅数字化转型顶层设计】　省级文旅数字化转型顶层设计基本确立，"四梁八柱"已经形成。6 月，健全完善了《浙江省文化和旅游厅核心业务流程模型梳理》，确定了 11 项一级业务、51 项二级业务、206 项三级业务。研究出台了《浙江省文化和旅游厅关于深化"最多跑一次"改革推进数字政府建设的实施意见》《文旅系统政府数字化转型实施意见》《文旅数字化转型工作方案》。7 月，发布《浙江省文化和旅游厅政府数字化转型重大项目各地实施指引》，围绕"诗画浙江·文化和旅游信息服务平台"及数字化转型目标，结合市、县（市、区）实际情况，提出了四大指引目标和四大主要任务。8 月，制定了《浙江省文化和旅游厅政府数字化转型三年工作计划（2019—2021年）》。10 月，梳理了文旅办事"零次跑"等八大愿景；在省级部门中率先制定"晾晒考核评价细则"，开发晾晒填报系统。12 月，完成《浙江省文化和旅游数据采集规范》，制定了 76 大类、135 子类的数据采集标准，已通过专家评审，积极申请成为地方标准。

【优化营商环境】　以整体政府理念优化营商环境，"互联网＋政务"服务等工作领跑全国。在"互联网＋政务服务"推进方面,8月至9月,省文化和旅游宣传推广信息中心和厅改革办、市场管理处等处室多次集中办公,加强事项颗粒度细化,将文旅系统电子证照数据、办件数据按标准汇聚到国家政务服务平台,提升"互联网＋政务"服务水平,在事项数、网上办率、掌上办率、零次跑率、即办率、承诺时限压缩比、材料电子化率等核心指标上实现全国领跑。在"互联网＋监管"方面,完善了监管标签的梳理,"双随机"检查表单、日常巡查表单的梳理。实现文化市场监管系统场所数据与"互联网＋监管"数据打通同步。实现掌上执法监管行为数据的接收。9月至11月,对接浙江省公共信用平台,省文化和旅游厅作为我省行业信用监管责任体系首批8家试点单位之一,在全省率先实现省级公共信用评价结果在行业信用评价中的落地应用,形成以省公共信用信息平台的企业公共信用评价结果为基础,叠加旅行社规模、运营能力等6个行业维度的旅行社信用评价模型,涵盖22个二级指标和48个数据项,实现对全省2726家旅行社信用的精准"画像"。11月,对接浙江省经济运行监测分析数字化平台,实现了浙江省文旅经济运行统计数据的归集共享,并且已经制作完成了文旅专项分析模块,该模块将会在浙江省经济运行监测分析数字化平台中进行展示。对接浙江省公共数据平台,合并原省文化厅、原省旅游局的部门数据仓,统一数据仓目录结构及大数据管理平台用户,累计向省大数据局归集全省文化和

旅游数据表52个近30类数据,归集数据总量3100多万条,共调用数据近15万次,响应接口共享请求28个,开放数据表28个,完成数字化转型数据归集任务。通过国务院办事大厅、"浙里办",提供民宿查询、4A级及以上景区查询和导游证查询。在数据治理上,通过自动化数据质量检查和人工处理的方式,整改问题数据8000余条,问题数据率由8.64%减少至0.02%,极大地提升了归集数据质量。在数据共享、开放上,持续跟进横向部门数据协同需求,持续优化数据资源目录和共享接口,不断推进数据的纵向共享。1月至3月,完成文旅融合后各类系统整合工作,在机构改革后快速高效地完成了省文化和旅游厅自建系统、数据与省级重大项目系统的对接和改造。9月,根据省大数据局的统一部署,对接浙江省政府部门网站集约化平台,融合原网站的栏目及内容,全新设计和制作完成浙江省文化和旅游厅官网,并按照省政府网站集约化要求完成了网站集约化工作,全面提升后台用户、文章发布权限、网站安全运行管理水平。完成了官方微信公众号、政务通、微博、英文网站融合。

6月18日至19日、10月24日至25日,先后两次召开了全省文旅系统数字化工作培训会和多次省文化和旅游厅数字化转型专班会议,省文化和旅游厅厅长褚子育均到会并做工作部署,有力地促进了工作向纵深推进、走在前列。

（杨　玲）

非物质文化遗产保护

【概况】　2019年,全省非物质文化遗产保护坚持"科学保护,提高能力,弘扬价值,发展振兴"的工作思路,推动非遗保护创新发展,不断提升浙江省非遗保护工作水平。

【谋划新时代非遗创新发展思路】召开全省推进新时代非遗保护工作创新发展会议,明确了今后一个时期全省非遗保护工作的总体思路和主要任务。会议形成了《新时代浙江非物质文化遗产传承发展温州共识》,提出以"四大体系"为抓手,以"五化建设"为方向,以"七大工程"为载体,切实推动非遗保护工作由数量型向质量型转变。

【完善非遗管理制度体系】　研究起草《浙江省省级非物质文化遗产代表性项目代表性传承人管理办法》,起草对不同门类代表性传承人的评估指标。制定《浙江省传统戏剧发展"五个一"计划》,召开全省传统戏剧保护座谈会,委托浙江音乐学院、浙江艺术职业学院举办8期濒危剧种传承人群培训班,培训学员299人。制定《浙江省曲艺传承发展行动计划》,起草《浙江省非遗融合发展行动计划》《浙江省文化生态保护区建设指导意见》《关于加强全省非遗事业组织体系建设的意见》等。

【抓好非遗保护基础工作】　组织全省第五批国家级非遗项目申报

推荐工作。深化"3＋N"保护行动,指导中国丝绸博物馆牵头"中国蚕桑丝织技艺"项目的保护工作,成立联盟并召开专题保护座谈会。开展非遗记录工作,在象山县、温州市洞头区试点开展民间文学、民俗两个门类国家级非遗代表性项目记录成果梳理与遴选工作。加快全省非遗数据库建设,全省9个设区市、1/3的县(市、区)已经完成建库工作。传统戏剧、非遗研培等专题数据库建成并投入使用,曲艺、传统工艺专题数据库框架基本成型。

非遗书籍编纂成果显著。发布第一批"浙江省国家级非物质文化遗产代表性传承人口述史丛书"10本,在全国开创了国家级非遗代表性传承人口述史丛书编纂的先例。省文化和旅游厅负责编纂的《浙江通志·非物质文化遗产志》《浙江通志·旅游业志》两个编纂稿顺利通过专家评审。完成浙江省第四批国家级非遗代表性项目丛书30本的编纂任务,省委书记车俊为该套丛书作总序。

完成2020年度国家非物质文化遗产专项资金的申报工作,全省(不含宁波)申请2020年度国家非物质文化遗产保护专项资金共计4283.47万元。

【促进非遗传承传播】　分类保护推动传承发展。指导杭州市拱墅区以"城市"作为重点,建设具有区域特色的城市传统工艺工作站,举行拱墅区"传统工艺工作站"揭牌仪式。举行第三届"中国浙江·全国曲艺传承发展论坛及观摩交流展演"活动。

组织"文化和自然遗产日"系列宣传展示活动。围绕"文旅融合　浙江实践"主题,在全省组织开展了近200项非遗保护宣传展示活动。举行2019年"文化和自然遗产日"浙江主场城市(杭州)系列活动开幕式暨"诗画浙江·美好家园"浙江诗路文化带文化遗产主题展演活动。以诗路文化带民间传说为主要讲述内容,举办第二届"少年非遗说"浙江传说故事讲述大赛,全省超万名青少年参加海选。

办好浙江特色的非遗展会。推出第14届中国(义乌)文化产品交易会浙江非遗生活馆。举办大运河文旅季——第十一届浙江·中国非物质文化遗产博览会(杭州工艺周),全国28个省(区、市)及港澳地区,共300个项目、426位传承人,还有来自日本的12个传统工艺项目的26位工艺名家参加了展示展演展销与研讨交流等系列活动,观众达23万人次。

推动非遗"走出去"。赴德国举办"美丽中国·诗画浙江——浙江省非物质文化遗产展",赴澳门举办2019年"根与魂——浙江省非物质文化遗产展演",组织非遗项目参加2019中国北京世界园艺博览会,助力"浙江日"开幕式。

省非遗馆建设正式开工,开展2019年度浙江省非遗馆传统戏剧馆藏品征集工作。

【推进非遗实践】　组织开展浙江省优秀非遗旅游商品评选活动,发布首批100项非遗旅游商品。组织非遗旅游景区建设,命名第五批省级非遗旅游景区共50个,其中非遗主题小镇20个、民俗文化村30个。组织全省开展了具有地方特色的春节传统文化活动1048项。举办"安吉杯"2019最美中国年·浙江年俗微推文大赛。

【加强非遗保护队伍建设】　深入实施非遗传承人群研培计划。举办非遗传承人群研修班和培训班9期,258名传承人参训。举办浙江省非遗传承人群研习培训(民居营造技艺和饮食类),为传统工艺工作站和"百县千碗"工程提供非遗传承人支撑,两期参训学员共90人。开展传统舞蹈"非遗薪传"系列活动,推进全省传统舞蹈类非遗项目的保护发展。加强基层非遗工作队伍建设。以机构改革为契机,推动市、县(市、区)两级非遗保护"一馆一中心"建设。承担非遗司对国家级非遗代表性传承人评估试点任务。在杭州、宁波、台州3地开展评估试点,调研情况、查找问题、研究对策,上报了3种不同的评估试点模式。

【重大奖项】　在文化和旅游部公布的全国非遗优秀实践案例中,浙江省"绍兴莲花落""蓝印花布印染技艺""泰顺木拱桥营造技艺"入选,入选数量与四川、江苏、河南3省并列全国第一。

积极组织发动全省各地参与2018全国"非遗进校园"优秀实践案例征集宣传活动,共报送100多个案例。平阳县"'平阳白鹤拳'课程的开发与实施"案例入选"十大优秀实践案例",台州市黄岩区手艺者非遗课程实践案例、丽水市莲都区婺剧进校园实践案例等7个案例入选"非遗进校园"十佳创新实践案例,总数高居全国榜首。舟山市东沙古镇非遗主题小镇建设案例入选"全国非遗与旅游融合十大优秀案例"。温州市非遗保护中心副主任季海波入选2018"中国非遗年度人物",东阳木雕国家级非遗代表性传承人黄小明获2018"中国非遗年度人物"提名。

【重大活动】 在象山县承办以"非遗影像 中国实践"为主题的2019年"文化和自然遗产日"全国非遗影像展。本届非遗影像展首次尝试增设"国家级非物质文化遗产代表性传承人记录成果""青年创作短片"和"浙江非遗影像"3个展映单元,共征集到260部作品,较上届增长了30%。浙江省7部(套)影片入围集中展示展映活动,3部(套)入评"非遗影像展专家评委会推荐影片",数量均居全国第一。

承办2019年度第四期全国非物质文化遗产保护工作者培训班。本期培训是在全国文旅部门完成机构改革任务的背景下,为进一步提高长三角地区非遗保护工作者的岗位技能而办的一次轮训,浙江、江苏、上海的131名基层一线的非遗保护工作者参训。

完成国务院新闻办公室在北京举行庆祝中华人民共和国成立70周年新闻发布会浙江专场非遗配套展示活动,较好地呈现了浙江元素、浙江风采和浙江精神,受到了省委常委、宣传部部长朱国贤的批示表扬。

【重大成就】 象山国家级文化生态保护实验区顺利通过文化和旅游部组织的建设成果验收,被正式公布为第一批国家级文化生态保护区。

（薛 建）

资 源 开 发

【概况】 2019年,资源开发工作全面贯彻落实全省文化广电旅游局长会议精神,以"严谨、创新、务实"的精神,以"开拓、进取、改革"的魄力,成功创下11个"第一":一是浙江省被文化和旅游部确定为第一批全国文化和旅游资源普查试点省,江山市、宁海县作为试点率先启动文化和旅游资源普查;二是嘉兴市被文化和旅游部列为第一批全国红色旅游资源普查试点市;三是浙江省被文化和旅游部确定为民宿等级评定全国第一批试点,也是唯一试点省份;四是湖州市安吉县、衢州市江山市、宁波市宁海县成功入选第一批国家全域旅游示范区,示范区总数位居全国第一(并列);五是指导缙云仙都成功创建1家5A级旅游景区,实现了丽水5A"零"的突破,也实现全省11个市5A级景区"全覆盖";六是金华双龙风景旅游区成功突围文化和旅游部成立以来首次5A级景区资源评估;七是浙皖闽赣国家生态旅游协作区首次推进会在衢州召开;八是下姜村等14个村入选全国第一批乡村旅游重点村名录,数量位列全国第一;九是牵头完成全国首部《旅游民宿基本要求与评价》行业标准的修订;十是全省第一批景区镇、景区城正式验收面世;十一是世界旅游博物馆与故宫博物院首次"强强联手",签订合作框架协议。

【景区工作】 组织召开全省重点旅游景区整改专题会议。5月,全省重点旅游景区整改专题会议在杭州召开。会议通报了2018年重点景区集中暗访及整改落实情况,研究部署了下一步全省5A级旅游景区创建和提升工作。省文化和旅游厅相关处室负责人,全省17家5A级景区、19家5A级景区创建单位相关负责人,11个市文化广电旅游局分管处室及所在县(市、区)文化广电旅游局负责人参会。17家5A级景区和缙云仙都等4家已通过景观质量评价的景区做了整改提升汇报,15家创建5A级景区做了书面汇报。

积极部署全力抓好景区整改提升工作。7月31日,全国A级旅游景区质量提升工作电视电话会议上,文化和旅游部通报了雁荡山等5家景区。浙江省积极部署全力抓好景区整改提升工作。省文化和旅游厅党组第一时间组织召开部署会,要求抓紧制订雁荡山景区整改方案,立说立改,确保高质量完成整改任务,并要求立即开展全省范围内的全面检查工作,举一反三,切实抓好旅游景区的整改提升。金华双龙洞景区成功拿到5A旅游景区入场券。

迅速开展景区灾后重建调研服务和安全检查工作。8月10日凌晨,第9号台风"利奇马"(超强台风级)的中心在温岭市沿海登陆,对省内部分景区景点、文保单位、民宿、农家乐、旅游基础设施、旅游饭店、旅行社组接团等造成了不同程度的损坏和影响。省文化和旅游厅在灾后第一时间成立了由厅长褚子育牵头指挥,副厅长杨建武、卢跃东分别担任组长的3个工作组,于8月11日分别抵达此次受灾情况较为严重的台州市和温州市,深入灾区前线调研了解文旅方面灾情,做好指导服务。

浙江省 A 级旅游景区景评员培训班在嘉善举办。8 月 28 日至 30 日,浙江省 A 级旅游景区景评员培训班在嘉善举办。来自全省各地的文化和旅游行政主管部门,重点 A 级景区管理人员 60 余人参加。培训内容包括景区概念和标准、暗访明察作用、检查常见问题和检查报告写作要点讲解,并邀请浙江省高等级景区分享高品质运营管理的经验。培训还打破以往传统课堂培训形式,要求学员自行前往西塘景区实地暗访并独立完成暗访报告,再由专业老师进行现场点评剖析。

国庆小长假全省高等级景区接待游客超 1900 万人次。国庆假日期间全省旅游市场供给充足、需求旺盛、平稳有序,国庆期间 198 家高等级景区累计接待游客 1903.7 万人次。其中,杭州西湖、温州楠溪江、嘉兴乌镇等景区游客接待量位居前列。

重拳出击整治 A 级旅游景区。8 月初起,省文化和旅游厅及各市、县(市、区)文化和旅游部门对全省 806 家 A 级旅游景区进行了为期 2 个月的景区复核检查。根据相关标准和办法,对存在严重问题的景区采取摘牌一批、警告一批、通报一批,率先通报了对 19 家国家 4A 级旅游景区的处理意见。

缙云仙都晋级国家 5A 级景区。2 月 25 日,文化和旅游部发布关于拟确定北京市圆明园景区等 22 家旅游景区为国家 5A 级旅游景区的公示,丽水市缙云仙都景区入选,成为浙江省第 18 个 5A 级旅游景区。至此,全省 11 个地级市实现 5A 级旅游景区全覆盖。

【度假区工作】　宁波松兰山旅游度假区总体规划获省政府批复。8 月 30 日,省政府批复宁波松兰山旅游度假区总体规划。根据规划,松兰山旅游度假区要坚持创新引领、特色发展。要坚持生态优先、绿色发展。要严格规划实施管理。要抓紧编制详细规划,完善旅游度假区管理机制,切实保障规划顺利实施。

奉化宁波湾旅游度假区申报省级旅游度假区通过资源价值评估审查。5 月,省文化和旅游厅组织专家对奉化宁波湾旅游度假区资源价值进行评价,予以通过,并对外公示。根据规划,度假区面积 25.28 平方公里,申报范围为北至沿海中线,南至悬山岛南侧,东至甘布栏山南侧,西至官山。度假区主要定位为滨海休闲型旅游度假区。

千岛湖等 5 家省级旅游度假区被推荐申报国家级旅游度假区。11 月,省文化和旅游厅组织专家根据旅游度假区国家标准对是年申报国家级旅游度假区的 7 个度假区进行了初审,千岛湖、莫干山、鉴湖、泰顺廊桥-氡泉和乌镇-石门旅游度假区排名前五,被推荐申报国家级旅游度假区。

3 家国家级旅游度假区接受文化和旅游部复核。上半年,文化和旅游部对浙江省太湖、东钱湖和湘湖 3 家度假区进行了专家暗访,并通报了暗访结果。我省及时转发暗访报告,敦促 3 家度假区举一反三,在全省树立榜样力量,打造名副其实的国家级旅游度假区。

【"百千万"工作】　省文化和旅游厅启动百城和千镇景区化工作,经过前期研讨,4 月印发《浙江省景区城建设指南(试行)》《浙江省景区镇(乡、街道)建设指南(试行)》,并推出"12＋36"家试点单位。继"万村景区化"之后,镇区、城区景区化工作全面铺开。

浙江省第一期景区城、景区镇(乡、街道)业务培训班在建德举行。11 月 18 日至 20 日,由省文化和旅游厅主办的浙江省第一期景区城、景区镇(乡、街道)业务培训班在建德举行。全省各地市和创建单位共计 200 余人参训。培训还安排现场考察参观了新安江景区城和寿昌景区镇。

全省首批 4A 级景区城、5A 级景区镇出炉。根据《浙江省景区城建设指南(试行)》和《浙江省景区镇(乡、街道)建设指南(试行)》相关规定要求,经各地申报和省级验收,省文化和旅游厅拟认定杭州市淳安县、建德市,嘉兴市平湖市,绍兴市柯桥区、新昌县和丽水市景宁畲族自治县 6 家为浙江省首批 4A 级景区城;拟认定桐乡乌镇镇、天台石梁镇和遂昌王村口镇 3 个镇为浙江省首批 5A 级景区镇。这是全省首批 4A 级景区城、5A 级景区镇(乡、街道)。与此同时,各地也根据两个指南认定了一批 3A 级景区城和 3A 级、4A 级景区镇(乡、街道)。全年全省共认定景区城 19 家,景区镇(乡、街道)135 家。

【"四条诗路"工作】　召开全省钱塘江诗路专题座谈会。6 月 20

日,由省文化和旅游厅主办的钱塘江诗路专题座谈会在衢州举办。省文化和旅游厅党组书记、厅长褚子育,衢州市委副书记、市长汤飞帆,衢州市副市长毛建民,省发改委、省财政厅、省水利厅、省交通厅、省文化和旅游厅及省文物局相关业务处室负责人,杭州市、金华市、衢州市、嘉兴市4市文化和旅游部门主要负责人,沿线相关的县(市、区)政府、文旅部门的负责人参加座谈会。

召开加快推进瓯江山水诗路建设专题座谈会。6月29日,加快推进瓯江山水诗路建设专题座谈会在永嘉县举行。省文化和旅游厅党组书记、厅长褚子育,省文化和旅游厅党组成员、副厅长杨建武,温州市委常委、宣传部部长胡剑谨,省文化和旅游厅主要领导、分管领导,厅机关艺术处、公共服务处、非遗处、产业处、资源开发处处室负责人,温州与丽水两市文化广电旅游局分管领导、资源开发处处长,有关市、县(市、区)政府分管领导,文化旅游部门主要负责人参加座谈会。

召开"四条诗路"建设工作培训会。7月31日,全省文化和旅游系统"四条诗路"建设工作培训会在武义召开。会议贯彻落实省委、省政府关于浙东唐诗之路、钱塘江诗路、瓯江山水诗路和大运河诗路四条诗路工作重要战略部署,对上半年全省"四条诗路"建设工作做总结交流,对下一阶段"四条诗路"建设工作进行部署。省文化和旅游厅党组书记、厅长褚子育出席会议并讲话。省文化和旅游厅党组副书记、巡视员傅玮主持会议,厅领导柳河、刁玉泉、叶菁,省委宣传部、省财政厅、

省自然资源厅、省交通厅、省农业农村厅相关负责人,各市、县(市、区)文化广电旅游局主要负责人,省文物局副局长,省文化和旅游厅、省文物局机关各处室,工作专班和厅属各单位主要负责人参加会议。

参加嘉兴市大运河文化旅游与古镇建设座谈。省文化和旅游厅副厅长杨建武等领导、专家参加嘉兴市召开的大运河文化旅游与古镇建设座谈会。

诗路黄金旅游带规划通过专家论证。10月,《浙东唐诗之路黄金旅游带规划》《钱塘江诗路黄金旅游带规划》《瓯江山水诗黄金旅游带规划》专家评审会在杭州召开。会议由浙江省文化和旅游厅主办,省委宣传部、省发改委、省自然资源厅、省交通厅、省文物局、各市文化旅游局及专家代表参加了会议。省发展规划研究院总工程师介绍了规划前期编制情况,并由3个规划编制课题组分别对3个规划内容进行了深入解读。专家评审一致认为规划基础扎实,内容全面,定位准确,可操作性强,原则上同意规划通过审查,省级各部门、各市和专家分别对规划提出了修改完善建议。

指导杭州市萧山区等单位举办"唐诗之路 缘起萧山"首届钱塘江诗词大会。10月18日,由杭州市萧山区人民政府、杭州市文化广电旅游局、浙江广播电视集团、浙勤集团主办的"唐诗之路 缘起萧山"首届钱塘江诗词大会在萧山义桥东方文化园举行。省文化和旅游厅党组成员、副厅长杨建武等出席相关活动。

举办浙江省诗路文化产业发展主题活动暨首批诗路旅游目的

地发布。12月12日,浙江省诗路文化产业发展主题活动暨首批诗路旅游目的地发布在嵊州举行。活动由省委宣传部、省发改委、省文化和旅游厅、浙江日报报业集团主办,由省文化产业促进会,浙江在线新闻网站,绍兴市委宣传部,嵊州市委、市政府承办。省委宣传部副部长、省电影局局长葛学斌对全省诗路文化带建设提出了3点要求:一是要正确理解和把握省委、省政府的重大决策;二是要紧紧抓住国家推进建设长征、长城、大运河国家文化公园建设的历史机遇,找准浙江诗路建设的定位;三是要求各地结合实际,做好该做的事。

【全域旅游工作】 2月14日,浙江省政府命名桐庐等25个县(市、区)为首批浙江省全域旅游示范县(市、区)。

9月2日,在江山市召开第三次全省全域旅游暨百城千镇万村景区化工作专题培训班。省文化和旅游厅党组书记、厅长褚子育出席并做动员讲话。省文化和旅游厅党组成员、副厅长杨建武主持。培训班系统总结了全省全域旅游暨百城千镇万村景区化工作的发展情况,全面落实省长袁家军在省政府工作报告中关于"创建全域旅游示范省""力争到2022年全省有万个行政村、千个小城镇、百个县城和城区成为A级景区"的目标,对全域旅游、百城千镇万村景区化和旅游景区提升工作进行了再落实、再发动、再部署,再次掀起了全省全域旅游、文旅融合发展的热潮。

9月5日,湖州市安吉县、衢州市江山市、宁波市宁海县入选

第一批国家全域旅游示范区,示范区总数位居全国第一。

12月13日,浙江省文化和旅游厅修订印发《浙江省全域旅游示范县(市、区)评分细则》。

12月31日,在乐清召开第四次全省全域旅游暨百城千镇万村景区化推进会。省文化和旅游厅党组书记、厅长褚子育出席并做动员讲话。省文化和旅游厅党组成员、副厅长杨建武主持会议。温州市文化广电旅游局、新昌县、建德市寿昌镇、乐清市大荆镇石斛田园综合体等单位围绕全域旅游示范区和"百千万"创建工作、文旅融合新时代的发展思路与举措以及农旅融合发展的实践与创新等做了典型交流发言。

【海岛公园工作】 省政府工作报告要求"要加快建设嵊泗、韮山、大陈、洞头等十大海岛公园"。1月11日,省长袁家军在《调查与思考》第2期上做出批示:请省文化和旅游厅牵头研究。根据批示精神,省文化和旅游厅组成调研组,开展了全面深入地实地调研,全面梳理了浙江省海岛公园基础情况,形成了《关于加快推进浙江省十大海岛公园建设的调研报告》。8月27日,省发展改革委、省文化和旅游厅、省林业局联合印发《浙江省海岛大花园建设规划(2019—2025)》,明确将十大海岛公园建设作为推进浙江省"大花园"建设的重要平台,着力开展海岛环境保护与生态修复,合力提升海岛旅游品质,加快建立绿色低碳循环发展体系,积极探索海岛生态产品价值实现机制,到2022年全面建成嵊泗、岱山、定海、普陀、花岙、蛇蟠、东矶、大陈、

大鹿、洞头等十大海岛公园,把我省海岛地区打造成为宜居、宜业、宜游的美丽海岛"大花园",为全国海岛绿色发展提供浙江经验。

【文化和旅游资源普查】 是年,浙江省被文化和旅游部确定为第一批全国文化和旅游资源普查试点省,江山市、宁海县作为试点率先启动文化和旅游资源普查;嘉兴市被文化和旅游部列为第一批全国红色旅游资源普查试点市。我省坚持"全覆盖、全口径",高质量推进普查试点工作任务,为全面启动全省文化和旅游资源普查,牵头制订全国文化资源分类与评价国家标准,编制资源保护和利用方案打下坚实基础,为全省文旅发展提供资源保障。

【文旅项目和投资工作】 文旅项目和投资。截至年底,全省文化和旅游在建项目2744个,其中新开工项目654个,在建项目总投资达到16618.8亿元,实际完成投资2083.7亿元,比上年增长15.6%。全年计划完成旅游投资1480亿元,计划投资完成率为140.8%。

是年全省文化和旅游项目投资呈现4个特点:一是投资规模大,全省全年实际投资首次突破2000亿元,达到2084亿元;二是投资增速快,实际投资同比增速达到15.6%,比2018年提高了12.7个百分点,在高基数上实现提速增长;三是投资进度快,全年计划投资完成率达到140.8%,比2018年提高了14个百分点,尤其是新开工项目推进速度快,完成投资549.3亿元,占到全省实际投资的26.4%;四是项目类

型多,全省文旅投资项目达到48类,除了大型综合体、宾馆酒店、旅游村镇、主题公园等热点类型,增加了海岛公园、非遗馆、旅居车营地、特色民宿等多个新类型。

2月28日,省"四套班子"领导参加浙江省之江文化中心项目开工仪式,省委书记车俊宣布项目开工。项目位于杭州市西湖区,总投资32.3亿元,占地258亩,建设单位为浙江省文化和旅游厅,建设工期为2019—2022年,是年计划投资2.9亿元。将新建浙江图书馆新馆、浙江省博物馆新馆、浙江省非物质文化遗产馆、浙江省文学馆、公共服务中心等。项目集多种场馆于一体,是新型文化综合体项目,也是集聚文化资源、促进全省公共文化设施网络提质升级的龙头项目,对增强浙江省文化活力、提升文化竞争力具有重要意义,项目完工之后将成为杭州又一文化地标。

世界旅游联盟总部暨世界旅游博物馆项目、仙居文化综合体、安吉海游天地度假城等一批项目开工建设,长兴太湖龙之梦乐园、宁波滨海健康旅游小镇等一批项目加快建设,萧山森泊乐园、余杭良渚古城遗址公园、湖州慧心谷、安吉云上草原等一批新项目建成开业。

【乡村旅游和民宿工作】 3月6日,副省长成岳冲带领省文化和旅游厅党组书记、厅长褚子育,副厅长杨建武,在德清县莫干山专题调研民宿工作时指出:浙江是全国民宿经济发展的高地,德清是全国民宿经济发展的重要标杆之一。各级政府、相关部门要主动作为,勇于担当,积极开展一系

列有益的探索和创新实践,努力形成我省民宿提档升级、百花齐放的发展新格局,为全国民宿发展提供更多更好的鲜活素材、浙江经验。

3月29日,省政协召开"促进民宿和农家乐健康规范发展"民生协商论坛。省文化和旅游厅厅长褚子育出席会议,并现场回答了政协委员的相关提问。4月28日至29日,由省妇联、省文化和旅游厅联合举办的全省巾帼助力乡村振兴工作现场会在舟山召开。全省各地最美庭院、巾帼示范民宿(农家乐)、最美民宿女主人代表参加了会议。5月17日,由文化和旅游部市场管理司主办、浙江省文化和旅游厅承办的全国《旅游民宿基本要求与评价》行业标准(修订版)宣贯培训班在长兴县开班。5月19日,省旅游民宿产业联合会向全省民宿经营者发出"千村万宿放心消费"倡议书,倡导携手共创安全放心的消费环境。同日,省文化和旅游厅副厅长杨建武在安徽省黄山市举行的2019中国旅游日主会场上就"'万村景区化'造就的万家民宿,让您一万个放心"做了隆重推荐。6月12日至14日,浙江省文化和旅游资源开发专题培训班在绍兴市柯桥区举办,会上对2018年度评定的20家白金级民宿、51家金宿级民宿进行了现场授牌。6月12日,省文化和旅游厅在绍兴市柯桥区召开"走基层、听民意"民宿发展座谈会,认真倾听一线民宿业主的心声、掌握民宿业主的迫切需求,针对问题专题研究落实。7月3日至4日,文化和旅游部市场管理司副司长余昌国率国家星级旅游民宿评定

组成员对长兴银杏故里民宿进行实地评定。7月3日,由省文化和旅游厅、浙江旅游职业学院牵头起草并修订的《旅游民宿基本要求与评价》(LB/T 065—2019)国家行业标准由文化和旅游部正式公告发布,该标准自发布之日起实施。7月28日,全国乡村旅游(民宿)工作现场会在四川省成都市战旗村召开,省文化和旅游厅副厅长杨建武就我省乡村旅游和民宿发展在会上做了经验介绍。7月31日,湖北省恩施州民宿发展培训会在州文化中心举行,省文化和旅游厅副厅长杨建武做题为"浙江民宿发展的实践与思考"的对口帮扶公益专题讲座。9月18日至21日,第二届"世界旅游联盟·湘湖对话"在杭州举行。会议期间,省文化和旅游厅副厅长杨建武和爱彼迎全球副总裁玛格丽特·理查德森以"浙江省和爱彼迎深化合作,共促浙江民宿行业发展"为主题举行了会谈并达成了战略合作意向。11月1日,浙皖闽赣国家生态旅游协作区乡村旅游(民宿)发展论坛在衢州举行,4省决定以民宿经济为协作区全方位合作的突破口,全力推动旅游减贫和富民,努力把协作区打造为国家生态旅游的样板地。11月18日,省文化和旅游厅出台《浙江省乡村民宿提质富民三年行动计划(2020—2022)》,明确要使浙江成为中国民宿旅游目的地、中国民宿发展样板地、全国文化主题民宿起航地,争取到2022年全省累计创建等级民宿1200家、民宿集聚区50个、文化主题民宿200家(其中非遗主题民宿不少于100家)。12月10日至12日,由省妇联、

省文化和旅游厅联合主办的省最美民宿女主人培训班在杭州举办。会上成立了浙江省最美民宿女主人联盟,省妇联主席王文娟和省文化和旅游厅副厅长杨建武共同为联盟揭牌。12月,省文化和旅游厅组织开展2019年度等级民宿评定工作,经集中评审、实地暗访、现场检查等环节,全省共评定白金级民宿13家,金宿级民宿21家,银宿级民宿149家。

根据《文化和旅游部办公厅 国家发展改革委办公厅关于开展全国乡村旅游重点村名录建设工作的通知》精神,推荐22家符合文化和旅游发展方向、资源开发和产品建设水平高、具有典型示范和带动引领作用的重点村,最终14家单位列入全国乡村旅游重点村名录,数量全国第一。

【风情小镇工作】 根据《浙江省人民政府办公厅关于印发〈浙江省旅游风情小镇创建工作实施办法〉的通知》规定,结合新时代文旅融合发展的要求,省文化和旅游厅对原认定办法进行修订,并印发《浙江省旅游风情小镇认定办法》。

【红色旅游工作】 开展"红动浙江"2019年红色旅游季暨万人初心之旅活动。6月29日,由浙江省文化和旅游厅举办的"红动浙江"2019年红色旅游季暨万人初心之旅活动在永嘉县屿北古村启动。7月至10月,开展了包括"万人初心之旅"、红色旅游线路设计大赛、浙皖闽赣红色故事演讲大赛、浙江红色旅游创新发展高峰论坛、七十年七十景系列主题宣传等活动。

国庆期间,全省各地围绕庆祝中华人民共和国成立70周年的主题,积极推出丰富多彩、形式多样的红色主题活动。南湖景区推出"与红船合影　与国旗同框"合影拍照活动,国庆期间南湖旅游区共接待游客42.81万人次,同比增长84.6%,七一广场等成为游客市民国庆"网红打卡地"。西塘古镇"空中献礼　与国同梦"无人机表演秀登上了"学习强国"平台。云澜湾景区举办"迎国庆70周年主题梦幻灯光展"和3D水幕电影秀、裸眼3D灯光秀、非遗打铁花等大型主题活动。丽水古堰画乡景区举办"喜迎国庆——弘扬浙西南革命精神"系列活动。遂昌王村口红色古镇举办红色文化旅游节。溪口景区举行"举国庆　齐欢畅"迎国庆主题活动。

召开红色旅游工作协调会,印发并实施红色旅游三年行动计划,指导嘉兴等市创建全国红色旅游示范城市,指导推进遂昌王村口镇、余姚梁弄镇、三门亭旁镇等争创首批国家红色旅游示范小镇。

【长三角一体化建设】　根据省委、省政府关于长三角一体化发展工作的部署,紧紧围绕长三角区域文化和旅游一体化发展合作平台搭建、重大项目建设、市场宣传推广、文化遗产保护等重点工作,积极谋划、有序推进,扎实推动长三角区域文化和旅游一体化发展。

搭建合作平台。积极谋划、搭建长三角区域文化和旅游一体化发展工作平台,长三角3省1市文化和旅游厅(局)签署《长三角文化和旅游高质量发展战略合作框架协议》。推进浙皖闽赣国家生态旅游协作区建设,浙皖闽赣国家生态旅游协作区合作协议签约仪式暨加快推进工作座谈会举办,浙皖闽赣4省文化和旅游厅厅长共同签署《关于加快推进浙皖闽赣国家生态旅游协作区建设合作协议》;组织召开首届浙皖闽赣国家生态旅游协作区推进会。建立文化和旅游一体化发展平台,2019年长三角一体化文化旅游峰会暨国际滨湖旅游度假大会举办,成立"长三角国家级旅游度假区(推广)联盟"。谋划文化产业发展平台,长三角3省1市文物部门签订《长三角地区推动文物博物馆一体化发展战略合作框架协议》《长三角三省一市博物馆协会(学会)战略合作协议》《长三角三省一市博物馆文创联盟协议》,推动长三角地区博物馆文创产业的协同发展。推动长三角文化和旅游服务同城化,首届长三角3省1市公共图书馆信用服务年会召开,浙江图书馆、上海图书馆、南京图书馆、安徽省图书馆共同签署了长三角公共图书馆信用服务联盟协议,联盟成员馆开展信用服务合作推广,并与长三角3省1市公共图书馆联合推动"城市阅读一卡通"等服务。实施长三角文化和旅游人才培育计划,长三角城市文化馆联盟成立,通过"长三角城市文化馆联盟"倡议,启动"长三角城市文化馆联盟人才培养计划"。

狠抓项目落实。整合策划长三角文化和旅游一体化发展旅游产品,长三角区域"七名"系列国际精品线路和主题专项旅游产品发布;长三角旅游一体化"高铁旅游"系列产品研讨会在江苏常州溧阳举行。积极推进杭黄世界级自然生态和文化旅游廊道建设,杭州市与黄山市签订《联合打造杭黄国际黄金旅游线合作协议》,省旅游集团和黄山旅游发展股份公司签署"千岛湖-新安江(黄山)大画廊"文化旅游综合开发项目战略合作框架协议。积极推进"四条诗路"建设。建立全省文化和旅游系统联席会议制度,起草并制定了"四条诗路"黄金旅游带三年行动计划(2019—2022年)。

合力宣传推广。坚持文化和旅游"引进来""走出去"战略,长三角文化和旅游宣传推广活动精彩纷呈。组织我省各市文化和旅游管理部门参加上海世界旅游博览会、浙江旅游(江苏)交易会、苏州国际旅游展、2019长三角一体化发展文化和旅游产业项目路演及推广活动、2019浙江(江苏)旅游交易会、第二届长三角国际文化产业博览会等。2019长三角乡村文旅创客大会在湖州召开,长三角3省1市及26个城市的文化和旅游厅(局)领导、文旅创客代表、业内专家学者等参加。良渚古城遗址、河姆渡遗址成为长三角3省1市"跟着考古去旅游"中"重拾文明火种"游线的重要节点,受到公众和游客好评。研究构建长三角文化和旅游IP。深化推进长三角区域文化和旅游信用体系建设,会同上海市文化和旅游局制定《长三角地区旅游领域市场主体及其有关人员严重失信行为认定标准和联合惩戒措施(试行)》,研究编制《浙江省旅游市场黑名单管理办法(试行)》。

【文化和旅游设施建设】　浙江省之江文化中心、世界旅游联盟总部暨世界旅游博物馆项目、仙居文化综合体、安吉海游天地度假城等一批项目开工建设,长兴太湖龙之梦乐园、宁波滨海健康旅游小镇等一批项目加快建设,萧山森泊乐园、余杭良渚古城遗址公园、湖州慧心谷、安吉云上草原等一批新项目建成开业。

浙江省之江文化中心项目位于杭州市西湖区之江板块龙王沙地块,是我省"十三五"时期公共文化设施建设的龙头项目,总体定位为文化和旅游融合发展、公共服务与文化消费结合、传统文化加有机活态的省级综合性文化中心。主要包括浙江图书馆新馆、省博物馆新馆、省非物质文化遗产馆、省文学馆4馆及配套设施。项目规划设计体现先进理念、着眼长远未来,充分利用之江区块独特的区位、资源优势,突出前瞻性、先进性、标志性、独特性,又确保布局合理,错落有致,功能完善,资源共享。结合之江文化产业带的建设,打造特色鲜明的高端文化平台,将成为全省重要的知识信息枢纽和区域图书馆网络中心、浙江历史文化的展示窗、省级文学创研基地及资料中心、浙江记忆的活态展示、生活体验中心,推进公共文化服务、创意创业、文旅融合与文化消费的良性互动,使之成为长三角地区乃至国内一流的标志性重点文化设施和"文化浙江"的"金名片"。2月28日,省"四套班子"领导参加浙江省之江文化中心项目开工仪式,省委书记车俊宣布项目开工,浙江卫视、浙江日报、浙江在线等省内主要媒体做了宣传报道。6月25日,省委宣传部副部长葛学斌一行到之江文化中心建设工程现场调研并指导工作。是年,工程累计完成止水帷幕、土体加固合计3564幅(86.5%,新增343幅);围护钻孔灌注桩1323根(84%,新增53根);工程桩累计完成4523根(94%,含补桩129根);塔吊桩、立柱桩合计96根(占85%);土方外运7万余方。全年共完成投资额22481.2万元,占当年投资、预算执行计划的99.91%,项目累计完成投资额75977万元(含土地款项等),占项目总投资的23.5%。

(金　鹏、刘卉妍、江垚川、刘雨宁)

产业发展

【概况】　2019年,顺应文化和旅游融合发展的新目标、新任务和新要求,以"融合发展、创新发展"为主线,坚持"五化引领、五措并举",高质量推进文化和旅游"双万亿"产业发展。全省文化和旅游产业持续保持较快增长,实现国内旅游收入6580.5亿元,同比增长9.4%。

【重大奖项】　宁波市获批创建国家文化与金融合作示范区。由文化和旅游部、中国人民银行、财政部正式批复,同意宁波市创建国家文化与金融合作示范区,创建时间从2020年1月至2021年12月。全国仅宁波市和北京市东城区两地入选。

文化和旅游创意产品获奖。在2019中国特色旅游商品大赛中,浙江省获金奖8个、银奖10个、铜奖13个,金奖数、铜奖数两项指标列全国第一。浙江省文化和旅游厅被大赛组委会授予"最佳贡献奖"。在第十二届中国艺术节演艺及文创产品博览会上,浙江省文化和旅游创意产品精彩亮相,受到文化和旅游部部长雒树刚好评,浙江省文化和旅游厅荣获"优秀组织单位"称号。

【重大活动】　首次同馆同期举办第14届中国(义乌)文化产品交易会和第十一届中国国际旅游商品博览会。展会为期4天,设标准展位4192个,共有来自境内29个省(区、市)及德国、匈牙利等境外18个国家和地区的1277家企业和机构参展,展位数、展览面积创历年之最。

第十五届中国国际动漫节在杭州白马湖动漫广场举办。共有2645家中外企业机构、5778名客商展商和专业人士参展参会,实际成交及达成签约交易、意向合作项目1368项,涉及金额139.84亿元,动漫节消费涉及金额25.2亿元,总计165.04亿元。

【重大改革】　扎实推进"诗画浙江·百县千碗"工程。会同省商务厅等6部门联合制定出台《做实做好"诗画浙江·百县千碗"工程三年行动计划(2019—2021年)》,遴选1088道菜确定为"诗画浙江·百县千碗"。拟定美食街区、企业的认定标准。推进杭州市拱墅区、上城区建成美食特色街区两条。开展(指导)全省"诗画浙江·百县千碗"主题活动20余场次,培训美食专业人才3000余人次。省长袁家军对该项工作做出"工作扎实"的批示。

文旅融合IP工程开启全国先河。出台《关于加快推进文旅融合IP工程建设的实施意见》。

完成全省文旅 IP 的摸底登记,全省已注册的文旅融合 IP 超 300 个;通过专家评审,遴选其中 10 个作为全省首批示范性文旅融合 IP 项目。指导浙江工商大学成立全国首个文旅 IP 研究中心。

成立全国首家文旅专营银行。相继与中国农业银行浙江省分行、杭州银行等分别签订战略合作协议。指导成立全国首家文旅支行——中国农业银行杭州市文旅支行,大力支持文化旅游发展。

引导扩大城居民文旅消费。拟定《关于进一步加快激发文化和旅游消费潜力的实施意见》,力争到 2022 年,文化和旅游消费年均增幅保持在 10% 以上。启动 20 个省级文旅消费试点城市申报工作。开展 2019 年全省文旅消费季活动,让城乡居民享受更便利实惠的文旅盛宴。

稳步推动新远集团等两家厅属企业划转工作。根据省文改办关于新远集团等两家厅属单位划归省文投集团的会议精神,牵头成立体制改革工作领导小组,加强与省委宣传部、省财政厅、省文投集团的沟通协调,加快推进新远集团清产核资,积极做好股权划转前的各项准备工作。

【重大成就】　"诗画浙江"品牌推广亮点纷呈。广泛借助浙江广电、浙江日报、阿里巴巴等媒体平台,以"大花园"建设、"四条诗路"、"百县千碗"、"乡村海岛"等为切入点,组织开展"诗画浙江"品牌推广系列活动 30 余项。同时,依托《诗画浙江 48 小时》、"学习强国"平台、《浙广早新闻》、新媒体矩阵、文化和旅游系统抖音号等,线上线下滚动式宣传"文化浙江""诗画浙江"品牌。

"文化和旅游＋"产业融合示范基地提质扩容。联合省体育局、省交通运输厅、省教育厅等部门,分别举办 2019 年运动休闲旅游项目、2019 年环浙骑游活动等,认定省中小学生研学实践教育基地 54 家(第一批)、营地 9 家(第一批)。会同省农业农村厅、省卫健委等部门对 72 家"文旅＋"产业示范基地(区)申报单位进行实地评审验收,逐步形成"文旅＋"新业态融合发展的大格局。

文化和旅游产业投融资服务扎实推进。启动打造浙江省文化和旅游产业投融资服务平台。组织 2019 浙江省文创产业投融资项目路演对接会。遴选推荐全国优选文化和旅游投融资项目 42 个、"一带一路"文化产业和旅游产业国际合作重点项目 7 个、2019 长三角一体化发展文化和旅游产业项目路演及推广活动 5 个。

战略新兴产业有序发展。数字创意产业有序发展,推动动漫产业、游戏产业、数字音乐、网络文化等数字文化产业集聚发展。指导支持浙江(金华)数字创意产业试验区探索创新,进一步推动金华数字创意产业可持续发展。

(金都文)

市 场 管 理

【概况】　2019 年,全省文化和旅游市场管理工作紧紧围绕建设全国文化高地、中国最佳旅游目的地、全国文化和旅游融合发展样板地总目标,以高质量发展、融合发展、创新发展为导向,按照省文化和旅游厅党组年初确定的重点工作任务,稳步推进文化市场管理、旅游饭店管理、旅行社管理、信用体系建设、社会组织管理、文明旅游、假日旅游等各项工作,着力提升文旅行业服务品质,积极创造良好的市场发展环境,扎实推动文化和旅游市场转型升级、健康发展。

【扎实推进文化市场管理】　深化文化市场领域"放管服"改革。根据省委、省政府关于《义乌国际贸易综合改革试验区框架方案》要求,将涉外涉港澳台营业性演出活动审批权下放至义乌市。在杭州、宁波设立涉外涉港澳台驻场演出受理窗口,具体负责审批件的收件、受理和制证、发证工作,进一步提高涉外涉港澳台驻场演出审批办理时效。在强化审批单位责任意识的同时,对相关审批人员进行业务培训,确保下放事项接得住、拿得稳、办得好。

完善"网络表演"审批事项管理。针对以"网络表演"为名从事直销、培训等与表演无关的情况,会同浙江演出业协会、浙江游戏行业协会成立"网络表演"审批内容审核小组,加强对"网络表演"内容、监管措施的审核。根据文化和旅游部要求,及时停止审核发涉及"利用信息网络经营网络游戏""利用信息网经营网络游戏(含网络游戏虚拟货币发行)""利用信息网络经营网络游戏虚拟货币交易"等经营范围的《网络文化经营许可证》。

大力压缩审批时限。联合市、县(市、区)文化市场审批部门对政务服务网上涉及文化市场审批的事项进行颗粒化梳理,促进省政务服务网审批平台与文化和旅游部文化市场监管平台对接,推动审批事项实现网上办、掌上办。进一步压缩审批时限,涉外涉港澳台营业性演出活动审批时限从20个工作日压缩到15个工作日,互联网文化单位和演出经纪机构审批从20个工作日压缩到7个工作日。适时调整游艺娱乐场所与中小学校园距离的测量方法,由原来的直线距离200米调整为交通行走距离200米。截至12月底,省本级共审批办理2910件,其中涉外涉港澳台营业性演出活动审批办理1912件,演出经纪机构审批办理282件,经营性网络文化单位审批办理716件。

切实加强重点营业性演出活动监管。建立重点营业性演出活动常态监管工作机制,对列入重点营业性演出的许巍、周杰伦、萧敬腾演唱会等商业演出进行约谈,规范演出市场秩序。妥善处理张杰金华演唱会事件,第一时间联系金华市文化和旅游局,协助做好观众退票和各项善后工作。妥善处置涉外演艺《正午的分界》剧本事件,针对剧本带有对中国人歧视、对有色人种有侮辱性的语言,责令演出举办单位联系演出单位修改剧本。

着力规范社会组织管理。组织开展摸底调查,全面掌握省文化和旅游厅社会组织发展情况。委托浙江大学公共管理学院苗青教授团队参与厅社会组织管理模式研究,对现有管理模式提出创新性意见。认真做好厅管社会组织的年检初审、换届批复、法人变更及换届备案工作。厅管社会组

织共77家,其中社会团体44家,民办非企业19家,基金会14家。

【全力推动旅游市场健康运行】
成功举办浙江省旅游饭店改革开放成就展。成立以省文化和旅游厅厅长褚子育为组长、副厅长许澎为副组长的工作领导小组。中华人民共和国成立70周年浙江省旅游饭店改革开放成就展以"回望、融合、突破、追梦"为主题,贯彻"见人、见物、见精神"的原则,对浙江饭店业的发展历程、发展成就、杰出代表及时代精神进行了全面展示。会上表彰了祝炳松、陈妙林等16位浙江省旅游饭店业杰出人物。《中国旅游报》《钱江晚报》《江南游报》以及中国网、浙江在线等10余家媒体派员参加活动并做了报道,网易对活动进行了现场全程直播,点击量逾30万次,引起社会各界尤其是饭店业界的强烈反响和广泛好评,为浙江旅游饭店业进一步做大格局、做强实力、做优品质奠定了坚实的基础。

高水平举办浙江省旅游饭店服务技能大赛。成立以省文化和旅游厅厅长褚子育为主任、副厅长许澎为副主任的大赛组委会。浙江省旅游饭店服务技能大赛以"高标准、高水平、高质量"为统领,以"抓标准、提品质、展风采、树标杆"为宗旨,充分彰显全省饭店业在新时代浙江"两个高水平"建设中的地位和作用,着力培育和弘扬饭店人"追求卓越、精益求精"的工匠精神,来自全省11个地市的69支代表队参加了比赛,经过两天激烈比拼,4支代表队荣获团体一等奖,14人荣获个人一等奖,为组队参加全国旅游饭

店服务技能大赛奠定了坚实的基础。

积极妥善应对星级饭店"摘星"事件。上半年,全国旅游星级饭店评定委员会持续组织开展对五星级饭店的暗访检查,浙江1家五星级饭店被取消星级,3家五星级饭店限期12个月完成整改。公告发布后,省文化和旅游厅领导高度重视,厅长褚子育第一时间做出重要指示,要求坚持问题导向,针对暗访暴露的突出问题,认真总结反思,切实做好整改工作。反应迅速,立即约见相关问题企业并就下一步的整改提出了具体要求。采取对存在问题不回避,对未来工作强督查的态度,及时联系相关媒体,主动邀请媒体参加企业约见会,并接受浙江卫视专访,做到了第一时间应对媒体发声、第一时间回应社会关切。《钱江晚报》、浙江卫视等相关媒体均以较大篇幅客观公正地报道了此次事件,各界对省文化和旅游厅快速积极应对给予肯定。

切实维护饭店星级标准的权威性和严肃性。连续下发《关于开展全省星级饭店自查自纠工作的通知》《关于开展高星级饭店暗访检查的方案》,进一步加大对全省高星级饭店的暗访及监管力度。完成12家五星级饭店的暗访检查、54家四星级饭店的年度复核,对照检查结果并结合企业实际,拟"摘牌"五星级饭店6家,分别为嘉善罗星阁君亭酒店、上虞雷迪森万锦大酒店、杭州维景国际大酒店、杭州太虚湖假日酒店、杭州世外桃源皇冠假日酒店、浙江国际大酒店,已报全国星评委;四星级饭店6家,分别为温岭

曙光大厦、杭州新金山大酒店、建德外海月亮湾酒店、嘉兴戴梦得大酒店、温州新南亚大酒店、杭州红楼大酒店。切实维护星级标准的权威性和严肃性，有效提升了星级饭店特别是高星级饭店的管理水平和服务品质。

牵头推进省属国有旅游酒店资产重组整合。认真梳理借鉴全国有关省、市国有旅游酒店资产整合情况，深入研究浙江国有企业兼并重组的有关政策规定，会同省发改委、省财政厅、省国资委、省机关事务管理局、省旅游集团、浙勤集团等单位，全面调查摸底省属国有旅游酒店类资产权属、企业性质、规模等基本情况，经过多次修改，最终形成《省属国有旅游酒店类资产整合方案（建议稿）》，得到省企改办的高度认可，并在"国企整合6大板块"中率先报省政府专题会议审议，获得省领导肯定。

积极引领饭店业高质量、高品质发展。顺应文化和旅游消费提质、转型、升级新趋势，在国内率先制定并出台浙江省《品质饭店评价规范》地方标准及其实施细则，目标是使之成为饭店业的又一个"浙江范本"，有效推动并引领饭店业高质量、高品质、高水平发展。标准及其细则采用数据分析方法，以客观评价为主，侧重于顾客体验的满意度和饭店运营效益的评价，兼顾员工满意度、企业的社会责任感，强调生态文明、绿色发展以及新技术在饭店中的应用等。举办《品质饭店评价规范》全省宣贯培训班，部署开展全省第一批"品质饭店"评定工作，300多名饭店高管参加。全省共有85家酒店申报首批浙江省"品质饭店"，最终评出金桂品质饭店37家，银桂品质饭店43家。

写好饭店业文旅融合文章。标准引领，品质为先，以全省饭店业服务品质提升为抓手，鼓励饭店企业积极参与星级评定、绿色饭店创建，重点在饭店业文旅融合发展上下功夫，即着力加大特色文化主题饭店培育力度。全年新评定五星级饭店3家（江山金陵大酒店、温岭国际大酒店、乐清新聚丰圆大酒店），待国家级评定五星级饭店2家（温岭耀达国际大酒店、丽水东方文廷酒店）；新评定四星级饭店5家（杭州临平大酒店、龙游蓝天清水湾国际大酒店、常山东方广场酒店、桐乡铂爵开元大酒店、嵊州柏星·超级大酒店），星级饭店总数达到近600家；新评定绿色旅游饭店18家（其中金树叶级7家，银树叶级11家），绿色旅游饭店总数达368家。着力在饭店业文旅融合发展上下功夫，实施并完成特色文化主题饭店"破百"计划。发布《浙江省特色文化主题饭店发展报告》，全年新评定特色文化主题饭店31家（其中金鼎级9家，银鼎级22家），全省共有特色文化主题饭店突破百家，达到108家。

深入推广应用"全国旅游监管服务平台"。紧紧抓住"全国旅游服务监管平台"试点省份这一机遇，深入推广应用"全国旅游监管服务平台"。着眼贯彻落实文化和旅游部《全面启用全国旅游监管服务平台的通知》要求，深入做好全国旅游监管服务平台推广应用工作，构建覆盖全面、要求明确的旅行社经营规则体系，重点对旅行社组团、信息披露、保证金、在线旅游业务等环节进行规范。

认真备战全国导游大赛。举办全省优秀导游集训班，邀请相关专家对参训的20名优秀导游进行集中培训指导，择优选拔2名选手代表浙江参加第四届全国导游大赛，勇夺国赛3项大奖，总成绩在全国名列前茅。杭州百缘旅行社导游邹晓娜进入大赛前5强总决赛，并取得国赛第4名的优异成绩，喜获全国银牌导游员称号，杭州市职工国际旅行社导游余云建取得铜牌导游员称号，省文化和旅游厅荣获大赛突出贡献大奖。

深入实施旅行社管理工作。举办"浙江旅行社行业品质提升2019系列活动"，包括"千年诗路今犹在"2019唐诗之路旅游线路设计大赛和"重走唐诗之路，讲好浙江故事"原创导游词大赛，以及"2019浙江省行业发展报告"等。其中，线路设计大赛收到了40余条不同特色的线路设计参赛作品。针对不同的活动项目，分别组建了专家评审团，并进行了网络票选，社会关注度大幅提高，网络关注度破百万。中央和地方等数十家媒体，对活动进行了报道，在业内获得了广泛好评。及时办理出境游组团社申报、出境游组团社送签专办员申领，旅行社信息变更，赴台领队证新增、注销、到期换证等常规工作。对全省2976家旅行社2019年季报和2018年年报进行核查，完成全省旅行社统计报表。全年新评定五星旅行社3家、四星级和三星级旅行社38家。召开赴台工作专题会议，传达学习和贯彻落实有关赴台工作精神。圆满完成文化和旅游部交办的"千名游客访老挝""千名游客访柬埔寨"浙江代表团组团工作。

组织开展"文明旅游为中国加分"系列主题宣传活动,发布全国首份省级文明旅游志愿服务指数报告。联合省文明办、省外办等部门,在长兴县举行"文明旅游为中国加分"浙江启动仪式,着力营造文明旅游良好氛围;围绕"文明游、保大庆"主题,首次在全省范围联动开展"文明旅游 安全出行 为中华人民共和国成立70周年加分"主题宣传活动,全省9个地区累计参与人数超过10000人;结合"中老旅游年""中柬旅游年"等大型对外交流活动,以"文明有礼亚洲行""出境安全文明旅游"宣传进机场等活动为载体,部署开展文明出境游主题宣传。联合全国志愿服务信息平台发布全国首份省级文明旅游志愿服务指数报告,对各地市、有关单位文明旅游志愿服务情况进行综合排名,激发全社会开展文明旅游志愿服务的热情,引起舆论广泛关注。面向全省广泛征集文明游客、文明督导员先进事迹、文明旅游宣传引导优秀实践案例并报文化和旅游部。

稳步推进假日旅游工作。召开全省假日旅游工作视频会议,省文化和旅游厅厅长褚子育出席会议并部署假日旅游各项工作。按照"属地管理、部门联动、行业自律、各司其职、齐抓共管"的原则,积极做好和文化和旅游部市场管理司、省委办公厅等部门的沟通工作,牵头协调各地市、各有关处室、厅直属单位做好假日安全、市场秩序整治、产品供给、应急值守、突发事件处置、统计和信息报送等工作,确保全省假日旅游市场平稳有序。

【加速推进文化和旅游信用体系建设】 贯通"公共＋行业"信用评价体系。省文化和旅游厅积极争取并列入全省行业信用监管责任体系首批8家试点单位之一,在全省率先实现省级公共信用评价结果在行业信用评价中的落地应用,形成以省公共信用信息平台的企业公共信用评价结果为基础,叠加旅行社规模、运营能力、服务质量、行政处罚、旅游安全和信用承诺等6个行业维度的旅行社信用评价模型,涵盖22个二级指标和48个数据项。配套制定《浙江省文化和旅游行业信用监管管理办法(试行)》《浙江省旅行社信用评价指引(2019版)》《浙江省文化和旅游厅旅游行业信用承诺制度》等一系列制度,以制度为支撑,定期开展信用分级评价,着力实现对全省2726家旅行社进行信用精准"画像"。

建立"前台＋后台"信用管理系统。运用大数据分析手段、信用管理技术,充分整合全国旅游监管服务平台、全国旅游投诉平台、省旅游统计系统、省旅行社业务管理系统等行业数据资源,打通省大数据局企业年报、社会保险、执法监管等接口,归集行业有效数据5.16万条,在全国率先建成"前台＋后台"一体化省级文化和旅游行业信用监管平台。"前台"方面,建设贯穿全流程的大屏展示系统,为平台运行提供动态程度高、专业性强的展示界面,并上线试运行"信用信息"应用模块,对外提供查询服务,解决主体信用信息不对称问题;"后台"方面,打造操作管理系统,为信用档案、评价模型和应用模块的运行管理提供载体,为平台功能优化

迭代提供技术支撑。平台10月上线试运行后,针对首次评价结果为A级(优秀)的157家旅行社,联动"浙里好玩"OTA平台,以"信用标识"的形式为社会公众提供旅行社信用信息查询服务,累计访问查询超过20万次。

拓展"信用＋X"应用体系。浙江省文化旅游行业信用监管入围全省首批信用典型应用"十联动"案例,率先成为通过全省首批信用综合监管平台试点验收的2家单位之一。以信用评价为抓手,探索建立行业"精准管理"模式,提升旅游治理能力。大力推动"信用＋监管",以旅行社信用评价结果为依据,部署全省旅行社信用监管专项执法行动,首次精准监管异常检出率31%,比常规"双随机"抽检发现异常率高出近20%。探索通过将旅行社信用评价结果接入"浙江省行政执法监管(互联网＋监管)平台",实现评价结果自动输出。积极探索"信用＋服务",充分运用信用评价结果,作为旅行社申请质量保证金减半、重点项目招投标、参加涉外重大活动、"省百强旅行社"评比等事项的重要依据。提供"信用＋金融"服务,针对守信旅行社,联合省级国有银行,积极探索开发"信用特约旅行社"金融产品,优化文旅市场诚信营商环境。

【促进文旅市场主体规范发展】 省文化和旅游厅分管副厅长亲自带队赴宁波、义乌、长兴等地,主动对接基层、对接文化企业,对长兴龙之梦集团涉外演出项目报批中存在的困难提出解决办法。走访电魂网络、浮游科技等文化企业,进一步了解行业状况,听取企

业的意见和建议。分别召开演出经纪机构、网络游戏企业和社会组织工作座谈会，听取各单位对行政审批和行业管理工作的意见和建议，分析行业内存在的问题和发展方向，要求各单位加强内容自审和行业自律，推动行业转型升级、规范发展。推进长三角文化市场区域一体化建设，召开第26届江浙沪演出业务洽谈会暨第12届长三角国际演出项目洽谈会，来自江浙沪和全国12个省（区、市）的400余名代表参会。

（丁　屹）

执法监督

【概况】　2019年，紧紧围绕为中华人民共和国成立70周年营造良好文化和旅游环境这个中心任务，积极推进文化市场综合执法改革，着力加强文化市场综合执法规范化建设，组织开展文化和旅游市场整治行动，持续保持市场高压态势，严厉打击各类违法违规经营行为，确保文化和旅游市场总体平稳有序。全省入选2017—2019年度全国文化市场综合执法优秀案卷4个，入选2018—2019年度全国文化市场综合执法重大案件5个，位列全国前列，受到文化和旅游部通报表扬。

【文化市场综合执法改革推进情况】　按时完成省级执法职能改革，省文化和旅游厅内设执法指导监督处，承担文化、旅游、文物、出版、广播电视、电影六大领域的文化市场综合执法指导监督职能，共有行政编制7名。代拟了

浙江省文化市场综合执法改革的实施意见，并于3月20日以省两办的名义正式印发。省、市、县（市、区）3级均已成立文化市场管理工作领导小组，统一指导协调文化市场综合执法工作。各市、县均已挂牌成立文化市场综合行政执法队，各设区市实行同城一支队伍。执法经费列入同级人民政府财政预算，一线执法人员参加工伤保险的比例达100%。

9月5日，省文化和旅游厅协调省新闻出版局、省电影局、省广播电视局、省文物局联合下发《关于进一步完善文化市场综合行政执法运行机制的通知》，就明确执法主体、建立协同机制、明确权责权限、强化执法保障等事项做出统一规定。文化和旅游部综合执法监督局充分肯定，在全国转发了文件。

【文化市场综合执法体制机制和队伍建设情况】　着力加强文化市场综合执法规范化建设。在文化和旅游领域制定了《行政执法公示办法（试行）》《行政执法全过程记录办法（试行）》《重大行政执法决定法制审核办法（试行）》等3项制度。重新梳理并制定《浙江省文化和旅游市场"双随机、一公开"抽查监管工作细则》《浙江省文化和旅游市场随机抽查事项清单》《浙江省文化和旅游厅2019年度部门联合随机抽查计划表》。对文化和旅游行政执法自由裁量权实施动态调整。拟定发布了《浙江省旅游投诉调解规范》。

积极推广智慧监管，强化"互联网＋监管"平台的应用。全省文化市场综合执法机构掌上执法

激活率、"双随机、一公开"抽查事项覆盖率、抽查任务完成率均为100%。从"双随机"抽查结果看，全年共抽查经营单位24513家次，查获问题2144家次，检出问题率8.74%。

加强文化市场综合执法法制宣传，推进文化和旅游执法工作深度融合，组织开展文化和旅游法律法规知识竞赛活动，7月起，集中开展线上线下宣传，历经各市选拔与复赛，在全省上下掀起文化和旅游法制竞赛的热潮。11月13日，举办知识竞赛决赛，共有31家线上线下媒体做了宣传报道。通过以比促学、以赛代练，不断提升文化市场综合执法履职能力。竞赛活动还发布了H5"全省文化和旅游法律法规知识竞赛微挑战"，通过线上答题挑战的模式，鼓励更多从业者、消费者加入知法、用法、守法的行列。

多次举办全省文化市场综合执法培训及现场交流活动，对全省执法队伍的主要负责人和业务骨干进行培训。文化和旅游部文化市场综合执法监督局也在浙江陆续举办了网络文化市场、演出市场以案施训等活动，进一步加强了全省文化市场综合执法队伍建设。

进一步落实中西部地区文化市场综合执法能力提升行动计划，继续做好与陕西省的对口协作交流工作。省级层面在扫黑除恶督导、文化市场综合执法培训等方面进行了广泛深入的协作交流，各地也通过执法培训、驻场学习、以案施训、案卷评查、联合办案等方式，开展了多种形式的精准协作。

【文化和旅游市场整治行动】 紧紧围绕为中华人民共和国成立70周年营造良好文化和旅游环境这个中心任务,于7月至10月组织开展了文化和旅游市场整治行动。持续保持市场高压态势,严厉打击各类违法违规经营行为。8月15日至9月15日,统一委派各市检查组,由市局领导带队进行交叉检查。8月至12月,采取委托第三方机构进行体检式暗访的方式,对各地文化和旅游市场进行暗访评估。共派出暗访小组52批,调查人员121人次,对全省11个市48个县(市、区)的50家A级景区、35家星级饭店、25家旅行社和在线旅游企业、40家歌舞娱乐场所、20家游艺娱乐场所、40家互联网上网服务营业场所等开展暗访检查。对存在涉嫌违法违规、降低服务质量的问题均以督办件形式督促查处整改。扎实深入地做好国庆假日期间景区巡查工作。对全省806家A级旅游景区实现了全覆盖检查。处理景区总数达到96家,占全部A级旅游景区的12%。其中,国家4A级旅游景区取消4家,警告15家,通报批评9家。专项整治以来,各县(市、区)每天都有1支以上队伍在市场检查,各设区市每周组织1次督查,省文化和旅游厅不定期组织明察暗访。通过全方位、全覆盖、不间断巡查,确保中华人民共和国成立70周年文化和旅游市场总体平稳有序。

积极推进文化和旅游领域扫黑除恶工作。开展扫黑除恶专项斗争集中宣传月活动。全省共组织扫黑除恶集中宣传2749家次,通过QQ、微信、短信等发送宣传信息7000余条,发放宣传资料6600余份,排摸文化和旅游市场欺诈消费、色情服务、收取保护费、"霸王消费"等疑似涉黑涉恶线索46条,成案线索3条。浙江卫视以"浙江大力推进文化与旅游行业扫黑除恶工作"为题做了宣传报道。

持续开展网络赌博专项整治行动,组织3次网络远程集中执法行动。组织开展赴俄旅游市场执法专项整顿行动,督促飞猪网等旅游线上平台下架涉嫌不合理低价产品54个,立案查处未经许可经营出境游业务16起。开展全省旅行社行业信用监管专项执法检查行动,促进文化市场综合执法"双随机"抽查与信用监管有效衔接。加强演出票务等新兴领域监管,将林俊杰、周杰伦个人演唱会等社会关注度高、票务供需紧张的营业性演出作为重点监管对象,提前研判,及时约谈相关演出经纪机构,确保面向市场公开销售的营业性演出门票数量,不低于公安部门核准观众数量的80%。

据统计,全年全省共出动文化市场综合行政执法人员135056人次,检查241078家次,查获违规2407家次;举报(督查)受理5128件,行政处罚立案1958件,办结案件1931件,警告972家次,罚款9930375.11元,停业整顿60家次,吊销许可证19家次,没收非法所得1788795.18元,没收违法物品568555个,听证10家次,重大案件29家次,移交64家次。其中,旅游市场"诉转案"立案21件,已办结案件17件。

(窦林林)

对外对港澳台合作交流

【概况】 2019年,共实施对外及对港澳台文化旅游交流项目1752个,12823人次直接参与交流。对外文化交流项目1541个,11421人次参与交流;对台文化交流项目142个,905人次参与交流;对港澳文化交流项目69个,497人次参与交流。引进项目1593个,11159人次;派出项目159个,1664人次。共办理省文化和旅游厅、省文物局机关及厅属单位人员因公出国境团组146批次,874人。保管、收缴因公护照、港澳通行证2000余本。承办省委、省政府重大出访配套活动5场,在境内外举办大型文旅交流活动(100人以上)10场,其他交流推介活动41场(不含"欢乐春节")。共参加了7个国际性展会。接待境外访问21批次,逾400人。办理涉外商演会审件3000余件。

【深化与"一带一路"沿线国家和地区的文旅交流与合作】 4月,在第14届中国(义乌)文化产品交易会、第十一届中国国际旅游商品博览会上举办浙江省"一带一路"文化和旅游交流精品展。5月,在浙江启动"诗画浙江与狂野非洲的亲密接触——万人游非洲"大型文旅交流活动。活动落实和扩大了省委书记车俊访非成果,有效推动了浙江与非洲国家的互惠交流合作,借助"一带一路"倡议推动中国梦与非洲梦比翼齐飞。省政协主席葛慧君出席活动开幕式。5月10日至20

日,由普通游客、参与项目规划实施的政府与企业代表和各级媒体记者等组成的首航体验团完成。同时,浙江省文化和旅游厅赴吉布提、坦桑尼亚、津巴布韦3国举办浙非文旅交流合作大会。同月,组团参加了亚洲文化旅游展,增加与亚洲国家文旅合作,共有30多个国家和地区参展。同月,在杭州举办第三届"意会中国"——"一带一路"艺术大师工作坊等中阿人文交流项目。6月,赴德国、捷克举办了大型文旅交流活动,在捷克皮尔森举办"丝·茶·瓷——丝绸之路上的跨文化对话"展览;在德国基尔举办"美丽中国·诗画浙江"浙江省非物质文化遗产展及相关的文旅推介活动。浙江省委书记、省人大常委会主任车俊出席了两场展览的开展仪式。8月,在舟山举办2019国际海岛旅游大会,25个国家与地区代表团,近1000名嘉宾参加开幕式。同月,围绕海上丝绸之路,赴马来西亚举办系列文旅交流推广活动。9月,赴南非举办"彩虹之约"浙江·南非文旅交流合作大会及展览,省长袁家军出席相关活动。同时,赴博茨瓦纳与其国家旅游局开展交流活动。同月,赴葡萄牙里本斯、西班牙马德里举办了文旅展览和交流活动,省委常委、宣传部部长朱国贤出席活动。举办第二届"2019青年汉学家研修计划(杭州)"活动,来自17个国家的31位青年汉学家参加了活动。持续加强国际丝绸之路研究联盟、中国-中东欧国家音乐院校联盟、中国-中东欧国家图书馆联盟、中国-中东欧国家艺术创作与研究中心、中国-中东欧非遗保护研究

与合作交流中心的建设。

【做好文化和旅游传播推广】　重点围绕"欢乐春节"、中俄建交70周年、中美建交40周年、世界园艺博览会、良渚申遗等重大节点开展工作。春节前后,共组派12个艺术团组、316名演展人员,分赴捷克、俄罗斯、智利、埃及、美国、新西兰、阿联酋等9个国家和中国台湾地区的23个城市,举办了61场"欢乐春节"文化交流活动,以歌舞综艺、地方戏剧、精品展览等形式,力求活动建设品牌化、本土化、市场化。共收到国内外相关合作机构感谢信3封,感谢证书1份。以中俄建交70周年为契机,开展"俄罗斯·中国浙江文化旅游年"系列活动,全年举办了"东方生活美学"展、"丝·尚:30件服装讲述中国非遗故事"展,诗画浙江——"南孔圣地"衢州文化旅游品牌推介活动、中国青瓷小镇——浙江特色小镇海外推广展、"江南乐韵"彩蝶女乐专场音乐会等活动。以中美建交40周年为契机,先后在美国纽约、波士顿、洛杉矶、旧金山及加拿大温哥华、多伦多举办大型文旅推介活动,赴波士顿举办"人类非遗·中华经典"——2019龙泉青瓷巡展。在北京世界园艺博览会"浙江日"开幕式上进行文旅推介,向与会嘉宾充分展示了浙江秀美的自然资源和厚重的文化底蕴。在浙江园组织茶艺、东阳竹编、杭绣、浙派古琴与竹笛、端午香包与五色丝制作、嵊州根雕等一批非物质文化遗产项目的展示与展演,让观众得以近距离感受"文化浙江"的独特魅力。

【借助国家"17+1"合作机制开展交流互动】　积极支持宁波市与文化和旅游部共建的保加利亚索非亚中国文化中心建设,6月与索非亚中国文化中心合作举办"浙江文化周"系列活动,组派浙江省博物馆赴索非亚举办"东方之美"展,展出了丝织、雕塑等具有代表性的艺术作品,展现了江南丰富的物质与非物质文化;组派浙江歌舞剧院艺术团赴保加利亚举行舞剧作品《生命·舞迹》专场演出。结合中国-中东欧国家音乐院校联盟建设,5月至6月组织浙江音乐学院国乐团、青年教师钢琴团等赴匈牙利李斯特音乐学院、佩奇大学及塞尔维亚贝尔格莱德艺术大学、罗马尼亚布拉索夫特兰西瓦尼亚大学等院校开展合作洽谈和学术交流活动,并举办专场演出。

【加强浙港澳台交流合作】　加强同香港特别行政区、澳门特别行政区、台湾地区3地文化和旅游领域友好交流与务实合作,充分发挥文化和旅游在促进民心相通、凝聚共识中的重要作用,助推合作关系不断迈上新台阶。

6月,在浙江举办文化和旅游部内地与港澳文化旅游界大型交流活动"艺海流金·诗画浙江",拓展港澳地区与浙江在文化和旅游领域的交流合作。同月,与澳门特区文化局合作,组团赴澳门举办了庆祝澳门回归20周年"根与魂——非物质文化遗产"展示活动,向澳门同胞展示浙江丰富多彩的非物质文化遗产。

继续发挥"台湾·浙江文化旅游节"和台北旅展作为浙台参与、两岸共享的文化和旅游交流

的重要品牌作用,展示浙江文化和旅游资源。2月,赴台举办了第十三届"台湾·浙江文化旅游节"、"诗画浙江"文化和旅游(台北)推介会,浙江省委宣传部副部长琚朝晖出席了开幕式及相关活动。组派浙江美术馆赴台举办"水无常形——浙江水性材料艺术作品展";组派浙江话剧团"浙话新势力"赴台巡演《心灵·人文三部曲》,在台举办"丽水文化周"等系列活动。配合文化和旅游部做好2019年度"华夏文明·薪火相传"活动,进一步优化研学路线,提高产品的文化性、体验性、互动性,全年接待9批共243名台湾青年学生到浙江交流参访。

【积极参加重点国际旅游年等交流推广活动】 根据要求参加文化和旅游部牵头组织的重大交流推广活动。1月,参加"中国-老挝旅游年""中国-柬埔寨旅游年",配合文化和旅游部完成中老中柬旅游年"千人游"系列活动。3月,参加"中国-新西兰旅游年""中国-太平洋岛国旅游年"等活动,并在4国开展旅游交流推广活动。4月,组团赴云南参加中国国际旅交会、赴上海参加世界旅游博览会、赴厦门参加海峡旅游博览会。5月,赴北京参加亚洲文明对话大会。9月,赴广西参加东盟博览会。11月,赴英国参加伦敦国际旅游交易会等。

链接:

对外对港澳合作交流
年度大事记

1. 海外"欢乐春节"交流活动

1月9日至3月18日,浙江省文化和旅游厅组派12个艺术团组、316名演展人员,分赴捷克、俄罗斯、智利、埃及、美国、新西兰、阿联酋等9个国家和中国台湾地区的23个城市,举办了61场"欢乐春节"文旅交流活动,以歌舞综艺、地方戏剧、精品展览等形式,向世界传播具有民族特色和时代特征的中国文化,传达"四海同春"的美好祝愿,也为庆祝中华人民共和国成立70周年营造良好氛围。

2. "俄罗斯·中国浙江文化旅游年"系列活动

以中俄建交70周年为契机,2月至11月,浙江省文化和旅游厅与莫斯科中国文化中心共同开展"俄罗斯·中国浙江文化旅游年"系列交流活动。2月27日至3月18日,组派浙江省博物馆赴莫斯科中国文化中心举办了"东方生活美学"展。4月16日至29日,组派中国丝绸博物馆举办"丝·尚:30件服装讲述中国非遗故事"展。6月6日至17日,组派浙江省文化馆举办诗画浙江——"南孔圣地"衢州文化旅游品牌推介活动。8月23日至27日,"2019文化中国行——海外中国文化中心优秀学员团访华计划"俄罗斯代表团到浙江交流体验。9月3日至15日,组派浙江省非物质文化遗产保护中心举办中国青瓷小镇——浙江特色小镇海外推广展。11月11日至15日,组派浙江歌舞剧院演出团赴俄罗斯举办"江南乐韵"彩蝶女乐专场演出等活动。

3. 第十三届"台湾·浙江文化节"交流活动

2月22日,第十三届"台湾·浙江文化节"在台北开幕,并举办了"诗画浙江"文化和旅游

(台北)推介会,浙江省文化艺术交流促进会常务副会长许澎率浙江代表团出席相关活动。本届浙江文化旅游节突出文旅融合,面向台湾文化和旅游界以及台湾民众、青年观众展现"诗画浙江"的独特魅力。2月22日至24日,组派浙江话剧团在台北、彰化演出话剧《心灵·人文三部曲》。2月23日,"浙江泰顺廊桥"圆桥暨移交典礼在南投县集集镇举行。2月23日至3月7日,组派浙江美术馆在台北台师大德群画廊举办"水无常形——浙江水性材料艺术作品展"。6月10日至17日,丽水市文化广电旅游局协同浙江省文化馆在台北市、新北市和南投县3地举办了"丽水文化周"等系列交流活动。

4. 中阿、中非人文交流与合作

浙江省文化和旅游厅承办了中阿、中非合作论坛框架下系列人文交流项目,包括5月7日至11日第三届"意会中国"——"一带一路"艺术大师工作坊、10月8日至24日第十一届"意会中国——阿拉伯知名陶艺家访华采风创作活动"、10月21日至11月7日第5期阿拉伯国家文博专家研修班和8月27日至9月24日非洲艺术家木雕创作交流等,共有来自16个阿拉伯和非洲国家的49名艺术家和专家学者参与上述活动,通过交流互鉴,进一步加强浙江与"一带一路"沿线国家在音乐、舞蹈、美术、文博等多领域的机制交流与合作。

5. "诗画浙江与狂野非洲的亲密接触——万人游非洲"大型文旅交流合作活动

5月10日,由浙江省文化和

旅游厅主办的"诗画浙江与狂野非洲的亲密接触"——浙非文旅交流合作大会暨"万人游非洲"启动仪式在浙江省人民大会堂举行。活动现场，浙江省政协主席葛慧君与吉布提等国代表共同启动了"万人游非洲"活动。浙江省文化和旅游厅分别与吉布提、坦桑尼亚、津巴布韦旅游部签署了"浙非文旅交流合作备忘录"。5月10日至20日，由普通游客、参与项目规划实施的政府与企业代表和各级媒体记者等组成的首航团完成体验。同时，浙江省文化和旅游厅赴3国举办浙非文旅交流合作大会。9月9日，"彩虹之约"浙江·南非文旅合作推介会在南非比勒陀利亚举行。浙江省人民政府省长袁家军、省文化和旅游厅厅长褚子育，莱索托副首相莫莱莱基、南非旅游局局长代表哈尼莉·司莱波共同启动"万人游非洲——走进南非"活动。

6."美丽中国·诗画浙江"文旅推介系列活动走进捷克、德国

为加强浙江与捷克皮尔森州、德国石荷州的友好合作关系，5月24日至6月3日，浙江省文化和旅游厅先后赴捷、德两国举办"丝·茶·瓷：丝绸之路上的跨文化对话"和"美丽中国·诗画浙江"浙江省非物质文化遗产展等大型文旅推介活动。浙江省委书记、省人大常委会主任车俊，宁波市委副书记、市长裘东耀，浙江省文化和旅游厅厅长褚子育等出席相关活动。

7.北京世界园艺博览会"浙江日"文旅推介活动

6月6日至8日，以"绿色生活·诗画浙江"为主题的"浙江日"活动在北京世界园艺博览会期间举办。"浙江日"开幕式的文旅推介活动向与会嘉宾展示了浙江秀美的自然资源和厚重的文化底蕴。浙江省人民政府副省长朱从玖、中国贸促会副会长陈洲出席并致辞。浙江园区举办了茶艺、竹编、根雕、杭绣、江南丝竹、端午香包等一系列非物质文化遗产项目的展示与展演活动。

8."根与魂——浙江省非物质文化遗产"演展交流活动

6月11日至25日，为庆祝澳门回归祖国20周年，由文化和旅游部、澳门特别行政区政府社会文化司共同主办，浙江省文化和旅游厅和澳门文化局共同承办的"根与魂——浙江省非物质文化遗产"大型演展交流活动在澳门举行。浙江省共组派了40个参展参演项目及59个非遗代表性传承人参与相关活动。澳门特别行政区政府社会文化司司长谭俊荣，中央人民政府驻澳门特别行政区联络办公室副主任薛晓峰，文化和旅游部港澳台办公室巡视员满宏卫，浙江省文化和旅游厅副厅长叶菁等出席开幕式。

9."艺海流金·诗画浙江"内地与港澳文化和旅游界大型交流活动

6月24日至30日，由文化和旅游部、浙江省人民政府联合主办，文化和旅游部港澳台办、浙江省文化和旅游厅承办的"艺海流金·诗画浙江"内地与港澳文化和旅游界交流活动在杭州、湖州、嘉兴、宁波举办，文化和旅游部副部长张旭、浙江省人民政府副省长成岳冲、香港艺术发展局大会委员陈健彬、澳门基金会行政委员会副主席钟怡出席了开幕活动并致辞。来自内地与港澳文化和旅游界知名人士、政府官员、专家学者、文化和旅游机构负责人及青年和媒体代表约120名嘉宾参加了此次交流活动。其间，开展了浙港澳文旅合作工作会议、浙江文旅推介会、专业对口交流、座谈会、文旅沙龙等系列交流活动，行程涉及杭州、安吉、乌镇、宁波等地。

10."美丽中国·诗画浙江"文旅推介系列活动走进美国、加拿大

8月13日至20日和12月11日至16日，浙江省文化和旅游厅副厅长刁玉泉率浙江省文旅代表团先后赴美国纽约、波士顿、洛杉矶、旧金山和加拿大多伦多、温哥华举办文旅推介系列活动。其间，举办了"美丽中国·诗画浙江"主题推介会、旅游说明会，并开展"穿越看浙江""诗画浙江"流动巴士音乐秀及浙江文化旅游公众活动等，向两国民众展示了"诗画浙江"厚重的历史文化底蕴和蓬勃发展的时代掠影，进一步推动了浙江省与两国在文化旅游领域的交流合作。

11.环球知名摄影师走进"诗画浙江"活动

8月17日，由浙江省文化和旅游厅主办，浙江广播电视集团浙江之声承办的环球知名摄影师走进"诗画浙江"活动在良渚博物院举行开镜仪式。8月至11月，来自全球20余个国家的40余位知名摄影师分批走进"诗画浙江"，采风拍摄浙江自然风光和人文风情。活动成果以线上图库、旅拍线路和浙江影集等形式进行展示。

12.青年汉学家研修计划(杭州)

9月5日至25日，由文化和旅游部主办，浙江省文化和旅游厅、浙江工商大学联合承办的2019青年汉学家研修计划（杭州）项目顺利实施。来自17个国家的31名青年汉学家在浙江及周边地区开展了为期21天的学习和对城市历史遗产、特色社区和知名企业的深度考察。其间，青年汉学家聆听了由高校教授、政府官员、智库专家主讲的4场高端讲座，在19位导师的带领下，举行了5场专题研修讨论会。文化和旅游部国际交流与合作局副局长朱琦、浙江省文化和旅游厅副厅长许澎等出席了研修计划相关活动。

13. "美丽中国·诗画浙江"文旅推介系列活动走进西班牙、葡萄牙

9月5日至12日，浙江省文化和旅游厅赴西班牙、葡萄牙举办大型文旅推介活动。9月6日，"美丽中国·诗画浙江"文化和旅游交流推介会在西班牙马德里举行。9月10日，绽放——"美丽中国·诗画浙江"文化旅游展在葡萄牙里斯本举办。推介活动旨在展示浙江的旅游资源和人文内涵，加强浙江与西班牙、葡萄牙在文化和旅游领域的交流合作。浙江省委常委、宣传部部长朱国贤、联合国世界旅游组织执行秘书长祝善忠、中国驻葡萄牙大使蔡润、浙江省文化和旅游厅副厅长许澎等出席了相关活动。

14. "美丽中国·诗画浙江"文旅推介系列活动走进日本、马来西亚

11月22日至26日，"美丽中国·诗画浙江"文化旅游推介会先后在日本东京、马来西亚吉隆坡举行。其间，浙江省文化和旅游厅副厅长叶菁率浙江文旅代表团赴浙江省友好省县静冈、福井举办了中日文旅业界交流会，双方就互派艺术院团互访、参加对方举办的艺术节庆活动、支持文博机构开展深入交流合作、利用东京奥运会和杭州亚运会契机互送游客等方面工作达成了初步合作意向。

15. 重点国际旅游年交流推广活动

2019年，浙江省文化和旅游厅积极组织参加了一系列境内外重大国际旅游推广活动。1月24日至28日参加了"中国-老挝旅游年"，1月28日至31日参加了"中国-柬埔寨旅游年"，并配合文化和旅游部完成了"中国-老挝旅游年"和"中国-柬埔寨旅游年"的"千人游"系列活动。3月27日至31日参加"中国-新西兰旅游年"，3月31日至4月3日赴萨摩亚参加"中国-太平洋岛国旅游年"等活动。此外，还在4国开展了旅游交流推广活动。11月15日至17日参加了在云南昆明举办的2019中国国际旅游交易会暨2019"中国-太平洋岛国旅游年"闭幕式。

（杨　惠）

文物保护

【概况】　2019年，全省文物保护工作持续加强不可移动文物保护管理，考古工作取得丰硕成果。

【推进世界文化遗产及预备名单项目管理】　良渚古城遗址申遗成功后，省委、省政府第一时间发出贺电，省委展开专题研究，良渚古城遗址公园对外开放，"良渚与古代中国——玉器显示的五千年文明"展在故宫博物院举办，基于良渚元素创意设计的良渚文化LOGO获德国红点设计奖，良渚古城遗址相关内容被写入初高中历史、数学统编教材，"世界考古论坛良渚行"活动举办，良渚古城遗址申遗项目入围2019年省政府部门改革创新项目终评。

大运河文化遗产保护立法取得重要进展，完成省人大立法调研及《浙江省大运河世界文化遗产保护条例》草案起草相关工作。对标世界遗产管理规范，指导沿线城市开展大运河遗产保护研究与建设，强化日常巡查，进一步建设完善运河遗产监测预警体系。

杭州西湖文化景观遗产保护研究加强，监测年报被评为"中国世界文化遗产2018年度优秀监测年度报告"。

与江苏、上海向国家文物局联名推荐江南水乡古镇申报世界文化遗产。推荐杭州天目窑遗址群，温州江心屿东、西塔申报"海上丝绸之路"建议申遗遗产点。海宁海塘·潮文化景观被列入中国世界文化遗产预备名单。

【持续开展考古遗址公园体系建设】　完成嘉兴马家浜考古遗址公园博物馆建设及安吉古城遗址、龙山越国贵族墓考古遗址公园环境整治工程项目前期工作。指导完成余姚鲻山遗址、临安吴越国王陵、湖州钱山漾遗址、大溪东瓯古城遗址、桐乡谭家湾遗址等的保护规划和嘉兴马家浜考古遗址公园总体规划审批稿编制。推动绍兴宋六陵考古遗址公园保

护规划初稿编制。

【加强不可移动文物保护管理】全省52处不可移动文物新列入第八批全国重点文物保护单位（合并项目2处），是入选数量较多的省份之一。审查并向国家文物局上报涉及全国重点文物保护单位建设控制地带的建设项目41项，审查全国重点文物保护单位保护工程设计方案42项、省级文物保护单位保护工程设计方案81项，审批涉及省级文物保护单位建设控制地带的建设项目30项，审查并向国家文物局上报全国重点文物保护单位保护规划21项。"古月桥修缮工程"获"联合国教科文组织亚太地区文化遗产保护"优异项目奖，并和"泰顺廊桥——文兴桥、文重桥、薛宅桥灾后修复工程"一起参加全国优秀古迹遗址保护项目评选，获评特别推荐项目。开展2019年度省级以上文物保护单位优秀记录档案评选，产生优秀记录档案20份。

推进水下文物保护。配合做好《水下文物保护管理条例》修订。完成对舟山青浜海域沉船遗址的探摸，基本确认该沉船为"二战"时期著名的"里斯本丸号"。成立省考古学会水下考古专业委员会，举办宁波水下考古青年论坛，助推浙江水下考古学科建设和人才队伍培养。启动象山定塘湾沉船发掘前期准备，派人参与上海"长江口二号"沉船打捞。启动全省海洋文化遗产专项调查项目，编制《全省海洋文化遗产保护利用规划纲要》。

启动革命文物保护利用工程。提请省委办公厅、省政府办公厅印发《关于浙江省实施革命文物保护利用工程（2018—2022年）的意见》。召开全省革命文物保护利用工作座谈会。开展全省革命遗址调查整理，完成对全省各市、县（市、区）拟实施革命文物保护利用工程摸底汇总。推进《革命文物保护利用片区分县名单（第一批）》中列入闽浙赣片区的浙江15个县（市）革命文物的保护利用工程。杭州市出台《杭州市革命文物保护利用工程（2019—2022年）实施方案》，开展"红色记忆"系列活动，公布17处革命旧址为市级文物保护单位；丽水市抓好革命旧址维修，开展"浙西南革命精神"内涵提炼宣传；平阳县中共浙江省委"一大"旧址等一批革命遗址保护展示工程启动。杭州"五四宪法"起草地旧址保护宣传案例被推介为全国革命文物保护利用优秀案例；中共浙江省委"一大"旧址纪念馆完成改扩建并举办省委"一大"成立80周年纪念系列活动。

强化文物保护工程资质规范管理。按照国家文物局要求，完成第七批文物保护工程资质申报评审。配合做好第二批（2007年）文物保护工程甲、一级资质单位证书换发。审批新增文物保护工程乙、二级资质单位9家；备案审核新增文物保护工程丙、三级资质单位8家，业务范围增项3家。进一步加强委托下放各设区市执行的文物保护工程丙、三级资质许可事项的指导和监管。

继续协同做好历史文化名城、名镇（乡、街道）、名村（街区）申报和保护，7个镇（乡、街道）、16个村（街区）被列入第七批中国历史文化名镇名村，235个村被列入第五批中国传统村落名录。

配合完成2018年度国家重点文物保护专项补助经费审核、上报，配合做好2020年度省级文物保护专项资金安排。全年主办省人大建议1件、省政协提案6件，会办省人大建议7件、省政协提案3件。

【考古工作成效显著】全年组织实施考古调查勘探项目72项，考古发掘项目69项。德清中初鸣良渚文化制玉作坊群遗址入围2018年度全国十大考古新发现终评。评选出10项"2018年度浙江重要考古发现"。义乌市桥头遗址发掘取得重大成果，发现距今8000多年的"最早浙江人"完整遗骸；对绍兴宋六陵深入实施考古勘探，为《宋六陵省级考古遗址公园保护规划》编制提供科学依据；安吉龙山越国贵族墓八亩墩考古发现成组随葬文物。开展出土文物移交专项行动，相继完成桐庐小青龙遗址、萧山跨湖桥遗址等考古出土文物移交事项，并做好经验总结，谋划制订考古发掘出土文物移交操作规范，明确工作流程、文物移交、接收单位的责任和义务。

全面推进基本建设考古前置制度建设，配合省发改委制定《全面推行区域评估的实施意见》，出台《浙江省文物保护区域评估工作指引》，明确专业技术标准、适用条件、评估报告审批评审流程等，对全省文物保护区域评估工作进行规范、指导并启动实施。

【文旅融合初显成效】加快推进诗路文化带建设，配合完成《大运河文化带浙江建设规划纲要》《浙江省诗路文化带发展规划》编制。开展"四条诗路"沿线历史遗存摸底调查，基本摸清沿线文物资源的分布、数量、类型、保护等级等情况。完成浙东唐诗之路申报世界文化遗产可行性研究，谋划确定一批文物资源保护利用项目，其中大运河文化带保护利用项目50项，其余3条诗路137项。启动一批诗路文化带文物保护利用项目。通过"四条诗路"文化带建设，推进文物资源在文旅融合大背景下的整合，初步彰显创造性转化和创新性发展成效。

【良渚古城遗址申遗成功】 7月6日，第43届世界遗产大会上，良渚古城遗址正式列入《世界遗产名录》，成为我国第55处世界遗产和我省第3处世界文化遗产。随后，我省持续推进后申遗时代良渚古城遗址的保护、利用与宣传等工作。

【新列入52处全国重点文物保护单位】 10月7日，国务院核定公布第八批全国重点文物保护单位名单，浙江省新列入52处，其中新增项目50处，合并项目2处，全国重点文物保护单位总数达281处，居全国第四。

（宋丹妮、徐竞之）

博物馆事业

【概况】 2019年，全省博物馆事业落实《关于加强文物保护利用改革的若干意见》，较好完成预期目标。据统计，全省登记备案的博物馆396家，数量居全国第二，其中文物系统博物馆142家、行业博物馆52家、非国有博物馆207家；全年举办展览3029个、活动20170场，接待观众8360余万人次，国有博物馆藏品总数达168万余件（套）。

【推进博物馆建设】 浙江省博物馆之江馆区加快建设。浙江自然博物院安吉馆正式开馆。浙江大学艺术与考古博物馆、武义博物馆、长兴（太湖）博物馆等建成开放。嘉兴马家浜文化博物馆完成建设。松阳县博物馆扩建、义乌博物馆新馆展陈提升、宁波天一阁博物馆东扩及杭州博物馆新馆、绍兴博物馆、杭州京杭大运河博物馆、浙东运河博物馆等项目启动。召开平湖博物馆新馆等展陈概念性方案评审会。指导常山博物馆、嵊泗博物馆、嵊州越剧博物馆等新馆建设或扩建工程。支持世界旅游博物馆筹备设立。武义、松阳、安吉等地建成一批乡村博物馆（展示馆），其中武义共建成乡村博物馆（展示馆）71家，开展乡村博物馆调研并形成报告，归纳分析浙江省乡村博物馆特色模式和经验做法，召开全省乡村博物馆经验交流会。

开展博物馆标准化建设。启动《未定级国有博物馆运行评估规范》《乡村（社区）博物馆建设与管理规范》《博物馆陈列展览工程技术规范》等标准起草工作。完成《博物馆服务与管理规范》修订。配合国家文物局对4家单位进行"双随机、一公开"检查。

推进以法人治理结构为核心的博物馆改革，浙江自然博物院成立理事会，省级博物馆全部完成法人治理结构改革，9家设区市博物馆建立理事会。

配合开展全省基本公共文化服务达标工作，完成全省县（市、区）基本公共文化服务标准完成情况申报认定，基本实现县县有博物馆的目标。

【提高博物馆展览水平】 推进博物馆陈列展览精品项目，组织第十六届全国博物馆十大陈列展览精品推介并取得佳绩。参加"弘扬优秀传统文化、培育社会主义核心价值观"主题展览项目征集，"绿水青山就是金山银山——从余村出发的生态文明践行"展、"岁月如歌：1949年以来宁波经济社会发展变迁物证展"入选重点推介项目（全国共20个），"越王时代——吴越楚文物精粹"等3个展览入围推介项目（全国共80个）名单。开展第十三届（2018年度）全省博物馆陈列展览精品项目推介评选，10个展览获评精品奖，5个展览获评优秀奖。

组织全省70多家博物馆举办庆祝中华人民共和国成立70周年主题展览和活动；"良渚与古代中国——玉器显示的五千年文明展""天下龙泉——龙泉青瓷与全球化特展""丝路岁月：大时代下的小故事展"等一批重要展览均取得良好反响。

【构建馆际交流平台】 成立大运河文化带建设的首个博物馆联盟大运河（浙江）城市博物馆联盟，举办"海上流韵——大运河（浙江）海派书画家作品展"，增进馆际交流与协作。

加强博物馆数字化平台建设，开展拟举办主要展览季度信息报送与信息公布,促进博物馆资源、信息整合与传播,提高基层博物馆在数字信息媒体的曝光度,制造同类展览与活动集群效应,使博物馆公共服务综合平台发挥较好作用。

加强博物馆讲解员队伍建设,开展 2019"讲好浙江故事——全省博物馆优秀讲解案例推介活动",评选专业组与非专业组十佳优秀讲解案例和入围讲解案例;配合开展全省讲解员选拔,5 位优秀讲解员到北京参与中华人民共和国成立 70 周年主题展览讲解。

发挥博物馆社会教育功能,浙江自然博物院"博物馆奇妙夜之自然探索亲子之旅"研学课程项目被评为首届中国十佳科普研学品牌项目。会同完成全省完善博物馆青少年教育功能工作总结。

推动博物馆文创产业发展。组织全省 34 家国有、非国有博物馆组团参加第 14 届中国(义乌)文化产品交易会,并举办浙江省文化文物文创产品设计大赛优秀作品展、"创意引领美好生活"浙江省文化文物文创试点单位成果展、文博创意论坛等活动。组织浙江省文澜阁博物馆商店联盟 10 家成员单位参加第二届长三角文博会,设立展台。浙江省博物馆的文创产品销售收入首超 1000 万元。浙江自然博物院参加第一届长三角一体化创新成果展。

【加强藏品管理与体系建设】　全年完成 11 家单位 2647 件馆藏文物的定级鉴定,确认一级文物 11 件、二级文物 36 件、三级文物

550 件,并根据国家文物局部署,督促未进行藏品数据备案和藏品备案数量不足 300 件的非国有博物馆开展藏品备案增补。

推进预防性和数字化保护。提升藏品保护、管理与修复水平,指导多家单位开展馆藏文物修复保护,实施展厅展柜微环境、灯光、库房柜架改造以及囊匣配备等藏品预防性保护项目。可移动文物数字化保护项目取得初步成效,部分成果已实践应用。

提高文物保护科技水平。开展历年省文物保护科技项目结项验收并完成 2020 年度项目申报评审。发挥国家和省科研平台作用,依托纺织品文物保护基地国家文物局重点科研基地,将纺织品文物保护培训课程纳入国家文物局与国际文化财产保护与修复研究中心合作框架,推进西藏、甘肃、新疆、内蒙古、河南工作站建设。石窟寺文物数字化保护基地国家文物局重点科研基地开展文物数字化保护研发,在尼泊尔加德满都九层神庙、山西濒危壁画及本省石窟寺、石刻文物保护中应用。发挥浙江省文物保护科研基地作用,为市、县(市、区)博物馆编制馆藏文物预防性保护方案。将饱水木质文物难溶盐脱除工艺和技术应用于"小白礁Ⅰ号"清代沉船木构件等文物保护,取得成效。

推进"互联网＋中华文明"工作。完成国家文物局 2019 年度"互联网＋中华文明"示范项目申报,推动 2017 年、2018 年度已立项示范项目实施。开展第六届世界互联网大会"互联网＋中华文明"专题展览策划和筹备,协调文博单位参加主场馆和分场馆互动展示。

【抓好社会文物管理】　优化服务,做好文物拍卖企业资质管理和文物拍卖标的审核,全年新增文物拍卖企业 3 家,审核文物拍卖经营活动 64 场,审核文物拍卖标的 53743 件(套)。妥善处理疑似出土文物拍卖,及时撤拍有关标的,并约谈当事公司负责人。

【获全国博物馆界最高奖】　经推介评选,5 月 18 日,中国丝绸博物馆被评为 2019 年度"全国最具创新力博物馆",良渚博物院"良渚遗址是实证中华五千年文明史的圣地"、浙江省博物馆"越地宝藏——100 件文物讲述浙江故事"展览分获全国第十六届(2018年度)全国博物馆十大陈列展览精品奖和优胜奖。

【浙江自然博物院安吉馆开馆】10 月 22 日,浙江自然博物院安吉馆区经试运行正式开馆。该馆由 10 个场馆组成,占地 300 亩,馆舍 6 万平方米,是亚洲单体建筑最大的自然博物馆,其中生态馆与自然艺术馆展示系首创。

(季一秀、沈欣宁)

文　物　安　全

【概况】　2019 年,全省文物安全工作贯彻落实《国务院办公厅关于进一步加强文物安全工作的实施意见》《浙江省人民政府办公厅关于进一步加强文物安全工作的若干意见》等要求,围绕中心工作,坚守安全底线,推动文物安全与督察各项工作规范有序开展,完成各项任务。

【强化文物安全监管】 完善文物安全属地管理机制,推动文物安全纳入全科网格进行管理,制定出台《浙江省文物局文物安全突发事件应急预案》;开展为期6个月的消防安全大检查"回头看"专项行动,共出动人员2846人次,检查文博单位1147家次,发现各类消防安全隐患1846处;省文物局加大督导力度,出动246人次,赴59个市、县(市、区),检查文物单位124家次,发现消防安全隐患553处,印发文物安全督办函56件,提出限期整改并实行清单式管理和督办,彻底清除隐患,对存在重大安全隐患单位的主要领导进行行政约谈,就有关文博单位未通过安防工程验收擅自对外开放的下达整改督办函,责令闭馆整改;会同省消防救援总队对全省文物建筑消防隐患开展为期1个月的排查,提请省安委会对10处存在重大消防安全隐患的文物建筑实施挂牌督办。

【增强文物安全防护能力】 继续做好文物安全防范工程事前审批和事中事后监管,扩大文物安全防护设施覆盖面。批复安吉古城保护中心及博物馆等多项安防工程设计方案,验收多处安防系统工程及延福寺防雷工程,对全国文物消防安全百项工程开展中期专项评估和监管。

【精准督导查处文物违法案件】通过日常巡查、"双随机、一公开"抽查、交叉检查等方式,深入开展安全监管和行政执法检查,共出动18026人次,检查文博单位7269家次,发现文物各类安全隐患2719处,涉嫌违法行为26起。

加大文物违法案件查处和安全事故处置力度,立案查处文物违法案件25起,其中涉及文物行政违法案件23起,做出行政处罚7起,罚金110万元,涉及文物刑事犯罪案件2起。发生并处置文物安全事故6起,均为火灾事故。

加大督查力度,重点督导处理文物保护单位火灾事故4起,督办文物法人违法案件12起。针对郑义门古建筑群存在重大火灾隐患,被国务院安委会办公室挂牌督办事宜,浦江县根据要求落实整改,省文物局多次督导,确保整改按期完成并销号。

【推动文物安全配套基础工作】开展第三届全国文物行政执法指导性案例遴选,选送2份案例参与全国评查。重新修订《浙江省文物系统"双随机、一公开"抽查监管工作实施细则》,制订年度抽查工作计划,明确工作目标,确定抽查事项、方式、比例和频次。委托完善省文物安全与执法网络信息平台及其手机软件客户端功能,优化系统内容。委托开展信息安全等级保护评估及问题整改。部署开展省行政执法监管平台在文物系统内的推广应用。

(郑李潭)

队伍建设与人才培养

【概况】 2019年,坚持以习近平新时代中国特色社会主义思想为指导,全面贯彻落实全国、全省组织工作会议精神,认真落实新时代党的组织路线,贯彻落实省文化和旅游厅党组关于干部人事队伍建设的各项决策部署,以"深度

融合、优化提升、规范统一"为主线,着力抓好体制完善、干部管理、队伍建设等各项工作,为高水平建设"文化浙江""诗画浙江"提供了坚实的组织保障。

【做深做细机构改革下半篇文章】紧盯改革目标,做实做细机构改革各项工作。做好机关改革"完善"工作。"三定"规定印发后,按照机构职能配置,完成原省文化厅、原省旅游局、原省旅游质量监督管理所和原省文物监察总队99人转隶工作和机关干部定岗定职。向省深化机构改革协调小组办公室报送《浙江省文化和旅游厅关于报送机构改革工作总结的函》。制定厅机关编制、领导职数分解表,起草《浙江省文化和旅游厅内设机构"三定"规定》,对各处室职责边界进行明确,提高机关运转效率。做好系统改革"深化"文章。认真推进院团改革,组建浙江演艺集团、浙江京昆艺术中心、浙江小百花越剧院新一届领导班子(共配备班子正职6名,副职14名),建立了院团党委领导下的行政负责制度。梳理厅属事业单位职能,协调省改革办、省财政厅,起草出台《省文化和旅游厅事业单位清理规范整合方案》,顺利平稳解决胜利剧院、杭州剧院、原省文化厅招待所、省艺术研究院、信息中心等5家厅属事业单位60多名职工的改革分流工作以及人员的转隶安置工作。谋好事业单位改革"固基"路径。面对空编回收要求,主动向省委编办汇报协调,在省委编办收回空编前,协助厅属事业单位争取核准使用空编243个。在全省机构清理规范整合大背景下,组织事

业单位开展履职自评,逐个听取单位意见,做好指导和服务。认真完成厅机关本级和厅属事业单位编外用工情况调查。在省人社厅、省财政厅同意的基础上,经浙江图书馆等 10 家绩效工资水平偏低单位申请,厅党组会议审议通过,以绩效工资"分两步走"增长的方式,调高了浙江图书馆等 10 家偏低单位的绩效工资水平,有效发挥了收入分配工作的激励作用。扎实推进历史遗留问题化解工作。就"改制中人"事业养老待遇问题,积极与省事改办、省人社厅、省财政厅对接沟通,开发完成的"改制中人"事业养老待遇计算系统,推动省事改办出台了《"改制中人"事业养老待遇计算发放操作事宜》,圆满解决了遗留多年的历史问题。成功经验得到了有关部门的肯定,成为全省解决同类问题的先进典型,在全省进行推广。

【平稳高效推进公务职务与职级并行制度】 严格开展干部选拔任用。严格按照《干部选拔任用条例》要求,在省文化和旅游厅党组领导下,坚持政治标准,注重实绩导向,厅局机关提拔年富力强的处长 4 名、副处长 8 名,提任调研员、副调研员各 1 名。同时,加强干部选调交流,调任正处长 1 名,副处长 1 名,转任主任科员 1 名,从基层选调公务员 1 名。严格执行职务职级并行政策。学习和宣传新修订的《中华人民共和国公务员法》和《公务员职务与职级并行规定》,制定厅公务员职务与职级并行制度实施方案,核定厅局职级职数,完成 70 名公务员(含参公人员)职级套转,制定《浙

江省文化和旅游厅职级公务员晋升操作办法》,完成 10 名一级调研员和 20 名主任科员晋升工作。建立专班工作机制。印发《浙江省文化和旅游厅关于印发专班工作若干规定(试行)的通知》,明确专班主要职责、组织架构、运行机制、管理考核等。设立或调整 11 个工作专班,专班副组长及办公室主任由一级调研员担任,确保干部干事有岗位、事业有平台、发展有空间。严格落实政治素质考察。配合省委组织部调研组对省文化和旅游厅主要负责人政治素质考察的工作对接、谈话安排、民主测评等有关工作,撰写《省文化和旅游厅机构改革以来领导班子运行情况报告》《省文化和旅游厅年轻干部工作及队伍建设情况报告》,配合调研组对省级文化和旅游系统年轻干部有关情况进行调研和考察。

【选优配强厅属企事业单位班子】 着眼文旅事业发展全局,推进干部调整优化工作,持续改善领导班子结构。调整优化厅属企事业单位班子。结合系统运行实际,提任中国丝绸博物馆、浙江美术馆、省博物馆等 8 家事业单位的 5 名正职、14 名副职和 4 名副处级干部。加强厅属单位干部交流。调整省文物鉴定站、省交响乐团等 2 家事业单位正职各 1 名。转(调)任省文化和旅游宣传推广信息中心、省文物考古研究所、省博物馆等 3 家事业单位副职 3 名,进一步改善厅属单位干部队伍结构。规范事业单位人事管理。指导和监督厅属单位,严格按照规定流程和制度开展公开招聘工作,完成 23 家厅属单位

186 个岗 396 人次的公开招聘工作。出台《厅属事业单位人员交流暂行规定》,全年审核 19 家厅属单位报送的 81 人次聘用、交流人员材料,完成聘用 77 人。认真办理审核 21 家单位报送的 1256 人的岗位聘任事项,无一起投诉。同时,认真细致做好厅机关工资准确运行、大力推进厅属事业单位绩效工资规范化管理。扎实开展选人用人突出问题、干部因私出国(境)管理专项整治。

【认真落实从严管理各项规定】 突出制度体系构建。在深入调研的基础上,印发《中共浙江省文化和旅游厅党组关于进一步激励广大文旅干部新时代新担当新作为的实施办法》《浙江省文化和旅游厅关于干部担当作为容错免责的实施办法(试行)》。持整改纠正问题,用担当推进担当,努力营造勇于改革、敢于担当、善于作为的良好氛围。同时,协助做好厅党组"不忘初心、牢记使命"专题民主生活会。狠抓专项整治。牵头开展不担当不作为问题和领导干部配偶、子女及其配偶违规经商办企业问题专项整治。坚持问题导向,以制度管人管事,强化责任落实。下发《中共浙江省文化和旅游厅党组关于省文化和旅游厅干部管理范围的通知》,制定《浙江省文化和旅游厅机关借(聘)用、挂职人员管理办法》等制度。规范、清退机关长期借用人员 11 名,查实厅属单位选人用人问题 2 个。组织 16 名厅级领导干部开展配偶、子女及其配偶经商办企业自查。强化档案专项审核。制定《干部人事档案集中管理工作实施方案》,集中开展干部人事

档案专项审核工作"回头看",逐卷审核、自查、纠正,对厅局机关在职公务员 113 卷审核自查,收集、补充归档材料 2000 多份、照片 125 张。对 10 名同志的"三龄两历"进行调查核实,对 15 名没有进行干部人事档案专项审核的同志进行专项审核,确保档案材料的完整、齐全、真实和信息准确无误。按时向省委组织部干部人事档案管理中心移交省文化和旅游厅 109 名干部人事档案(包括纸质档案和数字档案)。严格执行个人事项报告制度,组织开展领导干部个人有关事项填报工作专题辅导,完成厅管 169 名处级干部个人有关事项填报,开展年度抽查 17 人,优秀年轻干部调研抽查 13 人,提任抽查 29 人,查核发现的 3 名漏报情节严重的领导干部受到诫勉处理,10 名领导干部被严肃批评教育。

【统筹推进人才工作】 紧紧围绕高水平建设全国文旅人才高地,积极谋划思路举措。认真做好基础工作。出台《2019 年全省文化和旅游系统人才工作要点》,认真配合做好省委人才述职工作会议,年终人才述职工作取得喜人成绩,由全省 13 名提升到第 9 名。召开厅属单位抓人才工作述职评议和新组建后的第一次厅人才工作领导小组会议。开发建立浙江省文旅人才(专家)数据平台。认真做好文化和旅游部人事司司长汪志刚一行到浙江调研的相关工作。赴成都参加全国文化和旅游系统人事工作研讨会,厅党组副书记、巡视员傅玮做经验发言。认真组织各类人才项目的申报和实施。积极组织系统开展国家"千人计划""万人计划""四个一批暨文化名家"等申报工作。开展 2019 年浙江省旅游拔尖人才评选工作,共评选 40 名培育资助名单。实施"浙江省文化和旅游创新团队""浙江省文化和旅游厅优秀专家"培育项目,评选入围创新团队 33 支,命名 17 支,优秀专家 19 名。开展 100 位文化和旅游领域领军人物遴选工作。认真组织专项培训工作。组织开展全省市、县(市、区)文化广电旅游局长培训班。举办 2019 年浙江省文化和旅游创新团队创新力提升培训班。认真做好公务员培训报名协调工作。厅领导、处级干部境内外培训班培训 15 人次,公务员"学法用法"培训班培训 50 余人次。认真组织职称评价改革工作。成立文化和旅游系列职称领导小组。完成组织 3 个系列、398 名专业技术人员的职称理论知识考试。在全国文化和旅游系统率先建立了优秀人才职称评审绿色通道制度和量化评审体系。新增演出监督专业,实现文化类所有专业都设有正高级职称。完成 16 家厅属单位 56 名专业技术人员的职称初定,完成 5 个系列专业 46 名中级专业技术人员的职称评审,完成 5 个系列中评委、高评委 516 名评审专家的遴选轮换工作。

【耐心细致做好老干部服务保障工作】 强化组织领导。专题召开省文化和旅游厅老干部工作专题会议,分析布置老干部工作,完善联络员与老干部联系机制,制定并印发《浙江省文化和旅游厅机关离退休干部服务管理办法(试行)》和《2019 年省文化和旅游厅机关老干部工作要点》。精准实施服务。针对政策调整,建立机关各处室结对退休老干部,落实服务"四个一"(一对一联系、一月一电话、一病一看望、一年一团拜),联络员结对帮扶、指导 142 名老干部安装报名系统,协助网上报名、预约。做好机关 3 个离退休党支部每月组织生活的服务工作,组织安排系统离休干部到望江山疗养院的体检疗养工作,分 2 批组织厅机关离退休老同志赴宁海和萧山开展"走基层、看变化、促发展"专题活动。精心走访慰问。为全体老干部发放生日蛋糕卡,上门看望部分不能外出参加活动的老干部,结合重大节日慰问 170 余人次,送去组织关怀。中华人民共和国成立 70 周年之际,上门为 84 名离休干部送上"庆祝中华人民共和国成立 70 周年"纪念章和慰问金。

(刘 琏)

党工团工作

【概况】 2019 年,省文化和旅游厅直属机关党委坚持以习近平新时代中国特色社会主义思想为指导,全面落实中央和省委历次全会精神,按照中央和省委部署,以"不忘初心、牢记使命"主题教育为年度重点工作,认真落实"建设清廉机关、创建模范机关"工作要求,巩固和发展系统党建机制创新和制度创新成果,着力提升系统党建工作的质量和水平,各项工作取得了新的成绩。中央主题教育第二巡回指导组和省委主题教育领导小组对省文旅厅主题教育工作给予了高度评价。

【政治建设和理论武装】　以开展"不忘初心、牢记使命"主题教育为主线,协助省文化和旅游厅党组理论学习中心组发挥龙头示范作用,突出抓好系统处级干部理论学习,教育引导系统广大党员持续深入地用习近平新时代中国特色社会主义思想、中央和省委历次全会精神武装头脑、指导实践、推动工作,切实增强"四个意识"、坚定"四个自信",做到"两个维护"。研究制定《关于在省级文旅系统开展"不忘初心、牢记使命"主题教育的实施方案》,建立主题教育领导小组、办公室及厅巡回督导组"钉钉"群、厅局机关各处室主题教育联络员群、厅属单位主题教育联络员群等3个工作平台,建立主题教育日常工作提醒机制、厅属单位工作进度周报机制、抽查检查工作机制等3项日常工作机制,推动形成厅党组以上率下作表率、领导小组和办公室多措并举共推进、厅巡回督导组有效运转强保障的工作格局。主题教育期间,厅机关党委及时把握工作节奏,扎实推进日常组织工作,共发出综合性工作提醒100次,形成厅属单位综合性周报12篇,刊发系统主题教育简报12期,抽检16家厅属单位主题教育开展情况,并5次召开全覆盖的主题教育相关工作部署会议,有效引导全系统主题教育工作方向,圆满完成主题教育各项工作。

持续加强理论武装工作。党组带头学。年初,协助厅党组制定理论中心组学习计划。厅党组全年开展理论中心组集中学习14次,专题研讨12次。其中,厅党组书记带头到基层一线上党课

4次,开展党的十九届四中全会精神宣讲1次,发表理论文章5篇次;厅党组成员围绕主题教育8个专题研讨、习近平总书记在庆祝中华人民共和国成立70周年大会上的讲话和十九届四中全会精神等开展学习交流发言共26人次。突出重点学。紧密结合理论热点,结合系统工作实际,以处级党员领导干部为重点,推动全系统在学深悟透上下功夫。在省委党校分两期举办系统"不忘初心、牢记使命"处级干部专题读书班,全系统140多名处级干部参加集中学习研讨。以"两书一章"为重点开展"读原著、学原文、悟原理"活动,组织系统处级以上干部撰写调研文章34篇。全年下达重点学习任务28次,配套下发学习用书9425册,并梳理印发34篇习近平同志在浙江任职期间关于文化和旅游方面的讲话著述等,对系统党组织理论学习做全面部署。全面覆盖学。大力推广应用"学习强国"学习平台,做到在职党员基本全覆盖,推动系统全体党员理论学习经常化日常化。在首批主题教育中,全系统70个在职支部,835名在职党员,累计开展集中自学355场,参与5010人次,围绕8个专题开展专题研讨212场,参与2333人次,系统在职党员全部完成通读精读必读书目,实现全覆盖。党的十九届四中全会召开后,第一时间制订学习宣传方案,充分发挥系统优势,多形式、深层次、全覆盖开展全会精神学习宣传,全系统累计开展各类宣传30余次,覆盖系统全体党员。

全力推动意识形态责任落实。积极应对省委专项检查。牵

头应对省委对省文化和旅游厅2018年度意识形态责任制落实情况检查,全面推动检查反馈意见的整改。坚持问题导向,建立"挂牌销号"制度,将省委反馈的6个方面问题,细化成23项重点整改问题清单,提出了68项具体整改措施,并按照整改要求有序推进。协助厅党组书记认真开展对台州市委2018年度落实意识形态责任制情况重点检查,完成对台州市委的检查反馈意见报告。同时,协助抓好全省文化和旅游系统网军队伍建设,组织开展网络评论实战演练。健全完善意识形态工作制度。强化意识形态领域重要工作部门的政治定位,积极主动作为,起草并推动厅党组与厅属单位逐家签订意识形态工作责任书。修订《中共浙江省文化和旅游厅党组落实意识形态工作责任制实施方案》,制订厅党组落实意识形态工作责任清单18条,修订加强论坛、展览以及外出讲课管理办法,进一步明确相关责任、分解和细化任务,推进意识形态工作制度建设。强化意识形态分析研判。坚持意识形态综合分析研判制度,协助厅党组召开意识形态综合分析研判会2次,开展意识形态形势学习5次,列入党组会意识形态相关议题4次,并定期向省委报告省级文化和旅游系统意识形态责任制履行情况。此外,利用手机客户端在线开展系统干部思想状况问卷调查,全系统1132名干部职工参与调查,并运用大数据对系统干部思想状况做出综合分析。

【组织建设】　贯彻落实党和国家机关党建工作会议和全省机关党

建工作座谈会精神,聚焦系统基层组织建设工作存在的突出问题,以党支部标准化规范化建设为重点,优化组织设置、强化组织生活、细化基础管理,全面提升系统基层组织的政治功能和组织功能。

进一步推动组织设置科学化。机关机构改革后,第一时间组建厅直属机关党纪工团妇组织,及时完成全国党员信息系统党组织框架的调整。紧扣厅属单位改革工作实际,及时推进厅属涉改单位党组织的科学规范设置工作。新组建浙江演艺集团有限责任公司、浙江京昆艺术中心、浙江小百花越剧院等7家单位的党组织,并专门出台3个文件理顺涉改的3家党委单位的党工团组织管理关系。完成浙江自然博物院等2家涉改厅属单位党组织的更名工作和浙江省旅游质量监督所等5家厅属单位党组织的撤销工作。同时,推动浙江省文物考古研究所等8家厅属单位党组织完成换届工作,对13名厅属单位党组织正副书记进行届中调整,并批复成立了浙江之江文化中心建设工程指挥部临时党支部,组织设置调整率高达84.6%,有效强化了厅党组对系统各项单位的政治领导。

进一步推动组织生活规范化。研究出台《关于在省级文化和旅游系统推进党员政治生日活动的通知》,严格执行"三会一课"、民主生活会、组织生活会、主题党日等制度,坚持单位领导班子成员"双重组织生活"情况半年度通报制度。系统党员领导干部全年参加"双重组织生活"共计1600余次,实现厅党组成员、各单位党组织书记、支部书记上党课全覆盖,仅在主题教育中,全系统领导干部和支部书记就累计深入基层讲党课155场次,让组织生活"严起来"。同时,积极丰富组织生活形式,在建党98周年前夕举办系统党员领导干部"七一"集体政治生日活动,组织系统1900名党员参加网络党史党务知识竞赛,举办"中国共产党的初心和使命"专题讲座,组织观看红色话剧《雄关漫道》等,并选派省考古所王宁远同志代表我省参加全国"我和祖国共成长"演讲比赛,选派省考古所郑嘉利同志参加省直机关"千名支书上党课"宣讲比赛并获二等奖等。同时,推动厅属各单位通过举办征文比赛、创排剧目、参观展览、举办论坛等形式,使组织生活"活"起来。

进一步推动业务培训多元化。开展单位分类培训。研究制定《2019年度省级文旅系统党员教育和党务人员分类培训方案》,在系统内开展以"深化党风廉政建设,打造清廉文旅单位"为主题的文博图事业单位类党建培训班、以"促进文旅融合,提升文旅系统高校基层党支部书记履职能力"为主题的高校基层党支部书记培训班、以"强化党建工作创新,助推企业持续健康发展"为主题的企业类单位党务培训班、以"打造特色党建品牌,筑牢基层党组织堡垒"为主题的艺术片区事业单位党建培训班等4期党建分类培训,强化分类指导,提升系统基层党组织工作的科学化水平。开展干部分类培训。积极推进各级干部业务能力建设。举办两期系统处级干部专题读书班,组织37名基层党组织书记参加省级机关党校支部书记培训班,组织10名党委建制单位的基层党支部组织委员参加省直机关党务干部培训班,持续提升系统党务干部服务党建工作的能力和水平。开展党务专题培训。召开《中国共产党支部工作条例(试行)》专题学习会,推动各单位严格贯彻落实新时代党的组织路线,把党支部建设放在更加突出的位置;举办理论学习平台建设专题培训会,落实中宣部"学习强国"学习平台建设工作会议精神,做好"学习强国"学习平台的建设和运用;举办年度党内统计专题培训会,持续做好系统党内统计工作培训,完成年度党内统计任务。

进一步推动日常管理标准化。提升支部建设水平。深度实施党支部建设提升工程,全面实行"六强"先锋党支部培育和"六规范"党支部底线管理,开展系统"六强六规范"党支部创建活动,浙江旅游职业学院艺术系学生支部、浙江艺术职业学院宣传部支部等2家基层党支部获评省直机关先锋支部。强化党建考核。结合工作实际,对《系统各单位党组织年度自我评估指标》进行修订,进一步明确党建工作要求。落实党组织负责人3级述职制度。年初,厅党组书记召开系统党组织负责人述职会议,8名党组织负责人在会上做口头述职,其余单位党组织负责人全部完成书面述职。按照分级管理原则对基层党组织开展星级评定,在厅属单位层面评定出五星党组织7个,四星党组织17个,三星党组织5个。严格党务日常管理。在党员"进、出、管、育、爱"5个方面下功夫,把政治标准放在首位,把好党员入口关,建立党员发展工作联系制度,重视做好高知识群体发展党员工作,做好新党员和发展对象的集中轮训工作,全年新发展党员 377 名。完成系统各单位党费账户、工会账户的变更,继续推进党费独立建账核算,全面强化系统党费的日常收缴管理。

【作风效能】 贯彻落实中央和省委关于"建设清廉机关、创建模范机关"和开展"三服务"工作的有关部署,以深入开展"清廉单位、模范单位"建设为载体,突出调研查摆、突出问题整改、突出"四风"整治,在全面加强和改进作风上出实招,党组织向心力、凝聚力、战斗力得到有效提振。

下沉一级抓调查研究。坚持效果导向,深入贯彻落实省委关于开展"三服务"工作的有关部署,推动"清廉单位、模范单位"建设各项工作落实。元旦春节期间,组织系统党员干部开展春节回乡调研,形成调研报告 25 篇。开展党建工作专题调研,2 篇论文获得全省机关党建课题研究优秀论文。在主题教育中深入开展"三服务"及文化和旅游专项调研工作,全系统累计开展调研 234 场次,累计发现各类工作问题 302 个,其中现场解决 248 个,现场解决率 82%。对于发现的所有问题建立台账,区分情况、列出清单、细化分工、明确责任,调研发现工作问题已基本整改到位,满意率为 100%。

问题导向抓专项整治。积极开展"最佳制度供给、最佳服务项目、最佳组织举措"项目创建,2 个案例获评全省机关"三个最佳"优秀案例。针对省直机关 2018 年度作风建设专题民主评议中对省文化和旅游厅的 9 条反馈意见和主题教育专项整治中发现的 34 个问题,建立问题清单销号机制,确保问题"件件有回音、事事有着落"。特别是针对基层党组织软弱涣散问题专项整治,第一时间明确整治方案,对照"政治意识淡化、党的领导弱化、党建工作虚化、责任落实软化"等机关党建"灯下黑"问题,扎实开展"五查五看",仔仔细细找差距,认认真真抓整改。结合主题教育工作,对 7 家厅属单位基层党组织开展了党建工作抽查,对 23 家厅属单位征求了意见建议。对省文化和旅游厅确实存在的差距,认真剖析原因,对症制定药方,研究提升措施,即查即改推动落实。作风建设民主评议反馈的 9 条意见和专项整治的 34 项重点问题全面完成整改。

整治"四风"抓全面清正。严格落实中央"八项规定"和省委"36 条办法"精神,在重要节庆时点,结合系统实际,抓住关键环节,紧盯各种形式的"四风"反弹回潮、隐形变异新动向新表现,全年组织开展党建和党风廉政建设情况大督查、正风肃纪明察暗访 4 次,累计出动 70 余人次,督查检查厅属单位党组织 30 家次,开展谈话 100 余人次,查阅原始资料 200 余本。广泛开展教育提醒,通过 OA 系统、"钉钉"工作群、廉政短信平台等渠道,转发各类通报、查处的违纪违法案例和廉言纪语提醒短信 750 条次,做到时时提醒、人人对照。针对形式主义、官僚主义 10 种新表现,坚持对信访举报、监督执纪中发现的"四风"问题先查先办、快查快处,营造风清气正的良好氛围。

【党风廉政建设】 认真协助厅党组落实管党治党政治责任,全年 38 次厅党组会累计列入党建和党风廉政建设议题 34 项,以上率下明确责任分工,抓重点、攻难点、出亮点,持续压紧压实系统各单位党建和党风廉政建设主体责任,有效提升党建主责主业意识,推动系统政治生态保持稳定向好。

抓廉政教育。组织开展系统警示教育月活动,召开系统警示教育大会、廉政集体谈话会,厅局机关干部和厅属单位班子成员共 280 余人次接受教育。组织党员干部 100 余人集中观看了《以案为鉴　警钟长鸣》警示教育片。组织厅局机关副处级以上干部和厅属单位班子成员共 100 余人集中到省法纪教育基地参观警示教育展。组织系统各单位纪检监察干部共 21 人在杭州纪检监察培训中心参加省级宣传文化系统纪检监察干部业务培训班,切实提高了履职尽责水平。

抓分析研判。制定出台《厅党组关于开展政治生态建设评估工作的实施意见》,坚持每半年开展党风廉政建设情况督查,定期召开例会对系统政治生态情况开展分析研判,做到见人见事点问题,并针对问题逐一下发通知要求整改,确保问题一一解决,筑牢廉政风险防线。积极强化廉政风险防控,开展廉政风险点排查,共排查出廉政风险点 489 个,制定防控措施 572 条,切实提高系统廉政风险防控的针对性和有效性。

抓执纪问责。推动出台《浙

江省文化和旅游厅关于学习贯彻省委推进清廉浙江建设决定的通知》，构建"1＋10＋N"党风廉政政策体系，推动清廉思想、清廉制度、清廉规则、清廉纪律、清廉文化融入文化和旅游事业发展的全过程。贯彻落实省文化和旅游厅《监督执纪工作规则》，准确把握运用监督执纪"四种形态"，严格分类处置问题线索，使党纪轻处分和组织处理成为大多数，严重违纪的重处分、做出重大职务调整成为少数，严重违纪涉嫌违法立案审查的是极少数。全年共收到信访件35件，其中厅本级25件，上级转发10件，已办结33件。全年系统开展各类提醒谈话共100余次，立案2人，给予党纪处分2人，诫勉谈话2人，批评教育2人。

【群团活力】 坚持党建带群建，支持群团组织独立开展工作，加强人文关怀，培育积极健康的系统文化氛围，凝聚力量助推文化和旅游事业改革发展。加强自身建设。结合省文化和旅游厅机关机构改革实际，调整系统群团组织领导班子，强化群团组织力量配备。召开年度系统群团工作会议，对系统2019年群团工作做出全面部署。梳理系统民主党派和无党派人士，加强与民盟浙江省委会、民进浙江省委会的对口联系。开展职工之家创建工作，5家单位工会通过"先进职工之家"评审验收，5家基层分工会通过"先进职工小家"评审验收。推进工会组织和会员实名制数据库建设。举办2019年度系统工会干部培训班，派员参加省直机关工会主席培训班、省直机关统战工作研讨班、省直机关党外干部培训班等，加强自身队伍建设。服务中心大局。选拔省直属机关知识界人士联合会第二届会员和各民主党派省委换届有关人选。开展"青年文明号"创建工作，指导全省文化和旅游系统8家单位、7位个人争创"省级青年文明号""省级青年岗位能手"并向团省委推荐上报。举办纪念五四运动100周年暨"文旅青年说"主题活动，开展系统工会干部浙江自然博物院考察学习活动，组织系统单身青年职工联谊等。派员参加"中国梦·劳动美"诗词创作大赛荣获一等奖，组队参加省直机关庆祝中华人民共和国成立70周年篮球邀请赛获季军，推荐系统优秀青年参与省直机关"跟着总书记读好书"讲书大赛获优秀奖。推进关心关爱。面向基层开展春送慰问、夏送清凉、秋送助学、冬送温暖工作。年内明确56个高温户外工作点，组织各单位工会对1156名高温工作人员进行重点慰问。建立困难职工档案动态管理机制，做好档案梳理工作，年末对系统43名困难职工开展慰问。做好劳模待遇落实情况统计和入库资料更新，组织系统27名劳模参加体检并于年末开展慰问。深化职工医疗互助保障工作。组织系统工会干部疗休养活动。认真施行"1加1"行动计划，开设书画、太极拳、瑜伽等10个系统工会兴趣小组，丰富系统职工业余文体生活。

（黄　辉）

大事记

ZHEJIANG CULTURE AND TOURISM YEARBOOK

2019年浙江省文化和旅游大事记

1月

7日 省文化和旅游厅厅长褚子育接待温州市副市长苗伟伦及新任局长一行；参加省委常委会第七十七次会议；参加2018年度全省党委（党组）书记抓基层党建和人才工作述职评议会。厅党组副书记、巡视员傅玮赴省博物馆参加浙江省博物馆领导班子聘（任）期考核大会。副厅长许澎与对外合作交流处商2019年合作交流重点工作安排；与市场管理处商处室分工及对接长三角第二十六次演出业务洽谈会、第十二届国际演出项目交易会；听取办公室2018年省政府目标考核及厅重点工作督办情况汇报。省文物局局长柳河赴北京参加全国文物局长会议（至9日）。副厅长杨建武参加省政府会议，听取国家自然资源督查上海局反馈"大棚房"整治暗访发现问题情况；参加全省"大棚房"问题专项清理整治行动视频会议。副厅长刁玉泉参加大运河郎朗音乐节启动仪式。副厅长卢跃东赴文化和旅游部对接中国（义乌）文交会有关事项（至8日）。

8日 省文化和旅游厅党组书记、厅长褚子育主持召开会议，听取厅各工作专班工作思路汇报，厅领导许澎、刁玉泉、叶菁出席会议。厅长褚子育、副厅长刁玉泉听取浙江音乐学院、浙江艺术职业学院、浙江旅游职业学院2019年工作思路情况汇报；参加浙江艺术职业学院新年音乐会。厅党组副书记、巡视员傅玮赴浙江艺术职业学院参加《中国共产党支部工作条例（试行）》专题辅导讲座，厅直属机关党委委员、纪委委员，厅局机关各处室负责人，厅局各单位党组织负责人及下属党支部负责人共220余人参加。副厅长许澎参加与省消防安全第十一考核组工作见面会；接待嘉兴文化广电旅游局局长一行。副厅长杨建武赴广东韶光参加中国旅游景区协会二届四次理事会暨第三届中国景区创新发展论坛（至11日）。副巡视员任群参加全省扫黑除恶专项斗争视频会议。

9日 省文化和旅游厅厅长褚子育、副厅长刁玉泉赴省委办公厅汇报新春团拜会方案。厅长褚子育接待阿里巴巴副总裁胡臣杰一行；接待绍兴市文化广电旅游局局长一行。厅党组副书记、巡视员傅玮参加省委宣传部民主生活会征求意见座谈会；参加浙江省2019年贯彻落实国家重大政策措施情况等审计进点会议。副厅长许澎接待四川乐山市副市长周伦斌一行；赴萧山会见上海、江苏、中国演出行业协会出席长三角国际演出项目交易会代表团领导。副厅长叶菁赴台州调研旅游公共服务和非遗工作。

10日 省文化和旅游厅党组书记、厅长褚子育和厅党组副书记、巡视员傅玮接待省政协副主席周国辉一行8人，厅机关相关处室负责人参加。厅长褚子育参加袁家军省长征求部分省直单位主要负责人对省委常委会和省政府党组的意见建议座谈会。厅党组副书记、巡视员傅玮赴中国丝绸博物馆调研。副厅长许澎赴萧山参加长三角第二十六次演出业务洽谈会、第十二届国际演出项目交易会开幕式。副厅长刁玉泉参加"最多跑一次"改革工作例会；研究重点剧目推进事宜。副厅长叶菁赴温州调研旅游公共服务和非遗工作。

11日 省文化和旅游厅厅长褚子育赴省文物局听取文物局各处室工作思路汇报；参加省政府第十六次常务会。厅党组副书记、巡视员傅玮参加国务院农民工工作领导小组会议暨保障农民工工资支付工作电视电话会。省文物局局长柳河参加省直文物单位务虚会。副厅长刁玉泉赴浙江艺术职业学院参加纪念改革开放40周年浙江省舞台艺术成果展。副厅长叶菁赴丽水参加戏曲进乡村会议。副厅长卢跃东接待浙江大学旅游与休闲研究院院长庞学铨一行；赴建德参加"名山名湖名江名城"浙皖黄金旅游线设计大赛颁奖晚会暨第十八届中国·17℃建德新安江旅游节闭幕式，对接文化和旅游融合及严州古城战略合作框架协议有关工作。副巡视员任群参加浙江省慈善联合会总会新春公益答谢晚会。

12日　省文化和旅游厅副厅长叶菁参加丽水"乡村春晚"大会。副厅长卢跃东赴建德出席"浙皖一家亲"杭黄高铁万人互游活动启动仪式。

14日　省文化和旅游厅厅长褚子育、省文物局局长柳河参加县（市、区）委书记工作交流会。厅长褚子育参加省委常委会第七十八次会议；参加省委常委会第七十九次会议。厅党组副书记、巡视员傅玮召开会议，商议机关党总支组建工作。副厅长卢跃东听取产业发展处关于2019年旅游宣传推广的工作汇报。

15日　省文化和旅游厅党组书记、厅长褚子育主持召开2019年第一次厅党组会议、第一次厅长办公会议，厅领导傅玮、许澎、柳河、杨建武、刁玉泉、叶菁、卢跃东、任群出席会议，省文物局副局长、厅局机关各处室、各专班负责人参加会议，派驻纪检督察组刘志斌列席会议。厅长褚子育参加省委传达文件会议。厅党组副书记、巡视员傅玮接待民盟省委会专职副主委徐燕峰一行6人到厅调研。副厅长许澎赴中国丝绸博物馆调研。副厅长刁玉泉接待德清县副县长一行。

16日　省文化和旅游厅党组书记、厅长褚子育和厅党组副书记、巡视员傅玮参加省级文化和旅游系统党建和人才工作述职会议，系统各单位党政主要负责人，厅局机关各处室负责人等70余人参加。副厅长许澎参加省属旅游行业协会座谈会。省文物局局长柳河组织召开局机关老干部新春座谈会；听取省博物馆协会换届准备情况汇报。副厅长刁玉

泉参加党支部学习会。副厅长卢跃东调研有关金融企业及各大银行；听取义乌市政府关于中国（义乌）文交会和旅博会筹备情况汇报。

17日　省文化和旅游厅领导褚子育、傅玮、许澎、柳河、杨建武、叶菁、任群参加厅局机关处室考评述职大会。厅长褚子育、省文物局局长柳河参加省纪委十四届四次全会第一次大会。副厅长刁玉泉审查省委、省政府团拜会准备情况。副厅长叶菁参加图书高评委会。副厅长卢跃东参加浙江省文化产业促进会二届理事会五次全体会议。

18日　省文化和旅游厅厅长褚子育接待衢州市副市长吕跃龙、文化和旅游局局长一行；接待永嘉县县长。厅党组副书记、巡视员傅玮参加浙江交响乐团聘期考核。副厅长许澎参加省食安委2019年第一次全体会议；赴浙江歌舞剧院参加党员领导干部民主生活会，并督查党建和党风廉政建设。省文物局局长柳河参加《浙江通志·文物志》初审会。副厅长刁玉泉参加艺术系列职称评审会。副厅长卢跃东参加聚焦数字经济、推进文化产业高质量发展暨文化产业促进会年会开幕式；参加2019浙江沿海高速文化和旅游主题推广活动启动仪式。

19日　省文化和旅游厅厅长褚子育到之江文化中心现场踏看，之后在转塘街道参加专题会议。副厅长许澎参加浙江省海外侨胞新春茶话会。副厅长卢跃东参加2019浙江沿海高速文化和旅游主题推广活动启动仪式。

20日　省文化和旅游厅副厅长许澎赴北京参加2019年全

国文化和旅游市场管理和综合执法工作会议（至23日）。

21日　省文化和旅游厅党组书记、厅长褚子育主持召开2019年第二次厅党组会议、第二次厅长办公会议，厅领导傅玮、柳河、杨建武、叶菁、卢跃东、任群和派驻纪检监察组组长王乐出席会议。省文物局副局长、厅局机关各处室、各工作专班负责人参加会议。厅长褚子育接待舟山市副市长方维及文化和广电旅游局书记、局长一行。副厅长许澎赴北京参加全国文化和旅游市场管理和综合执法工作会议（至22日）。省文物局局长柳河参加省鉴定站民主生活会；看望老同志；接待国家文物安全督导组。副厅长刁玉泉赴希腊、埃及执行出访任务（至29日）。

22日　省文化和旅游厅厅长褚子育接待金华市委常委、宣传部部长吕伟强，文化广电旅游局局长一行。厅党组副书记、巡视员傅玮组织召开会议商议厅工会组建工作。省文物局局长柳河参加浙江省文化馆民主生活会；参加浙江图书馆民主生活会。副厅长叶菁参加省精神文明建设委员会全体成员会议；走访慰问老干部。副厅长卢跃东赴温州调研海洋文化旅游工作（至23日）。

23日　省文化和旅游厅厅长褚子育、省文物局局长柳河参加全省宣传思想工作会议。厅党组副书记、巡视员傅玮参加浙江艺术职业学院党代会；慰问老干部。副厅长许澎赴文化和旅游部对接工作。副厅长杨建武、叶菁列席全省宣传思想工作会议。副厅长叶菁参加浙江昆剧团民主生活会、党建工作督查。副巡视员

任群参加进口博览会总结表扬活动。

24日　省文化和旅游厅厅长褚子育参加省安委会全体成员会议;参加之江文化中心项目方案汇报会暨基建专班工作例会。厅党组副书记、巡视员傅玮参加浙江音乐学院民主生活会。副厅长许澎参加境外浙江籍中国公民与机构安全保护工作联席会议机制部分成员单位会议;参加省推动长江经济带发展领导小组会议。省文物局局长柳河参加非遗中心民主生活会;参加局党政联席会议。副厅长杨建武出访老挝、柬埔寨(至31日)。副厅长叶菁参加浙江小百花越剧团民主生活会、党建工作督查;参加群文高评委会。副厅长卢跃东参加浙江新远集团民主生活会、党建工作督查。副巡视员任群参加全省民族宗教工作会议。

25日　省文化和旅游厅厅长褚子育、省文物局局长柳河参加中共浙江省委召开的"两会"党员代表、委员会议。厅长褚子育、副厅长卢跃东参加省文化和旅游厅与杭州银行战略合作签约仪式。厅长褚子育参加省考古所民主生活会。厅党组副书记、巡视员傅玮参加浙江旅游职业学院党代会;参加省委宣传部专题协调会。省文物局局长柳河参加省文化政协界别召集人会议。副厅长卢跃东参加省文化艺术研究院和旅游宣传推广中心民主生活会。

26日　省文化和旅游厅厅长褚子育参加省政协十二届二次会议开幕式。厅党组副书记、巡视员傅玮组织召开"改制中人"问题碰头会。省文物局局长柳河参加省政协十二届二次会议(至30日)。

27日　省文化和旅游厅厅长褚子育参加浙江省第十三届人民代表大会第二次会议(至31日)。

28日　省文化和旅游厅副厅长许澎接待省台办副主任章启忠一行,商议2019文化和旅游对台交流事宜;接待杭州上城区副区长一行;参加浙江话剧团民主生活会、党建工作督查。副厅长叶菁参加浙江越剧团民主生活会、党建工作督查。副厅长卢跃东参加党支部学习会。

29日　省文化和旅游厅党组书记、厅长褚子育主持召开2019年第三次厅党组会议、第三次厅长办公会议,厅领导傅玮、许澎、柳河、叶菁、卢跃东、任群出席会议。省文物局副局长、厅局机关各处室、各工作专班负责人以及派驻纪检监察组副组长汪樟德列席会议。厅党组副书记、巡视员傅玮参加省政协第十二届委员会第二次会议委员小组联组讨论。副厅长许澎参加浙江自然博物院民主生活会、党建工作督查。副厅长叶菁参加省政协第十二届委员会第二次会议委员小组联组讨论。副厅长卢跃东参加浙江新远集团2018年度经营管理目标责任制考核会议。副巡视员任群参加中国丝绸博物馆民主生活会。

30日　省文化和旅游厅厅长褚子育参加省政协十二届二次会议闭幕式;与副厅长刁玉泉赴浙江歌舞剧院审查省委、省政府新春团拜会节目。厅党组副书记、巡视员傅玮赴浙江美术馆参加民主生活会。副厅长许澎参加"两会"人大湖州组讨论;走访慰问老同志。

31日　省文化和旅游厅厅长褚子育、副厅长卢跃东参加全省文化和旅游系统安全生产会议。厅党组副书记、巡视员傅玮参加浙江艺术职业学院民主生活会;参加新成立的厅直属机关党委民主生活会;参加厅班子民主生活会征求"两会"代表、委员及老干部、高知代表、党外人士意见座谈会。副厅长许澎与浙江工商大学商议文化和旅游部杭州"青年汉学研究班"事宜。省文物局局长柳河参加省文物局机关民主生活会。副厅长刁玉泉走访慰问老同志;接待泰顺县政府领导一行;参加艺术处党支部组织生活会。副厅长卢跃东参加2019年春节前后安全防范工作视频会议。

2月

1日　组织召开全省文化广电旅游局长会议。省文化和旅游厅党组书记、厅长褚子育出席会议并做工作报告。厅党组副书记、巡视员傅玮主持会议,厅领导许澎、柳河、杨建武、刁玉泉、叶菁、卢跃东、任群、王森,各市、县(市、区)文化广电旅游局局长,省文物局副局长,省文化和旅游厅、省文物局机关各处室、各工作专班和厅属各单位主要负责人参加会议。厅长褚子育、副厅长刁玉泉在省人民大会堂审查省委、省政府新春团拜会节目。副厅长卢跃东参加全省安全生产暨消防工作电视电话会议。

2日　省文化和旅游厅机关组织开展省级文化和旅游系统新春团拜会,厅领导褚子育、傅玮、许澎、柳河、刁玉泉、叶菁、卢跃东、任群参加,厅局机关全体干部、厅属单位党政负责人参加。厅长褚子育、副厅长许澎参加厅机关老干部迎新茶话会。厅长褚子育、省文物局局长柳河、副厅长刁玉泉参加省委、省政府新春团拜会。厅长褚子育赴富阳场口镇参加全省文化礼堂村晚活动。厅党组副书记、巡视员傅玮赴浙江交响乐团参加民主生活会。

3日　组织召开省文化和旅游厅班子民主生活会,省委宣传部副部长葛学斌、干部处处长陈洁、驻政协纪检监察组组长王乐、副组长刘志斌、省委组织部干部一处副调研员张斌列席,厅领导褚子育、傅玮、许澎、柳河、杨建武、刁玉泉、叶菁、卢跃东、任群、王淼参加。

11日　组织召开省级文化和旅游系统工作总结表彰部署会议、党建和党风廉政建设工作会议。省文化和旅游厅党组书记、厅长褚子育做工作报告。派驻纪检监察组组长王乐对纪检监察和党风廉政建设提出具体要求。会议由厅党组副书记、巡视员傅玮主持,厅领导许澎、柳河、杨建武、刁玉泉、叶菁、卢跃东、任群、王淼,省文化和旅游厅、省文物局机关全体工作人员和厅属各单位领导班子成员参加会议。厅长褚子育、副厅长卢跃东接待省文投集团有关负责人。厅长褚子育参加省委理论学习中心组"习近平总书记在省部级主要领导干部专题研讨班上的重要讲话精神"专题学习会和省委常委会第八十二次会议;接待杭州市文化广电旅游局局长一行。

12日　省文化和旅游厅厅长褚子育陪同省委书记车俊赴嘉兴调研(至13日)。厅党组副书记、巡视员傅玮参加中宣部开展增强"四力"教育实践工作电视电话会议。省文物局局长柳河与省考古所商量工作。

13日　省文化和旅游厅副厅长杨建武赴省政府办公厅沟通汇报工作。厅党组成员、省文物局局长柳河参加党支部组织生活会。副巡视员任群赴北京参加全国艺术创作工作会议(至16日)。

14日　省长袁家军到省文化和旅游厅调研走访,厅党组书记、厅长褚子育代表厅党组做工作汇报,厅领导傅玮、许澎、柳河、杨建武、刁玉泉、叶菁参加。厅长褚子育陪同省委常委、宣传部部长朱国贤现场调研浙江省之江文化中心建设工程;接待援疆指挥部副指挥长陈建忠一行。副厅长许澎到浙江话剧团参加赴台行前会。省文物局局长柳河陪同省政协主席葛慧君到浙江自然博物院安吉馆调研。副厅长卢跃东参加第四次省扫黑除恶专项斗争领导小组(扩大)会议和省委政法工作会议。

15日　省文化和旅游厅厅长褚子育,副厅长许澎、卢跃东听取市场推广工作专班汇报。厅长褚子育参加浙江旅游职业学院民主生活会。厅党组副书记、巡视员傅玮参加省委老干部工作领导小组会议。副厅长许澎参加第十九届亚运会组委会第三次执行委员会会议暨第三次全体委员会会议。省文物局局长柳河与良渚管委会商量工作。副厅长叶菁参加省文学艺术界联合会八届四次全委会;参加浙江省文学艺术界2019年新春联欢会。

18日　省文化和旅游厅厅长褚子育参加省对口工作领导小组第十二次会议和省委退役军人事务工作领导小组第一次全体会议。厅党组副书记、巡视员傅玮参加2019年第一次基层党建工作联席会议;参加全省统战部长会议。厅党组成员、省文物局局长柳河参加局机关处室支部党建述职;接待丽水市松阳县委书记一行。副厅长杨建武参加省政协"促进民宿和农家乐健康规范发展"专题座谈会。

19日　厅党组书记、厅长褚子育主持召开省文化和旅游厅2019年度第四次党组会、第四次厅长办公会,厅领导傅玮、许澎、柳河、杨建武、刁玉泉、叶菁、卢跃东出席,厅局机关各处室、各工作专班负责人列席。厅长褚子育、省文物局局长柳河参加省政府第三次全体会议。省文物局局长柳河参加省政协文化文史委会议。副巡视员任群参加2019年浙江在线重大主题宣传新闻恳谈会。

20日　省文化和旅游厅领导褚子育、许澎、柳河、杨建武、刁玉泉、叶菁参加省级宣传文化系统党风廉政建设工作会议。厅长褚子育接待省建工集团领导。厅党组副书记、巡视员傅玮参加全省组织部长会议暨新时代组织工作高质量发展研讨班;参加省反邪教工作视频会议。省文物局局长柳河与省考古所商量工作。副厅长杨建武、卢跃东赴萧山开元森泊湘湖驿站接待世界旅游联盟秘书长一行。副厅长杨建武参加浙江京剧团民主生活会。副厅长刁玉泉参加浙江省博物馆民主生活会。副厅长卢跃东与世界旅游联盟秘书长对接中国(义乌)文交会和旅博会事宜,并考察萧山金融港湾。

21日　省文化和旅游厅领导褚子育、刁玉泉、叶菁接待省武警总队政委张喜文一行。厅长褚子育参加省委网络安全和信息化委员会全体会议。厅党组副书记、巡视员傅玮参加全国脱贫攻坚专项巡视整改工作电视电话会议。副厅长许澎出访台湾,参加"浙江文化节"暨"诗画浙江"旅游推广活动(至27日)。省文物局局长柳河赴省政协机关参与商谈绍兴宋六陵有关事宜;接待兰溪市领导。副厅长杨建武参加2019世界旅游联盟理事会、年会及"湘湖对话"前期筹备工作通气会;参加省扶贫开发领导小组会议。副厅长刁玉泉研究参加中国艺术节剧目修改事宜。副厅长卢跃东赴浙江昆剧团、浙江歌舞剧院有限公司调研。

22日　省文化和旅游厅厅长褚子育和副厅长杨建武、刁玉泉听取政府数字化转型工作专班工作汇报。厅长褚子育接待杭州市拱墅区副区长一行;接待腾讯·大浙网总裁马小燕一行;接待衢州市柯城区委书记一行;参加浙江宁夏经济社会发展情况交流座谈会。副厅长刁玉泉接待上海音乐学院及衢州文化广电旅游局负责人一行。副厅长卢跃东赴浙江越剧团、浙江曲艺杂技总团调研;参加省委改革办召集的研究省文化和旅游厅"最多跑一次"改革向公共服务领域延伸扩面以及相关改革座谈会。

24日　省文化和旅游厅副厅长叶菁出访俄罗斯、保加利亚。(至3月3日)

25日　省文化和旅游厅厅长褚子育、省文物局局长柳河陪同中国驻联合国教科文组织领导考察良渚。厅党组副书记、巡视员傅玮参加中共浙江省第十四届委员会常务委员会第八十三次会议;参加省委全面深化改革委员会第二次会议。副厅长许澎在台湾参加"浙江文化节"暨"诗画浙江"旅游推广活动(至27日)。省文物局局长柳河接待文成县领导。副厅长杨建武赴北京参加文化和旅游部2019"中老旅游年""中柬文化旅游年"工作协调会。副厅长刁玉泉组织歌剧《在希望的田野上》修改工作。

26日　省文化和旅游厅厅长褚子育检查之江文化中心开工仪式现场准备情况;参加省政府第五次专题学习会。组织召开全省文物局长会议,省文物局局长柳河,副局长郑建华、曹鸿,局机关处室负责人和全体机关干部参加(至27日)。副厅长刁玉泉组织歌剧修改工作,并与主创对接。副厅长卢跃东参加省委农村工作会议;参加浙江省中小学生研学旅行启动暨首批省级研学基地、营地授牌仪式。

27日　省文化和旅游厅厅长褚子育参加省委宣传部2018年度党委(党组)意识形态工作责任制落实情况重点检查工作动员部署会;出席全省文物局长会议并讲话;参加省委对台工作领导小组会议。厅党组副书记、巡视员傅玮参加全省维护国家政治安全和全国"两会"信访稳定工作会议。副厅长刁玉泉陪同省委常委、宣传部部长朱国贤到浙江音乐学院考察调研。副厅长卢跃东听取宁海县关于中国旅游日活动工作方案的汇报;参加全国"两会"期间安全防范工作视频会议。副

巡视员任群赴上海参加全国红色故事讲解员大赛集中展示活动(至28日)。

28日　省文化和旅游厅领导褚子育、傅玮、许澎、柳河、杨建武、刁玉泉、卢跃东,厅局机关各处室、专班负责人,以及厅局机关干部、部分厅属单位人员共80余人,参加全省扩大有效投资重大项目集中开工仪式。厅长褚子育在萧山区钱江世纪城亚运村地块,参加省委、省政府统一组织的义务植树活动;参加深化"最多跑一次"改革推进政府数字化转型专题会议;向副省长成岳冲汇报省文化和旅游厅相关工作。省文物局局长柳河接待黄岩区领导一行。副厅长卢跃东参加省内非政府组织管理工作协调小组会议。

3月

1日　省文化和旅游厅领导褚子育、许澎、柳河、杨建武、刁玉泉、卢跃东、任群以及厅局机关全体干部、厅属单位党政负责人,参加厅领导班子和领导干部年度考核会。厅长褚子育接待丽水市常务副市长林亮一行;参加省政府第十八次常务会议。厅党组副书记、巡视员傅玮参加省委全面依法治省委员会第一次全体会议。副厅长杨建武参加"大棚房"问题专项清理整治行动电视电话会议。副厅长卢跃东赴义乌观看浙江越剧团《牡丹亭》演出。

4日　省文化和旅游厅党组书记、厅长褚子育主持召开2019年第五次厅党组会议、第五次厅长办公会议,厅领导傅玮、许澎、柳河、杨建武、刁玉泉、叶菁、卢跃东、任群出席会议。厅局机关各

处室、各工作专班负责人参加会议。厅长褚子育、副厅长杨建武接待衢州市文化广电旅游局局长一行。厅长褚子育与意识形态专项检查组组长、浙江日报报业集团党委书记、社长唐中祥谈话。省文物局局长柳河与省人大教科文卫委商量大运河立法工作。副厅长卢跃东参加"最多跑一次"改革工作例会。

5日　省文化和旅游厅厅长褚子育、副厅长许澎出席万人非洲行新闻发布会。厅领导褚子育、杨建武、卢跃东接待杭州市委常委、萧山区委书记及省农行领导一行。厅长褚子育、副厅长卢跃东听取改革专班工作汇报。厅长褚子育听取浙江艺术职业学院院长、浙江小百花越剧团团长等工作汇报。厅党组副书记、巡视员傅玮参加厅直属机关党委委员会议。副厅长许澎参加意识形态工作责任制落实情况检查谈话。省文物局局长柳河参加意识形态工作责任制落实情况检查谈话。副厅长刁玉泉接待金华市金东区委宣传部负责人一行。

6日　省文化和旅游厅厅长褚子育、副厅长杨建武陪同副省长成岳冲赴德清开展"三服务"活动。省文物局局长柳河赴嘉兴开展"三服务"活动(至7日)。副厅长刁玉泉与浙江美术馆负责人商量工作。副厅长卢跃东陪同文化和旅游部资源开发司副司长徐海军赴义乌对接中国(义乌)文交会和旅博会工作。

7日　省文化和旅游厅领导褚子育、傅玮、杨建武先后听取乡村旅游专班、人才工作专班工作汇报,各专班组成人员一同参加。厅长褚子育赴舟山调研自贸区、

海岛旅游等工作,开展"三服务"活动(至8日)。副厅长许澎赴安吉县开展调研及"三服务"活动(至8日)。副厅长叶菁参加省政府妇儿工委全体(扩大)会议。副厅长卢跃东参加浙江省推进长三角一体化发展行动方案研究专题会议。

8日　省文化和旅游厅厅长褚子育参加全省宣传思想战线开展增强"四力"教育实践工作视频会议。省文物局局长柳河组织召开"两个文件"务虚会。副厅长刁玉泉组织召开《红船》剧本论证会。副厅长卢跃东参加省政府专题研究我省促进消费工作会议。

11日　省文化和旅游厅厅长褚子育、副厅长杨建武接待丽水市委常委、景宁畲族自治县委书记一行;接待文成县委书记一行。厅领导褚子育、卢跃东与建德市签订关于支持严州古城发展合作备忘录。厅长褚子育向省委常委、宣传部部长朱国贤汇报省委巡视整改情况;赴台州督查台州市意识形态责任制落实情况,开展"三服务"活动及文化和旅游专项调研(至13日)。厅党组副书记、巡视员傅玮出访津巴布韦、坦桑尼亚,赴两国磋商旅游合作,对接"万人游非洲"事宜(至18日)。副厅长许澎参加省委专题会议,研究我省信用"531X"工程建设情况和金融综合服务平台建设情况。省文物局局长柳河与宁波市局和余姚区领导商量河姆渡遗址公园建设工作;参加全省文物消防安全紧急视频会议。副厅长杨建武接待泰顺县领导一行。副厅长刁玉泉赴温州调研院团发展情况,对接第十四届浙江戏剧节相关事项。副厅长叶菁参加乡村

振兴会议。副厅长卢跃东赴阿里巴巴调研文化和旅游产业情况。

12日　省文化和旅游厅副厅长许澎参加省旅行社协会会长会议;会见德国途易旅游集团公司驻北京办事处主任。省文物局局长柳河陪同国家文物局副局长胡冰一行调研温州、丽水文物工作(至15日)。副厅长杨建武参加省政协座谈会。副厅长刁玉泉赴温州调研院团发展情况,对接第十四届浙江戏剧节相关事项;参加文化和旅游融合山水课堂暨小百花班招生新闻发布会。副厅长卢跃东参加省统一行政执法监管("互联网+监管")平台建设专题工作会议;赴义乌参加全省反恐怖工作会议暨铁路与地方公安警务融合现场会。

13日　省文化和旅游厅副厅长许澎接待江苏省文化和旅游厅副厅长经圣贤一行。副厅长杨建武参加"大棚房"整治情况督查(至15日)。副厅长刁玉泉观看慈溪市青瓷瓯乐作品《听瓷》汇报演出。副厅长叶菁赴绍兴调研非遗旅游融合工作。副厅长卢跃东赴金华市婺城区调研。

14日　省文化和旅游厅领导褚子育、许澎、杨建武、刁玉泉、卢跃东、任群接待省委组织部常务副部长张学伟到厅调研谈话。副厅长刁玉泉参加省"一大"召开80周年纪念活动有关工作协调会。副厅长叶菁赴舟山考核健康浙江情况。副厅长卢跃东参加2018年度旅游总评榜联审会。副巡视员任群参加全省人民防空指挥部会议。

15日　省文化和旅游厅领导褚子育、许澎、柳河、杨建武、卢跃东、任群参加省领导干部会议,

学习全国"两会"精神。厅长褚子育、副厅长卢跃东与上海市文化和旅游局局长于秀芬一行共同研究长三角区域文化和旅游融合发展工作。厅长褚子育参加省级宣传文化单位巡视整改落实情况专题会议;参加省委 2018 年度选人用人"一报告两评议"工作会议。副厅长许澎参加厅系统植树活动,厅局机关部分处室负责人、机关干部参加。省文物局局长柳河陪同国家文物局领导到杭州调研。副厅长杨建武参加"3·15 国际消费者权益日"纪念大会和省市场监管工作座谈会。副厅长刁玉泉赴上海向文化和旅游部艺术司领导汇报工作。副厅长卢跃东接待衢州市文化广电旅游局局长一行。

16 日 省文化和旅游厅副厅长许澎参加 2019 年文化和旅游部对外工作会议(至 19 日)。

18 日 省文化和旅游厅厅长褚子育参加省委常委会第八十四次会议;听取省文物局局长柳河工作情况汇报。省文物局局长柳河组织召开省级文物片党建工作联席会议。副厅长刁玉泉赴金华参加施光南音乐节开幕式。副厅长叶菁赴上海参加公共文化产品供给侧改革现场经验交流会。副厅长卢跃东赴中央文化和旅游管理干部学院参加第六期全国文化和旅游厅局长培训(至 29 日)。

19 日 省文化和旅游厅厅长褚子育、副厅长杨建武接待杭州市委常委、余杭区委书记一行;参加之江文化中心建设工程指挥部第二次会议。厅长褚子育接待绍兴市文化广电旅游局局长。副厅长许澎赴北京市延庆区陪同副省长冯飞考察世界园艺博览会浙

江馆准备情况。省文物局局长柳河与省消防救援总队政委一同检查文保单位安全工作。副厅长杨建武参加"西湖一键智慧游"上线仪式。

20 日 省文化和旅游厅党组书记、厅长褚子育主持召开 2019 年第六次厅党组会议、第六次厅长办公会议,厅领导傅玮、许澎、柳河、刁玉泉、叶菁出席会议,厅局机关各处室、各工作专班负责人参加会议。厅长褚子育接待温州市文化广电旅游局局长一行;接待腾讯集团高级顾问陈发奋一行。副厅长杨建武赴舟山调研。副巡视员任群参加省政协重点提案遴选协商会。副巡视员王森赴缙云县参加文化和旅游融合改革试验区座谈会。

21 日 省文化和旅游厅厅长褚子育向副省长成岳冲汇报中国(义乌)文交会与旅博会筹备情况;接待嵊州市副市长钱群飞;到省文投集团与总裁姜军商议工作;参加省委人才工作领导小组第二次会议。副厅长许澎接待宁波市文化广电旅游局局长一行;与厅办公室商"三地"调研课题;参加"国际国内市场精准营销"座谈会;参加省台湾事务办公室宴请台湾台中市副市长令狐荣达一行。省文物局局长柳河赴建德梅城调研。副厅长杨建武在舟山出席浙江省十大海岛公园建设座谈会。副厅长刁玉泉赴龙游县开展调研。

22 日 省文化和旅游厅领导褚子育、傅玮接待省直机关工委书记郑才法一行。厅长褚子育参加全省教育大会。厅党组副书记、巡视员傅玮参加浙江歌舞剧院等 3 家改制院团"改制中人"事业退休待遇问题协调会。副厅长

许澎组织召开省部共建政策起草协调会;接待文化和旅游部合作交流局副局长刘士军一行。副厅长杨建武赴湖州参加北京市文化和旅游局组织召开的座谈会。副厅长叶菁参加省人大教科文卫委员会组织的座谈会。副巡视员任群参加全省宗教工作督查整改工作专题会。

23 日 省文化和旅游厅厅长褚子育、副厅长杨建武参加世界旅游联盟总部暨世界旅游博物馆开工仪式。副厅长许澎参加 2019 驻外文化和旅游机构主任下基层调研组座谈会。

24 日 省文化和旅游厅副厅长许澎陪同 2019 驻外文化和旅游机构负责人下基层调研组考察湖州、绍兴。

25 日 省文化和旅游厅厅长褚子育主持召开厅安全工作领导小组全体成员会议,厅领导傅玮、许澎等出席,厅安全工作领导小组成员参加。厅长褚子育、副厅长许澎接待芬兰赫尔辛基-乌西玛大区代表团。厅长褚子育参加省委车俊书记会见宴请台湾嘉宾活动。省文化和旅游厅副厅长许澎接待台湾南投观光局访问团;参加省长袁家军会见宴请芬兰赫尔辛基-乌西玛大区代表团及签字仪式。省文物局局长柳河参加局机关党政联席会议。副厅长杨建武参加由副省长彭佳学、省政协副主席陈小平组织召开的农家乐民宿主题座谈会;接待杭州市西湖区文化和广电旅游体育局局长一行。副厅长刁玉泉听取浙江省文化和旅游发展研究院建设方案汇报。副厅长卢跃东参加第六期全国文化和旅游局长培训(至 29 日)。

26日　省文化和旅游厅领导褚子育、傅玮、刁玉泉商议院团领导班子建设。厅领导褚子育、傅玮听取老干部工作情况汇报。厅长褚子育接待省二轻集团董事长虞岳明;接待新华社中国经济信息社浙江中心主任吕雪辉一行;接待世界旅游联盟副秘书长王昆欣一行;观摩歌剧《呦呦鹿鸣》。副厅长许澎陪同文化和旅游部文化市场综合执法监督局副局长李晓勇一行3人赴飞猪网调研。副厅长杨建武赴绍兴上虞、柯桥等地调研浙东唐诗之路和大运河文化带建设情况(至27日)。副巡视员任群参加配合中央扫黑除恶督导准备工作部署会。

27日　省文化和旅游厅厅长褚子育、副厅长许澎到省旅游集团调研;研究省省共建工作。厅长褚子育陪同省委常委、组织部部长黄建发考察浙江音乐学院。副厅长许澎出席杭州市余杭区文化和旅游产业融合大会。省文物局局长柳河一行赴新西兰、萨摩亚参加"中国-新西兰旅游年""中国-太平洋岛国旅游年"活动开幕式(至4月3日)。副厅长杨建武参加省政府专题会议,研究农家乐民宿产业发展工作。副厅长刁玉泉参加浙江音乐学院活动。副厅长叶菁赴绍兴参加嵊州越剧文化节。

28日　省文化和旅游厅厅长褚子育听取富民强省行动计划专班工作情况汇报;参加省政府第二十次常务会议;接待天台县委书记一行;接待新昌县县长一行。副厅长许澎参加全省森林防灭火和防汛抗旱工作电视电话会议;接待浙江经视总监林涌一行。副厅长刁玉泉组织人员讨论良渚

文艺演出活动有关策划工作。副厅长叶菁赴衢州市调研文化和旅游工作(至29日)。

29日　省文化和旅游厅厅长褚子育参加全省建设平安浙江工作会议;参加省政协以"促进民宿和农家乐健康规范发展"为主题的第八次民生协商论坛;接待衢州市文化广电旅游局局长一行。厅党组副书记、巡视员傅玮参加省级文化和旅游系统2019年度群团工作会议;参加省数字经济发展领导小组2019年第一次全体会议。副厅长许澎参加省演出业协会年会和中国旅游饭店协会常务理事会;参加全省道路交通安全工作领导小组会议;参加韩国传统服饰与织物展开幕式及"韩国之夜"活动。副厅长刁玉泉赴宁波参加乡村音乐节启动仪式。副巡视员任群参加全省新时代文明实践中心建设推进会。

30日　省文化和旅游厅副厅长杨建武参加杭州市西湖区2019杭州茶文化博览会暨西湖龙井开茶节开幕式。

4 月

1日　省文化和旅游厅党组书记、厅长褚子育主持召开2019年第七次厅党组会议、第七次厅长办公会议,厅领导傅玮、许澎、杨建武、刁玉泉、叶菁、任群出席会议,厅局机关各处室、各工作专班负责人参加会议。厅长褚子育参加中央扫黑除恶第十一督导组督导浙江省工作动员会。副厅长许澎参加省政府世界园艺博览会工作协调会。副厅长卢跃东赴青岛参加文化和旅游部召开的全国产业发展工作会议(至3日)。

2日　省文化和旅游厅厅长褚子育、副厅长刁玉泉参加省文化改革发展工作领导小组暨深化宣传文化领域"最多跑一次"改革工作会议。厅长褚子育参加中央扫黑除恶督导组个别谈话;与省文物局、科技与教育处和中国丝绸博物馆商议与浙江理工大学共建丝绸学院事宜。厅党组副书记、巡视员傅玮参加全省干部人事档案工作会议。副厅长许澎参加省十三届人大二次会议代表建议和省政协十二届二次会议提案交办会;参加省委领导赴港澳出席活动工作安排协调会。副厅长叶菁参加"农业农村优先发展体制机制和政策体系研究"课题协调会。副巡视员任群参加浙江省第六届畲族风情旅游文化节、第二届民族乡村"百村论坛"暨竹柳新桥第二十六届"三月三"畲族歌会活动。

3日　组织召开迎接中央扫黑除恶第十一督导组督导工作汇报会,省文化和旅游厅厅长褚子育、副厅长许澎参加会议。厅长褚子育、副厅长杨建武参加浙江省新时代文化艺术创研基地建设工程指挥部会议。厅机关组织召开省级文化和旅游系统干部警示教育大会,厅领导傅玮、叶菁、王森等出席,厅局机关全体干部参加。副厅长杨建武赴仙居县参加省级扶贫结对帮扶工作仙居团组会议,乡村旅游专班负责人陪同(至4日)。

4日　省文化和旅游厅厅长褚子育接待绍兴市副市长顾涛一行。副厅长许澎参加深化"最多跑一次"改革推进政府数字化转型工作例会;参加浙江省对捷克合作联席会议第一次全体会议。

省文物局局长柳河与浙江自然博物院负责人商议有关工作。副厅长卢跃东参加浙江省"一带一路"建设境外安全保障工作协调机制全体（扩大）会议。

8日 省文化和旅游厅厅长褚子育参加中共浙江省第十四届委员会常务委员会第八十六次会议；接待湖州长兴县委书记一行；接待江山市委书记童炜鑫一行。副厅长许澎召开赴欧洲出访活动协调会；参加省商务厅组织召开的2019香港经贸活动讨论协调会；接待浙江省游戏协会理事长一行。省文物局局长柳河主持召开省属文博事业单位改革相关事宜；接待省编办调研组一行。副厅长杨建武参加嘉兴市大运河文化旅游与古镇建设座谈会。副厅长卢跃东出席文化和旅游部在浙江艺术职业学院举办的全国文艺骨干培训班（戏剧编导）开班仪式并授课。

9日 省文化和旅游厅领导褚子育、傅玮、许澎、柳河、杨建武、刁玉泉、叶菁、卢跃东、任群接待省人大常委会副主任姒健敏一行，并召开座谈会，厅相关处室负责人参加。厅长褚子育参加中央扫黑除恶第十一督导组与浙江省第一次对接会；接待原物产集团隋剑光一行。副厅长卢跃东参加全省文化和旅游产业工作会议；参加省扫黑除恶领导小组第5次全体会议。

10日 省文化和旅游厅领导褚子育、傅玮、柳河商议省文博单位领导班子建设。厅长褚子育接待省事业单位改革调研组到厅调研。厅党组副书记、巡视员傅玮参加省社会主义学院2019年民主党派中青年骨干培训班"政

情交流"座谈会。省文物局局长柳河随省政协文史委赴江山市调研。副厅长杨建武接待安吉县县长一行。副厅长刁玉泉听取国庆文艺晚会和良渚文艺晚会方案。副厅长叶菁参加第三十五届兰亭书法节开幕式。副厅长卢跃东参加全省文化和旅游产业工作会议；参加民盟中央调研座谈会。

11日 省文化和旅游厅厅长褚子育接待诸暨市副市长俞越一行；接待宁波博物馆馆长。厅党组副书记、巡视员傅玮参加全省海防工作会议。副厅长许澎参加嵊州市文化旅游月活动开幕式及"花样周末•剡溪风情"系列活动启动仪式；参加浙江省游戏行业协会年会。省文物局局长柳河赴松阳调研。副厅长杨建武参加省山海协作领导小组第二次会议。副厅长刁玉泉参加全省网络综合治理工作座谈会；与省政协文化文史和学习委专职副主任周雷一行对接"送文化下乡"事项。副厅长卢跃东听取省广电集团关于京津冀主题推广活动汇报；赴杭州市拱墅区调研。副巡视员任群参加全民科学素质行动计划实施工作电视电话会议；参加"西施故里与杭同城——2019诸暨春季文化和旅游新品（杭州）发布会"。

12日 省文化和旅游厅厅长褚子育、省文物局局长柳河参加专题研究大运河文化保护传承利用规划编制工作汇报会。厅长褚子育参加浙江省信用浙江建设领导小组会议。副厅长许澎赴湖州参加浙江省旅行社协会乡村旅游分会成立大会。副厅长杨建武参加长三角旅游援疆联盟•南疆旅游推荐周（杭州站）活动。副厅长刁玉泉参加2019年省部标准

化工作联席会议。副厅长卢跃东赴湖州龙之梦调研；走访省二轻集团；参加文化和旅游融合的绍兴实践暨打造文化和旅游融合样板地启动仪式。副巡视员任群参加省电子商务工作领导小组第七次全体会议。

13日 省文化和旅游厅厅长褚子育赴丽水调研。副厅长刁玉泉赴上虞参加活动；参加绍兴目连戏新昌调腔版《目连救母》（上、下本）汇报演出开演仪式。

14日 省文化和旅游厅厅长褚子育参加景宁畲族自治县创A级景区城市动员大会。副厅长卢跃东赴宁波参加文化和旅游部第四期演出市场执法以案施训培训班开班仪式。

15日 省文化和旅游厅党组书记、厅长褚子育主持召开2019年第八次厅党组会议、第8次厅长办公会议，厅领导傅玮、许澎、柳河、杨建武、刁玉泉、叶菁、卢跃东出席会议，省文物局副局长及厅局机关各处室、工作专班负责人参加会议。厅领导褚子育、杨建武、刁玉泉听取数字化转型工作专班汇报，数字化转型工作专班成员单位、处室负责人参加。厅长褚子育、省文物局局长柳河参加县（市、区）委书记工作交流会。副厅长许澎与合作交流处商上海世界旅游博览会及第十五届海峡旅游博览会参展筹备工作。省文物局局长柳河陪同副省长成岳冲赴安吉考察。副厅长叶菁参加全国群星奖决赛座谈会。副厅长卢跃东参加文化和旅游部第四期演出市场执法以案施训培训班开班仪式（至16日）。副巡视员任群参加全省防汛防台抗旱工作视频会议；参加国务院安委

会"防风险　保平安　迎大庆"消防安全执法检查专项行动动员部署视频会议。

16日　省文化和旅游厅副厅长许澎组织召开"浙非合作大会"及"万人游非洲"筹备工作协调会。省文物局局长柳河陪同全国政协领导考察浙江省博物馆。副厅长叶菁为全省公共文化社文处(科)长培训班讲课;赴温州参加全省推进非遗保护工作创新发展会议(至17日)。

17日　省文化和旅游厅领导褚子育、杨建武、刁玉泉等观看越剧《枫叶如花》。厅领导褚子育、柳河向副省长成岳冲汇报良渚申遗及后续宣传推介工作。厅长褚子育应邀参加全省人大教科文卫工作专题座谈会,并做文化和旅游工作专题讲座。厅党组副书记、巡视员傅玮参加甘肃代表团招商推介。副厅长许澎接待上海驴妈妈旅游网国际旅行社张达总经理一行;接待庆云县副县长一行;赴上海参加第十六届上海世界旅游博览会。副厅长杨建武赴绍兴嵊州参加浙东唐诗之路座谈会。副厅长刁玉泉参加省政协十二届一次艺术团会议暨换届会议;参加现代京剧《生如夏花》(暂名)开拍仪式新闻发布会。副厅长卢跃东赴江西上饶参加2019年全国旅游安全培训与应急演练(至19日)。副巡视员任群参加2019浙江省旅游集团新产品发布会。

18日　省文化和旅游厅厅长褚子育参加2018年度党委(党组)意识形态工作责任制落实情况重点检查工作汇报会;参加甘肃·浙江两省工作交流会。厅党组副书记、巡视员傅玮参加省政

协座谈会;赴宁波参加全省农村文化礼堂建设工作现场会。副厅长许澎参加第十六届上海世界旅游博览会开幕式;参加第十六届上海世界旅游博览会浙江展团专业洽谈日活动。省文物局局长柳河向省委宣传部副部长葛学斌汇报工作。副厅长杨建武陪同常务副省长冯飞赴四川考察对接东西部扶贫协作工作(至20日)。副厅长叶菁赴台州调研当地非遗工作(至19日)。

19日　省文化和旅游厅厅长褚子育参加省美丽浙江建设领导小组会议;参加省政府第二十一次常务会议。厅党组副书记、巡视员傅玮参加全省农村文化礼堂建设工作现场会;参加全省新时代文明实践中心建设推进会。副厅长许澎参加海峡旅游博览会开幕式暨"一带一路"沿线国家共拓旅游市场战略合作协议签约仪式;参加"世界旅游联盟"、中国旅游研究院举办的"中国(厦门)海洋旅游热力论坛"。副厅长卢跃东参加《浙江省人民政府关于推进文化和旅游高质量融合发展的实施意见》专家论证会;参加2018浙江旅游总评榜颁奖典礼。

20日　省文化和旅游厅副厅长许澎参加世界旅游城市联合会2019中国(厦门)休闲旅游大会。副厅长刁玉泉参加2019西湖论剑·网络安全大会。

21日　省文化和旅游厅副厅长刁玉泉赴北京参加国家艺术基金资助项目管理专题培训。

22日　省文化和旅游厅党组书记、厅长褚子育主持召开2019年第九次厅党组会议、第九次厅长办公会议,厅领导傅玮、许澎、柳河、叶菁、卢跃东、任群出席

会议,厅局机关各处室、专班负责人参加。厅长褚子育参加省委常委会第八十七次会议;参加省深化国有企业改革工作领导小组第一次会议。副厅长许澎与市场管理处商议星级饭店暗访整改工作及成立网络表演审批内容审核小组事宜;参加省委领导赴港澳出席活动协调会。副厅长杨建武参加乡村旅游情况专题调研座谈会;参加专题研究《浙江省"五个千亿"投资工程2019年度实施计划》编制工作会议。副厅长刁玉泉赴北京参加国家艺术基金资助项目管理专题培训(至24日)。副厅长卢跃东参加省人大座谈会,审议《浙江省家庭教育促进条例(草案)》。

23日　省文化和旅游厅党组书记、厅长褚子育和厅党组成员、省文物局局长柳河参加国务院第二次廉政工作会议和省政府第二次廉政工作会议。厅长褚子育参加中华人民共和国成立70周年浙江省旅游饭店展视频录制。厅党组副书记、巡视员傅玮参加全省高校党的建设和思想政治工作会议。副厅长许澎组织召开国有企业改革旅游板块专项小组会议。副厅长杨建武参加浙江省知识产权强省建设工作联席会议。副厅长叶菁参加浙江省全民阅读节暨杭州市西湖读书节启动仪式。副厅长卢跃东接待省政协副秘书长、民进浙江省委会专职副主委刘毅到厅调研。

24日　省文化和旅游厅党组书记、厅长褚子育和厅党组成员、省文物局局长柳河参加省委十四届五次全体(扩大)会议和全省防范化解重大风险专题培训班(至26日)。厅长褚子育参加中

央扫黑除恶第十一督导组与浙江省第二次对接会。厅党组副书记、巡视员傅玮参加浙江小百花越剧团聘期考核；赴浙江昆剧团、浙江省文物考古所调研。副厅长杨建武赴中央文化和旅游管理干部学院授课。副厅长卢跃东参加解决"两不愁三保障"突出问题和考核整改工作电视电话会议。副厅长刁玉泉参加台州乱弹现代戏《我的大陈岛》演出观摩活动。

25日　省文化和旅游厅厅长褚子育参加浙江·上海推动长三角宣传思想文化和旅游工作一体化发展座谈会；参加省委书记车俊、省长袁家军接待奥地利总理塞巴斯蒂安·库尔茨一行宴请活动。厅党组副书记、巡视员傅玮参加全省防范化解重大风险专题培训班。副厅长许澎组织召开国有企业改革旅游板块部分国有企业集团座谈会；陪同有关领导考察浙江省博物馆；组织召开省星级饭店暗访整改工作部署会；赴常山参加2019海峡两岸（常山）赏石文化交流展暨第三届常山赏石文化节。副厅长杨建武在中央文化和旅游管理干部学院就"乡村振兴战略背景下的乡村旅游发展"做专题授课。副厅长刁玉泉陪同文化和旅游部科技与教育司司长孙若风考察浙江旅游职业学院。副厅长叶菁参加嘉兴南湖革命纪念馆军民融合活动基地挂牌仪式。副厅长卢跃东参加2019中国嘉善乡村旅游节开幕式。副巡视员任群参加2019年"南孔圣地·衢州有礼"城市品牌发布会暨"全球免费游衢州"民宿主题推介会。

26日　省文化和旅游厅党组副书记、巡视员傅玮，副厅长刁

玉泉观摩浙江话剧团新剧《青青余村》。副厅长许澎参加2019海峡两岸（常山）赏石文化交流展暨第三届常山赏石文化节开幕式；参加衢州旅游台湾市场推广行动首发式。副厅长刁玉泉参加厅属艺术单位党建工作现场交流活动；接待文化和旅游部人才中心主任李立中。

27日　省文化和旅游厅厅长褚子育、副厅长卢跃东参加第14届中国（义乌）文化产品交易会和第十一届中国国际旅游商品博览会开幕式，并陪同文化和旅游部部长雒树刚调研考察。厅长褚子育观看浙江话剧团新创话剧《青青余村》。副厅长许澎参加第14届中国（义乌）文化产品交易会"澳门创意馆"开馆仪式；参加浙江省"一带一路"文化和旅游精品展。

28日　省文化和旅游厅厅长褚子育参加省委全面深化改革委员会第三次会议。厅党组副书记、巡视员傅玮参加厅直属机关党委委员会；参加省级文化和旅游系统纪念五四运动100周年暨"文化和旅游青年说"主题活动。省文物局局长柳河参加省人大大运河立法调研（至29日）。

29日　省文化和旅游厅厅长褚子育、副厅长许澎参加中华人民共和国成立70周年浙江省旅游饭店改革开放成就展。厅长褚子育接待舟山市文化广电旅游体育局党组书记、局长一行；出席中国丝绸博物馆和浙江理工大学共建国际丝绸学院签约仪式。厅党组副书记、巡视员傅玮参加绍兴文化旅游推介会。副厅长许澎参加全省打击治理电信网络新型违法犯罪工作联席会议成员单位

座谈会。副厅长杨建武参加全省巾帼助力乡村振兴工作现场会。副厅长刁玉泉参加上海国际戏剧节座谈会。副厅长叶菁出席浙江省优秀非遗旅游产品发布仪式。副厅长卢跃东参加2019浙江省第五届森林休闲养生节暨第七届杜鹃花节；赴宁海调研文化和旅游产业工作。副巡视员任群参加第六届全国残疾人职业技能竞赛浙江筹备工作领导小组第一次会议。

30日　省文化和旅游厅党组书记、厅长褚子育主持召开2019年第十次厅党组会议、第十次厅长办公会议，厅领导傅玮、许澎、柳河、杨建武、刁玉泉、叶菁出席会议，厅局机关各处室、工作专班负责人参加。厅长褚子育参加全省假日旅游安全视频会议；参加省政府第六次专题学习会；参加推进高校、国企和金融企业深化纪检监察体制改革动员部署会。厅党组副书记、巡视员傅玮参加省委人才工作例会。副厅长许澎参加浙江省饭店业文化和旅游融合高峰论坛。省文物局局长柳河主持召开文物局2019年第三次党政联席会议。副厅长卢跃东在宁海调研文化和旅游产业工作。

5月

4日　省文化和旅游厅厅长褚子育、副厅长刁玉泉参加浙江音乐学院钢琴系青年教师音乐会。

5日　省文化和旅游厅厅长褚子育参加省委常委会第88次会议；参加郎朗世界钢琴分馆揭牌仪式。副厅长许澎组织召开

"浙非合作大会暨万人游非洲活动"第三次协调会;接待台湾旅行业品质保障协会理事长许晋睿一行。副厅长杨建武参加正式入驻之江文化中心现场办公动员大会。副厅长刁玉泉参加2019中国大运河国际钢琴艺术节暨郎朗杯钢琴大赛。副厅长卢跃东参加《有请发言人》栏目摄制;赴省政府办公厅沟通文化市场综合执法改革相关事宜;赴扬州参加首届大运河文化旅游博览会(至6日)。

6日　省文化和旅游厅党组书记、厅长褚子育主持召开2019年第十一次厅党组会议、第十一次厅长办公会议,厅领导傅玮、许澎、柳河、叶菁、任群出席会议,厅局机关各处室、各工作专班负责人参加会议。厅长褚子育参加省推进长三角一体化发展工作领导小组第一次(扩大)会议。副厅长许澎会见挪威诺德兰郡经济发展部副部长特里一行;接待文化和旅游部国际合作交流局副局长朱琦一行,陪同考察浙江旅游职业学院、世界旅游联盟总部及湘湖景区。省文物局局长接待仙居县文化广电旅游局局长一行;赴萧山机场迎接国务院消防考核组。副厅长叶菁参加杭州市拱墅区半山立夏民俗活动和传统工艺工作站揭牌仪式;参加全国推进公共文化领域重点改革任务培训班,陪同公共服务司领导赴温州调研(至8日)。副厅长卢跃东赴北京参加创建国家文化与金融合作示范区专家评审会(至7日)。

7日　省文化和旅游厅厅长褚子育接待湖州市文化广电旅游局负责人到访;参加省政协第九次民生协商论坛。厅党组副书

记、巡视员傅玮接待天津市文化和旅游厅领导一行;参加第二次全国地名普查总结视频会议。副厅长许澎陪同文化和旅游部领导参观浙江音乐学院;参加"意会中国"——"一带一路"艺术大师工作坊开班仪式。省文物局局长柳河参加浙江省安全和消防工作考核巡查汇报会,并陪同国务院消防考核组考核。副巡视员任群出席第三届中国浙江(义乌)曲艺展演开幕式并观摩专场演出。

8日　省文化和旅游厅厅长褚子育参加省之江文化中心EPC总承包合同签字仪式;赴北京参加"致敬人民音乐家、改革先锋施光南"专家研讨会(至9日)。副厅长许澎接待文化和旅游部"艺海流金"活动先遣组;商议省委领导出访欧洲文化和旅游配套活动方案;与联合国世界旅游组织秘书处对接出访拜会事宜;协调澳门"根与魂"非遗展团组赴澳事宜。省文物局局长柳河参加省政协送文化下乡活动。

9日　省文化和旅游厅副厅长许澎组织召开省文化和旅游厅核心业务梳理工作碰头会;参加《浙江日报》创刊70周年座谈会。副厅长卢跃东参加安徽"美好大皖南·迎客长三角"——2019年皖南国际文化旅游示范区(核心区)赴长三角城市(杭州)旅游推介会;赴宁海参加中国旅游大讲堂。副巡视员任群参加全省"十四五"规划编制工作会议。

10日　省文化和旅游厅领导褚子育、许澎、刁玉泉、叶菁、任群等参加省级宣传文化系统警示教育大会。厅长褚子育、副厅长许澎参加"浙非合作大会"暨"万人游非洲"首发团活动。厅长褚

子育参加深化"最多跑一次"改革推进政府数字化转型第六次专题会议。厅党组副书记、巡视员傅玮和厅党组成员、省文物局局长柳河参加省政府第二十二次常务会议。厅党组副书记、巡视员傅玮参加文化和旅游部人事司职称改革座谈会。副厅长叶菁出席第三届中国浙江(义乌)曲艺传承发展论坛。副厅长卢跃东为中国旅游大讲堂授课。

11日　省文化和旅游厅副厅长许澎出访非洲3国(至20日)。

13日　省文化和旅游厅厅长褚子育参加省委常委会第八十九次会议;参加全省高质量建设美丽浙江暨高水平推进"五水共治"大会。厅党组副书记、巡视员傅玮参加全国就业创业工作暨普通高等学校毕业生就业创业工作电视电话会议。省文物局局长柳河陪同国务院消防考核组检查考核。副厅长刁玉泉参加省人大常委会副主任姒健敏在西湖区主持开展的接待人大代表活动。副厅长叶菁参加嘉兴市图书馆理事会成立仪式;参加省人大组织召开的座谈会。

14日　省文化和旅游厅党组书记、厅长褚子育主持召开2019年第十二次厅党组会议、第十二次厅长办公会议,厅领导傅玮、柳河、刁玉泉、叶菁、卢跃东、任群出席会议,省文物局副局长、厅局机关各处室、工作专班负责人列席会议。厅党组书记、厅长褚子育出席全省新任文化和旅游局长培训班开班仪式并讲话,厅党组副书记、巡视员傅玮主持开班仪式。省文物局局长柳河、副厅长卢跃东参加2018年度浙江

省安全生产和消防工作考核巡查反馈会。副厅长刁玉泉参加全省科学技术奖励大会。

15日　省文化和旅游厅厅长褚子育陪同省长袁家军赴绍兴调研唐诗之路。厅党组副书记、巡视员傅玮参加"知味杭州"亚洲美食节开幕式。省文物局局长柳河参加2019全省"5·18国际博物馆日"主场活动；赴绍兴调研。厅领导杨建武、刁玉泉、叶菁、卢跃东分别为全省新任文化和旅游局长培训班学员授课。副厅长叶菁赴上海参加全国群星奖有关活动（至17日）。副厅长卢跃东赴杭州西湖文化广场专题调研管理运行工作情况。

16日　省文化和旅游厅机关组织召开干部大会，厅领导褚子育、傅玮、刁玉泉、任群等出席会议，厅局机关全体干部参加会议。厅长褚子育、副厅长卢跃东赴深圳参加文博会。厅长褚子育陪同省长袁家军调研唐诗之路。省文物局局长柳河参加省政协文化文史和学习委全体委员会议（至17日）。副厅长刁玉泉参加《中国戏曲剧种全集·浙江卷》编纂工作会议。副厅长卢跃东参加研究杭州西湖文化广场管理运行工作专题会议；参加"美食与优雅生活"论坛。

17日　省文化和旅游厅厅长褚子育、副厅长卢跃东参加深圳文博会。厅党组副书记、巡视员傅玮参加全省新任文化和旅游局长培训班小结。副厅长刁玉泉参加第五届中国"互联网＋"大学生创新创业大赛浙江省筹备工作领导小组第一次会议。副厅长叶菁参加浙江省第二十九次"全国助残日"活动。副巡视员任群参

加湖州"5G＋智慧文化和旅游"平台发布暨"一键智游湖州"上线仪式。

18日　省文化和旅游厅厅长褚子育、副厅长叶菁参加捷克爱乐乐团演出VIP招待会。厅长褚子育赴宁海参加中国旅游日活动。副厅长杨建武赴安徽省黄山市参加全国旅游景区发展与文创产品开发座谈会暨全国文化和旅游资源开发工作会议（至20日）。副厅长刁玉泉参加浙江昆剧团"5·18传承演出季"演出活动。副厅长叶菁参加"新时代　共芬芳"特殊艺术百场巡演活动。副巡视员任群参加"妈妈的味道·民间美食巧女秀"（第2季）活动。

19日　省文化和旅游厅厅长褚子育在中国丝绸博物馆接待联合国教科文组织大使。副厅长刁玉泉参加全国昆剧院团长联席会议。

20日　省文化和旅游厅厅长褚子育在上海参加三省一市共同推进长三角文化和旅游高质量发展战略合作框架协议签约仪式。厅党组副书记、巡视员傅玮参加省委理论学习中心组《党政领导干部选拔任用工作条例》《中华人民共和国公务员法》专题学习会；参加省委常委会第九十次会议；参加中国（浙江）自由贸易试验区建设领导小组第五次会议。省文物局局长柳河给省文物局机关上党课，处级以上党员干部观看警示教育片。副厅长刁玉泉赴上海参加第十二届中国艺术节开幕式（至22日）。

21日　省文化和旅游厅党组书记、厅长褚子育组织召开第十三次党组会，厅领导傅玮、许澎、柳河、叶菁、卢跃东参加会议。

厅长褚子育、副厅长许澎接待宋城集团负责人一行；接待台州临海市市长王丹一行。厅长褚子育随省委车俊书记出访德国、捷克、匈牙利开展文化和旅游合作与交流工作（至31日）。副厅长许澎与对外合作交流处商议艺海流金活动筹备工作。副厅长卢跃东参加伊犁文化和旅游推介会。

22日　省文化和旅游厅副厅长许澎接待凯悦国际酒店集团中国区总裁张晓明一行。省文物局局长柳河赴德清看望文物保护实训班学员。副厅长叶菁参加浙江省村庄清洁行动夏季战役视频会议。

23日　省文化和旅游厅副厅长许澎组织省属国有资本旅游板块工作小组调研；参加对台宣传工作协调机制成员单位座谈会；参加第二届国际水墨博览会开幕式。副厅长刁玉泉参加首届大运河戏曲节开幕式。副厅长卢跃东向省委宣传部汇报工作。

24日　省文化和旅游厅领导傅玮、叶菁、任群等参加机关廉政教育活动。厅党组副书记、巡视员傅玮和厅党组成员、副厅长许澎参加省委宣传部部务会。副厅长许澎参加中美建交40周年费城交响乐团杭州首演活动。省文物局局长柳河参加武义博物馆开馆仪式。副厅长刁玉泉组织参加文华奖比赛的演职人员进行演出动员。副厅长叶菁与上海市文化和旅游局负责人一行座谈公共文化服务保障条例有关工作；赴余姚参加现代姚剧保护活动（至25日）。副厅长卢跃东赴河南对接文化和旅游重大项目。

25日　省文化和旅游厅副厅长许澎参加2019"文明旅游为

中国加分"浙江启动仪式。

26日　省文化和旅游厅党组副书记、巡视员傅玮参加省长袁家军尼日尔客人宴请活动。副厅长许澎赴山东参加"情系齐鲁——两岸文化和旅游联谊行"活动(至27日)。

27日　省文物局局长柳河参加2018年度浙江省博物馆十大陈列展览精品项目终评会;接待慈溪市副市长沈小贤一行。省文化和旅游厅副厅长刁玉泉赴上海参加歌剧《在希望的田野上》参赛演出(至29日)。副厅长叶菁赴湖州出席全省曲艺新作大赛开幕式。副厅长卢跃东观摩大型现代戏《我的大陈岛》。

28日　省文化和旅游厅党组副书记、巡视员傅玮参加"时代新人说——我和祖国共成长"演讲大赛工作协调会;组织讨论"万村景区化"宣传册;参加国家全域旅游示范县考核电视电话会议。副厅长许澎率省属国有资产旅游板块工作组赴江苏南京调研。省文物局局长柳河对拟提任干部进行考察。副厅长杨建武赴浙江嘉兴红船干部学院为文化和旅游部处级干部培训班授课。副厅长叶菁观摩大型现代越剧《通达天下》。副厅长卢跃东参加中国(浙江)影视产业国际合作实验区启用暨国家文化出口基地重要项目落地发布会。

29日　省文化和旅游厅党组副书记、巡视员傅玮参加部分特色小镇和小城市培育试点考核复检工作(至31日)。副厅长许澎赴乌镇对接"艺海流金"活动有关事宜。省文物局局长柳河与杭州良渚遗址管理区管理委员会商量宣传工作;参加局机关党政联

席会议;赴医院看望老同志。副厅长卢跃东赴浙江工商大学参加浙江省文化和旅游IP研究中心揭牌仪式。

30日　省文化和旅游厅副厅长许澎参加2019浙江·台湾合作周筹备工作部署会;参加加拿大太阳马戏团新闻发布会。省文物局机关总支举行主题党日活动,省文物局局长柳河及局机关工作人员赴杭州博物馆参观"杭州南京上海解放70周年史料展"。副厅长卢跃东参加《有请发言人》节目录制。

31日　省文化和旅游厅党组书记、厅长褚子育主持召开2019年第十四次党组会,厅领导傅玮、许澎、柳河、杨建武、刁玉泉、卢跃东参加。厅党组副书记、巡视员傅玮参加省政府第二次法律专题学习会和省政府第二十三次常务会议。厅党组成员、副厅长许澎和厅党组成员、省文物局局长柳河参加"不忘初心、牢记使命"主题教育工作会议。副厅长叶菁接待省委老干部局副局长诸春华一行3人;在中国丝绸博物馆出席中国蚕桑丝织技艺保护联盟成立活动。副厅长卢跃东赴浙江图书馆调研。

6月

1日　省文化和旅游厅副厅长卢跃东参加2019嘉善大云IP运营战略发布会。

2日　省文化和旅游厅厅长褚子育参加省委常委会第九十一次会议。

3日　省文化和旅游厅领导褚子育、傅玮、许澎、柳河、杨建武、刁玉泉、叶菁、卢跃东、任群参

加省委组织部考察组分组谈话。厅长褚子育参加中央扫黑除恶第十一督导组督导浙江省情况反馈会。厅党组副书记、巡视员傅玮组织召开会议,研究网络舆情工作;赴建德参加部分特色小镇和小城市培育试点考核复检工作(至4日)。副厅长许澎参加"艺海流金"筹备工作推进会。省文物局局长柳河参加所在党支部组织生活会。

4日　省文化和旅游厅党组书记、厅长褚子育主持召开2019年第十五次厅党组会议、第十三次厅长办公会议,厅领导傅玮、许澎、柳河、刁玉泉、叶菁出席会议,省文物局副局长、厅局机关各处室、各工作专班负责人列席会议。厅长褚子育、副厅长卢跃东参加文化和旅游部组织的"十四五"规划调研座谈会。副厅长许澎组织召开"艺海流金"活动处室协调会。副厅长刁玉泉参加艺术处"警示教育月"专题民主生活会。副巡视员任群参加全省现代供应链建设和批发零售业改造提升暨高品质步行街建设推进会。

5日　省文化和旅游厅厅长褚子育随省政协副主席郑继伟赴"柯桥酷玩小镇"调研;听取产业发展处关于京津冀旅游推广活动情况的汇报;接待泰顺县委书记一行。厅党组副书记、巡视员傅玮参加全省公务员工资暨《干部任用条例》、公务员职务与职级并行制度培训。副厅长许澎参加省政府领导出访工作协调会。省文物局局长柳河赴北京参加中宣部推进文化遗产保护工作座谈会(至6日)。副厅长刁玉泉组织人员讨论文化和旅游发展研究院事宜。副厅长卢跃东赴江西参

2019年江西省文化旅游产业发展大会（至6日）。

6日 省文化和旅游厅领导褚子育、刁玉泉、叶菁、任群等参加2019年"文化和自然遗产日"浙江省主场城市系列活动开幕式。厅长褚子育参加全省"不忘初心、牢记使命"主题教育工作会议。厅党组副书记、巡视员傅玮参加省委常委会第九十二次会议；参加全省"不忘初心、牢记使命"主题教育工作培训会。副厅长许澎参加2019中国北京世园会"浙江日"首日活动。副厅长刁玉泉参加浙江美术馆"千岩竞秀"画展开幕式；与浙江音乐学院、浙江艺术职业学院讨论"3＋4"教学工作；刁玉泉观摩越剧《兰亭记》。副巡视员任群赴广东参加2019年全国非物质文化遗产保护工作会（至10日）。

7日 省文化和旅游厅党组副书记、巡视员傅玮参加2019嘉兴端午民俗文化节开幕式暨龙舟竞渡活动。

8日 省文化和旅游厅厅长褚子育参加浙江省推进"一带一路"建设大会。副厅长叶菁赴香港、澳门开展文化和旅游交流活动（至12日）。

9日 省文化和旅游厅厅长褚子育、副厅长卢跃东参加"舌尖上的相遇——中东欧美食与'诗画浙江·百县千碗'人文交流活动"开幕式。

10日 组织召开省级文化和旅游系统"不忘初心、牢记使命"主题教育动员部署会，厅领导褚子育、傅玮、许澎、柳河、杨建武、刁玉泉、叶菁、卢跃东参加，厅局机关各处室、专班负责人和厅属单位负责人参加会议。省文化

和旅游厅党组书记褚子育主持召开第16次党组会，厅领导傅玮、许澎、柳河、刁玉泉、叶菁、卢跃东参加会议。厅长褚子育参加"相聚盛夏·相约冰雪"主题推介会暨吉浙两省对口合作"公众互动年"系列活动开幕式；参加省政府第二十四次常务会议。副厅长刁玉泉在金华参加2019"新松计划"浙江省青年话剧演员大赛决赛。

11日 省文化和旅游厅厅长褚子育、副厅长卢跃东赴钱江新城与农行省分行签订战略合作协议并为杭州文化和旅游支行揭牌。厅长褚子育接待浙江大学副校长何莲珍一行，会商战略合作协议事宜；参加省委理论学习中心组"不忘初心、牢记使命"主题教育专题学习会。副厅长许澎参加省"十四五"规划培训班开班仪式；参加国航杭州—罗马航线首航仪式；赴北京参加"争做诚信旅游企业，自觉维护旅游市场秩序"第一期培训。省文物局局长柳河考察"越王时代"展。副厅长刁玉泉组织讨论庆祝中华人民共和国成立70周年音乐会作品；参加浙江小百花越剧院有关活动。副厅长卢跃东为"十四五"文化和旅游发展规划培训班授课。

12日 省文化和旅游厅厅长褚子育参加省委理论学习中心组"不忘初心、牢记使命"主题教育专题学习会；听取浙江旅游职业学院书记关于省文化和旅游发展研究院成立事宜的汇报；参加浙江音乐学院第二届"清音廉律"主题文艺会演。厅党组副书记、巡视员傅玮赴金华武义参加浙江省开展"全国民族乡村振兴示范省"建设工作动员会（至13日）。副厅长许澎参加"争做诚信旅游

企业，自觉维护旅游市场秩序"第一期培训（至13日）。副厅长刁玉泉接待省政协文化文史和学习委专职副主任周雷一行。副厅长刁玉泉出席戏曲文化传承"校团企＋"签约仪式及高雅艺术金校园"飞越"蔡浙飞高校巡回首演活动。副厅长卢跃东参加2019年全国打击侵权假冒工作电视电话会议。

13日 省文化和旅游厅厅长褚子育参加京津冀"诗画浙江"主题宣传推广活动。副厅长许澎向文化和旅游部领导汇报舟山国际海岛旅游大会筹备情况。省文物局局长柳河接待海宁市政府领导。副厅长刁玉泉听取重大活动方案汇报；接待慈溪市副市长一行。副厅长卢跃东参加京津冀"诗画浙江"主题宣传推广活动（至15日）。

14日 省文化和旅游厅厅长褚子育参加省委理论学习中心组"不忘初心、牢记使命"主题教育专题学习会；参加省委理论学习中心组"不忘初心、牢记使命"主题教育专题学习会；参加省委常委会第九十三次会议。厅党组副书记、巡视员傅玮组织召开会议，部署主题教育有关工作。副厅长许澎与合作交流处会商省领导出访活动中文化和旅游工作方案；参加全省饭店总经理管理创新实践班结业典礼（浙江省饭店业协会）。副厅长刁玉泉赴湘湖管委会调研，并组织专家讨论重大活动方案；赴省政协讨论重大活动有关事宜。副巡视员任群赴重庆参加全国公共文化领域重点改革任务暨旅游厕所革命工作现场推进会（至16日）。

15日 省文化和旅游厅厅

长褚子育参加省党政代表团赴江西省学习考察动员会；前往江西省井冈山市，参加省党政代表团赴江西省学习考察（至 18 日）。

16 日　省文化和旅游厅领导柳河、刁玉泉、卢跃东在省委党校参加省管领导干部"不忘初心、牢记使命"主题教育专题读书班。

17 日　省文化和旅游厅党组副书记、巡视员傅玮赴四川参加 2019 年全国文化和旅游系统人事工作研讨会暨乡村文化和旅游能人支持项目现场会（至 19 日）。副厅长许澎组织召开省属酒店重组工作小组会议。副厅长叶菁出席第十二届全国"桃李杯"舞蹈教育教学成果展示活动评委工作会议。

18 日　省文化和旅游厅厅长褚子育、副厅长叶菁参加 2019 "浙江好腔调"全省传统戏剧展演启动仪式。副厅长许澎参加中国丝绸博物馆"不忘初心、牢记使命"主题教育动员会；赴宁波参加全省市场管理培训班（至 19 日）。副厅长叶菁出席全省第六届群星视觉艺术综合大展开幕式。

19 日　省文化和旅游厅厅长褚子育、副厅长叶菁参加浙江省文化和旅游系统数字化转型培训会，厅局机关相关业务处室负责人参加。厅长褚子育接待江干区委书记一行；参加宣传部会议，研究部署新闻发布会及配套展示活动有关工作；接待湖州市市长钱三雄一行；赴衢州开展"四条诗路"建设调研（至 20 日）。副厅长许澎赴苍南参加全省文化和旅游系统政务信息培训班（至 20 日）。省文物局局长柳河、副厅长叶菁观摩歌剧《党的女儿》。副巡视员任群参加浙江省"国际档案日"

活动。

20 日　省文化和旅游厅领导傅玮、许澎、叶菁、任群参加省管领导干部"不忘初心、牢记使命"主题教育专题读书班（至 22 日）。副厅长卢跃东参加省古建院"不忘初心、牢记使命"主题教育活动动员部署会；参加曲艺杂技总团有限公司"不忘初心、牢记使命"主题教育活动动员部署会。

21 日　省文化和旅游厅领导褚子育、柳河参加浙江省推进长三角一体化发展大会；参加"丝路岁月：大时代下的小故事"展览开幕式。厅长褚子育参加全省公安工作会议。副厅长刁玉泉与政协讨论活动方案；接待中国美术学院党委副书记胡钟华一行；参加省政府专题会议；观摩京剧《生如夏花》。副厅长卢跃东参加浙江新远集团"不忘初心、牢记使命"主题教育动员部署会。

22 日　省文物局局长柳河陪同国家文物局副局长宋新潮、关强一行。

23 日　省文物局局长柳河参加中央媒体良渚申遗工作媒体协调会。

24 日　省文化和旅游厅党组书记、厅长褚子育主持召开 2019 年第十七次厅党组会、第十四次厅长办公会，厅领导傅玮、许澎、柳河、刁玉泉、叶菁出席会议，厅局机关各处室、专班负责人参加。厅领导褚子育、傅玮、许澎、柳河、刁玉泉、叶菁、卢跃东、任群参加党组中心组理论学习，厅局机关各处室、专班负责人参加。厅领导褚子育、刁玉泉参加 2019 "新松计划"浙江省青年话剧演员大赛颁奖晚会。副厅长卢跃东陪同天津市委常委、宣传部部长陈

浙闽一行在浙考察（至 25 日）。副巡视员任群参加国家对浙江省年度能源"双控"和煤炭消费减量替代考核检查工作汇报会。

25 日　省文化和旅游厅厅长褚子育、省文物局局长柳河参加全国深化"放管服"改革优化营商环境电视电话会议。厅长褚子育会见文化和旅游部副部长张旭；随袁家军省长赴贵州考察（至 27 日）。厅领导傅玮、叶菁、任群等参加庆祝建党 98 周年省级文化和旅游系统"不忘初心、牢记使命"主题党日活动，厅局机关各处室负责人一同参加。副厅长许澎陪同文化和旅游部副部长张旭考察；参加"艺海流金·诗画浙江"会见活动，并出席开幕式、浙江文化和旅游推介会及欢迎晚宴。省文物局局长柳河接受《浙江日报》采访。副厅长刁玉泉赴萧山机场迎接参加"艺海流金·诗画浙江"活动的嘉宾；观摩绍剧现代戏《美好家园》。副厅长卢跃东参加"诗画浙江"手机旅拍活动启动仪式。

26 日　省文化和旅游厅党组副书记、巡视员傅玮赴湖州检查申报旅游类特色小镇相关情况。副厅长许澎接待参加"艺海流金·诗画浙江"活动的嘉宾。省文物局局长柳河和省消防总队队长杨国宏赴浦江督查郑义门消防安全整改工作。副厅长刁玉泉观摩新编越剧《苏秦》。副厅长叶菁陪同文化和旅游部副部长张旭调研（至 27 日）。副厅长卢跃东参加浙江大学 2019 届赴基层就业毕业生集中性岗前培训班开班仪式，进行题为《从政之歌、官员形象和初心力量——大学生成长为好干部的必由之路》的讲座。

27 日　省文化和旅游厅领

导傅玮、刁玉泉观摩红色话剧《雄关漫道》,厅局机关部分干部一同参加。厅党组副书记、巡视员傅玮参加浙江、湖北两省东西部扶贫协作工作座谈会。副厅长许澎参加浙港澳文化和旅游合作工作会议。省文物局局长柳河与浙江日报社商量良渚申遗宣传工作。副厅长刁玉泉向省委宣传部汇报庆祝中华人民共和国成立70周年文艺活动方案。副巡视员任群陪同文化和旅游部副司长陈彬斌参加嘉善图书馆、博物馆成立大会(至28日)。

28日 省文化和旅游厅领导褚子育、柳河参加省委"不忘初心、牢记使命"主题教育专题党课暨担当作为好干部表彰会议。厅长褚子育参加浙江省新时代文化艺术创研基地建设工程指挥部第二次会议暨设计方案汇报会;参加省委全面深化改革委员会第四次会议;赴温州调研瓯江山水诗之路建设。厅党组副书记、巡视员傅玮赴浙江大丰实业股份有限公司调研并开展"三服务"活动;参加主题教育正风肃纪部署会;参加"红船向未来"七一声乐专场音乐会。副厅长许澎召开省属酒店板块重组小组碰头会,部署2019年全省星级饭店复核复评工作。省文物局局长柳河参加省委全面深化改革委员会第四次会议。副厅长叶菁赴景宁出席"非遗薪传"全省传统舞蹈展演活动。

29日 省文化和旅游厅厅长褚子育、副厅长许澎出席"艺海流金·诗画浙江"内地与港澳文化和旅游界交流活动闭幕式暨宁波市招待晚宴。厅长褚子育参加瓯江山水诗之路专题座谈会;参加"红动浙江"2019红色旅游季

暨万人初心之旅活动启动仪式。副厅长许澎参加"艺海流金·诗画浙江"活动总结会。

30日 省文化和旅游厅厅长褚子育温州调研瓯江山水诗之路建设。

7月

1日 省文化和旅游厅领导褚子育、卢跃东参加2019年文化和旅游市场整治行动电视电话会议。厅长褚子育参加省政府党组理论中心组学习会暨省政府第七次专题学习会。副厅长许澎参加Hello Kitty主题乐园四周年庆祝活动暨第二届花艺节开幕式。副厅长叶菁参加省委宣传部专项小组专题会议。副厅长刁玉泉在舟山定海区进行"三服务"调研(至2日)。副厅长卢跃东听取文成县文化和广电旅游体育局关于"诗画山水、文化和旅游交响"第十四届浙江山水旅游节工作情况汇报。

2日 省文化和旅游厅党组书记、厅长褚子育主持召开2019年第十八次厅党组会、第十五次厅长办公会,厅领导傅玮、许澎、柳河、刁玉泉、叶菁、卢跃东出席会议,厅局机关各处、各工作专班负责人列席会议。厅党组书记、厅长褚子育主持召开党组理论中心组"不忘初心、牢记使命"主题教育第二次专题学习会,厅领导傅玮、许澎、柳河、刁玉泉、叶菁、卢跃东出席会议,厅局机关各处、各工作专班负责人列席会议。副厅长许澎参加全省旅游饭店标准化业务培训班开班式。

3日 省文化和旅游厅领导褚子育、刁玉泉、卢跃东等陪同省

领导观摩献礼中华人民共和国成立70周年暨浙江交响乐团庆祝建团10周年交响音乐会。厅长褚子育接待省交通投资集团汪东杰副总经理一行;接待人民日报社田军一行。厅党组副书记、巡视员傅玮参加厅属单位"不忘初心、牢记使命"主题教育工作情况座谈会;赴浙江省文化艺术研究院调研;参加第三届钱塘江文化节。副厅长许澎向厅长褚子育汇报酒店板块资产重组方案;赴省博物馆督查调研并参加"不忘初心、牢记使命"座谈会;赴福建厦门参加全国文化和旅游市场信息化监管工作培训(至5日)。副厅长刁玉泉审查献礼中华人民共和国成立70周年暨庆祝浙江交响乐团建团10周年音乐会;在浙江京剧团开展"不忘初心、牢记使命"主题教育调研。副厅长卢跃东参加文化和旅游部《大运河文化和旅游融合发展规划》编制工作座谈会。

4日 省文化和旅游厅领导褚子育、傅玮、叶菁组织商议公共文化线领导班子建设问题。厅长褚子育参加宣传部组织的主题党课;参加宣传部组织的中华人民共和国成立70周年文艺演出工作协调会;到浙江交响乐团宣布干部任免。厅党组副书记、巡视员傅玮赴浙江省文化馆调研。副厅长杨建武赴上海为文化和旅游财务能力建设暨地方财务处长培训班授课。

5日 省文化和旅游厅领导褚子育、刁玉泉等出席浙江省文化和旅游发展研究院成立大会。厅长褚子育参加省政府第二十五次常务会议;接待舟山市领导一行;参加深化"最多跑一次"改革

推进政府数字化转型第七次专题会议。厅党组副书记、巡视员傅玮为浙江美术馆全体同志上党课。副厅长叶菁为浙江话剧团、浙江越剧团、小百花越剧团党员上党课。

6日　省文化和旅游厅厅长褚子育参加第二届"海峡两岸青年发展论坛"。副厅长卢跃东出席2019环浙骑游——唐诗之路系列新昌站相关活动(至7日)。

7日　省文化和旅游厅厅长褚子育参加"良渚文明丛书"首发仪式暨"走向世界的良渚文明展"启动仪式。副厅长许澎接待香港中乐团总监钱敏华一行。

8日　省文化和旅游厅厅长褚子育赴之江文化中心调研。

9日　省文化和旅游厅厅长褚子育听取浙江新远集团工作汇报;听取6个专班上半年工作情况汇报和下半年工作打算。厅党组成员、巡视员傅玮组织召开第一届党委第四次会议。副厅长许澎赴绍兴调研东亚文化之都创建工作并开展"三服务"活动(至10日)。副厅长杨建武赴嘉兴调研国际度假区和归谷智造小镇的建设情况(至10日)。

10日　省文化和旅游厅厅长褚子育、省文物局局长柳河参加杭州市召开的良渚申遗座谈会。厅长褚子育在临海调研并参加临海市旅游发展大会暨全域旅游"五联创"动员大会。厅党组成员、巡视员傅玮陪同省发改委调研组赴浙江音乐学院调研。副厅长许澎召开省属国有酒店板块重组方案(建议稿)商议会。副厅长杨建武赴嵊泗县调研。

11日　省文化和旅游厅党组书记、厅长褚子育主持召开2019年第十九次厅党组会、第十六次厅长办公会,厅领导傅玮、许澎、柳河、叶菁、卢跃东出席会议,省文物局副局长,厅局机关各处室、各工作专班负责人列席会议。

12日　省文化和旅游厅厅长褚子育参加省级文化和旅游系统"三地三走"党员领导干部专题读书班;听取十大行动计划专班汇报,厅局机关相关处室负责人参加。厅党组成员、巡视员傅玮参加领导干部个人有关事项报告查核验证工作会议。副厅长许澎参加"构建现代化对外开放体系研究"课题工作对接会;参加市场管理司文化市场新业态调研座谈会暨调研报告验收会。

13日　省文物局局长柳河参加纪念习近平关于文物保护工作重要批示3周年座谈会。

15日　省文化和旅游厅副厅长刁玉泉审查"诗路行吟"晚会。

16日　省文化和旅游厅领导褚子育、柳河在故宫博物院出席"良渚与古代中国——玉器显示的五千年文明"展开幕式。

17日　省文化和旅游厅领导褚子育、傅玮到浙江京昆艺术中心宣布领导班子任命。厅党组副书记、巡视员傅玮参加全省"不忘初心、牢记使命"主题教育专项整治工作推进会,厅局机关各处室负责人参加。副厅长杨建武赴台州调研;赴北京参加全国红色旅游"五好"讲解员试点工作总结交流活动(至18日)。副厅长刁玉泉组织讨论浙江省庆祝中华人民共和国成立70周年晚会方案。副厅长叶菁率厅主题教育第七巡回指导组赴联系的院团进行调研(至19日)。副厅长卢跃东参加全国禁毒工作电视电话会议。

18日　省文化和旅游厅厅长褚子育组织召开政府数字化转型专班会议,厅数字化转型工作领导小组成员一同参加。副厅长许澎赴浙江省自然博物院(安吉馆)开展"不忘初心、牢记使命"主题教育调研并上党课;赴北京参加文化和旅游部旅游市场黑名单管理工作推进会(至19日)。省文物局局长柳河组织干部廉政谈话;组织相关处室商量良渚申遗表彰工作。副厅长刁玉泉赴浙江歌舞剧院、浙江话剧团、浙江曲艺杂技团调研并与班子成员谈话。副厅长叶菁参加省"三改一拆"行动领导小组督导业务培训会。副厅长卢跃东在丽水青田开展"三服务"调研并出席丽水嘉兴联合执法业务培训班。副巡视员任群参加全国户籍制度改革推进电视电话会议。

19日　省文化和旅游厅领导褚子育、刁玉泉参加浙江演艺集团有限责任公司(筹)领导班子谈话和领导班子任命大会。厅长褚子育接待派驻纪检监察组组长一行到厅对接工作;参加省政府第二十六次常务会议。副厅长许澎接待台湾文化艺术发展促进会会长冯志美一行。副厅长刁玉泉接待宁波市文化广电旅游局局长一行。

22日　省文化和旅游厅领导褚子育、柳河参加省政府第四次全体会议。厅长褚子育参加省委常委会九十六次会议;组织召开会议,商量文化解码工程,副厅长叶菁、副巡视员王森等一同参加。副厅长许澎接待美中友好协会会长张锦平一行;组织召开2019青年汉学家研修项目协调会。省文物局局长柳河参加局党政联席会议。副厅长杨建武赴安吉调研。副厅长刁玉泉组织人员讨论庆祝中华人民共和国成立70周年晚会音乐创作。副厅长卢跃东参加绍兴市文化产业发展大会。副巡视员任群在嘉兴桐乡参加第二届"华东六省一市现代地方小戏大赛"协调会。

23日　省文化和旅游厅党组书记、厅长褚子育主持召开2019年第二十次厅党组会、第十七次厅长办公会,厅领导傅玮、柳河、杨建武、刁玉泉、卢跃东出席会议,厅局机关各处室、各工作专班负责人列席会议。厅长褚子育陪同省长袁家军赴丽水调研(至25日)。厅领导傅玮、柳河、杨建武参加宣传部组织的观看教育片活动。副厅长许澎参加文化和旅游部港澳青少年内地游学联盟工作会议(至25日)。副厅长叶菁在台州市椒江区参加"送大暑船"民俗活动。副厅长卢跃东观摩浙江话剧团《雄关漫道》演出。

24日　省文化和旅游厅党组副书记、巡视员傅玮陪同省纪委副书记暨军民到浙江图书馆检查廉政漫画展筹备情况;赴温州平阳参加主题教育书画展(至26日)。省文物局局长柳河在新疆参加全国文物局长会议(至27日)。副厅长杨建武调研中国·越剧场建设工程。副厅长刁玉泉调研上海市文艺院团。副厅长叶菁在台州市开展"三服务"活动在湖州市参加公共文化活动。

25日　省文化和旅游厅厅长褚子育参加全省山海协作工程推进会;参加浙江(丽水)生态产品机制实现机制试点建设推进会。副厅长杨建武参加省级文化

和旅游系统财务工作会议暨2020年部门预算布置会;赴衢州参加第二届"乡村振兴·旅游先行"高峰论坛(至26日)。副厅长刁玉泉参加宣传部组织的观看教育片活动;参加世界浙商大会策划会议。副厅长叶菁陪同副省长成岳冲赴台州调研文化和旅游融合工作。副巡视员任群参加全省禁毒工作电视电话会议;参加全面推进健康中国行动电视电话会议。

26日　省文化和旅游厅领导褚子育、刁玉泉、叶菁、任群等参加省委组织部干部推荐。厅长褚子育参加浙中北文化和旅游融合发展座谈会;接待广电集团吕建楚一行。副厅长许澎参加舟山海岛旅游大会筹委会第一次会议。副厅长卢跃东参加全国安全生产电视电话会议;参加省委全面依法治省委员会执法协调小组第一次全体会议。

27日　省文化和旅游厅副厅长许澎赴宁波参加飞扬国旅控股集团有限公司上市庆典暨亚太旅行商联谊会。

28日　省文化和旅游厅领导褚子育、柳河陪同中央指导组到良渚调研主题教育和"三服务"工作。副厅长许澎赴温州参加"东亚文化之都"初审(至29日)。副厅长杨建武赴四川成都参加2019年全国乡村旅游(民宿)工作现场会。

29日　省文化和旅游厅厅长褚子育参加浙江省纪念建军92周年暨双拥模范城(县)命名表彰大会;接待世界旅游联盟王昆欣一行;参加中宣部贯彻落实《中国共产党宣传工作条例》电视电话会议;参加省直单位厅局长

工作交流会。副厅长刁玉泉参观省纪委廉政漫画大展。副厅长叶菁参加贯彻中央"31条惠台措施"和我省"76条实施意见"落实年工作汇报会。

30日　2019全省文化和旅游系统半年度综合业务培训会在武义召开。省文化和旅游厅党组书记、厅长褚子育出席培训会并讲话。省文化和旅游厅党组副书记、巡视员傅玮主持会议,厅领导许澎、柳河、刁玉泉、叶菁,各市、县(市、区)文化广电旅游局主要负责人,省文物局副局长,省文化和旅游厅、省文物局机关各处室、工作专班和厅属各单位主要负责人参加会议(至31日)。副厅长许澎参加全省网络综合治理体系建设现场推进会。副厅长杨建武陪同常务副省长冯飞赴湖北考察对接东西部扶贫协作工作(至8月1日)。副巡视员任群参加全省金融和重要领域密码应用与创新发展推进会。

31日　省文化和旅游厅副厅长许澎参加2019年全国A级旅游景区质量提升电视电话会议。

8月

1日　省文化和旅游厅厅长褚子育到小百花艺术中心(中国·越剧场)调研。厅党组副书记、巡视员傅玮参加省青年工作联席会议第一次全体会议。副厅长许澎赴北京参加"东亚文化之都"终审答辩会(至2日)。省文物局局长柳河参加省文物局机关下半年工作汇报交流会。副厅长叶菁参加省双拥办、武警总队庆"八一"军旅诗歌朗诵会。

2日　省文化和旅游厅领导褚子育、柳河参加省委常委会第九十七次会议。厅长褚子育参加全省宣传系统贯彻落实《中国共产党宣传工作条例》电视电话会议。副厅长许澎向文化和旅游部市场管理司汇报台湾团组相关情况。副厅长杨建武参加"老绍兴·金柯桥"城市品牌发布会。副厅长叶菁参加义甬舟开放大通道建设第五次联席会议。

4日　省文化和旅游厅副厅长叶菁赴余姚参加国庆彩车北京督导组到浙督导有关工作。

5日　省文化和旅游厅党组书记、厅长褚子育主持召开第二十一次党组会、第十八次厅长办公会,厅领导傅玮、许澎、柳河、杨建武、刁玉泉、叶菁、卢跃东参加会议,厅局各处室、各工作专班负责人列席会议。厅长褚子育、副厅长刁玉泉参加浙江小百花越剧院班子会议;参加浙江小百花越剧院干部大会。副巡视员任群参加2019杭州市第二届文化旅游消费季活动启动仪式。

6日　省文化和旅游厅厅长褚子育组织召开会议,商议事业单位改革相关事宜,厅领导傅玮、卢跃东参加会议,厅机关相关处室负责人列席会议。厅领导褚子育、许澎参加主题教育第三指导组政治素质谈话。厅长褚子育接待百越文创公司董事长茅威涛。厅党组副书记、巡视员傅玮赴省委宣传部与驻部纪检组对接工作。副厅长许澎与省清理和规范庆典研讨会工作领导小组进行工作对接。省文物局局长柳河参加文博系统党务工作半年交流会。副厅长刁玉泉赴浙江话剧团开展"高温送清凉"慰问活动。副厅长

卢跃东参加出国行前会议。副巡视员任群参加全省市场监管领域部门联合"双随机、一公开"监管暨打击侵权假冒工作电视电话会议。

7日　省文化和旅游厅厅长褚子育接待杭州市上城区政府领导;接待大丰公司董事长丰华一行3人。副厅长许澎赴浙江省曲艺杂技总团开展"高温送清凉"慰问活动。副厅长刁玉泉参加诗词协会活动;参加世界浙商大会相关活动策划工作。副厅长卢跃东参加贵州黔西南州农业产业、旅游业协作对接会。

8日　省文化和旅游厅党组组织召开"不忘初心、牢记使命"主题教育调研成果交流会和问题检视会,厅领导褚子育、傅玮、柳河、杨建武、刁玉泉、叶菁、卢跃东、任群参加会议,厅局机关各处室、各工作专班负责人列席会议。厅长褚子育赴遂昌参加汤公音乐节。副厅长许澎参加中国丝绸博物馆主题教育活动。省文物局局长柳河参加大运河立法工作座谈会。副厅长杨建武赴余杭径山寺项目点慰问古建筑设计研究院人员。副厅长刁玉泉接待龙游县副县长一行,听取石窟国际音乐盛典筹备工作情况汇报。副厅长叶菁接待象山县文化和广电旅游局负责人一行。副厅长卢跃东赴杭州市上城区调研"百县千碗"相关情况。

9日　省文化和旅游厅厅长褚子育参加全省防御第9号台风"利奇马"工作会议;参观中华人民共和国成立70周年暨浙江美术馆开馆10周年美术大展;接待浙江大学控股集团总裁徐金强。副厅长许澎参加中非文化交流周

开幕式;陪同省领导出席太阳马戏首演仪式。省文物局局长柳河参加大运河立法工作座谈会;参加局机关调研和检视会议。副厅长杨建武调研萧山湘湖世界旅游联盟总部暨博物馆项目建设推进情况。副厅长刁玉泉参加国庆70周年文艺演出工作动员会。副厅长叶菁赴浙江歌舞剧院开展"高温送清凉"慰问活动。副厅长卢跃东接待省委改革办调研"最多跑一次"改革向公共服务领域延伸扩面相关工作;赴浙江小百花越剧团开展"高温送清凉"慰问活动并调研。

11日　省文化和旅游厅副厅长杨建武赴台州开展灾后重建调研服务和安全检查工作(至13日)。副厅长卢跃东赴温州开展灾后重建调研服务和安全检查工作(至13日)。

12日　省文化和旅游厅厅长褚子育参加省委常委会第九十八次会议;接待江山市委常委、宣传部部长汪黎云一行;参加第9号超强台风抢险救灾和灾后重建工作视频会议。副厅长许澎赴舟山参加国际海岛旅游大会新闻发布会(至13日)。省文物局局长柳河赴湖州安吉开展"高温送清凉"慰问活动,检查浙江自然博物院遭受台风损失情况,检查"两山"特展准备情况。副厅长杨建武参加2019年"浙旅讲堂"第三期专题讲座。副厅长叶菁参加浙江省对口地区民族文艺巡演活动筹备工作第二次协调推进会议。

13日　省文化和旅游厅厅长褚子育主持召开第二十二次党组会,传达学习省委常委会第九十八次会议和省政府第9号超强台风抢险救灾和灾后重建工作视

频会议精神。厅领导褚子育、柳河参加省委人大工作会议。厅领导傅玮、柳河、叶菁、任群等参加会议。厅党组副书记、巡视员傅玮赴良渚开展"高温送清凉"慰问活动。副厅长叶菁参加第五届世界浙商大会组委会第一次全体会议。

14日 省文化和旅游厅厅长褚子育主持召开第二十三次党组会、第十九次厅长办公会，厅领导傅玮、许澎、杨建武、叶菁、卢跃东、任群参加会议，厅局机关各处室、各工作专班负责人列席会议。副厅长许澎接待海旅会台北办事处主任任佳燕一行。省文物局局长柳河参加浙江自然博物院"两山"特展开幕仪式。副厅长叶菁赴萧山机场迎接宁夏回族自治区政协副主席杨培君一行，并陪同赴淳安调研。副厅长卢跃东赴丽水调研。

15日 省文化和旅游厅领导褚子育、柳河陪同省长袁家军在台州临海检查灾后重建工作。厅党组副书记、巡视员傅玮参加宣传部纪检工作会议。省文物局局长柳河参加全省设区市文物局局长座谈会（至16日）。副厅长杨建武陪同宁夏回族自治区政协副主席杨培君一行开展文化旅游工作调研（至17日）。

16日 省文化和旅游厅领导褚子育、傅玮参加宁夏文化和旅游厅组织的文化旅游推广活动。厅长褚子育到杭州市西湖区与区委书记对接工作；参加省政府第二十七次常务会议。副厅长许澎参加省委全面依法治省委员会守法普法协调小组第一次全体会议。副厅长杨建武参加省之江文化中心项目和之江文化产业带

建设领导小组会议。副厅长叶菁组织召开文化基因解码工程商讨会；参加《浙江通志》第7次终审会。

17日 省文化和旅游厅厅长褚子育陪同文化和旅游部副部长张旭调研浙江音乐学院，出席第十二届"桃李杯"综合汇报演出活动。副厅长许澎参加环球摄影师走进"诗画浙江"启动仪式。副厅长卢跃东参加"余姚"阳明故里品牌发布暨"阳明古镇"项目启动仪式。

18日 省文化和旅游厅副厅长许澎陪同文化和旅游部副部长张旭调研良渚古城遗址、良渚博物院。副厅长叶菁参加江山市"你好江山"大型实景演出活动。

19日 省文化和旅游厅领导褚子育、许澎、柳河、杨建武、卢跃东、任群等参加领导干部经商办企业集中规范工作布置会。厅长褚子育、省文物局局长柳河参加全省深化机构改革总结会议。副厅长、一级巡视员许澎赴浙江美术馆调研。副厅长杨建武参加2019年世界旅游联盟理事会、年会及"湘湖对话"工作会议（至21日）。副厅长叶菁在衢州市衢江区调研公共文化服务标准化工作；参加"歌唱祖国"全省群文音乐大赛。副厅长卢跃东参加"美丽浙江"短视频宣传活动协调会。

20日 省文化和旅游厅厅长褚子育陪同省委书记车俊赴吉林考察（至21日）。副厅长、一级巡视员许澎参加2019浙江·台湾合作周筹备工作汇报会；接待文化和旅游部对外合作交流局副局长刘士军一行。省文物局局长柳河参加浙江文化印记评委会。副厅长叶菁参加丽水巴比松音乐

节；到温州参加"五水共治"督查。副厅长卢跃东赴湖州调研（至21日）。

21日 省文化和旅游厅领导傅玮、柳河、任群等参加宣传部"理论大讲堂"专题报告会。副厅长、一级巡视员许澎赴青田县调研海外文化交流基地事宜。

22日 省文化和旅游厅厅长褚子育参加全省宣传文化系统专题研讨班；参加央企名企走进"四大建设"、携手共建未来社区专题对接会；参加省委全委扩大会议。厅党组副书记、一级巡视员傅玮参加省政府健康浙江建设领导小组暨医改联席会议。副厅长、一级巡视员许澎赴龙泉调研海外文化交流基地事宜。副厅长叶菁在温州平阳调研公共文化服务标准化工作。副厅长卢跃东到浙江省自然博物院（安吉馆区）调研；到浙江小百花越剧团调研并进行高温慰问。

23日 省文化和旅游厅机关组织全体干部召开干部大会，厅领导褚子育、傅玮、柳河、杨建武、刁玉泉、叶菁、卢跃东、任群等参加会议。厅长褚子育参加全省宣传文化系统专题研讨班；参加深化"最多跑一次"改革推进政府数字化转型第八次专题会议。副厅长、一级巡视员许澎参加党支部组织生活会；组织召开省委、省政府领导出访配套活动筹备会；参加全省宣传文化系统专题研讨班。

25日 省文化和旅游厅副厅长叶菁参加诗画浙江"唐诗之路"主题推广活动启动仪式。

26日 省文化和旅游厅领导褚子育、柳河参加省委全面深化改革委员会第五次会议。厅长

褚子育参加省委常委会第九十九次会议；参加省委中心组理论学习。副厅长杨建武参加浙江交响乐团民主生活会。副厅长刁玉泉赴杭州市下城区调研。副厅长卢跃东参加浙江新远集团民主生活会；参加"飞跃大花园"诗画浙江圆梦公益晚会。

27日　省文化和旅游厅党组书记、厅长褚子育主持召开2019年第二十四次厅党组会、第二十次厅长办公会，厅领导傅玮、柳河、杨建武、刁玉泉、叶菁、卢跃东出席会议，厅局机关各处室、专班负责人列席会议。厅长褚子育赴浙江旅游职业学院上党课。厅党组副书记、一级巡视员傅玮组织召开厅主题教育工作座谈会。副厅长、一级巡视员许澎参加省食品安全委员会2019年第二次全体会议。副厅长卢跃东赴浙江旅游宣传推广中心、浙江省文化和旅游信息中心调研。

28日　省文化和旅游厅领导褚子育、许澎、卢跃东等在舟山参加国际海岛旅游大会（至29日）。厅党组副书记、一级巡视员傅玮参加浙江省文化艺术研究院专题民主生活会。副厅长、一级巡视员许澎接待文化和旅游部国际局副局长郑浩一行。省文物局局长柳河参加省非遗中心民主生活会；参加局机关民主生活会。副厅长杨建武参加温州市鹿城区文化和旅游融合发展大会、共创优质国际休闲旅游目的地高峰论坛。副厅长刁玉泉参加"同心筑梦、携手奔康"浙江省对口地区民族文艺巡演新闻发布会；参加2019年度浙江省舞台艺术创作重点题材扶持项目签约会。副厅长叶菁与厅非物质文化遗产处研

究国家非物质文化遗产项目申报工作；出席"少年非遗说"全省诗路文化带传统故事大赛总决赛颁奖仪式。

29日　省文化和旅游厅厅长褚子育、副厅长杨建武接待省财政厅副厅长邢自霞一行。厅党组副书记、一级巡视员傅玮参加浙江省文化馆民主生活会；参加省直机关网军队伍比武活动。副厅长杨建武接待嵊泗县委书记一行。副厅长刁玉泉参加浙江歌舞剧院领导班子专题民主生活会；参加浙江京昆艺术中心领导班子专题民主生活会；观看良渚古城遗址系列宣传文艺演出青瓷瓯乐情景音画剧《听见良渚》首场演出。副厅长叶菁参加浙江话剧团民主生活会。副厅长卢跃东参加浙江曲杂团民主生活会。

30日　组织召开省文化和旅游厅党组民主生活会，厅领导褚子育、傅玮、许澎、柳河、杨建武、刁玉泉、叶菁、卢跃东等参加，厅局机关各处室、专班负责人列席会议。厅长褚子育接待台州市副市长吴丽慧一行；参加河南省旅游推介会。厅党组副书记、一级巡视员傅玮参加浙江美术馆民主生活会。副厅长、一级巡视员许澎参加浙江省博物馆民主生活会。副厅长刁玉泉参加厅艺术处专题组织生活会。副厅长卢跃东参加浙江省古建筑研究院民主生活会。二级巡视员任群参加省政府专题会议。

31日　省文化和旅游厅副厅长刁玉泉参加浙江昆剧团"不忘初心、牢记使命"夏季集训成果汇报演出；出席观看"同心奔康、携手筑梦"对口地区民族文艺巡演首场演出。

9 月

2日　省文化和旅游厅厅长褚子育、副厅长杨建武赴江山参加全域旅游暨百城千镇万村景区化工作专题培训会。厅长褚子育、副厅长叶菁听取省非物质文化遗产保护中心关于非遗博览会筹备情况的汇报。厅党组副书记、一级巡视员傅玮参加杭州市文化和旅游行业红色资源讲解员宣讲大赛。副厅长、一级巡视员许澎参加浙江自然博物院民主生活会；参加省委宣传部组织的出访行前会议。副厅长刁玉泉接待泰顺县县长一行。副厅长卢跃东参加赴瑞士绿色美丽经济与大花园建设专题研究班（国内培训）（至6日）。二级巡视员任群参加省政府研究省级国土空间规划编制思路专题会议；参加"迎大庆保安全"电视电话会议。

3日　省文化和旅游厅厅长褚子育与厅政策法规处研究"十四五"规划事宜；参观浙江图书馆"中国白"德化陶瓷艺术展；参加文化和旅游部第二轮"体检式"暗访评估情况通报电视电话会议；参加促进文化旅游消费座谈会；听取浙江艺术职业学院工作汇报。副厅长、一级巡视员许澎出访欧洲。省文物局局长柳河参加机关法律培训。副厅长杨建武参加全域旅游暨百城千镇万村景区化工作专题培训会。副厅长刁玉泉赴丽水观看红色题材戏剧《箬寮风雷》。二级巡视员任群参加"浙里来消费·2019金秋购物节"媒体通气会。

4日　省文化和旅游厅厅长褚子育接待宁波市市长裘东耀一

行到厅调研;参加浙江音乐学院干部大会;赴南京出席 2019 浙江(南京)旅游交易会(至 5 日)。省文物局局长柳河赴嵊泗县调研。副厅长杨建武参加浙江省古建筑设计研究院民主生活会。副厅长刁玉泉在宁波市奉化区出席"诗画浙江"全省旅游歌曲创作演唱大赛新闻发布会。副厅长叶菁出席第十一届浙江中国非遗博览会(杭州工艺周)新闻发布会。

5 日　省文化和旅游厅党组书记、厅长褚子育主持召开 2019 年第二十五次厅党组会、第二十一次厅长办公会,厅领导傅玮、柳河、刁玉泉、叶菁、卢跃东出席会议,厅局机关各处室、专班负责人列席会议。厅党组副书记、一级巡视员傅玮参加第十一次全省扩大有效投资重大项目协调例会。副厅长叶菁在中国美术学院出席浙江高校非遗传承人群研培"浙江对话"活动开幕式。

6 日　省文化和旅游厅厅长褚子育出访南非、博茨瓦纳(至 15 日)。厅党组副书记、一级巡视员傅玮参加青年汉学家研修计划开班仪式;参加全省东西部扶贫协作工作推进会。副厅长刁玉泉接待嘉兴市文化广电旅游局局长一行;赴建德参加全省美丽城镇建设工作会议。副厅长叶菁赴内蒙古开展 2019"春雨工程"——浙江省文化和旅游志愿者内蒙古行暨浙蒙文化交流活动(至 12 日)。二级巡视员任群参加省政府专题会议,研究浙江省校园安全工作。

9 日　省文化和旅游厅党组副书记、一级巡视员傅玮和厅党组成员、省文物局局长柳河参加全省"不忘初心、牢记使命"主题

教育第一批总结暨第二批部署会议。

10 日　省文物局局长柳河参加省政协常委会。副厅长刁玉泉听取庆祝中华人民共和国成立 70 周年重大活动情况汇报,审查活动相关文字视频内容。

11 日　省文化和旅游厅党组副书记、一级巡视员傅玮参加国家艺术基金 2020 年度资助项目评审专家大会电视电话会议。厅党组成员、省文物局局长柳河接待遂昌县文化和广电旅游体育局局长一行。副厅长刁玉泉陪同省政协主席葛慧君审查"与祖国同行·与时代共进"庆祝人民政协成立 70 周年文艺演出;待宁波演艺集团总经理一行。二级巡视员任群接待省消防总队总工程师严晓龙一行,出席消防安全座谈会。

12 日　省文化和旅游厅党组副书记、一级巡视员傅玮参加省领导会见宴请哈萨克斯坦外宾。省文物局局长柳河接待永嘉县领导一行;接待兰溪市领导一行。副厅长杨建武参加浙江·贵州扶贫协作工作座谈会;参加新时代浙江(安吉)县域践行"两山"理念综合改革创新试验区建设工作大会。副厅长刁玉泉参加"光影瞬间　映像两岸"——2019 浙江·台湾合作周摄影作品展;听取庆祝中华人民共和国成立 70 周年大型晚会"我的祖国"有关情况汇报。二级巡视员任群参加"浙里来消费·2019 金秋购物节"启动仪式;参加全省安可替代工程部署工作会议。

13 日　省文化和旅游厅副厅长刁玉泉听取主创人员汇报并赴演出排练现场慰问。

14 日　省文化和旅游厅党组副书记、一级巡视员傅玮参加 2019 上海旅游节开幕活动。

15 日　省文化和旅游厅副厅长杨建武赴象山参加第二十二届中国(象山)开渔节活动(至 16 日)。

16 日　省文化和旅游厅厅长褚子育出席浙江·丽水(上海)周推介会。厅党组副书记、一级巡视员傅玮参加省长袁家军会见台湾重要嘉宾活动,并出席台湾合作周欢迎晚宴。副厅长、一级巡视员许澎参加国家反恐怖工作领导小组会议暨全国反恐怖工作电视电话会议。省文物局局长柳河参加省政府专题会议,研究钱江新城 2.0 版的商品化设想。副厅长刁玉泉出席 2019 年网络安全宣传周启动仪式。

17 日　省文化和旅游厅厅长褚子育陪同省委书记车俊在良渚调研;参加中国国家版本馆杭州分馆项目规划情况汇报会。副厅长、一级巡视员许澎参加全省旅游安全演练现场会。省文物局局长柳河出席 70 人 70 年首发仪式;参加省政协书画展开幕式。副厅长刁玉泉在北京陪同全国政协副主席夏宝龙观看浙江交响乐团演出。副厅长叶菁出席 2019 浙江·台湾合作周开幕式和主论坛;出席非物质文化遗产评审会。

18 日　省文化和旅游厅厅长褚子育、副厅长杨建武参加世界旅游联盟会员之夜活动。厅长褚子育为全省宣传部长培训班授课。厅党组副书记、一级巡视员傅玮陪同常务副省长冯飞在舟山调研海岛公园(至 19 日)。副厅长刁玉泉在温州参加第十四届浙江省戏剧节新闻发布会。副厅长

叶菁在温州永嘉参加省重点工作督查(至19日)。

19日　省文化和旅游厅厅长褚子育、副厅长杨建武出席第二届"世界旅游联盟·湘湖对话"开幕式;出席"诗画浙江·魅力萧山"推介会。副厅长、一级巡视员许澎接待省国资委沈建平副主任一行;与市场管理处商有关文明旅游全省联动活动事宜;参加2019年国庆期间全国文化和旅游假日市场工作电视电话会;参加2019非洲艺术家木雕创作交流活动闭幕成果展。省文物局局长柳河参加上海世博会博物馆"茶世知雅"特展茶事雅集活动。副厅长杨建武出席2019全省文化产业和旅游产业融合发展培训班,做开班主旨演讲。

20日　省文化和旅游厅党组书记、厅长褚子育组织召开2019年第二十六次党组会、第二十二次厅长办公会,厅领导傅玮、许澎、柳河、杨建武、刁玉泉、叶菁等参加会议,省文物局副局长,厅局机关各处室、各工作专班负责人列席会议。厅机关先后组织召开省文化和旅游系统干部大会、省级文化和旅游系统第一批主题教育单位总结大会和厅局机关全体干部大会,厅领导褚子育、傅玮、许澎、柳河、杨建武、刁玉泉、叶菁出席会议,厅机关全体干部、厅属单位党政负责人等参加会议。厅长褚子育、副厅长叶菁参加第十一届浙江·中国非物质文化遗产博览会(杭州工艺周)开幕式。厅长褚子育接待苍南县县长一行。副厅长、一级巡视员许澎参加软件正版化工作督查情况反馈会;慰问离退休老干部。副厅长刁玉泉出席省级文化和旅游系统网络安全工作会议。

21日　省文化和旅游厅副厅长、一级巡视员许澎在常山参加全省文明旅游启动仪式;赴宁夏参加全国导游大赛决赛(至22日)。

22日　省文化和旅游厅副厅长杨建武、刁玉泉出席观看"携手奔小康　同心共追梦"浙江省对口地区民族文艺巡演汇报演出。副厅长杨建武赴德清参加第二届莫干山会议。

23日　省文化和旅游厅厅长褚子育、副厅长刁玉泉出席观看庆祝中华人民共和国成立70周年展演开幕演出。厅长褚子育参加中央文件征求意见会。副厅长、一级巡视员许澎接待文化和旅游部国际交流合作局副局长朱琦一行;与浙江工商大学对接青年汉学家研究班工作;参加"迎大庆　保平安"全省安全生产电视电话会议。省文物局局长柳河走访老同志;与省文投集团商议工作。副厅长杨建武参加"田园德清　博览中国"庆祝农民丰收节活动;参加第二届莫干山会议。副厅长叶菁参加非物质文化遗产博览会闭幕式。

24日　省文化和旅游厅厅长褚子育观礼宪法宣誓活动,副厅长杨建武、刁玉泉、叶菁参加宪法宣誓活动;到望江山看望老同志;陪同省委书记车俊赴温州考察调研(至26日)。副厅长、一级巡视员许澎参加文化和旅游部2019青年汉学研究班结业典礼;参加全省市场管理培训班开班仪式。副厅长刁玉泉观摩浙江音乐学院原创歌剧《国之歌》。副厅长叶菁赴温州出席全省广场舞大会(至25日)。

25日　省文化和旅游厅副厅长杨建武参加全省重大项目暨特色小镇建设现场推进会之现场考察(至26日)。副厅长刁玉泉与相关人员商议第十四届戏剧节开幕式演出方案;审查国庆晚会联排。副厅长叶菁赴永康调研非遗工作。

26日　省文化和旅游厅领导褚子育、许澎、刁玉泉、叶菁等参加小百花越剧场开业仪式。厅长褚子育、副厅长刁玉泉陪同省委常委、省委宣传部部长朱国贤审查浙江省庆祝中华人民共和国成立70周年大型音乐舞蹈史诗节目《我的祖国》。厅长褚子育检查小百花越剧场启动筹备情况。副厅长、一级巡视员许澎接待省政协副秘书长、民盟省委会专职副主席徐燕峰一行;参加"浙江广播电视70年成就展"开幕式。副厅长刁玉泉组织《我的祖国》大型音乐舞蹈史诗节目主创团队、各有关单位责任人召开碰头会。副厅长叶菁参加浦江·第十二届中国书画节。

27日　省文化和旅游厅领导褚子育、刁玉泉观摩《我的祖国》浙江省庆祝中华人民共和国成立70周年大型音乐舞蹈史诗彩排。厅长褚子育赴扬州参加文化和旅游部国家文化公园建设座谈会。副厅长叶菁在衢州调研非遗工作。副厅长、一级巡视员许澎参加中国国际贸易促进委员会浙江省第六届委员会第一次全体会议;参加省政府专题会议,听取我省推进长三角一体化发展重点工作进展情况;接待宁波东钱湖管委会主任一行。省文物局局长柳河在浙江省博物馆参加陈复君女士为纪念金城同志书画捐赠仪式。

28日　省文化和旅游厅领导褚子育、傅玮、许澎、杨建武、刁玉泉、叶菁等观看浙江省庆祝中华人民共和国成立70周年大型音乐舞蹈史诗《我的祖国》。副厅长叶菁出席"南孔祭典"活动。

29日　省文化和旅游厅厅长褚子育接待省委宣传部常务副部长来颖杰；参加省政府党组理论中心组学习会暨省政府第八次专题学习会；在中国丝绸博物馆参加"锦绣华章　旗袍之夜"晚会。副厅长、一级巡视员许澎专题研究省属国有资本旅游板块重组整合工作方案；参加文化和旅游部假日旅游安全工作电视电话会议。省文物局局长柳河组织召开局机关党政联席会议。

30日　省文化和旅游厅党组书记、厅长褚子育主持召开2019年第二十七次厅党组会、第二十三次厅长办公会，厅领导傅玮、许澎、柳河、刁玉泉、叶菁出席会议，省文物局副局长、厅局机关各处室、各专班负责人参加会议。厅领导褚子育、许澎参加省政府专题会议，专题研究省属国有资本旅游板块重组整合工作。副厅长刁玉泉参加省政府会议，研究部署第五届中国"互联网＋"大学生创新创业大赛总决赛相关工作。副厅长卢跃东参加省防御第18号台风"米娜"视频调度会议。

10 月

3日　省文化和旅游厅副厅长、一级巡视员许澎参加文化和旅游部假日旅游安全工作电视会议。

6日　省文化和旅游厅厅长褚子育在中国丝绸博物馆参加"锦绣华章　旗袍之夜"晚会。

8日　省文化和旅游厅厅长褚子育陪同省委书记车俊赴重庆、四川考察对口支援和东西部扶贫协作工作（至12日）。副厅长、一级巡视员许澎与市场管理处商议四季度工作；接待法国北方浙江商会会长潘翔一行。省文物局局长柳河到浙江大学检查"互联网＋中华文明展"准备情况。

9日　省文物局局长柳河参加省政协文史委员会主任会议。省文化和旅游厅副厅长、一级巡视员许澎参加省长袁家军宴请比利时西佛兰德省省长团。副厅长叶菁陪同文化和旅游部公共服务司司长李宏一行赴嘉兴调研。副厅长卢跃东在泰顺参加旅游发展大会。

10日　省文化和旅游厅副厅长、一级巡视员许澎赴宁波调研海外文化交流基地事宜。省文物局局长柳河参加省政协文艺组召集人会议。副厅长杨建武参加长三角一体化文化和旅游峰会暨国际滨湖度假大会开幕式（至11日）。副厅长叶菁参加全省市级文化馆馆长会议。副厅长卢跃东在浙江省博物馆调研。

11日　省文化和旅游厅党组副书记、一级巡视员傅玮组织召开"新修订的公务员法和职务与职级并行制度政策解读"会议，厅局机关全体干部参加。副厅长、一级巡视员许澎与宁波文化广电旅游局对接部分行政许可审批项目下放事宜。省文物局局长柳河陪同省长袁家军调研浙江省自然博物院安吉分馆。副厅长杨建武与省政府副秘书长蔡晓春商

议之江文化中心渣土外运事宜。副厅长刁玉泉参加2019"诗画浙江"全省旅游歌曲创作演唱大赛决赛。副厅长叶菁陪同省委宣传部副部长葛学斌观看交响乐《祖国畅想曲》。副厅长卢跃东在中国丝绸博物馆调研。

12日　省文化和旅游厅党组副书记、一级巡视员傅玮在良渚遗址公园调研；参加省政府第二十九次常务会议。副厅长、一级巡视员许澎组织召开信用体系建设工作碰头会。副厅长杨建武接待平阳县委常委、副县长一行。副厅长叶菁赴文化和旅游部参加全国文化生态区创建地区评审答辩会议。

13日　省文化和旅游厅领导褚子育、刁玉泉会见歌剧《红船》主创人员。副厅长、一级巡视员许澎在杭州图书馆参加"爱尔兰当代艺术展"。副厅长刁玉泉陪同歌剧《红船》主创赴嘉兴采风。

14日　省文化和旅游厅领导褚子育、傅玮与新任职副处长谈话。厅长褚子育参加省委常委会第一百零三次会议。厅党组副书记、一级巡视员傅玮出席文化和旅游部2019年文化和旅游领域优秀青年人才国情研修班开班仪式。副厅长、一级巡视员许澎接待浙江婺剧研究院院长王晓平一行；会见台湾豫剧团交流参访团。文物局局长柳河接待浙江大学教授白谦慎。副厅长卢跃东赴温州参加国家扶贫日浙江主场活动（至16日）。副厅长刁玉泉陪同歌剧《红船》主创赴嘉兴采风。

15日　省文化和旅游厅党组书记、厅长褚子育主持召开2019年第二十八次厅党组会、第

二十四次厅长办公会,厅领导傅玮、许澎、柳河、刁玉泉、叶菁出席会议,省文物局副局长,厅局机关各处室、各工作专班负责人列席会议。厅领导褚子育、刁玉泉审查第四届中阿广播电视合作论坛文艺演出。副厅长、一级巡视员许澎参加"看·见香港"摄影展。副厅长杨建武参加文化和旅游部2019年文化和旅游领域优秀青年人才国情研修班讲课;参加省扫黑除恶专项斗争推进会。副厅长叶菁赴嘉兴市平湖市出席全省群众舞蹈大赛开幕式。

16日 省文化和旅游厅厅长褚子育、副厅长杨建武接待乐清市委书记、雁荡山风景区管委会主任一行和鹿城区委书记,鹿城区委常委、宣传部部长一行。厅领导褚子育、刁玉泉与浙江大学党委书记任少波、副校长何莲珍会商战略合作事宜;参加2019"诗画浙江"全省旅游歌曲创作演唱大赛颁奖典礼。副厅长、一级巡视员许澎接待西班牙浙江商会会长一行;参加第十九届亚运会航空服务合作平台签约仪式暨新闻发布会。

17日 省文化和旅游厅领导褚子育、柳河参加全省政协工作会议。厅长褚子育、副厅长杨建武先后接待常山县委书记一行、龙游县委书记一行、舟山市普陀区委书记一行和新昌县委书记一行。副厅长、一级巡视员许澎参加宁波东钱湖国际湖泊休闲节开幕式暨国际艺术节启动仪式。省文物局局长柳河、副厅长卢跃东参加全省法治政府建设暨综合行政执法改革推进会。副厅长刁玉泉参加第四届中阿广播电视合作论坛开幕式。副厅长叶菁赴义

乌参加第四批省级公共文化服务体系示范区(项目)中期创建工作培训班(至18日)。

18日 省文化和旅游厅领导褚子育、柳河参加省委政协工作会议;县(市、区)委书记工作交流会。厅长褚子育在中国丝绸博物馆会见河南文化和旅游厅厅长姜继鼎。厅党组副书记、一级巡视员傅玮参加"我和我的祖国"全国红色旅游主题活动(江西瑞金站)、中国(江西)红色旅游博览会暨中国红色旅游推广联盟年会(至22日)。副厅长、一级巡视员许澎参加第二十一届上海国际艺术节"七十年追梦"主旨论坛;参加第二十一届上海国际艺术节开幕式。副厅长杨建武参加"唐诗之路·缘起萧山"首届钱塘江诗词大会。副厅长卢跃东参加新疆文化旅游推广活动。

19日 省文化和旅游厅领导褚子育、刁玉泉出席第十四届浙江戏剧节开幕式。副厅长、一级巡视员许澎在乌镇参加浙报集团"天目新闻"App上线仪式。副厅长杨建武参加第十六届中国旅游发展·北京对话南浔古镇论坛。副厅长卢跃东出席蛇蟠海岛公园创建启动仪式。

21日 省文化和旅游厅厅长褚子育会见德国国家陶瓷博物馆创始人及馆长Wilhelm Simen两位外宾;参加省政府第三十次常务会议。副厅长、一级巡视员许澎参加文化和旅游部第五期阿拉伯国家文博专家研修班开班式;陪同文化和旅游部国际局副局长朱琦一行赴宁波调研(至22日)。副厅长杨建武到武义县调研并作全域旅游创建辅导。副厅长叶菁赴浙江音乐学院陪同广东

省文化和旅游厅党组成员、副厅长赵红一行。

22日 省文化和旅游厅领导褚子育、柳河参加浙江自然博物院正式开馆仪式(安吉)。厅长褚子育"建立健全为民办实事长效机制"15周年座谈会。副厅长、一级巡视员许澎参加"意会中国——阿拉伯知名陶艺家访华采风作品展"开幕式。省文物局局长柳河参加由政协组织的浙东运河调研(至23日)。副厅长杨建武参加"浙江金盾-19"演习暨全省重要经济目标防护建设推进会。副厅长叶菁在杭州图书馆参加"知识创新驱动文化和旅游新发展论坛"开幕式。副厅长卢跃东参加中央扫黑除恶第十一督导组"回头看"工作汇报会。

23日 省文化和旅游厅厅长褚子育参加专业艺术人才招生培养模式创新意见工作会议;接待淳安县县长一行到访;参加浙江·安徽经济社会发展情况交流座谈会。副厅长、一级巡视员许澎参加文化和旅游部2020年海外文化交流调研座谈会;陪同文化和旅游部2020年海外文化调研组考察良渚博物院。副厅长刁玉泉参加2019全省民营剧团展演汇报演出。副厅长叶菁出席"百城联动·歌唱祖国"2019浙江省第十八届音乐新作演唱演奏大赛。

24日 省文化和旅游厅厅长褚子育参加全省文化和旅游系统数字化转型培训班,厅局机关相关处室负责人一同参加;参加省委常委会第一百零四次会议。厅党组副书记、一级巡视员傅玮,副厅长刁玉泉参加龙游石窟国际音乐节开幕式、首场演出。副厅

长、一级巡视员许澎接待中国旅游集团杜江总经理一行。副厅长杨建武赴省委宣传部对接工作；参加《浙江省宗教事务条例》宣传贯彻座谈会。副厅长叶菁参加省政协民生领域规划座谈会。

25日　省文化和旅游厅厅长褚子育接待浙江旅游集团董事长方敬华一行；接待缙云县委书记一行。厅党组副书记、一级巡视员傅玮参加全省小微企业安全生产和消防安全综合整治工作推进视频会议。副厅长、一级巡视员许澎参加武义温泉节开幕式及相关活动。省文物局局长柳河组织召开局党政联席会议，局机关各处室负责人参加会议。副厅长杨建武参加甘肃省人大组织的文化和旅游深度融合工作座谈会；参加人大财经委会议，听取2018年度行政事业性国有资产管理情况的汇报。副厅长卢跃东参加浙江省第十四届山水旅游节开幕式。

26日　省文化和旅游厅副厅长杨建武参加第七届汉服文化周活动。副厅长叶菁参加"诗路传薪"——2019年浙江传统体育类非物质文化遗产大会开幕式。

27日　省文化和旅游厅副厅长叶菁参加第六届全国残疾人职业技能竞赛开幕式。

28日　省文化和旅游厅党组书记、厅长褚子育主持召开2019年第二十九次厅党组会、第二十五次厅长办公会，厅领导傅玮、柳河、刁玉泉、叶菁、卢跃东出席会议，厅局机关各处室、各工作专班负责人参加会议。省文化和旅游厅厅长褚子育、副厅长卢跃东与省委宣传部副部长来颖杰商议工作。副厅长、一级巡视员许

澎参加《浙江通志》第8次终审会。副厅长杨建武陪同常务副省长冯飞赴青海考察对口支援工作（至30日）。

29日　省文化和旅游厅领导褚子育、副厅长叶菁观看"浙江好腔调"传统戏剧展演绍兴专场演出。副厅长刁玉泉听取浙江演艺集团组建情况汇报。副厅长叶菁接待宁夏回族自治区文化和旅游厅副厅长赵明霞一行。副厅长卢跃东赴浙江新远集团调研；赴浙江省古建筑设计研究院调研。

30日　省文化和旅游厅厅长褚子育参加全省实施传统戏剧发展"五个一"计划工作座谈会（绍兴）；参加中央扫黑除恶第十一督导组"回头看"工作情况反馈会。副厅长、一级巡视员许澎参加宁波导游大赛颁奖仪式；出席2019年杭州市第三届景点景区讲解员服务技能大赛颁奖仪式。副厅长刁玉泉参与讨论原创交响音乐会有关事宜；组织召开创作歌曲音乐会筹备工作会。副厅长叶菁主持召开全省传统戏剧发展"五个一"工作座谈会；赴宁波象山检查国家级文化生态区迎检准备工作。副厅长卢跃东观摩"唱响唐诗　畅游浙江"音乐情景诗歌晚会。

31日　省文化和旅游厅厅长褚子育、副厅长杨建武参加浙皖闽赣国家生态旅游协作区推进会。厅长褚子育参加中宣部电视电话会议。厅领导傅玮、柳河参加全省事业单位改革部署推进会。副厅长、一级巡视员许澎参加文化和旅游部组织的节庆展会管理工作培训班（至11月1日）。副厅长刁玉泉调研京昆艺术中心、小百花越剧院；听取良渚出访

节目进展情况汇报。副厅长叶菁在宁波象山检查工作；在宁波宁海、台州等地调研（至11月1日）。副厅长卢跃东参加全省应急管理专题研习班集中研讨培训。

11月

1日　省文化和旅游厅领导褚子育、傅玮、柳河、刁玉泉、卢跃东参加领导干部会议。厅长褚子育参加省委常委会第一百零五次会议；参加浙江省文化和旅游系统老干部合唱团、新加坡东华音乐协会合唱团合唱交流音乐会。省文物局局长柳河参加浙中考古基地（金华）挂牌仪式。副厅长杨建武参加浙皖闽赣国家生态旅游协作区推进会。副厅长刁玉泉参加2019年浙江省大学生艺术节闭幕式。副厅长卢跃东赴上海参加长三角一体化示范区建设推进大会。

2日　省文化和旅游厅副厅长杨建武参加浙江省第三届"妈妈的味道"民间美食巧女秀活动。副厅长卢跃东参加内蒙古文化和旅游厅组织的"乌兰牧骑带你畅游亮丽内蒙古"推介活动。

3日　省文化和旅游厅副厅长杨建武参加中国唐代文学学会唐诗之路研究会暨"唐诗为媒　新天仙配"中国黄金旅游线重新启动仪式。副厅长卢跃东参加黑龙江省大兴安岭地区文化和旅游推荐及招商会。

4日　省文化和旅游厅厅长褚子育参加省委全面深化改革委员会第六次会议；参加全省宣传文化系统学习宣传贯彻党的十九届四中全会精神电视电话会议。

副厅长、一级巡视员许澎参加省委组织部 2019 第四期领导干部进修班（至 12 月 28 日）。省文物局局长柳河与省文物考古所商量庆祝活动方案。副厅长卢跃东参加浙江省珠宝玉石首饰行业系列主题活动；参加 2019"好客山东"冬季旅游产品特卖会活动。

5 日 省文化和旅游厅领导褚子育、刁玉泉参加浙江演艺集团成立大会暨揭牌仪式。厅领导褚子育、卢跃东参加省国有文化资产管理委员会会议。厅长褚子育参加文化和旅游发展"十四五"规划编制工作动员会，厅局机关相关业务处室负责人参加。厅党组副书记、一级巡视员傅玮参加之江文化中心项目跟踪审计进点会；参加省政协十二届三次会议提案征集工作座谈会。副厅长杨建武参加文化和旅游部申报创建 5A 级旅游景区景观质量专家评审会。副厅长卢跃东参加"证照分离"改革权覆盖试点业务培训暨任务交办会。

6 日 省文化和旅游厅领导褚子育、卢跃东参加全国文化和旅游市场整治暨景区服务质量提升电视会议。厅长褚子育参加省政府务虚会；参加省委、省政府外事接待活动。厅党组副书记、一级巡视员傅玮参加《浙江省防止领导干部民间借贷违纪违规行为规定》征求意见座谈会。省文物局局长柳河与浙江省博物馆商量"天下龙泉"展安排事宜。副厅长杨建武参加玉环文旦旅游节开幕式。副厅长刁玉泉听取良渚出访剧目方案汇报。副厅长叶菁接待港澳事务办公室副主任姚国文一行。副厅长卢跃东参加全省行政机关"旁听百场庭审"活动启动仪式；参加浙江省消防救援队伍践行习近平总书记训词一周年主题报告会。

7 日 省文化和旅游厅党组书记、厅长褚子育主持召开 2019 年第三十次厅党组会、第二十六次厅长办公会，厅领导傅玮、柳河、刁玉泉、叶菁、卢跃东出席会议，厅局机关各处室、各专班负责人参加会议。省文物局局长柳河接待省检察院傅国云专委一行。副厅长卢跃东参加中国国际进口博览会（至 8 日）。

8 日 省文化和旅游厅厅长褚子育参加 2019 年全国全域旅游工作推进会。厅党组副书记、一级巡视员傅玮参加省促进中小企业发展工作领导小组第二次会议。厅领导柳河、杨建武参加全省深化"千万工程"建设新时代美丽乡村现场会。副厅长刁玉泉参加全国推进产业工人队伍建设改革工作电视电话会议；参加王者荣耀越剧新文创项目揭幕仪式。副厅长叶菁参加 2019 年浙江省中小学生艺术节闭幕式。

9 日 省文化和旅游厅党组成员、省文物局局长柳河参加杭州市"薪火相传——红色基因传承者事迹"暨"红色记忆"宣讲会。

10 日 省文化和旅游厅副厅长杨建武参加台州市仙居县"唐诗为媒 新天仙配"旅游线路推介会。

11 日 省文化和旅游厅厅长褚子育参加省委理论学习中心组区块链技术发展现状和趋势专题学习会；参加省委常委会第一百零六次会议；与厅局机关一级调研员谈话。厅党组副书记、一级巡视员傅玮参加"新鼎论坛——与文物零距离"系列讲座。

省文物局局长柳河在丽水松阳扶贫结对村调研（至 12 日）。副厅长杨建武参加第一届城乡联系国际论坛。副厅长刁玉泉参加昆曲《宛在水中央》剧本专家论证会；听取第十四届浙江省戏剧节有关情况汇报。副厅长叶菁参加第十二届安徽国际文化旅游节（至 12 日）。副厅长卢跃东参加全国文化和旅游消费工作推进会（至 12 日）。

12 日 省文化和旅游厅领导褚子育、傅玮、杨建武、刁玉泉参加中央宣讲团党的十九届四中全会精神报告会。厅领导褚子育、杨建武接待青海海西州对口援建指挥长蒋伟峰一行。厅长褚子育接待嘉兴市文化广电旅游局局长一行。厅党组副书记、一级巡视员傅玮接待浙江旅游职业学院书记一行，听取主题教育有关情况汇报。副厅长叶菁参加省委宣传部"双服务"评选表彰协调会；赴宁波鄞州参加浙江省戏剧小品大赛开幕式。

13 日 省文化和旅游厅厅长褚子育参加第五届世界浙商大会开幕式活动；接待故宫博物院院长王旭东一行；参加省级文化和旅游系统事业单位改革专题会；分别接待义乌市市长王健和绍兴市柯桥区委书记一行。厅党组副书记、一级巡视员傅玮陪同驻省委宣传部纪检组组长俞慧敏调研浙江演艺集团。副厅长、一级巡视员许澎参加省文化和旅游厅外事管理工作会议。省文物局局长柳河陪同故宫博物院院长王旭东考察中国丝绸博物馆。副厅长刁玉泉与省政协葛慧君主席商议政协团拜会相关事宜。副厅长叶菁在宁波慈溪等地调研。副厅长卢跃东参加2019年全省文化和旅游法律法规知识竞赛决赛活动。

14日 省文化和旅游厅党组书记、厅长褚子育主持召开2019年第三十一次厅党组会、第二十七次厅长办公会,厅领导傅玮、柳河、杨建武、刁玉泉、卢跃东出席会议,厅局机关各处室、各工作专班负责人参加会议。厅长褚子育到浙江旅游职业学院进行主题教育专题授课。厅党组副书记、一级巡视员傅玮参加全省高校主题教育暨党的建设和思想政治工作推进会。副厅长叶菁参加青瓷文化节开幕式;参加全省乡村产业高质量发展推进会。副厅长卢跃东赴金华调研文化和旅游消费、景区整治和扫黑除恶等工作(至15日)。

15日 省文化和旅游厅领导褚子育、傅玮参加与浙江文投集团签订新远集团托管协议仪式。厅领导褚子育、柳河参加天下龙泉青瓷展。厅长褚子育接待湖州市文化和旅游局党组书记一行。厅党组副书记、一级巡视员傅玮参加浙江省旅游商品发展创新研讨会暨浙江省文化创新创业协会旅游商品专委会揭牌仪式。副厅长杨建武参加浙江省贯彻落实2019年中央一号文件情况汇报会。副厅长刁玉泉参加浙江旅游职业学院与浙江京昆艺术中心(浙江昆剧团)合作签约新闻发布会。副厅长叶菁参加2020年中央补助地方公共数字文化建设专项资金分配、使用和监管工作电视电话会议。厅长褚子育参加省政府第三十一次常务会议。

18日 省文化和旅游厅厅长褚子育参加新昌旅游发展大

会。省文物局局长柳河接待浙江科技大学领导。副厅长杨建武参加省委常委会第一百零七次会议。副厅长刁玉泉参加庆祝浙江越剧团建团70周年系列活动启动仪式暨浙江小百花越剧院元年展。副厅长叶菁参加第二届"华东六省一市现代地方小戏大赛"开幕式。

19日 省文化和旅游厅领导褚子育、柳河、杨建武、卢跃东等出席厅局机关全体干部大会,厅局机关全体干部参加。厅长褚子育参加全省民政会议暨第六届浙江慈善大会。厅党组副书记、一级巡视员傅玮参加2019年浙江老年大学校务委员会会议;参加省编办省级机构改革督查评估工作。副厅长杨建武接待四川文化和旅游厅调研组一行并进行授课辅导;赴浙江艺术职业学院调研。副厅长刁玉泉赴温州参加第十四届戏剧节闭幕式。副厅长叶菁出访日本、马来西亚(至25日)。副厅长卢跃东参加台风洪涝灾害科学防控能力提升工作任务落实协调会;参加法治政府督查见面会;陪同文化和旅游部产业司副司长李磊一同参加2019长三角乡村文化和旅游创客大会。

20日 省文化和旅游厅厅长褚子育参加2019长三角乡村文化和旅游创客大会;分别接待东阳市市长楼琅坚一行和金华市委常委、宣传部部长吕伟强一行。省文物局局长柳河接待驻省委宣传部纪检组组长俞慧敏一行。副厅长刁玉泉参加第十四届戏剧节闭幕式。

21日 省文化和旅游厅领导傅玮、杨建武、卢跃东等听取省

委十四届六次全体(扩大)会议大会报告。厅领导褚子育、柳河参加省委十四届六次全体(扩大)会议。省文物局局长柳河参加长三角文博会(上海)(至22日)。副厅长杨建武率员进行全域旅游工作调研。副厅长刁玉泉会见俄罗斯莫斯科中国文化中心代表团一行。

22日 省文化和旅游厅党组书记、厅长褚子育主持召开2019年第三十二次党组会,厅领导傅玮、许澎、柳河、刁玉泉、卢跃东出席会议,厅局机关各处室、各工作专班负责人参加会议。厅领导褚子育、刁玉泉参加省十四届精神文明建设"五个一工程"表彰座谈会。厅长褚子育参加省委十四届六次全体(扩大)会议。副厅长杨建武参加2019长三角(杭州)安庆市全域旅游推介会;参加乡村振兴与精准扶贫专题研讨班。副厅长刁玉泉观看戏曲交响音诗《咏絮——中国古代四大才女》。副厅长卢跃东参加全国安全生产电视电话会议。

23日 省文化和旅游厅厅长褚子育参加省委全委扩大会议。

25日 省文化和旅游厅厅长褚子育参加省委常委会;参加十四届省委财经委员会第七次会议;参加全省机关党的建设工作座谈会。副厅长杨建武参加大运河国家文化公园建设工作协调会。副厅长刁玉泉赴南京参加全国国有文艺院团社会效益评价考核工作培训班(至27日)。副厅长卢跃东参加2019中国(杭州)智慧旅游发展高峰论坛(至26日)。

26日 省文化和旅游厅厅

长褚子育参加省十三届人大常委会第十五次会议第一次全体会议;接待《中国文化报》副总编徐涟一行。副厅长杨建武参加杭州市萧山区与故宫博物院的战略合作协议签约仪式。

27日　省文化和旅游厅厅长褚子育参加省长袁家军专题听取"五个重大"谋划情况汇报;参加省十三届人大常委会第十五次会议第二次全体会议。厅党组副书记、一级巡视员傅玮陪同省政协副主席陈小平调研常山赏石小镇。副厅长、一级巡视员许澎参加2019年浙江省旅游饭店服务技能大赛开幕式。副厅长叶菁参加文化和旅游部召开的中东部地区国家级文化生态实验区建设经验交流会(至29日)。副厅长卢跃东出席全省文化和旅游系统法治工作培训班开班仪式;赴浦江调研文化和旅游产业和重点项目情况(至28日)。

28日　省文化和旅游厅领导褚子育、柳河接待省政协副主席郑继伟一行。厅长褚子育参加全省退役军人工作会议。副厅长杨建武参加世界旅游联盟招待会。副厅长刁玉泉参加省城乡环境整治工作领导小组成员会议;参加省委宣传部"双服务"初评会。

29日　省文化和旅游厅党组书记、厅长褚子育主持召开2019年第三十三次厅党组会、第二十八次厅长办公会,厅领导许澎、柳河、杨建武、刁玉泉出席会议,厅局机关各处室、各工作专班负责人参加会议。厅长褚子育参加省政府党组理论学习中心组学习会暨省政府第九次专题学习会;参加中国·苏里南工商界午

餐会。副厅长叶菁参加省政府重点工作督查(至12月2日)。

12月

2日　省文化和旅游厅厅长褚子育参加市委书记工作例会;赴浙江音乐学院参加濒危戏曲培训班出国展演。省文物局局长柳河与省钱管局商量工作。副厅长刁玉泉出席浙江画院建院35周年展开幕式。副厅长卢跃东参加国务院"证照分离"改革全覆盖试点工作培训动员部署电视电话会议。

3日　省文化和旅游厅厅长褚子育参加诸暨市全域旅游创建大会;参加文化建设军地共建共享试点成果现场推广会(至4日)。副厅长杨建武参加世界旅游博物馆座谈会。副厅长刁玉泉与浙江演艺集团、杭州市拱墅区政府沟通运河大剧院合作事宜;参加浙江旅游职业学院主题教育民主生活会。

4日　省文化和旅游厅领导褚子育、刁玉泉参加浙江小百花越剧院(浙江越剧团)建团70周年纪念音乐会。厅长褚子育接待浙江文投集团董事长姜军一行。省文物局局长柳河接待国家文物局刘玉珠局长一行。副厅长杨建武接待省政协民族和宗教委员会主任朱志泉一行到厅调研。副厅长刁玉泉组织讨论省委团拜会方案。副厅长叶菁参加全省非遗体系建设培训班。副厅长卢跃东参加社会大普法平台暨"宪法与浙江"微课上线仪式。

5日　省文化和旅游厅党组书记、厅长褚子育主持召开2019年第三十四次厅党组会,厅领导

柳河、刁玉泉、叶菁、卢跃东出席会议,厅局机关相关负责人参加会议。厅领导褚子育、柳河参加第七全国文物保护工程会。副厅长杨建武在上海为2019文化和旅游创意产品开发人才培训班授课。副厅长刁玉泉参加浙江省文化艺术发展基金专题座谈会;赴浙江音乐学院商讨教育部艺术委员会落地事宜。副厅长卢跃东在浙江古建筑设计研究院调研。

6日　省文化和旅游厅领导褚子育、许澎接待省政协副主席张泽熙一行。厅领导褚子育、杨建武听取资源开发处、财务处和基建专班、对口援建专班、长三角一体化专班2020年工作思路汇报,各处室(专班)负责人一同参加。厅领导褚子育、叶菁听取公共服务处、非遗处、传承优秀传统文化行动计划专班2020年工作思路汇报,各处室(专班)负责人一同参加。厅长褚子育参加省政府第三十二次常务会议;接待永嘉县委书记一行。省文物局局长柳河接待国家文物局副局长宋新潮一行。副厅长叶菁出席全省群文视觉艺术业务干部专业技能大赛作品汇报展。副厅长刁玉泉组织讨论省委团拜会方案;参加省委宣传部领军人物评选。副厅长卢跃东参加全省文化市场综合行政执法培训暨现场交流活动。

7日　省文化和旅游厅党组成员、省文物局局长柳河参加中国古迹遗址保护协会年会并致辞。副厅长杨建武参加2019年浙江省休闲学会年会暨第四届会员代表大会。副厅长卢跃东参加中国大运河文化带京杭对话活动。

9日　省文化和旅游厅党组

书记、厅长褚子育主持召开厅党组理论中心组（扩大）学习会议，厅领导柳河、杨建武、刁玉泉、卢跃东等出席会议，厅属单位党政负责人和厅局机关全体干部参加。

10日　省文化和旅游厅厅长褚子育参加浙江省关心下一代工作委员会成立30周年暨全省关心下一代工作"双先"表彰大会。省文物局局长柳河主持召开省文物局2020年工作思路务虚会，局机关各处室负责人参加。副厅长杨建武出席省最美民宿女主人培训班；会见嵊泗县委书记一行。副厅长刁玉泉赴钱江浪花艺术团调研。副厅长叶菁参加2019江南山水文化与旅游融合发展论坛。副厅长卢跃东参加全省"诗画浙江·百县千碗"旅游美食师资培训班开班仪式。

11日　省文化和旅游厅厅长褚子育、副厅长刁玉泉陪同省委常委、省委宣传部部长朱国贤到百越文化创意有限公司调研。副厅长、一级巡视员许澎参加加强党对意识形态工作领导专题研讨班开班仪式。副厅长杨建武陪同上海市副市长宗明一行在丽水调研。副厅长叶菁出席浙江好腔调全省曲艺展演活动。副厅长卢跃东参加长三角文化和旅游一体化专题研讨会。

12日　省文化和旅游厅领导褚子育、柳河参加省委宣传部部务会议，汇报《浙江省大运河文化遗产保护条例》立法进展情况。厅长褚子育参加省委宣传部2020年工作思路汇报会议。副厅长杨建武参加2019中国未来景区发展论坛暨莫干山民宿研讨会。副厅长叶菁参加全省公共图

书馆馆长工作会议；参加第15届中国（义乌）文交会动员部署会议；参加全省"证照分离"改革全覆盖试点工作动员部署电视电话会议。

13日　省文化和旅游厅党组书记、厅长褚子育主持召开2019年第三十五次厅党组会、第二十九次厅长办公会，厅领导许澎、柳河、杨建武、刁玉泉、叶菁、卢跃东出席会议，厅局机关各处室、各工作专班负责人参加会议。厅领导褚子育、许澎、柳河、杨建武、刁玉泉、叶菁、卢跃东参加省委常委扩大会议。厅长褚子育陪同省委常委、宣传部部长朱国贤调研浙江音乐学院；参加法治政府建设全面督查工作汇报会。副厅长叶菁参加全国农民工工作会议。副厅长卢跃东参加2019年安全生产和消防工作考核巡查动员部署视频会议。

14日　省文化和旅游厅副厅长、一级巡视员许澎出席加拿大魁北克经济创新部部长邀请招待会。

15日　省文化和旅游厅副厅长、一级巡视员许澎参加亚组委和亚残委会议。

16日　省文化和旅游厅厅长褚子育召集新任处长任前谈话；参加浙江少儿频道视频录制。省文物局局长柳河主持召开局党政联席会议，局机关各处室负责人参加会议。副厅长刁玉泉听取艺术处和科技与教育处2020年工作思路汇报，各处室负责人参加；约谈西泠拍卖行，商讨相关事宜。副厅长叶菁赴浙江京昆艺术中心开展2019年党建、党风廉政建设和意识形态工作督查。

17日　省文化和旅游厅厅

长褚子育向省政协文化和文史学习委汇报2020年工作思路及政协提案建议；参加2019年度党委（党组）意识形态工作责任制落实情况重点检查工作动员部署。副厅长杨建武参加副省长彭佳学主持召开的专题会。副厅长刁玉泉赴浙江交响乐团开展2019年党建、党风廉政建设和意识形态工作督查。副厅长叶菁分别赴宣传推广中心和浙江演艺集团开展2019年党建、党风廉政建设和意识形态工作督查。

18日　省文化和旅游厅党组书记、厅长褚子育主持召开2019年第三十六次厅党组会、第三十次厅长办公会，厅领导许澎、柳河、杨建武、刁玉泉、叶菁、卢跃东出席会议，厅局机关各处室、各专班负责人参加会议。厅领导褚子育、刁玉泉参加文化和旅游厅与浙江大学战略合作协议签约仪式。厅长褚子育接待舟山市文化和广电旅游体育局局长一行。省文物局局长柳河赴中国丝绸博物馆开展2019年党建、党风廉政建设和意识形态工作督查。副厅长杨建武参加浙江诗路文化带发展规划实施新闻发布会。副厅长卢跃东参加首届赵孟頫管道昇艺术节暨艺术馆开馆仪式。

19日　省文物局局长柳河赴浙江美术馆开展2019年党建、党风廉政建设和意识形态工作督查。省文化和旅游厅副厅长杨建武出席"大美青海　魅力海西"（浙江）文化和旅游分享会暨"百团十万浙江游客海西行"启动仪式。副厅长刁玉泉参加深化"最多跑一次"改革推进政府数字化转型第九次专题会议。副厅长叶菁听取浙江省文化馆、浙江图书

馆、浙江省非物质文化遗产保护中心 2020 年度工作思路汇报;参加《浙江省家庭教育促进条例》宣传贯彻工作电视电话会议。

20 日　省文化和旅游厅厅长褚子育在新疆参加文化和旅游部活动(至 23 日)。副厅长杨建武参加省政府第三十三次常务会议。副厅长刁玉泉赴龙游县参加"文化进万家"活动启动仪式。副厅长卢跃东赴新疆就任新疆建设兵团第一师政委、新疆阿拉尔市委书记。

21 日　省文化和旅游厅副厅长杨建武参加"来'上海村'过大年,去'龙之梦'闹春晚"活动(长兴)。

23 日　省文物局局长柳河参加 2019 年度省政府部门改革创新项目评审会。省文化和旅游厅副厅长杨建武参加省委常委会第一百一十一次会议;参加世界旅游博物馆脚本和展陈初步设计定标会。副厅长刁玉泉参加浙江省舞台艺术"1111"人才复评会议。副厅长叶菁参加浙江省文化馆理事会成立大会;参加"美丽长三角"督查座谈会。

24 日　省文化和旅游厅领导褚子育、杨建武参加全省第三次全域旅游暨"百千万"工程推进现场会。省文物局局长柳河接待中国水利博物馆馆长张志荣一行。副厅长刁玉泉赴省非遗保护中心督查 2019 年党建、党风廉政建设和意识形态工作情况。

25 日　省文化和旅游厅领导褚子育、许澎参加省文化和旅游厅 2019 年第二次基层党建工作联席会议,厅局机关各处室负责人和各厅属单位负责人参加会议。省文物局局长柳河接待常山县领导一行。副厅长刁玉泉到杭州市拱墅区政府商议运河大剧院运营事宜;审查省政协茶话会节目。副厅长叶菁赴北京参加全国"乡村春晚"集中展示活动新闻发布会(至 26 日)

26 日　省文化和旅游厅领导褚子育、许澎、柳河、杨建武、刁玉泉参加省委经济工作会议。厅领导褚子育、柳河参加省委经济工作会议。厅领导褚子育、刁玉泉参加浙江话剧团建团 70 周年庆祝演出。副厅长杨建武参加红色旅游工作协调小组会议。副厅长刁玉泉审查原创歌曲音乐会演出节目。

27 日　省文化和旅游厅领导褚子育、刁玉泉观看原创歌曲音乐会演出。厅长褚子育向省人大常委会科教文卫专委汇报 2020 年工作思路及人大代表建议相关线索;参加省政府第三十四次常务会议。省文物局局长柳河参加省政协常委会。副厅长刁玉泉参加大运河(浙江段)美术馆联盟第一届二次会议;参加"历七十载光辉·攀新时代高峰"中华人民共和国成立 70 周年舞台美术与演艺技术高峰论坛。副厅长叶菁参加 2019 年全国旅游厕所革命工作推进现场会(至 28 日)。

28 日　省文化和旅游厅党组成员、省文物局局长柳河参加浙江自然博物院西藏牦牛展。

29 日　省文化和旅游厅副厅长刁玉泉审查省政协各界人士茶话会文艺演出。

(娄国建)

厅属单位建设发展

ZHEJIANG CULTURE AND TOURISM YEARBOOK

浙江音乐学院

【概况】 设有 3 个一级学科,2 个学科被列入省一流学科建设计划,其中音乐与舞蹈学为 A 类学科。拥有音乐与舞蹈学硕士学位授权点和艺术硕士专业学位授权点。设有 8 个专业、12 个教学系(部)和 5 所附属学校。建有交响乐团、国乐团、八秒合唱团等高水平艺术实践团体,设有《音乐文化研究》学报编辑部。与奥地利莫扎特音乐学校、英国皇家音乐学校、英国皇家北方音乐学校等多所国际著名音乐院校签订校际战略合作协议,并作为主席单位与 15 所中东欧国家音乐院校共同发起成立了"中国-中东欧国家音乐院校联盟",积极开展国际合作与交流。学校经教育部批准,具有独立设置本科艺术院校艺术类专业单独招生资格,面向全国招生。获国务院学位委员会批准,成为艺术硕士专业学位研究生培养单位。2019 年末有在校生 2755 人,其中本科生 2416 人(含港澳台学生 13 人),国际生 4 人,研究生 286 人,成人本科生 49 人;有教职工 502 人,其中专任教师 346 人(含具有正高级职称的 47 人,外籍教师 9 人)。

2019 年是中华人民共和国成立 70 周年,也是浙江音乐学院夯基固本、聚势谋远,加快推进高水平一流音乐学校建设的关键之年。学校以习近平新时代中国特色社会主义思想为指引,不忘初心、牢记使命,紧盯"高水平一流音乐学校"办学目标,统筹推进办学治校各项工作,办学内涵不断深化,办学特色日益鲜明,办学成效逐步显现,学校各项事业呈现蓬勃发展态势。

一、立德树人,改革创新,人才培养质量持续提升

音乐学、音乐表演 2 个专业入选国家一流专业。音乐实验教学示范中心入选"十三五"省级重点建设实验教学示范中心名单。成功申报 20 项省一流本科课程项目,其中 4 项推荐参评国家级一流本科课程。建成省级第三批精品在线开放课程 6 项。获浙江省教育厅浙江省研究生联合培养基地认定,联合培养博士试点工作有序推进。首次以浙江音乐学院名义开展艺术硕士专业学位研究生招生,首次招收非全日制研究生,并首次面向中国香港、澳门和台湾地区招收研究生。学生管理更加规范有序,创新创业教育体系不断完善,附属音乐学校办学成效逐步显现。

二、学科引领,强基固本,科研创作与艺术实践成果丰硕

成功申报国家艺术基金资助项目 14 项,位列全国各大音乐学校第 2 位;获国家社科基金艺术学项目 1 项。大型民族管弦乐《钱塘江音画》再获国家艺术基金 2019 年度滚动资助。创排原创歌剧《国之歌》、原创音乐剧《梦寻李叔同》、大型戏曲交响音诗《咏絮——中国古代四大才女》等多部原创剧目。民族管弦乐作品《大潮》入选文化和旅游部"时代交响——中国交响音乐作品创作扶持计划",原创歌曲《看你的眼》获省委宣传部"五个一工程"奖。正式挂牌成立浙江音乐学院国际室内乐艺术中心。学校先后举办第十二届全国"桃李杯"舞蹈教育教学成果展示活动、大运河国际钢琴艺术节暨郎朗杯钢琴大赛、全国计算机音乐设计大赛等一批高层次、高质量的重大赛事和展演活动。学校师生先后在全国"桃李杯"舞蹈教育教学成果展示、中央广播电视总台中国民族器乐电视大赛等国内各类重大赛事中屡获佳绩。

三、主动对接,开放办学,国际交流和社会服务深化拓展

先后与英国普利茅斯大学、西班牙巴塞罗那利赛欧音乐学院、美国南佛罗里达大学、意大利博洛尼亚音乐学院、意大利佛罗伦萨音乐学院和意大利罗马音乐学院等签署学生交流互换协议或达成合作意向,并作为主席单位参加了在北马其顿共和国举办的第二届中国-中东欧国家音乐院校联盟年会(音乐学校院长论坛)。先后承办文化和旅游部第三届"意会中国"——"一带一路"艺术大师工作坊等一系列重大外事活动。学校艺术团赴多国开展交流演出和学术交流活动,并圆满完成赴美国开展"欢乐春节"、配合浙江省代表团出访匈牙利、随中国大学生代表团访问日本等演出任务。新招收国际学生 2 名,港澳台学生 8 名,并选派 18 名优秀学生赴国外合作院校交流学习。与上海音乐出版社、上海文艺音像电子出版社签订合作出版框架协议。继续教育学院被正式认定为文化和旅游部浙江培训基地依托单位。

四、围绕中心,协同发展,治理能力和管理服务水平不断提升

进一步加快推进"最多跑一次"改革,正式建成学校"网上办事大厅",首批 43 项校务服务事项全部实现网上办、掌上办,261

项校务审批服务清单目录在"网上办事大厅"对外公布。进一步加大人才引进力度,积极开展创新团队和人才选拔推荐工作,组织开展学校首批"创新团队"和"青年英才"选拔,正式成立党委教师工作部。进一步提升办学保障条件,省财政生均拨款标准进一步提高,完成流行系打击乐教室、国乐系排练厅等场所改造提升工作,顺利完成学校数据交换平台、课堂智慧考勤系统、智慧琴房二期、学生宿舍门禁系统升级改造等项目建设,实施智能化门禁系统改造,完成3个"教工小家"建设,启用"智慧后勤一期",图书馆新增各类图书、乐谱1.9万册,全面完成校园停车场综合管理系统升级改造。

【年度要闻】

3个党建品牌入选全省高校党建"双百示范"工程　1月,浙江省教育厅党委公布了全省高校党建"双百示范"工程入围项目,学校作曲与指挥系教工党支部"'党建+'主旋律音乐创表"、音乐教育系党总支"'知乐·育心'党建育人体系"和声乐歌剧系党总支、国乐系党总支、舞蹈系党总支"'红色乐音'党建示范群"3个项目入选。

音乐实验教学中心立项为省级重点建设实验教学示范中心　6月25日,经省教育厅批准,学校音乐实验教学中心正式立项为"十三五"省级重点建设实验教学示范中心。

在第九届全国高等艺术院校歌剧声乐展演中获佳绩　7月,

学校师生在第九届全国高等艺术院校歌剧声乐展演暨第一届Sesto Bruscantini国际声乐比赛中载誉而归。学校学生共获歌剧重唱片段组决赛一等奖5项,二等奖5项、三等奖10项;获歌剧咏叹调专业院校本科生组决赛二等奖2项,三等奖1项;另获各组别优秀奖8项。4名教师获"优秀指导教师奖",1名教师获"优秀艺术指导奖",声乐歌剧系获得最佳组织奖。

承办第十二届全国"桃李杯"舞蹈教育教学成果展示活动　8月12日至18日,由文化和旅游部主办,文化和旅游部科技教育司、浙江省文化和旅游厅、浙江音乐学院共同承办的第十二届全国"桃李杯"舞蹈教育教学成果展示活动在学校举行。活动为期6天,现场展示环节由8场专业展演、2场精品课展示、2场学术研讨会和1场综合汇报演出组成。来自56所院校的近1000名师生参演。学校舞蹈系9个剧目参加了现场展演。

承办2019年(第十二届)中国大学生计算机设计大赛计算机音乐类与数媒微电影类决赛　8月24日至26日,由教育部高等学校大学计算机课程教学指导委员会、中国大学生计算机设计大赛组织委员会联合主办,浙江音乐学院承办的2019年(第十二届)中国大学生计算机设计大赛计算机音乐创作类与数媒微电影类决赛在学校举行。共有来自全国29个省(区、市)、全国246所高校的582件作品入围两大类别决赛。学校学生参赛的8件作品

全部获奖,其中一等奖1项,二等奖6项,三等奖1项。同时,学校还荣获优秀组织奖。

省委决定王瑞任学校院长、党委副书记　9月4日,学校召开教师干部大会,宣布省委决定:王瑞同志任浙江音乐学院党委委员、副书记,提名任浙江音乐学院院长。省委组织部副部长胡旭阳,省文化和旅游厅党组书记、厅长褚子育,省教育厅党委副书记干武东,省委组织部干部三处、省委宣传部干部处负责人出席会议。会议由干武东主持。

学校教师阎宝林获"全国模范教师"荣誉称号　9月10日,庆祝2019年教师节暨全国教育系统先进集体和先进个人表彰大会在京举行。学校教师阎宝林获"全国模范教师"荣誉称号,并作为代表赴京参会,接受了习近平总书记等国家领导人的接见。

首次荣获浙江省本科高校国家奖学金特别评审奖　10月18日,在浙江省本科高校国家奖学金特别评审大会上,学校钢琴系学生叶嘉齐荣获2019年浙江省本科高校国家奖学金特别奖,这是学校学生首次获此殊荣。

获得第五届外语微课大赛全国总决赛二等奖　10月31日至11月3日,学校公共基础教学部教师陆超逸在全国高校教师教学创新大赛——第五届外语微课大赛全国决赛中获本科英语组浙江赛区一等奖、全国总决赛二等奖,这也是浙江省选手在本届赛事中获得的最好成绩。

召开"不忘初心、牢记使命"主题教育动员部署会 9月11日,学校在综艺楼小剧场召开"不忘初心、牢记使命"主题教育动员部署会。省委第十二巡回指导组副组长、省卫生健康委二级巡视员徐龙仁出席会议并讲话。

举行2019第二届国际室内乐音乐节 10月28日,举行2019第二届国际室内乐音乐节新闻发布会。新闻发布会上,为学校国际室内乐艺术中心揭牌。音乐节期间,来自中国、奥地利、德国、意大利等15个国家的17所著名音乐高等学府、7个著名职业乐团的80余名室内乐艺术家、乐团首席和知名教授汇聚浙江音乐学院,面向社会公益开展106场活动,其中包括28场音乐会、45场大师班和33场学术讲座。此外,学校还举办了第二届学生室内乐演奏比赛。

荣获第十一届浙江省大学生职业生涯规划大赛一等奖 11月6日,学校学生叶嘉齐在第十一届浙江省大学生职业生涯规划大赛中荣获职业规划类本研组一等奖(第1名)和最佳风采奖,这是学校参加此项赛事以来获得的最好成绩。

参加第二届中国-中东欧国家音乐学院"17+1"院长论坛 11月19日至21日,应斯提普-戈采德尔切夫大学邀请,学院院长王瑞一行代表学校作为主席单位赴北马其顿共和国斯科普里市参加第二届中国-中东欧国家音乐学院"17+1"院长论坛。论坛期间,北马其顿共和国总统斯特沃·彭达罗夫斯基亲切接见了王瑞等出席中国-中东欧国家音乐学院院长论坛的代表并进行了友好会谈。

在浙江省高等学校第十三届师范生教学技能竞赛中喜获佳绩 11月26日,学校音乐教育系学生南希在浙江省高等学校第十三届师范生教学技能竞赛中以第1名的优异成绩荣获一等奖,实现了学校音乐教育系学子在此项大赛的"七连冠",此外还有1人荣获三等奖。

研究生联合培养基地入选省级基地 12月5日,经浙江省教育厅专家评审,学校申报的"浙江音乐学院浙江交响乐团研究生联合培养基地"入选2019年浙江省研究生联合培养基地。

荣获省本科院校"互联网+教学"优秀案例一等奖 12月6日,浙江省高教学会公布了本科院校"互联网+教学"优秀案例(线上线下混合课程)评选结果,学校杨九华教授主持的《西方音乐史》课程入选并荣获一等奖。

省委决定张伟波任学院副院长 12月24日,学校召开党政班子会议,宣布省政府决定:张伟波任浙江音乐学院副院长。省委宣传部干部处、省文化和旅游厅人事处负责人出席会议,学校全体党政班子成员,党政办、纪检室、组织部负责人参加会议。

(蒋 楠)

浙江旅游职业学院

【概况】 内设机构34个。2019年末人员560人(其中具有高级技术职务资格的172人,中级253人)。

2019年,浙江旅游职业学院领导班子团结带领全院师生员工,坚持立德树人根本任务,坚持社会主义办学方向,牢固树立"四个意识",认真贯彻落实中央、省委各项决策部署,紧紧围绕"12320"工作目标,全力打造旅游教育的"中国品牌"和"中国服务"人才培养的摇篮,学院综合实力和社会影响力稳步提升。

一、党建工作全面加强

扎实开展"不忘初心、牢记使命"主题教育,深入推进全面从严治党,严格遵守党的纪律,认真履行监督执纪职责。全年共有1个基层党组织入选全国党建工作样板支部,1名同志获"浙江省突出贡献农村指导员"称号,2名同志分获全省高校"优秀共产党员""优秀党务工作者"称号,2个基层党组织入选全省高校党建"双创"工作标杆院系、党建工作样板支部,1个基层党组织获评省直机关工委"先锋支部"。

二、事业发展迈上新阶

(一)内部治理体系优化完善

召开第二次党代会,选举产生了新一届党委和纪委领导班子。修订完善学院党委会、院长办公会的议事规则与议事清单。优化完善《内部质量保证体系诊断与改进实施方案》,营造全员参与、全程覆盖、全方位育人的质量文化。深化"最多跑一次"改革,实现100％的学生服务事项和85％的校务服务事项网上办、掌上办,学院"最多跑一次"改革作为案例入选《中国高等职业教育质量年度报告(2019)》。

(二)办学内涵切实增强

入围教育部"中国特色高水平高职院校和专业建设"单位、国家优质专科高等职业院校。景区开发与管理专业教学资源库获教育部职业教育专业教学资源库立项;酒店管理、导游、会展策划与管理、景区开发与管理、旅游日语、西餐工艺、烹调工艺与营养等7个专业入选国家级骨干专业,并获评2个国家级生产型实训基地、2个国家级"双师型"教师培养培训基地、1个国家级应用技术协同创新中心和1个国家级技能大师工作室。酒店管理、烹调工艺与营养、休闲服务与管理(茶文化方向)3个专业顺利通过教育部现代学徒制第二批试点验收。入选"1＋X"智能财税职业技能等级证书试点院校。深化"数字校园"建设,与中国移动杭州分公司签署"5G＋"智慧校园战略合作协议,深度打造5G智慧校园,入选2019年浙江省教育重大改革试点项目"区域和学校整体推进智慧教育综合试点"学校。

(三)人才培养质量稳步提高

全面推进"三全育人"综合改革,获评浙江省"三全育人"综合改革重点支持高校。加强"最美旅院"文化育人品牌打造,获评浙江省"三全育人"综合改革"文化育人"重点支持高校。完成教育部第二批现代学徒制试点验收和省级现代学徒制试点验收。全年学院共获得省级以上职业技能竞赛奖227项,其中国家级以上34项。承办"鼎盛诺蓝杯"第十一届全国旅游院校服务技能(饭店服务)大赛,参赛队伍获4个赛项一等奖、团体总分第一。就业形势喜人,初次就业率为98.85％,437人专升本、212人出国出境就业或升学。积极响应高职"百万扩招"工作,录取1262名考生,录取率达163.9％,成为全省扩招录取最多的高职院校,被作为典型经验案例上报教育部。同时,喜获全国高职院校"育人成效50强"。

(四)师资队伍建设有序推进

完成学院第七轮干部换届聘任和全员聘任及岗位聘任工作,修订聘任条件、岗位职责、考核奖惩等一揽子方案,调整校内收入分配体系,进一步健全学院管理体系。全年共引进各类人才86人,其中高层次行业紧缺人才10人,人才引进数量和质量均为历年最高。积极开展高层次人才梯队建设工作,10支队伍入选2019年浙江省文化和旅游创新团队(入围)名单,为全省入选最多的单位;4人入选"2019年浙江省旅游青年专家"。取得国家社科基金重大项目子课题、教育部人文社科基金青年项目、浙江省人民政府哲学社科优秀成果二等奖、文化和旅游部优秀科研成果三等奖等4项成果的突破。

(五)国际化特色更趋鲜明

发挥中俄旅游学院的平台作用,在莫斯科举办第二届"一带一路"中国文化节,获人民网、新浪网、《青年时报》等多家媒体报道。首次以"成班建制"模式接收19位南非留学生组成烹饪研修班。中塞旅游学院成立并招生,成为继中俄旅游学院办学两周年后第二个"走出去"的办学项目。组织学生参加第二届澳洲游学研修班,举办中澳文化节,不断提升中澳酒店管理学院办学内涵。学院被评为全国高职院校"国际影响力50强"。

(六)社会服务能力稳步提升

浙江省文化和旅游发展研究院、浙江省文化和旅游智库、浙江省文化和旅游厅统计数据中心三大研究平台落户,浙江省文化和艺术研究院整体并入学院,大力提升了学院产业研究水平。持续开展"师生团队助力全省万村景区化建设""暑期送教下乡"等活动,全年共派出200余名师生组成50个团队,服务全省96个景区村庄创建;共派出28位教师赴33个县(市、区)开展讲座55场。扎实推进"三服务"活动,出台学院《开展"服务企业、服务群众、服务基层"活动方案》,形成院领导联系"一县一系"制度。与浙江省社科联、省文化和旅游厅等联合开办浙江文旅大讲堂。全年学院共签署产学合作项目88个,合同金额达2000多万元。举办"知味杭州"亚洲美食节之"美食与优雅生活"国际论坛等重大活动。浙江旅游职业教育集团被评为浙江省示范性职教集团;发起成立长三角旅游职业教育联盟,推动长三角旅游职业教育一体化发展。学院获评全国高职院校"服务贡献50强"。

(七)高品质幸福旅院建设持续推进

启动第二轮升级版的"幸福旅院工程",通过实施模范职工之家提升计划等五大行动计划,打造高品质幸福旅院。完成教职工住房补贴发放和校内人事分配制度改革。全面完成 2019 年度服务师生 10 件实事，完成了校园 4A 级旅游景区的整改提升、萧山校区学生宿舍和道路系统的改造等项目，启用千岛湖校区体育馆、教师发展中心，启动酒店烹饪一体化实训大楼、智慧图书馆的建设等，全面提升学院教师的归属感、获得感和幸福感。

三、队伍建设德才齐升

（一）全面加强思政教育

成立马克思主义研究宣传中心，全力打造马克思主义理论教学基地、研究高地和思想阵地。制定并实施《学院新时代思想政治理论课改革创新实施方案》《学院马克思主义研究宣传中心建设三年行动计划》《全面推进"课程思政"实施方案》，大力推进课程思政改革，提升思政理论课和思政教师队伍建设水平。

（二）严格规范干部日常管理

对领导班子和中层干部的社会团体兼职情况进行统一摸排和清理整顿，未发现取酬现象。完成干部档案专项审核工作，对学院 58 名中层干部的"三龄两历"进行专项审核。严格执行干部请假报备制度，认真组织中层干部填报《领导干部个人有关事项报告表》，继续推行中层干部和高级职称人员因私出国（境）管理办法，不断加强和规范干部日常管理。

（三）注重提升队伍整体素质

研究制定《浙江旅游职业学院开展干部队伍增强"脚力、眼力、脑力、笔力"教育实践工作的实施方案》，全面提高党员干部的政治能力、管理能力和业务能力。利用"学习强国"平台、"浙江领导干部网络学院高校分院"网络学习平台、暑期干部读书会等，提升干部队伍整体水平。全年选派 1 名干部参加浙江省高校中青班学习，选派 1 名干部参加国家留学基金委研修项目。加强师生交流，举办"书记午餐会""院长有约"活动及学生座谈交流会 20 余场，邀请师生、家长近 200 人次，收到意见建议 100 余条，解决实际问题 70 余项。建立领导干部深入一线"面对面"联系学生工作机制，学院助理级以上干部开展面对面联系学生"七个一"活动，为学院师生服务解难事项共 162 件。

（凌素梅）

浙江艺术职业学院

【概况】 内设机构 26 个。2019 年末人员 477 人（其中具有高级技术职务资格的 131 人，中级 186 人）。

一、以入选"双高"为动力，全面加强专业建设和教学改革

戏曲表演专业群入选"中国特色高水平高职学校和专业建设项目"。顺利通过省级第一批现代学徒制试点单位验收，完成教育部第三批现代学徒制试点单位年检工作。重点打造公共文化管理与服务专业，定向招收第三届乡镇文化员订单班 65 名学生。牵头完成全国文化艺术职业教育教学指导委员会《高等职业学校表演艺术类专业教学标准》项目首批 8 个艺术类高职专业教学标准制订工作。立项 10 个省级"十三五"教改项目。主办"跨·越湘湖、花·开艺苑"文旅融合山水课堂活动，承办浙江省中高职学校职业技能大赛赛项和"国际动漫节"彩车巡游活动，参与"生根·迭代——浙江高校非遗研培的实践'浙江对话'暨展览活动"。组织师生赴日本、西班牙、德国、印度、美国开展对外文化交流演出，传播中华文化。

二、以重大赛事活动为载体，全面提升科研创作水平

加强科研后备与中坚力量的培养，组建 14 个青年教师科研团队。举办"百戏百校：新时代戏曲人才培养的图景与路径"学术研讨活动，仲呈祥等专家参加研讨。大型越剧《幽兰逢春》入选浙江省舞台艺术创作重点题材扶持项目。新申报戏曲小戏《子在渡口曰》、民乐管弦乐《治水令》，进入国家艺术基金复评名单。论文《新时期艺术类高职院校舞蹈理论教学改革探寻》入围第十二届全国"桃李杯"舞蹈教育教学成果展。与浙江小百花越剧团联手打造《诗路行吟》戏曲雅集，并参加"浙漾京城"第四届浙江戏曲北京周闭幕式演出。推进"名师"系列丛书出版工作，出版《松庭流芳 笛画江南——竹笛与民族管弦乐作品集》、吴樟华竹笛独奏音乐会委约作品集《笛画江南》《沈凤泉江南丝竹音乐传谱》。组织师生参加全国"桃李杯"、全国职业院校技能大赛、省职业院校技能大赛、省高职院校教学能力比赛、省大学生职业生涯规划大赛等国家级、省级重要赛事，取得优秀成绩。参与"新春演出季"、高雅艺术进校园和农村文化礼堂建设服务演出。

三、以贯彻"职教 20 条"为抓手，全面加强产教融合

深化校企、校政、校校合作培

训,全年完成文化干部培训 49 班次,53 个剧目近 400 名演职人员参加 5 场全省民营文艺表演团体展演和 1 场汇报演出。服务省委、省政府中心工作,赴长兴、仙居等 10 余个市(县)文化礼堂举办演出、展览共 56 场。以"志愿服务+项目共建"形式开展服务项目 312 项,4 支实践团队被团省委确立为省级重点团队。推进与杭州市滨江区、拱墅区及湘湖国家旅游度假区管委会、上海长峰集团、宋城集团等战略合作。开展年度校友返校活动,成立丽水、宁波、温州校友分会。

四、以队伍建设为重点,全面打牢内涵发展基础

高级岗位比例由原来的 35%增加到 43%,引进海外高层次人才、紧缺专技人才 10 名。完成第二批特聘教授聘任工作,聘请著名导演尤小刚等 22 人为学校各教学单位特聘教授。加强青年人才与专业带头人培养,确定 14 名教师为学校青年教师助讲培养对象。共选派 47 批 160 余人次参加各类教师教育教学能力、专业能力校外培训。建立教师在线学习网络平台,提供 300 余门课程供教师选择学习。承担省文化和旅游厅"1111"(名编、名导、名角、名匠)人才评选领导小组办公室工作。新增省文化创新团队 3 个,省文化和旅游厅优秀专家 2 人。

五、以促进就业为突破口,全面提高招生就业工作水平

圆满完成高职提前招生、高考统招、单独考试和高职扩招等多样化考试的实施管理,共招收新生 1101 人,完成首次高职扩招 20 人。完善毕业生动态就业跟踪监测服务,提高就业指导与服务工作质量。高职毕业生 873 人,就业率达 98.85%,再创历史新高。加强学生创新创业教育实践力度,积极参与各类创新创业大赛,获第五届浙江省"互联网+"大学生创新创业大赛创业类银奖,第十一届浙江省大学生职业生涯规划大赛决赛高职高专组一等奖,省第十六届"挑战杯"大学生课外学术科技作品竞赛三等奖。

六、以完善制度体系为保障,全面加强学校内部治理

牢固树立以师生为中心的发展理念,围绕师生到党政管理及教辅机构办事"最多跑一次"目标,全面启动学校"最多跑一次"改革。建设"三张清单一张网"。优化办事流程,搭建校务服务网,聚焦化繁为简,努力实现"来回跑"转变为"单程跑";聚焦作风提升,努力实现"师生跑"转变为"干事跑";聚焦信息共享,努力实现"盲目跑"转变为"有备跑"。建成一站式网上办事大厅,完成 4300 余次事项线上办理。

【年度要闻】

召开第二次党代会 1 月 23 日,中国共产党浙江艺术职业学院第二次代表大会胜利召开。省文化和旅游厅党组副书记、巡视员傅玮,省委宣传部干部处、省文化和旅游厅机关党委、省教育厅干部处等职能部门负责人到校指导,130 余名大会正式代表、列席代表、特邀人员出席。校党委书记代表校党委做题为《全面完成省级优质高职院校建设任务 为打造艺术职业教育浙江样本而努力奋斗》的工作报告。报告提出今后五年学校发展总体思路和奋斗目标是:全面加强党的建设,全面提升人才培养质量,全面增强核心竞争力,扎实完成省级优质高职院校建设计划,把学校建设成为特色鲜明的高水平艺术职业院校,树立中国艺术高职教育浙江样本。会议选举产生了学校新一届党委领导班子和纪委领导班子。

举办"跨·越湘湖、花·开艺苑"文旅融合山水课堂活动 3 月 12 日,由浙江艺术职业学院、浙江小百花越剧团、湘湖国家旅游度假区管委会联合主办的"跨·越湘湖、花·开艺苑"文旅融合山水课堂暨小百花班招生校团政企合作新闻发布会在湘湖举行。发布会上举行了校团政企合作签约仪式。"文旅融合山水课堂"项目依托政府政策、场地支持,利用学校综合艺术资源优势,在发展文化创意产业、旅游文化传承弘扬、文化旅游规划设计等方面深化合作,催生成果。

承办 2019 年浙江省职业院校技能大赛四大表演赛项 3 月 27 日至 6 月 3 日,浙江艺术职业学院承办浙江省职业院校技能大赛艺术专业技能比赛声乐表演(高职组)、戏曲表演(中职组)、舞蹈表演(高职组)、戏曲表演(高职组)共 4 个赛项。学校学子共获 7 个一等奖、8 个二等奖、5 个三等奖。

承办国际动漫节彩车巡游活动 5 月 4 日,国家广播电视总局、浙江省人民政府主办的国际动漫节彩车巡游活动在杭州举行,巡游活动分为序"杭州欢迎您""再看经典""动漫杭州""你好新时代"和尾声"赞赞新时代"5个篇章。活动由浙江艺术职业学院执行承办,20名教师、200余名学生参与巡游表演。

开展文化战略合作 5月22日,浙江艺术职业学院与松阳县人民政府签订文化战略合作协议并举行教育实践基地授牌仪式。学校将为松阳高腔保护传承制定完整的中长期规划,并利用本校资源优势协助松阳高腔传统曲谱搜集整理与新剧目创作,与当地共同探索合作培养新生代松阳高腔戏曲人才,为本土高腔人才提供多方面培训平台,以人才培养培训助力松阳高腔保护传承发展及整体表演水平提升。

参加"浙漾京城"第四届浙江戏曲北京周闭幕演出 7月23日,由浙江省文化和旅游厅出品,浙江艺术职业学院联手浙江小百花越剧团打造的戏曲雅集《诗路行吟》在北京长安大戏院上演。雅集分《吾心求索》《诗气东来》《戏从民生》《天地共鸣》《与君山水》5个篇章,逐一展示诗画"浙江丰富"的戏曲样式与灿若星河的诗路气象,彰显浙江戏曲与旅游的独特魅力。

参加第十二届全国"桃李杯"舞蹈教育教学成果展示 8月12日至17日,第十二届全国"桃李杯"舞蹈教育教学成果展示活动在杭州举办,浙江艺术职业学院民族民间舞《三月春来》、群舞《西施别越》、精品课《景宁畲族舞蹈风格课》、女子独舞《青青》和男子

独舞《热土》共5个剧目和1篇论文通过入围展示。

参加2019中国(青岛)艺术博览会高校艺术教育成果展 10月25日,由中国艺术职业教育学会主办,青岛市委宣传部等共同承办的中国(青岛)艺术博览会在青岛国际会展中心开幕。学校在艺术教育成果展示与交流、"芳华杯"优秀艺术成果展演、文化创意和设计服务展示等板块均有精彩展示。艺术教育成果展示与交流区展出作品皆由学校文化管理系师生所作,分文物修复、青瓷烧制、装裱技艺、女红技艺四大展示模块。文化艺术创意和设计服务展区美术系木雕艺术作品、文化管理系刺绣衍生品等参加了展览。"芳华杯"优秀艺术成果展演展示了笛子独奏《春到湘江》、舞蹈系群舞《西施别越》。

参加艺术职业教育戏曲教学成果展演 11月1日至20日,"全国艺术职业教育戏曲教学成果展演"在北京长安大戏院上演,浙江艺术职业学院创排的绍剧《孙悟空怒打白骨精》和越剧《红色浪漫·诀别》参加演出,并承办"百戏百校:新时代戏曲人才培养的图景与路径"学术研讨活动。

原创电影《一路百花开》首映 11月13日,浙江省第八批文化精品工程扶持项目、浙江艺术职业学院原创电影《一路百花开》在浙江实验艺术剧场首映。影片讲述了5个学习越剧的女孩的成长历程,反映师生、母子两代越剧人对越剧艺术的坚守、传承和创新。影片主创和演职人员大多由学校

师生担纲。

举办第十二届综合展演季 举办以"庆七十年辉煌 奏新时代华章"为主题的第十二届(2019—2020学年)综合展演季,先后推出以表演艺术类专业为主的18场剧(节)目专场和以文化科技与艺术设计、民族文化和文化服务类专业为主的11场毕业展览、展映,时间跨度达一个半月。

推进校内教学综合楼及学生宿舍楼建设项目 顺利获得省发改委立项,完成概念方案设计、调整控规暨选址论证、确定资金筹措方案等项目建设前期工作。

(赵建萍)

中国丝绸博物馆

【概况】 内设机构5个。2019年末具有高级技术职务资格的17人,中级16人。

2019年,中国丝绸博物馆干部职工结合工作重点,真抓实干,锐意进取,取得可喜成绩:荣获2019年度"全国最具创新力博物馆"称号,入选2019年度杭州"金城标体验点"和长三角区域"七名"系列旅游精品推荐目的地;"国丝汉服节"项目获得IAI国际旅游奖"文旅融合类结合典范"铜奖;"中国丝绸和丝绸之路:锦程、更衣记"展览参加了2009—2019年度全国博物馆陈列艺术成果交流展;规范化数字档案室通过浙江省档案局验收。

一、机构建设

经省委宣传部批复,设立"国际丝绸之路与跨文化交流研究中

心"。作为助推浙江省建设国际人文交流基地的重要项目，中心以丝绸文化遗产（物质与非物质）为核心进行研究、传承、创新和推广，为全球性的国际同行特别是丝路沿途国家提供共享、研究、交流、合作的平台。

为进一步提高丝绸文化的国际影响力，助推"文化浙江"建设，在省文化和旅游厅、省教育厅指导下，与浙江理工大学共建国际丝绸学院。双方将以丝绸为纽带，着力将国际丝绸学院打造成为一个丝绸特色鲜明、学科专业一流、国际声誉显著的学术高地。

2009年9月"中国蚕桑丝织技艺"列入联合国教科文组织"人类非物质文化遗产代表作名录"。时值10周年之际，2019年，由浙江省文化和旅游厅指导、中国丝绸博物馆发起的中国蚕桑丝织技艺保护联盟成立。联盟将不断探索传统工艺融入现代的方式，实现创新型转化与发展，增强中国的文化软实力。

在中国博物馆协会社会教育专委会的指导下，在本馆举办的"2019博物馆手艺传习"研讨会取得可喜成果，与会单位在杭州共同倡议成立"手艺传习博物工坊"，积极呼应国家振兴传统工艺的号召，大力推动利用博物馆社教平台做好手艺传习。

二、陈列展览

全年共举办各类临展28个，其中馆内临展18个，馆外临展7个，境外临展3个，取得了良好的社会反响。

馆内临展部分的重点是在时装馆临展厅举办的3个大型展览，分别是"一衣带水：韩国传统服饰与织物展""丝路岁月：大时代下的小故事""迪奥的迪奥Dior by Dior（1947—1957）"，沿袭以往民族学服饰、丝绸之路、时尚等展览主题，其中"丝路岁月"入选国家文物局"弘扬优秀传统文化，培养社会主义核心价值观"主题展览推介项目。

庆祝中华人民共和国成立70周年，举办"庆典：2019全球旗袍邀请展""荣耀70年：中华人民共和国70年丝绸特展"，从丝绸、服饰的角度展示中华人民共和国的风采。

修复展示馆举办的5个中型临展，分别是"梅里云裳：嘉兴王店明墓出土服饰中韩合作修复与复原展""斑斓地图：欧亚300年纺织染料史""黑与白的时尚""无界之归：2019杭州纤维艺术三年展""岛夷卉服：东南亚帽子展"，主要展示本馆在保护修复、藏品整理研究等方面的工作成果。

新猷资料馆举办了3个小型文献展，分别是"冰心花迹：徐雪鉴女士捐赠纺织面料展""大师未远：黄能馥捐赠丝绸图案设计与样本展""优雅一生：吴健雄博士和她的旗袍展"。

此外，还举办了"韩剧与韩服：丁一宇古装剧中的传统服饰""天染：当代艺术与设计作品展""锦绣未央：浙苏鄂三校纺织类非遗传承人群研培计划成果展""'馆宠'大白鹅动漫形象展"等4个临时展览。与中国美术学院合作的户外纤维艺术作品展在园区内举办。

馆外临展方面，共举办7个临展，以本馆原创文物展、图片展或文献展为主，分别是：在杭州上海世界外国语中学举办的"天上取样：历代丝绸纹样"、在萧山博物馆举办的"绽放：蕾丝的前世今生、在中国农业博物馆举办的"中国桑蚕丝绸文化"、在中国（义乌）文化产品交易会举办的"丝·茶·瓷：丝绸之路上的跨文化对话"、在杭州师范大学和浙江工商大学举办的"中华文明高校行：丝绸之路与丝路之绸"、在杭州白马湖国际会展中心举办的"丝艺天工：中国蚕桑丝织技艺"。

境外临展有3个，分别是在俄罗斯莫斯科中国文化中心举办的"丝·尚：30件服装讲述中国非遗故事"、在希腊苏夫利丝绸博物馆举办的"传统与时尚：中国丝绸服饰艺术"、在捷克共和国皮尔森州举办的"丝·茶·瓷：丝绸之路上的跨文化对话"，充分体现了丝绸对非物质文化遗产和物质文化遗产的完美诠释。

三、可移动文物管理

藏品管理方面，全面启用新建藏品库房，根据藏品自身特点，制定科学规划，逐步开始各类藏品的拆包上架、登记工作，库房整理珍贵文物共计4700件（套），已上架近100%；现当代藏品共上架4272件（套），已上架76%；西方藏品上架3258件（套），已上架20%。

藏品征集工作方面，全年新增藏品287件（套），其中捐赠159件（套），征购127件（套），移交1件（套），新增文物藏品44件（套），藏品总量达到67866件（套），三级以上珍贵文物4935件（套）。

本年度的藏品收藏工作有以下特点：一是为配合杭州"全球旗袍日"，举办全球名家旗袍设计邀请展，并从40余件旗袍作品中征集到了10余个国家的名家设计制作的 26 件旗袍作品,多角度体现中国传统服饰之美。以旗袍为设计主题,嫁衣为设计元素,以各艺术家擅长的领域为着眼点,并运用各个国家的传统面料及设计,创造创新融合的作品,展示传统旗袍创新的可能性,为传承非物质文化遗产提供新的思路。二是为丰富和完善文物收藏体系,征集了一批唐代织锦残片、明代服饰、清代织绣服饰、西方服饰面料,主要包括唐代联珠猪头纹锦、明代蓝色万字地联珠双凤胸背大袖衫、辽代刺绣手套、元代兔纹织金锦辫线袍、清代补子、18—19 世纪美国提花丝绸礼服裙,17—20 世纪西方及东南亚织物等珍贵织绣文物。

四、文物保护

全年保护修复工作涉及山东曲阜孔府文物档案馆藏明代服装保护修复等 14 个委托项目,完成了其中的 9 个项目;完成了联珠对饮纹锦袍等 23 件馆藏文物的保护修复,文物消毒 400 件(套),清洗整理 30 件(套)。

在工艺复原方面,完成了"五星锦"护膊包边和系带的复制,复原了 1 台湖州双林绫绢织机,完成了与韩国传统文化大学共同开展的"嘉兴王店明墓出土服饰保护修复与复制"项目。

五、学术研究

全年结项全国文物保护科技优秀青年研究计划"丝绸之路纺织纤维的精细鉴别及技术交流"等课题 15 项,完成国家文物局"脆弱丝织品的丝蛋白加固技术适用性评价研究"等课题 2 项,在研国家自然科学基金"基于免疫磁珠富集的荧光快速检测出土文物中痕迹蚕丝蛋白的方法研究"等课题 9 项。

课题申报取得新突破,首次获批国家社科基金项目。继续加大免疫学在丝绸起源领域的研究,"基于免疫磁珠富集的荧光快速检测出土文物中痕迹蚕丝蛋白的方法研究"等研究极大拓展了纺织考古的时空范围。

出版中文专著 3 部、英文专著 1 部,发表英文期刊论文 8 篇、中文期刊论文 15 篇,申请国家发明专利 4 项。

六、社会教育

社会教育工作紧密围绕博物馆观众服务、陈列展览、科学研究等中心工作,坚持稳中求进,守正创新,在社会教育品牌营销、博物馆影响力提升等方面做出了新的尝试。全年共接待观众 68.8 万人次,其中学生观众 26.5 万人次,境外观众 7.2 万人次,提供讲解服务 1258 次。新增"丝路之友"1200 余名,总数达到 4200 余名。

继续举办"国丝汉服节""全球旗袍日",活动辐射面扩大,影响力提升。"汉服萌娃秀"是 2019 年国丝汉服节新增的亮眼活动。62 名小模特经过网络投票,从近 500 名参赛选手中脱颖而出,登上"汉服萌娃秀"舞台。"国丝汉服节"获得了 IAI 国际旅游奖"文旅融合类:结合典范"铜奖。

沿袭品牌化、系列化和精品化理念,全年共举办手工体验类社会教育活动 507 场次,其中"女红传习"作为本馆重点打造的社会教育品牌之一,全年举办活动 62 场次。3 月至 11 月,每逢周五和周六,"国丝之夜"延时开放至晚上 9 点,并举办 11 次"丝路之

夜"主题活动,以讲座、音乐、舞蹈等多种形式体现丝绸之路跨文化交流。在本馆开展的学术讲座冠以"经纶讲堂"之名,配合临展全年特别推出"丝路岁月""丝路考古""迪奥时尚"三大系列 72 场报告,反响热烈。

"丝路之旅"作为社会教育研学品牌,配合"丝路岁月"展,重点推出新疆丝路研学行、江南丝旅非遗研学行和蚕乡非遗考察 3 次研学之旅,受到众多纺织文化、传统文化、考古爱好者的关注。

七、媒体宣传

全年报刊、电视、各大媒体客户端报道本馆各项展览、活动、科研、学术交流等 264 次,并且与微信、微博、抖音等新媒体全方位联动宣传,进一步扩大了中国丝绸博物馆的影响力。

全年在传统纸媒发布专题报道 758 篇,涵盖《人民日报》《光明日报》《中国文化报》《中国文物报》等 20 家报纸期刊。通过中央电视台、浙江卫视、陕西卫视等电视台宣传报道 15 次,其中"五星出东方利中国"织锦护臂亮相《国家宝藏》第 2 季第 6 期;中央电视台《百家讲坛》连续播出 6 期节目,讲述黄岩南宋赵伯沄墓出土丝绸服饰的应急保护,福州南宋黄昇墓出土印金彩绘紫褐色罗单衣的丝蛋白加固,楼兰出土的长褎子孙锦及汉机织汉锦等内容。全年通过网站、微信、微博和各大媒体客户端报道 171 篇。官方自媒体方面,官方微信公众号及时更新各类信息,全年共发布信息 302 篇,关注人数 43444 人,新增 20246 人;微博粉丝数 116344 人,新增 71094 人,全年发布微博 808 条。

八、交流合作

主办了国际丝路之绸研究联盟(IASSRT)第四届学术研讨会"丝路之绸:作为历史资料的纺织品"暨第五次理事会、2019博物馆手艺传习研讨会、"天然染料:多彩的世界"国际研讨会、中国蚕桑丝织技艺保护联盟成立暨保护座谈会、"主题与合作"丝绸之路博物馆策展人论坛、"走进东方:迪奥时装艺术和当代中国设计的对话"学术研讨会、中国丝绸博物馆2019年小型学术研讨会等7次交流活动。

继续加大国际交流合作,与韩国国立大邱博物馆、荷兰蒂尔堡纺织博物馆、法国里昂纺织博物馆签署了合作协议;与宁波海上丝绸之路研究院合作,共同举办第5期阿拉伯国家文博专家研修班。全年派出32批次人员出国(境)举办展览和开展各类学术交流活动。

(梁严艺)

浙江图书馆

【概况】 内设机构16个。2019年末人员223人(其中具有高级技术职务资格的52人,中级120人)。

2019年,浙江图书馆推动全省图书馆服务体系建设、创新服务方式、联动全省开展全民阅读、探索文旅融合新路径,取得较好成绩。

一、推动图书馆服务体系建设

恢复浙江省中心图书馆委员会,调整浙江省中心图书馆委员会成员及成员单位。委员会由浙江图书馆及11家设区市公共图书馆、浙江大学图书馆等10家高校图书馆,以及浙江省科技信息研究所等共23家成员单位组成,办公室设在浙江图书馆。统筹协调公共、高校、科研三大系统图书馆的信息资源,推动区域合作制度化和常态化。完成浙江图书馆理事会换届工作,成立浙江图书馆第二届理事会,召开2次会议,对图书馆年度工作和今后发展提出意见和建议。

二、加强全省文献资源共建共享

通过省级专项资金统一采购、联合采购、协商采购等方式,协商引进全省、区域共用数据库,将33个数据库使用范围扩大至全省公共图书馆读者。继续推动全省公共图书馆加入联机计算机图书馆中心(OCLC)等国际性馆际互借查询平台,加快全省馆际互借和文献传递网上平台建设。

加强与高校、情报院所图书馆的互联互通,搭建地方文献征集网络,横向上和省非遗中心、省美术馆、省档案馆等单位展开合作,纵向上联系全省各市、县(市、区)公共图书馆,为"浙江特色"地方文献体系建设提供支持。加强历史文献资源库、浙学文献中心总库建设。

三、提升服务效能

基础服务效益提升。全年新开通借阅证120.1万张,同比增长436.4%;文献外借172.3万册次(含续借);总流通人次776.3万人次,同比增加44.3%;接待到馆读者227万人次,官网访问量2792万次,无线网利用30.7万人次。

"信阅"平台完成进一步升级并对用户开放,将近100万册馆藏图书纳入网上借阅系统,实现新书、馆藏均能通过快递借阅,成为国内首家线上借书通达全国范围的公共图书馆。率先推出面向全国读者的"免证、免押金、免逾期费"的无边界"信用浙图"服务,实现公共图书馆服务"零门槛"和"零边界"。是年底,信阅用户已覆盖除港澳台以外全国31个省(区、市)的178个地级市,共计有24.1万读者通过"信阅"平台借阅图书22.75万余册次。

四、联动开展全民阅读推广

联动省内67家公共图书馆举办"图书馆之夜"主题活动,并于4月23日的"图书馆之夜"开启科普阅读之旅——"星耀九天畅想未来"主题系列活动,超过74万人观看直播。牵头长三角3省1市举办长三角地区阅读马拉松挑战赛,江浙沪皖同时开赛,浙江省内11个市76个赛点3765名读者参赛。举办"天籁浙江"系列朗诵活动,走进上虞、三门等地,挖掘地方特色,用声音传达阅读魅力,线上线下同步参与人数达226万人次。牵头举办第十五届浙江省未成年人读书节活动,11个地区60余家公共图书馆开展各类活动4600余场,200多万人次参与,参与人数和活动场次均达历届之最。全年共举办各类读者活动770余场次,参与读者447.9万人次,同比增加118.5%。

五、探索区域联盟发展

以长三角、京杭大运河等区域经济带为基础,不断推进区域合作和跨界合作。牵头开发"阅读的声音"线上平台,和上海、江苏、安徽等地共同举办长三角有声阅读联盟年度交流活动,积极打造长三角有声阅读交流平台和阅读空间。召开浙东运河沿岸文旅融合路径暨地方文献开发研讨会。主办大运河阅读接力浙江站活动,发布《大运河文献资源共建共享嘉兴共识》,加强运河沿线城市联动。在内蒙古图书馆、呼伦贝尔图书馆举办2场"文化走亲"活动,为两地文化事业交流发展提供新视角。

六、推动文旅融合新发展

召开新时代公共图书馆文旅融合发展浙江现象研讨会、文旅融合背景下的图书馆总分馆服务创新研讨会,探讨文旅融合新发展。联合青田县图书馆共同打造浙江省首家侨乡文化主题图书馆,满足当地居民对公共文化空间的需求,为外界了解青田、了解浙江打开窗口。联合西湖风景名胜区岳庙管理处打造"书香浙江·杭州岳王庙启忠书吧",成为国内首个与5A级景区共建、免费面向所有游客开放的公共图书馆信用书吧,突破景区书吧对读者身份和地域的限制,成为"书香浙江"服务点建设新亮点和浙江文旅融合新阵地。完成《图书馆研究与工作》"文旅融合浙江经验"专辑出版。组织策划浙江省各级图书馆文创展,携全省17家公共图书馆及高校图书馆共计90余种文创产品亮相第14届中国(义乌)文化产品交易会,获优秀展台奖和优秀参展单位奖。

七、推进基础设施建设

推进浙江图书馆之江新馆建设,会同省建筑设计院、业内专家和全馆中层干部对图书馆建筑设计方案进行讨论研究,抽调精干力量入驻之江新馆基建现场办公,监督施工进程。实施嘉业藏书楼修缮工程,与浙江省古建筑设计研究院合作,完成嘉业堂修缮设计方案和施工图编制,搬迁馆区藏书、版片和家具,对修缮项目进行招标,修缮工作进展顺利。启动大学路馆区修缮工作,完成大学路馆舍修缮项目建议书,后续修缮工作陆续展开。

八、开展古籍保护利用工作

启动馆藏古籍数字化工作。召开古籍、碑帖数字化选目论证会,制定馆藏古籍、地方文献数字化标准和工作流程,确定古籍、历史文献的著录标准、现场管理规范等相关制度,并先后展开古籍数字化选目、数字化提书、拓片数字化等系列工作。53种珍贵古籍核对入选"国家珍贵古籍名录",完成2019年古籍数字化选目、4015册古籍的数字化拍摄等一系列工作,全面推进具有浙江特色的古籍资源库、浙江历史文献数字资源总库的数字化建设。

九、参与国际交流

积极参与国际交流,开展文献信息资源全球化合作。与澳大利亚新金山中文图书馆签订战略合作协议书,首次与澳大利亚的图书馆建立合作关系。与新加坡国家图书馆、俄罗斯国家图书馆、中国香港"中央图书馆"建立文献交换关系。派员参加2019未来图书馆会议、第三届中国与阿拉伯国家图书馆及信息领域专家会议、国际图书馆联盟(IFLA)大会及卫星会议、联机计算机图书馆中心(OCLC)亚太地区会议等国际学术交流活动,派员赴莫桑比克国家图书馆开展技术援助项目。

十、优化人才培养体系

积极开展学术研讨活动,举办浙江省图书馆学会第十六次学会年会和第五届浙闽论坛、张元济与美国国会图书馆报告会、第四届"浙思享"学术研讨会等。召开全省公共图书馆馆长工作交流会,研究部署全省文献信息资源共建共享等重点工作。召开全国"公共图书馆主题分馆建设"馆长论坛,发布《全国"公共图书馆主题分馆建设"馆长论坛杭州共识》,为实现公共图书馆主题分馆高质量发展奠定基石。

打造实用型人才队伍。顺利完成内设机构调整,聘任新一轮中层干部,调整职工岗位。先后安排181人次参加对外培训、考察交流等。1人入选浙江省"万人计划"青年拔尖人才名单,2人入选首批"浙江省公共图书馆拔尖人才"名单,1人入选中国图书馆学会2019年青年人才国际化专项资助项目名单。

(钱冰洁)

浙江省文化馆

【概况】 2019年末人员45人(其中具有高级技术职务资格的27人,中级15人)。

2019年,浙江省文化馆新一任馆班子顺利就职,新任馆班子精诚合作、勤勉履职,顺利完成了全年的工作任务。

一、总体效能

参与执行承办和策划组织群文活动98次(项)。其中参与执行文化和旅游部主办活动8项,参与和承办省委宣传部、省文化和旅游厅大型活动28项。省文化馆举办专项活动、主题活动62次(项)。

免费开放访客总量约80万人次,其中雕塑馆访问量56184

人次。数字文化馆平台点击量130万，单次活动网络观看人数最高近25万人次。

日常公益培训课程含14个艺术门类42个种类，全年举办117班次（累计1300余课时），培训人数2505人（约3万人次）；培育社会文艺团队17支，人数约800人。"耕山播海"欠发达地区农村文艺骨干培训覆盖28个地区，提供培训课程数130个，培训骨干师资约2000人，培训1万余人次。业务干部下基层辅导累计800多天，点单服务覆盖全省10000家农村文化礼堂。

二、重大奖项

在第十八届全国群星奖比赛中，浙江省选送小品《父与子》获得全国群星奖，浙江成为全国仅有的14个获奖省份之一。表演唱《阿家里格啰》、群舞《村里的画室》、小品《父与子》、绍兴滩簧《外婆坑》4个节目成为第十八届群星奖决赛入围作品。

在华东六省一市小戏大赛中，浙江省选送的花鼓戏《望蚕讯》获得大奖，甬剧小戏《包家门前三八线》、越剧小戏《壹圆茶馆》获得金奖，越剧小戏《外卖小哥的美好明天》获得银奖。

拍摄的《歌唱祖国》快闪视频在"学习强国"平台上线，并在"学习强国"浙江学习平台"我和我的祖国"大型征稿活动中获得一等奖。

三、重大活动

受省委宣传部、省文化和旅游厅委派，本馆业务干部负责2019年国庆节浙江彩车进京的排演指导。在庆祝中华人民共和国成立70周年天安门群众游行中浙江彩车精彩亮相，向全国展示了勇立潮头的浙江风采。

参与执行文化和旅游部主办活动8项。具体包括：具体执行文化和旅游部2019年"欢乐春节"项目在新西兰的元宵灯会活动；组织昆曲茶艺表演团队赴马耳他参加2019高利塔纳国际音乐节，并举办"美丽江南——浙江文化体验工作坊"；应哥本哈根中国文化中心、悉尼中国文化中心邀请，赴丹麦、澳大利亚举办"丝绸瓷韵茶花香——江南文化体验工作坊"；承办第十三届"台湾·浙江文化节——丽水文化周"交流活动；组织浙江群文团队赴法国参加对外文化交流培训；承办文化和旅游部国家中心主办的"数字公共文化服务工程东部地区馆长班"。

四、重大改革

本馆是数字文化馆建设全国试点，省财政绩效评价改革试点。

针对在浙高校留学生组建"丝路心语"浙江省文旅国际志愿服务队。该服务队的"丝路心语爱心桥"浙江省文旅国际志愿服务系列活动首次列入文化和旅游部2019年"春雨工程"——全国文化和旅游志愿者行动计划项目名单。

群众合唱艺术普及提高团队、群众戏剧创作团队被命名为2019年度"浙江省文化和旅游创新团队"；公共文化海外交流和旅游推广探索创新团队入围2019年度"浙江省文化和旅游创新团队"。

五、重大成就

（一）推出"百城联动　歌唱祖国"系列群众文化活动

活动采取省、市、县（市、区）3级联动模式，专门开发微信线上平台进行推广，并在国家"公共文化云"直播。活动参加人数超万人，页面总访问量超207万次，IP访问量超50万，线上活动注册用户超5.2万个。活动得到浙江日报报业集团及下属浙江新闻App、"浙江日报有风来"微信公众号全程报道，《浙江日报》发布的各类新闻和推送的阅读量累计超51万。

（二）组织举办浙江省群文视觉艺术干部专业技能大赛

全省200多名美术、书法、摄影干部参加了工作业绩比拼和现场比赛。赛后举办了浙江省群文视觉艺术干部专业技能大赛作品展。

（三）举办浙江省新时代基层公共文化理论研讨会

结合具体城镇案例展开"文旅融合"研讨，来自全省的40余名公共文化理论研究者为乡镇文化旅游出谋划策。

（四）承办省文化和旅游厅示范性群众文化活动

承办省文化和旅游厅示范性群众文化活动10项。包括浙江省第三十届戏剧小品邀请赛、浙江省第十八届音乐新作演唱演奏大赛、浙江省戏剧曲艺系列活动和会演、"百城联动，歌唱祖国"2019浙江省第五届群众声乐大赛、浙江省群众广场舞大赛、第六届乡镇（街道）社会艺术团队文艺汇演、2019浙江省农村文化礼堂优秀成果展示展演、浙江省群文视觉艺术干部专业技能大赛及作品展、浙江省第六届群星视觉艺术综合大展等。

【年度要闻】

承办浙江省第十届曲艺新作大赛　5月27日至28日，由浙江省文化和旅游厅主办,浙江省文化馆、湖州市文化广电旅游局承办的全省第十届曲艺新作大赛在湖州大剧院举行。参赛的20个优秀曲艺作品,涉及杭州滩簧、宁波走书、温州鼓词等14个曲种,作品题材广泛、立意新颖,并且贴近当代生活,具有较强的时代意义。

承办第六届浙江省群星视觉艺术综合大展 6月18日,由浙江省文化和旅游厅主办,浙江省文化馆和浙江美术馆共同承办的浙江省第六届群星视觉艺术综合大展在浙江美术馆开展。本次大展分美术、书法、摄影3个板块,展示了浙江群文视觉艺术的最新创作成果。参展的150余件优秀作品形式多样、内容丰富,涵盖中国画、油画、版画、书法、摄影等多个视觉艺术领域,展示了中华人民共和国成立70周年以来浙江取得的辉煌成就,表达对"文化浙江"建设的自信心和使命感。

举办2019第二届"追梦之声"浙江省青少年声乐大赛 7月15日至16日,由浙江省文化馆、桐庐县文化和广电旅游体育局主办的2019第二届"追梦之声"浙江省青少年声乐大赛决赛在桐庐剧院举行。自大赛4月启动之后,各地的101家文化馆纷纷组织参与,共吸引全省近万人报名,最终117个节目、183人脱颖而出,进入决赛。"追梦之声"浙江省青少年声乐大赛是贯彻党中央国务院对美育工作要求,积极践行公共文化为未成为年人群体服务,满足社会对青少年艺术教育需求的一项品牌活动,旨在青少年群体中唱响主旋律、讴歌新时代,搭建青少年学习、交流文化艺术的平台,助推全民艺术普及工作。

承办浙江省第六届乡镇(街道)社会艺术团队文艺汇演 7月24日,由浙江省文化和旅游厅主办的,浙江省文化馆、湖州市吴兴区人民政府承办的浙江省第六届乡镇(街道)社会艺术团队文艺会演在湖州大剧院举办。本届文艺会演共分为舞蹈、戏曲、音乐三大专场,经过前期全省选拔,共有31支队伍,600多人参演。

承办浙江省庆祝中华人民共和国成立70周年群众声乐大赛 8月19日至22日,由浙江省文化和旅游厅、衢州市人民政府主办,浙江省文化馆、衢州市文化广电旅游局承办的"百城联动 歌唱祖国"浙江省庆祝中华人民共和国成立70周年群众声乐大赛在衢州举办。决赛分为中老年组、青年组(流行唱法)、青年组(美声唱法)、青年组(民族唱法),每个组别经过复赛和决赛,最终评选出金、银、铜奖。

承办2019年浙江省群众广场舞大赛 9月23日至26日,2019年浙江省群众广场舞大赛在温州举办。大赛以"舞动新时代 放飞中国梦"为主题,来自全省各个地市的14支广场舞代表队和15支排舞代表队参赛,共评审出30个节目进入决赛。

承办浙江省群众舞蹈大赛 10月15日至16日,由浙江省文化和旅游厅主办,浙江省文化馆、平湖市人民政府承办的2019浙江省群众舞蹈大赛决赛在平湖市文化馆剧院举行。本届舞蹈大赛参赛作品主要以具有浙江地域特色的人、事、物为题材。各代表队的作品选材深入人民生活,挖掘地域特色,富有时代气息,具有正能量和感染力。在舞蹈的表现形式上也各具特色,向现场群众传递着"真、善、美"的主旋律。参赛作品题材丰富、形式多样,集中表达了全省人民庆祝中华人民共和国成立70周年的喜悦心情、建设"文化浙江"的人文情怀以及对美好生活的无限向往。

承办浙江省第十八届音乐新作演唱(演奏)大赛 10月23日,由浙江省文化和旅游厅、杭州市余杭区人民政府主办的"百城联动 歌唱祖国"浙江省第十八届音乐新作演唱演奏大赛在余杭大剧院开赛,共有45个节目参赛。

承办浙江省第三十届戏剧小品邀请赛 11月12日至13日,由浙江省文化和旅游厅主办,浙江省文化馆、宁波市鄞州区文化和广电旅游体育局承办的浙江省第三十届戏剧小品邀请赛在鄞州举办。本届邀请赛共收到全省征文92篇,进入录像复赛的作品50个,进入决赛的作品19个。作品在表现手法和呈现方式上进行了创新,观众在欣赏作品内涵表达的同时,可以观赏到创新舞台效果表现的音乐小品,或是富有强烈时代色彩的语言类作品,成为本届大赛的亮点。

承办2019浙江省农村文化礼堂优秀群众文艺作品展演 11

月 15 日,由浙江省文化和旅游厅主办,浙江省文化馆、台州市路桥区政府承办的 2019 浙江省农村文化礼堂优秀群众文艺作品展演在路桥区文体中心举行。展演由"序""乡情乡音""村里村外""多姿多彩""尾声"5 个部分组成。参加展演的 21 个节目是从近几年全省农村文化礼堂群众文艺作品中选拔出来的优秀节目,500 多名农民文艺家自编、自导、自演,把乡土文化搬上了文艺大舞台。

举办 2019 浙江省首届原创流行歌曲大赛　11 月 21 日,由浙江省文化馆、浙江省音乐家协会、金华市文化广电旅游局、中共金华市金东区委宣传部主办,金华市文化馆承办,金华市金东区文化馆执行承办的"'百城联动 歌唱祖国'——2019 浙江省首届原创流行歌曲大赛"总决赛在金华中国婺剧院举行。全省各地选送及自主参赛的 17 首原创流行音乐以现场乐队伴奏的方式当场比拼,争夺浙江省原创流行音乐的最高荣誉。本次大赛同时进行了线上实况直播,获得了评委专家、线下线上观众的一致好评。

举办 2019 浙江省群文视觉艺术干部专业技能大赛　在为期 3 个月的大赛过程中,来自全省 11 个市的群文美术、书法、摄影业务干部踊跃参赛。同时,大赛通过专家讲座和互动,教学相长、交流提高,加强了全省视觉艺术业务干部的交流联系,提升了其专业技能和业务水平。12 月 6 日至 15 日,在杭州举办大赛作品汇报展。

（钱彬欣）

浙江美术馆

【概况】　内设机构 9 个。2019 年末人员 39 人(其中具有高级技术职务资格的 13 人,中级 23 人)。

2019 年,浙江美术馆共举办各类展览 48 个,学术活动 20 余场,公共教育活动 260 余次,新增藏品 2400 余件(组),全年观众达 60 余万人次。囊括文化和旅游部四大业务奖项:"水印千年——中国水印版画大展"获优秀展览项目;"N Times 计划:安格尔公众推广项目"获优秀公共教育提名;"丹心育美——姜丹书与现代美术教育"展览获馆藏精品展出季优秀项目;"姜丹书作品、藏品及文献捐赠项目"获国家美术作品收藏和捐赠奖励;"小角见大师"乡村美育志愿服务项目入选文化和旅游部、中央文明办"春雨工程"项目;"心相·万象——大航海时代的浙江精神"展览作品集获第二十八届"金牛杯"优秀美术图书银奖。负责制定的浙江省《公共美术馆设置与服务规范》地方标准正式发布。

一、加强自主策划,打造品牌展览

（一）策划主题展览,提高文化传承力

紧紧围绕"中华人民共和国成立 70 周年""开馆 10 周年"两大主题,自主策划系列展览。推出"辉煌——庆祝中华人民共和国成立 70 周年暨浙江美术馆开馆 10 周年美术作品展览",以视觉艺术语言展现中国共产党的历史征程。馆庆 10 周年首个纪念

特展"心相·万象——大航海时代的浙江精神",阐释浙江地域文化精神及其在明朝对世界的深远影响,此外还举办了"无界之归——第三届杭州纤维艺术三年展""纸上谈缤——中华纸文化当代艺术展",展览期间吸引了十几万观众,广受社会各界好评。

（二）秉持学术主张,宣扬浙派风貌

举办"我负丹青——纪念吴冠中诞辰 100 周年作品展",宣扬吴冠中对中国现代艺术发展的突出贡献;"丹心育美——姜丹书与近现代美术教育"展览,梳理展示姜丹书的艺术生平及其对中国近现代美术教育的影响;"怀念英才——周昌谷诞辰 90 周年纪念展",为当代中国人物画教学和创作提供历史经验。"南山 138"浙江青年当代艺术推广项目,着力于当代青年艺术与社会思想的深度融合与态度表达,为青年艺术家介入当代艺术创作提供更多可能性。

（三）积极推动馆际合作,深入开展国内外文化艺术交流

举办浙江省与日本静冈县建立友好关系 37 周年展览"柳泽纪子版画作品展"。自主联系和策划适合推广的品牌展览项目,赴台湾师范大学德群画廊举办"2019 浙江文化节·水无常形——浙江水性材料艺术作品展"及交流活动,赴香港大学美术博物馆举办"湖山胜概·绵延千年的雕版印刷"展览,赴意大利那不勒斯国家考古博物馆举办"纸上谈缤——中华纸文化当代艺术展"。布鲁诺展、"纸上谈缤"展分别赴中央美术学院美术馆、北京 81 美术馆、温州年代美术馆展

出,获得当地观众的喜爱与支持。

二、扩大藏品征集成果,活化典藏资源

(一)积极开展藏品征集工作

全年共实施藏品征集项目16宗,包括姜丹书藏品文献,潘景友藏品作品,朱龙庵作品与藏品,柳村、李家桢作品,陈海燕、俞启慧版画,布鲁诺雕塑素描,杭州国画双年展、浙江省青年美展优秀作品,"纸上谈缤"展,邬继德版画,佟振国、潘飞仑国画征集与接受捐赠等项目。实施"寄存代管",接受浙江省文化馆,尹舒拉藏名家书画,王流秋油画作品寄存代管。

(二)做好各项展览配套工作

做好各项展览活动和流动美术馆活动的藏品借展手续办理、点交查验、展览作品拍摄、布撤展监督等协调与服务工作,保证各项展览活动正常进行。完成藏品实际账目与资产系统核对及新增藏品登录,库房安防、消控设备的维修和升级工作。

(三)进一步强化藏品与库房管理的科学化和规范化

进一步完善库房藏品管理制度,修订《浙江美术馆藏品征集管理办法》,完善和充实《浙江美术馆藏品、非藏品进出库制度》《浙江美术馆藏品寄存代管制度》《浙江美术馆藏品交接制度》等一系列典藏部工作管理制度。完成全省美术藏品信息共享平台建设方案及招标,整合全省美术馆藏品资源,跟随大数据时代,夯实藏品信息化建设基础,提升信息化建设水平。

三、拓展美育服务内容,提升公共教育服务能力

(一)加强对院校的美育服务工作,积极推进乡村美育计划

全年赴40余所院校进行了58次美育服务,受惠学生10000余人。利用乡镇、乡村学校、乡村文化礼堂3级文化阵地分别开展流动美术馆展览、艺术教室、"小角见大师"美术角系列美育计划。全年举办流动展览12个,文化礼堂美育活动32场。此外,配合展览推出西湖美术讲坛15期,专家导览22期。

(二)坚持儿童美育工作,大力开展青少年艺术活动

推出艺术家驻地项目"ART LAB儿童实验室春节改造计划"。在儿童美术天地推出"动手BAR"系列工具箱"DIY提线木偶"等,从创造性的思维训练出发,利用拓展工具材料开拓儿童动手思维,丰富了青少年的美术馆活动体验。结合展览,开展了12期"第二课堂"特别项目"小小读画师训练营"。邀请不同领域的艺术家和专业志愿者举办青少年艺术体验活动42次,活动场场预约饱和。

(三)加强公教对外开放,促进国际交流合作

与日本国驻上海总领事馆合作推出"女人月影"活动,播放4部优秀日本电影。与意大利外交与国际合作部联合推出2019意大利设计日"电影与设计"活动。连续4年与美国阿巴拉契亚州立大学合办杭州游学项目,5月,组织美国大学生到杭州艺术游学,举办水墨纸扇教学课程。

四、整合利用学术资源,进一步彰显浙江美术特色

(一)合力编纂《美术志》

《美术志》全年共出校样3次,根据方志办的修改意见,对内容增删、引文注释、配图调换、衍字、错别字等各类问题进行了逐次逐项修改,提升出版品质。

(二)稳步推进《美术馆行政与管理》编撰工作

基本完成《美术馆行政与管理》等10章稿件的收缴与统稿工作,共计155639字。

五、健全完善内部管理制度,不断提高管理水平

(一)强化综合协调能力,高效处理行政事务

围绕全馆的中心工作和重点任务,有序推进2019年度岗位聘任和公开招聘工作。组织"湖山胜概——西湖主题水印版画展"参加第14届中国(义乌)文化产品交易会。编辑出版《浙江画报·浙江美术馆开馆十周年纪念专刊》。

(二)严格执行财务制度,规范资金管理

严格控制三公经费支出,做好财政支付管理系统的支付工作。全年完成财政业务1500多笔,使用财政资金4000多万元,政府采购资金2200多万元,较好地完成了各项业务的招投标及支付工作。编制2018年决算和2020年预算。审核原始凭证,全年共审查报销原始凭证1800余份,做好软件系统的记账凭证1500余张。

(三)抓好设备和安全管理,确保场馆正常运行

编制完成提升改造工程5年规划项目建议书,全面加强设备维护、保养工作,馆区修缮提升、设备维护更新、各项政府采购招标等工作按时按进度完成。完成安全责任书签订,开展安全宣传和教育培训工作,组织员工和物业进行反恐及灭火疏散演练,做好安全检查,及时排查安全隐患,

针对排查问题制定整改措施。扎实推进扫黑除恶专项斗争,未发生涉黑涉恶违法犯罪行为。

【年度要闻】

2019 浙江文化节·水无常形——浙江水性材料艺术作品展 2 月 23 日,由浙江省文化艺术交流促进会主办,浙江美术馆、台湾文化艺术发展促进会承办,台湾师范大学协办的"2019 浙江文化节·水无常形——浙江水性材料艺术作品展"在台湾师范大学德群画廊开幕。浙江省委宣传部副部长、浙江省文化艺术交流促进会副会长琚朝晖,浙江省机关事务管理局副局长徐军等领导和嘉宾出席了开幕式。

浙江·静冈文化艺术交流——柳泽纪子版画作品展 3 月 1 日,由浙江省文化和旅游厅指导,浙江美术馆主办,日本静冈县政府支持的"浙江·静冈文化艺术交流——柳泽纪子版画作品展"在浙江美术馆举行了开幕仪式。本次展览共展出艺术家作品 80 余件(组)。展览结束后,柳泽纪子捐赠 10 件版画作品,由浙江美术馆永久收藏。

初心与使命——浙江美术馆主题教育美术作品展 7 月 1 日,由浙江省文化和旅游厅主办,浙江美术馆和安吉县天荒坪镇余村村承办的"初心与使命——浙江美术馆主题教育美术作品展"首展在"绿水青山就是金山银山"理念发源地安吉余村开幕。展览分"不忘初心""牢记使命"2 个板块,精选浙江美术馆收藏的中华人民共和国成立后浙江老中青 3 代艺术家创作的革命历史题材美术作品 80 件,以中国画、油画、版画等艺术形式,阐述"共产党人的初心使命是什么""我们党走到今天靠什么""党的一切工作为了谁"的真理。浙江美术馆"不忘初心、牢记使命"主题教育美术作品还在中共浙江省一大会址陈列馆、嘉兴美术馆等地巡展。

开馆 10 周年庆典活动 8 月 9 日,浙江美术馆举行开馆 10 周年庆典活动,由浙江美术馆自主策划举办的"纸上谈缤——中国纸文化当代艺术展""我负丹青——纪念吴冠中诞辰 100 周年作品展""丹心育美——姜丹书与近现代美术教育""南山 138 系列浙江青年当代艺术推广项目:李青——自我修养"等四大展览同时开幕。省政协原副主席梁平波,省文化和旅游厅党组书记、厅长褚子育,原省文化厅厅长沈才土,浙江省书法家协会主席鲍贤伦,中国美术学院副院长高士明,浙江人民美术出版社社长胡小罕和来自全国各地的艺术家代表、捐赠者代表、新闻媒体记者及观众共 300 余人参加了庆典与开幕活动。

2019"浙江·台湾合作周摄影作品展" 9 月 12 日,由浙江·台湾合作周组委会主办,浙江省海峡两岸经济文化发展促进会、浙江省文化艺术交流促进会、浙江传媒学院承办,浙江摄影家协会、浙江美术馆协办的 2019"浙江·台湾合作周摄影作品展"在浙江美术馆举行开幕式。浙江·台湾合作周组委会秘书长、浙江省海峡两岸经济文化发展促进会会长、浙江省人民政府台湾事务办公室主任庄跃成,浙江省文化艺术交流促进会副会长、省文化和旅游厅副厅长刁玉泉,浙江传媒学院副院长杨荣耀,2019"浙江·台湾合作周摄影作品展"艺术顾问、著名摄影家段岳衡及《中国摄影报》资深编辑解放,中国摄影家协会影像中国运营主管居淼,新疆摄影家协会副主席居建新,浙江省摄影家协会主席吴宗其等出席开幕式。本次展览的参展作者,来自全省的美术家,社会各界公众等参加了开幕式。开幕式由浙江省人民政府台湾事务办公室副主任章启忠主持。在开幕式上,刁玉泉、杨荣耀、刘宪仁和吴宗其分别致辞。领导嘉宾还分别为首届海峡两岸大学生摄影大赛获奖代表颁奖,为浙台两地摄影人代表颁发摄影作品集。

辉煌——庆祝中华人民共和国成立 70 周年暨浙江美术馆开馆 10 周年美术作品展览 9 月 29 日,"辉煌——庆祝中华人民共和国成立 70 周年暨浙江美术馆开馆 10 周年美术作品展览"在浙江美术馆举行开幕式。浙江省委宣传部副部长葛学斌,浙江省文化和旅游厅党组书记、厅长褚子育,中国美术学院副院长高世名,以及浙江美术界、新闻界和社会各界人士 100 余人参加开幕式。褚子育、高世名在开幕式上致辞。展览由浙江省委宣传部、浙江省文化和旅游厅、中国美术学院共同主办,浙江美术馆承办,分为"开天辟地""奋发图强""改革开放""时代新篇"等 4 个板块,展出以浙江美术馆馆藏作品为主的 70 余件美术作品。展览紧扣庆祝中华人民共和国成立70周年主题，以视觉艺术语言展现中国共产党领导中国人民进行艰苦卓绝的伟大斗争，建立中华人民共和国，从"站起来""富起来"到"强起来"，昂首阔步迈向中华民族伟大复兴的历史征程。

无界之归——2019杭州纤维艺术三年展 11月26日，"无界之归——2019杭州纤维艺术三年展"在浙江美术馆开幕。浙江省委宣传部副部长葛学斌，中国文学艺术界联合会副主席、中国美术家协会副主席、浙江省文学艺术界联合会主席、中国美术学院院长许江，中国美术学院党委书记钱晓芳，荷兰王国驻上海总领事馆领事万鹤庭，秘鲁共和国驻上海总领事馆副领事吉列尔莫·门多萨等领导嘉宾出席开幕式。

《公共美术馆设置与服务规范》发布 11月26日，浙江省市场监督管理局批准发布了DB33/T 2229—2019《公共美术馆设置与服务规范》省级地方标准。该标准由浙江美术馆起草。标准的发布实施对全面提高浙江省公共美术馆设置与服务有重要现实意义，有利于明确公共美术馆的服务职能，规范现有公共美术馆的服务标准体系，为建设中的公共美术馆的设置与服务提供参考，将对全省的美术馆建设及美术馆工作起到积极的推动作用。

"纸上谈缤：从图像到艺术的文明互鉴"展览 12月11日，由浙江美术馆和意大利那不勒斯国家考古博物馆共同主办的展览"纸上谈缤：从图像到艺术的文明互鉴"在意大利那不勒斯国家考古博物馆正式开幕。本次"纸上谈缤"意大利巡展是中国文化和旅游部审定的"2020年中意文化和旅游年活动框架内重点项目"，同时也是浙江美术馆馆庆10周年（2009—2019）的压轴大戏。展览主体分为"远古遐想""图像证史""版刻千秋"3个板块，精选梁铨、徐冰、陈琦、应金飞、邱志杰等20余位中国艺术家创作的当代纸艺作品、传统水印版画作品、汉代画像石拓片作品等，同时还有一批包含中国剪纸、鼠年春节等中国传统文化元素和反映古代中国农耕文化的版画作品。展览旨在诠释中国传统文化和当代艺术在中国与意大利文明交流互鉴层面上的不懈努力与孜孜探索，反映中国艺术家对中意文明遗产的守护与全新解读，同时营造浓郁的新春中国年氛围。

全省美术馆业务骨干培训班 12月24日至26日，由浙江省文化和旅游厅主办，浙江美术馆承办的全省美术馆业务骨干培训班在杭州举办。来自全省11个地市美术馆（艺术馆、名人馆）的70余名业务骨干参加开班仪式。培训班邀请专家学者做高质量推动公共美术馆建设与发展、美术馆人文建设的多维度格局等主题讲座，并着重解读了《公共美术馆设置与服务规范》。

大运河（浙江段）美术馆联盟会议 12月27日，大运河（浙江段）美术馆联盟第一届二次会议在浙江美术馆召开。来自全省11个地市的60余名美术馆（艺术馆、名人馆）负责人参加会议。会议总结了2019年联盟在美丽乡村美育村培育工作、全省美丽乡村采风创作、流动美术馆展览交流等方面取得的良好成绩，并梳理了2020年联盟整体工作思路；公布了新增的理事单位和理事成员、新增联盟成员及联盟合作单位名单。

（胡　超）

浙江省博物馆

【概况】 内设机构18个。2019年末人员139人（其中具有高级技术资格的62人）。

2019年是浙江省博物馆建馆90周年，是实施《浙江省文物博物馆事业发展"十三五"规划》的关键一年。浙江省博物馆以"'不忘初心、牢记使命'主题教育年、管理规范年、之江馆区正式动工年"为核心，圆满完成了各项工作任务。

一、坚持高起点，做好浙江省博物馆之江馆区筹建工作

2月28日，之江馆区项目正式动工，浙江省博物馆成立之江馆区建设综合部和工程部，全面筹划新馆建设相关工作。已明确了之江馆区的平面布局、结构荷载、设施设备以及室内装饰的设计方向等，并初步完成了新馆陈列展览的主题框架和内容大纲，为之江馆区建设顺利推进，打下了良好基础。

二、坚持党委统揽，扎实推进各项业务工作

严格按照规章制度，确保库房藏品安全。全年总账登记接收各类文物及资料入藏共计20批次309件（组），其中征集购买藏品221件（组），使用文物征集经费662.45万元，接受无偿捐赠88件（组），藏品总数81158件（组）。全年外借展览35个，其中省内免费借展20个，省外15个，省外借展收费182.6万元。

完善浙江省文物保护科研基地建设，使其在文物保护研究、修复中发挥更大作用。完成馆藏各门类71件（组）文物的保护修复、除虫消毒、除霉工作。开展对外文物保护和修复技术服务工作，将重点技术服务继续推向全国。完善茅山独木舟修复方案，完成保护支架制作、舟体支撑、影像资料分析等工作，对遗址出土的另外3件大型木构件进行冷冻干燥脱水定型。

为庆祝建馆90周年，推出"越王时代——吴越楚文物精粹展""千年清音——唐宋古琴特展""天下龙泉——龙泉青瓷与全球化""幽居与雅集——明清山水人物画中的文士生活""流芳泽后——浙江省博物馆90周年捐赠文物回顾展"等五大系列精品展览。为庆祝中华人民共和国成立70周年，举办"红旗漫卷钱江——纪念浙江解放70周年"展。为纪念五四运动100周年，举办"五四风雷——浙江人与五四爱国运动"展。全年共举办临时展览23个，其中原创展览10个、合作与引进展览11个、出境展览2个。"越地宝藏——100件文物讲述浙江故事"在"第十六届（2018年度）全国博物馆十大陈列展览精品"推介活动中荣获"优胜奖"。

全年孤山馆区（包括沙孟海旧居和黄宾虹纪念室）、武林馆区共接待观众415万人次，杭州市"第二课堂"刷卡记录7.4万人次，为观众提供讲解1522场（其中免费讲解652场），志愿者服务时长8万余小时。针对不同人群开展21个系列主题教育活动，共计912场，约有14万人次参与活动，其中未成年人5.2万人次。在第十届"牵手历史——中国博物馆十佳志愿者之星"推介活动中荣获"全国十佳志愿服务组织工作者"，"国宝小护手"志愿服务项目荣获优秀志愿服务项目。

全年被纸媒报道90余次，电视广播报道100余次，主流新媒体原创报道200余次，各类、各级网站发布、转发相关新闻800余条。参与BBC专题片《中国的宝藏》、央视纪录片《长江之歌》、央视少儿频道《赢在博物馆》、央视网《馆·中国》等栏目的拍摄录制工作。更新官方网站及微信公众号、微博内容共1856条，官方网站有效浏览次数为131万余次，微信服务号总访问量125万余次，微博主页阅读总数6092万余次。浙江省博物馆官方微博获评"2019年度文博十大影响力官微"。

浙江省文物局委托浙江省博物馆建立的"博物馆陈列展览信息交流平台"改版升级为"博物馆公共服务综合平台"。新平台结合PC端和手机端的应用，及时向公众发布全省展览、活动信息，提供展品、展览、教育资源。同时也为行业提供了展览备案、讲座备案以及展览数量和观众数量在线上报等功能。

积极参加热门文创产品博览会及研讨会，举办文创设计大赛，扩大浙江省博物馆文创产品知名度。牵头协同浙江省文澜阁博物馆商店联盟的10家单位参加第二届长三角国际文化产业博览会，与上海博物馆、南京博物院和安徽博物院签约，成立长三角博物馆文创联盟。全年文创自销收入477.7万元，合作销售529万元，共计1006.7万元，利润总额达155.3万元。

三、坚持学术立馆，稳步推进科研工作

全年共有5项文物保护类课题和社科类课题结题，7项课题在研，2项课题新申报立项。"基于吸附和半导体制冷的小型空气取水装置及其方法"获得专利授权。

组织召开"天下龙泉——龙泉青瓷与全球化"国际学术研讨会等6场研讨会。编撰出版展览图录12本，《东方博物》4辑（第70—73辑），论文集及专著5本，发表学术论文40余篇。有序完成《浙江通志·文物卷》与《浙江馆藏文物大典》的相关工作。

"博物馆教育文化传播创新团队"被命名为"浙江省文化和旅游创新团队"。已有6支创新团队入围"浙江省文化和旅游创新团队"，其中有3支团队被命名，2名团队带头人被授予"浙江省文化和旅游厅优秀专家"。

四、坚持规范管理，提升全馆日常工作水平

全面梳理了《浙江省博物馆规章制度汇编》，使日常管理工作科学化、规范化，资金使用有效、合理，为开展业务工作提供了有效支撑。召开浙江省博物馆第一届理事会第一次会议，向理事会汇报全馆开展的各项工作，听取成员建议意见，为博物馆决策的制定提供参考。

认真做好政务信息报送工作,加强公文管理,做好保密工作。自10月起,全面推行"钉钉"办公平台,使办公更加体系化,管理更加科学化。启动2002年之前的历年档案目录输入工作,推进档案数字化建设。因私出国(境)证照由外事工作人员专人保管,因私出国(境)报备手续规范。协助做好工会、民主党派、退管会的管理工作。

鼓励干部职工参加各类学术研讨、业务研修和在职教育,使干部职工综合素养得到有效提升,为业务工作和综合管理提供人才保障。启动2019年度公开招聘工作,过程严格按照《浙江省事业单位公开招聘人员暂行办法》实施。此次招聘涉及18个岗位共19人,已完成人员体检事项。通过接收转业士官的方式,招聘2名保卫干部,引进急需人才。

落实《省级文博单位社会治安综合治理和安全生产(消防安全)责任书(2019年度)》的各项要求,严格执行《中华人民共和国反恐怖主义法》《中华人民共和国消防法》等安全管理法规,积极开展安全知识技能培训,加强各类应急预案的修订和演练,确保场馆运行安全无事故。

后勤保障方面,完成山洞文物库房防水修缮、古荡油画库房恒温恒湿设备采购与安装等场馆改建维护项目20余项。完成教工路房屋出租出借、出版图录清查盘点、国有资产登记入库等任务。做好6个馆区日常设施设备维护保养和电器设备安全运行等工作。加强公车管理,严格执行审批制度,全年无违规使用公车现象。

五、坚持制度落实,规范财务管理

认真贯彻执行各项财务规章制度,修订完善《浙江省博物馆财务管理制度》等3个财务制度。依法进行会计核算、会计监督,做好预决算、政府采购、票据管理等各项财务工作,无财务违纪情况。

完成财政资金9181.25万元(2019年8579.06万元、上年结转602.19万元)的日常财务管理工作,年度预算执行进度为93.4%。完成政府采购446笔,金额3861万元的审批、统计工作,确保资金使用安全。

加强对国有资产的管理,完成2018年度国有资产清查工作。设计制作固定资产入库单,进一步规范固定资产的验收入库手续。加强浙江省文博经营公司的监督管理,及时足额收取并上缴房屋租赁和其他固定资产有偿使用收入。

【年度要闻】

法老的国度——古埃及文明展 1月22日,收费特展"法老的国度——古埃及文明展"在孤山馆区西湖美术馆举办,展出的180件展品均来自意大利专门从事埃及考古研究的博物馆。展览在门票销售及观众数据采集、宣传推广、教育活动开展、志愿者服务、文创产品开发与销售等各方面都采取了大量举措,在三个半月的展期中,共计11余万人参观展览,门票收入306万余元,做到了社会效益与经济效益相结合。

"东方生活美学"展赴俄罗斯、保加利亚展出 "东方生活美学"展览分别于2月27日至3月18日、6月24日至7月6日在俄罗斯和保加利亚中国文化中心展出。展览通过空间构筑展示艺术品及文物复仿制品,同时结合文学的体验,美感与生活,精神与感官,古今相照,多向交织,表达中国丰富历史人文与文化底蕴对当今生活的影响力和东方古典美学精神的时代流变。该展览已列入驻外文化和旅游机构项目资源库2020年可执行项目。

获全国博物馆十大陈列展览精品推介活动"优胜奖" 5月18日,2018年度大展"越地宝藏——100件文物讲述浙江故事"在"第十六届(2018年度)全国博物馆十大陈列展览精品"推介活动中荣获"优胜奖"。展览采用类型学与叙事逻辑相结合的框架,共分6个部分反映浙江从史前到明清的特点及亮点,展示浙江自古发展与传承下来的灿烂文明与精神力量。

千年清音——唐宋古琴特展 9月6日,"千年清音——唐宋古琴特展"在武林馆区开幕。展览汇聚9家博物馆优质唐宋古琴21张,数量之多,规格之高,为国内唐宋古琴展之最。浙江省博物馆馆藏的古琴保存状况良好,依然能完整弹奏出悦耳的琴曲。近年来,浙江省博物馆对馆藏传世唐宋古琴进行了一系列有益的探索与实践,开展活化保护与利用。继2010年"凤凰和鸣·浙江省博物馆馆藏唐代雷琴演奏会"之后,2019年9月17日,"千年清音·浙江省博物馆藏唐代古琴音乐会"在杭州剧院举行。邀请国际著名录音师与国内顶级的古琴演奏家共同参与两张唐琴音乐的录制,CD 由雨果制作公司出版发行。

"天下龙泉——龙泉青瓷与全球化"特展 11 月 15 日,与故宫博物院、丽水市人民政府联合举办的"天下龙泉——龙泉青瓷与全球化"特展在武林馆区展出。本次展览共展出全球 42 家文博机构的 513 件(组)文物,展品涵盖亚、欧、非各洲,是史上展出龙泉窑精品数量最多,覆盖地域最广,规模空前的一次大展。展览以龙泉青瓷为出发点,立体化地展现出宋元以来陆上及海上陶瓷之路的兴盛发达。浙江是青瓷故乡,浙江省博物馆拥有丰富的青瓷馆藏,为了解浙江青瓷在海外的情况,2009 年起,研究人员开始了专项调查与研究,该展正是这一研究成果的展现。展览期间,还召开了"天下龙泉——龙泉青瓷与全球化"国际学术研讨会,来自 10 多个国家 130 余位专家学者出席会议。

参加上海长三角国际文化产业博览会 11 月 18 日,牵头协同浙江省文澜阁博物馆商店联盟的 10 家单位参加上海第二届长三角国际文化产业博览会。在本次博览会上,与上海博物馆、南京博物院、安徽博物院签约缔结了长三角博物馆文创联盟。本馆获得博览会"贡献奖""组织奖"。是年,全年文创自销收入 477.7 万元,合作销售 529 万元,共计 1006.7 万元,利润总额达 155.3 万元。

官方微博获评"2019 年度文博十大影响力官微" 12 月 3 日,由中国文物信息咨询中心和新浪微博共同主办的"2019 约会博物馆文博新媒体论坛"在北京举办,浙江省博物馆官方微博获评"2019 年度文博十大影响力官微"。在论坛发布的"2019 年度文博新媒体发展报告"中,以本馆"越王时代——吴越楚文物精粹展"为例,介绍了该展览通过前期预热宣传、展期内互动、线上线下协同创新,增强了展览的宣传效果,引起众多网友转发互动,话题阅读量为 2335.6 万次,讨论量为 4384 次。这也是本馆继 2017 年、2018 年后连续 3 年获此殊荣。

(俞 敏)

浙江自然博物院

【概况】 内设机构 16 个。2019 年末人员 57 人(其中具有高级技术职务资格的 41 人,中级 14 人)。

2019 年,浙江自然博物院深入学习贯彻习近平新时代中国特色社会主义思想和党的十九届四中全会精神,以"人才立院、服务兴院、科研强院、机制活院"为办馆理念,紧扣浙江自然博物院安吉馆正式开馆等中心任务,抓好两馆区收藏研究、展示教育、开放服务、对外文化交流等工作,取得良好业绩。

一、领导视察

全国政协副主席兼秘书长夏宝龙,省委副书记、省长袁家军,省政协主席葛慧君、副主席郑继伟,副省长成岳冲,省文化和旅游厅党组书记、厅长褚子育,省援藏指挥部党委书记、指挥长苗伟伦,省委宣传部副部长葛学斌等先后实地考察浙江自然博物院安吉馆。

二、内部建设

组建浙江自然博物院第一届理事会。经过章程修订、理事招募等 5 个程序,于 10 月 21 日召开首届理事会成立大会。完成院领导班子换届工作。完成内设机构调整及换届工作,内设机构由 16 个部门组成,同时梳理了部门职责,理顺各方工作界面、权责分工及管服关系。完成党总支和 4 个党支部换届工作。完成工会及职工代表的换届选举工作,职工代表增加到 36 人。成立安吉馆管理委员会,负责管理安吉馆相关工作。

进一步加强内部控制建设工作,制定修订 8 项制度。召开内部控制建设工作专题会议,完成《2018 年度内部控制自我评价报告》,修改完善《浙江自然博物馆内部控制手册》,修订《浙江自然博物馆政府采购管理实施办法》《浙江自然博物馆公务接待管理规定》《浙江自然博物馆财务管理制度》等 8 项制度。

三、安全保卫

切实履行安全管理责任,深化落实安全职责,统筹推进杭州、安吉两馆安全管理工作。协同做好两馆开放服务,努力保障观众参观和展品安全,做好应急防范处置工作。与两馆辖区公安、消防、交警等政府部门主动沟通,借势借力外部资源,有效增强博物院安保力量,分别召开安吉馆开放运营安全工作恳谈会及博物院安全管理研讨会,加强与属地管理部门的沟通联络,拓宽安全工作思路。积极开展安全宣传教育,召开专题会议 3 次,提升服务水平。组织全院工作人员安全知识讲座和消防训练2次,组织保安人员处置突发事件演练近100次。全年综合治理达标,荣获2018年度杭州市"平安示范单位"称号,被评为湖州市2019年度"平安单位"和"全市经济文化保卫工作先进集体"。

四、展览教育

全年观众量399.9万人次,讲解7242场次,教育活动1151场次。其中杭州馆年观众量244.3万人次,讲解3539场次,教育活动733场次;安吉馆年观众量155.6万人次,讲解3703场次,教育活动418场次。服务满意率达98%。积极打造安吉馆研学游长三角青少年特色基地,研发"研学游"教育项目30个,其中"博物馆奇妙夜之自然探索亲子课程"荣获首届中国"科普研学十佳品牌",并在第二届中国科普研学论坛上做"路演"展示;4名讲解员获"浙江省十佳讲解员"称号;2名讲解员获全国科普讲解二等奖和三等奖。举办及参与各种活动,面向杭州、衢州、永康、舟山、嘉兴及兰溪多个地区组织开展2019环球自然日青少年自然科学知识挑战赛活动,荣获了展览、表演2个类别共20个全国一等奖,19个二等奖和6个三等奖的佳绩,浙江自然博物院获2019年度优秀组织奖。完成组织省政府对台文化交流重点项目"2019两岸中学生自然探索夏令营活动"。

全年举办各类展览34个,其中原创性展览11个、引进及合作展览10个、出境展览1个、境内巡回展览12个。"绿水青山就是金山银山——从余村到世界的生态文明践行"获国家文物局"弘扬优秀传统文化、培育社会主义核心价值观"重点推荐项目第7名,"来自星星的你——陨石特展"获"第十三届(2018年度)全省博物馆陈列展览精品"奖。"猪年大吉——2019己亥年生肖展"等临特展赴国内博物馆、大中小学校、幼儿园、图书馆、社区、文化礼堂、广场及公园等地展出,共展出134场次。与南京博物院合作举办的"神奇的动物"跨界展览,与河北博物院、深圳博物馆及广州博物馆、俄罗斯达尔文国立博物馆分别签订战略合作协议。

五、藏品管理

全年新增藏品3944件(地球科学类901件、生命科学类3043件),登记入库藏品4194件,累计登记入库藏品达207612件(地球科学类18609件、生命科学类188826、藏画177件)。完成2452件藏品的整理、挂签工作,完成1734件入账藏品的总账、分类账、藏品系统录入工作。新增标本入库、撤展标本回库等冷冻、添液、消杀处理10559件,制作、修整标本539件,并适时对藏品库区进行杀虫处理。院内研究人员到库房查询、鉴定藏品86批次248人;院外人员入库查询、研究和参观44批次77人。

六、学术研究

全年按计划开展各类课题研究30项,结题4项。赴国内外参加学术会议160余人次,做学术报告30余人次。出版了《浙江自然博物院安吉馆建设实践与探索》1册,发表学术论文36篇,其中SCI检索论文10篇,科普文章4篇。"浙江自然博物馆AR科普文创""西溪国家湿地公园湿地鸟类人工招引与种群恢复项目"

"控温控湿及覆膜技术在化石保护中的应用研究——以山旺生物群化石为例""云和梯田国家湿地公园科学考察研究"已结题,新增"云和梯田国家湿地公园科学考察研究""东亚甲龙类的古生物学和演化""中华凤头燕鸥调查与保护成效评估"等6个课题。"古田山生物多样性研究"获第十九届"浙江省科技兴林奖"二等奖。

10月22至23日,举办安吉馆正式开馆仪式暨当代博物馆创新发展学术研讨会。会议由中国博物馆协会、中国自然科学博物馆学会、长三角科普场馆联盟和浙江省博物馆学会主办,浙江自然博物院承办,共收到论文摘要61篇,来自全国109家博物馆、科技馆,14家高校,6家科研院所,7家文博企业的368位代表参会。大会同时设立分会场4个、学术沙龙1个,进行主旨报告7场、分会场学术报告41场。

与中国计量大学组建成立"浙江生态研究院",本院5名专业人员获校外硕士研究生导师资格,并以"浙江生态研究院"名义获5名联合培养研究生指标,计划2020年开始招生。

完成智慧博物馆项目的建设,完成官方网站、中国鸟类史料中心、鸟声库及浙江生物多样性研究中心的网站"四网合一"上线工作,网站全年点击量342.29万人次,发布馆务新闻及各类信息654篇,微信推送255篇,粉丝关注量133615人次。

七、文博队伍建设

完成内设机构领导换届,新提拔中层干部13人次,初步形成老中青相结合的梯队。新招聘在编职工10人,编外用工16人。

举办第 8 期中层干部培训班,通过讲座、内部交流、专题介绍等形式,明晰工作思路。支持职工继续教育,专业人员、管理人员参加各种研修班、培训班及岗位培训 82 人次。

重视志愿者团队建设。志愿者全年提供服务 35300 余小时,其中个人 12300 余小时,团队 23000 余小时。有注册个人志愿者 200 余人,共建合作单位 21 个(其中高校 20 个,企业 1 个),开展公益讲解 1522 场次,科普活动 66 场次。

八、文博宣传

在《中国文物报》《浙江日报》《钱江晚报》《杭州日报》《都市快报》以及中央电视台、新华社、钱江都市频道、浙江新闻、浙江在线等媒体上发布新闻报道 600 余篇,开展的活动得到媒体及社会的广泛关注。

推进文创产品开发,研发了 7 款文创产品,参加第 14 届中国(义乌)文化产品交易会和第 11 届中国国际文化旅游博览会,获中国(义乌)文化产品交易会"优秀展台奖"和"优秀参展企业(单位)"奖。积极参与各项文化交流活动,赴德国法兰克福参加主题为"东方文化元素"的中国文博文创精品展,参加"5·18 国际博物馆日"浙江主场活动,参加第十二届中国艺术节演艺及文创产品博览会,参加"诗画浙江·美好家园"浙江诗路文化带文化遗产主题展演活动和第二届长三角国际文化产业博览会。完成"浙江自然博物馆 AR 科普文创"项目,研发 6 个微视频与 7 款文创衍生产品,配合"绿水青山就是金山银山——从余村到世界的生态文明

践行"特展、"流光溢彩——宝石矿物特展"推出配套文创产品。

九、对外交流与合作

加强对外合作交流,拓展业务领域和学术视野。与俄罗斯达尔文国立博物馆签订了战略合作协议,成为友好姊妹馆,并拟定在建党 100 周年之际,双方互换展览。实施省政府对台文化交流重点项目"2019 年两岸中学生自然探索夏令营"活动。引进英国广播公司《野生动物》杂志与英国自然历史博物馆联合举办的"第 54 届国际野生生物摄影年赛获奖作品巡展·中国站"展览;与国外博物馆合作,在日本福井县立恐龙博物馆举办"恐龙脑科学"展览。全年接待国外及中国港澳台地区来访、进修、学术交流人员 10 批 29 人次,本院人员出境考察、学术交流 14 批 35 人次。

【年度要闻】

猪年大吉——己亥年贺岁展

2 月 1 日至 4 月 5 日,浙江自然博物院与台湾自然科学博物馆共同策划推出"猪年大吉——己亥年贺岁展"。展览分"生性狂野""海内亲朋""天生我才""猪界奇谈""全身是宝""文化猪事"6 个单元,从自然科学的角度探讨猪的驯化问题,呈现猪在人类生活中的重要作用,以及民俗文化中生肖猪的艺术形象,讲述其中的神话传说和有趣故事。展品有野猪、疣猪、余姚河姆渡家猪下颌骨等标本,猪的模型道具 10 余件,多媒体视频与亲子互动项目 21 项。展览设计注重融合现代元素,以多种方式展现新时代下的生肖文化。

荣获"浙江省中小学生研学实践教育基地"称号

2 月 26 日,浙江省首批中小学省级研学基地、营地授牌暨中小学生研学旅行启动仪式在杭州举行。浙江自然博物院利用杭州、安吉两馆的馆藏、展示等教育资源优势不断推动中小学生研学旅行,开展丰富多彩的自然课堂、夜宿等实践教育活动,推进中小学生探究性学习与教育性旅行相融合,入选首批 54 家"浙江省中小学生研学实践教育基地"。

安吉小鲵仿生态人工繁育

3 月至 6 月中旬,浙江自然博物院两栖爬行动物研究团队继续开展安吉小鲵仿生态人工繁育研究,在安吉龙王山千亩田陆续放归安吉小鲵 1000 余尾。6 月 23 日,在浙江安吉小鲵国家级自然保护区举行放归仪式,浙江卫视、《浙江日报》、《钱江晚报》等主流新闻媒体给予报道。

流光溢彩——宝石矿物特展

6 月 1 日至 10 月 7 日,推出原创性收费展览"流光溢彩——宝石矿物特展",展出了 400 余件宝石矿物标本,包括世界最长的自然金霹雳王、2015 年慕尼黑矿物展明星展品祖母绿、单晶体最大的橄榄石标本等。展览全面介绍了宝石矿物的欣赏与鉴别、产地及特性、矿洞及开采,珠宝历史和名人故事,还设置了宝石矿物互动体验区,观众可以模拟矿洞开采,虚拟矿物作画,与宝石矿物亲密接触,并可在展场内临摹宝石矿物,绘画作品最后可参与评比。

伟大开端——中国共产党创建历史图片展　7月1日，在庆祝中国共产党成立98周年、中华人民共和国建立70周年之际，为认真落实"不忘初心、牢记使命"主题教育活动，浙江自然博物院与浙江革命烈士纪念馆共同策划举办的"伟大开端——中国共产党创建历史图片展"开幕。展览由"国际共产主义运动及其对中国的影响""五四运动与马克思主义在中国的传播""中国共产党早期组织的建立""中国共产党第一次全国代表大会"4个单元组成。通过展览，让观众再次重温历史、学习红船精神，激发每位党员立足本职、勤奋工作。

"恐龙脑科学"展览　7月12日，由浙江自然博物院协办的"恐龙脑科学"展览，在日本福井县立恐龙博物馆开幕。展览分"脊椎动物的脑""头骨的构造和颅内模""恐龙脑科学的历史""脑科学揭示的恐龙生态"和"福井猎龙的脑研究"5个部分，展出近100件恐龙头骨、骨架或大脑3D复原标本。其中第4部分"脑科学揭示的恐龙生态"为展览的重点，通过大量恐龙头骨和骨架等实物标本，配合3D打印的恐龙颅内模型等，阐述了不同恐龙的大脑的形态特征。展示的恐龙涵盖了各大类恐龙，包括剑龙类、甲龙类、蜥脚类、肿头龙类、鸟脚类、角龙类和兽脚类恐龙，同时展示了多种鸟类的大脑。

宝石矿物展示国际学术研讨会　7月20日，"宝石矿物展示国际学术研讨会"在浙江自然博物院杭州馆召开。美国阿肯斯通矿物公司、浙江省自然资源厅、上海科技馆、北京自然博物馆、河南省地质博物馆、山西地质博物馆等的相关负责人出席，来自国内外的相关专家学者、博物馆同人及企业代表50余人参会。

安吉馆喜迎第100万名观众　7月26日，是安吉馆自2018年12月28日试开馆对外开放的第152天。当天上午，迎来了第100万名观众——来自杭州的5年级学生沈子诚，荣升"百万顶流"。本院院长、副院长亲自迎接沈子诚的到来并向他赠送幸运纪念品。

组建浙江生态研究院　与中国计量大学达成合作意向，联合组建浙江生态研究院。8月14日，浙江生态研究院在安吉馆挂牌，省委宣传部副部长葛学斌，中国计量大学校长宋明顺，湖州市委常委、安吉县委书记沈铭权分别致辞。省文物局局长柳河、中国计量大学校长宋明顺为浙江生态研究院揭牌。浙江自然博物院与中国计量大学签订战略合作协议。浙江自然博物院5人成为中国计量大学兼职硕士研究生导师。

"礼赞共和国　美丽新乡村"最美乡村图片展　为迎接中华人民共和国70周年华诞，集中展示社会主义新农村建设的新成就，在全国科普日期间，长三角科普场馆联盟首次与粤港澳大湾区科技馆联盟合作，联合主办"礼赞共和国 美丽新乡村"最美乡村图片展。9月19日，该展开幕仪式在浙江自然博物院安吉馆举行。本次展出的125组照片，分为"自然风貌之美""平凡和谐之美""乡村建设之美""创新多样之美""生态人文之美"5个主题，体现了"自然生态美、生活幸福美、文化和谐美、创新引领美"的最美乡村内涵。

成立浙江自然博物院第一届理事会　10月21日，浙江自然博物院首届理事会成立大会在安吉馆召开。浙江自然博物院理事会由13名理事组成，其中省文化和旅游厅委派代表1名，浙江自然博物院选举产生代表3名，其余9名代表向社会公开招募。社会代表理事为博物馆界、企业界、教育界人士以及文旅专家、新闻媒体、志愿者代表。全体理事推选安来顺为首届理事会理事长。

安吉馆正式开馆　10月22日，浙江自然博物院安吉馆正式开馆。中国自然科学博物馆学会理事长程东红，国际博物馆协会副主席、中国博物馆协会副理事长兼秘书长安来顺，浙江省文化和旅游厅厅长褚子育、浙江省文物局局长柳河等领导出席仪式。

当代博物馆创新发展学术研讨会　10月22日至23日，"当代博物馆创新发展学术研讨会"在浙江自然博物院安吉馆召开。本次大会由中国博物馆协会、中国自然科学博物馆学会、长三角科普场馆联盟和浙江省博物馆学会主办，浙江自然博物院承办。浙江省文物局局长柳河任大会组委会主任，国际博物馆协会副主席、中国博物馆协会副理事长兼秘书长安来顺，中国自然科学博物馆学会副理事长、北京自然博物馆馆长孟庆金,中国自然科学博物馆学会副理事长、上海科技馆馆长王小明等任大会组委会副主任。大会共收到论文及摘要60篇,来自国内外109家博物馆、科技馆,14家高校,6家科研院所,7家文博企业的368位代表参会。大会同时设立4个分会场、1个学术沙龙,进行了41场主题演讲,为与会代表提供了优良的学术氛围与交流平台。

进·发——寒武纪大爆发与来自云南的例证 11月26日,原创特别展览"进·发——寒武纪大爆发与来自云南的例证"开幕,以馆藏的云南埋藏的各类化石标本为主,与科研院所及社会收藏家合作,通过大量的实证材料讲述寒武纪大爆发和生命演化的神奇。展览还设计了互动区域,可以触摸仿石材的化石模型,观摩3D打印模型,玩化石拼图和涂色,翻书体验AR解说,还可以观看一些标本复原图和化石照片。

获评国家文物局2019年度主题展览重点推介项目 11月,国家文物局公布了2019年度"弘扬优秀传统文化、培育社会主义核心价值观"主题展览征集推介项目100项,其中重点推介项目20项。浙江自然博物院原创性特别展"绿水青山就是金山银山——从余村出发的生态文明践行"入选重点推介项目。本展览由浙江省委宣传部、浙江省文化和旅游厅、浙江省文物局指导,浙江自然博物院和安吉县人民政府联合主办。展览包含1个引子和4个单元,采用了从古代到现代、从安吉到浙江、从全国回到个人、

如何践行"绿水青山就是金山银山"理念,并取得了哪些生态建设成果的逻辑线索。展览回顾了"绿水青山就是金山银山"理念的提出对安吉带来的巨大影响,展示了浙江省多年来全方位的生态建设成果,并从自然科学的角度进行解读,加深观众对"绿水青山就是金山银山"理念的认知,激发全民投身生态文明建设的责任意识和参与意识。展览引起了社会各界的关注和好评,《中国文物报》、中国新闻网、《浙江日报》、《杭州日报》等主流媒体进行了专题报道。

"环球自然日"全球总决赛再续佳绩 认真筹办"2019环球自然日项目提升研讨会暨启动仪式"并在各分赛区和学校开展宣传与培训,精心组织各分赛区赛事活动。经过杭州、衢州、永康、舟山、嘉兴以及兰溪六大分赛区预选,在安吉馆举行浙江地区决选赛。从310组参赛团队中决选出45组团队赴上海世博展览馆参加全球总决选。通过激烈的角逐,浙江赛区代表队获20个一等奖、19个二等奖和6个三等奖,其中一等奖数量占参赛队伍比例为全国第一;本院第5次获优秀组织奖。本年度环球自然日工作新拓展了兰溪、慈溪地区,推出"环球自然日作品展",保留6年来浙江赛区决选展览作品并于暑期公开展出2个月,吸引了广大公众的关注。

中华凤头燕鸥调查与保护成效评估 受生态环境部南京环境科学研究所的委托,浙江自然博物院承担了为期1年的"中华

凤头燕鸥调查和保护成效评估"项目。通过有效监测中华凤头燕鸥主要繁殖种群的动态变化,促进其种群复壮,为开辟新的招引繁殖地提供科学依据;开展潜在繁殖种群和栖息地现状调查以及迁徙活动规律研究,全面掌握这一物种的分布,并对中华凤头燕鸥的保护成效做出科学评估。

(庞吟萱)

浙江省文物考古研究所

【概况】 内设机构12个。2019年末人员55人(其中具有高级技术职务资格的34人,中级16人)。

2019年,浙江省文物考古研究所加强硬件建设,教工路科研用房改造项目、安吉古城考古与保护中心建设项目、湖州毘山遗址野外集成平台及考古工作站建设完成并投入使用,金华浙中考古基地顺利挂牌,浙江省考古与文物保护基地建设可行性研究报告获财政资金支持并进入省发展改革委批复流程。

一、内部建设

完善内部控制制度以及内部控制领导小组工作机制。按照省财政厅的要求对内部控制工作进行量化自评,编制本所2018年度行政事业单位内部控制报告,认真总结了内部控制工作的经验与不足。使用"钉钉"办公平台,对单位内控流程做了全面梳理,共建立内部审批流程24个,提高了办事效率和协调联动能力。

二、考古发掘

(一)概况

全年共开展主动性考古项目

11项,认真配合做好省文物局委托的大中型基本建设项目中的考古调查、勘探和发掘工作,开展配合基本建设考古项目25项。调配技术力量,与各地协调联动,保障文物保护区域评估工作有序推进,完成43个平台,核实15个无须评估的平台任务。浙江义乌桥头遗址入围2019年度中国考古新发现。

(二)重要考古项目

1.国家"十三五"重点项目"良渚古城遗址暨考古中国:长江下游区域文明模式研究——从崧泽到良渚"

对良渚古城遗址、良渚古城外围水利系统、德清中初鸣遗址展开了考古调查与发掘。继续进行良渚古城多个区域的考古勘探和揭露,清理和复原局部遗迹环境。探索几处台地上的遗迹分布情况,发现大面积沙土夯筑广场及多处制玉作坊遗存;发现底部为良渚晚期的古河道堆积;扩展杭州大C型盆地区域系统调查,完成德清东部地区160平方千米区域调查,发现多处遗址点。良渚外围水利系统的考古工作,主要在毛元岭遗址、鲤鱼山坝、岗公岭库区进行发掘取样,并与高校合作展开对水利系统的研究解读。德清中初鸣制玉作坊遗址群发掘了王家里遗址,并基本完成了这一区域的考古勘探,确认人工营建土台23处,明确了远距离大规模专业生产模式的存在。

2.义乌桥头遗址发掘

对桥头遗址地层进行了重新梳理,在中心台地发现"器物坑"、墓葬、房址等遗迹,并修复了大量制作精美、器形丰富的彩陶器,壶类陶器中检测出原始米酒成分。

3.井头山遗址发掘

通过对遗迹的清理发现,文化堆积表面以各类贝壳为主,分布密集,还夹杂一些陶片、骨头、木块及烧土颗粒等。由于工作仍在进行中,出土文化遗物并不丰富,数量巨大的是井头山先民日常生活中食用的各种贝类(蚶、螺、牡蛎、蛤、蚝等),根据陶器碎片可辨器型有陶釜、圈足盘和支脚,另外还有少量石器、骨器、贝壳器等。

4.海宁达泽庙遗址发掘

发掘区位于工程涉及的遗址区块东部,揭露面积2900平方米,发现遗迹105处。从历年发掘情况来看,工程涉及的遗址区块最先在西部出现崧泽晚期遗存,良渚时期继续沿用,并向东部扩展。依托多个小土台扩展的生存模式,也反映了嘉兴地区史前文化的地域特色。达泽庙遗址呈现了一个较完整的体现聚落规模和演变态势的基层聚落案例。

5.绍兴平水小岙墓地考古发掘

全年共清理战国至明清时期墓葬(含陪葬器物坑)104座、战国时期坑状遗迹2个,出土文物达530件(组)。墓地直观地揭示了平水盆地越国高等级墓葬的分布规律与墓葬制度,为论证平水盆地为"战国越国王陵区"提供了重要的证据。同时,墓地发现多组不同形式共存的汉代墓葬,反映了两汉之际宁绍地区墓葬习俗的复杂性。墓地发现了布局规整、排列有序、形制统一的两晋南朝时期墓葬群,以潘姓为主的家族墓地。

6.湖州昆山遗址考古发掘

继续在南部的麻雀田进行发掘,寻找沟槽组2的边界及其他相关遗迹,厘清各遗迹间的相互关系等问题。新发现的房址、沟槽等遗迹对于研究商周时期昆山遗址的聚落布局结构有重要意义。在发掘资料整理过程中,对历年收集的土样进行了系统浮选,积极开展鉴定和统计工作。开展昆山遗址外围区域考古调查,工作范围包括顿塘以南至钱山漾遗址一带、西山漾至织里镇一带,计划调查面积约42平方千米,已复查遗址1处、新发现遗址1处。

7.余杭径山小古城遗址考古发掘

为了进一步证实城址的真实性、建筑方式与详细年代信息,继续对小古城遗址进行考古发掘工作,庙山发掘区台体暴露出不同颜色的土带层,似分块夯筑而成,尚难以判明性质;池塘西岸区马桥文化地层下可能存在建筑遗存。

8.安吉龙山107号古墓葬考古发掘

完成中心主墓和外围31座陪葬墓的发掘,出土印纹陶、原始青瓷等随葬器物514件,另有大量以绿松石为主的玉石器需转移至室内进行实验室考古清理。龙山107号古墓葬的发掘完整揭露了整个贵族墓园,是研究春秋战国时期越国贵族墓园制度的典型样本。墓葬的时代与安吉古城的早期阶段基本对应,对探讨安吉古城的性质、文化属性、历史定位、吴越文化交流等问题具有重要意义。

9.安吉上马山179号古墓葬发掘

发掘179号土墩,其中1号

墓墓底出土器物 4 件,位于墓坑一侧,泥质陶豆 2 件,泥质陶钫 2 件。根据墓葬形制及出土器物推测,墓葬年代为战国晚期。2 号墓墓底出土器物 5 件,包括泥质陶罐、陶钫、陶鼎、陶盒、陶豆各 1 件,以及 2 件漆器的痕迹,年代为战国晚期至秦汉之际。土墩发掘深度为 2—3 米,结合平剖面情况可知土墩大部分由草包泥分块堆筑。

10.宋六陵南陵区陵园遗址考古发掘

启动二号陵园遗址考古发掘项目。二号陵园位于一号陵园东侧约 120 米,标记为孝宗陵保护区。发掘前搭建了宋六陵田野考古工作数据管理系统,实现考古发掘资料的信息化管理。在一号陵园东侧 120 米处揭露了 1 处更大的夯土建筑,台基上已探明磉墩 28 个,台基外缘以厚石板包边。台基上层填土内出土大量散落的砖瓦构件,类型与近年来所见基本一致,初步推定该遗迹为五开间殿堂。基址南北进深约 20 米,东西面宽 30 米,面积达到 600 平方米左右。而一号陵园的享殿遗址(除去后部的龟头屋),面积仅 245 平方米,规模差距较大。二号陵园应是某帝陵的上宫享殿或下宫的主体建筑。

11.上林湖越窑遗址考古发掘

主要对普济寺遗址和狗头颈窑址进行发掘。普济寺遗址考古发掘揭露出规模庞大的建筑基址,时代涵盖晚唐、南宋、明清时期 3 个阶段,可能是窑业管理机构相关遗迹。狗头颈窑址揭露出丰厚的窑业废品堆积,最大厚度在 5 米以上,时代为五代时期。

出土大量瓷片和窑具标本,瓷器质量较高,窑具包括造型各异的多种匣钵和垫具等,可分为瓷质和陶质两类。瓷质匣钵已经较晚唐时期质量明显下降,胎体粗糙。其中在 6 件粗瓷质匣钵内发现有“官”字款。相关发现丰富了上林湖越窑遗址和考古遗址公园的内容与文化内涵。

12.黄岩沙埠窑址考古发掘

黄岩沙埠窑址的发掘,旨在全面了解沙埠窑青瓷的窑业生产历史与价值,并为考古遗址公园建设提供学术支撑。发掘揭露出规模庞大的龙窑窑炉,为浙江地区已发掘的两宋时期保存最为完好、结构最为清晰的窑炉遗迹。揭露出较为理想的地层堆积,出土了包括瓷器、窑具等大量遗物,为探索窑场烧造历史、产品结构及窑业技术等问题提供了翔实资料。

(三)文保科技

开展科技部重大项目子课题:长江下游典型遗址植物大遗存研究,顺利通过结题验收。完成余杭响山遗址硅藻分析,鉴定结果显示良渚文化地层以淡水硅藻为主,覆盖在文化层之上的沉积相地层以海洋性硅藻为主,表明在良渚文化晚期有过海水沿河道向陆地推进的现象。

继续推动“良渚遗址群石器岩性鉴定和石料来源研究”课题研究,基本完成了石器图录的草稿,并对周边部分区块进行了补充调查。对 2015—2018 年良渚钟家港遗址发掘出土的动物遗存进行了全面整理和动物种属鉴定。开展动植物遗存调查和整理工作,鉴定整理遗址出土石器和玉器 1000 余件。

三、不可移动文物的保护和管理

(一)世界文化遗产监测工作

持续参与诗路文化带建设,整理文物资源,逐步向申遗的方向迈进。配合“浙江省革命文物保护利用调研”等项目的实施,提供调研成果和咨询参考。

继续开展世界文化遗产监测与保护管理工作。配合省文物局开展《浙江省大运河世界文化遗产保护条例(草案)》起草工作,完成《浙江省世界文化遗产保护管理工作机制分析报告》。开发建设浙江省文物资源地理信息系统 GIS(含省级世界文化遗产监测平台)。

(二)不可移动文物保护与管理

主要围绕浙江古村落保护、文化遗产保护等方面,配合省文物局开展文保审查论证、项目验收检查、技术咨询服务、文保单位“四有”档案等日常文保工作。同时开展文保工程第三方评估,历史文化名镇、名村考察论证,传统村落保护利用,文保科研课题等专项工作。

参加省文物局组织的文物保护工程设计方案(或施工图)集中审查或现场审查 80 余项(次)。参加省文物局组织或委托本所组织的国保、省保修缮工程验收 30 余项。对 6 家设计、施工企业提交的申报乙二级资质材料进行了认真审查,提出初步审查意见。为基层的文物保护工作提供技术支持。

配合国家文物局、省文物局做好第八批全国重点文物保护单位推荐工作。配合省文物局做好文保单位“四有”工作。

四、学术研究

以建所40周年为契机，召开"良渚与古代中国"研讨会暨"不忘初心、牢记使命"考古人精神座谈会。结合良渚古城遗址申报世界文化遗产相关活动，通过报刊、电视节目及学术讲座等多种形式开展广泛的宣传普及工作。出版《五千年良渚王国》《良渚玉器线绘》（增补版），通过省考古学会年度浙江考古重要发现汇报会、联合《钱江晚报》举行"跨年生日趴——探秘考古所标本库房"公众开放活动、参加省委宣传部指导的"书香迎新 阅见世界"书香集市活动等，拉近考古与文化遗产保护工作和一般民众的距离，进一步扩大考古工作影响力，让文化遗产活起来。

（毛雯斐）

浙江省非物质文化遗产保护中心

【概况】 内设机构3个。2019年末人员9人（其中具有高级技术职务资格的5人，中级3人）。

2019年是中华人民共和国成立70周年，文化和旅游融合发展的开启之年。浙江省非物质文化遗产保护中心以习近平新时代中国特色社会主义思想为指引，围绕"科学保护、提高能力、弘扬价值、发展振兴"任务要求，坚持创造性转化、创新性发展，与全省设区市非遗中心联动，不断丰富新时代浙江非遗保护内涵，为推动我省非遗保护、传承发展再谱新篇章。

一、推进设施建设，浙江省非物质文化遗产馆建设稳步推进

2月28日，浙江省之江文化中心破土动工，作为之江文化中心的组成部分，浙江省非物质文化遗产馆正式开工建设，筹建工作全面推开。依据整体规划，该馆用地面积14942平方米，建筑面积35000平方米，其中地上20000平方米，地下15000平方米，计划于2022年底建成并对外开放。

（一）完成建筑设计、展陈规划研讨对接

组织专家召开专题研讨会20多次，针对浙江省非物质文化遗产馆建设焦点、难点、亮点进行充分探讨，顺利完成建筑方案、展陈面积、传统戏剧馆规划布局、古戏台外墙安装等方案，并开展室内装修风格、景观及展陈等设计规划。

（二）完成年度藏品征集任务

根据《浙江省非物质文化遗产馆非遗藏品征集计划（2017—2020年）》，重点围绕具有浙江特色的手工艺和传统戏剧类项目开展征集。征集到的藏品包括标志性展品舟山绿眉毛三桅木帆船，传统经典剧目服饰、道具、剧本、音像资料等。

（三）加强专业力量支持

邀请德国国家瓷器博物馆创始人、馆长西门及执行馆长沃夫冈一行到浙江交流指导，为浙江省非物质文化遗产馆建设和服务运营提供专业方案。在藏品征集专家组的基础上，增设建筑设计、室内设计及展陈设计3个专家组，为相关工作提供智力支持。

（四）承担课题调研

受文化和旅游部非物质文化遗产司委托，开展"非物质文化遗产场馆建设与服务标准研究"课题调研。

二、夯实业务基础，记录工作和信息化建设走在全国前列

以国家级、省级非遗传承人、非遗项目记录为载体，开展系列记录工作，高效完成年度任务。强化非遗数据库存储功能与内部管理应用，探索成果转化向社会应用延伸。

（一）非遗传承人记录工作成果丰硕

完成第二批10位国家级非遗代表性传承人记录工作并通过验收，3项获评优秀（全国共22项），浙江省非遗中心荣获最佳参展组织单位（全国共3家）。有效转化记录工程成果，率先编撰出版"国家级非遗代表性传承人口述史丛书"。4月12日，浙江省第一批"国家级非遗代表性传承人口述史丛书"发布会在杭州举行。该丛书荣获"十三五"国家重点出版物出版规划项目、第二十八届"金牛杯"优秀美术图书奖铜奖。

（二）非遗代表性项目记录工作取得优异成绩

文化和旅游部非物质文化遗产司开展的国家级非遗代表性项目记录成果梳理和遴选工作取得优异成绩。全国非遗记录成果填报数量超过100条的项目共有19项，其中浙江就有14项；信息填报平台全国总成果数量9511条（656项），其中浙江就有3541条（58项）。

（三）信息化建设走在全国前列

完成年度数据库内容建设，整理录入数据7万条，制作录入浙江非遗代表作丛书电子书及资料52种。加强宣传平台建设，"浙江非遗"微信公众号推文数、粉丝量继续位列全国非遗类平台首位,浙江非遗网信息更新量、阅读量继续位居全国同类网站第一。

三、加强传承传播,促进非遗传承发展提升大众文化自信

以"浙江·中国非遗博览会(杭州工艺周)"、中国(义乌)文化产品交易会"浙江非遗生活主题馆"、"非遗薪传"、"浙江好腔调"等浙江非遗经典品牌为载体,承办系列活动,着力推进我省非遗传播热地、高地、示范地建设。

(一)第十一届"浙江·中国非遗博览会(杭州工艺周)"举办

9月20日至24日,来自日本和国内20多个省(区、市)的300多个项目、426位非遗传承人参加活动,参观人数23万人次,交易额150万元,全国70余家媒体进行报道,直播平台点击量400万人次。在中华艺文基金会的资助下,承办"中华非物质文化遗产传承人薪传奖""首届薪传奖传统工艺大展(金属工艺)",并争取到"中华非物质文化遗产传承人薪传奖"永久落户浙江。活动期间,共收到我国20个省(区、市)参评作品298件,评出金奖2个、银奖3个、铜奖5个、优秀奖22个。"非遗+扶贫"展销板块效益明显,来自云南、贵州、湖南、西藏等地的非遗产品收获55万元销售佳绩,为"非遗+扶贫"打开新的渠道与路径。国际化交流进一步拓展,日本手工艺主题展精彩亮相,多国嘉宾参与"大匠至心"非遗传承发展杭州沙龙。

(二)第14届中国(义乌)文化产品交易会"浙江非遗生活主题馆"成功转型

4月27日至30日,以文旅融合为契机,新审美、新消费、新场景为切入点,"享文化、乐旅游"为主题,吸引62个项目、180多位传承人携3000多种非遗旅游商品参展。浙江非遗展开幕当天,文化和旅游部党组书记、部长雒树刚体验了木版水印技艺等非遗项目,并与传承人进行了交流。文化和旅游部非物质文化遗产司副司长王晨阳,浙江省文化和旅游厅副厅长卢跃东等参观"浙江非遗生活主题馆"。浙江非遗展荣获中国(义乌)文化产品交易会展会组织一等奖、优秀参展企业(单位)奖和优秀展台奖。"浙江非遗生活主题馆"设有非遗大舞台,开展我省戏曲类非遗项目系列展演。展览期间,浙江省文化和旅游厅副厅长叶菁发布了首批100项浙江省优秀非遗旅游商品名单。

(三)"非遗薪传"浙江传统舞蹈展评活动规模创纪录

6月26日至28日,"非遗薪传"浙江传统舞蹈展评活动在景宁畲族自治县举办。活动包括广场场、舞台场、选演专场等,共有35支队伍参评,22支参演,参演人数800余人,是该品牌活动规模最大的一次展评展演。活动期间召开浙江传统舞蹈学术研讨会。活动纪录片荣获"第七届全国市县级电视台推优活动"一等奖。

(四)举办"文化和自然遗产日"非遗影像展获佳绩

6月7日至10日,"文化和自然遗产日"非遗影像展活动在象山县举办,共评出来自全国的入围影片30部(套),浙江入选7部,其中3部获评评委会推荐影片,影片获奖数位列全国第一。

(五)"振兴浙江曲艺"年度任务全面完成

5月7日至10日,举办"中国浙江(义乌)·全国曲艺小书(鼓书琴书)传承发展论坛与交流展演"活动。12月11日至13日,在金华举办"浙江好腔调"曲艺(中篇)系列展演,召开保护工作座谈会,围绕文化和旅游部《曲艺传承发展计划》及浙江省有关实施方案进行交流,探讨曲艺振兴新思路。

(六)"浙江好腔调"传统戏剧展演形成全省效应

以"10+1"形式组织开展"浙江好腔调"全省传统戏剧展演活动。6月18日,在杭州市萧山剧院举办主场展演,以传统戏剧音乐为切入点,进行了有思想、有看点、有新意的传统戏曲音乐普及展演的探索。举办17场"浙江好腔调"传统戏剧展演,充分展示浙江传统戏剧风采,对我省58个地方戏剧项目"活起来、传下去"起到重要的推进作用。

此外,还承办了第三届"中国浙江·全国曲艺传承发展论坛及观摩交流展演"暨"中国浙江(义乌)·全国曲艺小书(鼓书琴书)传承发展论坛及观摩交流展演"活动,来自全国12个省(区、市)的30多位专家学者,50多家非遗保护单位参加活动,共有6台演出,27个曲种参展,180多位传承人上演了40多个节目。

四、强化学术研究,实施专题调研强化科学保护学术引领

以代表性传承人2016年至2018年3年现状为主要内容,开展浙江省非遗传统戏剧类项目代表性传承人调研。推进非遗保护成果整理汇编和理论研究编撰出

版。先后编撰《中国非物质文化遗产大辞典》浙江卷词条,《创·美好生活:第十一届浙江·中国非物质文化遗产博览会(杭州工艺周)》《中国-中东欧国家非物质文化遗产专家论坛研究文集》《浙江省国家级非遗代表性传承人口述史丛书》《非遗薪传——浙江传统体育理论研究文集》《浙江省非遗馆捐赠作品精品图典(卷二)》《中国浙江(绍兴)·全国曲艺小书传承发展论坛及观摩交流展演论文曲本集》等。

五、丰富交流活动,走出浙江走向世界高效完成重要任务

以"讲好浙江故事,传播浙江声音,展现浙江魅力"为宗旨,走出浙江,走向世界,生动展示我省非遗保护成果,举办系列对外交流活动,得到省委、省政府、省文化和旅游厅领导的高度肯定和表扬。

(一)举办国新办新闻发布会浙江专场非遗展

7月12日,配合国务院新闻办公室庆祝中华人民共和国成立70周年新闻发布会浙江专场,组织举办浙江非遗专题展。展览精选我省24项非遗项目,65件(组)传承人代表作品和衍生品参加展示,11人参与现场展演,生动呈现浙江元素、浙江风采和浙江精神。展览受到中宣部和省委、省政府领导的充分肯定和高度赞誉,省委常委、宣传部部长朱国贤做出批示。

(二)赴德国举办浙江省非物质文化遗产展

5月29日至6月4日,在德国基尔举办"美丽中国·诗画浙江"浙江省非物质文化遗产展。浙江21个非遗项目共57件(套)作品参加展览,4位非遗代表性传承人参加现场活态展演。省委书记、省人大常委会主任车俊,省文化和旅游厅党组书记、厅长褚子育,德国石荷州州长等领导、嘉宾出席开幕式并参观展览。

(三)举办第二届中国国际进口博览会浙江非遗专题展

11月5日至10日,展览活动在上海举办。在全国18个省(区、市)举办140多场非遗和老字号展示活动中,浙江非遗展示面积为774平方米,居全国第一。高效完成展示设计、项目组织、资料审核等工作,确保展示活动圆满成功,受到"进博会"浙江交易秘书处的充分肯定。

(四)组织参加2019北京世界园艺博览会"浙江日"活动

6月4日至6日,杭绣、东阳竹编、浙派古琴等非遗项目亮相北京世界园艺博览会,助力"浙江日"开幕式,提高了我省非遗的关注度与影响力。非遗展围绕品茗、会客、书房、亭台等生活场景,以场景还原的方式,布置茶艺、杭绣、嵊州根雕、东阳竹编、浙派古琴和竹笛等项目进行展示展演。

(五)赴中国澳门举办非物质文化遗产展示活动

6月11日至25日,"根与魂"浙江省非物质文化遗产展示活动在中国澳门举行。活动内容包括主题展览、综合展演、专题讲座、手工技艺展示及工作坊互动体验等,我省40个项目、59个代表性传承人参加活动,参观及参与体验人数2万余人次。

(六)赴俄罗斯举办浙江特色小镇海外推广展

9月3日至15日,中国青瓷小镇——浙江特色小镇海外推广展在俄罗斯莫斯科中国文化中心举办。展览从非遗小镇的角度,展现龙泉青瓷的精湛工艺与当代发展状况,宣传推广"中国青瓷小镇"文旅项目,促进"一带一路"国家文化交流与合作。

(七)加强与兄弟省(区、市)的交流互动

先后组织非遗项目参加第七届中国成都国际非物质文化遗产节、全国非遗曲艺周、第二届"海上丝绸之路"非物质文化遗产展、第四届中国非遗传统技艺大展、中国原生民歌节、长三角连厢舞邀请赛等活动。赴云南省、四川省开展非遗工作"走亲",观摩学习第七届中国成都国际非遗节。

六、加强队伍建设,提升人才队伍素质推进可持续发展

以培训为载体促进非遗保护人才队伍建设,加强有创造力的当代非遗传承人培养,促进协同创新,为非遗传承储备人力资源。"非遗策展创新团队"成功申报为省文化和旅游厅创新团队,2人入选"浙江省文化和旅游厅优秀专家"。

(一)举办2019年度全省非遗保护体系建设培训班

12月3日至6日,培训班在临海市举办。培训班以专题辅导、经验交流、座谈研讨等形式,提高全省非遗干部的业务能力和专业水平,推进新时代浙江非遗保护体系建设。省文化和旅游厅副厅长叶菁做题为《聚焦"四大体系",提升质量效能,高水平推进非遗保护制度化、规范化建设》的讲座。

(二)举办2019年度第4期基层非遗保护工作队伍培训班(江浙沪片区)

7月8日至12日,培训班在

杭州举办。以专家授课为主,结合案例分享、实地考察等形式,组织观摩浙江非遗保护成果,促进江浙沪区域非遗保护交流合作。

(三)举办"非遗薪传"浙江传统舞蹈类非遗传承人研培班

全省入围传统舞蹈展评活动的35支队伍编创人员或节目加工人员参训。该培训班是首次以传统舞蹈类非遗项目为专题的研培班。

(四)举办全省非遗代表性传承人记录暨成果编纂工作培训班

11月13日至15日,培训班在杭州举办。通过培训学习,规范实操,进一步推进全省非遗记录工作的开展,推进优秀传统文化的创造性转化与创新性发展。

(潘昌初、孙心悦)

浙江京昆艺术中心

【概况】 内设机构12个。2019年末人员134人。

2019年,浙江京昆艺术中心坚持以习近平新时代中国特色社会主义思想为指导,始终把政治建设放在首位,把强化政治责任作为第一要务,坚定文化自信,不断增强"四个意识",牢筑"两个维护"的政治忠诚,贯彻党的文艺工作方针,传承中华传统文化力量。现代京剧《渡江侦察记》《生如夏花》、原创昆歌《真理的味道》先后入选"学习强国"浙江及全国宣教平台;中心党委委员、副主任王明强被授予"省直机关第五届道德模范"荣誉称号。

一、制度管理日益规范

结合"制度管理"主题,强化党建工作、强化制度建设、强化人才建设。将党建工作融入业务当中,化入日常当中,投入行动当中。注重发挥党员的先锋模范作用,努力提高党支部的战斗力,增强职工的向心力和凝聚力,为推进中心业务建设提供有力的思想和组织保证。

(一)做好干部选拔工作

认真贯彻落实干部选拔任用工作条例,坚持德才兼备、以德为先、注重实绩、群众公认原则,注重规范程序、加强监督,不断完善选人用人机制。党总支书记和工会主席的选拔和任用,做到程序规范。加强干部监督管理,及时上报领导干部个人有关事项报告。

(二)建立健全岗位管理制度

进一步规范岗位管理制度,加强人事管理工作,充分调动职工积极性,根据《浙江省文化厅进一步规范厅属事业单位岗位管理制度有关问题的实施意见》要求,结合剧团实际情况,制定岗位设置实施方案,调整职工岗位。

(三)组织实施公开招聘和人员选调工作

充实和加强干部队伍,优化干部队伍结构,面向社会公开招聘人员,高质量完成进人工作任务。

二、戏曲文化传承创新

以传承为根本目的,以推广传播为手段,积极传承京剧和昆曲剧目,扩宽市场,传播京剧和昆曲文化。通过演出、讲座等形式,促进京剧和昆曲的传播,培育戏迷观众,努力营造戏曲活起来、传下去、出精品的良好环境,推动形成戏曲艺术发展前景良好的生动局面。

(一)举办"5·18传承演出季"

以"四大名著"为主题,传承《西游记》《水浒传》《红楼梦》《三国演义》中的经典片段18出折子戏。"长三角"三地联动,在浙江胜利剧院举办"三地联动"首届中国长三角昆曲票友系列大会,汇集了江浙沪三地昆曲社团戏迷,5座城市6个昆曲社团,搭建起自我展示、学习交流的平台;深入贯彻落实"不忘初心、牢记使命"主题教育活动,上海昆剧团、浙江京昆艺术中心(昆剧团)、永嘉昆剧团开展"走团式"交流学习,带领长三角戏曲人以归零心态寻找共同的初心,牢记将昆曲传承到底的使命。

(二)创排演出剧目

结合时代要求,创排京剧《阴阳缘》、大型现代诗韵京剧《生如夏花》、现代京剧《渡江侦察记》、新编大型京剧节目《钱王射潮》、昆剧历史剧《梅妃梦》,充分运用京昆舞台艺术"唱念做打"的四功五法表现手段,呈现戏曲的综合性和艺术性,进一步丰富京昆演出的各类题材。

新编京剧大戏《阴阳缘》。3月29日,新编京剧《阴阳缘》在杭州剧院首演。《阴阳缘》是一部长达2个小时的载歌载舞并且身段技巧繁重的"新编京剧大戏",是专为青年演员罗戎征量身打造的新编京剧。该剧由著名剧作家、中国戏剧"曹禺文学奖"得主罗周编剧,中国戏剧"文华导演奖"得主翁国生执导,浙江省青年艺术拔尖人才罗戎征领衔主演,把"情的坚守、爱的奉献"诠释得鲜明感人,获得观众好评。

打造大型现代诗韵京剧《生如夏花》。浙江京昆艺术中心(京剧团)和青海省演艺集团(京剧团)在大型现代少儿京剧《藏羚羊》超千场北京成功献演后,再次联手,打造大型现代诗韵京剧《生如夏花》,献礼中华人民共和国成立70周年大庆。6月,该剧先后在青海大剧院和浙江省人民大会堂演出,获得观众好评。浙江省文化和旅游厅副厅长刁玉泉、叶菁现场观看了演出,并给予肯定。《生如夏花》先后喜获第十四届浙江省戏剧节"优秀新剧目大奖""浙江省舞台艺术创作重点题材扶持项目"。

创排现代京剧《渡江侦察记》。9月30日,浙江京昆艺术中心(京剧团)精心创排的大型现代京剧《渡江侦察记》,作为浙江省庆祝中华人民共和国成立70周年"重点献礼剧目",在萧山大剧院献演。浙江省文化和旅游厅副厅长刁玉泉出席观看了演出。该剧是浙江京昆艺术中心(京剧团)"革命战争题材现代京剧三部曲"压轴之作,也是新成立的浙江京昆艺术中心的首部新创大戏,入选"浙江省文化艺术精品重点扶持项目"和浙江省委宣传部"全省舞台艺术创作精品工程重点扶持项目"。

(三)加强数字化传播

推出全国昆曲首档面向社会大众展示现场教学的戏曲类推广性节目《幽兰讲堂——昆曲来了》。邀请全国知名昆曲表演艺术家通过"以讲带演"的导赏方式,向社会大众和昆曲爱好者介绍昆曲文化知识,促进昆曲文化的传递和普及。

(四)举办昆曲传承公益培训班

7月25日,浙江京昆艺术中心(昆剧团)承办由浙江省文化和旅游厅主办的2019年度浙江昆剧人类非遗昆曲传承公益培训班。培训班面向省内招收昆曲传承人40人,汇集了建德新叶昆曲、武义昆曲、遂昌昆曲、永嘉昆曲的传承人,以及杭州锦绣·育才教育集团、杭州京都小学、建德大慈岩中心小学的昆曲传承新生力量,进行了为期1个月的学习并进行了汇报演出。

(五)举办缅怀著名导演演出活动

12月2日至6日,在谢平安导演逝世5周年之际,复排《徐九经升官记》。105位来自北京、上海、杭州、四川、福建、河南等地的专家及浙江京昆艺术中心负责人、中心(昆剧团)演职人员齐聚乐山,举行了缅怀著名戏曲导演谢平安的演出活动。

(六)开展"戏曲进校园"活动

1月,近100名全省宣传、文化、教育部门优秀代表齐聚青田县,共同探讨全省戏曲进校园、进乡村工作,中心主任翁国生作为全省"戏曲进校园、进乡村"先进典型代表,做了题为《坚守初心,为基层群众献上精彩的京剧艺术》的先进经验汇报,获得了省委宣传部常务副部长葛学斌的肯定和好评。10月9日,中心(京剧团)40人为临海市教育局、临海市各大校园的音乐教师、舞蹈教师、戏剧教师,开设"国色天香"京剧专题讲座和以讲带演的"京韵飘香"京剧综合专场,受到了广大教师的热烈欢迎。10月,与浙江省文学艺术界联合会、浙江省戏剧家协会及杭州市下城区文学艺术界联合会、下城区戏剧家协会通力合作,推出浙江"戏曲进校园"讲座系列活动。面向全省的中小学生,因地制宜创新艺术教育教学方式,汇集融合昆曲、京剧、越剧3个剧种,努力推动中国优秀传统文化创造性转化、创新性发展,使传统文化教育实现跨越式发展。11月5日、6日,浙江京昆艺术中心38人,再次走进长兴、安吉、临海等地区,为浙江省内各大校园连续送上60场精彩纷呈的京剧主题讲座演出。

三、剧目演出成果丰硕

现代少儿京剧《藏羚羊》亮相北京梅兰芳大剧院,实现全国巡演超千场的目标,受到了文化和旅游部和中国文学艺术界联合会领导的赞誉。春节期间,"京腔京韵闹迪拜"京剧综艺晚会在阿联酋的迪拜连续演出了3场,带去了中国春节的欢乐与祝福,让现场近6万观众感受到了中国文化精神。

5月24日、25日,浙江京昆艺术中心(京剧团)和上海戏剧学院联合创排的实验京剧《王者俄狄》再次登陆深圳大剧院,参加中国(深圳)国际文化产业博览交易会专场演出,这是本中心京剧团继《飞虎将军》《大面》两剧成功献演深圳文博会后第3次受邀参演。《王者俄狄》已在国内国外持续演出了168场,受到海内外各阶层观众的赞誉和喜爱。是年底,《王者俄狄》还赴福建厦门、泉州巡演,获得了社会效应和演出经济效益的"双赢"。

10月,受省文化和旅游厅委派,浙江京昆艺术中心(京剧团)赴温州、瑞安创排第十四届浙江省戏剧节大型开幕式文艺晚会"戏聚瓯江畔",在瑞安人民大会堂上演,获得圆满成功,受到了文化和旅游部艺术司、浙江省文化和旅游厅和温州市委、市政府领导的好评。

浙江京昆艺术中心(昆剧团)

昆剧《风筝误》《牡丹亭》《西园记》《雷峰塔》《徐九经升官记》等剧目登上第四届浙江戏曲北京周、中国-东盟(南宁)戏剧周、瑶湖艺术节的舞台。其中,五代同堂《牡丹亭》首次汇集名家"世、盛、秀、万、代"五代人,以一人一折戏的形式进京演出,以最高票价创下极好票房,演出当晚一票难求。

四、人才培养不遗余力

5月,浙江京昆艺术中心(京剧团)优秀折子戏《火烧余洪》《坐宫》亮相2019年天津"炫彩青春"全国优秀青年演员展演活动,3位青年演员和来自全国各地的京剧同行,在演出中增进交流,相互学习,并在专家的指导下进一步提高了表演技艺。

6月,浙江艺术职业学院、浙江京昆艺术中心(昆剧团)联合举办"素心如兰"浙江艺术职业学院13级昆剧班毕业汇报演出。本次演出是浙江京昆艺术中心(昆剧团)第6代"代"字辈昆曲继承人6年的学习成果展示,为期5天,50人演出了9出经典折子戏,3台全本大戏《牡丹亭》《西园记》《雷峰塔》。演出文武兼备、唱做并重,观众上座率达95.2%。

12月,浙江京昆艺术中心(京剧团)2名优秀青年演员参加2019年度国家艺术基金重点项目"程派"京剧青衣高研班和"阎派"京剧刀马旦高研班,向资深的京剧名家学习了京剧《春秋亭》《女杀四门》等戏,并在北京、青岛进行汇报演出,获得京剧界资深专家的一致好评。

五、联合发展取得实效

(一)院团联手实施文旅融合新项目

浙江旅游职业学院与浙江京昆艺术中心开展战略合作,积极创作打造文旅演艺剧目并开展国内外巡演;推动高雅艺术进校园,开展昆曲讲座及相关演出活动;研究文旅发展融合课题,以创新举措促进融合发展。

(二)京剧创新团队获殊荣

浙江京昆艺术中心主任翁国生率领的"红色革命战争题材现代京剧创新团队"入选"浙江省文化艺术重点创新团队",成为省属院团唯一入选的创新团队,对加强浙江京剧现实题材和革命战争题材的现代京剧创作、现代京剧剧目的积累和提升、现代京剧创作人才队伍的建设,具有重要意义。

(宋　婧)

浙江小百花越剧院

【概况】 2019年,浙江小百花越剧院深入学习贯彻党的十九大精神和省第十四次党代会精神,围绕省文化和旅游厅的工作部署,完成了两团合并。深化改革后的浙江小百花越剧院实行党委领导下院长负责制,在体制上实行"统一领导、分团单独运行"机制,按照年初确定的各项工作目标,在加快加强两团深入融合的同时,以抓好业务工作为重点,开拓思路,不断创新。

一、党建工作

创新党建结对模式,搭建文旅融合新平台,实践文化教育正能量。搭建文旅融合新平台。中共浙江小百花越剧院委员会与中共景宁畲族县毛垟乡委员会签署《党建结对共建协议书》,在毛垟乡红色教育基地挂牌成立"浙江

小百花越剧院党建结对实践基地"和"浙江小百花越剧院毛垟乡采风创研基地",以党建结对为契机,整合优势资源,搭建文旅融合新平台,挖掘区域红色文化,弘扬戏曲文化。实践文化教育正能量。由中共浙江小百花越剧院委员会牵头,浙江小百花越剧团和浙江省第四监狱共同签订文化帮教合作协议,浙江小百花越剧院在浙江省第四监狱的"教学基地"揭牌成立。本院通过选派优秀民乐师资,定期为浙江省第四监狱的罪犯文化改造提供帮扶,让民乐文化帮教活动实现常态化。与拱宸桥街道永庆路社区党委合作签订《党建共建协议书》,在社区文化家园挂牌成立"浙江越剧团党建结对实践基地"和"浙江越剧传习中心"。

二、业务工作

(一)浙江越剧团

1.高雅艺术进校园巡演

6月,浙江越剧团全国高雅艺术巡演历时20余天,行程3000余千米,辗转福建、云南、安徽3个省14所高校,演出了经典保留剧目青春版越剧《天之骄女》与"越华如水·经典越剧折子戏专场"。

2.继续打磨《枫叶如花》

对现实题材越剧《枫叶如花》进行重大修改,进一步明确主人公牺牲主旨,厘清人物行动的逻辑和层次;进一步加强越剧谍战戏风格;进一步平衡主次人物表演。该剧入选"2019年度国家舞台艺术精品创作扶持工程""第二届全国地方戏曲南方会演",并荣获第十四届浙江省戏剧节"兰花奖·特别大奖"。此外,剧团特意还打造了青春版《枫叶如花》,由

王滨梅等原班人马担任导师,对青年演员进行了一对一指导。3月底开始,青春版《枫叶如花》在浙江音乐学院驻场演出,共演出20场。

3.举办建团70周年纪念演唱会及研讨会

为了庆祝浙江越剧团建团70周年,12月4日,举办了"七十初度·越春秋"纪念演唱会,以折子戏的形式向观众展示70年来浙江越剧团创排的部分优秀保留剧目和新创剧目,呈现出与共和国同龄的浙江越剧团不断发展的历史成就。著名作曲兼演奏家、小提琴协奏曲《梁祝》的曲作者何占豪亲临现场,讲述了小提琴协奏曲《梁祝》与越剧之间的联系。王滨梅、华渭强、张伟忠、舒锦霞、蔡浙飞等当下中国越剧领域顶尖表演艺术家和浙江越剧团全体演员、浙江小百花越剧团演员及浙江艺术职业学院委培的2016浙江越剧团越剧班学员参加了演出。

12月5日,浙江小百花越剧院组织举办了主题为"越剧现实题材创作在当下的价值、定位及未来发展思路"的专家研讨会,来自全国各地的专家、领导、浙江越剧团和兄弟院团的新老艺术家代表参加。与会人员充分肯定了浙江越剧团在70年发展历史中取得的成就,尤其是在创排越剧现代戏、坚持越剧男女合演上做出的努力及取得的成果,并就越剧现代戏创作、越剧男女合演发展、越剧音乐创新、人才培养、院团建设等提出了宝贵的意见和建议。

4.持续深化省地合作

与义乌市达成戏曲演出"12+N"战略合作。为更好地弘扬优秀传统文化,助推义乌成为"一带一路"倡议下文化融合、传承和创新的重要平台,浙江越剧团配合中国(义乌)文化产品交易会、义乌国际小商品博览会等重大节点,相继在义乌文化广场剧院上演《枫叶如花》《双轿接亲》《牡丹亭》等12个剧目,在义乌市形成"看戏要看浙江越剧团、看戏要到义乌文化广场"的效应。

与台州市合作开展"越剧台州"惠民演出。参与承办"越华如水·越剧台州——戏曲惠民活动周",邀请省内最具知名度和号召力的越剧名家及越剧经典折子戏参演,扩大了"戏文台州"系列演出的影响力,同时通过名家名段下基层,真正落实文化惠民政策,将台州地区打造成为新时期浙江省文化传承、文化惠民、文化展示的标杆,进一步弘扬了民族优秀传统文化、丰富了基层群众文化生活,繁荣了戏曲艺术和戏曲市场。

5.其他演出

全年完成送戏下乡、传统戏曲演出季、新年演出季、商演等演出185场,其中商演收入880余万元,超额完成省文化和旅游厅下发的演出场次及商演收入目标。

(二)浙江小百花越剧团

1.小百花越剧场开幕

9月下旬,小百花艺术中心建设通过验收,小百花越剧场开幕试运营。浙江省文化和旅游厅党组书记、厅长褚子育宣布开业。开幕仪式由浙江省文化和旅游厅党组成员、副厅长刁玉泉主持。开幕季演出了新版《梁祝》《陆游与唐琬》《五女拜寿》《春琴传》《春香传》《寇流兰与杜丽娘》等经典大戏,茅威涛及董柯娣、陈辉玲、洪瑛、江瑶、邵雁等小百花原生代演员重聚舞台,中生代代表性人物蔡浙飞、章益清、魏春芳等登台献演,陈丽君、李云霄、张亚洲等优秀青年演员也参加了演出,全面展示浙江小百花越剧团后继有人、越来越好的传承发展之路。

2.艺术创作及重大演出

创排江南民调《三笑》。12月,历时1年落地排练的江南民调《三笑》在小百花越剧场试演,并进行了内部公演,计划于2020年1月2日起正式驻场演出。《三笑》是小百花与百越文创的舞台艺术合作成果,打出"日游西湖夜赏《三笑》"的宣传口号,积极接轨旅游资源,探索国办院团文旅融合创新和院团机制改革新思路。

承办"今夕何夕"何占豪师生音乐会。承办浙江省庆祝《梁祝》小提琴协奏曲问世60周年暨"今夕何夕"系列活动,何占豪作品音乐会、何占豪学生代表作品音乐会、何占豪筝乐作品音乐会相继在杭州上演,著名指挥家阎惠昌、著名小提琴演奏家孔朝晖等与浙江音乐学院交响乐团和合唱团、浙江艺术职业学院合唱团及浙江小百花越剧团联合演出。

3.第四届浙江戏曲北京周

2月,由小百花团承办的第四届"浙漾京城"浙江戏曲北京周申报开始,6月,北京周新闻发布会在小百花九五剧场举行。本届北京周于7月8日至24日在北京长安大剧院上演,共有7家院团的11台大戏参加展演,浙江艺术职业学院和浙江小百花越剧团联合制作的"诗画浙江"戏曲雅集

《诗路行吟》作为压轴剧目演出。

4. 交流活动

参加"亲情中华"欧洲行。为庆祝中华人民共和国成立 70 周年,中华全国归国华侨联合会文化交流部副部长邢砚庄率"亲情中华"艺术团赴意大利、英国、葡萄牙和西班牙举办慰问演出和相关文化交流活动。蔡浙飞、朱丹萍随团出访,在 4 个国家 6 个城市参加了 6 场文艺演出。

参加"浙里繁花"浙江文艺院团推介交流会。6 月,由文化和旅游部、浙江省人民政府联合主办,国务院港澳事务办公室支持的"艺海流金·诗画浙江"内地与港澳文化和旅游界交流活动在杭州开幕。作为本次交流活动的项目之一,"浙里繁花"浙江文艺院团推介交流会在小百花九五剧场举行。推介会由浙江小百花越剧团作为牵头单位,联合浙江交响乐团、浙江越剧团、浙江京剧团、浙江昆剧团、浙江歌舞剧院有限公司、浙江话剧团有限公司、浙江曲艺杂技总团有限公司等 8 家省属文艺院团,向艺术组一行推介优秀舞台艺术作品、优秀舞台艺术表演人才、与港澳交流合作案例、拟合作推介项目等。

接待日本民乐音乐协会、日本高中访华团。安排了经典折子戏、民乐演奏,以及戏曲基本功的互动活动,向日本友人展示了中国传统戏曲文化。

5. 人才培养

蔡浙飞获第二十九届"中国戏剧奖·梅花表演奖"。3 月,"飞·越"参加第二十九届"中国戏剧奖·梅花表演奖"终评展演,主创团队杨小青、江瑶、周正平、蓝玲以及小百花原生代演员等悉数到场。4 月 26 日,蔡浙飞荣获"中国戏剧奖·梅花表演奖",是该届中国戏剧梅花奖浙江地区唯一的获得者。

举办魏春芳交响演唱会。6 月 19 日,"小生老魏"魏春芳交响演唱会在浙江音乐厅首演。这场演唱会是小百花舞台拔尖人才培养规划的重要项目,是越剧跨界交响乐的一次尝试。演唱会由香港中乐团艺术总监阎惠昌指挥。

举办 2019 级小百花越剧班。浙江艺术职业学院与浙江小百花越剧团联手举办 2019 级越剧小百花班,面向全国小学应届毕业生招生,创新"六年现代学徒制",为小百花定向培养新生代越剧演员,共招收 30 名正式学员。

推出经典传承作品《何文秀》。8 月,经典传承作品《何文秀》在九五剧场彩排首演;10 月 12 日,在舟山艺术剧院正式公演。该剧以 90 后陈丽君、80 后徐叶娜等小百花青年演员为主演,全班底启用小百花青年主创团队。

6. 越剧进校园

签订"校团企＋"战略协议,推进"越学越有戏"教学计划。6 月,与杭州师范大学、杭州见国文化策划有限公司签订"校团企＋"战略协议。协议约定,三方合力共建浙江省校园戏曲艺术委员会,开展省内外戏曲艺术的教育、传承、推广和研究工作。为推进"越学越有戏"教学计划,三方授予文澜中学、西湖小学教育集团、杭州市育才教育集团、西湖区紫荆学前教育集团等 12 所中小学及幼儿园为"越剧传承基地",促进越剧传承发展。

推行"十大校园爱越基地"常态化教学,开启蔡浙飞"飞越"进校园巡演。推进"十大爱越基地"常态化教学,先后走进遂昌梅溪小学、浙江大学、诸暨西湖小学等基地,推广普及传统戏曲艺术,激发学生对传统文化艺术的尊重和热爱。6 月,"飞越"蔡浙飞舞台艺术专场高校巡回演出在杭州师范大学首演,并走进杭州电子科技大学、浙江财经大学等高校巡演。

7. 常规演出

赴浙江的慈溪、椒江、余姚、绍兴、宁波、舟山、象山和北京、广西南宁、上海等多地演出,完成传统戏曲演出季、新年演出季、送戏下乡、高雅艺术等项目,全年完成演出 121 场次。

此外,本院还组织参加了"越美中华"越剧青年演员大会演和第十七届越剧大展演,取得丰硕成果。5 月,推选 20 名演员参加"越美中华"越剧青年演员大会演,并组织原生代和中生代演员为其准备比赛折子戏,经过初赛、复赛,浙江越剧团王静、王炜佳、刘丽英,浙江小百花越剧团陈丽君、李云霄、张亚洲获越秀组"金艺奖",浙江小百花越剧团徐虹获新蕾组"金艺奖";浙江越剧团潘凯成、浙江小百花越剧团陈海峰、金佳妮获越秀组"佳艺奖",浙江越剧团竹梦莹荣获新蕾组"佳艺奖"。7 月,浙江越剧团王静、汪舟格的青春版越剧《长乐宫》选场"会妻明义"、浙江小百花越剧团魏春芳的《梁祝·思祝下山》、周艳的《梁祝·哭坟》参加第十七届越剧大展演闭幕晚会暨越剧"金兰"最佳演员竞演专场,魏春芳、周艳、王静荣获越剧"金兰最佳演员奖",汪舟格荣获越剧"金兰优秀演员奖"。

三、综合管理

（一）加强内部管理

严格按照省文化和旅游厅有关要求，规范和执行国家法律、法规，不断完善干部、劳动用工、职称、出国、离退休人员等各项人事管理制度及艺术生产、艺术档案、行政管理等各项规章制度，不断强化内部管理。加强制度建设。讨论修订或制订院部财务、行政、营销等47项规章制度。完善预算管理、收支管理、政府采购管理、资产管理、建设项目管理、合同管理、会计控制等方面的制度，进一步健全内部控制制度体系。

（二）深化人事管理和收入分配制度改革

坚持以人为本，科学化、规范化开展岗位设置工作。全年申报高一级艺术职称的共19人，其中申报正高级职称的6人、副高级4人、中级9人，另有7名职工初定了专业技术职称。完善全院分配制度，积极提高演职员收益，院部绩效工资从最低5.7万元统一上调为8.5万元，财政保障比例从最低54.14%统一上调为79.79%。做好离退休老干部的管理和服务工作。做好职工疗养、职工慰问等工作，经审核复验，浙江小百花越剧团工会继续保持"先进职工之家"称号。

（三）完善基础设施

对集体宿舍进行整改维修，改善年轻职工住宿条件。完成大关与孩儿巷自有房屋的管道整改维修、教工路集体宿舍车棚整改。完成西湖文化广场办公区域与业务区域的整改与装修。

（四）加强安保工作

建立文化安全及突发事情应对机制，确保无重大文化安全事件发生。开展"安全生产月"活动，组织消防演练，定期开展安排隐患排查，确保无重大安全事件发生。

（浙江小百花越剧院）

浙江交响乐团

【概况】 内设机构9个。2019年末人员67人（其中具有高级技术职务资格的24人，中级23人）。

2019年，浙江交响乐团以党的十九大精神和习近平新时代中国特色社会主义为思想统领，坚定文化自信，增强文化自觉，紧紧围绕"讲政治、守规矩、敢担当、有作为"的工作目标，以走在前列、干在实处为目标，紧扣中心、服务大局，将党建工作与业务工作同部署、共推进，以党建促发展，发挥国办院团的导向性、代表性、示范性作用，各方面工作稳步推进，取得新成效、实现新进步。

一、紧抓艺术创作，奏响时代主旋律

（一）推出大型原创交响乐《祖国畅想曲》

7月3日，在浙江音乐厅举行献礼中华人民共和国成立70周年暨浙江交响乐团建团10周年交响音乐会。省领导及省级相关部门领导，数十名音乐界专家及10多家交响乐团的团长出席音乐会。中国音乐家协会等单位发来贺信，国家大剧院及浙江省级文旅系统的10多家兄弟单位发来祝贺。音乐会上，乐团首演了大型原创作品《祖国畅想曲》。该作品由乐团委约作曲家于京君作曲，历时2年打造而成，为中华人民共和国成立70周年献上了音乐礼赞。音乐会还入选了国家大剧院中华人民共和国成立70周年红色经典系列演出。9月中旬，乐团携《祖国畅想曲》在国家大剧院公演，全国政协副主席夏宝龙，浙江省文化和旅游厅副厅长刁玉泉，国家大剧院党委副书记、副院长赵佳琛等莅临音乐会并给予好评，2000余人观看了演出。在演出结束后的专家座谈会上，郭文景、刘康华、谭利华、王纪等业界专家给予好评。此外，《祖国畅想曲》还从168部作品中脱颖而出，入选文化和旅游部艺术司2019年"时代交响——中国交响音乐作品创作扶持计划"，成为9部入选的交响乐作品之一，也是浙江唯一入选的交响乐作品。该作品也入选了浙江省舞台艺术创作重点题材扶持项目、省文化和旅游厅"不忘初心、牢记使命"红色剧目展演等。

（二）联合打造原创歌剧《在希望的田野上》

3月18日、19日，由乐团、浙江歌舞剧院有限公司和中共金华市金东区委宣传部联合出品的原创歌剧《在希望的田野上》在第二届施光南音乐节上举行了全国首演。4月11日至21日，该剧在浙江音乐厅连演11场；5月7日至8日，在北京天桥剧场上演；5月27日至28日，在上海文化中心上演；10月20日，赴温州参加第十四届浙江省戏剧节。在多地巡演过程中，作品引发极大反响，好评如潮，先后入选文化和旅游部"全国优秀现实题材舞台艺术作品展演"剧目、浙江省文化和旅游厅"改革开放40周年优秀作品展演"剧目、浙江文艺

创研中心重点孵化项目、2019年度浙江省当代舞台艺术精品创作扶持工程。

（三）开启以"四条诗路"为主题的作品创作

立足自身艺术特色与"四条诗路"的融合点，挖掘、运用"四条诗路"沿途诗歌、戏曲、民俗等文化宝藏，传承和利用优秀民族文化，打造一部以"四条诗路"为主题的大型原创系列交响乐《诗路行》。鉴于乐团已经创排了以浙东唐诗之路为主题的交响乐《唐诗之路》，此次筹备的新作品将分为三部曲，第1部为《运河魂》，第2部为《瓯江风》，第3部为《钱塘潮》。系列作品以乐团驻团作曲为班底，充分运用地域元素，结合"大运河诗路""瓯江山水诗路""钱塘江诗路"的各自特点和风采，打造高质量的原创作品，弘扬浙江文化。

二、紧抓重点项目，推广精品力作

（一）参加"江南之声"音乐节演出

4月20日，受邀在江苏大剧院音乐厅举行"江南之声"音乐节——浙江交响乐团专场音乐会，演绎于京君作曲的《社戏》《新柳水令》、邬娜作曲的《诗画浙江》等乐曲，广受好评。

（二）举办北京现代音乐节专场音乐会

5月20日，在2019北京现代音乐节上献演"飞雨晴空"专场音乐会，演出被列入庆祝中华人民共和国成立70周年·中国交响乐作品展。专场音乐会在中央音乐学院歌剧音乐厅举行，由胡咏言执棒，演出了作曲家王阿毛、于阳、周湘林等的作品《飞雨晴

空》《金声玉振》《炎黄颂·源》等，观众1000余名。演出获得了业界专家的高度评价，乐团良好的精神风貌和团队作风，也得到主办方的高度认可。

（三）开展原创交响乐《良渚》国内外巡演

9月18日，乐团在国家大剧院演出了大型原创交响乐《良渚》，用音乐呈现了中华5000年文明史。当晚演出由指挥家胡咏言执棒，吸引了约2000名观众到场观看。文化和旅游部艺术司的相关领导也莅临音乐会现场并给予了高度好评。在11月中旬的葡萄牙、西班牙巡演中，乐团的演出还获得国外观众的热烈好评及国外媒体的大幅报道。11月下旬，乐团又携《良渚》亮相省内多地，共举行了5场演出，观众3000余人。

原创交响乐《良渚》用新颖而动人的方式演绎了良渚的历史，展示了文明的传承。这部作品已入选2018年国家艺术基金大型舞台剧和作品资助项目、全国优秀现实题材舞台艺术作品展演、中宣部对外推广项目、2019年度浙江省当代舞台艺术精品创作扶持工程、浙江省庆祝改革开放40周年优秀剧目展演等，并积极筹备赴意大利巡演。

三、紧抓核心业务，着力打造演出品牌

（一）高质量举办音乐季演出

携手知名指挥程晔、大提琴神童徐暄演绎了德彪西、柴可夫斯基、斯特拉文斯基的3首名作；携手指挥家张国勇及屡获国际奖项的中提琴演奏家马慧诠释了贝多芬及霍夫曼斯特的音乐魅力；携手著名指挥胡咏言演出了贝多

芬的《第四交响曲》和《第五交响曲》；举行贝多芬专场音乐会，携手指挥谭利华及钢琴演奏家谭小棠演出了《科里奥兰》序曲等；携手意大利指挥家亚历山德罗·克鲁德尔和小提琴演奏家张提上演了肖斯塔科维奇及德沃夏克作品音乐会；携手西班牙音乐家帕布罗·米耶尔戈指挥，演出了莫扎特与贝多芬的经典作品；携手国内知名歌唱家在杭州剧院举办了1场包含经典歌剧音乐及贝多芬《第九交响曲》的音乐会等。在与国内外指挥家及演奏家的合作中，乐队演职人员得到了充分锻炼，乐团的艺术实力进一步提升。

（二）积极参演主旋律音乐会

9月28日，参演由省委宣传部、省文化和旅游厅、浙江广播电视集团主办的"我的祖国"——浙江省庆祝中华人民共和国成立70周年大型音乐舞蹈史诗晚会。参演余杭区庆祝中华人民共和国成立70周年大型交响音乐演唱会、萧山区庆祝中华人民共和国成立70周年群众歌咏大会等。

（三）大力开展商演活动

在杭州剧院参演"李大鹏诗歌交响音乐晚会"；在杭州湘湖艺术中心举行"2019城云i创盛典"演出；为网易公司的《第五人格》1周年全球总决赛"举办音乐会；连续第3年在杭州剧院上演"久石让·宫崎骏作品视听音乐会"；参演杭州市江干区文化和广电旅游体育局大型公益户外古典音乐会——"海尚音乐走廊"印象系列，上演了"青春中国""爱在中国""经典印象"等5场音乐会；携手浙江小百花越剧团代表人物魏春芳在浙江音乐厅上演魏春芳越剧交响演唱会，进行了一次中西

合璧的新颖尝试；和杭州市滨江区合作"可爱的中国"红色经典交响音乐会；参演 2019 三台山"衲田花海音乐季"音乐会等。这些演出既丰富了乐团的艺术风格，也进一步扩大了乐团的社会影响力。

（四）持续打造传统演出品牌

持续打造元宵音乐会、"六一"动漫音乐会、杭州新年音乐会等传统演出品牌，吸引大批观众，深受好评。乐团在精准细分观众群体提供音乐服务的同时，还开展了音乐启蒙教育，赢得口碑票房双丰收。

四、紧抓社会服务，持续推出惠民音乐会

（一）举行"高雅艺术进校园"系列演出

4 月 8 日至 12 日，赴杭州电子科技大学、浙江科技学院等 5 所院校举行了 2019 年度"高雅艺术进校园"系列音乐会巡演，演出了交响组曲《社戏》及《牡丹仙子》等精彩曲目，3500 多人观看了演出。

（二）参加"新时代，共芬芳"特殊艺术百场巡演

5 月中旬，在全国"助残日"到来之际，乐团在浙江省人民大会堂主会场参加了由中共浙江省委组织部、中共浙江省委宣传部、中共浙江省委直属机关工作委员会、浙江省文化和旅游厅、浙江省残疾人联合会等单位共同主办的"新时代，共芬芳"特殊艺术百场巡演的首场演出。10 月中旬，再度参演"新时代，共奋斗"特殊艺术百场巡演杭州专场及浙江省属国有企业专场 2 场音乐会演出。

（三）举办 2019 浙江省"友心杯"管乐独奏、重奏展演

7 月 13 日、14 日，为庆祝中华人民共和国成立 70 周年，进一步提高浙江省管乐器演奏水平，挖掘与培养演奏人才，乐团和浙江省音乐家协会共同主办了"2019 浙江省'友心杯'管乐独奏、重奏展演"，从入围决赛的 166 人（组）优秀展演选手中决出了金、银、铜、优秀奖 4 项大奖。

（四）青少年管乐团斩获殊荣

乐团青少年管乐团在"上海之春"国际音乐节管乐艺术节及中国第十三届优秀管乐团队展演中，被授予"中国管乐发展突出贡献奖"和"优秀乐团"称号，乐团致力于交响乐普及工作的成果得到体现。10 月中旬，浙江青少年交响乐团、浙江青少年管乐团举行了 2019 年度招新考试，吸引了 200 多名考生，社会影响进一步扩大。

（五）参与实施惠民演出活动

赴基层多次举办"文化进万家"巡演。10 月，乐团和云和县委宣传部、云和县文化和广电旅游体育局共同主办了"星空璀璨管乐飞扬"大型音乐会，受到云和县群众的热烈欢迎。12 月，乐团"文化进万家"活动走进了象山县等地 4 个乡村的文化礼堂，为当地村民带去了 4 场精彩的铜管五重奏演出，让村民第 1 次近距离感受到了交响乐的魅力。

五、紧抓对外文化交流，亮点频出

（一）举行 2019"欢乐春节"浙江交响乐团埃及巡演

1 月 24 日至 1 月 29 日，赴埃及举行由中国文化和旅游部、埃及文化部、中国驻埃及大使馆主办，开罗中国文化中心、浙江省文化和旅游厅承办的 2019"欢乐春节"浙江交响乐团埃及巡演活动。1 月 25 日和 27 日，在开罗和亚历山大举行 2 场专场音乐会，26 日和 28 日分别参加了中国驻埃及大使馆举办的 2019 新春招待会演出以及萨拉丁古城堡点亮"中国红"演出。巡演吸引了数千名当地观众、华人华侨等观看，营造了浓郁的节日氛围，也把"欢乐春节"的活动理念、中国的音乐和文化魅力、中国人民的昂扬风貌和美好情谊带到了埃及，受到当地观众的热烈欢迎。此次活动还收到了文化和旅游部的奖励及中国驻阿拉伯埃及共和国大使馆的表扬信。

（二）举行葡萄牙、西班牙巡演

11 月 13 日至 21 日，应葡萄牙阿尔加维 Artedosul 协会、西班牙加泰罗尼亚华人华侨社团联合总会的邀请，赴葡萄牙波尔蒂芒市、法鲁市参加"葡萄牙 365 阿尔加维第四届国际钢琴节"；赴西班牙巴塞罗那市举行"万里共婵娟·庆祝中华人民共和国成立 70 周年交响音乐会"。巡演吸引了近 3000 名当地观众，新华网、中国网、环球网、外交部官方网站、中国新闻网、今日头条等数十家中外媒体给予集中报道，其中葡萄牙最大的私营电视台 SIC 对此次活动做了跟踪报道。此次巡演展现了中国及浙江音乐的艺术魅力，宣传了璀璨的良渚文化，取得圆满成功。

六、紧抓人才队伍建设，打造担当有为的管理队伍和艺术主力军

（一）加强行政管理工作

梳理和规范行政管理工作，提高行政工作透明度。设立宣传策划部，专人负责宣传策划工作。

设队长一职,乐队管理水平显著提升。

(二)加强一线演出队伍管理

常年招聘海内外音乐专业人才。不间断邀请国内外知名指挥、演奏家对乐队进行训练。开展业务考核,科学评价演奏员的乐队合作水平、个人能力水平,督促演奏员刻苦训练、提升技能。

(三)认真执行舞台艺术拔尖人才培育项目

储备交响乐人才培养对象,努力锻造文艺主力军。举办了2场第三批省属舞台艺术拔尖人才汇报演出——邬娜作品音乐会,演出了邬娜新创作的乐曲《问茶》《吴歈越吟》及改编的乐曲《草原联奏》《班列飞驰》等。此外,3月13日至15日,邬娜还作为中国代表参加了"作为21世纪时代的女性作曲家"座谈研讨会,并在研讨会上进行近10分钟的个人陈述,参与了集体讨论。

七、紧抓安全稳定,构建综合治理工作新体系

积极贯彻国家关于安全生产和综合治理工作的各项法律法规,紧密结合本单位实际,切实加强安全和综治工作,构建了"三强一紧"新体系,取得了较好成效。

(一)加强领导,健全管理机制

与团内各部门签订安全责任书,出台和修订《浙江交响乐团安全生产应急预案》和安全管理条例,细化了安全检查细则、安全防火巡查记录制度、节假日值班制度等,责任落实到岗到人,消除安全隐患,杜绝一切事故的发生。

(二)增强意识,加强宣传教育

利用团内会议、职工大会、网络平台等各种渠道对演职员进行安全防范和普法教育。结合"全国法制宣传日"等普法活动,通过展板、图片等丰富安全教育宣传形式和内容。

(三)完善硬件,加强消防设施建设

在业务楼、办公区域、寝室、食堂、仓库等区域安装24小时运转的监控设备和报警装置。定期维护各区域内的消防水带,及时更换和新增灭火器、烟感器等设备。

(四)紧抓节点,开展重点专项检查

重大节假日期间,专门召开工作会议,周密部署各项应对措施,明确职责,加强安全监督与检查。尤其在安排重大演出活动、接待工作期间,全面提升安保和安全检查等级,做到安全体系全覆盖、无漏洞。全年未发生违纪违法案件和重大责任事故,单位安全和谐、发展稳定。

(张 翀)

浙江省文化和旅游宣传推广信息中心

【概况】 2019年,根据省机构改革办公室《关于省文化和旅游厅所属事业单位更名和人员转隶审核意见的复函》(浙机改字〔2018〕117号),同意浙江省文化信息中心和浙江省旅游信息中心整合设置为浙江省文化和旅游信息中心。经浙江事业单位改革办公室研究,11月1日,省文化和旅游信息中心和省旅游宣传推广中心整合设置为省文化和旅游宣传推广信息中心,主要承担全省文化旅游形象推广和省文化和旅游厅信息建设职责,为省文化和旅游厅所属公益二类事业单位,机构规格相当于正处级,核定事业编制20名,经费形式为财政适当补助;核定领导职数4名(1正3副);另核定正处长级专员1名。整合后的省文化和旅游宣传推广信息中心在新一届领导班子的带领下较好地完成了全年的工作任务。

一、创新思路打造文旅新形象

利用互联网和新媒体,围绕省文化和旅游厅党组"1+3+10+10"的部署要求,开展各类线上推广活动并通过线下渠道提升曝光率,扩大"诗画浙江"品牌影响力。

(一)"百县千碗"品牌不断提升

作为省文化和旅游厅十大重点工作之一,起草了《做实做好"诗画浙江·百县千碗"工程三年行动计划(2019—2021年)(征求意见稿)》,开展了一系列宣传推广活动。知识产权保护先行一步。委托中国美术学院设计团队创意设计了整套"诗画浙江"与"百县千碗"品牌视觉系统,向国家商标局申请"百县千碗"商标注册。8月28日,在全省"诗画浙江·百县千碗"工作推进会上,首次发布了"百县千碗"VI系统。基于LOGO开发了"百县千碗"笔记本、布袋、明信片等文创产品。借力各类平台扩大影响。通过借势各类展会等平台,进一步扩大了"百县千碗"的品牌影响力。在中国(义乌)文化产品交易会、中国国际文化旅游博览会、宁波"中国-中东欧国家博览会暨国际消费品博览会"等大型国际性

展会以及 2019 浙江（江苏）旅游交易会上，设立"百县千碗"主题展示区和品尝区，让广大市民游客通过参与现场制作、VR 互动、品尝美食等，感受浙江旅游美食的独特魅力。推进线上线下互动传播。在省文化和旅游厅网站上线专题宣传页面，"诗画浙江文旅资讯"全网流量矩阵（含微信公众号、微博、头条号等），定期推出"百县千碗"专栏宣传；大力挖掘"百县千碗"美食文化，充分发挥抖音等短视频平台的传播作用，邀请网红、达人体验，打造"百县千碗"网红美食、网红店铺、网红食客。以"百县千碗"美食为主题，拍摄短视频近 100 条，其中衢州美食 1 条短视频播放量超 100 万，点赞量 22.5 万。线下举办了"嘉善县佳膳十碗进万家""百县千碗·丽水美食进高校""江山十碗评选""泰顺十碗评选"以及舟山、嘉兴、仙居等各地丰富多彩的活动，营造了良好的旅游美食推广氛围。特别是联合美团开展的"佳膳十碗"进万家活动，率先全省推广旅游美食。结合"善文化"，由外卖小哥做"送膳大使"，免费给当地环卫所、敬老院送美食，案例被写入省六部门联合发文中。

（二）新媒体营销活动精彩纷呈

在文旅融合的大背景下，主动应对营销格局的新变化、新挑战，在内容和形式上不断创新，在业界进一步树立了形象。内容上，始终围绕文旅融合、"百县千碗"、"唐诗之路"、文旅 IP 等重点热点工作，为各地制定策划方案 100 多份，全年执行活动 45 场。形式上，不断创新推广平台、整合营销渠道，通过主题推介、论坛峰会、分享交流、文艺表演、非遗展示等，借助线上图文直播、达人传播、短视频传播等手段，"请进来"，邀请国内外旅游达人采风踩线，深入省内旅游目的地做现场直播和推广，让体验式营销方式释放更为强劲的动力；"走出去"，通过大数据精准定位客源市场，积极参与省内外系列推广活动。服务对象上，从单一到联合，浙皖闽赣 4 省文化和旅游厅联合举办的"首届浙皖闽赣国家生态旅游协作区推进大会"，规格级别高、参会人数多、时间跨度长、流程议程丰，受到了参会领导和嘉宾的一致好评。

（三）文旅资讯传播引爆全场

建立"1＋X"推广机制，"1"是指"浙里好玩"子平台，"X"指新媒体及 OTA 等各类渠道。建立集内容与流量于一体的生态流量新媒体矩阵（文旅官方微博、文旅头条号、文旅企鹅号、文旅网易号、文旅搜狐号、文旅一点号、文旅简书号、文旅小红书号、文旅抖音号，共计 500 万粉丝），实时、精准地定位人群进行推广与服务。其中"诗画浙江文旅资讯"微博拥有 366 万余名粉丝，周均阅读量高达 180 万余次，在文旅类微博排行榜内常年位居前 5 名。"诗画浙江文旅资讯"百家号拥有 2600 万余次的阅读量。"诗画浙江文旅资讯"头条号也为矩阵贡献了 730 万余次的阅读量。建立国内首家融资讯系统，为景区管理者与游客打造信息通路，实现省内重点景区动态信息平台内统一上报、多渠道同步发布、传播监测和数据报告服务，实现动态信息同步发布至百度、高德地图及 OTA 等，转变传统景区信息推送各自为战的现状，为游客提供翔实可靠的信息来源。"浙里好玩"抖音号发布视频 140 条，累计播放量 2500 万次，条均播放 17.8 万次，账号在抖音平台上的识别度很高，粉丝的垂直度、活跃度极高，属于抖音平台优质账号。通过中国旅游报总社在"学习强国"平台宣传浙江文旅信息，全年发稿近 50 篇。

二、文旅融合宣传报道成效明显

提高政治站位，紧紧聚焦省文化和旅游厅党组的中心工作，围绕重点任务、重要节点、重大选题、重要会议等，积极做好新闻采写、信息报道及新媒体宣传等工作，讲好浙江文旅故事，有力发出"文化浙江""诗画浙江"最强音。

（一）文旅宣传报道有声有色

积极配合《人民日报》、新华网、中国新闻网、《中国文化报》、《中国旅游报》、《浙江日报》、浙江卫视等重要媒体平台，采写或转发浙江文化和旅游报道 4200 余篇（条），同比增长 63%，其中《中国旅游报》头版头条新闻 12 篇。平均每周都有不同媒体推出约 75 篇报道，充分展示了当前浙江文化和旅游融合发展的良好态势。紧紧围绕浙江文旅的热点、重点话题开展宣传报道工作，先后在《中国旅游报》头版刊发报道 29 篇；积极联系协调领导专访，刊发区委书记专访 1 篇，新任文旅局长专访 7 篇，得到了行业内外的高度关注。及时调派采编力量跟进省文化和旅游厅党组召开的重点会议、出席的重点活动，在会议及活动结束后及时完成稿件撰写，先后在浙江省文化和旅游厅官网上采编"浙江文旅"政务要闻 374 篇、"地方动态"信息联播 700 余条,并基本实现涉及省文化和旅游厅领导会议、活动宣传的"零差错""全覆盖"。

(二)文旅宣传渠道多种多样

首次与新华网合作,开设"浙江文旅"新闻信息专题页面,在央级媒体中搭建起宣传新平台;与中新社浙江分社合作推出"诗画浙江·文旅新闻早知道"栏目 177 期,刊发信息 1693 条;刊发《中国旅游报》"诗画浙江"专版 127 个,同比往年多出 18 个;继续与浙江经视合办《浙江文旅新闻联播》节目 42 期,每周六下午播报浙江文旅资讯,受到多方关注与好评。"浙江文旅手机报"专刊刊发 121 期,同比往年多出 16 期;"诗画浙江文旅政务通"刊发 173 期、407 条,为政务通开通以来数量最多。自媒体运营更加注重文旅融合信息资讯传播,"诗画浙江文旅资讯"全网流量矩阵平台推出涵盖文化演出、文博场馆、非遗传承等方面的内容,并在每周一推出固定栏目——"趣事抢鲜看",提前为粉丝送上最新资讯,受到好评。构建起包含新华网、中国新闻网、《中国旅游报》、浙江经视等央媒和省级重点媒体以及自媒体的全媒体传播矩阵,实现了"一个入口、多个出口"的地方文旅新闻传播方式。

(三)系统开发建设可圈可点

在浙江旅游融媒体系统基础上,建设完善了浙江文旅融媒体报送平台,有效提升了原文化系统的信息报送效率。首次在原新闻宣传报送系统中加入了政务信息报送的内容,新开设 149 个账号,6 月在苍南举办全省文化和旅游系统政务信息员培训班,指导地方和厅属各单位使用该系统。

三、旅游宣传推广取得实效

(一)举办浙江沿海高速文旅主题推广活动

联合甬台温 3 市旅游部门精心策划了甬台温高速公路复线(浙江沿海高速)文旅联合推广活动总体方案,并于 1 月 19 日在象山举行了"甬抱台温 美丽湾区"2019 浙江沿海高速文旅主题推广活动启动仪式,各地出台优惠政策,进行联合推广。通过本次活动,进一步整合甬台温 3 地文化旅游资源和产品,通过共享共推,串珠成链,以线带面,集中优势,打造浙江海洋旅游品牌,推动沿线区域产业经济的发展,助推大湾区、"大花园"建设,合力推动长三角一体化。

(二)加强战略合作

积极与央视、浙江广电等权威媒体对接洽谈,就文化和旅游宣传推广业务开展战略合作。7 月 6 日,良渚古城遗址列入世界文化遗产名录,为深入传播良渚文化,及时邀请央视《国宝档案》栏目组为良渚古城拍摄专题片,5 集专题片于 10 月底正式播出,收到了良好的宣传效果,引起了广泛关注。同时,赴缙云、龙泉等地开展实地考察对接,为下一步栏目策划与拍摄做好前期工作。此外,联合吉利汽车集团开展了"吉象如意·'喜迎'亚运"活动,共同探索跨界合作,提升了"诗画浙江"品牌影响力。

(三)推进"四条诗路"建设

为贯彻落实省委、省政府关于打造"四条诗路"、深化文旅融合的决策部署,加快建设诗路文化,推动诗路 IP"物化、深化、转化",促进诗路沿线地区文化产业高质量发展,9 月,会同浙江省文化产业促进会、浙江在线新闻网站组织了以"创意诗路·美好生活"为主题的浙江诗路 IP 文创产品大赛。11 月,承办了浙江省诗路 IP 开发推进活动。通过系列活动,大大提升了诗路品牌的影响力与美誉度。

(四)协助外省开展推介活动

先后协助云南省、吉林省、四川省阿坝州、新疆伊犁哈萨克自治州、河南省等外省、市旅游系统到浙江开展旅游推介活动,配合做好推介会领导、媒体、旅行社邀请及场地安排等各项工作,促进与兄弟省、市的文旅业界交流,推动文旅资源共享、旅游市场共拓、目的地与客源地互动。

(五)强化内部管理

把制度建设作为加强内部管理的重要抓手,严格制度执行,有效促进了内部管理规范化。进一步完善《公车管理制度》《采购及领用管理制度》《出入境管理制度》以及年终绩效考核机制等。为调动全体干部工作积极性,制定并实施了绩效考核管理制度,实行重点工作挂图作战,将年终奖励与工作实绩挂钩,各项工作均按目标进度完成,形成了"比学赶超"良好局面,"讲速度、讲效率、讲质量"的优良工作作风逐步形成。

(六)开展调研活动

根据省委、省政府"大学习、大调研、大抓落实"和"三服务"相关要求,立足中心全省文化和旅游宣传推广职能,深入各市、县开展调研,先后赴台州、缙云、余杭、龙泉等地开展调研活动,广泛征求意见,集思广益,制定了下一步宣传推广计划,完成 2020 年国内宣传推广项目经费申报。

四、自身建设与管理不断强化

一以贯之强化自身建设,不断提升信息中心和下属公司的服务保障能力,坚持从严管理、从严带队伍,为开展各项工作提供了坚强的组织保证和有力的技术支撑。

(一)网络安全保障到位

坚持"万无一失、一失万无"的安全工作理念。9 月,修订完善了《浙江省文化和旅游厅网络安全制度》。强化日常安全防护,每日对云主机服务器、数据库进行巡查,及时升级服务器安全补丁,并及时修改、调整发现的业务系统漏洞,与第三方安全团队紧密配合,共计抵挡网络攻击 105 万余次,保障了省文化和旅游厅电子政务系统、信息办公网络平稳正常运行,全年无重大网络安全事故发生。严格落实网络信息安全责任制,围绕敏感时间、重点领域,严格落实 24 小时值班制度,安排人员对网络进行实时监测。继续按重要系统等级保护要求对系统进行分级保护,根据实际情况及时更新安全应急预案与厅机关网络与信息安全管理体系。每月报送厅机关网络与信息安全动态。配合开展了厅机关终端电脑安全保密检查。

(二)网络舆情监测及时有效

配合省文化和旅游厅加强省文化和旅游系统网络评论员队伍建设,重新组建了网评员队伍,开设培训班邀请专家进行集中业务培训。先后制定完善舆情监测工作报送及关键词更新等相关机制,常规舆情分半月报、季度报、

重点时间节点报(春节、清明、五一、十一等中长假期),突发重大负面事件舆情第一时间报告,全年共收集整理舆情报告半月报 20 份、季度报 3 份、重点时间节点报 4 份、重大事件报 5 份。首次尝试以 H5 形式展现浙江旅游十一黄金周舆情情况,并首次收集整理周边省份(江苏)的同期舆情情况,进行横向对比,为各项工作开展提供数据支持。

(杨 玲)

浙江省文物鉴定站

(国家文物进出境审核浙江管理处)

【概况】 2019 年,浙江省文物鉴定站(国家文物进出境审核浙江管理处)高举习近平新时代中国特色社会主义思想伟大旗帜,完成领导班子、党支部换届,紧紧围绕中心工作,以党务促业务,以业务优服务,党建工作积极推进,综合保障平稳运行,文物鉴定、审核各项业务有序开展,有力配合、促进全省文物事业发展。

一、综合管理优保障

按照上级部署和要求,年初顺利完成转隶及相关变更手续,事业单位性质改为公益一类事业。根据上级关于深化事业单位改革有关精神,按照省事业单位改革领导小组办公室相关规定和要求,及时编报《浙江省文物鉴定站机构编制规定》。根据《省属事业单位周转编制管理办法》及相关要求,申请使用周转编制 4 名并获核准。全面修订、施行单位内控管理制度。进一步完善综合治理工作,加强政务管理,保证政令畅通,公文、信息报送规范有

序,重视保密工作程序,保障无差错、不泄密。加强人事财务管理,配合完成绩效工资审计,做好单位预、决算以及政府采购等。配合做好相关专项整治自查工作,制定《浙江省文物鉴定站因私出国(境)管理办法》。规范外出培训考察活动、请假销假手续,切实加强劳动纪律管理。加强国有资产管理,不设"小金库"。严格财务管理,杜绝铺张浪费,严控公务接待支出,自觉接受经济审计监督。

工会加强自身组织建设,提高文化建设水平,落实上级要求,完成各项工作。结合党建活动和业务开展,组织开展丰富多彩的活动,活跃气氛,凝聚团队,充分发挥工会积极作用。

二、业务并举显特色

(一)文物进出境审核

受国家文物局委托,全年办理各类文物进出境审核事项多起:办理文物临时进境审核登记 11 起、248 件;受理私人携运文物出境(复出境)申请 7 起,核发文物出境许可证 189 件;办理文物复仿制品证明 2 起、15 件;办理国有博物馆文物出境展览复进境 1 起、2 件,查验文物 2 件;办理展览文物临时进境审核 3 起、324 件;办理展览文物临时进境复出境审核 3 起、209 件。

多次服务义乌保税区内文化贸易企业,开展文物进出境审核工作。保税区文物进出境审核为年度新开展工作,严格按照国家文物局和海关总署要求,上门做好文物临时进境、复出境登记工作,该区内文物就地完成文物进出境审核,有效减少运输安全隐患。继续秉持上门服务企业的宗

旨,受理旧家具(新仿制品)出境审核 10 起、1540 件。

(二)涉案文物鉴定

由国家文物局授权,全年积极配合公安、海关、纪检、监察和文化文物行政执法等部门,坚决打击盗窃、盗掘、走私和贪污等涉及文物的犯罪活动,及时做好涉案文物的鉴定评估。

全年办理各类涉案文物鉴定 39 起,鉴定各类器物 628 件,其中认定三级珍贵文物 8 件,一般文物 507 件,非文物 109 件,存疑、待定 4 件。认定不可移动文物 19 处,其中浦江县郑宅镇东明村"谷口遗风"台门被损毁案,被损毁台门属于全国重点文物保护单位"郑义门古建筑群"之"尚书第"古民居上台门一部分,省文物局高度重视,本站及时组织专家勘查现场,做出合理鉴定评估。

(三)文物拍卖标的审核

严格按照法律法规要求,配合省文物局做好文物拍卖标的审核工作。全年共受理拍卖申请 70 场次,审核拍卖标的 56222 件,其中允许拍卖标的 55964 件(含书画 26227 件、陶瓷器 4598 件、玉杂器 25139 件),撤拍国家禁止流通文物 258 件。相比 2018 年,拍卖场次、数量继续增加,以疑似出土文物做宣传及虚标拍品年代等行为减少,文物拍卖流通市场持续规范。

(四)国有馆藏文物定级鉴定及培训教学

配合省文物局做好全省国有博物馆馆藏文物的定级鉴定工作,规范文物藏品保管与利用,推进全省各地博物馆藏品规范化建设。全年为浙江大学考古与艺术

博物馆、黄岩博物馆、兰溪博物馆、桐庐博物馆、丽水博物馆、温州瓯海博物馆、瑞安杨衙里博物馆及浙江图书馆等单位进行藏品定级,鉴定 2647 件,其中确认珍贵文物 597 件(一级 11 件、二级 36 件、三级 550 件)。

助力基层文物鉴定人才培养。受省文物局委托,6 月中旬承办全省第 2 期古陶瓷鉴定培训班。作为"新鼎计划"系列培训项目,本站高度重视,优化课程设置,强调课程方向延续性,严把学员学养素质关。将瓯窑、龙泉窑作为讲课重点内容,邀请省内外知名专家讲授两窑系的鉴定知识,赴永嘉、温州、丽水、龙泉等地实地考察窑址、博物馆藏品,通过课堂讲授、实物观摩、窑址考察和博物馆参观等多种教学方式,使学员掌握瓯窑、龙泉窑的发展历史和特征,了解熟悉两窑口瓷器的造型、纹饰、胎釉、烧造工艺等特点,为提高学员的鉴定和辨伪水平打下基础。

(五)待征集文物鉴定评估及公益鉴定服务

充分发挥专业优势,多次应邀为省内外国有博物馆甄选拟征集藏品,协助把好质量关。应省内外文博单位邀请,本站专家多次参加各类文物鉴定、评审和论证等工作。

发挥以专业知识服务基层、服务群众的优良传统,努力实践文化惠民,积极开展"三服务"。国际博物馆日、文化与自然遗产日浙江主会场活动中,分别组织鉴定专家赴绍兴柯桥、杭州西溪湿地开展公益为民鉴宝服务。持续为县(市、区)相关活动提供技术支持。应邀赴象山、黄岩等地

提供文化惠民服务,开展公益性鉴定咨询。

(六)人才队伍建设和学术业务交流

加强专业人才培养。藏品鉴定过程中,以老带新,对照讲解,上手观摩,直观体会,掌握鉴定要领,提升业务水平。派员参加国家文物局责任鉴定员考前培训。赴上海、北京等地博物馆参观"灼烁重现——十五世纪中期景德镇瓷器大展""天下龙泉——龙泉青瓷与全球化""万紫千红——中国古代花木题材文物特展""良渚与古代中国——玉器显示的五千年文明"等展览,推动人才锻炼培养。参加浙江省文物局与浙江大学艺术与考古学院联合举办的"新鼎计划"培养人才系列讲座。

持续加强进出境文物鉴定审核业务交流合作。1 月,派员赴上海管理处学习外高桥自贸区开展的文物进出口服务事项先进经验。9 月,派员赴辽宁管理处学习在红山大案中的文物保护思路。12 月,在杭州承办全国文物进出境审核管理处业务学习交流活动,国家文物局博物馆与社会文物司相关领导出席,全国 14 家进出境审核管理处 30 余位领导和业务人员参加,共同研讨新形势下文物进出境审核管理机构的职能定位、机构队伍建设和工作机制等相关问题。

专家专业影响力持续扩大,多次应邀参与国家层面的文物鉴定。首席专家柴眩华、业务科专家周永良应外交部邀请,先后赴我国驻津巴布韦、南非、澳大利亚、意大利、法国、吉布提等国使领馆执行文物艺术品清查鉴定任务;柴眩华应国家文物局邀请,参

加文物进出境审核责任鉴定员考前培训授课和考核评卷工作。副站长周刃应国家文物信息咨询中心邀请，赴天津玉器班授课。周永良应国家文物局邀请，赴贵州参加涉案文物鉴定等。周刃、周永良、梁秀华等专家多次应邀赴南京为文物流通领域登记交易制度试点工作做专家审核。

（七）其他业务工作

《浙江馆藏文物大典》编辑工作收官。《浙江馆藏文物大典》由浙江省文物局主编，本站承编。作为一部系统、全面反映我省国有馆藏文物收藏机构历代重要馆藏文物的5卷本大型图集（收录省内馆藏文物精品1500件），本站多次召集各卷主编专题会议，讨论体例、形式、内容等问题，保持图典体例统一性。经过文物筛选、拍摄、条目编写、编辑校对等，此项工作进入收官阶段，正式提交出版社校稿出版。《浙江馆藏文物大典》是我省第1套系统代表浙江文物水平、反映浙江文物水准、表现浙江社会历史发展视野高度的文物图典。

持续开展《浙江通志》相关工作。在前期参编基础上，继续做好《浙江通志》之《文物志》不可移动文物、社会文物相关章节以及《运河专志》文化遗产相关章节修订工作。

（吴婧芸）

浙江演艺集团有限责任公司

【概况】　内设机构8个。2019年末具有高级技术职务资格的9人，中级1人。

2019年是中华人民共和国成立70周年，也是浙江演艺集团有限责任公司成立之年。在浙江省委宣传部、省文化和旅游厅的大力支持下，11月5日，浙江演艺集团正式挂牌成立，站在新起点，着眼新征程，积极开展创作演出，各方面工作取得了明显成效。其中，浙江歌舞剧院全年共完成演出385场次，其中歌舞336场次，民乐49场次，总收入达3205万元，观众超100万人次；浙江话剧团全年演出768场次，其中公益演出469场次，商业性演出289场次（其中话剧100场次、儿童剧189场次），营业总收入达1636万元，观众达51万人次；浙江曲艺杂技总团完成年度演出1296场次（其中，滑稽156场次、杂技257场次、评弹883场次），商演收入约822万元，观众达81万人次。

一、紧密围绕重大历史节点创作精品

按照党的方针政策，坚持正确的政治方向和文艺发展方向，抓住集团成立、资源整合的优势，推出一系列舞台艺术精品力作。歌舞剧院创排歌剧《红船》入选2019年度"中国民族歌剧传承发展工程"，歌剧《在希望的田野上》参加第十二届中国艺术节展演，获第十六届中国文化艺术政府奖文华大奖提名；参加第十四届浙江省戏剧节，获第十四届浙江省戏剧节"兰花奖·特别大奖"。浙江话剧团创作话剧《雄关漫道》献礼中华人民共和国成立70周年，参加"不忘初心、牢记使命"红色剧目展演、2019多彩贵州艺术节、浙江省庆祝中华人民共和国成立70周年优秀舞台艺术作品

展演，并开展全省巡演活动。浙江曲艺杂技总团围绕庆祝建党100周年、中华人民共和国成立70周年启动重大题材创作，精心编排了杂技节目《龙腾盛世·地圈》《关山月影·滚杯》《偶·遇·空竹》《梦系西湖·伞技》《旗帜阳光·绸吊》和魔术《烟雨伊人·变伞》，参加省杂技家协会主办的"献礼祖国"系列文艺活动"与祖国同行"浙江杂技70年回眸展精品杂技节目展演。

二、稳步推进人才培养

（一）完善健全进人和考核机制

优化人才培养机制，在艺术创作、项目申报、经费使用、职称评审上向优秀专业人才倾斜。积极创造有利于文艺人才成长的管理机制和内部氛围。

（二）注重培养艺术人才和主创团队

注重加强剧团主创人员的配备，开展经常性的艺术学习观摩、深入生活采风活动，在艺术作品的创作实施过程中，鼓励艺术人才、创作人才全程参与，担任重要岗位，并请国内优秀专家参与指导。鼓励指导演员参加比赛进行历练。

（三）搭建青年艺术人才平台

搭建发现、培养和推出青年艺术人才的平台，与高校合作成立实习基地，进行订单式培养。积极参加浙江省舞台艺术"1111"人才计划的推荐申报，8人已入选并制订了培养计划。做好"五个一批"人才的推选工作，推荐了浙江曲艺杂技总团1人。

三、积极提高社会与市场效益

力争用3—5年时间，发展形成演艺创作演出、剧场运营管理、

文化旅游融合、艺术教育培训、文创产品开发、文化资本运作多元发展的一流演艺产业集团。

保质保量完成了省委、省政府和省文化和旅游厅委派的指令性任务。8月,浙江歌舞剧院演出策划和执行了由浙江省委、省政府主办的"携手奔小康 同心共追梦"浙江省对口地区民族文艺巡演,获省委书记车俊批示肯定。9月11日,在黄龙体育馆举办省直机关"歌唱新中国 奋进新时代"合唱大赛。9月26日,浙江曲艺杂技总团承办了团省委在浙江大学紫金港校区体育馆举办的"我和我的祖国"浙江省青少年庆祝中华人民共和国成立70周年主题歌会。9月28日,圆满完成"我的祖国"浙江省庆祝中华人民共和国成立70周年大型音乐舞蹈史诗晚会演出任务。

将社会效益放在首位,坚持公益演出。浙江歌舞剧院完成"文化进万家浙歌小分队下基层"演出任务,将优秀的剧目送到基层,让更多的观众受益。

积极拓展演出市场,实现社会效益和经济效益双丰收。11月10日至11日,浙江曲艺杂技总团承办了庆元县第十一届香菇文化节,策划执行"大型主题文艺演出"和2019吴三公朝圣活动,这次商演创出全年单项演出收入新高,达到300多万元。

不断开拓演艺市场、探索海外演出业务。圆满完成罗马尼亚、保加利亚、韩国、俄罗斯出访任务。

(许佳韵)

【浙江歌舞剧院有限公司】 2019年末人员216人(其中具有高级技术职务资格的72人,中级77人)。

2019年,浙江歌舞剧院有限公司在文化工作面临的新形势下,自觉承担起"坚定文化信心,推动社会主义繁荣兴盛"的光荣使命,狠抓思想作风建设,人才培养、业务建设、内部管理、改革与发展等各方面的工作,构建全方位、多层次、宽领域的发展格局。一是狠抓精品创作。创排歌剧《在希望的田野上》。该剧先后入选文化和旅游部"全国优秀现实题材舞台艺术作品展演"剧目、第十六届文华大奖参评剧目、2019中国民族歌剧传承发展工程重点扶持剧目、浙江省文化和旅游厅"改革开放40周年优秀作品展演"剧目、浙江文艺创研中心重点孵化项目、浙江省舞台艺术创作重点题材2018年扶持项目。3月,歌剧《在希望的田野上》在金华首演,之后在杭州驻场演出12场,在北京献演2场,在上海中国艺术节上献演3场,获第十六届中国文化艺术政府奖文华大奖提名。下半年,参加第十四届浙江省戏剧节,获"兰花奖·特别大奖"。创排歌舞剧《浙·一抹中国红》。该剧由浙江歌舞剧院主创团队和全体演职员创作完成,围绕中共浙江省一大召开的主题,生动展现了浙南革命的辉煌历史,是一部讴歌党、讴歌祖国、讴歌人民、讴歌英雄的艺术精品。7月15日,平阳县四套班子领导、县相关部门、各乡镇负责人以及当地观众一并观看了首演。创排歌剧《红船》。为迎接中国共产党成立100周年,中共浙江省委宣传部、浙江省文化和旅游厅、中共嘉兴市委、嘉兴市人民政府共同出品,浙江演艺集团(浙江歌舞剧

院有限公司)、浙江交响乐团、浙江音乐学院、中共嘉兴市委宣传部、嘉兴市文化广电旅游局联合演出制作,共同打造歌剧《红船》。该剧围绕中国共产党第一次全国代表大会的召开,恢宏再现以毛泽东同志为代表的中国共产党人开天辟地、革命起航的伟大历史事件,大力弘扬中国革命精神之源"红船精神",已入选文化和旅游部2019年度"中国民族歌剧传承发展工程"重点扶持剧目。该剧由黄定山导演,孟卫东作曲,王勇编剧,已完成剧本创作。歌剧《青春之歌》多地巡演,在福州、丽水演出3场;入选"为祖国放歌——中国文联、中国剧协庆祝中华人民共和国成立70周年戏剧晚会",在梅兰芳大剧院上演;获浙江省第十四届精神文明建设"五个一工程"优秀作品奖。2019年度国家艺术资助项目群舞《三潭印月》、群舞《斗茶倌儿》、双人舞《四月》按要求顺利完成国家艺术基金结项工作。二是加强人才培养。积极参加人才扶持项目申报工作,6人入选浙江省舞台艺术"1111"人才计划。加强拔尖艺术人才培养。在歌剧、民族管弦乐、舞剧等艺术作品的创作实施过程中,支持艺术拔尖人才、创作人才全程参与,参加演出并担任主要演员、主创人员,并请国内外优秀专家参与指导。歌剧《在希望的田野上》主角薛雷与唐琳获得第十四届浙江省戏剧节"兰花奖·优秀表演奖"。薛雷还获得了第三届浙江音乐奖(艺术成就奖)。积极鼓励指导演员参加比赛进行历练。在浙江省第六届青年歌唱家大赛暨第十二届中国音乐金钟奖声乐比赛浙江赛区选拔

赛中,2人分获民族组和美声组金奖;1人获民族组银奖;在省文化和旅游厅举办的2019"诗画浙江"浙江省旅游歌曲创作演唱大赛中,2人获金奖;1人获银奖;歌曲《等你》获银奖。在第一届长三角专业舞蹈展演中,舞蹈《到生活中去》荣获展演最高奖"优秀作品奖"。在第三届江南舞韵舞蹈大赛中,群舞《渔家心灯》《莲与联》、双人舞《兄弟海》获得综合最高奖"十佳作品";双人舞《琴瑟》获得作品创意奖;独舞《看偶戏》获作品表演奖。在第四届"敦煌杯"中国二胡演奏比赛中,弦乐四重奏《湘韵》第3乐章获职业重奏组铜奖。三是开拓演出市场。全年共完成演出场次479场,演出收入超3200万元,创历史新高。保质保量完成指令性演出。高质量完成浙江省委省政府新春团拜会、浙江省政协新春团拜会、浙江省委老干部新春团拜会、浙江省庆祝人民政协成立70周年文艺演出、中国民主促进会浙江省委员会庆祝中华人民共和国成立70周年文艺晚会以及"我的祖国"浙江省庆祝中华人民共和国成立70周年大型音乐舞蹈史诗晚会。由浙江省委、省政府主办,公司全程参与演出策划和执行的"携手奔小康 同心共追梦"浙江省对口地区民族文艺巡演获得圆满成功,获省委书记车俊批示:"演出很成功、很顺利、很有意义,促进了地区交流、文化交流、民族交流和爱国主义教育,涉及面广、人数多、时间长,组织很不容易。向所有参与的部门和同志们表示问候!除此之外,还参加了中国、印度、俄罗斯三国外交部长第十六次会晤、香港澳门文化交流活动、

北京世界园艺博览会"推广浙江"主题活动、第四届中国-阿拉伯国家广播电视合作论坛等活动。多措并举增加商演收入。与缙云县政府签署文艺帮扶战略合作协议,与缙云仙都合作轩辕黄帝祭祀大典的氛围营造策划及祭典舞、黄帝颂的创作导演编排等,深度挖掘和弘扬黄帝文化。牵手江西省玉山县委,打造"三山艺术节"晚会。拓宽市场,全程策划承办中天控股集团新春联欢晚会"红红火火过大年"等商业性演出活动。驻场演出,完成文旅融合项目西湖水上实景演出"最忆是杭州"329场。四是丰富对外交流。6月18日,浙歌现代舞《生命·舞迹》参加罗马尼亚第二十六届锡比乌国际戏剧节"中国季"演出,随后在罗马尼亚布加勒斯特布兰德拉剧院、保加利亚索菲亚国立文化宫演出。7月26日,民乐团赴韩国光州参加"2019光州郑律成国际艺术节"。11月12日,彩蝶女乐受邀赴莫斯科演出。

(金 鑫)

【浙江话剧团有限公司】 内设机构6个。2019年末人员84人(其中具有高级技术职务资格的28人,中级19人)。

2019年,浙江话剧团有限公司演职员团结协作,开拓进取,以"干在实处,走在前列"为要求,以出人出戏出效益为目标,积极开展创作演出,各方面工作取得了明显成效。一是精品创作坚持以人民为中心。共创作了《青青余村》《雄关漫道》《李叔同·最后的情书》《神秘的牛奶瓶》《接触》《小贝的书柜》《语文课》《经典中的经典》等8部新作品,并投入演出。

巩固省地合作模式,与湖州市文化广电旅游局合作的话剧《青青余村》4月在杭州首演。该剧把余村转型发展的真实历程搬上了舞台,入选浙江省舞台艺术创作重点题材2018年扶持项目,获第十四届浙江省戏剧节"兰花奖·新剧目大奖"。与《赤子》同时获浙江省第十四届精神文明建设"五个一工程"优秀作品奖。献礼中华人民共和国成立70周年诞辰,创排由李宝群、王宏、肖力编剧,宫晓东导演的话剧《雄关漫道》。该剧再现了1934年中国工农红军从湘江战役到遵义会议期间我党、我军历史上惨烈和迷茫的岁月,那段从黑暗走向光明、从失败走向胜利的历程。6月27日,该剧在杭首演,参加"不忘初心、牢记使命"红色剧目展演,随即开展全省巡演活动,省文化和旅游厅发文要求全省各地市、县文化广电旅游局组织观看;7月底,参加2019多彩贵州艺术节开幕演出;9月23日,参加浙江省庆祝中华人民共和国成立70周年优秀舞台艺术作品展演;入选文化和旅游部剧本孵化项目、2019年浙江省舞台艺术创作重点题材扶持项目。坚持艺术风格打造,丰富剧目库存。持续打造"人文戏剧,江南气质,浙话风格"系列作品,积极打造话剧《李叔同·最后的情书》。该剧11月建组,12月底参加浙江话剧团新春话剧节,在杭州首演。关注未成年人健康,现实题材精品不断。创排国家艺术基金2019年度舞台艺术创作资助项目儿童剧《小贝的书柜》。推出国内首部悬疑儿童剧《神秘的牛奶瓶》,8月参加第九届中国儿童戏剧节获优秀

剧目奖。9月,推出青少年剧目《接触》,将视角投向青少年群体的心理问题,创排了一出别具一格的新戏。不断创新送戏下基层演出剧目。创排儿童剧《语文课》和《经典中的经典》,受到师生好评。二是各类演出坚持公益性商业性相结合。全年演出768场,其中公益演出469场,商业性演出289场(其中话剧100场,儿童剧189场),营业总收入达1636万元。"人文戏剧,江南气质,浙话风格"作品扩大影响。2019年新春话剧节《郁达夫·天真之笔》《再见徽因》《新新旅馆》《志摩有约》轮番上演,其中话剧《再见徽因》尤其受到观众的喜爱,每个月都有演出,演出场次已超百场。2月下旬,浙江话剧团"人文·心灵三部曲"话剧《心灵游戏》《郁达夫·天真之笔》《史量才·秋水山庄》赴台湾参加2019年"台湾·浙江文化节"演出,让台湾民众进一步了解了浙江文化,增进了两岸人民的感情。应演出商的邀请,浙江话剧团人文戏剧经常赴天津、上海、宁夏等地集中展示,《再见徽因》《新新旅馆》《志摩有约》《天真之笔》等演出大受欢迎。积极开展省"雏鹰计划万里行"演出活动。推出《语文课》《国学小戏班》等剧目,全年在诸暨、柯桥、武康、嘉兴、海盐、嘉善、安吉等地演出469场次。积极开展文化与商业、旅游融合的市场开拓。5月18日,儿童剧《小猪快跑》应邀为苍南金月汇月子会所4周年感恩答谢会演出。7月,话剧《郁达夫·天真之笔》片段在杭州国大城市广场演出,探索在开放式公共空间表演。《花木兰》剧组参加FM107私家车第一广播电台的

活动等,不断扩大剧团、剧目的影响。三是青年话剧演员大赛摘金夺银。42人参加2019年"新松计划"浙江省青年话剧演员大赛,39人进入复赛,18人进入决赛,浙江话剧团演员包揽了所有的金、银奖,全部5个铜奖中的4个铜奖;另外10人获得优秀奖,超过了获奖人数的一半。四是国家艺术基金项目有序实施。国家艺术基金2018年度资助项目、话剧《郁达夫·天真之笔》、儿童剧《七色花》完成演出任务,并顺利通过了结项验收。开展2019年国家艺术基金申报工作,话剧《雄关漫道》进入了复评答辩。此外,还与浙江传媒学院合作,由浙江传媒学院申报了儿童剧《射潮》。儿童剧《小贝的书柜》是国家艺术基金2019年度资助项目,4月12日正式建组;5月25日至26日在浙话艺术剧院首演,并举行了专家研讨会;7月,项目负责人、联系人赴北京接受国家艺术基金管理中心的中期巡查;11月,完成所有演出场次,整理材料准备结项验收。五是少儿戏剧培训成绩显著。继续开展戏剧培训工作,共开设7个少儿戏剧培训班,培训60人次。其中精英班专门准备了《花木兰》《孔子》2个剧目,在"浙江儿童戏剧节"开幕前举行《花木兰》商业演出,为戏剧节热场。携精英班《花木兰》剧组到北京参加献礼中华人民共和国成立70周年"2019咘噜杯金画眉儿童戏剧教育嘉年华"暨第三届"金画眉"儿童戏剧教育成果展演,喜获金奖。赴京演出前,少儿版《花木兰》《孔子》在浙话艺术剧院进行商演,观众近1000人,收入46390元。10月,少儿版《孔子》

参加2019第七届乌镇戏剧节古镇嘉年华,3天演出4场。开设了小主持人班,招生30人,组织了"棒棒虎讲故事大赛"(拱墅区)、"小小银行家"体验课(与渤海银行私人银行部联合举行)等活动。六是70年团庆活动丰富多彩。12月26日,是浙江话剧团成立之日。9月,庆祝建团70周年优秀剧目展演在杭州剧院拉开序幕,《雄关漫道》作为开幕大戏上演,随后一大批优秀剧目陆续在省内上演,形成了热烈庆祝的气氛。12月26日,召开浙江话剧团建团70周年座谈会,共同回忆浙江话剧团70年的历程;在浙江话剧团艺术剧院举行庆祝大会,省文化和旅游厅党组书记、厅长褚子育到会致辞,随后演出了话剧《秋水山庄》,共同庆祝浙江话剧团70诞辰。

(胡海芬)

【浙江曲艺杂技总团有限公司】内设机构7个。2019年末人员113人(其中具有高级技术职务资格的23人,中级24人)。

2019年,浙江曲艺杂技总团有限公司深入贯彻落实党的十九届四中全会精神和省委十四届六次全会决策部署,秉持"八八战略"精神,坚持以人民为中心的创作导向,创新艺术形式,打造文化精品;完善内部管理,推进现代企业管理制度,落实人才政策,抓好专项事务管理,积极推进"三服务"工作;保护和发展地方戏曲剧种,创作排演国家艺术基金资助项目大型滑稽戏《南湖人家》;培养评弹艺术年轻演员,传承和扶持非遗文化;稳步开展国家艺术基金项目的验收和申报工作;完

成2019"放歌新时代 文化进万家"文艺小分队下基层演出任务；积极参加（或承办）全国和全省艺术大赛、展演活动及重要的外事文化交流活动，努力完成省文化和旅游厅下达的各项工作任务。全年完成演出1437场次，演出收入1018.5万元。一是加强舞台艺术生产，推出精品节目。积极参与专业艺术评比展示活动，围绕庆祝建党100周年、中华人民共和国成立70周年开展作品创作。曲艺说唱《杭州"心"貌》5月参加浙江省第七届曲艺新作会演暨中国曲艺牡丹奖节目选拔展演，获参演证书；8月参加中第二届中国东部优秀曲艺节目展演，荣获优秀节目展演证书；参加"辉煌壮丽70年 说说唱唱百姓乐"长三角（江浙沪皖）曲艺精品展演。杂技《关山月影·滚杯》《偶·遇·空竹》、魔术《烟雨伊人·变伞》7月参加第十届全国杂技展演，3个节目均荣获展演优秀节目证书。小品《办不办》10月经专家组推选受邀参加首届全国原创曲艺小品优秀节目展演，荣获参演证书。杂技《梦系西湖·伞技》节目组11月参加"流动的技艺"大运河文化带杂技精品展演出，荣获参演纪念证书。公司董事长兼总经理吴杭平当选首届"最美退役军人"，并获"十大优秀退役军人"称号；被中央退役军人事务工作领导小组办公室、中共中央组织部、人力资源和社会保障部、退役军人事务部、中央军委政治工作部等五部委授予"全国模范退役军人"称号。杂技威亚表演参加"我的祖国"浙江省庆祝中华人民共和国成立70周年大型音乐舞蹈史诗演出。持续

开展多项"文艺下基层"公益慰问演出和文化惠民活动。完成"送戏下乡"62场，"雏鹰计划"97场，评弹团常年在江浙沪基层进行演出。参加新年演出季演出。1月27日，在杭州剧院演出2场杂技儿童剧《丑小鸭》。参加以"不忘初心、牢记使命""礼赞新中国 讴歌新时代"为主题的文艺工作者赴基层巡回演出。二是推动业务建设，拓展演出市场。积极接洽和承办各类演出活动，努力开拓市场。积极参加全国和省的各项艺术活动。1月，参加浙江省2019"放歌新时代 文化进万家"启动仪式暨省文联文艺小分队走进民丰村文化礼堂演出；滑稽剧《南湖人家》在浙江大学海宁国际校区礼堂演出；魔术节目参加省直老同志迎春团拜会、省文化和旅游厅省属院团"新年演出季"、2019"乡村振兴大舞台"春节联欢晚会及海宁市、嘉善县、德清县春节联欢晚会演出。2月，参加省委、省政府团拜活动演出；参加浙江省委统战部主办，浙江省文化和旅游厅组织的"2019同根海联携手新时代 浙江海外联谊会第二十一届新春团拜会"演出。3月，参加雏鹰计划演出，延续到4月。4月，承办了喜迎中华人民共和国成立70周年暨2019年海宁市文化下乡巡演，在海宁市各乡镇演出。5月，滑稽戏《南湖人家》在宁波地区、嘉兴地区演出；在平阳县新文化中心演出"凝心聚力新时代 文明实践你我行"平阳县新时代文明实践杂技魔术专场；参加2019年浙江省文化艺术档案培训班。6月，参加"艺海流金·诗画浙江"2019浙江与港澳文化和旅游界交流活动暨浙江

文艺院团推荐会；承办"不忘初心、牢记使命"省直机关主题党日暨"铭记我们的初心"省直机关党员集体"政治生日"和谢高华先进事迹报告会活动和演出；中篇弹词《新琵琶行》在苏州复排开排。7月，在北仑影剧院演出魔术专场；参加第十届全国杂技展演；参加浙江演艺集团有限责任公司（筹）干部大会。8月，举办"不忘初心、牢记使命"红色剧目展演暨浙江评弹团成立60周年，上演抗日题材中篇弹词《新琵琶行》专场；参加宁波北仑青年公园开园仪式暨首届北仑青年运动会开幕式演出。9月，在浙江省政协联谊剧场连续演出曲艺、魔术和综合文艺晚会；魔术节目参加中国驻阿根廷大使馆举办的国庆招待会专场文艺演出；大型原创滑稽戏《南湖人家》在杭州剧院演出；参加浙江省文联"献礼祖国"系列文艺活动之"与祖国同行"浙江杂技70年回眸展精品杂技节目展演，承办了由团省委、省委宣传部、省教育厅、省体育局、浙江大学主办的"我和我的祖国"浙江省青少年庆祝中华人民共和国成立70周年主题歌会演出，杂技节目参加"我的祖国"浙江省庆祝中华人民共和国成立70周年大型音乐舞蹈史诗演出。10月，杂技、歌舞节目在西湖文化广场参加中华人民共和国成立70周年浙江彩车展示演出；参加"博物馆之夜"演出。11月，参加浙江演艺集团有限责任公司成立大会暨揭牌仪式；承办并参加演出了2019中国·丽水国际食用菌大会暨第十一届庆元香菇节文艺晚会；参加在中日青年交流中心世纪剧院举办的"流动的技艺"大运河文化

带杂技精品展演;参加宁波市"天然舞台"文化惠民演出;参加"礼赞中国 讴歌新时代"雏鹰计划演出。12月,杂技魔术节目参加"我们的中国梦"——文化进万家2020浙江省文化文艺小分队下基层启动仪式暨浙江歌舞剧院文艺小分队走进龙游活动演出;魔术节目在省人民大会堂参加2020年浙江省各界人士新年茶话会文艺演出,在嘉兴圣雷克大酒店参加综合文艺晚会演出,在绍兴演出魔术杂技专场等。三是积极开展对外文化交流活动,弘扬浙江文化。1月22日,应中国驻法国大使馆邀请,杂技《梦系西湖·伞技》参加了中法建交55周年招待会演出,收到了使馆发来的感谢信。6月,参加"艺海流金·诗画浙江"2019浙江与港澳文化和旅游界交流活动暨浙江文艺院团推荐会。9月12日至20日,魔术演员应中国驻阿根廷大使馆邀请,赴阿根廷参加中国驻阿根廷大使馆举办的国庆招待会专场文艺演出。12月1日至2020年1月11日,应法国凤凰马戏公司、摩纳哥格里马尔迪馆和德国国家艺术演艺公司邀请,杂技《美猴王》剧组赴法国、摩纳哥、德国巡演。四是加强人才培养,提高队伍建设水平。多渠道引进岗位急需人才和优秀拔尖人才,招聘应届毕业生2名、社会人员5名。参与实施"新松计划"青年艺术人才培养项目,选派2名青年演员拜师上海评弹团一级演员郭玉麟学习弹唱长篇《三斩魏忠贤》,在上海评弹团二级演员史丽萍指导下学习弹唱薛调。发现和培养崇德尚艺、富有潜质的青年艺术人才和高素质的青年文化人才。有计划地遴选、支持潜力大、业绩突出的40岁以下青年文化人才,采取及早选苗、重点扶持。申报浙江省舞台艺术"1111"人才计划,落实好中青年骨干人员的推荐与培养,魔术(蒋亚平)、评弹(颜丽花)、服装(蒋丹虹)申报的人才计划进入复评,为青年人才成长搭建平台、创造条件、提供机会。1人入选了2018年首批浙江"万人计划"青年拔尖人才,按照培养计划实施了观摩参赛、研习技巧等各项内容。做好"五个一批"人才推选工作,推荐1人申报。努力改善演职人员的工作条件,提升演员队伍素质。完善杂技团排练厅各项设施。加强业务考核,一年考核两次。安排演员时政、综合和业务知识学习,注重提高演员的艺术水平和综合素质。

(杨 惟)

浙江省古建筑设计研究院

【概况】 内设部门14个。2019年末人员100人(其中具有高级技术职务资格的23人,中级30人)。

2019年,浙江省古建筑设计研究院(以下简称省古建院)围绕文化浙江建设,坚实推进文化遗产保护工作,积极探索新理论与新技术,以推进文物保护利用改革为重点,努力创新工作思路,助力乡村振兴,深化文旅融合,拓展文物援外等重点工作,被中国勘察设计协会传统建筑分会授予"优秀团队"。本院员工被授予"杰出人物""优秀青年建筑师"称号;被省文物局遴选为2019浙江省"新鼎计划"优秀文博人才培养对象,授予"最美文物修缮师"称号。

一、立足文保工作,不断夯实主业

始终坚持"保护为主、抢救第一、合理利用、加强管理"的文物保护方针,立足文保工作,夯实主业,文保工作范围涉及世界遗产、文物保护规划、文物保护工程等方面。

(一)全力推进申遗工作

集中技术力量投入世界遗产保护,助力良渚古城遗址成功申报世界文化遗产。持续推进大运河(浙江段)文化带建设,开展了一批大运河相关遗产保护利用和影响评估项目,发挥大运河遗产保护领域生力军的作用,先后承接《大运河(杭州段)世界文化遗产保护管理评估体系》《2019年度大运河(杭州段)世界文化遗产保护管理评估白皮书》的编制。延续海宁海塘申报世界文化遗产预备名单工作。4月,国家文物局正式发函,将"海宁海塘·潮文化景观"列入中国世界文化遗产预备名单。

(二)科学制定不可移动文物保护方案

努力提高文物保护工程的科技含量,推动传统技艺传承。完成文物保护单位的保护利用工作40余项。在2019年"4·18国际古迹遗址日"主题活动中,省古建院负责的浙江泰顺廊桥——薛宅桥、文兴桥、文重桥灾后修复工程荣获中国古迹遗址保护协会"全国优秀古迹遗址保护项目"特别推荐项目。国家文物局将泰顺廊桥灾后修复工程向ICOMOS推荐为全球重建案例之一。相继完成《泰顺廊桥保护修缮技术导则》和《泰顺廊桥灾后修复工程报告》等。在修复工程竣工后，对廊桥持续开展预防监测，实时监控拱架受力情况，同时实施了国家试点的文保工程智能化项目，研究并准备对流域流量进行监测预警。

受杭州西湖风景名胜区岳庙管理处委托，对保俶塔开展保养维护设计。深入分析、总结保俶塔存在的病害，制定日常保养、维护方案，培养了一批基层专业人员，为文物日常保养维护工作提供新生力量。

（三）积极开展考古遗址公园工作

推进考古遗址公园建设。持续跟进上林湖越窑和大窑龙泉窑国家考古遗址公园建设。新承接吕祖谦家族墓省级考古遗址公园规划项目和吴越国王陵考古遗址公园项目。

临安吴越国王陵考古遗址公园规划依托临安城市发展背景，结合吴越国王陵、功臣塔（功臣寺遗址）以及考古探查所发现的衣锦城建筑遗址等文物核心内容，依据遗产价值诠释主题、考古成果现状、上位文保规划及城市控规等规划条件，形成太庙山王陵展示区、功臣山吴越文化展示区及塔山路吴越文化体验带三大主体功能布局。8月，临安吴越国王陵考古遗址公园规划报浙江省文物局，并顺利批准公布。

二、探索新模式，加强名城名镇名村历史文化街区保护

（一）循序渐进开展历史城镇街区保护

持续开展柯桥历史文化街区改造更新、浦江旧城古城历史文化街区保护工程，新开展笕桥路历史文化街区样板工程、慈城古城解放河街区改造工程等。4月，与中国城市规划设计研究院联合中得"金华婺州古城综合保护利用规划（含城市设计）"项目标的，同期展开前期调研工作。通过提升环境、优化功能运营、置换军产、保护利用、培育新兴产业等策略，疏通文化经脉、修复传统肌理、强化时空连接、培育新兴业态，形成"景致常新、活力俱在"的金华子城理想图景，使婺州古城成为金华江北经济增长的新引擎。

（二）全力助推传统村落活态保护

持续跟进松阳"拯救老屋行动"二期项目，开展《"拯救老屋行动"的松阳实践》编撰工作，对"地方政府与社会组织合作，政府主导，群众自发参与，专业团队技术支撑"的松阳模式进行总结，提出浙江乃至全国推广松阳经验模式的可行性。受丽水市委宣传部委托进行《丽水市全域传统村落保护暨拯救老屋行动指南——保护与发展规划》项目编制工作。规划针对丽水全域传统村落和老屋的整体情况，从宏观把控与落地实施两方面考虑，按照丽水全域传统村落保护发展体系和丽水全域老屋拯救保护体系，分别展开保护与发展规划的主要内容。此外，还在河北蔚县卜北堡开展保护利用总体设计，积极在北方地区探索传统村落内低级别文物建筑的保护利用模式。

在传统村落课题方面，承接住建部以浙江为例的传统村落建筑挂牌保护案例研究课题编制任务，并于10月通过结题会的专家

论证。12月，编制的《松阳县雅溪口村历史文化村落保护利用规划》获浙江省优秀城乡规划设计二等奖。

三、凭借技术优势，传承拓展传统文化景观建筑

凭借自身在传统建筑营造上的扎实技术优势，努力在现代社会中体现传统建筑艺术、景观价值。8月，着手闽西工农银行旧址活化利用暨龙岩中心城区景观提升项目。项目对城市价值特征、地域景观等进行梳理和提炼，总结归纳同类型项目的建设、管理和运营经验，进而以闽西工农银行旧址为核心，整合利用周边自然、历史、人文资源，串联起城市景观要素，形成共和国金融摇篮地和龙津河文化景观带两大系统的规划设计方案。至年底，项目建设初具成效，首次亮相便成为龙岩各界热议的焦点、中心城区的亮点和网红打卡点。

受绍兴市文化旅游集团有限公司委托，承担绍兴市兰亭景区景观提升设计任务。设计共分为设计理念阐释、总图设计、分区块节点设计和投资估算4部分内容。截至年底，兰亭景区5A创建项目景观提升设计方案获景区主管部门认可，并开展下一步的施工图设计。

四、发挥专业优势，努力适应市场需求

努力探索新模式，大胆尝试设计、施工、经营一体化，以适应市场对总承包的需求。2月，与浙江伟达园林工程有限公司联合中标了梅城镇小城镇环境综合整治工程二期城南核心区块历史建筑修缮设计采购施工（EPC）总承包项目。该工程范围包括全部工

程内容的勘察、方案设计、初步设计、施工图设计及采购、施工,以及对工程项目进行质量、安全文明、进度、费用、合同、信息等的管理和控制。工程于10月完成并通过竣工验收,获得业主单位、施工单位、相关部门的认可。

9月至12月,承担国家文物局组织的四川省文物保护工程检查评估工作,得到了国家文物局文物保护与考古司及内业专家的认可,顺利通过了专家组验收,并在第七次全国文物保护工程会上做了评估检查工作的经验交流汇报,为加强文物保护工程事中、事后监管贡献了专业力量。

五、着眼行业引领,全面提升科研能力

(一)关注革命文物保护利用

围绕国家和省文物局关于革命文物保护利用工作的相关部署,全面关注浙江省内革命文物保护利用情况,积极承担调查研究、保护利用规划编制等相关工作。进一步深化开展丽水地区浙西南革命文物的调查和保护利用规划的编制工作,承担了平阳县红军挺进师旧址修缮等工程项目。保护利用规划的编制力图针对浙西南革命文物的保护利用问题,整合优势资源,建立丽水全域的浙西南革命文物统筹保护利用体系。通过评估资源现状、总结资源特征,提炼浙西南革命文物的九大核心价值主题,以此为主线,整合革命文物资源,制定分级分类保护措施引导,推动完善保护管理制度,充分对接地方资源

利用发展计划,拓展"革命文物+"的展示利用方式,实现最大化发挥革命文物社会效益的目标。

(二)注重文物保护中的科技应用

针对江南土遗址保护特殊性,采用航空近景摄影、三维建模、无损检测等创新技术,对遗址特定病害展开全面调查,材料保护研究贯穿始终,完成富阳泗洲造纸遗址本体保护方案,为下一步遗址展示提供了有力保障。

(三)努力拓展科学研究领域

承担了从国家到地方、跨越文化和科技的研究课题。积极谋划国家"重大自然灾害监测预警与防范"重大专项(文化遗产保护与利用专题)中"传统村落保护适宜性技术和活态利用策略研究"项目的申报工作,组织中国建筑设计研究院,多所国家重点院校和科研院所,围绕项目研究范围、研究内容、课题设置等开展讨论和研究。积极为国家科技发展规划建言献策,参加第6次国家技术预测工作实施方案中城镇化与城市发展领域的科技规划编写,参与文物保护科技领域技术路线图制订,为面向2035年的科技发展提供思路和建议。

六、承担社会责任,致力于文化遗产保护事业公益服务

承担了浙江省文物保护实训班的师资任务,举办"留下讲坛",协助办好全国文物保护工程会议、中国古迹遗址协会2019年会等重要会议,配合省文物局对受

台风和洪水影响的台州府城墙进行实地调研,并对后续的保护修缮工作进行了技术指导,积极为对口扶贫松阳西田村提供技术支撑,参与《中国风景园林设计资料集》《历史文化街区消防专项规划导则》等文件编写,贡献行业力量。

受商务部国际经济合作事务局委托,持续开展中国援柬埔寨王宫遗址的管理任务,走在了省级文物保护团队援外的前列,在国际遗产保护舞台上赢得了发声机会。柬埔寨王宫遗址包括宫殿本体及遗址内附属建筑,总建筑面积约2.98万平方米,包括文物建筑及遗址保护修缮、考古、石刻保护及生物病害防治和文物展示利用工程。该项目总投资限额为9988.79万元人民币,工期11年。文物援外中的遗产保护理念碰撞与技术比拼,促进了我国遗产保护工作与世界接轨。

七、提升管理水平,构建专业团队

积极开展自身建设,提升管理水平。发挥专业优势,在稳步推进主营业务的基础上,拓展关联特色产业。抓内部管理,不断完善修订各项规章制度,简化办事流程,优化服务手段,提高服务效率。围绕"项目负责、工资与产值挂钩、项目成本包干"的管理方式,对经营模式、分配方式进行微调,以应对不断变化、竞争日益激烈的人力资源市场。

(王晶焱)

市、县(市、区)文化和旅游工作

ZHEJIANG CULTURE AND TOURISM YEARBOOK

杭州市文化广电旅游局

【概况】 内设职能处室15个,直属单位12个。2019年末人员557人(其中:机关87人,事业470人;具有高级技术职务资格的59人,中级134人)。

一、机构改革

坚决贯彻执行中央和省委、市委机构改革决策部署,把组建文化广电旅游局、推进文化市场综合执法改革作为重要的政治任务。杭州市文化广电旅游局被评为全省机构改革成绩突出集体,受到了省委、省政府的通报表扬。

二、"不忘初心、牢记使命"主题教育

按照主题教育"守初心、担使命、找差距、抓落实"的总要求,以"十个一"的举措作为总抓手,把学习教育、调查研究、检视问题、整改落实贯穿全过程,积极做到规定动作做到位、自选动作有特色。主题教育期间,在全系统开展了首批"文广旅游党员先锋岗"评选,并组织开展红色资源宣讲员大赛等活动,有效增强了行业和基层党组织、党员战斗力,夯实了党建工作的基础。

三、文化旅游融合发展

持续推进国家文化旅游消费试点城市创建工作,以"互联网+"为引领,积极探索文旅消费新模式,举办第二届文化旅游消费季活动,推进文旅诚信消费柜项目建设,与中国工商银行、中国农业银行等各大银行签订战略合作协议,携手推进文旅行业投融资体系建设,指导白马湖创意生态城做好国家级文化产业示范园区创建,协同举办第十五届中国国际动漫节,杭州在文化和旅游部2019年全国产业发展工作会议上做了典型经验交流,创建成果精彩亮相中国(深圳)国际文化产业博览交易会。围绕打造"新经济会议目的地",聘任了第九批"杭州会议大使",深度开展系列营销推广,创新推进会议产业发展。国际大会与会议协会(ICCA)5月发布的全球会议目的地城市排行榜中,杭州位列中国大陆城市第3位,亚太地区第21位,全球第97位。

四、文旅宣传营销

在美国组织开展了"杭式生活主题屋"、"盛放杭州"文旅盛典等营销活动,在日本、中国台湾设立企业化运作的旅游展示中心,并赴日韩、美国、越南、意大利、南非等地举行杭州文化旅游推广活动。连续3年举办杭州全球旗袍日主题活动、连续10年举办杭州大学生旅游节,组织开展以中意爱情文化为主题的系列文化交流活动;以杭州都市圈发展为重点,强化区域间联动,牵头组织都市圈新春旅游惠民大联展、新春优惠月、境内外联合促销等活动。联合县(市、区)赴京津冀、重庆、贵州等地举办文化旅游推广活动,组织开展茶文化博览会、中国旅游日系列活动,推出迎国庆及秋季"四新"文旅新产品,组团参加中东欧美食与浙江"百县千碗"人文交流以及各类文旅博览会,为文旅企业有效搭建交流合作平台。

五、全域旅游发展

全力推进《杭州市全域旅游发展规划》编制,完成《杭州市拥江发展旅游专项规划》,以钱塘江为主轴加快旅游资源开发,"钱印"号游轮国庆前正式投入使用,成为钱塘江夜游的"网红打卡点"。文旅重大项目建设稳步推进,良渚古城遗址成功申报世界遗产,良渚古城遗址公园向市民游客有限开放,世界旅游联盟总部和世界旅游博物馆正式开建,新天地驻场秀《X绮幻之境》太阳马戏正式开演。全市新增国家4A级景区2家、3A级景区9家;新增省4A级景区镇8家,3A级景区镇1家,省A级景区村305家,其中3A级景区村59家;指导各地涉旅企业开展工业旅游、老年养生旅游、中医药文化养生旅游、运动休闲旅游等示范基地创建,有效扩大旅游产业发展的宽度、广度。

六、数字赋能文旅

加强"城市大脑"文旅系统顶层设计,明确建设思路、技术路径和实施方案。围绕"多游一小时"的目标,推出"10秒找空房""20秒景点入园""30秒酒店入住""数字旅游专线""长三角旅游PASS卡""杭州文化旅游年卡"六大便民应用场景。"20秒入园"已接入景区(点)94个,累计

服务 339.7 万人次；"30 秒入住"已接入酒店 249 家，累计服务 55.6 万人次；"数字旅游专线"已开通 35 条，累计服务 132 万人次。开发上线了文旅系统数字驾驶舱，包含了基础资料、考核指标、业务指标、场景进度、红灯警示五大功能模块，有效提升了文旅行业数字化治理能力。在全市范围内组织开展了"智慧旅游"示范企业（单位）创建，做好多语种旅游网站、官方微信微博等自媒体的维护与推广。积极推进政府数字化转型工作，92 项政务服务事项，网上办事实现率 100%，材料电子化率 100%，即办事项比例 95.65%，承诺期限压缩比 95.76%，"互联网＋监管"对接与应用推进有效，掌上执法人员应用率 100%。

七、文化惠民

围绕中华人民共和国成立 70 周年等主题主线，组织开展了杭州国际摄影艺术邀请展、美术书法展等系列群文活动，举办了"西湖之春"艺术节、杭州艺术博览会、"三江歌手"大赛等特色文艺活动，依托杭州群众文化网配送平台，通过"订单式"预约服务，市、县（市、区）两级文广旅游部门积极开展文化惠民工作。全市送戏下乡 5400 余场、送图书下乡 58 万册、送展览 2500 余场、送讲座培训 4200 余场次、开展跨省市"文化走亲"750 次和村（社区）间"文化走亲"2300 余次。市本级投入 430 万元实施"你点我演"群文预约配送工作，投入 120 万元开展跨区域"文化走亲"活动。积极创新"阅读服务＋文化消费"运行模式，加快图书馆主题分馆集群、数字文化馆、学校少儿阅读服

务网点建设，新建 9 家图书馆主题分馆，打造"杭州书房"11 家、设立"地铁书房"7 家，积极营造全民阅读氛围，增添城市的文化品位。深入推进基本公共文化服务建设，"1＋X"公共文化服务标准模式不断完善，13 个县（市、区）全部通过省标"五个百分之百"认定；旅游公共服务体系建设逐步完善，完成 89 座旅游厕所、15 座第三卫生间的新建改建任务，并组织开展了 3A 级旅游厕所质量等级评定。全年接待各类咨询 122.36 万人次，累计发放各类资料 126.27 万册，96123 旅游服务热线共接到咨询电话 14278 个。

八、优秀传统文化传承发展

坚持创造性转化、创新性发展，大力推进优秀传统文化融入新时代。杭剧《陈道生还债》、婺剧现代戏《紫金滩》入选省舞台艺术创作重点题材扶持项目，越剧《黎明新娘》获得省第十四届戏剧节"兰花奖·新剧目大奖"，舞台剧《平潭映象》入选省"五个一工程"；非遗保护传承利用体系不断完善，杭州非遗保护发展指数位列全省第一。对杭州 44 项国家级非遗代表性项目保护单位近 3 年来的履责情况进行了全面实地检查，完成 27 项省级非遗代表性项目视音频的抢救性记录。开展并认定市级非遗旅游景区——民俗文化村 25 家、市级非遗传承教学基地 16 家，组织开展了"文化和自然遗产日""指尖上的非遗——杭州传统技艺展评""最忆是杭州——传统音乐展演"等系列活动，全市共组织开展非遗活动 600 余场。拱墅区设立"传统工艺工作站"，成为全国 4 家城市

非遗工作站之一。持续提升"淘宝 108 匠"、抖音"非遗合伙人"计划、微拍堂非遗"有匠"拍卖等跨界融合平台建设水平，加快实施"文化诚信消费体验柜"进景区、进酒店，以桐庐县为试点打造富春江非遗旅游精品线路，积极推进传统非遗融入现代生活。

九、文旅市场综合监管

始终坚持依法行政，用法治的思维、法治的手段推进文旅市场综合监管工作。深入推进"最多跑一次"改革，规定事项 100% 列入"最多跑一次"，列入"个人办事"的事项 100% 实现"移动"办理，全年审批旅行社 63 家。全力做好行业扫黑除恶、"扫黄打非"专项工作，积极做好文明旅游、诚信旅游宣传。深入开展文化市场综合执法，组织开展庆祝改革开放 40 周年、"护校安园"等专项行动，全市文化市场出动执法人员 38185 人次、检查企业 66366 家次，行政处罚立案调查 329 起。统筹抓好旅游目的地环境整治，开展春季、秋季旅游旺季集中整治行动，组织开展购物市场、一日游、"两黑"等专项治理，市、区两级出动旅游联合执法人员 14748 人次，依法处置"野导游"61 人次，检查各类旅游企业 343 家次、旅游团队 999 个，实施行政处罚 19 起。及时妥善处置涉旅纠纷，共接到投诉案件 1365 件，处理率、结案率达到 100%。全系统牢牢守住政治底线和安全底线，修订完善防御台风、突发社会安全事件、旅游交通事故等应急预案，结合行业特点抓好安全防范，全年发布各类旅游安全警示信息 256 条，全年未发生重大文旅责任事故。

【大事记】

1 月

9 日　杭州市文化广电旅游局正式挂牌成立。市文化广电新闻出版局(市版权局)的文化和广播电视管理职责与市旅委的职责整合,组建市文化广电旅游局,作为市政府工作部门。人员转隶、"三定"编制、处室调整等各项任务完成,并按照新机制运行。市文化广电旅游局内设处室 15 个,有直属单位 12 个。当年,各县(市、区)文旅局全部挂牌成立。

17 日　整合各县(市、区)及杭州都市圈优质旅游资源,组织开展 2019 杭州都市圈新春旅游惠民大联展活动。推出旅游产品 280 多个和惠民举措 160 多个,其中新开发的节庆活动 60 个,新整合的旅游线路 8 条、惠民举措 41 个,并发布《2019 杭州新春旅游惠民大联展旅游资讯》手册。

是月　杭州艺术团赴智利实施"欢乐春节"项目,圆满完成维尼亚德尔马市"第九届欢乐春节庆典晚会"及南美最负盛名的圣地亚哥一千国际音乐节等 8 场演出任务。2 月,"韵味杭州——杭州非物质文化遗产精品项目巡展"团赴美国休斯敦、小石城、俄克拉荷马及迈阿密进行了为期 12 天的巡展。

是月至 2 月　元旦春节期间,组织乡村春晚 724 场次,活动覆盖 835 个村(社区),参演节目 6942 个,观众达 355280 人次;开展戏曲进乡村活动 697 场次,覆盖 371 个村(社区),参演团队 345 个,受益群众 256488 人次。

是月至 6 月　选址美国洛杉矶帕萨迪纳一幢特色民宅,通过专业设计、大众投票、装修改造、房东评选、房客征集、入住体验、媒体推广等环节,开展"杭式生活主题屋"活动。主题屋"全景式、多维度、沉浸化、长时间"展现杭州特色文化内涵和旅游资源。通过海外社交媒体发布活动信息,征集到 15 组不同文化背景的体验房客。每组一天,房客们在主题屋内体验"住杭派民宿、品西湖龙井、着杭式旗袍、尝杭帮美食、听越剧曲艺、书杭州诗篇、赏杭州美景"的生活。

2 月

9 日至 10 日　在洛杉矶好莱坞环球影城举行"盛放杭州"文旅盛典。杭州专属路线分为"西湖、运河书画社和环球广场主舞台杭州秀"三大板块。依照中国新年的传统习俗,活动在园区内赠送杭州特色红包和"福"字。同步开展"杭州文化故事"AR 互动、"我的盛放时刻"等线上活动,并投放大屏广告。

3 月

12 日　杭州凭借"新经济会议目的地"打造成果,在"2018 年度奇迹之夜——中国商旅 MICE 行业奇迹奖颁奖礼"上获得"年度最佳 MICE 目的地"奖项,成为唯一一个获此殊荣的国内目的地城市。

20 日　"会在风景中——杭州·新经济会议目的地"新加坡路演推广活动举行。"杭州会议大使"和优质会议服务企业向 28 家新加坡会议采购商深度介绍杭州。这是杭州会奖旅游目的地推广活动首次进入新加坡,提升了杭州会奖企业在亚洲近程市场的竞争力。

26 日至 4 月 2 日　杭州文化旅游推广团赴日本东京和大阪专场推介杭州文化旅游资源,与全日本空输株式会社等单位商谈杭州西湖友好徒步大会事宜,并拜访相关旅游机构和企业,做好"亚洲美食节"预热宣传。

是月至 6 月　以"香约杭州、茶润天下"为主题的 2019 杭州茶文化博览会系列活动在杭州举行。本届茶文化博览会共设主体项目、茶文化、县(市、区)等三大内容版块,包括 2019 杭州茶文化博览会开幕式暨西湖龙井开茶节、清河坊民间茶会、"茶诵礼乐"青少年创艺传播活动等 18 个项目,凸显"杭为茶都"品牌形象,讲好"杭州茶故事",弘扬茶文化、打造茶经济、推动茶旅游。

4 月

14 日至 19 日　杭州市赴北京、天津、石家庄开展"最忆是杭州"旅游推介活动。以"跟着城市大脑游"为主线,展现杭州"独特韵味,别样精彩"的城市形象。共达成意向合作企业 110 余家,意向组团 1111 个。借此立体化、多形式、全过程的宣传,实现了旅游宣传推广的放大效应。

5 月

7 日　由上海市文化和旅游局、北京市文化和旅游局、杭州市文化广电旅游局等联合主办的第九届中国会议与商务旅行论坛暨交易会在上海国际会议中心拉开帷幕。杭州市文化广电旅游局在活动现场设置"新经济会议目的地"展位,并组织杭州市会议与奖励旅游业协会、杭州国际博览中心、杭州市会展旅业有限公司等 9 家单位参展。

13 日　在国际大会与会议

协会（ICCA）发布的 2018 年度全球会议目的地城市排行榜中，杭州凭借全年举办 28 个国际协会会议的成绩，位列中国大陆城市第 3 位、亚太地区第 21 位、全球第 97 位，第 2 次入围全球会议目的地百强。报告显示，2009—2018 年间，杭州共举办国际协会会议 214 场，2019 年较 2009 年增加 20 个，10 年参会者总数达近 6 万人次。

15 日至 30 日　举办"最'艺'是杭州"——2019 年"西湖之春"艺术节。艺术节秉承创新、惠民、共享理念，精心遴选了戏剧演出、书画展览、艺术讲座、音乐节庆、艺术互动等 5 个类别的 10 个艺术项目，打造"最'艺'是杭州"的核心创意。

19 日　举行 2019"中国旅游日"杭州旅游服务进社区暨法制宣传活动。策划了杭州小调、儿童汉服秀等杭州特色文化演艺和非遗制笔技艺展示等活动，开展旅游法治宣传、政策咨询、旅游维权服务等。杭州各县（市、区）分别推出了"5·19"旅游日优惠举措。全市已有 150 个社区纳入该体系。

31 日至 6 月 2 日　第十二届杭州艺术博览会在杭州国际博览中心举行。此次展览集合了"经典艺术""未来艺术""画廊艺术"和"艺术＋"4 个板块，展出了国内一线艺术家庞茂琨、何多苓的经典油画作品，毕加索和赵无极的版画原作，第 1 代黑白摄影经典艺术家诸多珍贵的银盐作品及用昆虫标本制作的当代艺术作品。

是月至 10 月　由杭州市文化广电旅游局指导，《中国篆刻·

钢笔书法》编辑部、浙江省硬笔书法家协会联合主办的首届"西湖杯"全国少儿硬笔书法大赛在杭州举行。这是杭州举办的第 1 个面向全国少儿的专业性硬笔书法大赛。共收到 31 个省、自治区、市的稿件 36888 件，评出特等奖 50 名、金奖 150 名等。

是月至 11 月　结合对口帮扶、对口合作和山海协作工作，分别赴湖北省恩施土家族苗族自治州、贵州省黔东南苗族侗族自治州、吉林省长春市、安徽省黄山市、浙江省衢州市、浙江省丽水市开展了 6 场"文化走亲"活动。

6 月

6 日　2019 年"文化和自然遗产日"浙江主场城市——杭州系列活动开幕式在西溪国家湿地公园文化广场举行。遗产日期间，"非遗互联网＋"周年展、端午龙舟胜会等 600 余场非遗活动在全市各地上演。

19 日　2019 杭州全球旗袍日在巴黎凯旋门广场拉开帷幕。随后，系列旗袍活动在捷克布拉格、奥地利维也纳、英国伦敦等 10 个全球城市及杭州开启。与海外新兴短视频平台合作举行杭州全球旗袍日官方挑战赛。1.2 万名知名设计师、职业女性在线上线下开展跨文化交流。总曝光量达到 3.2 亿次，获得了新华社、央视 1 套和 4 套、奥地利电视台 8 台等境内外 100 余家媒体报道。该项目入选"杭州美丽生活行业十大点评"年度榜单、浙江广播电视集团"2019 年度广告营销创新奖"、字节跳动"年度城市 IP 营销创新奖"。

是月至 9 月　举办"歌唱祖国"——2019 杭州市第二十五届

"三江"歌手大赛，评出青年组美声、民族、通俗及组合：金奖 1 名、银奖 3 名、铜奖 5 名；中老年组：一等奖 6 名、二等奖 8 名、三等奖 14 名；6 个单位获得优秀组织奖、6 个单位获得优秀辅导奖。开展了 15 场"我的中国梦"——欢乐新春文化行巡演活动。与嘉兴市、上海市浦东新区、江苏南通市、安徽马鞍山市文旅局联合主办"我和我的祖国"——长三角地区美术书法邀请展，共展出作品近 200 幅，受到好评。

7 月

3 日　赴越南开展"丝路记忆、最忆杭州"文化旅游推广活动。本次活动以"生态杭州、文化杭州、数字杭州、现代杭州"为重点内容，得到了中国驻外使馆、越南国家旅游总局等高度肯定，也得到了当地旅游界、新闻界的大力赞赏，取得了丰硕成果。

12 日　在国务院新闻办公室庆祝中华人民共和国成立 70 周年浙江专场新闻发布会期间，杭州市的金石篆刻、古琴艺术（浙派）、制扇技艺（王星记扇）等 9 个非遗项目作为浙江省非物质文化遗产配套展示项目，精彩亮相。

26 日　举行 2019"杭州会议大使"座谈会，推出了 14 项竞标国际会议服务举措，为引进会议提供更多更好的政策支持和技术、商务服务落地保障。至此已聘任了 9 批 58 位来自教育、医疗、文化等领域的行业精英担任"杭州会议大使"。此项目成了杭州打造国际会议目的地的金字招牌，提升会议目的地竞争力的重要途径，推动杭州成为学术交流高地的助推器。

是月　杭州少年儿童图书馆

"尚善之家"主题分馆在河坊街挂牌,配送和更新少儿读物及家庭教育类书籍,定期举办阅读推广活动。

是月　在良渚古城遗址申报世界遗产成功后,邀请职业旅行家乔丹·泰勒实地探访环球影城活动中所呈现的西湖、大运河、良渚古城遗址等文化遗产景点。总曝光量4.5亿次,海外互动数超过243万次,受到《今日美国》、新华社等媒体报道。

8月

27日　"杭州PLUS——杭州新经济会议目的地推介活动"在北京举行。活动吸引了60家全国协(学)会及30家会议服务商(PCO)等,从杭州新经济会议目的地实现优势产业新融合、学术研究新高地、办会场地新突破、专业服务新体验、政府支持新举措、会奖产品新玩法、便捷交通新台阶等"七大升级"角度进行推介,展现了"升级版"杭州会奖的独特魅力。

28日至29日　组织杭州市会议与奖励旅游业协会、杭州国际博览中心、浙江省中国旅行社集团有限公司等11家单位参加第十四届北京国际商务及会奖旅游展览会,完成现场洽谈390人次,达成合作意向64项。

是月　推出整合了访问点、博物馆、旅行社等社会力量的杭州"城市记忆工坊",推出了30余期内容涵盖古琴艺术、中国篆刻、中国蚕桑丝织技艺3项人类非物质文化遗产,以及微型风筝制作、王星记制扇技艺、梅家坞茶文化村茶道等系列文旅惠民体验课程,已成为体验地道杭州生活的好去处。截至年底,来自西班牙、

俄罗斯、美国、德国等18个国家150余名国内外游客和逾千人次杭州市民互动,得到了浙江卫视、《杭州日报》等媒体近200次关注和报道。

是月　杭州少年儿童图书馆"尚善之家"主题分馆成为2019杭州市民体验日全国青年"杭州体验"打卡点,受到市民和游客的欢迎。

是月至11月　面向日本客源市场,举办了"杭州旅游创意大师评选""最佳杭州创意旅游线路评选""杭州文化旅游嘉年华"等多项子活动。同时,针对欧洲市场,在英国《卫报》和《泰晤士报》,法国国家电视2台、5台、24台,德国专业旅游杂志《悦游》及《国家地理(欧洲版)》等欧洲主流媒体上发布了以"东方文明曙光、现代精致生活"为主题的杭州文化旅游专题宣传。

9月

9日至12日　举办2019年杭州市景区(点)讲解员培训班。培训课程包括景区法规及应急处理、杭州历史文化知识、讲解中突发问题应对等内容,获得学员一致好评。

11日至12日　"MICE英才计划"杭州会奖企业交流研讨活动举办。100多名来自杭州重点会务会展公司、会奖业务旅行社、酒店等的相关业务负责人参加了活动。

11日至19日　由杭州市文化广电旅游局主办,杭州之江书画院承办的"江山如画——庆祝中华人民共和国成立70周年杭州市书法美术主题创作及优秀作品展"在杭州图书馆精彩亮相。共征集到416幅书法美术作品,

并从中评选出参展优秀作品116幅。

16日至21日　杭州市文化广电旅游局促销团分别赴深圳、汕头、福州三地开展杭州休闲旅游产品推介。近20家媒体参会并全面宣传报导,进一步推广杭州休闲旅游产品和形象。

18日　"2019中国杭州大学生旅游节"开幕式在淳安县下姜村举行。300多名在校大学生和100余名来华留学生及媒体记者代表共约500人以"放飞激情 礼赞祖国"为主题,通过策划"快闪+MV"、摄影大赛、抖音宣传大赛等活动,加大杭州旅游传播的市场化、国际化,同时诠释了大学生对中华传统文化旅游的热爱和对美好生活的追求向往。

19日至23日　杭州图书馆以"书香味+科技感"的形式精彩亮相第十三届杭州文化创意产业博览会,现场为市民提供年度新书借阅以及3D打印、乐高编程、光影阅读等现代图书馆先进设备和多元文化服务体验,全面展现"YUE杭图"品牌形象和内涵,吸引大量市民互动体验。

23日至24日　"指尖上的非遗——杭州传统技艺展评"在太庙广场举办。活动由杭州特色传统美食(点心)制作技艺竞赛和非遗代表性项目展示2个部分组成,通过非遗传承人现场表演、展示,吸引市民、游客1.2万余人,直播有效观看达63.2万余次。

26日至29日　组团参加杭港澳发展论坛暨杭港澳智慧旅游高峰论坛。

27日　"最忆是杭州"传统音乐展演在余杭区艺尚小镇举办。活动有效曝光达到26万余

次，直播有效观看数达 55 万余次，呈现了杭州非遗传统音乐类项目的历史价值和独特艺术魅力。

10 月

14 日　举行"壮丽 70 年·奋斗新时代"——王伯敏剪纸书房展暨捐赠仪式，分"纸中寻梦""姹紫嫣红""纸寿延年""粉墨登场"四大板块，展出剪纸研究系列实物 1204 件，剪纸相关书籍 616 件，展品具有重要学术价值和文化艺术价值。

同日至 18 日　由杭州市文化广电旅游局主办，《中国篆刻·钢笔书法》编辑部、浙江省硬笔书法家协会指导，杭州市硬笔书法家协会承办的"赞美祖国"全国书法名家硬笔书法作品邀请展在杭州图书馆展览艺术中心举办。活动自 6 月开始面向全国征稿，至 9 月 1 日共收到来自 31 个省、市、自治区的稿件 2756 件，最终展出特邀与入展名家作品 70 件。

16 日　挂牌"杭州市文化市场综合行政执法队"，整合原市文化市场行政执法总队、市旅游执法支队以及 6 个主城区文化和旅游市场行政执法队伍，统一行使文化、旅游、文物、出版、广播电视、电影市场行政执法职责，并承担"扫黄打非"和旅游目的地综合整治等工作任务，由市文化广电旅游局负责管理并以其名义实施执法。

22 日至 23 日　"知识创新驱动文旅新发展"论坛在杭州图书馆举办。来自全国公共图书馆、部分高校图书馆等行业单位的领导和代表参加。

29 日至 30 日　举办 2019 年杭州市第三届景点景区讲解员服务技能大赛。评出"杭州市金牌讲解员"荣誉称号获得者 20 人。杭州市副市长陈国妹，浙江省文化和旅游厅党组成员、一级巡视员、副厅长许澎席颁奖仪式，并为金牌讲解员颁奖。

是月　杭州都市圈六城市共同赴广西南宁、柳州举行 2019 杭州都市圈文化旅游推介会。围绕"江南绝色·吴越经典"主题，将杭州都市圈 6 城市的景点景区、最新文旅产品和优惠政策带给当地文化旅游业界和媒体、市民。

是月　先后在南非开普敦、坦桑尼亚达累斯萨拉姆举办了杭州文化旅游专场推介交流会，加强了杭州与友好城市的交流合作关系，得到广泛报道。

11 月

6 日　由杭州市文化广电旅游局主办的"杭州·领创未来会议"活动在云栖小镇国际会展中心举行。活动通过对城市优势产业与会议业互促共荣的多元化赋能、智能化展示、专业化分享、权威性研判，展现了杭州作为"新经济会议目的地"的产业实力、创新动力、发展潜力等独特优势，打造了中国首个"大型沉浸式会议场景体验"。现场同期举行了第九批"杭州会议大使"聘任仪式、首批"杭州市会议服务示范机构"授牌仪式和十大"杭州新经济会议小镇"授牌仪式。

是月　赴意大利罗马，以"最忆是杭州"为主题，以多元化的表达方式展现了杭州古今交融的浪漫气质和充满活力的城市风貌，以具有杭州韵味的非物质文化遗产项目展示及互动体验吸引嘉宾们近距离欣赏手工艺作品，亲手体验雕版印刷的独特魅力。

是月至 12 月　组织 2019 年全国导游资格考试杭州考区考务工作。做好笔试和现场考试共 6 个考点 145 个考场的考务工作，全市共有 1731 名考生报名参加。

12 月

1 日至 8 日　杭州市文化广电旅游局和湖州市文化广电旅游局联合赴俄罗斯和克罗地亚开展"江南绝色·吴越经典"杭州都市圈文化旅游海外促销活动，取得圆满成功。

5 日至 6 日　组团参加第十二届中国会议产业大会。荣获"MICE STARS 会奖之星——2019 中国最具创新力国际会奖目的地"奖项。会上，诠释了新经济会议目的地的蓬勃活力和丰富实践，荣获"MICE STARS 会奖之星——2019 中国最具创新力国际会奖目的地"奖项。

10 日至 13 日　举办 2019 年杭州市文旅干部培训班和"山海协作"培训班，较好地促进了杭州市与东西部协作、"山海协作"地区的文旅工作交流，提升了旅游管理人员的业务能力和综合素质。

12 日　举办第十届浙派古琴艺术节暨"家学琴传·西湖月会"壶碟会雅集及座谈会。当今古琴最具代表性的蜀派、广陵派、吴门派、浙派、梅庵派等 11 位名家，融汇唐宋元明清五朝老琴，再现"西湖月会"的昔日场景和盛况，共谋中国古琴艺术的传承保护及发展之路。

同日　杭州市文化旅游行业投融资体系建设暨 2020 杭州文化旅游年卡发布活动举行。杭州市文化广电旅游局分别与中国工商银行、中国农业银行、中国银行、中国建设银行及杭州银行签订战略合作协议书,携手共建投融资平台、大数据平台、文旅产业数据库,共同推进杭州"数字文旅""智慧文旅"建设。五大银行将为杭州市文旅产业提供3000亿元授信额度,加快推进文旅产业转型升级与创新发展。同时,杭州文化旅游卡(市民版)正式发布。

13日 召开杭州新经济会议小镇推广交流会,为云栖小镇、梦想小镇等十大新经济会议小镇和在杭主要会议服务企业搭建供需交流平台。

同日 杭州图书馆联合湖州、嘉兴、绍兴、衢州、黄山5市图书馆成立"杭州都市圈城市图书馆联盟",共同签署《合作共识》。6馆将建立文献资源协作机制和阅读推广活动联动机制,共建共享特色资源,开展学术交流和人才培养,旨在实现公共图书馆事业的协同联动发展,助推杭州都市圈建设,携手融入长三角一体化发展。

是月 杭州图书馆出版《主题图书馆的杭州模式》,并召开学术研讨会。

(孙豪建)

杭州市县(市、区)文化和旅游工作概况

【上城区文化和广电旅游体育局】内设职能科室6个,下属单位7个。2019年末人员54人(其中:机关16人,事业38人;具有高级技术职务资格的6人,中级3人)。

2019年,上城区根据《杭州市上城区机构改革方案》,将原区文化广电新闻出版局的文化和广播电视管理职责、原区体育局的职责及原区风景旅游局的职责整合,组建区文化和广电旅游体育局(简称区文广旅体局),作为区政府工作部门。区文广旅体局以杭州历史文化名城和国际化城市建设、"文化传承标杆区"打造为目标,坚持以文化人、以文铸城、以文兴业、以文惠民、以文促融,高质量推进文化兴盛行动上城实践,打造南宋文化旅游目的地,进一步打响"南宋古都·经典上城"品牌,为加快融入长三角一体化发展贡献上城文化力量。一是公共文化建设。有区文化馆(含龚自珍纪念馆)、区图书馆、区非物质文化遗产保护中心、大华书场及6个街道文化站、54个社区文化室。基层文化活动室设备配置进一步完善,公共文化服务专项经费及时到位,完成图书馆、文化站评估定级,推进示范文化街道、社区创建工作。有特级文化站1个、一级文化站5个,省级示范文化社区6个,市级综合示范文化站4个,示范文化街道6个、示范文化社区38个、示范文化户125户;创建智慧文化免费Wi-Fi服务点50个。全年开展文化惠民演出、电影、讲座1200多场,推出"公共文化"免费培训班260期、2700课时,开展全民阅读活动2000多场,组织"文化走亲"活动18场。"经典南宋·韵味杭州"2019南宋文化节在湖滨步行街开幕,文化节吸引了绍兴市主动上门对接合作,还把活动拓展到了北京、开封、鹤峰、雷山、开化等地。举办"醉湖滨·遇见南宋"文化雅集,推出以太庙社区为样板的"一街一社文化品牌"。"南宋书院——国际留学生艺术交流实践基地"揭牌。举办"品读南宋"

2019南宋文化国际高峰论坛。区政协副主席一行到北京开展2019南宋文化节"南宋古都·经典上城"城市品牌推介,并在2019清华国家形象论坛的"城市品牌与文旅发展"分论坛上做主旨演讲。参与制定《上城区文化兴盛三年行动计划(2019—2021年)》。与区委组织部合力打造"文旅红色联盟",将辖区内设有基层党组织或有党员的文创企业、星级宾馆、旅行社等单位全部纳入联盟,凝聚全区文旅行业资源。与区委宣传部共同筹备庆祝中华人民共和国成立70周年歌咏活动。举办"丹青翰墨颂盛世"迎接中华人民共和国成立70周年书画展。在湖滨步行街区率先建成具有上城特色的首批杭州书房。顺利通过省基层公共文化服务体系评估,全省排名前进至第24名。结合杭州与维罗纳国际文化交流,完成草桥亭复建,打造"草桥结拜"梁祝文化体验圈。选送节目参加杭州市"三江"歌手大赛,8个节目获金奖4个、银奖2个、铜奖2个。二是非物质文化遗产保护和利用。全区有各级非物质文化遗产代表性项目106项,有市级及以上非遗生产性保护基地、研究基地、宣传展示基地等22个。完成第七批上城区非物质文化遗产代表性项目和第三批非遗特色学校申报。支持打造胡庆余堂国药号蒋玲霞技能大师工作室、萧山过江布非遗传习所、原音斋斫琴坊等非遗人才平台。铜雕技艺"千里江山"铜茶道系列、萧山过江布"幸福一辈子"杭州特色系列抱枕被、杭州刺绣"西湖小景"扇面系列、南宋官窑制作技艺"南宋官窑葵口茶盏系列"被

省文化和旅游厅列为 2019 年省优秀非遗旅游商品。省级非遗项目"杭州刺绣"参展第 14 届中国（义乌）文化产品交易会、北京世界园艺博览会。举办"深化非遗保护传承，上城区探索'非遗＋'成果展""光辉 70 年，共筑同心圆"等非遗老报纸展，"2019 非遗大观园——上城区非遗博览会"，2019 年非物质文化遗产传播季——品牌杭州·产品品牌颁奖盛典暨创意集市，"非遗年货节"等活动。铜雕技艺被列入国家振兴项目，铜雕技艺、杭州刺绣、振兴祥中式服装制作技艺被列入省级振兴项目。朱军岷的"郎世宁《仙萼长春图册》之一""帝苑芳华铜桌""鹏程万里"3 件铜雕技艺作品入围 2019 年浙江省文化和旅游厅举办的首届"非遗薪传奖"传统工艺大展。"草桥亭"建设的木雕非遗技艺得到市委常委、宣传部部长戚啸虎肯定。"朱炳仁艺术"主题邮局在北京 798 园区朱炳仁艺术博物馆对外营业，并举办《己亥年》生肖特种邮票首发仪式。这是中国首个以"非遗工匠"名字命名的主题邮局。组织国家级非遗代表性项目代表性传承人传承活动专家评估会，朱炳仁（铜雕技艺）、包文其（振兴祥中式服装制作技艺）、俞柏堂（方回春堂传统膏方制作技艺）均通过专家评审。杭州非遗技艺展评活动在上城区举行，杭州 13 个县（市、区）及钱塘新区、西湖风景名胜区共 15 家单位，及其所在地列入非遗名录的 30 个项目参展。举办 2019"非遗大观园"——上城区非遗博览会，汇聚吴山庙会祭祀大典、胡庆余堂中药文化、铜雕技艺等 16 项国家级和省级非

遗项目。举办上城·鹤峰"非遗进校园"座谈会，上城区和鹤峰县就两地非遗工作的优化提升进行深入交流，推动两地非遗发展。开展非遗中日交流。11 月 10 日，杭州市茶研会、国际文化交流中心携上城区茶研会、杭州市紫阳小学茶艺社团师生组成的杭州市"宋代点茶"狭山交流团受邀参加第三十届日本狭山市大茶会，推进中国茶文化走向世界。三是文化市场管理。围绕"平安建设"主线，以文化市场规范有序安全为总目标，严格落实各项监管措施，打击各类违法违规行为，守住文化市场内容和场所"两个安全"底线。全年办理行政许可项目 292 件，行政备案事项 133 件，出动执法人员检查 1482 次，检查文化经营单位 1318 个次，受理各类举报投诉件 10 件，行政处罚案件 6 件，警告违规违法单位（机构）2 个，处罚款 1.4 万元。全年无投诉、无行政复议、无行政诉讼案件发生。召开 2019 年度"扫黄打非"工作会议，区"扫黄打非"工作领导小组成员单位负责人，以及街道、社区相关工作人员 90 多人参加会议。结合护校安园专项行动，在全区范围内开展文化市场集中整治行动，为中高考保驾护航。开展文化市场突击夜查，会同小营街道综治办对辖区 12 个娱乐场所开展突击夜查，发现隐患 19 条，其中立即整改 17 条、限期整改 2 条。四是旅游服务管理。加快旅游产业全域化、国际化、智慧化发展，加强行业旅游管理和地区旅游协作，打造南宋文化旅游目的地。以文旅系列活动为载体，积累、梳理并整合活动成果，协助做好"亚洲美食节"活动

等。清波古韵省级旅游风情小镇在创建认定初审中位列杭州市第一。加强旅游目的地管理，不间断开展联合整治和节假专项整治，营造健康有序的旅游市场环境。全年出动文化旅游执法 1.04 万人次，劝导"野导游"4428 人次。推广"酒店 30 秒入住"应用，以杭州新侨饭店等为试点，推进城市文旅大脑系统便民服务，借助"酒店入住系统"打通客房管理、公安、门禁和支付等多个系统，将数据集成到一个服务平台。至年末，杭州新侨饭店、马可·波罗假日酒店、浙江梅地亚中心等 22 个酒店（宾馆）实现"酒店 30 秒入住"应用场景全覆盖，全区"30 秒入住"自助机使用率 41.9%，使用率位列主城区第一。上城区清河坊景区讲解员盛娜获市第三届讲解员技能大赛"优秀讲解员"称号。

（刘　凌、张雪梅）

【下城区文化和广电旅游体育局】
2019 年，下城区文化和广电旅游体育局全面落实区委、区政府决策部署，围绕中心、服务大局，坚持以"高质量发展，高品质生活"为主线，以文旅融合为重点，积极推进文化兴盛等专项行动，夯实美好生活之基，为纵深推进全域中央商务区建设，奋力打造世界名城一流核心城区提供软实力支撑。一是以标准建设为抓手，推进文化兴盛行动。公共文化服务全省领先。区基层公共文化服务绩效排名位居全省第七，顺利通过《浙江省基本公共文化服务标准（2015—2020 年）》和"五个百分百"标准化建设认定考核，成为全省首批基本公共文化服务标准

化达标县（市、区）。第四批国家公共文化服务体系示范项目顺利推进，8个街道、74个社区实现智慧文化网络全覆盖，打造20个可看可学的公共文化服务体系建设样本社区，建成社区文化家园16个，全省首家实体有声书房落地下城。武林文化品牌持续打响。着力提炼武林文化品牌内涵，精心组织武林文化系列活动，"武林炫风""武林K歌""武林跨年""武林新韵"等活动精彩纷呈。围绕中华人民共和国成立70周年主题开展的"永守初心·歌唱祖国"歌咏比赛、"潮涌之江"彩车展等庆祝活动好戏连台，"武林文化"实现从盆景向风景转变，品牌知名度不断提升。全年落地各类营业性文艺演出4535场，其中涉外演出3537场，武林文化的时尚范儿、国际范儿日益凸显。全年各类品牌活动获省、市级以上主流新闻媒体报道90余次，《今日下城》录用38篇，"下城发布"微信平台推送27条，被市府办、区两办录用专报、动态信息等15篇，"非遗课堂"系列等8篇报道被"学习强国"杭州学习平台推送。文化阵地建设全面覆盖。扎实推进大运河文化带建设，将武林广场、西湖文化广场、城北体育公园、杭州新天地等文化地标串珠成链，打造成为贯穿全区的"武林文化长廊"。分节点设计文化长廊活动载体，不断丰富大运河文化内涵。策划"武林潮尚""武林衣秀""武林传承"等主题活动，引进举办来自全球的10支乐队53位音乐家参演的首届"爵士文旅音乐节"，吸引数以万计的观众前来现场。全面落实总分馆制建设，8个街道实现图书分馆和文

化分馆全覆盖，文化资源互联互通。文化惠民举措推陈出新。打造文化惠民个性化服务机制，组建"8+8"文化青年导师团，在各街道、社区定人定时定点开展针对性艺术辅导、团队培育工作。支持、引导群众组织文艺团队，全区已有1462个群众文艺团队，重点培育星级团队100支，三星级以上团队兑现扶持资金25万元。围绕区委、区政府重点工作，开展送工友、送卫士、送清廉、送关爱、送基层等"五送"演出服务100余场，惠及群众达10余万人次。推出"文艺微课堂""武林艺萃""乐活下图"等公共文化特色讲座培训524场，1000余课时按需配送到街道、社区，培训近3万人次。图书馆服务数据全市名列前茅，全年外借图书41万余册，流通总人次100万余人次，电子阅览室累计服务1.3万人次。文艺原创精品成果丰硕。举办下城区首届群众原创文艺精品展演，推出各类原创作品数十个。新创作品《青春下城》《无悔的承诺》获省级金奖1项，银奖3项，创历史最好成绩。为全国劳动模范孔胜东创作歌曲《小巷里的他》，被《杭州日报》《钱江晚报》、杭州电视台等数十家媒体宣传报道。指导区公安分局创作的音乐情景剧《"网红"来了》获全国公安系统展演一等奖。非遗传承保护彰显活力。完善区级非遗传承体系，新增区级非遗项目9个、传承人24人、市非遗教学传承基地2个。开展非遗"进社区、进校园、进集市"（"三进"）活动，推进"播下一粒种"非遗进校园主城区小学全覆盖，土布纺织技艺进区青少年宫、全市首家非遗进中学活动落户朝

晖中学。在张同泰药店、陆游纪念馆举办中国非遗产博览会"传统工艺走进社区"等活动，组织非遗集市2场，人流量达7000余人次，累计销售额23万余元。举办"武林艺萃"非遗大讲堂系列活动，共开展非遗展览、展示、互动、体验、培训等200余场，受众超过2万人次。二是以资源整合为重点，做活文旅融合文章。资源整合打响都市牌。新天地IP成为时尚地标，太阳马戏亚洲唯一驻场秀《X绮幻之境》惊艳亮相，国际女装设计大奖赛永久落户，"新天地活力PARK"逐步成为集演艺、会展、休闲、旅游等于一体"文化艺术公园"。以都市旅游为发力点，举办"遇见·下城"旅游推介暨美丽街巷开街仪式，推出"夜游武林""文化风情""时尚潮购""寻味街巷"4条都市旅游专线，倾力打造麒麟街等10条美丽小巷，开启都市旅游华丽转身，获副市长陈国妹批示肯定。征集全区范围文旅观光、舌尖美食、摄影胜地等七大类别"网红打卡点"，串珠成链，不断扩大下城旅游影响力。文旅服务打造数字牌。城市大脑文旅平台建设走在全区前列，通过实时监测客流、消费、酒店入住、旅游舆情、旅游交通等，科学分析游客人次、旅游消费数据、旅游住宿评价等，实现文旅资源共享。浙江大酒店等25家酒店实现"30秒入住""10秒退房"，太阳马戏等旅游景点实现"20秒扫码入园"，数字旅游专线有序运行，新天地示范区实现城市大脑文旅场景的全方位呈现。旅游推介打出融合牌。将"文化走亲"与旅游推介相结合，充分发挥"文化搭台，旅游唱戏"的融合优势，赴

深圳、青海等地开展"文化走亲"暨旅游推介活动共38场，受到当地观演群众欢迎。借力京津冀、汕头、福州、重庆、贵阳、南京等地开展旅游促销会，推介下城区都市旅游资源，推进交流合作共赢发展。挖掘丝绸城、王星记等文化底蕴，打造社会资源国际旅游访问点。举办"全民健身日都市旅游定向赛"活动，将体育文化元素植入旅游活动，打造文旅融合示范项目并加以宣传推广。三是以基层治理为核心，规范文旅市场监管。"最多跑一次"改革工作全市领先。网上办、掌上办、即办件、承诺时限压缩比等六大考核指标实现率达100%，均列全市主城区第一。创新"受理窗口前移、让企业零跑腿"等工作模式，入驻互联网影视产业园，助推产业发展；坚持专人负责、跟踪服务，太阳马戏项目顺利按时落地。全年完成各类许可审批148件，备案77件，注销117件，受理群众来访来电近1000人次。专项行动持续发力。持续开展"扫黄打非"、"防风险 保平安 迎大庆"、扫黑除恶等专项行动，在敏感时间节点和人员密集场所，对涉政治类、宗教类等重点领域加大市场执法力度。全年开展"双随机"执法24次，部门联合执法32次，处理旅游投诉纠纷180起，驱赶"野导"534人次，"黑车"425辆次，行政处罚立案调查9件，其中重大案件1件，牢牢守住了文旅市场的安全底线。文旅市场治理体系不断完善。推进文旅市场信用体系建设，建立文化和旅游市场守信激励失信惩戒机制，推进信用信息公开、共享和应用。推行行政约谈制度，规范行政指导行为，对苗头性问题抓早、抓细、抓小，探索柔性监管方式。推出"1+X"的常态化管理机制，发挥下城区旅游目的地管理协调小组作用，完善联席会议、抄告督办、联合执法、信息通报等制度，建立常态化旅游目的地综合监管机制。

（李娇）

【江干区文化和广电旅游体育局】内设职能科室4个，下属单位5个。2019年末人员51人（其中：机关8人，事业43人；具有高级技术职务资格的6人，中级8人）。

2019年，江干区组建区文化和广电旅游体育局，不再保留区文化广电新闻出版局（区体育局）。江干区文化和广电旅游体育局为江干区政府下属职能部门，是主管全区文化、广播电视、旅游、体育等工作的区政府工作部门。全区有星级和按照星级宾馆标准建造的宾馆共计21家，其中星级宾馆饭店11家，按照星级宾馆建造的宾馆饭店10家（集中于钱江新城）。全年网上直报20家抽样宾馆饭店接待游客79.39万人次，其中境外游客1.89万人次，国内游客77.5万人次，实现国内营收6.5亿元，国际收入856.1万美元，平均客房出租率61%，平均房价354.32元，同比增长4.43%。一是钱塘江文化建设。贯彻"开放包容、互学互鉴"的"丝路精神"，传承城市文脉，打造具有实践性、开放性的文化艺术活动平台，推进钱塘江文化建设。在区委宣传部牵头下，保障钱塘江文化节开闭幕式、北京周等活动。以"社邻文化月"、钱塘江流域文化庙会等为载体，繁荣群众文化。原创文化精品广播剧《赤子情》获评省"五个一工程"奖。主题曲《钱塘之子》获杭州市文化精品工程奖。11月16日至19日，2019年"夏衍杯"优秀电影剧本征集活动证书颁授仪式暨电影编剧论坛在江干区举办。5月至11月，江干区举办第三届杭州钱塘江文化节社邻文化月活动。开展了"弄潮杯"系列赛事、城市定向赛、钱塘江流域文化庙会等50多场活动，活动时间跨度长，地域特色鲜明，形成"贯串全年、覆盖全区、各方参与"的群众文化活动网络。作为社邻文化月的成果之一，原创歌曲《拥抱你，钱塘江》发布。二是社会力量办文化模式实践。借助社会力量办文体模式，解决场地、人员、维护等难题，构建"全域多元"文化服务体系。首次引入社会资本2000多万元，举办钱塘江文化惠民工程"海尚音乐走廊"印象系列古典音乐会8场，成为社会力量参与公共文化建设的范本。5—8月，江干区文广旅体局、笕桥街道、三湘印象公司合作举办"海尚音乐走廊"印象系列音乐会，投入资金2000万元，共开展8场演出，现场吸引群众近8000人次，新华社、中央电视台、腾讯网等媒体平台进行网络直播，观众逾300万人次。这是首次在杭州市区开展的纯公益性户外大型社区音乐会。依托"政企合作"模式，推进主题图书馆建设，在区体育中心等地新建杭州书房、主题图书馆5处。至年底，全区建成艺术、美术等主题图书馆13处，吸引社会力量投入4000多万元，场地面积5000平方米。三是重点项目建设。杭州海塘遗址博物馆位于九堡文体中心南楼 1 至 2 层和 4 层局部,是江干区首个国有博物馆,也是国内唯一的海塘遗址博物馆。总建筑面积 6200 平方米,包括遗址厅、海塘文化厅、临时展厅和非遗厅(馆),是全面展示杭州钱塘江海塘文化,集收藏、研究、体验、教育为一体的遗址类专题博物馆。12 月,博物馆对外试运营。省委常委、宣传部部长朱国贤等省市领导到实地调研。推进"城市大脑"文旅系统建设,建成数字旅游专线 2 条,建设"30 秒入住"酒店 27 家。基本建成文旅子系统大数据平台。皋城村获评省 3A 级景区村庄。四是群众文化发展。举办全国万人排舞主会场活动、"弄潮杯"等大型赛事活动 20 多场,公益性培训讲座 60 场,开展文化消费惠民、文化巡演、"钱塘悦读"等文体活动 2000 多场次,惠及 30 多万人次。《拥抱你·钱塘江》《钱塘江畔金江干》等原创歌曲得到推广,《钱塘之子》入选中小学校音乐课程。区政府公布文物"三普点"22 个,新增区级非遗项目 9 个。举办 2019 杭州市"弄潮杯"朗诵大赛,网上点击量 14 万次,网络直播浏览量 13373 次。举办江干区"弄潮杯"合唱大赛,参与团队 15 支,600 多人参演。开展钱塘江文化巡演,根据不同节日主题、不同观众需求,提供不同的节目组合,为基层群众巡演 12 场,公众参与人数 5 万余人。开展公益培训,开设春秋两季免费培训班 35 班次,培训基层群众 1000 多人次。至年底,基层文化团队入驻 15 支,团队组织开展各类文化活动近 600 次。开展"抒爱国情怀,览钱

塘古韵"第九届读书节系列活动。五是文化艺术创作。按照"有舞台、有平台、有品牌"的工作思路,开展独具地方特色的品牌文化活动,加强文化艺术创作,推进城市韵味提升。发挥名人工作室在群众文化工作中的引领带动作用,强化器乐文化名人工作室、音乐工作室、摄影工作室等平台孵化能力,培育优秀作品。开展杭州市"弄潮杯"朗诵大赛、江干区"弄潮杯"合唱大赛等活动,优化"弄潮杯"群众文化活动品牌,提升基层群众参与活动的热情与积极性。激发创造活力,打造群众文化精品力作。《拥抱你·钱塘江》《钱塘江畔金江干》等原创歌曲得到推广。原创歌曲《钱塘之子》入选中小学校音乐课程,获 2019 年杭州市文化精品工程扶持项目。广播剧《赤子情》获浙江省"五个一工程"、杭州市"五个一工程"和杭州市广播电视政府奖一等奖,实现"五个一工程""零"的突破。发挥名人工作室在群众文化工作中的"领头雁"作用,器乐文化名人工作室陈鼎获江干区第十届优秀青年;率队参加 2019 国际华人艺术节获浙江赛区特等奖和金奖;参加全国 CCTV 电视大奖赛获得组合类第 4 名。成立民乐组合,录制作品《我和我的祖国》,献礼中华人民共和国成立 70 周年。音乐工作室创作制作歌曲《国庆》及 MV,《人民日报》《杭州日报》《钱江晚报》等多家媒体发布转载。创作的文化作品多次在省、市获奖,文化馆 1 人参加"我为你点赞"全国征文大赛荣获二等奖。萨克斯合奏《四大名曲》参加 2019 年浙江省第六届乡(街道)社会艺术团队文艺汇演荣获金

奖。1 人参加 2019 浙江省群文视觉艺术业务干部专业技能大赛及美术作品展获金奖,国画作品入展,并获浙江省中国画入全国展区资格。1 人参加第三届浙江省群文摄影高端理论研修班获优秀组织奖。六是行业管理。以内容安全、场所安全"双安全"为指引,创建安全、稳定、繁荣、有序的文化市场环境。助推政府数字化转型,实施"最多跑一次"改革,优化政务服务,接待来人来电 15730 人次,受理群众办事事项 2683 件,多次被评为"审改先锋",实现率、满意率"双率"保持领先。推进文化、旅游市场监管和安全工作,组织扫黑除恶、"扫黄打非"、"护校安园"、"双随机、一公开"、"防风险 保平安 迎大庆"等专项行动,开展"文化市场安全生产固定日"活动,推进"走亲连心三服务"进企业。全年共出动执法检查 900 余次(超额 73.4%)、2500 余人次,检查经营场所 3250 家次;办理行政处罚案件 19 件,警告 20 家次,罚款 3.95 万元,没收非法财物 396 件;核查文化市场举报 19 件,回复满意率 100%。在文化市场管理领域深化"最多跑一次"改革,推进审批服务,落实政务服务网 42 个主项、110 个子项的认领、完善工作。群众办事事项网上办率、掌上办率、零跑率、即办率、承诺期限压缩比、材料电子化率均为 100%。进行年度登记统计、网上申报工作,涉及企业 421 家,从业人员 2993 人,经营面积 95828 平方米,资产总额 354720 万元,营业收入 197736 万元,利润 41061 万元。开展平安护航中华人民共和国成立 70 周年专项

行动,保障文旅市场平稳有序,重点检查辖区网吧、娱乐场所、营业性演出、网络文化企业等,共出动检查242次、662人次,检查相关场所737家次。七是文化设施建设。加强文化设施建设,"一核两翼四星"格局基本形成。其中,区文化馆、区图书馆均为国家一级馆。在全区布点建设国学、农耕等5个主题图书馆,共已建成10个主题图书馆(包括1个杭州书房旗舰店),定期举办各类文化活动,满足市民日益增长的公共文化服务需求。落实基层文化设施提升工程,加强基层文化设施扶持工作。开拓"全民阅读"空间,引入社会力量投入200万元,在江干区体育中心建设面积1000平方米、藏书1.2万册的杭州书房,并引入新华书店、朱炳新铜艺工作室等。创新"政府主导＋社会参与"的主题图书馆建设模式,政府出图书、企业出场地,建成艺术、美术、国学、农耕等主题图书馆13个,吸引社会力量投入近4000万元,场地近5000平方米。八是非物质文化遗产保护。立足非遗馆阵地建设,挖掘地域文化特色,提炼本土文化精髓,深化非物质文化遗产保护工作。组织开展第六批江干区非遗项目申报评审工作,评出彭埠"跳八仙"、六通太子功、黏土捏塑技艺等新一批区级非遗项目9项。指导两家区级非遗传承基地参与第二批杭州市非遗传承教学基地的申报认定,夏衍小学"钱塘江传说"传承基地入选。以非遗活态传承为特色,立足区域文化,建成集展示、传习、体验、研学为一体的江干区区级非遗馆。开展"服务传承人月"活动,开展非遗进社区、进学校、进企业,拓宽非遗保护宣传推广新渠道。举办"寻年味,品民俗"2019江干区元宵喜乐会、"江潮奔涌,庙趣横生"钱塘江流域文化庙会暨非物质文化遗产传统体育项目展演,全年累计举办各类非遗展示活动20多场。至年末,江干区共有非遗名录项目50项,其中国家级1个、省级3个、市级11个;非遗代表性传承人21人,其中国家级1人、省级3人、市级4人。九是住宿业。全区有星级和按照星级宾馆标准建造的宾馆共计21家,其中星级宾馆饭店11家,按照星级宾馆建造的宾馆饭店10家(集中于钱江新城)。星级宾馆饭店中,五星级1家(天元大厦),四星级3家(皇冠大酒店、华辰银座酒店、杭州中豪大酒店),三星级4家,二星级3家,拥有客房2305间,日接待游客可达3500人,会议室58个,会议室面积8600平方米。钱江新城高品质酒店总体量超出30万平方米,拥有客房数3125间,日接待游客可达5000人,会场78个,会场面积16500平方米。至2019年末,网上直报20家抽样宾馆饭店接待游客79.39万人次,其中境外游客1.89万人次,国内游客77.5万人次,实现国内营收6.5亿元,国际收入856.1万美元,平均客房出租率61%,平均房价354.32元,同比增长4.43%。为全面推进杭州城市数字化经济,8月15日,组织召开江干区杭州城市大脑酒店"30秒入住"工作推进会议。邀请旅步、睿沃、阿里飞猪3家供应商对"30秒入住"做具体应用介绍。至年末区内共完成27家酒店"30秒入住"场景应用建设。十是休闲旅游。全区旅游产业呈现持续健康发展态势,旅游建设项目逐项落地。皋亭山景区龙居士项目一期破土动工;皋城村、沿山村全面启动"景中村"整治,两村共计拆除附房和围墙5.3万平方米,拓展公共空间13.3万平米,其中皋城村开展3A级景区村庄创建;上塘河沿线3.9千米绿道全线贯通。推进笕桥历史文化街区、钱江新城都市农业园、江河汇流等项目建设。加大旅游企业沟通对接,提升旅游行业管理水平与服务质量。杭州"一起游"旅行社通过四星级旅行社初审;皋亭山景区、丁兰智慧小镇分别通过4A级景区、3A级景区复核;完善旅游厕所地址信息并完成百度地图标注。至年末,全区有旅行社92家,全年组织和接待游客217万人次。其中国内游客201万人次,同比增长22.08%;出境游客16万,同比增长37.63%。旅行社全年营收16.46亿元,同比增长5.29%。对照杭州城市大脑文旅系统建设指标要求,扎实开展智慧旅游建设。数字旅游专线建成3条;27家酒店安装"30秒自助入住"系统;江干区数字文旅子系统建设项目完成初验,进入试运行阶段。3月23日至5月5日,杭州(江干)第七届皋亭观桃节在皋亭山景区举行。12月16日,皋城村获评2019年浙江省3A级景区村庄。皋城村成立"农家乐"旅游开发领导小组,策划"美食＋疗养＋休闲"为主题的特色旅游产品,鼓励发展农家乐休闲山庄33家,有餐位2700余个,全年接待游客25万人次,实现经营总收入1200余万元。

(吴家平)

【拱墅区文化和广电旅游体育局】内设职能科室5个,下属单位7个。2019年末人员81人(其中:公务员9人,参公12人,全额事业38人,自收自支事业22人)。

2019年,拱墅区文化和广电旅游体育局正式挂牌,组建新的领导班子,积极落实文旅公共服务体系建设要求,深入实施文化惠民工程,加强运河文化品牌建设,大力发展旅游业,各项工作稳步推进。一是商贸旅游业。全区共有旅行社83家。其中新设立3家,变更11家,注销1家;旅行社分社及网点共32家,减退质量保证金8家。纳入统计监测的72家旅行社接待入境游客5.03万人次,比上年下降18.19%;组织出境游客42.79万人次,下降1.09%;国内组织出游27.93万人次。辖区旅行社营业收入19.42亿元,比上年增长5.79%。运河景区接待国内外游客1308.71万人次,比上年增长41.22%。此外,积极推进城市数字化工作,完成19家酒店安装自助办理服务系统,开通大运河公交数字旅游专线1条,建成拱墅数字文旅服务平台。加强旅游宣传推广,结合中国大运河申遗5周年,邀请新华社总社、《中国青年报》、上海澎湃新闻等重量级媒体走进拱墅,宣传拱墅文旅特色;加强对外宣传促销,助力文化拱墅、美食拱墅和幸福拱墅品牌"走出去",先后赴京津冀、南京、扬州、深圳、汕头、福州等地进行推广交流。推进平安标准化建设,制定《拱墅区平安旅游饭店创建方案》,修订《拱墅区平安旅游饭店创建工作建设标准》,召开平安旅游标准化工作现场会;组织召开应急救护与消防安全应急演练、年度旅游安全工作会议,巩固安全基石。扶持旅游产业,支持特色小镇开展景区创建、各旅游企业将特色潜力行业项目转换为旅游产品及景区提升改造项目;下达杭州市环境集团有限公司天子岭静脉小镇景区创建旅游补助及贴息专项资金21万元。杭州鸣东体育文化有限公司的"西湖杯"全国气排球邀请赛(首届)被特潜旅游专项补助3万元;赤脚行中医门诊和舒羽咖啡获得2019年旅游特色休闲示范点创建扶持补助各1万元;大关码头趸船建设和运河新型客船采购,分别获得15万元和100万元补助。二是文化艺术。创作了《河埠头》《捻河泥》《祥符花朝》3个大型舞蹈,《运河清风》《青春运动场》等音乐作品。近10幅书画作品入选省、市书画作品展。开设越剧公益培训班30班次,900人次参加。组织收集"半山泥猫""拱宸桥竹编""钱塘剪纸"参与各项民间艺术展。舞蹈《河埠头》获得2019年浙江省群众舞蹈大赛入围奖、浙江省第八届"长者情"声乐舞蹈大赛金奖。歌曲《青春运动场》荣获2019浙江省新作大赛银奖。组织参加浙江省青少年声乐大赛,获得省赛区2个二等奖。诗歌作品《五月的乡村》获"农民诗赛杯"浙江省第十届"中国梦·故乡情"乡村诗歌大赛一等奖。三是群众文化。深入实施文化惠民工程,举办各类文化活动,不断完善基层公共文化服务体系建设,通过"浙江省首批基本公共文化服务标准化建设"实地认定。全年开展全区基层文化员绩效评估系统日常维护技能培训、"十百千"系列培训工程等10余场。开展"送演出、送电影下基层""文化走亲"等区级文化惠民活动。通过文艺演出、摄影展览、书画交流等形式,展示拱墅文化建设成果,促进城区间文化交流。全年完成"送电影下基层"60场,"送演出下基层"62场,"文化走亲"169次,送讲座、展览204场,累计服务20万余人次。开展85个社区的送图书、送讲座、送演出、送艺术培训435场。四是历史文化保护。杭州京杭大运河博物馆以运河为主题,依托场馆特色,加强历史文化宣传与保护,全年开展活动159场次,举办临时主题展览18场,收集普通运河文献资料200余种。加强非物质文化遗产保护。公布第七批区级非遗代表性项目和第四批区级非遗代表性传承人,新增16个项目、23位传承人,区级非遗代表性项目总数达到92项,区级传承人总数55人。继续推进大运河文化带建设,深化文旅融合发展,揭牌全国传统工艺工作站(杭州拱墅站),继续唱响运河文化四季歌,举办第十一届浙江·中国非遗博览会、"少年非遗说"等非遗主题活动,大胆创新,积极实践,推动传统文化传播推广,努力探索城市非遗保护模式。全国传统工艺工作站拱墅站由政府设立指导,民营企业(自然造物)入驻运作,高校专家团队提供智力支持,形成"政府+企业+高校+传承人""四位一体"互联互融的运作模式,通过传统工艺工作站联盟方式整合更多非遗内容和社会力量,以实现"政府主导、社会参与、以城带乡、区域联动"的效果。五是文化市场管理。机构改革中,划入旅行社分支机构和服务网点管理和备案。文化市场管理办公室（行政审批科）改名为行业管理科（行政审批科）。至年底，全区有文化市场实体经营单位800家，旅行社分支机构和服务网点33家。开展普法、安全生产培训，举办培训班3期，参加单位200余家，受训300余人次，发放各类宣传资料、标识标牌300余份，签订《安全生产责任书》200余家。深化群众、企业到政府办事"最多跑一次"事项，对局92个行政审批、行政确认、其他权力事项和公共服务事项的内容进行补充和整理，并同步修正浙江省政务网权力事项库数据，确保"三个一致"：事项目录一致、信息一致、线上线下办理一致；实现"五个一百"：实现零跑率、即办率、承诺期限压缩比、网上可办率和掌上可办率100%。全年办件量218件，快递送达158件，占全年办件量的72%。继续贯彻落实领导坐班制，切实把做好群众服务工作。做好文化市场年报统计，保质保量按时完成450家单位的年报收集、汇总上报工作。开展消防安全专项整治行动，出动巡查109次，巡查单位345家次，出动230余人次。六是公共图书馆工作。积极发挥辖区公共图书馆总馆的引领示范作用，抓落实重成效，指导辖区的机关、社区、企业、个人先后获得1项国家级荣誉、17项市级荣誉。区图书馆荣获3项市级荣誉。举办拱墅区第五届全民阅读节、图书馆之夜、拱墅区第六届运河幼儿故事大赛等活动。6家运河书房建成亮相。新建1个图书分馆及2个阅读共建点。建成拱墅区第1家杭州书房，并被杭州市文化广电旅游局挂牌为杭州书房拱墅区运河主题图书馆，成为拱墅区宣传、展示、弘扬运河文化的公共文化服务窗口。启动"拱墅区工业遗产数据库"建设项目，并完成项目一期建设。夹城巷社区获中国图书馆学会2019年"书香社区"称号，成为杭州市唯一获此殊荣的社区。拱墅区文化和广电旅游体育局获杭州市第十三届西湖读书节优秀组织奖。

（姚　辉、李超越、赵晗婷、陆　菁、焦　明、文　闻、吴士勤、蓝依文、童　卉、史小莉）

【西湖区文化和广电旅游体育局】
2019年，西湖区文化广电和旅游体育局挂牌成立，被列为"浙江省文旅产业融合实验区"，首批完成《浙江省基本公共文化服务标准（2015—2020年）》认定，2018年度全省公共文化评估排名第8，累计开展群众性活动3000余场次，组织送文化进文化礼堂和文化家园200余场次。旅游经济稳中有进，全区共接待游客1895.42万人次，同比增长12.67%；实现旅游总收入341.48亿元，同比增长10.09%，继续领跑全市。一是文旅融合发展。推进传统文化、休闲体育、旅游体验等众多元素融合发展，牵头举办浙江省文化和自然遗产日主场城市活动启动仪式，将非遗展演融入景区，全省35个代表性非遗项目齐聚西溪湿地，得到市民游客高度认可。十一期间推出旅游资源共享组合，将西溪湿地、宋城等热门景区的游客向兰里景区、灵山风情小镇等景点引流，客流量达8.7万人次。兰里景区推出"非遗主题月"主题活动，带动游客量大幅提升。升级打造"登杭城之巅，览西山十景"特色路线，举办西山国际登山节，参与活动2000余人。龙坞山地自行车赛、"西溪杯"足球邀请赛、西山国际登山节等赛事活动，参与者覆盖长三角区域，并不断向国外游客和爱好者延伸。拍摄制作的《朱德与杭州西湖外桐坞村》红色线路视频，被"学习强国"中央学习平台录用。西溪湿地获"第七届浙江旅游总评榜·文旅融合示范景区"，龙坞茶镇构建茶产业、旅游业、会展业一体化发展模式，获评浙江省首个4A级景区历史经典类特色小镇。打造"艺创十景"，推出10余个网红打卡点，艺创小镇被命名为省级特色小镇，是全省唯一一个以艺术创意产业为主的小镇。二是公共服务。三墩文体中心、之江文体中心等28个文化惠民设施被列为政府实事项目，完成1个杭州书房和2个西湖书房建设。起草《公共文化跨区域服务规范》省级地方标准，于2月15日正式实施。评选产生30支"星级文体团队"，组织开展公共文化服务演出配送50场次，古荡街道西湖书房正式挂牌"杭州书房"。蒋村获评国家级民间文化艺术之乡，北山街道获评省文化强镇（街道）。三墩镇绕城村，转塘街道外桐坞村、桐坞村获第二批市民俗文化村称号，转塘长埭村列入首批浙江省美丽乡村美育村试点单位。三是全域旅游建设。着力构建以西溪为核心，以之江与城北区域为两翼，以龙坞茶镇、艺创小镇、西溪创意园等多家名镇名园为补充的"一核两翼多点"全域旅游发展格局。强化规划引领,编制《之江新城旅游专项规划及灵山演艺小镇策划》《灵山风情小镇旅游规划》《龙坞茶镇业态提升规划》。完善出台《西湖区加快全域旅游发展的扶持意见》,争取旅游规划建设资金242万元,旅游厕所建设资金29.8万元。兰里景区成功创建国家4A级景区,转塘街道成功创建浙江省4A级景区镇,双浦镇成功创建浙江省3A级景区镇,龙池村、东江嘴村等12个村庄成功创建浙江省A级景区村庄,灵山风情小镇开园。乡村旅游持续火爆,龙坞茶镇、兰里景区、灵山、青芝坞四大乡村旅游板块更趋成熟,全年接待游客641.26万人次,同比增长9.4%;实现营收4.95亿元,同比增长8.4%。四是非遗和文物工作。全年组织开展美丽非遗进农村文化礼堂(社区文化家园)活动56场次。五一假期期间,在兰里景区举办"非遗文化主题月",吸引游客1.8万余人,小花篮、西子女红、细木作和雕版印刷等项目成为景区常驻项目,并由志愿者为游客提供长年指导,"越窑青瓷烧制技艺"区级传承人甄景虎工作室落户兰里景区。8月5日至7日,赴湖北省恩施市宣恩县开展"2019西湖·宣恩'非遗走亲'活动"。10月7日,"忠义桥"入选第八批全国重点文物保护单位。9月至11月,完成马叙伦墓日常养护及周边环境整治工程,获得中国民主促进会中央委员会副主席王刚批示肯定。五是"未来景区"建设。推进"城市大脑"文旅场景应用,打造智慧旅游模式,建设完成西湖区文旅大数据平台2.0版,实现客流预警、市场营销、评价监控等内容的智慧化、精准化管理。西溪湿地景区大屏全面上线,能动态展示天气、客流趋势、应急设备使用和游线推荐等内容,开通线上导览平台,可实现扫脸自助存包、扫脸支付零售等多项自助服务。实现刷脸入园及当天多次有效入园,游客购票入园刷脸率达90%以上。深化"多游一小时",推出趣龙坞——西湖区旅游数字专线,西溪湿地、宋城和宋城千古情演出实现"20秒扫码入园",30家宾馆饭店实现"30秒自助入住",提升了游客体验感。云栖小镇"城市大脑先行区",实现无杆停车、先离场后付费、Wi-Fi、监控、支付宝扫码全域覆盖,平均车辆进出场时间从23.4秒降为2.6秒,降幅达89%,实现"零等待""零拥堵"。六是群众文化。全年举办各类文艺活动43场次,参加省、市赛事演出活动10场次,组织开展"西湖戏聚群音汇"活动240场余次,组织免费培训700余课次。打造"西湖区夕阳红艺术总团""西湖京剧茶座""西湖合唱团"等特色文艺团队,并组织辅导、培训活动1000余场次。实施"一十百千万""三送三到"和夕阳红艺术总团送文化下基层活动等文化惠民工程,走进农村文化礼堂和社区文化家园,为群众送去形式多样的文化盛宴。全年组织开展"一十百千万""三送三到""文艺轻骑兵下基层"活动共计95场次;组织开展跨区域"文化走亲"活动8场次。开展"西湖文艺大课堂"公共免费培训688课时,场馆对外免费开放800余场次,举办各类专题讲座15场次、"名人名家"精品讲座4场次、展览30场次。全年组织辅导创作各类文艺作品500余件,获得国家级奖项5个(5个金奖),省级奖项23个(5个金奖),市级奖项12个(1个金奖)。七是旅游行业。全年初审7家新申请设立旅行社,13家旅行社变更,审核退还旅行社质量保证金13家。全区拥有旅行社147家,其中有出境业务资格的旅行社27家,省五星级旅行社4家,四星级5家;星级宾馆13家,其中五星级3家,四星级2家,三星级7家,二星级1家。开展优质民宿、优质旅行社、优质饭店认定工作,灵峰山庄和玉泉饭店顺利通过三星级、二星旅游饭店复评,庐境西溪酒店和浙江文华大酒店分别被评为金鼎级和银鼎级特色文化主题酒店,浙江光大星辰五星级和交运国旅四星级申报通过市级评定、华顺旅游被评为三星级品质旅行社。故山龙坞民宿被评为金宿级民宿,青之莲等其他5家民宿被评为银宿级民宿。全面修改旅游扶持政策,印发《西湖区加快全域旅游发展的扶持意见》,审核认定符合政策奖励的旅游企业共40家,兑现奖励总计470.23万元。5月10日,召开全区宾馆饭店能源管理人员培训会议,32人参加能管员证考试。10月20日,举办2019西湖区第二届讲解员技能大赛。八是文旅市场监管。开展"迎大庆保平安""安全生产月"等专项整治活动,聚焦主职精准监管,加强歌舞娱乐、电影放映、游艺游戏等场所意识形态内容监管,构建"领导带队、全员参与、分片包干"的检查执法机制,将内容监管、消费安全、垃圾分类、控烟等工作一同纳入日常检查。运用"5+X"执法模式,持续深化旅游目的地环境整治,严厉打击"野导游""黑车",净化旅游市场。节假日、旅游旺季向外地来杭游客发送5万多条提醒短信;会同团区委,组织西湖区旅游志愿者服务队,在西溪湿地高庄、宝石二弄等重点区域开展文明劝导,旅游志愿者服务队1人被评为杭州市优秀旅游志愿服务者、杭州市功勋旅游志愿服务者。区文广旅体窗口共受理办结各类行政审批服务事项3113件,其中行政许可事项611项,其他2502件。全年"最多跑一次"实现率和满意率均达到100%。全年共出动检查69176人次,罚款147050元,没收违法物品4539个,驱赶"野导游"365人次,处罚"黑车"469辆,旅游目的地管理工作在全市考评中位列第一。

(赵志军)

【滨江区社会发展局】 内设职能科室1个,下属单位2个。2019年末人员9人(其中:机关8人,事业1人;具有中级技术职务资格的1人)。

2019年,滨江区社会发展局积极践行"干在实处永无止境、走在前列要谋新篇、勇立潮头方显担当"新期望,创新思路,锐意进取,着力推动全区文化建设和旅游发展迈上新台阶。一是以惠民为根本,文化活动有序推进。文化配送深入基层。以"壮丽70年 奋斗新时代"为主题,启动2019年文化产品配送服务暨"送戏进基层"活动,深入基层55个社区和5家企业演出,受到群众好评。"文化走亲"有序展开。区文化馆组织钱江潮声乐团《少林,

少林》、区文化馆舞蹈队《欢欣鼓舞》《金色畅想》等节目与湖州安吉县、湖州德清县、绍兴柯桥区、嘉兴海宁市和杭州下城区、萧山区开展了"潮涌滨江·幸福××""文化走亲"活动。迎新春活动深入民心。新春期间,开展了"墨韵滨江 金猪迎春"送春联活动45场次,辖区内6家书画院(协会)共计送出春联约14000对,福字17000个,服务超3万人次。开展2019年新春灯笼布展工作,共设置迎新春大型灯展3处。二是以项目为引领,群众文化精彩纷呈。精品演出丰富群众文化。开展"滨江四季"系列精品演出活动,举办大型3D魔幻杂技剧《金箍棒》、高新区(滨江)庆祝中华人民共和国成立70周年红色经典名曲视听交响音乐会等。举办滨江区第八届歌手大赛。参加杭州市"三江"歌手大赛,区代表队获老年组一等奖、青年组美声银奖、青年组组合铜奖、中年组三等奖。参加第二届"追梦之声"浙江省青少年声乐大赛,获银奖。品牌项目丰富群众文化。开展"千堂万艺"文艺大课堂项目,深入51个社区、12家企业,开设10个艺术门类课程,培训服务2000课时,学员超2万人次。开展文化公益培训,全年开课144课时,举办区现代公共文化服务体系建设集中培训2次,累计培训6000人次。开展引入国家"千人计划"唯一艺术领域专家、国际钢琴艺术家吴牧野入驻白马湖农居SOHO的前期工作。深入企业开展文化服务。开展送经典文化进企业,组织文艺团队为企业演出6场次、非遗联展2场次,文化合作12次;开展文艺课堂进企业,开设文

艺课程10门,帮助企业建设文化艺术团队,在吉利合唱团、中控合唱团、祖名舞蹈队等企业建立文艺团队16支。打造企业文化基地,在英飞特电子、网易、江虹科技等企业建立"高新企业文化分馆"5家,引导企业培养文化人才、开展文化活动。三是以创新为模式,公共文化富有特色。推进企业书房项目。探索"公共文化"与"企业文化"双向互动机制,进一步拓展高新科技企业书房试点项目,在知识产权大厦、华为全球培训中心、浙江大学医学院附属儿童医院等3家单位建立了图书馆。在浙江竑伟集团、杭州数知梦科技、深蓝口腔3家企业建立文化客厅,网易"蜗牛图书馆"成为政府为企业提供公共文化服务的典范。继续推进公共文化服务创新。举办第三届"杭州市创客节"活动,设置科普巡展、创客展演、创客大赛等活动形式,活动参与展商和创客团队100余家,青少年参赛选手及读者参与逾3万人次。举办第3季"为地球朗读"全民阅读公益活动,展现万人24小时共同朗读的盛况。继续做好图书"一证通"项目。图书馆"一证通"开通以来,区图书馆已与22个社区进行了链接,并实现了随借随还。同时,为进一步方便读者上网,各社区图书室实现了Wi-Fi全覆盖。四是以传承为目的,非遗保护成效明显。加强非遗传承。将非遗传承纳入"文化名人讲堂"公益培训,赋予传统文化更强生命力。利用西兴古镇和长河古镇文化底蕴,宣传"西兴灯笼""长河蓝印花布"等非遗项目,让更多群众知晓非遗、了解非遗并参与非遗。在网易蜗牛读书

馆开展了"百名少年元夕点灯祈福"活动,体验西兴灯笼制作过程。共评出区级非遗项目7项和传承人3名,过塘行展示馆、天禾非遗艺术馆等为传承传统文化提供了支持。开设"非遗+旅游"路线。以"游钱塘精华、逛西兴老街"为主旨,推出杭城首条大江大河古镇旅游线华彩滨江一日游旅游路线。五是以信息为支撑,文旅融合推进有力。推进城市大脑文旅系统建设。根据《2019年杭州城市大脑文旅系统任务目标》,完成1条旅游专线,9家酒店"30秒入住"自助入住设备建设。完善文旅系统辖区内游客行前监测分析、画像分析、酒店入住分析等数据。对口交流成效显著。与建始县文化和旅游局联合开展东西部扶贫协作文化旅游扶贫致富带头人(杭州)培训班,就旅游扶贫、民宿开发开展了交流。开展"衢州有礼、康养衢江"2019衢江文旅走进滨江推介暨"文化走亲"活动,两地相关领导、旅行社代表、企业代表、学校代表、工会代表等300余人参与此次活动,增进两地文化旅游领域交流与合作。六是以安全为底线,文化监管扎实有效。落实文化安全生产责任。贯彻落实安全生产工作责任制,督促文化经营单位落实安全生产主体责任,与网吧、娱乐场所、电影院、旅行社签订《安全生产、消防安全目标管理责任书》《经营管理责任书》278份。与网络文化企业签订责任书374份,督促从业人员守法经营、落实安全责任。全年出动检查1204次2463人次,检查文化经营单位8892家次,受理各类举报投诉462件,行政处罚立案11起,共处罚款66000元,没收各类非法出版物3159件。市对区文化综合执法考核连续4年优秀。抓好五大整治行动。组织开展文化市场安全生产大排查大整治联合行动,开展联合执法5次,查处隐患问题6处。开展网络文化专项整治,对全区374家网络文化经营单位进行了实地勘查、网上巡查,立案调查违规企业3家,违规个人1人。处理涉网络游戏举报投诉240起,开展跨区域网络游戏投诉案联合执法1起。开展文化市场扫黑除恶专项整治,对文化场所是否存在涉黑涉恶涉"保护伞"情况开展分片摸底排查。开展"扫黄打非"专项整治,开展"绿书签"、"护校安园"、网上低俗信息专项整治等行动,对校园周边书店、文具店开展了非法出版物专项检查,确保校园周边文化市场健康有序。开展旅游市场专项整治,重点做好辖区旅行社、星级宾馆的排查摸底,加强旅游行业自律,筹备成立区旅游协会。强化宣传教育。以"3·18文化市场安全日"活动为契机,开展文化市场相关法律法规宣传活动,在浦联社区、汤家桥过渡房举办普法宣传咨询服务活动2场,开展安全法制教育培训1次。举行了滨江区"护校安园"暨2019"绿书签"宣传活动,发放宣传手环2000余只。开展扫黑除恶宣传,悬挂宣传横幅60余条,张贴宣传海报500余张,宣传用语30余条,发放宣传折页10000余份。35家网吧、234家网络文化企业通过网站设置了宣传图片。

(来佳萍)

【萧山区文化和广电旅游体育局】内设职能科室10个,下属单位9个。2019年末人员203人(其中:机关58人,事业145人;具有高级技术职务资格的18人,中级45人)。

2019年是萧山文旅融合的起始之年,萧山区文化和广电旅游体育局以习近平新时代中国特色社会主义思想为指导,全面贯彻落实国家、省、市文旅会议和区委全会、"两会"精神,以加强支撑体系建设为统领,以制造文旅热点推动全域旅游为主线,以"打品牌、亮特色"为主攻方向,深入实践"美丽萧山"发展理念,坚持创新原则、稳定原则、民生原则,在文旅融合发展的道路上取得可喜成绩。一是坚持顶层设计和实践探索统筹兼顾,文旅融合发展得到持续深化。落实机构改革,全面奠定文旅融合体制基础。按照上级决策部署,萧山区文化和广电旅游体育局(文物局)于年初组建成立,人员转隶、"三定"方案拟订等各项任务顺利完成,为文旅融合发展提供全面保障。10月,萧山区文化市场综合行政执法队正式挂牌成立,全区文旅综合监管工作进入新阶段。坚持规划引领,科学谋划文旅发展整体布局。启动萧山区文化和旅游产业融合发展课题研究方案制定工作,委托中国旅游研究院(文化和旅游部数据中心)为区文旅产业的融合发展提出建议,形成包括规划在内的战略体系。开展全域旅游发展规划编制,初步形成规划方案。区政府先后与浙江省文化产业投资集团、浙江省旅游集团、浙江广播电视集团签订战略合作协议,推进文旅产业发展;与黄山市徽州区签订推进区域协调发展战略合作框架协议；与故宫博物院签署战略合作框架协议，打造国际一流的世界旅游博物馆。推进项目建设，着力实现文旅资源有效开发。以重大项目为依托，加强文旅体资源的转化和综合运用，为文旅发展提供载体和硬件支撑。反映改革开放以来萧山发展历程，全方位展示萧山人文精神、地域文化和城市形象的电视剧《大江奔流》剧本委托创作成功签约，湘湖影视拍摄基地合作意向书签约。国家武术研究院湘湖讲武学堂正式开馆。世界旅游联盟总部暨世界旅游博物馆项目3月23日启动，全年共完成总工程量的60%。萧山城市文化公园PPP项目实施方案报省财政厅，项目初步设计通过审查。茅湾里印纹陶博物馆进入EPC招标程序。探索"文旅＋"，深度激发乡村振兴内生动力。结合美丽乡村建设，挖掘乡村本土文化资源，指导相关镇街开展创建工作。楼塔古镇被正式认定为国家3A级旅游景区，楼塔镇列入省级旅游风情小镇培育名单；衙前镇申报首批省4A级景区小城镇已通过市局上报省厅；全区18个村庄被认定为A级以上景区村庄。二是坚持立足本职和为民服务有机统一，文旅事业得到稳步发展。文化建设持续发力。挖掘、创新、打造文化精品力作，《萧山十碗头》获2019年浙江省群众广场舞蹈大赛金奖，绍剧折子戏《哪吒闹海》获第四届浙江省少儿戏曲小金桂奖和第二十三届"中国少儿戏曲小梅花"最佳集体节目大奖。以庆祝中华人民共和国成立70周年为主题，举办第十届跨湖桥

文化节，开展群众歌咏大会、文艺精品展演、书画和诗歌征集展示、首届曲艺大赛和戏剧小品大赛等活动；完成《杨时与湘湖》巡演20场。图书馆与新华书店合作，推进"悦读"服务，实现"你阅读我买单"；萧山图书馆成为第九批浙江省社会科学普及基地，"台上台下亲子绘本阅读"获评中国图书馆学会优秀案例二等奖。文化遗产焕发活力。承办2019"浙江好腔调"全省传统戏剧展演启动仪式暨浙江省传统戏剧音乐主场演出等重要活动。举办文化遗产日系列活动，整合博物馆联盟成员资源推出主题展览。博物馆全年主办、联办展览67期，接待观众近62万人次。萧山花边国家级非遗项目申报已入围省推荐名单。先后在全省"少年非遗说"浙江传说故事讲述大赛、2019中国旅游商品大赛暨浙江省优秀非遗旅游商品评选、第九届中国（浙江）工艺美术精品博览会上获得多项荣誉。完成黄家河、李家坞、东蜀山等考古勘探、发掘项目10个。在蜀山街道沈家里发现马家浜文化新石器时代遗址，已被杭州市园文局公布为市级文物保护点。完成葛云飞故居、王村戏台、蒋英武烈士墓等5个文保单位、历史建筑的修缮工作，修缮后的建筑将辟为纪念馆、村史馆。旅游发展可圈可点。湘湖跨湖桥景区创建国家5A级旅游景区工作已完成省级资源评估，报国家文化和旅游部门候审。全年举办"5.19中国旅游日"等近10项主题活动，并配合乡镇举办年糕节、杜家杨梅节等10余场特色节庆活动。在2019年公布的浙江旅游总评榜评选活动中，萧山区共获年度

旅游发展十佳县（市、区）称号等3项大奖。三是坚持丰富形式和拓展渠道共同发力，对外宣传影响得到全面扩大。解读本土文化，传承萧山精神。启动"兴惠杯"萧山文化遗产故事大会，挖掘萧山文物古迹故事、非遗故事等。博物馆征集500余件照片和实物推出"光阴的故事"中华人民共和国成立70周年萧山特展，再现萧山往昔岁月。开展非遗专题推送月，在微信公众号普及非遗项目、传承人、非遗基地。举办第十届非遗保护萧山论坛，传承弘扬本土文化。集聚优势资源，打造品质平台。举办2019"世界旅游联盟·湘湖对话"，通过世界旅游联盟窗口，向全球推介萧山魅力。开展"文化走亲"，赴建德、淳安等地及各镇街举办综艺专场、绍剧专场等活动，受到群众欢迎。协助从江县到萧山举办"神秘从江·放歌萧山"演出，加大文化旅游扶贫力度。丰富宣传渠道，实现精准营销。参与在重庆、贵阳2地开展的"最忆是杭州"秋季文化旅游推广活动，参加2019中国国际旅游交易会等专业展会。新建"萧山文化遗产"微信公众号，共9个微信公众号形成文旅网络推广体系。及时向区两办报送党委、政务信息，总结、推广文旅工作典型做法。全年有11篇专报被区两办录用，其中6篇得到区领导批示肯定。组织环球旅行体验师走进萧山，通过网络向全球千万粉丝推介萧山。国庆节期间，通过12306平台，为高铁乘客定向推荐萧山旅行信息。四是坚持数字转型和体系完善两翼齐飞，公共服务能力得到有力加强。效能升级、服务升级，智慧系统应

用加速落地。开展萧山智慧文旅系统一期项目建设,打造管理、服务、营销和传播四大板块,已通过专家评审;全区有4家景区实现"20秒入园",20家酒店实现"30秒入住",1条数字旅游专线开通。图书馆积极搭建移动阅读新平台,通过芝麻信用借阅服务、新增资源库打造移动图书馆等,实现一只手机借遍图书馆。文化馆以迎接全国第五次文化馆评估定级工作为契机,推进"数字文化馆"建设。政府主导,多元投入,文化公共服务提质扩面。"引导社会多元投入,提升公共文化服务效能"国家示范项目顺利推进,完成"文化管家"项目签约和文化馆总分馆体系建设,积极构建高效惠民的现代公共文化服务体系,顺利通过《浙江省基本公共文化服务标准(2015—2020年)》和"五个百分百"、"十百千"工程提升完成的认定。"你点我送""周末剧场""精品巡演"等传统特色文化品牌持续活跃,全年累计输送惠民文化活动1000余场。"签约团队""名家有约""亲子阅读"等新品牌完善发展,累计受益群众10万余人次。举办12场"4·23世界读书日"系列活动,举办40余场书画和阅读展览。场馆预约使用2772次。全年新建成开放城市书房6家,新建农村文化礼堂121个、社区文化家园36个。创新理念,共享数据,"最多跑一次"改革亮点纷呈。进行流程再造,拓展邮箱、微信等服务渠道,切实为群众提供便捷高效、优质规范的政务服务。扩大数据共享,进一步提升"互联网+政务服务"核心指标,跑零次实现率、网上可办率、掌上可办率、材料电子

化率均实现100%。图书馆成为萧山区首家公共服务机构"最多跑一次"试点单位,改革方案和工作推进被省委改革办列入《竞跑者》名录,萧山区文旅局被评为省"最多跑一次"改革先进集体。立足需求,着眼长远,人才引育渠道不断拓宽。全年完成5名事业单位人员的统招,并特招符合市级要求的文化专业人才1名,文旅人才队伍得到进一步充实。设立文化人才引育计划,从2020年起每年遴选20名文化人才参加专业化培训和进修,给予每人最高10万元支持。五是坚持守土有责和守土尽责双向并重,文旅市场秩序得到有效规范。维护正常秩序零缺位。以依法行政为基准,开展一系列文化旅游市场秩序巡查整治工作,加强对网吧、娱乐场所、影院等人员密集场所的监管,做好旅游企业日常检查和"双随机"执法检查,营造了稳定有序的文旅市场环境。打击违法行为零容忍。全年共出动检查4000余次,出动执法人员1.2万余人次,检查文旅企业、场所1.5万家次,受理文旅市场举报投诉240余件,办理文旅案件71件。确保专项整治零疏漏。落实落细上级扫黑除恶、"护校安园"和"扫黄打非"等专项行动要求,围绕平安护航中华人民共和国成立70周年主线,开展"防风险 保平安 迎大庆"专项工作,及时约谈重点场所,不断加强宣传力度,取得良好效果。实现行业安全零事故。年初第一时间召开文旅企业安全生产工作会议,落实安全生产责任,增强安全生产意识。持续开展安全生产宣传、培训、应急演练,提升文旅企业安全防范能

力、应急处置能力。在日常巡查的基础上,加强重要节庆、重要时段安全检查和隐患排查,确保文旅行业全年无事故。

(王方正)

【余杭区文化和广电旅游体育局】内设9个职能科室,下属单位14个。2019年末人员188人(其中:机关28人,事业160人;具有高级技术职务资格的19人,中级45人)。

2019年,余杭区文化和广电旅游体育局以融合发展为主线,凝心聚力开创文旅融合高质量发展新局面。精准助力良渚成功申报世界遗产,高质量完成"双创"活动周保障,庆祝中华人民共和国成立70周年系列活动等,成功创建为中国曲艺之乡、浙江省第二批全域旅游示范区,余杭区非物质文化遗产保护发展指数评估、文博事业发展水平、基层公共文化服务绩效考核等三大考核指标均位列全省第一。全年接待游客2535.66万人次,实现旅游总收入283.47亿元,分别同比增长18.8%、20.75%。精准发力,开展"六项行动"。一是实施"服务担当"行动,组织建设固本强基。开展"三服务"走访4800余次,解决基层难题90余项。打破区域人才资源限制,开展柔性引智。举办宣传文化员、业余文保员、文化市场义务监督员、非遗志愿者、导游员、讲解员等各类队伍培训班100余期,充分发挥社会热心人士在文化事业发展中的作用。在"服务为民 游居共享"党建品牌的基础上,强化基层党组织的组织力和战斗力,分类推进组织建设和服务,分为场馆服务类、文

化演出类、服务保障类、和谐创优类等，打造"诗和远方"特色党建品牌。二是实施"惠民利民"行动，服务群众务实高效。高标准推进亚运场馆、余杭博物馆、章太炎故居纪念馆改扩建项目，完成区级民生实事项目20处，补齐文化设施建设短板。积极打造以智慧文旅综合服务平台、文旅大数据中心、数字文化馆为核心的"杭州城市大脑余杭平台数字文旅体系"，区内15家酒店实现"30秒入住"，4家景区实现扫码入园，14家景区刷市民卡免费入园，开通塘栖、径山、良渚3条数字旅游专线，实现信息实时共享，出行便捷高效。推出"中国·余杭国乐节"品牌活动，业内知名乐团走进余杭大剧院、镇街及景区、星级旅游饭店，为市民及游客提供零距离的文化服务。新投入运营的余杭大剧院持续推出儿童剧、话剧、音乐会等演出活动60余场，余杭文旅产品供给质量得到全面提升。累计举办"相约"系列、"美丽洲"系列、"电影三进"、"非遗四在"、特色线路免费游等文旅活动11000余场次，惠及群众180余万人次。三是实施"全域旅游"行动，产业发展提质增效。坚持规划引领全域发展，制订出台《关于实施全域旅游发展战略加快国际知名文化旅游胜地建设的若干意见》，编制《全域旅游发展规划》。重点打造良渚古城遗址公园、余杭大运河文化带、大径山旅游开发等文旅项目，在设施建设管理、资源配置等方面协同推进公共文化服务和旅游公共服务，努力打造长三角旅游休闲目的地和国际知名文化旅游胜地。积极推进景区创A和"百城千镇万村景区

化"工程，指导竹意百丈景区成功创建为3A级景区，鸬鸟镇成功创建为省级乡村旅游产业集聚区，塘栖镇、瓶窑老街成功创建浙江省4A级景区镇。新建改建13个厕所，指导11个厕所成功创建为国家3A旅游厕所，15个厕所成功创建国家2A级旅游厕所，新创建省2A级景区村庄47个，省3A级景区村庄10个。浙江省曲艺家协会艺术创作基地落户超山风景名胜区。与蜗牛（北京）景区管理有限公司、复星集团、富华集团等知名文旅企业对接研学旅游、文旅IP工程打造等合作项目，召开新业态现场招商发布会，抢抓良渚古城遗址申遗机遇，以超级IP为引领，解码文旅发展基因，打造文旅融合发展试验区。四是实施"遗产活化"行动，文脉保护亮点突出。良渚古城遗址列入世界遗产名录，鲤鱼山—老虎岭水坝遗址列入第八批全国重点文物保护单位。完成阿里菜鸟总部等33宗地块、约180万平方米的考古勘探发掘工作。央视《国宝发现》栏目播出余杭区茅山独木舟科技保护项目，博物馆馆藏文物赴首都博物馆、故宫博物院展出。深入开展卫家班皮影戏等濒危项目抢救工作，新增区级非物质文化遗产名录项目25个。举办非保月、传统音乐展演等活动，以"演出＋分享＋展览"等形式感受传递传统文化魅力。积极推进全域美丽建设、全域旅游中的文化遗产保护利用，南山公园提升项目方案获国家文物局批准，径山镇、鸬鸟山沟沟村成功申报为浙江省非物质文化遗产经典旅游景区，径山镇径山村等4个美丽乡村成功创建为第二批杭州

市非物质文化遗产旅游景区（民俗文化村）。五是实施"市场治理"行动，文旅市场平安有序。加强星级饭店与绿色饭店复评，鼓励旅行社创星升星。临平大酒店获评四星级旅游饭店、世际旅行社获评四星旅行社，富邦国际大酒店通过四星复评。深化"最多跑一次"改革，加强"互联网＋政务服务"建设，100%完成跑零次、即办件、网上办、掌上办等任务，推进改革扩面提质。积极探索文旅综合执法新模式，成立余杭区文化市场综合行政执法队。充分发挥基层村社网格巡查和部门联合执法工作机制，开展文旅市场"扫黄打非"、扫黑除恶、"护校安园"、"护航中华人民共和国成立70周年"等专项行动，确保文旅市场繁荣稳定。全年出动执法人员11257人次，检查各类经营单位9957家次，查获并纠正违规经营行为132起，立案调查90件，累计警告43家次，停业整顿2家次，罚款537000元，没收非法所得14023.30元，没收违法物品2327个。受理各类旅游投诉和信访800余件，投诉处置率达到100%。六是实施"创新提质"行动，融合发展彰显特色。召开全省首个文旅融合发展大会，编制全省首个《文旅融合发展规划》，发布全省首例文旅融合发展政策，推出全省首个文旅融合作品文旅新韵《余杭》，上线杭州地区首个文旅大数据平台，以全省第一的成绩入围省级文旅产业融合试验区培育名单，"文化西进，补齐短板——打造新时代乡村文化振兴'余杭样本'"列入浙江省公共文化服务创新项目。积极构建文旅一体化宣传格局，举办长三

角旅行商走进余杭活动,赴台湾、陕西、内蒙古等地开展"文化走亲"和文旅推介,为文旅共赢发展提供交流平台。举办中非文旅推介会,余杭滚灯艺术团赴南非参加国家艺术节活动,为"一带一路"发展发挥文旅力量。开展"百县千碗·余杭十碗""文明旅游"等主题宣传活动,配合举办"超山梅花节""中国茶圣节"等节庆活动,文旅知名度有效提升。"余杭文旅"微信公众号被评为"浙江省文化和旅游系统优秀政务新媒体"。越剧大戏《光明吟》入选省舞台艺术创作重点题材扶持项目,余杭原创歌曲《我们一起去余杭》参加省旅游歌曲创作演唱大赛获金奖,文艺精品斩获佳绩。

(张舒婷)

【富阳区文化和广电旅游体育局】内设职能科室9个,下属事业单位8个。2019年末人员155人(其中:具有高级技术职务资格的35人,中级26人)。

2019年,富阳区文化和旅游各项工作稳步推进。一是构建公共文化服务体系。完善文化旅游设施建设。提升乡镇(街道)图书馆分馆建设,场口镇、新登镇2个图书分馆改建完成并重新开放。完成鹳山社区红色主题馆和龙门旅游主题馆建设。新建山水社区、皮划艇基地等8个图书流通点。完成新登"罗隐书屋"、达夫街"小隐书屋"2个24小时自助图书馆建设并对外开放。富阳区文化馆搬迁至富阳体育中心。提升富春街道、银湖街道、新登镇、场口镇、大源镇5个文化馆分馆。完成11个旅游厕所建设任务。完成胥高线等路段旅游交通指引

标志设置工程、公共外语标识规范工作。完成泗洲造纸作坊遗址二期项目方案设计并通过省文物局专家审核。全力打造文化特色品牌。全年冠名"家在富春江上"特色文化品牌,组织举办文化活动5466场。在场口村文化礼堂承办2019年浙江省农村文化礼堂"我们的村晚"省主场晚会。组织开展浙江省第四届"棒棒虎"幼儿故事会大赛、第八届富阳区乡镇(街道)文艺汇演、首届青少年才艺大赛、第九届富春江读书节、庆祝中华人民共和国成立70周年文艺晚会等各类群众性文化活动。完成送书画下乡、送戏下乡、送电影下乡、送图书下乡等文化下乡惠民活动。做好富阳博物馆、抗战纪念馆、郁达夫故居等场馆的日常开放工作,举办"第二课堂"和9个特色临展、社科和爱国主义教育基地宣教活动,满足群众文化需求。渌渚镇被命名为"全国孝道文化之乡",银湖街道被命名为"浙江省民间文化艺术之乡"。12月,通过《浙江省基本公共文化服务标准(2015—2020年)》认定。二是加大文化遗产保护传承力度。注重文物保护与安全。加大对全区各乡镇(街道)149个木结构市级文保单位、文保点安全检查。完善《富阳区文物建筑安全管理办法》《富阳区文物建筑安全管理职责》并安装上墙。完成73处杭州市文物保护点挂牌工作和杭州市第五批市级文物保护单位保护范围和建设控制地带划定工作。完成全区1745处"三普"登录不可移动文物复核工作。完成龙门建筑群、两浙公所、曹氏宗祠3处浙江省第七批省级文物保护单位"四有"

档案编制工作,并通过省文物局审查。路西县后方医院旧址(圣僧庵)申报为杭州市第六批市级文保单位。注重主题活动与考古。开展庆祝中华人民共和国成立70周年富阳区"红色记忆"青少年儿童笔记大赛活动,优秀作品入展"红色记忆"杭州市青少年艺术作品展。拍摄制作《富春忠魂》《双松挺秀 一门三烈》《富阳军民抗战》3部"红色记忆"主题微视频,其中《富春忠魂》获得杭州市"红色记忆"微视频征集活动唯一特等奖。受降纪念馆讲解员团队获杭州市"红色基因传承团队"称号。瓦窑里遗址开展第4次考古发掘工作,发掘面积近500平方米,共清理战国墓葬1座,良渚墓葬12座,出土各类陶、石、玉器80余件,富阳境内首次发现良渚文化时期的玉镯。注重项目保护与传承。组织开展竹纸制作技艺、民间信俗(孝子祭)、中医正骨疗法(张氏骨伤疗法)国家级非遗项目保护单位评估和调整工作。开展国家级代表性传承人评估检查工作。组织罗隐传说申报第五批国家级非遗名录。配合中科大手工纸研究所完成《中国手工纸文库浙江卷》编写。配合省文化和旅游厅做好国家级传承人张玉柱的抢救性记录工作。组织开展第二届十佳非遗传承人评选活动。推荐郭培云、朱起杨等参加传承人研究研习培训班。指导富阳学院设立竹纸非遗传承班,31名学生成为首期学员。注重载体创建与交流。成功申报省级非遗主题小镇1个,省级民俗文化村2个。第二批杭州市非物质文化遗产旅游景区(民俗文化村)3个。第三批区级非遗传承

教学基地 2 个。入选首批浙江省优秀非遗旅游商品 4 项。举办富阳竹纸文化旅游节和诗路锦绣——富春江流域优秀非物质文化遗产展演活动。深入开展非遗项目赴美国、摩洛哥文化交流活动,积极参展全国文房四宝艺术博览会、浙江(江苏)旅游交易会、杭州钱塘江文化节、杭州非遗"武林年货节"等交流活动。三是加快推进旅游产业发展。完善旅游产业规划编制。扎实推进富春小叠空梦想田园综合体、天钟山景区、富春桃源等项目提升改造。加快推进坑西村西岩温泉文化旅游度假区、杭州小六石欢乐园项目。完成壶源溪流域、万市洞桥区域旅游联动发展规划编制和"江北走廊"美丽经济(旅游休闲)建设专项规划编制。指导推进洞桥镇"浙江省旅游风情小镇"创建培育。打响"富春山居"文旅品牌。组织百名上海市民乘着"富阳·富春山居"冠名首发列车游富阳美丽乡村活动。邀请长三角广电旅游联盟走进富阳美丽乡村采风,在长三角地区宣传推广富阳文化旅游及"味道山乡"大会。赴上海、长春等地开展"乘着高铁游《富春山居图》实景地"旅游推介会。走进新疆阿克苏、丽水缙云开展旅游帮扶和"山海协作文旅走亲"活动。邀请黄山市黄山区文旅局和旅游企业到富阳考察乡村旅游,签订《富阳区黄山区全域旅游战略合作框架协议》。邀请上海市、区旅游协会联盟在龙门古镇举行"味道山乡·田园餐桌"富春山居实景游推介会。组织浙江品质旅游组团联盟到富阳开展"富春山居·味道山乡"推介会。有力提升旅游服务水平。

以创建旅游品牌为抓手,成功创建江洲村、贤德村等省 A 级景区村庄 36 个,成功创建常绿镇为省 4A 级景区镇,药谷小镇为国家 3A 级旅游景区,杭州富伦生态科技有限公司为省级工业旅游示范基地,指导黄公望隐居地成功创建浙江省生态旅游区。深入开展旅行社星级评定,新增三星级品质旅行社 5 家、四星级品质旅行社 1 家。指导富阳国际贸易中心大酒店通过省级绿色饭店复核。扎实推进旅游教育培训,举办 2019 年度杭州市富阳区导游技能大赛;组织开展讲解员业务知识培训、全国导游员年度培训、旅游行业艾滋病防控培训,培训人员 1500 余人次。四是强化提升优质管理效能。提高审批服务水平。持续深化"最多跑一次"改革工作,做好数据共享对接、办事事项拆分、办事事项整理、电子归档等工作,不断优化行政审批服务。实现行政许可、行政确认、其他权力事项网上办率 100%,审批材料电子化率 100%,跑零次率 100%,扩大"即办件"范围。加强文化市场监管。在春节、"两会"等重要时段开展文化市场保平安行动,开展"双随机"抽查 26 次,其中跨部门"双随机"抽查 2 次。开展网络文化市场专项整治、"护校安园"专项整治、"防风险 保平安 迎大庆"专项检查等。积极推进"扫黄打非"进基层工作。优化旅游市场环境。成立区旅游市场秩序专项整治工作领导小组,20 个部门和 24 个乡镇(街道)为成员单位。开展旅行社安全用车专项检查、企业内部商品明码标价和员工服务质量专项执法检查、旅游企业年度"双随

机"联合检查等工作。加大安全生产管理。扎实开展安全生产事故隐患排查和市场治理活动,共检查旅游景区、星级饭店、旅行社等经营单位 114 家次。积极开展"全国安全生产月"活动和各类安全应急救援预案演练。开展安全生产和消防安全整治百日大会战。联合应急管理、镇乡(街道)、文物馆等单位,开展文物安全专项巡查。

(夏 晨)

【临安区文化和广电旅游体育局】 内设职能科室 8 个,下属单位 9 个。2019 年末人员 115 人(其中:机关 26 人,事业 89 人;具有高级技术职务资格的 8 人,中级 32 人)。

2019 年,临安区文化广电新闻出版局(区体育局)的文化、广播电视和体育管理职责与区旅游局的职责整合,组建区文化和广电旅游体育局。1 月 20 日,杭州市临安区文化和广电旅游体育局挂牌成立,主管文化、广播电视、旅游、体育、文物工作。一是文化工作。举办临安区 2019 钱王故里新年音乐会、己亥年"清明恭祭钱王"典礼,庆祝中华人民共和国成立 70 周年系列文艺活动、"文化和自然遗产日"系列活动等。开展剧院惠民演出活动。举办第四届湍口三联乡村索面文化节、第七届洪岭高山馒头节、於潜镇铜山村首届畲族"三月三"风情文化旅游节等民俗活动。4 月 7 日,首届畲族"三月三"风情文化旅游节在於潜镇铜山民族村举办。活动由临安区委统战部主办,临安区文化和广电旅游体育局和临安区於潜镇人民政府承

办。活动当天,祭祖仪式在铜山村文化大礼堂举行,现场展示了畲家婚嫁、织彩带、编草鞋等一系列充满畲族特色的民俗文化活动,当晚还举办了风情文化晚会。实施《浙江省基本公共文化服务标准(2015—2020年)》认定工作、"十百千"工程和"五个百分百"建设工作,完成1个公共文化服务重点镇和19个重点村提升工作,通过省文化和旅游厅考核验收。全年为市民免费提供活动场所、设施270场次,受惠5800余人;开展各类培训班140课时,免费培训2800人次。临安剧院承接各类演出和会议50余场,观众4万余人。区图书馆、区文化馆举办公益培训讲座21场次、公益展览6场。组织送戏下乡108场、"文化走亲"8场、送书下乡1.8万册。钱王陵园全年接待游客400余批,本地市民约48万人次。1月14日,钱王陵园被列为"杭州市华侨国际文化交流基地"。80余件文艺作品获杭州市级以上奖项。《五凤朝阳》和《临安水龙》获浙江传统舞蹈展演展评优秀表演奖。小品《打电话》获浙江省群星奖。选派人员参加杭州市故事会,获1金1银,其中银奖作品故事《纸短情长》参加浙江省第八届故事会展演。舞蹈《大姑娘美》参加"幸福中国、舞比快乐"浙江省广场舞大赛,获临安赛区一等奖。器乐作品《NOVENA》获浙江省第五届乡镇(街道)艺术团队文艺汇演金奖。以献礼中华人民共和国成立70周年为主题,创作文艺作品23件,展出主题书画作品200余副。临安竹盐制作技艺省级非遗传承人金成燮获首届轻工"大国工匠"

称号。1月28日,区博物馆对外开放,共展出文物640余件(套),接待各阶层团体600余批,参观人数近30万人次。二是旅游工作。继续实施"全域景区化"战略,完成《临安区全域旅游发展总体规划(2018—2025年)》编制、论证、报批、发布等工作,拟定《临安区民宿经济高质量发展三年行动计划(初稿)》,制定《临安收费景区首道门票免费开放工作实施方案(草案)》《临安惠民景区实施细则》《景区游客高峰客流控制和应急方案》等。大明山景区、天目大峡谷景区等11家景区对临安市民免收首道门票费,推动全域旅游发展。规范旅游景区标识标牌外文翻译,整改外文标识标牌1488处。全年接待游客1982.29万人次,比上年增长19.03%,其中旅游景区游客接待量577.2万人次。实现旅游业综合收入238.51亿元,增长23.82%。1月13日,临安在第六届旅游业融合与创新论坛暨全国优质(品质)旅游年度盛典上被评为"首批全国文化旅游胜地"。月亮桥村那月乡旅游公司总经理张卫荣被评为全国首批"旅游能人"。全区有旅游景区(点)22家,其中,4A级景区5家,3A级景区3家。星级饭店2家,其中五星级酒店1家、三星级酒店1家;旅行社24家,其中四星级旅行社3家、三星级旅行社1家。举办第二届临安半程马拉松赛。4月14日,临安第二届半程马拉松赛在昌化镇举行。赛事以"奔跑在幸福的田野上"为主题,由区政府主办,区委宣传部、区文化和广电旅游体育局、昌化镇政府、河桥镇政府、湍口镇政府协办,杭州文化广播电

视集团承办。来自美国、英国、德国、加拿大、意大利、肯尼亚、埃塞俄比亚、坦桑尼亚、乌干达和新加坡等11个国家的3285名运动员参加。在举办半程马拉松赛事的同时,昌化镇、河桥镇、湍口镇各推出一台文艺表演,展示当地民俗文化。策划"我的'村长'我的村"选拔活动,选出的5名"村长"作为嘉宾,在马拉松赛事直播间推介乡村山水旅游资源。举办中国旅游日暨"文旅融合,美好生活"主题活动。5月19日,以"文旅融合,美好生活"为主题的第9个中国旅游日推广活动启动仪式在苕溪时代广场举行,20余家旅游企业和博物馆、3个非遗项目、临安高速收费中心等单位参加活动。现场推介临安夏季旅游产品、红色旅游产品、贵州施秉旅游线路、衢州开化旅游线路等。旅行社开心联盟组织了1200名市民参与临安人游临安,临安人游桐庐、绍兴、上海等惠民旅游线路;8家旅游景点推出零门票优惠。加强旅游营销。继续推出"上山下乡、别样临安"主题旅游营销活动,举办主题旅游推介会8场,参加省、杭州市级促销推广6次,推出茶俗旅游线路和农耕文化旅游线路各5条。在武汉、合肥、上海、广州等地举行文旅推介会,临安6家4A级景区向武汉、合肥市民推出为期1个月的首道门票免费优惠政策,与上海都市旅游卡发展有限公司联合推出"上海ETC带你游杭州"项目。开通1条数字文旅专线,8家景区加入杭州文化旅游年卡,建设特色项目景区ETC停车场2处。举办、参与临安半马、茶俗文化旅游节、临安狮子山攀岩节等活动,

引导临安旅游集散中心、新世纪旅行社等旅游企业帮助施秉、淳安、开化旅游产业发展，指导湍口镇三联村民俗文化园项目、"龙门秘境"户外休闲运动项目、品质民宿"精彩九舍"、天目古窑复兴之"天目山手作馆天目陶瓷研发中心"项目通过特色潜力申报项目初审。各旅游景区相继开展"约驾临安蓝""结伴免费睡进临安的春天里"、"天目月乡稻田艺术节"、湍口温泉小镇民俗文化周等活动。通过《人民日报》《农民日报》、中国新闻网、央广网、凤凰网等媒体进行宣传，共发布微信信息 524 条、微博信息 70 条。微博曝光人次为 25 万以上；微信图文平均阅读人次为 1000 以上；抖音曝光人次 6 万以上，共计发布 44 条，其中点赞数破万的抖音短视频 5 条。在杭州地铁 1 号线、2 号线 63 个站点投放梯牌广告，实际发布梯牌 2201 块；在 10 个站点投放灯箱广告。在 FM 90.7 流行音乐电台、西湖游览车和杭州通卡投放图文广告。继续推进杭州"城市大脑"文旅系统建设，临安旅游大数据平台连接 11 家景区和 5 家酒店。数据平台可展示实时游客总量、热点地区人流监测分析、游客逗留时间等信息。临安旅游电子商务平台营业额 1049.16 万元，注册商家 1007 家，与在线旅游及周边旅行社合作 27 家，实现数据引流。举办第八届茶俗文化旅游节。4 月 21 日，临安区第八届茶俗文化旅游节在临安吴越文化公园举行。由区政府举办，区文化和广电旅游体育局、区茶文化研究会共同承办。本次活动以"文旅融合 茶旅共兴——茶文化让人们生活更

美好"为主题。主会场活动由茶文化志愿者成立仪式、茶艺表演、为国际留学生送书送茶等一系列茶文化特色内容组成。分会场活动自 3 月 22 日开始，内容涵盖了"雅集、探茶、游学、茶疗、茶会、茶课、茶迷竞猜茶趣三昧、名山品茶"等项目。本次临安茶俗文化旅游节还特别推出 5 条茶文化特色路线。6 月 2 日，茶俗文化旅游节闭幕式暨 2019 文化和自然遗产日系列活动在板桥镇上田村举行。活动当天展示了上田村的省级非遗项目十八般武艺、畲族民歌、川剧变脸、杂技柔术等以及部分区非物质文化遗产项目。举办浙江·临安旅游推介会。举办"约驾临安蓝"蓝车自驾活动。5 月 25 日，"约驾临安蓝"蓝车自驾游活动在杭徽高速公路临安服务区（北区）举行。活动由区文化和广电旅游体育局、浙江杭徽高速公路有限公司主办。活动以"约驾临安蓝，驰骋山水间"为主题，通过集结自驾车、引导自驾游的方式，推介临安优质旅游资源及产品。上海基尼斯纪录公证工作人员现场颁发"规模最大的同一色系汽车自驾游活动——'约驾临安蓝'"上海大世界基尼斯纪录证书。开发乡村旅游。继续推动村落景区市场化运营，签约村落景区 3 家，累计签约 16 家，运营 18 家。湍口镇、河桥镇、清凉峰镇被列入旅游风情小镇创建单位。创建景区村庄 47 个，其中 3A 级景区村庄 5 个。举办"狮子山攀岩节""天目月乡稻田艺术节""精酿啤酒节"等活动。推进"八线六景"建设。实施民宿经济发展三年行动计划，全区已建成特色民宿 151 家，涉及 12 个镇

（街）、40 余个村，房间价格基本保持在每间 500 元以上。青山殿村、东坑村、西游村等 9 个村获评杭州市民宿示范村。有省级等级民宿 2 家，杭州市优质民宿 9 家。全年全区乡村旅游接待游客 2072.1 万人次，比去年增长 57.11%，乡村旅游营业收入 20.7 亿元，增长 62.58%。有民宿（农家乐）1632 家，房间 20351 个，床位 39861 张，其中特色民宿 157 家，新增 45 家。举办民宿业主参加的培训班、学习考察 11 期，390 人次参训。举办第二届临安旅游乡村宴席大赛。6 月 11 日，第二届临安旅游十大乡村家宴大赛在清凉峰杨溪村举行。活动由杭州市文化广电旅游局指导，临安区文化和广电旅游体育局主办。临安 20 个民宿特色村参加评比，经过评委检验原材料、选手现场烹饪、评委品尝评分等环节，天蓝水涛民宿的天蓝家宴、丽景苑·云栖枫林的指南十八碗、月亮工坊民宿的月亮家宴等获"2019 第二届临安旅游十大乡村家宴"金奖。

（袁 鹏）

【建德市文化和广电旅游体育局】1 月 18 日，原建德市文化广电新闻出版局、原体育局、原旅游商务局（旅游职能部分）合并，正式组建建德市文化和广电旅游体育局，内设职能科室 7 个。

2019 年，全市有文旅体经营场所 393 家；文物保护单位 91 家；3A 级以上景区 5 家；绿色酒店 5 家，三星级宾馆 2 家，按照五星级标准建设酒店 3 家；旅行社 18 家，其中市重点旅行社 4 家。一是公共服务。市图书馆总购书

经费 130.8 万元,新增图书61178 册,累计总藏量达 79.54 万册;接待到馆读者 60.1 万人次。全市各级图书馆(室)外借图书 47.9 万册次。接待重点读者咨询 260 人次,提供资料 780 册次,提供数码照片 1600 张。图书馆网站访问量 10.55 万人次。围绕"宜居建德 书香满城",组织开展猜谜、讲座、培训、展览、阅读推广等各种读者活动 139 场,参与 7.1 万人次。以"新安读书节"为活动载体,开展"宜居建德 书香满城"活动,举办各类全民阅读活动 128 场,参与 6.2 万人次。建德市文化和广电旅游体育局荣获杭州市第十三届西湖读书节"优秀组织单位"称号。"两馆两中心"建设有序推进,非遗馆与博物馆建设项目同步推进。完成 5个乡镇文化馆分馆建设。完成村级文化设施免费 Wi-Fi 建设,实现市、镇(街)、村(社)3 级公共免费 Wi-Fi 全覆盖。顺利通过浙江省基本公共文化服务标准完成情况实地认定验收。全年完成送戏下乡 200 余场次,送书下乡近 3万册,送培训、讲座、展览 300 余场次。开展"文化四季行"活动,受益人数达 10 万余人。建成全域旅游大数据中心,接入收费景点 10 个、酒店 26 家、旅游大巴120 辆,以及其他基础信息 1699条。开通 1 条数字旅游专线;开发"一部手机游建德"智慧旅游服务平台。二是品牌创建。积极开展文旅体品牌创建,成功创建浙江省第二批全域旅游示范市,新安江城区创成首批 4A 级景区城,寿昌镇创成首批 4A 级景区镇,梅城镇成功创建省级旅游风情小镇。千鹤村、山峰村、富塘村

等 8 个村被评为省 3A 级景区村,9 个村获评 2A 级景区村;39个村获评 A 级景区村。成功创建浙江省武术之乡。"云漫松间"民宿获评省级白金宿级民宿,并作为杭州地区唯一候选单位接受全国首批五星级民宿评审。全国首家数字民宿梅庄在建德上线。推进文物保护利用,南峰塔和北峰塔成功入选第八批全国重点文物保护单位。三是重大项目。新安江主城区慢行系统建成使用,成为一条网红绿道,豪华餐饮游船"梦幻 17 号"扬帆启航。杭州新安雷迪森酒店等建成开业。喜来登酒店、希尔顿欢朋酒店完成主体工程。九姓渔村一期项目、建德富春方外溪西畈酒店、景澜·建德江宿度假酒店改造提升等项目加快推进。山水实景演艺《江清月近人》进入试演阶段。博物馆进入装修阶段。积极开展建德图书馆新馆等的设计工作。建德—黄山、建德—舟山短途运输航线顺利开通。四是文旅活动。围绕"17℃建德新安江""宜居建德"品牌,深耕高铁沿线城市,瞄准自助游群体,赴上海、黄山、南京、合肥、重庆、贵州等地开展市场促销和宣传推广活动,推出高铁旅游特享政策。相继举办"浙皖一家亲"暨"名山名湖名江名城"浙皖黄金旅游线发布活动、旅游奖励大会、中法(香港)国际武术交流大会等 10 余场大型活动。全年接待游客 1306.2 万人次,同比增长 17%;旅游总收入 134.6亿元,同比增长 24%。婺剧《紫金滩》列入省舞台艺术重点创作题材扶持项目并登上《新闻联播》。举办第六届农村文化节、庆祝建德解放 70 周年主题活动、戏

曲周等品牌活动。五是文化遗产保护。完成 14 处 2018 年历史建筑重点保护工程项目,推进 16 处2019 年度历史建筑维修工程。结合遗产日主题"保护革命文物,传承红色基因",开展"红色记忆"主题革命文物宣传活动,开展建德市第七批市级红色革命文物保护单位申报工作。推进非遗传承保护。寿昌中学和新安江第三小学成为第二批杭州市非遗传承教学基地。大慈岩中心小学被浙江昆剧团授予首个昆曲传承基地。开展严东关五加皮酒技艺第五批国家级非遗代表性项目的申报工作,并顺利通过省级推荐。严东关五加皮酒和倒笃菜列入省优秀非遗旅游商品公布名单;高桥村、李村村、航头村 3 个村落被列入第二批杭州市非物质文化遗产旅游景区(民俗文化村)。六是市场管理。积极整合文旅市场监管力量,10 月 23 日,建德市文化市场综合行政执法队成立。全年累计出动检查 453 次,检查文化经营场所 1964 家次、旅游经营场所610 余家次,行政处罚立案调查26 件,办结案件 30 件,受理各类举报投诉 107 起,有力维护了市场秩序。深入推进"最多跑一次"改革,规定事项 100% 列入"最多跑一次",全年办理各类服务事项591 件。累计开展各类培训会议及演练活动 12 次;开展专项整治31 次,暗访 12 次,整改隐患 64起;现场监管重大活动、演出 15场次,处理 110 应急联动 12 起。在全市开展"微笑服务大讨论"活动,发布微笑服务标准。在全市宾馆饭店开展"提高行业自律、恪守行业标准"服务承诺,举办沟通与礼仪、旅游行业投诉处理技巧

等 8 场技能培训班，开展旅游景区景点服务质量提升大竞赛活动。

（陈晓波）

【桐庐县文化和广电旅游体育局】 内设职能科室 9 个，下属单位 11 个。2019 年末人员 122 人（其中：公务员 20 人，参公 13 人，事业 89 人；具有高级技术职务资格的 32 人，中级 37 人）。

2019 年 1 月 18 日，桐庐县文化和广电旅游体育局挂牌成立，桐庐县文化广电新闻出版局（体育局）和桐庐县旅游委员会将除电影管理和新闻出版之外的职责进行整合，重新组建桐庐县文化和广电旅游体育局。是年，桐庐县文化和广电旅游体育局不断深入推进文旅融合，促进文旅事业产业长远发展。全年旅游接待人数 2063.01 万人次，同比增长 19.89%；旅游业总收入 234.92 亿元，同比增长 24.53%；乡村旅游接待人数 1384 万人次，乡村旅游收入 11.78 亿元，同比分别增长 23.9% 和 29.97%。一是不断推进文化阵地建设。完成县图书馆报告厅升级改造，深化县图书馆总分馆制建设，新建莪山"悦空间"城市书房 1 家。重点推进文昌阁乡村生活书吧建设，建成精品民宿类书吧 3 家，一般民宿阅读服务点 9 个。建成桐庐县非遗馆（东门码头游客接待中心），2 月 19 日正式启用。在分水镇、横村镇、富春江镇等中心镇及 5 万人口以上的乡镇街道试点开展文化馆总分馆制建设。二是不断开展文旅全民活动。开展"龙舞春江·福满桐庐"元宵文化系列活动、桐庐百姓日、桐庐人大会、庆

祝中华人民共和国成立 70 周年歌咏大赛、越剧折子戏专场演出、首届全民艺术节系列文化节庆活动、第八届中国·桐庐休闲乡村旅游季、第十五届杭州·浙西旅游合作峰会、桐庐大地艺术节发布会暨启动仪式等 100 余场文旅活动。开展"我们的村晚"文艺演出、写春联、送福字等文艺活动 200 余场。开展美术、书法等培训班 96 期，培训 4000 余人次；组织开展送排舞、腰鼓、越剧等培训下基层活动 40 场，培训文艺骨干 6000 余人次；组织开展越剧惠民演出、越剧商演等文化活动 200 余场。三是不断加强文化遗产保护工作。开展第五批国家级非遗代表性项目申报工作，桐君中药文化项目被浙江省文化旅游厅推荐申报第五批国家级非遗代表性项目。完成省级非遗旅游景区申报工作，新增莪山畲族乡龙峰民族村省级非遗旅游主题小镇 1 个，新增凤川街道翙岗村省级非遗文化民俗村 1 个。完成第二批杭州市非遗旅游民俗村、市级非遗传承教学基地的申报工作，新增杭州市非遗旅游民俗村 3 个、市级非遗教学基地 1 个。开展第五批县级非遗代表性传承人评定工作，新增县级非物质文化遗产代表性项目代表性传承人 44 人。开通水上非遗旅游专线，包括非遗展示、展演、文化体验等。完成 11 幢历史建筑维修，面积 5150 平方米，总投资 900 万元。实施省级文保单位新合乡引坑钟氏大屋安防建设工程，实现监控全覆盖。完成 74 处县级文保单位保护范围和建设控制地带划定方案以及全县第 3 次全国文物普查登录点保存情况复查，对 4 处文保

单位实施零星抢修加固。联合浙江省文物考古研究所开展分水镇延村洞考古调查勘探及县域内洞穴考古调查，共出土野猪、鹿等动物化石 200 余件。推行土地出让考古前置政策，实行占地 5 万平方米以上的建设项目考古调查勘探，联合杭州市文物考古研究所完成莱茵西侧商住 1 号地块等 6 个地块的考古前置勘探工作，勘探面积 27.52 万平方米。联合杭州市文物考古研究所对桐庐经济开发区安防小镇大阜山土地平整地块进行考古发掘，共发现汉代至明代古墓葬 38 座，出土器物 59 件（组）。四是不断推广全域文旅产品。开展全域旅游产品与精品线路推介会、旅交会 16 场，深化"诗乡画城 潇洒桐庐"城市品牌。其中开展桐庐-新疆旅游推介会，向新疆发布价值 1000 万元的旅游免费券；举办"屯桐一家亲，共饮一江水"旅游推介和民宿交流座谈，实现区域旅游合作与共享；利用十一黄金周进行"好嬉桐庐"旅游推介。《向往的生活》唯一线下体验基地正式亮相，综艺 IP 炒热网红爆点。开展"诗乡画城 潇洒桐庐"品牌列车宣传推广。邀请中国美术学院师生共绘《富春山居图》，开展"全国著名作家桐庐行"采风创作活动并在《人民日报》推出一系列描写桐庐的佳作。举办桐庐县十佳文旅伴手礼评选活动。五是不断推进文艺精品创作。提升越剧大戏《通达天下》并参加西湖之春艺术节，协助中央电视台拍摄专题片《"越"美桐庐》。复排越剧大戏《梁祝》。以"泰山压顶不弯腰"为主题创作反映南堡精神、桐庐精神的歌曲《泰山压顶不弯腰》，参

评"国家艺术精品工程项目"与杭州市"五个一工程"奖。创作艺术歌曲《拓碑人》,获"桐庐县优秀精神文明产品"称号,参评杭州市"五个一工程"奖。创作畲族主题歌曲《到我家来坐一下》,获"诗画浙江"全省旅游歌曲创作演唱大赛创作、演唱双金奖,入选"浙江省2019年度旅游推荐歌曲"。六是不断深化数字旅游建设。指导景点景区、宾馆酒店进行数字化改造,完成22家酒店自助入住设备安装、17家景区扫码入园设备安装、4家旅游一卡通景区联网工作、12家景区面向上海450万沪通卡用户推出免首道门票政策。完善"浙里好玩"桐庐平台的信息收集整理和录入。完成3A级以上景区、景区村智能导览。开展文旅数据仓建设工作,调整全域旅游景区(点)30个视频监控点位,确保实时监控,安全防治。七是不断实施百千万创建工程。完成"醉美县城"景区标识系统设置、创建工作台账编制。富春江镇创成浙江省风情小镇,莪山遇见山哈景区创成国家3A级景区,妙笔智慧乐园创成省级工业旅游示范基地。梅蓉村、石舍村等9个行政村创成浙江省3A级景区村庄,旧县村、潘联村等10个行政村创成浙江省2A级景区村庄。全县累计创成3A级景区村庄29个,2A级景区村庄25个,景区村庄覆盖面29.67%。八是不断规范文旅市场管理。全县共有文化、广电、体育经营单位240家。受理、办结行政审批、备案52件。出动检查1655人次,检查2531家次,查处违规15家次;举报(督查)受理4件,属实案件4件;行政处罚立案调查14

件,办结案件9件,警告3家次,收缴罚款2000元,没收违法物品25件。全年开展旅游质量监督联合检查6次;全域旅游综合执法办公室开展例行检查165次,约谈旅游企业3家,下发责令整改通知书2份;县旅游质监所共接到旅游诉求629件,包括旅游咨询521件、工作建议类17件、投诉91件,全部办结,投诉结案率100%。开展安全检查120次,联合检查10次,排查隐患50余处,整改率98%。组织旅游企业负责人、安管员、水上救生员、漂流企业护漂员等开展安全培训,培训600余人次。全县未发生旅游安全责任事故。

(王 洁)

【淳安县文化和广电旅游体育局】1月17日,根据机构改革调整,由原淳安县旅委、文化广电新闻出版局、体育局合并的淳安县文化和广电旅游体育局正式挂牌成立。10月24日,淳安县文化市场综合行政执法队正式挂牌成立。全年全县接待国内外游客1884.50万人次,实现旅游经济总收入231.93亿元,分别同比增长10.51%、21.06%。其中,乡村旅游接待1459.58万人次,实现乡村旅游收入14.4亿元,分别同比增长12.04%、16.13%。

2019年,淳安县文化和旅游各项工作稳步推进。一是文化工作。加强非物质文化遗产保护。1月30日,公布了淳安三角戏余红兵等第一批县级代表性传承人32名,王阜乡初级中学等非遗教学传承基地3处。6月6日,2019淳安县"文化和自然遗产日"暨淳安县·歙县大型非遗交

流活动开幕式在骑龙巷举办,集中展示了淳安、歙县文化遗产特色,展示区域交流合作成果。7月至8月,开展杭州市非遗旅游景区(民俗文化村)和市级非遗传承教学基地申报工作,成功申报汾口镇赤川口村等4处市级非遗旅游景区(民俗文化村)和王阜乡初级中学等2处市级非遗教学传承基地。加强文物保护。3月6日,淳安县入选中央宣传部、财政部、文化和旅游部、国家文物局评定的革命文物保护利用片区分县名单(第一批)。7月2日,2019年杭州市农村历史建筑保护工作会议在本县召开。积极开展各类文化活动。开展"文化走亲"活动18场,"睦剧进校园"巡演10场,"睦剧下乡"60场,非遗进酒店民宿活动10场。举办读者活动162场,其中各类专题展览45场,讲座36场,阅读推广活动81场,节庆活动27场。全年累计送戏下乡200余场、送春联下乡1万余副、送书下乡3万余册。2月18日至21日,举办"唱大戏闹元宵"2019年淳安县民营剧团展演,县内4个剧团8场大戏参加演出。8月2日至31日,每周五、周六在骑龙巷开展"骑龙有戏"睦剧纳凉月活动。9月23日至26日,杭州市第二十五届"三江"歌手大赛总决赛上,县文化馆荣获优秀组织奖。二是旅游工作。加强全域旅游建设。2月14日,根据《浙江省人民政府关于表彰全域旅游示范县(市、区)的通知》,淳安县成功创建浙江省首批全域旅游示范县。3月20日,出台《2019淳安县全域旅游营销奖励政策》。5月19日,信息协会信用专业委员会和竞争力智库等

机构联合发布《2018 中国县域旅游竞争力报告》，本县入选 2018 中国县域旅游竞争力百强县，成为杭州市唯一入选县（市、区）。开展高铁旅游营销。1 月 5 日，"千岛湖号"品牌列车暨上海高铁旅游专列首发仪式活动在高铁上海站举办。3 月 14 日，杭黄高铁暨千岛湖旅游产品及优惠政策发布会在千岛湖举办。4 月 11 日，2019 杭州千岛湖高铁旅游宁波推介会在宁波举办。开展研学旅游。6 月，启动《千岛湖研学旅行推荐手册》编制。6 月 30 日，联合姜家镇开展以"领略千岛风光，绘写风情小镇"为主题的文化研学活动。10 月 10 日，中国旅行社协会研学分会会长会在千岛湖举办。10 月 12 日，农夫山泉青少年研学中心、石林港湾运动休闲特色小镇、梓桐镇书画研学基地、千岛湖啤酒小镇被评为杭州市中小学生研学旅行基地（营地）。11 月 22 日，"知行山水间·研学千岛湖"千岛湖研学启动仪式在千岛湖举办。开发乡村旅游。4 月 9 日，"以民宿产业升级助推淳安乡村振兴对策研究"课题被立项为杭州市哲学社会科学规划课题，并获 2018 年度淳安县哲学社会科学课题优秀成果奖。7 月 1 日，千岛湖高铁站至乡镇的"乡村景区旅游直通车"专线正式开通。7 月 23 日，根据《文化和旅游部 国家发展和改革委关于公布第一批全国乡村旅游重点村名单的通知》，下姜村入选第一批"全国乡村旅游重点村"。9 月 25 日，杭州文佳农业观光有限公司、杭州兰纳农业水果采摘基地被浙江省旅游标准化技术委员会评为首批金果级"浙江省采摘旅游体验基地"。12 月 25 日至 27 日，召开全县乡村旅游专题培训班。推动民宿发展。全年全县民宿接待过夜游客 342.76 万人次，实现营业收入 4.91 亿元，同比分别增长 25.39% 和 27.49%。7 月 4 日，中共淳安县民宿行业委员会挂牌成立。10 月 15 日，淳安县首部民宿形象宣传片《千岛湖·宿愿》完成拍摄。开展 A 级景区、景区村庄创建。4 月 30 日，威坪镇被纳入全省首批 4A 级景区镇试点培育单位。7 月 20 日，千岛湖石林风景区、千岛湖大峡谷入选浙江省 100 个避暑气候胜地。12 月 9 日，啤酒小镇获评国家 3A 级旅游景区。12 月 9 日，井塘村等 20 个村庄被评定为 2019 年浙江省 A 级景区村庄，文昌村等 13 个村庄被评定为 2019 年浙江省 2A 级景区村庄，进贤村等 16 个村庄由 A 级景区村庄提升为 2A 级景区村庄。12 月 16 日，桐子坞村、屏湖村、西岭村等 10 个村庄获评 2019 年浙江省 3A 级景区村庄。获评运动休闲、特色休闲示范点。9 月 5 日，千岛湖绿道（05 省道段）被浙江省体育局、浙江省文化和旅游厅评为"浙江省十佳运动休闲绿道"。12 月 12 日，千岛湖鱼味馆获评最佳特色休闲示范点，千岛湖水之灵和千岛湖半岛绿道营地获评优秀特色休闲示范点，千岛湖欢乐水世界获评标准特色休闲示范点。提升旅游服务。加强宣传发布。3 月 5 日，微信公众号"千岛湖旅游发布"正式更名为"千岛湖文旅体发布"。3 月 31 日，浙江电视台经视频道《诗画浙江 48 小时》播出千岛湖专题。5 月 2 日，央视一套《新闻联播》、浙江卫视《浙江新闻联播》、杭州一套《杭州新闻联播》《新闻 60 分》等栏目对淳安县骑龙巷开街和城市旅游进行宣传报道。6 月 19 日，"千岛湖旅游"微信公众号被浙江省文化和旅游信息中心评为 2018 年度浙江省文化和旅游系统优秀政务新媒体。9 月 24 日，《中国旅游报》以《从湖区旅游"一枝独秀"到全域旅游"百花齐放"》为标题，刊登本县全域旅游专访报道。11 月 12 日，"寻旅畅游千岛湖"淳安县首届旅游美文创作大赛落幕，共评选出一等奖 2 篇，二等奖 6 篇，三等奖 10 篇，优秀奖 22 篇，优秀组织奖 1 名。11 月 21 日，举办 2019 千岛湖秀水节抖音原创短视频大赛启动仪式暨抖音网红培训班。发展智慧旅游。9 月 5 日至 6 日，杭州城市大脑文旅系统首场推进现场会暨"多游一小时"场景培训班在本县召开。9 月 16 日，《淳安县加快城市大脑建设，助力打造"全国最佳自助游目的地"成效明显》专报被浙江政务信息（专报）录用刊发，并获副省长高兴夫、副市长陈卫强批示肯定。9 月 17 日，淳安县首批市级智慧旅游示范单位顺利通过复评。12 月 30 日，"淳安县城市大脑文旅体数字驾驶舱 1.0 版"正式发布。加强景区管理。推进管理体制改革。1 月 31 日，水上旅游运输资源经营权确权，与浙江千岛湖旅游股份公司签订《千岛湖风景名胜区水上旅游运输资源经营权使用合同》。3 月 18 日，千岛湖景区游船排航调度权转交给浙江千岛湖旅游股份公司。加强智慧景区建设。7 月 10 日，千岛湖景区实施实名制售检票。9 月 3 日，千岛湖景区实施实名制分时预约入园，并对游览线路进行优化。9月4日，千岛湖景区上线支付宝服务，游客可刷支付宝付款码直接入园。开展整治提升工作。2月24日，开展千岛湖景区公共场所控烟专项行动。6月17日至20日，开展千岛湖景区旅游市场秩序专项整治。7月15日至10月15日，开展千岛湖5A级景区整改提升专项行动。9月6日，千岛湖景区观光游船实行上下舱分舱销售。10月18日，完成《千岛湖5A级景区整改提升工作报告》。顺利通过了5A级景区复评。10月24日，完成《千岛湖景区美誉度提升调研课题材料》。全年累计开展湖面巡查200余次，查处违规载客兜风游艇16艘，补齐门票22张，挽回经济损失2860元。加强行业、市场管理。注重培训、检查和演练。全年开展导游检查120次，旅游团队检查310次，纠正导游违规行为18件，办理各类信访投诉319起，接110社会应急联动平台任务44起，均按时完成任务并反馈。3月19日，组织全县宾馆饭店在36都酒店开展消防逃生演练，县内40余家酒店的安全部门负责人参加了演练观摩。加强能力提升。3月13日，联合县总工会、县人社局开展"百业百匠"宾馆饭店服务技能大赛，全县30余家宾馆的68名选手开展"客房服务""餐饮服务"技能大比拼，15名选手获奖。4月25日，联合县卫健局在阳光大酒店召开全县住宿场所负责人会议暨卫生管理员培训会，县内130家住宿单位负责人、卫生管理员参会。做好行业审批工作。全年梳理群众和企业到政府办事事项151项，向县委宣传部移交新闻出版类事项27项，指导和审核全县旅行社变更事项审批11家，新设立旅行社经营许可审批8家，旅行社注销3家，质保金备案和提取12家；审批窗口共办理事项145件，杭州市企业信用联动监管平台反馈信122件，受理群众来访来电200余人次。大力开展旅游活动。4月20日至21日，"2019第八届全民饮茶日"活动在秀水街举办，活动以"每天一杯茶，健康进万家"为主题，通过"看茶艺、品茶味、送茶包、赠茶书、亮茶技"等多种形式，宣传茶文化，普及茶知识，吸引了广大市民游客积极参与。4月30日，举办2019千岛湖城市旅游主题周暨骑龙巷开街仪式，整合了啤酒小镇、千岛湖夜游、新城体验游等城市旅游"打卡点"资源，做好千岛湖国际旅游小城市品牌打造。6月26日，举办2019千岛湖乡村旅游杭州嘉年华活动，来自石林镇、姜家镇、屏门乡等8个乡镇的书记、镇长在杭州万达广场为美丽家乡代言，通过乡村非遗表演、特色展示、有奖问答等多种形式，推广各自乡镇丰富多彩的旅游产品和特色活动。活动现场，县文旅局与浙江省旅行社协会乡村旅游分会签订战略合作协议，并进行了千岛湖乡村旅游嘉年华首发团授旗仪式。9月18日，在下姜村举办2019中国杭州大学生旅游节，来自杭州及国内各大高校的300名在校大学生和20多个国家、地区的100余名在华留学生参加了活动。9月20日，2019中国·杭州千岛湖秀水节在千岛湖啤酒小镇开幕。本届秀水节以"秀水狂欢、共庆华诞"为主题，按照"秀水共护、秀水共兴、秀水共享"三大理念，共设活动15个大项、21个小项，全面展示"奋力开创淳安重大历史变革新局面"的坚定信念，还推出了千岛湖"四心之旅"乡村旅游精品线路。11月29日，举办2019中国·杭州千岛湖秀水节闭幕式暨"文化踩街"活动，共有24个节目参加了表演。

（丰爱斌）

宁波市文化广电旅游局

【概况】　内设职能处室14个，直属单位17个。

2019年，宁波市文旅系统坚持以习近平新时代中国特色社会主义思想为指导，树牢"四个意识"，坚定"四个自信"，坚决做到"两个维护"。在国家、浙江省、宁波市等上级部门的领导下，坚持新发展理念，贯彻落实党和国家机构改革决策部署，勇于改革创新，奋力开拓进取，扎实推动文化广电旅游事业高质量发展。全年宁波市接待国内游客13946.7万人次，同比增长12.2%；旅游总收入2330.93亿元，同比增长16.2%。

一、机构改革顺利推进

按照宁波市委深化机构改革的工作部署，宁波市文化广电旅游局于1月5日正式挂牌成立。如期完成新机构"三定"方案、人员转隶、干部调配、职责划转交接等工作，梳理制定各项规章制度，机构改革各项任务快速、有序推进。原宁波市文化广电新闻出版局（市版权局）所属的14家事业单位、原宁波市旅游发展委员会所属的2家事业单位成建制划入。宁波市文化广电旅游局共下辖企事业单位17家，包含参公事业单位1家。9月29日，挂牌成立宁波市文化市场综合行政执法队，在海曙区、江北区、鄞州区设置派驻机构，负责派驻地区文化市场综合行政执法办案工作。经营性事业单位改革平稳推进，启动宁波剧院、宁波市民乐剧场经营性文化事业单位改革。

二、文艺精品创作和展演出新出彩

（一）文艺精品创作硕果累累

歌剧《呦呦鹿鸣》获中央委员会宣传部第十五届精神文明建设"五个一工程"奖，歌剧《呦呦鹿鸣》、舞剧《花木兰》、姚剧《童小姐的战场》获浙江省第十四届精神文明建设"五个一工程"奖。姚剧现代戏《童小姐的战场》获第十六届中国戏剧节优秀剧目。越剧《藏书楼》、话剧《甬商·1938》、甬剧现代戏《暖城》、宁波平调《葛洪》首演。海曙区群舞《快递小哥》入围第十八届群星奖决赛，并受邀参加颁奖典礼演出。甬剧电影《典妻》荣获第二届中国戏曲电影展"优秀戏曲电影奖"。

（二）庆祝活动精彩纷呈

组织策划"祖国70礼赞"主题系列文化活动，在宁波市广泛开展广场舞、美术、摄影、书法、合唱、会演等形式多样、内容丰富的群众性文化活动。举办"向祖国报告"宁波市庆祝中华人民共和国成立70周年大型主题晚会、"祖国70礼赞"宁波市"一人一艺"全民艺术普及成果展演等多项活动。490位中外人士携手共绘490米牡丹长卷献礼中华人民共和国成立70周年，中央电视台一套《新闻联播》对此进行了专题宣传报道。同时，宁波市各县（市、区）、乡镇（街道）也同步开展各类庆祝活动237场次，营造了浓厚的节日氛围。

（三）文艺精品展演广受欢迎

承办首届中国-中东欧国家博览会暨国际消费品博览会招待演出，受到国内外嘉宾的广泛好评。精心策划第二届世界"宁波帮·帮宁波"发展大会歌舞诗剧《千年甬歌》文艺演出活动。奉化区承办浙江省旅游歌曲创作演唱大赛。歌剧《呦呦鹿鸣》充分发挥文艺精品"扶志""扶智"作用，先后赴江西南昌、辽宁沈阳、吉林敦化、贵州兴义等地巡演，完成51场全国巡演任务。甬剧《筑梦》参加浙江省庆祝中华人民共和国成立70周年优秀剧目展演。姚剧《童小姐的战场》受邀赴国家大剧院演出。《听·见·阳明》剧目受邀前往英国参加第五届爱丁堡艺术节。话剧《大江东去》受邀赴上海参加第二十一届上海国际艺术节。鄞州区越剧团参加"浙漾京城"2019第四届浙江戏曲北京周展演活动。

（四）宁波交响乐团"金名片"效应日益显现

宁波交响乐团举办各类演出101场。先后赴波兰、意大利参加贝多芬复活节音乐节、举办音乐季演出，受邀赴延安参加"5·23音乐节"演出，受邀参加庆祝新中国成立70周年天安门广场千人交响联欢活动等，有效推介宁波城市音乐品牌。大力普及高雅艺术，着力打造"立德树人美育启智"高雅音乐普及暑期大师公开课,央视音乐公开课全程录播并在央视播出。选派优秀演奏员走进部分中小学,定期开展音乐普及讲座和室内乐演出,支持学校和青少年交响乐团发展。

三、公共文化服务体系建设稳步推进

(一)高标准推进公共文化服务体系建设

在全省率先完成宁波市所有10个县(市、区)省级公共文化服务标准的认定工作。全力推进浙江省公共文化服务"百千"工程,宁波市86个重点村全部完成建设任务,4个重点镇完成建设任务。按照《宁波市乡镇(街道)图书馆建设与服务规范》,完成对宁波市所有乡镇(街道)图书馆的首次评估定级工作。创新制定并颁布《宁波市阅读推广志愿服务标准》。"一人一艺"全民艺术普及社会联盟单位总数达151家。先后举办宁波市公共文化队伍培训班、宁波市文化礼堂文化员培训班、宁波市文化旅游志愿服务工作培训班等,培育基层公共文化人才队伍。

(二)高品质推动文化惠民品牌建设

统筹"天一荟""一人一艺""天一讲堂""天一展览"等宁波市级优秀文化品牌,通过群众点单的方式,深入高山、海岛、偏远农村开展演出、培训、讲座、展览等基层群众喜闻乐见的活动,全年开展各类文化活动1600余场次。

(三)高质量提升图书馆服务水平和全民阅读工作

宁波市各公共图书馆继续深入开展全民阅读。承办2019长三角地区阅读马拉松大赛(宁波站)、2019年"书香社区"论坛等

大型活动。"4·23世界读书日"活动,推出"阅读马拉松""到图书馆去"等系列活动,形成市县联动、社会参与的良好势头,"王应麟读书节""余姚市全民读书节""巴人读书节"等各地特色读书活动品牌,获得市民读者的充分肯定。宁波图书馆新馆成为新晋"网红打卡地",做好宁波图书馆新馆乔石书房、地方文献数字化建设中心等特色馆藏的宣传推广工作。宁波图书馆新馆智慧化服务提升成为"最多跑一次"改革向公共场所延伸工作的试点项目。

(四)高效率提升旅游公共服务工作

每季度全面分析研究阶段性旅游经济运行情况,发布旅游经济运行分析报告。持续推进智慧旅游工作,新增奉化区、宁海县和象山县的旅游大数据及10余个文旅电子图层,共计900余个点位的图文、位置信息,新增25家景区的视频监控数据和4家景区客流统计数据。"一机游宁波"平台建成,全域旅游接待平台逐步完善。认真开展年度旅游厕所质量等级评定工作,全市申报新建或改建旅游厕所185座。建成机场T2航站楼旅游咨询服务点和鼓楼旅游咨询服务点。宁波市旅游咨询服务中心(点)为游客提供服务141.86万人次,发放旅游宣传资料63.15万册。

四、文化遗产保护利用传承工作成效明显

(一)世界遗产保护利用持续推进

持续做好"海上丝绸之路"申遗工作,强化"海上丝绸之路联盟"城市间的合作交流,持续推进"海上丝绸之路"各申遗点环境整

治、保护修缮、陈列展示和监测管理。深化"海上丝绸之路"价值研究,完成"宁波与东亚海上陶瓷之路""从明州到京都——宁波古建筑历史情状及其对日韩的影响研究"和"宁波市世界遗产及预备名录图录"等课题研究,编制出版《宁波"海上丝绸之路"遗迹图录》。协同推进加强大运河文化带建设,全面完成大运河宁波段界桩二期工程安装和大运河(宁波段)监测预警系统监测设备修缮更换工作。

(二)文保提升工程有序实施

高起点推进天一阁未来百年发展计划,推动天一阁·月湖5A级文化旅游景区配套建设,启动天一阁博物馆新馆建设,完成概念设计方案和可行性研究。完成河海博物馆可行性研究;指导完成望京门城墙遗址公园考古、遗址保护与展示方案,协助建设单位完成前期工作。大力加强上林湖越窑、河姆渡等考古遗址公园建设。推动保国寺科技保护中心建设。大力推进西塘河公园"塘河文化陈列馆"移交及展陈布展工作,完成镇海口海防遗址炮台抢险加固、宁波府城隍庙修缮等20余处文保单位整治、修缮工程。大力推进屠呦呦旧居、包玉刚故居、孙传哲故居等保护修缮、开放利用工作。

(三)文物保护基础工作全面落实

奉化南渡广济桥和余姚通济桥入选第八批全国重点文物保护单位。全面完成第七批29家浙江省级文物保护单位记录档案审查、宁波市180处革命文物名录和基本信息复核工作。组织召开余姚"智慧文保"现场会,积极推

广余姚、鄞州"智慧文保"做法。逐级签订文物安全责任书1500余份。规范建立县（市、区）、乡镇（街道）、村（社区）3级文物安全管理网络，加强业余文保员队伍建设。聚焦法人违法、盗窃盗掘、火灾事故三大风险，加强重点领域风险防范意识。严厉打击文物犯罪，积极协调配合公安机关持续开展打击文物领域犯罪专项行动。

（四）考古调查和科保稳步推进

积极借助现代科技考古手段，大力开展抢救性、主动性考古工作，验收通过"小白礁Ⅰ号"保护修复一期项目，编制完成二期方案。加强主动性考古研究，持续推进"宁波地区古代城址考古工作计划"，完成郧县故城野外考古、"宁波象山渔山列岛海域水下文化遗产资源考古调查（Ⅰ期）"等项目。启动镇海口海防遗址（江南部分）之镇远、靖远、平远炮台遗址第2阶段发掘工作。开展配合工程建设抢救性考古调查项目73项、抢救性考古勘探项目26项，实施抢救性考古发掘项目11项，完成考古调查勘探面积3500多万平方米，其中涉及土地出让地块171宗，涉及重点文保单位、文保点的考古项目共11项，面积近55万平方米。

（五）博物馆及革命文物宣教功能充分发挥

围绕中华人民共和国成立70周年策划一系列主题展览，宁波博物馆"岁月如歌——1949年以来宁波经济社会发展变迁物证展"、宁波帮博物馆"与祖国同行"宁波帮与中华人民共和国70年特别展等社会反响良好。4家博物馆入选首批浙江省中小学生研学实践教育基地。深化文旅融合，采取串珠成线、连线成片的方式，积极打造红色文旅精品项目。依托余姚、慈溪区域浙东抗日根据地旧址等革命文物，引导推出以"红色四明山、难忘横坎头"为主题的红色文化主题线路。依托演武巷总工会旧址、镇海口海防遗址炮台、各县（市、区）烈士陵园等，引导推出以"美丽宁波、英雄城市"为主题的红色文化旅游项目。依托大革命时期中共宁波地委旧址纪念馆、和丰纱厂工人运动旧址等，积极打造红色文化党建示范基地。

（六）非遗文旅融合实践建设不断加强

开展"迷恋宁波"2019"非遗＋旅游"主题系列活动，推出10条非遗旅游路线，举办第六届"阿拉非遗汇"，实施"温故"品牌进景区。金银彩绣礼品系列等12项非遗旅游商品入选浙江省首批优秀非遗旅游商品。象山竹根雕等3个项目入选浙江省第五批国家级非遗项目推荐名单。象山、海曙、奉化、慈溪建成700平方米以上的县（市、区）级综合性非遗展示馆。开展中青年非遗传承人群培养工程，首批15位传承人共收了19位学徒。承办全国非遗影像展，天一阁古籍修复等2部作品入围"非遗影像展专家评委会推荐影片"。宁波市甬剧艺术博物馆开馆，并举办"甬上风华"甬剧室内音乐会。

五、产业发展和资源开发利用提质增效

（一）国家文化消费试点城市建设启新程

组织实施宁波文化消费网红品牌推广计划，遴选十大网红"打卡地"、十大网红"畅销品"、十大网红"热门事"。组织举办2019浙江省暨宁波市文旅惠民消费季活动，发放300万元惠民文旅消费电子券，"迷恋宁波"文化旅游生活节共吸引100多家商户参与，进一步激发了城乡居民消费潜力。"带着书本去旅行"活动在上海举行专场分享会，吸引更多的游客到宁波。主动融入长三角，和上海、杭州等城市发起成立长三角文旅消费一体化联盟。宁波市文化消费试点做法在2019深圳文博会文化消费试点成果专题展上得到全面展示。

（二）文化产业发展创新绩

文化和旅游部等3部委发文批复同意宁波创建国家文化与金融合作示范区，全国仅2处。组织实施文旅企业上市培育工程，指导成立文旅产业助创导师团和金融服务中心。飞扬旅游在香港联交所挂牌上市，新增"文创板"挂牌企业50家，总数达到170家。举办宁波市文旅产业创业创新大赛，文化创研工作坊入围文化和旅游部创客行动扶持项目。会同宁波市委宣传部承办2019中国（宁波）特色文化产业博览会。推荐部分企业参加第二届上海进口博览会、长三角文博会等活动，宁波市文化广电旅游局获第14届中国（义乌）文化产品交易会展会组织奖一等奖。

（三）文化旅游项目建设攀新高

加强宁波市文化旅游项目投资建设的服务指导和督查考核工作，扎实有效推进浙江广电象山影视城基地三期、横溪农旅小镇、温泉大庄山谷度假中心、星光影视小镇、时光文旅小镇、滨海假期小镇6个市领导联系的重大项目。全年宁波市建设文化和旅游项目312个，总投资2509.78亿元，完成投资299.62亿元。举办2019年文旅项目招商系列活动，共签约52个项目，合同利用资金535.1亿元。

（四）全域旅游及景区发展开新局

修改完善《宁波市全域旅游发展规划》，编制完成《大运河与海丝文化旅游带发展规划》和《宁波邮轮游艇旅游发展规划》，不断优化全域旅游"一带三板块"产业格局。组织、召开、推进全域旅游示范区创建工作现场会，宁海县成功创建首批国家全域旅游示范区，茅洋乡、大堰镇、龙观乡、洪塘街道4家成功创建浙江省旅游风情小镇。继续推进A级旅游景区创建梯队建设，宁波市A级景区总数增至63家。积极开展浙江省级放心景区和生态旅游区创建工作，完成浙东大竹海等10家浙江省级放心景区创建工作，保国寺古建筑博物馆成功创建浙江省生态旅游区。积极开展景区城景区镇建设工作，认定海曙、鄞州、江北、奉化、宁海、象山6个浙江省首批3A级景区城，海曙区龙观乡等13个浙江省首批4A级景区镇，江北区庄桥街道等7个浙江省首批3A级景区镇。

（五）乡村旅游振兴展新颜

深入推进实施"千村景区化"工程，全市共完成274个A级景区村庄的验收评定，其中3A级景区村庄达到53个，超额完成年初任务要求。推进乡村旅游品质提升，鹿山村、滕头村列入首批全国乡村旅游重点村名录，茅洋乡成功创建浙江省级乡村旅游产业集聚区。强化民宿项目对标建设、规范管理和示范引领，饮海三湾获评浙江省白金宿级民宿，玖悦初见、鹿山别院、家春秋3家民宿获评浙江省金宿级民宿，栖霞山居等17家获评浙江省银宿级民宿。宁波市民宿增至1375家，总床位数达到27600余张，精品民宿超过200家。加大乡村旅游和民宿经济宣传推广力度，举办2019宁波民宿（上海）推介会和民宿产业高峰论坛，组织编印《宁波民宿导览手册》和"乡旅"系列宣传画册，开展"百村百景"评选活动。

六、文旅市场管理规范有序

（一）文化旅游审批服务有新亮点

围绕落实"最多跑一次"改革全覆盖，拓展"四级全城通办"和"一件事联办"，推进数字化转型。拓展旅行社、演出经营场所、文艺表演团体等事项的"一件事"全流程"最多跑一次"，在北仑、江北等地的镇、村便民服务中心新增延伸拓展了"全城通办"的试点。开展打造"无证件"办事场景事项梳理，共梳理减材料264件，减材料比例46%。培育和引进行业内中介服务机构入驻"网上中介超市"，规范梳理中介服务事项6个，完善中介服务事项办理指南6个。宁波市文化广电旅游局政务服务事项实现网上办100%、掌上办100%、跑零次100%、材料电子化100%、办理期限压缩比89.77%、即办件65.56%。率先落实领导"坐堂制"，作为宁波市级部门首例局领导到行政服务中心窗口"坐堂"，并将"坐堂制"常态化，起到了良好的示范效应。

（二）市场秩序整治有新举措

部署落实"保平安 迎大庆"各项工作，完成"平安护航70周年"等级响应和市场保障任务，开展文化旅游市场领域"扫黑除恶攻坚年"行动，联合相关部门开展演出市场、娱乐场所、漂流项目等领域安全督查，文化旅游市场整体安全稳定。联合网信、公安、市场监管部门开展营业性演出市场虚假宣传及"炒票"问题专项治理，强化涉外演出现场监管。组织开展出境游旅行社清理检查、旅游市场秩序专项整治、旅游服务质量保证金核查等专项行动。全面推广使用全国旅游监管平台，实现旅行社基本信息、导游信息、统计系统100%录入，使用电子合同的旅行社超过200家，签订电子合同8.6万余份。文化和旅游市场信用数据纳入统一平台，建立信用应用业务协同、个人守信激励、信用承诺公示和信用修复等功能，奉化区旅游行业信用体系建设项目列入浙江省旅游行业信用体系建设试点。完成2018年全域旅游综合保险服务项目绩效考核，推进运营中心建设和救援队伍规范，进一步提升全域旅游综合服务保障能力。部署落实国家、省、市文明旅游工作任务，围绕"文明旅游 为中国加分"主题，开展系列活动。组织召开宁波市文明旅游联席（扩大）会议，举办浙江省文明旅游主题宣传活动宁波分会场活动。组织开展节假日文明旅游活动，组织编制《文明旅游"金"字招牌要求与评价》地方标准。全力推进文明城市创建工作，加大对标自查自纠力度，做好各项迎检准备。

(三)市场质量提升有新实效

围绕《宁波市旅游服务质量提升计划实施方案》,组织开展为期2年的全域旅游服务品质提升工作,取得阶段性工作成果。以文旅融合发展为契机,启动书香主题酒店课题论证和调研,培育和打造一批主题特色饭店、花级酒店和星级旅行社,逐步形成品牌多样、特色各异、品质优良、效益突出的发展格局。新增花级酒店10家,星级饭店1家,宁波市花级酒店达90家。新增星级旅行社4家,星级旅行社达到89家。3家饭店获评浙江省级特色主题文化饭店,10家饭店获评浙江省级品质饭店,5家饭店获评浙江省级绿色旅游饭店。完成年度星级饭店和旅行社复评复核。浙江飞扬旅游集团在香港挂牌交易,成为中国内地旅行社赴港上市的第一股。南苑环球、开元名都、太平洋大酒店等产业结构不断优化,持续保持星级饭店优良品质。举办2019宁波市导游风采大赛,宁波市12支代表队76位选手同场竞技,提升旅游人才技能。金钥匙国际学院宁波分院2019金钥匙班顺利开班,新增金牌导游大师工作室实践基地1个。

七、文旅融合推广宣传工作创新发展

(一)举办城市旅游品牌推介活动

通过品牌发布会形式,确立以"海丝古港 微笑宁波"为宁波旅游主题形象,"顺着运河来看海"为宁波旅游宣传口号,主打"四海"宁波旅游特色产品。举办2019宁波文化旅游节,推出2019宁波国际旅游展、2019宁波梅山峰会·"海上丝路"文旅高峰论坛暨宁波旅游品牌发布会、"市民旅游日"等12项主干活动。举办"我爱宁波"大型歌会暨2019宁波文化旅游节开幕式,组织参加"诗画浙江·百县千碗"甬菜百碗展示推广活动,组织宁波各县(市、区)文化旅游部门参加宁波美食节甬菜百碗的展示展销活动,取得良好推广效果。持续做好"5·19中国旅游日""市民旅游日""甬舟惠民季"等系列活动,旅游日当天约14万人次享受旅游优惠。2019宁波国际旅游展吸引10余万人次进场,累计实现销售额8100万元,线上交易额同比增长30%。

(二)推动长三角旅游目的地建设

深化甬舟两山(雪窦山和普陀山)合作和浙东南旅游联合体合作机制。组织召开"两山"文化旅游对洽会,深化与舟山以雪窦山和普陀山合作为核心的"两山合作",共同努力打造"东南佛国"旅游目的地。深化沪甬两地合作,举办上海·宁波(北京)文化和旅游推介会、天津校园行暨上海·宁波文化旅游音乐分享会,吸引更多的长三角游客到宁波旅游。融入江浙沪皖长三角区域合作,组织参加2019长江旅游线路产品大赛,打响宁波在长三角区域核心品牌,合力推动长江流域文化旅游高质量发展;组织举办宁波文旅南京、郑州等推介交流会,宣传宁波"顺着运河来看海"的文旅主题线路。

(三)做专会奖主题旅游产品

开拓上海、北京等重点会奖旅游市场。强化会奖旅游城市及会奖组织间合作。参加中国会奖旅游城市联盟2019年夏季、冬季推广暨培训交流活动,与上海、杭州、北京、苏州等18个热门会奖旅游目的地展开交流互动。召开2019宁波会奖旅游商务交流大会,组织第二届"宁波会议奖励旅游策划师"培训,开展"宁波市会奖旅游推广联盟北京站路演"活动,多措并举搭建会奖旅游推广平台。

(四)推动文旅交流国际化合作

持续打造"东亚文化之都"品牌,赴日韩参加耽罗文化节、青瓷国际学术研讨会等,邀请日韩多个团组到宁波参加文博会、天一阁论坛、阿拉非遗汇等活动,共同提升东亚文都城市品质。以2019"丝路新旅"宁波文化旅游(索非亚)推广周为代表,两地开启了以客源互送、文旅合唱为特色的新时代。在保加利亚举办"海丝古港 微笑宁波"文化旅游推介会、"品味宁波"文化体验活动、"凝望,对话"庆祝中保建交70周年艺术展等系列活动,举办"百团千人游中东欧"活动,促进双向客源互送,保加利亚商旅代表团赴甬达成部分文旅和经贸项目签约意向。做好在爱丁堡、首尔、索非亚等国际城市的宁波文化旅游形象展示,发展捷克(宁波)文旅体验店。在捷克、匈牙利、克罗地亚等中东欧国家的国际机场投放宁波"海上丝绸之路"主题文旅形象广告,有效提升宁波在中东欧国家的知名度。海外媒体平台加大对宁波旅游的宣传投放力度。积极谋划推广宁波144小时过境免签特色旅游产品线路,鼓励外国旅客在旅游、商务会展、探亲访友等方面"用足用好"过境免签政策,促进入境旅游市场发展。

(五)加强港澳台入境旅游市场推广

赴台举办 2019 宁波文旅(台湾)推广活动,举办高雄旅游推介会、"宁波雪窦山号"日月潭游船冠名仪式等活动,台湾 24 家文化旅游企业负责人组团到宁波踩线,达成 2 项签约合作。宁波开通直飞高雄航班之际,举办 2019 浙江·台湾合作周——宁波文旅专题推广交流活动。在港澳市场方面,继续利用宁波研学旅游香港推广中心,开发宁波"海上丝绸之路"主题旅游产品,进一步培育和拓展青少年游学市场,推动港澳入境市场持续发展。

八、宏观管理和服务保障能力持续提升

(一)积极开展文化旅游发展规划和课题研究

研究制定宁波市文化旅游业发展"十四五"规划编制工作方案,明确规划编制的 4 个阶段任务要求和时间节点,着眼事关文化和旅游发展全局的重点、难点和焦点问题筹划"十四五"规划的前期研究,确定 16 个重大问题研究选题参考。开展部、省、市、局等各级专题课题调研 21 项,部级重点课题 4 个、省级重点课题 1 个、市级重点课题 2 个。

(二)全面推进文化旅游依法治理工作

认真做好《宁波市非物质文化遗产保护条例》的立法调研工作。着力推进法治机关建设,开展规范性文件的清理评价,决定继续保留 29 件,拟修订 12 件,废止 4 件。落实行政执法责任制,做好行政执法主体资格公布有关工作,召开行政执法联席会议,及时研究法沿政府示范创建、年度考核、行政执法等重大问题。制定并公布 2019 年宁波市文化广电旅游局普法责任清单,继续实施公务员"学法用法三年轮训行动",开展遵法、学法、守法、用法宣传教育活动,大力推进普法与执法的有机融合,深入开展以案释法。

(三)持续加强人才队伍建设

选派干部到索非亚中国文化中心任职、到甬江科创大走廊指挥部等重大项目和重点工程挂职、到农村担任指导员等,提升能力。开展"新鼎计划"优秀人才培养对象、宁波市领军和拔尖人才培养工程、2019 年文化名家暨"四个一批"人才等 11 项人才工程,"金牌导游"、文艺人才等 2 个项目,以及 2019 年浙江省文化和旅游创新团队项目的推荐申报工作。

(四)全面强化系统财务内审工作

机构改革后,制定修订部门各项财务管理制度,加强部门年度预算经费保障。开展财政事权与支出责任划分、专项资金清查工作,加强专项资金支出进度管理,探索加强绩效管理。组织 12 次采购审核会,审议项目 78 个,审核合同 244 个。加强宁波市文化广电旅游系统资产管理,组织实施房地产清查整顿工作,分类做好资产处置管理工作。整合修订内部审计制度,从项目计划、组织管理、质量控制和成果提升等方面入手,突出对机构改革资产和经费管理、内控制度、重点资金、重大项目的审计。

【大事记】

1 月

1 日 宁波市保国寺古建筑博物馆举办"浩瀚遗珍·海上丝绸之路与东亚建筑史迹"展。

3 日 根据《宁波市机构改革方案》,将宁波市文化广电新闻出版局(市版权局)的文化和广播电视管理职责、宁波市旅游发展委员会的职责整合,组建宁波市文化广电旅游局,作为宁波市政府工作部门。不再保留宁波市文化广电新闻出版局(市版权局)、宁波市旅游发展委员会。

同日 组织召开宁波市首届十佳旅游产业融合基地专家终评会,评定产生全市十佳旅游产业融合基地。

4 日 落实宁波市文化行政审批"证照分离"改革工作,与省级部门对接"证照分离"改革告知承诺事项审批实施细则。

6 日 浙江省考古学会公布 2018 年浙江十大重要考古发现,宁波市文物考古研究所的"奉化鄞县故城调查、勘探与试掘"和"余姚巍星路窖藏发掘"2 个项目入选。

8 日 张爱琴被任命为宁波市文化广电旅游局局长。

同日 宁波市人大常委会副主任翁鲁敏一行检查指导宁波图书馆新馆工作。

12 日 中国保险博物馆在宁波建成开馆。该博物馆由宁波市人民政府和中国保险学会共同主办,中国金融博物馆集团受托运营。

15 日 副市长许亚南率宁波市教育局、宁波市市场监管局、宁波市应急管理局相关人员到宁波博物馆检查节前安全生产工作。

16日　根据机构改革需要，宁波市委决定：建立中共宁波市文化广电旅游局党组，由张爱琴同志任书记，撤销中共宁波市文化广电新闻出版局委员会、中共宁波市旅游发展委员会党组，相关人员职务同时免去。

同日　由宁波创排的民族歌剧《呦呦鹿鸣》全国巡演第3场演出在四川成都举行。

17日　根据《关于市文化广电旅游局转隶接收人员审核情况的函》，宁波市文化广电旅游局从原宁波市文化广电新闻出版局、原宁波市旅游发展委员会共转录接收人员616名，其中机关71名（正处长19名，副处长9名），参公事业单位37名（正处长1名，副处长4名），未参公事业单位508名（高配至副局级人员2名，五级职员6名，六级职员22名，不担负领导职责的五级职员1名，不担负领导职责的六级职员1名）。

同日　宁波市"扫黄打非"工作领导小组办公室组织参加全国、省"扫黄打非"工作电视电话会议。

21日　住房和城乡建设部、国家文物局公布第七批中国历史文化名镇名村名单，慈溪市观海卫镇（鸣鹤）、海曙区章水镇李家坑村、慈溪市龙山镇方家河头村、余姚市大岚镇柿林村入选。

22日　宁波市政协副主席崔秀玲一行到宁波图书馆新馆走访指导。

23日　组织开展月湖西区市级文物保护点6处文物保护工程竣工验收。

25日　组织省级文物保护单位西塘河保护区划内建设工程设计方案专家论证。

同日　宁波帮博物馆举办"瓷路锦绣·春满甬城"迎春特别展系列活动。

同日　宁波市旅行社协会成立大会暨一届一次会员代表大会召开，选举产生了宁波市旅行社协会理事会及负责人。

29日　组织开展"无差别全科受理"窗口受理人员和咨询人员的业务强化培训，推进"涉企证照通办"和社会民生事务综合办理区"一窗受理"。

30日　宁波博物馆举办"金猪拱福——己亥新春生肖文物联展"。

31日　"宝见古城——宁波·余姚巍星路窖藏考古成果特展"在余姚博物馆开展。

2月

4日至10日　春节假期期间，宁波全市博物馆共举办各类展览57个，开展讲座和节庆活动66场，接待观众共计309865人次。

10日　"天一阁文献丛书"之一《天一阁诗辑》出版，共计收录自建阁以来的历代153位作者有关天一阁的旧体诗305首，由宁波市天一阁博物馆副研究馆员龚烈沸纂辑。

11日至24日　宁波市文化广电旅游局组织开展春节元宵系列文化活动。

12日　宁波博物馆、宁波帮博物馆、宁波市保国寺古建筑博物馆，余姚河姆渡遗址博物馆、宁波中国港口博物馆和浙东（四明山）抗日根据地旧址群入选浙江省首批中小学生研学实践教育基地。

同日　组织开展省级文物保护单位中山公园旧址独秀山维护保养工程竣工验收。

20日　做好市定审批权力事项的清理增减调整工作。

26日　宁波市天一阁博物馆东扩工程正式开工。天一阁东扩工程总占地面积3545平方米，建筑面积2866平方米，工程包括了对7个历史建筑院落的修缮、陈列布展以及相关基础设施建设和景观提升等内容，总工期360天。

28日　2018年度局领导班子和领导干部年度考核暨2019年度党风廉政建设、意识形态、安全生产工作会议召开。

是月至5月　做好行政审批事项颗粒度细化拆分，完成权力事项库的动态调整。

3月

1日　原宁波市文化广电新闻出版局所属的14家事业单位，以及原宁波市旅游发展委员会所属的2家事业单位，均成建制划入宁波市文化广电旅游局。

同日　宁波市文物保护管理所〔大运河（宁波段）遗产管理办公室、宁波市世界文化遗产保护管理中心〕更名为宁波市文物保护管理所（宁波市世界文化遗产保护管理中心），不再挂大运河（宁波段）遗产管理办公室牌子。

7日至8日　宁波市演艺集团原创话剧《甬商，1938》在天然舞台首演。

8日　由中国港口博物馆联合安徽博物院举办的"出走与归来——潘玉良的绘画艺术"特展在中国港口博物馆开展。

12日　宁波籍翻译家、作家葛祖兰后人葛文洪向宁波帮博物馆捐赠了葛祖兰的奖杯、奖状以及多年从事研究创作俳句的珍贵手稿、译著代表作等史料实物。

同日 全国重点文物保护单位江北天主教堂一期修缮工程完成省级竣工验收。

13日 宁波交响乐团"庆新中国成立70周年系列交响乐之红色记忆"在宁波大剧院演出。

14日 组织开展市级文物保护点江北大吉弄董氏民居修缮工程竣工验收。

15日 宁波市委办公厅、宁波市政府办公厅印发《宁波市文化广电旅游局职能配置、内设机构和人员编制规定》,明确宁波市文化广电旅游局是宁波市政府工作部门,为正局级。内设13个职能处室和1个机关党委。核定行政编制59名,后勤服务人员编制8名。设局长1名,副局长4名;处级领导职数23名,其中正处长级15名(含机关党委专职副书记1名、团委书记1名)、副处长级8名。

16日 宁波博物馆联合新疆维吾尔自治区博物馆举办的"走进西域——新疆丝绸之路文物精品展"在宁波博物馆开展。

19日 宁波市北仑区携手阿联酋"拥抱中国"执行委员会举办的"拥抱中国:中国人眼中的迪拜"摄影展在中国港口博物馆举办。

同日 推进落实宁波市政府数字化转型工作,做好文物保护单位建设控制地带内建设工程设计方案许可数据共享接口的封装。

同日至25日 组织舞剧《花木兰》、话剧《守护》和歌剧《呦呦鹿鸣》在浙江省人民大会堂开展

"宁波舞台艺术精品杭州展演周"活动。

20日 国家社科基金重大项目"天一阁所藏文献分类整理与研究"结题鉴定会在宁波市天一阁博物馆举行。

22日至31日 宁波市文化市场行政执法总队会同宁波市文物保护管理所组成联合检查组,集中开展文物大检查活动。

23日 由宁波市文物考古博物馆学会主办,宁波市天一阁博物馆和宁波博物馆承办的"讲好宁波故事——全市博物馆优秀讲解案例推介活动"暨浙江省博物馆优秀讲解案例宁波选拔赛,在宁波博物馆报告厅举行。

29日 宁波市文化广电旅游局获评2018年度宁波市法治政府建设考评优秀单位。

4月

1日 宁波博物馆联合中共鄞州区委宣传部、浙江大学宁波理工学院传媒与设计学院在宁波博物馆联合举办新闻发布会,举办"2019'海上丝绸之路——博物鄞州'创意设计大赛暨宁波博物馆文化创意设计大赛"。

同日至6日 宁波交响乐团到波兰演出。

2日 宁波市举办南三县全域旅游PK大赛,奉化区、宁海县和象山县现场PK,评选出国家级全域旅游示范县(市、区)的推荐名额。

3日 中国音乐家协会、中国文学艺术基金会和中共宁波市委宣传部、宁波市文化广电旅游局、宁波市文学艺术界联合会,联合召开中国文联"中国精神·中国梦"主题文艺创作工程资助项目——歌剧《呦呦鹿鸣》的全国巡

演发布会。歌剧《呦呦鹿鸣》将于4月至5月期间,先后赴浙江余姚梁弄四明山革命老区、江西南昌、贵州黔西南布依族苗族自治州等地开展巡演活动。

同日 宁波市"扫黄打非"和文化市场管理工作会议召开,宁波市委常委、宣传部部长、市文化市场管理("扫黄打非")领导小组组长万亚伟出席会议并讲话。宁波市文化市场管理("扫黄打非")工作领导小组各成员单位负责人和各县(市、区)文化市场管理("扫黄打非")工作领导小组及其办公室负责人参加会议。

同日 芬兰科特卡市市长艾莎·西尔维携代表团一行到中国港口博物馆参观考察。

10日 中国香港公务员内地专题考察团30余人到宁波帮博物馆参观考察。

同日 大型原创越剧《藏书楼》在天然舞台试演。

12日 妈祖祭祀及台湾布袋木偶戏专场演出在庆安会馆举行,台南善化庆安宫、宁波市台湾同胞投资企业协会、东胜街道等的200余人参加活动。

15日 浙江省纸质文物保护修复培训班在宁波开班。培训班由浙江省文物局和宁波市文化广电旅游局主办,宁波市天一阁博物馆承办,来自全省32家文物收藏单位的36名学员参加。

17日 无锡市人大到宁波进行旅游立法调研。

23日 宁波市文化广电旅游局组织开展阅读市集、第四届"服刑人员读书节"、地铁图书漂流等各项"4·23世界读书日"阅读推广活动。

同日 制定印发《宁波市文

化广电旅游局行政规范性文件管理办法》,规范行规文件的起草、审查、登记、备案、发布和清理。

同日至25日 大运河(宁波段)遗产管理办公室派员陪同沧州、无锡市政协调研考察了庆安会馆、"海上丝绸之路"起航地(运河末端)、官山河等大运河(宁波段)世界遗产重要点段。

26日 宁波"品牌文化活动相约文化礼堂"在奉化举办。

27日 全国中高级导游等级考试宁波考点考试在浙江大学宁波理工学院经理学院举行。

同日 由天一阁博物馆和苏州碑刻博物馆联合举办的"书家神品——董其昌碑刻拓片特展"在天一阁博物馆开展。

同日 "大爱妈祖——妈祖信仰在宁波"文化活动周在庆安会馆举行开幕仪式。

同日至30日 宁波组团参展第14届中国(义乌)文化产品交易会,宁波市文化广电旅游局荣获展会组织一等奖。

29日 宁波市全域旅游示范区创建工作现场会在余姚梁弄召开,宁波各县(市、区)文化旅游部门分管领导、相关科室负责人、乡村全域旅游示范区(含创建单位)所在乡镇主要负责人和指导专家等70余人参会。

同日 制定印发《宁波市文化广电旅游局合同管理制度》。

30日 宁波市文化和旅游资源开发工作会议在余姚梁弄召开。

是月 宁波市文化广电旅游局组织开展"牢记初心使命,勇于奉献担当"专题教育实践活动第2阶段工作。

5月

12日 宁波诺丁汉大学阳明文化研习基地揭牌仪式在王阳明故居广场举行。

同日 宁波市新青年音乐计划暨"国乐经典校园行"在宁波图书馆新馆举办。

13日 制定印发《宁波市文化广电旅游局调研工作管理办法(试行)》。

14日 组织大运河保护区划内刹子港小西闸建设工程设计方案专家评审论证。

16日 2019"讲好浙江故事——全省博物馆优秀讲解案例推荐活动"终评会举行,宁波博物馆选送人员以第3名的成绩获得"非专业组十佳优秀讲解案例"。

17日 组织孝闻街84号市级文物保护点维护保养方案专家评审论证。

18日 沙耆故居正式对公众开放。

同日 2019年国际博物馆日的主题是"作为文化中枢的博物馆:传统的未来"。宁波市各大博物馆准备了35项展览、讲座与活动,让广大观众走进博物馆,了解博物馆。

同日至19日 第六届"阿拉非遗汇"在宁海举行。

20日 组织市级文物保护点吴氏支祠修缮方案及装修设计方案的专家评审论证。

21日 由宁波中国港口博物馆、广州博物馆主办的"辉煌印记——中国清代外销纹章瓷展"在宁波中国港口博物馆开展。

24日 上海市文化和旅游局、宁波市文化广电旅游局联合在京举行沪甬文化和旅游推介会。

25日 "岁月如歌——1949年以来宁波经济社会变迁物证展"在宁波博物馆开展,展览集合了500余件生活、生产等用品,基本涵盖百姓的衣食住行娱,展示了宁波从1949年以来社会经济、人民生活的变化与发展。

26日 宁波参加"2019海峡两岸高雄旅展"。

28日 落实宁波市委领导有关象山石浦港"绿眉毛"渔业休闲船项目审批的协调工作,并反馈宁波市"三服务"办。

6月

1日 宁波市第十五届未成年人读书节暨阿拉童话节在宁波图书馆永丰馆举办。

同日至3日 宁波各大博物馆组织开展"书藏古今·港通天下"甬城文化宣讲暨宁波市第五届红领巾读书会活动、流动展览"我在港城识港口——港口知识科普展"、雕版印刷和拓片体验活动等"六一儿童节"相关活动

2日至7日 宁波市基层公共文化服务培训班在河南大学举办。

3日 组织召开市级文物保护点袁宅维护保养工程方案专家评审论证。

6日 北仑区公布邵氏宗祠、蒋介石手书墓碑、穿山碉堡群、徐建农、徐长海烈士故居4处为第十八批区级文物保护点。

同日 梳理投资项目行政审批中介服务事项和拟应用信用产品审批事项清单。

同日至10日 全市开展以"保护革命文物,传承红色基因"为主题的文化和自然遗产日活动。

9日 浙江省文化和旅游厅

党组书记、厅长褚子育到中国港口博物馆暨国家水下文化遗产保护宁波基地调研指导工作。

10日 浙江省文物局公布了第十三届（2018年度）浙江省博物馆陈列展览精品项目获奖名单，中国港口博物馆的"金钩玉带入梦来——中国古代带钩展"荣获精品奖，宁波博物馆的"国之祀典——清代宁波府孔庙祭祀礼乐器展"获得优秀奖。

11日 制定印发《宁波市文化广电旅游局2019年法治建设工作要点》。

12日 召开"不忘初心、牢记使命"主题教育动员部署会。

13日 按照浙江省文化和旅游厅要求，成立"服务基层增强'四力'"领导小组。局党组下发《关于印发局系统"服务基层、增强'四力'"行动方案的通知》。

14日 召开中共宁波市文化广电旅游局直属机关党员代表大会，组织选举直属机关委员会和直属机关纪律检查委员会。

17日 宁波市天一阁博物馆分别与天津大学建筑学院和浙江农林大学风景园林与建筑学院签署了校地战略合作协议，以天一阁建筑及园林环境的研究保护和建设为目标，探索构建校地协同创新战略合作关系。

18日 组织召开全国文物保护单位保国寺与大运河保护区划内墅家安山社设计方案专家评审论证。

同日 浙江省文化市场管理人员培训班在宁波举行。

同日 宁波市文物考古研究所在国家水下文化遗产保护宁波基地召开2018—2019年度配合工程建设抢救性考古项目合作单位评估考核会议。

同日 宁波甬剧艺术博物馆正式开馆。

19日 宁波市委第五巡察组巡察宁波市文化广电旅游局党组工作动员会议在宁波图书馆召开，开始为期3个月的巡察工作。

26日 组织召开保国寺建设控制地带内宁波地震台设计方案专家评审论证。

同日 组织召开庆安会馆与大运河保护区划内三江口景观提升工程建设工程设计方案专家评审论证。

27日 宁波市自然资源和规划局公布《宁波历史文化名城保护规划》。

同日 由中国图书馆学会公共图书馆分会主办，宁波图书馆承办的第二届公共图书馆创新创意征集推广活动现场研议会议在宁波图书馆举办。

28日 浙江飞扬国际旅游集团在香港联交所主板挂牌交易。

29日 "浮光阅影"胶片摄影展在宁波图书馆开展。

是月 宁波市文化广电旅游局组织局直属机关党委（纪委）选举。

7月

1日至5日 浙江省文化和旅游厅委托宁波市文化广电旅游局完成对海曙区、北仑区、奉化区、余姚市、慈溪市、宁海县的浙江省基本公共文化服务标准认定工作。

1日至31日 组织开展2019"华夏文明·薪火相传"——台湾青年学生赴大陆见习活动。本次活动由海峡两岸旅游交流协会主办，台湾"中华观光管理学会"和大陆各地文化旅游主管部门承办。

2日 宁波市文物保护管理所组织召开了宁波市革命文物保护利用工作会议。

5日 "天一约书"在图书馆新馆、永丰馆和鼓楼地铁站甬城惠客厅等3处信用借阅柜设置基础上，在地铁各线路新增4台信用借阅柜，并同步开展"Lucky Book"领取活动。

6日 由宁波博物馆和中科院古脊椎动物与古人类研究所联合主办的自然科普类特展"我从海洋来——从鱼到人的生命之旅"在宁波博物馆一楼东、西特展厅开展。

8日 "非遗薪传"——浙江传统舞蹈展演展评系列活动获奖名单公布。奉化布龙荣获特别贡献奖及薪传奖，蟹浦船鼓、木偶摔跤荣获优秀展演奖，宁波市奉化区非物质文化遗产保护中心荣获优秀组织奖。

9日至12日 开展浙江省公共文化服务体系"十百千"重点镇、村验收工作，宁波市5个重点乡镇、86个重点村通过验收。

12日 联合国国际海事组织前秘书长关水康司、英国大不列颠基金会主席马修·特纳、香港海事博物馆馆长理查德·韦持利一行，赴浙东海事民俗博物馆（庆安会馆）参观访问。

13日 由宁波市文化广电旅游局主办，宁波市文化馆、市非物质文化遗产保护中心、鄞州区文化和广电旅游体育局共同承办的2019宁波市第二届少儿非遗故事大赛在宁波博物馆举办。

14日至23日 宁波交响乐团赴意大利参加夏季音乐节交流

演出。

18日至31日 开展 2019 年度宁波市文化广电旅游系统行政许可案卷评查活动，采取专家评查和交叉检查相结合的方式，评选出"十佳"行政许可案卷予以表彰。

19日 召开平安建设和扫黑除恶专项斗争形势分析会，总结上半年工作开展情况，分析形势，部署下半年重点工作。

20日 与人保公司签订宁波市全域旅游综合保险服务项目试点第 2 年合作协议，持续推进"三大保障""五大措施""七大救援"的保险创新工作，着力打造宁波市"安心＋开心＋放心"的旅游公共服务环境。

同日 郑梦周铜像揭幕仪式及"寻找郑梦周到宁波的'运河''海丝'之足迹"征文大赛颁奖典礼在庆安会馆举行。

25日 为期 90 天的"宁波象山渔山列岛海洋考古调查项目"结束，完成对岛礁陆上遗存的调查。

29日 宁波市召开半年度旅游经济运行分析会，通报了 2019 年上半年全市旅游经济运行情况、存在问题和下步工作举措。市委常委、宣传部部长万亚伟出席会议并做重要讲话。

30日 宁波市生活垃圾分类处理与循环利用工作领导小组办公室、宁波市文化广电旅游局和宁波市商务局联合印发《关于宁波市酒店（宾馆）行业限制一次性消费品使用的实施意见》。

同日 部署开展文明旅游工作，印发《宁波市文化广电旅游局关于做好 2019 年文明旅游工作的通知》。

31日 召开宁波市文化广电旅游行政审批工作座谈会，各地文化广电旅游行政审批分管领导、行政审批科（窗口）负责人参加了会议。会议重点介绍了各地行政审批机构改革落实情况、上半年行政审批"最多跑一次"改革推进亮点举措及下半年重点工作。

同日 宁波市、县两级组织参加全国打击文物犯罪专项行动电视电话会议。

8月

8日 组织县（市、区）文化广电旅游部门开展审批案卷互评。

同日至13日 携《听·见阳明》剧组 11 人赴爱丁堡参加第五届爱丁堡艺术节之中华文化艺术节演出并开展旅游推介活动。

9日 组织召开《宁波市旅游地方标准实施绩效评价研究》专家评审会。

同日至10日 超强台风"利马奇"来袭，全市积极开展防台、抗台工作，领导及工作人员赴一线文博、旅游单位进行现场协调指导。

11日 由宁波市文化广电旅游局指导，宁波市文化娱乐行业协会主办的宁波市第三届游戏游艺超级联赛（NGL）决赛在江北万达举行，3 个比赛项目分别决出最终名次。

12日 根据宁波市委机构编委办《关于同意宁波市图书馆更名及调整机构编制事项的函》，同意将宁波市图书馆更名为宁波图书馆，增加内设机构 4 个，增加中层领导职数 7 个（4 正 3 副）。

14日 组织开展机关党员干部"扬家风、立家规、传家训"家

规家训集中宣传展示活动。

15日 联合宁波市消防总队、宁波市公安局及宁波市文物保护管理所，开展文物建筑火灾隐患排查整治检查工作，陆续检查了海曙、江北、鄞州、北仑、奉化、宁海、慈溪等地。

18日 在鄞州体育馆举办"立德树人 美育启智"俞峰文艺大师公开课。

同日 慈溪博物馆新馆试运营。

19日 中宣部第十五届精神文明建设"五个一工程"奖获奖名单公布，歌剧《呦呦鹿鸣》获奖。

22日 宁波市文化广电旅游局"时代画卷中国梦"庆祝中华人民共和国成立 70 周年大型主题展览在宁波图书馆举办。

同日至23日 举办 2019 年度 A 级旅游景区（村庄）品质提升班。

23日 宁波市世界文化遗产保护管理中心组织开展了"今天我是运河河长"大运河遗产保护志愿者活动。

27日 宁波市天一阁博物馆征得铜版画《平定台湾得胜图》等 4 种 19 幅，为清内府铜版雕刻印本。

29日至9月2日 应韩国顺天市政府邀请，宁波市文化广电旅游局代表团 5 人赴韩国仁川参加中日韩 3 国友城旅游推介活动，并与顺天市商谈两市旅游合作事宜。

30日 宁波市天一阁博物馆、宁波市保国寺古建筑博物馆、宁波博物馆、宁波中国港口博物馆等各大博物馆的暑期夏令营结束。

同日 由宁波市文化广电旅

游局、镇海区人民政府主办,镇海区文化和旅游体育局、宁波市旅行社协会、宁波晚报共同承办的2019中国(宁波)旅行商大会在镇海举行。

同日 宁波市文化广电旅游局2019"迷恋宁波"文化旅游生活节启动暨"阅湖游心"开游仪式在天一阁·月湖景区举行。

同日至9月1日 举办2019宁波国际旅游展。

9 月

2日 宁波市召开宁波市文明旅游联席扩大会议。

3日 制定印发《宁波市文化和旅游业发展"十四五"规划编制工作方案》,启动"十四五"规划前期研究工作。

4日 制定印发《取消一批证明事项的通知》,完成《乡村全域旅游示范区评价标准》《宁波市旅游大数据平台应用技术导则》申报市级地方标准规范项目相关工作。

5日至6日 宁波市文化广电旅游局"智慧文保"工作现场会暨文物保护区域评估工作推进会在余姚举办。

10日 意大利国家研究委员会文化遗产保护与推广研究所(ICVBC)2名专家到上林湖越窑国家考古遗址公园,开展"海上丝绸之路"保护与申遗调研工作。

12日 在镇海九龙湖畔举办2019年宁波市文化旅游安全应急救援演练。

同日 宁波市文化广电旅游局"哲匠之手——中日建筑交流两千年的技艺"特展在宁波市保国寺古建筑博物馆科保中心开展。

同日 宁波市文化广电旅游局"甬上月明 溢彩中秋——'一带一路'中外文化交流中秋晚会"在庆安会馆举行。

17日 宁波市文化广电旅游局党组印发《局属单位中层(科级)领导干部选拔任用工作实施细则》,自下发之日起施行。

同日 由宁波市文化广电旅游局主办的"美哉汉字 伟哉文明"2019天一阁论坛举行。

同日 "貌写家山——安徽博物院藏新安画派精品展"在宁波博物馆开展。

18日 由中国港口博物馆联合5家意大利博物馆举办的"向海而生:古罗马海港的传说"特展开展。

20日 组织宁波市文化广电旅游行政审批业务培训。

21日 2019"文明旅游 安全出行 为中华人民共和国成立70周年加分"宁波分会场活动在宁海县青少年活动中心广场举行。

22日 "五洲绘国色 四海庆华诞"宁波市庆祝中华人民共和国成立70周年大型广场献礼活动,在鄞州区政府广场举行。

24日 召开宁波市乡村全域旅游示范区建设工作推进会。

27日 宁波市文化广电旅游局被文化和旅游部确定为文化和旅游改革发展调研联系点。

29日 宁波市文化市场综合行政执法队正式挂牌。

是月 宁海成功创建国家全域旅游示范区。

10 月

1日 组织宁波交响乐团在北京天安门广场参加中华人民共和国成立70周年千人交响乐演出。

13日 宁波市保国寺古建筑博物馆启动"殿启祥符·1013——保国寺大殿建成纪念日"活动。

16日 镇海赵安中故居主题馆开馆。

同日 天一阁博物馆与中国电信、中国移动、中国联通三大运营商及华为技术有限公司分别签署了战略合作协议,共建5G智慧博物馆。

同日 国务院正式核定并印发了《关于核定并公布第八批全国重点文物保护单位的通知》,宁波奉化南渡广济桥(元、清)和余姚通济桥(清)入选。

同日至17日 中国港口博物馆庆祝建馆5周年,举办"港口与影像Ⅱ 消失的码头:在时空与记忆之间"展览和"2019涉海类博物馆馆长论坛"。

17日 天一阁博物馆和广博集团在浙江书展主会场3号馆签订文创战略合作协议。

同日 承办第二届世界"宁波帮·帮宁波"发展大会开幕式音乐会。

同日 取材自真实宁波爱心故事的大型甬剧《暖城》在宁波剧院上演。

同日至18日 组织举办2019"书香社区"论坛、首届长三角地区公共图书馆信用服务年会、第三十一届全国15城市公共图书馆工作研讨会。

18日 2019宁波民宿上海推介会在上海举行。

19日 组织举办2019宁波市民旅游日活动。

同日 指导江北区承办第十五届中国合唱节,组织宁波交响乐团参加开幕式音乐会。

同日 中国考古学会水下考古专业委员会成立大会暨水下考古·青年论坛在北仑召开。

22日 宁波博物馆举办"礼衣雅蕴——朝鲜族传统服饰展"。

同日 宁波市文旅企业上市培育工程启动仪式暨文旅企业专场路演活动举行。

23日至25日 宁波市文物保护管理所举办浙东运河跨学科圆桌论坛。

25日至27日 组织举办2019宁波会奖旅游商务交流大会。

26日至11月1日 2019保加利亚商务旅游首发团到宁波参访。

27日 姚剧《童小姐的战场》作为浙江省唯一的入选展演剧目，亮相第十六届中国戏剧节。

28日 2019宁波民宿产业高峰论坛召开。

同日至30日 宁波市文化广电旅游局、宁波市总工会、宁波市人力社保局、共青团宁波市委联合举办以"讲好宁波故事，展现城市形象"为主题的2019宁波市导游风采大赛。

29日 江北、海曙、鄞州3个区的文化市场综合行政执法队举行挂牌仪式。

30日 上林湖越窑博物馆与韩国国立光州博物馆举行建立学术文化交流合作关系签约仪式。

31日 组织开展"到图书馆去"地铁专列、中华善本百部经典浙江巡展等"书香宁波日"系列阅读推广活动。

同日 2019宁波文旅项目招商（杭州）推介会在杭州举办，来自各地的旅游投资公司、投资客商、媒体记者等150余人参加了推介会。

11月

1日 落实承接浙江省文化和旅游厅关于驻场涉外演出审批受理权委托下放工作，开展审批人员受理、初审业务培训，启用省统建权力运行系统的审批流转。

同日 推进文化行政审批4级"全城通办"，指导北仑区开展"最多跑一次"改革。

5日 组织市、区2级文物部门专家对宁波府城隍庙修缮工程实施竣工验收。

同日 "迷恋宁波"2019"非遗＋旅游"主题系列活动启动仪式举行。

6日 组织赴中国澳门参加"海上丝绸之路国际学术研讨会"，并做了"传承'海上丝绸之路'文化精髓，融入'一带一路'发展建设"的汇报讲演。

同日 宁波均胜投资集团有限公司董事长、总裁王剑锋以个人名义向天一阁博物馆捐赠丰坊草书《感遇诗三首》一卷。

8日 2019宁波梅山"海上丝路"文化高峰论坛暨宁波旅游品牌发布会举办。

同日 大运河（宁波段）遗产保护管理委员会办公室联合大运河（宁波段）各成员单位赴杭州良渚古城遗址开展调研活动。

13日 美国国家科学院医学院和美国国家工程院院士胡流源偕夫人和其侄子、香港北仑青年联谊会常务副会长胡裔康到访宁波帮博物馆。

14日 "秘色在人间——越窑秘色瓷特展"在慈溪市博物馆新馆开展。同时，一楼洪丕谟艺术馆正式开馆，洪丕谟夫人姜玉珍受聘为洪丕谟艺术馆名誉馆长。

16日 宁波博物馆举办的"岁月如歌——1949年以来宁波经济社会发展变迁物证展"获评2019年度"弘扬优秀传统文化、培育社会主义核心价值观"主题展览重点推介项目。

18日 制定印发《宁波市文化广电旅游局行政执法工作联席会议制度》。

19日 制定印发《宁波市文化广电旅游局重大行政执法决定法制审核办法》《宁波市文化广电旅游局重大行政处罚案件集体讨论制度》。

21日 组织开展市级文物保护点百梁桥保养维护工程竣工验收。

22日 宁波市政协主席杨戌标考察天一阁。

25日 根据《关于公布宁波市领军和拔尖人才培养工程2019年入选人员名单的通知》，宁波市文化广电旅游局共有11人入选第1、2、3层次培养人员。

26日至28日 全国首届木结构古建筑生物危害勘查及预防性保护培训班在宁波市鄞州区举办。

28日 宁波文旅金融服务中心成立挂牌仪式暨文旅金融资本相亲专场路演活动在高新区举行。

12月

5日 宁波市总工会、宁波市人力资源和社会保障局联合下发《关于命名2019年度宁波市首席工人的通报》，2019宁波市导游风采大赛中文组第1名徐本钢被评为2019年度宁波市首席工人。

同日　宁波博物馆夜间开放启动仪式举行。

同日　"华夏文明之光——河南文物珍宝展"在宁波博物馆开展。

6日　宁波市市场监管局、宁波市文化广电旅游局组织召开了地方标准《文明旅游金字招牌要求与评价》专家评审会。该标准通过评审。

7日至8日　2019年全国导游资格考试宁波考点现场考试（面试）在宁波财经学院举行。

8日　2019年度"浙江考古重要发现"公布，宁波奉化何家遗址、宁波城区西门口汉唐遗址2个项目入选。

同日　由宁波市保国寺古建筑博物馆、共青团宁波市文化广电旅游工作委员会主办，上林湖越窑遗址博物馆协办的2019年宁波市历史文化名城日"海丝寻踪"志愿服务活动在永丰库遗址公园举办。

13日　宁波市文物保护所组织开展宁波市文化遗产信息化管理云平台操作培训。

同日　宁波博物馆与宁波诺丁汉大学在宁波博物馆签署战略合作备忘录。

18日　《时代印记：宁波文物工作70年回眸》在安澜会馆举行首发仪式。

同日　由中国博物馆协会主办，中国博物馆协会志愿者工作委员会、宁波博物馆承办的"牵手历史——第十届中国博物馆十佳志愿者之星"推介活动暨"讲中国故事，展志愿精神"宣讲活动在宁波博物馆举行。宁波博物馆志愿者周盈军荣获2019年度"十佳志愿者之星"称号。

19日　宁波市文化广电旅游局召开系统干部大会，宁波市委常委、组织部部长钟关华出席会议并讲话。宁波市委决定张爱琴同志任宁波市政协一级巡视员，不再担任宁波市文化广电旅游局党组书记、局长职务；王程同志任宁波市文化广电旅游局党组书记、提名局长人选。

同日　宁波首届文旅产业创新创业大赛在宁波国家大学科技园启动。本次大赛由宁波市文化广电旅游局主办，宁波市文化艺术研究院、镇海区文化和广电旅游体育局共同承办。

23日　组织宁波市文化广电旅游审批技能比武。

24日　完成宁波市文化广电旅游系统行政许可案卷评查。

26日　召开2019年度旅游经济运行分析会。

28日　宁波图书馆开展新馆开馆1周年活动。

30日　组织审批工作人员参加行政服务中心能力水平评定考级。

同日至31日　宁波交响乐团举办2020宁波市新年音乐会演出。

（林轶男）

宁波市县（市、区）文化和旅游工作概况

【海曙区文化和广电旅游体育局】内设职能科室5个，下属单位4个。2019年末人员67人（其中：公务员10人，参公13人，事业44人；具有高级技术职务资格的4人，中级10人）。

2019年，海曙区文化和广电旅游体育局适应机构改革新形势、新要求，以高质量发展为目标，以融合发展为主线，以守正创新为动力，推动文化、旅游工作发展，取得一定成效。一是以创建为核心，实现公共文化跨越发展。推进体系创新，公共文化服务效能提高，在2018年"浙江省基层公共文化服务评估指标数据"排名中，海曙区位于浙江省第17位、宁波市第3位。创建工作稳步推进。紧扣创建浙江省公共文化服务体系示范区工作主线，通过狠抓3级网络设施建设、深化城乡文化惠民服务、拓展社会化项目合作、优化特色示范项目"四管齐下"，努力实现普遍达标、重点突破和特色凸显和谐统一，通过浙江省基本公共文化服务标准、浙江省公共文化服务"十百千"等工程验收。17个乡镇（街道）综合文化站、图书馆分馆、文化馆分馆、农村文化礼堂、村（社区）文化活动室形象标识、制度上墙实现统一规范。文化惠民精彩纷呈。全面实施文化惠民"百川工程"，累计开展各类文艺活动950余场，举办"永远的初心——海曙区庆祝中华人民共和国成立70周年大型主题晚会"、"'我和我的祖国'海曙-庆元'山海协作''文化走亲'书画展"、海曙区喜迎中华人民共和国成立70周年百人百米长卷绘制等活动；推进城市"阅读书房"建设，完成送书下乡、送讲座和展览进农村文化礼堂等工作，利用中央补助地方公共文化服务体系建设专项资金，采购RFID设备、数字阅读机、建设数字阅读空间等。"书香海曙"活力迸发。以"书香宁波2020"建设计划为指导，发挥"文旅体"融合优势，在"世界读书日"举办

"书香宁波·海曙阅读季嘉年华""'行读海曙·书香之路'城市定向跑"等活动，并依托中国（宁波）特色文化产业博览会，布置"书香宁波"展厅，出版《宁波往事》。参与承办省、市相关活动项目，策划打造宁波市首个全民新锐知识分享平台"Hi Talk"，并在浙江书展开幕式期间首场开讲；承办"2019宁波读书节"的核心论坛——天一阁论坛，敬一丹、阿来、李洱等做主题演讲，成为本届宁波读书节最具影响力的子活动之一。文艺精品喜讯频传。原创舞蹈《快递小哥》获"第十二届中国艺术节""第十八届群星奖决赛"入围奖、浙江省群星奖。"月亮湖"女声合唱团荣获"中国第十五届合唱节"金奖；"哈弗"舞蹈队《天南地北唱中华》、晚霞艺术团《歌唱新时代》、"模特萌"舞蹈队《荷池清影》在"宁波市广场健康舞展演活动"中获得"两金一银"的成绩；原创话剧《甬商1938》获国家艺术基金项目扶持，于3月7日完成首演；以"党章守护者"张人亚为原型的话剧《守护》、歌曲《小镇手艺人》获宁波市"五个一工程"奖，在浙江省人民大会堂首演。二是以传承为主线，推动产业文博转型发展。提升产业发展速度，调整政策引领数字经济。根据海曙区委、区政府《关于加快以数字经济为引领促进产业转型升级高质量发展的若干意见》精神，针对产业政策删除9项内容，优化10项内容，新增1项内容，突出数字经济引领作用；与上海圣博华康集团公司在梁祝开办的"良库文创·梧桐里"文创产业园正式开园。根据海曙区统计局数据，全年海曙区规模以上文化创

意产业增加值（市标）561970万元，同比增加16.7%。有序推进文物保护利用，推进文保重点工程项目。全面跟进宁波府城隍庙修缮工程，做好城隍庙匾额、楹联筛选、书写等统筹工作，承办"宁波府城隍庙塑像样稿展"，协助完成城隍庙展陈工作。推进区级文物保护单位董孝子庙迁移保护工程完成验收，协助做好董孝子庙公开征集公益文化项目，盘活文化资源价值。完成省级文保单位中山公园旧址逸仙楼（尊经阁）、百梁桥保养维护工程和市级文物保护点湖心寺旧址、吴氏支祠修缮工程。公开招标完成文物保护单位保护标志碑的制作和安装工作。做好文物保护单位名录库及基础信息建设、第八批全国重点文物保护单位推荐申报等工作。积极探索非遗保护路径。结合宁波府城隍庙修缮重点工程，打造"老城厢·非遗馆"。组织"黄古林草席编织技艺"申报第五批国家级非遗代表性项目名录。国家级非遗代表性项目"梁祝传说"入选浙江省第一批24个国家级非遗代表性项目优秀保护实践案例。三是以监管为根本，力争综合执法高效化发展。重点监管强基增效。重点监管互联网、娱乐等行业。全年共检查2139人次，检查单位4914家次，查处违规单位29家次，立案调查29件，办结案件29件，取缔"黑网吧"4家；联合公安部门破获海曙区首起微信传播淫秽色情视频牟利案。积极开展各类专项行动，推进监管落实落细。开展文化市场"防风险 保平安 迎大庆"消防安全执法专项行动，组织经营场所开展9类安全风险自查并做出安全承

诺；制定局、队负责人安全生产每月"夜查制"，开展检查36次；联合公安、消防等部门人员检查密集场所19次；针对密集场所开展安全生产演练5次，500家经营单位参加。智慧监管牢筑防线。发挥海曙区文化市场3级联动智慧监管平台作用，实现文化市场管理和社会综合治理基层网格化队伍有效结合，打造智慧监管的"海曙模式"。进一步强化科技执法，建成音频数据采集系统和数字询问系统，案件办理数字化程序系统全面投入应用。体制机制完善创新。落实部门联动机制，会同公安、消防、市场监管等部门协同开展文化市场联合检查和跨部门"双随机"检查，开展联合检查23次、跨部门"双随机"检查3次。推进制度创新，表彰文化市场各类"争先创优"先进单位，深化"文明示范网吧"创建，做好第三方测评工作，凸显示范引领作用；深入推行文化市场重点行业等级管理评定制度，形成海曙文化行业管理新体制、新办法。四是以品质为追求，实现旅游工作标准化发展。推进创建工作。着眼浙江省全域旅游示范区创建目标，确保区级层面完成浙江省4A级景区城创建，龙观乡通过浙江省旅游风情小镇创建验收。完善规划体系，启动海曙区游步道发展规划编制工作。促进乡村旅游发展，全区完成创建A级景区村庄15个，其中3A级景区村庄2个（集士港镇深溪村、横街镇水家村）。改善旅游体验。对标推进旅游厕所革命，全区计划新改建旅游厕所20座。在区景点、文物保护点制作安装中英文介绍牌38块，提供语音讲解服务。在微

信公众号配套推出"海曙旅游智慧导览平台",大力发展"智慧旅游"。委托浙江大学宁波理工学院开展 2019 年海曙区旅游产品质量评价分析工作,对辖区 4 家 3A 级及以上景区进行明察暗访,督促景区不断提升设施及服务品质。加强宣传推广。完成海曙旅游宣传片拍摄,做好镜头补拍和后期剪辑相关工作,形成中英文成片和广告片。策划推出都市文化之旅、都市休闲之旅、博古通今之旅、浪漫时尚之旅等精品文旅线路,设计制作海曙旅游线路折页。整合宣传鄞江"三月三"、2019 宁波四明山(杖锡)樱花节、2019 宁波市"竹农下山"文旅节等旅游节庆活动,以节庆促宣传,吸引更多游客。积极参加市场推广活动,组织企业参加"2019 上海世界旅游博览会"、"跟着高铁游宁波——(河南)推广年活动"、2019 浙江(江苏)旅游交易等市场推广活动。优化市场环境。加强旅游市场规范整治,运用"浙政厅·掌上执法"对 100 家旅行社进行检查,重点对出境社及其分社、在线旅游企业和旅游车辆进行排查和整改。健全旅游行业行风监督机制,选聘旅游行风监督员,对景区、饭店、旅行社进行旅游行风监督。抓好安全生产、防灾减灾和防汛抗台部署,开展"保平安 迎大庆"专项整治。五是以创新为路径,推动文旅融合优质化发展。融合大型活动。以大型活动挖掘、融汇文化、旅游的"最大公倍数",强化活动策划设计,实现文旅体融合发展目标。举办海曙区"2019'美好生活'文化节"惠民月活动,打造文旅体融合发展 IP 品牌。创

新发展推进融合。率先探索海曙"书香酒店"建设,按照"一酒店一方案"原则和"1+X"空间建设模式,甄选高星级酒店南苑饭店和富邦大酒店作为试点建设单位,展现宁波历史文化内涵。执法革新促进融合。举行"防风险 保平安 迎大庆"海曙区文旅消防安全技能比武大赛,也是海曙区文旅融合后首次全行业参与的比武竞赛。海曙区文化市场综合行政执法队挂牌,积极推进思想观念融合、管理制度融合、执法机制融合,推动文化和旅游市场健康有序发展。

(林愉淳)

【江北区文化广电旅游局】 内设职能科室 6 个,下属事业单位 6 个。2019 年末人员 45 人(其中:公务员 7 人,参公 21 人,事业 17 人;具有高级技术职务资格的 1 人,中级 3 人)。

2019 年 1 月 8 日,江北区文化广电旅游局挂牌成立。是年,江北区文化广电旅游局树立文化、旅游"一盘棋"的思想,以机构改革为契机,着力优化内部机构设置和职能配置,提升部门整体效能,发挥"文化+旅游""1+1＞2"的效用。工作上着力"五化联动",深入实施以文兴城、文旅融合、打造全域景区化的重大战略部署,推进慈城古县城文旅开发、全域旅游示范区和文化强区的创建,将江北区文化建设和旅游发展推上新台阶,加快构筑宜居宜业的现代化滨水品质城区。一是以建设为核心,全力打造慈城与"三港"平台。全力建设慈城古县城。紧盯行业标杆开展招商,前期工作重点抓紧对接明确开发方

案和运营主体,邀请乌镇旅游、中景信、港中旅等 8 家专业公司到慈城进行现场考察,商谈慈城古县城旅游开发事宜。广泛借智借力清晰定位,围绕"慈城人文资源转化为文化产业的有效路径"主题,召开慈城古县城发展研讨会,通过调研考察、项目研究、论坛交流等方式,多角度全方位交流协商。加速推进 5A 级景区创建计划,结合运营思路和现有景区资源评估,启动 5A 级景区建设计划,已完成 5A 级景区规划初稿,并完成宁波市景观质量评估。重点针对院落进行招商,启动中高端民宿招商,打造留住游客、引进人流的特色精品民宿,通盘谋划、动态实施"吃、住、行、游、购、娱"等旅游要素配套设施建设,引入特色民宿、餐饮、咖啡、茶馆、小型剧场等业态,做到流量提升与配套跟进有序衔接。加大慈城旅游营销力度,做好慈城古县城的宣传推广工作,主动对接长三角旅游企业,邀请途牛、携程、小龙人旅游等上海的 20 余家旅游企业、媒体考察慈城旅游资源,积极导入长三角游客。助力建设"三港"平台。助推宁波音乐港建设,配合中国新乡村音乐创新建设,在达人村举办中国新乡村音乐发展计划启动暨春季创作体验营开营仪式;举办中国新乡村音乐座谈会(北京)活动。合力助推宁波文创港,通过招商引进一批先导性支撑性文化项目,加快对接国内外知名文化企业,招引国内外知名文创企业集团总部、知名创意设计企业、研发机构、国际一流设计大师及工作室入驻。推动保税艺术馆、非物质文化遗产传习中心等重点项目落地。多次赴上海

市对接宝龙美术馆,推进美术馆文创港项目。对接凤凰古城旅游开发有限责任公司,探讨工业遗存,提升改造项目。助推发展外滩时尚港,推进外滩公共艺术节活动开展,将"外滩文化、宁波文化"融入街区生活之中,成为城市的独特标志;举办"舌尖上的中东欧""百县千碗活动""老外滩市集"等文化活动100余场,受众超100万人。二是以创建为抓手,大力营造美丽之城更优环境。创建省级全域旅游示范区。深化《江北区全域旅游发展总体规划》及《江北区农旅融合发展专项规划》编制。对照规划,层层落实创建任务,进一步优化"两带一集群一绿道"和"三线五区"的全域旅游发展大格局;在城乡公共服务设施、基础设施和产业发展等重大建设项目中,充分兼顾旅游业发展需要,注入"旅游"元素,完善功能配套,是宁波市唯一入围创建验收的地区。推进省级旅游度假区建设。结合洪塘旅游风情小镇建设,协同做好大美乐园、田野乐园、火车来斯等大项目开发建设,打造宁波都市乐园集聚地。对接保苏区做好省级旅游度假区规划编制和项目招引,举办了山地马拉松和苏湖花海节等节事活动。推进乡村全域旅游示范区建设。洪塘和慈城列入宁波市乡村全域旅游示范区。甬江畈里塘区块"城市田园、欢乐乡村"成为宁波市唯一一家首批国家农村产业融合发展示范园。推进全域绿道体系建设。江北区绿道系统雏形初现,已建成绿道项目20个,绿道长度达到181.76千米。推进特色小镇建设。膜幻动力小镇3A景区创建了省级特色小镇,

是浙江省2018年度特色小镇"亩均效益"领跑者。省长袁家军给小镇授牌并讲话。洪塘湾-安山区块列入省级风情小镇。实施厕所革命。完成新(改)建各类厕所454座,超额完成年度目标,其中农村公厕完成全覆盖,实现了"3年行动,2年完成"的工作目标。三是以群文为基础,竭力打造公共文化服务体系。公共文化为民惠民。完成浙江省基本公共文化服务标准的情况认定。举办庆祝中华人民共和国成立70周年暨第六届北岸文化艺术节系列活动。配合完成宁波市乡村振兴现场会。开展文化礼堂建管育工作。承办浙江省群文美术工作会议。全面启动全民艺术普及活动。图书工作做大做优。图书入库共计212339册,读者借还155673人次,图书借还189925册次,办证总数达10571张。精化"北岸童读"工程,把阅读书目专柜植入11家网点,送书下乡4980册。推进"城市书房"建设工作,设立亲子阅读房,举办"天一讲堂走进文化礼堂"系列讲座和展览,建设阅读联盟阵地,实现江北区域多级公益阅读推广网点建设。四是以活动为载体,助力烘托文旅事业良好氛围。实施新乡村音乐发展计划。3月29日,中国新乡村音乐发展计划启动暨春季创作体验营开营仪式在达人村启动,是推进"乡村振兴"战略、推动新时代音乐发展、进一步提升宁波和浙江文化影响力的重要举措。其中,宁波音乐港获"中国新乡村音乐总部基地"称号,达人村获评"中国新乡村音乐演艺交流基地",南联村获评"中国新乡村音乐创作体验营地"。举办第

十五届中国合唱节。10月19日至23日,共有来自全国各地的100支队伍,5000余人参赛。其中,甬派和宁聚两大平台对开幕式进行网络直播,观看人数达到200多万。中央电视台、浙江电视台、《宁波日报》等相关媒体进行专题报道,报道20余篇。合唱节进一步提升了宁波音乐港的能级,拉动了江北区的消费需求。举办中东欧美食节和"百县千碗"活动。6月9日至11日,由浙江省文化和旅游厅、商务厅主办的"舌尖上的相遇"中东欧美食与"诗画浙江·百县千碗"人文交流活动在宁波市老外滩举办,进一步展现了浙江和宁波的美食文化和人文风貌,深化了双方商贸往来与文化交流,推进宁波与中东欧国家的合作实现新提升。此外,还组织参加丽水莲都扶贫结对山海协作推介会;组织企业参加苏湖花海旅游节、绿野樱花节、杨梅节等活动;参加上海旅游国际博览会、宁波旅游走进上海大学推介会、宁波中东欧保加利亚千人游等活动。五是以产业为导向,努力转化文旅融合新兴动力。江北区文创产业实现增加值约53.87亿元,增速45.1%;文特产业增加值20.07亿元,增速23.6%,两项增速均位居宁波市第一。江北区共接待国内外游客1721.7万人次,同比增长15.6%。其中接待国内游客1720.7万人次,同比增长15.8%;接待入境游客1.1万人次,同比下降72.7%。实现旅游总收入178.31亿元,同比增长17.3%;国内旅游收入177.9亿元,同比增长17.8%。打造亲子品牌。为达人村建设投入资金

2600 余万元,开发溜贝乐园、冰雪王国等特色游乐项目,火车来斯和阿狸田野农场开业,三大景区分别把目标人群定位到幼儿和青少年,涵盖全龄段少年儿童,形成三大景区错位竞争、优势互补的良好局面。国庆期间,达人村、火车来斯两大景区共接待游客近 18 万人次,形成了江北亲子旅游的品牌。推动项目提升。"膜幻动力"小镇客厅累计完成投资近 1.16 亿元,游客中心、停车场及相关配套设施建设基本完工。绿野山居景区提升扩建项目投资 600 万元,建设配套服务设施。苏湖旅游度假区彩云路(苏湖段)已基本完成路面基础工程;建成 300 亩苏湖花海,新增部分花草品种,并进一步完善了栈道、观景平台等设施。达人村投入 500 万元,推进景区游客设施、停车场和 3A 级景区功能配套完善。发展民宿项目。家春秋民宿和毛岙勿舍精品民宿完成各项建设工作并于年初试营业。总投资约 2000 万元的鞍山木作非遗公社项目完成民风民俗、非遗物质文化展示馆建设。总投资约 3500 万元的微微墅家鞍山社民宿项目开业。加强行业管理。在文化旅游行业开展生活垃圾分类工作,进一步推广绿色消费进客房,完成 162 家社会饭店的全覆盖,使江北"四化"模式成为宁波市饭店生活垃圾分类行业规范参考模式。中国新闻网、央广网均将"五个一"制度、限制"六小件"的江北模式作为创新典型案例进行了相关报道。加强非物质文化遗产工作。组织慈城水磨年糕制作技艺、骨木镶嵌、微型家具等 3 个非遗项目参加第十七届中国(宁海)徐霞客开游节暨第六届"阿拉非遗汇"开幕式。组织骨木镶嵌、慈城年糕等 6 个非物质文化遗产项目参加中东欧博览会诗画北岸非遗展。加强非物质文化遗产资源开发利用,推动传统文化元素转化为旅游产品,慈城年糕片等产品在河南文旅惠民推广会上广受欢迎。六是以安全为底线,极力推进监管工作。做好文物安全工作。对江北区 299 处文物单位(点)进行监督,覆盖率 100%。累计检查文物保护单位(点)129 次,并为江北区 137 个文物保护点配送灭火器 400 个。举办江北天主教堂外马路历史文化街区文物消防安全演练培训活,做好西洪大桥工程中西洪大屋、保国寺建设控制地带内安山墅民宿项目等的相关协调工作,完成庄桥街道、文创港核心地块出让前的考古调查等相关工作。加强文旅市场监管。日常巡查出动检查 1506 人次,检查出动 2778 家次,违规 36 家次;举报(督查)受理 5 件,属实案件 5 件,行政处罚立案调查 29 件,办结案件 27 件,警告 16 家次,罚款 55900 元,没收违法物品 71 个。受理各类游客投诉件 52 起,其中出境游投诉 22 起,国内游投诉 30 起,为游客理赔及挽回损失 51785.96 元,办理满意度达 100%。

【年度要闻】

达人村获评首批国家农村产业融合发展示范园 2 月,宁波"城市田园·欢乐乡村"农村产业融合发展示范园(达人村)获评首批国家农村产业融合发展示范园,为宁波市首家。"达人村"总用地面积 600 多亩,计划总投资约 1.5 亿元,致力于打造以发展生态田园为基础,融合创意农业、休闲旅游、民俗演艺、童话世界、田园社区五大核心功能为一体的乡村旅游综合体,是江北区实施乡村振兴战略,实现农旅融合发展的重要实践。

(方 文)

【镇海区文化和广电旅游体育局】内设职能科室 6 个,下属单位 9 个。2019 年末人员 85 人(其中:机关 9 人,事业 76 人;具有高级技术职务资格的 5 人,中级 29 人)。

2019 年,镇海区文化和广电旅游体育局深入贯彻党的十九大精神和习近平总书记关于文化广电旅游工作的重要论述精神,落实省委、省政府关于打造"文化浙江""诗画浙江"决策部署,围绕全市"名城名都""文化宁波 2020"建设,扎实开展"不忘初心、牢记使命"主题教育,有序推进机构改革任务,夯实基层基础、加快融合发展、增进民生福祉、擦亮城市形象,为推进"港口强区品质之城"建设贡献力量。一是聚焦文化旅游融合发展主线,抓基础惠民生,推动重点工作扎实开展。以改革促融合。按照镇海区机构改革总体部署,制定镇海区文化和广电旅游体育局职能配置、内设机构和人员编制规定,镇海区文化和广电旅游体育局所属事业单位调整方案。推动科室职能划转整合、人员转隶调整,确保思想不乱、队伍不散、干劲不减,全面完成机构改革任务。有序推进文化市场综合行政执法领域改革,挂牌成立区文化市场综合行政执法队,实行"局队合一"模式,进一步增强文化市场综合监管力量。通过深化机构改革，为文化旅游融合发展提供有力的组织保障。以政策强融合。结合"不忘初心、牢记使命"主题教育、"三服务"工作，深入走访镇海区相关文化旅游企业，分条线召开旅游饭店、行业企业座谈会，广泛征求意见建议，科学研判镇海区相关产业发展态势，制定《镇海区动漫游戏影视产业发展专项资金管理办法》。起草镇海区旅游产业扶持政策，将文创旅游纪念品、非遗旅游、文化节庆活动纳入奖励范围，加大对引进入境游客、民宿游客的奖励，支持文化旅游产业融合。开展镇海区动漫游戏影视奖励资金和引进游客奖励资金申报工作，扶持企业做大做强。强化金融支撑，推进与杭州银行、镇海农商银行等金融机构合作，落实政府产业贴息补助资金200万元，促进中官路创业创新大街的优秀文创投融资项目落地实施。健全经济数据分析研判机制，初步构建以季度为主、月度为辅的文化旅游数据统计分析框架。以活动助融合。在宁波市率先开展文化旅游体育惠民消费季，该项活动由镇海区38家重点文化旅游体育企事业单位的12项线上、线下惠民活动组成，重点开展"游品质镇海·集乐享印章""1元看电影"等特色活动。在宁波植物园举办"漫想生活节"，并在活动现场介绍和推广镇海区精品旅游线路产品，首次将"音乐＋文化＋旅游"有机融合，探索实践文旅融合发展新模式。积极搭建平台，组织企业参展中国（义乌）文化产品交易会等，扩大区内相关企业知名度、影响力。二是围绕中华人民共和国成立70周年，抓活动强特色，进一步增强区域群众文化获得感。举办主题文化活动。举办"砥砺奋进 筑梦前行"——镇海区庆祝中华人民共和国成立70周年文艺展演。承办"祖国70礼赞"——庆祝中华人民共和国成立70周年宁波市广场健康舞展演活动，镇海区3支参赛队伍均获金奖。推出"与祖国同行——宁波帮与共和国70年特别展"，被20余家国内媒体和30余家海外华文媒体集中报道。弘扬海防文化，举办"书画海防，礼赞共和国"——老中青少镇海人共庆新中国成立70周年书画展。深入开展"书香镇海"建设。是年为书香新镇海建设3年行动计划的第1年，以提升阅读深度、滋养时代新人为重点，深入实施系列书香活动。"世界读书日"期间，组织各镇（街道）、学校、图书馆和文博单位，举办系列主题活动152项，参与人数2万余人次。推出"你选书，我买单"全民阅读公益活动，采取"读者书店点单——图书馆精准采购——读者免费阅读"模式，提升服务质量，全年点书642册。举办第三届镇海区古诗文阅读大赛，参与人数近4000人，较2018年增长近30%，决赛线上直播观众达18.82万人次，创历史新高。开展2019年"书香镇海"系列评选活动，评选出"书香村（社区）"10个、"最美阅读空间"5个、"书香机关"20家、"书香企业"20家、"书香家庭"90户、"最美阅读推广人"50名。在浙江省"书香城镇"系列评选中，镇海周祥德家庭入选全国级书香家庭。推动公共文化共建共享。加强公共文化服务体系建设，推进省级公共文化服务体系示范项目创建工作，完成中期报告《探索园区式公共文化场馆低成本运行新模式》。对标迎检要求，夯实基层基础、优化服务供给，镇海区成为首批通过浙江省基本公共文化服务标准化建设认定的县（市、区）。持续开展镇海区第六届市民文化节，举办"雄镇大舞台·我们秀出来"全民才艺选拔赛、镇海区首届大众蹦床比赛等近200项活动。组织参加2019年浙江省第二届"追梦之声"青少年声乐大赛宁波赛区比赛，获二等奖2个，三等奖3个；参加宁波市文化广电旅游局举办的"祖国70礼赞"庆祝中华人民共和国成立70周年美术书法摄影主题展摄影作品征集活动，获1金1铜3个优秀奖；承办宁波市第六届优秀摄影作品展（镇海巡展），获1金2银3铜4个优秀奖。促进文旅交流，互鉴共荣。以文化为纽带，增进友谊情谊。承办大型原创民族史诗音乐剧《辫子魂》和民族史诗话剧《共同家园》的交流展演活动。推进《天山的灯》赴新疆乌鲁木齐、阿克苏、库车等地巡演。举办海峡两岸第四届民间艺术交流活动。加强对口帮扶和山海协作地区的文旅交流。签订镇海、龙游两地文旅发展协议，助力推进龙游县"城市书房"建设，举办山海协作·文化融合——镇海·龙游"文化走亲"专场活动。组织开展普安·镇海文化旅游推介会。承办中国小金钟——2019全国琵琶比赛展演，中国"柳琴之父"王惠然作品回乡音乐会。开展共享一片天——镇海三门"文化走亲"活动。联合举办甬江两岸文化联盟暨庆祝中华人民共和国成立70周年"文化走亲"大型军民联欢晚会。有序推进重点实事项目。健全文化资产保护和管理体制,牵头拟定《镇海区文化资产管理使用办法(试行)》,协同推进镇海区文化文艺精品数据库建设。启动镇海口海防历史纪念馆外立面装修、招宝山城市书房、宁波帮博物馆改造提升等惠民工程。加强镇海文史馆建设。谋划镇海非遗馆、大数据中心等项目建设。三是着眼"让文物活起来",抓保护强利用,着力焕发文化遗产新活力。加大文物保护管理力度。完善"三普"登录文物保护管理机制,落实属地管理,强化考核结果运用,近年来实现"三普"登录不可移动文物"零"消失,推进全国重点文物保护单位《镇海口海防遗址保护规划》编制工作,完成鼓楼保养维护工程和叶氏义庄保养维护工程。注重开发建设中不可移动文物保护,协调做好"四季九龙"项目内应家遗址、蛇山遗址的保护和利用工作,有序做好包达三故居管理运营交接工作。推进非物质文化遗产保护传承。组织"澥浦船鼓"参加浙江省传统舞蹈大赛,获优秀展演奖;组织澥浦船鼓、澥浦农民画、中国结等4个非遗项目参加"宁波特色文化产业博览会——甬上风华非遗汇演出展览";参加宁波市第二届少儿非遗故事大赛,获优秀组织奖,各组别共获一等奖1个,二等奖2个,三等奖3个。成立省级非遗名录项目抢救性记录团队,完成纪录片、口述片、综述片拍摄基础工作。设计完成区非遗文化旅游线路"宁波帮"文化旅游线和海洋海防文化旅游线。邀请作家童介眉创作连环画《非遗留珍——镇海口海防历史故事》。结合"我们的

节日""艺韵·追梦"基层巡演、流动博物馆、海防故事会,推动非遗文化进一步传承发展。深化文物博物研究宣传。出版发行《国藏风雅——镇海区第一次全国可移动文物普查成果集萃》,收录镇海区国有藏品2000件(套)。完成《浙江海防文献集成》第2辑编辑工作和"古籍保护与共享项目",数字化古籍7部,共计1万页。加强文博互鉴交流,实施"历代招宝山诗词搜集整理项目",搜集整理历代诗词100余首。镇海口海防历史纪念馆、宁波帮博物馆被列入浙江省大运河城市博物馆联盟;澥浦镇被评为省级非遗主题小镇。四是聚焦以文载旅,抓融合强内涵,全面优化文旅景区质量。推动文旅景区提档升级。以创建促发展,着力优化景区质量。"I设计小镇"成功创建国家3A级景区、"包玉刚故居"通过3A级景区景观质量评定,镇海区拥有的国家等级景区数位列宁波市前列。镇海区5家国家A级景区顺利通过省级景区品质复核。宁波植物园获评宁波市首届"十佳旅游产业基地"。江南第一学堂、开元宁波九龙湖度假村、宁波帮博物馆创建为"宁波市研学旅游基地",宁和园成为宁波市植物观赏基地,开元艇酷皮艇球基地成为宁波市水上运动休闲旅游基地。包玉刚故居成为浙江省放心购物景区。整合优化镇海区文旅优势资源,重点推出商帮游、研学游、乡趣游、风光游等4条精品线路,精心打造"威远古城·海天清风"清廉镇海廉文化游线。加强智慧景区建设,完成3A级及以上景区监控摄像头的安装工作,并纳入浙江省和宁波市文旅监控

系统平台。不断壮大乡村旅游经济。加强基层基础建设,村庄景区化工作取得阶段性成效,完成6个A级景区村庄创建工作,其中九龙湖村、永旺村成功创建为3A级,长石、敬德村创建为2A级,长宏、田杨陈村创建为A级,A级景区村庄比例稳居宁波市第一。继续推进九龙湖镇宁波市乡村全域旅游示范区建设,全面完成3年创建任务,推进澥浦镇申报宁波市乡村全域旅游示范区。发展壮大民宿经济,推动九龙湖秦山、澥浦十七房等重点区块协同发展,新增民宿4家,新增民宿床位36张,镇海区民宿突破20家,床位突破350张。拓宽镇海旅游发展空间。着力抢占国内旅游市场。承办2019中国(宁波)旅行商合作大会,全国各地旅行商代表等约500人参会,会上对镇海优质文旅资源做重点推介。组织镇海区内文旅企业参加上海世界旅游博览会、宁波国际旅展、浙江(江苏)旅游交易会等,并获浙江(江苏)旅游交易会优秀展台奖。开展各类文旅惠民活动,在南塘老街举办2019镇海特色乡村游产品发布暨镇蜜水果番茄集市活动。在2019"中国旅游日"、宁波文化旅游节"市民旅游日"期间,落实文旅惠民活动。实施专家人才免费游览景区政策,九龙湖旅游度假区、招宝山风景区、宁波植物园等3家景区对宁波市专家人才免费开放。与上海日报社合作,开展"外籍读者游镇海"活动。努力开拓境外旅游市场,承办韩国宁波直通航班首发仪式,进一步提升镇海旅游在境外的知名度。五是聚力"防风险 保平安 迎大庆",抓行业强

安全,整顿规范文化市场秩序。加强市场监管服务。重点开展垃圾分类、扫黑除恶、"扫黄打非"等专项整治工作。开展文明城市创建顽疾整治百日攻坚行动,对各景区、景点展开了"五整顿、两提升"问题排摸。有序推进旅游相关行业监管工作,落实区文化旅游系统定期巡街(路)执法工作。继续深化"最多跑一次改革",优化"全程网办""全城通办""出门就办"等服务流程,延伸服务触角,提升服务能效。全力确保安全生产。把安全生产工作放在更加重要位置,逐级签订责任状,落实一把手统筹协调、分管领导直接负责、各单位协同作战的责任体系。扎实开展"防风险 保平安 迎大庆"工作,专项行动期间,共出动457人次,检查各经营单位663家次,发现违规7家次;行政处罚立案调查7件,办结案件9件,警告6家次,罚款5000元,没收非法所得1174.20元。认真做好防台防汛工作,联合举办镇海区防台防汛桌面演练,开展防汛防台隐患大排查。坚守文物安全,加强文保员队伍建设,每月对镇海区68处文物保护单位(点)开展巡查巡检,及时排除各类安全隐患。六是践行"初心使命",抓教育强队伍,推动文化旅游队伍高质量发展。扎实开展"不忘初心、牢记使命"主题教育。着力优化党风政风。全面加强队伍建设。突出政治标准,有序开展中层干部轮岗交流、选拔聘用。探索编外用工薪酬管理办法,试点先行,建立科学的工资增长机制,激发职工的主观能动性。制定镇海区人才工作任务清单,积极发现、培育、推荐优秀人才。全

年共有3人列入镇海区"121"人才工程、1人入选镇海区深化"三个年"专项行动先锋榜、1人入选镇海区杰出人才候选名单。加强人才载体建设,探索建立名家工作室。修订镇海区业余文艺团队扶持办法,扩大扶持范围,大力培育乡村文艺骨干。有序推进非遗传承人、旅游行业专业人才的培育扶持,组织镇海区内优秀导游参加宁波市导游风采大赛,获个人三等奖、团队三等奖。

(位梦蕊)

【北仑区文化和广电旅游体育局】 内设职能科室5个,下属事业单位5个。2019年末人员85人(其中:机关31人,事业54人;具有高级技术职务资格的7人,中级16人)。

2019年,北仑区文化和广电旅游体育局紧紧围绕北仑区委、区政府全面实施"双城"发展战略,以文旅融合发展为契机,主动适应社会发展新常态,进一步深化改革,把握重点,推进了文化旅游各项任务实现新的发展和新的突破。全区共接待国内外游客1377.91万人次,同比增长15.91%;实现国内外旅游总收入104.17亿元,同比增长25.61%。全区19家限上住宿企业实现营业额25937.9万元,同比增长15.12%。全区13家限上文化旅游营利性服务企业实现营业额20604.9万元。一是以机构改革为契机,强化单位内部管理。全面完成单位机构改革各项工作,做好文化与旅游职能整合、工作融合。用党建引领发展,积极开展"不忘初心、牢记使命"主题教育活动,策划组织"使命·担当·

梦想"实践活动,强化党建引领作用,提升团队凝聚力。完成文旅市场执法队伍整合,成立北仑区文化市场综合行政执法队,推动文化市场执法体系更加顺畅,执法效率更加高效。完善规章机制,强化内部执纪监督,为工作规范化开展做好各项保障。二是以创评争优为抓手,提升北仑文化旅游影响力。把握文旅融合契机,积极开展各类活动,主动作为、攻坚克难,北仑文化旅游事业发展成效明显、亮点纷呈,进一步扩大了北仑文旅的影响力。宁波中国港口博物馆获评"浙江省首批省级中小学生研学实践教育基地营地",被宁波市委组织部评定为四星级基层党组织。北仑区图书馆荣获"浙江省自强模范和助残先进集体"称号,是浙江省唯一获奖的图书馆,受到省、市领导接见。"九峰讲坛"获评浙江省第二届优秀图书馆服务品牌综合奖。新碶街道海棠社区获评全国"2019书香社区"。北仑区文化馆编排的诗朗诵《祖国万岁》在浙江省国家开发区朗诵邀请大赛中荣获金奖。三是以融合发展为总揽,描绘北仑文化旅游新画卷。坚守初心,文化旅游服务城市人文之美更加彰显。产业壮大有新突破。梅山湾沙滩公园全面开放,梅山湾冰雪大世界项目一期竣工并试营业。宁波铭泰方程时空港项目、梅山"1912美食文创小镇"等重大文旅项目签约落地。新增限上文化旅游入库企业超过3家。完成《北仑区红色旅游发展规划》《张人亚红色旅游专项规划》,出台《北仑区扶持旅游产业发展的实施细则(试行)》,组织赴温台、上海等重点旅游市场推广,

推出"海丝起点·精彩北仑"5条精品线路,办好梅花节等节庆活动,成功打造北仑旅游新亮点。品质提升有新风貌。宁波中国港口博物馆完成国家4A级景区创建整改,梅山湾沙滩公园和甬秀·港通天下通过3A级景区景观质量评审。大碶街道、春晓街道完成年度乡村全域旅游创建任务,新建一批精品民宿,新创建景区村庄16个,新建、改建旅游厕所12座,超额完成厕所革命年度任务。文旅活动有新声势。办好"我和我的祖国"北仑区庆祝中华人民共和国成立70周年综艺晚会暨第6个"国家扶贫日"活动启动仪式、"听见一抹红"音乐路演、"不忘初心、牢记使命"主题教育红色故事会基层巡演等主题文化活动,文化自信进一步凝聚。新春交响音乐会、世界读书日系列活动、群众文艺调演(音乐舞蹈)、未成年人读书节等区域品牌活动影响力更加突显。组织开展"北仑十大碗"评选,成功打造北仑新的餐饮品牌和美食文化。组织诗歌朗诵、非遗系列等活动进景区,文旅融合更加紧密。文化品牌深化有新动作。承办庆祝中华人民共和国成立70周年"浙江省剪纸作品邀请展"、"浙江省青年篆刻展"等大型展览,继承弘扬传统文化。充分利用浙江省美协北仑漆画创作基地、中国美协漆画艺委会北仑创作中心落户北仑这一优势,承办浙江省漆画创作研修班,办好第二届中国(宁波北仑)青年漆画大展。举办第十二届"金莺"歌手大赛(青年组)暨庆祝中华人民共和国成立70周年青年歌会、宁波·北仑南窗青年音乐节、第二十四届群众文艺调演(音乐舞蹈)等品牌活动。文化遗产保护有新实践。完成非遗系列纪录片《北仑印记》首季4集首映,开展"国际博物馆日""文化和自然遗产日"、国家级非遗项目和流动博物馆进校园、市民非遗一日体验游、市民"探古寻幽"等活动,做好市级非遗"三位一体"评估,启动省级非遗代表性传承人抢救性记录工程项目。推进镇海口海防遗址抢救性修缮和保护工程,核定公布邵氏宗祠等为第十八批区级文物保护点。建成贺友直纪念馆,完成钟观光故居保护利用一期项目建设,推动张人亚故居申报第八批全国重点文物保护单位。惠民服务有新成效。做好《浙江省基本公共文化服务标准(2015—2020年)》认定,推动旅游咨询服务网络布局完善,公共服务体系和服务阵地日益健全。利用好现有阵地开展好全民阅读、文博普及、"一人一艺"公益培训等惠民活动,举办2019北仑文旅体惠民消费季活动,引进"拥抱中国:中国人眼中的迪拜摄影展""向海而生:古罗马海港的传说"等优质展览。展览"金钩玉带入梦来——中国古代带钩展"获第十三届浙江省博物馆陈列展精品奖。行业管理有新举措。深化"最多跑一次"改革,以大碶街道、岩河社区、梅山街道、梅中社区为试点,延伸下放部分文化市场行政审批权力,加快推进"全城通办""三级联办"进程。完成牵头的"一事联办"7个事项标准化指南制定,"一事联办"机制进一步完善。做好行业培训和日常执法监管,全年文化旅游企业培训、检查覆盖率100%。交流协作有新进展。承接做好"艺海流金·诗画浙江"内地与港澳文化和旅游界交流活动。推动《云和县面向"山海协作"宁波市北仑区旅游优惠政策》落地,推进"云和北仑"山海协作职工疗休养工作,开展旅游资源互推、"文化走亲"摄影展等"山海协作"交流。协助汪清、图们做好旅游资源开发规划和旅游宣传推广,组织开展"文化走亲"交流,引导区内旅行社开展延边土特产宁波分销,促进对口帮扶工作,推动当地经济社会发展。谋划未来,文化旅游服务青年内容更加丰富。提升青年服务保障有新发展。建成新碶、戚家山、霞浦3家"城市书房",完成1个"天一约书"信用借书柜布点,每月接待读者超1万人次。出台《北仑区主要酒店宾馆面向青年优惠销售实施细则》《北仑区主要旅游景点门票面向青年优惠销售实施细则》等4个优惠政策,开发上线"青年北仑旅游"优惠下单平台,吸引青年群体集聚。丰富青年精神生活有新载体。策划举办首届北仑青年文化节,推出"北仑青年热点"发布、2019青年文化创意设计大赛、青年音乐节、青年才俊北仑行、港口与影像展Ⅱ、中国水下考古青年学家论坛、第二届中国(宁波北仑)青年漆画大展等十大系列活动,进一步带动了青年参与文化旅游活动的热情,激发了城市活力。四是攻坚克难,文化旅游服务公共管理更加便捷。完成北仑全域旅游产业名录库及消费结构调查项目、北仑区非物质文化遗产保护数据库、北仑区文化市场网络技术监管平台三期建设开发,完成"浙里办"北仑文化加油站服务平台接入,有效提升文化旅游智能化管理服务水平。开通

"北仑文体旅游"官方抖音,更新完善"浙里好玩"App,为北仑旅游宣传推广奠定扎实基础。

（郑 亮）

【鄞州区文化和广电旅游体育局】 内设职能科室8个,下属事业单位8个,国企3个。2019年末人员133人(其中:机关47人,事业86人;具有高级专业技术职务资格的15人,中级36人)。

2019年,是中华人民共和国成立70周年,也是鄞州区文化旅游体育局机构改革后工作深度融合发展的元年。鄞州区文化和广电旅游体育局深入学习贯彻习近平新时代中国特色社会主义思想和党的十九大、十九届四中全会精神,紧紧围绕宁波市委、市政府"三年攀高、六争攻坚"专项行动指示,鄞州区打造"两高四好"示范区战略要求,大力推进"三个年"活动和"七大行动"计划,各项工作取得了新的进展。鄞州区连续11年蝉联浙江省公共文化服务综合评估第一,荣获"最美中国文化旅游区""文化软实力提升优秀城市""2019文旅融合影响力节庆""中国最美乡村旅游目的地"称号。一是有序推进中心工作,强化融合发展。行动计划提质增效。围绕鄞州区"三个年"活动及"七大行动"计划,多措并举助推鄞州区"产业大提升""品质大提档"行动计划,做优做强文创经济,做实做精景区村庄。修订完善《2019年度鄞州区文化创意产业专项资金管理办法》,重点倾斜扶持对地方贡献增量大的重点文创企业及创新引领型、产业融合型文创项目。其中,音王电声股份有限公司、卡酷动画制作有

限公司荣获2019—2020年度国家文化出口重点企业;浙江年轮映画文化传媒股份有限公司、宁波锐蜂动力文化传播有限公司等5家公司获评第三批省成长型文化企业;宁波卡酷动画制作有限公司荣获2019—2020年度浙江省文化出口重点企业;汇聚·创业里文创产业园、卡酷动画荣获2019年浙江省优选文化和旅游投融资项目。持续推进宾馆饭店业行业品质提升,完成逸东诺富特酒店、开元曼居东部新城店等4家花级酒店评定,开元名都、南苑环球获评省金桂级品质饭店、墨憩酒店获评省银桂级品质饭店,花缘丽舍酒店获评省金鼎级特色文化主题酒店,希尔顿花园酒店获得国家银叶级绿色饭店。扎实推进乡村全域治理,推动乡村振兴战略,对标《浙江省A级景区村庄等级评定管理办法》,结合《鄞州区村庄景区化创建工作实施方案》,明确创建工作目标、任务、评定办法和实施步骤,完成咸祥镇横山村、塘溪镇童夏家村和姜山镇陆家堰村3个3A级村庄景区化创建,共创建景区村庄18个。厕所革命深入推进,完成新建、改建20座旅游厕所任务。加强民宿经济,完善民宿政策,鄞州区民宿达到15家,房间298间,床位581个。文旅融合相得益彰。坚持"宜融则融、能融尽融,以文促旅、以旅彰文"理念,围绕"拥江、揽湖、滨海、佛系、乡愁"地域亮点,专题策划"都市人文休闲""湖光山色览胜"等五大游览主题,推出三江东岸沿江休闲之旅、东钱湖环湖揽胜之旅等10条文旅精品线路。设计"彩金——鄞州国家宝藏之旅"非遗专题线

路。结合"中国'海上丝绸之路'文化之乡",打造5条"'海上丝绸之路'之旅"线路。推出5个文物研学课程。金银彩绣等5个非遗项目走出国门,赴保加利亚、韩国进行文化交流。积极发展红色旅游,省级文保单位沙氏故居成为"初心之旅"主题教育热门景点。举办全国首届木结构古建筑病害勘察及预防性保护培训班。举办"'金鄞花'开、'鄞'领未来"——鄞州区2019年"文化和自然遗产日"主题活动暨文物研学启动仪式。完成省级文物保护单位潘火桥蔡氏宗祠、严氏建筑群的文物建筑活化利用。推出鄞州"季"节节庆新品牌,打造"月月有节、时时有我"四季分明的活力鄞州形象。开展"诗画浙江·鄞州十碗""鲜活鄞州·镇镇十碗"美食评选活动。举办延吉、和龙、衢江3地文旅交流推广活动,搭建3地文旅部门和文旅企业战略合作平台,建立健全常态化合作帮扶机制。承办2019年宁波市第二届少儿非遗故事大赛启动仪式、宁波市"2019年中秋晚会暨第二届少儿非遗故事大赛颁奖典礼"。重点推出"鄞州千里云道"文旅体融合项目,完成总计526千米的基础建设,开发"千里云道"分站赛。重大活动精彩纷呈。举办鄞州区庆祝中华人民共和国成立70周年主题文艺晚会。举办"海风吹来无界鄞声——2019天南海北鄞州人发展大会交响之夜"活动。举办宁波市"五洲绘国色,四海庆华诞"——庆祝中华人民共和国成立70周年大型广场献礼活动。举办"唱响新时代——走进宁波鄞州"活动。开展"鄞州区图书馆单独建制30周年"系列

活动。鄞州越剧团成立50周年参加"浙漾京城"第四届浙江戏曲北京周展演。鄞州非物质文化遗产项目金银彩绣、泥金彩漆赴北京参加国新办中华人民共和国成立70周年新闻发布会浙江非遗展示。一级文物春秋战国羽人竞渡铜钺进京献礼中华人民共和国成立70周年,亮相"浙江历史文化展"。举办第十三届"美丽鄞州"欢乐游系列活动。二是有序推进产业驱动,实现转型升级。推动产业赋能。抓规划先行。开展《鄞州区全域旅游发展总体规划》相关规划调研工作。编制《鄞州区大梅山区域旅游发展总体规划》《环东钱湖绿色创新圈大景区规划》。抓招引跟上。成立文旅招商小分队,接待亿利集团、融创集团、中国文物保护基金会等到鄞州考察投资、洽谈项目,累计接待企业客商50余批次。组团赴北京、深圳等地开展招商活动3次。引进宁波今日未来文化有限公司等重点企业5家,新注册文化企业190余家,新增产业投资12.2亿元。抓项目落地。先后引进横溪镇凰山农旅小镇、南苑假日酒店和渔轮厂改造等重点项目。稳步推进周尧昆虫博物馆迁建工程、吴永良艺术馆建设,指导完成地质宝藏博物馆的迁址及布展提升工作。东吴镇通过市级乡村全域旅游示范区创建。塘溪镇、横溪镇积极创建省级旅游风情小镇。鄞州新城积极创建浙江省4A级景区城。加强产业联动。建立条块联动机制。鄞州区文化创意产业指导委员会办公室相关职能自从由鄞州区委宣传部转至鄞州区文化和广电旅游体育局以来,积极发挥政府职能部门作用,努力做好文化产业发展提升。建立齐抓共管体系,完善体制机制,定期召开鄞州区文化产业工作推进会与分析会,深入分析产业发展中存在的问题并梳理下步发展方向,明确各镇街(园区)产业工作具体分管领导与联络员,将工作责任落实到位。建立纵横联动机制。强化与统计局、商务局等相关区级部门的横向配合协作,并加强与各镇街(园区)的纵向实时联动。是年,鄞州区实现规上文创产业增加值108.76亿元,总量排名宁波市第三。注重产业提升。优化调整产业政策支持方向,加强对重点产业领域的扶持力度。加强"书香宁波"建设,提高对实体书店创新发展的政策支持。强化住宿业规上提速,自8月非星级住宿业相关职能移至鄞州区文化和广电旅游体育局后,积极主动与统计、公安等相关部门、各镇(街道)进行了住宿业大梳理大排摸,区、镇两级共同抓好住宿业提升,全年限上住宿业营业额14.8亿元,总量宁波市第一,增速为−1.4%,排名宁波市第六。盯牢增量企业入库,把握月度新增与年度新增的时间节点,一方面挖掘月度新增企业潜力,麦川酒店、雷迪森酒店、康德思酒店等13家企业月度新增入库;另一方面会同属地做好年度新增入库工作,已有南苑饭店、开元名庭、云睿酒店等14家企业实现年度新增入库。旅游业大幅提高,全区旅游市场呈现平稳发展态势,共接待国内外游客2572.36万人次,同比增长15.2%;实现旅游收入304.22亿元,同比增长17.08%。三是有序推进惠民供给,增进民生福祉。实施惠民工程。深入实施"天天系列""艺起来""阅起来""四提升四覆盖"等惠民工程。公开招标采购社会机构艺术培训2000余课次,参训对象4万余人次。"天天演"全年送演出下基层689场,惠及观众约56万人次。打造四明书局、悦读时光、鄞光溢彩等3家不同主题的系列城市书房,打响鄞州"堇书房"新名片。推出"你选我买""扫码悦读""网约书配送"等数字化阅读服务平台。打造精品文化。举办鄞州区第九届王应麟读书节、鄞州区"海上丝绸之路"文旅节、"立德树人,美育启智"高雅音乐普及暑期大师公开课等品牌活动。成立位于姜山镇新张俞村的宁波小提琴音乐馆,已有3个公益项目在音乐馆落地。宁波市首家校园非物质文化遗产馆四明中学校园非遗馆落成,填补宁波市空白。国家级非物质文化遗产——"宁波走书"基地建成开放。朱金漆木雕作品"万工轿"、金银彩绣力作"书藏古今港通天下"被省非遗馆永久性收藏;省级非遗项目内家拳获"优秀表演奖"队伍奖和优秀传统体育保护基地奖;宁波走书《走马塘奇闻》先后参加"红杜鹃"宁波市基层文艺社团风采曲艺大展示、省曲艺新作大赛、省曲艺新作会演获优异成绩,并选送参评全国曲艺"牡丹奖"。创作小品《我的四明山》参加浙江省第三十届戏剧小品邀请赛获得金奖。升级业态消费。培植文旅体消费品牌。举办2019年鄞州区文化旅游惠民消费季活动,以"嗨爽一季,鄞惠你我"为主题,推出电影、图书、非遗体验、景点门票等17项文旅惠民消费项目。培育文旅消费业态。深入打造酷乐潮玩、飞跃时空、宁波书城等特色消费业态，助推文化广场、宁波博物馆、万达影城等重点文化消费场所做大做强，并积极举办莫文蔚演唱会、夏至音乐日、城市青年文化节等重点消费活动。鄞州区宁波博物馆、宁波文化广场等6个场所入选宁波文化消费十大网红打卡地，位居全宁波市榜首。金银彩绣系列文创产品入选十大网红畅销品。香橙音乐节、宁波书展入选十大网红热门事。四是有序推进职能优化，提升服务效率。推动服务升级。深化"最多跑一次"改革。全年窗口共办理事项1225件，审批办结数为宁波市第一。其中微审批办结1145件，占全部审批办结的93.5%，文广窗口再次获评区"优胜服务窗口"。整个受理办结时间缩短为平均1.5个工作日，基本实现了"审批不见面"。推进部门联办。有13件事项列入"一事联办"范围，其中互联网上网服务营业场所审批与公安、消防已实现一事联办，1000人以上大型营业性演出活动审批与公安已完成联办衔接，已联办各类事项10件，审批效率大幅提升。争取政策解套。推动浙江省文化和旅游厅调整游艺游戏娱乐场所行政审批的准入条件，为包括鄞州区宝龙广场等在内的商业综合体引进游艺游戏娱乐场所铺平政策之路。打造"娘家人工作室"品牌。指导文化市场联合会等行业协会开展行业自查自纠6次，组织企业约谈10次，开展行业法律法规及消防培训8次，调解KTV版权纠纷30余起，为每家娱乐场所每年至少可以节省版权费5万余元，推动

KTV惠民大舞台开放免费包厢1523个。加大监管力度。全面加强文化旅游市场执法监管，实行文化娱乐场所红黑榜制度，扎实推进深化文化市场综合行政执法改革，积极营造平安有序的良好文化市场环境。坚持以"平安护航庆祝中华人民共和国成立70周年"为主线，以保护国家文化安全经营安全为使命，不断压实文化市场意识领域监管责任，持续推进文旅融合行政执法工作，较好地完成庆祝改革开放40周年和"两节""两会"文化市场行动专项执法保障工作。全年共出动执法检查2997人次，检查文化市场经营场所5462家次，发现违规行为27起，办结行政处罚案件27起，受理文化市场举报14件，旅游投诉176起，件件有回音，事事有着落。其中《某剧院管理公司以假唱欺骗观众案》被授予"全国文化市场重大案件"称号，鄞州作为省内唯一的县（区）级执法机构首次入选全国文化市场重大案件办案单位。积极开展岗位练兵，在2019宁波市文化和旅游法律法规知识竞赛中，获得个人第一、第二、第三，团体第一的优异成绩。抓牢安全生产。按照"严管理、重防范、强教育"的工作思路，标本兼治，积极开展平安创建工作，大力推进安全生产高水平规范化、社会化、信息化建设，设立旅游、文化遗产、公共文化、文化市场和综合保障等专业工作组，实施"1＋X"模式，完善局安全生产组织体系。开展突击检查12次，下基层企业现场指导3450余人次，查找并指导整改各类隐患220条，全年安全形势平稳无事故。重视全员培训，共举办文

旅行业大型安全法规培训15班次，参加人员2000余人次。张贴悬挂各类安全宣传标语横幅LED显示屏等628条，放映安全科教影片96场，编写《文化经营场所消防安全案例教育读本》1200册，组织场所开展安全教育和应急演练80余场次。

（徐　琼）

【奉化区文化和广电旅游体育局】内设职能科室8个，下属企事业单位6个。2019年末人员110人（其中：机关17人，事业93人；具有高级专业技术职务资格的5人，中级26人）。

2019年，是中华人民共和国成立70周年，奉化"撤市设区"实现"3年大变样"的冲刺之年，也是实现文化和旅游融合发展的开局之年。奉化区文化和广电旅游体育局紧紧围绕奉化区委、区政府"三年大变样"总目标，以"思想大解放、改革再出发"为总引领，以机构改革为动力，不断繁荣文化事业，壮大旅游事业，提振文旅产业，推进国家全域旅游示范区创建，提升人民群众的获得感、幸福感，文化旅游各项工作取得了长足的进步。一是围绕提升群众幸福感和获得感，着力提高公共服务覆盖面和实效性。加快文旅设施建设。完成城市文化中心项目，于11月中旬对外开放。完成萧王庙街道及5个村、社区等第二批省"十百千"重点工程建设工作，推动基层公共文化服务均等化、标准化。提升文旅惠民水平。深入推广"和乐大舞台"文化惠民活动，全年安排文化惠民补助场次250场。积极开展"一人一艺"全民艺术普及系列活动，校园公

益培训、社会联盟机构公益培训、春秋季及暑期公益培训共开设117门课，1527课时，参与人数达2270人。举办"一人一艺"全民艺术普及工程社会联盟机构成果展演。深入推广全民阅读，举办第五届巴人读书节、献礼中华人民共和国成立70周年朗诵晚会暨奉化区"凤麓之声"朗诵团成立仪式、中华人民共和国70周年主题展览等庆祝中华人民共和国成立70周年系列活动。抓好特色文化活动。承办由浙江省文化和旅游厅、奉化区政府联合主办的2019"诗画浙江"全省旅游歌曲创作演唱大赛及颁奖典礼，活动历时半年，征集了300余首浙江地域特色鲜明、群众喜闻乐见的原创旅游歌曲，邀请著名作曲家徐沛东、白雪等9位国内知名音乐专家现场对参赛作品进行评议。举办"金猪闹元宵 嗨翻古青云"2019年元宵节文化惠民演出活动、2019宁波市奉化区首届礼堂文化节启动仪式、奉化区第二届市民文化旅游节开幕式等活动。提高精品艺术创作成绩。在庆祝中华人民共和国成立70周年宁波美术书法摄影展中，奉化区选送的作品获得摄影组1银1铜1优秀、美术组4铜2优秀奖的成绩。奉化区腰鼓协会、奉化区岳林街道迎恩社区"秀之美"志愿者团队在"祖国礼赞"宁波市广场健康舞展演活动中获得银奖。奉化区选送节目《梦里梦外都想你》《奉化故事》在"诗画浙江"全省旅游歌曲创作演唱大赛中分别获得金奖、银奖；奉化选送的节目《奉化故事》《美丽的勇敢》入选宁波市第八届"我的城市我的歌"之"最佳歌曲"。举办奉化区非物质

文化遗产摄影大赛，征集作品1000余幅，入选率10%。二是围绕传承弘扬优秀传统文化，着力推进文化遗产创造性转化、创新性发展。推进博物馆筹建工作。推进奉化博物馆"中华人民共和国成立70周年奉化成就展"布展工作，历史文物陈列室、宪法馆、中正图书馆旧址陈列馆、抗战馆常年免费开放。做好奉化籍著名书画家竺庆有捐赠的200件书画作品装裱和印刷出版工作。推进博物馆文创产品开发，完成奉化博物馆新年红包和纸巾盒的设计与制作等。做好文物保护工作。南渡广济桥列为全国第八批重点文物保护单位。完成第七批省保单位"二划"工作并完善"四有"档案工作。完成区级文物保护单位畸山庙后墙修复工作、文物保护点白杜花墙门照壁维修，指导江口街道做好文物保护点王才运旧居维修工作。协助宁波市文物考古研究所完成白杜S203省道、下王渡二期、何家遗址二期等考古发掘工作；协助完成西圃3号地块、江口杜家畈地块、宁奉城际铁路金海路站4—17地块等的勘探项目。做好非物质文化遗产传承工作。"朱金漆木雕"等24个项目列入第六批奉化区级非物质文化遗产代表性项目名录。棠岙纸入选浙江省优秀非遗旅游商品。做好省级非遗项目"红帮裁缝技艺"申报国家级名录的申报工作。做好非遗展示馆第一批展品征集，并开展捐赠颁奖。编纂《在醉美的地方遇见非遗（市级卷）》。做好"薪火计划"中青年传承人群培养工作等。三是围绕加强资源开发利用，着力提供优质文化产品和优秀旅游产品。增强优质旅

游供给。常态化管理A级景区，开展溪口-滕头国家5A级旅游景区、黄贤森林公园4A级景区整改提升工作。组织弥勒文化园、青云村和马头村创建国家3A级旅游景区，其中弥勒文化园和马头村通过宁波市文化广电旅游局组织的景观质量评审环节。推进宁波湾旅游度假区省级旅游度假区创建、大堰镇省级旅游风情小镇创建、裘村镇省级旅游风情小镇培育、萧王庙街道市乡村全域旅游示范区创建。持续开展厕所革命，已有10座完工，5座积极开展内部装饰，申报3A级旅游厕所10座。助推产业融合发展。坚持以"旅游＋"促进产业融合，不断完善旅游产品体系。创建宁波市专项休闲旅游基地2个，申报浙江省工业旅游基地1个，与教育部门联合申报研学基地2个，促进旅游与文化、农业、工业等产业不断融合。完成《唐诗之路——奉化区剡溪九曲景观绿道方案设计》，投资2.5亿元推进剡溪九曲景观绿道建设。打造国内首部城市祈福IP动画片《神奇布袋小子》。促进景区项目高质量发展。重点推进总投资300亿元的宁波滨海健康旅游小镇、120亿元的宁波湾滨海华侨城文化旅游项目、40亿元的溪口恒大生态旅游小镇等旅游综合体建设。开展奉化主城区景区城和莼湖镇景区镇创建工作，高质量推进"城乡融合"发展。完成A级景区村庄创建56个，其中3A级景区村庄15个，位列宁波市第一。滕头村入选首批全国乡村旅游重点村，在高质量践行"乡村振兴"上走在前列。重点推进民宿经济发展。指导吾居吾宿、燕来

山田、溪口栖霞山居等民宿参评金宿级民宿和叶级客栈。制定政策培育民宿经济，拟定《宁波市奉化区促进民宿发展的若干政策意见》，从项目补助、集聚发展、市场营销、人才培训等方面助力民宿产业发展。探索民宿审批"一事联办"制度。与相关部门多次沟通协商，探索民宿审批"一窗受理、并联审批、一窗出件"奉化模式。四是围绕执法监管与服务引导并重，着力保障文化和旅游市场繁荣有序。促进旅游信用建设。坚持高标准建设要求，统筹推进旅游信用应用全面协同应用，加强行业信用综合监管，以浙江省信用"531X"工程为主线，积极构建以顶层架构设计、信用制度、旅游企业信用名片、旅游企业信用评级、信用应用平台和全域旅游信用指数为主要内容的奉化全域旅游信用体系，初步形成可复制、可推广的全域旅游信用"奉化模式"。在长三角信用专题会上做典型经验交流，7月列入"浙江省信用应用十大案例"。规范文旅市场秩序。深化文旅市场综合行政执法，日常巡逻执法出动1517人次，检查各类经营单位2130家次。通过宣传引导、创新机制、提升服务、整治市场等工作，大力倡导诚信经营、规范服务和文明旅游，积极引导、发动文旅企业参与迎接宁波市、浙江省、全国文明城市复评工作。做好服务行业品质级评定和复核工作。指导星辉旅行社创建三星旅行社，中山丽都酒店、天港漫非酒店和忆江南酒店创宁波市花级酒店，溪口四季青藤酒店创省级银鼎级特色文化主题酒店。全年开展保健品市场专项检查、扫黑除恶专项检查、导游市场专项检查、问题企业精准检查、春季文化旅游市场专项检查，持续净化文旅市场。完善人民调解委员会、综合执法办公室、部门联席会议制度、纠纷综合协调机制、巡回法庭等投诉处置机构和机制，实现从接访、受理、调解到解决问题"一条龙"服务机制，形成行政调解、人民调解、司法调解"三位一体"调解模式。牢牢把握安全生产。守住"安全生产"底线思维，坚持定期分析形势。积极开展"安全月"活动、配电房专项检查、消防隐患专项排查等10项安全生产专项整治行动。落实企业安全生产主体责任，与23家旅行社、8家景区、11家星花级酒店、145家网吧游艺歌舞娱乐场所签订安全生产目标管理责任书。有序推进审批服务。全年办理行政服务审批事项59件，办结59件，办结率100%。及时做好机构改革后权力事项调整，确保相关审批事项顺利开展。持续推进"互联网＋政务服务"工作，已实现网上办、掌上办、即办件、承诺期限压缩比、跑一次、跑零次、电子证照网上送达、材料电子化100%，网上办件率75%。同时，开展"全城通办"和"一事联办"。五是围绕形成文化传播和旅游推广合力，着力提升对外和对港澳台交流合作水平。扩大品牌形象宣传。在宁波高铁出口、宁波地铁站、宁波地区中石化加油站等地投放五大佛教名山形象广告和奉化文旅品牌形象广告。冠名台湾日月潭游船广告，在韩国首尔旅游展览会推广奉化文旅形象。在《中国旅游报》等多家媒体上投放奉化旅游宣传广告和线路产品。与浙江经视合作拍摄《旅行》《诗画浙江48小时》栏目，重点推广奉化非遗项目和"奉化十碗"专题，与江苏电视台《旅行真好》栏目组合作宣传推广奉化美食和各类乡村旅游资源。做好各类旅行社和媒体的采风工作，加深奉化旅游品牌宣传和落地旅游线路的推广。推广文旅精品线路。包装策划"微笑宁波""浪漫奉化7＋N"奉化全域旅游精品旅游线路。推出"布袋和尚传奇之旅"和"奉化非遗研学之旅"两条奉化特色非遗旅游线路。设计乡村旅游10条精品旅游线路。推出暑假4条水蜜桃采摘旅游线路、2条避暑旅游线路。推出5条红色主题教育线路。根据疗休养工作的特点和服务要求，策划对接推广奉化、延边和丽水的工会疗休养专题线路。不断开拓客源市场。举办"春满桃园、情定东方"奉化、安图、珲春3地情定上海滩专场推广活动，成立奉化、安图、珲春3地旅游联合推广中心，建立马蜂窝攻略号，聘请世界游泳冠军汪顺为奉化旅游形象大使。组织参加上海世界旅游博览会、上海大学国际旅游推介专场、上海国际会奖旅游等各类推广交流活动10余次，进一步向海内外推介奉化优质旅游资源。组织文旅推广活动。开展"美丽中国行——走进桃花盛开的地方"采风活动和"中国休闲30人"奉化品鉴行，中国旅游新闻网特别策划推出相关采风活动专题。参与中国旅游报社组织的中国旅游影响力县（市、区）评选活动，奉化区入选2018年度中国旅游影响力TOP十佳榜单。参加浙江日报社组织的浙江旅游总评榜活动，入选浙江省旅游发展十佳县（市、区),商量岗景区荣获景区创新奖。举行奉化乡村旅游610产品发布会,组织长三角特别是宁波地区的媒体到奉化乡村旅游点采风。举办"23°商量岗森林旅游节"和"醉美奉化,清凉一夏"活动。指导景区、镇(街道)做好首届"七彩四明山,醉美徐凫岩"摄影短视频创意大赛、莼湖海鲜美食节、西坞金娥村杜鹃花节等特色节事活动。

(康明军)

【余姚市文化和广电旅游体育局】内设职能科室8个,下属单位11个。2019年末人员251人(其中:机关43人,事业208人;具有高级技术职务资格的39人,中级97人)。

2019年,余姚市文化和广电旅游体育局坚持以习近平新时代中国特色社会主义思想为指导,立足文旅融合发展,扎实开展"实干年、落实年"活动,开拓创新、真抓实干,有力地推动了文化、旅游事业的发展。一是文旅融合体制取得新突破。深入学习贯彻习近平新时代中国特色社会主义思想和党的十九大及十九届二中、三中、四中全会精神,积极开展"不忘初心、牢记使命"主题教育活动。全面贯彻落实机构改革决策部署,成立市文化和广电旅游体育局、市文化市场综合行政执法队,编制"三定方案",优化职能配置,理顺职责关系,推动各项工作协调运行。出台《关于加快推进文旅融合发展的实施意见》,举办全市推进文旅融合专项培训班,力推"诗和远方"深度融合。开展机关中层干部集中调整和聘任工作,加强干部队伍建设,为文旅融

合提供坚实的人员保障。组织策划机关文化表述语征集庆祝建党98周年"十个一"系列活动。系统干部职工以舍我其谁的责任担当,只争朝夕的拼劲干劲,推动余姚文旅体大融合、大发展。二是文化事业发展取得新进展。公共文化服务体系建设稳步推进,余姚市公共文化中心项目建设稳步推进,完成固定资产投资约1.22亿元(含土地6049万元),已完成桩基工程。完成省基本公共文化服务标准认定工作,推进文化馆、图书馆总分馆体系建设,建成大岚镇文化分馆,指导河姆渡镇、图书馆、横坎头村创建宁波市第四批公共文化示范区(项目)和浙江省文化强镇(示范村),命名12个市级文化示范村和7个企业文化中心。公共文化服务体系突出"多元共享","一人一艺"全民艺术普及工程通过联盟机构招募、名师讲堂、成果展演等方式,推动成效显现,活动开展以来累计举办各类文化活动4900余场,受惠85万余人次,普及率达71%。市图书馆接待读者63.5万人次,图书借阅98.3万册次,已建成图书驿站23家,"四明系列"阅读品牌活动共举办讲座、展览等活动40场次。公共文化配送409场,四明阁天天演365场。送电影下乡3058场,观众43万多人次;公益基地电影放映300场次,观众4万多人次。精品创作日益繁荣,姚剧现代戏《童小姐的战场》赴杭州参加省文化和旅游厅"不忘初心、牢记使命"优秀剧目展演,6月底赴国家大剧院演出,并参加全国戏剧节和省戏剧节,荣获省第十四届精神文明建设"五个一工程"入选作品奖、省戏剧节"兰

花奖·新剧目大奖"。舞蹈《农家新青年》获省群众舞蹈大赛决赛银奖,美术《天路赞歌》获省第十四届美术作品展览中国画铜奖。承办省新时代基层公共文化服务创新理论研讨会。举办第九届全民读书节、第二十五届四明山电影节等活动和"向春天汇报"专场演出、第三届超级戏迷大赛等活动。非物质文化遗产保护传承发展,完成第六批余姚市级非物质文化遗产代表性项目评审和宁波市级传统技艺类非遗项目"三位一体"评估。组织非遗项目参加第十届中国余姚·河姆渡农业博览会、宁波"阿拉非遗汇"、"甬上风华"宁波非遗精品展等活动,依托艺术联盟举办剪纸、竹编、粉塑等非遗课堂200多期。举办"姚剧文化周"、"阿拉非遗赶集会"元宵活动、非遗进景区等形式多样的非遗展演展示活动。余姚土布制作技艺衍生品(梅兰竹菊)入选省优秀非遗旅游商品推荐名单,木偶摔跤参加"非遗薪传"浙江传统舞蹈展演展评活动,姚剧参加"浙江好腔调"传统戏剧展演活动。姚剧《王阳明》赴浙江大学、浙江工商大学演出,深受大学生好评。姚剧国家级代表性传承人沈守良口述史由浙江摄影出版社正式出版。文化产业日渐进步,完成省文化和旅游厅对余姚文化产业门类的调查摸底,推荐阳明古镇等2个项目参加全国优秀文化和旅游投融资项目评选。组织文化企业参加中国(义乌)文化产品交易会,其中手鞠球获第14届中国(义乌)文化产品交易会工艺美术奖铜奖。梁弄阿桥大糕获宁波十大网红"畅销品"。举办"我和文化有个约惠"文旅惠民消费

季活动,激活文旅消费新需求。三是历史文化名城建设取得新成绩。加快国家历史文化名城建设,扎实推进国家历史文化名城创建工作,申报文本和宣传片已呈报省政府。配合规划等部门做好阳明古镇项目历史文化街区保护修缮的前期调研。举办2019余姚创建历史文化名城系列宣传活动仪式暨"博物馆进社区"主题活动,发布《名城之歌》。积极做好河姆渡遗址申报国家考古遗址公园工作,完成考古遗址公园规划项目单一性来源采购,与中国文化遗产研究院签订合同,规划编制组完成对河姆渡遗址、田螺山遗址和鲻山遗址现场踏勘。完成考古勘探和河姆渡原始生态园生物多样性调查2个项目招标。配合做好考古发掘工作,巍星路窖藏考古发掘项目获2018度浙江省考古重要发现。加强对全市建设用地出让考古前置管理,完成国土部门46处出让地块关于地上文物保护和地下文物考古调查和勘探的意见反馈,起草完成《余姚市国有建设用地使用权出让(划拨)考古前置实施方案》。10月,正式开始井头山遗址考古发掘工作,同时配合做好河姆渡文化核心区考古调查。充分发挥文博宣教功能,余姚博物馆、河姆渡遗址博物馆、王阳明故居等教育基地共接待观众约120万人次。余姚博物馆、河姆渡遗址博物馆举办临时展览8次,其中巍星路窖藏考古成果特展吸引观众超7万人次。博物馆宣教活动内容和形式不断完善,春节期间推出"阳明故居过大年——金猪闹春送祝福"系列活动,"寻找阳明像"活动深受欢迎,参与游客10

万多人次。王阳明故居举行首届小学入学新生"开笔礼"活动,河姆渡遗址博物馆开发"七千工坊"大课堂深受学生喜爱。出台《促进余姚市非国有博物馆发展实施办法》,加大对非国有博物馆扶持力度。文物保护工作扎实开展。10月16日,通济桥被核定公布为第八批国保单位,至此全市国保单位数量增至8处。实施15处文保单位(点)的抢修或维护保养工程。做好文物消防安全检查、督查、督办,认真落实各项安全工作措施,发挥人防、物防、技防的综合作用,确保安全无事故。9月,宁波市文化广电旅游体育局在余姚召开"智慧文保"工作现场会,余姚市文保所的智慧消防工程作为优秀案例向全大市文博单位推广。四是全域旅游发展实现新成效。推进全域旅游发展,全市共接待国内外游客2063.6万人次,同比增长15.0%;实现旅游总收入192.0亿元,同比增长18.1%。大隐镇列入浙江省旅游风情小镇培育名单,鹿亭乡和大岚镇顺利通过宁波市乡村全域旅游示范区复核。积极开展A级景区创建工作,化安山阳明温泉景区创建为国家3A级旅游景区,鹿亭中村和机器人小镇顺利通过3A级旅游景区景观质量评估。加快贯彻实施"百城千镇万村景区化"工程,指导梁弄镇顺利通过浙江省4A级景区镇评定;全年完成A级景区村庄建设49个,其中3A级11个。大力提升旅游基础设施水平,完成23个A级景区村庄的游客服务中心、旅游导览图、旅游标识系统等旅游配套设施建设,新(改)建旅游厕所15座。推进重大项目招引建

设工作。全市共有在建拟建旅游项目27个,投资总额495.5亿元,实际投资21.25亿元,其中总投资10亿元以上项目3个,50亿元以上项目2个,100亿元以上项目2个。阳明古镇项目正式启动,府前路街区已开放运行。阳明温泉山庄酒店二期等项目顺利完工。姚江水岸农耕文化交流中心、智能光电小镇、海吉星国际商贸物流园等项目初具雏形。山水绿活旅游度假区、国家登山步道示范项目准备开工建设。继续着力推进"招商引资一号工程",积极对接、服务客商,促成重大项目落地。新希望集团投资项目进展顺利,"希望的田野·横坎头田园综合体项目"总投资约6.5亿元。推进乡村旅游发展,乡村旅游蓬勃发展,共接待游客440.6万人次,同比增长13.6%;乡村旅游经营总收入6.12亿元,同比增长17.5%。余姚市渔绿园农庄入选省乡村振兴案例典范。罗汉谷健身步道、大应农庄成功创建为宁波市休闲旅游基地。老柿林客栈、山水之间、依山不舍3家民宿被评为银宿。悠悠农场、渚上农庄、东篱农场、久远生态农庄入选省采摘旅游体验基地。推进市场营销工作,重点举办了"新春玩转余姚""福巳'佩奇'"春节系列活动、2019四明山旅游节等大型节庆活动,共计40多项子活动。受中央电视台邀请,余姚作为唯一受邀的县级市,参加了大型城市文化旅游品牌竞演节目《魅力中国城》第3季节目录制,将余姚的独特旅游资源和特色文化向全国观众做了展示,极大地扩大了余姚旅游的品牌影响力。通过面向全社会征集,提炼余姚

文旅宣传口号和 LOGO。策划设计余姚旅游特色线路近 100 条,按不同季节、主题涉及采摘、赏花、研学、养生、休闲等内容,满足游客的多样需求。完成市旅游大数据中心建设方案的评审工作,推动智慧旅游建设。做好微信公众号和网站的运营,开展网络营销。继续开展"幸福家乡欢乐游"活动,接待市民和优秀外来务工人员 82073 人次。五是文旅市场监管体现新力度。推进行政审批改革,便民利企,助推"最多跑一次"向"一次不用跑"改革。细化梳理办事事项颗粒度,从原有行政审批事项 61 项,细化到现有的 225 项(含公共服务事项 50 项)。在宁波大市率先推出行政审批"全城通办"改革和"告知承诺制"。全年共计受理各类审批服务事项 834 件,承诺件 78 件,即办件 756 件,承诺提前率 96.91%,实际提前率 100%。加强文旅市场监管,制定《余姚市旅游服务质量提升计划实施方案》,建立健全旅游信用体系和文明旅游推进机制。指导做好行业评佳评优、复评创建、垃圾分类和导游队伍建设等工作。委托浙江工商职业技术学院制订全面、详细的培训方案,对旅游行业从业人员开展全方位、多角度培训。发挥协会作用,推动行业自治。成立余姚市饭店业协会;娱乐协会热衷公益,不断提升行业形象。以迎接中华人民共和国成立 70 周年为重点,开展各类文化市场专项行动。全年共出动执法人员 1268 人次,检查各类文化经营单位 3752 家次,联合执法 10 次,查处各类违法案件 33 起,共处罚款 14.5 万元;共接到各类旅游咨询

投诉 48 起,正式受理涉旅投诉 27 起,结案率 100%,游客满意度 100%。加强安全生产保障,印发《余姚市文化和广电旅游体育局 2019 年安全生产(消防安全)工作要点》,层层签订安全生产责任书。在重要时间节点分组对系统各行业进行安全生产检查,累计出动检查人员 177 人次,检查场所 157 家次,发现并整改隐患 58 处。开展 2019 年余姚市"3·18"文化和旅游市场安全日暨扫黑除恶广场宣传活动,加强文化和旅游市场安全保障。开展"防风险 保平安 迎大庆"消防安全执法检查专项行动暨文明城市消防安全提升工程,为中华人民共和国成立 70 周年创造良好的消防安全环境。

【年度要闻】

大丰入选国家文化和科技融合示范基地 9 月 11 日,由科技部、中宣部等部委组织认定的"国家文化和科技融合示范基地"在西安揭晓,浙江大丰实业股份有限公司榜上有名,成为宁波市唯一入选企业(全省共 2 家)。作为国家重点高新技术企业、国家文体产业示范基地,大丰一直将科技创新作为产业发展的重要支撑,构建了文化产业、体育产业、数艺科技、文化传媒、文旅融合、轨道交通"两体四翼"产业格局。大丰参与制定修订了 13 项国家和行业标准,累计获得专利 800 多件,其中发明专利 100 多件,由其牵头承担的"十二五"国家科技支撑计划项目,突破了多项技术局限。

(郭小青)

【慈溪市文化和广电旅游体育局】 内设职能科室 8 个,下属单位 7 个。2019 年末人员 117 人(其中:机关 37 人,事业 80 人;具有高级技术职务资格的 12 人,中级 38 人)。

2019 年,慈溪市文化和广电旅游体育局围绕中心、服务大局,紧盯宁波及慈溪市委、市政府部署要求,坚持机构改革与机制创新两手抓,各项工作取得了积极成效,公共文化服务不断优化,全域旅游创建有序推进,慈溪市文化旅游大融合大发展大繁荣格局初步形成。公共文化服务跳档进位。慈溪博物馆新馆、洪丕谟艺术馆建成投用,慈溪市顺利通过《浙江省基本公共文化服务标准(2015—2020 年)》达标验收,"四百文化惠民"入选文化和旅游部"春泥计划",横河镇彭桥村成功创建浙江省文化示范村。青瓷节庆节办出新亮点。国际创意中心、秘色瓷研究中心顺利揭牌,和氏璧基金会、中国美院校企合作等项目成功签约,举办秘色瓷特展、复旦大学古陶瓷学术论坛等专场学术活动 4 次,受邀参加活动的国内外专家 300 余人,"瓷通四海、器以载道"宣传片在央视播映。全域旅游创建蓄势待发。召开全域旅游创建动员大会,制定印发《慈溪加快全域旅游产业发展三年行动计划(2019—2021 年)》,落实分解重点任务 191 项。慈溪市创建办实现集中办公,市、镇、村 3 级联动工作机制初步建成。一是夯基础强服务,公共文化服务取得新进展。完善体系,提升效能,群众文化工作取得新突破。9 个镇(街道)图书馆通过宁波市三星级评定,周巷镇图书

馆获评五星级。"五个百分百"建设有序推进，成立浒山、宗汉等8个文化馆分馆，建成"城市书房"5家。文化惠民量质双升，举办庆祝中华人民共和国成立70周年系列活动、"我和我的祖国"千人歌咏会、上林之韵新春音乐会等高水准群众文艺活动，"一人一艺"慈溪市艺术普及人口综合参与率达80%以上。开设"四百文化"102场次，受训学员1万余人次，"慈图展览""三北讲坛"56场次，接纳群众3.3万人次。全年送书下乡1万册，送电影下乡5200场，慈溪大剧院高水平文艺演出67场次。优先保护，注重利用，文化遗产工作取得新进展。上林湖越窑国家考古遗址公园年接待游客超34万人次，上林湖越窑博物馆年接待游客超16万人次。荷花芯窑址探坑加固和排水改造、后司岙窑址保护棚桩基施工等基本完成。虞氏旧宅实施3A级景区改造提升，锦堂学校旧址保护修缮完工，两处国保单位保护规划编制方案送审。非遗发展呈现薪火传承，组团参加甬上风华、阿拉非遗汇，开展"2019非遗在我身边"展演展示、"慈溪青瓷大师作品珍藏展"等活动，开设"非遗慈溪""我与非遗的故事""听你说瓷"等科普活动156课次，学员6000余人。2人入选2019宁波非遗"薪火计划"中青年传承人。强化互动，扩大交流，地域文化传播迈上新台阶。文化交流迈出新步伐，与和氏璧基金会、圆明园遗址公园联办"文物保护修复项目之秘色瓷启动仪式暨和氏璧艺术基金会全球发布会"。开展"山海合作"和东西部扶贫"文旅走亲"活动4次。上林湖越

窑博物馆与韩国国立光州博物馆缔结友好馆。瓯乐解码奏出新华章，开展"青瓷瓯乐传播年"系列活动，赴广州参加《国乐大典》，赴捷克参加"丝·茶·瓷：丝绸之路上的跨文化对话展"开幕式，赴乌兹别克斯坦参加第十二届"东方旋律"国际音乐节，圆满完成良渚申遗系列文艺演出创作，《听·瓷》获评第21届上海国际艺术节"走出去"优秀剧目。市青瓷瓯乐团进入保利华东院线，与浙江音乐学院初步建立院校合作机制。二是谋全域创示范，文旅融合发展初现新活力。抢抓机遇，全域旅游创建谋开篇。与慈溪市交通集团就全域旅游交通共建开展深入合作，签订慈溪市旅游集散中心建设协议。强规划精扶持，编制完成《慈溪市重点区域旅游开发专项规划》《慈溪市民宿发展规划》《慈溪市全域旅游规划》。2018年度文化旅游产业扶持资金补助75家企业，共计860万元。博洋智谷文创消费园区申报宁波市文创消费专项资金。促规范提品质，启动达蓬山省级旅游度假区创建，推进鸣鹤古镇创建4A级景区，五磊山风景区完成3A级景区改造提升，创建A级景区村21个，其中3A级1个，完成新（改）建旅游厕所15座。千峰翠有限公司成功创建省级工业旅游基地，环创中心明月湖成为宁波市级特色街区休闲旅游基地。新增周巷军喜、潘岙丹橘等民宿3家，鸣鹤古镇民宿群成为宁波市级民宿休闲旅游基地。项目引领，文化产业展现新势头。抓项目引资本，上林湖青瓷文化传承园建成投用，后茅山微度假旅游区启动，全年落户重大文旅

项目11个，总投资31.6亿元，实际完成投资12.38亿元，其中总投资1亿元以上竣工项目1个、新开工项目1个。办会展增消费，举办2019宁波文博会慈溪分会场活动，推出"青瓷丝茶·诗画江南"沉浸式互动体验等多项活动，吸引上海、宁波等地游客3万余人。组织300余家企业参加2019年文化体育旅游惠民消费季，举办"文旅嘉年华"等专场16次，发放惠民补贴30余万元、惠及群众8.9万人次。4家单位获得2019年中国（义乌）文化产品交易会展会金奖。深耕细作，宣传推广焕发新势能。强化媒体宣传介绍，引入国家级和区域性品牌体育赛事10余场，植入"秘色瓷都，智造慈溪"城市形象元素，通过新华社、央视、中国新闻网、新浪网、虎扑网等主流媒体进行实况转播、线上直播。杨梅节等重大文化旅游节庆，推出上海—慈溪电台双城寻访之旅、"赏味慈溪"媒体达人夏季采风活动，邀请《人民日报》《人民网》、新华社、《浙江日报》等主流媒体报道，城市对外影响力进一步提升。整合市场营销，与央视10套合作拍摄《味道》纪录片，与《阿拉旅游》《上海旅游时报》合作，编印《阿拉旅游慈溪特刊》1万册，推出"品慈溪味道，探青瓷文化"等上海媒体采风活动。完成杭州、宁波等主要客源地交通场站慈溪文旅整体形象广告投放，慈溪全市三星级以上酒店公共区域实现旅游宣传触摸屏及旅游宣传广告投放全覆盖。沪慈旅游直通车全年发送50班次，游客达4000余人次。提升服务品质，完成全域旅游质量服务中心质量等级划分与评

定,慈溪市旅游咨询服务中心迁址鸣鹤古镇游客中心,已有10家旅游咨询服务分中心(点),接待游客4万余人次。整合梳理旅游线路,开通"红色巴士",推出"初心之旅"线路5条,"四季精品"游线50条。培育"非遗＋旅游"业态,越窑青瓷和虎头鞋获评首批省非遗优秀旅游商品。三是抓改革增实效,行政执法体制呈现新气象。着眼群众办事"零跑腿",行政审批改革改出成效。深入推进"最多跑一次"改革,划入原旅游部门事项2项,划出新闻出版、电影审批事项24项。按照"减事项、减次数、减材料、减时间"要求,全部事项实现"零跑腿"。完成颗粒化事项认领,网上办、掌上办、跑零次、即办事项比例、材料电子化、办理结果提供电子证照实现率均为100%,审批事项平均办理天数比法定时限缩短96.5%。守住行业领域"安全线",市场管理水平打开新局面。围绕平安市场、文明市场建设主线,开展保健品市场乱象整治、扫黑除恶专项治理、消防安全大检查、旅游市场执法检查百日行动等专项行动,共出动执法人员173人次,责令整改23家次。创新文化市场绩效考核机制,强化镇(街道)属地管理责任落实。发挥行业协会作用,优化市场环境,慈溪市互联网上网服务行业协会鼓励企业开展品牌加盟;慈溪市娱乐行业协会联合市人民法院知识产权庭有效化解KTV曲库"小产权"起诉纠纷;慈溪市旅游协会开展导游风采大赛、文明旅游提升工程。保持打击取缔"严态势",综合行政执法建立新模式。深入推进文化市场综合执法

机制改革,慈溪市文化市场综合行政执法队挂牌成立,转入"局队合一"管理模式。推动"掌上执法"试点改革,完成监管事项目录清单和检查实施清单认领,推动"双随机、一公开"常态化。严格落实日常巡查制度,建立局领导随队检查制,督导镇(街道)每季度开展不少于1次的联合执法检查。四是抓规范提效能,政风行风建设取得新成效。党建引领聚合力。扎实开展"不忘初心、牢记使命"主题教育,引导全系统各窗口服务单位充分发挥自身服务优势,推出红色主题展览、红色电影展演、红色精品游线、红色公交专线等特色活动。开展"支部强基"行动,强化党支部规范化建设,新组建慈溪市文化和广电旅游体育局机关党委,局机关建立3个党支部。制度建设促规范。完善权力运行,印发《党委工作规则》《"三重一大"集体决策事项规定》《重大行政决策程序暂行办法》,切实强化党委民主决策、科学决策。规范内部管理,分解2019年全年重点工作69项,实施月度工作对账制度,印发《机关日常管理若干制度》《财务管理制度》《行政机关合同管理办法》等文件。加强法治政府建设,印发《2019年度法治政府建设计划》。作风建设强担当。严格落实全面从严治党主体责任,排查廉政风险点59项,全年开展作风效能专项检查12次。严格落实干部管理,强化局属单位外出学习考察备案审批和局属单位负责人外出报备制度,严格做好出国出境证照集中保管工作,严把出国出境审批关口。

（舒　崭）

【宁海县文化和广电旅游体育局】内设职能科室8个,下属单位8个。2019年末人员101人(其中:机关32人,事业69人;具有高级技术职务资格人的13人,中级34人)。

2019年,宁海县文化和广电旅游体育局以习近平新时代中国特色社会主义思想为指导,以"八八战略再深化、改革开放再出发"为主线,以高质量发展为目标,以融合发展为重点,紧扣文化旅游产品和服务提优提质这个中心环节,推动文化建设和旅游发展各项指标持续健康发展,成为宁波市唯一创建为全国首批全域旅游示范区的县(市、区)。一是改革创新,文旅融合形成新格局。坚持文化和旅游深度融合发展,扎实推进机构改革,调整完善政策体系,凝聚部门单位合力,文化和旅游发展基础不断夯实。机构改革顺利完成。从紧从速推进机构改革,全力整合优化内设机构,合理配置人员编制,出台"三定"方案,完成人员定岗,并做好机构改革"后半篇"文章,完成文化市场综合行政执法改革。部门合力有效激活。充分发挥在全县文化和旅游工作中的牵头抓总作用,落实工作清单制、专班制,全面参与文化和旅游重点工程建设、企业管理和公共服务保障。各级各单位、各乡镇(街道)发展文化事业和乡村旅游热情高涨。政策体系不断完善。深化旅游投融资改革,有效整合宁海县文化和旅游类国有资产,做大做强旅游集团投融资平台,资产已达12亿元;加快宁海县文旅集团组建,已基本完成组建方案。二是重规强建,文旅产品构建新体系。坚持

规划先行作引领、项目建设为抓手、招商引资有成效，坚定不移推动重点项目落地建设，推动文旅产业高质量发展。规划引领日渐凸显。深入实施《宁海县全域旅游发展总体规划》，加强前期论证和前置审批，项目布局逐步优化。谋划《宁海县文化和旅游发展"十四五"规划》，探索新时期文旅产业融合发展路径。全面推进全国文旅资源普查试点工作，浙江省仅两地入选。文旅项目有序推进。列入宁海县重点工程的文化和旅游项目共计66项，实际完成投资约33.8亿元，全市第一。大庄温泉乡根小镇、潘天寿艺术中心等15个项目开工建设，安岚温泉一期、景澜·雁苍山舍一期、梁皇山景区提升工程等8个项目建成，王干山沧海桑田小镇等10个项目签约落地。乡村旅游量质齐升。创新开展"艺术振兴乡村"行动，打造艺术旅游示范村15个，让偏远山村变成"网红村"。启动实施"一十百千万"工程，创成3A级景区城、4A级景区镇3个、3A级景区村9个，建成精品民宿15家，前童镇入选市级乡村全域旅游示范区创建单位，鹿山村获评全国乡村旅游重点村。三是丰富供给，公共服务提升新质效。坚持把服务为民作为根本使命，统筹推进文化和旅游公共服务，不断满足大众对文化和旅游的需求。文艺创作活力进一步激发。《箍桶记》获评中国民间文艺最高奖——山花奖，全省唯一。电影《春天的马拉松》《典妻》、报告文学《权力清单：三十六条》、歌曲《一诺千金》等4部作品获省"五个一工程"奖。平调原创大戏《葛洪》完成创作在各地公演。公共

文化服务进一步优化。提前1年完成《浙江省公共文化服务标准》认定。浙江省"十百千"工程重点乡镇重点村公共文化服务提升工作通过验收。西店镇岭口村、大佳何镇葛家村和深甽镇深甽村分别成功创建省文化示范村和省美丽乡村美育村。新创建乡镇（街道）文化馆分馆6家，宁波市星级图书馆分馆12家，新建24小时城市书房2家、乡村书吧8家，全县图书阅读流通达80余万册次。旅游行业素质进一步提升。品牌创建卓有成效，森林温泉创建国家级旅游度假区、前童古镇创建5A级景区有序推进，胡陈乡入选第四批省级旅游风情小镇创建培育名单。全国首条风景道G527建成通车，旅游标识标牌系统实现主要公路、重点节点全覆盖，智慧旅游优化升级。新建旅游厕所30座。文化活动模式进一步创新。举办庆祝中华人民共和国成立70周年系列活动等，深受群众好评。加大文化惠民力度，举办宁波市"天然舞台"、宁海县"戏剧进农村""百姓大舞台"等演出1500余场，受惠群众达60余万；开展"一人一艺"全民艺术普及成果展示等各类文化惠民活动300余场。四是多措并举，文化传承实现新作为。坚持保护与开发并举，创新利用与传承载体，切实加强文物保护利用和文化遗产保护传承，进一步彰显宁海独特的文化魅力。文物保护利用不断加强。推进国家文物专项资金重点补助项目城隍庙、崇兴庙、双枝庙、下浦、岙胡古戏台维修工作。加强革命文物的保护利用，做好柔石故居红色阵地提升。举办"红色记忆——宁海革命文物

历史图片展""春风花鸟香"杨象宪作品展等，加大文物的对外宣传展示。非遗传承保护扎实推进。组织宁海传统女红参加保加利亚非遗展，泥金彩漆等4个项目参加中国（义乌）文化产品交易会，7件作品共斩获工艺美术奖1金6银。组织宁海竹编、木雕龙舟、前童三宝、长街团等非遗项目进景区、进古镇。出版国家级非遗丛书中的《前童元宵行会》。非遗活化利用创新推进。积极探索非遗活化利用路径，充分利用十里红妆文化园、东方艺术博物馆、古戏台等展示和体验平台，通过创新运用AR/VR技术、场景再现、文化演艺等方式，推动非遗资源产品化、产业化，助力全域旅游。五是强化宣传，文旅品牌塑造新形象。坚持塑形象拓市场，创新品牌推广载体，注重节庆实效，策划推出精品线路，强化精准营销，不断提升品牌形象知名度，带动客源增长。品牌推广有实效。加强媒体宣传，深化与中央电视台、《中国旅游报》、凤凰网等媒体合作，提升城市知名度。在上海社区楼宇、杭州东站、宁波南站等客流集聚地投放"宁海静是美"口号和IP形象"宁宝"；本地投用10辆观光旅游巴士，实现旅游宣传县域主要交通节点和客流集中地全覆盖。策划黄山—宁海"静城宁海号"专列等营销事件，全网总阅读量达8111.8万人次。节庆营销有特色。举办第十七届徐霞客开游节、阿拉非遗汇、中国旅游达人大会等系列文旅活动。其中，文旅消费季发放电子、纸质消费抵用券等15700张，合作商户70余家，参与人数6.5万人次，拉动文旅消费700余万元。

前童元宵行会、胡陈桃花节、岔路葛洪养生文化节等特色节庆得到广大媒体和游客的热捧,真正做到"以节促旅,以节兴旅"。线路开发有创新。全力推出"静城宁海·品质生活"系列精品线路20条,将全域美景、美食、美宿串珠成链,满足游客的多样化需求。强化区域合作,与象山、奉化、三门等周边地区串线,打造海誓山盟、天佑山海、溪涧山海等线路。六是筑牢底线,市场管理展现新秩序。强化市场管理,着力优化事项审批服务、常态化开展市场整治和综合执法,筑牢安全生产底线,推动全行业健康有序发展。审批服务全面优化。推进"最多跑一次"改革向"最多跑零次"升级,梳理新增省、市划转行政权力事项100项,总量达178项,"互联网+政务服务"主要跑一次等8项指标全部实现100%。完成审批办理各类事项57件。市场执法更加规范。加强对网吧、娱乐、演出、饭店、景区等各类市场主体的监管,规范市场经营秩序。共计开展文化和旅游市场检查424次,出动执法人员1143人次,检查各类经营场所2734家次,市场良好率达98.1%。安全生产抓实抓细。结合"防风险保平安 迎大庆"消防安全执法检查专项行动和安全隐患整治"四大会战"等,定期组织开展安全生产专项检查行动,排查企业812家次,排查隐患1236处,检查现场整治隐患1065处,限期整改隐患171处。

（邵颖玢）

【象山县文化和广电旅游体育局】内设职能科室5个,下属单位8个。2019年末人员87人(其中:机关18人,事业69人;具有高级技术职务资格的12人,中级23人)。

2019年,象山县文化和广电旅游体育局坚持服务大众和精品创作同步推进,构建文化繁荣新格局;坚持一手抓保护,一手抓传承,文化遗产保护利用亮点纷呈;坚持外搭平台内促动力,有效助推文化产业发展提质增速;坚持以标准化均等化促质量提升,公共服务建设成效喜人;围绕国家全域旅游示范区创建目标任务,结合"三服务""六争攻坚、三年攀高""四个年"等主题活动,不断优化旅游产品供给,创新推动旅游宣传营销,切实提升旅游服务水平,有力促进全域旅游提档升级。全年接待国内外游客2915.02万人次,旅游总收入326.01亿元,同比分别增长16.13%和18.02%。一是扣民生,突重点,实现文化惠民纵深推进。着力推动"文旅融合"深入开展。在黄避岙乡塔头旺村、墙头镇方家岙村、涂茨镇旭拱岙村等6个点推广实施"艺+堂"项目,着力建设乡村文旅中心。在墙头镇方家岙村实施乡村文旅"周末剧场",助力乡村旅游。开展文旅融合示范乡镇创建工作,在星级酒店、精品民宿、特色餐饮等部署公共阅读角,拓展"阅读+旅游"发展思路。在茅洋乡举办首届乡村全域旅游摄影论坛。持续推进全民艺术普及工程。举办第三届群众文化艺术节、庆祝中华人民共和国成立70周年系列活动、第13届陈汉章读书节系列活动等全民艺术普及工程。完成民生实事工程"千影百戏"(2240场农村公益电影和150

场送戏进文化礼堂)、第22届中国开渔节系列文化活动、庆祝中华人民共和国成立70周年"我和我的祖国"歌咏比赛等各类文化活动3000场次。深入推进"一人一艺"公益课堂,开设12类艺术公益培训班,开展各类培训共24期,1200课时,培训人数15000人次。举办文化志愿者培训600人次。文艺精品创作丰富,完成《渔歌组歌》10支音乐作品创作,曲艺《那片红》获浙江省曲艺大赛金奖,《渔民号子》入选2019年中国原生民歌节展演,绘画作品《欢乐中国年》《渔光曲》入选全国美展,参与承办"诗画浙江四地写生"群文画家作品展活动,象山渔鼓队赴韩国参加"多彩大邱"庆典活动。全力实施"书香象山"全民阅读工作。城市书房·绘本馆、乡镇书吧(高塘馆)开馆,绘本馆被授予"宁波市亲子阅读体验基地",书房书吧全年接待读者3.5万余人次,借阅书籍11万余册次。县图书馆共接待读者42万余人次,借还图书29万余册次,移动图书馆点击量逾23.2万,收集地方文献289种、350册,新建图书流动站13家,共为农家书屋及图书流动站流动图书5.3万册,开展"天一讲堂·塔山讲堂"进文化礼堂活动20期。举办主题书展,启动图书信用借还体系。继续做强"塔山讲堂""陈汉章读书节""海上书屋"等阅读品牌,实施"月读"、暖象绘本阅读等阅读服务项目。二是强基础,稳推进,深化文化生态保护内涵。加强文化生态保护区和非遗场馆建设。贯彻落实《国家级文化生态保护区管理办法》,完善保护区工作组织体系,成立象山海洋渔文化生态保护区管理中心,保护区建设机构实体化,全面统筹、协调、指导、推进保护区建设。梳理2013年至2019年生态区创建工作情况,编制完成43册台帐,完成自评报告,在国家级文化生态保护实验区建设成果验收专家评审会上得到文化和旅游部非物质文化遗产司司长陈通和评审专家一致好评。12月25日,海洋渔文化生态保护区入选首批国家级文化生态区。象山县非物质文化遗产馆试运营,设序厅、海洋文化板块、农耕文化板块、市井文化板块、传承传播板块五大区域。中国海洋渔文化展示馆完成基础设施改造,进入布展阶段。积极开展项目保护工作。开展象山竹根雕申报第五批国家级非遗名录项目工作。完成2个省级非遗传承人抢救性记录摄录工作。启动全国民俗类非遗项目记录工作与保护研究项目试点"石浦—富岗如意信俗"影像记录工作。古船模、葛洪五行养生香、花岙海盐制品等3个非遗项目产品入选浙江省首批优秀非遗旅游商品。象山竹编专著《张心荣竹编技艺》出版发行。完成4个市级以上非遗传统技艺类项目"三位一体"评估。象山米馒头、岑晃醋制作技艺、木海马制作技艺被评为优秀项目,完成国家级非遗项目保护单位自查工作。继续开展非遗传播传承活动。承办全国非遗影像展,围绕口头传统类非遗项目的影像记录保存、节日民俗事项的影像诠释传播、非遗影像记录传播等主题举办3场论坛,100余位专家、学者和制作人参与对话讨论,吸引了近3000名当地观众。开展2019年非遗乡愁行系列活动。

各乡镇(街道)按需点单,提供传统戏剧、曲艺和非遗课堂的配送,共配送传统戏剧108场,曲艺180场,非遗课堂144课时,发挥非遗在乡村振兴中的积极作用。在公益书场共演出走书80场,惠及群众人数10000余人次。三是深挖掘,广推介,推动文保工作扎实开展。深度挖掘文物内涵。创新性开展"全域旅游+文物"模式。挖掘文物内涵,将文物资源与鹤浦大沙旅游风景区开发建设结合,统筹串联大沙烽火台、大百丈岩画、南田县署旧址等文保单位(点),形成文物精品旅游线路,成为引领乡村振兴的新引擎。在丹城和石浦老城区改造中,挖掘青草巷古建筑、石浦卢宅文化资源,彰显城市人文。进一步加强革命文物的保护和利用,维修殷夫故居、贺威圣故居、山海楼,提升布展质量,将其建设成宁波大市各地区"不忘初心、牢记使命"主题教育基地。实施文物维修,完成对金山旅馆、大百丈岩画、茅洋粮站等文保单位(点)的维修工作。协助完成南田县署陈列布展工作。广泛开展宣传工作。开展"5·18国际博物馆日"、中国文化和自然遗产日、"流动博物馆"等系列宣传活动。积极举办"藏古纳今"民间鉴宝交流会。利用革命烈士和名人故居开展红色和传统文化教育,全年约有10.3万人次参观。举办姜毛庙文艺活动9场,吸引1.1万余名观众。博物馆年接待游客约5.2万人,中小学生、城镇居民参观博物馆的人数明显上升,接待各类社会团体300余个,同比增加90%。夯实文博工作基础。协助开展"海上丝绸之路"、海防和海岛的"三海

文物资源调查,发掘和研究象山海洋、海防文化。积极参与国家水下文化遗产保护中心、宁波基地渔山列岛海域水下文化遗产考古调查工作。协调横湾沉船抢救性考古发掘前期工作。实施国保塔山遗址和花岙兵营遗址考古调查工作,完成保护规划编制、修改、完善、报批工作和基础资料。象山县第七批省级文保单位"四有"档案审核通过省文物局验收。完善文物安全属地管理主体责任及日常巡查制度,对象山县18个乡镇、街道的170处文物保护单位(点)和4处博物馆进行文物安全排查和整治,出动160余车次、650余人次,排查文物保护单位170余处,发现隐患15余处,整改到位13处,确保象山县文博单位安全无事故。四是强活力,创品牌,助推文化产业发展。多项活动强活力。贯彻落实《关于加快象山县文化产业发展的若干意见》,积极扩大宣传范围。结合第三届群众文化艺术节,举办2019象山县新春文化消费季活动,由5类50余个项目组成,覆盖象山县各乡镇、街道,时长2个月。5月,再次启动2019文旅惠民消费季活动,推出汽车音乐节、10元看电影、非遗百工坊体验等一系列活动,持续至8月。多种途径创品牌。与象山县旅游发展中心联合在宁波南塘老街启动象山"文旅新线路新产品研发孵化计划",推出象山文旅产品"全民点赞""文旅达人养成计划""文旅精品线路研发孵化"等三大主体活动,进一步打响"嗨象山"文旅品牌。积极响应宁波文化消费网红品牌推广计划,象山影视城获评宁波市十大网红"打卡地"、鱼拓

画获评宁波市十大网红"畅销品"。组织 20 余家文化企业参加 2019 中国（宁波）特色文化产业博览会、第 14 届中国（义乌）文化产品交易会、第十五届中国（深圳）国际文化产业博览交易会等会展，因地制宜，打造独特品牌。多项举措促发展。推进旅游商品开发，支持旅游商品研发设计生产。鼓励旅游商品研发设计生产企业，根据象山特色与海洋文化元素，深入挖掘象山丰富的文化资源、自然资源和传统工艺，开发象山特色旅游商品系列。在主要旅游景区、高星级饭店、特色商业街设立象山特色旅游商品店。鼓励支持在上海、杭州、宁波等大中城市设立象山特色旅游商品专卖店。推动象山特色旅游商品网络销售体系建设。五是动真格，出实招，确保文化市场安全有序。市场整治重实效。认真梳理文化行政审批事项 78 项，创新实施市、县两级"全城通办"、单一层级多部门"一事联办"、县镇村"三级联动"，推行"白加黑""5＋2"工作机制，有效推进文化行政审批"最多跑一次"改革，并全部达到五星或四星服务事项，办结率和群众满意度均达 100％。创新性推行文化市场领域"首违免罚"制度，办理浙江省首例文化市场领域"首违免罚"案件。日常检查高频率。组织"双随机"抽查 27 次，检查单位 208 家次，发现问题场所 64 家，问题检出率为 30.8％。专项行动出实招。开展文化市场领域专项检查，全面开展"防风险保平安　迎大庆"消防安全执法检查专项行动、安全生产和消防安全整治百日"大会战"、扫黑除恶专项行动以及网络文化市场、文物安全隐患排查、迎接文明城市创建专项整治。开展专项宣传主题教育，举办"3·18文化市场日""今冬明春火灾防控""安全生产月"等活动 6 次。六是定制度，严要求，打造文化铁军新形象。提高干部责任意识。贯彻落实"三书两报告"制度，严格履行"第一责任人"职责和"一岗双责"。完善《象山县文化和广电旅游体育局党委议事规则》，严格做到"三重一大"事项经局党委集体讨论决定。完善《象山县旅游体育局工作人员问责制度》，落实全面从严治党主体责任和意识形态主体责任，对照检查反馈意见认真落实整改，全力打造象山"文化铁军"队伍。改进队伍工作作风。将党章党规党纪、法律法规列入干部职工年度教育计划，全年组织党委理论学习中心组学习 12 次，干部职工集中学习 15 次，确保每名干部 1 年内参加集中学习培训时间不少于 32 学时。建立工作清单制、月工作例会汇报制，调整科室人员、班子成员分工，严管干部，狠抓干部作风建设。强化财务内审制度。明细财务管理规则，切实完善财务管理制度，落实"三公"消费书面申报制度，明确财经纪律、收支标准、报销程序等刚性约束，贯彻落实执行财务内审制度，对象山县图书馆和县文物办进行内审，做到了关口前移，防患于未然。

（方　红）

温州市文化广电旅游局

【概况】 内设职能科室 13 个，下属单位 13 个。2019 年末人员 488 人（其中：机关 55 人，事业 433 人；具有高级技术职务资格的 97 人，中级 133 人）。

2019 年，温州市文化广电旅游局高举习近平新时代中国特色社会主义思想伟大旗帜，深入贯彻落实党的十九大和十九届三中、四中全会精神，认真落实文化和旅游部、省文化和旅游厅的系列决策部署，紧密结合市委、市政府中心工作，坚持以人民为中心的工作导向，以打造国家公共文化服务体系示范区和国际化休闲旅游度假城市为抓手，积极进取，主动作为，推动各项工作取得一定成效，形成了全市文旅融合高质量发展的良好态势。

一、旅游发展扎实推进

(一)旅游发展态势强劲

举办"诗画山水·幸福生活"2019 温州休闲度假旅游发展分享会，配合召开全市旅游发展大会和印发《关于打造温州国际化休闲度假旅游城市的意见》。谋划推进瓯江山水诗路建设，参与编制《瓯江山水诗路黄金旅游带规划》，编制完成《温州市山水诗路文化产业带发展规划》，推进为期 3 年的"瓯江山水诗之路"古迹调查工作，承办全省瓯江山水诗路推进座谈会，建立健全全市文广旅系统重大旅游项目挂钩帮扶助推机制，重点推进 90 个重大旅游项目建设（其中 10 亿元以上项目 21 个），引进培育文旅项目 48 个（其中 10 亿元以上项目 13 个）。全市接待游客 1.37 亿人次、总收入 1544.78 亿元，同比分别增长 15.2%、16.2%。

(二)旅游品质持续提升

指导洞头、永嘉、文成创成全省首批全域旅游示范县(市、区)，洞头区和文成县铜铃山镇、泰顺县雅阳镇、苍南县霞关镇、永嘉县大箬岩镇等地入选全省首批 4A 级景区城(镇)试点培育单位。扎实推进县、镇(街)、村 3 级联创，指导加快文成刘伯温故里、永嘉楠溪江创建国家 5A 级旅游景区和泰顺廊氡创建国家级旅游度假区；泰顺竹里、苍南矾山、永嘉岩头创成省级旅游风情小镇，文成铜铃山、泰顺东溪和苍南霞关、炎亭被列入创建培育单位；开展"千村景区化"，超时限创成 214 家 A 级景区村，其中 33 家 3A 级景区村。完成 12 家省级放心示范景区创建；坚持动态监管与退出机制，对全市 73 家 A 级景区开展地毯式暗访排查专项行动，并取消龙湾雅林 4A 级景区及 3 家 3A 级景区命名，督促乐清中雁荡山等 24 家景区限期整改，重点指导雁荡山景区整改提升并通过部、省两级暗访检查。

(三)深化多元文旅业态培育

编制《温州都市夜间旅游发展研究报告》供市大建大美办公室参建，支持和指导瓯江山体灯光秀，推出塘河游船夜游与白鹿洲艺术实景灯光秀。深入挖掘乡村特色文化旅游，泰顺竹里入选首批国家旅游重点村、省级乡村旅游集聚示范区，苍南五凤茶园、瑞安望海楼创成省级生态旅游区，创成 1 个省级运动休闲旅游示范基地和 7 个省级运动休闲旅游优秀项目。指导建成瑞安全国首家国旗教育馆，永嘉中国工农红军十三军军部旧址、洞头东海先锋女子民兵连纪念馆等地创成省级红色旅游教育基地，命名 16 家首批市级红色旅游教育基地，加快永嘉、平阳红色小镇建设，并配合落实省委在平阳"省一大"旧址举办庆祝"省一大"召开 80 周年系列活动、"红动浙江"红色旅游季启动仪式等。

二、文旅营销形成声势

(一)拓展长三角等国内外旅游客源市场

谋划推出山水诗意、海洋旅游、都市风情、婚庆摄影、康养旅游、休闲夜游、自驾游等方面的 100 条精品旅游线路，其中"千年诗路今犹在"旅游线路获省一等奖(第 1 名)。主攻长三角、闽粤赣等客源市场，出台惠游温州系列举措，加入长三角 PASS 旅游年卡，承办第十四届浙江山水旅游节暨首届中国·文成达瓦孜(高空钢丝)国际邀请赛，举办温州文化旅游(上海)全球推介会、"'9·20就爱你'温州·2019 自驾旅游文化节"等主题营销活动 150 余场，外出开展专题文旅推介近 20 场;开展"温润之州,抖潮我看"抖音挑战赛,10 天播放量超 2.2 亿人次。

（二）切实加强海外拓展交流

入选 2020 年"东亚文化之都"候选城市,在全国工作交流会上做经验交流。正式成为亚太城市旅游振兴机构（TPO）会员城市,在法国巴黎和意大利罗马、普拉托等地设立文旅交流中心,筹建中意文旅交流示范区。举办"施泰尔马克州邂逅温州"首映式、布拉格国际演出设计与空间 4 年展、文成国际瑜伽节暨中印瑜伽旅游峰会、中柬文化友好座谈会、泰国来温考察踩线等系列活动。举办伦敦、巴黎"遇上温州"系列写生展览活动,牵手中国美术学院、中央美术学院等 6 家美术院校共建国际山水写生基地。

（三）推动文旅更加便民利民惠民

加快文旅系统政府数字化转型,争取市政府主要领导支持"特例"追加经费。重点完成温州全域导游导览系统开发并上线试运行。紧扣提供优质旅游产品和服务中心环节,科学制定《温州市旅游质量服务提升计划实施方案（2019—2020 年）》,举办全市金牌导游大赛,并创成五星、四星级旅游饭店各 1 家,三星品质旅行社 2 家,培育 2 家特色文化主题酒店、5 家省品质酒店、1 家五星级旅游民宿。深化旅游厕所革命,全年计划完成新改建旅游厕所 128 座,已完成 145 座,完成率达 113.28%。

三、文化事业繁荣发展

（一）艺术创作成果丰硕

制定 2019—2021 年度全市舞台艺术创作题材规划表,打磨提升瓯剧《兰小草》《杀狗记》和越剧《风乍起》等优秀作品,赴北京、上海、香港等地演出。《兰小草》入选国家艺术基金 2019 年度创作资助项目、第十三批浙江省舞台艺术精品扶持工程和第十四届浙江省精神文明建设"五个一工程"。第十四届浙江省戏剧节首次走出杭城入户温州,历时 20 天共举办 300 余场演出活动,线下参与量达 60 余万人次,网络参与量达 2400 余万人次。加强文化艺术推广,开展 18 场书画展览、130 余场书画分享活动以及戏曲"五进"、送戏下乡等 210 余场文化惠民活动,并赴澳门、格尔木开展"文化走亲"交流活动。

（二）示范区创建稳步推进

召开国家公共文化服务体系示范区创建推进会和工作培训会,起草《温州市鼓励和引导社会力量参与公共文化服务的实施意见》,优化示范区创建制度设计,以优异成绩顺利通过示范区创建中期评估。推进图书馆、文化馆总分馆建设和法人治理改革,"城市书房""文化驿站""乡村艺术团"被文化和旅游部列为全国创新典型,3 次在全国会议上交流推广。扎实推进公共文化服务"十百千"工程建设任务,全面完成重点县（洞头区）、15 个重点乡镇和 185 个重点村公共文化建设提升工作并顺利通过验收。推进"五个百分百"建设,加快实现基本公共文化服务标准化,全市 11 个县（市、区）全部通过浙江省基本公共文化服务标准化建设认定。超时限建成 20 家城市书房、20 家百姓书屋、10 家文化驿站等民生实事项目。协调推进市非遗

馆、市美术馆建设。

（三）红色主题系列献礼活动掀起热潮

举办温州市第七届市民文化节系列活动,其间创作音乐作品 40 多首、原创舞蹈作品 19 个、戏剧小品类作品 12 个,开展各类主题活动 900 多场,近 6 万人参与表演,线上线下观众达 440 余万人次。国庆期间,连续 13 天举办 13 场庆祝中华人民共和国成立 70 周年广场文化系列演出活动,涵盖 2019 浙江省群众广场舞大赛等,近 1 万名市民参演,现场数万名观众和线上 60 多万观众观看。举办 2019 书香温州全民阅读节、"百年守望,世纪书香"温州文化论坛暨"温州市图书馆建馆 100 周年庆典"等活动,发布《2018 温州市全民阅读调查报告》,其间共开展全民阅读活动 1264 场,17 万多人次参与。

四、文遗传承成效明显

（一）主动作为服务中心工作

对照省文化和旅游厅出台的督查激励评价指标体系,部署推进传承发展浙江优秀传统文化行动计划,重点推进戏曲文化主题公园、永嘉瓯窑小镇、泰顺"百家宴"等项目,其中投入 9700 万元推进白鹿洲公园的戏曲文化建设和塘河核心段沿线的戏剧文化夜游演艺展示,打造戏曲文化主题公园。配合重点民生工程开展考古调查工作,指导各地及时开展"标准地"考古调查勘探,完成瓯窑窑址、水下遗址考古调查。

（二）文博基础不断强化

完成全市 9000 多处"三普"登录点的复核工作,命名 20 处第二批市级红色古迹展示教育基地。永嘉县坦头窑遗址、乐清市

雁荡山龙鼻洞摩崖题记、鹿城区英国驻温州领事馆旧址和苍南县矾山矾矿遗址等4处被列为第八批国保单位。组织开展全市文物博物馆消防安全大检查,全年整改问题隐患近300处。精心策划组织"5·18国际博物馆日""文化与自然遗产日"系列宣传活动,并在全省率先创新推出"文物活起来、温州来点阅"活动。

(三)非遗保护传承大力推进

全国首创非遗项目社会认养制度,推动13个非遗项目被社会力量"认养"。全省率先创新性开展非遗体验基地建设,建成26个体验基地。承办2019年浙江省推进新时代非遗保护工作创新发展会议,部署推动平阳鸣山、苍南福德湾等非遗一条街成为文旅融合新样板。组织开展国家级非遗项目保护优秀案例申报,泰顺木拱廊桥营造技艺获国家级优秀案例。组织开展非遗学堂53场,非遗课外实践16场,并走进全市各地80余所学校,参加学生人次达6万余人次。

五、行业监管切实加强

(一)行业监管整治力度加大

全年文化执法人员检查13704人次,检查14999家次,查处违规271家次;举报(督查)受理32件,行政处罚立案调查227件,罚款62.9万元;检查旅游景区72个、旅行社746家次。出台《温州市文广旅局防汛防台应急工作预案》,举办全市文化娱乐场所消防安全标准化建设现场观摩会暨消防安全和安保处突演练、消防安全应急预案演练等活动。"书画宝"案件入选文化和旅游部收录的全国文旅市场重大案例。深入开展全市文广旅系统扫黑除恶专项工作,顺利完成全国扫黑除恶专项工作和国务院安全生产督查组迎检工作。

(二)"最多跑一次"改革持续深化

加快推进"最多跑一次"改革,制订《市文广旅局加快推进"最多跑一次"改革向公共服务领域延伸扩面工作实施方案》,实现100%审批事项"最多跑一次",100%实现网上办和掌上办。推出"网上快捷申报、远程视频勘查、信用评级审批"等举措,受理审批事项提前办结率100%、群众满意率100%。

【大事记】

1月

3日 温州市文化广电旅游局正式揭牌。新组建温州市文化广电旅游局成立大会暨揭牌仪式在温州市行政管理中心举行。市委决定,朱云华任市文化广电旅游局党组书记、局长。根据《温州市机构改革方案》,将温州市文化广电新闻出版局、温州市旅游局职责整合,组建温州市文化广电旅游局(加挂温州市文物局牌子),作为市政府组成部门。

11日 文化和旅游部办公厅公示第三批创建国家公共文化服务体系示范区(项目)验收结果,温州市文化广电旅游局"城市书网"公共图书馆现代服务模式验收结果为优秀。

22日 瑞典驻沪总领事一行赴温州市博物馆参观。

31日至2月1日 全市文化和旅游市场安全生产会议召开。市、各县(市、区)文化和广电旅游体育局主要负责人参会。会议深入传达贯彻落实2019年全省文化和旅游安全工作会议精神,全面部署温州文化和旅游市场安全生产工作。

2月

19日 全市单体投资最大、建设规模最大的旅游集散中心——浙南(马站)旅游集散中心正式开工。项目临近甬台温滨海高速复线马站出口,用地总面积约7.4万平方米,总建筑面积约11万平方米,总投资7亿元。这是温州市首个以全过程代建的形式实施建设的旅游重大项目,对于全域旅游创建工作具有重要意义。

21日 平阳县被中国地名文化遗产保护促进会确认为中国地名文化遗产"千年古县",正式跻身全国100个"千年古县"之列。

25日 省政府公布了全省第二批旅游风情小镇名单,温州市永嘉县岩头镇、泰顺县竹里畲族乡、苍南县矾山镇3地榜上有名。

是月 洞头区、永嘉县、文成县被省政府公布为首批浙江省全域旅游示范区。

3月

7日 市委副书记、市长姚高员赴市文化广电旅游局调研。

11日 省文化和旅游厅副厅长刁玉泉一行赴平阳调研文化工作,并在平阳木偶戏保护传承中心开展实地考察。

12日 国家文物局党组成员、副局长胡冰在浙江省文化和旅游厅党组成员、省文物局局长柳河的陪同下,巡查位于温州市龙湾区的全国重点文物保护单位永昌堡消防安全工作,依次检查了环海楼、都堂第、王氏大宗祠等重点建筑,肯定了永昌堡在消防安全方面的工作。此外,还赴温州市郑振铎纪念馆、夏鼐故居调研专题馆文物保护工作。

16日 开展"温州戏曲走进香港"活动,瓯剧《白蛇传·断桥》参加香港西九文化区西区中心举办的开幕季演出,这是瓯剧第1次受邀参加梅花奖艺术团出访演出。

4月

3日 巴黎温州文旅交流中心在法国华侨华人会挂牌成立。随后,意大利普拉托温州文旅交流中心、罗马温州文旅交流中心也将相继挂牌,充分发挥海外、港澳台温州商会、侨团和其他社会文化机构的境外资源优势,成为欧洲推广温州文化和旅游的阵地和温州文化旅游国际交流合作平台。

6日 省文化和旅游厅党组成员、副厅长杨建武赴永嘉调研旅游产业发展,指出永嘉要科学谋划、大胆创新、抢抓机遇,以创建省级旅游度假区为抓手,不断完善旅游软硬件水平,大力推动全域旅游、乡村旅游和文化旅游融合发展。

11日 市委副书记、市长姚高员率队赴永嘉县调研旅游工作,强调要串联美丽风景线,打造核心风景点,进一步提升旅游吸引力、辐射力、带动力,加快从旅游资源大县向旅游经济强县转变,争当全域旅游发展主力军,为全市旅游业实现千亿增加值目标做出应有贡献。

15日 温州市国家公共文化服务体系示范区创建工作推进会召开。国家公共文化服务体系建设专家委员会主任李国新、温州市政府副市长苗伟伦出席会议。会议由市政府副秘书长郑焕东主持。会议旨在进一步推进温州市国家公共文化服务体系示范区创建工作,推动各地党委政府落实公共文化服务体系建设主体责任,准确把握创建要点,突破难点。

17日 全省推进新时代非遗保护工作创新发展会议在温州召开。省文化和旅游厅党组成员、副厅长叶菁,温州市人民政府副市长苗伟伦出席会议。全省各设区市、部分县(市、区)文化广电旅游局负责人,非遗保护专家、高校非遗研究基地代表、非遗传承人及新闻媒体记者等120多人参加会议。

是月 温州文旅考察团在法国凡尔赛宫举办"当巴黎遇上温州"中法艺术家温州文旅写生作品宣传展览活动,凡尔赛市市长弗朗索瓦·德·马齐埃,中国驻法使馆文化处主任梁成喜等中法各界200余人参加活动。

5月

3日 市委书记陈伟俊赴平阳县调研中国共产党浙江省第一次代表大会80周年庆祝活动筹备工作,强调要以筹备办好"省一大"80周年庆祝活动为契机,进一步弘扬革命精神,传承红色基因,做好红色引领文章,实现社会效益和经济效益双丰收,真正让党员干部受教育、老区群众得实惠,走出一条富有老区特色的乡村振兴之路。

7日 文化和旅游部公共服务司举办的"关于推进公共文化领域重点改革任务落实培训班"在温州开班,"温州经验"全国推广。开班仪式由文化和旅游部公共服务司副司长陈彬斌主持。国家图书馆党委副书记兼纪委书记、副馆长、中国图书馆学会副理事长陈樱,浙江省文化和旅游厅副厅长叶菁,温州市副市长苗伟伦出席开班仪式并分别致辞。

9日 温州文化论坛暨"温州市图书馆建馆100周年庆典"在温州市图书馆举行。文化和旅游部公共服务司、浙江省文化和旅游厅、市四套班子有关领导,以及来自全国各地的图书馆界代表,知名专家、本市文化名人、图书馆理事会代表和读者代表250余人参加庆典活动。

10日 国家文物局副局长宋新潮率领国务院安委会安全生产和消防工作第十二考核巡查组赴温州检查文保消防安全工作。

16日 浙江大学档案馆、浙江大学图书馆、温州博物馆和温州衍园美术馆等单位联合推出的"不畏浮云遮望眼——丰子恺的浙大缘与温州情"展览,在浙江大学紫金港校区基础图书馆一楼开幕。

17日至18日 市委书记陈伟俊专题调研旅游工作。市领导王军、苗伟伦一同调研。先后到洞头区、永嘉县、瓯海区和温州生态园,实地察看、详细了解全域旅游推进、海峡两岸同心小镇建设、楠溪江漂流夜游及高铁旅游综合体规划、乡村民宿产业发展、大罗山及三垟湿地保护开发等情况,并召开座谈会听取全市旅游发展工作情况汇报,研究部署下步工作。

28日 温州市委、市政府召开全市旅游发展大会。市委书记陈伟俊在会上强调,要深入践行

"绿水青山就是金山银山"理念，开启文旅融合"诗和远方"的美好旅程，举全市之力建设国际化休闲度假旅游城市，努力把旅游业培育成温州战略性支柱产业、富民强市的"幸福产业"。市委副书记、市长姚高员主持会议。会上，市政府与浙江省旅游集团签订了全面战略合作协议。市文化广电旅游局与上海长三角旅游发展研究中心、中国美术学院等单位，马蜂窝、抖音、携程等平台签订了战略合作协议。

是月　温州数字博物馆成为乌镇国际互联网大会分会场。

是月　温州市文化广电旅游局与中国美术学院中国画与书法艺术学院、中央美术学院城市设计学院、广州美术学院中国画学院、西安美术学院、南京艺术学院美术学院、西安文理学院等签订中国最美国际山水写生基地共建协议书，围绕温州"国际休闲旅游目的地"的目标定位，突出"神奇山水、温润之州"主题，推动温州"全域化、特色化、集群化、智慧化、国际化"文化旅游发展。

6月

6月　为庆祝澳门回归20周年和第五届粤港澳温州人大会隆重举办，应澳门温州人商会邀请，温澳文化代表团赴澳门开展"瓯江缘·温州书画作品赴澳门展"活动，展示温州传统书画的风采。

4日　温州山水诗自驾线路"浙南生态秘境自驾之旅"获选"国际山水诗自驾地"。

15日　全国公共文化领域重点改革任务暨旅游厕所革命工作推进会在重庆召开。会上，温州市委常委、宣传部部长胡剑谨

代表温州就总分馆制建设和法人治理结构改革工作做典型经验交流。

25日　省文化和旅游厅副厅长杨建武调研指导泰顺全域旅游工作，先后实地察看了廊氡旅游度假区廊桥文化园、月笼溪沙民宿和基础配套项目，详细了解度假区创建工作开展情况，对泰顺上下一心、真抓实干创建国家级旅游度假区表示肯定。

29日　由省文化和旅游厅主办的加快推进瓯江山水诗路建设专题座谈会在永嘉县举行。省文化和旅游厅党组书记、厅长褚子育，省文化和旅游厅党组成员、副厅长杨建武，温州市委常委、宣传部部长胡剑谨等参加座谈会。

同日　"红动浙江"2019年红色旅游季暨万人初心之旅活动在永嘉县屿北古村启动。省文化和旅游厅党组书记、厅长褚子育，武警浙江省总队政治工作部主任傅懿韫，中共温州市委常委、宣传部部长胡剑谨以及来自武警浙江省总队、省委宣传部、省发改委、省教育厅、省退役军人事务厅、省交通厅、省林业局等部门的人员参加活动。

30日　省文化和旅游厅厅长褚子育率调研组赴平阳县调研红色旅游工作。

同日　省文化和旅游厅厅长褚子育赴泰顺调研全域旅游工作，先后考察了雅阳镇塔头底古村落及迷途·七厝、华东大峡谷氡泉旅游度假区等项目，并对各项目推进提出了意见和建议。

7月

4日　温州市文化市场综合行政执法队成立挂牌，是浙江省机构改革后首个挂牌成立的文化

市场综合行政执法队。

10日　温州乡村艺术团建设工作在2019年中国文化馆年会上做典型经验交流。

13日　市委书记陈伟俊赴平阳县调研，指出要全面落实市委全会精神，打造红色圣地，加快绿色发展。

25日　省文化和旅游厅党组副书记、巡视员傅玮率调研组赴平阳开展调研，并参加浙江美术馆主题教育美术作品巡回展（温州·平阳站）开幕式。

28日　全国乡村旅游（民宿）工作现场会在成都战旗村召开。会上发布了第一批全国乡村旅游重点村名单并进行授牌，泰顺县竹里畲乡竹里村上榜。

30日　省委常委、宣传部部长朱国贤调研温州市图书馆，市委常委、宣传部部长胡剑谨陪同调研。

是月　温州市获批入选"2020—2022年东亚文化之都候选城市"。在通过文化和旅游部专家组暗访和省文化和旅游厅副厅长许澎一行的验收后，市长姚高员带队在北京参加文化和旅游部组织的终审，获得第3名的好成绩。

8月

4日　温州开展全市3A级以上景区质量管理大检查，加大对景区的监管力度，提升景区管理服务水平。

12日　省文化和旅游厅副厅长卢跃东赴雁荡山指导灾后重建和5A级景区整改提升工作。

22日　市委书记陈伟俊主持召开专题会议，研究推进温瑞塘河核心段夜游项目规划建设工作。他强调，要把瓯江和温瑞塘

河沿线开发建设作为全面提升中心城区首位度的点睛之笔，把温瑞塘河核心段夜游项目打造成为"月光经济"的消费热点，进一步深化内涵、彰显特色，突出抓好产业培育、业态提升，加快提升城市综合能级和竞争力。

是月　参加文化和旅游部在西安举办的东亚文化之都工作交流会议，温州文化广电旅游局相关负责人在会上做主题发言。

是月　温州市代表团赴日本、韩国参加"东亚文化之都"城市交流学习。

是月　温州市瓯剧艺术研究院应香港康乐及文化事务署邀请，在香港西九文化区西区中心上演《白蛇传》《杀狗记》和《高机与吴三春》，为"2019中国戏曲节"压轴演出。

9 月

18日　第十四届浙江省戏剧节媒体见面会在温州大剧院举行，会上宣布本届戏剧节将于10月19日在温州开幕。这也是该戏剧节首次走出杭州，走进南戏的故乡温州。

26日　在韩国釜山举办的第34届亚太城市旅游振兴机构（简称TPO）执行委员会会议正式批准温州成为其会员城市。

27日　中央第二巡回督导组组长陈际瓦一行到世界温州人博物馆参观。

是月　举办为期14天的"当伦敦遇上温州——中英艺术家温州写生与展览"系列活动。文化和旅游部国际交流合作局公使衔参赞项晓炜、温州市副市长孙维国及参与本次中英文化交流的艺术家、理论家及各界人士300余位嘉宾出席了活动开幕仪式。

是月　温州市率全省之先推出博物馆"文物活起来、温州来点阅"，每季度公布约1000件可供点阅的文物清单，活动阅读转载达到百万次，"蚕母的故事"视频选入学习强国平台，《中国文物报》整版刊登，在国内文物界引起较大反响，得到国家、省文物局的高度肯定。

10 月

19日　首届长三角大运河文化带城市旅游论坛暨第五届长三角慢生活旅游峰会、第三届长三角慢生活旅游目的地联盟峰会在江苏淮安举办，温州市获评"长三角最具网红特质旅游城市"特别奖，成为仅有的2个特别奖获评城市之一。

24日至27日　由浙江省文化和旅游厅、温州市人民政府主办，温州市文化广电旅游局、文成县人民政府承办的第十四届浙江山水旅游节暨首届中国·文成达瓦孜国际邀请赛在文成举办。

26日　省委常委、组织部部长黄建发调研温州数学名人馆。

11 月

是月　《温州与海上丝绸之路》正式出版。

3日　2019浙江省诗路IP开发推进活动暨楠溪江文化旅游节开幕式举行。省委宣传部副部长、省电影局局长葛学斌，温州市委常委、宣传部部长胡剑谨出席活动并讲话。

4日　庆祝中国与罗马尼亚建交70周年文艺演出在温州市文化馆举行。演出由罗马尼亚驻华大使馆和温州市人民对外友好协会主办，温州市文化馆组织承办。罗马尼亚驻华大使巴希尔·

康斯坦丁内斯库受邀观看了演出。

是月　永嘉县坦头窑遗址、乐清市雁荡山龙鼻洞摩崖题记、鹿城区英国驻温州领事馆旧址和苍南县矾山矾矿遗址等4处被公布为国家重点文物保护单位。

是月　应温州市文化广电旅游局邀请，泰国国家旅游局产品及旅游业务副局长素吉达携泰国相关媒体、出境旅游协会一行13人专到温州进行为期6天的专题考察踩线活动。

12 月

8日　由浙江省文化和旅游厅、温州市人民政府指导，温州市文化广电旅游局、马蜂窝旅游网联合主办的2019自由行创新发展大会在温州圆满落幕，会上成立长三角自由行联盟，并启动蜂游温州系列活动。

同日　2019年度浙江考古重要发现汇报会在浙江大学艺术与考古博物馆召开，由温州市文物保护考古所推荐的温州市藤桥镇屿儿山遗址考古发掘入选。

12日　由浙江省委宣传部、浙江省发展和改革委员会、浙江省文化和旅游厅、浙江日报报业集团主办的浙江省诗路文化产业发展主题活动暨首批诗路旅游目的地发布会在嵊州举行，会上揭晓了1条诗路黄金旅游线、10个诗路旅游目的地，温州市楠溪江风景名胜区上榜。此外，还有17个浙江诗路旅游目的地进入重点培育名单，温州市雁荡山风景名胜区、江心屿景区位列其中。

25日　全省第四次全域旅游暨"百千万"工程推进现场会在温州召开，温州市文化广电旅游局做典型发言。

30 日 瑞安市寨寮溪风景名胜区、泰顺县氡泉景区、文成县森林氧吧小镇等 12 家景区被认定为 2019 年全省放心景区。

是月 乐清智能电气小镇、乐清路之遥奥特莱斯时尚广场、瓯海生命健康小镇、瓯海眼镜小镇、文成县仙果庄园、文成县嘉南美地养生度假区、平阳鸣山古村、平阳顺溪古镇、泰顺南浦溪景区等 9 家景区被认定为国家 3A 级旅游景区。

(施冰清)

温州市县(市、区)文化和旅游
工作概况

【鹿城区文化和广电旅游体育局】 内设职能科室 11 个,下属单位 7 个。2019 年末人员 83 人(其中:机关 34 人,事业 49 人;具有高级技术职务资格的 6 人,中级 12 人)。

2019 年,鹿城区文化和广电旅游体育局围绕中心工作,以文旅融合、文体融合为抓手,以示范区创建为契机,补短板,突亮点,切实提高鹿城区公共文化服务水平,不断推进各项工作稳步前行。全区累计接待游客 1969.75 万人次,同比增长 16.17%,其中国内旅游者 1950.68 万人次,同比增长 16.04%;实现旅游总收入 265.60 亿元,同比增长 17.42%,其中国内旅游收入 258.99 亿元,同比增长 16.75%。一是社会文化。开展群众喜闻乐见的文化活动 140 余场,受到广大市民的一致好评。坚持从群众需求出,定期举办文化驿站各类主题活动 231 次,受惠群众 1 万余人次;举办各类免费公益培训班 49 个班

次;完成送书下乡 380645 册。引入社会力量办公益培训,以"公益大联盟"为平台,全年开设 49 个班次,1000 余人受益。全年派出业务干部深入社区辅导 600 余次,指导数百支业余文艺团队,受益群众近 1000 人。通过第二批《浙江省基本公共文化服务标准(2015—2020 年)》认定,全面完成"十百千"工程 1 个重点乡镇、8 个重点村的提升任务。完成送戏下乡 24 场,区域性"文化走亲" 7 场,送讲座、展览 2471 场次。创作声乐作品 3 件、舞蹈作品 1 件、戏剧小品 1 件、摄影 32 件。推进政府民生实事建设。新建 2 个城市书房、3 家文化驿站。谋划新建区图书馆、区文化馆,编制《鹿城区公共文化设施建设三年行动计划(2018—2020)》。有序开展公共文化网格化服务,建立文化馆员与街镇结对挂钩机制,将文化馆专业干部下派到街镇,有计划、有重点地开展辅导培训。开展丰富多彩的节庆品牌和群众文化活动。举办鹿城第七届市民文化节暨全民阅读节、金秋文化节,相继开展"我在五马过大年"系列五马历史街区体验活动、历史街区阅读定向打卡活动、"壤塘文化周"活动。承办"壮丽七十年·奋进新时代"温州市鹿城区庆祝中华人民共和国成立 70 周年文艺晚会。推出群众"草根"四大赛事活动,即器乐、排舞、戏曲、声乐比赛,由街镇综合文化中心、社区(村)文化礼堂承办,历时 5 个月,通过网络报名和街道报名,参与总人数达万人,参赛节目 542 个。通过一月一赛事,盘活街镇文化阵地,丰富市民群众文化生活,反响热烈。加大文化惠

民供给。积极引入社会力量办公益培训,把公益培训班驻扎到社区、驻扎到机构、送到基层,以"公益大联盟"为平台,凝聚社会力量,吸引各类社会艺术人才共同成立服务品牌,把最好的资源送到最需要的地方,构建多元化、社会化、均等化的公共服务供给体系。完成送戏下乡 24 场,区域性"文化走亲"7 场,举办各类培训班 580 场,讲座展览 194 期,服务群众 9690 余万人次。成立"不忘初心"文艺小分队,每周下到基层,通过各门类业务干部深入社区开展公益培训的形式,送出成人声乐、成人摄影、少儿朗诵、少儿舞蹈、儿童画等课程,向广大群众宣传创建国家公共文化服务体系示范区的精神,提升群众文化素养。推动文艺作品创作。积极鼓励和引导专业干部挖掘鹿城文化资源和特色,创作编排文艺精品,参加省、市乃至全国的比赛。区文化馆声乐干部创作的音乐作品《担担馄饨情》《岁月千寻》《瓯江边的漫生活》、群舞《巷弄里的天空》、小品《钓鱼》《安全无小事》等作品参加省级比赛,其中《巷弄里的天空》获浙江省群众舞蹈大赛银奖,《岁月千寻》更是作为温州市唯一一首入选 2019 浙江省首届原创流行歌曲大赛现场决赛的作品,斩获大赛一等奖及"观众最喜爱金曲奖"。二是非遗工作。稳步推进基础性工作,扎实扎深非遗保护"根基"。高效完成 60 项市级以上非遗项目宣传简介和宣传图片的搜集,以及各项目地理位置数据录入工作。组织传承人参与工艺美术类作品、曲艺类节目参加省、市级展示展演活动、文化交流活动 30 余人次。承办

全省推进新时代非遗保护工作创新发展会议、温州·壤塘文化周系列活动,联合承办浙江省第二届"少年非遗说"浙江传说故事讲述大赛温州赛区总决赛等。推进新申报的各级非物质文化遗产"四级名录"建设。协助完成"温州发绣"国家级非遗项目申报推荐;完成"藤桥熏鸡制作技艺""七巧板"等5项市级项目申报;开展鹿城区第十一批非遗项目以及第三批非遗代表性项目传承人、传承基地申报与评审工作,推荐区级项目9个、区级传承人24名、区级传承基地3个;完善非遗名录"八个一"保护措施,按时完成15位省级以上非遗传承人年度考核、3位区级"带薪学徒"考核等。开展非遗口述史记录工作,完成漆器髹饰、许大同制笔的抢救性纪录片拍摄,杨文光《瓯俗漆器文化图说》交付出版等工作。扎根基层"种文化"做厚做实非遗传播品牌。继续打造辖区14个街镇29个社区(村)"非遗创艺坊"非遗体验活动平台,全年开展各类非遗体验活动824场;积极探索开展"非遗创艺坊+红色星期天""非遗创艺坊+主题教育"等,已在藤桥镇、山福镇的16个村,南郊街道、丰门街道、七都街道、仰义街道等4个街道16个社区全面铺开,全年共计开展体验活动1016场,受众达2.8万人次。新增定向委培专项服务志愿者88名,社会招募专项服务志愿者100名,通过志愿者专项水平初级认证160余名,鹿城区非遗专项志愿者已达519人,基层在地"传文化、种文化、育文化"的力量稳步提升。提升"温州剪纸""十字花边绣""温州缝合皮鞋制

作技艺"等8个项目的配套视频、外部包装等。积极实践"文""旅""体"大融合,以举办文化和自然遗产日主题活动为契机,举办"Feel the City 非悦鹿城"非遗主题城市定向挑战赛。推出非遗展示展演类"遗鹿畅享"品牌活动。开展"遗鹿畅享"曲艺专场演出、温州鼓词专场巡演等活动6场。创新非遗静态图片宣传的传统模式,举办第1期"遗忘·遗望"展。初步谋划非遗美食IP"拾味鹿城"打造计划。三是文化市场管理。细化工作计划,将任务目标逐条对照,全面开展基层站所执法队伍集中整顿行动。针对重点时间节点及重大节庆的关键时期,通过"五加二"和"白加黑"的工作模式,开展网吧、歌舞场所、书店报亭等文化经营单位安全隐患大排查。在文明城市、卫生城市复评的迎检工作中,召开全体网吧业主大会及个别网吧约谈会,调动全系统工作人员,配合执法大队蹲点驻守检查网吧,确保网吧文明经营。开展"扫黄打非——清源、护苗、净网、秋风、固边"等专项行动,配合宣传部开展"绿书签"专项行动。针对印刷市场、出版物市场开展"双随机"工作,完成80家次。6月4日、6日,对全区学校周边出版物市场、文具店和印刷市场进行集中整治,营造未成年人健康成长的氛围。全年共出动检查373次、1537人次,检查文化经营场所1509家,查处违法行为25起,办结案件17件。四是旅游工作。加快项目建设。五马华盖里文旅项目总投资20亿元,以五马街为中心,辐射蝉街等周边街巷,形成五马街区商圈,以温州金名片为

定位打造华盖里,突显温州文化精髓。推进瓯江沿线、塘河沿线精品夜游项目。桃花岛旅游休闲冰雪中心项目开工建设,总投资1.2亿元,配备滑雪馆、足球场等系列配套游乐设施,预计2020年8月建成并对外开放。全力助推全省"大花园"建设、"百城千镇万村"景区化建设,以A级景区街镇和A级景区村庄创建为重点,完成七都3A级景区街道创建;17个A级景区村庄创建,其中4个3A级景区村庄,13个A级景区村庄。完成4座旅游厕所,2座3A级旅游厕所。完成4个生态停车场、约170个停车位、5千米生态游步道建设。加强景区建设。完成江心屿东园设计深化方案。如期完成核心文保区、榕林诗径、湖心禅居等工程,实现沿共青湖环线游并开园迎接游客,受到一致好评。推进江心屿码头改造提升工程前期各项工作,完成施工设计和可行性研究报告,并组织召开了江心屿码头提升改造工程项目建议书和可行性研究报告联审会。已启用安澜临时码头。国庆期间,南塘景区开放温州首个大型光影秀项目。温瑞塘河核心段打造塘河夜游项目,开通了首条塘河夜游线路,采用全新的"行进式"观演方式,突破了传统舞台的演出模式。同时,积极提升旅游服务品质,景区基础设施建设再升级。提升行业建设和管理水平。优化营商服务水平,创新服务举措,不断完善备案流程,率先开展视频远程勘查。引导旅行社开展鹿城地接旅游业务,提升行业地接旅游业务服务水平。继续推进星级品质旅行社创建工作,提高游客对鹿城旅游

的满意度。提升行业品质。全区有旅行社160家（含分社）。新增温州幸福国际旅行社有限公司为四星级品质旅行社，全区已有18家品质旅行社，其中五星3家，四星11家，三星4家。协助5家三星级饭店、3家四星级旅游饭店开展复核工作，均顺利通过星级标准复核，受理温州新南亚大酒店取消星级饭店申请。加强旅游安全生产。明确安全生产工作职责，同下属单位江心屿景区管理处及瓯江旅游服务站、辖区内旅行社签订安全生产目标管理责任书。排查全区旅行社责任险投保情况，确认每个旅行社均按照《旅游法》要求投保。深入开展安全生产督导检查，进一步强化和规范旅游安全生产监管，深化隐患排查整治，加强元旦、春节、"两会"、五一等重点时段安全检查工作。积极开展联合执法行动，对旅行社组团、委派导游、旅游用车等情况进行突击检查。加强演练、完善旅游安全应急预案。开展鹿城区文化和旅游行业安全生产风险研判，营造良好的消防安全环境。积极做好消防安全宣传工作。加强宣传促销。整合优质鹿城文旅特色旅游资源，针对不同区域、不同群体、不同层次的消费需求，加大对文旅融合发展的宣传力度，强化线上线下宣传，积极引导市民转变消费观念和消费习惯，培育和壮大夜间消费群体。通过网红打卡、数字地图、提炼故事等方式，串点成线扩大月光经济的知名度。加大对瓯江花月夜、月色塘河、遇见五马等精品线路宣传推广力度，打响都市旅游品牌。打造文旅融合品牌形象。召开全区文化和旅游融合发展大

会暨创建"中国山水诗朝圣地"启动仪式，并举办全域旅游发展高峰论坛。会议提出创建"中国山水诗朝圣地"和浙江省全域旅游示范区的目标，聘请了11位文旅大使，和浙江省现代旅游产业研究院签订战略合作协议，发布了鹿城宣言。拓展市场宣传营销。国庆期间，在江心屿推出了"走江心嬉"主题活动，包括在江心遇见非遗、在江心欣赏文艺、在江心解密文史三大主题模块，以"非遗＋文创"作为软服务配套，"文化＋旅游"为动态载体，充分展示江心屿改造提升阶段性成果。组织参加"百县千碗·瓯味百碗"温州人文交流活动，全方位呈现鹿城旅游美食的文化内涵和独特魅力。主流媒体合作，同时利用微信、微博等网络平台多方位高效率地发布旅游宣传广告，紧抓客源市场的点与面，不断加强鹿城文旅整体形象宣传。创新推出旅游宣传资料。策划推出鹿城十大精品旅游线路手册，强化鹿城旅游线路的宣传推广。编撰江心屿系列图书，通过公开招投标方式，选定单位对全岛诗词文化、历史文脉、建筑宗教、航标文化、古树名木、风土人情等进行系统梳理。

（陈素妮）

【龙湾区文化和广电旅游体育局】内设职能科室6个，下属单位5个。2019年末人员62人（其中：机关14人，事业48人；具有高级技术职务资格的2人，中级14人）。

2019年是龙湾区文广旅体工作融合发展的第1年，龙湾区文化和广电旅游体育局认真贯彻落实习近平新时代中国特色社会

主义思想，紧紧围绕区委、区政府工作重点，重谋划、抓开局、攻难点、强队伍，立足区情实际，以高质量发展为目标，以融合发展为重点，着力推进文化建设、旅体发展再上新台阶，实施"七大行动"，紧盯目标，开拓奋进，获评2019年度考绩优秀单位。一是文化行政工作。深化"最多跑一次"改革，启动机关内部"最多跑一次"工作，做好政务服务核心指标对标工作，"即办事项比例"从2018年的3.7%提升到82.38%，"承诺时间压缩比"从45.55%提升到95.37%，"容缺受理"从1.55%提升到59.07%，所有数据均超越全省、全市平均指标。及时梳理调整机构改革后权力清单，划出23项、划入11项，调整后本局共有行政事项193项。抓好文物保护、文物安全工作，公布黄石粮仓等16处文物保护范围与建设控制地带规划。加强文博、文保单位消防安全、火灾隐患整治专项工作，出动安全检查91人次，检查文物单位155家次，发现安全隐患20起并全部整改到位。加强非遗文化村建设，指导、协助海滨街道宁村村申报省级"民俗文化村"。开展"非遗六进"活动20余场，并配合区政协做好专项民主监督工作。二是公共文化。重引导强保障，助推示范区创建通过省标验收。成立龙湾区创建国家公共文化服务体系示范区工作领导小组，积极协调将示范区创建列入区政府主要领导紧盯重中之重工作、纳入督查。加强各部门联动协作，出台《龙湾区创建国家公共文化服务体系示范区实施方案》，并争取区财政创建专项资金200万元用于示范区创

建。实现全区 6 个街道 86 支乡村艺术团全覆盖,落实文化派驻员队伍,并于 10 月顺利通过省基本公共文化服务标准认定。重建设提服务,全力完善"15 分钟都市文化圈"网络。全年新建城市书房 2 家,挂牌文化驿站 1 家,新增图书馆分馆 1 家,其中新开放海滨街道城市书房面积 750 平方米,为全市最大城市书房。全区共有城市书房 10 家、文化驿站 6 家、百姓书屋 4 家,公共文化设施的布局更加合理、网络更加健全。基层公共文化阵地的使用效率和服务效能得到进一步提高,依托现有的"15 分钟都市文化圈",区图书馆年度新增馆藏 7.3 万册、开展各类活动 991 场、接待读者 140 余万人次。全年共开展送戏下乡 240 场、送书下乡 8818 册,举办文化驿站活动 37 期,开设四季公益课堂 72 班次、惠及 2.2 万人次。重培育提质量,文艺精品创作献礼中华人民共和国成立 70 周年。借力歌舞双十佳等主题赛事,储备优秀文艺人才,拉动乡村艺术团蓬勃发展。全年共创作选送 27 个表演节目参加省、市级赛事,其中原创群舞《归来》获浙江省群众舞蹈大赛银奖。国庆假期前期,专题创作发布一批"礼赞祖国"作品,包括微电影《蝶变》、快闪《我和我的祖国》、MV《今天是您的生日》等,其中快闪《我和我的祖国》、MV《今天是你的生日》等被"学习强国"录用,浏览 3 万余次。推出中华人民共和国成立 70 周年系列活动,如娜警官扫黑除恶原创漫画海报展、古堡墨韵·龙湾书法作品展、龙湾少儿美术作品展等,营造了浓厚爱国氛围。三是文化市场。做好文化、文物、旅游等综合执法工作,开展"防风险 保平安 迎大庆"行动,加强文化市场日常监管力度,全年出动检查 1895 人次、1268 家次,查办行政处罚案件 17 件、办结案件 15 件,罚款 29500 元、没收违法物品 104 件。密切配合区委宣传部开展"扫黄打非"工作,共查处专项案件 8 起、警告 8 家次。率先完成"浙政钉·掌上执法"试点改革,发现并上报建议 5 条。四是旅游工作。全年接待游客 539.63 万人次,同比增长 18.22%,其中旅行社接待国内游客人数 1.8095 人次,同比增长 65.86%。引进培育温州吾悦广场(商业区块)、龙湾区艺术中心、永兴田园综合体、瑶溪景区改造提升工程等文旅农旅融合特色项目 4 项,总投资 37.09 亿元,是年计划投资 15.33 亿元,截至 11 月底,完成投资 16.76 亿元,完成率 109.3%。深耕细耘乡村旅游,创建提升 5 个 A 级景区村,改建旅游厕所 5 座,成功创建瑶溪省级旅游风情小镇。积极开展永昌古镇前期工作,多层面论证永昌古镇搬迁、开发、运营等模式,并签订意向合作协议。梳理谋划山水游、文化游、亲子游等 3 条一日精品旅游线路,永昌堡研学线路入围温州青少年研学旅行系列精品线路。组织开展首届旅游歌曲大赛,原创歌曲《江南小镇蓝》获浙江舞台艺术"兰花奖·作品金奖"并入选浙江省年度旅游歌曲。上线"龙湾文旅资讯"微信公众号,首期推送《龙湾十二时辰》荣登"学习强国"浙江订阅号头条,浏览 3000 余次,有效提升了龙湾旅游知名度。

(林碧纯)

【瓯海区文化和广电旅游体育局】内设职能科室 5 个,下属单位 4 个,另有市派驻瓯海区文化市场综合行政执法队。2019 年末人员 41 人(其中:机关 12 人,事业 29 人;具有高级技术职务资格的 4 人,中级 12 人)

2019 年 1 月 21 日上午,瓯海区文化和广电旅游体育局召开成立大会并正式揭牌。重新组建的区文化和广电旅游体育局将区文化广电新闻出版局的文化、广播电视管理职责和承担行政职能的事业单位区风景旅游管理局的旅游管理行政职能以及承担行政职能的事业单位区体育事业发展局的行政职能整合,作为区政府工作部门,加挂区文物局牌子,不再保留瓯海区文化广电新闻出版局。经《浙江省基层公共文化服务评估指标数据(2018 年度)》发布,瓯海公共文化服务评估指标在全省 89 个地区中位列第 12 名,连续 2 年全市第一,也是温州市历年来取得的最佳名次。一是文旅融合有新进展。3 月 19 日,瓯海区乡村艺术团潘桥街道青年分团"全村的希望"作为温州市"乡村文艺繁星计划"项目的代表,受邀参加 2019—2020 年上海市及长三角地区公共文化和旅游产品采购大会进行展示。4 月 29 日,央视 10 套《探索·发现》栏目组创作团队到瓯海实地调研美食文化情况。6 月 13 日,瓯海区文化和广电旅游体育局在中国(瓯海)眼镜小镇召开旅游市场座谈会。7 月 19 日,首届国际研学旅行高峰论坛在瓯海开幕,国内外众多教育、文旅、研学机构齐聚温州,探讨研学旅行未来路径,会商实践育人创新模式,为温州全面打造国际化研学旅行城市增智添彩,研学旅行"温州模式"获得与会专家学者点赞。7月30日,日本著名动漫设计大师、主题公园设计专家中田和幸一行到瓯海考察中国(瓯海)眼镜小镇,为设计中国(瓯海)眼镜小镇文旅IP进行实地调研。8月21日,瓯海区委常委、宣传部部长徐延鸿率区文广旅体局和文旅界相关人员19人赴四川阿坝县开展"文化走亲"和"旅游踩线"考察交流活动,实地考察当地的旅游路线。9月5日,由浙江省文化和旅游厅举办的2019浙江(江苏)旅游交易会在南京国际展览中心开幕,瓯海区文化和旅游相关企业代表参加,并进行旅游推介。9月7日至8日,中国(瓯海)眼镜小镇迎来首批游客168人。12月4日,"瓯居海中·舌尖寻味"瓯海区首届旅游美食评选暨新桥美食街区创建启动仪式在新桥街道金虹东街停车场举行,评选活动的征集和评比历时两个月,最终评选出"瓯海十大旅游菜肴"(瓯嗨十大碗)、"瓯海十大旅游小吃"(瓯嗨十小碗)。二是文化事业有新成绩。瓯海区图书馆获全国"2019阅读推广星级单位",浙江省我爱家乡"魅力声音"青少年儿童故事音频征集活动优秀组织单位,温州市"中国梦·温州梦"绘画作品展组织奖等;纸山故事体验馆获浙江省"发现图书馆阅读推广特色人文空间"二等奖;全年外借总量119.1万册次,新增文献17.8万册,馆藏总量达到107.4万册(包括各基层分馆),新办证18337个,举办各类活动2069场,参与人数23.9万余人次,图书配送下乡21.9万册次;馆长获

2017—2018年度市级劳模称号,1名馆员在全国首届"图书馆杯全民英语口语风采展示活动"中获"英语口语金星(二星)"称号。成立"瓯海区读书会联盟",发展读书会70家。新建成开放城市书房5家,共建成45家,"15分钟阅读圈"基本形成。区文化馆选送的广场舞《风从东方来》入选国家"公共文化云"平台展示,舞蹈《百鸟朝凤》获浙江省群众广场舞大赛银奖,《山水流韵》获浙江省首届旅游歌曲"浙江舞台艺术兰花奖"铜奖;承办的各类公益性群众文化活动及服务性社会活动贯穿全年,其中文艺小分队入选了2019年瓯海区"办实事"项目,全年开展文艺汇演270余场,惠及基层群众20万人次;与瓯海职中签订合作协议书,在瓯海职中校区设立瓯艺发展中心。瓯海区13个街镇共建立了103支乡村艺术团,在潘桥街道建立"乡村艺术团大本营",成为乡村艺术团的枢纽。推动乡村艺术团与乡村文化礼堂签订合作协议,由乡村艺术团入驻文化礼堂开展文艺活动,制订《瓯海区乡村艺术团入驻文化礼堂工作手册》,明确乡村艺术团和文化礼堂的权责。开展"一月一主题"巡演和乡村艺术团"文化走亲"等活动,繁荣基层文化。此外,还成立了乡村艺术团联合会。区博物馆进一步创新服务模式,全年举办展览14项,累计参观人次近13万,推出近160场文物衍生活动,推出的"博物馆之夜"创新团队入围2019年度浙江省文化和旅游厅创新团队;协同温州市文物保护考古所对瓯海区景新片区支路网工程进行考古发掘,清理墓葬15座,其中六朝

时期墓葬2座,宋元时期墓葬2座,明清时期墓葬11座,出土器物20余件;征集购买中国古钱币、瓯窑陶瓷器、民俗器物等590件(套),接受捐赠29件(套)。三是旅游事业有新发展。进一步加强规划设计,编制完成《瓯海区旅游发展规划》,启动编制《瓯海区泽雅镇全域旅游发展规划》。全面加快旅游基础设施建设,制定完成《瓯海区旅游基础设施三年行动计划(2019—2021年)》,督促镇街按照计划进度落实建设。积极开展A级景区创建,创成瓯海眼镜小镇、生命健康小镇两处国家3A级景区。加速推进重大旅游项目建设,温州极地海洋世界、山根音乐小村和塘河青灯石刻艺术博物馆3个项目正式投用。7月5日,瓯海、永嘉举行旅游战略合作签约仪式,在旅游战略合作、商贸促进专项合作签约仪式上,瓯海区文化和广电旅游体育局与楠溪江旅游经济发展中心签订旅游战略合作协议。谋划推出高质量旅游线路,制定完成《瓯海区十大精品旅游线路策划》,组织开展国际研学旅行高峰论坛,邀请省、市、区各大旅行社开展旅游踩线活动,与眼镜小镇签订游客引流合作项目。四是文旅产业有新气象。2019年行政执法案卷评查工作中,上报的广播电视节目制作经营单位设立、娱乐场所设立2个行政审批案卷被评为优秀案卷。出台《瓯海区时尚旅游产业扶持办法》和《瓯海区文化体育产业扶持办法》两项惠企政策,有效精准帮扶文旅产业,并兑现各类产业补助资金153万元。创新开展"瓯越文创沙龙"活动45场,推荐上报为全

区"三服务"特色案例,并挖掘以非遗为代表的传统文化精髓,以新跨越、新融合推动非遗传承发展。主动对接文旅招商引资和产业项目,召开2019年瓯海区文旅体产业业务培训会,有效推动各大项目建设落地见效。五是文化市场监管有新作为。首次成立执法案件审查委员会,组织开展执法队伍"强基础、转作风、树形象"提升专项行动和"一月一主题"法律法规培训,有效提高干部法治水平。持续深化文化市场"扫黄打非"工作,深入开展"净网、清源、秋风、护苗、固边"等五大专项行动。实施文旅体市场专项整治提升工程,组织开展文旅体市场扫黑除恶、"黑网吧"整治、A级景区"回头看"等专项行动。3月,制定了全区"黑网吧"专项整治实施方案,联合公安、各镇街查处取缔"黑网吧"8处,移交公安追究刑事责任1件,收缴电脑器材141件。进一步完善文旅体市场分组分片排查监管机制,全年出动检查人员1210人次,检查场所1145家次,行政处罚立案调查17件、办结案件18件、罚没款15万元。及时受理处置投诉举报36件,发现消防安全隐患32处,整改32处。同时,还联合镇街及相关部门,开展侵犯知识产权整治工作,全面检查15家歌舞娱乐场所曲库。及时取缔4家无证音像地摊,查获3家游商摊贩兜售非法出版物,收缴非法出版物277本,并在"4·26世界知识产权日"期间进行了集中销毁。

(孔武岳)

【洞头区文化和广电旅游体育局】内设职能科室5个,下属单位9个。2019年末人员77人(其中:机关6人,事业71人;具有高级技术职务资格的5人,中级14人)

2019年,洞头区文化和广电旅游体育局坚持新常态下文广旅体工作发展方向,围绕"旅游兴区"战略,致力打造"国际旅游岛",全力推进洞头区文旅体融合工作向前发展。一是规划引领,强化顶层设计。深入开展洞头区全域旅游产业发展和空间布局专项研究,编制全域旅游产业发展规划。开展文体旅品牌整体策划研究,出台文体旅产业融合发展两年行动计划及扶持政策。制定洞头海岛民宿地方标准。出台海岛民宿等级评定办法(试行),编制民宿产业三年行动计划。二是创建为先,强化样板示范。按照2020年创成国家级全域旅游示范区的目标倒排计划,完成创建实施方案送审。顺利通过省文化和旅游厅对本区省公共文化服务重点县建设和基本公共文化服务标准认定两项工作的督查验收,完成国家公共文化服务体系示范区中期督查评估。半屏山省级海洋旅游度假区创建完成可研报告提交省文化和旅游厅,待省政府批复。成为全市唯一省首批4A级景区城创建试点单位,通过市级初评。三是项目为王,强化发展引擎。聚焦引擎招商项目。牵头服务项目22个,其中已开工项目6个,已签约项目2个,洽谈项目9个,谋划项目5个,共接洽客商约40批次,实地考察人数近230人次。梦幻海湾、星空之城·星空岛等项目落户洞头,青山欢乐岛、阳光100浅水湾、南洋国际大酒店等项目加快推进,白

鹭湾海渔文化度假区、韭菜岙村旅融合、伴·精选民宿等项目取得实质性突破。状元岙国际邮轮港开航6个航次,累计接待游客4.5万人次。完善基础配套设施。提升仙叠岩、半屏山等景区,开通南炮台山临海悬崖栈道,高品质建设洞头全域旅游示范区、蓝色海湾半屏山生态廊道延伸段、半屏慢岛(电岛)等工程。创成(提升)A级景区村15个,其中3A级景区村3个,东屏街道半屏社区获批浙江省美丽乡村美育村(社区)试点单位。新建(改扩建)旅游厕所16个,其中3A级旅游厕所3个。提升区市民活动中心红色印迹馆;建设城市文化客厅5个。培育精致文旅业态。大力发展"星光经济",串联15千米夜游线路,开通夜公交,持续推进望海楼夜游活动,推出音乐夜市、激光水秀、民俗演艺等项目,打造海鲜夜市、酒吧、茶吧等星光经济带。引进沙滩乐园、帆板项目,建成投用百岛森林公园,培育邮轮(游艇)、深海钓、沙排等休闲运动产品,开发观鸟、禅修、研学等"小众旅游"产品,发展贝雕、古船木、渔民画等特色文化产业,获评全国文旅融合特色创新示范区。加快民宿产业发展。积极推动"金岙台湾101"民宿、伴山民宿、海角民宿等社会投资项目开发,完成大北岙、东岙顶、隔头等市级示范性民宿集聚村初验。有序开展民宿主人培训2期100人次,"民宿管家培训"项目获评2019年国家级"终身学习品牌项目",成为全市唯一入选的教育品牌项目,新增民宿65家床位652张。做好非遗传承保护。开展全区文保单位巡查全覆盖,日常巡查文保

单位 276 家次，"三普"登录点 161 处。出台传统民居保护利用三年行动计划，有序启动文保单位类传统民居、古建筑修缮工程。组织开展"文化和自然遗产日"、消防培训演练进消防重点文保单位、慰问传承人系列活动等，出版《洞头渔商》。四是品牌打造，强化营销宣传。节庆活动精彩纷呈。举办妈祖平安节、七夕民俗风情节、民宿海鲜节等文旅节庆活动，举办哈雷骑士大会、温州疗休养主题推介大会、文旅主题形象全国创意征集大赛等文旅宣传活动。网络营销如火如荼。全力推进数字文旅（智慧旅游二期）项目建设，建设文旅服务一站式集成平台，实现"一机在手，畅游洞头"。全方位运用网站、微博、微信等新媒体平台，开辟玩转百岛、智游百岛、旅游预订等多个微专栏，推出"吃、住、行、游、购、娱"等多系列旅游攻略，其中"鹿西""大门"旅游路线攻略信息接连被"学习强国"平台采用，在全国范围内推广。客源市场持续扩大。在海外社交媒体上推广宣传，开展中英艺术家走进洞头写生活动，拓展国际市场。与中国台湾传统纸媒与新媒体合作，开展中国台湾著名学者、著名主持人做客洞头活动，拓展中国台湾市场。推出"邀请上海市民免费畅游洞头""江苏市民和温州南戏戏迷半价游部分景区"等特惠政策，拓展北上广客源市场。五是服务升级，强化民生保障。开展文化惠民项目。举办市民文化艺术节、全民阅读节等大型系列活动，组织送书下乡 13417 册，送文体活动下乡 201 场，举办免费展览 12 场，送出春联 1000 多幅，开设公益培

训班 45 个，举办文艺驿站活动 36 期，赴各街道（乡镇）开展网格化点单辅导 30 余次。启用百姓文博馆。打造优质文化精品。创作《魅力洞头》《乡韵寮顶》《比海更深》等文艺精品，原创小品《生命的奇迹》获温州市第五届戏剧小品大赛表演第 1 名，摄影作品《美好生活》入选浙江省第六届群星视觉艺术大展，5 幅渔民画作品入选"壮丽 70 年·阔步新时代"全国农民画创作展。加强行业规范管理。成立文化市场综合行政执法队，整合文化、文物、出版、广播电视、电影、旅游、体育领域的行政执法工作。完成重要时段节点和敏感时期文旅市场安全巡查，检查覆盖全区所有歌舞娱乐场所、旅行社、星级饭店、景区等文化旅游市场经营场所，持续推进"扫黄打非"、扫黑除恶工作。共出动检查 318 次，检查 486 家次，出动检查人员 858 人次，办理行政处罚案件 5 起，罚款 1 万余元。多渠道开展文化市场综合执法宣传，共开展各类广场宣传 9 场次，张贴海报 500 余份，发放宣传资料 1000 余册。强化人才队伍建设。激发干部工作活力。严格落实科学的选人用人导向，对岗位中层进行交叉任职，提任 5 名年轻中层干部。出台全员绩效考核、各类管理制度、运行机制，强化队伍、效能管理，盘活资源、激发活力，让干部队伍活起来、强起来。举办国际化旅游休闲岛专题培训班、百名红色讲解员与行政导游培训、民宿主人文化专题培训、全区导游大赛，组织旅游从业人员、文化干部等人员参加省、市培训，切实提升各类文化旅游从业人员职业素养。2 人分别在

温州市金牌导游大赛上荣获"温州市金牌导游员""温州市优秀导游"荣誉称号。

（王施施）

【乐清市文化和广电旅游体育局】内设职能科室 8 个，下属单位 8 个。2019 年末人员 248 人（其中：公务员 27 人，参公 22 人，事业 199 人；具有高级技术职务资格的 19 人，中级 56 人）。

2019 年，是乐清开启文化旅游体育深度融合发展的第 1 年。乐清市文化和广电旅游体育局围绕中心、把握重点，自觉顺应文广旅体工作新形势，创新实干，克难攻坚，以更加实干的民生理念做出新成效，让群众共享文化旅游事业发展成果。一是抓创建共发力，国家公共文化服务体系示范区稳步推进。充分发挥领导小组统筹协调作用，根据创建 3 年规划，将创建经费纳入财政年度预算，并根据工作需要，追加财政专项资金；编制《乐清市本级基本公共文化服务目录（2019—2021年）》《乐清市乡镇、街道基本公共文化服务目录（2019—2021年）》，将各项创建任务分解到各业务部门和乡镇（街道）；通过召开创建推进会、培训会，举办主题巡演活动等，营造上下联动、全民参与的良好氛围。各乡镇（街道）、各成员单位对照创建要求，加强责任落实，进一步提升乐清的公共文化服务水平，推进创建工作深入开展，为温州创成国家公共文化服务体系示范区贡献乐清力量。基本公共文化服务标准化建设通过省级认定。二是抓项目重建设，文旅基础设施不断夯实。重点推进一批重大旅游项目

建设。大荆"铁定溜溜"旅游开发完成2.85亿元、拾光里田园综合体项目完成0.8亿元、雁荡山显胜门中高山游线开发项目完成0.34亿元投资；蝴蝶广场文化产业园累计完成投资9.1亿元，路之遥特色文化旅游小镇总投资10亿元，10月26日开始运营。验收一批基层设施建设。完成岭底、天成2个乡镇（街道）综合文化站建设；新增文化驿站2家、城市书房2家、百姓书屋3家；成功创建A级景区村庄27个，建成旅游厕所10座，超额完成上级考核任务和省、市民生实事工程任务。三是抓服务编规划，全域旅游破题起势。启动乐清市全域旅游发展规划和智仁乡太湖山村旅游概念规划编制。文化旅游、康养旅游、红色旅游等以"旅游+"的形式出现，设计推出乡村休闲主题线路，10条入选温州100条精品旅游线路。探花赏莓尝斛、追寻霞客踪迹2日游，入选浙江"乡村旅游精品线路"。不断提升旅游服务品质，指导新聚丰圆大酒店成功创建五星级旅游饭店，启动乐清导游词编撰，组织2019乐清市金牌导游员大赛，选拔优秀选手参加温州比赛，其中2人获金牌导游员称号，1人获优秀导游员称号。举办"5·19中国旅游日"和市民文化节文旅融合主题活动、首届乐清旅游线路设计大赛、第三届"中雁荡山杯"全国大书法作品大赛，推出百万惠民大行动，承办第六届"长三角"运动休闲体验季首站活动，指导黄檀硐新春民俗文化旅游节、清江李花节等乡村旅游节庆活动，深入挖掘潜在文化、旅游、体育资源，走出一条具有乐清特色的"文

化+旅游+体育"融合发展之路，推动了文化、旅游相关的新兴业态不断涌现。全年共接待游客总人数达2307.9万人次，同比增长17.38%；实现旅游总收入321.72亿元，同比增长19.92%。四是抓活动重宣传，文旅品牌硕果累累。深入开展文化活动。组织策划市第七届文化艺术节、市民文化节等一批重要文化节庆活动。举办市第三届群众舞蹈大赛、市第三届群众声乐大赛、市第五届排舞大赛等大型文艺活动。全年送戏下乡315场，送书下乡52220册次；开展全民阅读活动615场，公益讲座和培训2979场，公益展览40场。市博物馆自1月试运行以来，免费接待各类团体65个，参观人数7万余次，全程讲解80余场，举办各类展览和活动21次。对《柳市故事》进行打磨提升，参赛第十四届浙江省戏剧节，1名演员获"兰花奖·优秀表演奖"，受邀参加2019上海国际艺术节全国越剧会演，入选温州市第八届精神文明建设"五个一工程"奖。加强旅游宣传。通过完善智慧旅游平台建设、拍摄制作旅游宣传片、参加旅游专场推介会、举办文旅活动等，强化媒介营销，精准对接营销，拓展旅游市场。文旅创建硕果累累。乐清市入选"浙江省民间文化艺术之乡"（"细纹刻纸""黄杨木雕"）。聚优品石斛文化园获评钻果级"浙江省采摘体验旅游基地"。全年创作音乐作品1个、舞蹈作品3个、戏剧小品3个、歌词作品1个、书法作品15件、美术作品1件、摄影作品2件，选送参赛13次，获奖21项，其中《芙蓉抛歌》获2019全国第十五届合唱

节合唱作品银奖。"廉政清风——全国剪纸艺术邀请展"获得中纪委肯定。五是抓保护重传承，文遗工作稳步推进。雁荡山龙鼻洞摩崖石刻题记成功申报第八批全国重点文物单位，乐清的全国重点文物保护单位达5处。做好省保单位黄月秋碉楼、四座厂碉楼、孙存鋈碉楼等一批文物保护单位修缮工作，开展市保单位牛头山烽火台、瑞里山烽火台的试发掘工作，对雁荡山十八古刹之一的净名寺遗址进行了抢救性考古发掘，配合调查县域内各类明清海防遗址51处，引导社会力量对市保单位红色古迹中共1926年乐清支部旧址、文物保护点徐可楼宅、"三普"登录点周丕振故居进行合理利用。开展周昌谷诞辰90周年纪念活动，在浙江美术馆举办"怀念英才——周昌谷诞辰90周年纪念展"、周昌谷艺术座谈会、专家导览、讲座及儿童中国画体验活动等系列教育推广活动，宣扬钟灵毓秀的雁荡山水和人文积淀深厚的乐清文化。利用博物场馆，引进高质量展览。在市级博物场馆举办"市收藏家协会藏品展"、"朝花夕拾——乐清花边回顾展"、"廉政清风——全国剪纸艺术邀请展"、"怀念英才——周昌谷诞辰90周年回乡纪念展"、周末课堂等。做好非遗进学校进基层活动，开展中华人民共和国成立70周年非遗红色之旅——乐清曲艺进革命老区会演活动20场、"红色非遗老区行"3场、"二十四节气——非遗主题系列活动"24场。将"百工教坛"公益培训触角拉长，除在非遗馆内开设课程外，还在非遗教学基地开设中长期课程，并根据点单

需要,在书房、文化礼堂等场所开设短期体验课。百工教坛开设40期537课时的课程,听众5000人次。制作乐清非遗地图,对4级名录151个项目进行定向标注。组织首期乐清鼓词青年传承人群培训班,举办5场传统节庆民俗活动,3个项目入选第十一批温州市级非遗保护名录,编辑出版国家级非遗保护系列丛书中的《乐清首饰龙》。六是抓执法重管理,文旅市场规范有序。深化"最多跑一次"改革,及时调整省、市、县(市、区)3级目录,将娱乐场所、互联网上网服务、旅行社等5项内容纳入证照联办事项,实现网上办、掌上办。共有事项208项,网上办事、掌上办事、跑零次实现率均达100%。推动改革向公共服务领域延伸、落实机关内部改革,完成部门间办事事项规范梳理。完成文化市场综合执法改革,组建市文化市场综合行政执法队,负责组织开展文化、旅游、文物、出版、广播电视、电影和体育领域的执法检查工作,实现"一支队伍管执法"。全年共出动检查1721人次,检查营业场所3215家次,立案84起,取缔无证经营单位9家次、无证流动摊点8个,查缴非法出版物10333件。开展文物安全检查出动检查人次165人次,检查文保单位277家次,发现安全隐患20处,及时整改。全面推行"双随机"抽查监管工作,完成"双随机"系统的数据库录入,全年开展"双随机"抽查48次,检查场所372家次。重视平安综治、安全生产和信访维稳工作,落实安全生产主体责任。按照"扫黄打非"、扫黑除恶工作要求,开展专项整治活动。做好

行业评优,新聚丰圆大酒店成功评定为五星级旅游饭店,国际大酒店、沪川大酒店顺利通过三星级复核评定,仙乐旅行社申报创建五星级旅行社。加强旅游市场监管、旅游安全监管力度,开展拉网式监督检查,各涉旅餐饮企业经营情况良好。同时做好旅游统计、行业培训等工作,切实提高旅游服务业务水平。

(池卢莹)

【瑞安市文化和广电旅游体育局】下属参公单位1个、事业单位5个、归口管理公司2家。2019年末人员141人。

2019年1月21日,瑞安市文化和广电旅游体育局正式挂牌成立,整合原文化广电新闻出版局文化、广播电视管理职能和市风景旅游管理局的旅游行政职能、体育事业发展局的行政职能。全年接待游客1382.44万人次,同比增长19.39%,其中,接待国内游客1366.94人次,同比增长19.64%;实现旅游总收入172.41亿元,同比增长20.81%。以曹村镇为主的乡村一日游模式成为市区及周边游客的新晋网红打卡地。一是文旅重点工程。市图书馆新馆建设项目启动,法国AS建筑工作室和浙江省建筑设计研究院联合体确定为中标单位,预计2020年动工建设。马屿镇圣井山景区环境综合整治工程完成圣井山景区停车场、游客中心、景区导视系统建设。实施公园路历史文化创意街区改造工程,打造忠义街和大沙堤文化街区,活态利用玉海楼、利济医学堂、心兰书社等文保单位,建设鼓词馆、非遗馆、书画馆和手工作坊

等为一体的休闲区。完善吃住行游购娱等要素,努力创建玉海历史文化游览区为国家4A级旅游景区。国旗馆完成场馆建设及内部布展,对外营业。国旗馆总建筑面积2600多平方米,将多元化高科技手段融入展示环节,打造全国首个数字化国旗互动空间。建设北麂"一带一路"国际渔村。一期20间民宿投资约2000万元,已完成改造并投入试运营;二期包括31间民宿、高尔夫球场、网球场等建设,已完成20间高端民宿打造和周边环境提升。推进瑞立五星级酒店项目。瑞立五星级酒店总投资超10亿元,总建筑面积15.2万平方米,最高楼已建至地上3层。湖岭温泉度假区项目开工建设。项目位于湖岭镇陶溪村,计划总投资20亿元,总占地达700多亩,由市旅投公司联合瑞商实施,完成温泉展示馆主体建设工程。二是公共文化设施。建成外滩、祥和社区、高新小微园等7家城市书房(百姓书屋),共接待读者85.6万人次,外借图书18.5万多册次,逐步实现公共文化服务网络全覆盖。新增11个图书流通站,总数达到147个;设立汽车图书馆服务点10个,办证1860个,借阅图书1.3万册。新增桐乐文化驿站,共有驿站5个,开展主题沙龙、演出、雅集等艺术交流活动51场,受益群众3000余人。芳庄乡综合文化站启动建设,曹村镇综合文化站完成立项,落实飞云街道、陶山镇、桐浦镇综合文化站选址工作。完成浙江省"十百千"重点乡镇重点村的提升工程。完成"五个百分百"建设实地认定工作。三是公共文化服务。全年共组织开展

各类基层文艺活动688场,讲座、展览190场,送书下乡7.5万册,举办各类公益培训班200多场,受训人员超过5000人。开展县域间"文化走亲"活动6场,接待"走亲回访"4场。组建社会文艺团队44个,乡村艺术团543个,引导民间文艺团队入驻乡镇综合文化站,乡村艺术团入驻农村文化礼堂和村社文化中心,实现23个乡镇(街道)全覆盖。浙江省第十四届戏剧节在瑞安开幕。举办瑞安市第七届艺术节暨第六届市民文化节系列活动。创作各类文艺作品114件,艺术创作精品选出,获国家级奖项21件、省级奖项38件。图书馆坚持全年365天开放,接待读者156万人次。新增馆藏文献5.77万种15.1万册(盘),收集地方文献560种924册,全市公共图书馆文献总量达到130万册(含剔除)。地方特色数据库"南戏鼻祖高则诚资源库"通过验收,馆藏数字资源总量达8.6TB。官网访问量6.4万人次,数字资源访问量20万人次,下载量13.5万册,各项业务指标居温州地区公共图书馆前列。全年举办各类读书活动642场,其中讲座39场、展览41场、公益培训174场、其他各类阅读推广388场,参与读者10万人次。同时,深耕打造"祥和文化年""春泥计划"暑期快乐营、"小蜜蜂采书蜜"绘本故事等活动品牌10余个。瑞安市图书馆获评温州市优秀社科普及基地、温州市未成年人思想道德建设优秀阵地、瑞安市礼遇"最美家庭"爱心单位。四是文化遗产保护。加强文物保护。充实优化文物资源,公布5处文物保护点,撤销4处

"三普"登录点。推进文保单位保护管理,规范开展文物设计方案、保护范围和建设地带内建设项目审查工作。审批许松年故居修缮工程、项氏古墓群修缮工程、观音禅寺修缮工程等6处工程,准予修缮,完成省级文保单位山皇城遗址之寨王殿、娘娘宫修缮工程预验收。心兰书社入选国家文物局《文物建筑开放利用案例指南》。5月29日,省长袁家军一行参观了国保单位玉海楼、利济医学堂。8月29日,原央行行长戴相龙一行参观了国保单位玉海楼、利济医学堂。博物馆全年接待观众31.3万余人次,举办了"己亥猪年春节特展——清代民俗钱币展""欧洲艺术作品收藏展"等8场临时展览和20场主题活动,其中"欧洲艺术作品收藏展"是瑞安有史以来首个欧洲艺术作品特展。对"天瑞地安——历史文化陈列"瑞安古城沙盘部分进行数字化提升。继续推进智慧博物馆建设,并将其与青少年教育相结合,推出4种"瑞安博物馆青少年历史AR系列读本",开展5场"移动博物馆进校园活动",向学生分发读本。开展藏品征集工作,共征集民俗钱币176枚、书画12件(套),接受捐赠文物18件、医书54册、贝壳标本17份。开展文物数字化保护,对馆藏书画567件(套)(总计3773平方尺,折合约418.38平方米)进行抢救性保护数据采集。加强非遗工作。6月1日,瑞安非遗馆建成开放,多元活态展示瑞安丰富的非遗资源,已累计接待游客2万余人次。组织了130余场非遗传承保护展演活动,惠民16万余人次。组织承办2019年"文

化和自然遗产日"温州主会场活动,共有57个温州地区非遗项目、200余名非遗传承人参与。积极开展文化"走出去"战略,组织木活字印刷术、温州鼓词、藤牌舞等项目参展2019全国文化和自然遗产日主会场活动、第四届中国非物质文化遗产传统技艺大展等10余场国家级、省级展演活动,其中藤牌舞荣获"非遗薪传"浙江传统舞蹈展演展评活动"薪传奖"、"诗路传薪"2019年浙江传统体育类非物质文化遗产大会"优秀表演奖"。平阳坑镇入选第五批浙江省非物质文化遗产旅游景区名单;新增两处温州市级非物质文化遗产体验基地;温州南拳(马坦拳)传承基地、应凤玉旗袍制作技艺传承基地、藤牌舞传承基地被评为2019年度温州市优秀非遗传承基地。组织开展第十批瑞安市非物质文化遗产项目及第七批瑞安市级非物质文化遗产项目代表性传承人申报工作。积极开展非遗"进课堂、进教材、进校园",新增1处非遗传承教学点,全市1320余名中小学生参与非遗课堂学习。培育打造具有示范性、影响力的非遗旅游名品,蓝夹缬T恤、瓯塑DIY材料包系列入选首批浙江省优秀非遗旅游商品;蓝夹缬系列衍生品列入2019浙江省特色旅游商品,获2019中国特色旅游商品大赛银奖。瑞安市非物质文化遗产保护中心被中国曲艺家协会、曲艺杂志社评为2019年度中国曲艺家协会曲艺杂志社通联工作先进单位,连续4年获此殊荣。建成瑞安市级非遗资源数据库,并连通温州市级及浙江省级数据库,领先温州地区其他县(市、区)"智慧非遗"建

设步伐。加强南戏传承。完成对高则诚纪念堂及周边环境的重新布展陈列工程,创作演绎《琵琶上路》《问天》《蔡伯喈的眼泪》等《琵琶记》系列音乐作品。组织南滨少年吉他乐团参加 2019 台州吉他艺术节暨全国吉他邀请赛获 14 项金银铜奖。开展南戏主题文化驿站活动 15 场。开展戏曲课程培训 3 万余课时,培养南戏传承人员 680 余人。五是文化市场监管。组织开展"扫黄打非"工作,重视部门联动,成功取缔"黑网吧"4 家,扣押电脑主机 7 台,交换机 3 台,调制解调器 1 台;成功取缔非法游戏厅 1 家、无证 KTV 1 家、无证电台 2 家、非法演出 4 家次。开展扫黑除恶工作,发放相关宣传资料 200 余份,滚动播放相关宣传标语 300 余次,对相关场所负责人进行行政约谈,共单独谈话 76 人次,签订责任书 76 份,结合日常巡查及突击检查开展全面排查,共出动执法人员 305 人次,检查娱乐场所 231 家次。全年日常巡查出动检查 2497 人次,检查 2862 家次,受理举报 58 件,行政处罚立案调查 55 件,办结案件 54 件,警告 50 家次,罚款 74000 元。持续开展文旅体市场消防安全治理攻坚战,共排查各类场所 954 家,当场整改 97 家,发现重大安全隐患 3 家。开展"双随机"工作,全年组织"双随机"抽查 14 次,抽取执法人员 134 人次,抽查 404 家次。加强文物定期巡查,共出动检查 72 人次,检查 86 家次。推进行政执法监管平台的应用,检查场所 681 家。加快推进行政审批"最多跑一次"改革。零次跑、网上办、掌上办、材料电子化等均实

现 100%,逐渐实现通办 97.06%,电子文件送达实现 93.10%,告知承诺实现 74.64%,即办实现 77.99%,容缺受理实现 43.06%,审批实现总体提速 92.4%。梳理机构改革后办事事项颗粒度细化工作,完成浙江政务服务网事项新增、信息完善等工作;创新突破实现漂流管理领先办,率温州之先给漂流项目备案,消除全市漂流行业管理真空现象。以机构改革为契机,理顺信访工作办理机制,落实信访工作专门负责制。梳理局系统"机关内部最多跑一次"各类事项 9 项,并与市大数据中心协作,落实机关内跑事项网上办理。六是旅游景区建设与管理。完成《全域旅游规划和两带规划》《北麂岛旅游发展专项规划》和《曹村全域旅游规划》,编制淘溪温泉休闲度假区可行性研究报告,制订《民宿发展规划》,完成圣井山、绿道景观、寨寮湖景观等 10 余个设计方案。全年完成 29 个景区村庄创建,其中 3A 级景区村庄 4 个。新改建 A 级旅游厕所 21 座,完成 2 座 3A 级旅游厕所的验收。完成全市 80 余座 A 级旅游厕所百度地图定位。完成 12 个旅游停车场 300 个停车位建设。重点发展北麂海岛旅游,形成以海洋特色节庆活动、渔业体验、休闲海钓为主的旅游产品体系。以湖岭温泉为抓手,建成湖岭天然温泉度假区。玉海历史文化游览街区业态初见成效,吸引了周边大量游客,带动街区及周边业态发展。曹村镇研学游线路逐渐成熟,已成为学校、教育机构等的学习教研基地。谋划推进两条旅游精品带建设,其中"云江悠

境"打造以山水人文为主题的旅游精品带,"陶泉福地"打造以原乡野奢、逸养福地为主题的旅游精品带。两条精品旅游线路共涉及 69 个项目,其中政府投资项目 35 个、政府或社会投资 10 个、社会投资 24 个,分 3 年实施,财政投入约 6.94 亿元。七是旅游市场开拓。精心谋划旅游线路,制定"红色旅游""诗意山水""海洋旅游"等精品线路;针对"7890"群体,推出诗意山水游、海岛休闲游、乡村休闲游等多主题旅游线路,努力打造瑞安十大精品旅游线路,在温州乃至全省范围内进行推广。推出集新项目谋划、老项目提升、多业态布局、全要素推介为一体的"云江溪山·道田印染"乡村旅游精品带游线设计。加强文旅宣传推介。不断完善瑞安旅游形象片,编制瑞安文旅全域手绘导览图等宣传资料。制作一批具有瑞安特色的宣传品。完成瑞安十大旅游商品、十大碗、一镇一宴评选活动,塑造"瑞安'游'礼""百县千碗·瑞安十碗""鲜美瑞安·一镇一宴"等旅游商品及美食品牌,同时组织相关企业参加国家、省、市特色旅游商品评选和省"百县千碗"系列宣传活动。在瑞安城市入口投放瑞安文旅宣传广告。充分利用"两微一站"以及合作媒体的新媒体矩阵开展瑞安文旅宣传。坚持"走出去、请进来"战略,积极拓展客源市场,参加省、市组织的各类旅游交易会、推介会,主动组织人员赴上海、宁波、义乌等主要客源地开展推介活动。举办文旅融合的旅游节庆活动,推出曹村花灯文化旅游节、多彩马屿文化旅游节、北麂海岛文化旅游节等十大旅游节庆活

动,受到《人民日报》、新华网、中国新闻网等高规格媒体报道点赞,展现了瑞安文旅融合新气象。八是旅游行业管理。开展旅游市场综合大检查4次,出动执法人员300余人次,发放整改通知书6份,认真落实旅游市场访查制度。定期开展出团例行检查,共检查30余次,出动执法人员100余人次,检查导游人员50余人次,严厉打击了违规经营旅游业务的行为。加强旅游安全工作,督查旅游企业273家次,出动人员546人次,排查一般隐患7项,整改7项。优化服务,开展从业人员素质提升培训3次,210人次参训。举办瑞安市第八届旅游饭店服务技能大赛,切实提升行业从业人员服务水平。组织参加温州市金牌导游大赛,获最佳组织奖1个、个人奖4个;组织参加浙江省旅游饭店服务技能大赛,获个人奖2个。完成3家星级饭店对标复核,瑞安国际大酒店创成"金桂品质饭店"。10名星级饭店服务人员获瑞安市"最美星级服务人员"称号。同时,以全国文明城市复评为契机,开展"文明旅游为中国加分"、文明餐桌、文明宣传等活动,引导游客恪守文明行为规范。

(吴晓媚)

【永嘉县文化和广电旅游体育局】内设职能科室6个,下属单位9个。2019年末人员279人(其中:机关16人,事业263人;具有高级技术职务资格的31人,中级69人)。

2019年,永嘉县文化和广电旅游体育局坚持以示范创建为抓手,以融合发展为主线,以改革创新为动力,紧紧围绕国家公共文化服务体系示范区创建,大力实施"12310"旅游发展路径,全力推动文旅产业高质量融合发展,全年接待游客1561.25万人次,同比增长24.12%;景区门票收入1.04亿元,同比增长59.86%,首次突破亿元大关,跻身2019中国县域旅游竞争力百强县。一是抓创建、惠民生,公共文化服务不断完善。坚持以创建为引领,顺利完成国家公共文化服务体系示范区创建中期任务,通过浙江省基本公共文化服务标准化达标认定,完成23个薄弱村提升加档,通过省"十百千"工程验收。新建城市书房(百姓书屋)3家、文化驿站1家,桥头城市书房获评"温州十佳城市书房",创新推进"有声图书馆进民宿"试点。围绕中华人民共和国成立70周年主题献礼,举办永嘉县第五届农民文化节和第六届文化艺术节、"书香永嘉"第五届全民阅读节,组织开展各类文艺活动和阅读活动1500余场,直接惠及群众45万余人。完成送戏下乡150场、送书下乡6.8万册、"文化走亲"23场、文化驿站分享活动44场、文艺红旗小分队巡演40场,文艺红旗小分队获评2019年温州市公共文化服务创新项目,永嘉昆剧团获省委宣传部推荐第八届全国服务农民、服务基层文化建设先进集体。推动永昆传承振兴,复排上演昆剧《杀狗记》《白兔记》,8出折子戏入选文化和旅游部2019年度"中华优秀传统艺术传承发展计划"戏曲专项扶持项目,《孟姜女送寒衣》荣获温州市"五个一工程"奖,完成国家艺术基金资助项目昆剧《孟姜女送寒衣》全国巡演16场,全年开展公益性演出80场,"草昆"之美扎根乡间、走向全国。二是抓保护、重传承,文化遗产活力不断焕发。守牢文物安全工作底线,全面开展文保单位安全大排查、大整治,全年排查各级文保单位206处,整改安全隐患111处,有力提升文物消防安全应急处置能力。有序开展荆州太阴宫壁画等8处文物修缮工程,完成30处文保单位日常维护。有序推进考古挖掘和调查勘探工作,全县青瓷窑址专题调查登录东汉至元代窑址46处,完成103件(套)窑址出土文物修复。弘扬永嘉优秀传统文化,坦头窑遗址入选第八批全国重点文物保护单位,做好22处不可移动革命文物登录保护,永嘉县入选全国第一批革命文物保护利用片区分县名单,金贯真烈士墓、浙南红军游击队总指挥部旧址入选温州市第二批红色古迹保护展示教育基地名单。深化瓯江山水诗路建设,承办全省瓯江山水诗路座谈会。着力保护非遗传承实践、传承能力和传承环境,瓯窑制作技艺等4个项目入选第十一批市级非遗名录,组织开展第十批永嘉县非遗名录申报工作,成立永嘉县非遗保护协会和非遗保护工作专家库。讲好永嘉非遗故事,推出永嘉县首届非遗体验日系列活动,围绕传统节日推出各类非遗展演活动300余场,精心开展温州莲花、永嘉花鼓下乡巡演、非遗进校园等文化遗产日活动100场,市级非遗体验基地永嘉书院、瓯窑小镇全年开展常态化体验活动310余场,体验人数达2.3万人次。三是抓项目、促发展,全域旅游建设不断加快。成立全县旅游发展工作委员会，建立县旅委工作例会、全域旅游项目审核等机制，形成县四套班子领导、各乡镇（街道）、各部门合力抓旅游的良好工作格局。高规格召开全县旅游发展大会，全面实施"12310"旅游发展路径，加快推进岩头中国历史文化名镇、大若岩-永嘉书院、石桅岩-龙湾潭等三大核心板块打造，核心景区魅力大增。全力推进重点项目建设，楠溪诗画小镇列入省级特色小镇培育名单，大若岩镇入选全省首批 4A 级景区城（镇）试点培育单位，雁楠逸园正式开园，南陈温泉小镇一期、水岩景区、亨嘉文旅项目一期年底开业，春风楠溪、楠溪云鼎休闲度假项目等有序推进。不断完善旅游基础配套设施，全年新增床位 1500 余张，新增停车位 1000 个，新建改建旅游厕所 22 座，石桅岩游客服务中心元旦投入试运行，开通狮子岩至滩地音乐公园等旅游专线 2 条。创成省A 级景区村庄 32 个（其中 3A 级 8 个）、星级旅行社 3 个、主题文化酒店 2 家。坚持精品民宿、星级酒店、经济酒店三管齐下，岩上民宿村揭牌开村，创成省等级民宿 2 家、市示范性精品民宿 3 家、民宿聚聚村 2 个、青箬山房等 5 家民宿入围全国十大必睡民宿 50 强，全市"十大美宿"评选永嘉独占 6 席。华隆国际大酒店开业，三江希尔顿酒店、楠溪都府酒店等高端酒店建设稳步推进。四是抓融合、强创新，文旅产品供给不断丰富。着力推进"文旅＋"融合发展，加快十大体系支撑示范项目建设，不断加强旅游产品创新，红十三军教育基地、龙湾潭玻璃漂流、永嘉书院爱洛斯云廊等

一批新开项目深受游客喜爱。楠溪江景区入选浙江省首批诗路旅游目的地，龙湾潭国家森林公园获评"中国森林体验基地"，永嘉书院入选森林养生国家重点建设基地，红十三军军部旧址入列浙江省红色旅游教育基地名单，育才集团创成省工业旅游示范基地，苍坡入选浙江旅游总评榜"年度人气旅游景区村"，岩头镇苍坡村和鹤盛镇栀峰村入选浙江省美丽乡村美育村试点单位。加大文旅市场营销力度，楠溪江号高铁专列开通，楠溪江诗画山水登陆纽约时代广场。摄制播出央视《远方的家》《动感地带》等专题片。开展上海快乐游旅游联合体、职工疗休养主题旅游产品和省中旅 35 家分公司等踩线推介活动，推出团队门票和相关住宿等优惠措施，促成上海锦天国旅和省国旅等一批旅行商推送楠溪江旅游专线，完善过夜游客和散客直通车等奖补措施。高质量承办"红动浙江"2019 红色旅游季暨万人初心之旅活动启动仪式和 2019 浙江省诗路 IP 大会暨楠溪江文化旅游节，精心策划举办首届楠溪江非遗旅游节、首届楠溪江电竞造物节、岩头古镇长桌宴等活动，在楠溪江古村落演出楠戏琴山假日剧场 60 余场，在楠溪江景区推出非遗进景区、古装快闪秀等系列活动，因地制宜、"一镇一品"开展岩坦舴艋舟、碧莲乱弹、茗岙梯田开犁等乡镇体验性和参与性文旅节庆，楠溪江东海跨年音乐节等节庆活动在全国初具影响力。五是抓监管、保安全，文旅市场环境不断优化。深化"最多跑一次"改革，206 项政务服务事项 100％实现即办、网上

办、掌上办、电子材料化，超额完成省、市既定目标。成功破解置诚广场欢乐岛电玩城审批历史遗留难题，全年规范完成办件 52件，提前办结率达 100％，行政审批窗口获评 2019 年第 3 季度红旗窗口。深化"互联网＋智慧监管"，全面推行"双随机、一公开"监管，全年开展"双随机"抽查 41次，有力规范涉企执法检查行为。坚持执法、服务两手抓，严格落实意识形态责任制，全力推进"阳光执法"，全年出动执法人员 2386人次，检查各类文化经营场所 1420 家次，立案调查 30 件，追回国家珍贵文物 7 件，收缴非法出版物 1 万余册，妥善调解旅游纠纷 106 起。枫林李某某文物案作为浙江省唯一优秀案例被推荐参加国家优秀案卷评比，在全市文化和旅游法律法规知识竞赛斩获团体一等奖和个人第 1 名佳绩。大力推进旅游秩序专项整治行动，彻底整治狮子岩景区滩林 16年顽疾，全面清查楠溪江沿溪占道设摊、违章搭建、无证经营等旅游乱象，拆除违建大棚 65 个，搬离烧烤摊 300 余个，处置皮划艇 300 只，取缔无证动力竹筏 100余只，取缔非法漂流点 2 处，妥善调解旅游纠纷 106 起，挽回游客经济损失 16.8 万元，推进民宿综合整治工作，有力改善楠溪江旅游环境。

（胡冬冬）

【文成县文化和广电旅游体育局】内设职能科室 7 个，下属单位 10个。2019 年末人员 97 人（其中：机关 23 人，事业 74 人；具有高级技术职务资格的 4 人，中级 18人）。

2019 年,文成县文化和广电旅游体育局各项工作稳步推进。一是公共服务示范区创建。完成浙江省基本公共文化服务标准化认定。完成浙江省公共文化服务"十百千"工程 2 个重点镇和 18 个重点村提升任务。推进 5 个乡镇综合文化站的建设提升。建成铜铃山镇和周山畲族乡 2 个综合文化站。建成城市书房 1 个、城市书吧 2 个、百姓书屋 3 个。开展庆祝中华人民共和国成立 70 周年"文化进万家"系列主题活动,做强市民文化节、伯温读书节、红色文艺小分队等服务品牌。举办各类大型文体活动 44 场,送戏下乡 305 场,送展览、讲座 92 场,送书下乡 21700 册,公益培训 220 课时。县图书馆"乘风破浪队"冲进 2019 长三角阅读马拉松大赛前三甲。建成网上图书馆、文化馆、博物馆,提升公共文化数字文化水平。深化文化体制改革工作,成立文化馆理事会、话剧表演艺术协会、旅游联合会、表演艺术类培训机构公益大联盟。引导社会力量办文化,扶持组建第二批 60 个乡村艺术团。二是文化遗产保护工作。出台县政府加强文物安全工作的实施意见,进一步明确文物保护各方责任。健全业余文保员管理办法,重新调整聘任业余文保员 125 名。健全文物日常巡查与重大节点检查机制,3 次组织全县文物安全大检查,发现整改安全隐患 200 余处。分期分批实施全县文保单位、文保点配电改造、消防水电、安全防范工程,完成 24 个县保以上单位的消防水电、消防水电和安防项目前期工作。完成周山养根施宅修缮工程,启动刘璟故居修缮工程,完成平和太阴宫、浙江图书馆旧址等修缮前期工作。完成养根施宅等 3 处新公布省保单位"四有"档案编制工作。坦岐革命烈士墓、雅庄古民居红军屋、鳌里周定纪念馆等 3 个单位被评为市级"革命文物保护展示教育基地"。完成省级课题"刘伯温传说研究",出版刘伯温研究论文集《坐论南山》。全面推进《走近刘伯温》《指尖上的文成》《民风民俗看文成》非遗地方教材的编写工作。开展刘伯温文化进高校(温州大学)活动,举办温州高校刘伯温传说课本剧创作和舞台表演比赛。开通"淡墨文成"微信公众号,签约本地作家进行乡土题材创作。加强校馆合作,将博物馆打造成为县中小学生学习传统文化的实践基地。结合"国际博物馆日""文化和自然遗产日"及各类传统节日,充分发挥博物馆教育职能和科普基地作用,举办中国工农红军挺进师在文成战斗 85 周年展、庆祝中华人民共和国成立 70 周年红色藏品展、张德锋拓片收藏展等临时展览 12 场,"第二课堂"特色活动 30 场,畲歌畲语培训班 9 次。三是文旅产业融合发展。新增 3A 级景区 2 家、3A 级景区城 1 家、旅游风情小镇 1 家、A 级景区村庄 37 家,金宿级民宿 1 家、银宿级民宿 1 家,各项创建的数量和质量均走在全市前列。加快培头、让川、周垟、吴垟等 4 村"畲之旅"民宿整村推进工作,发挥农户主体作用,共有农户 52 户、房间 279 个、床位 558 张。推出"年味之旅——畲乡过大年"活动。围绕文成独特的地域文化特色,重点打造天顶湖学生实践营地、伯温文化研学实践基地、悦慢学生综合实践基地等 5 个研学基地。联合温州大学完成刘伯温研学课程开发,申报省级研学基地营地。武阳刘伯温研学接待学生量突破万人。文旅融合产业区有序推进。以伯温文化为核心,围绕刘伯温故里景区环线、天顶湖环湖绿道、百丈漈夜景和产业提升等项目,申报浙江省文化和旅游融合发展金名片。组织文创旅游企业参加第 14 届中国(义乌)文化产品交易会,2 款文创产品获工艺美术银奖、铜奖。积极培育文旅市场主体,在县旅游集散中心、西坑森林氧吧小镇会客厅培育旅游购物中心 2 家。四是综合市场安全管理。坚持常态监管与专项行动相结合,积极开展文化、旅游市场隐患排查,深入推进文旅市场"扫黄打非"、扫黑除恶专项整治工作,共出动日常巡查检查 956 人次,多部门联合执法检查 8 次,检查企业 673 家次,立案调查 10 件,办结案件 10 件。规范旅游市场秩序。开展节假日旅游市场大排查,加强景区基础设施建设安全管理,加强星级饭店、A 级旅游景区(点)、旅游行业特种设备以及旅游包车的安全检查,加强文旅节庆活动、文旅经营场所、大型文化活动场所等的安全隐患排查整改,加强对导游、领队人员的安全教育,提升安全意识和应急处置能力。实施阳光执法、阳光办案。通过浙江政务服务网定期公示行政处罚结果情况,做到零投诉、零复议、零诉讼。妥善处理群众的来信来访,做到核查率、处置率和反馈率 100%。提高行业自律水平。加强行业自律管理,组织文化旅游市场从业人员集中培训,切实提高广大经营业主的法律意识。加大宣传力度。通过讲座培训、上街宣传、网络宣传、应急演练等多种形式，开展了一系列教育宣传活动，面向行业从业人员、人民群众普及安全生产知识。

（王灵华）

【平阳县文化和广电旅游体育局】内设职能科室 10 个，下属单位 12 个。2019 年末人员 160 人（其中：机关 30 人，事业 130 人；具有高级技术职务资格的 19 人，中级 43 人。）

2019 年是平阳文化旅游融合的开局之年。平阳县文化和广电旅游体育局坚定文化自信，以国家公共文化服务体系示范区、省级全域旅游示范县创建为抓手，围绕中心、服务大局，扎实推动中国特色社会主义文旅事业在平阳的生动实践，各领域事业发展取得了显著成效。一是以改革促融合，激活文旅发展引擎。坚持"宜融则融、能融尽融"原则，找准文化旅游工作的最大公约数、最佳连接点，推动文旅各领域、多方位、全链条深度融合，实现资源共享、优势互补、协同并进，涉及文化旅游的共性科室得到了有效整合，全局工作科学高效运转。转变管理方式，从办文化向管文化转变，引导社会力量参与文化建设管理，探索公共文化供给侧改革，推动文化服务方式从"送文化"向"种文化"转变。加大政府购买公共文化服务力度，开展点单式供给服务，实现供需无缝对接。深化"放管服"改革，进一步梳理更新机构改革后的权力清单，优化行政审批流程，深入推进"最多跑一次"改革，让企业少跑腿或不跑腿，赢得了业主们的广泛好评。推进文化市场综合执法改革，健全跨部门联合执法检查、事中事后监管等机制，开展跨地域交叉执法检查，规范文旅市场秩序。二是以创建强提升，健全公共文化服务体系。全力推进国家公共文化服务体系示范区创建，9 月代表温州市接受全省基本公共文化标准化认定并通过验收。2018 年浙江省基层公共文化服务评估排名居全省第 18 位，取得历史最好成绩。昆阳镇鸣山村、南雁镇南雁村列入省美丽乡村美育村试点单位。昆阳鸣山、鳌江厚垟创成省级文化示范村。高质量通过国家公共文化服务体系示范区创建中期督查评估，创建工作获省、市充分肯定。新文化艺术中心建成投用，新图书馆、新博物馆、木偶生态文化园（非遗馆）等重点项目建设有序推进。新建投用 2 家城市书房、2 家百姓书屋、1 家文化驿站。建有 16 个图书馆分馆、6 个文化馆分馆。山门、顺溪 2 个省级公共文化服务重点镇及 23 个薄弱村（社区）综合文化服务中心建设任务全面完成，乡镇综合文化站及村（社区）基层综合文化中心实现全覆盖。深化"百千万"文化惠民工程，加大公共文化产品供给。完成送戏 220 场、送书 34120 册、"文化走亲" 5 场，举办"大美平阳"平阳县庆祝中华人民共和国成立 70 周年美术、摄影作品展等展览活动 126 场，举办讲座 52 场，公益课堂 182 场，公益培训 30 班次。全年牵头开展 300 多场文化文艺活动，带动全社会开展文化活动 6000 多场次。乡村艺术团建设项目列入第四批浙江省公共文化服务体系示范项目创建名单，持续推进乡村艺术团工作，推动公共文化供给侧改革，破解农村公共文化服务供给不充分、不均衡等问题，率全市之先实现村（社区）乡村艺术团全覆盖，共建有 253 支乡村艺术团，团员 12721 名。开展每月一主题、每季度跨乡镇、每月跨村"文化走亲"活动，定期开展业务培训，让乡村艺术团成为文化交流的主角，取得了良好的社会反响。举办平阳县第六届市民文化节系列活动，共开展 100 余项活动，参与人数近 10 万，进一步丰富群众文化生活。苏步青励志教育馆、谢侠逊纪念馆等专题名人馆全年参观人数突破 15 万人次，同比持续攀升。三是以精品育亮点，实现文艺创作繁荣发展。《畲山踏桥》获 2019 年浙江省群星奖、温州市第八届精神文明建设"五个一工程"奖。木偶剧《高机与吴三春》获 2019 年度温州市文艺精品扶持项目。木偶剧《白蛇传》获"广陵杯"全国木偶皮影优秀剧（节）目展演优秀传承剧目奖、导演奖等 6 项大奖。南麂镇获首批浙江文艺创作采风基地。创作红色歌舞剧《浙·一抹中国红》并开展本土版创排工作。打造"廉政一堂课"精品主题晚会，引进全景史诗红色话剧《雄关漫道》，围绕"浙南刘胡兰"郑明德形象，形成了红色剧本《凤翔南天》。紧紧围绕中华人民共和国成立 70 周年、"省一大"召开 80 周年等主题，创作文艺作品 349 件，获得国家级奖项 9 个、省级奖项 64 个。通过"文化 T 台""一镇一品""艺苑星空"等近年来平阳独创的公共文化亮点品牌项目，以全民阅读节、市民文化节等品牌文化活动为支撑，结合中华传统节日、重要节假日和重大节庆活动，组织开展读书征文、文艺演出、经典诵读等文化活动，为广大群众提供便捷、优质、创新、文明的公共文化服务。创排大型传统木偶剧《高机与吴三春》，完成剧本二次修改、主题音乐创作、木偶人物形象设计、舞美设计等。创排人偶音乐剧《海府协奏曲》、木偶鼓词短剧《红都清风》。打磨提升木偶小品《轻舞飞扬》，完成人物形象设计制作。完成木偶小品《游子吟》的前期构思工作，启动剧目木偶造型的设计和制作。组织开展平阳木偶戏艺术理论研究并着手木偶教材编撰，教材初稿基本完成。四是以保护为根本，推动文遗事业行稳致远。在2018年浙江省文博事业发展水平评估中居全省第15位，为历史最好成绩。在2018年浙江省非遗发展水平评估中位列全省第19位。中共浙江省一大陈列馆获得第十三届（2018年度）全省博物馆陈列展览精品项目推介优秀奖。县、乡镇、村（社区）逐级签订《文物安全目标管理责任书》，严格落实文物属地管理责任。完成顺溪陈氏祖屋、南雁会文书院、万全温师旧址（西楼）等重点文保单位修缮工程。完成青街下过溪李氏大屋和水尾内池氏大屋修缮工程设计方案编制及报批，红军挺进师旧址修缮工程立项和施工图设计、《顺溪古建筑群消防供水工程设计方案》申报、麻步沿口村古戏台、麻步利济亭2处文保点迁移保护工作。完成全县一般不可移动文物保存状况普查及全县166处一般不可移动文物（含文保点）核销工作。萧江

道源塔遗址考古发掘工作取得积极进展。启动鳌江栖真寺遗址前期勘探工作。上报平阳革命文物保护利用工程规划项目22个。加强属地管理，建立监管网络，全年完成不可移动文物巡查超过1000次，切实保障文物安全。成功申报7项温州市非遗名录。完成第十批县级项目、传承人、传承基地、传承教学基地申报工作。完成非遗"一本书"（童谣专著）出版工作。举办文化和自然遗产日非遗系列展示展演活动。完成鳌江划大龙微视频制作，并入选省非遗馆、世界温州人博物馆、市非遗馆展陈项目。完善县级非遗项目数据库。开展非遗保护成果"一台戏"进红色旅游景区展演、医药类非遗传承人进革命老区义诊活动，进一步提升"鸣山非遗一条街""周五夜市""艺苑曲坛"等品牌影响力，推进非遗与旅游融合发展。开展"品非遗·逛庙会""非遗进校园""非遗零距离"等系列活动68场。平阳白鹤拳拓展课入选全国"非遗进校园"十大优秀实践案例，为全省唯一，《人民日报》专题刊发。组织平阳木偶制作技艺作品参加全省文物文化创意产品大赛。组织推荐平阳黄汤、鸣山陶院制陶技艺、钱仓黄隆泰糕点、九蒸九晒姜茶参加2019中国旅游商品大赛暨浙江省优秀非遗旅游商品评选活动。组织九蒸九晒姜茶制作工艺、鸣山陶院文人瓷参加中国（义乌）文化产品交易会，作品"温州民俗密封茶仓"荣获第14届中国（义乌）文化产品交易会工艺美术铜奖。组织平阳曲艺团演出团队赴义乌参加第三届"中国浙江·全国曲艺传承发展论坛及观摩交流展演"暨

"中国浙江（义乌）·全国曲艺小书（鼓书琴书）传承发展论坛及观摩交流展演"活动开幕式专场演出。平阳木偶戏赴上海参加上海市及长三角地区公共文化和旅游产品采购大会，作为温州地区的国家级非遗项目代表赴北京参加2019"亚洲文化旅游展"，大大提升平阳千年古县文化知名度和影响力。五是以品牌聚人气，打造文旅融合示范地。全县接待游客总人数1898.40万人，同比增长24.10％；全县旅游总收入161.43亿元，同比增长28.41％。着力推进苏步青故里文化旅游区创建国家4A级旅游景区，完成游客中心、标识标牌、景观节点等项目建设，推进苏步青故里文化旅游区数学奥妙体验馆建设工程内部装修和设备功能配置工作。创成顺溪古镇、鸣山古村2个国家3A级旅游景区。创成青街省级旅游风情小镇。全年创成35个A级景区村，其中6个村创成3A级景区村。凤卧4A级景区镇创建通过验收评定。浙江省一大纪念园、南雁荡山风景名胜区创成浙江省放心景区。新建改建旅游厕所20个。品牌创建力度和创成品牌数量居全市第二。六是以红色为突破，不断增强旅游竞争力。全年红色旅游共接待游客208.07万人次，同比增长172.53％。举办红色旅游导游人员专题培训班，提升讲解员的综合素质和服务水平。提供沿线导游讲解服务300余次，进一步充实两馆及现场教学点讲解力量，得到社会各界的一致好评。建立平阳县红色旅游地接服务中心，完善红色主题教育活动预约机制，统一承接红色旅游预约。通

过线上线下紧密结合，同步运转，红色主题教育预约常态化运行，6月28日至12月30日，通过预约接待905个团队，游客人数32257人次，运行秩序良好。深入红色旅游景区踏勘，完成红色旅游景区沿线交通标识制作和安装工作。梳理红色旅游发展短板，明确发展思路和定位，制定红色旅游提升方案，利用"山海协作"平台，与相关乡镇对接，谋划项目建设，完成"省一大"马头岗会址二期提升工程。完成浙南（平阳）抗日根据地旧址申报创建国家4A级旅游景区的资料编制工作。投资7000万元，建设浙江省委党校平阳分校，打造"省一大"会址、挺进师纪念园、大屯村等五大现场教学基地，全年接待红色教育5850批，约27.5万人次。七是以营销扩影响，提升千年平阳知名度。在杭州动车站温州会客厅、温州南站及中石化加油站进行平阳旅游宣传广告投放。邀请马蜂窝团队实地踩线，加强平阳文化旅游形象宣传。配合央视10套节目完成平阳南麂美食的拍摄工作，通过媒体促进平阳美食和旅游相结合，制造平阳旅游消费热点。持续做好"红色旅游文化推广年"各项活动，深入开展红色旅游系列宣传活动，制作平阳红色旅游专题宣传片和平阳旅游形象宣传片，打造"红色＋"旅游精品线路。举办"红动浙南·平阳红色文化旅游推介会"等平阳专题推介会4次。组织平阳旅行社参加"2019年千万人游温州活动"（上海、浙江、江苏）。参加"甬抱台温，美丽湾区"2019浙江沿海高速文旅联合推广活动。参加第14届中国（义乌）文化产品交易会、第十一届中国国际旅游商品博览会、深圳中国（国际）旅游博览会等。充分挖掘全县旅游资源，着力打造10条精品旅游线路，其中"浙江延安·红色励志之旅"入选省级精品旅游线路。完成"百姓千碗·平阳十大碗"传统美食评选。八是以监管铸平安，优化文旅市场环境。严格履行行政审批职责，做到审批程序标准化、过程透明化、行为可监督、结果可核查。全年共受理办件632件，办结632件，提前办结率达100%，所有办理件均无超时办结、违规许可现象发生。按机构改革权力清单，稳步做好有关审批事项（电影和新闻出版）移交和衔接工作，及时梳理更新权力事项表，做好文化、旅游、文物等办事事项颗粒度细化梳理清单。按要求做好数据共享需求梳理和数源确认工作，推进"最多跑一次"事项相关数据统一向大数据平台归集，做好"互联网＋政务服务"各项指标调整，100%实现网上办、掌上办和"最多跑一次"，即办率达到84.5%，承诺时间压缩比94.08%。注销"僵尸文化企业"，有效地规范文化市场秩序。扎实开展网吧、歌舞娱乐场所、旅游景区等文化市场专项整治行动，强化春节、"两会"、国庆等重要时间节点的文化市场巡查力度，形成了文化市场监管高压态势。出动执法人员2066人次，检查各类场所2452家次，行政处罚案件立案调查16件，办结案件16件，下发责令整改通知书24份，受理举报9件，举报内容均已查实反馈。未发生行政复议或行政诉讼。查处无证印刷企业4家、无证娱乐场所2家，引导符合审批条件的3家网吧、10家娱乐场所、2家电影院、44家印刷企业、3家艺术品经营单位、2家文保单位办理或变更相应许可证件。切实开展扫黑除恶专项斗争并引向深入。开展"3·15消费者权益日""3·18文化和旅游市场安全日""4·26世界知识产权日"等宣传活动，共发放法律法规宣传册5000余份，"扫黄打非·绿书签"1700余张，接受群众咨询200余人次，市民现场填写普法知识问卷200份。开展文化和旅游市场法律法规和安全知识培训，督促各单位制订完善消防应急疏散预案，提升各场所管理人员的实际操作能力，有力推进了文化和旅游市场公共场所消防安全管理标准化建设。进一步促进各市场主体认真贯彻执行国家政策和法律法规，强化守法意识，确保行业健康有序发展。

（周传晓）

【泰顺县文化和广电旅游体育局】内设职能科室7个，下属事业单位11个，行业归口管理的国有旅游企业1家。2019年末人员100人（其中：公务员11人，参公12人，事业77人）。

2019年1月17日，泰顺县文化和广电旅游体育局由原县文化广电新闻出版局、风景旅游局合并组建而成，原体育局行政职能划入，另挂泰顺县文物局牌子。是年，全县文化旅游工作以创省级全域旅游示范县、廊氡国家级旅游度假区和国家公共文化服务体系示范区为主抓手，凝心聚力、克难攻坚，旅游基础进一步夯实，发展步伐进一步加快，"康养文旅"品牌影响力进一步提升。全年接待游客 686.7 万人次,实现旅游综合产值 46 亿元,分别增长 24.1%、28.5%,持续呈现出爆发式增长态势。一是打好重点创建牌。全力推进廊氡国家级旅游度假区创建。松垟游客之家、廊桥文化园主入口、小松坡自驾车营地等一批项目建设完成,并有效对接文化和旅游部专家组开展廊氡国旅创建检查指导,大力补齐基础配套等创建短板,全力迎接文化和旅游部专家组暗访。全力推进全域旅游示范县创建。基本完成全域旅游总体规划及旅游发展三年行动计划编制。全面推进"百城千镇万村景区化"工程,畲乡竹里、南浦溪景区先后通过国家 4A 级旅游景区景观质量评定,龟湖省级旅游风情小镇创建加快推进,东溪乡列入省级风情小镇培育名单,累计创成 A 级景区村庄 100 家,其中 3A 级景区村庄 19 家,左溪村入选浙江省美丽乡村美育村试点单位,竹里村入选全国第一批乡村旅游重点村名录。全力推进国家公共文化服务体系示范区创建。新建城市书房 1 个、百姓书屋 2 个、文化驿站 1 个、农村文化礼堂 32 个;通过第二批《浙江省基本公共文化服务标准(2015—2020 年)》认定工作,浙江省音乐学院创作采风基地、浙江省音乐家协会创作采风实践基地落户泰顺(东溪),雅阳镇入选首批浙江文艺创作采风基地;完成送书下乡 2.85 万册,送戏下乡 500 余场。二是打好产业融合牌。推进文旅深度融合。做好廊桥品牌打造文章,举办第八届廊桥文化旅游节系列活动,建立廊桥联合申遗机制,加快廊桥申遗步伐。强化胡氏大院、库村、

徐岙底古村落、塔头底古村落等历史文化古村落的保护和开发。按照"一镇一品牌、月月有节庆、节节有特色"的思路,充分结合民俗文化及非遗文化,持续举办"十大文旅节庆活动",有力提升泰顺旅游人气。推进农旅深度融合。坚持因地制宜、错位发展,扶持万排最美茶园、正心休闲观光农业园、一鸣奶牛观光园等项目建设,并发展一批具有带动性、示范性的休闲观光农业龙头企业,累计建成猕猴桃、杨梅、葡萄等观光采摘农业基地 18 万余亩,累计创成省级老年养生旅游示范基地等省、市旅游品牌 21 个,被评为全省休闲农业与乡村旅游示范县。扶持和发展民宿产业,在全市率先出台《泰顺县民宿(乡村客栈)管理办法》,加大精品民宿招商引资力度,指导司前左溪、竹里云溪、一鸣亲牛园、塔头底温泉古村等特色民宿建设,累计建成各式民宿 95 家、床位数 1321 张,其中白金宿、金宿、银宿各 1 家,竹里云溪民宿被推荐参评国家级五星民宿。推进体旅深度融合。百丈"时尚体育小镇"列入浙江省第一批运动休闲小镇培育名单,并于 6 月完成中期评估。西旸浙南飞行运动特色小镇举办第二届航空嘉年华。编制出台《泰顺县运动休闲产业发展规划(2019—2025)》。提升和完善健身古道 5 条 60 千米,完成 12 条古道信息采集录入。积极举办 CBSA 美式台球泰顺国际公开赛、浙江自行车联赛泰顺站骑游嘉年华、全国象棋棋后赛等"八大赛事活动",实现运动休闲产业多元化发展。三是打好项目攻坚牌。强化标志性文化项目攻坚。全力实施

交垟土楼、墟里·徐岙底、《采茶舞曲》文化园等"十大历史文化项目"及廊桥博物园、泰顺石文化创意园等项目建设,谋划推进县文化中心建设,打造全方位展示泰顺文化的旅游地标建筑。强化重点文旅在建项目攻坚。全力推进华东大峡谷、长垟开臣·璞居精品民宿等重大文旅项目建设,全面强化泰顺文旅发展的动力引擎。强化文旅招引项目攻坚。全力深化项目包装及推荐,优化旅游项目投资环境,南山下山水乡村度假区、矿坑冰城、松垟花开等一批旅游项目完成签约或开工,其中松垟花开项目总投额达 55 亿元,切实夯实文旅项目"三年百亿工程"投资基础。四是打好品牌营销牌。突出"走走泰顺,一切都顺"这一口号。完成温州 5 路、26 路、55 路、B1、B2 区间公交车车身广告采购和上海虹桥至厦门北动车 D3205 动车组广告投放,"走走泰顺,一切都顺"旅游新 IP 深入人心。同时,"泰顺十大碗""泰顺 Lang"旅游伴手礼发布,"顺顺"卡通形象设计深受群众喜爱,特别是"走走泰顺,一切都顺"文化旅游季各式活动的相继开展,有力拓展了泰顺旅游的业态空间,泰顺游客量与关注度持续上升。突出特色营销这一重点。制定实施《泰顺县地接奖励办法》,"山海情·泰顺行"2019 泰顺-温州(鹿城)"山海协作"旅游惠民月等活动,大力实施亲子主题、古韵养生、畲乡风情等精品线路推广,开展 12 位职业网络游记名家泰顺四季旅游主题攻略官方账号营销,切实拓展长三角、全省域、闽东北等客源地。突出智慧旅游这一关键。深化旅游大数据

中心和全域旅游综合管理平台建设，组织实施 4A 级景区智能语音导游、全景展示，基本实现门票、民宿、酒店、餐饮、特色旅游商品、旅行社线路在线订购功能，全县各景区的酒店（民宿）客房及门票在线订购达 85％以上。

（林雪庆）

【苍南县文化和广电旅游体育局】内设职能科室 7 个，下属单位 6 个。2019 年末人员 122 人（其中：公务员 11 人，参公 26 人，事业 85 人；具有高级技术职务资格的 14 人，中级 29 人）。

2019 年，苍南县文化和广电旅游体育局积极适应新职能、新要求和新挑战，真抓实干、锐意进取，扎实推动文旅各项工作实现争先进位。一是以党建为引领，提升队伍整体战斗力。顺利完成机构职能改革。完成机关及执法队伍的机构职能改革融合工作，整合队伍力量，实现新的内设机构高效运转。完成机关党委和 7 个下属党支部的换届选举工作，配齐配强了党务工作队伍。加强党风廉政建设，开展"不忘初心、牢记使命"主题教育活动。二是以中心工作为指导，服务大局主动作为。开展扫黑除恶专项工作。针对文化娱乐场所、网吧、旅行社等重点管理单位，围绕"黑社""黑车""黑店""黑导"等重点领域，借助行业协会力量，加强与公安等政法机关的互通互联，检查网吧、娱乐场所、旅行社 1300 余家次，收回线索排摸表 1000 余份，无涉黑涉恶线索发现。开展庆祝中华人民共和国成立 70 周年献礼活动。配合县委宣传部开展形式多样的系列主题活动，包

括"壮丽 70 年·奋斗新时代"2019 苍南县庆祝中华人民共和国成立 70 周年书画展、"我和我的祖国"庆祝中华人民共和国成立 70 周年苍南县合唱音乐会、"最美童声献祖国"中华人民共和国成立 70 周年少儿朗诵分享会等 13 场活动，充分展现了苍南自中华人民共和国成立以来在经济社会发展上取得的巨大成就，以及广大苍南人民奋发有为、敢于拼搏的良好精神面貌。三是以两大创建为抓手，促进文化旅游基础提升。扎实推进省级全域旅游示范县创建。加快推进县城旅游集散中心、旅游大数据中心等基础设施建设，协调推进智慧旅游及全域旅游大数据系统及各项功能的进一步完善。推动旅游创新项目和品牌项目建设。配合做好霞关镇 4A 级景区镇维护，渔寮景区创 4A，石聚堂创 3A 验收工作，为示范区创建验收打好基础。顺利通过国家公共文化服务体系示范区创建中期验收。围绕示范区联动创建 7 类 67 项指标任务，广泛开展宣传，实地对乡镇开展示范区创建工作督查指导。立足公共文化服务标准化建设，高质量完成"十百千"工程考核验收和第三批基本公共文化服务标准认定。完成桥墩镇申报省级文化强镇和桥墩镇碇步头村、灵溪镇十字路村申报省级文化强村工作。提升乡镇综合文化站服务效能，顺利完成第七次全省乡镇综合文化站评估定级工作。推进基层文化设施建设，完成城市书房玉和社区分馆，南宋、望里、钱库 3 个百姓书屋，以及金乡卫城文化驿站建设任务。四是以融合发展为主线，提升苍南文旅工作影响力。

精心培育特色文化品牌活动。举办第九届文化艺术节，涵盖 8 场文艺演出、7 项文艺赛事、4 场"文化走亲"演出和 3 个视觉艺术展览。县图书馆举办苍南县第八届全民阅读节活动，推出网络书香过大年、奇妙"图书馆之夜"旅行、环球绘本之旅等各种主题的阅读和系列推广活动。此外，县文化馆展厅全年举办视觉艺术展览 17 场，剧场演出 30 场，其中包含"春之声"中外名曲音乐会、儿童剧《海底小纵队 3 惊涛骇浪》等具有较高水准的演出。县博物馆举办"苍南县改革开放 40 周年时代印记展"等 4 个临时展览活动。抢红、卫城、萧逸等文化驿站举办各类分享活动近 100 场，在全市名列前茅。全年全县共组织文艺演出下基层活动 500 多场，送书下乡 19000 多册，送展览讲座下乡 400 多场，"文化走亲"7 场。推进文旅融合改革试点县创建。编制完成《苍南县文旅融合发展规划纲要（2019—2030）》及《苍南县文旅融合发展实施方案（2019—2022）》并进行评审。开展"文化进景区"标准化建设，研究制定《苍南县文化进景区评定标准（试行）》。以 A 级旅游景区为主体，大力推进文化进景区行动，将文物保护利用、红色文化、夜景文化等与旅游有效融合。加大文旅宣传推介力度。积极组织文创企业参加国内外大型展会，并获得奖项。承办 2019 苍南-龙湾山海协作成果大型联动展演活动，进一步深化苍南、龙湾"山海协作"。赴上海举办苍南文化旅游推介会，进一步打响"山海苍南"的品牌知名度，增强影响力。五是以安全生产为底线，文旅市

场规范有序。确保文物安全。制定出台《关于印发苍南县文物安全突发事件应急预案的通知》文件，完成春、夏、冬三季文物安全巡查及多次消防演练，发现问题隐患57项，全部督查整改完成。加强对文物犯罪的高压态势，联合公安部门加大对古墓盗窃者的打击力度，追缴文物。狠抓文化市场安全。依据各重要时间节点有序开展"扫黄打非"、网络检查等各项专项检查整治行动。扎实推进文化市场日常动态巡查和安全隐患清除，抓好法定假日、旅游黄金周、国家重大会议及暑期汛期等重要时期的旅游安全工作。

加强文旅行业管理。联合县总工会等单位举办2019苍南县金牌导游技能大赛，并积极组织人员参加全市金牌导游大赛，1人获得全市优秀导游称号，并获全市优秀组织单位称号。

（姜雪寒）

湖州市文化广电旅游局

【概况】 内设职能处室11个,下属事业单位11个。2019年末人员209人(其中:机关32人,事业177人;具有高级技术职务资格的60人,中级86人)。

2019年1月,湖州市文化广电旅游局由原市文化广电新闻出版局、市旅游发展委员会合并组建,挂市文物局牌子。湖州市文化广电旅游(文物)系统深入开展"不忘初心、牢记使命"主题教育和"三服务"活动,持续高品质打造湖州文化生态新样本,高水平建设国际生态滨湖旅游城市,基本实现了公共文化全域均享、文旅产品优质丰富、文化遗产传承有序、市场环境安全清朗,旅游业增加值达244.5亿元,占GDP比重9%、同比增长10.28%。全市接待国内外游客1.322亿人次,实现旅游总收入1529.11亿元,分别同比增长11.7%、12.7%,其中接待过夜游客4803.8万人次;全市限上住宿业实现营收23亿元,同比增长10%;限上餐饮业实现营收26.1亿元,同比增长13.3%。国际滨湖度假大会永久会址落户南太湖,湖州市被评为2019年"中国文化休闲旅游城市""长三角最具网红特质旅游城市"和"中国旅游业最发达城市排行榜"三十强。

一、文旅融合全面推进,特色融合品牌进一步打响

(一)机制融合加速度

市、县(区)各级文化广电旅游部门在全市率先完成各项任务,并迅速按新体制新机制运行。成立市、县(区)文化市场综合行政执法队,全面整合文化、文物、旅游、广播电视、出版、电影、体育行政执法职责,成为机构改革"领头羊"。《湖州市乡村旅游促进条例》地方立法正式公布,开创以法律形式保障乡村旅游发展全国先河。

(二)工作融合加速度

以实施湖州文化基因解码为突破口,梳理挖掘"六韵"特色文旅资源,研究制定运河古镇集群联动发展、城市夜间文旅经济提升、文化和旅游行业新兴业态管理等实施方案,持续提升旅游度假区、传统景区等各类旅游形态品质,加快推动大运河(湖州段)诗路建设。深入挖掘和有效提升传统村落、文物遗迹、非遗项目以及图书馆、文化馆、博物馆、美术馆等文化场馆的旅游体验价值,推动文化场馆景区化建设。引导社会力量参与公共文旅服务设施建设,小西街历史文化街区、安吉龙山古城考古遗址公园等文旅融合项目获国家部委和省、市领导认可,并被省级以上媒体专题报道,传统文化优势加快转换。

(三)活动融合加速度

举办2019长三角一体化文旅峰会暨国际滨湖度假大会、2019第十六届"中国旅游发展·北京对话"南浔古镇论坛、中国未来景区发展论坛暨莫干山民宿研讨会、长三角乡村文旅创客大会、全国《旅游民宿基本要求与评价》行业标准(修订版)宣贯培训班等重大会议活动。全面推动非遗展示展演、文艺演出、文博展览等进入景区景点、宾馆饭店和乡村民宿,举办文化旅游节庆活动300余场次。组团重点文旅企业、文创团队、文博场馆先后参加中国(义乌)文化产品交易会、中国(深圳)国际文化产业博览交易会、上海世界旅游展等文旅展会,推出南太湖文博之旅十大精品线路,文旅融合工作品牌进一步打响。

二、文旅事业优质发展,优秀传统文化进一步传承

(一)文艺精品创作生产日益繁荣

举办庆祝中华人民共和国成立70周年系列文化文艺活动。以安吉余村生态发展为原型的大型舞台话剧《青青余村》获省"五个一工程"奖,原创歌曲《绿水青山南太湖》在央视发布。话剧《小镇琴声》在国家话剧院公演,大型歌舞剧《永不褪色的红军被》在湖州首演。越剧《德清嫂》、越剧小戏《壹元茶馆》、湖州三跳《英台担水》、歌曲《金石之声》等作品获2019年度国家艺术基金立项。湖州三跳《英台乔装》、群舞《太湖人家》、小品《两张戏票》、越剧小戏《壹元茶馆》获省群星奖。

(二)文物保护利用成效明显

湖州文物活化利用案例作为全国唯一的地市级城市在国家文物局论坛上做经验交流。文物区域评估工作走在全省前列。牵头实施《积极传承发展浙江优秀传统文化行动计划》，丽宋楼整修和活化利用、"漫南浔"水乡之旅等重点项目推进有力。德清中初鸣良渚文化制玉作坊群遗址考古发掘项目入围年度全国考古新发现二十强，安吉龙山越国贵族墓群107号墓葬考古发掘荣获"浙江十大考古发现"。太湖溇港等4处文保单位列入第八批全国重点文物保护单位，南浔双林镇和菱湖镇列入第七批中国历史文化名镇。"文物助推生态发展特展"获省十大精品展第1名，"湖州之远——丝瓷笔茶文化特展"入选国家推介项目。

（三）非遗传承发展深入推进

非遗项目、基地和传承人"三位一体"保护体系加快完善，组团参加北京世园会"湖州日"主题展览展示活动，社会反响强烈。德清县下渚湖街道、长兴县李家巷镇等7地入选"浙江省民间文化艺术之乡"名单，全市共有双林绫绢等国家级非遗项目10项，国家和省级民间文化艺术之乡13个。地方戏曲保护形式不断创新，扶持民营剧团新创湖剧折子戏1个，复排3个，湖剧委培班"唱念做打"专业和文化课教学工作顺利推进，全年累计开展经典折子戏、讲座、展览等"戏曲进校园"活动40余场次。

三、文旅产业稳步提升，文旅经济规模进一步壮大

（一）项目牵引有力

深化文旅项目"百大千亿"工程，扎实推进以龙之梦旅游综合体为龙头的160个重点文旅项目，总投入1535.01亿元，年度完成投入151.49亿元，为年度计划的104.5%。龙之梦项目已累计

完成总工程量的85%，动物园、钻石酒店等子项目正式对外营业，投资104亿元的安吉海游天地度假城项目正式开工，引进长兴养生谷项目、安吉红石崖景区项目等亿元以上文旅项目46个。

（二）企业培育深化

全力做好龙之梦集团、裸心谷集团、银润集团等文旅企业上市培育。各类品质创建扎实推进，打造"裸心""西坡""慧心谷"等一批乡村民宿IP，13家饭店成功创评金银鼎级特色文化主题饭店，金银树叶绿色饭店和品质饭店，成功创评五星旅行社2家。成立文旅产业绿色金融服务中心和乡村文旅创客研究中心，推动项目与资本、人才有效对接，18个文旅创客项目集中签约。

（三）产品开发多元

度假区、景区、饭店、民宿、旅游商品和线路的文化内涵提炼阐释和文化元素植入加快，美景、美食、美宿、美购、美线体系逐步优化，全市新增省金、银宿级以上民宿23家，省首批采摘旅游体验基地22家，职工疗休养基地253家。举办"百县千碗·湖州味道"系列活动，新开发"水乡百鱼宴"等特色美食，品牌影响逐步扩大。打造"南太湖月光之旅""长兴茶文化之旅""南浔古镇之旅""吴兴菰城之旅""村游湖州"等特色线路。新推行全域旅游卡8500张，"青花瓷"湖笔、discovery户外装备系列等16件商品入选首批省优秀非遗旅游商品和2019中国特色旅游商品。

四、文旅服务全方位供给，惠民利民效应进一步放大

（一）公共设施"全域均享"

市美术馆建成开放，"湖州近

现代名家书画作品展"开馆展社会反响强烈；市图书馆少儿阅览区、长兴太湖博物馆、安吉图书馆全面开放运行；吴兴区文体中心、德清大剧院等文化设施建设有序推进。积极吸引社会力量参与公共服务体系建设，新建成城市书房13家、民办博物馆2家，新建、改建旅游厕所211座，建成第三卫生间520座，观光大道、旅游标识牌、旅游驿站等服务设施品质不断提升。各县（区）顺利通过"五个百分百"省定标准评估认定，5个重点乡镇（街道）、64个重点村完成公共服务"十百千"工程验收，乡镇（街道）文化站和社区文化家园效能进一步优化。长兴县画溪街道、德清县新市镇通过省级文化强镇创建评估。

（二）公共服务"全民免费"

持续深化"城市公共文化空间"品牌，图书馆、文化馆、博物馆、美术馆等"城市文化客厅"和"城市书房"的文化传承和创意集聚效应显现，城市"15分钟文化圈"进一步优化。深入开展"湖城春晓""乡村春晚""农民文化节""我们的节日""全民阅读节""国际博物馆日"等系列活动，全年开展送书下乡30余万余册，送文化7900余场次，送展览、讲座790余场次。举办"城市艺术课堂"186个班次，培训5800人次。组织开展包括赴四川青川等对口交流合作地区在内的"文化走亲"活动428场次。

（三）公共服务"全时供给"

"湖上云"公共数字文化服务平台功能逐步优化，有16家市级公共文化场馆，20余家县（区）级场馆，69家乡镇综合文化站和20余家民办场馆（场所）加入，整合

发布"城市艺术课堂""数字图书馆""耳朵里的博物馆""非遗数据库""文旅消费"等五大类数字资源库。发放（使用）文旅消费券44158张。发布全国首个"中国移动5G＋智慧文旅平台"，基本实现"一键智游湖州"功能与服务，中国移动集团授予湖州"中国移动文旅行业首个信息化标杆示范基地"，并被列入全省文旅系统政府数字化转型试点单位。

五、文旅阵地多维度拓展，服务品质绩效进一步提升

（一）特色平台有新突破

深入推进全域旅游创建，安吉县成功创建首批国家全域旅游示范区（县），3个县通过省级全域旅游示范县创建。加强"城、镇、村"景区化创建工作，成功创建3A级景区镇1个、4A级景区镇7个，A级以上景区村224个。全面推进景区村庄"两山"转化全覆盖，研究制定景区村庄"十有十无"特色标准，新增省级乡村旅游产业集聚区1个、3A级景区村庄42个；长兴顾渚村、安吉余村村入选全国乡村旅游重点村名录，长兴新四军苏浙军区旧址群、安吉余村村入选省级红色旅游教育基地；德清莫干山"国际乡村旅游小镇的湖州样本"入选全国乡村旅游发展典型案例。

（二）交流推广有新领域

主动融入"长三角一体化"战略，联合上海、江苏、安徽等省、市的城市发布《长三角一体化文旅联合行动湖州倡议》，成立"长三角国家级旅游度假区（推广）联盟"。主动开拓境内外文旅市场，组团赴英国、法国、俄罗斯、克罗地亚、中国台湾等地开展文化和旅游交流推介活动，赴苏州、深圳、北京等18个高铁沿线省会城市和重点客源城市举办湖州文化旅游专题推介会，参加各类文旅展会，邀请350余家重点旅行社到湖州踩线合作。开通新疆柯坪、吉林白山、四川广元等对口交流地区5条职工疗休养线路。增设英国伦敦、法国巴黎和西安、哈尔滨、新疆等推广与联络处5个。全市共有25个驻国内外推广与联络处，湖州旅游兼职营销员、媒体观察员和重点客源旅行社组织员1710名，营销组织与队伍不断壮大。

六、文旅市场高效监管，清朗有序环境进一步优化

（一）行业引导有力

全面摸清文旅企业底数，全市共有网吧、游戏厅、歌厅、旅行社等文旅企业1507家，其中"僵尸企业"128家。深入开展"守初心百日攻坚、担使命质量提升"全市文旅市场百日攻坚行动，突出4A级以上景区和四星级以上旅游饭店主体，重点整治7类23方面问题。全市共出动执法人员5928人次，检查各类场所10274家次，监管演出129场次，其中涉外演出33场次，涉港澳台7场次，高效处理各类旅游投诉41起，办结率100％。

（二）市场秩序井然

全面梳理五大类23种文化和旅游新兴业态，探索构建文旅行业新业态安全监管体系。持续完善月度随机抽查暗访报告、双月秩序专项整治报告、半年联合执法检查报告和年度全面综合环境报告的"四报告"制度，形成市、县（区）、乡镇和企业4级联动的文化旅游市场安全管理体系。围绕"中华人民共和国成立70周年""两会"等关键时间节点，突出文化演出、网络文化市场和"不合理低价游"等重点领域监管，组织开展"春季行动""暑期整顿""保健品"乱象系列、IPTV专项治理等整治行动，文化、旅游市场安全有序。

（三）营商环境优化

深化文化广电旅游（文物）领域"最多跑一次"改革，简化办事事项、减少办事材料、缩短办事期限、优化办事程序，及时调整权力事项，划出新闻出版事项23项，电影事项8项，下放南太湖新区权力事项4项；所有188个办事事项全部实现跑零次，网上办、掌上办、即办比率100％，实现承诺期限在法定期限基础上平均压缩60％以上。推进"无证明城市"创建，梳理并取消14项证明事项，取消比率100％；梳理上报12项机关内部办事目录、办事指南和流程图，并全部通过专班会审。实行"遗失声明"网络公示4项。健全"红黑名单制度"和"动态退出机制"，出台《湖州市导游从业人员诚信管理》等制度，推进失信专项治理，取消四星级旅行社1家，约谈4家。举办"文明旅游为中国加分"浙江启动仪式等文明旅游系列活动，全力营造文明有礼的市场氛围。

【大事记】

1月

2日　湖州市文化广电旅游局正式挂牌。湖州市委常委、宣传部部长范庆瑜，副市长闵云出席会议并讲话，市委组织部副部长、两新工委书记饶如锋宣布市委任免文件并介绍新班子成员情况。

8 日 2018 年度浙江考古发现 TOP 10 出炉。德清中初鸣良渚文化制玉作坊群遗址考古发掘和湖州昆山遗址考古发掘名列其中。

10 日 由国家住建部会同国家文物局组织专家进行评选公示"第七批中国历史文化名镇",湖州市南浔区双林镇、菱湖镇入选。

12 日 湖州市文化广电旅游局(文物局)受邀参加中国文化遗产活化利用与可持续发展论坛,并作为唯一一家地市级文物局做经验交流。

13 日 由新华网主办的"第六届旅游业融合与创新论坛"在北京举办,会上发布"2018 最美中国榜"。长兴县、安吉县以"中国最佳全域旅游创建示范城市"荣登"2018 旅游业最美中国榜"。

17 日 浙江省文化和旅游厅公示 2018 年度第二批通过国家 4A 级旅游景区景观质量评价的 18 家景区,湖州市德清地理信息小镇、安吉灵峰山景区、吴兴妙喜茶源景区、南太湖花漾年华绿色小镇 4 家入选。

26 日 2019 文化旅游新消费行动暨"欢乐湖州年"第七届中国·天下湖品狂购节正式启动,为市民发放"文化旅游新消费"新春礼包,专题发布"文旅湖州"和"诗画湖州"微信平台、"文旅湖州"微博平台、"湖上云"文旅消费平台。

27 日 由中国国家话剧院、德清县文化和广电旅游体育局联合出品的话剧《小镇琴声》在国家话剧院剧场首演。

2 月

2 日 浙江省人民政府发文对 25 个全域旅游示范县(市、区)进行表彰,德清县、长兴县、安吉县榜上有名,成为浙江省首批全域旅游示范县(市、区)。

21 日 中国·长兴(林城)第十四届梅花节暨"花为媒、喜连心"首届集体婚礼在林城镇东方梅园举行。

24 日 文化和旅游部公布了 2018—2020 年度"中国民间文化艺术之乡"名单。全省 6 地榜上有名,南浔区善琏镇凭借湖笔入选。

3 月

3 日 第五届中国·菰城文化旅游节暨 2019 年文化旅游月月红系列活动开幕式在湖州市吴兴区道场乡菰城村举行。

26 日 《中国国家地理》"红框"摄影装置亮相下渚湖国家湿地公园及莫干山国际旅游度假区,德清旅游又添打卡新地标。

27 日至 29 日 "全国十大考古新发现"在北京揭晓。德清中初鸣良渚文化制玉作坊遗址群入围 20 个终评项目。

4 月

2 日 由浙江省文化馆、湖州市委宣传部、湖州市文化广电旅游局共同主办的浙江省"群星荟萃"视觉艺术系列展的首展——湖州市第八届南太湖艺术节视觉艺术获奖作品展在省文化馆展厅开幕。

7 日 湖州市长兴新四军苏浙军区旧址群、安吉余村村入选第三批浙江省红色旅游教育基地。

同日 国内知名旅游网站驴妈妈旅游网发布的《2019 年清明出游消费报告》显示,湖州荣登清明十大热门周边游目的地和十大国内长线游热门目的地 TOP 2。

8 日 农业农村部举行 2019 中国美丽乡村休闲旅游行(春季)推介活动,重点推介了春季精品旅游线路 60 条、景点 181 个,湖州原乡小镇作为浙江 6 条精品线路之一被重点推介。

10 日 央视 1 套节目《大美中国·探春》推出了安吉茶园的短片。

11 日 由湖州太湖旅游度假区管委会和浙江省旅行社协会主办的 2019 第七届南太湖文化旅游节暨长三角旅行商大会在湖州太湖国家旅游度假区举行。

23 日 由湖州市文化广电旅游局主办的"美好生活 阅读相伴"——2019 年湖州市全民阅读节启动仪式暨图书馆之夜活动在市图书馆举行。

25 日 由浙江省文物考古研究所、湖州市文化广电旅游局(文物局)、湖州市农业农村局主办的昆山遗址考古工作站揭牌启用仪式暨昆山遗址考古成果报告会举办。

30 日 浙江省人民政府正式发文同意设立湖州南太湖新区。湖州南太湖新区规划控制总面积 225 平方千米,空间范围包括现湖州南太湖产业集聚区核心区,湖州经济技术开发区、湖州太湖旅游度假区全部区域,湖州市吴兴区环渚街道 5 个村,以及长兴县境内的部分弁山山体。

5 月

8 日 省文化和旅游厅公布浙江省文化强镇(街道)和浙江省文化示范村(社区)名单,德清县新市镇、长兴县画溪街道入选浙江省文化强镇。

17日　由中国移动打造的"湖州5G＋智慧文旅平台"正式发布,基本实现"一键智游湖州"功能与服务。湖州市政府、浙江省文化和旅游厅、中国移动、浙江大学等单位以及多省文旅行业领导专家出席发布会。中国移动集团授予湖州"中国移动文旅行业首个信息化标杆示范基地",并被列入全省文旅系统政府数字化转型试点单位。

同日　由文化和旅游部市场管理司主办、浙江省文化和旅游厅承办的全国《旅游民宿基本要求与评价》行业标准(修订版)宣贯培训班在长兴县开班。各省、自治区、直辖市、新疆生产建设兵团及辖区旅游民宿标准实施相关负责人参训。

19日　"中国旅游日",中国经济导报社、中国信息协会信用专委会、竞争力智库和北京中研国新城市研究院等联合发布了"2018中国县域旅游竞争力百强县市",德清、安吉名列其中。

6月

2日　湖州南太湖新区正式成立,在原湖州经济技术开发区、太湖旅游度假区2个"国字号"平台的基础上整合提升组建。

5日　第十四届(2019年度)全省博物馆陈列展览精品项目推介结果正式公布,湖州博物馆推选参评的"湖州之远——丝瓷笔茶文化特展"荣获精品奖。

20日　南浔区制定出台《南浔古镇保护利用三年行动计划(2019—2021)》,计划总投资120亿元,力争用3年时间,全力实现"招引产业发展旺镇、优化业态布局活镇、彰显文化特色亮镇"的目标,拥抱高铁时代的到来。

24日　中国社会科学院和经济日报社共同发布了2018年中国城市竞争力报告。湖州位居中国城市宜居竞争力第49位,省内排名第四。

7月

2日　农业农村部办公厅公布了第二批中国全球重要农业文化遗产预备名单,"浙江德清淡水珍珠传统养殖与利用系统"入选,标志着"德清珍珠系统"全球申遗工作取得阶段性突破。

28日　全国乡村旅游(民宿)工作现场会上公布了第一批全国乡村旅游重点村,并进行授牌。湖州市长兴县水口乡顾渚村和湖州市安吉县天荒坪镇余村村入选。

29日　由国家发展改革委会同文化和旅游部组织的在全国范围内征集乡村旅游发展的典型案例中,德清县莫干山镇入选。

8月

14日　湖州红木房雅阁璞邸酒店被浙江省文化和旅游厅评定为金鼎级特色文化主题酒店,至此湖州共创评金鼎级特色文化主题酒店7家,银鼎级特色文化主题酒店5家,金鼎级特色文化主题酒店数量在全省排名第二。

22日　太湖龙之梦乐园登上央视,大型歌舞秀《梦幻钻石》被选为暑期旅游市场的出游案例之一,在央视财经频道早间新闻资讯《第一时间》栏目中播出。

9月

4日　由文化和旅游部资源开发司、中央文化和旅游管理干部学院和全国旅游扶贫培训基地(浙江湖州)主办的2019年深度贫困地区旅游扶贫培训班(第1

期)在湖州开班,来自全国16个省、市的105名学员参训。

同日　国家文化和旅游部公示了首批国家全域旅游示范区名单,安吉县拟进入国家首批全域旅游示范区名单之中。

8日　2019上海·德清民宿大会暨莫干山洋家乐高峰论坛在上海举行。

9日　德清举行首届美丽中国田园博览会活动安排发布会暨田园德清免费游启动仪式,发布了田博会主题曲、吉祥物以及5条田园德清免费游精品旅游观光线。

15日　湖州三跳《竹别林》亮相全国非遗曲艺周,受到有关专家的好评和济南市民的热情欢迎。

16日　在2019中国特色旅游商品大赛上,湖州特色旅游商品"母亲"佐餐牛肉酱礼盒、来安吉萃竹、discovery户外装备系列3件(套)获得金奖,云水和居·生态德清——原木生活器物礼获得银奖,江南沈小姐系列食品、风徐来THEWIND·绚烂星空系列折扇获得铜奖,获金奖数量居全省第一。

10月

10日　央视新闻联播播出《国际度假大会永久会址落户浙江湖州》。省文化和旅游厅副厅长杨建武、亚太旅游协会大中华区主任吴波共同为国际度假大会永久会址揭碑。

同日至11日　2019长三角一体化文旅峰会暨国际滨湖度假大会在湖州举行。联合国世界旅游组织、亚太旅游协会、亚太城市旅游振兴机构、浙江大湾区"五湖旅游联盟"和杭州都市圈、环太湖旅游部门相关负责人出席。会议发布了《长三角一体化文旅联合行动湖州倡议》，成立"长三角国家级旅游度假区（推广）联盟"。

16日　国务院发布《关于核定并公布第八批全国重点文物保护单位的通知》，湖州市潮音桥、道场山祈年题记、太湖溇港和安吉永安寺塔成功晋升全国重点文物保护单位。

17日　2019年中国旅游业最发达城市排行榜出炉，湖州跻身三十强。

19日至21日　第十六届中国旅游发展北京对话·南浔古镇论坛在南浔古镇召开。

21日　《湖州市乡村旅游促进条例》地方立法正式公布，开创以法律形式保障乡村旅游发展全国先河。

23日　湖州市文化市场综合行政执法队正式挂牌成立。

31日　由浙江省考古研究所主办的安吉龙山107号墓考古发掘专家论证会在安吉县召开，来自国家文物局、北京大学、中国社会科学院、国家博物馆以及山东、陕西、四川等地的近50位文博考古界专家参加。

11月

4日　湖州市美术馆正式开馆，开馆系列展之"清远湖山见故乡——湖州百年书画展"和"又见白鹭飞——中国当代名家邀请展"开幕。

15日　国家旅游年度榜单揭晓，南浔古镇获得2019年度中国国家旅游特色古城旅游目的地。

18日　首届"中国'两山'团建周"启动仪式在中南百草原举行，启动仪式现场颁发了安吉"团

建周体验官"证书，为"中国'两山'团建目的地"揭牌，安吉县文体旅游局做精品团建产品、线路推介，授牌"中国'两山'团建目的地"优秀团建企业，揭晓了新浪浙江"安吉锦鲤"获奖者。

19日　第十四届浙江省戏剧节在温州圆满落幕。由湖州市委宣传部、市文化广电旅游局、浙江话剧团联合出品的话剧《青青余村》获省戏剧节"兰花奖·新剧目大奖"，主演高伟伟获"兰花奖·优秀表演奖"。

20日　由浙江省文化和旅游厅、湖州市人民政府主办，湖州市文化广电旅游局、吴兴区人民政府承办的2019长三角乡村文旅创客大会在湖州召开。

21日　由2019长三角区域"七名"国际精品线路暨主题专项旅游产品发布会召开，莫干山上榜长三角区域旅游精品推荐目的地之"十大名山"榜单，成为湖州市唯一入选地。

12月

1日　文化和旅游部公布国家级非物质文化遗产代表性项目保护单位名单，湖州9家单位上榜，涉及防风传说、龙舞（长兴百叶龙）、灯舞（上舍化龙灯）、湖剧等非遗代表性项目。

6日　CCTV音乐频道《中国音乐电视》栏目播出由湖州市委宣传部和湖州市文化广电旅游局出品，青年歌唱家刘若颖倾情演绎的原创歌曲《绿水青山南太湖》。

7日至8日　2019年度浙江考古重要发现汇报会在浙江大学艺术与考古博物馆召开，湖州安吉龙山107号墓（八亩墩）考古发掘项目上榜。

8日　湖州·南浔第十一届鱼文化节在湖州获港渔庄拉开帷幕。

12日至13日　2019中国未来景区发展论坛暨莫干山民宿研讨会开幕。中国旅游研究院院长戴斌、湖州市人民政府副市长闵云、浙江省旅游集团党委书记方敬华等出席，主办方从民宿发展、文旅度假、民宿设计、科技文旅、民宿投资五大专题设置话题，国内近30名顶级民宿创始人出席会议并发表观点。

19日　竞争力智库、中国信息化发展研究院联合发布《中国县域旅游竞争力报告2019》，德清县、长兴县、安吉县入选"2019中国县域旅游竞争力百强县市"榜单。

20日至21日　2020年长兴"上海村"过大年活动开幕式在太湖龙之梦乐园举行。来自浙江、上海、江苏、安徽等地省、市、县文化旅游系统，以及长兴县各个乡镇（街道、园区）、机关各部门、旅游企业和旅游咨询点的领导和嘉宾近1000人参加开幕式。与会嘉宾一起观看《"上海村"过大年》情景剧。

（梅　菊）

湖州市县（市、区）文化和旅游工作概况

【吴兴区文化和广电旅游体育局】内设职能科室7个，下属事业单位5个。2019年末人员35人（其中：机关8人，参公10人，事业17人）。

2019年1月19日，吴兴区文化和广电旅游体育局挂牌成立。一是统筹推进各项改革任

务,队伍融合全面深入。根据全区统一部署,圆满完成机构改革任务,实现文化、旅游、广电、体育各方面职责、机构和人员到位,实现思想融合、机制融合、业务融合。深入开展"不忘初心、牢记使命"主题教育活动,不断提升干部队伍工作效能。围绕补短固本问难帮困,深入开展"三服务"工作,帮助东柿社区、小西街文创企业等解决实际问题46个,创新主题教育"初心之旅"线路3条。二是扎实推进公共服务体系建设,有效供给不断强化。持续推动文化设施建设,区图书馆、区文化馆内部装修,建成"城市书房"3座,建成"振兴书栈"4家。"瓷之源"古陶瓷艺术馆、湖镜博物馆、奇石艺术馆相继建成。挖掘吴兴优质文化基因,打造"菰城讲堂"文旅IP品牌,举办讲座7场。提高公共文化服务水平,提升"两馆一站"服务效能,顺利通过省定基本公共文化服务标准化评定。全民阅读活动、"文化进万家"、送戏下乡等群众文化活动常态化开展。原创舞蹈《太湖人家》获2019年浙江省群星奖,原创歌曲《老家河埠头》《弄堂》入选市第十二届精神文明建设"五个一工程"奖,围绕中华人民共和国成立70周年题材新创舞蹈《红色记忆》。承办为期3天的全省第六届乡镇(街道)社会艺术团队会演。三是深入开展特色文化保护挖掘,传承转化成效显著。打造"世界丝绸之源""陆羽《茶经》故里""世界灌溉工程遗产""下菰城遗址"等4张文化名片。"太湖溇港"保护开发有效推进。申报省级非遗项目9项、市级49项,省级传承人9名。"天工羽毛扇""老恒和酿造技艺"

两个项目申报国家级非物质文化遗产。建成投用全省首个野外智能考古工作集成平台昆山遗址考古工作站。加强非遗传承,承办2019湖州市"文化和自然遗产日"系列活动启动仪式。指导东林镇成功创建"浙江省民间文化艺术之乡",八里店镇路村、埭溪镇上强村成功创建浙江省美丽乡村美育村试点。四是培育壮大产业发展,产品业态不断丰富。丝绸小镇(西山漾景区)创成4A级景区,新增3A级景区村庄5家,新培育民宿9家。引进中国儿童艺术剧院、青春里康养旅居、华复文化艺术小镇、爱德堡庄园等项目8个,总投资近100亿元。创成3A级以上景区15个、3A级景区村庄13个,精品民宿16家,推进创建省级度假区1个、省级旅游风情小镇1个,待批4A级景区1家。初步构建了生态景区、文化场馆、历史街区、度假庄园、景区村庄、乡村民宿等丰富多样的旅游产品体系,全域旅游格局初步形成。五是不断扩大推广营销,文旅热度持续增强。举办长三角创客大会,省级乡村文旅创客基地、长三角乡村文旅创客研究中心等机构落户。举办"春赏""夏享""秋游""冬品"主题四季节庆31场,打造"菰城文化旅游节"等文旅节庆品牌。注重景区产品串联,分别推出红色教育游、绿色生态游、古色人文游、夜色休闲游"四色"乡村游;在全市率先开通6个乡镇、12个村的景区村庄旅游专线。组织"百家旅行社看吴兴"活动及杭州、上海文旅专场推介会,参加西安、宁波、南京等营销展会8场,并获中国(义乌)文化产品交易会展会组织

一等奖。加速融入长三角一体化战略,上海—吴兴旅游直通车常态化运营发班,全区旅游接待2000万人次,同比增长17.28%,其中过夜游客600万人次,同比增长12.5%。六是优化行业监管体系,文化市场健康稳定。优化办事流程,73项行政服务事项均实现7个100%,"最多跑一次"改革工作各项指标走在前列。完善区文管工作领导小组工作机制,积极开展文旅市场扫黑除恶、禁毒、防恐、禁烟、"双禁"、消防、安全生产等专项工作,年均开展"扫黄打非""护航互联网大会"等专项行动10余起,检查文旅体相关场所5000余家次,保障全区文旅市场安全有序,确保重大时间节点文旅体市场平安稳定,文化市场连续多年实现安全生产零事故。

(程建国)

【南浔区文化和广电旅游体育局】内设职能科室7个,下属单位6个。2019年末人员45人(其中:机关19人,事业26人;具有高级技术职务资格的2人,中级10人)。

2019年,南浔区文化广电旅游体育局紧紧围绕全力争创文旅融合发展样板地的定位,推进全域旅游发展,加快乡村旅游提升,在产业规模上实现了新突破,在经济效益上实现了快增长,全年共接待国内外游客1947.8万人次,同比增长14.6%;旅游总收入246.64亿元,同比增长17.5%。一是抓项目,促发展。聚力"面"上项目推进。出台《南浔区全域旅游发展三年行动计划(2019—2021)》和《南浔区旅游发

展专项资金奖励补助（六条）办法》，规划"一个旅游度假区、两条水陆景观带、三大乡村游板块、多个精品示范点"的"1+2+3+N"全域旅游空间布局，加大对全区旅游项目业态的政策保障。全区重点文化和旅游项目41个，年度计划投入24.61亿元，全年完成投资总额的103%，其中芦获酒店、都市聚落等8个项目全面竣工。编制旅游招商手册，引进练市樱花园、农耕园和双林田园综合体、千金羊角漾生态综合园等旅游项目。全力"线"上配套建设。启动"走运之旅"水上游线建设，成立游船经营管理有限公司，推进相关游船码头建设，游线航道（东宗线）改造项目已完成投入1.8亿元。结合"十线十景十小镇"建设，完成获港水乡乡村旅游集聚区争创省级乡村旅游集聚区专家联合评审。继续深化旅游厕所革命，完成新改建旅游厕所30座。助力"点"上提档升级。加快善琏湖笔小镇国家4A级旅游景区创建工作，完成善琏老街环河旅游路线设计及周边景观提升项目深化设计方案。开展"百城千镇万村景区化"提升工程，创建6个3A级景区村庄、10个2A级景区村庄、57个A级景区村庄。和孚镇成功创建省级旅游风情小镇，双林镇列入省级旅游风情小镇培育创建名单，获港景区成功创建省级生态旅游区。二是强融合，提品质。挖掘优势资源。整理出文旅融合IP项目32项，数量居全市之首。开展"一镇一品"十大特色旅游商品评选，4件特色旅游商品入选"市十大旅游商品精品奖"，练市秦峰"菩提长锋"湖笔礼盒套装获"省特色旅游商

品大赛优秀商品奖"。推出百鱼宴、全羊宴、龙虾宴等特色风味宴席。组织参加全市美食擂台赛，包揽3项冠军。出版《南浔浔曦》《老家双林》《人文旧馆》等反映乡镇历史人文书籍，为下步推进文旅融合作铺垫。提升业态品质。围绕"南浔古镇打造文旅融合第一镇"的目标，实施文旅业态提升等八大专项行动，打造"古镇灯光夜游"项目，招引文创类店铺21家，引进影视制作等文创团队15个。提升乡村文旅业态，创建省级特色文化主题饭店1家、省级研学基地2个、市级研学基地2个、金果级省采摘旅游体验基地1个、银果级省采摘旅游体验基地3个，推进旧馆悠果维等15家民宿建设，完成1家民宿争创省级金宿级、3家民宿争创省级银宿级市级初评。强化景区运营管理，实现乡镇旅游公司全覆盖。加大宣传推广。策划"一镇一节"四季游活动，协助举办第二十四届含山蚕花节开幕式暨善琏镇全域旅游启动仪式、第二届石淙花海龙虾节等各类节庆活动11个。举办第十六届"中国旅游发展·北京对话"南浔古镇论坛、世界中餐厨王争霸赛暨南浔文化美食节、2019达人嗨游南浔活动，进一步提升了南浔文旅的知名度和美誉度。主动融入长三角一体化发展，与吴江区文体广电和旅游局签订合作框架协议，组织参加各类旅游推介、交易会10余场。三是不断完善基层公共文化服务体系建设。区图书馆、区文化艺术中心（区大剧院）、双林镇费新我艺术馆等一批文体设施建成并投入使用。全区共创建省级文化强镇3个，特级文化站3个、省一

级文化站5个、二级文化站1个；建成农村文化礼堂122个；拥有镇、村文化阵地232个；省、市级文化示范村（社区）105个。全年举办基层文艺演出300余场、公益讲座80余场、送戏下乡100场、非遗展示活动40余次。四是拓展基层文化阵地。启动图书新馆项目建设及大剧院修缮工程，新建城市书房1家，启动区非遗馆布展、实物征集等工作。建成千金镇综合文化中心并对外开放，新建乡镇特色文化驿站5个、文化礼堂28个，文化礼堂覆盖率达到67.8%。完成《浙江省基本公共文化服务标准（2015—2020年）》的认定工作和全省公共文化服务1个重点乡镇、9个重点村的建设任务。五是丰富群众文化生活。举办"庆祝中华人民共和国成立70周年"系列活动、全民阅读节等大型文艺活动20余场，高质量提供"运河情"公益培训、文化"四送"、嘉业大讲堂等公共文化服务供给，全年共举办基层文艺演出300余场、公益讲座80余场、送戏下乡100余场，"人文南浔"品牌内涵得到丰富。六是繁荣精品文化创作。创作《永不褪色的红军被》《蚕花鼓》等各类题材的文艺作品12个，努力打造具有南浔"标签"的精品力作。其中，《鼓韵》入选省农村文化大礼堂优秀群众文艺作品展演节目；无伴奏人声合唱《北京的金山上》获2019年省群众声乐大赛银奖；《我们都是追梦人》在省、市群众广场舞大赛中均获金奖；《桑渔人家》获得省首届旅游歌曲大赛银奖；越剧小戏《壹圆茶馆》获2019年省群星奖、华东六省一市小戏比赛金奖，并获国家艺术基金

2019 年度项目资助。区文化馆成为全省唯一参加省委、省政府以及省政协庆祝中华人民共和国成立 70 周年 2 场文艺演出的县（区）文化馆。七是加强文物保护利用。积极推进文物修缮项目，争取上级资金补助 249.8 万元。完成菱湖种德桥修缮保护、刘氏梯号清醒书屋廊道抢修、刘锦藻家族墓修缮等工程项目。推进大运河诗路遗存挖掘保护工程项目遴选工作，全区共 9 项文保项目列入省文物局核定项目。投入 2000 万元，启动中共浙西北特委旧址、市级文保单位练市粮仓等的修复利用工作。争取省文化和旅游厅和浙江图书馆支持，投入 600 多万元，实施嘉业堂藏书楼整体提升工程，扎实做好文物安全工作，出台《关于进一步加强南浔区文物安全联防联控工作的通知》，召开全区文物安全培训会，文物保护机制和意识得到加强。八是保护传承非遗。完成非遗项目、基地和传承人"三位一体"体系架构建设和非遗传承人工作考核办法，新建非遗大师工作室 5 个。开展"非遗进校园"活动 20 余次、"浔根"非遗"走亲"和非遗展示展演活动 18 场、非遗大集市 2 场。做好特殊非遗项目抢救性记录，拍摄《含山轧蚕花》和《双林绫绢织造技艺》非遗小纪录片 2 部。承办省文化和旅游厅 2019 年度列入联合国教科文组织非遗名录项目"3＋N"保护行动工作座谈会。

（金秋丽）

【德清县文化和广电旅游体育局】内设职能科室 11 个，下属事业单位 6 个。2019 年末人员 98 人（其中：公务员 15 人，参公 16 人，事业 67 人）。

2019 年，文化和广电旅游体育局文化艺术与公共服务工作取得成效明显。在公布的浙江省基层公共文化服务评估指标数据（2018 年度）中，德清县在全省排名第十四，在湖州市排名第一。德清县文化和广电旅游体育局获评浙江省"书香机关"称号，"千丝情"牌蚕丝水洗空调被评为浙江省优秀非遗旅游商品，1 个戏剧作品入选 2019 年浙江省群星奖，话剧《小镇琴声》、越剧《游子吟》获湖州市第十二届精神文明建设"五个一工程"入选作品奖，下渚湖街道、新市镇评为"浙江省民间文化艺术之乡"，2 首村歌获湖州市农村文化礼堂村歌大赛一等奖等，全年获集体、个人荣誉 53 项。全县共接待国内游客 2210.6 万人次，同比增长 11.3％；过夜游客 909.7 万人次，同比增长 19.2％；旅游收入 314.98 亿元，同比增长 17.5％；接待入境游客 14.3 万人次，同比增长 6.3％。旅游业增加值达 41.73 亿元，同比增长 9％，占 GDP 比重 8％。地理信息小镇景区创建成为国家 4A 级旅游景区。下渚湖景区入选首批省级研学旅游示范基地。在 2019 中国特色旅游商品大赛中，德清县选送的商品喜获 1 金 1 银 1 铜的好成绩。一是文化设施建设。改造提升基层文化设施，新建成武康街道永安街和阜溪街道 2 家城市书房，1 个重点街道、11 个重点村完成省公共文化服务"十百千"工程建设任务，指导完成综合文化站改建 1 家、新建 2 家，镇（街道）图书分馆 3 家，建立图书馆分馆

9 家，挂牌文化馆分馆 8 家。二是文化惠民。举办新年音乐会、新春越剧专场、新春团拜会等高雅艺术演出，印发《德清县 2019 年"送戏下乡"实施方案》《德清县 2019 年"文化走亲"实施方案》等文件，全年开展送综合演出下乡 174 场次，送地方戏曲下乡 60 场次，组织代表本地优秀传统文化特色的节目开展"文化走亲"活动 150 余场次，与缙云结亲，签订山海协作战略合作协议，结成文化战略合作伙伴，进行两地"文化走亲"，促进两地文化交流。开展送书下乡 19677 册次，推进数字阅读服务进学校、进企业、进社区"三进"活动 50 次，新增 20 个图书流通点进社区、进酒店等；开展"三送三服务"，越剧《游子吟》进景区巡演 30 场次；组织免费观看优秀儿童剧进校园演出 60 余场次。指导各镇（街道）、村（社区）利用本地文化资源和农村文化礼堂阵地，在传统节日期间开展"浙北乾龙灯会""新市蚕花庙会""舞阳侯会"等"一镇（街道）一节"、村落文化节、村晚等活动。全年全县文化礼堂开展文艺演出、展览及讲座、培训等 2480 场次。三是精品创作。与中国国家话剧院共同出品话剧《小镇琴声》，全年在北京国话剧场演出 10 场次；完成打造《游子吟》草根班，进景区巡演 30 场次。培育老、中、青 3 代本土文艺人才梯队，辅导创作优秀作品参加德清县庆祝中华人民共和国成立 70 周年系列活动，包括文艺晚会、成就展、书法美术摄影作品展以及德清县第三届前溪原创艺术节，奖励本地人才创作优秀原创文艺作品。指导全县各镇（街道）举办庆祝中华人民共和

国成立70周年系列活动15场次。四是文化遗产保护。进一步校对《原始瓷窑址保护规划》修改稿,核定保护区、建控区、协调区面积。最终稿规划整体范围面积约2199万平方米,分为重点保护区、建设控制区、地下文物分布区、环境控制区。其中重点保护区9处42个点共41.8万平方米,建设控制区252.45万平方米,地下文物分布区21.25万平方米,环境协调区1883.5万平方米。11月,文本最终稿上报省文物局转报国家文物局,为创建"瓷之源"德清原始瓷国家考古遗址公园打下坚实基础。确认中初鸣遗址是省内唯一、全国为数不多的良渚文化大规模制玉作坊遗址群,是良渚古城遗址外围考古工作的又一重要收获,反映了远距离大规模专业生产的模式,体现了良渚文明和良渚古城的高度发达。配合省文物考古研究所做好中初鸣遗址冲进"2018年浙江十项重要考古发现"之一,入围"2018年全国十大考古新发现"二十强工作。做好遗址全面勘探和王家里地点的重点发掘,发掘面积400余平方米,出土器物100余件。同时,及时掌握其产业平台升级工程进展,根据勘探报告谋划中初鸣良渚文化遗址公园建设。五是市场监管。根据《德清县全面推行"双随机"规范事中事后监管实施方案》,开展"双随机"文化市场、文保单位抽查工作,严格按照《文化市场"双随机"抽查监管办法》的规定,开展文化类"双随机、一公开"24次,抽检经营单位138家次,发现问题单位5家,立案查处1家,排查出关停企业21家次,处置安全

隐患1起。开展文物类"双随机、一公开"3次,抽查文物保护单位30家次,对一家存在问题的文物保护单位报文保所进行维护。开展旅游类"双随机、一公开"1次,抽查旅游经营单位5家次。根据上级要求,联合市场监管等部门,完成跨部门抽查2次,抽查各类经营单位10家次。六是公共图书馆发展。德清县图书馆以"书香德清"建设为目标,以巩固提升为总要求,围绕优化服务,创新阅读推广,打造问题"最多提一次",打通服务"最后一公里"。用好用活"馆内馆外、线上线下、城镇乡村"主阵地,拓展新空间,积极探索文旅融合下图书馆发展新模式。到馆人数1527507人次,借阅677572册,网站访问量2481160次,移动图书馆访问量5623533次,开展活动305场,新增入库图书40694册。"德清阅读节"案例获选2019年浙江省公共数字文化工程优秀数字阅读推广案例"十佳案例",报送下渚湖湿地图书馆获浙江省"发现图书馆阅读推广特色人文空间"活动二等奖。七是文物保护。举办各类陈列展览7个,其中原创性展览1个、合作办展与引进展览5个、图片展览1个。在俞平伯纪念馆的"德清之子"展中增加俞平伯与九三学社的内容,为下一步争创全国九三学社教育基地打下基础。全年博物馆征集各类文物及资料63件(套),其中收购23件(套),接受捐赠40件(套),类别涉及商周原始瓷、六朝德清窑瓷器、明清德清籍名人字画等。接受陆放为首届联合国世界地理信息大会创作的"莽苍莫干山"版画及底版并举行毁版仪式。八是

旅游项目双进。引进亿元以上项目8个,计划总投资140.8亿元。全县31个在建旅游项目,完成旅游投资35亿元,固定投资25亿元。实现新开工项目6个,竣工项目6个。九是民宿经济发展。全县洋(农)家乐共有750余家,床位10200余张,餐位25000席,从业人员5700余人。全县乡村旅游接待游客885.2万人次,同比增长15.4%;实现直接营业收入37.5亿元,同比增长29.3%。以洋家乐为代表的150家高端民宿接待游客89.1万人次,同比增加36.7%;实现直接营业收入9.5亿元,同比增加28.4%。9月7日至8日,在上海徐汇区衡复历史文化风貌保护区举办德清洋家乐高峰论坛暨2019上海民宿大会活动。上海市文化和旅游局、浙江省文化和旅游厅、上海报业集团、湖州市文化广电旅游局、德清县人民政府等领导及江浙沪皖等地区民宿业主、行业专家与学者200余人共襄盛会,共同探讨中国民宿新生态,探索民宿品牌连锁标准化发展之路。本次活动也得到了行业、媒体的关注,刊发相关报道40余篇,覆盖中央及江浙沪皖各级报纸、电视台、电台和新媒体,在长三角民宿行业及旅游产业中产生了较大的影响。十是文旅活动举办。"德清人免费游德清"作为德清县十大民生实事之一,顺应民心尊重民意,满足广大市民想在家门口度假旅游的迫切需求,共享德清旅游的发展成果。自1月22日实施惠民政策至12月底,莫干山风景区、下渚湖国家湿地公园和新市古镇三大景区共接待75913人。十一是智慧旅游发展。以市场化运作

为主导，提升景区智慧服务和整合优质旅游资源，全面实施智慧旅游服务项目。酒店、旅行社、17个3A级景区村庄等县内重点涉旅场所免费Wi-Fi、通信信号、108个视频监控全面覆盖。打造莫干山、下渚湖和新市三大智慧景区示范，率先完成有声导览、电子票务、智能停车等项目建设。促进市场营销分众化、精准化和旅游服务标准化、精细化，使游客的游玩过程变得更加便捷有趣，景区管理日益科学有序。十二是数字驱动创新。通过整合资源、平台互通等方式按下全域旅游快捷键，也为文化、旅游、产业的融合增添了润滑剂。对照政府数字化转型指标和"智慧现代城市"建设的部署要求，基于德清县数字大脑建设，逐步完善"德清旅游大数据管理平台"、"e游德清"微信小程序、"诗画德清"微信公众号等平台建设，开展了从资源采集、数据分析到成果展示的工作，智慧体验取得新成效。

（凌　峰）

【长兴县文化和广电旅游体育局】内设职能科室12个，下辖行政执法大队1个，下属单位5个。2019年末人员113人（其中：机关19人，事业94人；具有高级技术职务资格的11人，中级30人）。

2019年，长兴县文化和广电旅游体育局紧紧围绕文旅融合一个中心和"长三角滨湖文化集群""长三角休闲旅游首选区""省文旅融合改革试验区"三大目标，聚焦乡村旅游提质增效行动，打出一套"理念引领、产业融合、产品打造、品牌塑造、全域统筹"组合

拳，推进文旅全面发展。接待游客和旅游总收入分别同比增长25.07%、25.89%；文旅项目完成投资37.99亿元，2018年旅游业增加值占全县GDP 8.6%。成功创建首批浙江省全域旅游示范县和浙江省首批基本公共文化标准化认定县，获评全民阅读先进单位、中国最佳全域旅游创建示范城、"浙江省民间文化艺术之乡"等荣誉称号。承办全国现场会2次、省级3次，现场经验交流5次，相关工作获得各级领导批示表扬10次。一是全域旅游发展取得新成效。继续实施全域旅游龙腾计划，进一步完善旅游基础配套及业态产品，推进旅游品质提升。制定《长兴县A级旅游景区品质提升专项活动方案》，全县A级景区100%通过各级暗访检查。同时，以创建为抓手加快推进景区品质提升，小浦镇被评为省级乡村旅游产业集聚区，培育指导小浦八都岕景区争创国家4A级景区，指导小浦镇成功创建第二批省旅游风情小镇，煤山镇、龙山街道列入第四批省级旅游风情小镇培育单位，煤山镇、小浦镇成功创建浙江省4A级景区镇。深化旅游厕所革命，100%完成百度地图标注，完成新建、改扩建旅游厕所20座（完成县考核任务20座），修订完善《长兴县旅游厕所积分制管理办法》，累计暗访检查旅游厕所248座次。全县全域旅游游客接待量、旅游收入和过夜游客数均位列全市第一；限上住宿餐饮业增幅27.9%，全市排名第一。长兴旅游惠民卡发行超过3.3万人次，景区刷卡量突破10.8万人次。二是文旅融合发展实现新突破。挖掘红色文

化、古生态岕文化、贡茶文化等长兴特色文化内涵，加快推进文化和旅游业态交融，促进城市旅游、红色旅游、研学旅行、健康养生等文旅产业融合，创建省红色旅游教育基地1家（新四军苏浙军区旧址群）、省中小学生研学实践教育基地2家（清泉武校、七彩北汤）、市中小学生研学实践教育基地5家，仙山湖国家湿地公园和太湖图影湿地获评湖州市职工疗休养十大示范基地。创新文旅融合举措，在全市首创"文旅演艺单"项目，完成文化进景区演出255场次，指导大唐贡茶院、陈武帝故宫、城山沟等挖掘景区文化内涵并推出贡茶院大唐水袖舞、灯光演艺秀，陈武帝汉服穿越演绎秀，城山沟西游角色情景互动等演出，不断丰富游客体验。积极申报浙江省文旅融合改革试点县，探索文化基因解码，以水口乡、小浦镇为试点，深入挖掘整理当地传统文化、文物建筑、特色民俗等，基本形成"一文、一谱、一库"。三是龙之梦运营服务有实效。积极对上争取资金和政策，成功将太湖演艺小镇纳入浙江省传承发展浙江优秀传统文化行动计划，进一步拓展文旅演艺内容。以服务龙之梦项目开业运营为核心，指导服务龙之梦动物世界制定内部标识系统、停车场、旅游厕所等旅游基础配套设施建设及旅游安全工作和消费维权、演出审批等工作，协助龙之梦做好最大承载量测算，龙之梦景区人口流量分析系统于5月完成建设并上线运行。积极"走出去，请进来"，组织以龙之梦为重点的宣传推广20余次，媒体报道50余次，举办"上海村"过大年、文旅惠民嘉年

华等活动,在对外运营前营造氛围打响龙之梦品牌。服务龙之梦相关工作受到副省长成岳冲、副市长施根宝批示。四是项目引推严把"入口关"。全力抓好文旅项目落地,全年计划重点建设文旅项目45个,计划完成投资35亿,实际完成投资37.99亿元,完成年度投资计划108%,超额完成全年任务。龙之梦、大唐贡茶养生小镇、原乡硒谷等项目全面加速推进,新开工文旅项目12个,竣工项目10个。其中6个项目列入省服务业重大项目计划,4个项目列入2019年市领导联系重点文化和旅游建设项目,9个项目列入湖州市"大花园"建设2019年重点实施项目清单,3个项目列入《湖州市"十四五"重大建设项目规划》,龙之梦养老综合体项目被评为2019年服务业"大好高"项目。编制《长兴县旅游招商项目手册》,养生谷、丝沉潭综合旅游开发项目、博阳度假酒店等21个项目签约,预计总投资135.4亿元。五是乡村旅游撬动"美丽经济"。深入推进乡村旅游集聚区发展,小浦镇推进完成八都岕景区风貌提升工程、八都堰水利及景观工程以及游客服务中心功能配置,成功创建省级乡村旅游产业集聚区,水口乡基本完成两岕绿化、景观、停车场、旅游厕所和农家乐改造提升工作,水口乡顾渚村入选第一批全国乡村旅游重点村,长兴"四季诱惑"休闲农业深度体验2日游线路入选全国百条精品景点线路。积极承办全国《旅游民宿基本要求与评价》行业标准(修订版)宣贯培训班,全县民宿发展得到文化和旅游部领导高度认可。民宿度假产品已形成水口、小浦、泗安-林城、煤山四大区块,年内创建白金级民宿1家、金宿级民宿1家、银宿级民宿3家,小浦银杏故里成功创建全国首家五星级民宿。同时,以万村景区化工作为抓手,进一步完善景区村庄内游客中心、旅游厕所、标识标牌等基础配套,全县有A级景区村庄181家(其中3A级景区村庄21家),提前实现A级景区村庄全覆盖。六是公共文化事业取得新进展。以项目创建为抓手,进一步完善公共文化服务体系建设,成功创建浙江省首批基本公共文化服务标准化认定县,"文化礼堂志愿者助力乡村振兴"项目通过省第四批公共文化示范项目创建中期评审,公共文化服务项目入围省财政厅全省公共文化服务创新项目(全省9个、湖州市唯一),画溪街道成功创建省级文化强镇,李家巷青草坞村成功创建省级文化示范村。巩固文化阵地建设,新建成1家综合文化站、城市书房4家、农村文化礼堂已建成152家。群众文化惠民活动丰富多彩,已组织开展各级各类基层群众文化活动6800场,排舞大赛、乡村春晚等群文活动特色彰显。同时,积极推进文艺精品创作,7件作品申报臧懋循奖、国家艺术基金、浙江文化艺术发展基金、省市"五个一工程"等项目,组织一批作品参加音乐、舞蹈、视觉艺术类大赛共获得省级银奖3个、铜奖4个,入展省群星奖8个、市级金奖6个等。制定出台《长兴县群众文化团队扶持办法》,推进文艺社团规范化发展。

(王 叶)

【安吉县文化和广电旅游体育局】内设职能科室12个,下属事业单位11家。2019年末人员126人(其中:公务员22人,参公15人,老人老办法1人,机关工勤2人,事业86人;具有高级技术职务资格的8人,中级27人)。

2019年,安吉县文化和广电旅游体育局共接待国内外游客2807.4万人次,其中过夜游客1301.7万人次(占比46.43%),旅游总收入达388.24亿元,门票收入7.08亿元,同比分别增长12.1%、8.79%、19.55%、11.19%。以全国最高分成功创建首批国家全域旅游示范区,并作为创建先进代表在全国全域旅游推进会上做典型经验交流发言,同时以休闲度假型模式成功入选国家文化和旅游部发布的"国家全域旅游示范区创建典型案例";获浙江旅游总评榜"浙江旅游发展十佳县"荣誉,作为唯一代表在全省颁奖大会上做全域旅游经验交流,并在全省"大花园"典型示范建设推进会上围绕全域旅游主题做经验介绍。一是文旅项目建设。全年旅游项目共51个,总投资385.1亿元,其中10亿元以上在建项目8个。由副省长亲自挂帅、投资104亿元的省级重点项目海游天地度假城项目正式全面启动;总投资30亿元的吴昌硕艺术小镇项目正式签约;总投资60亿元的白茶小镇项目正式签约,白茶飘香观光带建设有序推进,"两馆一厅"设计方案基本完成;天子湖通航产业基地综合配套服务项目、孝丰梦山水、上墅田中园度假酒店等项目开工;安吉古城国家考古遗址公园、横山坞艺术民宿村、余村-竹博园5A级景区创建工程等项目有序推进；梅溪柏翠稻香居酒店、上墅环湖度假酒店、山川续目听涧等项目即将竣工；云上草原二期、安吉白茶小镇、海游等市领导联系项目加速推进；隐居山川、云上草原一期、灵溪山景区、孝丰好游项目一期实现试营业；县新图书馆、少体校等一批重点民生项目正式落成启用。努力建成一批生态文化美丽集群，完成本年度最美生态博物馆群（15个）、最美乡村影剧院群（6个）、最美乡村图书馆群（10个）、最美乡村文化礼堂群（20家）、最美文化主题民宿群（10家）、最美竹文创（旅游商品）工坊群（10个）、最美户外运动基地群（4个）等建设任务，并以此为基础实现公共文化旅游服务中心全融合。二是事业产业发展。文艺精品力作不断。围绕"绿水青山就是金山银山"实践和庆祝中华人民共和国成立70周年主题，开展了一系列展览、讲座、征文、摄影、创作活动，践行"绿水青山就是金山银山"理念的现实题材作品大型话剧《青青余村》在杭州首演，出版"竹文化系列丛书"、《师缶妙新——师村妙石书法篆刻作品集》，吴昌硕生平艺术图述《吴昌硕艺术人生》、历史类图书《安吉本纪》、旅游类图书《暇客安吉》等重要书籍编写工作有序推进。指导歌曲《绿水青山不会忘》《今天的你真美》《小城大爱》等作品申报国家艺术基金，编排《竹海交响》《新山风竹韵》《竹凤凰》等，并参加浙江省文化和旅游厅组织的庆祝澳门回归20周年"2019年根与魂——浙江省非物质文化遗产展演"、2019年度中欧（德国）艺术节等。文旅产业日益繁荣。积极

推进文旅融合"三级联创"体系建设，加快空间全域化布局。引导民宿集群建设，抱团经营，打造有影响力的民宿集中展示区块，出台《文旅融合示范乡镇》《文旅融合示范村》考核办法，文旅融合示范乡镇创建1个，文旅融合示范村创建6个，培育4个，民宿村落创建3个，3A级景区村庄13个，A级景区村庄51个；对上争取各类省级创建74项，全力助推国家休闲度假区、省级旅游度假区、省级风情旅游小镇以及7家4A级景区的功能业态提升。坚持项目服务优、实、快要求，支持一批现有重点文旅企业做大做强，努力打造安吉文旅"亿千""千百"企业梯队，夯实产业高质量基础。牵头开展全县乡村旅游与乡村振兴战略研讨班，高效培训乡镇分管领导、重点村书记等70人次。推进"旅游＋"精品培育计划，确定9个产业融合创建项目和省级老年养生示范基地。落地推动"百县千碗"工程，打造"中国百笋宴·安吉好味道"地方特色美食品牌。三是公共服务供给。基础设施全域共建。完成省文化和旅游厅公共文化服务"十百千"工程建设任务，启动省"五个百分百"和浙江省标准化认定工作。重点扶持山川乡、灵峰村、汤口村等15个镇村的公共文化建设工作，完成章村镇、杭垓镇、递铺镇、孝源街道等4家文化站效能提升，以及20家文化礼堂的新建任务。加快推进游客中心、绿道、标识标牌等全县86个旅游服务基础设施建设以及厕所革命，全年完成新改建旅游厕所62座，梳理全县公共文体旅游设施、项目及场馆资源561项，制定县乡村旅游产

业分布图、文化地图分布图，重点投放至旅游集散中心、景点、民宿等游客聚集场所2000余张，形成整合推介效应。惠民服务全民共享。策划"博物馆里过大年""文化和自然遗产日""中国旅游日国际博物馆日暨安吉第十九个旅游惠民周启动仪式"等文体旅游主题品牌活动30余场，举办中华人民共和国成立70周年主题晚会等各项大型文艺演出活动20余场，举办"中国印——秦秉年捐赠历代玺印展"等精品展览20余场。以"文旅融合·美好生活"为主题，通过实施政府购买服务，购买文化下乡综艺类4支团队50场演出，戏曲类2支团队75场演出，文化街景6支团队80场演出，文化培训300余场次。县博物馆、纪念馆接待参观人数46万人次，接待团队1145批次；特别是"5·19"旅游惠民周活动有史以来力度最大，以中南百草园、凯蒂猫家园为首的38个免费文体旅游体验点在一周内轮流向安吉市民免费开放，受惠安吉市民达10万人次。文物保护全力突破。全速推进安吉古城国家遗址公园建设，八亩墩107号墓主墓室野外发掘取得重大突破，10月底国家文物局在安吉召开高规格专家论证会，明确大墓和古城是春秋晚期越国王（后）陵和越国早期都城（距今2500年）。文物科技保护中心外围市政工程和绿化工程完成95％工程量。委托北京大学完成遗址博物馆展陈大纲设计并通过专家评审；编制环境整治方案并获省文物局批准，争取中央专项经费1656万元，为全省最高。在全省率先开展区域评估地下文物调查工作，获得省、市、县

(市、区)3级党委、政府的高度认可,全面完成地面文物评估工作,区域评估完成率达50%。成功申报永安寺塔(灵芝塔)为第八批全国重点文物保护单位,全县国保单位达到5处,位居全省前列。编制完成国保单位独松关和古驿道保护规划,并上报省文物局;积极与自然资源规划部门对接,将文物保护规划纳入国土空间利用规划和城乡建设规划。完成高铁大道全线抢救性考古发掘工作,大力支持示范区平台建设,协调配合省考古所全面启动永宁尔扩建厂区古墓葬发掘工作,已发掘封土3米,发现西汉墓葬2座。指导递铺街道、昌硕街道、孝源街道等传统村落保护规划编制和文物古建筑保护修缮、展示利用工作。非遗传承全面融合。大力推进传统工艺融入现代美好生活,组织非遗项目进校园、进街区("非遗集市")15场次,进知名展会、节庆活动、景区18场次,非遗下乡30场,实现传统文化的创造性转化。采取非遗嫁接、工匠扶持、平台展销、设计创意等措施扶持小精尖特色竹文创微型企业,形成本土化、特色化、精致化的竹文创工坊群,已建20家,涉及竹编、竹刻、竹家具等多个领域的传统手工艺。发掘本土民俗文化,拓展民俗节庆旅游开发模式,指导特色乡村推出以章村"三月三畲族文化节"、"九月九丰收节"、报福"开竹节"等为代表的一批文化旅游节庆活动。连续3届承办浙江省"安吉杯"2019最美中国年·浙江年俗微推文大赛,竹叶龙省级传承人胡启华受邀参加央视《人物》纪录片拍摄并在央视10频道播放;安吉手工炒制白茶

"瑞良白茶"入选首批浙江省优秀非遗旅游商品名单。四是文旅交流拓展。体制创新带联动管理。进一步完善县大数据中心建设,推动多部门大数据共享、市场管理联动。完善文旅宣传营销奖励政策,开展"十大特色营销活动""远程市场驻地营销奖励"等活动。通过县委宣传部和政府部门双管齐下,开辟文化产业和旅游市场线上线下、长线短线、境内境外市场拓展新局面。持续放大安吉各类节庆活动影响,重点做好中国书画之乡品牌,举办第三届"年味在安吉"、"世界老爷车长三角公开赛安吉站开幕式"、第三届"中国安吉·玩水节"等文旅融合品牌节庆活动10余个,实现政府、乡村、企业与游客良性互动。精准营销促形象提升。强化精准营销,"中国亲子旅游第一县、国际乡村生活示范地"IP品牌形象得到了新提升。推进全面网络营销,线上线下强势发力,建立与携程、美团、驴妈妈、途牛等主流旅游OTA平台合作关系,强势推动新媒体营销。突出文旅融合新方式,重点做好"玩水节""亲子节"以及"到安吉去"团建目的地推广,参与南京、温丽台(温州、丽水、台州)、西安、哈尔滨等地旅游推介会。牢牢抓住长三角主客源市场,组织开展南京、杭州、合肥文旅推介会,并积极通过线上线下媒体在整个华东市场进行造势宣传,持续扩大安吉旅游对外影响力和美誉度,同时携手美团、携程、大众点评等OTA平台以及杭州高铁东站、氧气音乐节等,进行全方位营销,在线观众达48万人。持续发力显外宣成效。争取文化和旅游部驻63个国家的文

化中心主任(文化参赞)和驻外旅游办事处主任会议,以及"艺海流金·诗画浙江"内地与港澳文化和旅游界交流活动在安吉召开,并做安吉旅游专题推介,国家和省级多家主流媒体给予报道。各级媒体全年报道近410篇(次)。"安吉旅游"覆盖力、影响力不断攀升,活跃粉丝近7万,特别是惠民周信息条条爆款,最热获得了10万余次的阅读量,荣登浙江旅游微信影响力周榜冠军。五是文旅市场规范。严格项目评估。建立休闲旅游项目推进工作例会制度,按照牵头抓总、科学预审、合理布局的要求,对51个文化旅游项目、86项文化旅游公共服务基础设施类项目、14项A级景区(主题乐园)基础设施改造提升项目,逐项明确项目推进的问题清单、形象进度、目标进度要求,并制定了考核督查机制。加强行业指导。指导绿色饭店、特色文化主题酒店、出境旅行社等创建对象提升服务品质,加强对非假日旅游招徕系统申报企业的审核、监管,组织全县30余家文体旅游试点企业进行旅游标准体系编制培训。指导天使小镇、竹博园成功创建10大疗休养示范基地,贵豪旅行社成功创建10大地接旅行社。组织全域旅游金牌讲解员培训等各类培训(赛事)15次,受训人员2500人次。倡导酒店住宿行业取消"六小件"微改革引领"垃圾分类",按照"一步倡导,分步实施"的工作思路,成为全国首个在全行业推行酒店住宿业不主动提供"六小件"的县级城市。审批提速增效。建立完善执法监督机制。成立案审委员会、建立重大行政处罚案件集体讨论制度,

完善工作流程，强化依法办案。由案审委员会对全局行政执法的重大、疑难案件进行讨论并做出决定，牵头破解水源保护地乡村旅游发展难题。配合县委、县政府打造"无证明城市"工作要求，完成第一批证明材料的取消清理工作。全年办结审批事项62件，其中许可54件，备案8件（不包含年审事项）。加强与消防、市场监管等部门联动，在涉娱经营场所办理审批事项时，共同把好场所选址关。加强统筹协调，深化部门联动，规范开展漂流开漂验收、标识标牌设置、景区规范提升等工作，力争完成所有漂流项目人流量实时监测系统建设。推进执法改革。结合执法体制机制改革，科学精准梳理文体旅游市场管理职责，建立负面清单管理制度。加强市场日常动态巡查，开展错时检查，加大对违法行为的查处力度，特别是对扫黑除恶、文明城市创建、中华人民共和国成立70周年安保等重大活动与时间节点，加强市场安保维稳工作，开展重点整治，落实隐患排除，确保市场平安稳定。

（夏　琛）

嘉兴市文化广电旅游局

【概况】　内设职能处室11个,下属单位11个。2019年末人员182人(其中:公务员33人,参公28人,事业121人;具有高级技术职务资格的37人,中级71人)。

2019年1月3日,嘉兴市文化广电旅游局挂牌成立。是年,成立文化市场综合行政执法队;国家公共文化服务体系示范区创新研究中心(浙江嘉兴)经市委编办批复成立;嘉兴市图书馆作为全国法人治理结构试点单位于5月成立理事会;探索推进嘉兴市歌舞团体制机制改革工作。是年,嘉兴市文化广电旅游局以习近平新时代中国特色社会主义思想为指引,紧紧围绕市委、市政府各项工作部署和年初提出的工作目标,以扎实开展"不忘初心、牢记使命"主题教育为契机,以高质量发展为目标,以融合发展为重点,将"三服务""四力"等要求贯穿于推进文化建设和旅游发展的全过程,各项工作取得显著成效。

一、服务中心,文旅融合精准发力

(一)改革任务稳步推进

机构改革进展顺利,牢固树立"宜融则融,能融尽融,以文促旅,以旅彰文"的理念,机构合并实现平稳过渡。局属单位改革扎实推进,成立文化市场综合行政执法队;国家公共文化服务体系示范区创新研究中心(浙江嘉兴)经市委编办正式批复成立;嘉兴市图书馆作为全国法人治理结构试点单位于5月正式成立理事会;探索推进嘉兴市歌舞团体制机制改革工作。

(二)首位战略积极融入

擦亮大运河(嘉兴段)金名片,召开嘉兴市大运河文化旅游和古镇建设座谈会,完善《嘉兴大运河文化带建设七年行动计划》,嘉兴大运河文化博物馆进入招标程序。助力打造诗画江南黄金旅游带,海宁市被纳入钱塘江诗路体系。深化与上海等长三角城市文化旅游合作,重点打造"重走一大路"红色旅游品牌及展示"江南文化之源"的历史文化品牌,积极主办、参与各类文化旅游推介、项目路演活动。

(三)跨界融合渐入佳境

探索"文旅＋城市建设",积极助力推进湖滨区域改造提升、子城城市客厅建设、"月芦文杉"街区开发等十大标志性工程,进一步提升中心城市品质和形象。探索"文旅＋乡村",建立嘉兴市文旅专家咨询服务团,推进名家大师到乡村建立名师工作室,已建成15家。探索"文旅＋教育",打造"重走一大路"等研学旅游品牌,开展高雅艺术进校园、非遗保护进校园等公益文化活动。

二、提升品质,文化名城焕发生机

(一)红色旅游标杆城市打造全面启动

《嘉兴市打造红色旅游标杆城市三年行动计划》由嘉兴市委、市政府印发。嘉兴市被列入先行启动红色旅游资源普查试点工作城市(全国共2家),参与起草全国全域红色旅游示范城市标准并提交至文化和旅游部。南湖旅游区全年接待游客538.78万人次。经前期普查,全市共有红色旅游资源163个,其他红色资源点36个,初步形成《嘉兴市红色旅游资源普查报告》。制定革命文物保护利用工程实施方案,开展革命文物专题调查,登录不可移动革命文物82处,可移动革命文物1048件。

(二)江南水乡名城风采重现

举行马家浜遗址发现60周年系列活动,举办马家浜文化博物馆落成典礼和马家浜文化学术研讨会,市委书记张兵为马家浜文化博物馆揭牌并批示肯定,《中国文化报》进行了报道。积极推进子城考古遗址公园建设工作,城墙复原、仪门发掘现场保护展示和大堂保护设施项目开工。海宁海塘被列入世界文化遗产预备名单,全市新增子城遗址、沈钧儒故居、王店粮仓群等4处全国重点文保单位。起草《嘉兴市江南水乡古镇保护办法》。完成秋泾桥等维修工程、东塔寺遗址等考古勘探工作。与禾点点共同推出40期"让文物说话"系列宣传活动,受到市委书记张兵的批示并多次予以表扬。

(三)文艺精品创作生产结出硕果

重大文艺精品创作方面,中

国歌剧《红船》被列为文化和旅游部2019年度民族歌剧传承与发展重点扶持4部剧目之一，已完成剧本创作，音乐创作部分完成；参与配合电视剧《一大代表》、"红船颂"全国美展等精品创作和重大文化活动。群众文艺创作方面，海宁市小品《父与子》获全国第十八届群星奖，是浙江省唯一获奖作品；秀洲区原创舞蹈《村里的画室》是浙江省入围群星奖决赛的唯一舞蹈作品。音乐剧《红船往事》等4部作品获浙江省"五个一工程"奖，创嘉兴市历届以来最好成绩。

三、竖立标杆，公共服务领跑全国

（一）公共文化服务捷报频传

根据2018年度浙江省基层公共文化服务评估指标数据，嘉兴市连续6年位列全省第一，实现"六连冠"。省定公共文化服务标准化达标实现全覆盖，海宁、平湖等5个县（市）通过第一批认定，南湖区和秀洲区通过第三批认定。图书馆总分馆建设经验正式上升为省级地方标准，文化馆总分馆服务体系管理规范待省里通过发布。

（二）惠民文化品牌深受好评

"书香嘉兴"阅读体系再提升，罗振宇、张泉灵、脱不花等网络大咖盛赞嘉兴市图书馆年均5000场活动的服务模式，央视《文化十分》做深度报道，嘉兴市图书馆与故宫博物院、华为等一同登上"中国最佳创新公司50家"榜单。新建标准统一、各具特色的智慧书房46家，建成"礼堂书屋"75家。精心策划第三届市民文化艺术节，举办庆祝中华人民共和国成立70周年文艺演出，

推出情景朗诵剧、原创交响乐美术作品展、全市乡村合唱团歌咏大赛、市民原创歌曲、主题征文等各类活动。

（三）公共服务设施网络不断健全

基础设施建设提档升级。文化艺术中心建设顺利启动，图书馆二期工程完成部分验收，博物馆二期建设工作继续推进。完成高照街道等2个省级重点街道及55个省级重点村（社区）的公共文化服务提升计划。智慧文旅数字化建设取得新突破。正式启用文旅综合管控平台、智游嘉兴服务系统，提供个性化、一站式的文旅公共服务。"文化有约"提供各类文化活动1622个共计2433场次，受益群众超过50万人次，网站点击量超过1122万次。

四、抢抓机遇，产业发展活力十足

（一）政策扶持和服务优化双轮驱动

强化政策扶持，参与制定《关于加快推动文化产业成为千亿级产业的若干政策意见的实施细则》《嘉兴市文化产业发展三年行动计划（2019—2021）》。修订嘉兴市级旅游业发展专项资金补助操作细则。优化政务服务，全面梳理规范"最多跑一次"事项，颗粒化梳理推进"无差别受理"，实现网上办、掌上办100%，承诺件转变为即办件，申请材料全部电子化，便于群众办事，全年办结168件审批事项。

（二）IP引领和宣传营销同向发力

全市共接待海内外游客12028.1万人次、实现旅游收入1422.91亿元，比上年分别增长

12.4%和15.5%。打造"心游嘉兴"IP集群，继续丰富"红色""运河""古镇"IP内涵，重点打造"百县千碗·嘉看百碗"IP并在全省现场推进会上进行典型经验交流。精心策划嘉兴村游"七心"IP，同步推出"嘉兴村游"宣传手册和手绘地图。2019嘉兴市中外旅行商合作大会暨文旅产品采供交易会现场签约1.48亿元，比上届增长14.72%。

（二）品牌创建和品质提升双管齐下

深入推进全域旅游创建工作。嘉善、桐乡成功创建首批省级全域旅游示范县，嘉善大云镇、海宁黄湾镇成功创建省级旅游风情小镇，海盐县澉浦镇通过省级旅游风情小镇实地验收并进入公示，海宁市周王庙镇成为省级旅游风情小镇创建培育单位。同时，开展A级旅游景区检查复核，对5家国家3A级旅游景区予以通报批评并要求限期整改。不断提升村庄景区化品质，3A级景区村庄旅游发展测评"嘉兴样本"得到省文化和旅游厅充分肯定，全市新创建（晋级）A级景区村庄110个，其中3A级景区村庄17个，秀洲区新塍镇潘家浜村入选由文化和旅游部、国家发改委确定的第一批全国乡村旅游重点村。

五、守牢底线，行业监管扎实有力

（一）安全生产督查检查常抓不懈

开展文化旅游行业"安全生产月"和"安全生产万里行"活动、全市旅游行业安全检查、"防风险 保平安 迎大庆"消防安全执法检查等专项行动，在端午、中

秋等传统节日、台风等自然灾害、国庆等重要时间节点和重大会议期间，对公共娱乐场所、星级饭店、公共文化场馆、文物建筑等重点场所进一步加大督查检查力度，确保文化旅游行业安全规范、平稳有序。

（二）文旅市场行业监管取得实效

全力开展扫黑除恶专项斗争和"扫黄打非"五大行动，创新"一户一谈"排摸，落实"三有一晓"宣传，排摸上报疑似涉黑涉恶线索42条，其中成案线索2条，浙江卫视新闻频道等多家媒体先后报道嘉兴市文化广电旅游局扫黑除恶专项斗争工作开展情况，"三有一晓"宣传法被省文化和旅游厅作为典型经验在全省文旅系统扫黑除恶专项斗争工作中推广。嘉兴市文化广电旅游局获全国"扫黄打非"先进集体、全国文化市场综合执法重大案件办案单位、全国打击侵权盗版有功单位一等奖；联合公安、海盐文旅部门办理的段某某侵犯著作权案入选全国十大侵权典型案件。

【大事记】

1 月

3 日　嘉兴市文化广电旅游局正式挂牌成立。市委常委、宣传部部长祝亚伟，副市长邢海华等参加挂牌仪式。

5 日　北方特色木版年画展在嘉兴博物馆开展。展出廊坊博物馆提供的144幅作品。展览持续至3月6日，其间还开展相关配套活动。

同日　"非遗暖禾城"爱心公益首场活动在嘉兴市社会福利中心举行。来自本市非遗传承人及手工技艺从业人员现场展示传统糕点制作技艺，并赠送《漫话嘉兴非遗》等非遗读物。全年共举办3场。

15 日　浙江省市场监督管理局正式发布《公共图书馆中心馆——总分馆建设服务规范》（DB33/T 2180—2019），标志着嘉兴市图书馆总分馆建设经验由地方标准上升为省级标准，为全省推进图书馆总分馆体系建设提供了宝贵的嘉兴经验。

18 日　由嘉兴博物馆、桐乡市博物馆联合主办的"重彩佛影——馆藏明清水陆道场画展"在嘉兴博物馆开幕，展出桐乡市博物馆馆藏水陆道场画精品60幅。展览持续到3月22日。

同日　第12个"服务传承人月"传承人座谈会在嘉兴市文化馆召开，20余位传承人代表参加会议。会后，向23位传承人发放政府补贴，并组织20名市本级部分优秀非遗代表性传承人进行免费健康体检。

19 日　传人荟萃——嘉兴市非遗传承人献绝技活动精彩上演，内容包括第12个"服务传承人月"展演活动和"我们的年味"嘉兴非遗美食展平湖专场活动等。

25 日　嘉兴市人民政府下发《关于公布第六批嘉兴市非物质文化遗产代表性项目名录的通知》，"朱彝尊传说"等51个项目列入市级非物质文化遗产代表性项目名录，全市总数228个。

同日　智慧文旅综合管控大数据平台正式启用，为全市文旅产业的公共服务应用提供数据支撑，加快嘉兴文旅数字化转型步伐。

同日　2019年嘉兴市中小学生现场春联书写比赛在嘉兴博物馆举办。比赛已连续举办7年，本次比赛共有来自市本级50所学校的约220名中小学生参加，评出一等奖20名，二等奖30名，三等奖50名。

31 日　召开局党委会议，专题研究部署2019年文旅系统扫黑除恶专项斗争攻坚战和娱乐行业扫黑除恶专项斗争自查自纠工作。

2 月

1 日　"品书香·赏年俗"2019年国家图书馆年俗文化展在嘉兴市图书馆开幕。

11 日至12 日　为庆祝韩国临时政府成立100周年，金九先生曾孙金容万先生携韩国SBS电视台到嘉兴金九先生避难处、韩国临时政府要员住处和褚辅成史料陈列室参观、拍摄，现场采访褚辅成孙女褚离贞女士，了解记录韩国临时政府和金九先生在嘉兴的历史故事。

14 日　组织召开全市文化和旅游市场扫黑除恶专项斗争工作会议。

27 日　嘉兴市委宣传部、嘉兴市文化广电旅游局联合下发《关于深入推进"礼堂书屋"建设的实施意见》，对礼堂书屋面积、藏书量、借阅设备、开放时间等软硬件方面做了明确规定，并由各地配套制定补助政策，强化对礼堂书屋的建设保障。

3 月

1 日　嘉兴市2018年度文化市场统计工作全面完成。至2018年底，全市有文化市场经营单位1169家，其中互联网上网服务营业场所 579 家，歌舞娱乐场所 371 家，游艺娱乐场所 87 家，文艺表演团体 25 家，演出场所 25 家，演出经纪机构 34 家，互联网文化经营单位 48 家。

同日　原复旦大学教授王欣夫（1901—1966）的后人王启栋，为嘉兴市图书馆捐赠 1 套《蛾术轩箧存善本书录》。该书为上海人民出版社 2018 年新出版的线装影印本，共有 6 函 30 册。

同日　2019 年"环球自然日"嘉兴赛区培训会在嘉兴博物馆召开，近 50 人参与活动。

7 日　浙江省文物局局长柳河一行赴嘉兴调研考古遗址公园保护与建设情况，与副市长洪湖鹏交流意见。

同日　嘉兴市组织召开马家浜文化博物馆陈列大纲论证会。

16 日　捷克"亚纳切克大奖"的获得者、新生代著名青年钢琴家理查德·波尔在嘉兴大剧院举行钢琴独奏音乐会。

20 日　文化和旅游部副部长张旭一行到嘉兴市智慧办、嘉兴市图书馆、嘉兴博物馆调研。

同日　嘉兴地区图书馆联盟大流通实施方案技术讨论会在市图书馆召开。

23 日　"金声嘉韵"系列文艺活动之金山·嘉兴戏曲曲艺展演（金山站）演出在金山区文化馆举行，嘉兴有 5 个戏剧曲艺节目参演。

24 日　嘉兴博物馆开展2019 年优秀讲解案例风采展示活动，13 人参与活动。

28 日　由嘉兴博物馆、嘉兴收藏行业协会联合主办的"青峰拾翠——龙泉青瓷收藏展"在博物馆开展。

同日至 29 日　2019 嘉兴市中外旅行商合作大会暨文旅产品采供交易会在嘉兴阳光大酒店举行，来自荷兰、克罗地亚、芬兰、菲律宾等 10 多个国家的嘉宾，国内知名旅游投资商、旅行商等 500多人出席。大会首次设立红色旅游、乡村旅游、城市联盟、中外旅行商四大展区，现场签约 1.48 亿元，比上届增长 14.72%。

30 日　由嘉兴市文化广电旅游局、南湖区人民政府主办的2019 嘉兴市生态文化旅游节暨南湖桃花节在梅花洲景区开幕。

4 月

8 日　嘉兴市大运河文化旅游与古镇建设座谈会在秀洲区王江泾镇举行，凤桥镇、王江泾镇、崇福镇等嘉兴市运河沿线 14 个古镇的相关负责人，围绕古镇文化旅游资源禀赋、发展思路、近期规划与建设项目等方面进行交流。

9 日　"2019 嘉兴全市文博系统优秀讲解案例选拔大赛"在嘉兴博物馆举行，31 名选手参加，5 名选手参加 2019"讲好浙江故事——全省博物馆优秀讲解案例推介活动"终评会，其中 3 名选手入围，2 人获非专业组"十佳"，1 人获得专业组"十佳"。

12 日　由嘉兴市政府主办的"吴云心书画作品再捐赠仪式暨纪念吴云心先生逝世 30 周年书画展开幕式"在嘉兴博物馆举行。嘉兴市委书记张兵、市政协主席高玲慧、市委副书记孙贤龙等出席活动。

18 日　"彩·墨逸兴——刘海粟美术馆书画家作品展"在嘉兴美术馆展出，展出 48 件书画作品。

22 日　中共嘉兴市委、嘉兴市人民政府印发《嘉兴市打造红色旅游标杆城市三年行动计划》。

23 日　"世界读书日"，嘉兴市图书馆联合全市公共图书馆，总分馆联动推出 10 余项特色阅读推广活动，30 余项阅读体验活动，受众达 2 万余人次，线上直播10 余万人观看。

26 日　由吉林省博物院、嘉兴博物馆联合主办的"古风神韵——走进神秘的萨满世界"展览在嘉兴博物馆开幕。

27 日　浙江省未成年人读书节"家风少年说"大赛嘉兴地区决赛在嘉兴市图书馆进行，14 位选手参赛，2 人摘得小学组、中学组金奖，代表嘉兴市参加全省决赛。

同日至 30 日，嘉兴市组织47 家企业参展第 14 届中国（义乌）文化产品交易会、第十一届中国国际旅游商品博览会，展位 91个。在展会的工艺美术奖评选中，嘉兴市企业获金奖 3 个、银奖7 个、铜奖 4 个，5 项商品入选首批浙江省优秀非遗旅游商品。各类企业成交额达 205 万元。

30 日　嘉兴市委常委、宣传部部长祝亚伟，副市长邢海华带队开展市本级文化和旅游市场节前安全生产检查。

同日　"雅墨禾韵——中国画名家邀请展"在嘉兴美术馆开幕，共展出作品 48 幅。

5 月

3 日至 6 日　组织乌镇景区、南湖景区、运河酒店等单位参加首届大运河文化旅游博览会，展现"不忘初心""水乡走心""滨海随心""田园清心"等核心旅游产品。

6日　嘉兴市文化广电旅游局、嘉兴市农业农村局联合下发《关于开展乡村文化名师工作室建设的实施意见》，明确建设的硬件要求、名师标准、主要工作职责等，支持鼓励文化名师入驻景区村庄，提升村庄的文化内涵。南湖区凤桥镇联丰村"木火拾遗烙画工作室"等15个工作室被授予首批"嘉兴市乡村文化名师工作室"称号。

9日　办结1起通过信息网络提供含有危害社会公德的禁止内容案件，责令当事人关闭网站，并给予罚款2万元的行政处罚。

12日　环球自然日2019浙江分站嘉兴地区预选赛在嘉兴博物馆拉开序幕，共有174名选手参赛，29组作品入围省赛。

13日　作为全国61家法人治理结构试点单位，嘉兴市图书馆理事会成立。浙江省文化和旅游厅副厅长叶菁，嘉兴市委常委、宣传部部长祝亚伟，嘉兴市人民政府副市长邢海华等出席成立仪式。仪式结束后召开嘉兴市图书馆理事会、监事会第一次全体会议。首届理事会、监事会分别由13名理事、5名监事组成，并设立由5名专家组成的专家委员会为理事会决策提供专业咨询服务。

14日至15日　启动第二轮全市文化和旅游市场扫黑除恶专项斗争督查。

18日　第43个"国际博物馆日"，嘉兴博物馆围绕"作为文化中枢的博物馆：传统的未来"主题，开展特色展览、教育活动等系列活动。

19日　"中国旅游日"，由嘉兴市文化广电旅游局、市商务局共同主办的"百县千碗·嘉肴百碗"IP发布暨"嘉肴百碗进万家"启动仪式在嘉兴晶晖酒店举行。

同日　第十五届浙江省未成年人读书节启动仪式暨"家风少年说"大赛决赛在嘉兴大剧院举行。本次大赛由浙江省文化和旅游厅主办，浙江图书馆、嘉兴市文化广电旅游局承办，嘉兴市图书馆执行承办。来自全省11个地市的20支代表队分小学组、中学组参加比赛。温州选送的《一把木尺子》、宁波选送的《给未来孩子的一封信》获小学组一等奖；舟山选送的《传承优良家风弘扬奋斗精神》、丽水选送的《一声姐姐一生情》获中学组一等奖。

21日　第三届市民文化艺术节开幕式暨"山海协作"丽水松阳原创越剧《张玉娘》嘉兴专场演出在嘉兴大剧场举行。本届活动以"艺术提升生活品质"为主题，推出21项主题活动，每项活动均延伸到县（市、区）。整个活动期间，现场参与群众超过30万人次，通过网络直播、微信互动等方式参与群众超过160万人次。

23日　召开文化和旅游市场扫黑除恶专项斗争"百日攻坚"活动部署会。

25日　2019长三角阅读马拉松大赛（嘉兴赛区）在嘉兴市图书馆举办。本次嘉兴赛区共有20支中签队伍，100人参赛。

26日　召开全市饭店业限制一次性消费用品推进会，高校代表、饭店业协会以及全市19家星级饭店代表参加了会议。

27日　"智游嘉兴"服务系统发布会暨"5G＋智慧文旅"战略合作签约仪式举行。该系统首期纳入全市14家4A级以上景区、28个3A级景区村庄，以及文博场馆、文创商品等文旅资源，设置"嘉肴百碗"、宜游指数等特色版块。

31日　文化和旅游部办公厅发文同意嘉兴市、广州市先行先试开展红色旅游资源普查试点工作。

同日　第十八届群星奖在上海东方艺术中心揭晓，海宁市文化馆创作的小品《父与子》获群星奖，是浙江省唯一一个获奖作品。

是月至9月　由嘉兴市文化广电旅游局、嘉兴市教育局主办，嘉兴市文化馆、嘉兴市图书馆、有关学校承办的嘉兴市第十二届"石榴奖"校园文化艺术节在全市开展，共评出"石榴奖"229个。

6月

1日　由中国大运河文化艺术演艺科技推广联盟举办的"千年运河多彩生活"中国农民画献礼精品展暨大运河沿线城市巡展在嘉兴美术馆启动，70余幅农民画精品参与展览。

2日　嘉兴博物馆2019版儿童剧《寻找出走的"它"》在嘉兴凌公塘音乐厅演出。以儿童剧的形式，讲好文物故事，让更多青少年走进博物馆。

4日至8日　嘉兴香囊制作技艺受邀参加2019中国北京世园会"浙江日"非遗展活动。

5日　"红船颂"庆祝中国共产党成立100周年美术精品创作工程在北京举行新闻发布会并正式启动。该工程由中国文学艺术界联合会作为指导单位，中国美术家协会、中共浙江省委宣传部、浙江省文学艺术界联合会、中共嘉兴市委、嘉兴市人民政府共同主办，浙江省美术家协会、中共嘉兴市委宣传部、嘉兴市文化广电旅游局、嘉兴市文学艺术界联合会承办。

6日 嘉兴市人大常委会副主任陈越强到市文化广电旅游局调研。

同日 2019年"文化和自然遗产日",嘉兴全市开展文化遗产保护、宣传、展示系列活动。

7日 在嘉兴市区西南湖举行龙舟竞渡暨开幕式,20多支队伍参赛。

8日 文化和旅游部召开2019年"文化和自然遗产日"优秀案例发布会,嘉兴蓝印花布印染技艺入选国家级非遗代表性项目优秀保护实践案例,成为全国50个优秀案例之一。

同日 "2019年嘉兴市文化和自然遗产日"活动在嘉兴市银泰广场开幕。本次遗产日活动突出传统与时尚并重、传承与发展相兼,首次面向全社会征集非遗时装设计,共收到参赛作品190件,决出获奖作品9件,并通过禾点点网络直播T台走秀,点击率近10万次。

同日 嘉兴市寿康堂中医馆、海盐县秦山街道丰山村、海宁市职业高级中学被授予"嘉兴市非遗客厅"称号,全市总数达到11家。全年"非遗客厅"组织"走读禾城"等主题活动192场。

16日 "非己而寻——具象表现绘画博士作品邀请展"在嘉兴美术馆开幕,特邀中国美术学院7位博士的作品参展,共展出作品42件。

21日 "阅动全家·书香嘉兴"阅读推广项目中期专家论证会在嘉兴市图书馆召开。

22日至23日 国际漫画双年展组委会专题组织2019"第九届中国·嘉兴国际漫画双年展"参展作品评审工作,特邀国际评委日本漫画家协会理事山根青鬼参加。

26日 副市长邢海华到嘉兴马家浜考古遗址公园(马家浜文化博物馆)、嘉兴市图书馆二期和嘉兴博物馆二期工程现场进行实地考察调研,并召开座谈会。

7月

6日 由嘉兴博物馆、常州博物馆主办的"虫虫世界——世界昆虫精品展"在嘉兴博物馆开展,共展示各类精品昆虫标本300余种800多件。同时推出各类配套活动。展览持续至9月1日。

10日 嘉兴市属文化广电旅游系统组织100名党员赴中共一大上海兴业路会址、陈云故里,集中开展"重走一大路"暨廉政警示教育活动。

11日 召开全市红色旅游资源普查工作动员会。市级有关部门分管负责人和各县(市、区)政府办公室、文化旅游主管部门分管负责人及联络员参加会议。

13日 在北京召开大型民族歌剧《红船》剧本国家层面的专家论证会。来自解放军艺术学院、空政文工团、南京艺术学院等单位的9位专家对《红船》的创作给予充分肯定,并对完善剧本提出建议。

16日至18日 嘉兴博物馆举办首届暑期"小小讲解员"夏令营,16名学生参加活动。

18日至20日 丽水、嘉兴文化市场执法业务培训在青田县举行。两地各县(市、区)执法大队负责人、执法业务骨干共70余人参训。

22日 召集秀洲区文化和旅游局主要领导、分管领导和局属相关处室及潘家浜村书记等召开专题研究会议,明确潘家浜村总体目标为树立平原水乡地区乡村旅游发展的新典范,明确现阶段整改和品质提升的"十项重点"。

26日 嘉兴举行"红船颂"庆祝中国共产党成立100周年美术精品创作动员会。

28日 第一批全国乡村旅游重点村名单公布,秀洲区新塍镇潘家浜村入选。

8月

2日 以"红船魂、国际范、运河情、江南韵"为主题的2019北京世界园艺博览会"嘉兴城市主题日"活动在浙江园启动。秀洲农民画、平湖派琵琶、海盐腔等嘉兴非遗项目进行活态技艺展示展演,多角度展现嘉兴人文特色和亮丽风采。

3日 嘉兴市文化广电旅游局机关党委召开机关全体党员大会,选举产生局机关党委、纪委班子。会议按照《中国共产党章程》和《中国共产党基层组织选举工作暂行条例》等党内有关规定,进行局机关委员会的选举。

9日 召开防台工作会议,紧急部署落实台风"利奇马"防御工作。

12日 由浙江省文化和旅游厅主办、浙江美术馆和嘉兴市文化广电旅游局联合承办的"初心与使命"——浙江美术馆"不忘初心、牢记使命"主题教育美术作品巡回展在嘉兴美术馆开幕。展出浙江美术馆中华人民共和国成立后老中青3代艺术家创作的革命历史题材美术作品60件。展览持续至9月8日。

15日 由嘉兴市文化广电旅游局与金山区文化和旅游局联合主办的嘉兴接轨上海"文化走亲"系列活动——"运河情 南湖韵"嘉兴市农民画作品展在金山农民画院举行开幕式,金山、嘉兴两地农民画作者及爱好者近100人出席开幕式。展览共展出嘉兴农民画作品60件。

16日 参展"庆祝中华人民共和国成立70周年——长三角九城市书画邀请展"。

20日 上海市金山区联合嘉兴市、盐城市、黄山市共同开展的"大美长三角"4城摄影联展在上海市金山开展,并于9月在嘉兴展出。

同日 "山海相连·千里情牵"青田石雕"一带一路"嘉兴展在嘉兴市图书馆开幕。

22日 "浙江好腔调·嘉禾撷萃——2019嘉兴传统戏剧展演活动"在濮院镇新星村文化礼堂上演,共评出优秀展演奖8个,优秀组织奖3个。

24日至9月7日 举办嘉兴市非遗志愿者培训班,共组织碳石灯彩培训2期、海盐腔培训2期、香道培训3期,全市共有124位志愿者参加。

25日 由嘉兴市文化广电旅游局、嘉兴文物局、嘉兴市教育局主办的"嘉禾印象@70年与7000年我来说"决赛在嘉兴博物馆举行,评出14名一等奖,16名二等奖。

是月 投资1000万元的省级文物保护单位高家洋房修缮及环境整治工程基本竣工。

9月

1日 在全市40家星级饭店率先开展限制使用一次性消费品。全年全市星级酒店一次性消费用品支出费用节约513.7万元。

4日 "红船颂"庆祝中国共产党成立100周年美术精品创作全国动员会在嘉兴召开。中国美协分党组书记、驻会副主席徐里,嘉兴市委常委、宣传部部长祝亚伟等领导以及来自全国各地的美术家代表与各省美协代表200余人出席会议。

5日 "壮丽七十年,讴歌新时代"嘉兴、湖州两地老干部书画联展在嘉兴市文化馆开幕,共展出书画作品170余件。

同日 嘉兴市文化广电旅游局制定印发《关于开展嘉兴市非物质文化遗产体验点建设申报的通知》,规范设施建设和服务管理等具体条件,提出到2021年形成布局完善,具有时代特征、嘉兴特点、地域特色的非遗体验点网络。

6日 嘉兴90件(套)作品参加2019中国特色旅游商品大赛,嘉兴市南秀丝语丝绸有限公司的真丝项链(水墨江南)、嘉兴庸木文化创意有限公司的庸木火炉获金奖。

同日 "红妆倾心处——古代女性文物典藏展"在嘉兴博物馆开展,展出馆藏书画、饰品、刺绣等116件(套)藏品。展览延续到10月31日。

同日 由北京石齐画院、嘉兴市美术家协会、嘉兴市书法家协会联合主办,嘉兴博物馆承办的"戴逸非艺术作品展"在嘉兴博物馆开幕。

12日 召开"不忘初心、牢记使命"主题教育动员会,市属文化广电旅游系统全体党员干部参加会议。

同日至14日 由浙江省商务厅、嘉兴市餐饮饭店行业协会主办的2019浙江金秋购物节·首届中国浙江世界大会暨中国浙江(国际)餐饮美食博览会第九届浙江厨师节在杭州国际博览中心举行。

17日 "我亲爱的祖国——南湖诗歌朗诵会"在嘉兴举办。本次活动由中国言实出版社、中国政策研究网、中共嘉兴市委宣传部、嘉兴市文化广电旅游局等联合主办。嘉兴市文艺工作者和嘉兴学院学生深情朗诵《国旗》《纪念碑》《理想》等经典诗歌。

同日 浙江越剧团红色题材现代革命越剧《枫叶如花》在嘉兴大剧院上演,省委"不忘初心、牢记使命"主题教育第四巡回指导组组长金兴盛,市领导张兵、毛宏芳、刘冬生、高玲慧、孙贤龙等观看演出。

19日至20日 由上海杨浦与浙江嘉兴、温州,江苏扬州及安徽宣城5地共同举办的"爱我中华 携手共庆"长三角5地书画交流活动在上海市杨浦区图书馆举行,并发起成立长三角文艺创作战略联盟,搭建起江浙沪皖文学艺术创作交流展示的开放式平台。本次交流活动包含长三角5地书画作品展、交流采风、长三角5地书画笔会等内容。

22日 大型民族舞剧《孔子》首场在嘉兴大剧院上演,市领导张兵、刘冬生、高玲慧等出席观看。

23日 2019年度第二次嘉兴地区图书馆业务培训在嘉兴市图书馆举办,嘉兴地区各公共图书馆、中小学图书馆、高校图书馆的300多名图书馆工作人员参训。

27日　"不忘初心、牢记使命"嘉兴市经典美术作品展在嘉兴美术馆开幕。本次展览由市委"不忘初心、牢记使命"主题教育领导小组办公室、市委组织部、市委宣传部、市文化广电旅游局主办，展出了从嘉兴美术馆收藏的历届"红船颂"全国美术名家展览作品中精选出来的50件作品。展览持续至10月12日。

同日　嘉兴市庆祝中华人民共和国成立70周年文艺晚会在嘉兴大剧院举行。市领导张兵、毛宏芳、刘冬生、高玲慧、孙贤龙等出席观看演出。

29日　由刘海粟美术馆、长三角美术馆协作机制共同主办的"红旗漫卷：长三角地区美术馆馆藏及推介主题美术作品展"在刘海粟美术馆开幕，展出作品67幅。

10月

12日　2019丽水·嘉兴山海协作文化旅游推介会在嘉兴举行。会上签订了《2019年"嘉兴·丽水"旅游山海合作协议》。

同日　德国克里尼克中学师生团14人到访嘉兴博物馆，并体验扎染技艺。

13日至15日　中国铁路文工团副团长孟卫东、中国人民解放军总政歌剧团团长黄定山、中国艺术创作研究中心副主任王勇一行深入嘉兴，开展民族歌剧《红船》创作采风，并根据全国专家的意见对剧本进行再修改。

15日　嘉兴市举办全市文化市场行政处罚案卷评查活动，全市30余名执法骨干参加评查。

16日　国务院核定并公布第八批全国重点文物保护单位，嘉兴市新增4处。

18日　召开扫黑除恶专项斗争工作推进会。

同日　"不忘初心、牢记使命"主题教育文艺巡演海盐专场文艺晚会在绮园文化广场举行。本次活动由中共嘉兴市委"不忘初心、牢记使命"主题教育领导小组办公室主办，嘉兴市文化广电旅游局承办，各县（市、区）文化和广电旅游体育局执行承办。

22日　嘉兴市第十七届"社区之声"文艺调演暨戏剧小品大赛在嘉善影剧院举行。本届比赛采取线下观演与线上直播形式，不断拓宽群众的参与面。经评选，桐乡市梧桐街道庆丰社区《雨过天晴》等3个节目获金奖，另有5个节目获银奖，4个节目获铜奖。

同日　浙江省文化和旅游厅发布《浙江省基层公共文化服务评估指标数据（2018年度）》白皮书，嘉兴市以63.48的总分居全省首位，实现"六连冠"。在县（市、区）排名中，嘉兴市有3个县（市）进入全省前10名。

同日至24日　由杭州市文化广电旅游局带队，嘉兴、绍兴、湖州、衢州、黄山文化旅游主管部门联合赴广西南宁、柳州举行2019杭州都市圈文化旅游推介会。

23日　嘉兴东塔寺遗址调查成果媒体发布会在嘉兴市文保所举行，嘉兴市文化广电旅游局通报调查过程和结果，展示一批出土文物。

28日　嘉兴市图书馆"阅读推广人"培训班在嘉兴市图书馆七星街道分馆开班。来自各县（市、区）、镇（街道）、村（社区）分馆工作人员、文化下派员和阅读推广志愿者等70多人参训。

同日至11月1日　聘请浙江旅游职业学院12人为嘉兴市村庄景区化建设文旅咨询服务专家，并邀请专家赴创建3A级景区村庄的乡村进行现场指导和服务，深入推进村庄景区化建设。

29日　由人力资源和社会保障部、中国残联主办，浙江省人民政府承办的第六届全国残疾人职业技能大赛暨第三届全国残疾人展能节闭幕式文艺演出在嘉兴大剧院举行。

31日　由市文化广电旅游局、市文明办、市总工会、团市委联合主办的2019年嘉兴市旅游饭店服务技能大赛在嘉兴佳源四季酒店举行。全市20支参赛队、59名选手参加，桐乡振石大酒店获团队一等奖。

同日　"乡情画意——2019嘉兴美丽乡村油画名家作品展"在嘉兴美术馆展出。展览由北京当代中国写意油画研究院、嘉兴市农业农村局、嘉兴市文化广电旅游局主办，展出油画作品50幅，均由北京当代中国写意油画研究院7位全国知名艺术家赴嘉兴5县2区美丽乡村现场写生创作。

11月

5日　召开局党委理论学习中心组（扩大）会议，传达学习党的十九届四中全会精神，部署文化广电旅游系统学习贯彻工作，中层以上干部参加。

同日至10日　第二届中国国际进口博览会在上海举行。本届进博会首次增设"非物质文化遗产暨中华老字号"文化展示区，秀洲农民画、海宁皮影戏参加展示、展演。

7日 长三角地区公共文化联展一站通活动的首站活动"我和我的祖国"长三角地区美术、书法作品联展在嘉兴市文化馆举行。本次展览整合江苏省南通市、安徽省马鞍山市、上海市浦东新区、浙江省嘉兴市4地公共文化艺术资源，共展出视觉艺术作品120件。之后在其他3个城市进行为期1个月的巡展。

8日至15日 由嘉兴市文化广电旅游局主办，嘉兴市文化馆承办，各县（市、区）文化馆协办的第十三届嘉兴市乡村文化艺术周在全市同步开展。本次艺术周以庆祝中华人民共和国成立70周年为主题，由开幕式暨2019嘉兴市村级民间精品文艺节目展演、"乡村振兴·蓬勃生活"主题摄影随手拍大赛、闭幕式暨2019嘉兴市调龙灯大赛等活动组成，通过展演、展览、比赛等多种形式，带动业余艺术团队发展，让基层群众成为群众文化的主角。

11日至16日 由嘉兴市文化广电旅游局组织，旅行社、旅游景区和旅游设计规划相关单位组建的旅游行业专家服务团，赴嘉兴市对口支援的青海海西州都兰县，对当地旅游资源和旅游配套设施进行调研并对推动都兰县旅游业发展提出思考及建议。

13日 2019年浙江省文化和旅游法律法规知识竞赛决赛在东阳市举行，嘉兴市获得团体三等奖。

15日 马家浜考古遗址公园总体规划评审会在北京召开，嘉兴市文化广电旅游局（文物局）、浙江省古建院分别就马家浜遗址考古发掘工作和考古遗址公园规划做专题汇报。

同日 召开市本级歌舞娱乐场所规范经营管理工作会议，南湖区、秀洲区和经开区的50余家量贩式KTV的经营业主、负责人参会。

同日至17日 组织10余家单位参加2019中国国际旅游交易会，将首发高铁宣传推广植入其中。

20日 由嘉兴市委宣传部、嘉兴市文化广电旅游局、嘉兴市教育局、共青团嘉兴市委员会主办的第十一届嘉兴大学生电影节在电影博物馆影城开幕。

25日 "2019第九届中国·嘉兴国际漫画双年展"在嘉兴大剧院开幕。本届双年展由中国美术家协会、嘉兴市人民政府联合主办，主题是"智慧城市"，38个国家和地区的漫画艺术家投稿1888件，最终评选出展览作品180件。

同日 "嘉兴非遗保护文化创新团队"被命名"浙江省文化和旅游创新团队"，团队带头人王晓初入选"浙江省文化和旅游厅优秀专家"。

同日 召开全市文化和旅游市场管理工会议。各县（市、区）文化和旅游局分管局长及市场科（行管科）、执法队、质监所负责人和市局有关人员40余人参会。会上，各地汇报了2019年文化和旅游市场的亮点工作，交流了2020年工作思路。

26日至28日 嘉兴市4家酒店、24名选手参加2019年浙江省旅游饭店服务技能大赛。桐乡振石大酒店获团体二等奖、消防安全演练技能一等奖。

12月

2日 召开全市公共文化服务分管局长工作会议，回顾总结2019年公共文化服务重点和亮点特色工作，交流2020年工作思路。

3日 召开全市旅游行业法律法规培训班。市场管理处、文化市场综合行政执法队全体人员，各县（市、区）市场科、执法队、质监所人员，嘉兴经开区和嘉兴港区相关人员，南湖区、秀洲区、经开区属地所有旅行社、分社总经理，各县（市）的嘉兴市旅行社协会2019年度常务理事以上会员单位总经理，总计150余人参训。

6日 由嘉兴市图书馆、嘉兴市图书馆学会主办的2019年嘉兴地区地方文献业务工作培训在嘉善县图书馆召开。嘉兴地区地方文献业务工作的分管馆长及专业工作员共22人参会。

同日 局党委召开"不忘初心、牢记使命"主题教育专题民主生活会。市委常委、宣传部部长祝亚伟参加会议。

10日 泉州文化旅游推介团走进嘉兴举办"全福游、有全福·海丝泉州"（嘉兴站）文化旅游推介会，泉州、嘉兴2地旅游主管部门、旅行商、行业协会代表、商会代表、媒体记者等100多人参加。

25日 海宁市灯彩作品《四圣阁》获第七届浙江民间文艺"映山红"奖、"优秀民间工艺美术奖"。

同日 "嘉兴市收藏行业协会首届藏品展"在嘉兴博物馆举办，共展出189件藏品，有30位收藏家参与展览。

26日 召开"2019年度嘉兴

市公共文化服务创新奖"评审会，全市 33 个项目参与评审，"夕阳红 e 族知识服务"等 15 个项目获评 2019 年度嘉兴市公共文化服务创新奖。

27 日　浙江省文物局与嘉兴市委、市政府联合举办纪念马家浜遗址发现 60 周年系列活动，包括马家浜文化博物馆落成典礼、马家浜文化（国际）学术研讨会、《马家浜》考古发掘报告首发式等。嘉兴市委书记张兵为马家浜文化博物馆揭牌。省文物局有关领导，嘉兴市四套班子及相关部门、环太湖流域马家浜文化研究工作者及国内外考古专家 130 余人参加。

30 日　由嘉兴市文化广电旅游局主办、嘉兴市民卡公司承办的"嘉兴市民卡景区应用及长三角 PASS（沪嘉旅游版）上线发布会"在嘉兴市晶晖酒店举行。2020 年 1 月 1 日向社会发售。首期产品汇集嘉兴南湖、梅花洲、南北湖等 6 个核心景区，上海金茂大厦、枫泾古镇、苏宁艺术馆等 28 个高价值景点，并推出 15 家热门商户专属权益。两地市民可以通过"嘉兴市民卡"微信公众号、"我的嘉兴"App、"都悠游"App 等渠道，购买相应产品。

是月　授予南湖区冯氏竹刻黑陶艺术馆等 15 家单位首批"嘉兴市非物质文化遗产展示体验点"称号。

（潘筱凤）

嘉兴市县（市、区）文化和旅游工作概况

【南湖区文化和旅游局】　内设职能科室 3 个，下属单位 4 个。

2019 年末人员 23 人（其中：公务员 6 人，参公 2 人，事业 15 人；具有高级技术职务资格的 4 人，中级 4 人）。

2019 年 1 月 18 日，南湖区文化和旅游局挂牌成立。是年，南湖区文化和旅游局以"红船精神"为指引，以高质量发展为目标，以融合发展为重点，以改革开放为动力，紧扣提供优质文化旅游产品和服务这个中心环节，守住政治安全底线和生产安全底线，扎实推进南湖区文化旅游事业高质量持续健康发展。一是党建引领"有力度"，打造市级品牌。抓实主题教育促发展，将主题教育成果融会贯通、学以致用，指导文旅事业高质量发展。加强自身建设创品牌，新组建的文旅队伍以红色"文艺精品、旅游线路、文创产品、志愿队伍"建设为重点，全力打造"红色文旅"服务品牌，成功创建市级机关服务品牌。发挥党员作用有行动，认领结对社区红色众筹项目，共同捐资开展助残活动，积极参与志愿服务，以实际行动助力中心城市品质提升各项工作。二是优化供给"有实效"，践行文化惠民。扎实推进公共文化服务标准化建设。全年提升公共文化中心、文化礼堂等 33 家，其中智慧书房 4 个、礼堂书屋 10 个；建成乡村文化名师工作室 2 个；成功入围浙江省美丽乡村美育村试点 1 个。文化"三服务"共完成送戏下乡及送讲座、展览等 200 余场次，送书下乡 9000 余册，举办公共文化队伍素质提升培训及公益课堂培训 87 期。努力打造群众文化活动品牌。举办第十七届南湖合唱节，"我们的节日"等第七届城乡文体十大联赛

系列活动，引领公共文化品牌化建设。"萌芽杯"少儿绘画比赛、"渔里之谣"等"一镇一品"文化节百花齐放。积极组织文艺精品创作。歌曲《石榴花开》获浙江省精神文明"五个一工程"奖，《在湘家荡等你》获全省旅游歌曲创作演唱大赛优秀奖，5 人获嘉兴市第十一届文学艺术南湖奖。三是争创示范"有作为"，提升服务品质。推进全域旅游示范区创建。制定《南湖区创建省级全域旅游示范区工作实施方案》《南湖区推进全域旅游发展补助暂行办法》。推进村庄景区化建设，起草《南湖区民宿管理办法（试行）》，完善乡村民宿办证、管理机制。强化旅游服务品质提升。开展旅游品质提升系列活动，举办"百县千碗·嘉肴百碗"暨"南湖十八碗"IP 评选推广活动。组织开展旅游饭店技能竞赛，树立服务质量标杆。深化旅游市场整合营销。与长三角、大运河及高铁沿线城市加强文旅资源对接，推介红色旅游产品。承办 2019 嘉兴市中外旅行商合作大会暨文旅产品采供交易会等节庆活动。服务企业做好文创产品研发，获中国特色旅游商品金奖 1 个，全国红色旅游文创产品优秀奖 5 个。四是围绕大局"有担当"，保障安全有序。改革创新助推重点任务完成。以融入长三角一体化发展为契机，发起成立长三角城市合唱联盟。制订《南湖区文化和旅游公共服务领域深化"最多跑一次"改革行动方案》，优化服务流程提升服务效能。制定东西部扶贫及山海协作实施方案，深入开展文旅交流合作。文艺活动助力中心工作开展。组织遴选品质提升、"三服

务"、生态文明等题材的优秀文艺作品,开展全区主题教育精品文艺巡演等活动。举办全国红色诗歌、词曲征集大赛,创新推出系列艺术党课全区推广。强化监管确保市场安全有序。围绕平安南湖建设,勇于担当作为,妥善处理多起涉旅紧急事件,规范文旅市场秩序,保障游客合法权益。深入开展扫黑除恶专项斗争,排摸上报区扫黑办线索 6 条,成案线索 1 条。认真做好文旅市场安全生产及执法监管,全年立案查处 9 起,罚款约 20000 元。

(郑 瑶)

【秀洲区文化和旅游局】 内设职能科室 3 个,下属事业单位 5 个。2019 年末人员 34 人(其中:机关 8 人,事业 26 人;具有高级技术职务资格的 8 人,中级 9 人)。

2019 年 1 月 13 日,秀洲区文化和旅游局挂牌成立。是年,秀洲区文化和旅游局抢抓长三角一体化发展上升为国家战略的重要机遇,按照"以文促旅、以旅彰文""宜融则融、能融尽融"的文旅融合发展思路,干在实处、走在前列,实现公共服务更加惠民、设施建设更加完善、人文品质更加凸显、旅游业更加繁荣、文旅市场更加平安。一是完善城乡文化设施布局。嘉兴市文化艺术中心项目 8 月 20 日全面启动。推进图书分馆建设,王店镇图书分馆完成新址搬迁、油车港镇图书分馆建成使用。新建智慧书房共 3 个、礼堂书屋 10 个、乡村文化名师工作室 2 个,推进 1 个重点镇(街道)和 5 个重点村(社区)建设。配合区委宣传部新(改)建文化礼堂 27 个,农村文化礼堂实现全覆

盖。二是提升公共文化服务水平。组织开展"多彩秀洲·文化惠民"秀洲区庆祝中华人民共和国成立 70 周年系列文化活动 20 场,参与观众 5 万余人次。在"山海协作 东西扶贫"工程中积极开展"文化走亲"交流活动,赴龙泉开展"文化旅游周",与丽水龙泉、台州椒江、那曲色尼携手开展"文化走亲"6 场。开展"不忘初心、牢记使命"主题教育文艺巡演 8 场。办好群众讲故事大赛、群众舞蹈大赛、戏剧小品大赛等"大运秀水"系列活动,助力各镇、街道"一镇一品"建设。开展大篷车送戏下乡 42 场。精准落实"158"计划,送戏、送演出进村(社区)831 场,组织开展村(社区)活动 1152 场,传统戏曲进村(社区)100% 全覆盖。依托"文化有约"平台开展"我的艺术梦"公益培训,农民画、声乐等 7 个门类的公益课时共计 420 余课,开办展览讲座 462 场。三是加强文艺精品创作。美术上,组织参加国际交流展览活动 1 次,展出作品 40 幅。组织参加国家级、省级展览比赛 7 次,入选 65 幅,获奖 6 幅。书法上,组织参加国家级比赛 1 次,入选 1 幅;参加省、市级展览 3 次,获奖及入选 13 件。摄影上,选送作品参加各级比赛获奖 70 件,其中国家级 5 件、省级 30 件、市级 35 件。舞蹈上,《村里厢的画室》获第十二届中国艺术节暨第十八届群星奖决赛入围作品,这是秀洲文艺创作的最高成就。期刊《文化秀洲》获 2019 年度全省群众文化报刊银奖。四是加强"书香秀洲"建设。重点打造"竹诧阅读"特色品牌,开展以"打卡曝书·悦读秀洲"为主题、以"3+4+N"系列活

动为主线的 2019 年秀洲区全民阅读活动,"竹垞有约""打卡曝书""朱彝尊理论研究"等活动取得良好社会效益。区图书馆编制已经编办核定,计划 2021 年开馆。五是加强文物保护工作。王店粮仓被列入全国第八批重点文物保护单位。秀博苑开园,展陈线路总长约 300 米,装饰面积约 2100 平方米,总投资 1543 万元。完成油车港镇池湾村万兴桥、王江泾镇华联村小曲小学校舍、王店镇红联村大桥维修项目,下达秀洲区文物维修保护工程补助资金共计 46.8 万元。开展全区文物消防安全自查,共排查文物保护单位及文保点 105 处,发现并消除安全隐患 11 处。完成历史建筑复查及再普查工作,共复查历史建筑 56 处、再普查 18 处。开展省级以上文物保护区域评估,完成秀洲国家高新区的文物区域评估工作。六是加强非遗保护与传承。以元宵、谷雨、端午、七夕等民俗时间为节点,以"运河情·秀洲味"为主题,举办各类非遗传承、展示活动 40 多场次。携手龙泉市举办非遗研讨会,在"自然和文化遗产日"举办悠游秀洲·红娃研学行暨第四届"雅莹杯"我是秀洲非遗传习人活动。成功申报秀洲区第六批区级非遗项目 10 项、第三批非遗传承人 12 人。新塍镇入选浙江省第五批非遗旅游景区。秀洲农民画衍生产品入选 2019 浙江省优秀旅游商品,朱月祥获文化和旅游部颁发的"2019 年度乡村文化和旅游能人"称号。七是加强画乡建设。以农民画艺术中心为阵地,强化阵地培训;下基层进社区,落实文化馆"驻镇工作室"基层辅导

与培训,41 幅作品获得国家级、省级奖项。农民画对外交流成效显著,赴澳大利亚、斐济、芬兰展览,首次亮相中国国际进口博览会。9 月 29 日,举办秀洲区庆祝中华人民共和国成立 70 周年"我和新中国同龄"——油车港十姐妹现代民间绘画作品展。秀洲区获得文化和旅游部颁发的"中国民间文化艺术之乡"(2018—2020 年度)。八是推进全域旅游目的地建设。启动《嘉兴市秀洲区全域旅游发展总体规划(2020—2030)》修编工作,全面推进北部湿地运河旅游片区、中部健康养生旅游片区、南部休闲田园旅游片区三大片区建设,谋划旅游发展蓝图。围绕大运河国家文化公园(浙江)建设和浙江大运河诗路文化带建设,推进嘉兴运河文化省级旅游度假区建设,乡伴文旅粮仓改造开工,运河酒店投入运行,银杏·天鹅湖项目有序推进。开展旅游营销,参加上海旅博会、2019 嘉兴市中外旅行商合作大会暨文旅产品采供交易会等旅游营销推广活动。与龙泉市携手举办"秀洲·龙泉文化旅游周"活动,全年实现旅游扶贫消费 187 万元。打造"悠游秀洲"品牌,打造"湿地度假、水乡古镇、田园休闲"3 条精品旅游线路,新开辟 4 条悠游巴士线路,4 条红色旅游线路,悠游巴士共计发班 170 班次、接待游客 6790 余人次。推出"秀味十碗",举办"秀味十碗长桌宴"等推广活动。新塍元宵节、王店赏梅节、王江泾网船会等吸引大批游客和媒体,获得良好的社会效应。全区旅游接待国内旅游人数 425.95 万人次,同比增长 15.55%;国内旅游收入达到

51.86 亿元,同比增长 34.04%;接待境外游客 2.3 万人次,同比增长 11.5%,实现外汇收入 802.38 万美元。九是加强旅游品牌建设。潘家浜村入选全国首批乡村旅游重点村;新增嘉兴希尔顿逸林酒店和佳源四季酒店 2 家省级银树叶级绿色旅游饭店;新增 1 个省级 3A 级景区镇油车港镇、1 个省级工业旅游示范基地大雅家、1 个省级生态旅游示范基地莲泗荡风景区、2 个省级 3A 级景区村庄南梅村和洪典村;新增 2 家金果级和 4 家银果级省级采摘体验基地。十是加强文化旅游市场监管。与区内 6 家 A 级景区、6 家旅游饭店、2 家国家工业旅游示范基地、11 家旅行社签订《秀洲区旅游安全目标管理责任书》,与区属 23 家旅游企业签订《秀洲区旅游行业 2019 年度消防安全目标管理责任书》。受理旅游投诉 10 件,均办结,投诉件办结率、游客满意率均为 100%。全年共出动文化市场检查 378 次,出动检查人员 867 人次,检查文化经营场所 1207 家次,行政处罚立案调查 10 件,办结案件 11 件,警告 7 家次,罚款 213500 元。无停业整顿、吊销许可证案件和移交司法机关案件。

【年度要闻】

嘉兴市文化艺术中心项目

8 月 20 日正式开工建设,总投资约 11 亿元,是嘉兴市"迎接建党 100 周年"十大标志性工程之一。项目区块总用地面积约 98 亩(折合约 6.53 万平方米,其中出让面积约 75 亩,折合约 5 万平方米),建筑占地面积约 1.65 万平方米,计容建筑面积约 11.08 万平方

米,其中地上建筑面积 7.79 万平方米,地下建筑面积 3.29 万平方米。地上五层,建筑高度 28.75 米。地下车库停车位 672 个。嘉兴市文化艺术中心包含市美术馆(建筑面积 1.68 万平方米)、区图书馆(建筑面积 2.13 万平方米,含农民画艺术中心及文化馆)、区农民画艺术中心(建筑面积 1866.45 平方米)、区文化馆(建筑面积 3990.9 平方米)、区群团服务中心(建筑面积 1.03 万平方米)、音乐厅(剧场)(建筑面积 1.14 万平方米)及相关商业配套。

(陈 琳)

【嘉善县文化和广电旅游体育局】内设职能科室 7 个,下属事业单位 11 个,国有企业 1 个。2019 年末人员 145 人(其中:公务员 16 人,参公 18 人,事业 102 人,国企 9 人;具有高级技术职务资格的 5 人,中级 42 人)。

2019 年,嘉善文化和广电旅游体育局积极推进体制改革,完善公共文化服务保障,推进全域旅游高质量发展,各项工作取得实效。一是机构改革平稳过渡。1 月,原嘉善文化广电新闻出版局(体育局)与原嘉善(旅游发展委员会)旅游局合并,组建新的嘉善文化和广电旅游体育局。其他局属事业单位改革稳步推进。对系统 29 名中层干部进行调整,并新提拔任用中层 10 名(正职 4 名、副职 6 名)。整个机构改革工作顺利平稳,各岗位职能配置合理、设置规范,实现了无缝对接、高效运作。同步优化完善党组织体系,完成局属各党支部换届改选工作。二是公共文化服务体系建设不断加强。制定文化发展规

划,完善公共文化服务保障。制定印发了《关于开展嘉善县农村优秀传统文化提升"五个一"行动实施方案》《关于推进善城智慧书房建设的实施意见》《关于深入推进"礼堂书屋"建设的实施意见》等政策文件。嘉善县公共文化服务"一十百"工程通过验收,在2018浙江省基层公共文化服务评估指标数据排名中,嘉善县村(社区)文化室平均面积位居全省第二,农村文化礼堂(社区文化家园)建成率位居全省第四,图书馆总流通人次列全省第七。顺利通过首批《浙江省基本公共文化服务标准(2015—2020年)》认定。与浙江美术馆合作"小角见大师"乡村美育服务项目,入选文化和旅游部公共服务司2019年"春雨工程"项目。加强文化设施建设,一批公共文化服务场馆"提档升级"。总投资3.96亿元、总建筑面积约4.8万平方米的嘉善县文化惠民工程(县图书馆、县博物馆新馆)6月28日正式启用,成为嘉善新的地标性建筑。截至12月底共接待729095人次,被国家公共文化服务体系示范区创新研究中心(嘉兴)授予"图书馆、文化馆、博物馆三馆融合发展创新实践基地"。吴镇纪念馆被命名为第九批浙江省社会科学普及基地。启动县文化艺术中心改造项目。镇级设施实施"城乡联动",建成"善城智慧书房"12家。姚庄桃源影城开业运营,西塘电影院被评为嘉兴市级"巾帼文明岗"。天凝镇文化艺术中心完成主体框架建设。村级设施惠及全民,全年建成"礼堂书屋"11家、农村文化礼堂25家、文化名师工作室2家。姚庄镇北鹤村、陶庄

镇汾南村获评首批浙江省美丽乡村美育村试点单位。文化活动全域覆盖,文艺创作进一步繁荣。配合县委宣传部承办、协办中大型文艺活动11场。全年送戏下乡494场次,送讲座与展览194场次;开展"文化走亲"28场次,百姓剧场演出16场次,市民书场活动360场次,影剧院剧场演出116场次。落实农村电影公共服务1460场次,实现全县所有行政村、社区全覆盖。嘉善宣卷《寻找永禁碑》获第七届浙江民间文艺"映山红"奖"优秀民间文艺表演奖",并以全省第一的好成绩,入选中国第十一届曲艺牡丹奖大赛节目。新编舞蹈"窑红"获2019浙江省群众舞蹈大赛银奖。美术作品连续5次入选国家级最高规格美术展览。创作的大型越剧《绿袍情》,成功登上上海大剧院舞台。加快培育文化团体,整合乡村艺术团。全年完成27家文化类社会组织的备案登记。开设摄影班、舞蹈班、声乐班、舞台表演班4个艺术门类长期班,全面渐进式提升"两员队伍"职业技能和个人能力。每年落实专项资金40万元,对优秀乡村艺术团体、业余文艺团队开展星级评定。在"以县带镇打造乡村艺术团嘉善模式"的引领下,加强民间文艺人才整合,完成镇级"三团三社"组建,共计54个团社有1273人,下设899支业余文艺队伍有26770人。举办"文化四季",丰富公共文化活动供给。继续深入推进文化馆总分馆体制,打造嘉善公共文化服务金名片,形成以"惠风迎春、国风消夏、善风炫秋、和风暖冬"作为一年四季的活动主题,每季以"1+1+X"模式,即1个主

旨活动加1个主题讲座再加若干个联动活动,联合各街镇文化活动中心(文化礼堂)支馆,用"互动、互通、互联"的"三互"工作方式,让城乡群众享受到均等、标准的公共文化服务。共举办"周末大舞台"32场。全面实施嘉善县公益性艺术培训志愿汇项目,助力实现全民艺术普及。三是文化遗产保护力度提升。开展文保单位维修工作。将西塘建筑群之护国随粮王庙,纳入省级文物保护单位维修工程(修缮工程)立项。上报嘉善县省级文物保护单位天凝古桥群——圆通桥修缮方案的施工图纸。完成全国重点文物保护单位吴镇墓和省级文物保护单位大往遗址、窑墩、魏塘叶宅、钱氏船坞、西塘建筑群、天凝古桥群保护范围和建设控制地带划定汇总工作。完成省级文物保护单位天凝古桥群文物档案的整理备案工作。清点整理文物古籍,清理砖瓦、工具160多件,整理古籍资料90件,整理库房老档案卡片1600多张。县博物馆(县文物保护所)编制的天凝古桥群记录档案,获评2019年度省级以上文物保护单位优秀记录档案。加强非遗传统文化传承发展。干窑镇入选第五批浙江省非物质文化遗产旅游景区名单。盘扣衍生产品被列入首批浙江省优秀非遗旅游商品名单。嘉善陈氏中医内科等6个非遗项目入选第六批嘉兴市非物质文化遗产代表性项目名录。积极推进传统文化"五个一工程",拟定乡村民俗展示场馆、民俗文化品牌活动、"一镇一品"非遗文创考核细则。与嘉兴电视台合作拍摄嘉善非遗专题片。嘉善田歌、传统纽扣制作、惠民刺绣等

非遗项目多次跨区域交流。引入清华大学教授团队，推进老城客厅建设。做好第五批省级非遗景区、第五批国家级非遗项目等的相关非遗申报工作。启动非遗数据库建设。四是文化市场监管卓有成效。全年共出动检查 584 次 1416 人次，检查各类经营场所 2545 家次。开展"双随机"检查 24 次，跨部门联合"双随机"检查 1 次，检查场所 116 家，发现问题 8 个。实施掌上执法应用，管辖主体 777 个，累计输入巡查 342 户次，设置"双随机"任务 24 个，处置问题 12 个，掌上执法检查应用率达 100%。此外，还对 8 场社会艺术水平考级活动进行了现场监管执法。举报受理反映处理及时。全年共受理省 OA 举报 3 件，上级交办单 4 件，均在规定时间内办结；共立案 20 件，结案 21 件，行政处罚罚款 35500 元，取缔"黑网吧"5 家，无证娱乐场所 3 家，无证书摊 1 家，没收电脑器材 81 件，非法销售的出版物 206 册。加强对文物保护单位的监管，共出动 52 人次，检查各类文物保护单位 59 家次，发现重大文物安全隐患 3 处，向乡镇（街道）抄报问题 2 次，并对 1 处擅自增加护栏的违法案件进行了查处，确保文物安全隐患消除。平安建设积极落实，安全生产常抓不懈。与文化经营单位分别签订《安全生产责任书》。开展安全生产大检查大排查，共出动 185 人次，检查场所 290 家次，发现各类安全隐患 125 处，均整改到位。组织开展文化市场经营场所消防安全应急疏散演练，提高文化市场经营场所从业人员的消防安全技能。五是推进全域旅游高质量发展。全

年共接待国内外游客 2135.58 万人次，同比增长 24.35%，实现旅游总收入 268.93 亿元，同比增长 25.24%。强化管理全域旅游发展奖励资金，联合第三方审计单位和相关部门，完成第二批 2291.1 万元全域旅游奖励资金兑付工作。持续推进宋城演艺谷、恒天祥符荡、梦幻嘉善等重大在建项目，完成年度投资额近 21.2 亿元。成功创建浙江省全域旅游示范县，入选 2019 中国县域旅游竞争力百强县市名单，嘉善巧克力甜蜜小镇被命名为浙江省特色小镇，大云镇获评第二批浙江省旅游风情小镇，西塘镇、大云镇获评浙江省 4A 级景区镇。西塘古镇景区旅游持续火爆，获得浙江省优质旅游经典景区、浙江省首批诗路旅游目的地等称号，西塘国旅荣获"浙江省百强旅行社"（排名全省第 14 位、嘉兴市第 1 位）和"产业融合奖"，景区全年接待游客 1136 万人次，连续两年跻身全国千万亿级景区行列。争创国家全域旅游示范区。继续做好《嘉善县旅游发展总体规划（2014—2030）》和《嘉善县乡村旅游发展规划》的实施，不断完善规划体系，《嘉善县全域旅游示范区发展规划》完成评审，并经县长办公会议讨论通过，于 5 月 9 日由县人民政府批准同意实施。搭建环淀山湖战略协同区文旅一体化发展框架。在上海联合举办旅游惠民发布活动，开印环淀山湖旅游新期刊，上线"青吴善"长三角一体化发展旅游公共服务公众号，发布长三角示范区旅游服务微信公众号，制订"青吴善"长三角一体化发展旅游公共服务网的初步方案。联合上海天籁影视拍

摄专题宣传片。助推资源标准化品牌化。嘉善越里争创国家 4A 级旅游景区。一里谷生态农业体验园和碧云花海农场被命名为首批金果级浙江省采摘旅游体验基地。西塘镇、大云镇成功创建省 4A 级景区镇、13 个村庄成功创建省 A 级景区（其中 2 个 3A 级景区村庄）。大力推进旅游厕所革命，完成新（改）建旅游厕所 32 座。不断创新文旅产品。将嘉善境内的 34 个红色资源点串联成 5 条主题精品游线，并结合"中国农民丰收节"，推出 2019 嘉善县"红色印记·醉美乡村乐悠游"路线。打造"百县千碗·佳膳十碗"品牌。开发设计嘉善旅游 VI 形象和首批文创旅游商品。打造文化旅游发展新空间。以吴镇纪念馆为核心，把梅花坊城市客厅作为嘉善全域旅游新引擎，积极打造成为国家 4A 级文化景区。嘉善数字文旅应用服务平台（智慧旅游二期）项目通过预审（计划投资 350 万元）。继续做好县域景区"一厕一景"品质提升。探索文旅融合模式路径。借助嘉善图书馆、博物馆 2 馆新建落成，联合开展文创产品和旅游商品融合创新工作。"佳膳十碗进万家"模式得到省文化和旅游厅推广，被列入全省实施"百县千碗三年行动计划"。举办"诗画嘉善踏歌来"2019 江南民歌节，推动长三角区域民歌艺术传播传承、创新提高。举办护国随粮王信俗会、中国古村镇建筑遗产保护（西塘）论坛。邀请华东师大社会发展学院挖掘整理伍子塘及其相关重要江南文化资源。举行嘉善大云 IP 运营战略发布会和长三角一体化古镇文旅创新大会，推动长三角地区

更深层次的文旅融合。六是加强旅游安全工作。落实旅游安全生产责任主体。与所属旅游企业及A级景区村庄所属镇（街道）签订了安全生产（消防安全）管理目标责任书，强化旅游企业安全主体责任和强化旅游安全生产重点，确保全县旅游安全工作持续稳定。重视开展节假日安全生产专项检查。与县消防大队、县市场监管局、县公安局等单位密切协作，开展系列旅游行业安全生产联合检查和旅游安全专项检查工作，对发现的问题，督促及时整改并落实到位。

（曹　琦、袁吴丹）

【平湖市文化和广电旅游体育局】内设职能科室7个，下属单位9个。2019年末人员101人（其中：机关27人，事业74人；具有高级技术职务资格的17人，中级40人）。

2019年，平湖市文化和旅游体育局加强公共文化服务体系建设，推动旅游事业发展，各项工作有序推进。一是平湖市公共文化服务体系建设情况。完善政策体系。先后制定了《关于加快推进文化强市建设的若干政策意见》《关于全面推进金平湖文化新崛起的实施意见》《平湖市文化事业十三五发展规划》等多个文件，市财政每年安排专项资金3500万元用于全市文化发展，并先后印发了文体广场建设，金平湖智慧书房、礼堂书屋、乡村书吧建设，送文艺下基层、业余文艺团队、村社区文化专职管理员考核以及精品文艺参赛参演以奖代补等相关配套文件。夯实基础设施。市本级层面，市文化馆、市图书馆创建成国家一级馆；李叔同纪念馆、莫氏庄园陈列馆创建为国家三级博物馆；陆维钊书画院新展厅建成启用；4家金平湖智慧书房（1056平方米）陆续建成开放；博物馆新馆、吴一峰艺术馆新馆、"当湖十局"围棋主题公园建设加快推进。镇村级层，全面推进城乡一体化公共图书馆和文化馆总分馆服务体系建设，不断加大镇级图书馆及文化馆分馆、村级分馆、服务点等建设，开展金平湖智慧书房（镇级）、礼堂书屋、乡村书吧、金平湖文化名师工作室等建设。全市8个镇（街道）综合文化站均为一级站以上，其中3个为特级站；省文化强镇、历史文化名镇、文化示范村（社区）等创建步伐不断加大，并取得丰硕成果。实施文化惠民。坚持开展"五送一走"、农村"158计划"，组织开展送戏、送电影、送书、送辅导、送展览以及"文化走亲"活动，确保每个行政村每月观看1场电影，每年观看5场戏曲或演出，每年自行组织8场次活动。连续举办全民读书月、未成年人读书节和文化遗产日等主题活动，较好地满足了广大城乡居民的基本文化需求。大力推进"欢乐平湖·文化有约"群众文化活动，连续开展了"寻找最平湖的声音""寻找平湖老味道""千家万户刻瓜灯"等主题性群众文化系列活动。创建特色品牌。开发建设平湖文化云网络数字平台，平湖文化云将平湖文化资源整合到统一平台，开展线上线下"一站式"数字文化服务，积极为群众提供文化资讯、场馆预定和指导培训，实现资源共建共享，公共文化服务效能进一步提升。自2018年12月正式运行以来，总浏览量已超过150余万次，并被列为2018年嘉兴市公共文化创新项目。"当湖十局杯"CCTV围棋赛、平湖西瓜灯、平湖派琵琶等先后亮相央视相关活动和晚会。陆维钊书画院顺利完成两个国家艺术基金资助项目。深化"一镇一品""一村一品"建设，各镇（街道）均有自己的艺术节庆活动，弘扬了本土特色文化，丰富了城乡居民的精神文化生活。通过文化活动品牌的打造，涌现了如《当湖十局·弈》《着癫子》《打油号子》等一大批群众文艺精品力作，对提升平湖文化影响力，起到了积极的作用。强化遗产保护。全市有国家级非遗项目2个、省级非遗项目7个、嘉兴市级非遗项目30个、平湖市级非遗项目190个。先后建成省级传习基地1个，嘉兴市级传习基地3个，平湖市级传习基地26个。全市有全国重点文物保护单位3处、省级文物保护单位5处、平湖市级文物保护单位44处，以及文物保护点76处，历史建筑29处；省级历史文化名镇3个，省级历史文化街区2处。编制《文物修缮五年行动计划（2015—2019）》，近年来完成63处文物的修缮和活化利用。二是平湖市旅游业发展情况。全市旅游产业在资源开发、产品建设、接待能力、配套设施等方面得到优化升级，打响了"尽兴平湖"品牌。旅游效益进一步显现。全年游客接待量1206.3万人次，旅游综合收入138.2亿元，同比分别增长15.6%、20.6%；游客人均消费达到1145元，比上一年增加95元。2018年度旅游业增加值50.8亿元，占GDP比重达7.36%；旅游业直接从业人员约

2万，带动间接就业人员约10万。旅游环境进一步改善。成功创建为省首批4A级景区城，是浙北地区唯一一个。全市共有国家A级以上景区14家（4A级景区1家），省级旅游度假区1家，省工业旅游示范基地4个，省级4A级景区镇1家；旅行社23家（星级旅行社5家），全年全市旅行社营业收入1.6亿元，组织出游人数31.8万人次；旅游饭店7家（星级酒店4家，绿色饭店3家），客房1.1万间，床位1.7万张。美丽乡村建设不断加码，已创建3A级景区村庄7个，2A级景区村庄25个，A级景区村庄4个，A级景区村庄的覆盖率达到49.3%。果香俞家浜、明月山塘、清风泖河等成为"网红点"，澳多奇农庄、金稼园、海塘村等乡村旅游点每年接待游客近300万人次，实现旅游综合收入近3.5亿元。旅游项目进一步推进。以旅游平台建设为载体，聚焦城市旅游、乡村旅游、山海旅游等重点板块，"两湖一街"即东湖、明湖、南河头历史文化街区，樱花小镇等一批基建项目初具规模，新埭国际游购小镇、林埭芒果小镇、广陈美郁花园等一批产业项目有序推进，为全市旅游业更好发展奠定基础。加大扶持力度，出台《平湖市推进全域旅游发展若干政策意见》等政策，推动旅游产业转型升级。民宿建设实现"零"的突破，赵家桥东部园林民宿、广陈龙萌湾民宿即将营业。高星级酒店卓越铂尔曼酒店、泛华国际酒店、华侨饭店等主体加快建设。旅游厕所革命取得成效，新改扩建旅游厕所57座，成功创建3A级8座、2A级5座、A级5座。旅游

品牌进一步提升。节庆游丰富多彩，"西瓜灯文化节"坚持30多年，已成品牌节庆活动，各镇街道开展了各具特色的文化旅游节庆活动，带旺了人气。工业游形势喜人，依爱夫（开心梦工场）、伊思佳（户外体验馆）、日清食品等工业旅游点具有较强魅力。红色旅游实力"圈粉"，"海岸线上的追忆"涉及青少年抗战历史宣教馆、独山司城遗址、乍浦古炮台等12个红色旅游点，成为红色经典线路。运动休闲游渐成时尚，自行车、马球、游艇等项目成为特色旅游产品，受到运动爱好者热捧。美丽乡村游推陈出新，开辟了七彩水乡游、钟溪樱姿游、乐郊养生游、合作之源游、滨海田园游，把"美景、美食、美购、美玩"等元素串点成线，串珠成链，汇聚成一幅充满浓郁平湖风情的美丽画卷。

（吴加跃、严玉锋）

【海盐县文化和广电旅游体育局】内设职能科室7个，下属单位9个。2019年末人员112人（其中：公务员14人，参公11人，事业87人；具有高级技术职务资格的9人，中级39人）。

2019年1月10日，海盐县文化和广电旅游体育局挂牌成立。是年，成立文化市场综合执法队。全年接待旅游总人数1016.47万人次，实现旅游总收入95.67亿元。海盐成为第一批通过浙江省基本公共文化服务标准化认定的县。"钱塘江海塘海盐救海庙段和海宁段"被国务院公布为第八批全国重点文物保护单位。一是围绕中心工作，奋力推进"两创"建设。奋力推进浙江省公共文化服务体系示范区和浙

江省全域旅游示范县2项创建工作。10月，顺利完成第四批公共文化服务体系示范区创建中期自查工作，配合省文化和旅游厅开展实地抽查，召开浙江省公共文化服务体系示范区创建动员大会，形成强大创建合力，全县上下全力推进示范区创建的工作格局全面形成。召开创建省级全域旅游示范县工作推进会，完成《海盐县全域旅游发展规划》批复，邀请专家对有关部门及各镇（街道）开展全域旅游示范县创建推进工作培训，稳步推进浙江省全域旅游示范县创建工作。二是实施文化惠民工程，公共服务能力有效提升。夯实公共文化服务体系。积极探索文化馆企业分馆体系建设，新建11家文化馆企业分馆。完成公共文化服务绩效评估体系与"浙江智慧文化云"等平台对接，实现信息共享；县级公共文化服务平台提供文化礼堂菜单式服务，全年提供140余项公共文化服务清单供基层自主选择，实现"供需对接"。基层公共文化服务评估指标数据连续6年位列全省前十。抓好文化场馆常态化运行管理。做好图书馆、文化馆、博物馆等公益性文化场馆免费开放工作。图书馆总分馆共接待读者150万余人次，文献外借87.2余万册次。文化馆广泛提供各种形式的免费开放项目，公益艺术培训班培训人员数量达4000人次。博物馆免费接待观众36万人次。推进农村文化礼堂建设和基层文化队伍规范化管理。全年建成10家"礼堂书屋"，3个文化书屋对外开放。利用公共文化服务绩效评估系统对"两员"队伍进行过程化监督和管理。拟定《关于进

一步落实"三团三社"建设规范乡村文艺团队管理的实施方案》,加强动态管理,"三团三社"覆盖率达100%。扩展文化活动惠民辐射力。积极组织"六送六下"活动,开展"种文化"与"文化走亲"活动,引导社会力量参与公共文化服务。开展各类演出活动596场次;组织开展庆元宵广场文艺演出、中老年广场文艺汇演、五一歌会等大型文化活动18场,让更多群众演员走上舞台;通过"走亲"和"接亲",创新文化交融方式,加强地域间文化交流。三是加快"旅游+"融合发展,打造海盐旅游品牌。注重项目带动,打造全域发展的旅游格局。接轨省、市智慧城市建设相关平台数据,形成数据共享机制。推进乡村振兴战略实施,全年创建A级景区村庄15个(含3A级2个)。重点推进旅游类建设项目7个,完成总投资40.14亿元。推进旅游厕所革命,完成10座A级旅游厕所评定工作。建设完成海盐县旅游集散中心,持续推进山水六旗主题乐园项目及配套基础设施项目、南北湖景区拆迁安置等项目建设,助推省级旅游度假区创建工作。澉浦镇入围浙江省第三批旅游风情小镇名单,百步镇"海盐县集成家居时尚小镇"入选"浙江省特色小镇",七月隐庐被评为浙江省"银宿"级民宿。助力"零门槛"乡村景区,打造亲民服务形象。与上海三毛形象发展有限公司签约,以红领巾研学基地为抓手,开发打造"三毛动漫文化创作基地"。统筹协调组织策划重大文化旅游节庆活动,举办第六届中国(海盐)旅友大会暨上海高校师生徒步大会和"海盐老味道"美食活动,猪猪星球"五月萌宠嘉年华"等旅游促销活动,与文化场馆的民俗节庆、文化惠民活动相呼应,为县内外市民奉上丰富的文化旅游大餐。加强地方特色菜肴遴选推荐工作,12道菜入围"百县千碗·嘉肴百碗"IP。组织县内主要景区、相关旅游企业赴长三角城市群进行旅游推介,举办各类文化旅游推介会或营销推广活动9次。引入社会力量参与海盐旅游宣传,为海盐旅游资源挖掘整合、精准市场营销推广提供了专业支持和坚实保障。四是注重历史文化宣传,强化文化遗产保护力度。加强文物保护工作。推进文物保护修缮工程,完成永福桥、佛亭桥、蔡家厅、南小街苏宅和五丰砖窑维修工程,开展葛山遗址考古挖掘申请等工作。"钱塘江海塘海盐救海庙段和海宁段"被国务院公布为第八批全国重点文物保护单位。海盐县博物馆预防性保护项目获国家文物专项资金476万元。加大文物保护培训和宣传力度。组织培训会,利用"文化和自然遗产日"开展"文物保护基层工作知识与实践"培训。以赛促训,组织参加"2019讲好浙江故事——全省博物馆优秀讲解案例推介活动",1人入围专业组十佳。以活动加强宣传,充分利用世界博物馆日、文化和自然遗产日,举办海盐历史文化图片展、流动博物馆社区巡展活动、走读历史活动等文物宣传相关活动。五是推进"最多跑一次"改革,助力优化营商环境。持续推进"最多跑一次"改革。优化行政审批环节,实施告知承诺审批制度。开展"一件事"证照联办。完善政务服务事项办事指南,确保网上办、掌上办、跑零次实现率、即办件、时间压缩率保持领先。注重提升良好的营商环境。以"防风险 保平安 迎大庆"为重点,多次开展文化旅游市场节前大检查。以比赛、演练、宣传等形式,提升文化旅游行业消防安全应急能力。积极开展文化市场扫黑除恶工作,全年出动执法人员112人次,检查排摸场所216家次。切实加强网吧、娱乐、文物等市场监管。在全市率先实行跨部门"双随机"检查,实现了联合执法"最多跑一次"。六是注重传承与创新,非遗工作成效显著。加大非物质文化遗产保护力度,凸显非遗亮点成果。评选24名县级非物质文化遗产代表性项目代表性传承人,完善非物质文化遗产项目队伍梯队建设。对"老虎嗒蝴蝶""马灯舞"等传统舞蹈项目进行深度挖掘。传统舞蹈"海盐滚灯"和"海盐五梅花"在非遗活动中获省非遗专家高度肯定。海盐腔《琴心写恨》参加中国(义乌)文化产品交易会展示广受好评。"海盐滚灯"相关素材被中国文联、中国舞蹈家协会等国家级专业团体收入素材库。编撰《海盐骚子》一书,完成"千年脉动·海盐县非物质文化遗产丛书"收官工作。制作"海盐县非物质文化遗产之旅"宣传册,首次向市民集中展示海盐各级非物质文化遗产项目。创新非遗传承活动,助力旅游推介。开展代表性传承人技艺展示活动、迎新春民俗文化展示暨竹编比赛等非遗展示、展评、培训活动,凸显非遗项目特色和活力。利用"服务传承人月""文化和自然遗产日"举办民俗展示活动,让传统文化传承发展横向到边、纵向到底。做好非遗进校园传承工作，协同各镇（街道）文化站，组织传承人进校园举办各类非遗传承活动。参加各类旅游推介会与交易会节目展演活动，将"文旅融合"落到实处。

（黄彩霞）

【海宁市文化和广电旅游体育局】内设职能科室7个，下属单位11个。2019年末人员162人（其中：公务员14人，参公18，事业130人；具有高级技术职务资格的22人，中级64人）。

2019年，海宁市文化和旅游工作以机构改革为新起点，围绕中心，服务大局，各项工作均取得快速健康发展。"海宁海塘·潮文化景观"正式列入《中国世界文化遗产预备名单》；小品《父与子》获全国群星奖和嘉兴市第十四届精神文明建设"五个一工程"特别作品奖；浙江省基层公共文化服务评估连续3年保持全省第三、嘉兴第一；全年预计接待国内外游客2170万人次，实现旅游收入274亿元以上，同比分别增长6%、10%。一是公共服务规范标准，人民群众幸福感显著提升。完善标准提效能。全省首批完成基本公共文化服务标准认定工作。完成1个重点镇、9个重点村提升工程。实现优秀传统戏曲进乡村和"三团三社"、乡村艺术团建设全覆盖。制定出台《"阅读推广人"培育管理规范》地方标准和《海宁市民宿管理办法（试行）》，规范提升管理和服务水平。"阅读推广人"项目和"每人一把钥匙"文化阵地群众自我管理模式获评2018年度嘉兴市公共文化服务创新奖，"每人一把钥匙"

文化阵地群众自我管理模式登上《中国文化报》头版头条。聚焦民生强服务。启动厕所革命新三年行动计划，新（改）建旅游厕所21座。完成全市旅游双语标识系统更新。指导完善黄湾镇3个村乡村旅游导视系统。推进文旅系统政府数字化转型，完成文旅资源数据采集和电子导览图绘制工作。启动浙江省全域旅游示范市创建工作，成立创建工作领导小组，做好新一轮全域旅游政策修订工作。二是项目推进成果显著，人民群众获得感显著提升。文化惠民结硕果。举办海宁市第八届文化艺术节活动40场，"美丽海宁大舞台"演出82场。开展文化下乡活动274场。举办公益性文化艺术培训1000余场次，创新推出艺术特长高研班6期。购买《南湖人家》等省级优秀文艺作品，演出13场。新编创小品《父与子》获全国群星奖。全民阅读再深化。新增各类阅读空间28个，其中静安智慧书房5个、静安书房6个、企业分馆2个、阅读流通点15个。完成12个礼堂书屋提升改造。图书馆总分馆接待读者274万余人次，图书借阅流通455万余册次，举办阅读活动近900场，参与读者37万余人次。累计招募阅读推广人1413人，服务时长12000余小时。旅游项目稳推进。盐官音乐小镇项目已开工游客中心、民宿街、北大街等各类产业项目共28.98万平方米，启动老房屋维修工程约6000平方米，合计启动产业项目总面积近30万平方米。皮革时尚小镇创业园完成主体建设。硖石景区完成投资10.5亿元，北关厢项目完成竣工验收，年内准备交付使

用。干河街二期工程完成供地，待施工。中丝三厂、横头街一期修缮工程开工。三是文化遗产保护强本固基，人民群众归属感显著提升。基础工作有实效。"海宁海塘·潮文化景观"成功列入《中国世界文化遗产预备名单》。海宁海塘升格为全国重点文物保护单位。公布海宁第六批非遗名录，新增非遗项目11个、非遗传承人5名、非遗传承保护基地5个。新增嘉兴市第六批非遗项目7个。完成文物保护单位管理责任公示牌更新和浙江省文物保护区域评估工作。完成徐家老宅等3处文保建筑维修和4处文保单位零星维修工作。完成达泽庙遗址等6处考古发掘清理工作。编辑出版"守护皮影：海宁皮影戏录音录像保护工程十年成果集成丛书"、《海宁非物质文化遗产大观》和《海宁潮神祭祀》（"浙江省非物质文化遗产代表作丛书"）。活态保护重传承。依托传统节日、文化和自然遗产日，举办"老底子的年味"民俗文化活动、"到海宁团圆来"元宵民俗文化活动、清明节民间艺术面对面、首届端午旱地龙舟赛暨留学生旱地龙舟趣味赛、第三届"潮乡民艺"非遗传统工艺品及衍生品创作设计大赛、"潮乡故事"大赛等7个系列14项活动。承办第二届"少年非遗说"浙江传说故事讲述大赛大运河诗路赛区选拔赛、浙江省文化和旅游厅主办的2019"天籁浙江"系列朗诵活动暨诗路·大运河——海宁长安世界遗产地主题诗会。举办非遗公益性培训班120余次，开展"传承乡村文脉——周六非遗实践课堂"活动40余次，组织非遗传承基地开展

下基层活动 170 场次。广泛交流扩影响。全年开展文化遗产交流活动 30 余次,组织硖石灯彩、海宁皮影戏参加第二十届新西兰元宵灯会、中国台湾南投新春灯会等出国(境)交流活动 2 次,参加国家级展览交流活动 9 次,并赴四川黑水、江苏丹徒以及金华婺城、武义"文化走亲"。硖石灯彩、海宁皮影作品在第九届中国(浙江)工艺美术精品展上斩获 3 金、4 银、1 铜;灯彩艺人费志涛制作的《四圣阁》获浙江省民间文艺灯彩大赛最高奖"映山红奖"。四是产业发展势头良好,人民群众体验感显著提升。旅游业态增活力。举办长三角研学旅行高峰论坛,成立长三角研学旅行联盟。举办主题精品民宿设计大赛、旅游村长论坛等活动,4 个民宿运营合作项目签约。神龙湾研学营地被评为浙江省研学旅行营地。工业旅游有新突破,浙江省特种设备工业旅游区被评为浙江省工业旅游示范基地。黄湾镇被评为浙江省 4A 级景区镇。阳光科技小镇成功创建 3A 级景区。创建景区村庄 21 个,其中 3A 级 3 个。周王庙镇(荆斗云旅游综合体)列入省旅游风情小镇培育名单。译制日文版、英文版"遇见海宁"旅游宣传片,举办海宁旅游文创作品征集赛、"我是海宁旅游大学生发言人"采风活动。加大旅游扶贫力度,推出黑水旅游疗休养线路,全年海宁旅游组团赴四川旅游消费达 100 多万元。与景宁畲族自治县景南乡签订旅游合作协议,密切两地合作关系。产业发展聚合力。深化文旅体与农业、工业、商贸业的融合发展。弘扬传统饮食文化,推出"潮味十碗"海宁美食特色菜肴,举办"志摩故里美食小吃节";依托百里长廊,举办"环浙骑行"活动,实现"美丽公路＋乡村旅游＋全民健身"融合发展。举办第二十六届钱江(海宁)观潮节、长三角研学旅行高峰论坛等四季旅游活动 39 项。观潮节期间全市旅游景区接待游客 113.16 万人次,同口径同比增长 6.26%。盐官旅游度假区运动休闲旅游线路入选长三角最佳体育旅游线路,大尖山景区滑翔运动获评浙江省运动休闲旅游优秀项目。五是市场监管审批高效有力,人民群众安全感显著提升。专项整治出重拳。开展文旅市场专项整治行动,共出动执法人员 2564 人次,检查各类场所 3674 家次,联合执法 24 次,受理举报投诉 25 件,立案调查 26 件,罚款 340000 元,理赔 21186 元。扫黑除恶"一户一谈"全覆盖。举办全市旅游饭店服务技能大赛。行政审批更高效。省政务服务网"跑零次"等 5 项核心指标均达 100%,审批事项全部实行"无差别一窗受理,后台分类审批"。全年共办理行政审批 222 件,年报 213 家,完成 2019 年审批档案电子化 116 件。

(李如月)

【桐乡市文化和广电旅游体育局】内设职能科室 7 个,下属单位 12 个。2019 年末人员 140 人(其中:公务员 16 人,参公 22 人,事业 102 人;具有高级技术职务资格的 12 人,中级 54 人)。

2019 年,桐乡市文化和广电旅游体育局坚持以习近平新时代中国特色社会主义思想为指导,全面贯彻落实党的十九大和十九届二中、三中、四中全会与市委十四届三次会议精神,围绕"建设人文名城,打造风雅桐乡"的工作任务,在大力推进文旅融合发展,深化公共文化服务体系示范区创建成果,统筹城乡发展,提升公共服务水平,提高文化治理能力,壮大文化产业,保障人民群众文化权益,丰富人民群众精神生活等方面,取得明显成效。一是公共文化设施建设提档升级。图书馆新馆启用并对外开放。新建伯鸿城市书房 10 家,实现各镇(街道)全覆盖;新建伯鸿乡村书屋 16 家、伯鸿书屋 30 家。完成茅盾纪念馆展陈提升、安防改造工程。完成会展中心设施更新和大修项目;推进君匋艺术院展陈改造和丰子恺纪念馆改扩建工程(一期)项目;丰子恺艺术中心项目完成意向签协。二是公共文化服务保障增强。积极推进落实《嘉兴市基本公共文化服务实施标准》,对镇级、村级公共文化建设工作进行年度终审和分档补助,完成 2018 年度基层绩效考核工作,共落实市级基层绩效补助资金 795.7 万元。成立新时代中国外交思想理论与传播研究中心、上海国际问题研究院教育实践基地、陆费逵研究会。指导洲泉镇和崇福镇店街塘村获评浙江省文化强镇和浙江省文化示范村;指导石门镇和乌镇镇的公共文化服务创新项目并获评 2019 年度嘉兴市公共文化服务创新奖。文化惠民活动深入开展。举办"桐乡市庆祝中华人民共和国成立 70 周年升旗仪式暨"我和我的祖国"万人大合唱活动等大型文艺活动 10 余场,近 3000 人参加。组织文化下乡惠民演出 500 多场次。

拓展全民艺术共享"淘艺吧""学艺吧"等品牌公益艺术培训活动，举办30多场次。组织举办各类全民阅读服务活动400多场。放映农村公益电影3000余场。三是文博事业发展水平凸显。君匋艺术院、钟旭洲钱币艺术博物馆被评为国家三级博物馆。馆藏可移动文物藏品数量位居全省第一。文物保护单位总量位居嘉兴第一。完成谭家湾遗址保护规划、茅盾故居保护规划编制。完成10处省级以上文物保护单位文物安全工程。完成新公布的114处桐乡市级文物保护单位保护范围和建设控制地带划定。完成407处文物保护单位、文物保护点标识牌工程。开展文物保护单位管理责任公示，推进罗家角遗址、谭家湾遗址公园建设。文博活动精彩纷呈。桐乡市文化部门组织开展"5·18国际博物馆日""文化和自然遗产日"系列活动，组织全市6家国有文物收藏单位开展"镇馆之宝"文物展。组建文物故事宣讲队。在风雅桐乡微信公众号开设"桐乡宝藏"专栏。桐乡籍上海画家商守箴、郑彭寿捐赠水彩画、油画共计261件。全年共举办展览68个、教育活动145场次，接待参观人数395万人次。与省博物馆开展博物馆数字化建设试点合作，编制《博物馆数字化建设发展规划》；举办"互联网＋中华文明"数字展。开展"风雅桐乡·文化寻宝"活动。举办丰子恺艺术中心意向签约暨《丰子恺画文集》捐赠仪式。四是文旅融合彰显活力。举办"桐聚上海·乡约乌镇"2019风雅桐乡文旅产业招商推介会。成立桐乡（上海）文旅联创空间，推动两地文旅项目、资金、人才等要素聚集共享。举办第二届文化创意大赛暨特色旅游商品大赛、"风雅桐乡　童游漫笔"活动、"桐香十碗"进万家活动等。打造上海—桐乡旅游直通车，累计发车515辆，输送人数达1.5万人次。五是非物质文化遗产传承有序。开展"我们的节日"非遗民俗文化展示展演活动，持续培育石门镇元宵灯会、河山镇清明轧蚕花、崇福镇端午龙舟水会等，初步形成"一镇一品"系列品牌活动机制。"专注于蓝的深度开发——丰同裕染坊的生产与经营"入选传统工艺振兴优秀案例，为浙江省唯一一例。稳步推进非遗馆总分馆建设，新建麦秆画分馆，全市累计建成4家非遗分馆。举办2019"我们的年味"非遗民俗年会。高竿船技在中央电视台综艺频道清明节特别节目《诗歌忆清明》播出。洲泉镇清河村列入省民间文化艺术之乡。举办"我们的节日·中秋非遗民俗展示展演活动、"青出于蓝"第三回中国传统染缬技艺传承人对话活动。六是文化市场管理高效便民。全面推进"最多跑一次"改革，梳理169项审批事项，简化内部审批流程，提升审批时效。"互联网＋政务服务"网办率、掌办率、即办率、压缩率、跑零次等五大核心指标均达100％。打造"全域旅游"新模式，推动"最多跑一次"改革向文化和旅游公共服务领域延伸扩面。全年共受理行政审批49件，其中文化类35件，群众满意率100％。建立线索动态排摸机制，将涉黑涉恶线索排摸纳入日常检查、"双随机"抽查及各类专项检查。梳理完成近3年来文化市场各类行政处罚案件共计90件，排摸并上报疑似涉黑涉恶线索9条。制定出台《桐乡市互联网上网服务营业场所（网吧）分级管理办法》。

（颜剑明）

绍兴市文化广电旅游局

【概况】 内设职能处室9个,下属单位9个。2019年末人员392人(其中:机关33人,事业359人;具有高级技术职务资格的99人,中级148人)。

2019年,绍兴市文化和旅游工作坚持以习近平新时代中国特色社会主义思想为指导,全面贯彻落实中央、省委和市委、市政府各项决策部署,坚持新发展理念,坚持高质量发展,以融合为重点,以改革为动力,围绕"重塑城市文化体系、打造最佳旅游目的地和争创文旅融合样板地"三大目标,深度推进全市文旅资源的激活、转化和创新,创品牌、拓全域、树特色,推动文化旅游各项工作再上新台阶。

一、文化和旅游体制机制改革不断推进

(一)文化旅游领域综合改革不断深化

全力推进"最多跑一次"改革。完善审批服务标准规范,梳理省、市、县(市、区)3级办事事项颗粒度细化工作,完成三级会签,办事事项增至130个。深化政务服务"一窗办、全城办、移动办、一证办"改革,实现"全城办"事项17个,"移动办"事项达100%,事项即办比例达到79%,承诺期限在法定期限基础上平均压缩94%以上,"跑零次"比例达到100%。

(二)文旅治理体系及国有文艺院团改革持续推进

推进事业单位改革、文化市场综合行政执法改革工作,完成1家自收自支事业单位划转和2家全额事业单位撤并。绍兴艺术学校改扩建工程动工建设,推进绍兴艺术学校、绍剧艺术研究院整合提升并筹建绍兴市演艺集团。嵊州市积极组建越剧艺术研究院,越剧生态持续优化。

(三)文化和旅游产业体系进一步完善

牵头修订完善旅游业扶持政策,"促进休闲旅游业品质化发展"内容纳入《关于加快现代服务业高质量发展的若干政策意见》,包括提升旅游景区质量,加快发展研学旅游,鼓励发展过夜旅游,支持旅行社创强、创星、创收,鼓励住宿餐饮评星创优,加强旅游人才培养,强化旅游产业要素保障等7方面的扶持奖励。

二、艺术创作繁荣发展成效显著

(一)文艺精品创作频获佳绩

越剧《鉴湖风云》、绍兴莲花落《孝子的检讨》等5个项目入选2019年度国家艺术基金资助项目。越剧《苏秦》入选文化和旅游部2019年度剧本扶持工程。原创绍剧现代戏《美好家园》获省第14届戏剧节"兰花奖·新剧目大奖"。新编越剧现代戏《袁雪芬》荣膺第三十三届"田汉戏剧奖·剧目奖"。绍兴滩簧《外婆坑》作为浙江唯一曲艺类作品入围第十八届"群星奖"决赛。市文化广电旅游局荣获浙江省民营文艺表演团体展演活动优秀组织奖。

(二)城市文化品牌逐步打响

绍剧《佘太君》亮相2020新年戏曲晚会。"越剧全球嘉年华"巡演北京、上海、深圳、杭州、悉尼、慕尼黑等城市。"同唱一台戏"国家艺术基金资助项目——越剧《梁祝》完成美国巡演。绍剧《千年流转越地长风》参演首届中国-中东欧国家博览会文艺晚会。开展"文旅同行"新百年越剧万里行,2个剧目完成全国18个城市巡演。"阳明的故事"全国巡展走进中国湿地博物馆。"文旅融合·绍兴有戏"公共文化服务品牌逐步打响。

三、文化和旅游产品高质高效供给

(一)文旅项目建设稳步推进

全市共有100个文旅重点项目,总投资813.54亿元,实际完成投资123.87亿元。总投资超过10亿元的项目27个、超过3亿元的项目48个,其中阳明故里整体开发建设项目、东方山水二期(酷玩小镇)、绍兴龙之梦、杭州湾花田小镇、诸暨市高湖综合开发项目、浙江飞翼农业休闲小镇等6个项目总投资超过50亿元。

(二)文旅融合IP打造初显成效

启动打造文旅融合发展品牌IP集群。先后在"深圳·绍兴周""北京·绍兴周"城市推介会上发布了"绍兴十二时辰"和"绍兴七十二时辰",展示绍兴多彩的

文旅资源和丰富的旅游产品。打造"绍兴有戏"IP,形成"绍兴古城""兰亭故事""没有围墙的博物馆"等一批特色IP集群,积极开发衍生品,推进特色IP消费变现。

(三)旅游目的地品牌建设不断加强

鲁迅故里景区成为全省第三批红色旅游教育基地。柯桥区、新昌县入选全省首批4A级景区城。柯桥区王坛镇、上虞区陈溪乡、嵊州市崇仁镇、新昌县镜岭镇列入全省首批4A级景区镇试点培育单位。新昌县镜岭镇、越城区东浦街道入选第三批省级旅游风情小镇。11家民宿被认定为2019年度浙江省白金宿、金宿和银宿。12家村(社区)列入首批浙江省美丽乡村美育村(社区)试点名单。

(四)全域文化旅游资源不断激活

牵头编制《绍兴"三大文化带"建设三年行动计划》,围绕项目、游线、活动进行谋划。与市水利局联合主编的《浙江禹迹图》出版发行,成为我国第1张以省为单元编录大禹文化遗产的分布图。与市教育局等11个部门联合下发《绍兴市中小学生研学旅行实施方案》,推进研学旅游发展。

四、公共服务覆盖面和实效性再度提升

(一)城乡文化服务体系持续完善

绍兴名人馆建成开馆,绍兴艺术学校改扩建工程、绍兴博物馆新馆、绍兴美术馆、民间博物馆群等文化设施项目开工建设,浙东运河博物馆、中国气象博物馆、宋六陵遗址公园等建设有序推进。启动王阳明专题文献数据库

建设。全市建成城市书房25家,乡镇(街道)文化分馆实现全覆盖,乡镇(街道)综合文化站服务效能得到提升。公共文化服务"十百千"工程全力推进,6个县(市、区)全部通过省基本公共文化服务标准认定。

(二)公共文化服务创新开展

全市完成图书下乡20.6万余册、送戏下乡1425场,送讲座、展览下乡462场。组织"文化走亲"87场、"越州讲坛"139场、"树兰书院"69场、"百姓剧场"89场。"文艺播撒乡镇行"面向7个乡镇服务3500余人次。开展全民阅读节、庆祝中华人民共和国成立70周年主题晚会、民乐专场音乐会等活动。"绍兴有戏"系列品牌活动走进阿坝、大渡口、辽源等,实现不同地区公共文化资源共享。

(三)旅游业供给侧结构性改革加快推进

加强星级饭店、品质旅行社管理,5家饭店入选首批浙江省品质饭店。新评定四星级旅游饭店1家、特色文化主题饭店1家、绿色饭店1家。8家旅行社入选浙江省品质旅行社。13家基地入选首批"浙江省采摘旅游体验基地",其中钻果级基地2家,数量居全省第1位。推进旅游厕所管理,启动全市旅游厕所电子地图上线工作,新建、改建旅游厕所127家。

五、优秀传统文化逐步实现创造性转化创新性发展

(一)文物考古工作有序推进

大善寺塔、汉建初元年买地刻石入选第八批全国重点文物保护单位。羊山造像及摩崖石刻(含石佛寺)、绍兴钱业会馆和天姥古道入选2019年度省级以上

文物保护单位优秀记录档案名单。开展宋六陵(二期)考古发掘。完成会稽山阳明洞天考古勘探项目。推进国保单位——绍兴古桥群三维扫描工作。推进凤凰山考古遗址公园建设。修订完善非国有博物馆相关扶持政策,激活社会力量参与博物馆建设及文物保护利用。

(二)非遗保护传承成效逐显

诸暨市同山镇、嵊州市金庭镇华堂村和新昌县沙溪镇董村村入选第五批浙江省非物质文化遗产旅游景区。认定首批绍兴市非遗景区(非遗小镇、民俗文化村)19个、第七批市级非遗项目25个、第六批市级非遗传承人76个。打造"绍兴有戏——绍兴故事汇""我们的节日""水乡社戏"等品牌活动,开展第五届绍兴非遗集市暨"祝福·绍兴古城过大年"系列活动,举办绍兴市非遗进景区暨"百工展百技"启动仪式,开展"非遗兴乡大巡游""非遗研学游"等,促进非遗与旅游融合。

六、合作交流与城市营销推广不断拓展

(一)重大文化旅游活动层出不穷

举办"文旅融合的绍兴实践"暨打造文旅融合样板地启动仪式,市文化广电旅游局和浙江农商院签订了共建绍兴市旅游学院的战略合作协议。配合第三十五届兰亭书法节,举办"尽得风流——王羲之的尺牍"(国图藏品)展、"荣擢百代——王羲之的谱系"(故宫藏品)展等展览,观众达22.7万人次。完成2019公祭大禹陵典礼活动。开展"5·18国际博物馆日""5·19中国旅游日""南宋文化节"等系列活动。

（二）"绍兴周"系列活动提升绍兴城市新形象

承办"北京·绍兴周"，借助六大"绍兴周"系列活动，与杭州、宁波、深圳、北京西城区分别签订了两地文化旅游战略合作协议，与中国旅游杂志签署了旅游合作项目协议，并设立了"绍兴文化旅游东南亚推广中心"，营销模式由"游线、景区"向"城市、故事"、"资源堆砌"向"文脉激活"转变，绍兴城市形象有效提升。

（三）省外、境外营销市场逐步拓展

组织文旅企业参加第十五届海峡旅游博览会，2019亚洲文化旅游展，首届大运河文化旅游博览会，2019中东欧美食与浙江"百县千碗"人文交流活动，"诗画浙江 美好共享"北京、天津文旅推介活动和2019宁波国际旅游展等，展示绍兴古城特色文旅产品。参加日本东京"绍兴缘——中日茶禅书文展"，宣传绍兴书法文化。组织开展东南亚、大洋洲文化旅游宣传促销活动，促进境外文旅交流。

七、各项基础保障工作全面加强

（一）安全监管工作稳抓实打

围绕重点时段、重要节点、重点领域、重点行业，组织开展星级饭店、A级旅游景区（点）、文物保护单位、旅游行业特种设备以及旅游包车等专项整治和安全督查，进一步落实安全责任。开展"安全生产月""九个一"活动，组织旅行社、饭店业等安全应急技能培训及应急演练，加强宣传教育，提升全行业安全意识。

（二）市场执法工作卓有成效

开展"扫黄打非"专项行动、"双随机"抽查监管、交叉执法暗访督查、文物安全检查和执法巡查、扫黑除恶行动及安全生产大排查大整治等工作。全年出动日常巡查14859人次，检查经营单位17680家次，违规125家次；举报（督查）受理13件，属实案件12件，不属实案件1件；行政处罚立案调查93件，办结案件89件，警告40家次，罚款813993元，停业整顿1家次，没收非法所得5442元，没收违法物品21555个，行政处罚听证1家次，重大案件2家次。

（三）人才队伍建设逐步加强

浙江绍剧艺术研究院施洁净荣获国务院特殊津贴；王莺、章金刚等获"白玉兰戏剧表演奖"；倪锦锦获"2019年度浙江省劳动模范"称号。绍剧猴戏传承发展创新团队被评为2019年"浙江省文化和旅游创新团队"；刘建杨被评为2019年"浙江省文化和旅游厅优秀专家"。与行业协会、高等院校等合作，多次举办各类培训，全面促进从业人才素质提升。

【大事记】

1月

6日 "宋六陵一号陵园遗址考古发掘"被列为2018年浙江十项重要考古发现之一。

9日 王阳明先生逝世490周年祭祀典礼在兰亭阳明园举行。

同日至13日 第2届"中国浙江·全国曲艺传承发展论坛及观摩交流展演"暨"中国浙江（绍兴）·全国曲艺小书（弹词、走书）传承发展论坛及观摩交流展演"在绍兴举行。

2月

5日 兰亭书会首届"年度汉字发布"仪式在书法圣地兰亭举行。

15日 全市文化广电旅游系统干部职工大会召开，贯彻落实上级各项决策部署和相关会议精神，总结2018年工作，部署2019年重点任务。

19日 绍兴有戏——2019年绍兴市"春节·元宵"系列活动暨元宵节庆祝活动在市非遗中心举行。

3月

13日 浙江省文化和旅游厅党组成员、副厅长叶菁一行到绍兴调研非遗保护工作及文化与旅游融合发展情况。

22日 第29届上海白玉兰戏剧表演艺术奖揭晓。浙江绍剧艺术研究院章金刚荣获配角奖，张君荣获新人主角奖，叶婧荣获新人配角奖。

26日 浙江省文化和旅游厅党组成员、副厅长杨建武赴绍兴调研创建文旅融合样板城市、A级景区城（镇、村）、旅游度假区、古运河及唐诗之路游线等情况。

4月

13日 绍兴市非遗保护中心和新昌县调腔保护传承发展中心共同打造的绍兴目连戏（新昌调腔版）《目连救母》（上下本）开演。浙江省文化和旅游厅副厅长刁玉泉、绍兴市人民政府副市长顾涛等出席开演仪式并观看演出。

20日 2019年公祭大禹陵典礼举行。省人大常委会副主任李卫宁，省人民政府副省长彭佳学,省政协副主席张泽熙等领导及港澳同胞、台湾同胞、海外侨胞、大禹后裔代表及社会各界代表等5000余人参加。

27日至30日 组织参加第14届中国（义乌）文化产品交易会和第十一届中国国际旅游商品博览会,获组委会展会组织一等奖。

28日 同杭州市文化广电旅游局在"杭州·绍兴周"开幕仪式上签订战略合作协议。

同日至29日 文化和旅游部资源开发司副司长宋奇慧一行到绍兴开展文化和旅游休闲度假专题调研。

29日 "杭州·绍兴周"绍兴文化旅游推介会暨杭绍文化同脉论坛举行。浙江省文化和旅游厅党组副书记、巡视员傅玮,绍兴市副市长顾涛等出席活动。

5月

8日 第二届"香港·绍兴周"绍兴人才文化旅游招商项目推介会在香港举行。绍兴向香港"中国旅游出版社"授予"绍兴文化旅游东南亚推广中心"匾牌,绍兴文化广电旅游局与香港"中国旅游出版社"签署旅游合作项目协议。

11日 国家文物局副局长宋新潮、省政府副秘书长周日星、省应急管理厅厅长凌志峰一行调研宋六陵遗址、绍兴博物馆。

19日 "你我绍兴 文旅同行——万名绍兴人 美好绍兴游"活动启动。1000余人分5路前往柯桥、上虞、诸暨、嵊州、新昌的景点旅游。

同日 绍兴滩簧《外婆坑》参加第十八届"群星奖"曲艺门类决赛。

同日 由中国文化中心、绍兴市文学艺术界联合会以及绍兴市旅游形象推广中心联合主办的"绍兴缘——中日茶禅书文展"在东京中国文化中心开幕。

28日至6月4日 《光明日报》、《浙江日报》、学习强国平台、《杭州日报》相继报道《浙江禹迹图》的编制和出版。

6月

9日 绍兴美食"十碗头"参加中东欧美食与浙江"百县千碗"人文交流展览活动。

同日 绍剧《千年流转 越地长风》参演首届中国-中东欧国家博览会文艺晚会。

13日至16日 绍兴亮相"诗画浙江·美好共享"北京和天津文旅推介活动。

18日 绍兴市文化广电旅游局在"宁波·绍兴周"开幕仪式上做文化旅游推介,并与宁波市文化广电旅游局共同签署文化旅游战略合作协议。

19日 "河海相连·运通天下"绍兴文化旅游推介会暨大运河文化论坛在宁波举行。绍兴市委常委、宣传部部长丁如兴,副市长顾涛出席活动。

23日 2019"文化和自然遗产日"系列活动之绍兴有戏——非遗兴乡大巡游（上虞站）暨"曹娥庙会"举行。

7月

4日 绍兴有戏系列活动之"走近非遗·品读绍兴——绍兴市非遗研学游"启动仪式举行。

9日至10日 浙江省文化和旅游厅党组成员、副厅长许澎一行来绍开展文旅融合调研和"三服务"工作,并指导"东亚文化

之都"创建工作。

16日 小歌剧《外婆桥》入选国家艺术基金2019年度小型剧（节）目和作品成果运用项目;绍剧现代戏《美好家园》入选2019年度浙江省舞台艺术创作重点题材扶持项目。

24日 杭绍签订"1+4"合作协议,两市就公共服务一体化、综合交通一体化、文化旅游一体化、政务服务"一网通办"达成合作意向。

25日至26日 文化和旅游部资源开发司副司长石艳杰一行到绍兴调研大运河文化旅游。

26日 在粤港澳绍兴同乡联谊大会暨澳门绍兴联谊会成立典礼上做"绍兴好的故事"文化旅游推介。

8月

19日 在"深圳·绍兴周"活动上做"绍兴风雅颂 古今读不尽"文化旅游推介。

21日 浙江省文化和旅游厅组织奥地利、俄罗斯、西班牙、美国、德国等6个国家的20余名知名摄影师探访绍兴。

22日 "阳明文化"中国大运河沿线城市巡讲巡展活动首站在北京市西城区开启,随后在大运河沿线7个城市陆续开展。

27日至28日 组织参加全省"诗画浙江·百县千碗"工作推进会暨"一家人·一桌菜"主题展示活动。

9月

4日 "一座千年古城的光影记忆——绍兴风情摄影展"在俄罗斯莫斯科市中国总商会格林伍德中心举行。

同日至7日 绍兴市获

2019 中国特色旅游商品大赛金奖 2 个、银奖 2 个、铜奖 1 个,金牌数列全省第一。

18 日 首批"浙江省采摘旅游体验基地"名单公布,绍兴市 13 家基地入选,其中钻果级 2 家,数量位居全省第一。

29 日 蔡元培广场(纪念馆)项目和古城入口改造提升项目开工。

10 月

12 日 柯桥区平水镇东桃村杨滩自然村"小岙墓地"考古共发现战国至明清时期墓葬(含陪葬器物坑)104 座,战国时期坑状遗迹 2 个,出土文物经初步统计达 530 件(组)。

16 日 大善寺塔和汉建初元年买地刻石入选第八批全国重点文物保护单位。

18 日至 20 日 第四届世界休闲博览会开幕,绍兴荣获 2019 中国文旅融合示范奖。

29 日 "浙江好腔调"传统戏剧展演系列活动绍兴专场举行。浙江省文化和旅游厅党组书记、厅长褚子育,党组成员、副厅长叶菁出席活动。

30 日 全省实施传统戏剧发展"五个一"计划工作座谈会在绍兴举行。浙江省文化和旅游厅党组书记、厅长褚子育,党组成员、副厅长叶菁参加会议。

11 月

4 日 由绍兴市委、市政府主办,绍兴市文化广电旅游局承办的"北京·绍兴周"开幕式在北京国家会议中心举行。500 余位在京绍兴乡贤和北京各界代表出席。

5 日 "北京·绍兴周"期间,举行绍兴文化旅游暨文创大走廊推介会,发布文旅融合新品牌"绍兴七十二时辰"。

同日至 6 日 绍剧《金猴送福》受邀参演第二届中国国际进口博览会。

19 日 绍剧现代戏《美好家园》获第十四届浙江省戏剧节新剧目大奖,孙晓燕荣获优秀导演奖,主演施洁净、章金刚荣获优秀表演奖。

23 日 绍兴市在 2019 中国(国际)休闲发展论坛颁奖典礼上获"2019 年度中国十大品质休闲城市"称号。

25 日 绍兴 12 个村(社区)入选首批浙江省美丽乡村美育村(社区)试点单位。

26 日至 28 日 组织参加 2019 浙江省旅游饭店服务技能大赛,获一等奖 1 个、二等奖 2 个、三等奖 3 个。绍兴市文化广电旅游局获最佳组织奖。

12 月

3 日至 9 日 赴青海海西州、新疆阿克苏市、四川阿坝州三地开展文旅领域东西扶贫协作工作。

4 日 由故宫博物院、绍兴市人民政府、中共杭州市委宣传部、凤凰卫视联合主办,中共绍兴市委宣传部、绍兴市文化广电旅游局、绍兴市科技协、绍兴市文化旅游集团、故宫出版社、北京凤凰数字科技有限公司协办的《清明上河图 3.0》宋潮游乐园绍兴展开幕。

5 日 绍兴市选送的 4 个折子戏节目入围 2019 年浙江省民营文艺表演展演,市文化广电旅游局被评为优秀组织单位。

25 日 在长三角一体化国家战略背景下甬绍合作与新营商环境高端研讨会暨甬绍两地企业和宁波市绍兴商会 2020 年会上发布"绍兴十二时辰"油画版、"把绍兴带回家"挂历两大文旅 IP。

(周汝嘉)

绍兴市县(市、区)文化和旅游工作概况

【越城区文化广电旅游局】 内设职能科室 5 个,下属事业单位 5 个,镇街文化站 17 个。2019 年末人员 53 人(其中:机关 6 人,事业 47 人;具有高级技术职务资格的 3 人,中级 20 人)。

2019 年,越城区文化广电旅游局以事权承接、机构改革为契机,紧紧围绕区委、区政府建设总目标和部门岗位目标责任制,深入贯彻党的十八大、十九大精神和习近平新时代中国特色社会主义思想,努力在群众文化事业、文化市场管理、旅游产业发展、文物保护管理和文化保障工作方面狠抓落实、积极突破、实现超越。一是持续优化文化惠民服务。群众文化活动百花齐放,共举办"送群文"进文化礼堂、进社区、进敬老院、文化下基层等文化惠民演出 153 场,其中进文化礼堂、进社区 86 场,新春送戏下乡、进校园、送福送春联 24 场,迎新地方戏曲(曲艺)展演 3 场,进敬老院、消防队慰问演出 16 场。积极推进文化交流,开展跨地区"文化走亲"活动 6 场、"接亲"活动 4 场,其他主题活动 14 场。积极举办新春系列文化活动和庆祝中华人民共和国成立 70 周年系列活动,参加各级各类文化赛事,荣获省级银奖 3 个、铜奖 2 个、优秀奖及提名

奖等4个,市级优秀组织奖2个、金奖8个、银奖10个、铜奖12个。越城区图书馆馆藏图书量为48.9万余册,全年新增图书130909册,服务读者118.2万人次,图书流通147.8万余册,新办读者证11386张,网站访问量4.9万余次。全年组织讲座24场,展览35次,培训8次,阅读推广活动117场,读者参与人数达1.67万人次。二是不断完善文化阵地建设。全区16个镇街综合文化站100%达到省定标准。富盛镇、鉴湖街道完成重点镇提升任务,大葛村、岑前村、安心村等10个重点村完成提升工程。根据公共文化服务体系"常住人口5万以上的乡镇(街道)设立图书馆分馆"的要求,着力推进8个镇街图书分馆建设;全区16个镇街文化分馆全覆盖,并达到省定标准。全区共组建96支"三团三社"(合唱团、艺术团、民乐团、书画社、摄影社、文学社),培育乡村文艺骨干,加强乡村文艺团队建设,激活基层文化资源要素。区图书馆继续延伸馆外服务,新建科协、胜利社区、外滩社区等14个馆外图书流通站,共有65个馆外流通站(包括10个"心悦读"读书站)。三是激活旅游发展空间。7个景区共接待游客169万人次,实现旅游收入916万元,全年组织参加旅游推介等系列活动12次。积极探索"文商旅融合发展"城乡互动模式,推出"越游乡村"研学之旅、黄酒之旅、修养之旅等3条越城乡村游线。《诗词咏越300首》旅游读本和"浙东唐诗之路(越城)手绘导览图"首发,这是绍兴市首本以诗词为主要内容的旅游读本。读本分稽山、鉴

水、越城3个篇章,每个篇章以诗词歌赋、名篇佳句为脉络,重点描绘会稽山、阳明洞、香炉峰、大禹陵、秦望山等景点的山水人文景观。四是推进省3A级景区村创建。结合"五星达标、3A争创"活动,积极开展浙江省A级景区村庄创建工作。绍兴黄酒小镇通过4A级景区景观质量评审,并成功创建成为浙江省风情小镇。富盛镇上旺岩里景区成为2019年省级放心景区,孙端街道皇甫庄村等3个村庄创建成为浙江省3A级景区村庄。截至年底,全区共有3A级旅游景区4家,2A级旅游景区3家。五是有效提高行业管理水平。绍兴市文化广电旅游局与越城区文化广电旅游局就旅游事权移交工作签订备忘录,正式承接下放事权。根据下放事项清单,依法履行县级旅游行业主管部门职能,负责辖区旅游星级饭店、旅行社行业管理和安全生产管理、旅游市场秩序和服务质量监督管理、旅游咨询投诉受理等,管理辖区旅行社47家,星级饭店15家,其中五星级5家、四星级5家、三星级5家。新设市场管理与执法指导科(与行政审批服务科合署,挂广播电视科牌子),明确工作职责,开展行业管理工作。六是积极推进"最多跑一次"改革。持续推进"最多跑一次"审批制度改革,完成与省级部门审批事项"八统一"比对调整工作。制订并梳理市本级群众和企业到政府办事"最多跑一次"172个标准事项,优化服务指南,提高容缺比例和即办比例,分别达到100%和98%,完成预期目标。全年共办结审批事项352件,切实做到了提速增效。

推进政务服务"一窗办、全城办、移动办"改革。全面启动"一窗受理"改革,将119个事项在商事登记、社会事务、投资建设等3个板块实施全科受理服务模式。100%开通网上办理渠道,28个事项列为移动办改革,在"浙里办"上线运行。推行文广系统政务服务,100%实现"全市通办",32个事项实行涉企证照通办,涉及文物的2个事项并入投资项目版块,85个事项并入社会事务版块,切实打破地域范围和职能界限。越城区文化广电旅游局审批窗口荣获2019年度行政服务示范窗口。七是落实执法监管多举措。扎实开展扫黑除恶、安全生产专项行动,持续推动"扫黄打非",切实执行"双随机"抽查监管制度,积极参与"平安创建"工作,不断提升市场监管能力和执法办案能力。同时,配合开展文化市场改革工作,继续保持全区文化市场健康有序的良好发展态势。全年日常出动检查3222人次,检查场所3652家次,举报(督查)受理38件,行政处罚立案调查23件,罚款143000元,停业整顿1家次,没收非法所得186.80元,没收违法物品66个。八是树好文物保护风向标。承接绍兴市移交全国重点文物保护单位徐锡麟故居,公布首批区级文物保护点12处,由国务院核定并公布绍兴大善寺塔、汉建初元年买地刻石为第八批全国重点文物保护单位。全区共有不可移动文物476处,其中全国重点文物保护单位10处,省级文物保护单位19处,市级文物保护单位59处,文保点102处,"三普"登录文物286处。开展省级文物保护单位石屋禅院

造像抢险加固工程、鲍氏旧宅建筑群老宅保养维护工程等20余项文物保护工程和保护、检测工作,完成编制省级文物保护单位石屋禅院造像环境整治工程、市级文物保护单位邹家花园修缮工程等4项方案,做好省级文物保护单位贺知章《龙瑞宫记》摩崖刻石保护工程,绍兴钱业会馆修缮工程立项。九是实现非遗传承常态化。完成第五批区级非物质文化遗产项目评审,"绍兴赵氏宋六陵祭祀仪式"等7个项目新列入区级非遗名录。承接"绍兴古戏台建筑艺术"等62个绍兴市非遗中心管理下放非遗项目(其中省级项目9个,市级项目53个)。全区共有非遗项目96个,其中省级项目11个,市级项目70个,区级项目15个,非遗项目涵盖非遗十大门类;有省、市、区级非遗代表性传承人44人,其中省级7人,市级29人,区级8人。全年荣获各类奖项8个,其中省金奖1个、银奖1个、优秀奖1个,市金奖1个、银奖1个、入围奖3个。孙端街道安桥头村入选绍兴市首批非物质文化遗产旅游景区民俗文化村。

(劳薇薇)

【柯桥区文化广电旅游局】 内设职能科室8个,下属单位8个,乡镇(街道)文化站16个。2019年末人员196人(其中:公务员16人,参公18人,事业163人;具有高级技术职务资格的57人,中级60人)。

2019年,柯桥区文化广电旅游局积极探索文旅融合发展道路,在机构职能、文旅资源、公共服务、品牌推广、产业发展等各方面实现了初步融合。一是基本完成机构改革任务。区文化广电旅游局于1月28日正式挂牌组建,并完成了局机关内部科室调整。根据省、市统一部署,区文化市场行政执法队于10月18日正式挂牌组建,强化了文旅市场执法。根据机构改革精神,及时调整、划转各类行政事项,将23项(行政许可7项、其他行政权力16项)事项划转至区委宣传部(新闻出版局)。继续优化推进审批事项"最多跑一次",网上办、掌上办、跑零次、即办比、承诺压缩比、材料电子化等项比率均达到100%,网上办结率达到95.71%;窗口业务受理事项办结率、准确率均达到100%。二是重点挖掘特色文旅资源。做好大运河文化带资源保护利用工作,围绕浙东运河柯桥段,重点打造古纤道、柯桥历史文化街区等历史人文景观,展现江南水乡魅力,先后受到省委书记车俊、省长袁家军等领导肯定。投资2亿元,建设浙东古运河和鉴湖两条水上游线,实现全程贯通。开展"稽山鉴水唐诗路"研讨会暨游线体验活动,打造全新文旅体验。柯岩风景区、稽东镇冢斜村等5家单位被评为首批市级非遗旅游景区,安昌古镇等2家单位被列入市级非遗研学游基地,"弘扬价值守正出新柯桥区国家级非遗项目绍兴莲花落在传承发展中大放异彩"的保护实践案例入选全国50个国家级非遗项目优秀保护实践案例,为全省唯一入选的曲艺类案例。三是梳理优化全域旅游资源。稽山鉴水研学基地、绍兴·东方山水营地、浙江军旅文化园成功创建市首批中小学生研学实践基地,绍兴宇成生态农业开发有限公司成功创建首批浙江省采摘旅游体验基地,室内水上乐园(东方山水乐园)、飞拉达(绍兴刻石山)成功复核、创建为2019年浙江省运动休闲旅游优秀项目。全区有6个镇(街道)95个村完成景区化创建,6个村创建为市3A级景区化示范村。在全省率先启动文旅大数据中心建设,根据浙江省文化和旅游厅发布的全省89个县(市、区)数字化转型考核晾晒通报,本区位列全省第三、全市第一。四是全面升级公共文旅服务。4月,通过浙江省基本公共文化服务标准化认定验收,成为全省首批、全市首个通过认定的单位。2月,柯桥区被授予浙江省全域旅游示范区称号,同步启动国家级全域旅游示范区创建。推进非遗馆新馆装修布展,建设中的非遗新馆占地达5000平方米。全面启动柯桥区城市书房建设。提升免费开放水准,区文化馆全年举办各类活动30余场次,推出免费培训3期30余门课程,学员1000余人。区图书馆年总服务112万余人次,外借图书54万余册次,新增借阅卡5678张,累计有效读者卡74954张。区博物馆推出临时展览9个,年接待参观人数86400人次,并有300余件藏品赴苏州、江山等地博物馆展出。五是努力提供文化艺术精品。现代题材越剧《云水渡》开排。新编越剧《屈原》完成国家艺术基金滚动资助项目结项演出,并启动高校巡演,先后走进浙江大学、四川锦城学院、成都理工大学、武汉大学等知名院校。新编越剧《苏秦》首演。越剧电影《李慧娘》杀青。绍兴莲花落小戏《一包花》获得浙江省"群星奖"，绍兴莲花落《"孝子"的服务》获浙江省第十届曲艺新作大赛银奖，绍兴莲花落《言而有信》受邀参加第二届中国东部优秀曲艺节目展演，书画作品《岁月》入选第八届中国国际美术双年展，《家园》《薪火相传》《黎明将至》入选省第十四届美术作品展，《秋声》入选浙江省油画作品展，舞蹈《农家乐》入选全省广场舞比赛。绍兴小百花4名青年演员获越美中华·越剧青年演员大会演新蕾组"金艺奖"，另有5人获越秀组"佳艺奖"，张琳在"擂响中华"全国戏曲群英会第2季总决赛上获巅峰大奖、网络人气王2个奖项，青年演员陈雯婷举办了"越坛雯秀——陈雯婷个人专场"及"越苑雯秀"个人专场暨拜师仪式；1人在"绍兴有戏　盛世欢歌"首届群众声乐大赛中获青年民族组银奖，展现了柯桥专业文艺创作人才的实力。六是深入推进文化惠民服务。在完成全年80场"文艺五进"、96场民营剧团送戏下乡基础上，开展2019年"欢乐柯桥"文艺贺新春活动28场，继续推出梅花奖、群星奖、牡丹奖演员送演出到基层活动，演出32场。开展"鉴湖之春"广场文化活动暨"好戏连台——群英会"展演评比29场，开展"百花大舞台"精品文艺演出50余场。依托"莲花书场天天演"平台，面向群众每周演出5场。组织开展群众声乐大赛、首届群众舞蹈大赛、柯桥区第二届少儿戏曲曲艺大赛等品牌赛事10场。全区"相约礼堂·周末剧场"扩面到69家，开展各类文化活动900余场。组织"幸福水乡才艺秀"优秀选手排演民星版《红楼梦》，开展基层巡演16场。结合"文化和自然遗产日"，开展15场主题宣传展示活动。组织非遗代表性传承人、非遗保护展览、非遗传承演出、非遗主题讲座等走进浙江工业大学之江学院、中国轻纺城第二小学、齐贤街道下坊桥社区等。围绕"我们的节日"这一主题，在漓渚、安昌、杨汛桥等地开展七夕、中秋、重阳等民俗文化活动。七是打响"老绍兴·金柯桥"品牌。在上海举行"老绍兴·金柯桥"城市品牌发布会，推出首个文创空间、四大系列文创产品、3条主题游线。围绕"长三角"市场，组织开展"长三角推广季系列推介——杭州站"、长三角第二届欢乐冰雪季等活动，并赴杭州、上海、宁波、丽水等地参加"大运河文化旅游博览会""杭州·绍兴周"等各类推介活动12场。精心创排"醉忆柯桥"文旅一台戏，投资6000万元打造鲁镇"一台演艺"，以文艺演出手段，向游客展示柯桥地域文化魅力。八是扩大柯桥地域文化交流。绍兴小百花先后参加了"杭州·绍兴周"——绍兴戏曲天天演、第七届武汉"戏码头"中华戏曲艺术节演出、第十届越剧节展演等文化交流活动，组织开展了"风范传承"——师生堂开馆仪式及相关活动，参加了长三角联盟友好院团优秀青年演员三地集训。文艺工作者随中国曲协赴赞比亚、坦桑尼亚、南非等国参加庆祝中华人民共和国成立70周年·曲艺唱响"一带一路"文艺演出活动，承办了"'风从东方来'长三角(江浙沪皖)曲艺精品巡演"、浙江省文联"献礼祖国"系列文艺活动"说唱颂祖国"曲艺名家走基层柯桥专场、浙江绍兴柯桥(融杭接沪联甬)"曲艺走亲"启动仪式。九是开展重点文旅品牌活动。承办第六届中国曲艺绍兴(柯桥)高峰论坛及"中国曲艺牡丹奖艺术团'送欢笑'走进绍兴柯桥专场"演出。承办2019年"5·18国际博物馆日"浙江主场活动，推出临时展览2个，展出精品文物150余件，其中国家一级35件。在安昌古镇举办第三届柯桥非遗嘉年华。推出为期3个月的"金柯桥文旅节"。以"美丽乡村　多彩四季"文旅助力乡村振兴为主题，打造乡村系列文旅品牌，在稽东家斜古村开展"绍兴有戏——非遗兴乡大巡游"活动，内容丰富、形式新颖，广受好评。十是着力促进文旅产业发展。全区共有新建、在建文旅项目37个，总投资430亿元，总投资100亿元的东方山水乐园二期项目"酷玩王国"开园迎客，总投资1600万元的柯岩风景区全国首条水上玻璃栈道正式投用。温德姆酒店、鲁镇二期、安昌影视小镇等全区17个重点文旅项目集中签约，总投资128.18亿元。积极申报省、市精品民宿6家，新增一壶酒场·朴筑、万缘等民宿6家，全区建成民宿60余家，平水镇若耶山居荣获浙江省金宿级民宿荣誉，兰亭街道兰亭驿事客栈、平水镇巷深竹缘民宿荣获浙江省银宿级民宿荣誉。全年共接待国内外游客2901.96万人次，实现旅游总收入301.08亿元。全年旅游责任事故、事故死亡人数、事故直接经济损失3项指标均为零，继续保持旅游市场责任事故"零发生"。全区文化文物市场运行平稳，继续保持健康有序发展势头。

（沈琛幸）

【上虞区文化广电旅游局】 内设职能科室5个,下属单位10个,乡镇(街道)文化站20个。2019年末人员151人(其中:机关14人,事业137人;具有高级技术职务资格的22人,中级48人)。

2019年是机构改革之年,1月22日,上虞区文化广电旅游局正式挂牌。是年,上虞区文化广电旅游局抢抓文旅融合发展机遇,打造文旅融合发展平台,推动文旅融合资源转化,圆满完成各项工作任务,亮点纷呈,成绩优异。一是文旅融合稳步推进。牵头实施文创办实体化运作,推进曹娥江文创走廊建设。配合制订文化产业发展的若干政策意见,提升文旅产业保障力度。全力推进博物馆异地新建项目,总投资约2.4亿元,建成集常年展览、灵活策展、休闲旅游、文化传承、文博研究、学术交流等功能于一体的现代化博物馆,于10月底动工建设。完成市九运会开闭幕式文体表演任务。举办"天籁浙江"暨浙东唐诗之路主题晚会,整场活动在线吸引约115万人观看,央视新闻频道、中国新闻网、新华网、腾讯网等40余家主流媒体积极报道。组织策划经典演艺作品参加沪甬两地活动周,有效服务民生、服务招商、服务旅游。二是公共服务工作有序开展。顺利通过省基本公共文化服务标准"五个百分百"建设考核验收。在省文化和旅游厅发布的2018年度全省基层公共文化指标评估排名中,本区在全省89个县(市、区)中排名第28位,列绍兴市第2位,首次进入全省前30位,较2017年度上升10位。完成20个乡镇(街道)综合文化站、文化馆分馆建设,完成7个乡镇(街道)图书分馆建设,基本实现每周42小时免费开放。曹娥江"一江两岸"文化场馆举办喜迎中华人民共和国成立70周年书画展、当代工笔画名家精品等高质量展览。制定出台《城市书房三年实施方案》,以提供普遍、均等、免费、无障碍的公共图书馆服务为目标,打造适应群众需求的都市"15分钟阅读圈",鼓励社会力量以民办公助、民办自助、跨界融合等方式参与建设,鼓励企事业单位利用临街等场所参与建设,鼓励利用现有图书分馆、文化站、社区文化中心等场所建设城市书房,全年建成城市书房3家,"天香书吧"4家。举办"我是讲书人""亲子阅读""国学讲堂"等品牌阅读推广活动100余场次,服务20万余人次。举办时代性、原创性、艺术性相融合的"诗画曹娥江"品牌活动,弘扬主旋律、传播正能量,传承新精神。以中华人民共和国成立70周年为主题,指导支持乡镇(街道)、村(社区)开展特色文化活动,帮助挖掘乡土特色文化。提升阳光文化惠民服务水平,全年送戏下乡297场,送书下乡74338册,送讲座、展览55次,戏曲进乡村60场,好书天天荐300册,送电影下乡4500场。开设"文旅讲堂",建立文旅干部基层联系点制度,以"人民为中心"为创作导向,全年精品文艺创作在省、市各类比赛中成绩突出,共收获4金5银5铜,位居全市榜首;区文化馆获省、市各类理论研究征文一等奖4个,二等奖6个,三等奖10个。三是文博非遗工作成绩斐然。完成凤凰山考古遗址公园工程智能化系统、考古工作站建设项目。1月22日,一期项目举行开园仪式,接待"中外名校赛艇运动员""上海主流媒体上虞行"等省内外30余个考察调研团参观游览,接待中外游客20万余人次,项目成功列入省青瓷文化体验专线。牵头落实校地合作,积极推动陶大上虞陶瓷高等研究院成功落地并实质性运作,促进全区经济、产业、文化优势融合发展。创新举办全国越窑青瓷研发大奖赛,将活动覆盖扩大到全国,举行颁奖仪式,提升活动影响力。规范运营越窑青瓷发展研究中心(陶艺中心),完成新馆改造,全年接待15位国内外陶艺家入驻创作,本地瓷泥改良和越窑釉色研发取得突破性进展,组织青瓷企业参加景德镇瓷博会,进一步提升越窑青瓷的品牌认知度、公众参与度,扩大活动影响。建立越窑青瓷研究所和研究会,增强事业发展保障。根据《文保类古建筑五年修缮行动计划》,全年投资2010万元,按计划完成了马一浮故居(一期)、徐光宪故居、县工委驻地旧址修缮和文物古建筑单位安全提升工程,落实补助项目4个,2018年度全省文博事业发展评估指标排名第25名,位居全市第二。制定出台《民营博物馆扶持政策》,积极鼓励民间资本投入博物馆建设,深入对接项目,引进、落实签约项目5个。非遗提档升级取得突破,推动"虞舜传说"申报国家级非遗传承项目,通过省级公示。举办"非遗来也""至虞至乐"品牌非遗传习活动20余场,加强濒危非遗项目的抢救性保护,推动各门类项目的创新发展和创造性转化。积极推动非遗产品入驻旅游景区、历史街区、特色小镇。做好"庙会"文章，围绕曹娥庙深厚的文化底蕴和丰富的文化遗存，深入挖掘并多元展示，提升曹娥庙会影响力。四是旅游服务蓬勃开展。完成省A级景区村创建、绍兴市农村3A争创和A级旅游厕所的评定工作。指导有关村做好相关创建工作，11个3A村通过绍兴市局检查验收。完成创建省A级景区村45个，3A级景区村6个。全年限上住宿业累计实现5.6亿元营业额，同比增加12.18%；接待旅游总人次、旅游总收入分别为2087.3万人次、175.5亿元，分别同比增长16.2%、16.5%。加强行业服务、安全监管，组织好饭店、旅行社星级评定，组织完成旅游行业从业人员的教育培训工作，提升旅游行业整体服务品质。五是文化执法有序开展。科学合理制定好局"三定"方案，进一步厘清职责边界，完成区文化市场综合行政执法改革，推进相关事业单位改革，进一步加强人员的整合融合。规范市场管理，深入推进扫黑除恶专项斗争工作，排查文化和旅游市场涉黑涉恶犯罪活动线索。有序开展"扫黄打非"各大专项行动，严查各类政治性有害出版物和其他非法出版物。全面实施文化市场包干盯点网格化管理，确保"文明城市"测评顺利通过。积极推进"互联网＋监管"体系，实现"钉钉"掌上执法。注重执法人员业务培训，在全市文化和旅游法律法规知识竞赛中荣获团体第1名。全年开展各类专项行动38次，共出动检查人员1126人次，检查文化旅游经营场所2527家次。组织文化市场"双随机"抽查

行动36次，随机抽查文化经营单位189家次。开展文化市场涉黑涉恶犯罪线索专线排查行动9次，排查经营单位192家次。开展文物专项检查8次，检查各类文保单位113家次。开展旅游市场专项检查6次，检查旅游经营单位49家次，办理文化市场行政处罚案件13件。

（章雨蕾）

【诸暨市文化广电旅游局】 内设职能科室8个，下属事业单位10个，乡镇（街道）文化站27个。2019年末人员174人（其中：机关39人，事业135人；具有高级技术职务资格的27人，中级58人）。

2019年，诸暨市文化广电旅游局各项工作有序开展，取得成效。一是稳步推进机构改革工作。根据《诸暨市机构改革方案》及市深化机构改革协调小组办公室要求，严格对标对表，各项工作有序推进。1月25日，诸暨市文化广电旅游局正式挂牌成立，于4月底前完成内设机构重组、人员转隶安排、财产合并处置、人员集中办公等，并按新体制新机制进行日常运行。督促全体局编干部加强学习调研、提升政治站位、做好角色转换，切实做到思想不乱、工作不断、队伍不散、干劲不减，努力开创文化广电旅游工作改革发展新局面。二是统筹推进文化旅游融合发展。以资源挖掘梳理为重点，全力推进全域旅游创建。制定《诸暨市全域旅游总体规划》，出台《诸暨市创建浙江省全域旅游示范区实施意见》和《关于加快推进全域旅游发展的若干政策意见》，成立诸暨市文化健康休闲发展委员会，建立联系

会议机制，召开全域旅游发展大会，分解、布置诸暨市全域旅游创建工作任务，全面启动创建工作。指导山下湖镇成功创建省级旅游风情小镇、东白湖镇正式列入第四批旅游风情小镇培育名单，指导同山镇入选第五批浙江省非物质文化遗产旅游景区（非遗主题小镇）。以重点项目建设为载体，积极推动文旅融合发展。扎实推进"云溪九里"浙江文旅康养小镇、春风十里、沉香湖文化旅游项目等的建设。以"西施故里 好美诸暨"品牌为着力点，深入拓展文旅市场。根据"与杭同城"战略部署，完成诸暨元素和西施文化"进地铁"宣传，开启"诸暨·西施号"地铁之旅。与杭州西湖风景名胜区管委会旅游商贸局签订杭州西湖—诸暨西施友好合作协议，建立旅游合作机制。举办2019春季旅游节，包括文旅新品（杭州）发布会、西施西湖快闪、旅游网红采风等四大主体活动，借助"西施""西湖"两大强势IP，全网全媒体覆盖宣传，网络媒体浏览量达36万。完成环法自行车赛、西施马拉松、袜博会的文艺表演和接待服务等工作，通过《荷花女神》《响展舞》《西施浣纱情》等西施主题文艺节目表演，展现西施故里独特文化魅力。加强旅游产品设计，编制《全域旅游精品线路推荐》宣传手册，根据清明、五一、中秋、国庆等假日特色推出赏花游、踏青游、亲子游等主题游线，研发"跟着成语游诸暨"文旅新品，打造古韵红都地标之旅、敬缅忠魂感恩之旅、寻迹名人故居之旅、难忘金萧支队之旅等6条红色主题游线，打造棕编非遗研学游、"古越人文 越红茶旅"等

非遗研学游项目,谋划"枫桥经验"红色研学游产品。全年接待游客2722.92万人次,实现旅游总收入283.65亿元,同比分别增长10.01%和10.02%。三是全面推进公共文化惠民工程。实现公共服务标准化。围绕省文化和旅游厅《关于开展〈浙江省基本公共文化服务标准(2015—2020年)〉完成情况认定工作的通知》文件精神,对照省定46条标准和"五个百分百"建设要求,根据全市实际情况,以诸暨市人民政府名义向省文化和旅游厅申请,确定为2019年第二批达标认定县市。经过2个月迎检准备,于7月初顺利通过省文化和旅游厅验收。推广书香暨阳多样化。4月23日世界读书日期间,举办全民读书节启动仪式暨"书香点亮生活"大型诗歌朗诵晚会、"图书馆之夜"、"阅读马拉松"等主题鲜明的阅读推广活动。发挥暨阳阅读联盟、暨阳朗诵团作用,开展书香暨阳"悦读"系列活动,举办朗诵会、公益讲座、阅读分享、图片展等各类阅读推广活动116场,累计参与活动群众达5000多人次。新建浣江书房5家,全市浣江书房13家,全年累计接待读者56.7万余人次,图书借阅32.7万册次。新建开放浣江书吧3家,全市浣江书吧9家。新建图书流通站3家,配送图书6700余册。开展送书下乡活动,在各镇乡图书分馆及农家书屋流通图书3.5万册。推动文化惠民深入化。以"我们的文化"系列群文活动为载体,围绕中华人民共和国成立70周年、新时代文明实践等主题,开展庆祝中华人民共和国成立70周年——诸暨市第七届

"梦想诸暨"团队秀活动、诸暨市基层书画社团千人优秀作品展、"我和我的祖国"——诸暨市庆祝中华人民共和国成立70周年文艺晚会等活动。文化惠民志愿服务队文化下乡巡演100多场次,"好美诸暨""文化走亲"9次,举办"潮涌浣江"系列展览20个,开展书画展览进礼堂巡展活动27场,"市民学堂""流动课堂""文艺专家门诊进基层"等活动培训学员9000多人次。送电影下乡7296场次。周末剧场演出52场。加强文艺精品创作,多部书画作品入选省、市级作品展,系统人员参演的小品《但愿人长久》《腊八粥》获浙江省群星奖、《父与子》获全国第十八届群星奖,2人在绍兴市职工才艺大赛中获金奖等。推动基础设施完善化。投资2000万元,实施第3期生态健身游步道建设工程,新增12条、总长度约200千米的生态游步道。投资1000万元新建旅游厕所54个,百度地图标注率100%。获评2A级旅游厕所25座,A级旅游厕所42座;推荐3A级旅游厕所2座;达标旅游厕所43座;暂不定级1座。四是扎实推进文化遗产可持续发展。文化遗产保护进一步规范化。提交第七批省级文物保护单位的"四有"档案,划定保护范围和建设控制地带。申报第七批绍兴市非遗代表性项目、第六批绍兴市非遗代表性项目代表性传承人、绍兴市首批非遗旅游景区。实施2019年诸暨市文物保护工程,完成王冕隐居地(白云庵)、安华镇宣何公馆等21个修缮工程,涉及11个乡镇(街道),总计投入1600余万元(含民间资本1200余万元)。以

文物消防安全整治行动、文物行政执法"双随机"行动等专项行动为抓手,和属地镇乡签订责任书,开展文物消防安全大排查,消除消防安全隐患20余处。启动博物馆临时展厅改造工程,完成展柜改造、屋面修缮及音响、LED大屏配置等。文化遗产传承进一步多元化。启动全省首个县级文化脉络系统梳理工程——诸暨市文化基因解码工程,完成枫桥文化基因解码初稿。启动民间文学类——西施传说记录工作与保护研究项目课题,由文化和旅游部民族民间文艺发展中心牵头实施,已初步完成实施方案、历史资料收集整理、田野拍摄等。启动《浙江珍稀剧种与面临濒危剧种代表剧目影像传承艺术片(诸暨西路乱弹小戏集锦)》拍摄。整合三大国家级非遗项目创排西路乱弹小戏《抖狮结义》,参加第二届绍兴市群众小戏、小品邀请赛,荣获金奖。新创排"草塔抖狮子"节目,参加"诗路传薪"——2019年浙江传统体育类非物质文化遗产大会,获"优秀组织奖"和"创新奖"。举办2019(己亥)南孟文化节、"国际博物馆日"系列活动、"文化和自然遗产日"系列活动。编辑出版"南孟文化"、"西施故事"等文化丛书。联合诸暨电视台拍摄播出文化系列专题片《浣江纪事》24期。五是有序推进行业监管体系建设。对歌舞娱乐场所、重点景区、星级宾馆、网吧和旅行社进行安全生产检查,开展清理网络安全风险隐患专项行动、安全隐患大排查大整治百日攻坚行动、2019年度文化和旅游市场整治工作等系列行动,日常巡查出动检查1337人次,检查

2340 家次,查处违规 10 家次,收缴非法音像制品 2502 张(盒)、非法出版物 16765 册(张),立案查处 10 件,罚没款 158153.22 元。

（石 飞）

【嵊州市文化广电新闻出版局】
内设职能科室 7 个,下属单位 11 个,乡镇(街道)文化站 21 个。2019 年末人员 235 人(其中:机关 15 人,事业 220 人;具有高级技术职务资格的 38 人,中级 60 人)。

2019 年,嵊州市文化广电新闻出版局着力发展越剧事业,积极拓展公共文化阵地,大力推进文旅融合,加快全域旅游建设,各项工作取得新成效。一是推进生态保护区试点工作,越剧事业有新发展。以越剧为代表,嵊州市受邀参加第十五届中国(深圳)国际文化产业博览会"中国民间文化艺术之乡"座谈交流及资源对接会,越剧文化生态保护区试点工作有序推进,越剧事业传承与创新发展倍显成效。线上线下齐助力。与腾讯合作力推"王者荣耀"越剧主题皮肤;进一步落实中国越剧戏迷网建设,网站点击量已达 300 多万人次,建成爱越小站 82 个。举办第 18 届绍兴(嵊州)中国民间越剧节暨第四届全国越剧戏迷大会等重大节会赛事,受邀参加 2019 中国北京世界园艺博览会等展示展演活动。参加全国青年演员越剧大奖赛,荣获金奖 2 个、银奖 1 个。内育外拓扩影响。越剧艺校办学实现提档升级,与浙江音乐学院合作,完成中职与应用型本科一体化("3+4")培养试点工作。持续推进校园开放日活动,累计接待访客 5000 余人次,继续推进"越剧

进课堂"实践活动,学生学唱累计达 7000 余人次。传承创新谋新剧。成立"越剧之家"实验团,搭建创作实践平台,贯彻落实《关于强化改革创新推进越剧事业传承发展的意见》文件精神,助力越剧精品工程,《袁雪芬》斩获第三十三届"田汉戏剧奖·剧目奖",新排《傲雪芬芳》申报省戏剧节演出剧目,着手创作"雪夜访戴"为主的唐诗之路越剧小戏。二是助力"三走进"示范项目,公共文化有新阵地。围绕"我们的节日"主题活动,浙江省基层公共文化服务标准化认定工作顺利完成。浙江省公共文化服务"十百千"工程取得实质性成效,全市 2 个乡镇、21 个村实现整转提升。典型示范文化惠民。"文化三走进"活动入选省级示范项目,组织民营剧团送大戏 100 场,指导开展乡村文化活动 260 场。承办嵊州市文化"三走进"全民星戏曲歌曲大赛等全域性会演活动,承办"我们的村晚"等节庆主题演出。孝悌文化进农村活动持续推进,人本文化进企业专场走进加佳控股,送书下乡 26000 册,农村电影放映 5000 场,观众累计达 40 万人次。文化交流丰富多彩。推进山海协作工程,"嵊州-青田'文化走亲'专场演出暨'山海协作'文化交流活动"圆满落幕。承办"天目风·越乡情"临安·嵊州、王一敏娘家戏班赴甘霖镇等"文化走亲"系列活动。建设项目完善设施。文化综合大厦项目剧院等部分场馆已启用,城市书房项目完成 2 家,推进文化站"三团三社"建设。三是注重"非遗+"文旅融合,历史文化有新动能。进一步传承与发展非遗项目,焕发历史文物新活力,

将文化资源转化为助推文旅融合发展的新动力,文化产业发展呈现经济新增长点。推动无形遗产向有形资产转化。承办"绍兴有戏"——非遗兴乡大巡游(嵊州站)等活动,嵊州根雕、竹编、泥塑、紫砂等非遗项目受到游客青睐。组织 4 位传承人作品赴德国基尔参加"美丽中国·诗画浙江"浙江省非物质文化遗产展。组织参加"大运河文旅季"第十一届浙江·中国非物质文化遗产博览会(杭州工艺周)和第十四届中国木雕竹编工艺美术博览会等活动,金庭王均雷竹编系列产品入选全省优秀非遗旅游商品。推动历史价值向社会价值转移。馆藏精品参展省博物馆举办的"光致茂美——浙江出土宋元青白瓷"等。举办嵊州市印象文物绘画大赛获奖作品展。完成第八批全国重点文物保护单位申报工作。推动日常巡检向"三防"建设转型。举办全市文物工作会议和文物安全培训会,大力实施"三防"工程建设。马寅初故居消防工程通过省级验收,崇仁村建筑群消防工程一期施工有序推进,二期和安防工程进入招投标程序,中共嵊新奉中心县委旧址、璞岩张氏宗祠、前岗上坂台门等修缮项目设计方案已完成。崇仁村建筑群(三期)修缮工程争取到资金 1478 万元。四是擦亮越乡品牌金名片,全域旅游有新突破。围绕全域旅游创建,全面推进文旅融合发展。以浙东唐诗之路核心区(嵊州)项目建设为契机,盘活文化遗存,打造重点项目,擦亮"唐诗+""越剧+""书法+"3 张金名片。创建工作顺利推进。制定完善全域旅游示范区创建扶持政策,积极准

备全域旅游示范区申报材料。编制完成嵊州"浙东唐诗之路核心区"旅游规划编制项目大纲,完成剡湖水上戏台设计方案、崞浦改造方案。乡村旅游基础设施项目立项实施9个,瞻山游步道、百丈飞瀑景区提升等项目扎实推进。崇仁镇列入全省首批4A级景区镇试点培育单位。施家岙等9个3A级景区村庄迎接绍兴市考评,其中施家岙村申报全国乡村旅游重点村。甘霖镇越剧旅游风情小镇列入省第四批旅游风情小镇培育名单。越剧小镇被评为绍兴市中小学生研学实践教育基地。完成绍兴市首批非遗景区申报工作,越剧小镇被列入非遗主题小镇,金庭镇华堂村被列入民俗文化村。何家坞、唐溪草庐民宿分别荣获浙江省级"金宿""银宿"称号。嵊州市荣获"长三角最具网红特质旅游城市"。重点项目进展顺利。越剧小镇古戏楼、戏迷角等项目(一期)竣工,加快建设经典剧场、园林酒店等项目(二期),市越剧博物馆项目设计方案通过省文物局评审。投资20亿元的开元旅业高星级酒店项目成功签约。温泉养生小镇项目3个区块已分别形成总体规划方案,项目前期工作有序推进。力争艇湖景区、狮子山招商项目早日落地。积极探索文旅融合IP项目,摸排何家坞民宿、唐溪草庐民宿等文旅融合IP项目建设情况。宣传推介方式多样。拓展越乡品牌效益,举办第十六届中国嵊州国际书法朝圣节、"卫夫人杯"全国妇女书法展等活动。举办"嵊"情相伴、"抖"在越乡——2019文旅新媒体达人嵊州采风活动、"听家乡戏、品家乡

味"万人游嵊州活动千人团首发仪式等。集中推介诗画剡溪、晋唐寻踪唐诗之路游线,参加第11届中国国际旅游商品博览会、浙江省特色旅游商品展评会等。智慧文旅手绘地图完成初步设计。着手举办浙江省首届诗路诗词IP大会·何处寻剡中暨浙东唐诗之路剡溪智库一届二次年会。五是护航中华人民共和国成立70周年,市场监管有新力度。以智慧旅游大数据管理系统建设为契机,进一步加强文旅市场动态监管和行业规范化管理,努力营造全域旅游安全、健康、和谐氛围,国庆期间护航专项整治行动推进有力。大数据平台基本建成。嵊州文旅数时代大会顺利召开,文旅大数据中心平台上线测试,管理服务体系进一步健全,基础数据采集更新进一步落实,硬件设备基本安装完毕,智慧旅游项目建设稳步推进。评星晋级推进有力。旅游行业经营管理和服务水平有效提升,鼓励优质旅行社评星晋级,新增乐优假期四星级旅行社1家。鼓励优质酒店晋级申报,指导和服务柏星·超级大酒店三星升四星。安全工作责任落实。认真落实安全工作责任制,签订安全工作目标责任书和文化市场"扫黄打非"及文物安全目标管理责任书。深入开展安全生产检查工作,对各星级饭店、旅行社、A级景区等重点领域安全制度、消防设施、安全通道、警示标志以及娱乐项目进行专项检查,从根本上消除安全隐患。

(竹睿韬)

【新昌县文化广电旅游局】 内设职能科室7个,下属单位11个。

2019年末人员113人(其中:公务员14人,参公9人,事业90人;具有高级技术职务资格的6人,中级19人)。

2019年,新昌县文化广电旅游局坚持"生态兴县、旅游富民",扎实推进全域体验化、全域景区化、全域品牌化,以全域旅游蓝图推进"美丽新昌""诗画新昌"建设,新昌旅游发展环境全面优化,体制机制改革全面深化,品牌建设成效显现。一是机构改革有条不紊。1月28日,新昌县文化广电旅游局(挂县文化市场综合行政执法队牌子)正式成立。3月10日,印发《新昌县文化广电旅游局职能配置、内设机构和人员编制规定》,局内设科室7个。5月21日,印发《关于明确新昌县文化广电旅游局所属事业单位设置的通知》,下设11个事业单位。二是全域旅游大放异彩。7月,印发《新昌县全域旅游发展行动计划(2019—2022)》,举办全域旅游专题报告会。9月,新昌获"最美中国文化旅游县"称号。11月18日,新昌县文化旅游发展大会召开,以"打造全省文旅融合样板地、争创国家全域旅游示范区"为主题,以"浙东唐诗名城"为重点,打造全省首批5A级景区城;发布天姥山旅游区发展规划、天姥唐诗宴和新昌十二时辰,启动新昌十大主题游线,开元乡村旅游度假综合体、安缇缦生态旅游度假区等项目现场签约。省文化和旅游厅厅长褚子育到场。12月,印发《新昌县创建浙江省景区城和浙江省景区镇(乡)实施方案》,完成《新昌县AAAAA级景区城创建规划》初稿;新昌县成功创建为全省首批4A级景区城,8个乡

镇成功创建为省 3A 级景区镇（乡）。全县下达乡村旅游项目7000 余万元。委托第三方验收评定省 A 级景区村庄。完成 39个省 A 级景区村庄创建,其中3A 级 4 个。抓好 29 个重点村建设。新开业民宿农家乐 30 余家,包括归园桥居、秋山行吟等社会资本投资的精品民宿。"三服务"活动扎实推进。6 月,成立"三服务"活动领导小组,推进"大学习、大调研、大抓落实"。成立 7 个专项服务组。组建天姥山文化旅游服务工作团,下设 1 个旅游经营专家服务团、1 个地方文化服务团、4 支公共文化下乡小分队。将地方特色文艺和全域旅游相结合,累计赴各乡镇（街道）、企业、项目现场指导解决问题 80 多个,赴景区、农村、校园送文艺演出70 多场。三是文旅融合全面深化。做好国家全域旅游服务标准化试点。东茗乡省级旅游风情小镇创建、省 4A 级景区城创建验收工作有序推进。新昌县在 4 月全省文化旅游产业发展工作会议、6 月全省四条诗路启动仪式、7 月全省四条诗路建设专题会议、8 月全省百千万工程暨城镇景区化会议、12 月全省第四次全域旅游暨"百千万"工程推进现场会上,均做发言介绍。4 月 1 日全市"三服务"现场会、5 月 31 日全市非遗兴乡活动、7 月 24 日全市乡村旅游会议在新昌召开。四是公共文化服务重点突出。推进县大剧院（调腔剧团团部）、县非遗馆、城市书房建设。加快乡镇（街道）综合文化站建设,全县 15个乡镇（街道）综合文化站进行建设提升。自 2017 年 9 月起,历时2 年,新昌县于 2019 年 10 月通过省级公共文化服务重点县验收。五是非遗保护亮点不断。全县有县级非物质文化遗产 78 项,市级 36 项,省级 4 项（民间文学刘阮传说、传统技艺小京生炒制技艺、传统技艺传统砖瓦制作技艺、传统音乐新昌十番）,国家级2 项（新昌调腔、绍兴目连戏）;有浙江省非物质文化遗产传承基地2 个,绍兴市非物质文化遗产传承基地 7 个。全县有外婆坑村、南洲村、南山村、董村 4 个省级民俗文化村,5 个村被评定为市级民俗文化村。省级非遗项目传统砖瓦制作技艺入选首批浙江省优秀非遗旅游商品名录。组织新昌竹编、根雕、砖雕等作品参加中国（义乌）文化产品交易会,荣获 1个金奖、5 个银奖、5 个铜奖。六是"唐诗之路"成果丰硕。5 月 16日,浙江省省长袁家军到新昌调研文化建设,强调"浙东唐诗之路"是"诗画浙江大花园"的标志性工程,是文化浙江建设的"金名片",要坚持文化为魂,打响唐诗之路品牌,把"浙东唐诗之路"打造成助推产业富民、乡村振兴、经济发展、文化繁荣的幸福之路。7月 26 日,省委常委、宣传部部长朱国贤到新昌调研文旅深度融合发展情况,强调要把"浙东唐诗之路"精华地打造工作抓得更实更好。中国唐代文学学会唐诗之路研究会成立大会召开。取得《中国诗词大会》第 5 季浙江赛区报名端口。七是旅游产业项目落地落实。梅溪湖民俗文化及休闲养生园、胡卜古村及休闲生态养生园建设项目、新昌韩妃江·安岚酒店等在建项目有序推进,经招商局初步核准,实际到位内资3.18 亿元。八是文化市场监管并重。全年召开文化市场行业会议 3 次。发放法规宣传资料4500 余份。现场回答市民相关咨询 50 余起,进行实物鉴定 60余件。召开全县文化市场安全生产会议 3 次,签订《新昌县文化市场安全工作目标管理责任书》88份,同县消防救援大队开展消防安全知识培训 3 次,组织娱乐场所、影院、旅行社、A 级景区及星级酒店开展消防安全应急演练10 次。全年出动检查 391 次、845人次,检查各类场所 1943 家次,开展各类联合检查 30 次,发现各类安全隐患 15 处,没收非法出版物343 册。全年共开展 5 次校园周边专项整治行动,开展 6 次教辅材料专项检查活动。查处各类违规案件 12 件,办结案件 8 件。10 月 31日,新昌县文化市场综合行政执法队正式挂牌。新昌县文化市场综合行政执法队整合了原文化和旅委两个部门的行政执法权,按照"局队合一"的执法体制,行使文化、文物、出版、广播电视、电影、旅游六大领域的行政执法职责,并承担"扫黄打非"有关工作任务。"双随机、一公开"抽查圆满完成,协助查办"8·20"拍卖销售非法出版物案,被列为全国"扫黄打非"十大案件之一。九是群众文化喜闻乐见。全县举办各类文娱活动 57 场次,其中"阳光文化进礼堂"10 场,广场文化活动 47 场。参加文化活动共获省级一等奖 3 个、二等奖 2 个、三等奖 2 个、优秀组织奖 1 个、市级二等奖 9 个、优秀组织奖 1 个。举办"文化走亲"13 场、农村村晚 2 场、主题巡演 18 场。开设各类培训、讲座共 225 期次,直接受训 4333人次。

（梁钱峰、俞洁楠）

金华市文化广电旅游局

【概况】 内设职能处室 9 个,下属单位 15 个。2019 年末人员 347 人(其中:公务员 42 人,参公 18 人,事业 287 人;具有高级技术职务资格的 83 人,中级 128 人)。

2019 年,是文化和旅游融合发展的开局之年,根据市委统一部署,原市文化广电新闻出版局、原市旅游局、原市文物局 3 家单位合并为市文化广电旅游局,并于 1 月 11 日正式挂牌。金华市文化广电旅游局高举习近平新时代中国特色社会主义思想伟大旗帜,深入学习贯彻党的十九大和十九届二中、三中全会精神,全面贯彻全省文化和旅游局长会议、市委七届六次全会、市政府第四次全体会议和全市宣传思想工作会议精神,全力推进高质量文化供给地和高品质旅游目的地建设。

一、公共文化事业

全市有公共图书馆 11 家,"悦读吧"自助图书馆 35 家(包括 6 家军地共建图书分馆);文化馆 10 家;国有剧团 4 家。通过资源整合,市图书馆面积已达国家二级馆标准,完成 3 家"悦读吧"自助图书馆建设并正式对外开放。义乌市博物馆新馆、美术馆工程顺利结顶。各县(市、区)全部通过省公共文化服务体系建设"五个百分百"验收认定,"十百千"工程完成兰溪及 15 个重点乡镇、150 个重点村提升任务。出台

《"百分之一"公共文化计划》,明确在项目建设投资总额中提取百分之一的资金用于公共文化设施建设。文化建设军地共建共享改革试点工作成绩显著,获得文化和旅游部、武警总部高度肯定,全国现场推进会在金华举办,并出台了《军地共建共享文化服务规范》,文化建设军地共建共享"金华样板"在全国推开。全市新增省级文化强镇 1 家,省级农村文化礼堂建设示范乡镇 1 家,省级文化示范村 16 家,"浙江省民间文化艺术之乡"3 家,复评通过 5 家。9 家单位获"浙江省美丽乡村美育村(社区)"荣誉称号。推荐精品剧目入选 2019 年国家艺术基金、文化和旅游部 2019 年度剧本扶持工程、浙江省第十四届"五个一工程"奖和 2019 年浙江省舞台艺术创作重点题材扶持项目各 1 个,群文作品获省级金奖 8 个。承办国家级活动 1 次、省级赛事活动 3 次,举办市级赛事活动 15 次。举办金华市庆祝中华人民共和国成立 70 周年暨"不忘初心、牢记使命"主题教育文艺晚会,以大气磅礴的演出展现了金华 70 年的沧桑巨变。

(一)发展图书馆事业

金华市图书馆接待读者 1199140 人次,图书借还 915843 册。举办双溪展窗 10 次,"小邹鲁"大讲堂 11 场,双溪生活课堂 97 场。金华市"悦读吧"接待读者 955880 人次,"悦读吧"新增图

书及换书 21006 册。以"书香金华,传承文明"为主题,举办金华市第五届全民阅读节,助力全国文明城市创建活动,推进书香金华建设。活动期间共开展阅读马拉松、图书馆之夜、把图书馆带回家等 11 项子活动,活动参与人数 8597 人次。金华市少儿图书馆全年接待读者 41.6 万人次,图书流通 39 万册次。举办少儿国学讲堂 50 场、小橘灯公益讲座 33 场、汤汤故事会 28 场、作家进校园 5 场、展览 18 场。开展全市未成年人读书节系列活动、全民阅读节系列活动、爱国主义教育等各类读者活动 220 余场,读者活动服务人次 20 万人次。金华市少儿图书馆东市街分馆正式开馆。整理出版第 12 批"婺文化丛书"。

(二)繁荣群众文化

举办 2019 中国·金华城市话剧周活动和天籁中国·2019 金华国际青少年施光南声乐艺术季活动,承办 2019"新松计划"浙江省青年话剧演员大赛、浙江省第五届群众声乐大赛暨浙江省第二届青少年声乐大赛金华选拔赛、"百城联动 歌唱祖国"——2019 浙江省首届原创流行歌曲大赛总决赛,组织举办金华市第四届少儿舞蹈大赛、金华市第十一届排舞大赛、金华市"文化礼堂杯"排舞大赛等市级赛事活动。扶持新创重点文艺作品 16 个。金华市文化馆向社会免费开设民族民间舞、广场舞、主持朗诵等培

训,共4期22个项目。举办公益展览19场,展出作品2000余件。举办惠民演出33场,公益专题讲座12场。全面实施"五送五进"文化惠民工程,全市完成送戏3260场、送书70万册、送展览2358场、送讲座5092场。其中,围绕"放歌新时代、文化进万家"主题,在元宵春节期间全市共开展各类文化活动3442场次,现场观众总人数约662万,网络参与总人数约278万,极大丰富了老百姓的春节文化生活。

二、文化市场管理

全市共有网吧1038家、歌舞娱乐场所277家、游艺娱乐场所108家、文艺表演团体213家、演出场所50家、旅行社181家、星级饭店39家。

(一)规范行政审批

局政务服务事项由原来的64项增加为179项,其中文化类71项、广电类65项、旅游类4项、文物类39项。认真落实"最多跑一次"改革要求,共办理行政事项295件,其中办理跑一次事项19件,办理跑零次事项276件,受理服务咨询400余次,为申报审批对象提供优质高效热情的服务。依申请政务服务事项全部实现市"六率"指标要求(网上办实现率100%、掌上办实现率90%以上、跑零次实现率100%、即办事项比例70%以上、承诺期限压缩比80%以上、材料电子化率100%),组织力量采取有力措施,突出抓好承诺期限指标提升,从提高窗口服务质量着手,简化手续,保质保量完成政务服务事项核心指标的维护升级,确保年度"最多跑一次"改革目标的顺利完成。

(二)加强文化执法

全市共有演出经纪机构43家,打字复印576家,出版物企业3818家,电影院79家,艺术品150家,网络文化企业295家。依托省行政执法监管("互联网+监管")平台,推进"双随机、一公开",使网上内容监管与网下实体监管有机结合,实现"浙政钉"掌上执法开通率100%,做到市场执法全程留痕、实时覆盖,提高执法信息化水平和执法效能。开展文化市场安全生产社会化服务工作。委托第三方对文化经营场所进行电气检测、消防检测、消防培训,完成市区所有网吧、电影院、歌舞娱乐场所电气、消防检测工作,消除各类安全隐患,组织5期消防知识培训,培训人次600余次,提升业主安全意识,落实企业安全主体责任。

三、婺剧

婺剧先后11次到北京参加国家级演出,在全国最重量级的中共中央团拜会、新年戏曲晚会、央视春晚、央视元宵晚会、央视元宵戏曲晚会、亚洲文化嘉年华开幕式上频频亮相,成为全国地方戏院团中唯一全面参与国家最高规格演出的院团。现代婺剧《基石》列入国家艺术基金资助项目,并成功入选文化和旅游部2019年度剧本扶持工程;婺剧《血路芳华》获浙江省第十四届"五个一工程"奖;婺剧《信仰的味道》入选2019年浙江省舞台艺术创作重点题材扶持项目,获得第十四届浙江省戏剧节"兰花奖·新剧目大奖"。电影《宫锦袍》完成拍摄和后期制作并通过国家电影局终审。陈丽俐和张莹分别荣获第二十九届"上海白玉兰戏剧表演艺术奖"主角奖和新人主角奖;杨霞云入选浙江省"万人计划"青年拔尖人才、2019年全国宣传思想文化青年英才;4人荣获第十四届浙江省戏剧节"兰花奖·优秀表演奖"、1人荣获"兰花奖·优秀演奏奖"。浙江婺剧艺术研究院受文化和旅游部委派赴捷克参加2019"欢乐春节"演出活动,全年完成送戏下乡,进社区、学校演出,"文化走亲"、国家级、省级会演和指令性演出、出国文化交流演出共计400余场,被金华市人民政府荣记集体二等功1次。

四、非物质文化遗产保护

国家一级珍贵文物《徐谓礼文书》公开展出,全网阅读量突破1000万,得到省长袁家军高度肯定。武义县博物馆建成对外开放。浙中考古基地获批挂牌。义乌桥头遗址考古、武义溪里窑址考古入选浙江年度十大考古重要发现,桥头遗址考古位列榜首。全市争取国家文物局项目补助资金1196万元,位列全省第一,其中市博物馆可移动文物预防性保护资金500万元,实现"零"的突破。获补2019年度国家和省级财政非遗保护资金921万元,位列全省第三。新增全国重点文保单位12处,位列全省第一;总数38处,位列全省第二。5个非遗项目获省文化和旅游厅推荐申报第五批国家级非遗项目,数量居全省第一。义乌古月桥修缮工程获得"全国优秀古迹遗址保护项目"推荐优秀奖,并荣获联合国教科文组织颁发的亚太地区文化遗产保护奖优异项目奖。东阳下石塘德润堂入选2019年度省级以上文物保护单位优秀记录档案。"金东记忆"工程投入财政资金

800 万元,带动社会资金 1500 万元,修缮历史建筑 15 处,修缮面积达 1.2 万平方米。组织开展"婺风遗韵·非遗百村文化礼堂行"以及 2019 年金华市"文化和自然遗产日"展演等系列活动,共 100 余场次,观众人数达上百万人次。

五、旅游业

全市共接待游客 1.4 亿人次,同比增长 15.7%;实现旅游收入 1579.8 亿元,同比增长 16.9%。名列全国 2019 最关注自由行城市第 37 位,居全省第 4 位。2019 年文化发展指数仅次于杭州,位列全省第 2 位。深入实施"五大千亿产业"项目投资计划,全市在建文旅项目 283 个,投资 278 亿元,完成计划投额的 102.9%。扎实开展"晒拼创"活动,6 项可比指标中有 4 项实现赶超,其中旅游总收入增幅超宁波 0.7 个百分点;接待游客总量增幅超宁波 3.6 个百分点;旅游厕所完成 293 座,是宁波的 1.6 倍;A 级景区村完成创建 420 个,是宁波的 1.5 倍,位列全省第 1。东阳市、武义县成功创建省级全域旅游示范区,磐安入选全省全域旅游 10 大县域典型示范案例,浦江成为全省第一批 10 个全省"大花园"典型示范建设单位。双龙风景旅游区作为全省唯一一家推荐参加国家级评审的景区,通过文化和旅游部 5A 级景观质量专家评审,列入创建 5A 级景区预备名单。婺州古城成功创建 4A 级景区。全市 4 个乡镇入选省级旅游风情小镇培育创建名单,累计达 22 个,位列全省第二;成功创建 7 个,位列全省第三。第 14 届中国(义乌)文化产品交

易会和第十一届中国国际旅游商品博览会成功举办,展览面积、参展展位创历届之最。横店影视产业集聚区和浙江(金华)数字创意产业试验区加快推进,会同宣传部出台了促进金华影视文化产业发展的政策意见,编制了金华市影视拍摄地指南,实施数字娱乐产业集聚计划。完成金华市旅游咨询中心建设,5 月正式营业,为广大旅客提供完善的旅游信息咨询以及路线引导和旅游产品购买等服务。开展旅游厕所革命建设工作,新(改)建旅游厕所 293 座,完成率达 100%,旅游厕所创建总数达到 1590 余座,继续保持全省第一。全市完成创建 A 级景区村庄 420 个,创建总数位列全省第一。自 2017 年"万村景区化"创建以来,全市共计完成创建 A 级景区村庄 1045 个,总数继续保持全省前列(总数领先宁波市 341 个)。全市创建精品等级民宿 16 家,其中白金宿 1 家,金宿 2 家,银宿 14 家。是年,全市共计接待乡村旅游游客 4728.1 万人次,同比增长 28.59%;实现旅游收入 25.69 亿元,同比增长 34.2%。

加强旅游质监。全年共出动质监执法人员 700 余人次,检查旅行社 280 家次、景区景点 76 家次、星级酒店 31 家次;受理投诉 258 件,结案率 100%,办结率 100%,共为游客理赔 19.88 万元。参加全省法律法规知识竞赛取得团体二等奖。规范旅游市场秩序,优化旅游消费环境,提高旅游服务质量,开展旅游市场秩序检查活动,重点对旅行社低价问题和社会组织或个人非法组织接待团队游客的行为等问题进行检查整治。发挥本市 8890 便民服

务热线、省文化和旅游厅 96118 旅游咨询服务热线、文化和旅游部 12301 旅游咨询服务热线、局官网和各类媒体的信息优势,掌握企业动态,及时发现各类企业违法违规行为。宣传贯彻文化和旅游法律法规,提高全市文化旅游系统工作人员依法行政水平,引导文化旅游企业依法经营、诚信经营,促进全市文化旅游市场健康有序发展。组织"3·15 消费者权益日"、"5·19 中国旅游日"等宣传咨询活动。通过金华广播电视总台《行风热线》栏目等相关媒体,发布旅游市场信息;通过中国旅游网等网络媒体发布各类旅游提示,引导游客在旅游过程中理性消费、依法维权;通过旅行社总经理 QQ 群学习贯彻《中华人民共和国旅游法》《旅行社服务质量赔偿标准》《旅游投诉处理办法》等,多渠道开展旅游质监工作宣传,提升了服务市民、服务企业的水平。

【大事记】

1 月

11 日 金华市文化广电旅游局正式挂牌成立,新一届局班子成员集体亮相。召开市直系统干部大会,传达学习全市机构改革动员大会精神。

同日 市文化馆编导和选送的作品荣获"2018 年浙江省第五届乡镇(街道)艺术团队文艺汇演"2 金 1 银,市文化馆荣获"优秀组织单位"奖。

17 日 2018 金华市非遗保护协会年会在金华市第一中等职业学院召开。金华市非物质文化遗产保护协会、金华市第一中等职业学校、浙江师范大学文化创

意与传播学院、金华市职业技术学院艺术设计学院共同签署为期5年的《金华市非物质文化遗产融合发展促进中心合作共建协议》。

18日　《中国婺派建筑》首发式暨理论研讨会在市文化中心召开。中国建筑学会、市政协、市委宣传部、市文化广电旅游局、市社科联等相关部门领导及来自省内外高校、研究团队的相关专家学者、特邀嘉宾等50余人参会。

22日至23日　国务院应急管理部、国家文物局第六督导组对本市博物馆和文物建筑消防安全大检查工作全面情况、重点隐患单位整改情况进行督查核查，对全国重点文物保护单位消防安全工程、全国文物消防安全百项工程的实施情况进行调研，开展督导工作。

23日　受浙江省文化和旅游厅委派，应中捷文化艺术交流促进会邀请，浙江婺剧艺术研究院35人启程赴捷克进行为期9天的"欢乐春节"演出活动。

25日　"放歌新时代、文化进万家"婺州古城2019新春文化庙会在古子城保宁门广场正式开幕。庙会持续到2月28日，开展活动31项。

2月

3日　浙江婺剧艺术研究院戏曲小品《金猪拜年》亮相2019年中共中央国务院新春团拜会，习近平等党和国家领导人观看演出。

4日　浙江婺剧艺术研究院参与央视春晚戏曲节目《锦绣梨园》演出。

15日　副市长陶叶萍对金东山海云宿、金东老石桥村、市蝶

来·原素酒店及浙江康泰国际旅行社等旅游产业进行调研。

19日　浙江婺剧艺术研究院戏曲作品《金猪送福》亮相2019年央视元宵晚会，浙江婺剧艺术研究院乐队亮相CCTV-11元宵戏曲晚会，参演"元宵闹花台"。

27日　市委常委、宣传部部长吕伟强专程看望春节期间下乡演出的浙江婺剧艺术研究院演职员，观看婺剧《白兔记》。

3月

2日　婺剧电影《宫锦袍》在中国婺剧院举行开机仪式。市委常委、宣传部部长吕伟强出席开机仪式。

10日　浙江省文化和旅游厅副厅长叶菁到横店影视城看望《宫锦袍》剧组。

18日　第二届施光南音乐节开幕。本次音乐节以"同唱光南曲·讴歌新时代"为主题，传承弘扬"改革开放先锋人物"、人民音乐家施光南精神。

24日　"聆听经典·唱响诗魂"纪念艾青诞辰109周年诗歌朗诵会在艾青纪念馆举办。

4月

4日　副市长陶叶萍召集市文联、市文广旅局以及市图书馆、市书画院等单位负责人，召开市书画院建筑设施使用权移交市图书馆协调会，研究制定《金华书画院建筑设施使用权置换方案》。

19日　浙江省政协主席葛慧君到浙江婺剧艺术研究院看望慰问"文华表演奖""中国戏剧奖·梅花表演奖"获得者陈美兰，并参观婺剧博物馆，听取浙江婺剧艺术研究院工作汇报。

21日　"同读一本书，共爱一座城——2019金华市第五届全民阅读节启动仪式暨阅读马拉松活动"在燕尾洲公园举行。此次活动由金华市委宣传部、金华市文化广电旅游局主办，金华市图书馆承办。

27日　第14届中国（义乌）文化产品交易会和第十一届中国国际旅游商品博览会同时在义乌国际博览中心开幕。

5月

15日　浙江婺剧艺术研究院亮相北京"亚洲文化嘉年华"戏曲节目"盛世梨园"，习近平主席和亚洲47个国家政要、国际组织负责人及3万余观众现场观看。

同日至18日　金华2019"新松计划"浙江省青年话剧演员大赛复赛在文化馆群星剧场举行，全省200余名演职人员参加。

19日　金华市旅游咨询服务中心正式营业，集宣传推介、咨询服务、非遗展示、产品购买等为一体，为游客提供完善的旅游信息咨询以及路线引导和旅游产品购买等，为广大旅客提供更便捷、高效的服务。

22日　浙江婺剧艺术研究院代表省政协送戏下乡到丽水获好评，全国政协常委、浙江省政协副主席张泽熙现场观看演出。

24日　2018金华旅游总评榜评选结果发布。

27日　"相约浙中·研学金华"2019金华市研学旅行启动暨浙江研学旅行研究院成立仪式在金华市示范性综合实践基地举行，同期举办首届"金华研学高地建设高峰论坛"。

28日　浙江婺剧艺术研究院婺剧现代戏《基石》在中国婺剧

院上演,这是该剧入选"国家艺术基金 2019 大型舞台剧和作品资助项目"以来的首场演出。

是月 浙江婺剧艺术研究院编辑的"婺苑戏魂"第 1 辑由团结出版社正式出版。该书由中国作家协会会员、金华市原文联主席王晓明撰写,全辑共 4 册,约 60 万字。

6月

2日 2019 金华市"文化和自然遗产日"系列活动——婺风遗韵·金华非遗展示正式启动。

10日 "天籁中国·2019 金华国际青少年施光南声乐艺术节"启动仪式在北京正式启动。该活动由金华市文化广电旅游局、浙江省音乐家协会、浙江广播电视集团音乐调频主办。

同日 2019"新松计划"浙江省青年话剧演员大赛决赛落下帷幕。

14日 喜迎中华人民共和国成立 70 周年书法、美术、摄影作品展在市文化馆开幕。该活动由武警浙江总队金华支队、市文化广电旅游局主办,市文化馆承办。

21日 市文化广电旅游系统在武义召开全市文化旅游局长会议,听取上半年文化旅游工作取得的亮点和成绩汇报,深入分析了文旅融合后面临的新机遇和新挑战,县(市、区)局主要负责人参会。

25日 市委第四巡察组进驻金华市文化广电旅游局开展巡察"回头看"检查。

28日 浙江省文化和旅游厅主办的"非遗薪传"浙江传统舞蹈展演展评系列评选活动结束,兰溪《断头龙》王柏成荣获"特别贡献奖";永康《十八蝴蝶》、磐安《乌龟端茶》荣获"薪传奖";市本级婺剧《跳魁星》、永康《拱瑞手狮》、兰溪《断头龙》荣获"优秀展演奖";永康市非遗保护中心荣获"最佳组织奖"。

7月

1日 市文旅系统开展"不忘初心、牢记使命"主题教育活动,庆祝中国共产党成立 98 周年。

8日至11日 实地考核验收 9 个县(市、区)的 15 个重点镇、75 个重点村的公共文化服务"十百千"工程完成情况,达到验收标准要求。

14日 2019 金华市第四届少儿舞蹈大赛决赛在市文化馆群星剧场举行。该活动由金华市文化广电旅游局、金华市教育局主办,金华市文化馆、金华市舞蹈家协会承办,全市 40 个节目、近 600 名小舞者同台竞技。

18日 金华市人民政府给予浙江婺剧艺术研究院记集体二等功 1 次。

26日 市文广旅游局在文化中心举办警示教育专题党课。

30日 省文化和旅游厅厅长褚子育一行赴金华山调研双龙景区创建国家 5A 级景区工作。

是月 浙江省文化和旅游厅公布《浙江省第十届曲艺新作大赛获奖名单的通知》,金华市文化馆创作的《击鼓骂曹》荣获金奖,金华市文化馆获优秀组织单位奖。

是月 浙江唐风温泉中医药康养旅居产业综合体项目、横店影视产业园项目、上海滩影视旅游拍摄基地建设项目、木雕文化博览城项目 4 个文旅项目入选省文化和旅游厅《2019 年全省优选文化和旅游投融资项目手册》,其中前 2 个项目入选国家级优选项目库。

是月 现代婺剧《基石》作为"不忘初心、牢记使命"主题教育的一项内容在婺剧院大剧场演出。

8月

1日至3日 "十年携手再谱新篇"2019 金华·温宿文旅走亲活动启动。金华市委书记陈龙、省援疆指挥部党委书记及阿克苏地区政协工委党组书记、温宿县委书记,金华市各县(市、区)主要负责人,金华、温宿相关部门主要负责人参加活动。

18日 "天籁中国·2019 金华国际青少年施光南声乐艺术季"颁奖晚会举行。

22日 浙江婺剧艺术研究院《基石》入选文化和旅游部艺术司《2019 年度剧本扶持工程入选名单》。

28日至30日 全省民间艺术管理业务培训班在金华举行。此次活动由浙江省文化馆、金华市文化广电旅游局主办,金华市文化馆、浙江省民间艺术研究会承办,各地市文化馆,市、县(市、区)民间艺术保护业务负责人参训。

30日 组织文旅系统相关单位及涉旅企业 60 余人参加"2019 宁波国际旅游展"。

是月 开展 2019 年全市文化和旅游市场整治百日行动,分 3 组对县(市、区)文化和旅游市场经营单位进行交叉检查 63 家次,提出整改意见 97 条,督促相关单位整改到位。

9 月

5 日 组织文旅系统相关单位及涉旅企业 130 余人参加 2019 浙江（江苏）旅游交易会。

8 日 市文化馆在浙江省第十届戏曲演唱联赛中荣获团体总分第 1 名，并获优秀组织奖。由金华市文化馆选送的婺剧折子戏《红灯记·痛说革命家史》片段荣获金奖，京剧《杜鹃山·家住安源》选段和《铁灵关·走青山》片段荣获银奖。

12 日 召开"不忘初心、牢记使命"主题教育动员部署大会，局党委班子成员、机关干部、下属单位党政主要负责人和分管负责人、主题教育领导小组成员、市委第 11 指导组全体成员参会。

21 日 浙江省"文明旅游安全出行 为中华人民共和国成立 70 周年加分"活动金华分会场启动仪式在市博物馆举行。

同日 以"我和我的祖国"为主题的庆祝中华人民共和国成立 70 周年诗歌朗诵会在婺江之畔举行。

26 日 庆祝中华人民共和国成立 70 周年暨"不忘初心、牢记使命"主题教育文艺晚会"我们的七十年"在婺剧院上演。陈龙、尹学群、黄锦朝、陶诚华、陈玲玲等市领导，省委巡回指导组组长尹永杰、副组长陈家耀等出席。市级老领导、劳动模范、道德模范、最美人物、担当作为好干部、驻金部队官兵、市民群众等代表近 1000 人观看演出。

30 日 中共金华市文化广电旅游局机关第一次代表大会召开，选举产生中共金华市文化广电旅游局机关委员会委员和机关纪律检查委员会委员。

是月 市博物馆配合"不忘初心、牢记使命"主题教育活动，组织实施"红色记忆——金华革命斗争史展"巡展，巡展总场次达 70 场，观展人数超过 12 万人，新闻媒体报道超过 20 次。

10 月

16 日 全市文旅系统深化"不忘初心、牢记使命"主题教育工作会议暨三季度文化和旅游局长会议召开。市文化广电旅游局班子成员，局机关各处室主要负责人及县（市、区）局主要负责人参加会议。

同日 本市新增 12 处全国文保单位，新增数量全省第一。其中，义乌市 5 处入选，东阳市 3 处入选，永康市 2 处入选，兰溪市 1 处入选，婺城区 1 处入选。至此，全市国保总数 38 处，位列全省第二。

17 日至 18 日 中宣部副部长、国家广播电视总局局长聂辰席带队调研横店影视文化产业实验区，召开重大题材创作座谈会。市委副书记陈玲玲、市委宣传部部长吕伟强等陪同调研。

24 日 浙江婺剧艺术研究院婺剧现代戏《信仰的味道》在婺剧院进行首场演出。该剧是为献礼中华人民共和国成立 70 周年创作的大型红色题材现代剧。

同日 完成 2019 年金华市文艺创作扶持项目验收评审工作，共有歌曲、舞蹈、曲艺等 16 个项目参加评审，最终 14 个项目通过验收。

30 日 市文化市场综合行政执法队正式挂牌成立。副市长陶叶萍出席挂牌仪式。

11 月

1 日 浙中考古基地在金华经济技术开发区正式授牌成立。

3 日至 8 日 浙江婺剧艺术研究院 3 台新创排剧目亮相第十四届浙江省戏剧节。婺剧《信仰的味道》荣获"兰花奖·新剧目大奖"，4 人荣获"兰花奖·优秀表演奖"，1 人荣获"兰花奖·优秀演奏奖"。

5 日 "2019 浙江省首届原创流行歌曲大赛现场决赛入选作品加工会暨决赛领队会议"在金华市文化馆举行。该活动由浙江省文化馆、浙江省音乐家协会、金华市文化广电旅游局主办，金华市文化馆承办，来自全省 11 个地市 17 个作品的 30 余名词、曲作者参加。

9 日 金华市国家级非遗项目婺州窑陶瓷烧制技艺、永康锡雕以及金华市级非遗项目磐安竹编受邀参加第九届文房四宝文化旅游节。

10 日至 15 日 2019 金华中非文化合作交流周暨中非经贸论坛"中非之夜"嘉年华活动、"艺术非洲"艺术作品展及婺剧专场演出启动。以"中国艺术家眼中的非洲"为主题的 2019"视觉非洲"艺术作品展在市文化馆开展。

12 日 浙江婺剧艺术研究院携青春版婺剧《白蛇传》受邀参加"2019 中国（宁波）海丝国际戏剧节"，亮相宁波天然舞台。

15 日 2019 第二届金华发展大会婺剧专场演出"乡音乡情"在中国婺剧院举行，陈龙、尹学群等四套领导班子、市直机关部门领导及来自全国各地的金华籍杰出人士观看演出。

21 日 由本市承办的"百城联动 歌唱祖国"——2019 浙江省首届原创流行歌曲大赛总决赛

在中国婺剧院落下帷幕。比赛汇聚了全省文艺工作者近两年创作的105首优秀艺术作品,由市文化馆、金东区文化馆创作的《念》《凌晨四点》2首作品均获金奖。

22日　浙江婺剧艺术研究院《血路芳华》获省"五个一工程"优秀作品奖。

27日　金华市文化广电旅游局举行任命国家工作人员宪法宣誓仪式,13名负责人依法进行宪法宣誓。

12月

3日　浙江省委副书记、省长袁家军在市委书记陈龙、市长尹学群的陪同下到浙江婺剧艺术研究院调研。袁家军考察婺剧博物馆,了解婺剧的历史渊源,观看了浙江婺剧艺术研究院为参加央视2020元旦戏曲晚会所准备节目的彩排。

4日　"文化建设军地共建共享试点成果现场推广会"在金华市召开。文化和旅游部,武警部队,浙江省委宣传部,各省文化和旅游厅,武警部队以及金华市领导200余人参会。

7日　央视"空中剧院"栏目"龙凤呈祥——新年戏曲演唱会"在吉林省吉林市录制完毕,近60位浙婺演员在晚会"家国情怀"篇章中,以婺剧《穆桂英》中"大破天门阵"一折精彩亮相。

8日至11日　与吉林四平市(对口合作)开展"婺聚四平浙里有戏"金华·四平文旅交流活动。金华市、四平市文旅局主要负责人签署"文旅合作框架协议",两地主要旅行社代表签署"2019—2020年度合作协议"。

11日至13日　2019"浙江好腔调"曲艺优秀曲目(中篇)展演暨实施《浙江省曲艺传承发展行动计划》座谈会在金华举行。

13日　全市文化广电旅游局长会议在兰溪召开。会上,各县(市、区)局负责人总结交流2019年工作情况,汇报2020年工作计划。

16日至18日　浙江省文化强镇、文化示范村(社区)评审会举行,义乌市佛堂镇以及全市16个文化示范村(社区)申报单位全部通过评审。

26日　"婺福临门·欢声入沪"——2019金华(上海)文旅推介活动在上海长宁区举行。金华市文旅局、上海市长宁区文旅局相关领导,两地文旅协会、旅游企业、旅游商会代表,媒体代表等220余人参加推介活动。

31日　浙江婺剧艺术研究院亮相2020年新年戏曲晚会,参演晚会17个节目中的6个,是参演人数和节目数量最多的院团。

是月　组织开展"诗画浙江·金华百味"评选展示活动,汇集全市各县(市、区)特色宴席,向市民展示金华本地"百县千碗"特色菜品。

（王磊群）

金华市县（市、区）文化和旅游工作概况

【婺城区文化和旅游体育局】　内设职能科室4个,下属单位7个。2019年末人员42人(其中:机关9人,事业33人;具有高级技术职务资格的5人,中级12人)。

2019年,婺城区文化和旅游体育局积极发展文化和旅游事业,取得一定成效。一是公共文化事业。开展文化惠民实事工程,送传统戏下乡212场,"文化走亲"6场。婺城区文化馆为国家二级馆,区图书馆在第六次全国县级以上公共图书馆评估定级中被确定为国家一级馆。建成区图书馆城北分馆。区文化馆、图书馆、非遗展示馆免费对外开放。完成区文化馆、区图书馆法人治理结构改革,分别成立了理事会。完成《浙江省基本公共文化服务标准(2015—2020年)》及"五个百分百"完成情况认定工作。完成城东街道综合文化站、安地镇综合文化站改造、提升。完成城东街道旌孝街社区等18个村(社区)的公共文化服务重点村(社区)建设,通过浙江省"十百千"工程验收。罗店镇文化站划回婺城区管理,18个乡镇(街道)文化站全部实现对外开放。落实文化员下派制度。录取3名学生,参加浙江省第三批乡镇文化员定向培养。开展群众文化活动。开展以"壮丽七十年 奋斗新时代"为主题的文艺演出40场。区文化馆积极开展公益性文艺培训,讲座辅导35场次,培训1400人次。举办"文化大过年""百姓才艺大赛""视觉婺城"等品牌活动,举办大型群众文化活动20场,"文化走亲"6场,组织文艺队伍深入全区乡镇(街道)村巡回演出40场。开展全民阅读活动。全年完成全民阅读推广活动145场,其中公益讲座、培训、展览26场,阅读推广活动119场,各项阅读品牌(益智工坊、亲子课堂、少儿剧场)活动正常化运行。举办第三届"阅读马拉松"挑战赛、人文婺城幸福城全民阅读系列活动之"暖·家书"分享会暨"图书馆之夜"活动;举办"弘美德承家风"家书创作大

赛,参与学校54所,共收到家书866篇。组织"以书为媒　分享快乐"换书大会。举办"阅读·悦自己"暖冬行系列活动4场,参与人数18000余人。举办婺城区机关干部廉书共读——《碰不得的"红线"》交流分享会。区图书馆藏书42万多册(包含电子书),人均1.09册,服务读者20多万人次,文献外借册次11.8万册次,办理读者证5197张,其中新证1375张。新增图书3万册。自建"金华市民间曲艺数据库",共征集、整理地方文献资料832余种1500多册。与市馆、少儿馆流转图书1万余册,移动图书馆年访问18万次,歌德电子书下载量7000余册。馆微信平台关注粉丝6318人,推送信息170篇,阅览量4万余次。对33个图书流通站进行全方位梳理,新建6个图书流通站。完成送书和流转共计32634册。加强非物质文化遗产保护。公布金华核雕等12个项目为婺城区第七批非遗代表作名录。举行"非遗进校园""美丽非遗文化礼堂百村行"活动,共举办"美丽非遗文化礼堂百村行"活动10场,非遗进校园活动3场,非遗进景区活动3场。组队参加金华非遗市集活动5场,到丽水、舟山、浦江、磐安开展婺城非遗宣传展示活动4场。创建非遗展示展演基地,在铁店村新建婺州窑乳浊釉陈列室,在安地岩头创建婺州扎染、10岁成长礼传承基地,在雅畈老街创建婺城汉服坊、扎染坊、女红坊、木作坊,在白龙桥村创建婺白沙文化展馆。加强文物管理。新增石楠塘徐氏宗祠1处全国重点文物保护单位,全区共有全国重点文物保护单位7

处。加强文化市场管理。深化"最多跑一次"改革。94个企业和群众办事事项全面实现跑零次。100%实现网上办、掌上办,承诺期限比法定办理期限总压缩比达90.1%,高危项目审批4项指标全面实现"全国领跑"。全年共办理审批事项342件。加强文化执法。开展"扫黄打非""平安浙江"等专项整治行动,参与"校园周边环境"整治、"文化市场整治百日行动"、"文物安全专项检查"等五大行动,全年开展专项整治行动13次,查处案件6起,责令改正4起。全年出动检查人员234人次,检查乡镇网吧276家次,歌舞娱乐场所39家次,对相关场所法规宣传教育58家次,到经营场所组织线索摸排12次。二是旅游业。深入推进"都市经济创新城　美好生活幸福城"战略,以全域旅游目的地建设为总抓手,发展乡村休闲旅游,提升旅游公共服务水平,拓展客源市场。全年全区接待游客1005.76万人次,实现旅游收入92.13亿元,均同比增长28.93%。接待国内游客998.59万人次,同比增长29.22%;旅游收入91.47亿元,同比增长29.23%。接待入境游客0.23万人次,同比下降22.65%;旅游收入107.37万美元,同比下降21.85%。假日旅游呈现较好发展态势。元旦A级景区接待游客0.6万人次,实现旅游收入33万元。春节黄金周接待游客18.19万人次,同比增长22.53%;实现旅游收入1.67亿元,同比增长22.53%。五一节假日期间双龙风景区接待游客9万人次,实现旅游收入270万元。十一黄金周接待游客

73.53万人次,同比增长44.39%;实现旅游收入6.74亿元,同比增长44.39%。婺城乡村旅游全年接待游客165.94万人次,同比增长23.2%;实现旅游收入1.64亿元,同比增长191.04%。婺城区拥有国家4A级旅游景区1个,国家3A级旅游景区4个,省级旅游度假区1个,省3A级景区村庄11个,2A级景区村庄21个,A级景区村庄38个。推进景区创建。双龙风景旅游区获省文化和旅游厅推送参评国家5A级旅游景区。婺州古城根据国家4A级旅游景区标准逐项落实整改。金华动物园通过国家3A级旅游景区复评。莘畈乡、塔石乡创建成为省3A级景区镇(乡)。创建成功省A级以上景区村庄30个,其中省3A级景区村庄6个。加强景区管理。开展旅游景区品质提升工作,对4个国家3A级旅游景区进行体检式对标检查,重点在环境卫生、景区安全、服务设施等方面查漏补缺,以标准实施推进旅游景区品质提升。加强旅游基础设施建设。推进厕所革命新三年行动计划,新建改建完成18座旅游厕所。开展2015年旅游厕所革命以来自查工作,对系统内53座旅游厕所相关数据进行全面核实和完善,并开展旅游厕所百度地图位置申报,推进电子地图上线工作。推进"旅游+"项目。金华农耕文化园被命名为首批金果级省级"采摘旅游体验基地";喻斯生态旅游景区(七彩玻璃四季漂流项目)被认定为"省级运动休闲旅游优秀项目";金华双龙风景旅游区、金华动物园被公布为首批市级"中小学生研学实践教育基地";双龙

风景区毛泽东主席视察双龙电站纪念馆、沙畈乡银坑村被命名为首批市级"红色旅游教育基地"。实施传统景区提升改造。以国家A级旅游景区标准指导旅游项目规范化建设。双龙风景旅游区加强鹿田环鹿湖区块景观提升、"双龙溪"景区景观提升、仙瀑洞至朝真洞游步道生态修复等景区项目建设,完成红楼、仙瀑洞下洞口等旅游厕所改造,完成毛主席视察双龙电站纪念馆、双龙溪峡谷等旅游标识牌设置。婺州古城完成万佛塔室内装修和展陈,引进灯光秀设计团队开展赤松门灯光投影秀的方案设计,打造一街六馆。浙江巨龙温泉旅游度假村完成酒店、会议中心建设,并均已投入营业。金华动物园新增猴山馆、标本馆和改建旅游厕所。推动乡村民宿发展。依照《民宿基本要求与评价》(DB 33/T 2048—2017)省级地方标准,推进山水间·宿在山间、竹坞等民宿高质量发展。山水间·宿在山间民宿被评定为省金宿级民宿。

（范雯思）

【金东区文化和旅游局】 内设科室4个,下属事业单位4个。2019年末人员17人(其中:机关6人,事业11人;具有高级技术职务资格的1人,中级3人)。

2019年,金东区文化和旅游局扎实推进"人文富区"战略深入实施,"文化金东"软实力进一步提升;着力打造浙江省全域旅游示范县,旅游公共服务水平显著提高。一是公共文化事业。全区文化事业工作以浙江省基本公共文化服务标准化认定考核为统揽,扎实推进"人文富区"战略深

入实施,文化惠民效应充分凸显,"文化金东"软实力得到较大提升。公共文化服务提档。基层公共文化服务标准建设通过省级考核认定。区财政投入500多万元,改造提升区文化馆音乐厅舞台机械和区图书馆公共电子阅览室。11个乡镇(街道)文化站公共文化服务功能齐全,均实现免费对外开放。打造10个光南文化舞台,并投入使用。文化惠民活动繁荣。全年开展文化下乡80场,非遗进景区12场,进文化礼堂、社区40场;开设免费培训4期,培训人数2000多人次;完成送戏下乡120场、送电影下乡3500场、送展览和送讲座60场;组建群众自发性文艺团队119支,骨干人员460多人。赴宁波市海曙区、龙游县、杭州市淳安区、舟山市普陀区和岱山县开展"文化走亲"5场,实现了区域间文化的资源共享,推动多地文化协同发展。艺术创作成果丰硕。音乐小品《美丽乡村总动员》荣获2019年浙江省群星奖并入选2019全省文艺表演团体展演;歌曲《诗歌的故乡》获2019"诗画浙江"全省旅游歌曲创作演唱大赛金奖(即"浙江省舞台艺术兰花奖"作品金奖),作为"2019浙江省年度旅游歌曲"宣传推广并登陆"学习强国"平台;歌曲《凌晨四点》获浙江省首届流行音乐大赛金奖。打造"金东记忆"工程。修缮一批历史建筑,建设一批私人收藏馆(主题博物馆),推动文旅融合打造金东样板。建成"光南文化舞台"10个,私人主题收藏馆10个,修缮历史建筑15处,编纂"金东文化"丛书5套。推动文化遗产保护传承。全年组织"文

化和自然遗产日"等各类展演活动60场次。积极参与各项申报,开展金东区第九批非物质文化遗产项目申报工作,评选出15项代表性项目,其中3项为国家级项目,填补了金东区国家级非遗的空缺。进行2019年金东区非物质文化遗产项目代表性传承人年度量化考核工作,评选出12名优秀传承人;积极组织省、市级申报与考评工作,蒲塘村被评为省级民俗文化村,2村被评为市级民俗文化村,古婺窑火被评为市优秀生产性保护基地。文化市场管理加强。紧抓重点工作,强化日常巡查。全年共出动执法人员621人次,检查经营单位1147家次,收缴各类非法出版物300余张(册)。深入开展扫黑除恶行动,筑牢市场安全底线。紧抓重点节点安全保障,确保市场繁荣稳定。继续开展"互联网+监管"工作,提高工作效率。积极参与文明城市创建,用良好的文化市场环境为文明城市创建加分。认真开展"净网""清源""护苗""固边"等"扫黄打非"工作。二是旅游业。积极开展万村景区化、重点项目推进等工作,大力推进全域旅游"大花园"、大景区建设,着力打造浙江省全域旅游示范县。全年全区共接待游客1158.22万人次,同比增长26.4%;旅游收入90.9亿元,同比增长24.82%。推进龙头殿国际旅游度假区项目。依托龙头殿生态沟千亩生态林区,打造高端生态旅游度假区。总投资16.8亿元,积极开展一期龙头殿度假区和二期禅修院、曹宅古街、军事乐园等项目建设。一期龙头殿项目遗址修缮工程完成;山上(大坪基)度假区公路和

北线绿道路基完成施工。二期禅修院、曹宅古街、军事乐园已签订投资意向协议，开展专项设计；禅修院内部装修方案完成。推进山山烘焙面包文化创意园项目。计划依托积道山周边山水资源，开展观光生产线、烘焙博物馆、生态园体验区、林下活动区等创意景观建设，打造生日主题小镇。本年度一期主体建筑已完工，内部装修工程施工进度约70%；二期配套建筑、园林景观设计规划方案已完成。推进老石桥精品度假村项目。利用老石桥原生态的老村落，朴素自然的森林景观、田园风光进行开发建设，计划通过30余栋老屋修缮改造，打造阿曼法云式高端精品度假村。本年度3栋民宿硬装已完成，7栋民宿客房水电预埋完成。度假村道路整修和800米的进村通景道路已完成；度假村内崖体维护已完成。推进焦岩云起水岸项目。通过一江两岸五区六基地的艺术田园综合体项目建设，打造一个以乡村田野为载体的乡野艺术殿堂。2栋小民宿总体施工进度约70%，着手进行酒吧等商业业态招商；旅游业态用房置换项目、村口雕塑已完工；图书馆项目、游客中心等项目已完工。推进希望之光——施光南故里项目。该项目是金东区实施人文富区战略的举措之一，依托"改革先锋""人民音乐家"施光南名人文化资源，围绕"红色文化、音乐文化、乡村振兴、改革开放"四大主题进行提炼深化，在省3A级景区村庄基础上，打造全国首个"改革先锋"文化旅游示范区。本年度一期开展游步道、光南陵园提升、光南广场提升、村庄外立面整治、故居修缮等

项目建设。开展"万村景区化"创建工作。46个景区村庄全部完成创建，累计创建景区村庄113个，建设速度领跑全市全省，市政府《金华政务信息（专报信息）》专题介绍了金东区景区村庄创建工作经验做法。开展景区镇创建工作。在"万村景区化"创建基础上打造景区村庄创建的升级版，开展特色"文旅品牌"建设。本年度岭下镇通过省4A级景区镇评定，赤松镇、江东镇通过省3A级景区镇评定。开展国家A级景区创建。大佛寺培育创建国家4A级景区，停车场、旅游厕所、古佛院两侧景观提升等项目已完工；山顶长廊、观景平台、风孔塘挑台施工有序推进，总体进度70%。江东横店埠景区创建国家3A级景区工程已完工，并已通过评定。招商项目进展较快。天堂庵森林康养基地项目施工道路已完成，准备开工；岭一村民宿精品村项目35栋安置房已全部结顶，外墙粉刷进度50%；艾青诗歌公园项目方案不断完善。文旅推介营销显成效。在苏州、宁波等地举办3场文旅推介会，拉动旅游人次和收入增长约10%；举办2019长三角300家旅行商走进金东暨金东文旅产品展销大会，参加文旅企业110多家，现场观众3万余人次，成交额超200万元；《中国旅游报》、人民网、浙江新闻网、《金华日报》等多家主流媒体对金东文旅推介等工作专题报道60余次。

（朱超逸）

【兰溪市文化和广电旅游体育局】内设职能科室7个，下属单位11个。2019年末人员136人（其

中：公务员23人，参公10人，事业103人；具有高级技术职务资格的12人，中级35人）。

2019年，兰溪市文化和广电旅游局积极推进公共文化服务标准化建设，推进全域旅游重点区域和重点项目建设，文化和旅游各项工作取得实效。一是公共文化事业。全年开展送书下乡13617册、送电影下乡5150场、送戏下乡218场、送展览38场、送讲座28场，非遗展示展演50场次。创新开展点单式服务，文化大讲堂开展舞蹈声乐、戏曲、民俗非遗等培训25期，培训5725人次；文化干部下基层累计培训2278名镇村文艺骨干；文化馆根据群众需求开展各类公益培训618场次，累计培训18540人次。开展中华人民共和国成立70周年系列活动。开展兰溪市庆祝中华人民共和国成立70周年暨"不忘初心、牢记使命"——爱国爱党爱家乡广场主题演出活动，组织4000余人七大行业干群开展大型广场颂唱活动。组织实施"唱家乡"——"我为家乡代言"声乐大赛，吸引60组声乐爱好者参与，并有5所中小学组织参与；"舞家乡"——"我为家乡代言"少儿舞蹈大赛通过网络的方式向全市直播，视频直播点播量近19万次。组织实施"美家乡"暨2019丝路国家青少年国际摄影竞赛活动（全国）兰溪分区摄影作品征稿、采风活动，兰溪赛区作品获得省专家好评，获得2019年丝路国家青少年国际摄影竞赛（全国）浙江分赛区摄影比赛优秀组织奖，业务干部获优秀指导老师。群众文艺精品创作精彩纷呈。围绕中华人民共和国成立70周年、诗画

兰溪等主题开展艺术创作,原创作品在各类比赛中获得好成绩。歌曲《兰江的倾诉》在2019"诗画浙江"全省旅游歌曲创作演唱大赛上获得浙江舞台艺术兰花奖铜奖;舞蹈《诫子书》获金华市第十一届排舞大赛金奖;舞蹈《青丝鸟》获得浙江省广场舞大赛银奖;舞蹈《神奇的诸葛》获金华市第六届文化礼堂杯排舞大赛银奖;歌曲《水亭有个三月三》荣获金华市第三届村歌大赛(决赛)暨首届旅游歌曲大赛创作表演双银奖;村歌《昨夜有梦到老家》获金华市第三届村歌大赛(决赛)暨首届旅游歌曲大赛创作铜奖。新编排的滩簧《李渔坝》获得第十届曲艺新作大赛入围奖,断头龙参加"非遗薪传"——浙江传统舞蹈展演展评活动获优秀展演奖。市文化馆组织编排选送的缘舞舞蹈队的《沸腾的黄土地》获金华市百姓秧歌大赛"百姓秧歌之星"称号;组织非遗传承人参与"首届金华市传统工艺创意精品展",其中5位传承人8组作品入围展览;组织业务干部参加浙江省第八届故事会获展演奖;组织辅导婺剧《见多少王孙公子把骏马乘》获2019第二十三届"中国少儿戏曲小梅花荟萃"地方戏业余组金花奖。推进公共文化服务标准化建设。全面完成省公共文化服务重点县、重点镇、重点村建设,高分通过省文化和旅游厅验收。提前完成公共文化服务标准化建设,完成文化馆、图书馆理事会组建,顺利通过全省首批标准化达标县市验收,成为金华首个达标县市。图书馆完成法人治理结构改革,完成组建首届理事会。图书总流通为72.1万册,新增读者证2131本,

举办展览、讲座、阅读推广活动48场,服务读者23万人次。截至年底,拥有42.86万册藏书、古籍与地方文献线上资源累计1.5T,家谱收藏新增950余种共计7000余册。实现与浙江图书馆、金华市图书馆馆通借通还,并加入了金华市公共图书馆读者、地方文献联盟。开展首座朗读亭朗读体验、春节剪纸活动、雕版印刷文化体验等大型活动,参加人数总计5000余人。全年电子图书访问量521205人次,下载册数140383册次,平均每月下载量达到1万册次以上。数字资源访问量每月有4万多人次。总服务50多万人次。推进公共数字文化建设。图书馆设立公共电子阅览室和文化信息资源共享工程兰溪支中心,电子阅览室共设有25台电脑,提供万方、龙源、超星等数据库供读者使用,支中心每月向基层输送文化共享数字资源。二是旅游业。全年全市旅游接待人数2423.17万人次,同比增长18.25%;旅游总收入266.43亿元,同比增长23.68%。进入国家旅游项目管理系统的文旅在建项目有45个,总投资147.93亿元,年计划投资额45.42亿元,实际完成投资额45.51亿元,完成全年计划投资额。全市共有国家4A级旅游区2处(诸葛八卦村、六洞山风景区),国家3A级旅游区3处,国家2A级旅游区1处;省级旅游度假区1家,省级风景名胜区2处,省旅游风情小镇1家。推进全域旅游重点区域和重点项目建设。按照兰溪市全域旅游"一核、一带、两翼、六片区"的总体布局,加快"大古城、大诸葛、大金华山、大钱江(兰溪段)"核心

景区打造,把兰溪古城区建设成为产业服务功能齐全、公共基础配套便利、富有休闲度假气息的核心休闲区;把诸葛长乐文化旅游区打造成旅游配套相对齐全、服务功能较为完善的国家5A级旅游区;金华山旅游带打造成集山水观光、山地运动、度假休闲、康体养生、乡村休闲等多功能于一体的休闲度假产业聚集区;建设水上游旅游带,结合兰溪水上航运发展、三江六岸景观提升、水上滨江旅游项目开发,着力打造兰溪水上旅游品牌;越龙山国际旅游度假区打造成集禅修养生、山水观光、生态度假、文化体验、健康人居、山地运动、休闲娱乐等功能于一体的生活山地度假旅游区。积极推动兰湖旅游度假区、六洞山风景名胜区、白露山休闲旅游区等重点项目建设,确保每年一批项目竣工运营,一批项目开工建设,一批项目签约储备。扎实推进旅游项目建设。加强文旅项目招商。围绕打造具有市场卖点和易于招商引资的目标,有针对性地策划包装一批项目进行重点招商推介,梳理全市旅游项目,完成《2019兰溪旅游项目招商手册》编制,28个重点招商项目宣传视频拍摄和PPT、H5制作;推进芝堰古村、常满塘乡村旅游项目、诸葛文旅综合项目、游埠古镇摄影公社等旅游项目招商洽谈进度。推进景区规划和品牌创建。兰溪旅游坚持规划引领,启动《六洞山风景名胜区总体规划》修编;指导重点乡村旅游及旅游项目做好总规和控规编制工作。游埠古镇成功创建国家3A级景区和浙江省首批4A级景区镇、女埠街道成功创建浙江省首批

3A 级景区街道。游埠潦溪桥村、女埠焦石村等 30 个村成功创建省 A 级景区村庄。完成新改建旅游厕所 38 所,其中游埠潦溪桥村游客中心旅游厕所成功创建国家 3A 级旅游厕所。加强市场开发与乡村旅游。继续推进"大美兰溪 缤纷四季"2019 兰溪休闲旅游文化年活动,借助各类平台做好整体旅游形象宣传;"体育＋旅游",在马拉松比赛中增加旅游元素,打出多部门融合的组合拳;在金华地区首推在金高校师生免门票游活动;开通"相约千年古城 做客人文兰溪"系列高铁旅游专列,全领域全方位接轨上海,高质量融入长三角一体化发展;组织开展"百县千碗 味道兰溪"美食评选活动,开发具有浓郁地方特色的兰溪美食,打造"味道兰溪"的美食品牌,促进美食、文化、旅游融合发展;策划开展"2019 兰溪国际李渔戏剧文化季"活动;设计推出红色旅游、研学旅游和康养游等特色线路,并联合相关部门开展外出推介等活动。积极参加省、市组织的各类旅游交易会,做好兰溪旅游形象宣传与市场营销工作。加强全市旅游产业统计、分析研判工作,强化旅游服务规范化建设,促进行业自律,推进旅游安全工作。完成全域旅游产业名录库维护。对全市旅行社、星级饭店进行标准化规范化管理,努力提升旅游行业服务质量,兰江大厦通过三星级饭店复评。加强业务培训,提升从业人员整体素质,全年共举办文旅融合专题研讨、乡村文化和旅游人才培训、导游(讲解员)培训等各类培训班 9 期,600 余人次参训。落实行业安全生产责任,开展旅游市场专项检查 12 次,检查企业 67 家,发现隐患 35 个,整改隐患 35 个,整改率达 100%,全年无旅游安全事故发生。

(韩梦盈)

【义乌市文化和广电旅游体育局】内设职能科室 7 个,下属单位 8 个。2019 年末人员 195 人(其中:机关 42 人,事业 153 人;具有高级技术职务资格的 23 人,中级 61 人)。

2019 年,义乌市以文旅大融合为契机,以"文化强市"和"全域旅游"建设为主线,深化公共服务领域改革,努力提升特色文化旅游品牌和产品、服务质量。全市共接待游客 2698.86 万人次,同比增长 26.67%,其中境外游客 74.82 万人次;实现旅游总收入 335.63 亿元,同比增长 26.37%,创旅游外汇 5657.2 万美元。文化领域完成各类活动 9413 场。一是公共文化事业。公共文化服务整体水平不断提升。全年文化领域完成各类活动 9413 场,其中公益培训 3440 场,展览活动 1599 场,文艺演出 4374 场。特色文化品牌活动提档升级。承办全国鼓书展演、全国手机摄影比赛等国家级、省级活动赛事 5 场,组织市级各艺术门类文化赛事 10 场。举办第二十八届文化艺术节、"一带一路"艺术节、"送温暖送祝福"——文化志愿者在行动暨"欢乐春节"关爱春运返乡外来建设者公益活动等大型活动。"义乌公共文化场馆服务优化提升在行动,让群众享有高质量、多元化、带着温度的文化服务"案例入选全省竞跑者案例,丝路文化驿站纳入全省公共文化服务创新项目。基层公共文化设施网点布局日益完善,非遗馆正式开馆,新建"悦读吧"50 家,图书馆"24 小时自助阅读区"正式投入使用,指导上溪、义亭、城西等 7 个镇街的 100 家文化礼堂完成建设任务。着力推进重大公共文化设施工程建设。全力保障资金,推进博物馆新馆、美术馆、大剧院等重大工程建设。10 月 31 日,义乌市博物馆新馆、美术馆项目主体工程全面结顶。工程占地 5.57 万平方米,建筑 6.2 万平方米,总投资 6.3 亿元,计划 2022 年 3 月开馆。义乌每万人享有公共文化设施面积超过 2 万平方米。12 月底,义乌对现有公共文化设施进行摸查,共有公共文化设施总面积 466.61 万平方米(含体育设施 327 万平方米,按 5 折 163.5 万计算),每万人享有公共文化设施面积 23138.16 平方米。全面推进优秀传统文化保护传承。与中国社科院古代史研究所合作制作的 20 集纪录片《义乌通史》正式交片,填补了我国第 1 部影像版地方通史纪录片的空白。婺剧《真理的味道》从首次落地开排后,经过 6 个月的打磨,最终完成了汇报演出。文物和古建筑保护开发硕果累累。义乌市大安寺塔、雅端古建筑群、赤岸朱宅、方大宗祠、陈望道故居 5 处被国务院公布为第八批全国重点文物保护单位,国保单位从 2 处增加至 7 处,并且完成了陈望道、冯雪峰、吴晗三大名人故居展示工程提升工作。古月桥保护修缮获联合国教科文组织表彰。4 月 18 日,义乌古月桥修缮工程荣获中国古迹遗址保护协会"全国优秀古迹遗址保护项目"特别推荐项目。10月14日,在该工程项目荣获联合国教科文组织亚太地区文化遗产保护奖-优异项目奖。义乌桥头遗址挖掘取得重大进展,发现了距今约9000年的完整人体骨架,并由省文物局、义乌市政府共同举办"上山文化学术论坛暨义乌桥头遗址考古论证会",有序推进考古勘探、保护规划方案设计工作。桥头遗址被评为年度浙江考古十大发现之首。二是旅游业。义乌市共接待游客2698.86万人次,同比增长26.67%,其中境外游客74.82万人次。实现旅游收入335.63亿元,同比增长26.37%,创旅游外汇45657.2万美元。有8家旅行社1051个团队共10.61万人次到义乌市购物旅游,其中,住宿过夜游客4241人次;入境游客2543人,共发放购物旅游奖励60万元。联合市各有关部门、镇(街道)组织举办旅游节庆活动及文化旅游活动30余场。完成四星级饭店复评2家,四星旅行社复核7家,新增浙江省银鼎级特色文化主题饭店2家,金桂级品质饭店2家。培育2019年浙江省百强旅行社4家。扩大宣传力量,与金华日报、今日头条、义乌电视台等媒体机构合作,在市场周边街区、国际商贸城内、义乌游客集散中心等地发布旅游公益广告,宣传主要景区景点及经典推荐线路。开展义乌、东阳双城游合作,发挥区域旅游优势。坚持扶贫协作、旅游先行理念,对接落实"义浦同城"(浦江)、东西部扶贫(汶川)、对口支援(温宿)、"山海协作"(莲都)等有关工作,重点在旅客互送、推广营销等方面开展合作。举办2019年义乌市旅游饭店服务技能大赛,18支代表队共109名选手参赛,评出团体一等奖1个、二等奖2个、三等奖3个,个人单项一等奖1名、二等奖2名、三等奖3名,组织奖2个。新增2家银鼎级特色文化主题饭店,至年底,义乌市有"银鼎级"文化主题旅游饭店3家。新增2家金桂级品质饭店,至年底,义乌市有金桂级品质饭店2家。三是文旅产业。第14届中国(义乌)文化产品交易会、第十一届中国国际旅游商品博览会同期举办。4月27日至30日,由文化和旅游部、中国国际贸易促进委员会、浙江省人民政府共同主办的第14届中国(义乌)文化产品交易会,由文化和旅游部、浙江省人民政府主办的第十一届中国国际旅游商品博览会在义乌国际博览中心举行。两大展会首次同期举办,是文化和旅游部组建后致力于助推"文化+旅游"深度融合的一次新探索和新尝试,并集中展示文旅产业发展的新成果。两大展会展览面积达10万平方米,设标准展位4192个,共有1277家企业和机构参展,分别来自境内29个省(区、市)、境外18个国家和地区,汇集了77个不同国家和地区的展品,分设中心馆、文创馆、非遗生活馆、省市馆、美丽乡村馆、电子竞技馆、浙江馆、动漫娱乐馆、保利艺术馆等10个展厅,展位数、展览面积创历届之最,其中特装展位占78%,极大地提升了展会的档次。展会期间,举办了30多项与展会密切相关、各具特色的活动,吸引了境内外43个国家和地区的111885人次采购商及观众参会。

(黄玉洁)

【东阳市文化和广电旅游体育局】内设职能科室8个,下属事业单位10家。2019年末人员160人(其中:机关19人,事业141人;具有高级技术职务资格的18人,中级49人)。

2019年是将文化、旅游、体育三局整合为文化和广电旅游体育局的第1年,东阳市积极整合优势、深化合作,全面营造发展氛围。一是统筹做好文化优势转化为发展优势的文章。根据中共东阳十五届市委常委105次会议提出的"将文化优势转化为发展优势"的要求,组织召开19个特色文化小组副组长会议,部署开展项目比选、创意比拼、推进比武活动。整合优化特色文化,梳理汇总特色文化项目任务清单,研究确定设施类、传播类、活动类等重点特色文化项目14个。全面营造发展氛围,与主要媒体深化合作,开展常态宣传;在东阳市广电台开办"文化东阳"栏目,制作展现东阳教育文化、建筑文化、古宅文化的专题片;在《金报东阳》推出"预见美好"专栏33期,推介宣传文化旅游活动。策划制作"激发文化动能,增强发展优势"专题宣传片,展现文化优势转化成效。推出大型历史廉政婺剧《东阳马生》,受到"学习强国"浙江平台"百灵"频道首页推荐。二是扎实推进文旅设施建设。卢宅景区配套设施不断完善,智慧化景区和夜景灯光标识标牌工程顺利完成,步行街管理有序推进;景区文化内涵不断丰富,特色活动精彩纷呈,"卢宅故里"品牌逐步打响,游客人次同比增长300%,门票收入同比增长87%。江滨景观带文化旅游业态植入初见成效,

"夜游东阳"项目完成游船船坞、码头和配套设施建设,《东阳江水上项目可行性研究报告》通过评审,《东阳江水上项目安全评估报告》编制完成。沿线文化场馆公益性文化活动丰富多彩,全年开展各类文化培训和展演活动100多场次,江滨景观带已成为东阳市民休闲好去处。顺利通过浙江省基本公共文化服务标准完成情况达标验收。开启"三馆一区"文化综合体——东阳长庚童方城模式尝试,建成文化馆乡镇分馆7个,图书馆特色分馆4个、乡镇分馆7个、城市书吧(悦读吧)8个。完成省公共文化"十百千"提升工程确定的1个重点乡镇街道和19个公共文化服务重点村的整改提升。建成基层综合性文化服务中心20个。三是不断提升文化服务效能。充分调动社会力量参与文化决策,提升文化服务效能,3月27日,成立东阳市文化馆、东阳市图书馆理事会,积极探索实践法人治理结构改革,拓展公共文化发展新思路。东阳市美术馆(卢甫圣美术馆)5月开馆,在公益性和市场化运行中探索前行。积极推进数字文化馆、数字图书馆、文化信息共享提升工程,制订下发农村文化礼堂服务菜单,实现文化产品和服务供需有效对接。通过公开招考方式向文化馆分馆派驻文化下派员6名。指导成立基层"三团三社"等各类文艺团队126支,开展各项培训及展示展演活动,打造更多更优的文艺团队。加强文化志愿者队伍建设,持续开展文化志愿服务活动和新时代文明实践活动,培育和践行社会主义核心价值观。四是进一步加强文化惠民力度。

组织"放歌新时代·文化进万家"送春联活动,在佐村镇、三单乡、六石街道等多地开展文化惠民活动。江滨景观带群众文化活动场馆自4月开放以来,文化志愿者每天在"民乐广场""声乐舞台"开展公益性文化演出。其中民乐广场演出116场,声乐舞台演出107场,"艺苑作坊"举办公益性艺术培训56场,极大地丰富、活跃了"文化夜生活"。加强非遗讲堂、百姓茶坊规范化管理。周末惠民剧场全年演出48场。举办庆祝中华人民共和国成立70周年、廉政教育、"不忘初心、牢记使命"主题教育、扫黑除恶宣传等展览展示活动40多场,阅读推广活动61场,"文化走亲"(县级以上)9次,送戏下乡220场,送电影下乡7805场,送书下乡84198多册次,送展览、讲座下乡230场次。五是继续夯实文物保护基础。紫薇山民居、白坦民居、史家庄花厅成功晋升为第八批全国重点文保单位,全市有国保单位6处,省保单位10处。投入资金1300余万元,完成古建筑修缮36处。开展省级文物保护单位虫害防治,挖掉蚁巢243个。为63处文保单位设立标志石碑,划定101处市级文物保护单位的保护范围和建设控制地带,完成1000多处不可移动文物基础信息整理上报。推进文物平安工程,省级以上文保单位消防工程改造完善基本完成,开展文物安全巡查800余人次。市博物馆和中国木雕博物馆全年免费接待观众30多万人次,团队135批次,提供讲解服务755批次。全年举办临展或特展6场,其中庆祝中华人民共和国成立70周年"时光印记——1949

年以来东阳经济社会发展变迁物证展"被列入全市党员"不忘初心、牢记使命"主题教育学习内容,接待参观单位80多家。馆藏42件文物入选省级以上展览。举办地球日科普周、"5·18国际博物馆日"、自然和文化遗产日等各类活动10多场。六是持续强化非遗保护和利用。年初,卢宅非遗街区的15个场馆入驻运营,举办了"卢宅系列民俗文化节""非遗集市"等非遗系列活动100多场,非遗学堂40多场,惠及市内青少年2000多人次。接待省内外考察学习团20多个,国内外研学游团队50多个,观众10万多人。加强非遗宣传展示,引进浙江新闻联播栏目组、央视《乡土》节目拍摄宣传专题;组织非遗项目参加国家级非遗展览4次,省级活动3次,金华市级活动15次;与学校、社会团体合作,设立校外非遗"研学游"基地;举办"婺风遗韵"美丽非遗进文化礼堂3场,非遗街区曲艺专场演出80余场。开展国家级非遗项目、省级非遗旅游景区和金华市级非遗传承人推荐申报工作。组建东阳市曲艺协会,开展非遗丛书编撰。深挖马生教育文化,构思创编《马生笃学》舞台剧。出台《关于推进保护传承东阳传统民居营造技艺的若干意见》,启动传统民居营造相关非遗项目与传承基地补助政策,支持相关传承人开展传承活动。开展中意联合传统村落设计调研、中挪传统营造技艺国际研究对话、"中国乡村建设研究人才培训"等活动10多场,培训400多人。七是全方位推进全域旅游示范市创建。强化组织领导,加强统筹协调,组织召开东阳市省级全域旅游示范市创建工作推进会,部署各项创建任务。指导相关部门单位和镇(乡、街道)做好旅游基础设施建设。成立工作专班,完成台账资料收集整理。完善旅游市场监管。10月21日,东阳市人民法院横店旅游巡回审判庭和市场监管局横店分局旅游影视中队挂牌。加大宣传力度,在《浙江日报》《钱江晚报》《中国旅游报》刊发东阳市全域旅游创建专版,在国道、省道和高速出口设立全域旅游宣传标牌22处,以金华地区第1名的成绩参加2019年度省级全域旅游示范市评审。全年共接待游客2953.65万人次,同比增长15.15%;旅游收入274.73亿元,同比增长18.90%。其中国内游客2953.10万人次,同比增长15.15%;国内游客旅游收入274.64亿元,同比增长18.99%。八是不断丰富乡村旅游休闲业态。推动指导六石街道、湖溪镇、虎鹿镇开展省3A级景区镇创建。完成木雕小镇国家3A级景区创建。成功创建省3A级旅游村庄3个、2A级24个、A级景区村庄92个。编制完成《东阳市民宿指导手册》,发放2018年民宿床位奖励资金210万元,培育新民宿27家、新民宿集聚村2个。丰富乡村旅游内涵,举办"歌山画水·梦归田园"2019乡村休闲旅游节系列活动39场,策划油菜田拍卖、风筝节、彩虹跑等多样化乡村旅游活动。推进旅游厕所革命,新建、改建旅游厕所48个。推进"互联网＋厕所"服务,完成旅游厕所管理系统信息更新和百度地图旅游厕所电子定位。九是全面增强文化旅游市场监管。制

定下发《安全生产管理制度》,开展安全生产大检查。对星级饭店、旅行社、摄影棚、"九小场所"开展隐患排查。全年检查场所900余家次,发现安全隐患92处,全部完成闭环整改。加大重要节点安全防控,确保"迎大庆"期间文旅市场安全有序。开展全行业集中培训4次,参训2000余人次。指导、督促文旅行业每季度开展1次以上消防安全演练,全年进企业模拟演练8次。大力推广智慧用电项目,开展电气装置安全监测151家,安装智慧用电项目31家。持续加强执法监管,完善网格、行业、片区监管机制。推进"互联网＋监管",应用掌上执法系统完成全部事项录入。强化线上线下内容监管,开展网络游戏市场和网络出版物市场监管。加大执法巡查力度,全年共出动1830人次,检查场所3966家次,查处违法案件22件,查缴非法出版音像制品358余册(盒)、非法书刊200本。开展"创文"网吧控烟专项行动,组建网吧控烟专班入驻网吧,执行控烟宣传劝导1600余人次。

(单国炉)

【永康市文化和广电旅游体育局】内设职能科室8个,下属事业单位4个。2019年末人员68人(其中:机关19人,事业49人;具有高级技术职务资格的7人,中级15人)。

2019年,永康市文化和广电旅游体育局高举习近平新时代中国特色社会主义思想伟大旗帜,全面贯彻党的十九大和十九届二中、三中、四中全会精神,紧紧围绕市委、市政府"全面奔小康,永

康新腾飞"战略部署,以"文化引领,品牌提升,创新融合,强化保障,着力提升文化和广电旅游体育发展的质量和水平"为工作主线,各项工作取得成效。一是发挥文化引领作用,推进文旅融合,打造特色亮点。发挥文艺宣传优势。会同宣传部制定实施《永康市习近平新时代中国特色社会主义思想"飞入寻常百姓家"文艺宣传"百千万"工程实施方案》。13支文艺宣传小分队共演出120多场,覆盖90多个村、200多个企业、2万多农户,以及学校、社区、军营。省文化和旅游厅简报《永康市组织实施文艺宣传"百千万"工程》专题介绍该工程的做法与经验。开展习近平新时代中国特色社会主义思想文艺宣传,被列入永康市委"不忘初心、牢记使命"主题教育重大部署。调研制定《新思想辉映"五金之都"——"重走总书记走过的路"工作方案》。致力非公企业文化建设与创新。会同宣传部研究制定实施《永康市非公企业文化建设三年(2019—2021)行动计划》。是年,第一批58家实现建设目标。建立非公企业文化项目库,入库项目78个,组织举办首届非公企业文化节,建成2个非公企业图书馆分馆和15个非公企业图书流通站。培训非公企业文旅体员50名。"铸五金文化之魂 圆先进制造之梦——永康市非公企业文化服务创新实践与研究"课题被列为2019年省文化和旅游创新项目。彰显"山水＋五金"工业旅游特色。研究公布22家文旅融合示范基地建设对象,其中五金文化街区建设项目规划设计工作有序推进;确定11位非遗传承

人入驻。加强文化进景区、进赛事，推进全市"读、吃、住、行、游、购、娱、赛"文旅体8要素融合进一步加深。全年工业旅游共接待游客457.42万人次，同比增长15.66%。二是聚焦工作主线，强化担当执行，完成各项职责任务。加强文化引领。抓大庆，举办庆祝中华人民共和国成立70周年主题文艺系列活动。承办"壮丽七十年，讴歌新时代"大合唱比赛，主办庆祝中华人民共和国成立70周年文艺晚会、美术书法摄影艺术展以及永康解放70年——八婺书画名家作品展等系列主题活动。推出"年味永康·文化惠民"春节元宵主题系列活动68项，阅读推广活动146场，"文化和自然遗产日"宣传展示活动17项。开展文化"五送五进"活动6515场。抓项目，组建文广旅体项目库和文艺专家指导组。永康市文广旅体项目库入库项目518项。创作宣传习近平新时代中国特色社会主义思想文艺节目20多个，指导提升和创作各类文艺节目110多个。建立有26名成员的专家指导组。列入国家项目库的13个旅游项目，全年计划投资19.18亿元，实际完成投资23.86亿元，完成率124.41%。抓基础，通过浙江省基本公共文化服务标准认定。推进"五个百分百"建设，对标制定《永康市公共文化服务建设清单》。完成市图书馆、文化馆法人治理结构改革。完成全国文化建设军民融合发展试点推广项目军营自助图书馆建设项目。开展乡镇综合文化站服务效能第三方绩效评估。采编图书4.6万册，流通70万册次，送书下乡6万余册。免费开

放培训学员2000余名，培训基层学员2万余人次。推进行政审批改革，梳理调整336项权力清单和99项部门责任清单，审批事项"最多跑一次"，开通网上办、掌上办，实现"无证明""零证明"，共办理各类审批件159件，群众满意率达100%。推进品牌提升。抓品位，建设文旅品牌。厚吴村古建筑群、下柏石陈大宗祠被公布为第八批全国重点文物保护单位。创新农村阅读工作，受到中宣部肯定，并向全国推广。北京大学思想政治教育基地在唐先镇秀岩村挂牌。婺剧专场"忠义九江口"受到文化和旅游部肯定，婺剧音乐《花头台》《二凡》等走进中央电视台。完成2019年度"百幢文物建筑抢救工程"。启动湖西遗址勘探调查。方岩镇、唐先镇被评为"浙江省民间文化艺术之乡"。3项作品入选首批浙江省优秀非遗旅游商品名单。评定出"诗画浙江·百县千碗·永康十大碗"。永康宾馆获2019浙江省旅游饭店服务技能大赛团体一等奖、两个单项一等奖。永康宾馆和明珠大酒店通过浙江省品质饭店专家评审。方岩景区和国际会展中心选手荣获"金牌讲解员"称号，安泰旅行社选手荣获"优秀导游员"称号。抓创建，推进全域旅游各项工作。明确全域旅游创建180项考核指标、50多个部门单位责任。《全域旅游发展规划》《能靓谷旅游发展规划》《西山景区旅游规划》完成编制并付诸实施。指导方岩景区整改提升。指导水莲园周景区、大陈景区创建国家4A级旅游景区。创建32个省A级景区村庄。创建2个省A级景区镇。指导前仓镇、芝

英镇对标创建省旅游风情小镇，前仓镇入选第三批省旅游风情小镇公示名单；舟山镇被列入第四批省旅游风情小镇培育名单。新改建旅游厕所36个，已建及在建民宿286家。前仓镇大陈村获评2018浙江旅游总评榜之年度人气旅游景区村。完成全域旅游大数据中心一期项目建设，受到金华市大数据局肯定。全年共接待国内外游客2452.02万人次，同比增长19.96%；旅游总收入253.6亿元，同比增长19.98%。推动创新融合。抓试点，申报创建浙江省文旅融合改革试点县。争创省文旅融合改革试点县，通过省文化和旅游厅专家评审。《永康市工业旅游专项规划》编制实施。浙江安胜科技股份有限公司成功创建省工业旅游示范基地。确定22个文旅体产业融合发展创建类与培育类示范基地。研究制订《永康市传统金属艺术大师认定与管理暂行办法（征求意见稿）》。启动16个国家级、省级非遗项目创造性转化、创新性发展，其中，金银、铜、锡、钉秤项目完成纪录片数字转化。申报铸铁（铁壶、铁锅）国家级非遗项目，炊具博物馆、锁具博物馆和衡器博物馆分别完成文本规划和建设。指导神雕博物馆在上海主办永康金属艺术展。抓弘扬，加强优秀历史文化创新性发展。组织《九狮图》团队赴中国台湾巡回表演7场。组织29个项目参加国家、省市展示展演30多场次。启动应均旧居使用工作，完成鲁光艺苑捐赠。开展"文博之星"系列活动，组织"环球自然日"活动。举办文博展览13场，服务群众22万人次。完成第八批永康市

非物质文化遗产项目和金华市级、永康市级第五批传承人申报。挖掘、推进 10 个陈亮故事进景区。推出醒感戏"师带徒"传习项目,出版《永康鼓词经典曲目选》。上报 11 处第七批市级文保单位。强化安全保障。抓安全,确保文化安全和各项安全监管责任的落实。组织召开文广旅体年度安全工作会议,与相关单位和企业签订安全生产责任书。指导镇(街道、区)重新与有关行政村签订文物保护责任书。认真落实意识形态责任制。以"4·28"省保厚吴新屏山精舍火灾为教训,举一反三,组织开展文物隐患大排查,推进 19 处省保单位、17 处市保单位共 168 项安全隐患排查整改工作。制定下发《关于进一步加强文物保护工作的通知》。开展全市文保员队伍集中培训,解聘有关村不合格文保员。向方岩镇、前仓镇发了文物安全整改通知书。严肃查处龙山镇、花街镇有关村文物违法行为。组织开展全行业常态化安全检查,部署开展"防风险 保平安 迎大庆"消防安全执法检查专项行动,开展扫黑除恶专项行动。加强执法,出动检查 1458 人次,出动次数 420 次,检查文化经营场所 2793 家次;立案 46 起,办结 46 起;罚款 14.8 万元,没收违法所得 0.2 万元,没收违法物品 7000 件,停业整顿 2 家。

(翁冰蓉)

【武义县文化和广电旅游体育局】内设职能科室 6 个,下属单位 8 个。2019 年末人员 62 人(其中:机关 15 人,事业 47 人;具有高级技术职务资格的 8 人,中级 22 人)。

2019 年,武义县文化和广电旅游体育局文化和旅游各项工作有序推进。一是公共文化事业。举办"文艺百花会"54 场次,送戏下乡 357 场。完成"文化走亲"27 场。完成图书馆和文化馆的法人治理结构改革,成立第一届理事会。举办全县文化站干部业务培训班。顺利通过《浙江省基本公共文化服务标准(2015—2020年)》完成情况认定考核。顺利通过浙江省公共文化服务"十百千"工程考核。指导创建了 1 个省级文化示范村。落实文化员下派制度。完成 2 名乡镇文化员定向培养招生。开展群众文化活动。武义县文艺百花会接续举办 37 年,共举办"文艺百花会"54 场次。举办庆祝中华人民共和国成立 70 周年暨第五届"壶山之夏"纳凉文化节演出 46 场。举办庆祝中华人民共和国成立 70 周年演唱会、文艺晚会。在第十三届温泉节暨第十届武川艺术节期间举办演出 7 场。举办"武阳春雨·2019 武义端午文化庙会"活动。举办"2019 中国·武义第三届国际养生瑜伽大会暨第二届武义湿地旅游文化节"。举办武义县"2019 文化和自然遗产日暨美丽非遗百村行活动"。与县教育局、县语委决定联合举办"说方言 品文化 知故乡"武义县小学、幼儿园方言大赛。开展民生大篷车活动 6 场。参加四川省南充市嘉陵区"'武'味俱全'嘉'景共赏"武义旅游推介会活动。参与 2019 金华"非遗市集"年货展和婺州古城 2019 新春文化庙会"元宵花灯展"活动。配合县委统战部以及柳城畲族镇政府做好浙江省第六届三月三畲族风情节活动。举办"壮丽七十年,奋斗新时代 1949—2018 红色收藏'国庆特刊'报展"、致敬工匠精神·献礼七十华诞"质朴无华——邵文礼婺州窑作品展"、"锦绣武川·飘香翰墨"——庆祝中华人民共和国成立 70 周年书画摄影展。举办"民星讲堂"38 期和非遗研学活动 11 期。开展全民阅读活动。举办全民阅读节、未成年人读书节、图书馆服务宣传周、"一本书一辈子"系列读书活动等各类全民阅读活动 128 场,参与市民累计 169370 人次。县图书馆接待读者 451208 人次,书刊文献外借 275318 册次,有效持证读者 12800 个。新增馆藏图书 44407 册,新增电子图书 8000 种;入藏报刊合订本 1399 册;征集地方文献 235 种 309 册。新增 1 家城市书房,1 家乡镇桃溪分馆,10 家图书流通站。"携手馆校共建,打造'走读课堂'数字阅读新模式"案例,获评"2019 年浙江省公共数字文化工程优秀数字阅读推广案例大赛"优秀案例;"泉看武义"微视频地方数字资源库入选中央补助地方公共数字文化建设项目。加强非物质文化遗产保护。启动第五批国家级非遗名录申报,召开国家级非遗项目申报论证会,推荐武义昆曲为第五批国家级非遗申报项目。东垄村入选为省级民俗文化村,大田乡入选为市级非遗主题小镇,金岭溪村入选为市级民俗文化村,熟溪酒厂获评"市级生产性保护基地",5 人被评为市级传承人。武义大漆修饰技艺作品入选浙江省非遗旅游商品 100 项。非遗作品"山水武义"和"祥泰方尊"荣获非遗薪传奖传统工艺（金属工艺）大展优秀奖；婺州窑、大漆等项目参加金华市首届传统工艺创意精品展。加强文化市场管理。实现212项群众和企业到政府办事事项"最多跑一次"100%全覆盖，并根据"八统一"标准进行事项规范和材料精简，开展"无差别全科受理"业务。推行掌上办、网上办，212个事项可通过"浙里办"App办理。全年共办件249件。加强文化执法。开展"扫黄打非""平安浙江"等专项整治行动，参与"创国卫""美丽县城""平安武义"等活动。全年共出动执法1991人次，检查经营场所2490家次，处理举报11起，取缔无证摊贩3家，查缴非法出版物224件，立案查处10件。二是旅游业。全年接待国内外游客2123.57万人次，同比增长11.50%；实现旅游综合收入212.69亿元，同比增长16.37%。国内游客2122.83万人次，同比增长11.51%；入境游客0.74万人次，同比增长2.15%。全县有国家等级旅游景区12个，其中4A级景区4个、3A级景区8个；国家级风景名胜区1个；国家级森林公园1个；全省中医药养生旅游示范基地1个；全省工业旅游示范基地5个；浙江省文化旅游示范基地1个；浙江省果蔬采摘旅游基地2个；浙江省采摘旅游体验基地3个；浙江省休闲农业与乡村旅游示范点2个；浙江省休闲旅游示范村4个；国家级重点文物保护单位3处；国家首批历史文化名村2个、省级历史文化名村4个；漂流企业4家。加强旅游资源管理与A级景区创建工作。计划投资1000万元以上的旅游重点项目共35个，总投资182.26亿元，年度计划投资22.16亿元，实际完成投资22.23亿元。完成全域旅游示范县创建。指导牛头山景区创国家5A级旅游景区，指导温泉小镇、俞源创国家4A级旅游景区，温泉小镇游客中心主体已基本完成，旅游厕所、停车场、景区导览图等基础配套设施逐步完善，俞源创建台账资料完成编制并上报市文旅局。郭洞、俞源、寿仙谷3家景区通过3A级旅游景区复评。履三村、岭下汤村、章湾村等6个村庄创成省级3A级景区村庄，全县3A级景区村庄增至11家。推动乡村民宿发展。新增精品民宿4家，新增农家乐民宿59家，全县有精品民宿17家，农家乐经营户331户，省、市级农家乐集聚村16个，特色点9个。全县乡村旅游共接待游客1088.22万人次，同比增长24.56%。推动旅游市场开发。组织旅游企业开展推介会10场，其中以山海协作、对口帮扶、旅游疗休养、四季旅游等为主题的武义旅游专场推介会7场。对接上海雨阳旅行社、福建顺丰旅行社、武汉中青旅等企业，宣传旅游政策，引导游客组织，开通旅游专线。在杭州东站、杭州城站全方面发布武义旅游广告，提升武义品牌知名度。冠名发布"武义温泉号"高铁品牌专列，继续推广"乘高铁游武义"。同浙江交投集团合作，在省内各高速服务区内发布广告，覆盖了全省33对高速服务区2000块广告牌。推出旅游特色活动。组织旅游企业和文化场馆举办第十三届温泉节相关活动，将旅游优惠节庆和文化文艺表演相结合。举办十八般武义过大年、中国武义第三届国际养生瑜伽大会、端午文化庙会等文旅主题活动。举办18场乡镇文艺百花会，24个乡村旅游节庆活动，文旅活动涉及全县18个乡镇街道，覆盖率达100%。加强网络营销。与浙江在线新闻网、今日头条、浙江旅游等平台合作，对武义旅游展开全方位的品牌宣传与网络营销。优化"武义旅游"微信公众号，粉丝人数近8万人，公众号推出多篇文章阅读量均超过5万次，多次进入浙江全省旅游微信公众号单周榜前十，10月21日至27日期间总阅读量达到74559，位居浙江全省旅游微信公众号单周榜首。加强旅游行业管理。与全县43家旅游企业和各个科室签订年度安全生产责任书，明确全年安全工作重点。联合相关部门开展节前安全大检查，督促各旅游企业落实节前安全隐患整改工作，加强节日值班，实现旅游安全责任事故零目标。累计开展安全检查13次，排查隐患132家次，积极开展消防安全演练。完善省、市、县、企业4级培训体系，开展饭店服务技能、农家乐及民宿服务技能、烹饪技能等各类旅游业务培训18期，累计培训1154人次。联合金华市培训中心，组织开展1期全县讲解员培训，100人参训。武义县全年受理旅游投诉案件38起，其中国家12301投诉平台转办旅游投诉案件1起，结案率100%，反馈满意率100%，无一例群体性上访事件和较大旅游投诉发生。旅游投诉电话96118（省级）及87662334（县级）昼夜畅通，随时处理旅游投诉，解答游客咨询，未发生贻误事宜。

（罗　津）

【浦江县文化和广电旅游体育局】内设职能科室6个，下属单位17个。2019年末人员115人（其中：公务员20人，参公8人，行政工勤1人，事业86人；具有高级技术职务资格的13人，中级29人）。

2019年，浦江县文化和广电旅游体育局积极推动文化和旅游事业发展，顺利通过省基本公共文化服务标准认定和省公共文化服务"十百千"工程考核，完成全域旅游示范县创建，各项工作取得实效。一是公共文化事业。持续开展"文化惠民·四送六进"工作，全年完成送戏下乡138场、送展览讲座208场、送电影下乡3900场。顺利通过《浙江省基本公共文化服务标准（2015—2020年）》完成情况认定考核。顺利通过浙江省公共文化服务"十百千"工程考核。成功申报杭坪镇为"浙江省民间文化艺术之乡"，浦江乱弹、浦江剪纸、浦江书画等3个项目顺利通过2014—2016年度"浙江省民间文化艺术之乡"复核。完成同乐村、嵩溪村省级文化示范村创建和杭坪镇文化站第八届全国服务农民、服务基层先进集体评选申报工作。落实文化员下派制度。完成3名乡镇文化员定向培养招生。开展群众文化活动。举办浦江·第十二届中国书画节、"万年浦江"全国中国画写意作品展、"多彩非遗新浦江"2019全国摄影大展等大型文化活动20余场。9月26日，浦江·第十二届中国书画节在文景园仙龙广场开幕。本届书画节为期13天，安排活动18项，其中书画活动14项，文化活动4项，注重文旅融合，挖掘浦江文化，聚焦全域旅游，内容丰富、形式新颖，

打造浦江文旅IP，促进产业创新。书画节自1995年举办第一届以来累计吸引观赏游玩人数100余万人次，展出各类作品上万件，成为浦江最富特色的文化品牌。举办2019春节群文类活动47场。举办东山公园群文大舞台演出33场，其中婺剧专场占比达1/3。举办送戏下乡演出138场，服务村（社区）108个，其中文化礼堂和文化家园演出占比达87.7%。举办培训班40个，涉及艺术门类9个，累计44期，参与人次1880人。举办文学、摄影讲座12次。各书画场馆积极开展各类书画活动，提高场馆利用率，举办了"新桐画社中国工笔画作品展""仙华清韵——中国画雅集""笔墨寄情——第十四回迎春中国画联展"等书画展览活动，做到了"月月有展览、日日有活动"。同时，各书画场馆根据各自书画特长推出了"学、采、送、种"系列活动，多次开展书画文化下乡进社区活动；假期、周末书画培训持续进行，并结合旅游活动积极开展绘画体验等活动；定期举办书画讲坛和书画沙龙活动，丰富了城乡居民的精神文化生活。开展全民阅读活动。4月21日，在县图书馆启动了浦江县第五届"全民阅读节"活动，至11月底结束，先后在城乡各地组织开展了好书推荐、名家讲座、经典诵读等各类读书活动130余场次，参与群众12.6万余人次，"全民阅读"理念进一步深化，书香氛围更加浓郁。县图书馆开展经典朗诵、益智手工、快乐作文、讲座展览等160余场次，服务群众16.77万人次。全年增加图书8.8万余册，征订期刊400种，为群众开通

市民卡借书功能、提供身份证阅览服务9.8万余人次；书刊外借26.9万册次，总流通38.5万人次，线上线下推荐好书670余种。建成阅读驿站和流通站7家，全年送书下乡5.97万余册。首家城市书房（自助图书馆）正式投入运行，建成中国美术图书馆分馆和杭坪镇图书馆分馆。加强非物质文化遗产保护。2019年申报工作收获颇丰。杭坪镇获评省级非遗小镇，浦江麦秆剪贴作品入选浙江省非遗旅游商品100项。建成浦江县非物质文化遗产馆并于文化和自然遗产日期间开馆试运行，馆内展品丰富多样，包括国家级非遗项目浦江剪纸、麦秆剪贴，省级非遗项目滚地龙、擂马，市级非遗项目十六横签、竹编，县级非遗项目浦江绗缝等，展出展品600余件。非遗馆开馆以后，共接待游客8万余人次。注重"非遗＋旅游"活动开展，举办了进博会浦江非遗展示展演、2019全国摄影大展大型民间艺术表演、中法文化交流非遗演出活动等40余场"非遗＋旅游"活动。举办剪纸、香包、麦秆剪贴、迎会化妆等培训。加强文物文博工作。上山考古遗址公园共接待观众16万余人次，其中包括各级领导、专家100余批1000余人次，县内外中小学校师生研学游50余批15000余人次，团队游客200余批15000余人次，境外观众2批20余人次。实施上山考古遗址景区提升建设工程，并对遗址公园A、B馆设施和公园草坪进行维护；完成"上山文化考古基地"标本库、标本展示厅建设，整理上山遗址、塘山背遗址出土文物并分类入柜。二是旅游业。

全年接待国内外游客 2058.23 万人次，同比增长 21.06%；实现旅游综合收入 210.06 亿元，同比增长 25.27%。国内游客 2058.23 万人次，同比增长 21.06%；入境游客 0.08 万人次，同比下降 46.04%。全县有国家级旅游景区 9 个，其中 4A 级景区 3 个、3A 级景区 6 个；国家级风景名胜区 1 个；省级森林公园 1 个；国家级湿地公园 1 个；浙江省文化旅游示范基地 1 个；浙江省果蔬采摘旅游基地 4 个；浙江省休闲农业与乡村旅游示范点 2 个；浙江省休闲旅游示范村 2 个；国家级重点文物保护单位 3 处；国家级历史文化名村 1 个、省级历史文化名村 4 个；"漂流企业" 1 家。计划投资 1000 万元以上的旅游重点项目共 18 个，总投资 117.65 亿元，年度计划投资 32.91 亿元，实际完成投资 29.7 亿元。完成全域旅游示范县创建。推进 A 级景区创建工作。成功创建 3A 级景区城、2 个景区镇、110 个省 A 级景区村庄（3A 级景区村 12 个）。指导江南第一家·仙华山峰林景区创国家 5A 级旅游景区，指导茜溪悠谷、红色塘波创国家 4A 级、3A 级旅游景区。江南第一家·仙华山峰林景区已完成景区总体规划、景观质量价值报告、宣传视频制作等申报资料制作，已推荐至省文化和旅游厅参加景观质量价值评审。茜溪悠谷景区已通过景观质量价值评审，完成 4A 级景观提升工程与台账资料准备工作。红色塘波成功创建国家 3A 级景区。寺前村、平湖村、薛家村、塘波村创建省级 3A 级景区村庄，全县 3A 级景区村庄增至 12 家。推动乡村民宿

发展。新增精品民宿 1 家，新增农家乐民宿 66 家，全县有精品民宿 8 家，民宿（农家乐）经营户 271 户，省、市级农家乐集聚村 8 个，特色点 4 个。全县乡村旅游共接待游客 1692.78 万人次，同比增长 65.39%。加强旅游市场开发。组织旅游企业参与国际旅交会、省市推介会、旅展 12 场。对接省旅行社协会，宣传旅游政策，引导游客组织。推动"浦义同城"，开通浦义旅游专线，在义乌多个线路公交车上投放浦江形象广告，线路途径义乌国际商贸城、会展商圈、福田商圈等人流量最大站点和商圈；在义乌高铁通道投放浦江形象灯箱广告。邀请浙江经视《悠游天下》节目专业拍摄团队到浦江多次采风，拍摄展现浦江全新风貌的形象宣传片，并利用手机视频来电进行广泛传播。加强对全县 14 家旅行社（含 2 家分社）、8 个 A 级旅游景区、1 个省级生态旅游景区、1 家星级饭店、4 家等级民宿等的行业管理。加强文旅市场管理。全年日常巡查出动检查 2351 人次，检查 1887 家次，查处违规 13 家次，行政处罚立案调查 13 件，办结案件 13 件，警告 9 家次，罚款 44000 元，停业整顿 1 家次，没收非法所得 77 元，没收非法宗教类出版物 2100 余本。通过日常监管、专项整治、联合执法相结合，遏制文化旅游市场非法经营活动，保障各场所的经营规范有序。规范市场秩序。修订下发安全生产目标管理责任制考核办法，建立机构改革后覆盖整个行业企业所有组织和岗位的安全生产责任制。把具体工作落实到责任单位、责任人。与全县 35 家旅游相关单位均签

订了安全责任书。联合相关部门开展节前安全大检查，督促各旅游企业落实节前安全隐患整改工作。节假日期间，办公室、景区安排值班人员，电话保持 24 小时畅通，值班领导带队到各大景点进行走访检查，确保游客出行安全。牵头组织相关部门对旅行社、旅游推荐酒店、A 级景区开展旅游市场专项整治工作。全年累计开展安全检查 113 人次、95 家次，累计排查整改安全隐患 12 处，实现旅游安全责任事故零目标。全年受理旅游投诉案件 11 起，结案率 100%，反馈满意率 100%，无一例群体性上访事件和较大旅游投诉发生。旅游投诉电话 96118（省级）及 87662334（县级）昼夜畅通，值班人员待命，及时接听电话，处理旅游投诉，解答游客咨询，未发生一起贻误事宜。

（黄清清）

【磐安县文化和广电旅游体育局】内设职能科室 7 个，下属事业单位 4 个。2019 年末人员 59 人（其中：机关 23 人，事业 36 人；具有高级技术职务资格的 5 人，中级 13 人）。

2019 年 1 月，磐安县文化和广电旅游体育局由机构改革前的县文化广电新闻出版局、县风景旅游管理局和县体育局职责整合而成。10 月底，挂牌成立磐安县文化市场综合行政执法队，实行局队合一。一是公共文化事业。全年送戏下乡 181 场，举办公益性展览 52 场、送培训 356 场、送电影 2644 场、送讲座 31 场，县域外"文化走亲" 9 场。举办第六届文化旅游艺术节，组织承办大型文艺活动 15 场。14 个乡镇（街

道)134个行政村(社区)举办春节期间文化活动313场。评选出30支特色业余文艺团队。以专场推介或结合展会活动推介等形式开展旅游营销活动24次。开展磐安文旅推广月系列活动,开拓福建、韩国新客源市场,开发文旅商品300余件。指导乡镇、企业举办文旅类活动约150场次。新建图书分馆4个;提升10个村文化礼堂,创建基层综合性服务中心14家;公共文化服务重点镇尚湖镇及14个重点村顺利通过省公共文化服务"十百千"工程验收。在5个旅游特色小镇建成特色馆12个,植入体验业态30余种,开发特色旅游伴手礼40余种,盘峰乡列入第四批省旅游风情小镇培育创建单位。新创建省3A级景区村5个、省2A级景区村10个、省A级景区村2个。新创建省4A级景区镇1家,省3A级景区镇2家。新增民宿119家、床位1812张,新增银宿级民宿4家。新建、改扩建旅游厕所43座。增设、提升县内旅游交通指示牌7块,新增停车位1000余个。加强文化遗产保护。修缮不可移动文物18处,出台《磐安县文物保护项目资金管理制度》。磐安茶文化博物馆、大盘山博物馆共接待游客49万人次,

开展博物馆临时展览活动12次、免费培训讲座11次、社会教育活动30次。新增县级非遗名录11项;新增市级非遗代表性传承人8名、县级11名;新增市级非遗生产性保护基地2家;新增省级非遗旅游景区1个。开展非遗展示展演45场次,非遗主题活动16场次,民俗活动26次。"炼火""迎大旗"在CCTV-10《中国影像方志》播出。二是旅游业。全年累计接待国内游客1568.76万人次,实现旅游综合收入152.22亿元,同比分别增长15.91%、24.98%。9个主要收费景区接待游客共109.50万人,同比增长26.74%。接待过夜旅游人数20.76万人,同比增加33.33%。向上争取到省、市资金1608万元,占全年任务数1131万元的142.175%,超额完成任务。共评定旅游推荐单位37家。新增文化经营场所21家。新评定三星级旅行社1家,复评三星级旅游饭店1家。年末,全县在册文化经营场所266家,在册旅行社14家、星级旅游饭店1家。全年共办理行政审批事项179件。文旅市场日常巡查出动检查835人次,行政处罚立案3起,约谈旅游企业7家,下发停业通知书1家;全年未发生重大安全责

任事故。全县旅游产业项目完成投资约16.31亿元,占年度计划的105.7%,同比增长46.7%。全年新增纯旅游类供地205亩,占全县年度用地的30.1%。共举办文旅专场招商活动3场,开展招商引资活动160次,接待客商123批、654人次,完成引进内资12971万元。浙江磐安神贤旅游开发股份有限公司在浙江省股权交易中心(成长板)挂牌。磐安县获评浙江旅游总评榜之年度旅游发展"十佳县",在首批25个省全域旅游示范县工作评估中获评优秀,并获300万元专项扶持资金,创建工作案例作为全省10个县域典型示范案例推广,顺利通过浙江省基本公共文化服务达标认定,获评浙江省运动休闲基地,湖上村新获国家3A级景区。磐安县文广旅体局获2018年度浙江省文化和旅游系统政务新媒体运营奖、2019金华十佳金牌讲解(导游)员大赛组织奖。县文化馆获评"把爱撒满浙江大地"2019年浙江省文化馆社会艺术公益培训成果展演优秀参演单位,获金华市第三届村歌大赛暨首届旅游歌曲大赛组织奖、金华市第六届"文化礼堂杯"排舞大赛暨第十一届排舞大赛组织奖。

(周晗璐)

衢州市文化广电旅游局

【概况】 2019年是文化旅游融合发展的第一年，也是"活力新衢州、美丽大花园"建设的攻坚之年。衢州市文化广电旅游局紧紧围绕市委"1433"发展战略体系，积极推进好听、好看、好玩、好吃"四好衢州"建设，全市文化建设和旅游发展取得较大进展。

一、浙皖闽赣国家生态旅游协作区加快推进

4月27日，浙皖闽赣4省文化旅游部门共同签署合作协议，将联席会议秘书处设在衢州。10月31日至11月2日，首次推进会在衢州召开，发布了《衢州倡议》、协作区主题形象LOGO，联合推广跨境旅游精品游线，签订《长三角百万游客游协作区》《衢丽宁铁路黄金旅游带》等合作协议，取得4省19市一致好评和赞誉。

二、钱塘江诗路文化带全省占重要一席

围绕打造"衢州有礼"诗画风光带，以南孔古城文化旅游区5A创建和"万村景区化"建设为重点，推进钱塘江诗路文化带建设。6月20日，全省钱塘江诗路文化带推进会在衢召开。8月，省政府常务会议通过《浙江省诗路文化带发展规划》，衢州市成为全省唯一的全域纳入诗路文化带主线的城市。

三、全域旅游示范区建设取得重大进展

9月4日，全省全域旅游暨"百千万"创建培训会在衢州召开。江山市被命名为首批国家全域旅游示范区。加强对各地全域旅游工作督促力度，形成开化争创国家级，龙游、常山等地争创省级全域旅游示范单位的工作梯队。

四、优质文旅项目纷纷落地建设

吉利集团、蓝城集团、杭州运河集团等一批知名企业在衢重金投资建设文旅项目。涌现了一批如开化根宫夜宴、《你好江山》情景剧等的新业态项目。

五、民宿产业迎来新一轮发展热潮

制定实施《衢州市民宿产业提升发展三年行动计划（2019—2021）》《衢州市民宿提升发展扶持奖励办法》，激励全市民宿产业快速发展。新增加抱山书院、衢府等中高端民宿60余家，全市共有民宿1400余家。柯城九华、开化金星等呈现出民宿集聚发展的良好态势。

六、文旅融合"金名片"影响与日俱增

精心打造好听音乐会、好吃"三衢味"、好看"大花园"、好玩运动场等"四好衢州"载体。连续举办11场不同主题的礼乐·草原音乐会，吸引10万余人次市民游客现场观看，线上观看量突破2860万次。"南孔大讲堂·国学论衡"举办5期。推出并提升"诗画浙江·百县千碗"衢州美食。

七、优秀传统文化传承发展获省政府肯定

围绕打造南孔文化体验圣地总目标，启动衢州南孔文化核心区建设，成立南孔文化发展中心，推进优秀传统文化创造化转化、创新性发展。8月14日，衢州市因传承发展浙江优秀传统文化工作积极主动、成效明显，获省政府督查激励事项奖励资金500万元。

八、文艺精品创作和文化服务水平不断提升

大型婺剧现代戏《江霞的婚事》被列为浙江省舞台艺术创作重点题材2019年扶持项目，获浙江省第十四届戏剧节新剧目大奖。以弘扬赵抃"一琴一鹤"廉政为主题的大型婺剧《铁面御史赵抃》全市反响热烈。公共文化"十百千"工程建设完成率100%。全市新建9家南孔书屋，均投入试运行。

九、"全球免费游衢州"产业带动效应显现

推出"全球免费游衢州"升级版，先后赴杭州、北京、天津、西安、沈阳、大连等地开展政策推介活动。11月24日，"全球免费游衢州"荣获博鳌国际旅游奖年度文旅整合营销奖。衢州主要客源城市由2016年的167个增长到300余个，旅游半径由300千米扩大到800千米以上。

十、政府"推倒院墙"服务市民游客全媒体聚焦

联合各部门在2019年重要假期推出免费开放停车位，按成本价供应中餐惠民福利，最大限度发挥资源优势，主动对接各级媒体,《人民日报》、新华社、央视、澎湃新闻、《新京报》等近100家媒体关注报道,网络热度达1350万,形成大力度、全方位、多层次的宣传态势。

【大事记】

1月

15日 衢州市文化广电旅游局正式挂牌,承担统筹规划全市文化事业、文化产业和旅游业发展,推动全市文旅市场、文艺事业、文化广电旅游公共事业、文物保护利用和广播电视机构行业监管等职责。

20日 衢州2家民宿入选白金宿,4家民宿入选金宿。

3月

23日 由中共衢州市委宣传部、衢州市文化广电旅游局、衢州市西区管委会主办的2019年首场"好听衢州"礼乐·草原音乐会在西区大草原举办,特邀浙江交响乐团到衢州演出,为市民游客在家门口献上高品质音乐会。

29日 全国旅游星级饭店评定委员会正式公告,"浙江江山金陵大酒店"成为衢州市首家五星级旅游酒店。

4月

27日 浙皖闽赣国家生态旅游协作区合作签约仪式在义乌幸福湖国际会议中心举行,确定协作区首次联席会议于10月在衢州举行。

5月

4日 央视《新闻联播》报道衢州小长假旅游火热景象,1日至3日五一小长假期间,衢州共接待海内外游客12.2万人次,同比增长90.7%。

17日 因衢州市在传承发展浙江优秀传统文化工作中积极主动,成效明显,浙江省文化和旅游厅给予衢州一定财政资金奖励,并在非物质文化遗产保护载体建设、公共文化旅游服务、红色旅游保护开发等工作中给予支持。

6月

2日 首场"国学论衡"讲座在衢州中国儒学馆开讲,讲座邀请北京师范大学中国易学文化研究院院长张涛授课。

6日 衢州市参加"2019莫斯科中国文化旅游周"活动,在莫斯科中国文化中心开展诗画浙——"南孔圣地"衢州文化旅游品牌推介会。

26日至27日 文化和旅游部党组成员、副部长张旭率调研组到衢州调研传统文化发展、特色文化村、乡村旅游村和特色小镇建设。市委副书记、市长汤飞帆,市委常委、宣传部部长钱伟刚,市政府副市长吕跃龙参加。

7月

12日 "心手相印 共谋发展"2019两岸民宿发展交流合作会在衢州召开,衢州市委常委、统战部部长傅根友参加。

15日 杭州都市圈旅游专委会2019年工作会议在衢州召开,市委常委、宣传部部长钱伟刚出席。

18日 "南孔大讲堂"开讲,外交部原部长李肇星与现场观众畅谈"中华智慧与大国外交"。

8月

16日 衢州市文化市场综合行政执法队举行揭牌仪式,市委常委、宣传部部长钱伟刚参加

仪式。

9月

4日 文化和旅游部公示首批国家全域旅游示范区名单,江山市入选。

10月

15日 在长三角城市经济协调会第十九次会暨第十九次市长联席会议上,杭州、黄山携手衢州签订联合推广世界遗产精品游线合作项目协议。

24日 全省文化和旅游系统数字化转型培训班在衢州举行,省文化和旅游厅党组书记、厅长褚子育出席并做重要讲话。

31日至11月2日 首届浙皖闽赣国家生态旅游协作区推进会在衢州举行。浙江省委常委、宣传部部长朱国贤,浙皖闽赣4省文化和旅游厅及发改委的相关负责人,协作区内19个设区市的党政领导、文旅部门代表、重点文旅企业代表等参会。现场签订文旅市场一体化执法、"长三角百万游客游协作区"、"住衢州、游四省"、衢丽宁铁路黄金旅游线等合作协议,4省在共建经常性合作机制、共创国际级旅游目的地、共享一体化公共服务、共推主题性旅游线路、共拓多层级客源市场、共促创新性协同发展方面达成衢州共识。

11月

14日 衢州代表队勇夺"横店杯"2019浙江省文化和旅游法律法规知识竞赛团体一等奖。

23日 第四届博鳌国际旅游传播论坛暨博鳌国际旅游奖(TC奖)颁奖典礼上,衢州市3项优秀文化旅游产品荣列博鳌国际旅游奖榜单。

12 月

12 日　衢州南孔古城入选"浙江省首批诗路旅游目的地名单"，开化根宫佛国文化旅游区、常山"宋诗之河"、衢州江郎山廿八都旅游区入选"浙江省首批诗路旅游目的地培育名单"。

（程梓朔）

衢州市县（市、区）文化和旅游工作概况

【柯城区文化和旅游体育局】　内设职能科室 7 个，下属单位 2 个。2019 年末人员 34 人（其中：公务员 4 人，参公 17 人，事业 13 人；具有高级技术职务资格的 2 人，中级 7 人）。

2019 年 1 月 20 日，柯城区文化和旅游体育局正式挂牌成立。根据《衢州市柯城区机构改革方案》，将区教育体育局（区文化局）的文化、体育管理职责，相关单位的旅游管理职责整合，作为区政府工作部门。是年，区文旅体局重点聚焦"五大柯城"建设，以打响柯城城市品牌为引领，坚持全面从严治党，统筹各项改革任务，不断健全公共服务体系，加快重点项目建设，强化行业安全意识，全面促进文旅体工作融合。一是"不忘初心、牢记使命"主题教育。根据上级统一部署，切实抓好学习教育、调查研究、检视问题、整改落实 4 项重点举措，制定"党性教育半小时"制度，共开展各类集中学习 15 次，专题研讨 3 次，梳理查摆问题 25 个，完成整治任务 23 个。出台《衢州市柯城区文化和旅游体育局工作人员因私出国（境）管理制度》，并对瞒报、漏报出国（境）情况的 4 名

人员给予批评教育的问责处理。主题教育工作得到区委巡回指导组充分肯定，并在第十指导组指导的 12 家单位中排名第一。二是文旅融合改革试验区创建。与省发展规划研究院社会发展处开展深度合作，先行先试探索制定了《柯城区文旅融合改革试验区创建方案》，谋划了一批文化和旅游融合项目，重点围绕"音画柯城、棋妙柯城、乡宿柯城、儒雅柯城"四大文化旅游融合 IP 打造，在文旅融合的体制机制、产业融合、阵地载体、要素支撑、数据统计、评价标准、人才培养等方面开展积极有效探索，并入围全省首批文旅融合产业试验区培育名单。三是重点项目建设。总投资 2.5 亿元的忘忧田园萱草未来村项目签约。计划总投资 5000 万元的九华麦谷文化艺术基地项目通过项目决策咨询，主要建设文化艺术体验区、精品民宿区、休闲农业观光区三大板块，是一个融合文化、旅游、农业等业态的民宿综合体项目。花彩小镇及通景道路 PPP 项目占地 403 亩，计划总投资 7.8 亿元，是全区首个 PPP 项目，已完成景观水系、停车场基层等建设。四是全域旅游示范创建。大力发展乡村休闲旅游，召开全国"运动振兴乡村"专题研讨会。创建 A 级景区村庄 36 个，其中 3A 级景区村庄 5 个。加强景区整改提升，重点推进桃源七里景区整改提升，不断完善旅游公共服务设施。继续推进旅游厕所革命，全区新建改建旅游公厕 29 座，百度地图标注 29 座，获评 3A 级公厕 1 个。完成旅游交通标识系统建设，新增旅游景区道路标识牌 36 块，覆盖全区高速以

及国省道路口。加快大数据中心建设，积极推进文旅体资源、产业、管理、服务等要素融合共享，实现文旅体资源一张图监测。五是"一乡千宿"工程。组织起草《柯城区加快建设"一乡千宿"民宿集聚区实施意见》，成立柯城区民宿行业协会，共有会员 51 家，覆盖了全区所有星级以上民宿和城区知名民宿。加强民宿宣传营销，编印溪山田园乡宿柯城宣传画册，建设集展示、宣传、招商等为一体的民宿服务中心。承办全市民宿现场会，扩大柯城区民宿影响力。全年新增省级金宿 1 家，银宿 4 家。六是公共文化服务。新建南孔书屋 2 家，区图书馆在全市公共图书馆率先实现"五个首家"，即首家免收押金、首家线上办证、首家开通图书预约服务、首家刷脸借还、首家采用积分体系信用借阅。积极开展公益展演、公益文艺培训、送戏下乡等活动，全年送戏下乡 216 场，送书下乡 15000 册次，送讲座、展览 16 场次，共吸引 4000 余人次参加。加强文艺节目创作，舞蹈《麻糍糯糯盼儿归》和道情《一面旗》双双获得 2019 年浙江省群星奖，填补了衢州市省级群星奖的空白。进一步规范提升乡镇（街道）综合文化站、农村文化礼堂和三团三社，顺利通过省基本公共文化服务标准化认定。结合"最多跑一次"改革向公共场所延伸扩面工程，推进基础设施改善、标志标识完善、中心容貌提升、服务体验优化、运行秩序整治"五大工程"，建设流动美术馆，不断满足群众对精神文化生活的需求。加大非遗传承保护，衢州白瓷烧制技艺和邵永丰麻饼制作技艺入围

第五批国家级非遗代表性名录申报项目；策划实施省级、市级各类非遗展示展览活动，组织申报市级非遗传承人5人；上报区政府公布柯城区第七批非遗代表性名录19项、公布第二批区级非遗传承人15人。七是"中国·立春"文化品牌打造。举办2019年九华立春祭系列活动，以"梧桐祖殿祭春神 柯城妙源过大年"为主题，通过互联网向全球发起网络祭春，中央电视台《新闻联播》头条对活动进行报道，央视新闻移动网、今日头条等网络平台对现场活动进行了直播，网上各直播覆盖用户突破1500万人次，比去年增长80%，网络平台总点击量达8000万以上。围绕"中国·立春"品牌打造，编制《中国立春与二十四节气文旅融合发展策划书》，召开二十四节气（九华立春祭）传承保护座谈会，向文化和旅游部申报国家级非遗九华立春祭传承保护优秀实践案例，积极创造条件申报省级、国家级立春文化生态保护区和中国立春文化之乡。八是文旅市场推广。先后举办九华立春祭之"舌尖上的年味记忆"人气美食评选活动、九华立春祭之"祭春神、品美食、住民宿"千人春糕宴活动、"5·19中国旅游日"之"句小芒带你趣玩棋妙柯城"活动等推介活动。拍摄《看见柯城》《好吃衢州·有味柯城》《柯·遇》宣传片，借助浙江省信息中心、无线衢州等大平台，宣传推广柯城文旅体品牌形象。九是市场安全监管。层层落实安全责任，与文旅企业、文保员分别签订《文化旅游安全生产目标责任书》《柯城区文物安全责任书》。制定《柯城区文化旅游安全事故应急

处理预案》，并利用"钉钉"、微信等平台，积极宣传旅游安全知识。紧盯重要节点安全防控，在春节、五一、端午等节假日期间，对星级酒店、景区、文保单位等进行安全生产大检查，并在文保单位配备100个高标准灭火器。开展日常检查监督107人次，并结合上级"'两会'期间文化市场专项整治"、"扫黄打非"行动、网络赌博专项整治行动等，对辖区互联网上网服务营业场所、涉演单位和娱乐场所经营单位开展专项检查132次，确保全区文化市场环境健康有序。

（余晓芬）

【衢江区文化和广电旅游体育局】
2019年，衢江区发展"文化＋旅游"新产业，以打造乡村振兴先行先试区和全域土地整治为契机，深入推进村庄景区化建设，培育乡村旅游品牌。开发非遗文化旅游，做大杨炯出巡、喝山节、举村立夏祭等传统民俗活动。完成峡川镇、双桥乡、后溪镇等乡镇综合文化站的整改提升工程，全区所有乡镇（街道、办事处）全面实现综合文化站独立设置。在龙潭嘉苑、航民望江苑、衢州花园建设南孔书屋，打造15分钟阅读生活圈。拓展图书流通点建设，完成衢江区文明实践中心、区财政局机关图书流通点、区交易中心机关图书流通点、谢高华精神纪念馆（改革先锋纪念馆）等图书流通点建设。乡镇层面，在上方镇、峡川镇、杜泽镇建设南孔书屋，在衢州地区率先将南孔书屋向乡镇布局延伸。在高家镇、大洲镇、湖南镇、廿里镇4个乡镇挂牌文化馆分馆。办好重大活动，打造城市

品牌，全年举办的大型活动超过过去5年总和，实现了"月月有主题、周周有活动、天天在升温"。参与人数多，影响大，全年在衢江比赛、演出的人员超过8万人次，通过视频、图文观看观众超过1760万人次。一是群众文化。举办第十届"三月三"畲族文化节、举村乡立夏祭、"弘美德 承家风"衢江区未成年人家风少年说等大型活动。推出全民大欢唱主题活动大赛、第六届民营文艺表演团体会演、第四届民间艺人才艺大赛决赛等全区庆祝中华人民共和国成立70周年系列活动。开展百场文化活动进礼堂行动。开展文化下乡活动，全年送书3.4万册，送戏138场，送电影3500场。利用"山海协作"机制，深挖衢江特色，打造对外文化交流"有礼"品牌，赴秀洲、南湖、临安、淳安、富阳、鄞州、桐庐、滨江开展跨区域"文化走亲"活动8场，接待南湖、桐庐等兄弟县（区）到衢江区"文化走亲"4场。二是非遗与文物保护。文保单位仙岩洞摩崖题记被国务院公布为第八批全国重点文物保护单位。全区有各级文保单位46处，其中全国重点文物保护单位2处，省级文物保护单位14处，市级文物保护单位30处；区级文物保护点99处。区文物库房藏品有600余件。张氏宗祠、下金大桥等单位修缮工程，吴氏宗祠等单位消防整改提升工程有序推进。做好第七批省级文保单位"四有"档案编制工作。云溪乡棠陵邵村庙山尖土墩墓考古项目基本结束，成为全省近年来商周考古的一次重大发现，央视《探索·发现》拍摄衢江西周大墓专题片，中国社会科

学院考古研究所应邀对出土文物进行实验室考古，对出土文物的考古价值给予高度肯定。积极开展孟姜村土墩墓群抢救性考古发掘工作。"衢江区文化遗产系列丛书"中的《衢江古陶瓷》《衢江老腔调》完成初稿。成立衢江区非遗专家工作站。公布第二批衢江区非物质文化遗产代表性传承人29人，第一批衢江区非遗传承基地15个。全区有省级非遗项目11项，市级32项，区级120项。与区财政局联合下发《衢江区非物质文化遗产保护专项资金管理办法（试行）》，对市、区两级非遗项目实行以奖代补。首届民俗文化艺术节暨杜泽老街开街。10月4日，衢江区委、区政府举行首届民俗文化艺术节暨杜泽老街开街仪式。国庆假期期间，央视朝闻天下与新闻直播间两个栏目滚动播出"国庆假期·出游逛老街觅乡愁享假日时光"，"学习强国"、中国新闻网、中国蓝新闻、浙江旅游等多家媒体和平台报道了杜泽老街开街盛况。国庆假期期间，杜泽老街共接待游客13万余人次，旅游收入约1200万元；相关微信文章点击量累计超20万次，杜泽老街刷爆朋友圈，一跃成为网红打卡地。三是旅游发展。全区接待国内外游客1077.59万人次、实现旅游总收入65.67亿元，同比增长10.55%、15.07%。完成新改建旅游厕所17座。完成旅游厕所百度地图定位150座，完成率位列全市第一。健全交通网络体系。沿江美丽公路、46省道等重要通景、景观公路建成通车；351国道、石呈线杜泽至灰坪公路、举村至汉都公路等开工建设，塔太线、上田线、石安线

等完成提升改造，大大提高了旅游交通的畅达性和景观性。启动大数据中心建设，完成硬件安装，即将投入使用。启动智慧旅游导览系统（旅游公共服务平台）的策划和设计，将全区景区、酒店、民宿、乡村旅游村（点）等旅游要素进行梳理，按版块合理布局、修改完善。完成手绘旅游地图设计，实现VR全景预览、语音讲解、导航导览等功能。举办2019年中国旅游日衢江区田园康养嘉年华、"美好隐于柿"2019衢江东坪柿子文化节暨秋日乡村旅游季等大型旅游活动。衢江区重点项目十里运动休闲长廊开园。这是本区首个以PPP模式运作的城市基础设施类项目，"衢州有礼"诗画风光带衢江段的重要节点，信安东湖的核心景区。项目集运动、休闲、康养、观光于一体，西起振兴西路、东至香樟路，总长约6.6千米，总投资4.79亿元。项目元素丰富、功能完善、设施齐全，是"活力新衢江、康养大花园"的窗口平台，有望成为游客的网红打卡地、企业的应用新场景、城市的绿色新名片。绿心莲乡亲子教育体验乐园项目稳步推进。实施"万村景区化"工程。莲花镇五坦村、湖南镇湖南村、横路办事处贺邵溪村等5个村被省文化和旅游厅评为浙江省3A级景区村庄，已创成3A级景区村庄18个。谋划启动景区镇创建工作，杜泽镇、峡川镇被评为浙江省4A级景区镇。发展、培育、提升农家乐，引进和打造精品民宿。衢江区忆宿·隐柿东坪民宿获评"金宿级民宿"，老花匠民宿、梦荷休闲民宿获评"银宿级民宿"。新引进泛诗画·望谷、高田民宿、月

明·仓屋等高端民宿。开展优质民宿资源调查摸底，实施全区闲置农房激活计划，完成15个村149幢农房激活方案。推动服务提升，代表衢江组队参加浙江特色农家菜大赛，获团体金奖、最佳文化传承奖两项大奖。四是市场管理。扎实做好扫黑除恶工作，印发《扫黑除恶专项斗争实施方案》《涉黑涉恶线索"深排细核"集中专项行动方案》等文件，明确工作方向和目标。召集网吧老板、娱乐场所业主、景区负责人签订扫黑除恶责任书，压实主体责任；全体干部职工包片包干，责任到人；抽调4名青年干部成立局扫黑除恶专项行动办公室，专门负责日常工作开展，台账整理；在图书馆、文化馆、文化站、文化礼堂、网吧、电影院、娱乐场所、景区、旅游饭店等文化旅游场所开展扫黑除恶宣传；结合文化惠民演出，在送戏下乡、送电影下乡活动中，增加扫黑除恶宣传电影播放场次，发放相关宣传品。全年累计出动执法人员1028人次、检查785家次，行政违法行为立案查处17家次。办结行政审批事项126件，办结率100%；出动检查人员964人次，检查各类文化场所691家次，发现违规场所9家次，行政处罚立案调查2件，办结案件1件，警告1家次。

（刘 业）

【江山市文化广电旅游局】 内设职能科室6个，下属单位4个。2019年末人员126人（其中：机关14人，事业112人；具有高级技术职务资格的27人，中级25人）。

2019年，江山市文化广电旅

游局推进文旅有效供给,提升公共服务水平,深入开展"不忘初心、牢记使命"主题教育活动,围绕市委、市政府总体目标任务,认真履职尽责,奋力实干担当,勇于开拓创新。江山市被正式列入国家级全域旅游示范区,在2019年文旅系统政府数字化转型评价中名列全省第一,成功争列全国文化和旅游资源普查试点单位;大陈古村获评首批全国乡村旅游重点村、省旅游风情小镇;江山市获评县域旅游竞争力百强县市,入选全国5个县域旅游高质量发展典型案例。一是完成机构融合工作。1月,江山市文化广电旅游局正式挂牌,将世界自然遗产和风景名胜区保护管理职责划入林业局,新闻出版和电影管理职责划入市委宣传部。顺利完成内设机构调整,及"三定方案"编制、财产合并处置等工作,完成文化市场综合行政执法队组建,确保局机关按新体制新机制运行。完成局机关及下属单位文化馆、博物馆、图书馆、婺剧院的中层干部选拔任用。二是获批国家级全域旅游示范区。在年初成功获批省首批全域旅游示范县的基础上,于3月底4月初,完成国家全域旅游示范区创建申报台账编制。4月中旬,召开创建迎检工作部署会,将101项整改提升工作的任务清单分解至全市52个部门(单位),并依托政府"七大"交办机制开展任务落实情况督查。4月底,江山市高分通过省文化和旅游厅组织的明察暗访,以综合排名全省第二的优异成绩,成为省文化和旅游厅向文化和旅游部推荐的3个国家全域旅游示范区申请认定单位之一。9月20日,文化和旅游部发文公布首批71家国家全域旅游示范区,江山榜上有名。承办2019年全省全域旅游暨百城千镇万村景区化工作专题培训班,并3次受邀在国家、省级会议上做全域旅游典型发言及案例教学。江山市创建首批国家全域旅游示范区做法得到副省长成岳冲专门批示。三是抓好业态融合发展。连续4年举办江山100越野跑,赛事得到CCTV-5、《中国旅游报》、浙江电视台、中国新闻网、凤凰网、腾讯网、新浪网等50多家媒体报道,提升了江山市全域旅游整体形象,打响"运动之城、体育福地"品牌。创新开展江山市社会资源旅游访问点征集评选活动,打造10处示范点及18处访问点。结合全省"百县千碗"工程,举办"衢州有礼·江山味道"江山"百县千碗"金牌名菜评选活动,推出江山十大金牌名菜,打响江山美食品牌。开展精品民宿提质增效项目,优选和睦大院、薰衣香舍、三石泥灶、大陈初夜等4家民宿进行内部改造提升,创建1家金宿级民宿、3家银宿级民宿,对接争取到北京银行民宿合作意向性授信额度2000万元。江郎山登山、浮盖山峡谷漂流获评省运动休闲旅游优秀项目。秀美耕读、江郎山-廿八都旅游区、江山青少年素质拓展教育中心获评衢州市中小学生研学实践教育基地;秀美耕读获评衢州市中小学生研学实践教育营地。四是抓好《你好江山》实景演出。完成以党建为主题的《你好江山》大型实景剧演出。实景剧融合江山婺剧、廿八都山歌等特色元素,生动展示江山市深厚的历史文化底蕴。8月,《你好江山》实景剧首演,并在大陈乡村歌广场常态化演出20场,得到省委书记车俊的批示肯定。五是开展丰富的文艺活动。江山婺剧首次跨出国门,婺剧研究院应邀赴意大利米兰、罗马进行对外文化交流。文化馆组织"唱响新时代 赞歌献党"2019年江山市文化礼堂全民大合唱、乡村春晚等文艺活动100余场。文化馆在浙江省庆祝中华人民共和国成立70周年全省声乐大赛中获得1金2铜的佳绩,在2019第二届"追梦之声"浙江省青少年声乐大赛中获得儿童组1银1铜的好成绩,选送的音乐作品《你好!江山》在2019浙江省旅游歌曲大赛中获银奖,选送的器乐曲《龙抬头》受邀在浙江省文化馆小剧场展演,选送的少儿舞蹈作品《奔跑吧!蜗牛》入选浙江省舞蹈大赛现场决赛(第1场)。婺剧研究院创作的婺歌《江山如画》在衢州市第九届群众文艺汇演中获银奖,创作的现实题材婺剧《清漾曲》获浙江省第十三批文化精品工程扶持经费。六是抓好传统文化保护工作。发挥专业职能,指导廿八都文昌宫成功申报全国第八批重点文物保护单位。完成8处国保、省保单位修缮工程,3处国保、省保单位安防工程验收,其中,国保单位三卿口制瓷作坊保护工程,省保单位张村乡黄氏宗祠、周氏宗祠、泉井周氏宗祠等8处文保单位修缮工程,通过省文物局验收,工程管理、质量得到省文物局领导和专家的肯定。国保单位三卿口制瓷作坊展示利用工程有序推进。七是提升公共文化服务。指导坛石镇、张村乡等2个省级公共文化重点镇及大陈乡红星村、新塘边镇外坞村等 20 个省级公共文化重点村建设工作。通过省级公共文化服务标准化认定及省级公共文化服务重点县验收。在全市范围内开展乡镇(街道)综合文化站整改提升工作,打造了清湖码头文化站、坛石粮仓文化站等一批主题鲜明、富有特色的文化站。不断强化文化队伍建设,引导培育爱乐合唱团和解语花舞蹈团等优秀文艺团队,并多次荣获各类奖项。积极开展文化惠民活动,送电影下乡 4100 场,送戏下乡 328 场,送流动图书 37860 册;开展全市性群众文艺活动 48 场、市级"文化走亲"20 次。组织、指导了凤林镇南坞"三月三"活动、乡村春晚等 100 余场文艺活动。

(鲁迁浅)

【龙游县文化和广电旅游体育局】内设职能科室 10 个,下属单位 7 个。2019 年末人员 84 人(其中:机关 24 人,事业 60 人;具有高级技术职务资格的 5 人,中级 10 人)。

2019 年,龙游县文化和广电旅游体育局以公共文化服务体系示范区、全域旅游示范县创建为载体,狠抓项目建设,进一步深化改革,整合资源,公共文化发展、文化遗产保护、全域旅游、文旅融合等各项工作成绩斐然。全年接待游客总人数 1809.94 万人,同比增长 5.96%;旅游总收入 116.73 亿元,同比增长 9.1%,再创历史新高。龙游县引入社会力量提升综合文化站效能工作经验得到文化和旅游部副部长张旭的肯定和副省长成岳冲的批示,并在全省推广。一是公共文化服务体系示范区创建亮点纷呈。完善公共文化服务设施网络。县博物

馆基本完成建设,即将投入试运行;县公共文化服务中心项目启动建设;建成南孔书屋 1 家,小区市民驿站 10 个。乡镇(街道)综合文化站提升工程顺利推进,湖镇、溪口、模环等 10 个乡镇综合文化站已基本达到省标一级站及以上。溪口图书分馆、湖镇图书分馆联网工程已实施。模环乡和溪口镇 2 个重点乡镇,詹家镇芝江村、罗家乡席家村等 15 个重点村顺利通过省"十百千"工程验收。丰富文化惠民工程。围绕重点中心工作,积极落实文化惠民工程,全年组织送戏下乡、"文化走亲"、文艺汇演、书画作品展等活动 170 余场,其中送戏下乡 100 场,"文化走亲"13 场,承办魅力青年才艺大赛、广场舞大赛等大型文艺汇演活动 15 场。图书馆接待读者 34.9 万余人次,同比增长 104%;开展送书下乡及图书流通 17747 册。文化馆开展了春、夏季免费艺术培训以及周末公益电影专场活动,惠及群众 2 万余人次。壮大文艺人才队伍。研究出台《龙游县乡村文艺"三团三社"建设和管理规范》,通过建立 1 个服务基地、组建 1 个队伍体系、制定 1 套管理制度,指导各乡镇(街道)建设乡村文艺"三团三社"。全县乡村文艺"三团三社"已达 624 支,文艺骨干 1.8 万人,文艺爱好者 8 万人,在文化服务、乡风文明建设、乡村振兴中发挥了引领作用。加强公共文化服务社会化、数字化、制度化建设。制定出台《龙游县乡镇(街道)综合文化站社会化运作管理规范》等地方标准,在"一站一公司""一站五员"模式基础上,向村文化礼堂延伸,从根本上解决文化站、文

化礼堂缺人、缺培训、缺活动等问题。推进公共文化服务数字化建设,基本建成龙游地方文献特色资源数据库。围绕"加快发展县公共文化服务体系建设实现路径和模式研究"总课题,加快制度化建设。龙游县引入社会力量提升综合文化站效能的工作经验先后在全国公共文化服务产品供给侧改革交流现场会和全国公共文化重点领域改革任务推进会上做典型交流,得到文化和旅游部副部长张旭的肯定和副省长成岳冲的批示,并在全省推广。《中国文化报》《浙江日报》等主流媒体多次报道龙游公共文化建设经验。二是全域旅游示范县创建成效显著。政策引领统筹全局。先后出台《龙游县打造全域旅游示范县 2019 年行动计划》《2019 年度全域旅游考核办法》《龙游全域旅游人气集聚工程考核办法》等文件,强化规划引领,突出责任分工和督导巡查,形成"全域旅游全县抓"的总体态势。调查汇总龙游诗路文化资源,做好《衢州市"钱塘江唐诗之路"诗路文化旅游带规划——龙游篇章》编制工作,积极谋划六春湖景区、大南门历史文化街区、姜席堰景区等一批重点项目。项目建设全面推进。以"两江化一龙"精品线路为抓手,推进"龙游石窟+红木小镇"5A级景区联创龙头项目,5A 创建总体规划编制基本完成。抓好项目建设,加快推进六春湖景区、龙天红木小镇、龙山运动小镇等重点项目。六春湖景区总体规划完成公示,索道完成安装,进入调试阶段,游步道启动建设,滑雪场方案完成编制;红木小镇游客中心装修施工有序推进;龙山运动小

镇7月正式对外开放。推进招商引资,签订龙游中德远景应用职业技术学院项目框架协议,加强中国龙游原声音乐小镇项目对接。乡村旅游绽放活力。龙游县社阳乡、溪口镇入选第四批浙江省旅游风情小镇培育单位。推进省级农家乐集聚村毛连里村和省级精品项目天池村对标建设,待省级部门验收。大街乡山语山庄、东华街道温玉堂农庄入选省级银宿。省级休闲乡镇庙下乡和省级农家乐集聚村新槽村创建资金220万元拨付到位。全年完成59个A级景区村庄建设,其中小南海镇红船头村、东华街道官村村、詹家镇山后村等5个村庄入选为浙江省3A级景区村。举办"三月三"畲族文化旅游节、塔石泽随油菜花节、庙下乡油菜花节等各类民俗节庆活动30余场。旅游推广切实有效。深化全媒体矩阵宣传,积极与杭州电视台、衢州广电传媒集团等省、市媒体合作,及时发出"龙游旅游好声音"。线上推送"龙游旅游"官方微信178篇,浏览总量达18.5万人次;线下在龙游县主要景区、星级酒店、旅行社、旅游集散中心、景区村发放旅游宣传册、宣传品等资料10000余册,提供旅游咨询8000余次。继续开展"全球免费游衢州"宣传推广活动,石窟、民居苑免费日吸引游客53.96万人次。市场监管职能到位。紧紧围绕中华人民共和国成立70周年大庆安保主线,以专项行动为抓手,队伍建设为保障,积极对景区、星级酒店、旅行社开展安全监管巡查工作。全年检查各类经营单位1803家次,发现违规10家次,受理举报5次,办理一般程序

行政处罚案件9件,结案9件,罚款人民币22500元;发现各类安全隐患65处,均整改到位。做好"互联网+监管""双随机、一公开"工作,实现精准监管和智慧监管的新型监管机制,扎实推进"互联网+监管"的平台建设。龙游蓝天清水湾国际大酒店、龙游新国际饭店分别被评为四星级旅游饭店和银桂品质饭店。代表衢州市参加2019浙江省文化和旅游法律法规知识竞赛,荣获团体一等奖。三是文旅融合改革试点县创建态势良好。出台政策完善框架体系。编制《龙游县推进文旅产业深度融合改革试验区建设工作方案》《浙江省文旅融合改革试点申报》,积极争取申报创建省文旅融合改革试点县。完成文化旅游融合改革试点县创建方案编制和申报工作。推进文旅产业深度融合。组织年年红、德辉、辰港等一批重点文旅企业参加第14届中国(义乌)文化产品交易会、第11届中国国际旅游商品博览会、2019浙江(江苏)旅游交易会等旅游展销会6次,其中童年的小木马荣获2019中国特色旅游商品大赛铜奖、龙游黄·中黄3号荣获2019浙江省特色旅游商品称号。积极发动龙天红木小镇、龙和渔业园申报浙江省研学旅游基地(营地),鼓励姑蔑城生态园、龙山运动小镇申报衢州市研学旅游基地(营地)。举办2019龙游石窟国际音乐盛典,吸引观众近6000人次,致力打造文旅融合发展IP工程,打响了"衢州有礼·天下龙游"的城市品牌。切实抓好文化遗产保护和开发利用。贯彻落实《龙游县不可移动文物保护管理办法》,完成47处不可移

动文物保护工程。完成"荷花山遗址""姜席堰"等文保单位的国保申报工作。完成包辰初捐赠山水画作品的交接工作并落实作品装裱及图录出版事项。原创编排徽戏《南宋廉相余端礼》《忠孝状元刘章》,并完成送戏60场。传统舞蹈《硬头狮子》完成第五批国家级非遗项目申报。完成第三批衢州市非遗代表性项目传承人、第二批龙游县非遗代表性项目传承人申报工作。社阳乡大公村入围第五批浙江省非物质文化遗产旅游景区名单;浙江枣椿堂农业发展有限公司(龙游县)被认定为2019年浙江省中医药文化养生旅游示范基地;"寿牌"龙游皮纸和"善蒸坊"牌龙游发糕被评为省级非遗旅游商品。以婺剧(徽戏)、道情、传统舞蹈等为重点,积极植入景区活动,在红木小镇等景区开展了10场系列非遗项目展示展演活动,增强了景区活力。

(杨 露)

【常山县文化和广电旅游体育局】内设职能科室7个,下属单位6家。2019年末人员71人(其中:公务员、参公18人,事业53人;具有高级技术职务资格的7人,中级16人)。

2019年1月21日,常山县文化和广电旅游体育局正式挂牌成立,由原常山县文化和广电新闻出版局、常山县旅游委员会、常山县体育局整合组建。是年,常山县文广旅体局以"文旅融合发展"为契机,通过摸家底、找定位、夯基础、补短板、促融合,推动文化和旅游工作更好地服务中心大局。在全省率先进行文旅资源融合普查,为全域旅游规划编制、

"十四五"文旅体专项规划提供精准数据支撑。在全市率先成立民宿行业协会，全县有中高端民宿11家，其中村上酒舍获评浙江省白金宿，申山乡宿获评金宿，另有4家获评银宿，乡村民宿发展集群区逐步形成。推荐新昌乡黄塘油茶园、球川镇食药用菌园、江家畈胡柚果园入选2019年浙江省"最美田园"，宋诗之河入选全省首批诗路旅游目的地培育名单；指导东方广场酒店成功创四星级旅游酒店，华府慢城生活酒店被认定为银鼎级特色文化主题酒店。创建研学实践示范基地9家、营地5家，其中省级基地1家、市级基地4家，市级营地1家。常山县国际慢城运动基地成功创建省级运动休闲旅游示范基地，慢城绿道获评浙江省十佳运动休闲绿道，慢城常山获评2019中国体育旅游精品项目。成立黄鹂鸟创作工作室，原创大戏2部、曲艺作品19个、小品5个、舞蹈排舞作品3个、音乐作品8首，其中原创大戏《愤怒的茶油》入选浙江省中青年编剧扶持项目。"常山喝彩歌谣"专题片作为全市唯一的参展影片入选全国2019年文化和自然遗产日非遗影像展，省级非遗项目"传统榨油技艺"产品"手工木榨山茶油"被评为2019年中国旅游商品大赛暨浙江省优秀非遗旅游商品。常山县文化和广电旅游体育局获评2019年度全县乡村振兴慢城"大花园"建设突出贡献集体；常山县获评中国观赏石协会2019年度先进单位。一是旅游产业经济提质增效。全年接待游客990.55万人次，比上年增长5.07%；旅游总收入67.86亿元，增长13.58%；人均游客消费685.10元，增长8.2%。全年乡村旅游接待游客251万人次，比上年增长15.81%；直接营收1.67亿元，增长15.87%。新开中高端民宿6家，在建中高端民宿14家，高端民宿引领作用初现，民宿集群正在形成。二是民生工程建设有序推进。常山县"三馆两中心"项目启动，县文化馆、图书馆改造提升项目完成。2个乡镇文化站迁址重建。新建非遗展示馆和南孔书屋各1家、文化礼堂27家。实现全县14个乡镇（街道）文化站服务项目政府购买全覆盖。加强历史遗存保护开发，开展兴贤塔、方文彬故居等省保单位修缮、设计工作，启动赵鼎墓考古发掘、馆藏文物鉴定评级和第八批全国重点文物保护单位申报工作。开展全域旅游示范区创建工作，完成《常山县全域旅游发展规划》编制、旅游集散中心建设、旅游大数据中心二期项目建设等强基础、全配套工作，完善全县125个旅游厕所百度地图标识和各景区（村）外部交通标识。推进万村景区化建设工作，完成6个3A级景区村，33个A级景区村验收，东方巨石阵景区完成是年全市唯一的3A级景区验收，东案乡和青石镇双双被授予4A级景区镇称号。三是群众文化活动蓬勃开展。举办常山县春节元宵节系列活动、庆祝中华人民共和国成立70周年系列活动、"宋诗之河"主题活动等大型文化活动。继续开展"一乡一节"、"激情广场"、乡镇"文化走亲"、送文化下乡以及免费公益培训讲座等各类文化惠民活动，指导乡镇举办群众文化活动100多场，建成"三团三社"100多支、文化志愿者队伍600多人，开展送戏下乡80场、送书下乡3万余册、县外"文化走亲"11场，播放农村公益电影3600余场。四是旅游营销推广成效显著。先后举办或承办2019海峡两岸（常山）赏石文化交流展、中国首届常山鲜辣美食节、浙江省文明旅游现场会、"百县千碗"系列旅游推介等大型活动。其中，2019海峡两岸（常山）赏石文化交流展持续7天，活动期间共接待游客近5万人次，观赏石等特色旅游商品交易额达1300余万元。"慢村生活·鲜辣常山"2019常山"百县千碗"美食与民宿招商推介会在杭州举行，现场多家旅行社与常山景区、涉旅企业展开合作洽谈，"鲜辣常山"品牌影响力迅速扩大。五是文旅市场环境不断优化。加强文旅行业监管和服务，开展各领域专项整治行动，建立多部门联合执法机制，优化行政审批流程，严查违法违规经营行为，开展法制宣传教育和数百次涉旅、涉文企业安全检查，全县文化旅游市场健康有序发展。全年出动检查执法人员731次，检查经营单位1177家次，依法取缔无证销售音像制品地摊4家，收缴非法音像制品、出版物1021张（册），立案查处违法违规单位4家。

（凌昊）

【开化县文化和广电旅游体育局】内设职能科室5个，下属事业单位10个。2019年末人员95人（其中：机关10人，事业85人；具有高级技术职务资格的6人，中级25人）。

2019年，作为全省首批全域

旅游示范县,开化县文化和广电旅游体育局坚持将全域旅游创建与钱江源国家公园体制试点建设相融合,以打造中国乃至世界一流的生态旅游目的地为目标,着力抓实巩固、提升、创新3篇文章,取得显著成效。开化县荣获"2019浙江文化和旅游产业融合发展十佳县区""2019诗画浙江·百县千碗工程示范县区"两项荣誉,是全省唯一的"双十佳"县。一是文化惠民工程成效明显。以文化惠民、文化乐民、文化富民为工作重点,不断完善公共文化服务体系,创新工作载体。搭建开化大舞台、百姓大舞台、乡村大舞台,开展城乡文艺大会演、"一乡一节""我们的村晚"等群众性文化活动,举办"钱江源油菜花节""根雕艺术文化节""中秋民俗文化节""大溪边乡祈水节""苏庄镇古田村保苗节""村头镇余坑文化节"等民俗节庆活动,不断创新活动形式,推进传统特色文化多元化、品牌化发展,形成了点面结合、上下联动的群众文化活动长效机制,培育了一批特色文化旅游品牌。扎实开展送戏(演出)下乡、送电影下乡、送图书下乡等送文化下乡活动,全年送戏下乡140场,送电影下乡3100场,送书下乡15000余册。全面推进"文艺人才指导点""文化志愿者下基层"文化服务"双下沉"活动,以"馆站共建"为基础,组织文化馆专业干部和翠云越剧志愿队、彩霞越剧志愿队、红乐艺术志愿队、红飘带艺术志愿队等文化志

愿者团队深入各乡镇、村开展文化辅导培训和文艺演出活动。二是积极推动重大文旅项目建设。坚持以项目为龙头,不断优化旅游发展大环境。马金旅游风情小镇、根缘小镇、桐乡-开化文旅产业园等一批总投资146亿元的文旅项目陆续开工。九景衢铁路通车,杭淳开高速完成可研预审查,开化通用机场获批,百里金溪画廊等绿道建通266千米,旅游驿站新增15个,逐步形成"快进慢游"的交通体系。141座旅游厕所录入国家旅游厕所系统,提升生态厕所454座。深入开展国家A级景区创建提升专项行动,积极推进"百城千镇万村景区化"工程,谋划钱江源国家公园小镇、浙皖闽赣国家生态旅游协作区项目,创新开展"十大典范村"建设。开化县成为我省首批全域旅游示范县,共有国家3A级以上景区12个,其中根宫佛国国家5A级景区是世界唯一根文化主题景区;省A级景区村163个,其中音坑乡下淤村入选"2019年中国美丽休闲乡村",是衢州市唯一入选村庄。三是高质量丰富业态融合产业。全力谋划开化文旅融合IP工程,编制全国首个县域级文旅IP,形成"开化是个好地方"、钱江源国家公园、根宫佛国、开化纸、开化香火草龙、浙西革命斗争纪念馆等文旅融合"金名片"。深化业态融合,落实"百县千碗"品牌,实施"千店万厨"工程,举办美食文化节,发布"十道不得不吃的开化菜"。被中宣部列入第一批

革命文物保护利用片区,浙西革命斗争纪念馆获第三批省级"红色旅游教育基地"称号。大力发展夜游经济,"根宫夜宴"大型灯光秀国庆期间接待游客超6万人。大力发展研学旅游,策划推出"1+10+N"钱江源国家公园研学地图,举办全国3亿青少年进森林研学活动。举办全国男子举重锦标赛、全国县级围棋团体邀请赛等省级以上赛事6场,带动旅游消费1.6亿元。开化根雕、开化龙顶茶入选首批浙江省优秀非遗旅游商品。四是全方位开展主题营销活动。整合各类文旅资源,打通各个营销渠道,共同推动开化旅游营销一盘棋、一体化发展。"边角线"开拓市场空间,运用大数据分析,优选最佳客源市场,聚焦"长三角"客源市场,强化"高铁沿线"营销,做实"大海边"营销,积极开展走进沪杭甬旅游美食推介活动,开化纸、开化青瓷、开化根雕等文旅元素走向世界,提供针对性的产品和服务供给,实施精准营销,全方位提升开化旅游的知名度和影响力。"点线面"多元化营销,通过"文化搭台·旅游唱戏"打造综合营销平台,开展乡村音乐节、保苗节、祈水节等各类民俗节庆活动30余场。加强"百千万"主题品牌推广。推进百名"全域旅游宣传推广大使"工程,做实"千万钱江人畅游钱江源"系列活动,开展"万人专列""乘着动车免费游开化"主题营销推广活动。

(徐开亚)

舟山市文化和广电旅游体育局

【概况】 内设职能处室12个，下属单位17个，其中事业单位12个，企业2个。2019年末人员379人（其中：机关47人，事业332人；具有高级技术职务资格的35人，中级93人）。

2019年，舟山市文化和广电旅游体育局以党的十九届四中全会精神和习近平新时代中国特色社会主义思想为指引，以服务"五大会战""四个舟山"建设、打造"一城一区两地"为目标，牢牢把握全面深层次高水平融合发展命题，全面推进体制机制改革，加快构建现代文旅公共服务体系和产业体系，持续做好"舟山群岛——中国海上花园城市"整体品牌营销，不断夯实政治安全底线和生产安全底线，开创全市文旅工作新局面。

一、狠抓体制机制革新完善，夯实新区文旅融合发展基本保障

树立改革创新意识，统筹推进机构改革后各项工作任务落实，不断完善体制机制，适应新时期文旅工作新要求。

（一）加快管理体制改革

开展局系统事业单位调整和国有企业清理工作。加快综合行政执法改革，组建市文化市场综合行政执法队。岱山县推进文化旅游投资集团公司组建。

（二）加快数字化转型

推进舟山数字文广旅体综合平台"一中心、一张图、三平台"建设，初步实现团队动态监测、交通客流监测、行业数字地图、酒店民宿监测、舆情监测等功能。

（三）加快现代治理体系建设

推进全市公共图书馆服务联盟建设，市图书馆作为全市公共文化服务领域改革示范性场馆，启动"网证"支持改造。建立"淘文化"平台标准化管理和第三方测评机制，完成乡筹平台建设。引导和规范社会力量参与公共文旅服务供给机制。

（四）加快复合型人才培育

制定《关于建设五支队伍 锻造文旅铁军的实施意见》，加强文旅系统干部职工素质教育和考核评价。1人入选文化和旅游部2019年"金牌导游"人才培养项目，2人入选省造型艺术青年人才培养"新峰计划"，1人获得"浙江省首届红色故事讲解员大赛"专业组第1名，组队参加全省饭店服务技能大赛，获得二等奖2个、三等奖1个、优胜奖10个。

二、打造现代公共服务体系，释放新区文旅事业惠民红利

树立共建共享意识，以满足人民日益增长的物质文化需求为目标，统一谋划、联动推进，初步构成覆盖城乡的现代公共文化旅游服务体系。

（一）公共服务标准化体系逐渐完善

实现全市4县（区）100%完成基本公共文化服务标准化认定，全市"十百千"工程建设任务全部完成，全市旅游咨询服务体系启动标准化品质提升工作。新建19家渔农村文化礼堂、5家城市书房；改造提升村（社区）综合性文化服务中心20家；新（改）建旅游厕所45家；推进329沿线快速路旅游标识标牌布局优化和自驾车房车营地规划建设。朱家尖蜈蚣峙码头建成国内最大的立体停车场。嵊泗推进海洋系列博物馆建设。

（二）公共服务惠民持续给力

"淘文化"平台完成"百团百艺"进文化礼堂、"市民大舞台"文化惠民系列演出、"乡村美丽 银屏给力"送电影下乡等项目共计600余场；放映农村公益电影5127场，观看人次近50万人次。推进公共场馆开放工作，各级图书馆累计接待140万余人次，各级博物馆累计接待110万人次，其中市博物馆全年参观量（不包括流动展览）突破40万人次。

（三）优秀传统文化保护发展并举

推进非遗融入乡村振兴战略，印发《舟山市乡村振兴战略中的非物质文化遗产保护和传承发展行动纲要（2019—2022）》，组织召开非遗融入乡村振兴工作现场推进会。做好文物调查考古，完成东极近现代沉船调查项目和六横双屿港遗址空间遥感测绘项目，做好甬舟铁路沿线考古调查、马岙新石器遗址调查等工作，开展省级文化保护区域评估工作。加强文物保护，建立普陀山文物沟通协调机制,开展文物修缮、摩崖石刻传拓等工作。艺术创作持续发力,表演唱《阿家里格啰》、群舞《嬉莲图》等6件艺术作品荣获省群星奖,其中《阿家里格啰》入围全国群星奖决赛,荣获第十四届省"五个一工程"奖。2件舞蹈作品荣获2019年全省群众舞蹈大赛金奖,占金奖总数的1/4。4件作品获得省第十八届音乐新作演唱演奏大赛金奖,占金奖总数的近一半。国画作品《冬至》入选浙江省第十四届美术作品展览。完成原创精品越剧《观世音》,推进文旅融合大戏《鼓舞大海》市场化巡演。

(四)群众文化活动日益丰富

"阿拉过节嘞!"系列文化活动打造传统节日期间市民、游客主客共享的聚会。全民系列、"三进四季行"、新区越剧节、戏曲进校园等活动精彩纷呈。围绕庆祝中华人民共和国成立70周年、"创城"等重要节点,市级及各县(区)策划组织庆祝中华人民共和国成立70周年大型音舞诗《光辉历程》,"欢歌迎华诞 共创文明城"等文艺宣传活动,营造浓烈的文化氛围。

三、推动产业提质升级,激发新区文旅产业发展核心动能

树立全面融合意识,深化供给侧结构性改革,持续推进结构调整和转型升级,文旅产业实现新发展。全市共接待境内外游客7000万人次,同比增长10%;实现旅游收入1030亿元,同比增长10%。

(一)全域旅游实现全覆盖

岱山、嵊泗均编制完成全域旅游总体规划,普陀区获批省级全域旅游示范区并被推荐为国家全域旅游示范区验收单位,嵊泗县做好第二批省级全域旅游示范县验收工作,定海区申报创建省级全域旅游示范县(区)培育单位。提升传统景区景点,培育普陀山成为国民休闲度假地,定海南洞艺谷、嵊泗花鸟岛积极创建4A级旅游景区,岱山东沙古镇做好4A级旅游景区资源评估准备,定海马岙、普陀冠素堂、新城如心小镇积极创建3A级旅游景区。根据国家、省文旅部门关于A级旅游景区整治要求,认真落实桃花岛、朱家尖4A级景区整改工作,对全市38家A级景区开展专项暗访整治行动,摘牌1家3A级景区。培育新兴景区景点,岱山东沙镇、嵊泗花鸟乡积极开展省级旅游风情小镇验收准备工作,嵊泗黄龙乡申报成为省第四批旅游风情小镇培育单位。推进万村景区化,创建26家A级景区村庄和6家3A级景区村庄。

(二)产业基地实现新发展

嵊泗县花鸟岛被评为国家乡村旅游重点村和经典案例,岱山东沙作为全省唯一入选文化和旅游部"2019非遗与旅游融合十大优秀案例",嵊泗县天悦湾滨海度假景区被评为省级运动休闲旅游示范基地,岱山秀山岛创建省级生态旅游区,普陀冠素堂创建省级工业旅游示范基地,创成9家市级研学旅游基(营)地,其中市博物馆等3家单位申报省级研学旅游教育基地和营地。培育一批以东沙古镇、金塘仙人山、岱山观音山等为代表的文旅融合示范景区,蚂蚁岛创建红色旅游小镇。

(三)项目建设实现新突破

定海推进盐仓黄沙观海秘境民宿项目,完成1号建筑主体工程。普陀推进国际影视创新产业园建设,加速影视文化企业集聚。普陀山-朱家尖管委会推进禅意小镇建设,观音文化园项目即将正式开园,保利航空小镇项目完成公司注册和征地工作,年内启动项目建设。

(四)产品打造实现新品牌

创新开发文创产品,形成独特的舟山渔民画衍生品城市旅游商品IP转化与产业链落地模式,设计研发6个系列近40款博物馆文创产品。以接地气、市场化方式打造"百县千碗·舟山味道"IP,进一步提升舟山餐饮业发展品质、特色和效益,全省"百县千碗"工作推进会在舟山召开。

四、构建全线联动监管体系,营造新区文旅行业安全清朗环境

树立底线意识,打造覆盖"事前审批、事中监管、事后执法"的行业监管新模式,推进行业管理"铁痕工程",实现"审批有痕、监管有痕、执法有痕、服务有痕"。

(一)事项审批重提质增效

深化"最多跑一次"改革,完成政务服务事项办事流程梳理和办事事项颗粒度细化梳理,做好省级权力事项下放落地工作。推进"证照分离"改革全覆盖,市级层面完成44项事项清单梳理,制定出台告知承诺办法、优化审批服务举措和加强事中事后监管制度。规范内部审批流程,提供文旅优质审批服务,共办结办事类政务服务事项641项,办结率和网上申报率均实现100%。嵊泗县通过整合事项办理环节和流程再造,实现民宿审批"3日办"。

(二)事中监管重行业规范

重制度建设。出台事中事后

监管实施办法，制定出台导游规范化管理实施办法，创新开展旅游佣金"公对公"结算试点工作。重"互联网＋"。打造"互联网＋监管"数字平台，提升推进文广旅行业监管"e查通"小程序平台建设和应用，完善全市旅行社监管平台和"棒导游"系统，实现监管对象的清单化管理、电子化留痕。重培训服务。实施全域旅游服务质量提升行动计划，举办2019全市旅游饭店服务技能大赛，组织饭店、旅行社星评员培训、品质饭店标准解读培训、旅行社经营管理培训、导游人员素质提升培训等。重品质提升。做好星级饭店和品质旅行社复核工作，完成海岛休闲示范点对标复评，摘牌3家，限期整改1家，舟旅海上丝绸之路酒店成功创建金鼎级特色文化主题饭店。全市新增精品民宿25家，岱山成立民宿协会并出台《岱山县民宿公约》，嵊泗开展民宿控量提质工作，民宿新增量同比下降39.3%，全县民宿持证率达97.7%。文旅系统社会信用建设在全市名列前茅。重"创城"工作。全面落实文化市场管理和文明旅游2个专项组相关任务，推进"文明细胞"创建，着力破解网吧吸烟等难点问题，建立文明建设长效机制。推进星级饭店行业限制一次性消费用品工作和系统内限制一次性办公用品工作，市海洋文化艺术中心被授予"浙江省节约型公共机构单位"称号。重安全生产。做好暑期旅游旺季、文物建筑火灾防控、人员密集公共文旅场所、重大文旅活动等安全检查、整治及保障工作。重点开展全市非经营性沙滩专项整治，建立多部门协同的涉水旅游

项目监管机制，补齐安全监管短板。

（三）事后监管重依法行政

创新推出"动态巡检＋行业警示＋执法查处＋通报整改"监管4步工作法，组织做好文化和旅游市场"春季行动"、暑期整治、秋冬会战、大庆安保行动，对不合理低价游、旅行社非法用车、团队入住无证民宿等突出的市场乱象进行重点监管整治，全市立案行政处罚案件109件。

五、全面拓展宣传推广交流合作平台，形成新区文旅开放格局

树立全面开放意识，围绕"舟山群岛——中国海上花园城市"整体品牌，充分挖掘舟山文化和旅游资源，通过多渠道、多频次、多形式，展现舟山城市形象和文旅产业发展成果。

（一）新机制办好2019国际海岛旅游大会

本届大会首次引进业内战略合作伙伴，与北京执惠和深圳趣旅共同筹办，首次尝试市场化售票运作。大会吸引了来自美国、斯里兰卡、塞舌尔、希腊、印度尼西亚、挪威、韩国等25个国家和地区的代表团，近1000名中外专业嘉宾参会，涵盖来自40个行业的400多家文旅企业，汇聚了国内外文旅业界第1梯队的从业者。会议期间有超过20个涉及海岛及文旅等领域的项目签订合作框架协议或正式投资协议等，包括浙江海岛公园投资项目10个、舟山文旅体项目6个、国际国内合作项目5个，项目总投资约495.57亿元。

（二）新窗口展现舟山特色

大型原创越剧《观世音》应邀

参加新加坡佛教施诊所50周年金禧纪念活动。舟山渔民画参加在德国、葡萄牙、南非等地举办的"美丽中国·诗画浙江"浙江省非物质文化遗产展。舟山艺术家王飚在浙江美术馆举办"海风——王飚中国画展"。深化舟山-金华、舟山-丽水非遗保护"山海协作"活动，组织非遗项目参与金华非遗集市和丽水"多彩非遗乡村四季行"活动。

（三）新理念办好会展节庆

结合非遗文化日和中国旅游日，以"融合"理念举办"跟着文物去旅行"活动、"非遗＋味道"系列活动，东海寻欢在"浙"里——"诗画浙江 诗路之旅"自驾游活动，策划2019"福在舟山"惠民活动，将本次惠民覆盖范围延伸至文化板块。此外，第十七届观音文化节、第二十一届舟山国际沙雕节、第九届东海音乐节、2019中国普陀佛事文化旅游用品博览会、第十届岱山东沙弄堂节、第四届嵊泗贻贝节等活动取得了较好的经济和品牌效益。

（四）新媒体布局全网传播

充分运用抖音、UCC平台等新媒体，建立全市融媒体矩阵，打好传统媒体、新媒体、落地活动组合拳，设计城市整体文旅视觉识别（VIS）系统，积极探索"IP＋文化旅游"新模式。开展新锐景观海岛（"网红打卡地"）专题活动，调动马蜂窝5000名专业作者及用户，设计舟山群岛网红打卡地的优质战略内容。

【大事记】

1月

10日至12日 浙江省庆祝改革开放40周年村歌大赛顺利

举办,舟山市的作品《甜美枸杞》获演唱、创作双金奖;《渔村货样多》获创作金奖、演唱银奖;《幸福啦啦来》获演唱、创作双银奖;《嬗变》获演唱、创作双铜奖;普陀山-朱家尖管委会朱家尖街道办事处获得优秀组织奖。

14 日 嵊泗县文化和广电旅游体育局正式挂牌成立。

同日 "舟山普陀·湖州长兴两地旅游合作交流推介会"在长兴召开。普陀和长兴两地的旅行社、景区、酒店等 60 余家涉旅企业参加了推介会,两地旅游协会签订了旅游合作意向书。

15 日 定海区文化和广电旅游体育局举行挂牌仪式。

18 日 围绕航空制造、生物科技以及信息技术领域,舟山、松原两地企业签订了 3 个项目合作协议。

22 日 市美丽乡村建设领导小组办公室组织开展的全市首批"十大最美乡村"评选活动公布评选结果,定海区新建社区村、马岙社区村,普陀区沙井社区村、白沙港社区村、东晓社区村,岱山县涂口社区村、秀北社区村,嵊泗县峙岙社区村、黄沙社区村、花鸟社区村等 10 个社区村榜上有名。

26 日 "幸福年味"2019 迎新春嘉年华暨非遗展演活动在新城淘味城广场举行。

30 日 省发改委、省生态环境厅、省交通运输厅、省文化和旅游厅联合下发《关于公布第一批全省大花园典型示范建设单位和培育单位的通知》,普陀成为首批 10 家典型示范建设单位之一。

同日 舟山选送的表演唱《阿家里格啰》、表演唱《农庄小娘》、表演唱《我要活到一百岁》、

群舞《嬉莲图》、三人舞《摇篮》、群舞《船上的日子》6 件文艺作品荣获 2019 年浙江省"群星奖"。

2 月

春节假日期间 全市共接待游客 106.15 万人次,同比增长 2.9%;旅游收入 12.3 亿元,同比增长 5.22%。舟山跨海大桥进出车流量共计 156299 辆次,同比增长 1.7%。市旅游质监部门共受理旅游投诉 1 起,较去年大幅下降。旅游安全形势平稳有序,未发生重大旅游安全事故。

14 日 首批浙江省全域旅游示范县(市、区)名单出炉,普陀区榜上有名。

19 日 舟山博物馆举办"点亮祝福 舟博带你闹元宵"系列主题活动,并首次将博物馆的开放时间延迟到 20:30,博物馆内日参观人数突破 8000 人,创历史新高。

26 日 由市委宣传部、市委网信办、市经信局、市公安局主办的"舟山市第二届互联网发展风云榜"正式揭晓,"大海的声音"以及"乡筹"项目从 300 余件参赛作品中脱颖而出,分别荣登年度原创网络作品及信息化突出贡献项目榜单。

27 日 定海南洞艺谷研学基地被正式授牌首批浙江省中小学生研学实践教育基地。

2018 年 12 月至是年 2 月举办旅游惠民季活动,共计 53.7 万人次参与,其中本地市民达 47.9 万人次,占总人次的 89.1%,取得了经济效益和社会效益双丰收。

3 月

8 日 2019 苏州国际旅游展

在苏州国际博览中心举办,舟山群岛展馆取得了良好的宣传效果,并举办了"十万苏客向瀛洲"活动,全方位展示舟山群岛文化和旅游。

19 日 在定海文化广场组织开展了"文化和旅游市场安全日"大型宣传活动,大力宣传文化旅游、扫黑除恶、消防等相关法律和安全知识内容,向群众发放 2000 份相关宣传手册,接待 180 余人次相关法律法规咨询,并通过"猜灯谜"的形式让群众了解相关安全知识。

29 日至 30 日 第三届"我的景区我代言"美丽春天 100 景推选活动暨最美代言人华东总决赛、文旅时代研学旅行高峰论坛在南京举行,普陀山景区荣获"美丽中国春天 100 景——全域旅游人气目的地"大奖。

4 月

4 日 文化和旅游部办公厅公示第十八届群星奖决赛入围作品名单,舟山市文化馆选送的表演唱《阿家里格啰》名列其中,是浙江省唯一入选的音乐作品。《阿家里格啰》取材于国家级非遗名录"舟山渔民号子"最有代表性的部分,由舟山市文化馆、嵊泗县文化馆、普陀区文化馆共同打造。

20 日 "2019 百姓文化节——跟着徐福去旅行"活动在岱东镇上船跳徐福文化村举办,吸引了近 1000 名群众参与。本次活动设置了礼仪走秀、灯谜长廊、古村寻味等 13 项子活动,集观赏、美食、体验、娱乐于一体,给群众提供了一个展示、参与、互动的文化平台。

同日 "追寻诗与远方·踏访三毛足迹"2019 三毛粉丝定海

寻根之旅在定海开启，来自全国各地的 33 人参加。

24 日　全省优秀非遗旅游商品评选活动公布结果，舟山选送的螺钿镶嵌壁挂系列、衍生产品精装船模系列、舟山渔民画衍生品、德顺坊老酒入选。

27 日至 30 日　第 14 届中国（义乌）文化产品交易会和第十一届中国国际旅游商品博览会在义乌国际博览中心同时举办。舟山展馆荣获展会组织一等奖和优秀舞台奖。舟山渔民画衍生品受邀入驻《人民日报》文创平台。舟山市参展的工艺美术作品获特别荣誉金奖 1 件，金奖 1 件，银奖 7 件，铜奖 14 件。其中岑国和的作品《船模——解剖船》荣获特别荣誉金奖，夏海凌与夏雨缀的作品《螺钿漆画：胜景普陀》荣获金奖。

27 日　浙江省文化文物文创产品设计大赛在义乌举行，舟山博物馆文创产品"海上丝路游戏棋"入围参赛并获得大赛三等奖。

5 月

1 日　舟山跨海大桥双向流量 74672 辆次，同比增加 36%，再创单日历史新高。

16 日至 17 日　舟山市表演唱《阿家里格啰》精彩亮相第十八届群星奖音乐类决赛。

16 日至 20 日　全市 6 家文化企业亮相第十五届中国（深圳）文化产业博览会，展出文化创意产品近 100 件，现场成交额近 10 万元，意向订单金额 660 余万元，比去年增长 10.26%，并在文旅融合、产品设计开发等领域达成多个合作意向。

19 日　第十五届浙江省未成年人读书节启动仪式暨浙江省

未成年人读书节家风少年说大赛决赛在嘉兴举行。由舟山图书馆选送、舟山图书馆少年朗诵团团员表演的作品《传承优良家风 弘扬奋斗精神》取得了中学组全省第一的好成绩，此外还有团员作品《亲穆存心　贤智传家》获得小学组三等奖。

22 日至 23 日　舟山市非遗融入乡村振兴工作现场推进会在岱山高亭召开。会议发布了《舟山市乡村振兴战略中的非物质文化遗产保护和传承发展行动纲要（2019—2022）》《舟山市乡村振兴战略中的文物保护和利用行动纲要（2019—2022）》。

6 月

6 日　以"非遗保护　中国实践"为主题的舟山市 2019 年"文化和自然遗产日"宣传活动暨"非遗进校园系列展示活动"在舟山绿城育华（国际）学校举行。

7 日　引入大数据对网络餐饮店实施安全监管以来，全市 6501 家从事网络订餐业务的餐饮店，有证率达到 99%。据统计，全市在"饿了么""饿了么星选（原百度外卖）""美团外卖（大众点评）"3 家平台上开展网络订餐业务的餐饮店，从 2017 年的 2000 多家上升到 6501 家，平台上的有证显示率则从 1% 上升到 99.08%。

8 日　"百县千碗·舟山味道"活动启动仪式暨定海区庆祝第 3 个"文化和自然遗产日"活动在定海柳永文化广场举行。

同日　"浙江岱山：渔歌唱晚好凭栏"案例入选"非遗与旅游融合十大优秀案例"并在《中国旅游报》"'非遗＋旅游'融合发展生动案例"专栏中作为首篇案例刊登

在头版头条。

28 日　由舟山海星轮船有限公司开发并承运，以高端观光游轮为理念的观光型游轮"普陀之星"正式从朱家尖蜈蚣峙码头首航。

7 月

3 日　第二十一届中国舟山国际沙雕节在朱家尖南沙正式开雕。来自俄罗斯、荷兰、西班牙、加拿大等 7 个国家的近 30 名沙雕师，在 15 天内创作完成 50 余座沙雕作品。本届沙雕节以"漫游南沙"为主题，围绕动漫展开创作。沙雕作品区域长 200 米、宽 50 米，用沙量约 2 万立方米。

8 日　嵊泗县推出省内首条"跳岛游"旅游线路。打造全新豪华客船嵊翔 12 号，全面提升"跳岛游"硬件。途中观赏老鼠山、六井潭、和尚套等地，集景区游览、渔俗欣赏、网红打卡、饕餮海味于一体，既体现海岛旅游特色，又融入海岛特色文化。

23 日　舟山市文化和广电旅游局网站正式上线运行，新网站网址为 http://zswglt.zhoushan.gov.cn/。

29 日　"淘文化"2019 业余文艺团队大比武在淘味城广场启动。50 余支团队、1000 余名演员，以"串门走亲"的方式奔赴定海、普陀、岱山、嵊泗，以庆祝中华人民共和国成立 70 周年"追梦新时代　谱写新篇章"为主题，为市民带去舟山锣鼓、快板、歌唱等上百个丰富多彩的节目。

8 月

13 日　普陀山客车公司启用旅游巴士智能呼叫系统，主动与游客互动，了解乘车需求，提供针对性服务。

20日 原"舟山市旅游委员会"官方微博现正式更名为"舟山市文广旅体局",是舟山市文化和广电旅游体育局重要的对外宣传媒介。

24日 岱山县非遗保护中心在鹿栏晴沙海坛举行了首场开洋祭海活动,近100名群众参加。

同日至11月30日 舟山博物馆与南京博物院、列支敦士登国家博物馆、列支敦士登邮政联合主办的"列国'邮'记——列支敦士登公国邮票展"在舟山博物馆展出,展示了主题各异、工艺多样的列支敦士登邮票。

28日至30日 2019国际海岛旅游大会在舟山召开。大会由文化和旅游部、浙江省人民政府主办,浙江省文化和旅游厅、舟山市人民政府承办,以"新海岛、新场景、新动能"为主题,来自25个国家和地区的1000余位嘉宾开展高端对话,聚焦海洋海岛旅游全产业链开发。会上,共有21个项目签约,投资额约495.57亿元,包括浙江海岛公园投资项目10个,舟山文旅体项目投资6个,国际国内合作项目签约5个。大会期间,还发布了《2019国际海岛旅游目的地度假指数报告》和《2019年世界海岛旅游产业发展研究报告》。同时,举办"诗画浙江·百县千碗"推进会暨"一家人·一桌菜"主题活动,"欢乐东海、激情九月"系列活动。

30日至9月1日 组织参展宁波国际旅游展,舟山展馆现场专设渔民画衍生品展览台和旅游咨询区,展示舟山优质文化旅游资源。舟山市文化和广电旅游体育局荣获优秀组织奖。

9月

1日 舟山图书馆推出"扬爱国情怀,立时代新风"庆祝中华人民共和国成立70周年专题图书展,展出近200册有关解放战争、建党建国、改革开放的书籍。

2日 文化和旅游部公布了2019年"金牌导游"人才培养项目和专业研究生重点研究扶持项目名单,舟山金秋国际旅行社有限公司的高级导游邱赛萍入选。

同日 普陀区出台《舟山市普陀区乡村振兴战略中的非物质文化遗产保护和传承发展行动计划(2019—2022)》和《舟山市普陀区乡村振兴战略中的文物保护和利用行动计划(2019—2022)》。

同日至3日 2019年舟山市文艺创作作品展演在市艺术剧院举行。市、县(区)及管委会的350余名群文工作者和文艺爱好者们参与,共创作出30个优秀作品。

5日 在2019年浙江省第八届运动休闲旅游节开幕式上,嵊泗县天悦湾滨海度假景区获评"浙江省运动休闲旅游示范基地",是本次评选中全省唯一的海滨类型,也是舟山市唯一获评的基地。

6日 玛祖卡海洋奇幻蛋糕乐园暨观音饼民俗文化展馆开馆仪式在浙江冠素堂食品有限公司举行。

8日 舟山首个数字文旅一站式服务平台——"嗨普陀"平台正式发布,开启了"一部手机游普陀"的数字文旅时代。

10日 由浙江省文化和旅游厅主办的"绽放——'美丽中国·诗画浙江'"文化旅游展开幕式在葡萄牙里斯本举行。舟山渔民画《带鱼汛》《开捕第一网》《海带丰收忙》《启航》亮相此次展览,受到现场嘉宾和观众好评。

13日 舟山市2019年"阿拉过中秋嘞!"中秋系列文化活动在舟山新城举办。本次活动以中秋主题的歌舞表演和星空朗读的方式为主体,邀请国内具有较强实力和影响力的表演团队及知名朗诵艺术家参演,让现场的观众近距离地欣赏到了高水平的艺术作品。

16日 2019上海旅游节乡村民宿体验周启动仪式暨"2019金山旅游节 金山·嵊泗海鲜文化节"在上海市金山区金山嘴渔村凤凰城开幕。开幕式上,上海市金山区文化和旅游局与嵊泗文化和广电旅游体育局签订《金山-嵊泗两地文旅战略合作协议》,2个首批入选全国乡村旅游重点村的金山区山阳镇渔业村与嵊泗县花鸟乡花鸟村开展结对共建活动。

25日 浙江省"江浙之巅 剑瓷龙泉"剪纸艺术作品展在龙泉开幕,舟山市非遗保护中心选送的16幅剪纸作品获得2个二等奖、7个三等奖及7个优秀作品奖。

28日 2019丽水市"多彩非遗乡村四季行"之青田秋季活动在高湖镇高湖村拉开帷幕,舟山非遗中心组织螺钿镶嵌制作工艺、海鲜系列传统加工技艺、舟山渔民画3个非遗项目参加活动。

10月

3日 岱山县双合石壁景区举行开放揭幕仪式,成为国庆长假期间岱山县最热门的网红景点。

8日 金塘管委会与无华民宿产业集团举行签约仪式,就柳行古镇开发建设项目达成合作意向。在金塘柳行古镇开发建设过程中，无华民宿将参与柳行古镇范围内的文旅、农业、科创、商住等领域的战略合作。

14日至15日　舟山市"岛居舟山"最美民宿专家评定组到岱山县开展最美民宿现场评审，该县4家民宿入围。

15日　舟山市优秀歌曲《阿家里格啰》荣获浙江省第十四届精神文明建设"五个一工程"奖。

17日　2019年浙江省群众舞蹈大赛圆满落幕，由舟山市文化馆、普陀区文化馆共同选送的群舞《海岛文化员》和舟山市普陀区文化馆选送的群舞《东海惊涛》荣获金奖，占本次赛事金奖总数的25%。

18日　庆祝中华人民共和国成立70周年暨重阳敬老民俗活动在新建村南洞艺谷景区拉开帷幕，上演舟山锣鼓、跳蚤舞、打莲湘等非遗节目，多家旅行社专程带宁波老年团现场观看。

同日至19日　"晴沙听海·岱山音乐节"在鹿栏晴沙景区上演。音乐节现场活动丰富，设置20余个展示摊位，开设集海岛风情、休闲文创、海洋美食于一体的展示区域。

24日　舟山博物馆王程凯凭借作品《血战大鱼山战斗英雄集体》红色故事，荣获浙江省首届红色故事讲解员大赛专业组第1名的佳绩，并获"浙江省红色故事十佳专业讲解员"称号。

29日　浙江省第21届公共文化论坛征文中，舟山市共有6篇论文分获一、二、三等奖。

30日　"海山同歌"舟山市渔农村文化礼堂红歌赛在舟山市艺术剧院举行。来自定海、普陀、

岱山等县（区）的15个文化礼堂参赛代表队参赛，普陀山-朱家尖管委会普陀山镇龙沙社区文化礼堂选送的乐队《映山红》等5个作品获金奖。

同日　舟山市文化市场综合行政执法队挂牌成立。舟山市文化市场综合行政执法队由原舟山市文化体育市场综合执法支队、舟山市旅游质量监督管理所、定海区文化市场行政执法大队、定海区旅游服务质量监督中心（部分人员）、普陀区文化市场行政执法大队、普陀区旅游质量监督管理所（旅游综合执法大队）整合而成，统一行使文化、文物、出版、广播电视、电影、旅游、体育等领域行政执法职责，并承担"扫黄打非"有关工作任务。

同日　嵊泗县文化市场综合行政执法队正式挂牌成立。

是月　普陀区组织开展了全区性中小学生研学实践教育基地创建工作，遴选7家申报单位指导创建提升。命名蚂蚁岛红色教育基地等4家单位为区级中小学生研学实践教育基地。

11月

2日　2019年度"岛居舟山"最美民宿颁奖典礼暨分享会在嵊泗花鸟岛落幕，嵊泗县12家民宿入围Top 25。

5日　岱山县文化市场综合行政执法队正式挂牌成立。

7日　位于舟山报业传媒大楼文创园区的城市书房正式对外开放。该城市书房面积约180平方米，书房内部装饰加入了船木、瓦片等物品，体现舟山海洋文化名城的元素。市图书馆赠了500册图书。

9日至10日　新区首部原

创文旅大戏越剧《观世音》在新加坡滨海艺术中心剧院亮相，场场爆满。

14日　岱山县文化馆荣获2019"美好生活"长三角公共文化空间创新大赛——基层文化空间最佳案例奖。

15日　2019年度浙江省群文报刊评比活动揭晓，舟山市文化馆的《舟山群文》获金奖，定海区文化馆的《望潮》获银奖，嵊泗县文化馆的《海山文艺》获铜奖。

28日　2019年度舟山市非遗专家座谈会召开，宣布了新一届专家委员会主任，并增补6名非遗专家。

30日　第十九届舟山市中小学生科技节暨环球自然日—2020年青少年自然科学知识挑战活动浙江分站舟山地区预选赛在舟山绿城育华（国际）学校落幕。全市59组118位中小学生参赛，21组作品入围浙江省地区决选。

12月

9日　舟山博物馆民俗陈列入选"博苑掇英——全国博物馆陈列艺术成果交流展（2009—2019年）"，全国仅有50个陈列入选。

同日　省文化和旅游厅公布第四批《浙江省基本公共文化服务标准（2015—2020年）》认定结果，嵊泗县顺利通过评审。全市4县（区）公共服务标准化建设认定工作100%完成，提前1年完成创建任务。

15日　浙江省第十一批爱国主义教育基地名单公布，舟山博物馆榜上有名。

17日　舟山博物馆组织的"舟山地区馆藏铁质文物保护修

复项目"验收会召开。此次保护修复的56件馆藏铁质文物通过项目验收。

20日 2019年六横双屿港遗址空间遥感测绘项目完成。9月至11月,共测绘了六横岛中北部约20平方千米的重点陆域,共计发现疑似古城墙、古建筑、其他人工建筑,古海塘,古墓葬等各类遗迹现象。

24日 浙江省文化和旅游厅公布第五批浙江省非物质文化遗产旅游景区名单,普陀区东极镇以渔民画主题活态展示入选非遗主题小镇。

是月 市文物保护考古所历时3个月,完成对定海远洋渔业小镇、定海工业园区、浙江普陀经济开发区等3个省级以上文物保护区域的评估工作。本次评估以区域内不可移动文物名录数据为基础,共调查24.41平方千米,全面核实复查区域内的不可移动文物,共19处,其中部分不可移动文物点已消失,新发现一批古建筑、近现代军事遗址等。

(泮汀怡、邵雪诗)

舟山市县(市、区)文化和旅游工作概况

【定海区文化和广电旅游体育局】内设职能科室6个,下属单位8个。2019年末人员65人(其中:机关9人,事业56人;具有高级技术职务资格的3人,中级12人)。

2019年1月15日,定海区文化和广电旅游体育局挂牌成立。定海区聚焦文化旅游深层次高水平融合主线,全力推进体制机制改革,迭代升级现代公共服务体系,大力提振优质文旅产品供给,全面开展立体营销,牢牢坚守行业安全底线,全区文化旅游工作稳中有进、稳中提质。定海区公共文化服务通过省基本公共文化服务标准化认定。全年接待国内外游客1483.1万人次,实现旅游总收入210.86亿元,分别比去年增长10.26%、11.51%。一是公共服务迭代升级。完成省公共文化服务重点区、镇(街道)、社区(村)创建,新增城市书房3家,中大街"无人化管理城市书房"开启阅读自助模式,城区形成"15分钟阅读圈"。创建A级景区村庄3个,新建A级旅游厕所12座。全年举办"唱响定海""书香定海"等示范性群众文化活动190场,开展"百姓课堂"公益培训375期次、"海尚艺苑"艺术沙龙103期,送戏120场、送书30800册,有效丰富群众精神文化生活。组建"三团三社"66支,打造乡村文艺精品团队15支,引导60余支团队开展结对帮扶,举办"2019我的文化我的团暨团队结对成果展演",文化人才队伍体系进一步完善。二是文物博物发展有力。建立文物建筑安全预警机制,组建定海区文物修缮保护专家库,招募文保员16名,形成部门、专家、社会3层联动文物保护管理模式。新发现胜利碉碉堡、兴海弄23号民居、双庙村颜家井等历史遗迹6处,修缮白泉余式宗祠(上文)、金塘柳行半街等不可移动文物12处,制作《定海区级以上文保单位旅游地图》。提高博物馆建设水平,新建海洋赏石博物馆展陈世界各地天然奇石,组织开展"传承红色基因"定海区红色历史宣讲等教育活动

36次、展览7期,博物馆社会教育功能有效发挥。三是非遗活力不断释放。完善非遗代表性项目4级名录体系,舟山市定海天运工艺美术厂"舟山螺钿镶嵌制作工艺"、舟山市瀛洲海洋食品有限公司"舟山海洋系列传统加工技艺"列入市级非遗生产性保护示范基地。新培育"名师带徒"非遗传承人10名,2名青年传承人列入省造型艺术青年人才培养"新峰计划"。组织非遗团队、作品参加各级比赛及展示展演活动并收获5金7银9铜,深入景区、社区、文化礼堂、学校送木偶戏、翁洲走书128场,举办定海区庆祝第3个"文化和自然遗产日"活动暨"端午节"民俗活动、"2019重阳敬老民俗活动"等非遗活动。四是精品艺术创作卓有成效。开展庆祝中华人民共和国成立70周年主题教育宣传活动,制作发布MV《我和我的祖国》,举办"我和我的祖国"红歌颂祖国歌唱大赛、百人写庆等系列宣传教育活动10余场,全面激发爱国情怀、讴歌伟大时代。海洋文艺精品获奖数量、获奖等级创新高,全年共有47个文艺作品入选省级以上展览或获省级以上奖项,其中《农庄小娘》《摇篮舞》获浙江省群星奖,《数幸福》获2019浙江省第十八届音乐新作演唱演奏大赛金奖,《陪你长大》获省乡镇(街道)社会艺术团队文艺汇演舞蹈类金奖,书法作品《二十四诗品之冲淡》入展第十二届全国书法篆刻展,美术作品《山水——册页》《侗寨三月三》入展第十三届全国美术作品展览。五是文旅产业发展稳中有进。全面推进旅游基础设施品质化建设,南洞艺谷景区基

本完成 4A 级景区质量标准基础设施和服务设施建设;指导马岙旅游区开展 3A 级景区品牌创建;以古城旅游产品开发、文化体验为主轴,新增蓝理纪念馆、中大街"十九铺"海岛民俗文化体验中心、刘鸿生故居等文旅地标。项目建设实现突破,招引舟山智恒旅游发展公司落户海洋科学城,累计投资 3380 万元推进鸦片战争遗址公园、南洞艺谷美丽乡村、盐仓黄沙秘境观海民宿项目建设,新增南洞艺谷景区房车露营基地、青少年素质拓展基地、刺山岛海岛户外露营基地等旅游新业态,编制完成《定海岛屿》招商手册。文创文旅企业参加市级以上展销展览会、文创大赛,收获奖项 13 个,其中"螺钿镶嵌壁挂系列"入选省 100 项非遗旅游商品名单,3 家品牌、3 幅作品分获市第三届海洋文化产业博览会十佳品牌及最佳展示奖。研发"定海伴手礼"系列文创产品。六是营销造势有声有色。制作并推介"印象定海"古文化旅游手绘地图、微电影《再遇·定海》文旅宣传品,扩大定海文旅知名度。打造"乡村微旅行"品牌、定海古城"馆群链",设计推广"美丽乡村"生态游、"两黄文化"国学游、"红色印记"研学游等多条精品线路,宣传展示定海山、海、城特色资源。结合热点事件开展营销,全年策划开展南洞艺谷第四届油菜花节、"百县千碗·舟山味道"等节庆活动 7 场,其中"三毛粉丝寻根之旅"在主流媒体、新媒体同步发布报道,累计阅读量破 100 万。充分运用"两微一抖"输送流量,组织旅游企业参加 2019 苏州国际旅游展、第十一届中国国际旅游

商品博览会、2019 浙江(江苏)旅游交易会等各类营销推广活动,集中宣传推介定海旅游产品,配合央视《记住乡愁》《百城千匠》栏目专题片拍摄拉升城市形象。七是文旅行业发展规范安全。引导行业争先创优和特色化发展,喜度山庄获评 2019 年度"岛居舟山"最具温度民宿奖。旅行社电子合同和电子行程单使用率达到 100%。组织旅游企业、从业人员参加市旅游饭店服务技能大赛、旅行社星评员培训,解决城区旅游大巴停靠难问题,在柳永广场周边开辟旅游大巴专用停车场。强化安全生产和应急管理,组织开展 2019 年今冬明春火灾防控工作、"防风险 保平安 迎大庆"消防安全检查、平安护航中华人民共和国成立 70 周年春季夏季旅游市场专项整治等,查处问题 30 余个,责令企业完成整改。针对突发社会治安事件、攀岩项目跌落事件开展 2019 定海区文化旅游体育系统应急演练,提升部门及行业应急处理水平。全年共受理各类投诉 25 件,办结率 100%。八是文旅市场环境更加清朗。构建事前、事中、事后全程监管体系。"最多跑一次"改革和审批事项梳理颗粒化工作持续深化,零跑事项比例达到 100%。建立健全网吧联合执法、红黑榜单、点位长制等文明建设长效机制,全方位、全领域宣传扫黑除恶知识,地毯式排摸全区 150 余家文化市场经营场所、旅行社及门市部。实施"扫黄打非——护苗、净网、清源 2019",文化旅游市场综合整治"春季行动"、平安护航中华人民共和国成立 70 周年等专项行动,文旅市场安全实现"零

事故"。全年累计出动检查人员 1000 余人次,检查经营场所 2095 家次,依法立案查处 24 家次。

(方优维)

【普陀区文化和广电旅游体育局】内设职能科室 8 个,下属事业单位 8 个。2019 年末人员 89 人(其中:机关 16 人,事业 73 人;具有高级技术职务资格的 4 人,中级 15 人)。

2019 年,普陀区成功创建为省首批基本公共文化服务标准县(区)、省首批"五个百分百"建设县(区)、省民间文化艺术之乡;省基层公共文化服务评估连续 6 年全市第一,非遗保护发展指数连续 4 年全市第一,文博事业发展水平评估指标全市第一。舞蹈《嬉莲图》获浙江省群星奖;歌曲《渔歌》入选"中国当代歌曲创作精品工程"推选名单。桃花镇成为全市唯一入选的省首批文艺创作采风基地,并入围省级文化强镇;东极镇入围省非遗主题小镇。普陀旅游工作坚持海洋旅游发展为主线,重点做好全域旅游示范区创建。获评省级全域旅游示范区,获创建奖励 300 万元;第 5 次荣登旅游发展十佳县(市、区);普陀海岛公园入选省十大海岛公园创建培育名单。全区接待游客 4283.03 万人次,同比增长 12.63%;旅游总收入 570.82 亿元,同比增长 14.87%。一是文化事业。加强公共文化设施建设。积极巩固提升六横镇苍洞中心村等 6 个社区(村)公共文化建设成果,全面完成桃花镇综合文化站建设,通过省"十百千"工程验收。新建海滨影院城市书房。提升六横双屿港社区村等 10 家

基层综合文化服务中心。全区有文化馆1个，图书馆1个，镇（街道）综合文化站7个，渔农村文化礼堂57个。加强文化团队建设。全区有文化团队487支，成员14245人，共有35件作品获奖。其中，海之蓝排舞队在"中国梦·劳动美"浙江省职工排舞大赛中荣获规定曲目和自选曲目双金奖。举办文化演出活动。举办第十一届中国国际普陀佛茶文化节、"海·稻梦想 醉美田园"第二届中国舟山（普陀）农民丰收节等活动144场次，累计10万余人次参与。全年送戏、送讲座、送展览113场次，11万余人次参与。承办2019年浙江省群文书法业务干部专业技能大赛，与金华金东、杭州拱墅等地开展了"文化走亲"活动。开展文化培训活动。举办渔民画等艺术大讲堂309节课，参与群众7135人次，对全区7个镇（街道）、3个管委会开展下基层培训辅导，举办合唱等公益培训85期，1万余人次参与。加强文学艺术创作。围绕庆祝中华人民共和国成立70周年、幸福普陀等重点题材，创作了《渔歌》等一批贴近时代和群众的优秀文艺作品，14个作品获省级以上奖项，27个作品获市级以上奖项。加强文物保护工作。全区有文物保护单位27处，其中国家级1处、省级1处、市级3处、区级22处，区级文物保护点7处。完成市级文物保护单位"翁氏宗祠"的记录档案编制。出台《舟山市普陀区非国有博物馆扶持办法》和《舟山市普陀区乡村振兴战略中的文物保护和利用行动计划（2019—2022）》。加强文物安全保障力度，重点开展了博物馆、文物建筑安全大检查"回头看"行动。加强非遗保护工作。普陀有非遗名录100项，其中国家级1项（普陀传统木船制造技艺）、省级12项、市级31项、区级56项；非遗代表性传承人39名，其中国家级1名、省级6名、市级10名、区级22名；省优秀民间文艺人才30名，区优秀民间艺人21名；非遗传承（教学）基地31个，其中省级2个、市级14个、区级15个。有国家级非遗项目保护单位1个（浙江岑家木船文化发展有限公司），省级非遗宣传展示基地1个，非遗旅游景区·民俗文化旅游村2个、非遗主题小镇1个，市级非遗生产保护性示范基地3个。普陀非遗融入乡村振兴工作经验在舟山市非遗融入乡村振兴工作现场会上交流。完成朱萍等5个市级以上非遗代表性传承人的抢救性记录工作。编印非遗系列丛书《传统儿童游戏》。举办"文旅普陀 振兴乡村"非遗体验活动等72场次，戏曲专场演出12场，开设非遗体验工坊15期。加强文化娱乐市场管理。全区有网吧31家，歌舞娱乐场所56家，游艺娱乐场所2家，演出场所6家，文化市场义务监督员32人，举办各类培训班4期，受训人员近300人。持续深化"最多跑一次"改革，全年共办理各类文化市场审批业务64件，办结率100%，帮助企业和群众网络申报35家次，接受各类咨询约1837次。二是文化产业。普陀大剧院完成演出、活动115场，全年观众5万余人，观众满意度99.1%，引进诗意歌舞剧《昭君出塞》等精彩演出。通过公开招投标，确定深圳市聚橙网络技术有限公司为中标单位，获得普陀大剧院（2020年—2024年）运营权。三是旅游开发建设。加强海岛旅游研究。撰写《普陀区关于加快推进文化和旅游体育深度融合的实施意见》，组织专家学者和有关人员对"自由贸易区背景下普陀区海岛旅游国际化进程研究"等课题进行深入探讨。召开普陀海岛旅游开发专家研讨会，为普陀海岛旅游发展定位明确方向。完成《东极海岛公园开发建设思路》等专题文章。推进旅游项目。有旅游建设项目11个，其中鲁家峙东南涂景观提升工程完成建设，沈家门半升洞客运站场（码头）提升改造工程完成投资4200万元，百里滨海大道（普陀段）项目完成投资2.8亿元，杉杉普陀天地商务大楼项目完成投资1.7亿元，半升洞高端休闲街区项目完成投资10.35亿元，舟山欢乐海洋大世界建设项目完成投资8400万元。新增A级景区村庄10个，桃花镇塔湾村、虾峙镇东晓村跃升为3A级景区村。累计创成A级景区村35个，在全区行政村占比达57.3%，其中3A级景区村6个，2A级景区村7个。冠素堂食品文化体验园景区成功创建3A级景区。累计创成A级景区8个，其中4A级景区2个，3A级景区3个。加强普陀海岛民宿建设。全区共有民宿347家，新开工建设民宿18家，总投资额为6340万元。发布《关于加快推进海岛民宿产业发展的实施意见》，明确普陀民宿产业发展目标、奖惩及评定办法。对72家民宿进行等级评定，其中3家民宿获评五星级、8家民宿获评四星级、12家民宿获评三星级、36家民宿获评二星级、13 家民宿获评一星级。"岛居舟山"最美民宿评选中有 8 家民宿获奖;浙江省等级民宿评定中获评金宿级民宿 1 家,银宿级民宿 4 家。四是旅游节庆活动。举办"普陀农商行杯"2019 舟山群岛马拉松。11 月 17 日在普陀大剧院起跑,来自海内外的 1.3 万余名运动员齐聚渔都港城。举办海浪音乐节暨 2019 桃花岛侠侣爱情文化节。7 月 20 日在桃花岛塔湾金沙景区内举行,活动吸引观众 6000 人,进岛 5700 人。举办 2019 中国普陀佛事文化旅游用品博览会。4 月 19 日至 22 日在普陀全民健身中心举行,共吸引 200 余家参展商。现场实际成交额 152 万元,促成签约交易额 800 余万元。举办 2019 中国普陀海洋休闲运动产业博览会。11 月 15 日至 18 日在普陀会展中心举行,共吸引了 100 余家体育企业参与,3 万余人次观展,现场交易额约 143 万元。举办"美丽群岛·自在舟山"2019 中国(舟山群岛)国际游艇展。5 月 17 日至 19 日在普陀会展中心举办。吸引了省内外 18 家企业参展,现场成交额超过 360 万元,潜在成交额超过 300 万元。举办"5·19 中国旅游日"普陀主题活动。以"文旅融合·美好生活"为主题,依托线上平台旅游区块的有效运作推动"互联网+旅游"进程,组织开展"地道普陀"文化旅游展销会及东港"最美海岸线"荧光夜跑等一系列线下活动。举办"最具幸福感城市"舟山普陀走进杭州文旅推广季。12 月 7 日,在杭州拱墅万达广场举办舟山普陀走进杭州文旅推广季活动,活动以大众化、年轻化的推广方式在

展现普陀文旅形象,同时特推出"双 12""嗨游"优惠路线套餐,带动旅游业发展。五是旅游管理服务。加强旅游行业管理。全区共有旅行社企业 47 家,其中经营国内旅游业务和入境旅游业务的旅行社 43 家,具有出境旅游业务资格的旅行社 4 家,区外分社 9 家,服务网点(门市部)28 家;持证导游员 950 名,其中专职导游 832 名,社会兼职导游 128 名;中级导游员 77 人,高级导游员 5 名,英语导游员 3 名。完成海中洲国际旅行社、海星金潮旅行社四星级品质旅行社,金诚三星级品质旅行社复评。希尔顿酒店和海中洲国际大酒店通过省级品质旅游饭店评定验收;中瀚大酒店四星级旅游饭店,华侨饭店、华晶大厦三星级旅游饭店通过复评。组织参加舟山市饭店服务技能大比武,其中海中洲国际大酒店获得团体第 1 名,海中洲国际大酒店和希尔顿大酒店代表舟山市参加省饭店服务技能大比武。开展旅游行业消防安全大排查大整治、夏季食品安全监管等安全活动专项整治。开展春节、国庆等假日旅游安全大检查,并针对汛期、暑假、旺季旅游安全加强隐患排查力度。加强旅游市场执法管理。创新旅游监管执法模式,强化旅游市场监管力度,开展"保健"市场乱象整治百日行动、舟山市旺季旅游专项整治行动、平安护航中华人民共和国成立 70 周年暨文旅市场暑期整治专项行动、"不合理低价游"专项整治与在线产品及信息整治检查工作。进一步深化旅游综合执法体系改革,依托"1+2+N"旅游综合执法体系,结合"公安+城管"联勤联动机制

开展全区旅游市场秩序综合整治行动。累计出动执法人员 370 人次,检查旅游经营单位 367 家次。

(孔凡雪)

【岱山县文化和广电旅游体育局】内设职能科室 6 个,下属单位 10 个。2019 年末人员 81 人(其中:机关 16 人,事业 65 人;具有高级技术职务资格的 5 人,中级 25 人)。

2019 年,岱山县文化和广电旅游体育局紧紧围绕"机构改革"一个中心,紧抓融合、创新、提升三条主线,实现旅投改革、招商引资、项目建设、景区打造等工作多点突破,全面促进文旅深层次融合,着力推进岱山文旅产业高水平、高质量发展。全年共接待游客 746 万人次,同比增长 15.1%;实现旅游收入 106.8 亿元,同比增长 15.4%。是年,深化机构改革,树立文广旅体"一盘棋"思想,建立和完善文旅融合发展体制机制。高标准编制三定方案,妥善处理人员转隶工作。开启"局队合一"执法工作改革新模式,成立县文化市场综合行政执法队,统一行使文化、文物、出版、广播电视、电影、旅游、体育领域行政执法职责。一是文旅融合,拓宽外宣渠道。找准文旅融合发展切入点,打造"诗意大黄鱼"文旅 IP 工程,促进文旅产业深度融合,打出岱山文旅"金名片"工程。推出"滨海度假之旅""仙岛新十景之旅""海岛研学之旅""禅修净心之旅"4 条游览路线。邀请知名摄影家、作家以"仙岛十景"为创作主题,用镜头、文字记录岱山美景。设计制作岱山文旅 LOGO"蟹哥哥""黄鱼妹"卡通形象。完成岱山文旅形象宣传片

《家在海的那一边》拍摄,引发《浙江日报》微博首发,明星、"大V"转发,点击量超过1000余万次。创新岱山海鲜美食和特色餐饮,打造"百县千碗·仙岛鲜味"美食品牌。通过举办线上特色菜名征集、组织旅游企业和饭店民宿推介优秀美食、制作海岛美食微视频、举办"千人宴"等活动形式,将"仙岛鲜味"活动贯穿全年。将海洋非遗文化融入旅游景区、旅游产品,推出非遗文化快闪,惊艳景区、拉动人气。承办舟山市非遗保护融入乡村振兴工作现场推进会。"非遗让古渔镇焕发新活力"成为浙江唯一一例入选文化和旅游部评选的2019非遗与旅游融合十大优秀案例。《中国旅游报》头版头条刊发了《浙江岱山:渔歌唱晚好凭栏》报道,对本县非遗保护传承工作进行宣传。制作《打卡岱山》小视频,通过抖音短视频传播岱山人文资源。引进高雅艺术,与赛丽美术馆举办"光辉的历程"岱山县庆祝中华人民共和国成立70周年美术作品展。对接浙江省侨联艺术团,举办"大海唱响仙岛颂歌"岱山县中华人民共和国成立70周年文艺晚会。二是创新产品,培育文旅品牌。推出博物馆系列研学游,金海智造、常石工业游及盐文化系列游产品。持续推进乡村旅游发展,大力提升海岛渔村食宿、游玩接待水平。推进高亭大峧片区休闲农业观光园"十里花海"、彩色水稻认养基地等休闲农业项目及上船跳产教融合基地建设,上船跳"繁花里"生态餐厅正式营业。培育打造衢山东峧民宿村,促进民宿提质增量。全年新增民宿40家。与休闲渔业企业联合推出"民宿+休闲渔业"融合体验产品,打造后背岙渔人码头、凉峙休闲渔业码头和大峧山休闲渔业基地。加强文创产品研发和推广,组织多家文化单位参加中国(义乌)文化产品交易会。推送海泥陶品、岱山三宝等文旅产品参加省、市各类旅游商品、衍生品大赛,其中渔民画协会作品《东沙角》荣获中国(义乌)文化产品交易会工艺美术铜奖、东沙湾泥陶品入选浙江省特色旅游商品名单、舟山玩具厂"仙岛小精灵系列"获市产业博览会展示金奖。完成岱山三宝和海盐护肤品的文创包装样品打样工作。三是品质服务,提升行业水准。巧用文旅融合手法,以县文化馆、县图书馆、海洋文化博物馆为平台,打造海洋文艺精品、全民阅读品牌,深化文旅惠民。赴诸暨、金华等地开展4场"文化走亲"活动,展示海洋文化、仙岛风情,讲好"岱山故事"。打造全民阅读品牌"三余书屋",推出"图书+民宿""图书+机关""图书+企业"等亮点模式,拍摄"三余书屋"宣传片,打造"三余书屋"19家。新建馆外流通站21家,配送各类图书、期刊共16820册。举办"仙岛朗读,诗意感悟"岱山仙岛朗读会4场。以博物馆为载体,开展研学旅游项目,建立海洋文化研学游基地。连续举办元宵系列文化活动、百姓文化节启动仪式、百姓春晚,中国旅游日系列文旅推介活动、2019长三角阅读马拉松大赛(岱山赛区)比赛等群众性活动,进一步满足群众文化多元化需求。"2019岱山百姓春晚"活动在全国"两会"期间荣登浙江新闻联播,取得良好反响。推进省公共文化服务"十百千"工程重点镇、重点村项目建设,于4月底顺利通过省里验收。推出"基层文化配送车"服务,提供文化礼堂"点单式"服务,用好用活文化礼堂。大力实施乡村文化"十百千万"工程,实现74个村社区文体活动室全覆盖,完成90场送戏下乡社会化采购,全县7个乡镇均按省文化和旅游厅要求组建"三团三社"。开展岱你"艺"+"益"基层文化公益培训,累计课程757课时,受益学员11800余人次。放映农村数字电影共1213场,观众96138人次。创作文艺作品16件,3件入选省级比赛。深化清廉文化建设,创作清廉文艺作品7件。县文化馆荣获2019"美好生活"长三角公共文化空间创新大赛——基层文化空间最佳案例奖。加强行业培训,开展住宿行业、博物馆消防安全知识培训及消防演练,民宿服务技能培训和茶艺培训。加大政策扶持力度,研究制定品质旅游企业奖励政策,鼓励支持企业品质化发展。根据民宿发展实际,适时修订民宿发展扶持政策。联合县旅游协会、民宿协会开展英语口语培训,参加和开展市、县二级行业技能大比武。完善A级旅游厕所建设。提升旅游交通舒适性和便利性,开通苏南—岱山旅游直通车、旅游公交专线,提供旅游大巴绿色通道。组织召开岱山县服务旅游旺季挑刺会,在品质提升上抓细抓小,向行业代表、从业人员开门"问计",引出行业发展"金点子",汇聚民智。对提出的问题建立整改清单,逐一销号,解决发展难题。开启"局队合一"执法工作改革新模式,文化市场综合行政执法队挂牌成立。开展文化旅游市场执法检查,加强扫黑除恶异常线索排摸。深入网吧、宾馆饭店、旅行社等重要点位、场所进行全面摸排,广泛收集线索,甄别涉黑涉恶苗头信息,与全县80余家文化旅游经营单位负责人签订扫黑除恶专项斗争承诺书。以文明城市创建、卫生县城复评为契机,全面开展文旅市场整治行动。对旅游厕所、非开放性沙滩等行业内、职能外的问题敢抓敢管,对违法违规行为敢于"亮剑",切实维护了文旅市场秩序稳定。四是完善方案,推进旅投改革。组建融资专班,梳理资产情况,深化旅投集团改革。8月,完成公司法人代表更改工商手续和国企改革公司三定方案,强化公司核心力量,配优配强公司领导班子,完善旅投改革方案,进一步制定完善公司管理制度。将招商引资纳入公司工作,强化公司投融资作用,投资岱山音乐节商演,打造双合石壁景区,推进岱山文创产品开发,进一步做大做强旅投集团。通过前期的谋划,制定公司发展规划,逐步推进公司集团化发展。五是突出重点,实施招商引资"一号工程"。对岱山本岛东北部旅游综合开发、毛家岙地块及秀山滑泥公园等重点招商项目进行包装,运用以商招商、活动招商、赛事招商等多种方式相结合的招商手段,积极开展定期、定向外出招商。动员在外的岱山企业家、商会力量,大力推进浙商回归工程。全年引进企业13家,完成招商引资1.7亿元,完成旅游投资项目1.55亿元。六是实现传统景区转型升级。以A级景区创建为抓手,完善景区基础设施。推进秀山滑泥

公园、东沙古镇国家4A级景区创建工作。新建滑泥公园园内游步道、泥上网红桥、水上浮桥等项目,做好东沙古镇景观资源评定工作。理顺双合石壁管理运营机制,收回景区管理经营权,完成景区规划设计,新增音乐喷泉及喊泉、攀岩、爱巢等项目,于10月3日重新对外开放,开园当天2小时内迎客2500人次,10月3日至7日游客量同比增长4倍,成为岱山旅游新网红地。以文化植入为手段,扮靓传统景区。在东沙非遗主题小镇常态化开展渔歌号子、渔嫂织网等非遗展演项目,常年开设渔民画、盐雕、木偶戏等6家非遗店铺,活态传承非遗文化。举办第十届岱山东沙古渔镇弄堂节暨浙江非遗大联展活动,全省10个市、县(区)及岱山本地80余项非遗项目精彩亮相,2天活动吸引游客4万余人次,凤凰网直播观看量62万人次,抖音阅读量12万人次。以A级景区村庄培育为契机,提升景区品质,创建衢山东岙、东沙泥峙等A级景区村庄5个。建设旅游厕所5家,全面提升本县旅游服务质量。七是规划引领,推进重点文旅项目建设。坚持规划引领,以文旅融合发展理念为指导,强化顶层设计。完成《岱山县全域旅游总体规划》《东沙湾综合开发规划》编制,完成《凉峙风情渔村提升规划》修改稿,完成《双合石壁景区及周边村落提升规划设计》。完成鹿栏晴沙海坛改造二期工程,做好阙楼立面改造及仿古门窗、斗拱、石栏等安装。推进海岬公园长槽情人岛滨海栈道项目建设,推进海金小镇项目。东沙海产品展示馆开馆。完成中国盐业

博物馆改造工程。八是扩大效应,培育特色节庆赛事品牌。以节庆活动、运动赛事为载体,促进文化、旅游深度融合,进一步扩大活动品牌效应。举办国际风筝节、浙江省生态运动会、首届中国·岱山岛沙滩高尔夫球挑战赛等省级以上大型赛事。采用市场化运作模式,举办2019"晴沙听海·岱山音乐节",通过明星效应打响"海岛户外音乐节"活动品牌。举办以"跟着徐福去旅行"为主题的2019百姓文化节,活动贯穿全年。

(张秋露、刘斌泽)

【嵊泗县文化和广电旅游体育局】内设职能科室8个,下属单位9个。2019年末人员63人(其中:机关12人,事业50人,工勤1人;具有高级技术职务资格的1人,中级15人)。

2019年,嵊泗县文化和广电旅游体育局坚持新发展理念,以高标准创成省级全域旅游示范县为目标,以公共文化发展、旅游品质提升、文旅融合并进为抓手,积极寻找产业链条的对接点,集聚亮点,补齐弱势,稳中求进,推动文广旅体职能融合、产业融合、市场融合、服务融合,努力形成发展新优势,为打造全域旅游海岛样板集聚实力。一是群众文化活动。以打造"美好生活·全民乐和"文化活动品牌为主线,引导群众学起来、唱起来、念起来、跳起来、动起来,全年主办、承办、协办各类群众文化活动73场次。以庆祝中华人民共和国成立70周年为主题,举办"壮丽七十年·奋斗新时代"嵊泗县庆祝中华人民共和国成立70周年文艺晚会、嵊泗县"不忘初心、牢记使命"主题

教育红色经典作品朗诵会、"与共和国同成长、与新时代齐奋进"嵊泗县庆"五一"国际劳动节职工歌咏大赛等活动。以传统节日节庆为时间节点,举办2019年新年音乐会、2019嵊泗县"向幸福出发"元宵巡游活动等。以特色优秀业余文体团队建设和文化礼堂活动为载体,组织嵊泗县渔农村文化礼堂"村晚"大联盟暨业余文体团队展演、各乡镇"村晚"和百团百艺进文化礼堂等大型活动,全县共有业余文体团队130支,参加人员3669人,涌现出音协合唱团、岛城艺术合唱团、县浪花乐团等较为成熟和具代表性的团队。组织开展嵊泗渔歌"文化走亲"活动,走进宁波杭州湾新区、绍兴越城区、杭州临安区;组织开展"江海缘·山水情"嵊泗·富阳"文化走亲"摄影联展等,全年举办"文化走亲"活动5场次。建设青少年音乐、美术等艺术培训基地,依托与浙江艺术职业学院合作建立的青少年招生中心做好培训、招生工作,辅导36次,受众800余人次。举办或引进各类演出61场次。(渔)农村公益数字电影下乡放映431场,观众38211人次。依托"淘文化"及送戏下乡平台,开展送戏下乡55场,受众人数11750人次。二是文艺创作。共创作各类文艺作品10余件,遴选优秀作品参加省、市各类文艺赛事,取得较好成绩。其中歌曲《阿家里个罗》作为浙江省唯一音乐作品,参加全国群星奖大赛;小组唱《我要活到一百岁》成功申报为舟山市文艺精品工程项目。在"追梦新时代,谱写新篇章"2019年舟山市文艺创作作品展演中,男声小组唱《小船·大船》、渔歌

《海天放歌》获得创作表演一等奖,小品《手心》获创作二等奖,表演一等奖。男声小组唱《小船·大船》、渔歌《海天放歌》入选参加"百城联动 歌唱祖国"2019浙江省第十八届音乐新作演唱演奏大赛。推进《浪尖上的音乐传奇——嵊泗渔歌》的编撰及出版工作。二是文化遗产。全县共有不可移动文物64处,其中国家级文物保护单位1处,省级1处,市级2处,县级17处。组织全县8名业余文保员参加舟山市文保员培训班和嵊泗县文保员业务培训班,组织4名工作人员参加"2019讲好舟山文物故事"讲解培训班。组织撰写3篇优秀文物故事参加"舟山文物故事"征稿评选活动。开展自然与文化遗产日系列活动,举办嵊泗县革命文物图版展和龙岛婚俗民俗器物展,组织20多名学生参加"走进历史品读嵊泗"文化遗产零距离体验活动。举办庆祝中华人民共和国成立70周年嵊泗县钱币收藏成果展。出台《嵊泗县非国有博物馆扶持办法》,鼓励民间资本投入文博事业。完成"东海云龙"摩崖石刻申报第九批市级文物保护单位文本和市级文保单位唐脑山灯塔"四有"档案编制工作。全县有省级非物质文化遗产项目4项,市目16项,县级51项。完成嵊泗非遗体验馆建设,全年开展5次讲座、体验等活动,开展"寻红色印记,扬爱国情怀"爱国主义教育基地打卡活动。开展"服务传承人月"活动,为省、市、县(市、区)3级传承人发放补助资金,走访慰问传承人。持续推进非遗进校园、社区、文化礼堂工作,在全县中小学和渔农村社区定期开设剪

纸、渔民画、渔用绳索结等培训班60余期,充分发挥非遗(教学)传承基地作用,普及非遗相关知识,培养一批传承人。把嵊泗县千人徒步大会和2019年舟山市非遗"三进四季行"之冬季嵊泗行同时举办,将文化、旅游、体育有机结合,向游客展示舟山非遗独特魅力。邀请县外非遗演出团队到嵊演出,传统戏曲"翁洲走书"进黄龙乡演出10场、菜园镇2场;传统戏剧木偶戏进金平社区、青沙敬老院演出3场。加强对外宣传,积极组织非遗项目参加嵊泗(上海)文旅招商推介会、中国(义乌)文化产品交易会、全市渔农家乐转型升级现场会等,扩大对外宣传平台,展示嵊泗非遗魅力。三是旅游宣传推广。加强媒体广告宣传。以江浙沪为主要投放市场,推行影视、杂志、社区、公交、地铁等全维度覆盖营销。上海黄浦区、静安区等灯箱广告全面上线,持续时间长达2个月。完成江浙沪区域高铁广告制作与投放。本市范围内,继续同舟山群岛旅游频道电视全年度广告合作,投放视频广告。省内市场方面,继续与《悠游浙江》杂志、省文化和旅游宣传推广信息中心合作,发布《嵊泗旅游》杂志专刊以及《中国旅游报》、手机报专刊。举行"东游记"系列采风活动,为嵊泗旅游积累图片资源。新推出旅游产品"嵊泗列岛跳岛游",邀请"网红"阿福和其他"旅游达人"采风,发起定向抖音话题等宣发活动。县域范围内,完成全域旅游氛围营造,各个广告牌、灯箱广告、公交亭广告的更新制作与安装,旅游咨询服务点、酒店等常规宣传资料的寄送工作。加强自媒

体营销。全年微信内容题材丰富,在全国榜单上多次上榜,在全省排名前列,多次登上全省周榜第一。"畅游嵊泗"平台于5月正式上线,为广大市民及游客提供旅游咨询及海岛文化。嵊泗旅游官方抖音号定向上海、杭州投放宣传视频广告,粉丝数达到9.1万。开展节庆推广活动。组织参加2019苏州国际旅游展、2019中国(义乌)文化产品交易会、全省京津冀旅游宣传推广活动、全市"舟山味道"惠民推介活动以及上海黄浦区春季销售洽谈会等。4月,召开2019中国嵊泗(上海)文旅招商推介会,邀请江苏、浙江、上海、安徽3省1市的相关领导和嘉宾、文旅企业代表、新闻媒体代表300余人,全方位展示嵊泗旅游形象,深化长三角区域旅游合作。旅游惠民活动常态化,发布中国旅游日惠民政策,并借助全民骑游大会热潮开展"5·19中国旅游日"活动。组织开展嵊泗东游记之"网红打卡嵊泗"活动,与跳岛游紧密结合,持续引爆嵊泗旅游热度。组织参加在南京举办的浙江省(江苏)旅游交易会,有效地开拓了南京客源市场;配合完成"东海五渔节"、2019舟山市文博会等工作。加强视频宣传。完成《舌尖上的嵊泗》第1、2季片头、合集制作、U盘设计及印刷制作,同时协调交通部门在各个旅游集散中心、客运站、客轮上播放宣传视频。完成上海电视台《世界那么大》上海周边游之走进舟山嵊泗系列节目、跳岛游宣传片纪实片、《嵊泗进出岛交通指南》和《全域旅游宣传片》等拍摄工作。四是旅游专项创建工作。对标省级全域旅游示范县创建细

则,着力在项目短板上查漏补缺,重新梳理排定了政府投资、旅游专项、企业投资3份创建项目清单,重点在高等级景区、旅游风情小镇、A级景区村庄等方面寻找得分点,明确全域旅游示范县重点整改推进项目25个,安排专项资金2360万元。编制完成《浙江舟山·嵊泗县全域旅游总体规划(2017—2035年)》报批稿。成功创建省级全域旅游示范县。洋山镇3A级旅游景区创建工作进展顺利,已完成自评和台账整理工作。花鸟岛4A级景区创建已完成台账汇编和短板项目整改工作。培育旅游风情小镇、村庄景区。花鸟岛1870旅游风情小镇创建成功。黄龙岛"石村小镇"顺利通过省文化和旅游厅组织的专家评审,被正式列入风情小镇培育名单。嵊山"尽山海钓风情小镇"项目前期准备工作进展顺利,完成整体项目方案策划设计,确定一期具体建设内容。创成省级A级景区村庄10个,其中3A级4个,2A级3个,A级3个。积极创建海岛公园。7月10日至12日,省文化和旅游厅副厅长杨建武携专家组一行到嵊泗就海岛公园创建工作开展调研。填报完成《浙江省十大海岛公园拟申报对象情况表》,明确了创建范围为全县除洋山岛以外的所有区域,并着手撰写海岛公园课题研究报告。五是提升旅游品位。7月,组织2所杭州高校32名学生在暑假期间到嵊泗开展为期50天的社会实践活动。联合县人才办、县总工会、县人社局在安梵度假酒店举办2019年嵊泗县旅游饭店服务技能比武大赛。花鸟船型酒吧创成海岛休闲示范点。召

开文化和旅游行业会议,传达有关诚信经营与信用承诺精神,提升全县文化和旅游行业的诚信意识和道德素质。联合整治、专项检查和日常巡查有机结合,加强旅游执法监管。拟定《旅游旺季旅游市场综合执法整治工作方案》和《西部区域联合执法监管工作方案》,明确职能部门工作职责,开展旅游旺季外岛乡镇执法工作。会同公安、应急管理、消防等部门开展联合检查。全年共出动检查100余次,检查经营企业300余家次,出动检查人员50余人次,排查安全隐患40余个,发出整改通知书6份。确保旅游安全。专题召开全县文化旅游市场安全(消防)工作会议,与88家企业代表签订安全责任书。开展"保平安 迎大庆"消防安全隐患大排查行动。开展4期安全演练,加强文化市场与涉旅饭店负责人以及从业人员的消防安全意识。六是加强民宿管理。完成《嵊泗县民宿综合体和民宿聚落创新发展研究》初稿、《嵊泗县民宿经济高质量发展课题研究》初稿、《嵊泗县民宿管理办法》修改稿。举办3期民宿培训班,260余人参训。召集相关部门、乡镇、协会,召开无证经营整顿会议。对全县民宿进行无证经营户全面排摸,共排摸出证照不全经营户52户,并指导督促业主加快办证,全县民宿持证率达95%以上。凡是"一照三证"齐全的民宿统一挂上"离岛民宿"标牌。积极开展各类评定申报及评选工作。12家民宿获评2019"岛居舟山"最美民宿。全县共有省级金银宿13家,市最美民宿30家,星级民宿216家。

(夏 赟)

台州市文化和广电旅游体育局

【概况】 内设职能处室 8 个，下属单位 6 个。2019 年末人员 109 人（其中：机关 22 人，事业 87 人；具有高级技术职务资格的 11 人，中级 36 人）。

2019 年，台州市文化和广电旅游体育局以习近平新时代中国特色社会主义思想和党的十九大精神为指引，围绕全面打造文化发展高地、长三角最佳旅游目的地，全力抓重点、补短板、推改革，多项工作取得了新突破新成效，共摘得 71 项省级以上荣誉，其中 23 项工作获全国性荣誉，在文旅融合元年书写了浓墨重彩的一笔，揭开了台州文旅高质量发展的序幕，为推动台州"两个高水平"建设做出了积极贡献。

一、以优秀成绩创成国家公共文化服务体系示范区，努力打造公共文旅服务"台州样本"

历时 3 年创建攻坚，33 项指标均全部完成，优秀率达 100％，全市文化设施建设高位提升，公共文化服务效能高质扩面，体制机制创新高点突破，全面建成了"设施标准、功能齐备、服务均等、公众乐享"的现代公共文化服务体系。台州获得第三批国家公共文化服务体系示范区优秀等级名次，总成绩在全国 30 个创建城市中排名第四。

（一）重点指标持续有效提升

2018 年文化发展指数为 101.74，排名前移 2 位，增幅达 12.56％，居全省第一。全市公共文化设施面积、基层群众文艺团队支数、文化志愿者人数和文化资金投入继续保持 15％以上的年增幅。

（二）重大文旅设施建设全面推进

台州市非遗馆建成开馆，10 个重点文化旅游设施项目在建，总建筑面积超 30 万平方米，建设规模为历史之最。和合书吧建成总数达到 84 家，市区范围基本建成"30 分钟"阅读圈。新建和改扩建旅游厕所 195 座，旅游厕所百度地图上线率超过 94％。创成景区城 1 个、景区镇 9 个，其中天台县石梁镇入选全省首批 5A 级景区镇。全市评定 A 级景区村庄 404 个，其中 3A 级景区村庄 44 个。

（三）文旅惠民活动丰富多彩

台州文化年系列品牌活动深入开展，市本级全年举办庆祝中华人民共和国成立 70 周年系列文旅大型活动 100 多场，组织市、县（市、区）2 级重点文化演出、展览等活动 5000 多场次，带动基层开展各类文化演出等活动 3 万多场次。文化惠民活动蓬勃开展，"文化走亲"286 场次。市文化馆、市博物馆、市图书馆全年到馆人次达到 241 万。"台州文化云"粉丝量超过 45 万人，接受群众预约万余次，精品活动累积浏览量超 300 万人次。"台州智慧旅游平台"注册量超过 35 万人，全市 27 家收费景区提供免费门票 530 多万张，共有 230 多万人次享受活动福利。

（四）文艺精品创作成果喜人

话剧《赤子》、台州乱弹现代戏《我的大陈岛》、歌曲《边关情思》获浙江省第十四届精神文明建设"五个一工程"奖。《我的大陈岛》先后入选文化和旅游部戏曲剧本孵化计划项目、浙江省文化精品扶持工程项目，荣获第 14 届浙江省戏剧节"兰花奖·新剧目大奖"、优秀表演奖与优秀音乐奖。10 多个文艺作品或个人摘得省级以上赛事荣誉。

二、以推进机构改革为契机，全面谋划台州文旅高质量融合发展新篇章

坚持文化与旅游统一谋划、联动推进，高效完成机构改革任务。组织编撰文旅融合发展规划，制定文化旅游资源目录，编印《台州市文化和旅游集成导览全图册》。举办 4 期台州文旅论坛，形成具有台州文旅特色的发言材料 52 份，经验做法入选全市机构改革经典案例。举办台州市首届文旅融合发展峰会，邀请省内外著名专家共同研究文旅融合高质量发展路径。组织编制 3 年行动计划，"浙东唐诗之路"目的地建设加快推进。天台县、仙居县被命名为浙江省全域旅游示范县，天台县旅游综合改革试点等工作得到省文化和旅游厅高度肯定。玉环漩门湾国家湿地公园创成 4A 级景区，台州府城旅游文化区、三门蛇蟠岛与椒江大陈岛、天台琼台仙谷等 5A 级和 4A 级景区创建工作扎实推进。三门蛇蟠岛、临海东矶列岛、椒江大陈岛群、玉环大鹿岛群入选浙江省十大海岛公园重点培育名单，数量居全省第一。仙居淡竹乡下叶村被文化和旅游部列入首批国家乡村旅游重点村名录。天台石梁镇、温岭石塘镇、三门蛇蟠乡被列入第二批省级旅游风情小镇。仙居神仙氧吧小镇被列入第三批省级旅游类特色小镇。大陈岛红色垦荒旧址被列入第三批红色旅游教育基地。

三、以向北向南拓展文旅市场为重点，着力打响浙东唐诗之路目的地新品牌

（一）文旅品牌推广主题鲜明

以"浙东唐诗之路目的地"为主形象，大力实施"向北向南"文旅市场拓展计划，打造"三五天"文旅品牌，推出 6 条特色主题旅游路线，形成高品质旅游产品矩阵，巩固和拓展客源市场。组织全市文旅企业积极参加海峡两岸（厦门）文化产业博览交易会、宁波国际旅游展、浙江（江苏）旅游交易会展、中国（义乌）文化产品交易会等重要展会，市、县（市、区）文旅部门多次获得展会组织奖，文旅产品在第 14 届中国（义乌）文化产品交易会上获 1 个特别荣誉金奖和 3 金 12 银 7 铜，2 件旅游商品分别荣获 2019 年中国旅游商品大赛银奖和铜奖。台州元素植入央视现象级栏目《中国诗词大会》（第 4 季）。编印《大美台州旅行攻略》《跟着唐诗游台州》《台州有意思》等图书。

（二）文旅产业发展提质增效

累计创建文化产业示范基地 7 个，创成省级乡村旅游产业集聚区 1 家、省级中医药文化养生旅游示范基地 1 家、省级运动休闲旅游示范基地 1 家、省级工业旅游示范基地 2 家，建立第二批浙江省中小学生研学实践教育基地 6 家、省级营地 2 家。"甬台""三门湾""乐清湾"等区域文旅协作稳步推进，"百县千碗·鲜在台州"、"新天仙配"、甬台旅游惠民季等活动成功举办。

（三）文化旅游交流成效显著

引进青春版《牡丹亭》、民族音乐剧《辫子魂》、捷克钢琴家理查德·波尔钢琴独奏音乐会等精品剧目。组织参与印度-台州经贸旅游推介会活动、中东欧博览会"百县千碗"人文交流活动，完成"一带一路"国家商协会经贸合作浙江（台州）行演出活动。举办台州市文旅考察交流团赴通化开展"文化走亲"、台州文旅交流团援疆慰问、"千人游阿拉尔"文旅援疆等系列活动，台州市非遗艺术代表团赴比利时友城根特市开展非遗艺术交流、台州知名书法家和摄影家赴日本文化交流、台州和合文化交流团赴韩国文化交流和"国外摄影家眼中的山海台州"等活动，与对口援建、对口协作城市、友好城市的交流合作不断深化。

四、以"活起来""走进生活"为目标，有效推动文物和非遗保护利用实现新突破

（一）文物保护利用更加扎实

第八批国保申报成果喜人，椒江戚继光祠、沙埠窑遗址、一江山岛战役遗址、临海恩泽医局旧址、巾山塔群、温岭金清大桥、江厦潮汐试验电站、仙居林应麒功德牌坊共 8 处上榜第八批全国重点文物保护单位名录，入选数量位列全省第三。全市非国有博物馆总数达 34 家，数量居全省第一。下汤遗址保护挖掘、黄岩沙埠窑竹家岭窑址考古、路桥桐屿街道窑址群调查及茅草山窑址考古发掘均取得重要进展。市博物馆年接待观众 35 万人次，成功举办"唐潮一夜"活动，获"第二批台州市党员干部教育基地"、台州市第三批"妈咪暖心小屋"示范点等荣誉称号。

（二）非遗保护传承更加有力

寒山拾得传说、送大暑船、天台山易筋经、台州刺绣 4 个非遗代表性项目入选浙江省拟推荐申报第五批国家级非物质文化遗产代表性项目名单，入选总数与金华并列全省设区市第一。全省体育类非物质文化遗产大会暨天台山文旅融合高峰论坛在天台举行，非遗项目"黄沙狮子"获得优秀展演奖，鳌龙鱼灯舞获"薪传奖"。举办"文化和自然遗产日"台州主场（仙居）宣传活动等非遗展示展演活动 30 多场。台州市吴子熊玻璃雕刻艺术馆等 9 个单位成为全市第一批非物质文化遗产展示体验点。

（三）地方文献整理更加完善

举办"台州文献丛书"第 5 辑新书首发仪式，并积极向国内外知名高校及公共图书馆赠送推广该丛书。加快"台州文献丛书"第 6 辑编辑出版工作，完成古籍点校本、影印本、文化研究专著等 10 多种图书出版。其中，"台州文献丛书"中的《洪颐煊集》获得第二十二届华东地区古籍优秀图书二等奖。

五、以实施全链式执法监管项目为统领，积极探索文化市场治理体系与治理能力现代化新模式

（一）文化市场保持安全稳定

承办文化和旅游部第二十批

集中办案活动,台州市主办的 1 件行政处罚案件被列为全国文化市场综合行政执法规范案卷,选送的 1 件行政处罚案件被评为全国文化市场综合行政执法重大案件。率先开创全链式执法监管模式,形成全民共治创新模式,全省全链式文化市场综合行政执法监管项目现场会在台州召开。重拳整治低价游、网络文化市场、非法出版物等违法乱象,全力打赢台风"利奇马"防御战,持续推进消防安全攻坚战、"防风险 保平安 迎大庆"等专项行动,全年全系统实现"不死人、不伤人"安全目标。

(二)"最多跑一次"改革深入推进

127 个审批事项全部实现网上办 100%、掌上办 100%、跑零次 100%、电子化 100%,办理各类审批 439 件、一件事内部流转 26 件,办件量同比增加 34%。实施文旅导览"一张图"、文旅数字"一张网"、文旅消费"一张卡"、文旅服务"一平台"等"四个一"建设,在全市"最多跑一次改革""两代表一委员"评议中,获得年度优秀单位称号。深入推进"七五"普法,开展规范性文件清理、行政执法案卷交叉评查等。

(三)行业管理取得新成效

温岭国际大酒店获批五星级旅游饭店,浙江华顶国际旅行社成功创建五星级品质旅行社,黄岩中话模具酒店、三门蛇盘度假酒店获评省特色文化主题饭店,台州开元大酒店等 5 家饭店获批浙江省品质饭店,8 家旅行社进入浙江百强。

【大事记】

1 月

8 日 国家公共文化服务体系示范区创建市对县专项考核工作互评会议召开。

10 日 省文化和旅游厅副厅长叶菁到台州市调研非遗和公共旅游服务工作。

25 日 举办台州文旅论坛"我为文旅融合发展建言献策"活动。

2 月

12 日 市委常委、副市长芮宏走访慰问市文化和广电旅游体育局干部职工。

13 日 台州市委常委、宣传部部长叶海燕走访慰问市文化和广电旅游体育局干部职工。

20 日 市文化和广电旅游体育局召开文旅融合发展专题党组理论中心组学习会。

3 月

13 日 省文化和旅游厅党组书记、厅长褚子育赴台州开展"三服务"调研活动。

15 日 省文化和旅游厅专家组赴台州开展公共文化服务标准化建设调研活动。

19 日 台州市成功创建国家公共文化服务体系示范区。

4 月

22 日 台州乱弹现代戏《我的大陈岛》在椒江剧院首演。

24 日 召开全市文化广电旅游体育局局长会议、全市文化广电旅游体育系统 2019 年度党风廉政建设和反腐败工作部署会、全市文化广电旅游体育系统 2019 年度安全生产暨消防工作会议。

25 日 副市长吴丽慧一行

到台州市文化和广电旅游体育局调研。

5 月

16 日 副市长吴丽慧考察天台县全域旅游工作。

28 日 台州乱弹大型现代戏《我的大陈岛》在省人民大会堂演出。

6 月

6 日 举办 2019 台州"文化和自然遗产日"活动。

12 日 召开台州首届文旅融合发展峰会。

25 日 举办"迎接党的建设新时代"专题讲座。

7 月

17 日 召开 2019 全市文化和旅游资源开发专题培训班暨局党组理论中心组(扩大)学习会。

27 日 河南省文化和旅游厅考察台州市国家公共文化服务体系示范区建设。

8 月

2 日 仙居县淡竹乡下叶村入选第一批全国乡村旅游重点村。

13 日 省文化和旅游厅副厅长杨建武率工作组到台州察看灾情,指导灾后重建工作。

15 日 省文物局局长柳河带领省文物专家实地察看临海台州府城墙。

9 月

9 日 前塘垟宋代盐业遗址考古发掘获 2018 浙江省考古重要发现。

21 日 "文明旅游,安全出行,为中华人民共和国成立 70 周年加分"暨文旅消费惠民周活动在天台启动。

26 日　召开"不忘初心、牢记使命"主题教育第一次专题学习会。

10 月

12 日　台州市文广旅体系统党员干部开展"初心之旅""五个一"主题党日活动。

19 日　台州市文化旅游融合发展工作推进会在仙居县召开。

11 月

15 日　召开"不忘初心、牢记使命"主题教育第三次专题学习会暨党的十九届四中全会精神学习交流会。

17 日　举办"视·界"国际摄影家眼中的山海台州暨优秀国际摄影作品联展。

23 日　2019 临海·古城文化节、第二届台州唐诗之路文化旅游节在临海开幕。

12 月

4 日　"浙东唐诗之路目的地"山海台州文旅推介会在南京举办。

10 日　台州市文旅融合发展专题培训班在上海交通大学开班。

22 日　"百县千碗·鲜在台州"美食大比拼活动在台州学院青年广场顺利举行。

（朱益霆）

台州市县（市、区）文化和旅游
工作概况

【椒江区文化和广电旅游体育局】内设职能科室 6 个，下属单位 10 个。2019 年末人员 116 人（其中：公务员 22 人，工勤人员 3 人，参公 15 人，事业 76 人；具有高级

技术职务资格的 9 人，中级 20 人）。

2019 年 1 月 20 日，椒江区文化和广电旅游体育局正式挂牌。一是惠民服务提水平。阵地建设全面加强。新建和合书吧 2 个，共享书吧 8 个，新改建旅游厕所 7 座。惠民活动有声有色。组织送图书 23386 册、送戏 116 场。"365 公益课堂"开课 1450 节，其中面向基层点单 860 节，并举办美术、广场舞、文艺会演等展演活动。举办枫山大舞台巡演 10 场，枫山书院讲堂展览 43 场，蔡啸书场 49 场，惠民剧场 12 场。全年共举办春节元宵文化活动、两岸乡情文化节、"弘扬垦荒精神"主题宣讲等活动 52 场。二是文艺精品取佳绩。少儿舞蹈《红色画语》获国家第十届"小荷风采"全国少儿舞蹈展演"小荷之星"金奖、歌曲《向往大陈岛》荣获 2019 "诗画浙江"浙江省旅游歌曲创作演唱大赛金奖；5 件美术作品入选全国美展；台州乱弹现代剧《我的大陈岛》获省"五个一工程"奖，并在省人民大会堂会演；歌曲《向往大陈岛》《最多跑一次》入选"学习强国"平台，诗画舞台剧《海岛上的丰碑》入选台州市文艺名家名团展演，全市首部民营资本投资拍摄的电影《大陈岛誓言》9 月 23 日上映。三是文化遗产重保护。一江山战役遗址和戚继光祠列入第八批全国重点文物保护单位名单。非遗项目送大暑船、台州刺绣申报国家级非遗项目通过省评选。椒江区前所街道"台州刺绣"、葭沚街道"送大暑船"入选"浙江省民间文化艺术之乡"。台州市绣都服饰有限公司的《龙凤袍》被评选为浙江省优秀非遗旅

游商品，为全市 8 件入选商品之一，台州市吴子熊玻璃雕刻艺术馆入选台州市第一批非物质文化遗产展示体验点名单。6 人入选椒江区非物质文化遗产项目代表性传承人。章安故城遗址考古发掘启动。开展"文化和自然遗产日"、送大暑船研讨会、重走抗倭路、王咏霓纪念展等各类传承展示活动 40 余场。四是文旅产业大融合。全年接待游客 1575 万人次，旅游收入 175.87 亿元，分别增长 8.3% 和 10%。大陈岛入选全国乡村旅游精品景点路线，路线名称为东海明珠大陈渔韵二日游。乌龟山文博馆和心海文旅综合体均已签订框架协议。老粮坊文创园被评为浙江省重点文化产业园区。谋划海门卫城、葭沚水城、前所江城等古文化街区。发展特色工业旅游，指导智能马桶小镇、绿色药都小镇创建 3A 级景区，指导浙江同康酒业、杰克缝纫机股份有限公司、星星便洁宝有限公司分别创建国家级、浙江省工业旅游示范基地。指导建成 10 个 A 级景区村庄，其中前所村创建 3A 级景区村庄；大陈岛甲午岩景区创建 4A 级景区。大陈岛红色垦荒旧址公园被评为浙江省第二批红色旅游教育基地，大陈岛被列入浙江省重点建设的十大海岛公园。承办市体育旅游休闲节活动，举办"百县千碗"活动，先后组织参加中国（义乌）文化产品交易会、京津冀地区"诗画浙江　京津有味"旅游促销活动等，提升椒江知名度。五是市场监管出成效。配合完成无证明城市创建，涉及 9 个事项，取消 10 个证明材料；认领政务服务事项达 208 项，事项数量位于全区

第二、全市文广旅体系统第一,网上办率、掌上办率、跑零次率均为100%,即办率95%,压缩比98%。全面推进网格化办理模式,全链式综合执法在全省会议上做经验交流。通过部门联合检查、日常巡查、"双随机"抽查、错时检查等方式,开展"防风险 保平安 迎大庆"、节前文化市场安全、"安全生产月"等专项整治行动,探索实施全省全链式文化市场综合行政执法监管项目,全年出动检查428次,检查文旅体市场1637家次,立案调查32件。区文化市场执法大队被评为"2018年度全省文化市场综合执法先进集体"。

(洪毓廷、阮莎莎)

【黄岩区文化和广电旅游体育局】内设职能科室6个,下属单位9个。2019年末人员115人(其中:公务员14人,参公25人,事业76人;具有高级技术职务资格的8人,中级25人)。

2019年,黄岩区文化和广电旅游体育局以习近平新时代中国特色社会主义思想和党的十九大精神为指引,以融合发展为重点,全力推动文化和旅游高水平融合、高质量发展。一是如期完成机构改革工作任务。根据区委机构改革工作部署,全局上下统一思想认识,明确工作任务,落实工作责任。严格按照时间节点,有序推进机构改革各项工作,文旅体机构实现全面融合,完成了人员转隶、科室预调整等相关工作,党组织及时调整,建立起上下贯通、职责明确、运转有序的管理体系,从根本上筑牢了文化旅游事业融合发展的基础。二是加快推进公共基础设施建设。图书馆新馆工程地面建筑结顶,已通过中期验收,开始幕墙安装工程。文化馆新馆工程完成预算编制,进入土建工程招标。完成市民生实事项目——西城街道、屿头乡村振兴学院2个和合书吧建设。基本建成上郑星光公园和仙石山景区。三是全力开展公共文化服务体系建设。开展区《浙江省基本公共文化服务标准(2015—2020年)》认定申报工作,7月通过省文化和旅游厅验收并发文公布。紧密结合开展"两抓年"活动,编排了1台主题文艺节目到乡镇进村企演出。举办第十八届社区艺术节暨春节广场展演、黄岩区庆祝中华人民共和国成立70周年"中国声乐作品音乐会"、黄岩区第十五届运动会开幕式文体演出等,满足广大群众的文化生活需求。开展文化项目菜单式服务活动。加强对基层文化阵地的业务指导,助力提升公共文化服务水平。四是持续推进文化遗产保护工作。完成第八批全国重点文保单位申报工作,沙埠青瓷窑址被国务院批准公布为第八批全国重点文物保护单位。沙埠青瓷窑址考古发掘工作方案获国家文物局批准,6月,省文物考古研究所进场发掘,取得重要收获,入选"2019年度浙江十大考古重要发现"项目。委羽山大有宫建筑维修设计方案获省文物局批准,完成徐昌积宅加固工程。结合"官河古道"建设,启动新一轮文保单位调查,已形成王彦威故居、牟育故居、朱谦故居等24处区级文保单位推荐名单和材料。做好第四批区非遗代表性传承人以及第八批区非遗代表性项目名录的申报工作。五是精心打造特色生态旅游产品。以"相约四方客·橘乡休闲游"为主题,举办布袋山过大年、北洋桃花节、屿头柔川文化旅游节暨枇杷采摘节等节庆活动。推进澄江省级旅游风情小镇建设,开展20个景区村庄创建工作和"百县千碗·品味黄岩"评选主题活动。"5·19中国旅游日"举办了黄岩非遗文化演艺搭台——"黄岩文化旅游周"暨"四川松潘旅游推介会"唱戏活动。旅游经济实现平稳增长,全年接待国内游客609.48万人,实现国内旅游收入68亿元;接待入境过夜游客29843人次,实现旅游(外汇)收入801.99万美元。六是强化文化旅游市场管理。以文旅市场综合执法改革为契机,加快文旅执法队伍融合。以打击查处非法出版物、互联网文化内容、非法演出、非法违禁歌曲作为重要内容,加强文化市场监管。按照扫黑除恶专项斗争的部署要求,以文化和旅游市场经营秩序整顿为重点,建立了文旅行业扫黑除恶长效机制,切实做到思想到位、责任到位、措施到位,确保全区文旅市场健康有序发展。

(何 宁)

【路桥区文化和广电旅游体育局】内设职能科室5个,下属单位6个。2019年末人员64人(其中:公务员11人,参公11人,事业42人;具有高级技术职务资格的7人,中级18人)。

2019年1月14日,路桥区文化和广电旅游体育局举行挂牌仪式。3月29日,区委、区政府办公室印发《台州市路桥区文化和广电旅游体育局职能配置、内设机构和人员编制规定》，高质量实现了机构合并到位、人员转隶到位、"三定"编制到位、新班子分工调整到位，为文旅体融合开了好头，促进了路桥的文化、旅游、体育等相关事业蓬勃发展。一是文化阵地建设。通过首批《浙江省基本公共文化服务标准（2015—2020 年）》验收和 2018 年度基层公共文化服务评估。完成"五个百分百"建设，实现了基本公共文化服务标准化目标。农村文化礼堂"4Z"运营管理模式示范项目推广活动全面铺开，与区慈善总会就众筹运营模式中的公开募捐和资金委托管理事项进行了签约。全区 9 个重点村（社区）、1 个镇（街道）均完成公共文化服务"十百千"工程建设考核。各镇（街道）已组建"三团三社"60 家。金清图书分馆新馆建成试运行。新建 2 个和合书吧，4 个图书馆馆外流通服务点，2 个文化分馆。二是人才队伍建设。组织全区 10 个镇（街道）文化站长、文化员以及全局系统文化干部近 50 人赴浙江音乐学院参加路桥区文化干部业务培训。举办排舞、广场舞路桥区 3 级社会指导员等的培训，600 人参训。组织惠民培训 2 场，培训 200 人。举办路桥区 2019 年度基层文化专兼职人员学习教育暨农村文化礼堂管理员培训班 2 期，300 余人参训。三是文艺精品创作。15 件文艺作品在市级以上赛事中获奖，其中水彩（粉）画《西行记事二》和版画《云水长和岛屿清》入选"浙江省第十四届美术作品展览"；书法作品《徐文长传》入展浙江省群文小品书法展，《欧阳修散文四篇》入展浙江省第六届视觉

艺术大展，《金刚经》入展浙江省第五届"温泉杯"书法大赛；油画《兴》、国画《美丽路桥》入展"乡村振兴·美丽路桥"浙江省美术作品展。鼓词《我的礼堂我的家》获第七届全国村晚优秀创作、表演奖。《新女人花》获台州市第二届旗袍大赛银奖。《路桥，我深爱的小城》获台州市第七届音乐新作演唱（演奏）大赛创作二等奖，《路桥，桥与路》获创作、表演双银奖，《背影》获演唱一等奖。广场舞《筑塘·筑梦》、排舞《古街记忆》荣获第三届台州市群众广场舞大赛二等奖。国画作品《春之韵曲》获台州市第五届美展美术作品优秀奖。小品《债》获 2019 年度市戏剧（小品）小戏、曲艺作品征文活动获三等奖，小品《美丽心灵》获台州市宣传部第五届"台州好故事"宣讲大赛一等奖。四是文化活动品牌。举办"我和我的祖国"合唱大赛、第十五届基层文化俱乐部汇演、第十八届新春戏曲演唱会等各类文体活动 2000 多场次。承办浙江省农村文化礼堂优秀群众文艺作品展演，全省 9 个地市级 20 个代表队 500 余人参演。承办"乡村振兴 美丽路桥"浙江省美术作品展，200 幅作品入展。完成第六届读者文化节，共吸引了近 5000 名读者到馆参加活动。其中"最美老照片"共征集 29 人次 747 张参赛照片。"迎国庆——时代的印记"图书展示活动历时 7 个月，共展出图书 227 本。南官人文大讲堂 2007 年开办至是年，共举办 500 期，服务群众超 45 万人次。"艺术之门"涵盖剪纸折纸民间艺术、古典音乐欣赏、民乐音乐会等，成为独具特色的沙龙类品牌活动。五是

文化惠民活动。完成第 6 期"双百惠民"艺体启蒙公益培训活动，共有 102 家农村文化礼堂参与，开设书法、音乐、美术等 20 多门课程，学员 5 万多人次。举办文化礼堂写福、送春联活动 25 次，组织书法、美术、摄影展览 34 次。举办少儿成人春季秋季班、少儿暑期班、老年大学等公益培训活动，开设课程 71 门。开展少儿书法、少儿美术、中国舞等培训内容，共开设 66 门课程，学员 3 万余人次。推进农村文化礼堂"四千工程"项目，组织 120 余名文化志愿者进驻 87 家农村文化礼堂，学员 8900 多人次，送演出 132 场次、越剧 90 场、图书 19200 册，群众参与人数达 10 万余人。图书馆实施办证免押金，新增图书 16700 多种、17200 多册；服务 121388 人次，同比增长 4.4％；借书 262224 册次，还书 257507 册次，办证 2227 张，流动图书车服务 41 次。六是文化遗产保护。加快博物馆建设，完成土建工程桩基的 70％，建筑方案设计、大纲编制的招投标，启动文物征集相关工作。弘扬传统文化，春节期间在 66 家文化礼堂开展新春活动近 100 场，端午节举办"薪火相传，浓情端午"包粽子大赛，举办"文化与自然遗产日"宣传活动，在路桥日用品商城举办布贴画传承推广活动。推进非遗传承，14 个非遗项目入选第八批区非物质文化遗产项目保护名录，确定第五批区非物质文化遗产代表性项目代表性传承人 7 名。路桥莲花《梁山伯与祝英台》受邀浙江省第七届曲艺新会演暨第十一届中国曲艺牡丹奖节目、第二届中国东部优秀曲艺节目展演，参

加第六届"缤纷长三角·浦东北蔡杯"曲艺邀请赛获银奖。孵化"非遗＋旅游"项目,积极组织优秀企业参展中国国际旅游商品博览会、中国旅游商品大赛、中国(义乌)文化产品交易会等,提升企业竞争力。其中,省级非遗项目戏剧服装加工技艺"贴翠头纱蝴蝶"获首批浙江省优秀非遗旅游商品称号;非遗作品"戏剧大龙袍""花木之乡"在第14届中国(义乌)文化产品交易会分获工艺美术银奖和铜奖。加强文物发掘和保护,开展桐屿茅草山窑址考古发掘工作,对8处窑址进行探方发掘,开展器物修复工作,并召开茅草山窑址考古座谈会。开展东盘山摩崖石刻专题研究,对石刻周边发现的重要文物进行实地拍摄和拓片。落实方庚甫炮台的维修工作。七是全域旅游发展。开展旅游宣传推介,组织区多家文旅企业参加2019宁波国际旅游展、2019浙江(江苏)旅游交易会、第十二届海峡两岸(厦门)文化产业博览会交易会、2019年中国国际旅游交易会。做好文广旅体微信产品改造和文旅融合后首版宣传折页制作,筹备旅游宣传片拍摄工作。委托专业宣传机构在杭州、上海等地地铁站口、出租车、旅游刊物宣传路桥地方旅游文化相关产业动态资讯。接待途牛网组织"浙东唐诗之路目的地"60余名业界、媒体踩线团参观西马智能科技有限公司。路桥章氏骨伤医院入选省中医药养生旅游示范基地。启动"路桥义百碗"三年行动计划,完成2019年评选,400多道菜点参评,157名乡村大厨,3000多名群众参与,初选入围菜点160余道,评出菜品78

道,做到一菜一图、一道一故事、一品一方法。在"百县千碗·鲜在台州"美食大比拼活动中,路桥代表队获最佳组织奖1个,最佳创意奖1个,山珍奖2个,海味奖2个等多项殊荣。八是文旅市场管理。强化文旅市场综合执法。开展部门及跨部门联合"双随机、一公开"抽查监管和"多城同创""扫黄打非"、扫黑除恶等专项行动30多次,出动执法人员900余人次,检查文化经营单位2100余家次,立案查处办结案件20起,取缔非法演出5起,收缴非法出版物5800余件,严厉打击各类违法违规行为,打造放心的文旅消费环境。助推省食安区创建。采取视频滚动播放、海报显著张贴、桌贴随处可见等方式,发放各类宣传品5000余份,做到文旅经营单位食品安全宣传全覆盖。开展"防风险 保平安 迎大庆"行动。以检查促宣传,以宣传促培训,以培训促演练,召开安全工作会议、举办安全培训演练活动、开展"三自主、两公开、一承诺"消防安全责任上墙公示活动、发放消防安全"三提示"宣传板,加强人员密集场所、文保单位等风险点隐患排查整治,实现文旅经营单位安全无事故,确保打赢护航中华人民共和国成立70周年安全保卫战。打造娱乐场所管理新形式。推行娱乐场所曲库管理信息化识别系统和娱乐场所凌晨两点停止营业微信工作群报告制度,打造娱乐场所线上管理新模式。强化"互联网＋监管"新模式。启动移动端掌上执法系统,创新推出支付宝网上缴款方式,全力助推"互联网＋监管"工作向纵深推进。

(金路盈)

【临海市文化和广电旅游体育局】内设职能科室8个,下属单位11个。

2019年,临海市文化和广电旅游体育局扎实推进文旅设施建设,积极推动文旅产业融合发展,大力提升公共服务水平,全面启动全域旅游"五联创",创成浙江省全域旅游示范市。一是全域旅游"五联创"工作全面推进。推进"十百千"工程,全面启动全域旅游"五联创"。临海市入围"2019中国县域旅游综合实力百强县"榜单,创成浙江省全域旅游示范市,桃渚镇成功创建浙江省旅游风情小镇;加强景区村建设,全市已建成3A级景区村11个,A级、2A级景区村173个,创建数居台州市前列。狠抓景区提质创优,台州府城景区列入浙江省诗路黄金旅游线,紫阳古街入围省级高品质步行街试点名单。加快海洋旅游开发,东矶列岛列入省十大海岛公园培育名单。全力提升古城业态,引进高端民宿4家,高端餐饮6家,特色书店2家,专业博物馆4家;新增1家四星级饭店和1家四星级旅行社。全市共接待国内外游客2377.07人次,同比增加0.4%,实现旅游收入231.07亿元,同比增加1.9%,位居台州前列。二是文旅设施项目建设稳步推进。台州府城景区全面加强基础建设,全力推进台州府城创5A工作,已完成投资30亿元的四大类125个项目建设。完成北固山区块改造提升工程游步道施工,以及北固山北侧区块旅游基础设施建设项目、景区A级厕所提升工程樱珠巷建筑项目方案。唐诗之路—台州府城全国研学游营地项目完成国学基地、写生基地建设和布展并投入使用，巾山诗文化基地完成预算审核，完成总工程量的8%。积极开展十伞巷区块拆迁改造项目方案评审，推进方案细化。完成紫阳街历史文化展示区（二期）附属房改造工程，启动小剧场项目。台州府城景区成为浙江省首家金钥匙国际联盟景区成员，并成功创建"台州市研学实践教育基地"。不断提升景区服务，完成133座旅游厕所电子地图上线工作。建成老人民影剧院停车场，并投入使用。继续实施文化惠民工程，新建农村文化礼堂120个，建成和合书吧（自助图书馆）2个。三是群文惠民服务深入人心。引进世界顶级公共空间艺术表演团队，举办2019首届台州府城公共艺术节，吸引观众约10万人次，相关媒体浏览量近20万人次。举办2019古城文化节，吸引观众约10万人次，组织策划了开幕式文艺晚会、文体类系列活动、经贸类系列活动等17项活动。举办2019首届台州府城公共艺术节，台州府城文化旅游区免费演出112场公共空间表演，在台州影剧院演出3场瑞士国宝级小丑演员作品，举办2场公共空间表演学术论坛、讲座，艺术节吸引观众约10万人次，相关媒体浏览量近20万人次。中外艺术与本地文化相融，不仅丰富了群众文化生活，也为古城文化创新提供新思路、新方向。开展文化下乡和"文化走亲"活动，开展文化礼堂"村晚"系列活动，送戏下乡406场次，送书下乡42000册，送展览362场次，送电影11027场次，跨市、县"文化走亲"8场。启动全民阅读活动，图书借阅45多

万册次，到馆58万余人次。四是文化遗产保护特色鲜明。完成2个国家级非遗名录申报工作，公布第三批市级非遗传承基地台州学院、临海市高级职业中学、临海市市场横岸绣服工艺厂等14家单位在列；公布第二批临海市非遗项目代表性传承人名单，31人入选。完成台州府城文化旅游区5处博物馆、6处非遗文化馆布展提升，实现2个国家级和16个省级非物质文化遗产项目、12个民俗表演常态化演出。深化文物修复工作，提质文博研究宣传，抢救性修缮文物古建筑20余处，投资200万元。启动馆藏古籍修复工作、数字化工作，馆藏青铜器修复工作，项士元日记点校工作，编写《府城旧影》《府城砖录》，整理古籍《鏊经》。第八批全国重点文物保护单位公布，恩泽医局旧址和临海巾山东大塔、南山殿塔榜上有名。其中临海巾山东大塔、南山殿塔并入第七批国保单位千佛塔，更名为巾山塔群。全市共有全国文保单位有4个。五是文旅产业融合向高端迈进。5月18日，在第十五届中国（深圳）国际文化产业博览交易会上，临海市与深圳华强集团正式签订"熊出没"小镇项目投资合作协议，投资100亿元。全国首个"熊出没"小镇落户临海市。明确赤潭村作为"临海山居"精品民宿示范点，由市文旅集团作为项目投资主体具体实施，前期策划有序推进。与浙旅集团等业内知名企业深度对接，达成"2+2"的意向项目，包括牛头山度假区逆溪国家农业公园建设、东矶岛国家海岛公园等。启动文旅融合省级示范点建设。谋划重大文旅项目，分为灵湖板

块、海岛板块、乡村旅游板块、农业板块、古城板块共17个项目。举办第二届中国（临海）户外家具及庭院休闲用品文创设计大赛，提升临海传统户外休闲用品制造企业的国际影响力和市场竞争力。到年底，全市建成文化产业园8个，文化企业1557家，其中规"四上"文化企业43家，文化市场经营单位748家，文化产业增加值同比增加18.2%。六是文化市场管理更加稳定。全年共检查场所3422家次，办理"扫黄打非"案件7件，取缔无证游商地摊4家，收缴非法出版物13952本（盒）。深化"最多跑一次"改革，梳理50个容缺事项，并形成工作机制，共办理容缺事项18件；全面梳理无证明事项，取消11个事项证明材料，助力"无证明城市"创建。围绕政府数字化转型工作，网上办实现率100%，掌上办实现率100%，"跑零次"实现率100%，材料电子化率100%，涉及文广旅体事项总数为203项。

（陈　煜）

【温岭市文化和广电旅游体育局】内设职能科室6个，挂牌市文化市场综合行政执法队，直属单位7个。2019年末人员146人（其中：公务员12人，参公22人，事业112人；具有高级技术职务资格的7人，中级19人）。

2019年是温岭文旅融合发展的关键之年。温岭市文化和广电旅游体育局以省公共文化服务体系示范区创建和全域旅游发展为主线，加快完善文化旅游公共服务体系，持续推进文旅惠民活动，全面引导文旅产业发展，致力打造具有温岭特色的文化旅游新

样板。一是文化旅游公共服务体系建设卓有成效。首批完成基本公共文化服务省定标准和"五个百分百"达标县（市、区）创建。"引入社会力量参与的图书馆总分馆体系建设"被评为全省公共文化服务领域体制机制改革创新项目。出台台州市地方标准《家庭图书馆建设与服务规范》。出台《温岭市公共文化设施空间布局专项规划（2019—2030年）》，并纳入全市"多规合一"系统。完成市文化中心项目土地招拍挂，并确定最终设计方案。新建文化广场41个、自助图书馆2家、家庭图书分馆100家，打造精品乡村图书馆（书院）11家。推进箬横、松门等6个镇（街道）综合文化站全面改造提升，建成开放城西新站。完善全市旅游交通指示牌36处，11座新建旅游厕所投入使用，游线品质再升级。紧盯旅游风情小镇建设工作，石塘旅游风情小镇年初完成创建，坞根旅游风情小镇创建工作有序推进。二是文旅活动精彩纷呈。以全民读书月、市民艺术节、文化礼堂艺术节为载体，开展文化活动2万余场次。举办"壮丽七十年 奋斗新时代"温岭市庆祝中华人民共和国成立70周年大型文艺晚会等系列活动20场次。举办中国（温岭）曙光节、瑜伽旅游文化节、2019"百县千碗·岭鲜13道"评选活动等大型旅游节庆活动10余场。引进高雅艺术和低票价剧场型演出13场，举办台州、温岭名家名团展演展示活动4场，举办柳河走进温岭经贸旅游文化活动周，承办省第十届十大城市戏曲联赛。完善"乡村艺校"运行机制，举办文艺培训1万

余场次。优化"三下乡"组织方式，送电影下乡5000场、送戏曲下乡159场、送综艺下乡100场，并下移4场市级赛事展演至文化礼堂，举办市级文艺宣传走进文化礼堂32场。深化旅游惠民活动，在"台州人免费游台州"政策的基础上，实施国有重点景区双休日向温岭市民免费开放活动，广受市民好评。三是场馆服务提质升级。提高场馆服务效能，全年文化馆举办展览17场、演出46场、名家讲座13期，公益培训4万余人次，开展"文化走亲"6场、文化采风5场，数字文化馆建设不断升级。创作文艺作品斩获国家级奖项6个、省级奖项13个。图书馆服务读者285.3万人次，借阅量达176.8万册次，数字资源点击量2000万人次、下载量达385万篇，开展阅读推广活动86场。博物馆举办文博特展11场，参观人数超20万，其中未成年人6万，接待团队超100批，基本陈列获省级陈列展览精品奖，并推出首批文创产品。王伯敏艺术史学馆举办精品展览8场、宣教活动6场、文史讲堂12期，被命名为第十一批省级爱国主义教育基地、省社科普及基地。四是文旅产业蓬勃发展。全市旅游经济总收入232.86亿元，同比增长12.2%；接待国内外游客2087.43万人次，同比增长10%。创建完成A级景区村庄19个，其中3A级景区村庄2个，扶持引导旅游民宿发展，完成11家旅游民宿审批。截至年底，全市共有A级景区村庄53个，旅游民宿46家。探索发展"旅游＋文化""旅游＋瑜伽""旅游＋研学"等新业态，认定省、市级研学营

（基）地7家。常态化开展旅游企业品牌创建，实现五星级旅游饭店"零"的突破，温岭国际大酒店于3月成功创建五星级旅游饭店。举办第八届文化旅游产品交易博览会，现场交易额达1420余万元。全市9家规上文化企业营业收入12442万元。东部书画院建成完工。市电影公司积极推进机构改革工作。审批服务大幅提质提速，全年受理办结审批件97件。五是市场监管紧抓不息。全面优化文旅行业发展环境，主抓行业安全生产、消防安全、平安建设、扫黑除恶，全年出动执法人员2551人次，检查文化经营场所3330家次。开展"双随机"抽查24次，检查经营单位79家。立案60件，办结53件。文化执法罚款数全省第一、案件办结数台州第一，文化执法信息工作全省第四、台州第一。被文化和旅游部办公厅通报表扬为2018—2019年度全国文化市场综合执法重大案件办案单位。严格监管旅行社服务质量、旅游用车、导游现状等。开展大规模旅游执法检查4次，加大旅游普法力度，畅通旅游投诉渠道，受理旅游投诉50起，结案率100%。六是文化遗产保护成果丰硕。金清大桥、江厦潮汐试验电站入选第八批全国重点文保单位。编制《大溪东瓯古城遗址保护规划》，通过省级评审。指导实施文保单位（点）维修11处、抢救性修缮5处。完成78处文保单位（点）"四有"档案。认定市级非遗代表性传承人14人、传承基地4个。在四川茂县援建温岭海洋文化展示馆。出版"温岭丛书"（乙集8册）、《石塘元宵"扛火镬"习俗》。

（包情枝）

【玉环市文化和广电旅游体育局】内设职能科室 5 个，下属参公单位 1 个、事业单位 5 个、国有企业 1 个。2019 年末人员 87 人（其中：公务员 9 人，参公 16 人，事业 62 人）。

2019 年，玉环市文化和广电旅游体育局按照年初工作部署，各项工作有序开展，工作创新亮点频出。从上级表彰看，"扫黄打非"进基层工作继续走在前列，芦浦镇被评为全国"扫黄打非"进基层示范点、全国"扫黄打非"进基层示范标兵；本局被评为 2019 年度全省"扫黄打非"工作成绩突出集体。通过浙江省基本公共文化服务标准化建设验收。省级公共文化服务体系示范项目第三方托管基层公共文化服务模式推广破题起势、面上铺开，楚门镇社会化管理运营成效被央视《新闻调查》栏目专题报道。从争创特色看，乡镇综合文化站提标扩面工程初步完成，全市 9 个乡镇综合文化站实现硬件升级，大麦屿街道获评省级"文化强镇"，全市共有省级"文化强镇"4 个。坎门街道以"东海渔俗文化"为方向入选"浙江省非遗主题小镇"，非遗舞台剧《玉环映象》经多场演出具备自我运作能力，向平台集成系统展示方向迈出新的一步。一是机构改革有新进展。完成局机关机构改革，实现行政审批和执法效能有效衔接，文旅产业逐步融合；启动文化市场综合执法体制改革，完成下属事业单位合并整合，推动市人民剧院改制，文旅系统高质量发展基础布局初步形成。完成执法主体认定和执法领域范围梳理，增加了旅游、体育行政执法权限。二是全面从严治党有新加

强。以打造文化铁军为目标，狠抓意识形态责任制落实。严格落实工程项目预算。委托专业机构，科学做好两馆工程精装修等工程分项的概算、招投标和政府采购工作。严格落实工程跟踪审计，规范做好工程款审核拨付，切实加强工程财务管理。同时，在乡镇综合文化站改造、和合书吧、玉环大剧院内部装修等工程建设过程中，严格遵守招投标流程，贯彻落实财务管理、施工单位质量责任等相关制度，着力打造阳光工程。完成 2 个下属单位内部审计，自查违纪案件 1 起，处分 2 人，全年报备"三重一大"事项共计 150 余项，"清廉文化"品牌效应彰显。三是公共文化服务体系建设实现新提升。市、镇（乡）、村 3 级文化设施网络进一步健全，"30 分钟文化圈"规模渐成。市图书馆新馆、市博物馆工程完成土建工程、启动室内装修后续配套项目。完成"名家楼"一期改造工程。持续推进以乡镇综合文化站提标升级为重点的基层公共文化设施建设，完成 4 个综合文化站的提标扩建工程，完成 32 家农村文化礼堂和 2 家和合书吧建设任务。四是文化惠民服务工程实现新繁荣。立足群众需求侧，定制"2019 文化日历"。结合"四千工程"，深入开展"文化三巡行动"，全年以主题节庆类、品牌展演类、公益培训类等文化"三大件"为主抓手，开展文化惠民活动 5000 余场次，涵盖市、镇（乡）、村 3 级服务网。文化下乡、"文化走亲"不断深入。完成送戏下乡 1126 场、送书下乡 28 次、"文化走亲"15 场、全民阅读 115 次、公益培训（讲座）2910 场、免费展览

205 场。人才队伍建设不断巩固，新建舞蹈、戏曲类两个名家工作室，在提供精品内容、培养艺术人才、普及专业知识方面发挥了重要作用，新增 6 支文艺表演团体，全年荣获国家级奖项 6 项、省级 11 项、台州市级 25 项。依托"越剧进校园""越音飞扬"等活动，发挥玉环"小百花十大校园爱越基地"辐射作用，全年完成越剧进校园教学 95 课时、精品戏曲进农村文化礼堂 11 场。五是文化产业促进发展取得新突破。抓重点项目落实，初步形成以省级文化产业示范基地——玉环市老铜匠铜制品有限公司为龙头，以楚门湖滨路、清港文旦花开和大麦屿青年路等 3 个文创园区（街区）为空间布点的文创产业集群格局，涵盖文化休闲旅游、文化创意等六大产业的经济区块形态凸显，文化产业新型业态发展取得突破。抓政策引领导向，实施精准文创产业扶持，新认定 3 家重点文化企业，兑现产业扶持资金 472 万元；关注文化产业品牌培树，组织文企参加各类文交会、文（旅）博会。成立玉环市文化创意设计协会并举办玉环"山海杯"创意设计大赛，打造全市文创产业"智汇集聚地"。抓服务改革提升，践行"妈妈式"服务，优化审批效能，加速优化简化审批程序，拓宽各项审批事项公开覆盖面，"最多跑一次"改革持续深化。六是文化遗产保护利用迈上新台阶。文物抢救保护强化。持续开展书画古籍和文书档案资料修复，文物监管网络平台建设项目顺利完成，博物馆馆藏不断充实。玉环非遗馆在四川茂县古羌城落成投用，坎门街道以东海渔俗文化非

遗展示方向入选第五批浙江省非遗主题小镇，完成《玉环非遗》系列短片13集拍摄；非遗传承保护强化。新增玉环市级非遗传承人6个。全市共有国家级非物质文化遗产名录项目1项，省级6项，台州市级35项，县级88项；1个国家级传承人、5个省级传承人、22个台州市级传承人、32个玉环市级传承人；9个台州市级及以上非遗传承（教学）基地。举办2019年玉环"文化和自然遗产日"主场活动暨文化遗产保护实践成果展。大型非遗舞台剧《玉环映象》完成台州市区首场巡演，成为玉环对外旅游宣介的文化金名片。七是文化市场安全监管取得新成效。全力开展消防整治铁拳行动，深入全市各文化经营服务场所排查消防隐患。围绕平安玉环建设、文明城市复评、创国卫等重点任务，着力开展娱乐场所、网吧、印刷复制企业专项整治行动，全年出动执法检查人员1365人次，检查各类文化经营单位1284家次，收缴各类非法音像制品2331张、非法书报刊1403册。深入开展"扫黄打非"进基层工作，芦浦镇被评为全国"扫黄打非"进基层示范点和示范标兵。

（陈伟力）

【天台县文化和广电旅游体育局】内设职能科室7个，下属单位6个。2019年末人员74人（其中：机关33人，事业41人；具有高级技术职务资格的2人，中级9人）。

2019年，天台县文化和广电旅游体育局围绕"名县美城"总目标，以国家全域旅游示范区创建、省公共文化服务标准化验收为抓手，扎实开展狠抓产业项目、大抓实体经济"两抓"年活动，聚焦"一心两区三镇""四大片区"和"五个百分百"建设，文化和旅游各项工作实现新跨越、再上新台阶。天台山入选长三角区域旅游精品推荐目的地，天台县获评中国旅游竞争力百强县、浙江省年度旅游发展十佳县，通过省第二批基本公共文化服务标准认定，连续3年基层公共文化评估指标全市排名第一。全年共接待游客2105.12万人次，同比增10.7%；旅游总收入234.72亿元，同比增12%。一是机构改革。以自上而下的机构改革为契机，根据"宜融则融、能融尽融"原则，充分整合文化、旅游两大部门资源，妥善处理人员转隶、固定资产处置、档案文书管理等事项。主动对接省、市相关单位，做好行政职能梳理工作，制定机关"三定"方案。重新梳理制定各项规章制度，机构改革各项任务快速、有序、高效推进，较好地实现"思想不乱、工作不断、队伍不散、干劲不减"的目标。构建文旅融合发展的新局面，形成文化和旅游高质量发展新的增长点。二是全域旅游。启动天台山省级旅游度假区申报创建工作。琼台仙谷景区在2018年通过4A级景观资源评审的基础上，完成提升改造等，待实地检查验收。街头镇山头下村开展3A级景区创建。重点对安科景区等8家3A级及以上景区开展景区复核工作。平桥镇茅垟景区、龙溪乡寒岩景区、泳溪乡外婆湾景区列入省级放心示范型景区创建名单。石梁镇、南屏乡、龙溪乡创建省级景区乡镇顺利推进。出台《天台县2019年A级景区村庄创建工作实施方案》，100个A级景区村验收工作全面铺开，新编制100个A级景区村庄画册，并在美丽乡村现场会上发放。按照"片区带全域、组团促互补"思路，深入"三服务"工作，组建专家指导团，设立党员服务岗，推进安科、张思、塔后、后岸四大片区的改造提升，着力打造美丽乡村、乡村振兴的新标杆。组织拍摄寒山农旅集聚区和后岸村的专题宣传片，参与省美丽乡村现场会的村庄氛围营造工作，全面指导四大片区内游客中心、厕所和民宿的文化植入，推进文化主题民宿和文化主题厕所的改造提升工作。以机构改革为契机，以"十个一批"文旅项目为抓手，充分整合文化、旅游两大部门资源，加快文化物化产业化进程。深入实施乡村振兴战略，用好流转农房和下山移民保留村资源，编制"名县美城·诗意栖居"民宿招商手册，出台《关于加快打造民宿3.0（文宿）的工作实施方案》，完成编制文化主题民宿标准初稿，参与编制《天台县民宿管理办法》，协同破解民宿"开业难"问题，建立民宿指导团，助推民宿打造文化主题，构建产业体系，推动民宿产业优化升级。《天台县三个"深化"解决民宿农家乐难开业问题》被列入省"三服务"活动月度10个好典型，天台文宿工作登上《台州日报》头条，专报《天台县探索"文宿"经济 推动乡村旅游高质量发展》获市主要领导批示肯定。二是项目推进。出台《天台县2019年度全域大旅游行动计划》，安排全域大旅游项目45个，其中列入"名县美城"十大标志性项目的3个，省、市、县长项目3个，省级重点项目2个。大琼台核心景区琼台景区一期提升改造工程、金庭湖环湖绿道工程竣工；天台山大瀑布景观工程进入扫尾阶段，准备工程验收。旅游休闲集聚区及和合小镇天桐路西段基础设施项目、螺溪大道项目竣工。寒山农旅集聚区及寒山小镇后岸村和寒岩村完成美丽乡村提升改造工程，村庄面貌焕然一新；寒山多彩田园获评市级研学基地，研学游亲子游受到市场热捧。石梁·云端唐诗小镇绿城综合开发项目酒店与商业街古建施工顺利推进；唐诗主题文宿内部装修方案设计修改完善；唐诗文化精品酒店对外招商。文化中心项目完成项目前期审批工作，取得施工许可证，施工单位进场施工，工期36个月。博物馆改造提升项目EPC开标，由浙江龙邦建设股份有限公司中标。归宗禅谷项目完成立项等手续办理。法华龙山项目详规已上报至国家林草局。街头寒山古城项目在县第四届商人大会上正式签约。和合文化走廊提升项目完成招投标工作。易筋经旅游风情小镇、禅修养生基地项目、桃源小镇等均有条不紊推进。三是公共文化服务。顺利通过省第二批基本公共文化服务标准认定，全县基本实现"一县四馆"（文化馆、图书馆、博物馆、非遗馆）、"一乡一站"、"一村一室一广场"的建设目标，全县千人拥有基层公共文化设施面积达到771平方米。新建4家和合书吧，在工人西路阅读空间内新增读者朗读亭设备，通过硬件升级增强读者体验。举办诗歌诵读会、"你读书，我买单"、阅读马拉松等各类活动，着力打造"天台山人文大讲

堂""贝贝课堂""共读一本书"等活动品牌。创作歌曲精品《最爱是天台》，指导《天台遇仙记》成功申报2019年度台州市文艺名家（名团）展演工程。原创排舞《心归》作为浙江省唯一入选的队伍，参演第二届"戴爱莲杯"群星璀璨人人跳全国舞蹈展演活动，并获"风采之星"称号。"小济公"参加了第十五届中国国际动漫节彩车巡游活动。特别推出"不忘初心、牢记使命"主题教育暨"五进三服务"文化惠民下基层演出活动，精心策划组织了"天天大舞台"乡村文艺展演、阆中天台"文化走亲"、"我和我的祖国"天台县庆祝中华人民共和国成立70周年大型歌咏晚会等大型文艺活动。全年开展各类文化活动1000多场，送电影3700多场。启动"文艺百师团·美丽乡村行"文化帮扶活动，组织文艺百师团骨干教师深入基层、服务百姓，实现全县15个乡镇（街道）全覆盖，累计培训60场次，培训骨干1000余名。四是文化遗产。坚持"保护为主、抢救第一、合理利用、加强管理"的工作方针，积极开展不可移动文物保护。指导张世杰祠、陈克非将军故居等开展修缮工作。承办"诗路传薪"——2019年浙江传统体育类非物质文化遗产大会暨天台山文旅融合高峰论坛，使传统体育非遗项目在诗路文化带和浙江"大花园"建设中彰显魅力。积极开展"非遗进校园"、"非遗进乡村"、"天台山春日非遗集市"、天台县2019"文化和自然遗产日"非遗展示系列活动，不断扩大文化遗产的影响力，推进文化物化进程。"一根藤"制品"福禄寿"挂屏、"天台黄茶"入选首批浙江省

优秀非遗旅游商品；"三州吹打"在2019浙江省"国乐乡村"展演中荣获优秀奖；"天台一根藤"在央视《中国手作》《探索发现》栏目中播出。2项非物质文化遗产项目申报国家级非遗项目，1项申报台州市级非遗项目。五是宣传促销。成立"浙东唐诗之路"营销联盟，强化区域旅游合作，着力推出精品旅游线路，巩固长三角客源市场，拓展中远程客源市场，提升"浙东唐诗之路"目的地品牌的知名度和影响力。完成《关于加快推进全域旅游发展的若干意见》政策调整，补充拓展长线旅游客源市场内容。在宁波、上海、温州等地举办天台山旅游推介会、疗休养和研学产品发布会，同时与旅游集团、总工会、农家乐协会、旅行企业等开展紧密合作，进一步对接宁波都市圈。以研学和疗休养市场为重点，设计天台山疗休养旅游体验产品，更新《慢游天台山》手册，制作全新的唐诗主题宣传画册、宣传视频和宣传广告，绘制天台唐诗手绘地图。与省委宣传部合作，在杭州萧山机场候机厅以大幅广告和灯箱的形式展示天台的文旅美图。在上海地铁1号线开通"天台山号"地铁专列，做深上海旅游市场。组织"百县千碗·和合天台"评审活动，修编《天台山味道》美食图册，代表台州参加"一家人·一桌菜""诗画浙江·百县千碗"活动。通过浙江之声品牌节目"星空朗读会"、"浙东唐诗之路"研学高峰论坛和重走霞客路古道徒步等系列活动，凸显"研学天台山 诗路霞客行"的活动主题，200多家主流、网络媒体争相报道，宣传广告登陆美国纽约时代广场纳斯达克

大屏,进一步提高"中国旅游日·首游天台山"和"浙东唐诗之路"目的地品牌影响力。六是市场监管。针对景区、网吧、娱乐场所、电影院等重点场所,落实假日备勤和晚加班制度,完善节假日市场检查方案。在"4·26世界知识产权日"集中销毁违法音像制品4500余张、非法出版物10000余册、侵权汽车坐垫500张,游戏机6个。全年开展执法检查373次,出动941人次,检查943家次,立案查处21起,警告8家次。建立健全各项文旅安全管理制度,落实平安建设"片区长"制,推行"首席安全官"制,加强旅行社用车管理和游客实名制登记管理,制定天台县文化和旅游市场"两个安全"问题闭环"五步法"。利用"互联网+监管"系统平台定期开展"双随机"抽查,推进"浙政钉·掌上执法",开展应用培训,制定检查目标及专项执法检查活动方案,全面实现100%掌上执法。组织全县文旅企业集中消防演练4次、与相关文旅企业签订《安全生产目标管理责任书》115份,在文旅企业选拔培训"首席安全官"79名。"家·天台"全域旅游国家级服务业标准化试点工作稳步推进,完成"家·天台"规范第二部编制。指导万众旅行社三星级旅行社复评,华顶旅行社五星品质旅行社评定。举办全域旅游品质大培训、导游继续教育培训等系列活动。共受理各类旅游投诉48起,结案48起,结案率100%,无旅游安全责任事故和重大旅游质量投诉。

(施慧未)

【仙居县文化和广电旅游体育局】内设职能科室6个,下属单位8个。2019年末人员94人(其中:机关32人,事业62人;具有高级技术职务资格的2人,中级7人)。

2019年,仙居县文化和广电旅游体育局坚持以习近平新时代中国特色社会主义思想为指导,深入贯彻落实党的十九大精神,着力提升队伍素质,在公共服务、品牌创建、产品丰富、文遗保护、市场管理等方面下功夫,全面促进全县文旅事业实现新的跨越。全县各景区(点)共接待游客3885.97万人次,与上年持平,旅游总收入213.32亿元,同比上涨2.0%。一是机构改革。1月18日,仙居县文化和广电旅游体育局正式挂牌成立。开展下属事业单位电影发行放映公司和综合文化服务公司事业单位改制工作。推进综合行政执法改革,通过整合人员、职能、制度,10月21日,文化市场综合行政执法队挂牌,此次挂牌标志着仙居县文化领域综合行政执法改革迈出了实质性、关键性的一步,也预示着全县文化综合监管工作进入了崭新的阶段。二是公共服务体系建设。全年新增文化礼堂51家、文化广场15家、旅游厕所30座、和合书吧3家、图书主题分馆10家,城市文化综合体地下基础施工稳步推进,完成65%的土石方工程。积极探索文旅融合新路径,"仙逅"文旅小站白塔站和淡竹站建成并对外开放。开展文艺绿道免费培训,扩大各分馆的场地并增加新课程,参训学员达到2000人。三是品牌创建。完成省公共文化服务重点县和基本公共文化

服务标准化县创建。林应麒功德牌坊(攀龙附凤坊)被核定公布为第八批全国重点文物保护单位。仙居县获评浙江省全域旅游示范县称号。广度乡庆云村水口自然村、步路乡圣塘村、田市镇下街村等8个村被评为浙江省3A级景区村庄。成功创建3A级安岭灵江之源景区。永安溪绿道入列2019浙江省"十佳运动休闲绿道"。仙居氧吧小镇被正式命名为第三批浙江省特色小镇,也是首批旅游类省级特色小镇、台州市首个浙江省特色小镇。淡竹乡下叶村入选第一批全国乡村旅游重点村名录,成为台州唯一一个入选第一批全国乡村旅游重点村名录的村庄。四是节庆活动。结合仙居历史文化、民俗风情和自然资源,举办2019仙居·第十二届油菜花节、第六届"灵江源杯"斗茶大赛、中韩登山大赛等重大活动。11月至12月,举办2019仙居文化旅游季,活动内容涵盖了传统文化、体育竞赛、美食品尝等类别,包括"爱在深秋"越剧节、神仙居诗会、汉服礼乐大会等20多场丰富多彩的活动,为不同人群、不同年龄提供了多样化的活动选择,进一步丰富仙居旅游业态。文化活动深入开展,举办"我们的村晚"、元宵灯会、越剧折子戏进礼堂等一系列活动。全年共组织送戏下乡805场、送电影4420场、送书下乡20912册、"文化走亲"14次、送专题讲座31场次,展览22场次;组织各类"一乡一品"品牌活动56个,参观人数达38万人次。五是宣传营销。发挥各景区、酒店、旅行社的主体营销作用,走同业合力、异业联盟的营销之路,有效推动旅游市场

开发工作。组织参与上海国际旅游展、"诗画浙江"天津推介会等活动。举办乐游仙居旅游推介会、仙居杨梅上海推介会、"新天仙配"旅游线路(杭州)新闻发布会,扩大对外交流,拓展仙居旅游市场。六是文物保护。下汤遗址考古挖掘工作顺利推进,出土大量陶片和少量完整陶器,文物修复工作卓有成效,下汤遗址核心区保护展示工程项目已立项。做好文物保护修缮工作,完成黄梁陈武庙及陈氏宗祠之武庙、怀仁顾氏宗祠、山下村露天古戏台等一批文物保护单位修缮工作。林应麒功德牌坊修缮工作有序推进。启动上江垟古建筑群之新屋里民居、大圣民居修缮工作。发现一批新的不可移动文物,官路镇桂坑行政村主部自然村发现宋开庆年间(1295年)的石桥,且保存较完好,刷新了仙居县桥梁建设的历史;埠头镇三联村徐庄自然村梁吊山岗、对垟村毛蚣钳、田市镇溪头村下东山自然村瓦片山等发现古窑址,迹象比较丰富,品种繁多,初步判断为北宋时期的古窑址;下各镇隐仙庵发现西周时期的瓷碎片,距今约2500年,是本县迄今发现最早的瓷片。七是非物质文化遗产保护。12月16日,仙居花灯亮相国新办新年招待会,全国仅2个非遗项目参展。打造非遗文化园区,德信·留仙里非遗街于正月初八正式开街,共开启25家店铺,开街仪式当天参与游客1000多人次。举办元宵节灯会活动、2019"文化和自然遗产日"台州主场(仙居)宣传活动暨台州留仙里非遗文化园开园仪式等活动,央视客户端、央视2套、央视4套以及央视新闻频道等整点直播了元宵节灯会活动,浙江日报社、台州电视台等多家媒体给予报道,影响力持续扩大。省文化和旅游厅厅长褚子育、副厅长叶菁等多批领导到仙居考察,对仙居非遗文化园给予了高度评价。八是加强行业监管。以日常巡查为基础,"双随机"抽查、错时夜查、联合检查等相结合,全年日常巡查出动检查1547人次,检查场所1320家次。开展消防专项整治月、文化旅游行业安全生产攻坚战综合整治行动、平安护航中华人民共和国成立70周年大会战行动等各类文化旅游市场消防安全隐患排查,大会战期间出动执法人员339人次,检查场所422家次,消除隐患109次。切实加强旅游行业管理,指导交通旅行社、仙之旅旅行社、九州旅行社、永安旅行社做好复评工作。加强旅游从业人员培训,举办2019年仙居县全域旅游导游专题培训班,进一步提升全县导游员的服务质量。与红十字会联合开展文化旅游行业应急培训班,75名学员获得红十字救护员证,有效提高文化旅游行业的应急救护能力。"最多跑一次"改革进一步深化,机构改革后,因职能调整本局转出新闻出版审批业务,转入旅游体育审批事项,审批事项由原来55项新增至188,所有事项实现网上办、零跑次、掌上办开通率100%,承诺压缩时限100%,便民优化力度极大。九是图书馆事业。全年图书采购金额323万元,馆藏新增图书80889册;新办借书证近10000张,专题讲座45场次,展览48场次;订阅报纸期刊240种,仙居县图书馆馆藏总量达863800册(不含报刊),全年到馆160万人次,外借图书821344册次。围绕中华人民共和国成立70周年和"行至仙居就是仙"文化旅游季活动两大主题,在全县范围内组织书香仙城、书吧满城、阅读讲坛、书香校园、书韵童年、书香满城、图书惠民等七大板块读书活动,面向乡镇、机关、社区、学校、企业等开展了形式多样、丰富多彩的阅读推广活动,全年共86场次。

(郭瑶坤)

【三门县文化和广电旅游体育局】内设职能科室6个,下属单位9个。2019年末人员101人(其中:机关34人,事业67人;具有高级技术职务资格的5人,中级12人)。

2019年,三门县文化和广电旅游体育局以高质量发展为目标,以融合发展为重点,以改革开放为动力,以"大美湾区·鲜甜三门"2019文化旅游年活动为抓手,紧扣提供优秀文化产品和服务、优质旅游产品和服务这个中心环节,守住政治安全底线和生产安全底线,全力补短板、抓改革、提水平,各项工作稳中有进、成效突出。一是公共服务迈上新台阶。惠民设施建设提速。三门文化馆数字体验馆(活动中心)、三门文化艺术展厅改建工程完成并投入使用。新建农村文化礼堂38家,数字文化广场10个,县级文化示范村3个,村史馆5个,悦吧三门6家,图书分馆1家以及特色书吧2家。完成市、县为民办实事工程项目,建成2家和合书吧(24小时自助图书馆)。全县旅游基础设施建设有序推进。完成"百千万"工程,命名A级景区村庄 22 个,提升至 2A 级景区村庄 7 个,3A 级景区村庄 2 个。成立潘家小镇、渔家傲、下岙方等 7 个村的民宿七彩联盟,完成新(改)建旅游厕所 30 家。解决上敖码头区块围填海历史遗留问题。公共服务效能提质。启动 2019 年文化旅游年活动,组织举办 2019 新春团拜会、"我们的村晚"文艺晚会、全民读书节启动仪式等重大文旅节庆活动 10 余场。开展"文化三下乡""文化走亲"活动,全年送戏下乡 160 场,送电影下乡 3208 场,送书下乡 2 万册。开展跨区域文化交流 8 次,戏曲进校园培训活动 20 次,图片巡展 30 次,培训讲座 200 次,"四万工程"进文化礼堂活动 20 余次,流通图书 1.02 万册。二是文化遗产保护利用实现新突破。文物保护利用更扎实。包氏宗祠、郑氏宗祠修缮工程通过省文物局立项,县保单位梅坑杨宗祠完成验收,指导完成上鲍鲍氏宗祠、包氏宗祠、路下周宗祠、杨生泰宅院、祁柳涛故居以及铺里麻氏宗祠、下岙周宗祠等工程修缮。完成第七批省级文物保护单位"记录档案"资料整理工作。配合省考古研究所对沿赤岩画、三门核电垃圾处置项目厂址进行考古,配合市文物处对三门文物情况进行考察。策划推出陈伟光书法展、三门县油画根雕作品展、三门老照片展等文物系列展览 5 场,并完成送展览下乡 20 场,接待参观人数 5 万余人次,取得了较好的社会效益。非遗保护传承更有力。三门石窗入选 2019 中国旅游商品大赛暨浙江省优秀非遗旅游商品。上鲍木偶戏列为台州市非遗体验点。三门祭冬项目相关内容

入选"学习强国"平台。参加联合国教科文组织人类非遗项目"3+N"工作会议和中国民俗学会 2 级机构工作会议。完成国家级传承人传承活动和项目评估,开展第五批浙江省非遗旅游景区申报认定工作,组织第七批市级项目和传承人申报工作,公布第三批县级传承人和传承基地,完成道情传承人签约受徒仪式。开展 2019 年"文化和自然遗产日"非遗宣传展示活动,组织木偶戏、三门平调参加"浙江好腔调"展演活动,组织二十四节气(三门祭冬)参加全国主场活动(广州)的宣传展示。加强三门祭冬保护传承,完成三门祭冬国家级传承人杨兴亚抢救性记录工作,举办三门·2019 中国冬至文化旅游节暨传统民俗闹节气旅游年活动。三是文旅产业发展打造新引擎。文旅项目加快推进。编制完成《三门县全域旅游发展总体规划》,组织申报国家、省、市"十四五"规划重大项目,顺利通过首批《浙江省基本公共文化服务标准(2015—2020 年)》认定工作。以深入开展"两年"活动为抓手,推动浙江红色小镇、横渡山水古镇、百村景区化等产业平台建设。策划推出蛇蟠岛、浙江红色小镇、扩塘山岛度假区等 10 个旅游产业招商项目,纳入市旅游项目库。3A 级及以上景区全部通过 A 级景区复核。积极推进蛇蟠岛国家 5A 级景区、亭旁红色教育基地国家 4A 级景区和潘家小镇省级生态旅游区、亭旁省级老年养生基地的创建工作。亭旁红色旅游景区列入第四批风情小镇培育名单。完善全国旅游项目管理系统和旅游产业运行监测平台等数据的采

集和填报工作。"两山"(二类)激励资金扶持项目全部完成。市场营销加温增效。积极构建"政府主导、企业主体、部门联动、市场运作、区域联合"的整体营销战略。牵头举办 2 市(台州、宁波)3 地(象山、宁海、三门)文旅合作工作会议、甬台温旅游联盟大会、沿海高速文旅联合推广活动启动仪式等区域合作项目。积极参加第十一届旅游商品博览会、中东欧美食与"诗画江南·百县千碗"人文交流等宣传推广活动。邀请温州 100 家旅行社和皖南 4 市参加"走进三门"踩线活动。持续加强与《中国旅游报》、央视、网易、新浪等国家级、省级媒体平台的合作,推广宣传"山海水城、鲜甜三门"城市旅游品牌形象。全县共接待国内外游客 599.05 万人次,同比增长 38.2%;旅游总收入 66.82 亿元,同比增长 40.4%;门票总收入 2457.11 万元,同比增长 11.9%。四是市场监管呈现新气象。"最多跑一次"工作纵深推进。梳理公布"最多跑一次"清单,180 个事项全部实现"最多跑一次",共计办理行政许可事项 11 件,备案事项 1 件,电话回访 22 次,接待群众来访和电话 30 多次。深化"放管服"改革,166 个事项累计承诺时间由 1630 天缩短到 240 天,梳理 155 个事项为即办件,166 个事项为零跑次事项,166 个事项为网上办、掌上办事项,24 项无证明事项,对 142 项事项进行颗粒梳理。充分发挥"互联网+"作用,逐步实现由现场办理向网上办理转变。同时,做好"一窗受理,集成服务",把串联审批变成并联审批,节约办事时间,提高服务效率。行业秩序

不断规范。服务品质有效提升。贯彻落实台州市高层次人次"英才卡"制度，健全高层次人才综合服务体系。开展品质旅行社星级复评，天马国际旅行社通过省四星级品质旅行社复评。推进旅游惠民机制建设，落实对未成年人、老年人、现役军人、残疾人等群体减免门票等优惠政策。加强文旅市场安全管理，联合交通部门开展旅游包车监督检查，规范旅游用车管理；积极与公安部门对接，落实旅行社出团实名报送制度。市场监管坚实有力。扎实做好"防风险 保平安 迎大庆"专项整治行动、扫黑除恶专项斗争工作和"扫黄打非"专项行动，全力防范化解重大安全风险。突出重点时段和重要活动期间的安全监管，联合公安、消防等部门开展消防安全排查和安全生产整治。落实"双随机"的日常监管，及时向社会公布，严防安全漏洞。全年共出动检查人员 596 人次，检查企业 1264 家次，查处违规企业 13 家次。举报受理投诉案件 11 件，行政处罚立案调查 11 件，办结案件 11 件，警告 5 家次，罚款 1000 元，没收非法所得 3380 元，停业整顿 1 家。查出消防通道堵塞等即时整改安全隐患 60 余起，文旅市场安全无事故发生。五是文旅铁军干出精气神。工作作风全面优化。严格落实党组责任制和分工负责制，有效推进全面从严治党主体责任各项任务落实。制定出台《履行党组意识形态工作责任制实施办法》，进一步加强各类文化阵地管理。深入开展"不忘初心、牢记使命"主题教育，聚焦为民服务解难题，为群众、为企业解决了 4 件烦心事。工作成效全面提升。文化馆获评首批越剧传承基地。三门剧院装饰工程获中国建筑装饰行业中国建筑工程装饰奖。三门蛇蟠岛度假酒店获"省特色文化主题酒店"称号。三门蛇蟠岛研学基地被评为浙江省中小学生研学实践教育基地。东屏村获浙江省首批美丽乡村美育村试点。通过《浙江省基本公共文化服务标准（2015—2020年）》认定，成为浙江省首批通过认定的县。亭旁起义红色纪念品获"全国优秀红色旅游文创产品"荣誉。《赤子》获浙江省第十四届精神文明建设"五个一工程"优秀作品奖（戏剧）。舞蹈《江海渔情》获省群众广场舞大赛银奖，舞蹈《渔光遥》获市群众广场舞大赛金奖，歌曲《渔家妹子水灵灵》获得市音乐新人新作演唱（演奏）大赛创作、表演双金奖，海声合唱团合唱的《追寻》获市合唱比赛金奖。美术、书法、摄影、戏剧等艺术门类在市级以上展览、发表、演出或获奖的作品 114 件（篇）次，其中国家级 5 件（篇），省级 25 件（篇），市级 44 件（篇）。

（章芸超）

丽水市文化和广电旅游体育局

【概况】　内设职能处室9个,直属单位5个。2019年末人员123人(其中:局机关含文化市场综合行政执法队40人,事业83人;具有高级技术职务资格的20人,中级33人)。

2019年是丽水文旅融合发展元年。丽水市文化和广电旅游局坚持"宜融则融,能融尽融,以文促旅,以旅彰文"的原则,紧密结合本地实际,在完成机构改革任务和职能融合的基础上,全方位推动文化和旅游深度融合发展。牵头完成《浙西南革命文物保护利用和红色旅游发展行动计划》编制,深入推进红绿旅游融合发展。"乡村春晚"成为丽水首个国家公共文化服务体系示范项目。缙云仙都景区通过文化和旅游部国家5A级景区创建暗访检查。在丽水融入长三角的工作大局中,文旅工作率先融入,开通上海—丽水周末高铁旅游专列,在"浙江·丽水(上海)周"十大推介活动中具体承办其中6项,进一步加快了接轨上海、融入上海的步伐。全市旅游经济呈现稳健发展态势,全年旅游总收入达781.04亿元,同比增长16.9%,连续12年保持两位数增长。

一、公共文化服务

（一）公共文化服务体系建设

全面推进公共文化服务标准化建设,完成2个重点县、15个重点乡镇建设、159个重点村建设;8个县(市、区)通过《浙江省基本公共文化服务标准(2015—2020年)》认定,全市达标率88.9%。全市新获评省文化强镇3个、省文化示范村5个。持续深化文化惠民,全年送戏下乡1766场、送书下乡157628万册。坚持公共文化设施场地免费开放和公共文化服务项目免费开放两手抓,持续打造以"天天乐、天天展、周周唱、周周画、月月论、年年比"为主要内容的"文化家园"品牌。深入推进全民阅读工作,创新开展朗读快闪活动,助力文旅融合,并被省图书馆学会作为全省2个特色案例之一上报中国图书馆学会。丽水朗读团被省图书馆学会评为"最具影响力"品牌活动。丽水市图书馆新馆项目主体落成并完成工程竣工综合初验和消防安全验收。

（二）2019年全国乡村春晚"百县万村"区域联动

1月12日,由文化和旅游部公共服务司、中共浙江省委宣传部、浙江省文化和旅游厅联合指导,文化和旅游部全国公共文化发展中心、丽水市人民政府、全国乡村春晚百县联盟组委共同主办,中共丽水市委宣传部、丽水市文化广电新闻出版局、丽水市农村工作办公室、丽水市旅游委员会、中共青田县委、青田县人民政府共同承办的2019年全国乡村春晚"百县万村"区域联动暨浙江省戏曲进乡村·侨乡中国年活动在青田县洞背村启动。文化和旅游部公共服务司原副司长陈彬斌,文化和旅游部全国公共文化发展中心副主任颜芳,中共浙江省委宣传部副部长葛学斌,浙江省文化和旅游厅副厅长叶菁,中共丽水市委常委、宣传部部长任淑女,丽水市人民政府副市长卢彩柳出席活动并共同为2019年全国乡村春晚"百县万村"区域联动揭幕。来自全国各地的乡村春晚观察员、乡村春晚"百县联盟"代表和参加春晚的各地演职人员一起参与乡村春晚大集,携手体验丽水年俗,共同欣赏侨乡年味。活动采取全国5地联动的形式举行,广东省佛冈县、福建省大田县、宁夏回族自治区盐池县、河南省新郑市、安徽省当涂县5个分会场同步启动2019全国乡村春晚大幕。本次活动组织了全国乡村"斗"春晚环节,来自吉林延边、安徽歙县等全国9省11地的乡村节目,与丽水当地民俗节目进行同台斗艺。

（三）对外、对台文化交流

6月11日至17日,组团赴台湾举办"台湾·浙江文化节——丽水文化周"活动,开展了"处州古韵"丽水民族民间文艺节目演出、非遗项目展示、巴比松油画展览、"秀山丽水"旅游宣传推介等文旅活动,向台湾同胞全面展示丽水人文之美、生态之美,书写了丽台文化旅游交流的新篇章。龙泉青瓷精品分别亮相美国波士顿、韩国首尔及西班牙马德里。"乡村变迁·松阳故事"主题展亮相首届联合国人居大会和奥地利建筑博物馆。遂昌昆曲茶艺团队赴马耳他交流演出。

二、文艺精品创作

（一）红色文艺创作演出

7月1日，丽水市弘扬践行浙西南革命精神宣演会在丽水大剧院举行，市委书记胡海峰等市四套班子领导出席。7月20日至22日，宣演会在丽水大剧院连演5场，9县（市、区）领导干部、老同志、先进模范等5000余人到场观看。组织举办弘扬践行浙西南革命精神暨丽水市第十四届原创歌曲大赛、丽水市第四届原创曲艺小品大赛、丽水市第四届原创舞蹈大赛等一系列主题文艺活动。同时，组织全市文艺干部开展创作采风，共创作浙西南革命精神题材歌词100多首、歌曲70首、戏剧曲艺作品28个、舞蹈作品16个。其中，在全国权威刊物《歌曲》专栏刊登浙西南革命精神题材原创歌曲8首。

（二）文艺精品创作成果

全面提升大型原创舞台剧《亲水亭》，作为庆祝中华人民共和国成立70周年献礼剧目于国庆前夕在丽水大剧院公演。丽水市与杭州市共同选送的电视剧《麦香》获全国"五个一工程"优秀作品奖、省"五个一工程"特别奖，广播剧《亲水碑》获省"五个一工程"优秀作品奖，歌曲《畲山飞出幸福歌》获省"五个一工程"优秀作品奖、省群星奖。由浙江婺剧艺术研究院和松阳县联合打造的大型红色戏剧《箬寮风雷》在央视戏曲频道《九州大戏台》栏目首播，亮相中国婺剧院，并成为丽水唯一入选浙江省第十四届戏剧节

终评的剧目。此外，还涌现出了以缙云县编创的精品小戏《三担米》、青田县情景剧《万山红》为代表的一批文艺精品。

三、文物保护

（一）浙西南革命文物保护利用

丽水市出台《浙西南革命文物保护利用和红色旅游发展行动计划（2019—2022）》。组织召开浙西南革命文物保护利用项目申报专题座谈会与现场培训会、浙西南革命文物保护利用和红色旅游发展现场会；完成浙西南革命文物保护利用工程九大片区项目初步梳理，总投资11.25亿元。遂昌、青田、云和、庆元、景宁入选全国第一批革命文物保护利用片区分县名单。中共浙江省委机关旧址、红军挺进师旧址群入选全省革命文物保护利用片区。"浙西南革命文物保护利用和红色旅游发展项目组"入选全国"薪火相传——寻找红色基因传承者"评选"十佳"杰出团队。

（二）世界文化遗产申报管理

完成世界文化遗产预备项目处州廊桥保护规划编制，上报国家文物局和省政府审批。积极贯彻国家"一带一路"倡议，协调龙泉、庆元推进"海上丝绸之路"申遗，八大核心工程项目顺利竣工验收，在故宫博物院举办"天下龙泉——龙泉青瓷与全球化"特展。组织人员参加2019年海上丝绸之路保护和联合申遗城市联盟联席会议暨"海上丝绸之路"文化遗产培训班，配合编制《海上丝绸之路保护和联合申报世界文化遗产三年行动计划（2019—2021）》。积极推进大窑龙泉窑遗址保护地方立法工作。11月29日，丽水市首部历史文化类地方性法规

《丽水市大窑龙泉窑遗址保护管理条例（草案）》由省人大常委会审议通过，将于2020年3月1日正式施行。

（三）文物保护利用

灵鹫寺石塔、吴文简祠、独山石牌坊、詹宝兄弟牌坊、源口窑遗址等5处文物被列入第八批全国重点文物保护单位，全市总数达到17处。完成市区12个城中村改造区块涉及的不可移动文物排查工作。完成白云山脚卢镗墓遗址考古勘探，发现明代前数十米长砖砌墓葬排水系统，取得重要考古成果。启动丽水饭店区块丽阳门古城墙考古勘探和古城岛考古调查工作。深化实施文物平安工程，加大推广物联网智慧消防系统，全市45个消防风险防控的重点文博单位，均已安装与公安消防联动的智慧消防监控系统。

（四）传统村落保护

立足"松阳经验"策划推进全市域传统村落保护利用与拯救老屋行动，组织开展专项规划编制。全市组织拯救提升"老屋"134幢，完成56幢。8月1日，《丽水市传统村落保护条例》获省人大常委会正式批准，于11月1日公布施行。全市新增中国传统村落99个，总数达257个，占全省的40.5%，全国3.8%，位居华东地区第一。"松阳古村落"作为推动文物建筑保护利用的经典案例，入选《文物建筑开放利用案例指南》，并在全国推广。完成缙云县河阳村第二批国保省保集中成片传统村落保护项目涉及的文物建筑孝子祠、七如公祠、朱大宗祠等8个点位的修缮工作。

（五）博物馆体系建设

组织全市开展"国际博物馆

日"系列活动,立足各地各馆特色,推出临时展览、专题讲座、公益鉴宝等活动。丽水海德(国际)音乐艺术收藏馆项目完成全部建筑主体框架结构。组织举办"讲好浙西南革命故事——全市博物馆优秀讲解员大赛",并评选出全市十佳。1名志愿者入围"讲好浙江故事——全省博物馆优秀讲解案例推介活动"非专业组十佳。2名讲解员通过全国"伟大历程,辉煌成就——庆祝中华人民共和国成立70周年大型成就展"讲解员选拔,参与70周年大庆讲解活动。景宁畲族博物馆的"凤凰霓裳——中国畲族服饰展"获全省博物馆陈列展览十大精品奖。松阳县博物馆入选中国博物馆创新锐度TOP 30榜单。全市首家省级民办博物馆——浙江紫竹艺术博物馆落地龙泉,全市民办博物馆数量增至10家。

四、文化旅游市场管理

(一)市场管理

加大文化旅游市场行政执法力度,3次召开专项整治系列会议,有序开展文化旅游领域扫黑除恶、全国"两会"、"迎大庆 保平安"等各类文化旅游市场专项检查,对网吧、歌舞厅、出版物、文物、旅行社、星级饭店等所有市场主体全覆盖。全年共下发督查整改通报8个,办理旅游行政处罚案件5起,并首次在旅游市场中查处"黑车"和"黑导"案件各1起。与市道路运输管理局建立信息通报和联合执法检查工作机制。

(二)行业发展

全市新创建金树叶级绿色饭店1家,银树叶级3家,银鼎级特色文化主题酒店2家,银桂级浙江省品质饭店5家。复核三星级旅游饭店9家。评定四星级品质旅行社2家,三星级品质旅行社5家。组织开展全市第五届"金牌导游"大赛,评选产生金牌导游、优秀导游各10名。举办全市优秀导游员专题培训班,全市共轮训导游员近1500人。组织全市饭店业参加全省技能比武,获得个人二等奖1人,三等奖1人,优胜奖1人。

(三)文化旅游领域"最多跑一次"改革

对现有审批事项按照"最小颗粒度"梳理要求,全面梳理本部门行政权力事项,全局共有201个"最多跑一次"事项,网上办事实现率达100%,其中跑零次事项201个,实现率达100%;即办事项201个,即办率达100%;掌上办事项201个,实现率达100%;材料总数976项,材料电子化率达100%;所有事项的承诺期限压缩比达100%。4个文化事项列入"全域一证通办"事项。4个事项列入"机关部门间跑一次"事项库。导游证核发事项实现全国各地申领。

五、非物质文化遗产保护

(一)非遗保护传承体系

青田石雕作品系列、龙泉宝剑、龙泉青瓷等6项非遗旅游商品入选全省首批100项优秀非遗旅游商品。莲都区"婺剧进校园"、遂昌县"非遗进校园"实践案例入选全国"非遗进校园"全国十佳创新实践案例。云和梅源芒种开犁节、景宁畲族彩带编织技艺、缙云烧饼制作技艺等3个项目入围第五批国家级非遗代表性项目推荐名单。龙泉青瓷传统烧制技艺国家级代表性传承人徐朝兴和中国编梁木拱桥传统营造技艺国家级代表性传承人胡淼在央视1套录制的《非遗公开课》上精彩亮相,受到文化和旅游部的表彰。景宁畲族自治县入选中国民间艺术之乡,庆元县举水乡等5地入选省民间艺术之乡。龙泉市剑池街道入选非遗主题小镇,庆元县百山祖镇三堆村、缙云县胡源乡胡村村、景宁畲族自治县渤海镇安亭村入选省民俗文化村。青田鼓词被列入省首批曲艺复苏性抢救计划。松阳高腔传承中心正式挂牌成立。

(二)非遗展示展演

组织举办丽水市提线木偶戏新春送戏下乡走进龙泉市南溪村文化礼堂、"处州婺韵"丽水市2019迎新春婺剧精品剧目展演、2019丽水市"多彩非遗闹元宵"、"缙云剪纸省级非遗传承人作品展"、"清明节传统习俗体验活动"、2019端午习俗体验与"文化和自然遗产日"系列展示展演、2019"浙江好腔调"全省传统戏剧展演丽水专场暨丽水市第四届传统戏剧展演等一系列活动。2019丽水市"多彩非遗乡村四季行"活动先后在遂昌淤溪、龙泉锦溪、青田高湖和丽水工业园区举行,来自丽水市9个县(市、区)以及舟山、金华、桐庐、龙游等地的非遗项目参与,让丽水广大群众在家门口领略不同地方、不同特色的非遗风采,彰显多彩非遗魅力。

(三)非遗宣传交流

4月27日至30日,组织景宁畲族彩带编织技艺、龙泉青瓷烧制技艺、松阳高腔等非遗项目参加中国(义乌)文化产品交易会,其中"丽水非遗美食馆"成为中国(义乌)文化产品交易会上的一大亮点。5月7日，组织青田鼓词参加第三届"中国浙江·全国曲艺传承发展论坛及观摩交流展演"活动。6月26日至28日，组织5个项目参加全省传统舞蹈展演，青田"鱼灯舞"和景宁"传师学师"荣获薪传奖，缙云"钢叉舞"、青田"百鸟灯舞"和景宁"九龙鱼灯"荣获优秀展演奖，丽水市非遗保护中心获优秀组织奖。6月和9月，分别组织缙云烧饼制作技艺、龙泉青瓷烧制技艺等项目参加金华市端午和中秋"非遗市集"活动。7月，组织青田石雕、丽水提线木偶戏等项目参加舟山市第十届弄堂节暨舟山市非遗"三进四季"行活动。

六、旅游资源开发与产品建设

（一）文旅项目建设

谋划推进重大旅游项目118个，估算投资总额1444亿元。全市完成文旅投资244.92亿元，同比增长18.75%。丽水市图书馆新馆项目主体落成并完成工程竣工综合初验和消防安全验收。处州府城项目完成项目竣工预验收。南明山休闲小镇完成概念方案编制和用地资金平衡测算；四都区块完成项目概念规划方案；欧陆风情园二期完成深化设计方案编制。花园路精品酒店、古城岛酒店、华侨城精品酒店等6个高品位酒店项目开工建设。全年新建、改造提升景区厕所110座，全市评定A级旅游厕所91座。

（二）高等级景区创建

指导推进缙云仙都、古堰画乡、云和梯田、遂昌金矿等景区做好国家5A级景区创建工作，其中，缙云仙都通过文化和旅游部暗访检查。指导推进缙云河阳古民居、松阳双童山景区4A创建工作，其中，缙云河阳古民居成功创建国家4A级旅游景区。有序推进景区城、镇、村建设，景宁创成全省首批4A级景区城，全市创成3A级以上景区镇12个（其中，遂昌王村口镇创成5A级景区镇），评定A级景区村庄254个（其中3A级景区村庄27个）。建立景区边生态资源管控机制，并发布实施。制定《丽水市A级旅游景区品质提升专项活动方案》，促进景区全面提升。

（三）瓯江山水诗路建设

坚持规划引领，推进瓯江山水诗路建设，完成《瓯江中上游休闲养生新区规划》编制和《丽水瓯江山水诗路文化旅游规划》送审稿。缙云县仙都景区入选全省首批诗路旅游目的地名单，莲都区古堰画乡小镇、龙泉中国青瓷小镇入选全省首批诗路旅游目的地培育名单。

（四）红色旅游

将红色旅游发展与《浙西南革命精神传承和红色资源价值转换规划》紧密衔接，全市共谋划红色旅游发展精品工程18个，总投资39.93亿元。指导推进遂昌王村口创建全省红色旅游示范小镇，并以王村口为案例编制完成红色旅游示范小镇标准初稿。组织开展浙西南革命精神红色之旅主题宣传活动，发布10条红色之旅精品线路，并在上海、江苏及省内宣传营销活动中重点推广。完成《浙西南革命红色故事导游词》编写。举办年度优秀导游员红色故事讲解培训班和全市红色政务接待讲解员培训班各1期。

（五）乡村旅游

丽水市获国家2019年度乡村文化和旅游能人（项目）2人（个）。遂昌县湖山乡红星坪村、龙泉市宝溪乡溪头村获评国家乡村旅游重点村。莲都风情东西线1日游、龙泉市茶乡养生度假2日游、青田县世遗农耕探寻2日游、云和县"十里云河"美丽乡村风景线2日游、庆元县精品瓜果乡村之旅2日游、缙云县帝韵仙境·养心缙云休闲2日游、遂昌县健康养生2日游、松阳县茶乡江南乡村2日游、"景宁600"农产品基地休闲观光线路1日游入选浙江省休闲农业和乡村旅游精品线路。莲都区碧湖农业园、龙泉市小梅镇黄南田园、龙泉市李山头梦幻梯田、青田县罗幔杨梅园、云和县石塘镇多彩规溪田园、缙云县笕川稻田花海、遂昌县大柘万田茶园、松阳县古市镇卯山农业园、景宁郑坑乡畲寨田园入选全省"最美田园"名单。

七、旅游宣传促销

（一）"浙江·丽水（上海）周"推介会

9月16日，由上海市文化和旅游局与丽水市委、市政府共同举办的"浙江·丽水（上海）周"推介会在上海国际会议中心开幕，全面推介展示浙江丽水的好山好水好风光、好天好地好产品，借势全方位深度接轨上海、高质量融入长三角一体化发展。上海市政府副市长宗明出席并讲话。上海市文化和旅游局局长于秀芬、浙江省文化和旅游厅厅长褚子育、丽水市委书记胡海峰致辞，丽水市委副书记、市长吴晓东主持。上海市静安区委书记陆晓栋、普陀区委书记曹立强、松江区委书记程向民及黄浦、虹口、宝山、闵行、金山、松江、青浦、奉贤等区相关党政领导,秘鲁、智利、美国、瑞士、葡萄牙、斯里兰卡驻上海总领事馆总领事及以色列、希腊等国驻上海总领事馆和政府办事处来宾,浙江清华长三角研究院等科研院所、中国长三角旅游联合促进会等协会,携程集团等国内外知名企业负责人及社会各界来宾共约600余人应邀出席会议。本次推介会上,丽水围绕文化旅游、"丽水山耕"、生态工业招商等方面工作进行推介,并现场签订生态旅游、生态农业、生态制造业等领域的15个合作项目。携程集团CEO孙洁,艾莱依集团董事长陈频,上海市发展和改革委员会副主任、长三角区域合作办公室常务副主任阮青等相关业界大咖在会上做分享发言。

(二)丽水高铁旅游专列首发

9月13日,车次为G7349的丽水高铁旅游专列首发仪式在上海虹桥站举行。丽水市委常委、常务副市长杜兴林,上海市文化和旅游局局长于秀芬、副局长程梅红,中国铁路上海局集团有限公司副总经理于珏霖等出席首发仪式并致辞。丽水高铁旅游专列的开通为上海市民提供了一条内涵丰富、体验独特的生态高铁旅游快车道,将长三角乃至全国的客流引向丽水,对丽水文旅事业转型升级、全方位接轨上海、高质量融入长三角一体化发展起到了重要的推动作用。

(三)丽水花车巡游展示

9月14日,丽水花车在上海旅游节开幕式巡游,巡游持续到10月6日,巡游地点为上海10个主城区。丽水花车设计以"绿水青山就是金山银山"为主题,采用瓯江绿道、灯光瀑布造型呼应

主题,融合丽水三宝、丽水山耕、廊桥等文旅元素,更利用了畲族风情展演、昆曲游园等增强展示效果。这是丽水市首次参加上海花车巡游,借助上海旅游节,向上海市民宣传展示丽水"诗画浙江大花园"最美核心区多姿多彩的文化旅游资源。

(四)高铁沿线城市营销

延续近年来高铁营销的好做法,创新方式开展系列营销活动。设立丽水旅游(江苏)推广中心,共推丽水旅游品牌,重拳拓展江苏旅游市场。主动开展高铁沿线城市营销,6月,组织全市文旅行业赴高铁沿线的南京、苏州、南通举办以"乘着高铁游丽水"为主题的丽水文旅推介活动。

(五)借势营销

组织全市文旅行业参加各类展会、宣传促销活动,借势营销,向外展示丽水旅游整体形象。先后组织参加2019浙江省"1+1"旅游联盟大会暨景宁全域旅游、疗休养推介会、义乌市旅游招商推介会、全国旅游联盟"旅游+新农电商"丽水论坛暨丽水生态旅游推介会、第十六届上海世界旅游博览会、第十一届中国国际旅游商品博览会、2019嘉兴市中外旅行商合作大会暨文旅产品采供交易会、"湖州2000——菰城之旅走进丽水"专题推介会、2019丽水(莲都)·宁波(江北)旅游推介会、2019绍兴(丽水)文化旅游推介会、2019浙江省(江苏)旅游交易会、2019中国(宁波)-中东欧国家旅游合作交流周活动、宁波国际旅游交易会等。

(六)"山海协作"互动和区域旅游营销

组织在省内"山海协作"城市

宁波、嘉兴、湖州开展文旅宣传推介活动,积极开拓山海协作合作区客源市场。组织各县(市、区)重点旅游企业与金丽温衢旅游联合体营销活动,联合拓展市场。

八、全域旅游

(一)全域旅游创建

积极推进莲都、青田、云和、景宁申报第二批省全域旅游示范县工作,其中莲都、景宁成功创建省全域旅游示范县。对国家全域旅游示范区创建9类项目54项内容171个指标进行责任分工,对全域办专项组进行调整并明确各专项组职责。强化考核推动机制,制定县(市、区)、市直相关部门全域旅游考核办法。强化创新示范,与EVCARD分时租赁汽车合作提升完善"最后一公里"旅游交通服务,开展全域旅游广告发布,全面展示全域旅游形象。深化"高速+旅游"融合,打造丽水全域旅游复合型高速服务区,对金丽温高速丽水服务区(双向)进行全域旅游功能改造升级。

(二)旅游品牌创建

遂昌、缙云、青田、龙泉4县(市)入选2019年全国旅游综合实力百强县。缙云县入选2018中国旅游百强县、2019中国县域旅游竞争力百强县市。遂昌县获"2019中国旅游影响力年度县区"称号。

(三)旅游小镇建设

明确旅游小镇建设项目内容和投资额,全市4个提升类旅游风情小镇全年总投资8500万元,14个培育类旅游风情小镇全年总投资10.3亿元。加强对小镇创建风景、风貌、风俗、风物、风味、风采特色彰显指导,引导小镇体验类业态发展,丰富旅游活动

内涵。10月17日，举办第二次全市旅游风情小镇擂台赛，全面展示各小镇创建成果及特色做法，根据比赛结果上报验收单位。全市新增龙泉住龙、松阳象溪、景宁毛垟3个培育单位，庆元举水、松阳四都、缙云新建通过验收。莲都古堰画乡小镇被省政府命名为省级特色小镇。

（四）产业融合基地建设

共谋划十大类56个产业融合示范基地培育单位，实现"旅游＋""＋旅游"融合大联欢。庆元巾子峰景区被认定为省级生态旅游区，景宁畲医畲药展示馆、松阳善应见山堂中医馆被认定为省中医药文化养生旅游示范基地，莲都鱼跃酿造、庆元方格药业被认定为省工业旅游示范基地。全市获评省白金民宿1家、金民宿4家、银民宿22家，新增高等级民宿数量居全省第一。成功创建首批浙江省采摘旅游体验基地钻果级1家、金果级2家、银果级4家。

【大事记】

1月

3日 丽水市图书馆应星楼城市书房正式免费对外开放。书房共有藏书3000余册，无人值守，自助借还。

7日 省文化和旅游厅公布"2018年浙江省第五届乡镇（街道）艺术团队文艺汇演"获奖名单，丽水市选送的作品《牡丹亭·寻梦》获舞蹈类节目金奖，《婺韵锣音》获器乐类节目银奖，《拾玉镯》获戏曲类节目银奖，丽水市文化馆荣获"优秀组织单位"。

10日 浙江省考古所、丽水市文保所进场开展卢镗墓遗址考古勘探工作。

12日 2019年全国乡村春晚"百县万村"区域联动暨浙江省"戏曲进乡村·侨乡中国年"活动在青田县洞背村正式启动。

16日 丽水市文化和广电旅游体育局班子宣布会议召开。丽水市委常委、常务副市长林亮出席会议并讲话。

23日 丽水"乡村春晚"入选第七届"浙江省宣传思想文化工作创新奖"，成为全市首个获得浙江省宣传思想文化工作创新奖的项目。

30日 表演唱《畲村飞出幸福歌》获2019浙江省群星奖。

2月

2日 景宁畲族自治县入选2018—2020年度"中国民间文化艺术之乡"。

18日 丽水乡村春晚入选第三批国家公共文化服务体系示范区（项目）名单，是全市首个国家公共文化服务体系示范项目。

同日 召开全市"绿水青山就是金山银山"发展大会精神学习会暨系统干部会议。

26日至27日 省文化和旅游厅专家组到丽水市开展公共文化调研，督查丽水9县（市、区）基本公共文化服务标准49条的完成情况，以及庆元、云和2个省文化重点县建设情况。

3月

1日 市委常委、常务副市长林亮赴省文化和旅游厅，就共同推进"大花园"建设、深化文化和旅游战略合作与厅长褚子育进行交流。

同日 召开"浙西南革命精神"弘扬践行活动动员部署会议。

6日 第一批革命文物保护利用片区分县名单公布，遂昌县、青田县、云和县、庆元县、景宁畲族自治县入选闽浙赣革命文物保护利用片区。

11日 丽水市文化和广电旅游体育局长会议在市区召开。

12日至14日 国家文物局党组成员、副局长胡冰在省文化和旅游厅党组成员、省文物局局长柳河陪同下到丽水调研文物工作。

14日 市委常委、常务副市长林亮赴本局调研，并召开座谈会。

28日 "刻写光明 笔耕不辍——著名版画家金逢孙艺术生涯展"在丽水市博物馆开幕。

29日 "南海Ⅰ号"龙泉青瓷归源展开幕式在龙泉青瓷博物馆举行。

31日至4月2日 "浙西南革命精神"创作题材会暨丽水市原创舞蹈作品加工培训会在云和召开，国家一级编导朱萍、省文化馆专家谢培亮受邀授课。

4月

3日 丽水市文化和广电旅游体育局召开扫黑除恶专项斗争工作部署会，传达学习了中央扫黑除恶第十一督导组督导浙江省工作动员会等3个会议精神。

4日 "英雄，我们不会忘记您！"——弘扬践行"浙西南革命精神"朗读会在浙西南革命根据地纪念馆广场举行。

5日 2019丽水市清明节传统习俗体验活动在市非遗馆举行。

8日至9日 "讲好浙西南革命故事——全市博物馆优秀讲解员大赛"在市博物馆举办。

12日 2019年全市文广旅体系统安全生产和消防工作会议召开。

13日至14日 省文化和旅游厅厅长褚子育分别赴云和、景宁调研指导旅游工作。

21日 "全民阅读书香丽水——世界读书日系列活动"之朗读快闪活动在莲都区下南山古村落举行。

同日 2019丽水市"多彩非遗乡村四季行"展示展演首站活动在遂昌淤溪村举行。

30日 景宁畲族自治县入选4A级景区城试点培育单位,青田县高市乡、景宁畲族自治县东坑镇、松阳县新兴镇、缙云县仙都街道入选4A级景区乡镇试点培育单位。

5月

7日至9日 丽水市文化和广电旅游体育局局长徐兼明率队赴北京市门头沟区参加"2019北京精品民宿发展论坛暨门头沟区民宿资源推介会",与门头沟区文化和旅游局签署战略合作框架协议,参观考察门头沟区精品民宿。

15日 "天下龙泉——龙泉青瓷与全球化"特展启动仪式在故宫博物院敬胜斋举行。

19日 丽水市"浙西南革命精神"红色之旅主题宣传日活动在浙西南革命根据地纪念馆广场举行。

20日 松阳县大东坝镇、莲都区驻居民宿入选首批浙江文艺创作采风基地名单。

28日 松阳县博物馆入选"人民日报客户端旅游频道人民之选——中国博物馆创新锐度TOP 30榜单"。

31日 景宁畲族自治县通过省首批基本公共文化服务标准认定。

6月

6日 丽水市共有99个村落入选第五批中国传统村落名录的,占浙江省入选总数的42.13%。

7日 在市非遗馆前举办2019端午节与"文化和自然遗产日"系列展示展演活动。

8日 北京世园会"丽水城市主题日"开幕仪式在同行广场举行。

9日 为期6天的"人类非遗·中华经典"——2019龙泉青瓷巡展,在美国波士顿福布斯艺术馆正式开展。

同日 作为首届中国-中东欧国家博览会暨国际消费品博览会唯一的人文交流活动"舌尖上的相遇——中东欧美食与'诗画浙江·百县千碗'人文交流活动"在宁波开幕。

11日 龙泉住龙镇、松阳象溪镇、景宁毛垟乡3个乡镇入选第四批浙江省旅游风情小镇培育单位名单。

12日至15日 第十三届"台湾·浙江文化节——丽水文化周"系列活动在台湾台北、新北、南投等地举行,是丽水文化旅游交流团第1次到台湾开展文化旅游交流活动。本次文化周分为"处州古韵"丽水民族民间文艺节目演出、"秀山丽水"非遗项目展示暨丽水巴比松油画展览和"秀山丽水"旅游宣传推介展示3个部分。

13日 由省文物局主办,省文物鉴定站和丽水市文化和广电旅游体育局承办的第2期"全省古陶瓷培训班"在丽水正式开班。

15日至17日 不忘初心,红歌唱响浙西南——丽水市弘扬践行"浙西南革命精神"暨第十四届原创音乐大赛在莲城剧场举行。

18日、21日 作为2019"中国旅游文化周"重头戏之一的"听瓷语观世界"龙泉青瓷展暨"龙泉青瓷溯源之旅"旅游推介活动分别在韩国首尔中国文化中心、西班牙马德里中国文化中心开幕。

22日 "浙西南革命精神"朗读大赛在丽水市文化馆举行。

7月

1日 在中国共产党成立98周年之际,弘扬践行浙西南革命精神宣演会在丽水大剧院上演。市委书记胡海峰,市委副书记、市长吴晓东,市人大常委会主任虞红鸣,市政协主席陈瑞商,市委副书记李锋等市四套班子领导出席宣演会。

3日 由中宣部主办的全国"扫黄打非"基层站点规范化标准化建设现场推进会在安徽省合肥市召开,景宁畲族自治县鹤溪街道作为浙江省唯一、全国6个典型之一进行交流发言。

8日 庆元县举水乡的"月山春晚"、庆元县竹口镇的"唱灯"、青田县的青田石雕、景宁畲族自治县的畲族民间歌舞和松阳县大东坝镇的山边马灯舞等5种艺术形式入选2018年度"浙江省民间文化艺术之乡"名单。

同日 省文化和旅游厅发文公布"非遗薪传"浙江传统舞蹈展演展评活动获奖名单,青田县"青田鱼灯舞"和景宁畲族自治县"传师学师"2个项目荣获"薪传奖",缙云县"钢叉舞"、青田县"青田百鸟灯舞"和景宁畲族自治县"九龙鱼灯"3个项目获"优秀展演奖",

丽水市非物质文化遗产保护中心和景宁畲族自治县非物质文化遗产保护中心 2 个单位获"优秀组织奖"。

10 日　丽水市委宣传部、丽水市文化和广电旅游体育局共同举办以"秀山丽水　文旅之行"为主题的联合主题党日活动。市委常委、宣传部部长任淑女出席活动。

11 日　遂昌健康养生二日路线和龙泉"山水茶瓷"休闲养生度假游路线，入选 2019 年中国美丽乡村休闲旅游（夏季）精品线路。

12 日　龙泉市宝溪乡溪头村、遂昌县湖山乡红星坪村入选首批全国乡村旅游重点村名录名单。

15 日　"天下龙泉——龙泉青瓷与全球化"特展在故宫博物院正式开展。

同日至 16 日　"乘着高铁游丽水"2019 丽水文化旅游江苏市场推介活动的序幕在古都南京开启，来自南京文旅部门相关领导和嘉宾、文旅企业代表及新闻媒体代表等 200 余人参加推介会。

17 日　莲都区、龙泉市、青田县、云和县通过第二批《浙江省基本公共文化服务标准（2015—2020 年）》认定结果。

同日　2019 丽水（南通）文化旅游推介活动在江苏南通举行。

19 日　2019 浙江·丽水（苏州）文化旅游推介会在苏州苏苑饭店举行。

20 日　2019 丽水市"多彩非遗乡村四季行"展示展演活动在龙泉市锦溪镇锦溪村举行

23 日　文化江南·浙江当代油画院作品展在丽水市美术馆开幕。

24 日　松阳县平田村入选国家发展改革委社会司、文化和旅游部资源司公布的具有代表性的乡村旅游发展典型案例。

25 日至 26 日　2019"浙江好腔调"全省传统戏剧展演丽水专场暨丽水市第四届传统戏剧展演活动在莲都区大港头文化礼堂举行。

26 日　丽水市文化和广电旅游体育局携手浙报集团旅游全媒体中心共同主办的 2019 丽水全域旅游（杭州）疗休养推介会在杭州举行。

30 日至 8 月 1 日　上海市合作交流办主任姚海、上海市文化和旅游局副局长程梅红带队到丽水进行文旅产业考察对接，市委常委、常务副市长杜兴林出席对接会。

8 月

7 日　2019 丽水市文化和广电旅游体育系统半年度工作会议在云和召开。

8 日　"2018 遂昌汤公音乐节"开幕式在遂昌县汤显祖大剧院举办，陈其钢、赵季平、水蓝等 70 余位中外音乐家参加。

19 日至 25 日　丽水"巴比松"国际研讨会暨 2019 古堰画乡小镇艺术节在莲都区举行。

20 至 22 日　2019 第 3 届吉他中国（丽水龙泉）国际吉他文化艺术节在龙泉举行。

28 日　青田县召开全域旅游示范县创建工作新闻发布会，是全省首次召开的县级全域旅游示范县创建工作新闻发布会。

同日至 30 日　由文化和旅游部公共服务司活动指导处副处长张剑带队的文化和旅游部"乡村春晚"课题组一行到丽水开展专题调研，走访了缙云、莲都两地乡村。

30 日　松阳高腔红色革命题材剧目《箬寮风雷》入选第十四届浙江省戏剧节入选终评剧目。

31 日　举行"乘着高铁游丽水"2019 丽水（宁波）文旅推介活动。

9 月

5 日至 14 日　"中国青瓷小镇——浙江特色小镇海外推广展"在莫斯科中国文化中心举行。

10 日　丽水市文化市场综合行政执法队挂牌成立，市委常委、常务副市长杜兴林为其揭牌。

12 日　丽水市文化和广电旅游体育局召开"不忘初心、牢记使命"主题教育工作会议。

13 日　G7349 次丽水高铁旅游专列正式亮相，并在上海虹桥站举行丽水高铁旅游专列首发仪式。上海市文化和旅游局局长于秀芬，丽水市委常委、常务副市长杜兴林，中国铁路上海局集团有限公司董事、副总经理于珏霖，上海市文化和旅游局副局长程梅红，丽水市政府副秘书长周瑞琛出席仪式。

14 日　丽水花车亮相 2019 上海旅游节开幕大巡游。

16 日　浙江·丽水（上海）周推介会在上海国际会议中心开幕。上海市政府副市长宗明出席并讲话。上海市文化和旅游局局长于秀芬、浙江省文化和旅游厅厅长褚子育、丽水市委书记胡海峰致辞，丽水市市长吴晓东主持。

18 日　丽水市 7 家基地入选首批浙江省采摘旅游体验基地名单，其中，缙云县黄龙生态农业特色庄园为"钻果级"基地。

19日　丽水市9条路线入选浙江省110条休闲农业和乡村旅游精品线路,9个田园入选2019年浙江省100个"最美田园"名单。

20日　上海携程丽水旅游主题店丽水(上海)旅游推广中心授牌仪式在上海淮海中路携程市中心店举行。

同日至22日　2019浙江·丽水(上海)周文旅推介重点活动暨首届长三角文化旅游集市在上海奕欧来奥特莱斯举行。

22日　庆祝中华人民共和国成立70周年——献礼华诞"丽水市民间艺术特展"在市博物馆开幕。

26日　在市文化馆举行"牢记初心使命　献礼祖国华诞"主题朗诵会。

28日　舞台剧《亲水亭》作为向中华人民共和国成立70周年的献礼剧目,在丽水大剧院上演。

29日　副市长卢彩柳对文旅系统国庆节前安全工作进行检查。

30日　由温州市文化广电旅游局、丽水市文化和广电旅游体育局主办,温州博物馆、丽水市博物馆承办的"山水清音——温州·丽水　瓯江山水诗路特展"在温州博物馆开展。

10 月

11日　"文旅融合背景下瓯江山水诗之路策划"研讨会暨专家论证会在丽水召开。

13日　全国青瓷饰品创新设计作品展在丽水市博物馆开幕。

14日　"厦"一站丽水 2019

浙江·丽水(厦门)文化旅游交流会在厦门举行。

16日　国务院正式印发《关于核定并公布第八批全国重点文物保护单位的通知》,丽水5处文物榜上有名,包含市区灵鹫寺石塔、庆元吴文简祠、遂昌独山石牌坊、松阳詹宝兄弟牌坊等4处古建筑,以及1处古遗址龙泉源口窑遗址(并入第三批"国保"大窑龙泉窑遗址)。

18日　丽水市省级旅游风情小镇创建擂台赛举行。

23日　丽水市创建国家全域旅游示范区工作第五次点评会召开,副市长卢彩柳出席会议。

25日　丽水4A级旅游景区处理情况通报会召开,副市长卢彩柳出席会议并讲话。

26日　丽水市第四届原创舞蹈大赛在丽水大剧院举行。

11 月

9日　丽水市浙西南革命文物保护利用和红色旅游发展项目组入选中国文物保护基金会第十一届"薪火相传——红色基因传承者"杰出团队,是浙江省唯一。

12日　中国文物保护基金会理事长励小捷到丽水调研指导红色文物保护利用工作,省文化和旅游厅党组成员、省文物局局长柳河一同调研。

同日　丽水旅游宣传片《原乡丽水》摘得第3届IAI国际旅游奖品牌营销类/宣传片唯一金奖。

15日　"天下龙泉——龙泉青瓷与全球化"特展在浙江省博物馆开展。文化和旅游部党组成员、故宫博物院院长王旭东,市委书记胡海峰,省政府副秘书长蔡晓春,省委宣传部副部长葛学斌,

省文化和旅游厅厅长褚子育,故宫博物院副院长赵国英,省文物局局长柳河出席开幕式。

16日　文化和旅游部党组成员、故宫博物院院长王旭东,以"基于价值的文化遗产保护与传承——以敦煌、故宫为例"为题,在丽水大剧院做专题讲座。

28日至29日　"缤纷金丽温衢'豫'见老家河南"文化旅游推介活动先后走进河南郑州、洛阳。

29日　《丽水市大窑龙泉窑遗址保护条例》由省十三届人大常委会第十五次会议表决通过,将于2020年3月1日起施行。

同日　龙泉市宝溪乡溪头村、缙云县新建镇河阳村、遂昌县王村口镇桥西村等5地入选首批浙江省美丽乡村美育村(社区)试点单位名单。

12 月

4日　复旦大学文物与博物馆学系教授、龙泉青瓷研究会会长沈岳明主持的"龙泉窑考古学研究"课题入选2019年度国家社科基金重大项目立项名单。

5日　"松阳县古村落"作为推动文物建筑保护利用的经典案例入选国家文物局首次发布的《文物建筑开放利用案例指南》。

9日　遂昌县《以共享理念推进智慧文化礼堂建设》入选全国首批18个农村公共服务典型案例,全省仅有3个案例入选。

10日　首届中国民宿区域公用品牌大会暨"丽水山居"民宿服务标准发布会在丽水举办,全国首份地级市民宿产业地方标准《"丽水山居"民宿服务要求与评价规范》发布。

12日　缙云县仙都景区入

选浙江省首批诗路旅游目的地名单,莲都区古堰画乡小镇、龙泉中国青瓷小镇入选浙江省首批诗路旅游目的地培育名单。

22日 省文化和旅游厅发文公布第五批浙江省非物质文化遗产旅游景区名单,龙泉市剑池街道入选非遗主题小镇,其非遗活态展示方向为龙泉宝剑锻制技艺;庆元县百山祖镇三堆村、缙云县胡源乡胡村村、景宁畲族自治县渤海镇安亭村入选民俗文化村。

25日至29日 由文化和旅游部全国公共文化发展中心、丽水市发改委(对口办)、丽水市文广旅体局共同主办,中国乡村春晚研究院、丽水职业技术学院承办的"乡村春晚"数字文化扶贫——2019全国乡村春晚示范建设骨干培训班在丽水举办。

26日 文化和旅游部公共服务司、全国公共文化发展中心、浙江省文化和旅游厅、丽水市政府在北京保利大厦召开2020年全国乡村春晚集中展示活动暨丽水乡村春晚建设成果新闻发布会。文化和旅游部公共服务司一级巡视员陈彬斌,文化和旅游部全国公共文化发展中心副主任、中国文化馆协会副理事长颜芳,省文化和旅游厅副厅长叶菁出席发布会。

27日 召开2020年文化和广电旅游体育工作务虚会,谋划2020年全市文化旅游工作。

31日 由丽水市文化和广电旅游体育局、温州市文化广电旅游局主办,丽水市博物馆、温州博物馆承办的"山水清音——丽水·温州 瓯江山水诗路特展"在丽水市博物馆开展。

(孙 楠)

丽水市县（市、区）文化和旅游工作概况

【莲都区文化和广电旅游体育局】内设职能科室6个,下属单位12个。2019年末人员124人(其中:机关12人,事业112人;具有高级技术职务资格的8人,中级43人)。

2019年,莲都区文化和广电旅游体育局坚持"宜融尽融、能融则融"的原则,强化综合协调职能,充分整合文化旅游资源,高质量推进文旅工作全面发展,各项工作均取得明显进展。一是文旅融合有成效。开展文旅资源普查。谋划文旅融合十大行动,开展文艺采风、资源普查等活动,调查文化与旅游深度融合的结合点,形成莲都区文化旅游资源信息库,梳理出莲都历史文物、节庆赛事、自然景观等2118项。积极参与打造瓯江山水诗之路,挖掘历史文化元素,完成《诗画古镇》《画乡秘境》《民间故事会》等系列书籍编纂。探索文旅融合性活动。打造古堰画乡小镇艺术节、"莲都100"越野赛等品牌活动。推进"百县千碗"工作,推出莲都"十大碗"菜品。开展景区常态化演出,5月起每周在古堰画乡景区进行文化演出,发挥文化和旅游功能,实现文化事业和旅游产业的融合发展,增强旅游体验感。弘扬践行浙西南革命精神。邀请专家召开专题学习会,将弘扬践行浙西南革命精神教育常态化。开展专题文艺演出、群众性文艺活动以及各类比赛80余场次。挖掘浙江铁工厂旧址等红色资源,包装打造新屋红色旅游等经典红色旅游线路。二是公共服务有标准。智能化公共服务。开展"浙江智慧文化云"填报,完善全域旅游大数据中心、"一机游·莲都"平台建设。7月17日,顺利通过第二批浙江省基本公共文化服务标准认定,以及"十百千"工程验收。莲都区图书馆在全馆安装自助办证机、自助借还机、自助查询机等各类设备53台,结合支付宝、App等实现多种方式办证、查阅,并实现数字移动借阅机城乡分布多层次化;建成VPN专网,实现全区14个乡镇街道及城区25个社区文化服务中心文化信息共享工程全覆盖等。推广"浙政钉"掌上执法系统。完善莲都区非遗数据库建设。多元化惠民服务。全年完成送戏下乡589场,送书下乡16099册,"文化走亲"13场,开展各类培训和讲座645场次,培训人数达51677人次。开展非遗项目巡演及非遗项目进校园工程。积极推进基层文化站所及图书馆、文化馆分馆建设,各场馆实施免费开放制度。莲都区图书馆于4月23日开馆,至年底进馆总人数达56.7万人次,办证1.1万余张,借阅总数12.1万余册;新建2个图书分馆,2个智能型爱心书屋,升级3个旧款爱心书屋;开设"莲城讲堂",建立五心党建书房,推出"莲图·智慧党建移动电子借阅机"。莲都区文化馆法人治理建设进一步优化,切实发挥理事作用,提高公共文化服务效能。莲都区非遗馆完成选址并开始编制布展方案。丽新乡、太平乡综合文化站新建项目有序推进,10月完成主体工程建设。开展文化低保工程,针对留守儿童举办"阅乐童

心"系列活动走进太平小学。开展厕所革命。专业化队伍建设。重点培养文化骨干,开展作品加工会、采风等活动,创作主题文艺作品 30 个。全面激活业余队伍,开展各类培训和讲座 404 期。各乡镇(街道)完成"三团三社"建设;积极组建志愿团队。三是文化工作有成绩。提升品牌活动。全年举办 2019 新春团拜会、莲都区第四届戏曲进校园优秀剧目展演等品牌活动 700 余场。升级"天天乐""欢乐莲城""三月三"等传统文化品牌。提升乡村春晚品牌活动,全年举办乡村春晚 74 台,其中特色春晚 20 台,重点春晚 3 台。新编处州乱弹剧《状元蔡仲龙》、丽水鼓词中篇曲目《刘英在莲都》。打造"数字莲都"。莲都区图书馆积极参与网络书香基层图书馆帮扶计划,基层服务平台汇集了 3000 册中文电子图书、200 种优质期刊、2500 集视频资源等。升级版"爱心书屋"引入社会力量共建,首创"全民阅读媒体社交"的创新经营理念。10月,"爱心书屋"团队入选浙江省公共数字文化工程优秀数字阅读推广终审案例;11月,入选全省"十佳案例"。"图书馆+民宿"共建成民宿"图书角"24 个,送书8000 余册。5月,"图书馆+民宿"延伸服务案例在新时代公共图书馆文旅融合发展研讨会上做典型案例分享。莲都区数字文化馆于 1 月 1 日正式对外开放,于下半年完成全国首批数字文化馆试点单位实地检查及审计验收。启动"文化超市"资源项目建设,举办"莲都·联动"全国乡村春晚优秀节目视频大赛,不断充实"莲都特色"数字资源。10月,"丽水

莲都区公共文化超市"资源项目获文化和旅游部全国公共文化发展中心审批立项。开展文艺创作。积极开展文艺精品创作,并组织文艺干部参与各项赛事,共获国家级奖项 1 项,省级奖项 8项,市级奖项 34 项。参加弘扬践行浙西南革命精神丽水市第十四届原创歌曲大赛,莲都区文化馆获得 2 金 3 银 6 铜;参加弘扬践行浙西南革命精神丽水市第四届原创曲艺、小品大赛获得 3 银 3铜;参加弘扬践行浙西南革命精神丽水市原创戏剧、曲艺作品征文活动获得 1 金。编著出版《丽水鼓词研究》专著和《丽水鼓词》丛书。四是旅游发展有势头。拓展旅游市场。全年策划组织莲都旅游目的地品牌发布会等推介活动近 30 场次。以上海旅游推介会为契机,与上海方签订"万人游莲都"协议。与光明网、央广网等国家及省级主流媒体合作,开展系列报道 200 余次。结合微博、微信公众号、抖音开展宣传,微博话题获得阅读量 2300 万。与驴妈妈、同程网等平台合作,各类活动曝光量近亿次。推进产业融合。申报 1 家浙江省中医药文化养生旅游示范基地。完成 25 家民宿等级评定初评的申报工作。完成 6 家申报研学实践教育基地(营地)的实地复核工作。丽水安邦山耕文化园被评为浙江省采摘旅游体验基地(金果级)。举办2019 年乡村文化和旅游人才培训班、红色讲解员培训班。开展招商引资。推荐瓯江漂流区域旅游综合体项目到香港进行招商。伟光汇通集团、海外海集团、恒润文化集团等多次到莲都考察重点旅游项目。与北影电影产业有限

公司意向签订投资约 40 亿元的"北影(丽水)电影产业基地"项目。做好"十四五"重大项目谋划工作,谋划麻雀湾旅游开发项目、莲都古窑文化园等项目 16 个,计划投资超 82.5 亿元。加快项目建设。郎奇白桥康养小镇项目、石牛温泉项目、御泉湾项目等在建重大项目进展顺利。推进创建工作。完成"陈十四信俗"申报第五批国家级非遗名录项目工作。指导"莲都古堰画乡景区"申报第五批浙江省非遗旅游景区。完成第四批丽水市级非遗展示体验点的申报工作,莲都区碧湖浦塘根雕体验点选入。推进"万村景区化"和 A 级景区县城、小城镇建设,不断推进 A 级景村建设。成功创建浙江省全域旅游示范区。五是安全生产有保障。加强市场安全保障。开展安全检查专项工作,累计出动人员 328 人次,检查760 家次。委托第三方开展安全生产社会化服务,累计开展文化市场安全检查 366 人次、旅游市场综合大检查 6 次,发现安全隐患 2274 个,并开展 2 次安全培训。做好台风"利奇马"防御工作,安排人员 24 小时值班;开展灾后隐患排查,发现隐患点 2 处。组织开展莲都、缙云和遂昌 3 县(区)交叉检查文旅场所,共检查经营场所 31 家,立案处理 2 项。加强文物安全保障。国保通济堰堰头村古民居"玉叶流芳"修缮工程完成工程招标。省保西溪乡土建筑群之"与德为邻""温慈惠和""沛国旧家""奎壁联辉"修缮工程通过省级验收。完成第七批省保碧湖建筑群、浙江铁工厂旧址保护范围和建设控制地带的划定,保护标志碑和标志牌的制作安装

及"四有"图纸的测绘任务。省保沈家邸修缮工程实施招标。强化科学防范体系，制定《莲都区文物保护单位消防安全管理制度》，草拟了《莲都区2018年度文物工作方案》等制度。开展文物消防安全培训，增设安防监控系统和智慧消防系统。全年实施安全巡查67次，检查文物单位445家次，发现安全隐患数量42次，整改安全隐患36次。

（郑　菁）

【龙泉市文化和广电旅游体育局】内设职能科室6个，下属单位7个。2019年末人员84人（其中：机关22人，事业62人；具有高级技术职务资格的6人，中级23人）。

2019年，龙泉市文化和广电旅游体育局创新实践"绿水青山就是金山银山"理念，聚力践行"浙西南革命精神"，秉持"全域旅游"的发展理念和"文旅兴市"的坚定信念，有力推动全市经济发展，为新时代推进高质量绿色发展贡献文旅力量。全年实现旅游总收入133.85亿元，同比增长25.7％。全市过夜游客数同比增长22.53％。一是产品开发日趋丰富。推进龙泉青瓷文化省级旅游度假区建设。加快度假区管委会设立工作，启动项目规划编制工作，区块内中国青瓷小镇、宝溪景区、披云山景区一期等一批重点项目稳步进行。龙泉披云线（锦溪—住龙—宝溪）被授予"2019环浙骑游·瓯江山水诗路最美骑游线路"称号。推进高等级景区建设。推进中国青瓷小镇创5A、住龙景区创4A、启动3A级以上景区提升工程，已完成中

国青瓷小镇·披云文化园、白云岩景区、龙泉宝剑厂提升项目。推进旅游风情小镇、景区村建设。宝溪乡溪头村入选首批全国乡村旅游重点村，住龙镇入选第四批浙江省旅游风情小镇培育名单，中国青瓷小镇入选首批浙江省诗路旅游目的地，培育创建29家A级景区村，其中3个省级3A级景区村。推进特色文旅产品打造。引进景德镇陶瓷文化旅游集团，签订龙泉城市文化客厅项目合作框架协议。抓好城市艺术区、五九养生基地项目谋划，加强瓯江源文化旅游度假区等项目协调。配合做好城东综合体、龙泉·梦里桃源等一批共同引进的已签约、已投产项目的协调服务。全年完成涉旅项目投资额约27.25亿元，同比增长26.25％。二是文旅市场逐步形成。持续开展串线游。积极融入浙闽皖赣国家生态旅游协作区，以"嫁接武夷山、融入大市场"的旅游发展思路，继续"牵手武夷"开展串线游活动，2017年6月至是年底，已输送"串线"游客到龙泉超18万人。创新开展"山海协作"文化旅游周"五个一"系列交流活动，先后与嘉兴市秀洲区文旅局、上海市奉贤区文旅局建立战略合作关系，打造"山海协作"升级版。开展主客源市场宣传推广。主动融入"长三角一体化"国家战略，借助上海旅游节开展"丽水（上海）周龙泉推介系列活动"，并以龙商在沪创业的酒店为平台宣传龙泉，开拓长三角主客源市场。组织相关旅游企业开展"一月一城"活动，借助15个城市文旅推介会、宁波国际文旅展、上海迪士尼文旅集市等活动平台宣传龙泉城

市和文旅商品。深化交流合作。与文化和旅游部中外文化交流中心签订战略合作协议，正式启动"重现青瓷之路·开放之路辉煌"三年行动计划。龙泉青瓷走进美国波士顿、俄罗斯莫斯科、西班牙马德里等"八国九城"。与浙江经视、FM 93浙江交通之声等知名媒体开展深度合作，进一步发出龙泉旅游"好声音"。建设网上旅游集散中心。完善龙泉智慧旅游服务平台（微信平台、PC端平台），"龙泉旅游"微信公众号发布量位列浙江旅游影响力排行榜首位，创建"天下龙泉"龙泉旅游抖音官方账号。三是融合发展持续深化。实现"文化联姻故宫"。借助故宫平台宣传龙泉文化和旅游资源，成立故宫博物院龙泉窑研究中心，与故宫博物院、浙江省博物馆合作举办"天下龙泉——龙泉青瓷与全球化"特展和国际学术研讨会，出版《故宫龙泉日历》，龙泉青瓷文创产品进驻故宫线下实体店和线上网店。深度推进文旅融合。入选浙江省第一批文旅产业融合试验区培育名单。完成"天下龙泉"商标注册工作。成功让南海Ⅰ号、四川遂宁的龙泉青瓷回归故里展览，举办"不灭窑火"龙泉青瓷传统龙窑烧制活动、瓷祖三公祭祖大典、元宵民俗巡游、端午龙舟文化旅游活动等特色文旅活动，充分发挥"文化＋旅游"的融合效益。加快推进农旅融合。兰巨省级现代农业园区核心区初步建成"吃、住、行、游、购、娱"一体的体验式农旅融合示范区。开展"春光黄南、大美小梅""幸福山哈、美丽竹垟""梨花又开放"等26场乡村特色文化漫游活动，带动农文旅融合发展，提升乡

村旅游经济。四是惠民工程深入推进。提升公共服务水平，完成浙江省基本公共文化标准化认定，"三馆一院一书房"持续免费开放，新建城市书房3个，新（改）建旅游厕所9座。丰富公共文化供给，围绕"文化让龙泉更美好"目标，完成送电影2800余场，送展览培训95次，送戏下乡114场，送书下乡13000多册，引进高雅艺术剧目16场，开展线上线下全民阅读系列活动70场，发动全市81个行政村举办"乡村春晚"文艺晚会，策划举办第四届"小城文化艺术周"。打造文化艺术精品，举办宋瓷归航大型实景演出活动、"天府之路·四川遂宁龙泉青瓷归源展开幕式"、"天下龙泉"大型实景演出。推进文物非遗保护工作。完成《丽水市大窑龙泉窑遗址保护管理条例》立法工作，将于2020年3月1日起施行。源口窑遗址经国务院核定并入第三批全国重点文物保护单位大窑龙泉窑遗址。浙江大学龙泉分校旧址完成展陈提升改造。优化人才队伍，加强全市603支业余文体团队建设，推行群众文化星级示范团队评选办法，举办评星团队文艺活动比赛，强化与规范群众文化团队建设。五是管理服务协同优化。提升服务品质。组织举办旅游饭店服务品质提升培训、浙西南红色讲解培训、丽水市全域旅游踩线现场培训、民宿乡村旅游服务品质提升培训等。深化"最多跑一次"改革，全年共受理行政许可案件9件，办结率为100%。培育市场主体。全市新增旅行社6家。龙泉市沈广隆剑铺、龙泉市白云岩景区入选2019年度浙江省放心景区。指导将军

大酒店、红豆林酒店、金沙温泉酒店开展绿色饭店创建工作，指导山水旅行社进行四星级旅行社评定工作，起点旅行社、凤羽旅行社、旅游集散中心进行三星级旅行社评定工作。加强市场管理。强化安全监管，及时消除安全隐患，确保文旅系统安全生产持续稳定。组织开展"扫黄打非"、扫黑除恶专项斗争。推进文化市场综合执法改革，于9月29日挂牌成立"龙泉市文化市场综合行政执法队"。全年共出动执法人员998人次，检查各类文化经营场所817家次，查处案件12起，全力打造健康、文明、有序的文化旅游市场。

（张 羽）

【青田县文化和广电旅游体育局】内设职能科室5个，下属单位10个。2019年末人员83人（其中：机关15人，事业68人；具有高级技术职务资格的4人，中级23人）。

2019年，青田县文化和广电旅游体育局紧紧围绕省、市、县重点任务，全面落实县委、县政府各项决策和部署，以改革创新为动力，以融合发展为主线，推动文化和旅游产业高质量发展，加快建设文化高地、最佳旅游目的地以及文化和旅游融合发展样板地。一是以机构改革为起点，奋力谱写文旅融合新篇章。根据省、市、县机构改革要求，原青田县文化广电新闻出版局与原青田县旅游委员会合并为青田县文化和广电旅游体育局，按照相关规定，于3月、7月分别完成局机关和下属事业单位机构改革工作。以机构改革为新的起点，以"全域旅游"

创建为契机，按照"能融则融、宜融尽融，以文促旅、以旅彰文"的总体要求，深入推进文旅融合，做到"融心、融力、融智、融创"，实现文化和旅游"1+1>2"的融合效应，不断推动文化和旅游深度融合、高质量发展。二是以项目建设为抓手，扎实推进全域旅游发展。全面推进重点项目建设，石门洞景区东入口工程、"诗画小舟山"旅游项目、青都乐园项目、东堡山华侨文化旅游项目、咖啡小镇建设等有序推进。完成31个A级景区村和13个旅游厕所的新建、改扩建工作。新引进项目5个，在建项目实际完成投资超20亿元。完成青田县"诗画小舟山"旅游项目合作开发框架协议签订，完成仁塘湾绿湾田园综合体项目和小舟山大尖山景区项目土地出让，力争引进投资青田·云鼎——乡野度假综合体项目。做好旅游营销推广工作，围绕"十百千万"营销战略，以文旅融合为契机，依托杨梅节、世界青田人大会、侨博会等活动，吸引温州、丽水等周边城市1.5万人次到青田旅游；与平昌、梅山、平湖、嵊州等地签署合作协议，助力东西部合作、山海协作。在"浙江·丽水（上海）周"活动举办之际，举办"金山青田·山海之恋"2019青田农文旅走进上海高校、社区活动。同时，在南京、上海、杭州等7个城市设立青田旅游推广中心，与西班牙、意大利等地5家海外旅行社签署战略合作协议。"五旅融合"推进全域旅游建设，制定出台了《青田县旅游发展五年行动计划》等政策机制，召开全县全域旅游发展大会，县四大班子主要领导参加。以"侨石"特色

文化开路,积极推动"文旅、景旅、城旅、商旅、农旅"五旅融合发展。全县全年旅游总收入163.31亿元,同比增长16.6%;共接待游客11万人次,同比增长22.22%。三是以传承文化为己任,创新发展优秀传统文化。立足本职工作与地方实际,围绕"浙西南革命"主题统筹谋划,共整理出浙西南革命文物26处,并进行革命文物保护利用工程申报。协助开展《浙西南革命文物保护利用规划》编制。继续深入实施越剧复兴计划。以建基地、办培训、展演交流等方式,培训挖掘老中青三代戏曲人才,营造了浓厚的爱越剧、学越剧的氛围,以折子戏的形式进行汇报演出,展现项目成果。依托"嵊州·青田山海协作越剧复兴合作协议",牵手嵊州市,组织业务干部赴嵊州开展业务培训,进一步扩大"越剧复兴计划"的实施力度、影响范围。非遗传承成效显著。省级非遗项目青田鼓词列入首批5个浙江省曲艺复苏性抢救计划之一。完成青田县国家级和省级非遗项目手册的编写工作。承办庆祝中华人民共和国成立70周年:2019丽水市"多彩非遗乡村四季行"之秋季青田高湖活动、向中华人民共和国成立70周年献礼:丽水三宝之青田石雕中青年石雕艺人技艺培训成果评比及成果展、"刘基春秋祭祀大典"春祭和秋祭活动。组织国家级非遗项目青田鱼灯舞和青田百鸟灯舞参加"非遗薪传"——浙江传统舞蹈展评展演系列活动、"浙江侨乡中国年·国际春晚"和2019青田"稻鱼之恋"文化节展演、"越洋同唱中国心"国庆歌会暖场活动、"问海借力 沪丽共赢""浙江·丽水(上海)周"推介会。组织青田石雕应邀参加第二届中国(淮安)大运河文化带城市非遗展暨2019年"文化和自然遗产日"江苏主场展览和活态展演活动、中华人民共和国成立70周年新闻发布会浙江非遗展示活动、澳门2019"根与魂——浙江省非物质文化展"等活动。四是以文化惠民为重点,不断提升公共文化服务水平。举办弘扬践行"浙西南革命精神"系列活动、"家乡情 红色魂"——2019年青田县"唱响五月"原创歌曲演唱大赛、"红色的印记"——2019青田县戏剧曲艺展演、"壮丽七十年 奋斗新时代"——2019年青田县乡镇文艺会演,以及百人朗读会、主题诵读大赛、浙江省纪念改革开放40周年暨浙江剪纸40年精品展。密切围绕县委、县政府的中心工作和宣传热点,深入开展各类文化活动,协助举办侨乡中国年系列活动、承办国际村晚文艺演出、庆祝中华人民共和国成立70周年系列活动,举办乡村春晚241场。持续深化文化下乡工作,完成送图书下乡12888册,送电影3700场,送戏160场,"文化走亲"6场,极大地丰富了广大乡村百姓的业余文化生活。组织参加"百城联动 歌唱祖国"2019第二届"追梦之声"浙江省青少年声乐大赛丽水地区选拔赛,获金奖5个、银奖1个、铜奖3个;参加"百城联动 歌唱祖国"浙江省庆祝中华人民共和国成立70周年群众声乐大赛丽水赛区选拔赛,获金奖3个、银奖2个、铜奖4个、优秀奖1个;参加弘扬践行"浙西南革命精神"丽水市第四届原创曲艺小品大赛,获创作金奖2个、表演金奖2个、创作及表演铜奖1个;舞蹈《青田风》获丽水市第四届原创舞蹈大赛银奖。青田鱼灯舞和青田百鸟灯舞获"非遗薪传"——浙江传统舞蹈展评展演系列活动"薪传奖"、青田百鸟灯舞获"优秀展演奖"。五是以市场管理为手段,持续优化文旅市场环境。大力提升文化市场环境,不断挖掘旅游市场潜力,增强市场发展内生动力,努力改善文化发展环境,加速文旅深度融合协同发展,开创文化旅游发展新局面。组织开展元旦、春节、"两会"、清明、五一等重点时段的安全隐患专项排查行动。组织歌舞娱乐场所和网吧业主举办消防安全技能培训,强化经营业主的安全责任意识和安全防范能力。加强对网络内容的日常巡查,严防黄、赌、毒等丑恶现象借互联网进行传播。对全县营业中的歌舞娱乐场所曲库进行全面清查,对照违法违规音乐产品目录开展严格清查,及时删除违规音乐产品,积极维护和践行社会主义核心价值观。全年巡查出动检查755人次,检查965家次,查处违规4家次;行政处罚立案调查4件,办结案件6件,警告5家次,罚款11000元。

(叶王薇、陈晓宁)

【云和县文化和广电旅游体育局】内设职能科室5个,下属单位6个。2019年末人员51人(其中:机关10人,事业41人;具有高级技术职务资格的8人,中级14人)。

2019年是文旅全面融合的开局之年。云和县文化和广电旅游体育局紧紧围绕全域5A发展战略目标,立足"一城一湖一梯田"空间布局,以公共文化服务重点县、全域旅游示范县创建和旅游跨越发展"3610"工程为核心载体,打造有文化、有颜值、有厚度的全域 5A 浙西南样本。全县旅游综合收入 52.96 亿元,同比增长 25.8%。一是以第一战略支柱产业为目标,文旅产业经济形势稳中求进。牵头推进的 17 个项目(其中含狮山景区争取实施项目等重点建设项目 9 个)全年累计完成投资 3.63 亿元。因受雨水台风等天气、梯田景区道路拓宽、仙宫景区票价下调等因素影响,2019 年景区纯门票收入 1837.15 万元,同比下降 10.98%,但是景区的总体营业收入却逆势大幅度上扬至 4301.19 万元,同比增长 23.85%,其中云和梯田景区营业收入 2385.31 万元,同比增长了 34.23%,门票收入占营业收入比例从 2018 年的 95% 下降至 56%,主要得益于梯田公司的主营业务向旅行社、酒店、餐饮等拓展,随着梯田 5A 创建的推进,特别是门票收入占比还将急速下降。推进"3610"工程,云和旅游接待水平和接待能力有了较大幅度的提升,游客的旅行方式逐步从景点游转为综合自助游、从一日游变为多日游,长汀、小顺、黄处、赤石等乡村旅游景区继续受到外地游客青睐,成为不少省内游客的疗休养选择场所。二是以公共文化服务重点县创建为引领,文旅融合发展格局初步形成。深入挖掘童话文化、抗战文化、"红色基因"等资源优势,强力推进"文旅"互融,着力形成"文旅全域融合"发展新格局。顺利创成省公共文化服务重点

县。全面完成公共文化服务效能提升,8 月顺利通过省文化和旅游厅对本县的公共文化服务重点县、标准县建设验收。完成重点文化设施改扩建。完成小康村提升工程 11 个。世界梯田博物馆开工建设。全域旅游示范县创建顺利推进。完成《云和县全域旅游规划》《云和县旅游厕所三年规划》《仙姑岩乡村旅游发展规划》等规划编制。全力推进 A 级景区(村)、旅游厕所、古道修复等重点工作,全部通过考核验收。建成 12 个 A 级景区村和 5 个旅游厕所。县域历史建筑及浙西南革命文物调查工作全面铺开。文旅活动亮点纷呈。举办"唱响童话云和"大型文艺晚会、经典诵读会等系列庆祝中华人民共和国成立 70 周年活动。云和抗战纪念馆完成布展并开放。情景音画诗剧《云和故事》首演。创作《红色之旅》《红色梅湾》等系列弘扬浙西南革命精神的原创歌曲。全年送戏下乡 109 场,送书 28890 册,送电影 1500 场。举办大型文化活动 11 场,民俗节庆活动 22 场。三是以国家级旅游度假区为标准,云和湖项目建设高水平推进。按照"大项目、大规划、大投入"的思路,以高端度假、瓯江文化体验、养生养老、康体运动为特色,推进环云和湖旅游项目招商开发建设,打造地域特色鲜明、人居环境优良的休闲度假胜地。以国家级旅游度假区标准推进规划编制。完成《云和湖国家级旅游度假区重点项目策划》编制及《云和湖国家级旅游度假区总体规划》初步论证。大力推进"湖上"景区招商开发。积极跟进杭商旅、浙江众成、浙江通润等实力财团,重

点推进三江口、小顺钓鱼岛、金水小镇等前期成熟项目区块招商,云和燕庐文化创作基地成功签约。督促服务宋城集团完成《云和湖生态康养小镇方案设计》编制,协助对接项目涉及的水域占用、交通组织、公共配套保障等工作。加快旅游配套项目建设。加快三江口区块开发,把三江口作为带动云和湖发展的核心项目。开展项目红线范围土地规划调整;基本完成药厂区块、三潭区块遗留政策处理等政府性项目前期保障工作。云和东部旅游集散中心一期开工建设。推进聚仙岛酒店项目童话城堡区块主体工程建设。紧水滩阳上区块农用地整理工程进入扫尾阶段。深入挖掘弘扬瓯越文化。立足"湖上"丰富的历史文化底蕴,整合铁三、垂钓节、摄影节、民间民俗文化艺术节、瓯江诗词朗诵等内容,举办首届"不忘初心·寻瓯溯源文旅周"活动,进一步提升云和湖的知名度和美誉度。四是以打造全域 5A 级景区核心引擎为使命,梯田 5A 级景区创建项目全面落地。紧盯梯田 5A 级景区创建节点,牢把景区定位,加快梯田 5A 级景区重点项目建设,攻坚克难推进 5A 级景区创建。深化梯田景区规划。按照高等级景区创建要求,完成一级游客中心整体建筑方案设计和论证,开展梯田主题酒店等规划方案编制,开展《灵漈山景区总体规划及重点项目策划》《云和县白鹤尖景区项目策划》编制。抓好梯田景区招商后续服务工作。协调破解 5A 级景区重点项目涉及的用地、选址、报批等问题。一级游客中心申报全国优选文旅投融资项目通过省文

化和旅游厅初审。以"梯田创5A"为核心，在黄源盆地及周边谋划"康养600"主题乡村旅游项目。强力推进5A级景区项目建设。坑根和下垟区块建设用地指标完成报批。一级游客中心、景区综合管网"上改下"、观云索道等工程持续深入推进。原摄影基地区块进入土地出让程序；下垟停车场工程进入扫尾阶段。切实提升云和梯田品牌竞争力。举办"梯田共生·文旅共融"第十三届云和梯田开犁节，全面展现农耕文化和梯田生态风貌，进一步提升云和梯田知名度和影响力。云和梯田荣获中国文旅融合创新奖。五是以"童话大花园"建设为抓手，美丽县城品质内涵不断提升。根据逛县城就是逛景区的发展目标，践行新型城镇化样板县域要求，致力于美丽宜居县城建设和文旅共建共享有机融合。合理优化县城板块空间格局。将安溪乡、雾溪乡纳入"一城"统筹谋划发展，启动佛儿岩国家4A级景区创建，完成《佛儿岩景区旅游总体规划》编制，出台创建实施方案，积极与省、市文旅部门对接景观质量评审工作。充分激发县城旅游综合集散中心功能。进一步谋划旅游大数据管理中心项目，着重盯紧旅游餐饮住宿短板，在下前溪、老消防队等区块与意向投资企业洽谈对接，谋划引进木玩童话主题酒店。积极跟进狮山景区项目招商。项目建设顺利推进。全民健身文化中心进入立面装修阶段。霞晓桥8幢养生公寓完成主体工程量的70%。云章区块孔桩基础基本完成，取得施工许可证。积极协调处理独山区块牌坊迁移和其他政策遗留问

题。清水湾温泉度假村土方开挖全部完成。六是以全域5A发展品质为保障，文旅市场焕发活力。充分发挥旅游大数据中心旅游行业监管、旅游产业数据分析、突发事件应急处理等功能作用，打造科学决策、高效管理、精准服务一体化的旅游管理数字化信息工程。主要旅游景区实现Wi-Fi信号、视频监控全覆盖，智能导游、电子讲解、实时信息推送的同时，实现"一码扫云和、一机游云和、一图管云和"，打造全国"智慧全域5A"标杆。执法改革初显成效，整合组建文化和广电旅游体育市场综合执法队伍，厘清执法项目，完善监管机制。建立常态化的"第三方委托暗访机制"，对全县的旅游景区、宾馆酒店、旅行社、旅游商品销售场所等进行暗访，深入开展扫黑除恶专项整治，积极推进"全域一证通办"及"部门联办一件事"工作，提升云和全域5A发展品质。

（廖和燕、罗春蕾）

【庆元县文化和广电旅游体育局】内设职能科室5个，下属事业单位7个，国有企业2个，乡镇文化中心站6个。2019年末人员73人（其中：公务员6人，参公10人，事业57人；具有高级技术职务资格的6人，中级27人）。

2019年是文旅融合发展元年，庆元县文化和广电旅游体育局坚持以习近平新时代中国特色社会主义思想为指导，深入贯彻"绿水青山就是金山银山"理念，大力弘扬"浙西南革命精神"，紧密围绕县委、县政府中心工作，着力推进机构改革，结合"不忘初心、牢记使命"主题教育要求，全

面开展学习调研，深入谋划工作思路，确保改革工作与业务推进工作齐头并进。一是紧扣一个中心，全方位释放旅游经济红利。整体旅游形势稳中有进，全年旅游总收入29.39亿元，同比增长17.6%。重要旅游节假日旅游形势向好。十一期间，全县旅游人数为17.8万人次，实现旅游收入11720.78万元，同比上升17.01%。疗休养市场持续发力。全县地接接待团队385个团，共计12994人次，同比上升96.79%。旅游综合经济明显。全县星级饭店营业总收入1774.51万元，同比上升15.42%。非星住宿设施平均床位出租率65.99%。二是突出项目建设，有序推进各类文旅项目。全县涉旅项目计划投资15亿元，累计完成投资15.2亿元，完成年度任务。社会投资项目进展良好。全年实施涉旅项目27个。生态古民居项目一期动工建设，完成年度投资10554万元。状元文化养生（养老）中心除迎宾楼外全部完成主体工程。山水九章酒店投入运营。县文化中心、体育中心PPP项目完成多个场馆场地平整，开展基础施工，共完成投资6435万元。政府投资项目稳步推进。举水省级旅游风情小镇，香菇小镇国家3A级景区通过第三方机构评定。新增省A级景区村庄25个，新建、改扩建旅游厕所12座。完成廊桥古道绿道路面修复32千米。通过省公共文化服务重点县建设验收，新建、改建乡镇综合文化站8个，廊桥博物馆"数字红桥"展厅、香菇博物馆非遗展厅建成投用。三是深化精准营销，推进形成文旅

融合发展新格局。举办第七届中国廊桥国际学术（庆元）研讨会。来自联合国教科文组织世界遗产评选委员会、南京大学建筑学院、中国廊桥研究会以及美国、意大利、日本、中国台湾等国家和地区的100多名国内外木拱廊桥研究专家、学者参会，共同研究交流廊桥文化与保护，合力共谋共推廊桥申遗工作。参与第十一届中国·丽水国际食用菌大会暨第十一届庆元香菇文化节相关系列活动，完成民俗文化踩街及文艺晚会的筹备工作。乡村文化旅游季活动稳步开展。举办荷地镇800农产品推广暨香菇文化旅游节、淤上乡年货节、浙闽边界十里八村迎春歌会等乡村文化旅游季活动51场。营销推介主动出击。结合丽水（上海）周文旅推介活动，开展2019丽水超级马拉松文旅宣传活动，共发放庆元宣传资料2000余份。主动对接省、市电视台拍摄本县美食主题节目，并与各知名媒体合作，发布微信公众号推文185篇次。借力春寻"廊桥王国"、庆元（杭州）文旅推介沙龙、第一届中国天然氧吧文化旅游节暨特色农产品展等旅游推荐活动，主动与上海、江苏、杭州等主要客源地城市进行"一对一"市场对接。举办2019丽水市旅行社协会一届一次年会暨200名业界总经理走进庆元活动。"全域旅游示范县"建设持续推进。加大全域旅游创建力度。打造"生态养生游""避暑亲水游""田园牧歌游"等7条主题资源旅游精品线路。不断挖掘和提炼具有庆元特色的全域旅游创建工作亮点、创建经验。持续开展旅游市场的安全及监管工作。层层压

实安全制任制。开展"保平安迎大庆"专项整治，传达省、市、县有关安全精神。不断强化旅游市场规范秩序的宣传力度，提高旅游从业人员的旅游安全和市场规范意识。四是群文活动持续开展，推动文化事业蓬勃发展。政府搭台，群文活动异彩纷呈。全年举办102场"乡村春晚"系列活动。举水乡、竹口镇入选"浙江省民间文化艺术之乡"。春节期间开展"和和美美过大年"广场系列演出活动，为7个社会团队搭建文艺展示平台。开展以"我和我的祖国"为主的文艺快闪活动。全年开展"乡村春晚"活动102场、送戏下乡114场，"文化走亲"7场；举办和承办群众文化活动29场次。培训提升，群文队伍实现有机更新。举办2019年春、秋季"菇星璀璨"免费培训活动，包含器乐、书法、菇民戏等8个类别，共举办2期16个班次，学员400多人次。开展2019年农村文化队伍素质提升培训，学员200多人次。举办"文化精准帮扶"下基层二胡培训班。全年10人次参加省、市业务培训，文化干部业务水平不断提升。精心编排，文艺节目掠获大奖。节目《菇山行》获丽水市第十一届乡村文化艺术节暨全国乡村春晚擂台赛金奖。参加在青田举办的全国乡村春晚启动仪式。小品《碗》获全市小品大赛创作、表演铜奖。短剧《箍桶匠》获弘扬践行浙西南革命精神丽水市原创戏剧、曲艺作品征文活动金奖，《特殊礼物》获银奖。各类非遗传承活动陆续开展。举办庆元县非遗传承人新春茶话会，走访非遗代表性传承人。选送木拱桥传统营造技艺、菇民

戏和黄粿制作技艺等非遗项目参加省市展示、展演。制定2019年度人类非遗项目"木拱桥传统营造技艺""3＋N"保护计划，木拱桥传统营造技艺入库央视非遗公开课，并参加中国（义乌）文化产品交易会、文化和旅游部在广州举办的全国"文化和自然遗产日"主会场展示。三堆村入选省非遗旅游景区（民俗文化村）。

（张丹萍）

【缙云县文化和广电旅游体育局】内设职能科室9个，下属单位6个。2019年末人员86人（其中：公务员13人、机关工勤1人，参公21人，事业51人；具有高级技术职务资格的9人，中级14人）。

2019年，缙云县文化和广电旅游体育局以党的十九大精神和浙西南革命精神为指导，以"丽水之干"担纲"丽水之赞"，顺时势、讲担当、求时效，稳步推进机构改革工作，积极推动文化旅游、理念融合、职能融合、产业融合、服务融合，探索文旅融合新路径、新方法，为社会经济发展注入新动能。全年实现旅游总收入185.53亿元，同比增长17.3%。一是坚持惠民导向，丰富文艺生活。以弘扬践行"浙西南革命精神"和庆祝"中华人民共和国成立70周年"为主线，开展一系列文旅活动。通过浙江省第三批公共文化服务标准化认定工作。乡村春晚深入人心。春节期间开展乡村春晚演出185场，民俗文化活动72场。同时开展乡村村晚最美系列评选活动。选送婺剧《婺韵撷英》参加2019全国乡村"斗"春晚演出。文艺演出精彩纷呈。策划、组织、承办、协助开展第六届缙云县道

德模范发布会、英雄赞文艺晚会、首届戏剧"十大名角"评选活动等各类文艺演出活动25场次,送戏下乡249场次,"文化走亲"17场次。文艺创作硕果颇丰。创作婺剧小戏《三担米》在全县巡回演出,并上架"学习强国"平台;参加庆祝中华人民共和国成立70周年全省民营文艺表演团体汇报演出,获传统戏曲精品折子戏金奖;创编婺剧《辕门斩子》,参加省第六届乡镇(街道)社会艺术团队文艺汇演,获戏曲类金奖。书香缙云持续发力。新增城市书房2个、图书馆分馆1个、书吧6个。全年接待读者1537057人次,参与阅读推广活动769447人次;送书下乡40696册次。开展阅读推广活动1019场次,其中2019"暑期好书名师导读"活动受益学生近1.5万人,成为本县独树一帜的"阅读推广品牌"。举行各类展览114场次。非遗传承可圈可点。缙云烧饼制作技艺积极申报国家级非遗项目;胡源乡胡村村被列入第五批浙江省非物质文化遗产旅游景区(民俗文化村)。非遗传承人刘夏英创作的《仙都风景》系列剪纸入选首批100项浙江省优秀非遗旅游商品。缙云1名选手荣获第二届"少年非遗说"浙江传说故事讲述大赛一等奖。二是坚持需求导向,完善公共服务。始终把群众、游客满意度作为提升公共服务的标准,通过大投入、大整合等不断完善公共文化服务水平。内外交通更加通达。在缙云壶镇设站的金台铁路将于2020年正式通车,杭丽高铁将缙云拉入杭州1小时交通圈。通景公路和城乡绿道成为美丽风景线,旅游专线、观光车、共享单

车等多元化交通方式实现无缝换乘;缙云城市绿道获评2019年浙江省"十大最美绿道";仙都风情绿道获评省十佳"运动休闲绿道"。接待体系日益完善。在建五星级标准酒店1家,四星级标准酒店1家,改造三星级标准酒店1家,推进民宿集聚区建设,形成"星级酒店＋乡村休闲酒店＋精品民宿"的多元化接待格局。新增5家旅游标准民宿,其中宋哥香墅民宿客栈被评为金宿级民宿,4家被评为银宿级民宿。智慧旅游更加便民。旅游大数据中心和"缙云智慧旅游在线"全面升级,推进建设"缙云智慧文旅在线"微官网,各旅游咨询服务中心(点)进一步提升,实现"一图游缙云"。全年目标创建的12座旅游厕所全部完工。强调志愿服务与人才培养可持续。组建300多人旅游志愿服务队伍,设立5个志愿服务站,开展常态化文明旅游志愿服务活动。组建5支社会应急救援队伍,形成政府与民间紧密配合的旅游救援体系。举办2019年浙江省"耕山播海"基层文艺培训、乡村春晚导演培训、非遗传承人培训等文艺类培训和讲座91场次。积极组织各乡镇开展"三团三社"创建工作。举办红色讲解员培训、景区景点讲解员培训、导游素质提升强化培训,进一步提升全县导游队伍的整体水平和综合素质。三是坚持品质导向,优化供给体系。深入推动"旅游＋""＋旅游",把握文旅发展大势,突出核心吸引物,推进文旅产业的纵向延伸和跨行业、跨领域的互融互通。游在缙云。进一步巩固"省级全域旅游示范县"创建成果,对照《国家全域旅游示范区

验收标准指标体系评价表》进行提升与完善。仙都景区获批国家5A级旅游景区,标志着丽水5A"破零",河阳古民居创成4A,壶镇机床小镇创成3A,全县高等级景区达到8家;新增省级旅游风情小镇1个、4A级景区镇1个、3A级景区镇4个、A级景区村庄27个。玩在缙云。普化源高山滑漂获"世界最长山体水滑道"吉尼斯认证。黄龙景区研学等文体旅融合新业态不断涌现。户外运动蓬勃发展,汽车越野(缙云猛峰尖)、无动力滑翔伞(缙云羊上航空飞行营地)、彩弹射击(缙云仙都黄龙景区)等3项获评省级运动休闲旅游优秀项目。5条红色旅游线路广受欢迎,《红色研学导览地图》生动有趣。娱在缙云。全年共举办各类乡村节庆活动42场次,参与活动人次300多万。汉服影视体验、汉式成长礼、古韵音乐展演等文化体验活动丰富多彩。成功培育省级采摘体验基地2家,其中钻果级1家、银果级1家。缙云县仙都景区研学基地获评省级2019年中小学生研学实践教育基地。吃在缙云。组织缙云烧饼参加省、市会展活动5次。协助组织"2019缙云烧饼节",邀请台湾和四川等地的美食企业参展,吸引游客达50万人次。积极推广"诗画浙江·百县千碗"品牌,组织缙云智慧旅游平台线上开展寻味缙云活动,推出缙云烧饼、缙云爽面等"缙云十大碗"。诗在缙云。积极响应全省"诗路文化带建设",仙都景区获评首批浙江省诗路旅游目的地,启动文旅融合改革实验区建设,梳理培育黄帝缙云、缙云烧饼、缙云婺剧等文旅融合IP和"金名

片"。完成推出 2 条诗人行踪精品线路,并在缙云智慧旅游微信、《浙江日报》等平台上全面推广。四是坚持市场导向,扩大品牌影响。充分利用合作媒体、山海协作等渠道及平台,扩大"朋友圈",提升"黄帝缙云 人间仙都"品牌知名度。创新引领。获得"2018年度浙江省文化和旅游系统政务新媒体运营奖"。在省文化和旅游厅"诗画浙江"全域旅游信息服务系统应用工作情况与"浙里好玩"的维护情况通报中名列全省县(市、区)第一。共参加客源地市场旅游营销活动 23 场次,自行组织和跨区域抱团开展营销活动 6 场次、线上智慧营销活动 12 场次。利用"缙云智慧旅游在线",借力今日头条、马蜂窝、驴妈妈等知名媒介,多渠道、多媒体开展线上营销。问海借力。主动融入金丽温衢、瓯江山水诗之路旅游联盟,积极对接融入长三角区域一体化、浙皖闽赣旅游协作区、深化与德清县、杭州市富阳区等的"山海协作"平台,并与兄弟县市开展"山海协作 文化走亲"活动。文化增亮。己亥年(2019)中国·仙都祭祀轩辕黄帝大典配套开展多样化文旅活动,"华夏同根·曲韵情深"戏曲音乐晚会、"致敬李阳冰——海峡两岸篆书名家邀请展"、缙台两地民俗文化风情节等系列活动获一致好评。

(潘浩川)

【遂昌县文化和广电旅游体育局】内设职能科室 7 个,下属单位 9 个。2019 年末人员 76 人(其中:机关 27 人,事业 49 人;具有高级专业技术职务资格的 6 人,中级 24 人)。

2019 年是开启文化和旅游深度融合发展的第 1 年,遂昌县文化和广电旅游体育局以高质量发展为目标,以融合发展为重点,紧扣"提供优秀文化产品和服务、优质旅游产品和服务"这一中心,围绕"旅居、团建、研学、会议"四大精品旅游目的地建设目标,着力推进文化建设和旅游发展再上新台阶。全年实现旅游综合收入 156.82 亿元,同口径比增长 16.1%。遂昌入选国家第一批革命文物保护利用片区分县名单,上榜"2019 年全国旅游综合实力百强县"和"2019 中国最美县域"榜单,荣获"2019 中国旅游影响力年度县区"。一是文旅资源开发与建设。全县实施旅游项目 30 个,完成旅游建设投入 28.49 亿元,完成年度计划的 109.2%。配合完成丽水瓯江山水诗之路规划方案编制,完成蔡源旅游风情小镇总体规划编制和审查。汤显祖戏曲小镇杜丽娘大酒店、戏曲传承学校、三墩文化博览园建成营业,关雎文化园、湖山慢生活旅游区、长濂古民居文化街区等重点旅游项目获得实质性进展。新增王村口为 5A 级景区镇,新增龙洋乡九龙口村、石练镇淤溪村、濂竹乡刘坑村 3 个省级 3A 级景区村和 27 个省级 A 级景区村。丰富乡村旅游业态。新建旗山侠隐民宿集聚村和非云民宿、上高 77 号民宿、云隐源奢 3 家精品民宿。新增上林山舍为金宿级民宿,望辰民宿和蓬门、听竺民宿被评为银宿级民宿。湖山乡红星坪温泉度假村入选省级乡村疗休养基地,获评"浙江省银鼎级特色文化主题酒店";云逸远山民宿、上林山舍民宿分别获 2019 浙江民

宿主题榜活动之"最受欢迎民宿奖"和"最美民宿庭院奖",云逸远山还获得 2019 年度抖音最受欢迎旅宿。新增湖山乡丛林穿越、应村动感桃溪户外拓展基地等业态。举办"乡村振兴之空心村活化群英会""华东百强俱乐部进遂昌"等乡村论坛。拓展研学业态。组织举办中西文化"玩美游学"和中小学生五行研学系列活动。接待首个省外研学团队。遂昌五行研学营地和丽水九龙山自然保护区研学基地分别获评省级中小学生研学实践教育营地、基地,创建市级中小学生研学实践教育营地 3 个、基地 3 个。全年完成绿道投资 4.86 亿元,建设里程 127.6 千米。新改建旅游厕所 17 座,其中 3A 级旅游厕所 1 座。二是文旅深度融合。职能融合顺利完成。在机构改革期间,系统干部职工讲政治、讲大局,牢固树立"一盘棋"思想,做到了思想不乱、工作不断、队伍不散、干劲不减,快速完成科室设置、人员整合、职责分工,实现了机构融合、人员融合、工作融合,确保了文旅工作顺利开展。文旅融合创新推进。深化遂昌汤显祖文化品牌建设,高规格举办了汤公音乐节,为期 16 日,包括室内音乐会、实景音乐会、音乐大师公开课、景区主题快闪等形式,以"中西合璧"助力汤莎国际人文交流合作,以音符串联景区、村庄、剧院、课堂,将"汤公音乐节"打造成为遂昌文旅融合新 IP。举办"班春劝农"典礼。3A 级景区焦滩乡独山村内"独山石牌坊"入选第八批全国重点文物保护单位。黑陶作品"中华朱雀"入选首批浙江省优秀非遗旅游商品。王村口镇桥西村、焦

滩乡独山村入选首批浙江省美丽乡村美育村(社区)试点单位。非遗文化街区引入戏曲文旅产品。厨娘牡丹亭推出"餐饮＋戏台"经营模式。红旅融合持续发酵。切实发挥革命老区的红色优势,推出革命培训课程,浙西南干部培训中心全年举办培训班 429 班次,培训 19250 人次;开发红色旅游路线,推出以王村口镇、门阵村、泉湖寺、苏村为核心的沿线红色游,其中门阵村"华东天路"越野自驾 IP 共计接待 15000 余人次。三是公共文化服务。成立首届县图书馆、文化馆理事会,新设王村口图书馆分馆和新路湾蕉川村村级图书馆分馆,与中央音乐学院、天津茉莉亚音乐学院等音乐高校达成战略合作意向,签订"心弦系遂昌"于红梅公益教育和打击乐教学实践合作平台,公共文化阵地建设进一步提升。全年举办 80 台"乡村春晚",120 场"送戏下乡",13 场"文化走亲";开展"春节文化""庆祝中华人民共和国成立 70 周年""弘扬践行浙西南革命精神"等主题的各类艺术展览和阅读活动,活动输出持续加量。举办浙江省"耕山播海"基层优秀文艺团队培训、弘扬践行"浙西南革命精神"原创红歌舞蹈推广培训班、公益专题摄影讲座、"非课堂"书画公益课程等公益课,群众课堂不断丰富。文艺作品得到褒奖。舞蹈作品《牡丹亭·寻梦》荣获浙江省第五届乡镇(街道)艺术团队文艺汇演金奖;群舞《幸福彩带》获浙江省首届少数民族优秀舞蹈作品展演入围作品奖;东峰村歌伴舞《畲乡东峰美如画》成为全省农村文化礼堂村晚优秀节目,湖山乡奕山村

锣鼓乐社受邀参加第五届中国民族音乐节暨首届中国打击乐艺术节;《红色节拍》在弘扬践行"浙西南革命精神"暨丽水市第十四届原创歌曲大赛中获创作金奖、演唱银奖,《向远方》获表演、创作双铜奖,遂昌县文化馆获优秀组织奖。四是文旅市场营销。赴上海、苏州、无锡、杭州、温州、深圳、福建等经济发达地区开展深入合作,共组织、参与推介活动 17 场,举办美食街进上海高校、"百县千碗"杭州高校活动,投放杭州地铁"遂昌旅游"专车。举办"遂昌年货节""到遂昌乡村过大年""乌饭节"等节庆活动,以及"浙西南革命精神"系列活动、"玩美游学"研学之旅、"非凡匠心"文创设计大赛等参与型活动。参展中国国际旅游商品展、上海世界旅游博览会、世界园艺博览会浙江日等。持续亮相央视、浙江电视台、网易等主流新老媒体平台,大柘万亩茶园登上央视《航拍中国》;高坪乡"云上梯田"走进央视直播间;躬耕书院音乐筑梦班《心底的天籁》登台"2019 中国北京世界园艺博览会"开幕式晚会,并被新华网、央广网、浙江卫视、《浙江日报》等媒体报道传播;端午 70 米长粽受新闻直播间直播;《遂昌年味》亮相浙江影视娱乐频道。"诗画浙江文旅资讯"、《都市快报》等浙江媒体相继播报遂昌文旅专题。五是文旅行业管理。紧抓文旅市场安全及秩序整治,层层签订《安全生产和消防工作目标管理责任书》,落实安全生产主体责任,常态与专项结合开展景区、星级饭店、网吧、娱乐场所、旅行社等市场检查,先后开展了"市场安全日"、"放心消费在遂昌"、"全国

法制宣传日"、扫黑除恶等宣传活动,营造安全有序的文旅市场环境。全年累计出动执法人员 683 人次,检查文旅经营单位 829 家次。提升行业服务能力。举办全域旅游、文旅融合发展、研学旅行、基层文艺骨干和三团三社、导游人员、应急救护等培训班。举办全县饭店服务技能大赛,评选产生个人排名及遂昌县十大特色热菜、十大特色冷菜、十大特色点心。举办遂昌县第六届导游员大赛,角逐"十佳导游员",并参加丽水市第五届金牌导游大赛。强化行政服务意识。扎实开展"三服务"工作,处理解决事项 40 件,其中服务企业 20 件,服务群众 9 件,服务基层 11 件,为基层、企业提供精准服务。大力推进"最多跑一次"改革,将新职能梳理整合为行政许可、行政确认、行政给付、其他行政权力等 56 项,并在精减申报材料、可容缺部分材料、压缩办理时间、提供现场指导、上门服务等环节上下功夫,共计办件 91 件,接待群众咨询 300 余人次,上门服务常态化,提前办结率 100％,满意率 100％。

(徐 丹、吴君建)

【松阳县文化和广电旅游体育局】内设职能科室 5 个,下属事业单位 6 个。2019 年末人员 71 人(其中:机关 11 人,事业 60 人;具有高级技术职务资格的 7 人,中级 19 人)。

2019 年,松阳县文化和广电旅游体育局坚持以"文化引领"为导向,以"品质发展"为准则,突出"旅游经济培育、深度融合发展、国际化发展"三大主题,全力探索符合生态文明理念的高质量发展

之路。全县实现旅游收入55.1亿元,同比增长31.5%,旅游产业增加值占GDP比重达9.15%。松阳作为全国唯一县域代表受邀参加联合国首届人居大会,分享乡村振兴创新发展经验;"拯救老屋行动"项目获省公共管理创新案例"十佳创新奖"并被写入2019年省政府工作报告,在全省推广;詹宝兄弟进士牌坊成功申报全国重点文物保护单位;《松阳传家》入选2019文化力年度榜;松阳县博物馆、大木山茶园分别入选《人民日报》"2019人民之选——中国博物馆创新锐度TOP 30""2019人民之选——中国亲子游品质产品TOP 10"。一是强化规划引领,推进文旅产业科学化布局。启动文旅资源普查及产业布局规划,完成《松阳县全域旅游总体规划》(评审稿)、四都乡和大东坝镇旅游风情小镇专项规划审查,明晰发展格局。深入实施《国际乡愁旅游目的地三年行动》,推动产业合理布局。制定《松阳高腔传承发展的实施意见》非遗体验定制补助、入境旅游奖励暂行办法等激励政策。二是理清发展思路,推进文旅项目品质化建设。立足资源禀赋和县情实际,精准确定"高品质、小众化、中高端"的发展定位,高品质推进全县域生态博物馆(工坊)建设,豆腐工坊、油茶工坊、白老酒工坊等一批示范项目建成投入使用;张玉娘诗文馆、蚕桑研学基地、自然学堂等在建项目全力推进;博物馆扩容改造、造纸工坊、暗夜公园等完成项目前期。坚持抓大不放小,清露乡隐旅游度假区、洞阳观旅游度假村、椰树民宿综合体等投资亿元项目逐步成业成型;云

夕摩家国际共享空间、桃野民宿综合体等精品示范点位有序推进;第二书房、卯山森林康养、雅溪口芳菲、碧山国际旅行社等项目达成合作协议。三是丰富产品体系,推进文旅产业多元化发展。多级别打造产品体系。以国家级全域旅游示范区、省级旅游风情小镇、省级A级景区村庄创建为阵地,形成县、乡、村3级联动的全域产业布局。四都乡通过省级旅游风情小镇评定验收,完成35家省级A级景区村庄评定验收,其中陈家铺村、沿坑岭头村、安岱后村、六村、吊坛村等5个自然村创成3A级景区村庄。多线路打造产品体系。以8条艺术创作线路、5条研学线路、9条红色旅游徒步线路以及全县域绿道网系统为依托,形成全域产业链,并借势借力举办2019田园松阳国际半程马拉松、2019丽水·松阳中国天空跑国际挑战赛等高等级赛事,助力第十二届中国(国际)茶商大会、2019中国松阳乡村振兴论坛等全县性活动,取得良好社会反响。多点位打造产品体系。以全县域乡村博物馆、艺术家工作室、非物质文化遗产等为平台,研发一批既传承传统工艺又能满足现代消费需要的高品质文创产品,推动全域产品品牌成型。樟溪红糖、石仓泡豆腐、白老酒等取得了良好的经济效益和社会效益,篾器、棕包、麦秆扇等多种传统手工艺产品备受游客喜爱。四是完善基础配套,推进文旅服务标准化建设。不断夯实文化产业基础建设。统筹网络建设,实现公共文化设施全覆盖。"松阳书房"落户杭州国际城市学研究中心。城市书房建成并对外开放,

已接待读者12万人。结合"拯救老屋行动"建成集图书阅读、文创工艺、旅游休闲和创作培育为一体的"圆梦书屋"17家。指导全县文艺骨干创作以"弘扬践行浙西南革命精神"为主旨的文艺作品23件并出版。新增县级非遗传承人39人,县级非物质文化遗产传承基地4个。不断提升旅游基础配套建设。深入开展厕所革命,完成12座旅游厕所新改建及60座旅游厕所百度地图上线。推出首款城市字体"汉仪松阳体",推进全域旅游标识系统规范化、科学化、品质化建设。依托"百县千碗"活动,深入挖掘培育在地美食文化,打造松阳美食品牌,促进松阳美食文化由"吃饱"向"休闲"功能转化。不断推进文保事业发展。完成全国重点文物保护单位延庆寺塔以及省级文物保护单位安岱后浙西南革命根据地旧址之刘英、粟裕故居,挺进师机关和浙西南特委旧址的修缮工程。推进浙西南革命文物保护利用工作,梳理全县138处革命遗址,上报省文物局不可移动革命文物75处。指导完成枫坪乡小吉村"中国工农红军挺进师政治委员会会议旧址"修缮及布展,完成水南街道竹溪村(中共松阳县工作委员会成立地旧址)等5处遗址的修缮。五是加强行业引导,推进文旅市场规范化管理。突出行业监管。全年开展文旅市场执法检查590人次,检查经营单位661家,查获违规单位1家次,警告1家次,完成行政许可办件量432件,联合市场监管局等部门举行应急演练4次。加强对企业的考核,开展文化企业年检工作,清理了11家"僵尸企业"。

出台《旅游企业年度考评办法（试行）》，将考核结果与下一年度旅游项目支持、资金补助、市场推广、行业资质评定、企业红黑榜等挂钩，进一步规范企业经营行为。提升行业品质。引导文旅企业规范经营、强化品质建设，开展评星评级以及示范基地创建。指导集散中心完成三星级品质旅行社、旭日摄影主题酒店完成三星级饭店复核；鸣珂里获评白金级民宿；小茶姑娘等4家民宿获评银宿级民宿；松泰酒店获评全省银鼎级特色文化主题饭店。充实人才储备。强化旅游从业人员队伍建设，举办"田园松阳 游你来说"2019年松阳县第二届金牌导游（讲解员）大赛。开展"三团三社"普查，建立全县村级文化队伍数据库，壮大乡村基层群众文化力量，已有民间文艺团队500余支。开展传统工匠培训和青年古建工匠培训，做大做强"松阳匠人"品牌，全县已有30支近1000人的松阳古建工匠队伍，2家企业获得文保三级企业资质。六是讲好松阳故事，推进文旅国际化发展。持续推动全县域永不落幕的民俗文化节和当代艺术展、永不闭馆的乡村博物馆、永不停歇的乡野运动场品牌建设，打造松阳故事文旅IP。高品质举办活动。依托"乡乡有节会、月月有活动"的民俗活动展演机制，举办竹溪摆祭、端午赛龙舟、浙江省运动休闲旅游节等高品质节庆活动。开展送书下乡12373册，乡村春晚54场，文化走亲15场，组织承办各类文艺活动420场。同时借助央视新闻联播、《都市快报》、《人民日报》、FM93浙江交通之声等平台的宣传报道，积极开展推广营

销。塑造松阳特色品牌。与浙江婺剧艺术研究院（浙江婺剧团）联合打造的松阳高腔红色革命题材剧目《箬寮风雷》在CCTV－11戏曲频道《九州大戏台》栏目首播，受邀参加"浙江好腔调"浙江省传统戏剧展演，在丽水大剧院、中国婺剧院演出，并入选浙江省第十四届戏剧节终评，参加上海白玉兰表演艺术奖评选。创编松阳高腔折子戏《穆桂英挂帅》参加国际茶商大会。越剧《张玉娘》参加2019年第三届嘉兴市民文化艺术节开幕式，广受好评。积极开展国际交流。依托第十二届中国（国际）茶商大会、中国松阳·现代有机农业峰会、第一届城乡联系国际论坛等国际性交流活动，百名艺术家入驻乡村等国际交流平台，强势推介，登上国际舞台。"乡村变迁：松阳故事"参加奥地利建筑博物馆主题展览，《参考消息》刊登报道了题为《松阳乡村变迁故事引欧洲关注——实施"建筑针灸"发展特色产业》的文章。"乡村变迁·松阳故事"主题展亮相首届联合国人居大会，切实提升了松阳国际化品牌形象。

（卢 莹）

【景宁畲族自治县文化和广电旅游体育局】 内设职能科室5个，下属事业单位7个，国企3个。2019年末人员73人（其中：公务员11人，参公4人，事业58人；具有高级技术职务资格的8人，中级17人）。

2019年，景宁畲族自治县文化和广电旅游体育局坚持以生态为底色，文化为特色，紧扣提供优秀文化产品和服务、优质旅游产品和服务这个中心环节，全面发

力，多点突破，形成了资源有机整合、产业融合发展、社会共建共享的工作格局。全年旅游总收入79.3亿元，同比增长20.6%。旅游产业增加值占GDP比重8.44%，比上年增加0.09个百分点。全年有涉旅项目19个，计划完成投资20亿元，实际完成投资20.6亿元。其中，政府性投资项目13个，完成投资18.4亿元；民间投资项目6个，完成投资2.2亿元。那云天空之城项目全面动工建设，并于12月20日通过国家审批，实现项目入库。洞宫畲王寨旅游度假景区一期土地于12月底挂牌出让。百鸟朝凤文化旅游度假区项目于9月17日在"浙江·丽水（上海）周"推介会上签订投资协议，建设用地指标已经上报省文化和旅游厅，该项目被列入对接长三角一体化项目库，同时被列入2020年县市长工程备用项目。惠明禅茶文化产业园项目完成12项审批前期工作，基本完成项目规划，项目土地征迁工作全面启动。加大旅游市场营销力度。全年分发宣传资料8万余份，旅游纪念品7000余份。组织参加义乌、宁波、江苏等旅交会和2019年丽水（江苏）旅游推介会、杭州疗休养推介会、四川（广元、巴中）推介活动；开展杭州、嘉兴、厦门多地精准营销活动20余场。景宁智慧文旅综合服务平台、"景宁文旅"微信公众号上线；与旗胜营销平台合作，通过一点资讯、携程旅游等知名媒体宣传景宁旅游，提升畲乡景宁旅游的知名度和美誉度。加强与上海静安区合作，积极融入长三角区域一体化发展大局。举办2019"诗画畲乡·清爽景宁"文化

旅游节暨静安—景宁"文旅走亲"活动。参加第二十六届上海国际茶文化旅游节,以畲族歌舞和惠明茶为媒,将民族风情园打造成上海最美"后花园"。举办景宁(上海周)——文农旅走进上海高校、上海社区等活动,以舞台剧的形式把景宁的秀美景色和民俗风情带到上海,共同谱写上海静安助力景宁发展的新篇章。充分发挥旅游业对其他产业的融合、催化和集成作用,积极打造文化、农业、工业、养生等重点旅游产业融合产品。农旅融合方面,新培育农产品旅游地商品主体17个,提升农产品旅游地商品20个,实现"丽水山耕"农产品年销售额9.54亿元。文旅融合方面,充分发挥节庆效应,举办以"古老风情的奇妙体验"为主题的2019中国畲乡三月三"诗画畲乡·风情景宁"活动,其间先后举行中国好"畲"系列活动、"古老风情体验游"系列活动,全景打造吃、住、游、娱、购、乐的体验平台,彰显畲乡文化旅游产业的最新成果。此外,各乡镇根据自身特色,分别举办各类文化旅游节庆活动。体旅融合方面,以举办大型活动和小型多样化活动相结合的形式,促进人民群众体育意识和健身意识的提高。浙江省全民健身第二届生态运动会(景宁站),跑进大花园10K联赛(景宁站),第四届全国少年儿童国际跳棋棋王棋后赛等品牌赛事活动精彩纷呈。加快推进生态休闲养生(养老)产业,景宁云中大漈、景南云上天池景区入选浙江100个避暑气候胜地。积极探索医养结合,组织畲药非遗馆申报省级中医药旅游养生示范基地。全年完成送书下乡

10200册、送电影下乡1667场、文化物流辅导活动120场。举办"乡村春晚"70台。建成乡村梦剧场3个,将畲乡春晚串珠成链,打造乡村文化旅游漫游精品路线。通过文旅体项目答辩会确定22个项目作为2019年度重点节庆活动。"十百千"工程于7月通过验收。景宁成为首批《浙江省基本公共文化服务标准化建设(2015—2020年)》验收县。再获2018—2020年度"中国民间文化艺术之乡"称号,并荣登金榜,是全省6个县之一、全市唯一连续获此殊荣的县。凭借畲族民间歌舞入选2017—2019年度"浙江省民间文化艺术之乡"名单。"文化物流"服务规范列入县级地方标准。非遗保护传承更有力。安亭村被公布为浙江省第五批浙江省非物质文化遗产旅游景区(民俗文化村)。天堂湖惠明茶体验中心被公布为2019年丽水市第四批非遗展示体验点。景宁非遗与旅游融合发展优秀案例在文化和旅游部专题培训班上分享,得到领导和专家好评。畲族彩带编织技艺获得第14届中国(义乌)文化产品交易会"最佳展示奖"。景宁畲族银饰入选首届浙江省优秀非遗旅游商品。图书《守护畲乡传承人》出版。顺利承办"非遗薪传"浙江省传统舞蹈展演展评系列活动,并获薪传奖、优秀展演奖、优秀组织奖。先后执行承办了"诗画畲乡·年味景宁"全国少数民族乡村春晚、2019新春团拜会、中国畲乡"三月三"系列活动之畲乡群众大联欢等活动。举办正月初一大型文化游园、"诗画畲乡·年味景宁"正月十五元宵喜乐会瓯剧展演、景宁首届原生态

畲歌大赛等活动。全年开展各类主题送戏下乡演出140场次;开展"文化走亲"活动12场次;举办公益培训班35班次,培训人员1200余人次。全年创作各类作品30余个。其中原创歌曲《唱说红色畲乡》刊登在《歌曲》杂志上;原创歌曲《她》获浙江省首届流行原创歌曲大赛金奖;《黄泥妮崽》参加中央电视台少儿频道《七巧板》"快乐宝贝爱唱歌",并获最佳组织奖、优秀原创作品奖、最佳表演奖;畲凤·畲银首饰获"2019中国特色旅游商品大赛"入围奖;《畲山茶歌》获2019全省茶歌大会铜奖;畲族博物馆推送的文创产品"凤凰来仪"和"双鱼捧凤畲娘套装首饰"在第14届中国(义乌)文化产品交易会上分别获工艺美术金奖和铜奖;"畲乡情话情侣冰箱贴"获2019浙江省首届文化文物文创产品设计大赛优秀创意奖。畲族博物馆增加馆藏品233件(套),总量6159件(套);免费接待各类团体950个,观众27.2万人次,全程讲解850场次。展出"随心——季春龙油画展""童心·童绘庆六一儿童绘画展"等8个临时展览。采用"走出去,迎进来"的方式,把流动博物馆搬进学校、军营,上门为学生、军人群体送服务。连续8年举办"小小讲解员培训班",得到群众的一致好评和国家民委副主任赵勇、浙江省副省长王文序等领导的充分肯定。畲族博物馆"凤凰霓裳——中国畲族服饰展"获第十三届全省博物馆陈列展览精品项目。全年图书馆到馆人次35.22万,各类馆藏图书、期刊文献、电子文献等资源外借、下载量为16.17万册,数字资源访问量

27.7万人次。举办全民阅读活动80场、培训讲座26场,展览6场。完成1个24小时畲乡自助城市书房、6个畲乡特色书房建设。新购置自助办证机、畲乡朗读亭、书法体验机等自动化数字服务设备,及时更新电子借阅机、移动图书馆数字资源,全线开通"信阅服务"平台、支付宝免押金办证等服务,完善线上线下相结合的文献信息共享平台,进一步拓展阅读服务新空间。县图书馆被评为浙江省社会科学普及基地。"畲乡特色书房"被评为丽水市社科普及示范项目。全年出动执法人员1013人次,检查各类文化经营场所737家次,立案4起,结案4起。检查旅游企业72家次,查找排除安全隐患5处,接到旅游投诉2起,办结率100%。开展"护苗2019"、扫黑除恶、"4·26世界知识产权日"等主题宣传活动,举办全县文化经营单位大型消防安全演练活动,召开全县文化市场经营业主会议9次。

(林 丽)

文献资料

ZHEJIANG CULTURE AND TOURISM YEARBOOK

国家发展改革委 住房城乡建设部 文化和旅游部 国家广播电视总局 国家新闻出版署 国家林业和草原局 国家文物局关于修订印发《文化旅游提升工程实施方案中央预算内投资管理办法》的通知

发改社会〔2019〕124号

各省、自治区、直辖市及计划单列市、新疆生产建设兵团、黑龙江省农垦总局发展改革委、住房城乡建设厅（规划国土委、规划局、规划国土局）、文化和旅游厅（局）、广电局、新闻出版局、林草局、文物局：

为贯彻落实党中央、国务院关于打赢脱贫攻坚战的重大决策部署以及国家公园体制试点等相关工作安排，我们对《文化旅游提升工程实施方案中央预算内投资管理办法》（以下简称《管理办法》）进行了修订，原印发的《关于印发〈"十三五"时期文化旅游提升工程实施方案〉的通知》（发改社会〔2017〕0245号）与本《管理办法》不一致的要求，以本《管理办法》为准。现将《管理办法》印发你们，请认真遵照执行。

各地和有关部门要切实承担起文化旅游提升工程的项目实施主体责任，建立工作机制，落实建设方案，统筹资金渠道，组织编制年度投资计划并及时分解转发落实，有序推进工程实施，确保工程建设质量和效益。

附件：文化旅游提升工程实施方案中央预算内投资管理办法

国家发展改革委
住房城乡建设部
文化和旅游部
国家广播电视总局
国家新闻出版署
国家林业和草原局
国家文物局
2019年1月30日

附件

文化旅游提升工程实施方案中央预算内投资管理办法

第一章 总 则

第一条 为加强文化旅游提升工程实施方案中央预算内投资管理，提高投资使用效率，确保资金安全合规使用，根据《中央预算内投资补助和贴息项目管理办法》（国家发展改革委第45号令）、《中央预算内投资监督管理暂行办法》（发改投资〔2015〕525号），制定本办法。

第二条 本办法适用于《"十三五"文化旅游提升工程实施方案》（以下简称《方案》）储备项目。

第三条 各级发展改革部门会同相关行业主管部门负责《方案》相关项目的中央预算内投资管理和后续监管工作。

第二章 《方案》编制

第四条 国家发展改革委会同住房城乡建设部、文化和旅游部、国家广电总局、国家新闻出版署、国家林草局、国家文物局编制《方案》，作为安排年度中央预算内投资的主要依据。《方案》由国家发展改革委会同相关行业主管部门共同执行，共同调整，共同检查。

第五条 入库项目应当符合《方案》明确的支持范围，且在"十二五"期间已安排中央预算内投资的项目原则上不再予以支持。

遗产保护利用、旅游基础设施和公共服务设施（含新增的"三区三州"等深度贫困地区项目，不含红色旅游基础设施建设项目）的入库项目由地方发展改革委和同级行业主管部门共同申报，由行业主管部门会同国家发展改革委组织专家进行评审确定，由地方对拟入库项目进行复核并公示。年度投资计划下达到具体项目。

红色旅游基础设施建设项目由地方发展改革委申报，由国家发展改革委组织专家进行评审确定，由地方对入库项目进行复核并公示。年度投资计划下达到具体项目。

试点期间，国家公园体制试点的保护利用设施项目，属于中央本级项目的，由国家林草局按照经批准的试点（实施）方案，根据试点工作需要，在试点区域范围内确定符合条件的项目，编制投资计划报我委，年度投资计划下达到具体项目。属于地方项目的，由试点省（市）发展改革部门会同相关部门，按照经批准的试点实施方案，根据试点工作需要，在试点区域范围内确定符合条件的项目，结合年度投资计划一并申报，项目库中不列出具体项目名称和个数，年度投资计划采取切块方式下达，不需列出具体项目名称、建设内容和建设规模，投资下达后试点省（市）按照管理办法和年度投资计划的要求，把中央投资分解安排到具体项目，并将安排的项目名称、建设内容、投资规模、项目业主等报国家发展改革委备案。试点省（市）分解安排的具体项目，如不符合试点实施方案和试点有关工作要求，国

家发展改革委将责令调整项目或收回投资。

公共文化服务设施项目采取切块方式下达，入库项目只列出拟安排项目的数量，不需列出具体项目名称、建设内容和建设规模，投资下达后各地按照管理办法和年度投资计划的要求，把中央投资分解安排到具体项目，并将安排的项目名称、建设内容和投资规模报国家发展改革委备案。

项目库实行动态管理。党中央、国务院做出重大决策部署以及中央领导同志要求国家发展改革委落实的文化旅游领域重大工程和重大项目，现有实施方案和资金管理办法暂未覆盖的，可另行制定具体实施方案，纳入文化旅游提升工程统筹实施。规划实施过程中加强对入库项目执行情况的总结评估，根据实际及时对入库项目进行调整补充。

第三章　计划管理

第六条　省级发展改革部门负责会同行业主管部门编制本省（区、市）年度中央预算内投资建议计划，并于规定时间内报国家发展改革委和相关行业主管部门。年度计划编制应严格执行中央投资额度限制等相关投资计划管理规定。

第七条　省级发展改革部门会同相关行业主管部门负责审核年度申请补助投资的项目。年度申报项目必须符合《方案》明确的支持范围，从所附项目库中遴选，符合国家关于加强政府投资项目储备编制三年滚动投资计划的相关要求，列入国家重大建设项目库和政府投资项目储备库。建设

内容必须符合相关法律法规、部门规章的要求，前期工作完备，具备开工条件。

国家公园体制试点项目，根据试点工作需要和资金总量情况，按照轻重缓急逐年申报。属于中央本级项目的，由国家林草局申报。属于地方项目的，由试点省（市）发展改革部门和相关行业主管部门申报。

第八条　建设项目要严格按照国家规定履行审批手续。地方项目由地方发展改革委审批，各地根据实际情况，可以逐个审批项目，也可以对建设内容相近的项目进行打捆审批。

按照规定应当由地方政府审批的政府投资项目，应当在可行性研究报告或者初步设计批准后提出资金申请报告。可研报告审批应严格遵照基本建设程序要求，并符合相关行业主管部门的其他前置审批规定。

实施条件发生变化或地方已建设完成的项目，不得申请中央预算内投资。

第九条　国家发展改革委会同相关行业主管部门对年度申报项目的建设内容进行审核，按地方申报的项目次序安排。不符合《方案》要求的项目当年不得安排中央预算内投资。未纳入国家重大建设项目库的，不得安排中央预算内投资。项目单位被列入联合惩戒合作备忘录黑名单的，国家发展改革委不予受理其资金申请报告。

第十条　国家发展改革委结合年度中央预算内投资规模，编制文化旅游提升工程中央预算内投资年度计划。

第十一条　省级发展改革部

门在收到国家年度计划后，应于20个工作日内，将投资计划分解下达到下级发展改革部门，抄送同级相关行业主管部门并报国家发展改革委备案。分解计划应明确项目建设地点、建设起止年限、投资规模、建设内容等。

第四章　资金管理

第十二条　中央预算内投资采用按比例补助并控制补助投资最高限额的方式予以安排。原则上按照东、中、西部地区（含根据国家相关区域政策享受中、西部政策地区）分别不超过核定总投资的30％、60％和80％的比例进行补助。西藏自治区、南疆四地州项目建设资金按《方案》确定的最高补助限额予以全额补助，四省藏区项目可按《方案》确定的最高补助限额予以全额补助。为落实党中央、国务院关于打赢脱贫攻坚战决策部署，对中部地区集中连片特殊困难地区县、深度贫困县、国家扶贫开发工作重点县项目按照不超过项目总投资的80％的比例进行补助。

公共文化服务设施建设项目，东部地区不安排中央投资，兵团全额安排中央投资。红色旅游基础设施建设项目，不受最高补助限额的限制。

试点期间，国家公园体制试点的保护利用设施项目，由国家林草局统一组织实施的按照中央本级项目管理，由中央预算内投资全额安排；仍由地方组织实施的项目，参照地方项目管理，按照中央负担80％、地方负担20％的标准执行，根据实际需要和年度资金盘子安排中央预算内投资，不受单个项目最高补助限额的

限制。

第十三条　年度中央预算内投资的分省额度主要根据各省（区、市）总体建设任务，按比例进行划分。按照中央预算内投资奖励督促的相关规定，根据投资计划执行情况，可适当调节中央投资额度。

第十四条　《方案》相关项目建设的责任主体是当地人民政府。

国家发展改革委安排地方的中央预算内投资属于补助性质，各地方对中央预算内投资补助的地方项目负主体责任。各地方要根据中央补助标准和地方建设资金落实情况，合理申报投资计划，地方建设资金不落实的不得申报。对切块打捆项目，各地方要按照地方财政承受能力合理分解安排项目，避免项目分散加重地方筹资压力。各地申报投资计划必须符合地方财政承受能力和政府投资能力，严格防范增加地方政府债务风险。严格落实国家在贫困地区安排的公益性建设项目取消县级和西部连片特困地区地市级建设资金的政策。

除中央预算内补助投资外，切实落实省级建设资金，确保项目地方投资及时到位。鼓励地方政府和项目单位发挥主体责任，依法依规、综合利用"补贷债基购保"组合投融资模式筹措建设资金。

第十五条　地方发展改革委要督促项目实施主体建立中央预算内投资台账制度，严格做到专款专用，保证建设资金按时足额到位。

第十六条　省级发展改革部门和相关行业主管部门要在当地

政府领导下，做好组织协调，统筹配置资源，及时落实投资计划，确保项目如期开工建设。

第五章　监督管理

第十七条　坚持依法行政，事前规范审核、事中强化监督、事后严格考核，建立覆盖计划执行、投资使用全过程的监管机制。

第十八条　建立计划执行情况按月报告制度，省级发展改革部门应于每月10日前，通过投资项目在线审批监管平台填报上月项目开工、投资完成、地方资金到位、工程形象进度等情况。中央本级项目由相关行业主管部门报送。国家发展改革委会同相关行业主管部门对计划实施情况组织不定期检查。

第十九条　严格依照批准的项目名称、内容、规模和标准进行建设。严禁未经批准擅自变更建设内容、建设规模和建设标准，如确需调整，必须按程序报批。

第二十条　项目实施要严格遵循有关建设程序，符合土地、环评、节能等管理要求，落实好项目法人责任制、招标投标制、工程监理制、合同管理制，确保工程施工质量和项目按期完工。

第二十一条　各级发展改革部门应会同相关行业主管部门建立健全监督检查相关管理制度和工作机制，采取日常调度、定期巡查、重点抽查、考核评估等方式，对中央预算内投资使用和项目实施情况进行监管。

第二十二条　项目建设完成后省级发展改革部门应会同同级行业主管部门及时组织验收，定期向国家发展改革委和相关行业主管部门报告年度验收结果。

第二十三条 国家发展改革委和相关行业主管部门要加强年度投资安排的事中事后监督检查，要加强与省级相关部门和审计等部门的协调沟通，形成部门年度检查、地方交叉检查的工作机制。对违规安排投资的做法，省级相关部门和审计等部门及时纠正。

第二十四条 项目单位要自觉接受审计、监察、财政等部门的监督检查，如实提供项目相关文件资料和情况，不得销毁、隐匿、转移、伪造或无故拖延、拒绝提供相关文件资料。

第二十五条 《方案》相关项目建设过程中出现以下问题的，按照《中央预算内投资补助和贴息项目管理办法》等有关规定，可以采取限期整改或核减、收回、停止拨付中央补助投资，并可以根据情节轻重提请或者移交有关机关依法追究有关责任人的行政或者法律责任。

（一）对中央预算内投资申请审核不严造成损失的；

（二）对于切块下达的年度投资计划分解和安排出现严重失误的；

（三）违反规定程序或原则要求下达投资计划或安排项目的；

（四）投资计划执行和项目实施中出现重大问题的；

（五）检查发现问题整改不及时、不到位的；

（六）滥用职权、玩忽职守、徇私舞弊、索贿受贿的；

（七）拖欠、截留、挪用、挤占、骗取、贪污中央预算内投资的；

（八）其他违反国家法律法规和本办法规定的行为。

第六章 附 则

第二十六条 中央本级项目的审批、建设管理、监督检查按照《中央预算内直接投资项目管理办法》执行。

第二十七条 本办法自印发之日起施行，由国家发展改革委负责解释。2017 年 2 月 3 日印发的《文化旅游提升工程实施方案中央预算内投资管理办法》同步废止。

国家级非物质文化遗产代表性传承人认定与管理办法

文化和旅游部令第 3 号

《国家级非物质文化遗产代表性传承人认定与管理办法》已经 2019 年 11 月 12 日文化和旅游部部务会议审议通过。现予发布，自 2020 年 3 月 1 日起施行。

部长 雒树刚
2019 年 11 月 29 日

国家级非物质文化遗产代表性传承人认定与管理办法

第一条 为传承弘扬中华优秀传统文化，有效保护和传承非物质文化遗产，鼓励和支持国家级非物质文化遗产代表性传承人开展传承活动，根据《中华人民共和国非物质文化遗产法》等有关法律法规，制定本办法。

第二条 本办法所称国家级非物质文化遗产代表性传承人，是指承担国家级非物质文化遗产代表性项目传承责任，在特定领域内具有代表性，并在一定区域内具有较大影响，经文化和旅游部认定的传承人。

第三条 国家级非物质文化遗产代表性传承人的认定与管理应当以习近平新时代中国特色社会主义思想为指导，坚持以人民为中心，弘扬社会主义核心价值观，保护传承非物质文化遗产，推动中华优秀传统文化创造性转化、创新性发展。

第四条 国家级非物质文化遗产代表性传承人的认定与管理应当立足于完善非物质文化遗产传承体系，增强非物质文化遗产的存续力，尊重传承人的主体地位和权利，注重社区和群体的认同感。

第五条 国家级非物质文化遗产代表性传承人应当锤炼忠诚、执着、朴实的品格，增强使命和担当意识，提高传承实践能力，在开展传承、传播等活动时遵守宪法和法律法规，遵守社会公德，坚持正确的历史观、国家观、民族观、文化观，铸牢中华民族共同体意识，不得以歪曲、贬损等方式使用非物质文化遗产。

第六条 文化和旅游部一般每五年开展一批国家级非物质文化遗产代表性传承人认定工作。

第七条 认定国家级非物质文化遗产代表性传承人，应当坚持公开、公平、公正的原则，严格履行申报、审核、评审、公示、审定、公布等程序。

第八条 符合下列条件的中国公民可以申请或者被推荐为国家级非物质文化遗产代表性传承人：

（一）长期从事该项非物质文化遗产传承实践，熟练掌握其传承的国家级非物质文化遗产代表性项目知识和核心技艺；

（二）在特定领域内具有代表性，并在一定区域内具有较大影响；

（三）在该项非物质文化遗产的传承中具有重要作用，积极开展传承活动，培养后继人才；

（四）爱国敬业，遵纪守法，德艺双馨。

从事非物质文化遗产资料收集、整理和研究的人员不得认定为国家级非物质文化遗产代表性传承人。

第九条 公民提出国家级非物质文化遗产代表性传承人申请的，应当向国家级非物质文化遗产代表性项目所在地文化和旅游主管部门如实提交下列材料：

（一）申请人姓名、民族、从业时间、被认定为地方非物质文化遗产代表性传承人时间等基本情况；

（二）申请人的传承谱系或师承脉络、学习与实践经历；

（三）申请人所掌握的非物质文化遗产知识和核心技艺、成就及相关的证明材料；

（四）申请人授徒传艺、参与社会公益性活动等情况；

（五）申请人持有该项目的相关实物、资料的情况；

（六）申请人志愿从事非物质文化遗产传承活动，履行代表性传承人相关义务的声明；

（七）其他有助于说明申请人具有代表性和影响力的材料。

中央各部门直属单位可以通过其主管单位直接向文化和旅游部推荐国家级非物质文化遗产代表性传承人，推荐材料应当包括前款各项内容。

第十条 文化和旅游主管部门收到申请材料或者推荐材料后，应当组织专家进行审核并逐级上报。

省级文化和旅游主管部门收到上述材料后，应当组织审核，提出推荐人选和审核意见，连同申报材料和审核意见一并报送文化和旅游部。

第十一条 文化和旅游部应

当对收到的申请材料或者推荐材料进行复核。符合要求的，进入评审程序；不符合要求的，退回材料并说明理由。

第十二条 文化和旅游部应当组织专家评审组和评审委员会，对推荐认定为国家级非物质文化遗产代表性传承人的人选进行初评和审议。根据需要，可以安排现场答辩环节。评审委员会对初评人选进行审议，提出国家级非物质文化遗产代表性传承人推荐人选。

第十三条 文化和旅游部对评审委员会提出的国家级非物质文化遗产代表性传承人推荐人选向社会公示，公示期为20日。

第十四条 公民、法人或者其他组织对国家级非物质文化遗产代表性传承人推荐人选有异议的，可以在公示期间以书面形式实名向文化和旅游部提出。

第十五条 文化和旅游部根据评审委员会的审议意见和公示结果，审定国家级非物质文化遗产代表性传承人名单，并予以公布。

第十六条 文化和旅游部应当建立国家级非物质文化遗产代表性传承人档案，并及时更新相关信息。档案内容主要包括传承人基本信息、参加学习培训、开展传承活动、参与社会公益性活动情况等。

第十七条 文化和旅游主管部门根据需要采取下列措施，支持国家级非物质文化遗产代表性传承人开展传承、传播等活动：

（一）提供必要的传承场所；

（二）提供必要的经费资助其开展授徒、传艺、交流等活动；

（三）指导、支持其开展非物

质文化遗产记录、整理、建档、研究、出版、展览展示展演等活动；

（四）支持其参加学习、培训；

（五）支持其参与社会公益性活动；

（六）支持其开展传承、传播等活动的其他措施。

对无经济收入来源、生活确有困难的国家级非物质文化遗产代表性传承人，所在地文化和旅游主管部门应当协调有关部门积极创造条件，并鼓励社会组织和个人提供资助，保障其基本生活需求。

第十八条　国家级非物质文化遗产代表性传承人承担下列义务：

（一）开展传承活动，培养后继人才；

（二）妥善保存相关实物、资料；

（三）配合文化和旅游主管部门及其他有关部门进行非物质文化遗产调查；

（四）参与非物质文化遗产公益性宣传等活动。

第十九条　省级文化和旅游主管部门应当根据实际情况，列明国家级非物质文化遗产代表性传承人义务，明确传习计划和具体目标任务，报文化和旅游部备

案。国家级非物质文化遗产代表性传承人应当每年向省级文化和旅游主管部门提交传承情况报告。

第二十条　省级文化和旅游主管部门根据传习计划应当于每年6月30日前对上一年度国家级非物质文化遗产代表性传承人义务履行和传习补助经费使用情况进行评估，在广泛征求意见的基础上形成评估报告，报文化和旅游部备案。评估结果作为享有国家级非物质文化遗产代表性传承人资格、给予传习补助的主要依据。

第二十一条　文化和旅游部按照有关规定，会同有关部门对做出突出贡献的国家级非物质文化遗产代表性传承人予以表彰和奖励。

第二十二条　有下列情形之一的，经省级文化和旅游主管部门核实后，文化和旅游部取消国家级非物质文化遗产代表性传承人资格，并予以公布：

（一）丧失中华人民共和国国籍的；

（二）采取弄虚作假等不正当手段取得资格的；

（三）无正当理由不履行义务，累计两次评估不合格的；

（四）违反法律法规或者违背社会公德，造成重大不良社会影响的；

（五）自愿放弃或者其他应当取消国家级非物质文化遗产代表性传承人资格的情形。

第二十三条　国家级非物质文化遗产代表性传承人去世的，省级文化和旅游主管部门可以采取适当方式表示哀悼，组织开展传承人传承事迹等宣传报道，并及时将相关情况报文化和旅游部。

第二十四条　省、自治区、直辖市文化和旅游主管部门可以参照本办法，制定本行政区域内非物质文化遗产代表性传承人的认定与管理办法。

中央各部门直属单位国家级非物质文化遗产代表性传承人的管理参照本办法相关规定执行。

第二十五条　本办法由文化和旅游部负责解释。

第二十六条　本办法自2020年3月1日起施行。原文化部2008年5月14日发布的《国家级非物质文化遗产项目代表性传承人认定与管理暂行办法》同时废止。

文化和旅游部关于实施旅游服务质量提升计划的指导意见

文旅市场发〔2019〕12号

各省、自治区、直辖市文化和旅游厅（局），新疆生产建设兵团文化体育新闻出版广电局（文物局）、

商务局（旅游局）：

旅游是新时代人民美好生活和精神文化需求的重要内容，是

人民群众获得感和幸福感的重要体现，是展示国家形象和国民素质的重要窗口。良好的旅游市场

秩序是企业依法诚信经营和公民文明素养的集中反映,也是社会综合治理水平的集中体现。经过几十年的快速发展,我国旅游业正在进入提高管理服务水平、提升旅游品质的大众旅游新阶段。当前,旅游市场中存在的虚假宣传、强迫消费、安全卫生等问题在有些地区依然较为突出。为进一步提高旅游管理服务水平,提升旅游品质,推动旅游业高质量发展,根据《中共中央 国务院关于开展质量提升行动的指导意见》(中发〔2017〕24号),现就实施旅游服务质量提升计划提出如下意见。

一、总体要求

(一)指导思想

以习近平新时代中国特色社会主义思想为指导,按照"创新、协调、绿色、开放、共享"的发展理念,着力解决影响广大游客旅游体验的重点问题和主要矛盾,推动旅游业高质量发展。

(二)基本原则

——坚持政府、市场主体、行业组织、个人4个层面协同推进。

——坚持加强和改进市场监管,完善旅游管理政策,支持、引导和规范市场主体健康发展。

——坚持落实市场主体责任,增强内生动力,提高旅游服务提供者提升旅游服务质量的自觉性。

——坚持发挥行业组织的协调作用和行业标准的引领作用,强化行业自律,提升旅游管理和服务水准。

——坚持提升从业人员专业素养和业务能力,调动广大从业人员提升旅游服务质量的积极性和主动性。

(三)发展目标

到2020年,促进旅游服务质量提升的政策合力进一步增强,市场秩序进一步规范,旅游的舒适度进一步提升,旅游市场环境和消费环境进一步改善,旅游服务成为中国服务的重要代表,为质量强国建设做出积极贡献。

二、主要任务

通过提升旅游区点、旅行社的服务水平,规范和优化旅游住宿、在线旅游经营服务,提高导游和领队业务能力,建立完善旅游信用体系,不断增强旅游市场秩序治理能力,提升旅游服务质量,推动旅游业高质量发展。

(一)提升旅游区点服务水平

旅游区点是主要的旅游场所,是激发游客出游需求的重要因素。持续提升旅游区点软硬件水平,对提高旅游服务质量具有重要意义。

——政府行动

1.完善、细化、落实A级旅游景区复核和退出机制,坚决清退不符合标准的A级旅游景区。

2.全面落实景区流量控制制度,加快推广景区门票网上预约制度,依法落实旅游景区最大承载量核定要求,及时发布客流预警信息,引导游客合理安排出行,避免滞留拥堵。

3.严格实施旅游度假区和生态旅游示范区标准,加大复核工作力度。

4.持续抓好全国红色旅游经典景区建设。

——市场主体和行业组织行动

1.A级旅游景区要完善旅游引导标识,标识应布局合理、科学设置、制作精良。5A级旅游景区应采用至少有中英文的导览标识,中英文对照说明要准确、科学,不能有错字、错译和语病。

2.A级旅游景区应提升游客消费便利化程度,景区消费不得拒收现金,5A级旅游景区可协调增设外币兑换点。

3.A级旅游景区和具备条件的行业组织应针对景区管理人员、一线服务人员开展管理实务、日常业务、应急处置等培训,提升服务专业性。

(二)优化旅游住宿服务

旅游住宿业是旅游业的重要支柱,也是提高旅游服务质量的关键领域。近年来,旅游住宿业在卫生方面的问题频发,引发社会广泛关注。要全面落实标准化、规范化服务,发展和改善个性化、特色化服务,持续提高服务水平。

——政府行动

1.加快修订星级饭店国家标准,强化星级饭店评定复核工作,建立动态监管机制。联合相关部门对卫生、食品安全、消防安全等重点环节开展抽查,对不达标的星级饭店坚决取消星级。

2.以星级饭店为基础,开展旅游住宿业监管试点工作,研究制定管理办法,探索有效监管方式。

3.加强对旅游住宿新业态的引导和管理。加强旅游住宿新业态标准的制定和推广,完善乡村旅游服务标准,推动民宿行业标准全面实施,出台《旅游民宿设施与服务规范》国家标准,推动乡村民宿服务质量提档升级。引导和规范城市民宿有序发展。出台支持政策,加快培育一批特色鲜明的文化主题旅游饭店、精品旅游饭店。进一步提高汽车露营地、汽车旅馆等住宿新业态的服务水平。举办旅游住宿业服务技能竞赛活动。

——市场主体和行业组织行动

1.星级饭店应提升游客消费便利化程度,不得拒收现金。高星级饭店可协调增设外币兑换点,能为境外游客提供手机卡入网、购买火车票、租车等方面的便利服务。

2.星级饭店要优化对一线服务人员的奖惩措施,进一步增强服务人员的职业责任感。

3.民宿业主和从业人员要主动学习相关标准和规范,提升服务技能和管理能力。

4.相关行业协会要切实增强凝聚行业共识和加强行业自律的能力,充分发挥在提升旅游住宿业服务质量方面的重要作用。

(三)提升旅行社服务水平

旅行社是整合旅游要素的龙头企业,也是服务质量问题比较集中的领域。要针对旅行社服务不规范、不透明、不诚信等重点问题,不断提高服务水平。

——政府行动

1.完善旅行社退出机制,依法依规清理一批不缴纳旅行社质量保证金、长期未经营业务和违法违规的旅行社。

2.全面开展旅行社等级评定及复核行动,进一步提高旅行社管理水平和综合竞争力。

3.规范旅行社经营活动,推动服务信息透明化,防范旅行社领域系统性经营风险。

4.探索建立优质旅游服务承诺标识和管理制度,建立完善优质旅游服务品牌培育、评价和推

广机制。积极参与"中国品牌日"活动。

——市场主体和行业组织行动

1.旅行社要完善内部管理、人员培训制度,不断规范服务流程,对照《旅行社等级的划分与评定》标准,全面提高服务水平。

2.各级旅行社协会要加强旅行社行业自律,通过开展旅游线路创意设计大赛、旅行社服务技能大赛等方式,推动旅行社增强新产品研发能力,提升旅游综合服务技能。

(四)规范在线旅游经营服务

在线旅游经营服务是互联网时代新型的旅游经营和服务方式,也是服务质量提升的关键领域,要切实解决在线旅游经营服务出现的新问题,推动在线旅游行业健康可持续发展。

——政府行动

1.制定在线旅游经营服务管理相关规定,规范在线旅游企业经营服务行为。

2.建立符合在线旅游经营服务规律的市场检查制度,依法依规实施监督检查。

3.会同市场监管、公安、网信、电信主管等部门开展市场监督检查和联合执法,打击违法违规经营行为。

4.引导和支持在线旅游企业成立行业组织,发挥其沟通、协调、监督和研究等作用,加强行业自律、倡导诚信经营,提升服务质量。

——市场主体和行业组织行动

1.在线旅游企业应不断完善风险提示、信息披露、资质审核、应急管理等制度,提供良好的在

线旅游消费环境。

2.在线旅游企业应全面排查境内外自助游产品,发现不合格自助游产品立即下架,对涉及高风险的攀岩、冲浪、浮潜等自助游项目,在宣传销售等环节加强安全风险提示。

3.在线旅游企业和行业组织可制定相关服务标准,充分发挥游客网络评价的监督作用,不断提升服务质量。

(五)提高导游和领队业务能力

导游和领队是旅游服务和形象的重要窗口,是传承和弘扬中华优秀文化和社会主义核心价值观的重要力量,是提升旅游服务质量的关键因素。要下大力气解决导游和领队服务意识不强、专业技能不高、职业素养不足、执业保障不够等问题,不断提高其服务能力。

——政府行动

1.完善导游人员资格考试和等级考核制度,提升中高级导游员在导游队伍中的比重,增强导游的职业自尊和荣誉感。

2.实施导游和领队专业素养研培计划。加强国情和执业地区省情、市情、乡情以及旅游区点的历史、人文、地理、气候等应知应会的通识类知识储备,不断提升导游和领队文化底蕴、理解能力、表达能力和外语能力,增强主动传承和弘扬社会主义核心价值观的意识。开展应急培训和演练,增强应急处置、沟通协调和风险防控能力。建立完善校企合作培训机制,充分发挥高校、旅游职业院校、研究机构等师资和设施等优势,建立并巩固一批研培基地,提升研培质量。用五年左右的时

间,实现对全国持证导游轮训一遍的目标,有条件的地方可由导游行业组织来承担导游培训任务。

3.加快推进导游体制机制改革工作。探索建立体现导游专业技能、职业素养、执业贡献、从业年限等综合因素的职业评价制度,促进导游薪酬和社会保险制度落实,依法保障导游合法劳动权益。

4.举办导游大赛,培育一批职业素养好、服务技能强的先进典型。

——市场主体和行业组织行动

1.市场主体和导游行业组织应加强对专职和兼职导游人员的管理,完善导游和领队的培训和管理制度,有条件的企业可制定领队执业相关标准。旅游区点可探索聘请专业技术人员特别是退休专家、教师等从事专业讲解工作。

2.导游等行业组织要维护导游和领队的合法权益,加强对先进人物和典型事迹的宣传推广,表彰一批优秀人员,提升职业荣誉感。

(六)增强旅游市场秩序治理能力

平稳有序的旅游市场秩序是现代治理能力的重要体现,是旅游服务质量提升的重要指标。要不断增强发现旅游市场秩序薄弱环节、解决当前突出矛盾和长期积累矛盾的能力,提升治理水平,推动旅游市场秩序持续向好。

——政府行动

1.提升发现问题的能力。加强旅游市场秩序舆情监测,及时发现问题、妥善处置、总结经验,并据此完善相关政策和制度。全面梳理本地区旅游市场秩序问题

的特点和规律,对具有本地个性特点的问题,出台有针对性的整治措施。对本地旅游市场秩序问题要有研判和预防措施。

2.按照"谁审批、谁监管,谁主管、谁监管"的原则,强化旅游市场综合监管,对具有共性的"黑社""黑导""黑车"和"黑店"等违法违规行为,联合市场监管、公安等部门,加大打击力度。保持对"不合理低价游"、强迫或者变相强迫消费、虚假宣传等高频违法行为的高压态势。

3.畅通旅游投诉渠道,制定旅游市场"诉转案"工作规范,推进"诉转案"、行政执法与刑事司法相衔接工作,加强有效衔接,实现高效处理。及时公布违法违规典型案例,强化震慑。

4.加强执法队伍建设,强化法制宣传教育,完善执法培训体系,提高执法办案量,提升执法程序规范化水平,不断增强执法人员的执法办案能力。

5.创新监管方式,提高监管能力。全面推广使用全国旅游监管服务平台,运用大数据实现精准监管和分类监管。支持和鼓励重点旅游地区先行先试,创新现代旅游治理机制。

——市场主体和行业组织行动

1.市场主体须自觉遵守《中华人民共和国旅游法》等相关法律法规,增强依法规范经营意识,注重培育和提升企业形象。

2.旅游协会等行业组织应创新活动形式,通过活动、培训、研讨会、行业评奖等多种形式,大力倡导依法规范经营。

(七)建立完善旅游信用体系

信用是市场的基石,信用制度是旅游服务质量提升的重要保障。要适应旅游市场监管的新形势新需要,以建立"黑名单"和"重点关注名单"制度为突破口,加快建立以信用监管为核心的新型旅游监管制度,不断完善旅游信用体系。

——政府行动

1.建立"黑名单"制度。出台旅游市场黑名单管理办法,将具有严重违法失信行为的旅游市场主体和从业人员、人民法院认定的失信被执行人列入全国或地方旅游市场黑名单,实施惩戒。

2.建立"重点关注名单"制度。出台旅游市场重点关注名单管理办法,将具有违法失信行为的旅游市场主体、从业人员列入重点关注名单,实施惩戒。

3.支持和鼓励社会力量积极参与旅游行业信用建设,推进征信、评信与用信。

——市场主体和行业组织行动

1.旅游市场主体和从业人员应将诚信作为服务的基本理念和自觉行为,不断提升企业诚信口碑。

2.行业组织应完善行规行约,组织开展行业诚信建设、质量评议等活动,促进行业规范诚信经营。

三、保障措施

(一)加强组织领导

地方各级文化和旅游行政部门要充分认识旅游服务质量提升工作的重要意义,将旅游服务质量提升工作纳入地方各级政府质量提升工作总体部署,建立旅游服务质量提升的领导机制和协调机制,加强与市场监管、公安、网信、电信主管等部门的合作,明确职责分工。要结合本地实际情

况,研究制定具体落实方案,可适当扩展相关内容,突出创新和地方特色。要将任务分解和统筹协调结合起来,分阶段、分步骤组织实施,确保旅游服务质量提升工作取得实效。

(二)加强标准建设

要以标准实施促进质量提升,重点加强旅游新业态和产业融合类旅游服务标准的制定修订工作,对照国际先进标准,修订和完善国内旅游服务标准。加大旅游服务标准的宣传贯彻和培训力度,尤其要对游客宣传旅游标准,使游客了解优质旅游服务应达到的相应水平,增强监督能力,倒逼旅游经营者提升服务质量。要开

展旅游标准化试点工作,创新旅游服务标准化管理体制,形成政府、市场主体和行业组织协调配合、共同推进的工作格局。

(三)加强政策保障

要围绕旅游服务质量发展目标,加大对旅游服务质量提升的政策扶持力度,要推动政府部门向社会购买优质旅游服务。要将旅游服务质量教育纳入旅游教育培训体系,引导建立高等院校、科研院所、行业协会和旅游企业共同参与的旅游服务质量教育网络。各地可结合实际,对在旅游服务质量提升方面取得突出成绩的单位和个人给予奖励。

(四)加强效果评估

要加强对旅游服务质量提升计划落实情况的跟踪评估,逐步建立和完善旅游服务质量评价体系,并于 2019 年 11 月底前和 2020 年 11 月底前向文化和旅游部报送本地旅游服务质量提升计划落实情况,提出意见建议。文化和旅游部将对各地落实情况开展第三方评估。

请各地于 2019 年 3 月底前报送具体落实方案。

文化和旅游部
2019 年 1 月 16 日

文化和旅游部　国家文物局关于加强地方文物行政执法工作的通知

文旅文物发〔2019〕52 号

各省、自治区、直辖市文化和旅游厅(局)、文物局、新疆生产建设兵团文化体育广电和旅游局(文物局):

为深入贯彻习近平总书记关于文物工作的重要指示批示精神,落实中共中央办公厅、国务院办公厅印发的《关于加强文物保护利用改革的若干意见》(以下简称《若干意见》)和《关于深化文化市场综合行政执法改革的指导意见》(以下简称《指导意见》)有关部署和要求,现就加强地方文物行政执法工作通知如下:

一、充分认识加强文物行政执法的重要意义

文物行政执法是全面推进依法行政的重要内容,是保障文物

安全的重要手段,是维护法律权威的重要举措。当前,全国文物行政执法工作取得了一定成效,但文物安全形势依然严峻,违法违规破坏文物现象屡禁不止,文物行政执法还面临着很多困难和问题。一些地区文物行政执法队伍尚不健全、执法责任落实不到位,有法不依、执法不严等现象时有发生。各地要充分认识加强文物行政执法工作的重要性和紧迫性,树牢"四个意识",坚定"四个自信",坚决做到"两个维护",切实增强对历史文物的敬畏之心,树立"保护文物也是政绩"的科学理念,结合地方实际推动加强文物行政执法工作。

二、明确文物行政执法责任及职责分工

依据《指导意见》关于"整合组建文化市场综合执法队伍,统一行使文化、文物、出版、广播电视、电影、旅游市场行政执法职责"的要求,文化市场综合执法队伍统一行使文物市场领域的行政执法职责,由相关文化和旅游行政部门负责管理。文物行政部门在职责范围内指导、监督文化市场综合执法队伍开展执法工作。

依据《若干意见》关于"落实市、县文化市场综合执法队伍文物行政执法责任"、《指导意见》关于"厘清综合执法队伍和行政管理部门关系"等要求,市、县两级

有文物执法队伍的，文物市场以外的文物行政执法职责由文物执法队伍行使；市、县两级没有文物执法队伍的，由相关文物行政部门委托文化市场综合执法队伍行使文物市场以外的文物行政执法职责，并指导、监督文化市场综合执法队伍开展相关执法工作。

承担文物行政执法职责的文化市场综合执法队伍，应明确专门机构或者专人负责文物行政执法工作，统一行使文物行政处罚以及与行政处罚相关的行政检查等职能，受理投诉举报、接收转办交办及数据监测发现的文物违法违规线索，开展相关行政处罚案件的立案、调查、处罚等工作。文物行政执法工作按照《文物行政处罚程序暂行规定》施行。

三、加强文物行政执法协同机制

文物行政部门与文化市场综合执法队伍要分工负责、相互支持、密切配合，建立健全信息通报制度，及时通报行政许可、监督管理、行政处罚、专项整治行动等信息，开展执法形势分析研判。

文物行政部门要完善文物违法案件责任追究机制，健全文物行政执法和刑事司法衔接机制，依法依规对涉嫌刑事犯罪的案件进行移交。案件中需要鉴定、认定、调查核实的，文物行政部门应当予以积极支持协助。

文化市场综合执法队伍要建立健全文物违法案件报告制度和信息公开制度，及时向相关行政管理部门报送案件情况，向社会发布案件信息，推动违法行为整改。

四、强化文物行政执法能力

文化和旅游行政部门、文物行政部门要进一步强化对文化市场综合执法队伍的业务指导，认真组织开展文物行政执法人员法律法规、专业知识、执法技能教育培训。文化市场综合执法队伍要组织执法人员定期开展执法演练，熟练掌握执法流程。执法器材设备运用，规范执法行为，提升执法能力。

各地要结合文物行政执法的特点创新执法方式，积极探索和推进"互联网＋执法"，通过全国文化市场技术监管和服务平台应用，促进办案流程和执法工作网上运行管理。加强文化市场综合执法智能临近和大数据监控，依托互联网、云计算、大数据等技术、充分运用移动执法、自动监控、卫星遥感、无人机等科技手段，实时监控、实时留痕，提升监控预警能力和科学办案水平。

特此通知。

文化和旅游部
国家文物局
2019 年 5 月 8 日

文化和旅游部关于印发《曲艺传承发展计划》的通知

文旅非遗发〔2019〕92 号

各省、自治区、直辖市文化和旅游厅（局），新疆生产建设兵团文化体育广电和旅游局：

为深入贯彻习近平新时代中国特色社会主义思想以及党的十九大和十九届二中、三中全会精神，落实中共中央办公厅、国务院办公厅《关于实施中华优秀传统文化传承发展工程的意见》和中宣部、文化和旅游部、财政部《非物质文化遗产传承发展工程实施方案》有关要求，推动曲艺类非物质文化遗产传承发展，文化和旅游部制定了《曲艺传承发展计划》。现印发给你们，请结合实际组织实施。

特此通知。

文化和旅游部
2019 年 7 月 12 日

曲艺传承发展计划

为深入贯彻习近平新时代中国特色社会主义思想以及党的十九大和十九届二中、三中全会精神,落实中共中央办公厅、国务院办公厅《关于实施中华优秀传统文化传承发展工程的意见》和中宣部、文化和旅游部、财政部《非物质文化遗产传承发展工程实施方案》有关要求,进一步推动曲艺传承发展工作,根据《中华人民共和国非物质文化遗产法》等法律法规,特制定本计划。

一、重要意义

曲艺历史悠久、魅力独特,具有深厚的群众基础,是我国宝贵的非物质文化遗产(下称"非遗")。推动曲艺传承发展,对于弘扬中华优秀传统文化,传承中华文脉,增强文化自信,繁荣文艺事业,推动文化建设,满足人民群众日益增长的美好生活需要都具有重要意义。

二、总体要求

(一)指导思想

以习近平新时代中国特色社会主义思想为指导,全面贯彻党的十九大和十九届二中、三中全会精神,坚持以人民为中心的工作导向,坚持以社会主义核心价值观为引领,坚持创造性转化、创新性发展,不断提高曲艺的传承发展能力,充分发挥曲艺在文化建设中的积极作用,推动曲艺为建设社会主义文化强国做出更大贡献。

(二)工作原则

坚持以融入现代生活、弘扬时代价值为导向,加强曲艺的赓续传承,不断赋予曲艺新的时代内涵,更好地满足人民群众对美好生活的需求。

坚持以说唱表演作为基本实践形式,不断提高曲艺的表现力和感染力,有效保持曲种的独特性、多样性和丰富性。

坚持以传承人群为核心,充分尊重传承人群的主体地位,着力提高传承人群的传承能力,保障传承人群的合法权益。

坚持整体性保护的理念,维护曲艺生态,培育曲艺受众,不断增强曲艺的生命力,促进曲艺的可持续发展。

(三)工作目标

到2025年,曲艺类国家级非遗代表性项目档案建设和国家级代表性传承人记录工作基本完成;曲艺类非遗传承人群研修研习培训覆盖范围进一步扩大,曲艺类非遗传承人群文化自信和可持续发展能力进一步提高;曲艺演出场所数量和演出实践频次持续增长,形成一批驻场演出场所和专题品牌活动。通过本计划的实施,曲艺的整体活力显著增强,存续状态持续好转,曲种特色更加鲜明,传承队伍有效扩大,受众群体明显增加,曲艺在社会主义文化建设中的积极作用进一步得到充分发挥。

三、主要任务

(一)开展调查评估,完善档案信息

以国家级非遗代表性项目为重点,以省(区、市)(包括新疆生产建设兵团)为单位,组织开展曲艺类非遗代表性项目的集中调查,全面掌握其主要传承队伍、代表性节目、演出场所和演出频次等基本情况。在调查基础上,开展曲艺类非遗代表性项目存续状况评估。对存续状况不佳的项目,作为急需保护的项目,研究制定有针对性的保护措施,加大扶持力度。加强对集中调查和存续状况评估所取得信息、资料的保存、管理和利用,全面建立曲艺类非遗代表性项目的完整档案。

(二)加强项目管理,夯实保护责任

以国家级非遗代表性项目为重点,定期开展保护单位履责情况检查,对履责不力的保护单位进行及时调整和重新认定。鼓励将专门从事曲艺演出实践、具有履责能力、能够直接开展传承的演出团体认定为保护单位。进一步加强对保护单位的管理,指导保护单位制定并实施年度工作计划,并定期报告工作进展情况。鼓励采用签订协议或责任书的方式,进一步明确保护单位责任,加强日常监管。鼓励以适当方式向社会公布项目保护传承工作开展情况,接受社会监督。

(三)做好项目记录,加强成果利用

以非遗记录工程为依托,以国家级非遗代表性项目为重点,组织开展曲艺记录工作,利用现

代技术手段,全面、真实、准确地记录项目信息。加强曲艺传统曲本(脚本)和音像资料的搜集整理,保留珍贵历史信息。加强对全社会曲艺记录的收集和整理,定期汇总形成记录成果目录,有条件的地方及时向社会公布。加强记录成果出版和传播,以资保护传承和后续转化、利用。

(四)扩大传承队伍,提高传承能力

指导曲艺类非遗代表性项目保护单位制定年度传承人才培养计划,定期招收学员,组织授徒传艺,不断壮大青年传承队伍。鼓励中青年传承人重视并加强曲艺基本功锻炼,扎实掌握表演技巧,全面领会曲种特点,切实传承曲种精髓。支持各级代表性传承人切实履行传承义务,培养后继人才。建立学徒名单备案更新制度。鼓励技艺精湛、符合条件的曲艺类非遗中青年传承人,申报并进入各级非遗代表性传承人队伍。以中国非遗传承人群研修研习培训计划为依托,面向曲艺基层表演团体和从业艺人,开展传承人群研修研习培训,帮助提高文化素养、演出水平和创作能力,更好适应现代演出市场需求。鼓励民间曲艺工作者积极开展授徒传艺。鼓励曲艺类非遗代表性项目保护单位、相关机构与专业艺术院校或艺术职业院校开展"订单式"人才培养,建立长期合作机制。

(五)推出优秀作品,满足人民需求

支持曲艺类非遗代表性项目保护单位、代表性传承人和各类表演团体挖掘、整理优秀传统节目,尤其是经典长篇节目,逐步恢复演出。鼓励根据现实生活需要,对传统节目进行改编或再创作,增强其表现力和吸引力。鼓励根据曲种特点,创作体现时代精神、植根人民日常生活、反映当代人民喜怒哀乐、满足人民群众精神文化需要的现代曲艺作品。鼓励开展不同曲种之间的相互交流和借鉴。

(六)扶持曲艺演出,增加实践频次

以国家级非遗代表性项目为重点,扶持曲艺开展驻场演出。指导各地积极协调本地区各类公共文化设施或演出场地,尤其是非遗中心、非遗(博物)馆等,为曲艺类非遗代表性项目保护单位、代表性传承人和各类表演团体开展驻场演出提供免费或优惠场所。鼓励将已在剧场、书场、茶楼(茶馆)等固定演出场所常年开展驻场演出的表演团体纳入扶持范围。鼓励在曲艺项目丰富、观众氛围浓厚的地方探索挂牌设立"非遗曲艺书场",开展专门驻场演出。鼓励曲艺类非遗代表性项目保护单位、代表性传承人和各类表演团体与电视台、广播电台、互联网直播平台等开展合作,探索设立曲艺电视书场、广播书场和网络书场,开展多种形式的演播活动,拓展发展空间。

(七)组织展演活动,繁荣曲艺市场

组织举办"全国非遗曲艺周"活动,展示曲艺传承发展成果,推出曲艺优秀传承人和优秀作品。鼓励各地组织区域性曲艺会演,逐步形成曲艺专题品牌活动。扶持马街书会、胡集书会等民间曲艺展示交易集市的发展。鼓励各地在各种曲艺相关展演会演中增设交易环节,推动曲艺演出交易。鼓励和引导曲艺项目进入城市和乡村旅游演艺市场,与当地旅游发展相结合,拓展更大发展空间。

(八)开展曲艺普及,扩大曲艺受众

定期组织开展曲艺进校园、进社区、进乡村等活动,普及曲艺知识,推广曲艺项目,培养曲艺受众。鼓励对曲艺及其相关环境开展整体性保护,维护和培育曲艺传承发展的文化生态环境,有条件的地方鼓励设立文化生态保护区。鼓励各地积极借助各种媒体资源,创新传播渠道,搭建传播平台,加强对曲艺的宣传报道,扩大曲艺的社会影响,为曲艺传承发展营造良好的社会氛围。

(九)支持学术研究,加强专业指导

鼓励相关院校、研究机构、非遗保护机构等积极开展曲艺项目调查研究,深入研究曲艺项目的传承发展规律,重点挖掘整理曲艺所蕴含的当代价值、人文精神和文化内涵,为曲艺项目的传承发展实践提供坚实的学术支持。鼓励有条件的院校和科研院所开展曲艺理论研究,推动完善曲艺相关学科建设。

四、保障措施

(一)明确职责,加强部署

各级文化和旅游行政部门要高度重视曲艺传承发展工作,认真落实本计划各项任务措施。文化和旅游部负责本计划的统筹部署,定期对计划实施情况开展评估和检查。省级文化和旅游行政部门负责本计划在本区域范围内的组织实施,根据各项任务措施,制定工作方案,推动各项任务有效落实。市、县级文化和旅游行政部门要按照省级文化和旅游行政部门指定的责任分工,加大执行力度,确保各项工作有序实施。

(二)统筹力量,加强管理

各地文化和旅游行政部门要加强工作统筹,指导曲艺类非遗代表性项目所在地区非遗保护中心发挥进一步管理职责,加强与项目保护单位、代表性传承人和各类表演团体的业务联系,并引导区域内各方力量参与项目保护传承,壮大工作队伍。

(三)落实资金,加强保障

文化和旅游部将通过国家非遗保护专项资金为本计划提供资金保障。鼓励各地积极协调本级财政,为本地区曲艺项目传承发展提供相应资金扶持,或纳入相关政府购买服务范围。同时,鼓励各地采取多种方式动员和吸纳社会资金,支持曲艺传承发展。

文化和旅游部关于印发《国家级旅游度假区管理办法》的通知

文旅资源发〔2019〕143 号

各省、自治区、直辖市文化和旅游厅(局),新疆生产建设兵团文化体育广电和旅游局:

为了规范国家级旅游度假区的认定和管理,促进旅游度假区高质量发展,我部制定了《国家级旅游度假区管理办法》,现印发给你们,请认真遵照执行。

特此通知。

文化和旅游部
2019 年 12 月 20 日

国家级旅游度假区管理办法

第一条 为了规范国家级旅游度假区的认定和管理,促进旅游度假区高质量发展,满足人民日益增长的旅游度假休闲需求,制定本办法。

第二条 本办法所称旅游度假区,是指为旅游者提供度假休闲服务、有明确的空间边界和独立管理机构的区域。

本办法所称国家级旅游度假区,是指符合国家标准《旅游度假区等级划分》(GB/T26358)相关要求,经文化和旅游部认定的旅游度假区。

第三条 国家级旅游度假区的认定和管理坚持以习近平新时代中国特色社会主义思想为指导,以人民为中心,弘扬社会主义核心价值观,提升度假休闲旅游发展水平,推动旅游业转型升级。

第四条 国家级旅游度假区的认定和管理坚持公开、公平、公正,遵循自愿申报、规范认定、动态管理和示范引领的原则。

第五条 国家级旅游度假区的认定和管理由文化和旅游部按照本办法和国家标准《旅游度假区等级划分》(GB/T26358)及相关细则组织实施,具体工作由文化和旅游部资源开发司承担。

省级文化和旅游行政部门负责本辖区内国家级旅游度假区的初审推荐和日常管理,以及省级旅游度假区的认定和管理。

第六条 鼓励旅游度假区按照本办法和国家标准《旅游度假区等级划分》(GB/T26358)及相关细则要求,积极开展国家级旅游度假区的建设和申报工作。

第七条 申报国家级旅游度假区,应当具备下列条件:

(一)符合国家标准《旅游度假区等级划分》(GB/T26358)及相关细则要求;

(二)符合社会主义核心价值观要求;

(三)度假设施相对集聚,经营状况良好;

（四）旅游公共信息服务体系健全；

（五）游客综合满意度较高；

（六）在全国具有较高的知名度和品牌影响力；

（七）土地使用符合法律法规有关规定；

（八）主要经营主体近 3 年无严重违法违规等行为记录；

（九）近 3 年未发生重大旅游安全责任事故；

（十）被认定为省级旅游度假区 1 年以上。

第八条 申报国家级旅游度假区，应当经省级文化和旅游行政部门向文化和旅游部提交下列材料：

（一）省级文化和旅游行政部门推荐文件；

（二）国家级旅游度假区认定申请报告书，包括旅游度假区基本信息（含名称、管理机构、空间范围、面积、总览图等）、度假设施分布和经营状况、旅游公共信息服务体系、游客综合满意度、知名度和品牌影响力等内容；

（三）旅游度假区总体规划、自评报告及相关说明材料（含文字、图片和视频）；

（四）县级以上自然资源部门关于土地使用符合法律法规有关规定的相关材料；

（五）近 3 年无严重违法违规等行为记录和未发生重大旅游安全责任事故的承诺书；

（六）文化和旅游部要求的其他材料。

第九条 文化和旅游部按照下列程序组织认定国家级旅游度假区：

（一）对申报材料进行审核；

（二）组织专家评审组按照旅游度假区等级基础评价评分细则，对通过材料审核的旅游度假区进行基础评价；

（三）组织专家或者第三方机构按照旅游度假区等级综合评分细则，对通过基础评价的旅游度假区以暗访的形式进行现场检查；

（四）对通过现场检查的旅游度假区进行审议，根据需要可以安排答辩环节，确定公示名单；

（五）对确定的公示名单，在文化和旅游部政府门户网站公示 5 个工作日；

（六）对公示无异议或者异议不成立的，发布认定公告。

第十条 国家级旅游度假区等级标识、标牌样式由文化和旅游部统一设计。

国家级旅游度假区可以根据文化和旅游部统一设计的等级标识、标牌样式，自行制作简洁醒目、庄重大方、具有自身特点的等级标牌。

国家级旅游度假区应当将等级标牌置于度假区内醒目位置，并在宣传推广中正确使用其等级标识、标牌。

未被认定或者被取消国家级旅游度假区等级的，不得使用相关称谓和等级标识、标牌。

第十一条 国家级旅游度假区变更名称、管理机构或者调整空间边界的，应当自变更或者调整之日起 2 个月内，经省级文化和旅游行政部门报文化和旅游部备案。

第十二条 文化和旅游部建立有进有出的动态管理机制，采取重点复核与随机抽查相结合、明查与暗访相结合，或者委托第三方机构开展社会调查、游客意见反馈等方式，对国家级旅游度假区进行管理和复核。原则上每 3 年进行 1 次全面复核。

第十三条 国家级旅游度假区有下列情形之一的，文化和旅游部给予通报批评处理，并要求限期整改：

（一）经检查或者复核，部分达不到国家标准《旅游度假区等级划分》（GB/T26358）及相关细则要求的；

（二）旅游公共信息服务体系不健全的；

（三）游客投诉较多或者旅游市场秩序混乱，且未及时有效处理的；

（四）因管理失当，造成严重不良社会影响的；

（五）发生较大旅游安全责任事故的；

（六）变更名称、管理机构或者调整空间边界未及时备案的；

（七）文化和旅游部认定的其他情形。

第十四条 国家级旅游度假区有下列情形之一的，文化和旅游部给予取消等级处理：

（一）经检查或者复核，与国家标准《旅游度假区等级划分》（GB/T26358）及相关细则要求差距较大的；

（二）存在严重违背社会主义核心价值观行为的；

（三）资源环境遭到严重破坏的；

（四）发生重大旅游安全责任事故的；

（五）发生重大违法违规行为的；

（六）申报过程中弄虚作假的；

（七）文化和旅游部认定的其他情形。

第十五条 国家级旅游度假区受到通报批评处理的,应当及时认真进行整改,整改期限原则上不超过 1 年。整改期限届满后,经省级文化和旅游行政部门报文化和旅游部检查验收。通过检查验收的,下达整改合格通知;未通过检查验收的,文化和旅游部给予取消等级处理。

第十六条 国家级旅游度假区受到取消等级处理的,自取消等级之日起 3 年内不得申报国家级旅游度假区。

第十七条 文化和旅游部通过多种渠道和方式,对国家级旅游度假区加强旅游基础设施建设、旅游公共服务、品牌建设和形象推广等予以支持。

第十八条 鼓励地方各级文化和旅游行政部门协调相关部门,在土地使用、金融支持、人才引进、宣传推广等方面,对国家级旅游度假区提供支持与服务,为旅游度假区建设和发展营造良好环境。

第十九条 省级文化和旅游行政部门可以结合本地区实际,参照本办法,制定省级旅游度假区管理办法。

第二十条 本办法由文化和旅游部负责解释。

第二十一条 本办法自发布之日起施行。《国家旅游局办公室关于下发〈旅游度假区等级管理办法〉的通知》(旅办发〔2015〕81 号)同时废止。

文化和旅游部办公厅关于印发《国家全域旅游示范区验收、认定和管理实施办法(试行)》和《国家全域旅游示范区验收标准(试行)》的通知

办资源发〔2019〕30 号

各省、自治区、直辖市文化和旅游行厅(局),新疆生产建设兵团文化体育新闻出版广电局、商务局(旅游局):

为贯彻落实党中央、国务院关于全域旅游工作的部署,进一步规范国家全域旅游示范区验收、认定和管理工作,充分发挥国家全域旅游示范区在促进全域旅游发展中的示范引领作用,文化和旅游部制定了《国家全域旅游示范区验收、认定和管理实施办法(试行)》和《国家全域旅游示范区验收标准(试行)》。现将文件印发给你们,请认真贯彻执行。

特此通知。

文化和旅游部办公厅
2019 年 3 月 1 日

国家全域旅游示范区验收、认定和管理实施办法(试行)

第一章 总 则

第一条 为深入贯彻党的十九大精神,统筹推进"五位一体"总体布局和协调推进"四个全面"战略布局,牢固树立和贯彻落实新发展理念,认真落实党中央、国务院关于全域旅游的部署安排,不断深化旅游供给侧结构性改革,加快推进旅游业转型升级,大力促进旅游优质发展,切实加强对国家全域旅游示范区(以下简称示范区)工作的管理,依据《国务院办公厅关于促进全域旅游发展的指导意见》(国办发〔2018〕15 号)、《全域旅游示范区创建工作导则》等有关文件要求,制定本办法。

第二条 本办法所指的示范区是指将一定行政区划作为完整旅游目的地,以旅游业为优势产

业，统一规划布局，创新体制机制，优化公共服务，推进融合发展，提升服务品质，实施整体营销，具有较强示范作用，发展经验具备复制推广价值，且经文化和旅游部认定的区域。

第三条　示范区聚焦旅游业发展不平衡不充分矛盾，以旅游发展全域化、旅游供给品质化、旅游治理规范化和旅游效益最大化为目标，坚持改革创新，强化统筹推进，突出创建特色，充分发挥旅游关联度高、带动性强的独特优势，不断提高旅游对促进经济社会发展的重要作用。

第四条　示范区验收、认定和管理工作，遵循"注重实效、突出示范，严格标准、统一认定，有进有出、动态管理"的原则，坚持公开、公平、公正，通过竞争性选拔择优认定。

第二章　职责及分工

第五条　文化和旅游部统筹国家全域旅游示范区创建单位（以下简称创建单位）的验收、审核、认定、复核和监督管理等工作。

第六条　省级文化和旅游行政部门牵头负责本地区县级和地级创建单位的验收和监督管理等工作。

第七条　各级创建单位的人民政府负责组织开展创建、申请验收，及时做好总结、整改等相关工作。

第三章　验　收

第八条　文化和旅游部制定《国家全域旅游示范区验收标准（试行）》（以下简称《标准》）。《标准》基本项目总分1000分，创新

项目加分200分，共计1200分。通过省级文化和旅游行政部门初审验收的最低得分为1000分。

第九条　文化和旅游部根据各地创建工作开展情况，启动创建单位验收工作。省级文化和旅游行政部门制定本辖区验收实施方案，报文化和旅游部备案后组织开展验收工作。验收以县级创建单位为基本单位。

第十条　县级创建单位开展创建满一年后方可向省级文化和旅游行政部门提出验收申请。地级创建单位，其辖区内70%以上的县级创建单位通过验收后，方可向省级文化和旅游行政部门提出验收申请。省级创建单位，其辖区内70%以上的地级创建单位通过验收后，省级人民政府可以向文化和旅游部提出认定申请。

第十一条　省级文化和旅游行政部门依据《标准》，对县级、地级创建单位组织初审验收，根据得分结果确定申请认定的单位，并形成初审验收报告。

第十二条　验收包括暗访、明查、会议审核三种方式。暗访由验收组自行安排检查行程和路线，重点对创建单位的产业融合、产品体系、公共服务体系、旅游环境等《标准》要求的内容进行检查。明查和会议审核由验收组通过听取汇报、查阅资料、现场观察、提问交谈等方式，重点对创建单位的体制机制、政策措施、旅游规划等《标准》要求的内容进行检查。

第四章　认　定

第十三条　示范区认定工作注重中央统筹与地方主导相结

合，示范优先与兼顾公平相结合，充分考虑不同地域经济发展水平差异，调动各地开展示范区创建的积极性。

第十四条　省级文化和旅游行政部门负责向文化和旅游部提交县级、地级创建单位的认定申请、初审验收报告、验收打分及检查项目说明材料、创建单位专题汇报文字材料及全域旅游产业运行情况、创建工作视频。

第十五条　文化和旅游部以省级文化和旅游行政部门上报的县级、地级创建单位的初审验收报告等材料为认定参考依据，组织召开专家评审会对照以下8个方面进行会议评审。

1.体制机制。建立党政统筹、部门联动的全域旅游领导协调机制，旅游综合管理体制改革成效显著，运行有效。旅游治理体系和治理能力现代化水平高，具有良好的旅游业持续健康发展的法制环境。

2.政策保障。旅游业作为地方经济社会发展战略性支柱产业定位明确，在经济社会发展规划和城乡建设、土地利用、基础设施建设、生态环境保护等相关规划，以及综合性支持政策、重大项目建设等方面得到具体体现并取得实效。

3.公共服务。旅游公共服务体系健全，厕所、停车场、旅游集散中心、咨询服务中心、智慧旅游平台、安全救援、自驾游、自助游等设施完善，运行有效。

4.供给体系。旅游供给要素齐全，布局合理，结构良好，假日高峰弹性供给组织调控有效。旅游业带动性强，与文化等相关产业深度融合发展，业态丰富，形成

观光、休闲、度假业态协调发展的产业结构，综合效益显著。具有不少于 1 个国家 5A 级旅游景区，或国家级旅游度假区，或国家级生态旅游示范区；或具有 2 个以上国家 4A 级旅游景区。

5.秩序与安全。旅游综合监管制度体系完善，市场监管能力强，投诉处理机制健全，建立旅游领域社会信用体系，市场秩序良好，游客满意度高，近 3 年没有发生重大旅游安全生产责任事故或重大旅游投诉、旅游负面舆情、旅游市场失信等市场秩序问题。

6.资源与环境。旅游资源环境保护机制完善，实施效果良好，近 3 年未发生重大生态环境破坏事件。旅游创业就业和旅游扶贫富民取得积极成效。

7.品牌影响。旅游目的地品牌体系完整，特色鲜明，识别度、知名度高，市场感召力强。

8.创新示范。大力推进改革创新，积极破除全域旅游发展的瓶颈和障碍，具有解决地方旅游业长期发展问题的突破性、实质性措施，或在全国产生重要影响的发展全域旅游的示范性创新举措。

第十六条　文化和旅游部对通过会议评审的县级、地级创建单位，根据工作需要委托第三方机构进行现场检查，综合会议评

审和现场检查结果确定公示名单，进行不少于 5 个工作日的公示。公示阶段无重大异议或重大投诉的通过公示；若出现重大异议或重大投诉等情况，文化和旅游部调查核实后做出相应处理。

第十七条　文化和旅游部对提出认定申请的省级创建单位组织召开专家评审会，对照体制机制、政策保障、公共服务、供给体系、秩序与安全、资源与环境、品牌影响、创新示范等 8 个方面进行会议评审。对通过会议评审的省级创建单位进行不少于 5 个工作日的公示。公示阶段无重大异议或重大投诉的通过公示；若出现重大异议或重大投诉等情况，文化和旅游部调查核实后做出相应处理。

第十八条　对通过公示的创建单位，文化和旅游部认定为"国家全域旅游示范区"。

第十九条　被认定为示范区的单位要按照高质量发展要求，不断深化改革，加快创新驱动，持续推进全域旅游向纵深发展。

第二十条　未通过认定的创建单位要根据文化和旅游部反馈的意见制定整改方案，落实整改措施。

第五章　监督管理

第二十一条　文化和旅游部

建立国家全域旅游产业运行监测平台，对示范区和创建单位旅游产业运行情况进行动态监管。示范区和创建单位应按照要求报送本地区旅游接待人次、过夜接待人次、旅游收入、投诉处理等数据，以及重大旅游基础设施、公共服务设施、旅游经营项目等信息。

第二十二条　文化和旅游部建立"有进有出"的管理机制，统筹示范区的复核工作，原则上每 3 至 5 年完成对示范区的复核工作。省级文化和旅游行政部门对所辖区内已命名的示范区要进行日常检查，并参与复核工作。

第二十三条　文化和旅游部对于复核不达标或发生重大旅游违法案件、重大旅游安全责任事故、严重损害消费者权益事件、严重破坏生态环境行为和严重负面舆论事件的国家全域旅游示范区，视问题的严重程度，予以警告、严重警告或撤销命名处理。

第六章　附　则

第二十四条　本办法由文化和旅游部负责解释。各省、自治区、直辖市、新疆生产建设兵团可参照此办法，制定符合本地实际的全域旅游示范区工作管理相关规定。

第二十五条　本办法自发布之日起施行。

国家全域旅游示范区验收标准(试行)

序号	验收指标及分值 (总分1200分。其 中,基本项1000分, 创新项加分200分)	总体要求	评分标准
1	体制机制 (90分)	建立适应全域旅游发展的统筹协调、综合管理、行业自律等体制机制,现代旅游治理能力显著提升	1.领导体制:建立全域旅游组织领导机制,把旅游工作纳入政府年度考核指标体系(20分)
			2.协调机制:建立部门联动、共同参与的旅游综合协调机制,形成工作合力(25分)
			3.综合管理机制:建立旅游综合管理机构,健全社会综合治理体系(20分)
			4.统计制度:健全现代旅游统计制度与统计体系,渠道畅通,数据完整,报送及时(15分)
			5.行业自律机制:建立各类旅游行业协会,会员覆盖率高,自律规章制度健全,行业自律效果良好(10分)
2	政策保障 (140分)	旅游业在地方经济社会发展战略中具有重要地位,旅游规划与相关规划实现有机衔接,全域旅游发展支持政策配套齐全	1.产业定位:旅游业被确立为主导产业,地方党委或政府出台促进全域旅游发展的综合性政策文件和实施方案,相关部门出台专项支持政策文件(20分)
			2.规划编制:由所在地人民政府编制全域旅游规划和相应专项规划,制定工作实施方案等配套文件,建立规划督查、评估机制(20分)
			3.多规融合:旅游规划与相关规划深度融合,国土空间等规划满足旅游发展需求(20分)
			4.财政金融支持政策:设立旅游发展专项资金,统筹各部门资金支持全域旅游发展,出台贷款贴息政策,实施旅游发展奖励补助政策,制定开发性金融融资方案或政策(30分)
			5.土地保障政策:保障旅游发展用地新增建设用地指标,在年度用地计划中优先支持旅游项目用地。有效运用城乡建设用地增减挂钩政策,促进土地要素有序流动和合理配置,构建旅游用地保障新渠道(30分)
			6.人才政策:设立旅游专家智库,建立多层次的人才引进和旅游培训机制,实施旅游人才奖励政策(20分)
3	公共服务 (230分)	旅游公共服务体系健全,各类设施运行有效	1.外部交通:可进入性强,交通方式快捷多样,外部综合交通网络体系完善(20分)
			2.公路服务区:功能齐全,规模适中,服务规范,风格协调(15分)
			3.旅游集散中心:位置合理,规模适中,功能完善,形成多层级旅游集散网络(20分)
			4.内部交通:内部交通体系健全,各类道路符合相应等级公路标准,城市和乡村旅游交通配套体系完善(30分)
			5.停车场:与生态环境协调,与游客流量基本平衡,配套设施完善(15分)
			6.旅游交通服务:城市观光交通、旅游专线公交、旅游客运班车等交通工具形式多样,运力充足,弹性供给能力强(20分)
			7.旅游标识系统:旅游引导标识等系统完善,设置合理科学,符合相关标准(25分)
			8.游客服务中心:咨询服务中心和游客服务点设置科学合理,运行有效,服务质量好(25分)
			9.旅游厕所:厕所革命覆盖城乡全域,厕所分布合理,管理规范,比例适当,免费开放(30分)
			10.智慧旅游:智慧旅游设施体系完善、功能齐全、覆盖范围大、服务到位(30分)

序号	验收指标及分值（总分 1200 分。其中,基本项 1000 分,创新项加分 200 分）	总体要求	评分标准
4	供给体系（240 分）	旅游供给要素齐全,旅游业态丰富,旅游产品结构合理,旅游功能布局科学	1.旅游吸引物:具有品牌突出、数量充足的旅游吸引物。城乡建有功能完善、业态丰富、设施配套的旅游功能区(50 分)
			2.旅游餐饮:餐饮服务便捷多样,有特色餐饮街区、快餐和特色小吃等业态,地方餐饮(店)品牌突出,管理规范(35 分)
			3.旅游住宿:星级饭店、文化主题旅游饭店、民宿等各类住宿设施齐全,管理规范(35 分)
			4.旅游娱乐:举办富有地方文化特色的旅游演艺、休闲娱乐和节事节庆活动(35 分)
			5.旅游购物:地方旅游商品特色鲜明、知名度高,旅游购物场所经营规范(35 分)
			6.融合产业:大力实施"旅游＋"战略,实现多业态融合发展(50 分)
5	秩序与安全（140 分）	旅游综合监管体系完善,市场秩序良好,游客满意度高	1.服务质量:实施旅游服务质量提升计划,宣传、贯彻和实施各类旅游服务标准(20 分)
			2.市场管理:完善旅游市场综合监管机制,整合组建承担旅游行政执法职责的文化市场综合执法队伍,建立旅游领域社会信用体系,制定信用惩戒机制,市场秩序良好(25 分)
			3.投诉处理:旅游投诉举报渠道健全畅通有效,投诉处理制度健全,处理规范公正,反馈及时有效(20 分)
			4.文明旅游:定期开展旅游文明宣传和警示教育活动,推行旅游文明公约,树立文明旅游典型,妥善处置、及时上报旅游不文明行为事件(20 分)
			5.旅游志愿者服务:完善旅游志愿服务体系,设立志愿服务工作站点,开展旅游志愿者公益行动(15 分)
			6.安全制度:建立旅游安全联合监管机制,制定旅游安全应急预案,定期开展安全演练(12 分)
			7.风险管控:有各类安全风险提示、安全生产监督管控措施(18 分)
			8.旅游救援:救援系统运行有效,旅游保险制度健全(10 分)
6	资源与环境（100 分）	旅游资源环境保护机制完善,实施效果良好。旅游创业就业和旅游扶贫富民取得一定成效,具有发展旅游的良好社会环境	1.资源环境质量:制定自然生态资源、文化资源保护措施和方案(24 分)
			2.城乡建设水平:整体风貌具有鲜明的地方特色,城乡建设保护措施完善(16 分)
			3.全域环境整治:旅游区、旅游廊道、旅游村镇周边洁化绿化美化,"三改一整"等工程推进有力,污水和垃圾处理成效显著(20 分)
			4.社会环境优化:广泛开展全域旅游宣传教育,实施旅游惠民政策,旅游扶贫富民方式多样,主客共享的社会氛围良好(40 分)
7	品牌影响（60 分）	实施全域旅游整体营销,品牌体系完整、特色鲜明	1.营销保障:设立旅游营销专项资金,制定旅游市场开发奖励办法(15 分)
			2.品牌战略:实施品牌营销战略,品牌体系完整,形象清晰,知名度和美誉度高(15 分)
			3.营销机制:建立多主体、多部门参与的宣传营销联动机制,形成全域旅游营销格局(10 分)
			4.营销方式:采取多种方式开展品牌营销,创新全域旅游营销方式(10 分)
			5.营销成效:市场规模持续扩大,游客数量稳定增长(10 分)

续　表

序号	验收指标及分值（总分 1200 分。其中,基本项 1000 分,创新项加分 200 分）	总体要求	评分标准
8	创新示范（200 分）	创新改革力度大,有效解决制约旅游业发展瓶颈,形成较强的示范带动作用	1.体制机制创新:具有示范意义的旅游领导机制创新(6 分)、协调机制创新(6 分)、市场机制创新(6 分)、旅游配套机制创新(6 分);旅游综合管理体制改革创新(6 分);旅游治理能力创新(6 分);旅游引领多规融合创新(8 分);规划实施与管理创新(6 分)(小计 50 分)
			2.政策措施创新:全域旅游政策举措创新(6 分);财政金融支持政策创新(6 分);旅游投融资举措创新(6 分);旅游土地供给举措创新(6 分);人才政策举措创新(6 分)(小计 30 分)
			3.业态融合创新:旅游发展模式创新(10 分);产业融合业态创新(10 分);旅游经营模式创新(10 分)(小计 30 分)
			4.公共服务创新:旅游交通建设创新(8 分);旅游交通服务方式创新(8 分);旅游咨询服务创新(8 分);厕所革命创新(8 分);环境卫生整治创新(8 分)(小计 40 分)
			5.科技与服务创新:智慧服务创新(10 分);非标准化旅游服务创新(10 分)(小计 20 分)
			6.环境保护创新:旅游环境保护创新(8 分)
			7.扶贫富民创新:旅游扶贫富民方式创新(8 分);旅游创业就业方式创新(4 分)(小计 12 分)
			8.营销推广创新:营销方式创新(10 分)
9	扣分事项	一票否决项	1.重大安全事故:近 3 年发生重大旅游安全生产责任事故的
			2.重大市场秩序问题:近 3 年发生重大旅游投诉、旅游负面舆情、旅游市场失信等市场秩序问题的
			3.重大生态环境破坏:近 3 年发生重大生态环境破坏事件的
			4.旅游厕所:厕所革命不达标
		主要扣分项	1.安全生产事故:近 3 年发生旅游安全生产责任事故,处理不及时,造成不良影响的,扣 35 分
			2.市场秩序问题:近 3 年发生旅游投诉、旅游负面舆情、旅游市场失信等市场秩序问题,处理不及时,造成不良影响的,扣 30 分
			3.生态环境破坏:近 3 年发生生态环境破坏事件,处理不及时,造成不良影响的,扣 35 分

文化和旅游部办公厅
关于印发《公共数字文化工程融合创新发展实施方案》的通知

办公共发〔2019〕63 号

各省、自治区、直辖市文化和旅游厅（局），新疆生产建设兵团文化体育广电和旅游局，国家图书馆、文化和旅游部全国公共文化发展中心：

《公共数字文化工程融合创新发展实施方案》已经文化和旅游部研究同意，现印发给你们，请认真贯彻执行。

特此通知。

文化和旅游部办公厅
2019 年 4 月 16 日

公共数字文化工程融合创新发展实施方案

为适应移动互联网等现代科技发展趋势，破解公共数字文化工程（以下简称"工程"）发展中存在的瓶颈问题，推动工程转型升级、深度融合，创新公共数字文化服务业态，提升服务效能，特制定本实施方案。

一、总体要求

（一）指导思想

以习近平新时代中国特色社会主义思想为指导，全面贯彻党的十九大和十九届二中、三中全会精神，培育和弘扬社会主义核心价值观，坚定文化自信，加强现代科技应用，充分挖掘数字文化服务发展潜力，广泛吸纳社会力量参与，推动公共数字文化工程全面融合发展，提升工程的覆盖面和实效性，更好地发挥工程对现代公共文化服务体系的支撑作用。

（二）基本原则

1. 把握导向，严格把关。坚持社会主义先进文化前进方向，严格落实意识形态工作责任制，加强工程资源内容审核，强化工程平台和服务终端管控。

2. 统筹规划，融合发展。加强统筹规划和顶层设计，促进工程在平台、资源、服务方面的互联互通和融合发展，坚持集约节约，避免重复建设。

3. 创新驱动，突出效能。加强云计算、大数据、人工智能等现代科技应用，创新公共数字文化服务业态，促进工程转型升级和服务效能提升。

4. 开放共享，社会参与。创新工程建设模式，拓宽社会力量参与渠道，打破信息壁垒，探索跨部门、跨行业、跨地域的开放共享。

（三）目标任务

到 2019 年底，实现工程的统筹管理，建立统一的标准规范框架，推出统一的基层服务界面，初步形成公共数字文化资源服务总目录，统筹开展基层数字文化资源配送，做好工程平台、资源、服务的融合创新发展试点工作。

到 2020 年底，基本建成统一的工程标准规范体系，实现工程平台有效整合、资源共建共享、管理统筹规范、服务便捷高效，社会力量参与机制更加健全，服务效能显著提升。

二、重点任务

（一）统筹工程建设管理

加强工程的顶层设计，建立健全管理机制，统筹工程的规划、建设、管理与服务，制定统一的标准规范体系。

1. 统一称谓。在保持现有机构稳定的基础上，将原来的全国文化信息资源共享工程、数字图书馆推广工程、公共电子阅览室建设计划，统称为公共数字文化工程。规划设计统一的工程宣传标识，提高工程的辨识度。

2.统一标准规范体系。统筹制定工程发展规划,调整、整合、完善现有的公共数字文化工程标准规范,编制统一的资源建设标准、技术标准、服务标准、管理规范和绩效指标,形成完备统一的标准规范体系。同时,坚持开放兼容的原则,有条件的与社会行业事实标准兼容互通。

3.统筹开展业务培训。统筹制定工程业务培训计划,整合现有的培训资源和培训业务内容,建立涵盖专题培训、馆员研修等多种类型的分级培训体系,提高公共数字文化人才队伍业务水平。

4.完善工程管理机制。建立工程建设协商机制,提高工程建设科学化水平。由文化和旅游部牵头,组织实施单位统筹制定、发布公共数字文化工程项目建设指南,明确工作目标和任务要求。同时,加大监督检查力度,确保项目按时按质按量完成,提高资金使用效益。

(二)整合工程平台与服务界面

构建标准统一、互联互通的公共数字文化服务平台,逐步实现工程平台的开放兼容、快捷传输和高效运行,实现工程资源在基层的统一揭示和便捷获取。

1.构建统一的公共数字文化基础平台。以国家"公共文化云"统筹全国数字文化馆建设,与国家数字图书馆互开端口、互设界面,逐步实现用户统一认证、资源共享、跨库检索和数据汇聚。加强与其他文化惠民工程互联互通,搭建标准一致、有统有分、互为支撑的现代公共文化服务体系基础信息架构。

2.推出统一的基层服务界面。构建基于宽带互联网、移动互联网、数字电视网的公共数字文化应用,在客户服务端统一服务平台、服务入口、服务界面,为基层群众提供一站式、集成式的公共数字文化服务。在乡镇、村基层服务点积极开展智能化服务应用。建立健全线上与线下相结合的服务体验机制,开展订单式、菜单式服务。

3.建设公共文化大数据平台。统一数据采集标准,规范数据采集流程,建立数据分析模型,形成覆盖公共图书馆、文化馆的大数据分析平台,与文化和旅游部综合监测与应急指挥平台实现有效对接,逐步实现对线上公共文化资源与线下公共文化活动服务的点击量、访问量、参与度、满意度等进行大数据采集与分析,持续提升公共文化服务水平。

(三)统筹工程资源建设和服务推广

加大宣传推广力度,打造公共数字文化服务品牌。建立统一的资源服务目录,拓展资源传输渠道,全面提升资源供给质量。

1.加大宣传推广力度。整合现有的宣传渠道,推出统一的公共数字文化工程网站和微信公众号,广泛开展基于多终端和移动互联网的宣传推广活动,提高工程知晓度和群众参与度。发布统一的公共数字文化服务和活动年度目录。整合聚拢现有资源和服务渠道,与学习强国等平台有机衔接,与社会组织、市场平台广泛开展嵌入式宣传,共同策划、协同开展公共数字文化品牌活动与服务,打造精品项目,扩大品牌影响力。

2.建立公共数字文化资源服务总目录。梳理、盘活工程存量资源,制定工程资源分类标准,应用唯一标识符等技术,开展全国公共图书馆、文化馆等公共文化机构元数据仓储建设,推出公共数字文化资源服务总目录,实现资源统一揭示与调用。

3.合理规划资源建设内容。按照公共数字文化工程的功能定位和统一的技术标准,合理规划增量资源建设内容,围绕全民阅读、全民艺术普及、中华优秀文化数字化、文化精准扶贫、旅游等主题,开展公共数字文化资源建设,丰富适用于移动互联网传播的资源类型,优化资源结构,提升资源质量。

4.完善资源存储和供给体系。建立适应移动互联网应用特点的服务模式,从用户需求出发,推动跨平台、跨系统、跨层级的资源相互调用和信息共享互认,提高资源获取的便利性。按照资源的适用范围要求,合理规划资源的授权,实现版权效益最大化。改变传统的资源配送模式,建立基于宽带互联网、移动互联网和虚拟网传输的公共数字文化资源配送体系。建立群众文化需求反馈机制,针对不同服务场景、特定服务人群精准推送公共数字文化产品。

(四)引导社会力量参与工程建设

1.深入推进资源建设社会化。改革资源建设方式,扩大资源建设主体范围,系统内公共文化机构和系统外市场主体发挥各自优势,共同参与资源建设。通过采购成品资源、委托市场定制、合作共建等方式,加大资源建设的社会化合作力度。完善第三方质检机制,提高资源建设质量。

2.拓宽资源传输渠道。逐步开放工程自有版权资源的使用权限,推进工程组织实施单位与市场主体、社会组织的合作,允许市场化平台、社会公共服务平台利用工程资源开展非营利性公共文化活动,拓展资源展示平台和传输渠道,提高人民群众获取资源的便利性。

3.创新工程设施管理运营模式。鼓励各地开展工程设施的社会化运营。按照政府采购程序,通过招投标、委托等方式,引入市场力量或社会组织参与公共数字文化设施的管理和运营,参与工程软件平台的开发与维护,提高工程建设管理的专业化社会化水平。

三、重点工作和时间安排

(一)2019年底前

1.开展试点。选择东、中、西若干个区域,在省级、市级、县级不同层级开展工程融合创新发展试点工作,推进试点地区在工程平台、资源、服务等方面全面优化融合。

2.开展公共数字文化相关标准规范的融合修订工作,在公共数字文化建设中分步启用。

3.统一基层服务界面,推出面向移动互联网的公共数字文化应用程序,推广应用智能化服务终端,开展公共文化服务大数据平台建设。

4.开展国家数字图书馆、数字文化馆用户统一认证和数字资源唯一标识符的登记工作。

5.梳理工程存量资源,开展工程资源服务总目录建设,建立面向基层的统一的资源配送体系。

(二)2020年底前

1.总结试点经验,推广试点成果,形成工程融合创新发展推广模式。

2.完成工程资源服务总目录体系建设,不断丰富资源内容。

3.提高社会化服务比例,推动工程服务效能显著提升。

四、保障措施

(一)加强组织领导

文化和旅游部牵头,督促落实工程融合发展相关任务。文化和旅游部组织实施单位负责工程

融合创新发展工作的具体实施。各省(区、市)文化和旅游厅(局)、新疆生产建设兵团文化体育广电和旅游局要提高认识,高度重视工程融合创新发展工作,结合本方案扎实推进本级的工程融合发展。各试点地区要结合本方案确定的原则、目标、任务,精心组织实施,提高试点工作实效。省级及省级以下组织实施单位要按照融合发展的工作思路,依据能统则统、宜融尽融的原则,推进工程融合创新发展。

(二)强化政策保障

通过现有资金渠道支持工程融合创新发展,重点支持公共数字文化资源整合、"两微一端"服务、智能服务、大数据分析评价等。各地要结合实际需要,加大对工程融合发展的支持力度。

(三)扎实稳妥推进

加强对融合创新发展的动态跟踪,严把意识形态安全和网络安全关,及时研究解决融合发展中出现的困难和问题。认真总结试点工作经验,加强宣传推广,稳步推进工程融合发展。

文化和旅游部办公厅关于印发《全面推行文化市场综合行政执法公示制度 执法全过程记录制度 重大执法决定法制审核制度的实施方案》的通知

办综执发〔2019〕83号

各省、自治区、直辖市文化和旅游厅(局),新疆生产建设兵团文化体育广电和旅游局:

为贯彻落实《国务院办公厅关于全面推行行政执法公示制度执行全过程记录制度 重大执法

决定法制审核制度的指导意见》(国办发〔2018〕118号),在总结前期试点工作经验的基础上,文化和旅游部制定了《全面推行文化市场综合行政执法公示制度执法全过程记录制度 重大执法决

定法制审核制度的实施方案》。现印发给你们,请遵照执行。

特此通知。

文化和旅游部办公厅
2019年5月20日

全面推行文化市场综合行政执法公示制度
执法全过程记录制度　重大执法决定法制审核制度的实施方案

行政执法是行政机关履行政府职能、管理经济社会事务的重要方式。为贯彻落实《国务院办公厅关于全面推行行政执法公示制度执法全过程记录制度重大执法决定法制审核制度的指导意见》（国办发〔2018〕118号，以下简称《指导意见》）要求，结合文化市场综合执法实际，制定本方案。

一、总体要求

以习近平新时代中国特色社会主义思想为指导，全面贯彻党的十九大和十九届二中、三中全会精神，着力推进文化市场综合执法透明、规范、合法、公正。按照依法规范、执法为民、务实高效、改革创新、统筹协调等5项基本原则，全面推行文化市场综合执法公示制度、执法全过程记录制度、重大执法决定法制审核制度（以下简称"三项制度"），有效规范文化市场综合执法行政处罚、行政强制、行政检查等行为，提升执法能力和水平，提高执法社会满意度。

二、重点任务

（一）落实行政执法公示制度

1. 强化事前公开。国家层面将研究、制定《文化市场综合执法事项指导目录》，清理规范文化市场综合执法行政处罚和行政强制事项，系统梳理执法事项名称、权责类型、实施依据、责任层级等内容。

地方各级文化和旅游行政部门、文化市场综合执法队伍（以下简称"综合执法队伍"）应当以《文化市场综合执法事项指导目录》为基准，编制并公开服务指南和执法流程图，全面准确及时主动公开行政执法主体、权限、依据、程序、救济渠道和随机抽查事项清单等信息。

2. 规范事中公示。文化和旅游部将制定《文化市场综合执法人员资格及执法证件管理办法》，开展文化市场综合执法标识征集活动，推动执法制式服装配备，统一行政执法证件、标识及服装。

待中央统一执法制式服装相关规定施行后，各级文化市场综合执法人员（以下简称"综合执法人员"）应当在执法时按新规定着制式服装、佩戴执法标志、出示执法证件。在新规定出台之前，可根据工作需要，穿着统一的文化市场综合执法工作服装。

3. 加强事后公开。文化和旅游部建立行政执法统计年报制度，地方各级文化和旅游行政部门、综合执法队伍应当按照《中华人民共和国政府信息公开条例》相关要求，及时公开行政处罚、行政强制等行政执法信息，并于每年1月31日前公开本级上年度行政执法总体情况，并报本级人民政府和上级文化和旅游行政部门。

（二）落实执法全过程记录制度

1. 完善文字记录。文化和旅游部将研究制定执法规范用语指引，从基本用语、执法活动、媒体应对等多方面为基层执法人员执法用语使用作出明确指引。

地方各级文化和旅游行政部门、综合执法队伍应当严格执行《文化市场综合行政执法文书制作规范》（文市发〔2016〕23号），做到格式统一、内容完整、表述清楚、用语规范。

2. 规范音像记录。各级文化和旅游行政部门应当积极争取当地政府对本地区文化市场综合执法音像记录设备配备、调查询问室和听证室等音像记录场所建设的支持。鼓励省级文化和旅游行政部门制定指导性文件，明确执法音像记录的设备配备、使用规范、记录要素、存储应用、监督管理等要求。市县两级综合执法队伍可在省级指导性文件框架下，因地制宜，配备相应音像记录设备、调查询问室和听证室。

3. 严格记录归档。文化和旅游部将建立健全基于互联网、电子认证、电子签章的行政执法全过程数字化记录工作机制，形成业务流程清晰、数据链条完整、数据安全有保障的数字化记录信息归档管理制度。

地方各级文化和旅游行政部门、综合执法队伍应当落实《文化市场综合行政执法档案管理办法》（文市发〔2016〕28号），加强对执法台账和法律文书的制作、使用、管理，归档保存执法全过程记录资料，确保所有行政执法行为有据可查。

（三）落实重大执法决定法制审核制度

文化和旅游部通过案卷评查、执法检查等方式，对各地重大执法决定法制审核工作加强指导和监督。

省级文化和旅游行政部门可依据本地实际，研究、制定本地区重大执法决定法制审核的具体办法，指导市县两级综合执法队伍参照执行。各级文化和旅游行政部门明确专门机构和专业人员，负责本级文化市场综合执法重大执法决定的法制审核工作，原则上法制审核人员不少于本单位综合执法人员总数的5%。

（四）全面推进行政执法信息化建设

文化和旅游部将推进全国文化市场技术监管与服务平台建设，通过提供执法证件、执法文书二维码管理、处罚结果查询导出等功能，规范事中、事后公示；通过提供执法业务在线办理功能，推进执法文书、呈批意见、证据材料等流程及数据全过程记录；通过固化法制审核环节，推进落实重大执法决定法制审核。

各级综合执法队伍应当将全国文化市场技术监管与服务平台应用作为落实"三项制度"的重要抓手，在线全流程办理文化、文物、出版、广播电视、电影、旅游市场举报、检查、行政处罚等执法业务，实现重大案件集体讨论及法制审核，推进执法证件、文书、处罚结果公示。

三、工作要求

（一）加强组织领导

文化和旅游部对文化市场综合执法领域全面推行"三项制度"工作进行指导，制定相关工作规范。地方各级文化和旅游行政部门的主要负责同志是本部门推行"三项制度"的第一责任人，应切实加强对本部门综合执法工作的领导，做好组织实施工作，定期听取工作汇报，研究解决问题，总结工作经验。

（二）加强队伍建设

以建设一支政治坚定、行为规范、业务精通、作风过硬的执法队伍为目标，着力提升综合执法人员业务能力和执法素养。建立健全综合执法人员和法制审核人员岗前培训和岗位培训制度。鼓励和支持综合执法人员参加国家统一法律职业资格考试。

（三）加强督促检查

文化和旅游部将把"三项制度"推进情况纳入全国文化市场综合执法年度考评指标体系，部署开展文化市场综合执法法制宣传月活动，发挥示范带动作用，营造良好社会氛围。各省级文化和旅游行政部门可结合实际，制定本地区落实"三项制度"的相关工作举措。

文化和旅游部办公厅　国家发展改革委办公厅
关于开展全国乡村旅游重点村名录建设工作的通知

办资源发〔2019〕90号

各省、自治区、直辖市文化和旅游厅（局）、发展改革委，新疆生产建设兵团文化体育广电和旅游局、发展改革委：

为深入贯彻落实《中共中央国务院关于实施乡村振兴战略的意见》《乡村振兴战略规划（2018—2022年）》《促进乡村旅游发展提质升级行动方案（2018年—2020年）》《关于促进乡村旅游可持续发展的指导意见》等文件精神，按照《"十三五"旅游业发展规划》提出的"发布全国乡村旅游重点村名录"要求，加快推进全国乡村旅游重点村名录建设工作，现就相关工作通知如下：

一、工作目标

为贯彻落实乡村振兴战略，大力推进乡村旅游高质量发展，优化乡村旅游供给，更好地满足人民群众日益增长的美好生活需要，在全国遴选一批符合文化和旅游发展方向、资源开发和产品建设水平高、具有典型示范和带动引领作用的乡村（含行政村和自然村），建立全国乡村旅游重点村名录。

二、遴选标准

（一）文化和旅游资源富集

观赏游憩价值较高，具有一定的历史价值、文化价值或科学价值。乡村旅游开发主题定位明确，有自然或人文的乡村旅游核心吸引物，特色突出，吸引力强。

（二）自然生态和传统文化保护较好

对自然生态、田园风光、传统村落、历史文化、民族文化等资源的保护较好，严格规划建设管控，保持传统村落原有肌理，延续传统空间格局，注重文化挖掘和传承，建筑风貌具有地域特征、民族特色。

（三）乡村民宿发展较好

能够依托当地自然和文化资源禀赋发展特色乡村民宿，注重创意设计，凸显地域文化特色。民宿产品能够在特色餐饮、文化体验、休闲娱乐等方面满足游客需要，综合带动效应明显。

（四）旅游产品体系成熟、质量较高

已开发出乡村民宿、观光度假、农事体验、乡土美食或文创产品等具有独特风格的成熟旅游产品。能够结合本地文化和旅游资源条件，创造性地开发旅游产品，挖掘文化内涵，充分体现社会主义核心价值观，具有较强的参与性、互动性和体验性。

（五）基础设施和公共服务较完善

可进入性好，交通设施完善，村内游览路线布局合理、顺畅，标识标牌系统相对完善。有信息咨询、智慧旅游、旅游投诉、宣传展示、游客游憩、便民服务等游客服务设施。村内公共厕所布局合理，数量能够满足需求，标识醒目美观，环境干净卫生。乡村社会文明程度较高，农民精神风貌较好，村容村貌整洁卫生。

（六）就业致富带动效益明显

就业带动效果好，能够较好吸纳本地村民就业。旅游收入利益联结机制科学，有效保障村民合理收益，脱贫致富效果较好。

三、工作程序

（一）各省（区、市）（包含新疆生产建设兵团，下同）文化和旅游厅（局）会同同级发展改革委，负责本地区乡村旅游重点村的推荐和管理工作，落实国家有关政策和地方配套政策。

（二）县（市、区、旗、农场）人民政府作为申报单位，组织拟申报全国乡村旅游重点村的行政村或自然村填写《全国乡村旅游重点村申报表》（附件1，以下简称《申报表》），同时按提纲要求报送《全国乡村旅游重点村申报方案》（附件2，以下简称《申报方案》），市级文化和旅游部门会同同级发展改革部门根据遴选标准择优确定后，向各省（区、市）文化和旅游厅（局）、发展改革委提出申请。推荐名单应适度向"三区三州"等深度贫困地区倾斜。

（三）各省（区、市）文化和旅游厅（局）会同同级发展改革委按照竞争性选拔原则和本地区乡村旅游发展政策，择优确定全国乡村旅游重点村推荐名单，以适当方式进行公示后联合上报文化和旅游部、国家发展改革委。

（四）文化和旅游部会同国家发展改革委根据各省推荐情况，采取召开专家评审会评价论证、个别现场实地考评等形式，根据综合得分情况确定进入全国乡村旅游重点村名录的名单。

（五）列入名录的全国乡村旅游重点村，由文化和旅游部、国家发展改革委联合发文确认，优先享受国家有关支持政策。

四、工作要求

（一）加强组织领导

各省（区、市）文化和旅游厅（局）要会同同级发展改革委切实加强组织领导，抓紧部署全国乡村旅游重点村名录建设工作，做好后续培育和管理。有创建意愿的县（市、区、旗、农场）要抓紧组织开展申报方案编制和审核筛选工作，并按程序尽快向省级文化和旅游厅（局）、发展改革委申报。

（二）严格评审标准

各省（区、市）文化和旅游厅（局）、发展改革委和各申报单位应严格按照遴选标准，择优确定全国乡村旅游重点村推荐名单，各省（区、市）推荐名额不超过15个，并按照优先顺序排序。

（三）明确时间进度

各省（区、市）文化和旅游厅（局）会同同级发展改革委，于2019年6月21日前将全国乡村旅游重点村推荐名单和申报材料（包括《申报表》《申报方案》和不超过20页的申报PPT，每一个村装订为一册）书面报送文化和旅游部资源开发司，同时组织申报单位登录文化和旅游部资源开发管理系统（网址：zykf. mct. gov. cn）在线上传相关申报材料。

五、后续支持和管理

（一）加强政策支持

文化和旅游部将依托旅游规划建设单位、创意设计机构、培训机构、媒体渠道、投融资机构等各方资源，在旅游规划、创意下乡、人才培训、宣传推广、投融资支持等方面对全国乡村旅游重点村和精品项目予以支持。鼓励各地利用各类资金渠道对全国乡村旅游重点村进行支持。

（二）加强信息报送

文化和旅游部将以全国乡村旅游重点村名录为基础，依托全国乡村旅游监测中心，开展乡村旅游发展情况监测分析。各省（区、市）文化和旅游厅（局）应建立信息报送机制,组织乡村旅游重点村及时填报乡村旅游发展相关数据和信息,积极反映发展过程中遇到的问题和建议。

（三）强化动态管理

文化和旅游部将会同国家发展改革委,通过委托第三方机构等方式,适时对全国乡村旅游重点村开展考核评估,完善激励约束机制,建立"有进有退"的动态管理机制。

特此通知。

附件:

1.全国乡村旅游重点村申报表

2.全国乡村旅游重点村申报方案提纲

文化和旅游部办公厅

国家发展改革委办公厅

2019 年 6 月 6 日

附件 1

全国乡村旅游重点村申报表

申报单位:＿＿＿省＿＿＿县(市、区、旗、农场)　　　　(盖章)

申报时间:＿＿＿年＿＿＿月

申报村名称					
联系单位					
联系人		电话		手机	
通信地址				邮编	
主要文化和旅游资源					
特色旅游产品(列举 5 项)					
主要开发运营模式					
主要投资运营商名称			主要投资运营商所有制性质		
曾获得的荣誉称号					
全村人口(人)			全村就业人数(含从事农业生产人数)		
全村经济收入(万元)			经济收入近 3 年平均增速(%)		
年接待旅游人次(万人次)			接待旅游人次近 3 年平均增速(%)		
旅游年收入(万元)			旅游收入近 3 年平均增速(%)		
旅游从业人数(人)			其中:村民从业人数(人)		
村民人均年收入(元)			村民人均从旅游业中获得年收入(元)		
民宿数量(家)			民宿客房数(间)/床位数(个)		
停车场数量(个)			停车位数量(个)		
省级主管部门意见			文化和旅游厅(局)(盖章) 年　　月　　日		

附件 2

全国乡村旅游重点村申报方案提纲

一、文化和旅游资源禀赋情况

包括但不限于资源禀赋和价值、核心吸引物、旅游开发主题和定位。

二、旅游发展基本情况

1. 旅游发展规划
2. 发展现状
3. 发展成效

三、旅游产品建设情况

1. 乡村民宿、观光度假、农事体验、乡土美食、文化创意等产品建设情况

2. 旅游产品开发特点、文化内涵挖掘、创新创意等情况

四、生态环境和传统文化

1. 自然生态环境

包括但不限于空气质量等级、水体质量等级、绿化覆盖率等。

2. 传统文化展示与体验

3. 生态环境和传统文化保护措施

包括生态环境和传统文化保护制度建设、保护途径、保护经费投入(需说明保护经费占乡村旅游收入比例)、保护效果等。

五、基础设施建设情况

1. 交通设施

包括外部交通设施(通往乡村的公路等级、是否有城市公交或旅游专线车到达、标识标牌建设等)和内部交通设施(游线设计、游步道建设、内部交通工具等)。

2. 水电设施

3. 邮电通讯设施

4. 环保设施

六、旅游公共服务设施情况

包括但不限于游客中心、停车场、游憩设施、标识标牌、旅游厕所等建设情况。

七、旅游发展带动效益

1. 带动经济社会发展情况

2. 带动村民增收情况

八、可推广复制经验做法

可根据实际情况,从旅游产品、发展模式、体制机制创新等方面进行阐述。

文化和旅游部办公厅 中国农业银行办公室
关于金融支持全国乡村旅游重点村建设的通知

办资源发〔2019〕108 号

各省、自治区、直辖市文化和旅游厅(局),新疆生产建设兵团文化和体育广电和旅游局,中国农业银行各省、自治区、直辖市分行,新疆生产建设兵团分行,各直属分行:

为全面落实《中共中央 国务院关于实施乡村振兴战略的意见》,加快推进全国乡村旅游重点村(以下简称"重点村")建设,促进乡村文化和旅游产业提质升级,文化和旅游部与中国农业银行共同研究,提出金融支持重点村的相关措施,现将有关事项通知如下:

一、加大信贷投放

未来 5 年,中国农业银行将向重点村提供人民币 1000 亿元意向性信用额度,用于支持重点村的文化和旅游资源开发、生态与传统文化保护、公共服务与旅游配套设施建设,以及乡村民宿、观光度假、农事体验、乡土美食、文化创意等文化和旅游产品的研发与推广。

二、推进产品创新

中国农业银行积极推广"景

区开发贷""景区收益权贷""美丽乡村贷""惠农 e 贷""农家乐贷"和"个人生产经营贷"等乡村旅游特色产品,尽快研究、出台乡村旅游专属信贷产品,促进乡村旅游信贷业务稳步、健康发展。鼓励和支持一级分行在符合法律法规和监管规定的前提下,对重点村出台区域性金融产品或金融服务方案。稳步推进集体经营性建设用地使用权、农村承包土地经营权和林权抵押贷款业务,稳慎探索农民住房财产权抵押贷款业务,增强乡村旅游融资能力。

三、强化政策保障

中国农业银行对重点村文化和旅游项目贷款实施差异化授权管理,对重点村融资项目在贷款定价、融资期限、服务收费等方面按规定给予优惠和倾斜。加强对重点村金融服务工作的考核评价,把乡村旅游打造成农业银行服务"三农"的新品牌。

四、夯实发展基础

中国农业银行将在重点村遴选出一批市场前景好、发展潜力大的乡村旅游项目,建立重点项目库,对入库项目优先准入、优先支持,执行信用审查审批优先办结规定,培育出一批建设水平高、经营管理优、示范带动效果强的乡村旅游项目。在条件成熟地区,会同相关各方共同建设乡村旅游产业数据库,夯实发展基础,

配套金融资源,着力推进"数字文旅""智慧旅游"等新型服务模式,强化现代金融对乡村文化和旅游产业提质升级的支撑作用。

五、推动产业升级

中国农业银行鼓励和引导民间投资通过 PPP、公建民营、政府增信、产业基金等方式参与乡村旅游基础设施建设和运营,探索促进乡村文化和旅游建设、文化和旅游企业发展的服务模式。积极配合有关各方引入社会资本,通过农银投资、农银国际等子公司,以专业化的投资与管理手段,深耕乡村文化和旅游产业,以投贷联动为切入点,共同开展股权投资、资产收购、并购重组、上市发债等业务,培育一批具有竞争力的乡村文化和旅游企业。

六、延伸服务渠道

中国农业银行在县域地区新建和迁建的自助银行、自助服务终端、移动金融服务车、POS 机具等现代结算设施向重点村倾斜,推动惠农通服务点互联网化升级,完善服务网络,扩展服务内容,改善乡村文化和旅游产业金融服务环境。

七、开展综合服务

中国农业银行聚焦优质旅游项目和旅游业态,开展全产业链金融服务。充分发挥农业银行的资金、技术、网点网络和综合经营优势,为重点村的文化和旅游项

目、文化和旅游企业及产业链相关企业提供金融和信息咨询服务。积极支持乡村旅游企业发行旅游产业专项债券、短期融资券和中期票据等非金融企业债券,提高乡村文化和旅游产业的直接融资能力。综合运用票据、理财融资、景区资产证券化等方式,拓宽乡村文化和旅游产业的融资渠道。

八、促进乡村消费

中国农业银行充分利用扶贫商城、"益农融商"公益商城等线上平台,优先对接、销售重点村文化和旅游特色产品。在掌上银行、惠农 e 通、益农融商、农业银行官方微信公众号等线上平台,优先为重点村特色产品增加展示渠道。

请各省(区、市)文化和旅游部门与农业银行各级行加强协作,共同调查重点村旅游发展金融需求,研究制定金融支持方案,共同开展项目筛选入库工作,加快推进重点村文化和旅游健康发展。有关进展情况,请及时上报文化和旅游部资源开发司和中国农业银行三农对公业务部。

特此通知。

文化和旅游部办公厅
中国农业银行办公室
2019 年 7 月 26 日

中共浙江省委办公厅　浙江省人民政府办公厅印发《关于浙江省实施革命文物保护利用工程（2018—2022年）的意见》的通知

各市、县（市、区）党委和人民政府，省直属各单位：

《关于浙江省实施革命文物保护利用工程（2018—2022年）的意见》已经省委、省政府领导同志同意，现印发给你们，请结合实际认真贯彻执行。

中共浙江省委办公厅
浙江省人民政府办公厅
2019年1月19日

关于浙江省实施革命文物保护利用工程（2018—2022年）的意见

为贯彻落实中共中央办公厅、国务院办公厅《关于实施革命文物保护利用工程（2018—2022年）的意见》精神，切实加强新时代我省革命文物工作，充分发挥革命文物在开展爱国主义教育、培育社会主义核心价值观、实现中华民族伟大复兴中国梦中的重要作用，现就我省实施革命文物保护利用工程（2018—2022年）提出如下意见。

一、重要意义

革命文物凝结着中国共产党的光荣历史，展现了近代以来中国人民英勇奋斗的壮丽篇章，是革命文化的物质载体，是激发爱国热情、振奋民族精神的深厚滋养，是中国共产党团结带领中国人民不忘初心、继续前进的力量源泉。党的十八大以来，在以习近平同志为核心的党中央坚强领导下，我省加快推进文化浙江建设，扎实推进革命文物工作，革命文物家底基本摸清，革命文物保护状况持续改善，革命文物教育功能不断强化。同时也要看到，实现我省"两个高水平"的奋斗目标，迫切需要加强革命文物资源整合、统筹规划和整体保护，迫切需要深化革命文物价值挖掘阐释传播，迫切需要发挥革命文物服务大局、资政育人和推动发展的独特作用。各地和各有关部门要从巩固党的执政地位、坚定"四个自信"、筑牢意识形态阵地的战略高度，充分认识加强新时代革命文物工作的重要意义，切实把革命文物保护利用工程抓实抓好。

二、总体要求

（一）指导思想

高举中国特色社会主义伟大旗帜，以习近平新时代中国特色社会主义思想为指导，全面贯彻党的十九大和十九届二中、三中全会精神，按照省第十四次党代会和省委十四届二次、三次全会部署，大力弘扬红船精神，自觉践行习近平总书记赋予浙江的新期望，围绕改革开放40周年、中华人民共和国成立70周年、高水平全面建成小康社会、中国共产党成立100周年、迎接中国共产党第二十次全国代表大会召开等重要时间节点和重大事件，以开展爱国主义教育、培育社会主义核心价值观为根本，以弘扬革命精神、继承革命文化为核心，统筹推进我省革命文物保护利用传承，着力加强革命文物保护修复和展示传播，着力深化革命文物价值挖掘和利用创新，着力提升革命文物公共服务水平和社会教育效果，为加快实现我省"两个高水平"的奋斗目标作出重要贡献。

（二）基本原则

坚持全面保护、整体保护，统筹推进抢救性与预防性保护、文物本体与周边环境保护，确保革命文物的历史真实性、风貌完整性和文化延续性。坚持突出社会效益、重在传承，强化教育功能，提升传播能力，让革命文物活起来，把革命文物利用好、革命传统弘扬好、革命文化传承好。坚持创造性转化、创新性发展,大力推进体制机制、方法手段改革创新,推动革命文物保护利用与中小学教育、干部教育相结合,与乡村振兴相结合,与文化浙江建设和文旅融合相结合,与经济社会发展、民生福祉改善相结合,不断增强我省革命文化的生命力和影响力。

(三)发展目标

到2022年,实施100项重大革命文物保护维修项目,重点打造一批反映我省革命斗争历史、社会主义建设成就的展览展示项目,初步建立起革命类博物馆、展示馆、纪念馆等展馆体系,革命文物保护利用状况明显改善,革命文物保护利用传承体系基本健全,革命文化传承发展平台基本形成,中国共产党革命精神谱系和中华民族精神追求更好展现,革命文物资源在促进经济社会发展中的独特作用更好发挥,革命文物保护利用成果更多惠及人民群众。

三、主要任务

(一)加强革命文物研究征藏工作

加强对革命文物保护利用的总体规划、宏观指导和制度建设。全面调查梳理浙江革命文物资源,建立浙江革命文物数据库,公布浙江革命文物名录。实行革命文物定期排查制度,各市、县(市、区)宣传、文物部门要对本地区革命文物进行全面排查,并把排查报告上报相关部门。对排查中发现存在险情的革命文物,应视轻重缓急,抓紧制订保护修复计划。加大革命文物和现代化发展物证征集力度,加强对革命文物、革命文献和现代化发展物证的认定、

定级、建账、建档和研究工作。设立革命文物保护利用研究专项课题,鼓励引导文物博物馆机构、高等院校、科研机构以红船精神、浙江精神和浙江革命史、建设史、改革开放史等为重点,积极开展革命文物保护利用研究。

(二)加大革命文物保护传承力度

坚持抢救性和预防性保护并重,实施革命旧址维修保护行动计划和馆藏革命文物保护修复计划,实施革命文物保养维护工程和革命文物平安工程,努力改善革命文物保存状况。各级政府应在2019年6月底前把新发现的革命文物依法纳入保护范畴,把保存完整、价值突出、特色鲜明的不可移动革命文物公布为文物保护单位,并依法落实好保护措施。革命文物所在地县级政府应落实尚未核定为文物保护单位的革命文物保护措施,不得擅自迁移、拆除。新建改扩建革命纪念设施应严格履行报批手续,不得未批先建、边报边建。

(三)提高革命文物活化利用水平

全省各级宣传、文化和旅游、文物部门应在2019年12月底前实现管理使用的革命文物类文物保护单位全部对外开放,其他部门管理使用的尽可能对外开放。按照中央统一规划和省委统一部署,结合重大历史事件、重要历史人物和中华民族传统节庆,精心设计活动内容和载体,依托革命文物资源组织开展重大纪念活动。深入挖掘革命文物的价值内涵和文化元素,加强以革命文物、革命人物、革命事迹为原型的文化创意产品设计开发和文艺精品

创作生产,促进文化消费。积极打造以红色旅游为主题的研学旅行线路、体验旅游线路,促进革命老区振兴发展。建立与军队系统革命文物保护利用工作的联系制度。

(四)提升革命文物展示水平

坚持有址可寻、有物可看、有史可讲、有事可说,着力策划打造主题突出、导向鲜明、内涵丰富的革命文物陈列展览精品,做到见人见物见精神。实施革命文物展陈提升工程,重点做好浙江省博物馆之江馆区的浙江近现代革命史陈列布展工作,通过展陈涵盖浙江省革命历史时期的各类文物,全面反映浙江的革命历程。完善革命文物改陈布展管理机制和支持政策,指导革命历史类博物馆、纪念馆实施基本陈列改造提升工程,深化研究、及时补充体现时代精神的展陈内容,革命博物馆纪念馆基本陈列超过5年的可进行局部改陈布展,基本陈列超过10年的可进行全面改陈布展。推动革命遗址展示与博物馆、纪念馆陈列展览的有机融合,努力形成全省革命类博物馆、纪念馆馆际联动的良好模式。建立展陈内容和解说词研究审查制度,宣传、文物、党史文献部门要按照意识形态工作责任制要求切实把好政治关和史实关,增强展陈说明和讲解内容的准确性、完整性、权威性,反对历史虚无主义和文化虚无主义。坚持展示方式与展陈内容相得益彰,适度运用现代科技手段,增强革命文物陈列展览的互动性体验性。坚持节俭办展、绿色办展,做到因地制宜、够用适用,力戒贪大求洋、富丽堂皇。

（五）创新革命文物传播方式

推动革命传统教育进学校进教材进课堂，有条件的地方教育部门应积极开发革命传统教育地方教程，编纂出版系列革命文物知识读本，鼓励学校、党校（行政学院）到革命旧址、革命博物馆纪念馆开展现场教学。建立革命旧址、革命博物馆纪念馆与周边学校、党政机关、企事业单位、驻地部队、城乡社区的共建共享机制，组织开展具有庄严感和教育意义的系列主题活动。融通多媒体资源，推进"互联网＋"革命文物，将革命文物纳入"互联网＋中华文明"行动计划，积极利用互联网新技术新应用新平台，对革命文物进行全景式、立体式、延伸式展示宣传，弘扬革命精神，讲好浙江革命故事。

四、重点项目

（一）百年党史文物保护展示工程

以中国共产党的发展历程为主线，以中国共产党成立100周年为时间节点，系统开展百年党史文物、文献、档案、史料调查征集，全面提升反映百年党史的重大事件遗迹、重要会议遗址、重要机构旧址、重要人物旧居保护展示水平，创新阐释和广泛宣传中国共产党的历史贡献。

（二）革命文物集中连片保护利用工程

按照集中连片、突出重点、省里统筹、区划完整的原则，建设革命文物保护利用片区，创新革命文物保护利用体制机制。以嘉兴南湖中共一大会址、丽水中共浙江省委旧址、余姚及慈溪片区"浙东抗日根据地"旧址、长兴片区"新四军苏浙军区"旧址、永嘉片区"红十三军"旧址、开化片区"闽浙赣（皖）根据地浙西一翼"旧址、丽水片区"红军挺进师"活动旧址、平阳片区中共浙江省第一次代表大会会址、椒江片区"解放一江山岛"革命遗址等为重点，形成整体规划、连片保护、统筹展示、示范引领的九大革命文物保护利用片区，打造革命文物保护与红色旅游相融合的品牌项目。

（三）红军北上抗日先遣队文化线路整体保护工程

以红军北上抗日先遣队长征路线为基础，统一规划、统一标识、统一保护标准、统一配套设施建设，显著改善红军北上抗日先遣队革命文物的保存状况和环境风貌，突出红军北上抗日先遣队精神的展示主题，丰富展示手段，打造全程贯通的"红军北上抗日先遣队长征路"红色旅游精品线路。实施红军北上抗日先遣队文化线路总体规划，建设红军北上抗日先遣队文化线路保护利用示范段。

（四）革命文物主题保护展示工程

对见证近代以来中国人民抵御外来侵略、维护国家主权、捍卫民族独立、争取人民自由和中国共产党领导中国人民进行社会主义革命、建设、改革的遗址遗迹、纪念设施、文物藏品进行排查梳理，提升革命文物保护利用水平，提升展陈水平与教育功能，让游客参与体验红色历史和红色故事，推进红色旅游从参观为主向参观、体验、感悟相融合的方向转变。重点推进中共一大、中国人民抗日战争等重大历史事件的遗址遗迹、纪念设施、文物藏品保护展示项目，遴选展现社会主义革命、建设、改革的代表性遗址遗迹、纪念设施、文物藏品进行保护展示。

（五）革命文物陈列展览精品工程

推介一批庆祝改革开放40周年、庆祝中华人民共和国成立70周年、庆祝中国人民抗日战争暨世界反法西斯战争胜利75周年、庆祝中国共产党成立100周年、迎接中国共产党第二十次全国代表大会召开的革命文物系列展览精品，提升市县革命博物馆纪念馆陈列展览质量，组织联展巡展，拓展社会教育覆盖面。

（六）革命文物宣传传播工程

建设一批革命文物类爱国主义教育示范基地、中共党史教育基地和红色旅游教育（研学）基地，建成一批革命文物保护利用示范基地，推介一批红色旅游精品线路，开发一批革命文物文化创意产品，拍摄一批革命历史文物故事纪录片和爱国主义教育示范基地宣传片。鼓励同一类型革命文物保护管理机构加强协作，成立革命文物保护展示联盟，推介一批革命文物保护利用优秀案例。

五、实施保障

（一）强化组织领导

各级党委和政府应牢固树立保护文物也是政绩的理念，高度重视革命文物工作，以强烈的政治责任感和历史使命感，落实保护责任，加大工作力度。各地应建立革命文物工作协调机制，加强统筹规划、协调指导和督促检查。统筹保护利用好军地革命文物资源，组织实施的革命文物保护利用工程项目应将军队系统革命文物工作整体纳入和推进。

（二）加强经费保障

县级以上政府应重点保障实施革命文物保护利用工程经费，将革命文物保护利用工程保障资金列入年度财政预算。宣传、文化和旅游、文物等部门应在资金分配中给予革命文物保护利用适当倾斜。加强革命文物相关财政资金的绩效管理和监督审计，提升资金使用效益。建立健全革命文物保护利用多元投入体系，积极引导社会资金参与革命文物工作。

（三）加大政策支持

鼓励各地因地制宜制定相应政策支持革命文物保护利用工作。坚持规划引领，编制并完善革命文物保护利用规划。加强红色旅游经典区和红色旅游精品线路建设。加强革命文物保护利用科技创新和现代化装备的应用。加强革命文物保护、管理、利用和研究人才队伍建设。县级以上地方政府应强化革命文物保护利用职责，明确负责革命文物工作的机构和力量。

（四）强化督促检查

建立革命文物保护利用工程实施情况的督查评估机制和"双随机"抽查机制，加强对各地革命文物工作的督促检查，实行革命文物保护利用情况通报制度。各地文化市场综合执法队伍应加强对革命文物保护状况的日常巡查，并适时开展集中专项检查。

中共浙江省委办公厅　浙江省人民政府办公厅印发《关于加强文物保护利用改革的实施意见》的通知

各市、县（市、区）党委和人民政府，省直属各单位：

《关于加强文物保护利用改革的实施意见》已经省委、省政府领导同志同意，现印发给你们，请结合实际认真贯彻落实。

中共浙江省委办公厅
浙江省人民政府办公厅
2019 年 12 月 24 日

关于加强文物保护利用改革的实施意见

为深入贯彻落实《中共中央办公厅国务院办公厅印发〈关于加强文物保护利用改革的若干意见〉的通知》精神，进一步做好文物保护利用和文化遗产保护传承工作，现就加强我省文物保护利用改革提出如下实施意见。

一、总体要求

（一）指导思想

以习近平新时代中国特色社会主义思想为指导，全面贯彻党的十九大和十九届二中、三中、四中全会精神，认真落实习近平总书记关于文物工作系列重要论述精神，坚持以"八八战略"为指引，以人民需求为本，以历史传承为脉，以特色文化为魂，不断优化文物保护管理体制，有力推动文物资源创造性转化和创新性发展，深入挖掘和弘扬浙江文物资源蕴含的核心价值理念、优秀传统美德和人文精神，更好促进经济社会发展，为进一步打造文化浙江、加快全省"两个高水平"建设提供有力支撑。

（二）总体目标

到 2025 年，文物保护机构队伍进一步优化，文物依法保护利用水平明显提升，文物安全形势明显好转，文物博物馆公共文化服务能力显著提高，文物保护成果惠民效应充分释放，文物工作促进经济社会发展的重要作用进一步彰显，努力走出一条符合国情、省情的文物保护利用之路，把浙江打造成为新时代文物保护利用发展的新高地。

二、主要任务

（一）全方位传播浙江文物资源价值，构建文化浙江标识体系

深化古代浙江文明研究，积极参与中华文明探源工程和考古中国重大课题研究。积极推进浙江史前文明、越文化、丝瓷茶文化、南宋文化、运河文化、诗路文化、潮文化、浙江名人史迹等特色资源价值的挖掘研究，树立浙江文化地标，构筑传播浙江精神。实施浙江文物全媒体传播计划，大力宣传良渚古城遗址作为"实证中华五千年文明史的圣地"的突出价值，支持文物博物馆期刊建设和文物图书出版，广泛传播文物蕴含的文化精髓和时代价值，擦亮"文化浙江"金名片。在中小学开展文物保护利用常识教育，深入实施博物馆青少年综合实践教育项目，推动各类文物保护单位、博物馆成为中小学校开展"第二课堂"、研学旅行等校外实践教育活动的基地。将文物保护利用常识纳入干部教育体系。深化"一带一路"文物交流合作，努力在中国援外文物保护工程和联合考古项目、打造文物外展精品等方面凸显浙江声音，展现浙江形象；围绕浙江文化年、文化节等重要节点，推出一批具有浙江特色、符合国外观众欣赏取向的对外文物展览，推进文明交流互鉴。

（二）深入实施革命文物保护利用工程，传承好浙江的红色基因

贯彻落实《浙江省实施革命文物保护利用工程（2018—2022年）的意见》，弘扬"红船精神"，弘扬浙江人民的革命精神。建设浙江省革命文物数据库，实施100项重大革命文物保护利用项目。加快实施浙西南革命文物保护利用工程，积极融入闽浙赣片区革命文物保护利用工作。以嘉兴南湖中共一大会址、新四军苏浙军区革命旧址、浙东抗日根据地旧址、红军挺进师和红军抗日北上先遣队革命文化线路等为重点，努力打造一批充分彰显浙江革命历史特征、有力服务"不忘初心、牢记使命"主题教育、有效助推当地经济社会发展的革命文物保护利用基地。

（三）建立健全文物资源保护管理机制，提升文物保护管理精细化水平

建立全口径的国有文物资源资产报告制度，常态化开展文物资源信息登记和文物资源资产保存状况评估，建设浙江文物资源信息大数据库，各级政府定期向本级人大常委会报告文物资源资产管理情况。培育世界文化遗产储备项目。开展海洋文化遗产资源调查，编制海洋文化遗产保护利用规划纲要。强化文物安全监管与执法监察，落实市、县（市、区）文化市场综合执法队伍文物行政执法和日常巡查监管责任，对省级以上文物保护单位的巡查每季度不少于1次，对其他文物保护单位和文物保护点的巡查每年不少于2次；完善重大文物法人违法约谈制度，聚焦法人违法、盗窃盗掘、火灾事故三大风险，打赢文物安全防范攻坚战。深入实施文物平安工程，实现文物博物馆单位安全防护设施全覆盖，全面提升文物保护单位应急处置和自救能力。健全不可移动文物保护机制，实现文物保护规划与国土空间规划的多规合一；落实"最多跑一次"改革要求，全面推行基本建设项目文物区域评估制度、

地方政府土地储备考古前置制度。强化考古项目监管，开展考古出土文物移交专项行动。加强世界文化遗产巡查监管，提升世界文化遗产监测预警能力。落实文物流通领域登记交易制度，强化文物拍卖企业和文物商店管理，归集全省文物购销拍卖信息，纳入全国文物购销拍卖与信用管理系统，接入全国信用信息共享平台。深入推进博物馆法人治理结构改革，赋予博物馆更大办馆自主权；规范文物鉴定机构发展，优化文物鉴定服务。推动相关文物收藏单位享受文物进口免税政策，促进海外文物回流。优化社会参与机制，在坚持国有不可移动文物所有权不变、坚守文物保护底线的前提下，鼓励社会力量通过捐资、领养、认养等形式参与不可移动文物保护。

（四）全面拓展文物资源活化利用方式，提升文物博物馆融合发展能力和公共文化服务能力

大力推进大运河文化带、浙东唐诗之路、钱塘江诗路、瓯江山水诗路建设，实施"四条诗路"相关文物保护利用项目。深入推进文旅融合，争创国家文物保护利用示范区，打造一批全省文物保护利用和旅游融合发展样板地。深入推进历史文化（传统）村落保护利用工作，总结推广成功经验，助力"乡村振兴"战略实施。全面提升不可移动文物保护利用水平，加快构建国家、省、市县级考古遗址公园体系，推动建设省级以上考古遗址公园。深入开展文物保护利用优秀案例评选推介活动。鼓励依法通过流转、征收等方式取得属于文物建筑的农民房屋及其宅基地使用权。在保护好

文物的前提下开展陈列展览、文化创意、旅游服务等活动。完善全省博物馆体系,提升薄弱地区博物馆基础设施水平,实现县县有博物馆的目标。探索全域博物馆、特色专题博物馆、乡村(社区)博物馆建设新模式,鼓励国有企业、大专院校建设专题博物馆。落实非国有博物馆支持政策,鼓励通过提供馆舍、对口帮扶等形式支持非国有博物馆发展。做好非国有博物馆藏品建档备案工作,依法依规推进非国有博物馆法人财产权确权。全面提升博物馆办馆质量和服务水平,开展博物馆标准化建设行动,制定全省博物馆开放服务规范,组织开展等级博物馆评定和运行评估,开展智慧博物馆建设试点,探索实施策展人制度。打造博物馆区域联盟,提升馆际合作共享水平。落实文物博物馆单位文创产品开发收入分配奖励制度,激发文物博物馆单位推进文创产品开发的积极性。

(五)不断改善文物事业发展保障水平,强化文物保护科技支撑能力和人才支撑能力

深入实施"互联网＋中华文明"行动计划,努力推动互联网创新成果与文化传承、创新、发展深度融合。推动文物博物馆单位与高等院校开展合作,全面提升研究能力。强化文物保护科技平台建设,重点推进国家文物局丝织品文物保护科研基地、国家文物局石窟寺文物数字化保护科研基地等重点科研基地建设,努力推动相关科研基地平台建设省级重点实验室,争创国家重点实验室。各级党委和政府应依法履行文物保护主体责任,明确负责文物保护管理的机构,切实加强文物保护能力建设,使文物保护管理工作力量与其承担的职责和任务相适应,确保文物安全;未设置专门保护管理机构的文物保护单位可通过政府购买服务方式,加强文物保护巡查管理。落实加强文博事业单位人事管理工作的指导意见要求,不断完善全省文物系统人才培养、使用、评价机制。文博事业单位可根据创新工作需要设置开展文物保护科技研发工作的创新岗位,岗位不足的,可按规定申请设置特设岗位,不受岗位总量和结构比例限制。深入实施文博人才培养"新鼎计划",努力培养一批文物领域领军人才和中青年骨干人才。建立完善文博领域专家库。

三、保障措施

(一)加强组织领导

各地要将文物工作纳入地方党政领导班子和领导干部政绩考核综合评价体系,切实增强各级领导干部文物保护利用的意识。全面落实文物保护主体责任,各级政府间、政府与部门间、文物行政部门与文物和博物馆单位间要签订文物保护责任书,明确责任目标,逐级落实文物安全责任。实行文物安全直接责任人公告公示制度,接受社会监督。各有关部门要按照职责分工、密切配合、形成合力,强化制度供给和资源要素支持,推进各项改革举措落地见效。文化和旅游部门、文物部门要履行好统筹协调职责,强化协作、积极推进。

(二)完善政策法规

根据文物保护法及相关配套行政法规修订情况,及时修订调整相关地方性法规,适时修订《浙江省文物保护管理条例》,研究制定浙江省大运河世界文化遗产保护条例和文物文化资产管理办法。坚持问题导向,聚焦文物保护利用工作的关键环节、突出问题,及时制定急需适用的地方性法规。

(三)加大要素保障

注重抢救性保护与预防性保护并重、文物本体保护与周边环境保护并重,按照文物保护领域中央和地方财政事权和支出责任,进一步落实各级政府支出责任。强化文物保护资金绩效管理,提升财政资金使用绩效,引导鼓励社会资本投入文物保护利用。

(四)加强督促落实

加强本意见落实情况的督导检查,及时向省委、省政府请示报告在推进文物保护利用改革中遇到的重大问题。做好文物保护利用改革政策宣传和舆论引导,营造文物事业改革发展的良好氛围。

浙江省文化和旅游厅
关于印发《浙江省旅游服务质量提升计划实施方案》的通知

浙文旅产〔2019〕4号

各市文化广电旅游局：

现将《浙江省旅游服务质量提升计划实施方案》印发你们，请结合工作实际，认真抓好落实。并于2019年10月底前和2020年10月底前向省文化和旅游厅报送本地旅游服务质量提升计划落实情况，提出意见建议。省文化和旅游厅汇总后报文化和旅游部，文化和旅游部将对我省落实情况开展第三方评估。

浙江省文化和旅游厅
2019年3月21日

浙江省旅游服务质量提升计划实施方案

为深入贯彻落实《文化和旅游部关于实施旅游服务质量提升计划的指导意见》和《中共浙江省委浙江省人民政府关于开展质量提升行动的实施意见》等文件精神，进一步提高旅游管理服务水平，提升旅游品质，推动旅游业高质量发展，制定本实施方案。

一、总体要求

（一）指导思想

以习近平新时代中国特色社会主义思想为指导，以人民群众对美好生活的需求为工作中心，按照"创新、协调、绿色、开放、共享"的发展理念，围绕浙江建设全国文化高地、中国最佳旅游目的地、全国文化和旅游融合发展样板地的目标，紧扣提供优质旅游产品和服务这个中心环节，牢牢守住政治安全底线和生产安全底线，着力解决影响广大游客旅游体验的重点问题和主要矛盾，推动旅游业高质量发展。

（二）基本原则

——坚持政府、市场主体、行业组织、个人4个层面协同推进。

——坚持加强和改进市场监管，完善旅游管理政策，支持、引导和规范市场主体健康发展。

——坚持落实市场主体责任，增强内生动力，提高旅游服务提供者提升旅游服务质量的自觉性。

——坚持发挥行业组织的协调作用和行业标准的引领作用，强化行业自律，提升旅游管理和服务水准。

——坚持提升从业人员专业素养和业务能力，调动广大从业人员提升旅游服务质量的积极性和主动性。

到2020年，促进旅游服务质量提升的政策合力进一步增强，市场秩序进一步规范，旅游的舒适度进一步提升，旅游市场环境和消费环境进一步改善，旅游供给质量明显改善，供给体系更有效率，旅游质量建设取得明显成效。

二、实施时间

2019年3月—2020年12月。

三、主要任务

通过提升国家A级旅游景区、星级饭店、旅行社的服务水平，引导优化旅游住宿、在线旅游经营服务，提高导游和领队业务能力，建立完善旅游信用体系，不断增强旅游市场秩序治理能力，提升旅游服务质量，推动旅游业高质量发展。

（一）提升国家A级旅游景区服务水平

持续提升国家A级旅游景区软硬件水平。继续落实国家A级旅游景区复核和退出机制，严格实施旅游度假区标准，加大复核工作力度；落实景区流量控制制度，全面推广景区门票网上预约制度，依法落实国家A级旅游景区最大承载量核定要求,并及时发布客流预警信息,引导游客合理安排出行,避免滞留拥堵;不断提升国家 A 级旅游景区游客消费便利化程度,景区消费不得拒收现金;按照国家 A 级旅游景区标准完善旅游公共服务设施,提升文化品位;加强景区管理、服务人员培训,提高景区服务水平和应急处置能力。

(二)优化旅游住宿服务

标准引领,品质为先,以全省饭店业服务品质提升为抓手,以贯彻落实新修订的《旅游饭店星级的划分与评定》标准为契机,继续鼓励饭店企业星级评定,强化星级饭店复核工作,建立动态监管机制,对不达标的星级饭店坚决取消星级;优化星级饭店对一线服务人员的奖惩措施,进一步增强服务人员的职业责任感。出台浙江省《品质饭店评价规范》地方标准,扎实推进品质饭店建设;着力加大特色文化主题饭店培育力度,优化饭店主题特色、文化内涵及运营品质,推动旅游饭店行业加快转型升级;继续做好全省绿色旅游饭店评定和复核工作,积极调动饭店企业积极性,在全行业营造生态发展、绿色发展的氛围;推进我省民宿标准上升为国家标准,引导和规范民宿有序发展。支持开元旅业、君澜集团等我省知名饭店品牌做大做强、做精做特,不断扩大品牌知名度。充分发挥饭店业协会在凝聚行业共识、加强行业自律、提升旅游住宿服务质量方面的重要作用。

(三)提升旅行社服务水平

进一步引导旅行社企业做大做强、做精做细,走特色化发展之路;以新修订的《旅行社品质等级划分与评定》标准为引领,培育、鼓励旅行社企业参与"品质旅行社"创建,提高旅行社服务、管理水平和综合竞争力;深入推行旅行社"证照分离"业务;规范旅行社经营活动,推动服务信息透明化,防范旅行社领域系统性经营风险;建立完善旅行社优质旅游服务品牌培育、评价和推广机制;通过召开全省旅行社品质提升工作会议,开展旅行社"品质旅游年"、"诗画浙江·品质生活旅游文化周"、服务导游评选活动等方式,与旅行社协会共同推动旅行社提升旅游综合服务技能,严厉打击不合理低价游、"零负团费"和超范围经营等违规行为。发挥行业协会的作用,支持引导旅游联合体(旅行社品质联盟、各专业委员会等)的发展,发挥行业引领作用,为成长性强的旅游企业争取更多的政策扶持。

(四)引导优化在线旅游经营服务

切实解决在线旅游经营服务出现的新问题,推动在线旅游行业健康可持续发展。建立符合在线旅游经营服务规律的市场检查制度,依法依规实施监督检查;会同市场监管、公安、网信、电信主管等部门开展市场监督检查和联合执法,打击违法违规经营行为,引导在线旅游企业不断完善风险提示、信息披露、资质审核、应急管理等制度;充分发挥游客网络评价的监督作用,不断提升服务质量。引导和支持在线旅游企业成立行业组织,发挥其沟通、协调、监督和研究等作用,加强行业自律、倡导诚信经营,提升服务质量。

(五)提高导游和领队业务能力

下大力气解决导游和领队服务意识不强、专业技能不高、职业素养不足、执业保障不够等问题,不断提高其服务能力。落实导游人员资格考试和等级考核制度,提升中高级导游员在导游队伍中的比重;加强导游和领队培训,不断提升导游和领队文化底蕴、理解能力、表达能力和外语能力;建立完善校企合作培训机制,建立并巩固一批研培基地,提升研培质量;依法保障导游合法劳动权益;进行全省导游发展研究,开展服务导游评选活动,举办导游大赛,培育一批职业素养好、服务技能强的先进典型。促进电子导游证推广应用,充分发挥电子导游证的智能化功能,配合全国导游之家 App、"全国旅游服务"微信公众号等收集导游执业信息,展现导游评价信息,与"全国旅游监管服务平台"旅行社管理等相关板块联动,为提升行业监管效能服务。充分发挥行业组织在维护导游和领队的合法权益、开展先进人物和典型事迹宣传推广方面的重要作用。

(六)增强旅游市场秩序治理能力

整合组建全省统一的文化市场综合执法队伍,厘清执法项目,完善制度规范,健全工作机制,加强能力建设。不断完善旅游市场综合监管机制,保持对"不合理低价游"、强迫或者变相强迫消费、虚假宣传等高频违法行为的高压态势;按照"政府主导、分级负责、属地管理"原则,突出属地管理职责,落实主体责任,加强联合执法、综合治理,严格落实旅游降级退出、处罚曝光等机制。联合市场监管、公安等部门加大对旅游市场无资质经营主体违法违规行为的打击力度;加强旅游市场秩序舆情监测,及时发现问题、妥善处置、总结经验,全面梳理本地区旅游市场秩序问题的特点和规律,出台有针对性的整治措施;畅通旅游投诉渠道,及时公布违法违规典型案例,强化震慑;积极推广使用全国旅游监管服务平台,运用大数据实现精准监管和分类监管。支持和鼓励重点旅游地区先行先试,创新现代旅游治理机制。

(七)建立完善旅游信用体系

以建立"黑名单"制度为突破口,加快建立以信用监管为核心的新型旅游监管制度,不断完善旅游信用体系。出台旅游市场黑名单管理办法,将具有严重违法失信行为的旅游市场主体和从业人员、人民法院认定的失信被执行人列入地方旅游市场黑名单,实施惩戒;支持和鼓励社会力量积极参与旅游行业信用建设,推进征信、评信与用信,组织开展行业诚信建设、质量评议等活动,开展文明旅游活动,促进行业规范诚信经营。

四、保障措施

(一)加强组织领导

要充分认识旅游服务质量提升工作的重要意义,建立旅游服务质量提升领导机制和协调机制,加强与市场监管、公安、网信、电信等部门的协作,明确职责分工。要结合本地实际,研究制定实施方案,可适当扩展相关内容,突出创新和地方特色。要将任务分解和统筹协调结合起来,分阶段、分步骤组织实施,确保旅游服务质量提升工作取得实效。

(二)加强政策保障

要围绕旅游服务质量发展目标,加大对旅游服务质量提升的政策扶持力度,要推动政府部门向社会购买优质旅游服务。要将旅游服务质量纳入旅游教育培训体系,引导建立高等院校、科研院所、行业协会和旅游企业共同参与的旅游服务质量教育网络。各地可结合实际,对在旅游服务质量提升方面取得突出成绩的单位和个人给予奖励。

(三)强化质量监管

大力推进行业、部门、地区联合的旅游质量监管和执法机制,做到严格依法行政,规范执法行为,保证严格执法、公正执法、文明执法。建立行业监督、社会监督和舆论监督相结合的旅游质量监管网络,加强旅游质量安全监管。进一步健全和完善旅游投诉受理和信息发布制度。继续加大对旅游景区、旅游饭店、旅行社、导游从业人员等旅游经营者和旅游从业者的监管力度,确保旅游服务质量达标。

(四)提高人员素质

坚持培养与引进并重原则,加强旅游人才队伍建设,以高素质的旅游人才为旅游服务质量提升提供支撑,依托省内旅游院校和培训基地加强旅游专业及质量管理人才培养;加大星级饭店星评员队伍建设,提升导游员待遇,发展旅游职业技术教育;指导和帮助旅游企业加强员工技能及企业经营者质量管理能力培训,提高旅游企业全员质量意识、业务素质和质量行为能力;加强旅游教育的国际合作与交流、提高旅游理论研究水平和旅游人才培养质量。

浙江省文化和旅游厅关于印发
《浙江省文化和旅游标准化建设行动计划(2019—2022)》的通知

浙文旅科教〔2019〕12 号

各市、县(市、区)文化广电旅游局,省文物局,厅机关各处室、各工作专班,厅属各单位:

经厅长办公会议研究同意,现将《浙江省文化和旅游标准化建设行动计划(2019—2022)》印发给你们,请结合实际认真贯彻执行。

浙江省文化和旅游厅
2019 年 4 月 29 日

浙江省文化和旅游标准化建设行动计划(2019—2022)

标准是法律法规和政策的重要补充,是完善新时代文化和旅游治理体系的重要支撑,是实现文化和旅游高质量发展的重要抓手。为加快推进文化和旅游标准化建设,有力促进文化和旅游改革发展,特制定本行动计划。

一、指导思想

以习近平新时代中国特色社会主义思想为指导,以实现高质量发展为目标,为满足现实需求为导向,紧抓文旅融合发展新契机,拓展文化和旅游标准化工作内容,加快构建具有浙江特色的文化和旅游标准体系,提升标准化工作质量和效益,为建设全国文化高地、中国最佳旅游目的地、全国文化和旅游融合发展样板地,发挥基础性和战略性作用。

二、基本原则

(一)聚焦重点,服务发展

紧扣"文化浙江""诗画浙江"建设的战略任务和文旅融合的重大需求,抓住薄弱环节和空白点,科学确定标准化工作重点任务,合理规划构建文旅标准体系,全力落实各项标准,以先进的标准促进文旅融合、提升发展质量,创造浙江文旅发展新优势。

(二)改革创新,打响品牌

坚持创新驱动、动态发展,积极借鉴省内外先进标准,鼓励、引导开展标准化试点工作,推进创新成果向标准转化,根据形势发展不断推动标准创新,优化标准化管理机制,完善标准供给体系,充分发挥标准效应,打响浙江文旅标准品牌。

(三)协调推进,多方参与

积极发挥各级文旅行政部门的宏观指导和统筹协调作用,加强文旅标准化技术委员会建设,调动文旅企事业单位、社会团体、科研院所、中介机构等各方力量,建立健全文旅标准化推进体系和工作机制。

(四)注重落实,发挥效益

加大标准宣传、实施和监督力度,切实把标准落到实处,使标准成为行业规范和行为准则,充分发挥标准化的效益,努力把标准化体系建设成为文化和旅游领域提质增效、强基固本的重要工程。

三、发展目标

力争通过4年的努力,探索形成以"标准带项目,项目带资金"的改革思路,基本建成覆盖文旅各领域、支撑高质量发展的文旅标准体系,建立基于标准化之上的评价指标体系,形成公共服务有标可保、文旅管理有标可循、产业发展有标可依、业务建设有标可量的新局面,文旅标准化浙江品牌全面打响,成为全国文旅标准化建设标杆省。

——标准体系基本建成。重点制定一批抢占发展制高点的文旅标准,新制定或修订文旅国家标准、行业标准和地方标准20项以上,文旅发展标准体系框架结构进一步优化,标准的覆盖面显著扩大,形成以国际标准为引领、国家标准和行业标准为基础、地方标准和团体标准、企业标准相互协调配套的新型标准体系。

——标准质量大幅提升。力争新增5家以上国家级标准化试点示范单位,标准研制水平和标准质量达到全国先进水平,标准的有效性、先进性和适用性显著增强,推动一些地方标准转化为国家标准、行业标准和长三角标准,努力向标准的创新者和引领者转变。

——标准效益充分显现。文旅标准应用的广度和深度得到极大的拓展,标准对法律法规的补充作用充分发挥,标准引领质量和品牌提升更加高效,守底线、保基本、促发展的作用充分显现,争取公共文化服务标准化完成度达100%,游客对旅游服务的满意率达90%以上。

——标准化发展环境更加优化。文旅标准化工作机制基本成熟,文旅团体标准和企业标准不断培育壮大,标准化的理念融入文旅治理和服务全链条,文旅标准的认可度和影响力显著提升,研标准、守标准、用标准成为全系统、全行业和各地党委、政府的自觉行为。

四、重点任务

(一)全面加强文旅标准制修订工作

1.主动承担国家标准和行业标准的研究与起草工作。认真总结浙江在文旅发展方面的先发优势和经验做法，加大先试先行，主动研究制定具有先导性、示范性的文旅标准。及时跟踪国际标准化组织、发达国家标准化动态，加强对国际标准的分析评估和及时转化，吸收引进先进国际标准。主动对接国家文化和旅游部标准化工作规划，积极争取国家级文旅标准化试点。组织我省文旅标准化优秀研究力量，高质量完成《承担国家标准、行业标准及其他标准起草任务清单》（附件1）。

2.推进长三角文旅标准一体化。根据长三角发展一体化发展战略，加强浙、沪、苏、皖四地文旅和标准化主管部门的合作，健全完善长三角文旅标准化协作会议制度和联合工作制度，建立健全跨区域协调机制。推动成立长三角文旅标准化联盟。在专家互认互聘、质量等级交叉互评等方面积极探索创新，不断放大区域标准一体化的乘数效应。积极贯彻或制修订《采摘体验基地旅游服务规范》《房车旅游服务区基本要求》《会议服务机构等级划定和评定规范》等长三角通用的地方标准，继续共同制定、统一发布长三角通用的地方标准。

3.加强急需标准制修订。围绕当前文旅融合发展、创新发展、率先发展的需要，重点抓好以下四方面的标准《省地方标准制修订意向性清单》（附件2）。

建设标准。根据"十三五"文化和旅游既定发展规划，着眼于实现市有五馆（文化馆、图书馆、博物馆、非遗馆和美术馆），县有四馆（文化馆、图书馆、博物馆、非遗馆或展示场所），乡镇（街道）建有综合性文化中心的建设需要，

会同省住建厅等相关部门，编制好《浙江省县级博物馆建设规范》《浙江省乡村陈列馆建设规范》等建设标准，探索确定各类文旅设施的建筑面积、基本功能空间、建筑设计规范、质量合格检验等一系列标准，推动建设一批布局合理、功能完备、体现浙江形象的公共文旅设施，进一步完善和提升覆盖城乡的文旅公共服务设施网络。

服务标准。根据构建现代公共文化服务体系、打造中国最佳旅游目的地的要求，进一步完善各类服务标准，推动文旅领域实现服务质量大提升。（1）争取实现文旅公共场馆和设施服务标准全覆盖。根据建设布局合理、功能齐备、服务高效的文旅公共设施网络的需要，在原有标准的基础上，研究编制《博物馆开放服务规范》《公共美术馆服务规范》《精品（美好）乡宿设施与服务规范》等，探索确定服务要求、服务内容、行为规范、组织管理、服务评价等。（2）完善基层公共服务标准。根据基本公共文化服务标准化均等化的要求，研究编制《社区公共文化服务规范》等，促进基层公共文化服务体系建设。（3）完善新业态、新技术服务标准。根据我省文旅领域不断涌现的新业态、新产品、新技术，研究编制《研学旅行系列规范》等，不断拓展文旅创新发展空间，提升服务水平和质量。（4）完善文旅队伍服务标准。研究编制《村级文化管理员服务规范》等，不断规范和提升基层文旅队伍服务水平。

管理标准。紧扣落实"两强三提高"要求，推动管理工作标准化，全面提升管理效能，努力制订

形成适应"文化浙江""诗画浙江"建设需求的现代治理标准体系。（1）业务管理标准。根据文旅和文物工作需要，研究编制《乡村景区运营管理与服务规范》《考古出土文物管理规范》等，努力形成规范有序、运转高效的管理工作体系。（2）政府数字化转型工作标准。根据省政府关于推进政府数字化转型的要求，研究编制《文化和旅游大数据建设系列规范》等，探索文旅系统数字政府建设的指标体系、工作体系、支撑体系、评价体系，推动流程再造，充分发挥数字化驱动效应。（3）公共安全标准。为防止文旅场所和文旅活动发生各种事故，营造安全稳定的环境，研究编制安全管理相关规范，探索明确责任主体、安全检查、管理制度、安全设备、安全预案、事故应急救援、责任追究等标准，确保公共安全落到实处。

评价标准。根据新形势的发展，着眼于提升发展水平和服务质量，进一步完善和规范文旅领域各类评价载体和评价指标，研究编制《品质饭店评价指南》《会议服务机构等级划定和评定规范》等，按照标准要求进行考评和定级活动，发挥好评价"指挥棒"和"风向标"作用。

（二）强化文旅标准宣贯与实施

1.加大标准实施力度。根据业务范围和职责划定，相关处室和单位要牵头落实国家标准和行业标准的宣贯任务。坚持"谁提出制定发布，谁负责组织实施"，每一项省级地方标准制定后要制订配套的组织实施方案，做到"五个有"：有部署发动、有宣传推广、有业务培训、有检查指导、有绩效

评估,确保标准落地见效。发挥各级文旅行政部门的作用,推动各类文旅标准的组织实施。积极运用质量等级评定、市场监管等手段,促进文旅标准的实施。鼓励文旅企业和社会团体通过自愿承诺的方式实施相关标准。大力发展社会第三方机构开展标准实施工作。定期对标准绩效进行评估。

2.扩大标准化示范效应。鼓励支持部分基础较好、潜力较大的地区、文旅企事业单位,开展各类文旅标准化试点工作,积极参与国家级或省级标准化试点项目。积极培育一批文旅标准化示范单位,推出一批标准化精品示范项目,塑造一批标准化知名品牌。及时总结示范单位或示范项目的标准化工作做法和经验,发挥辐射带动作用。

3.加强标准宣传推广。建立重要文旅标准新闻发布制度。制定年度宣贯培训计划,将标准培训纳入从业人员继续教育和专业人员岗位教育范畴,采取宣贯会、培训班等形式,积极开展标准宣贯培训。借助多元化的传媒传播手段,扩大标准化知识宣传,增强全社会标准化意识。改版建设"浙江文旅标准化"网站,完善在线功能,增强信息服务的及时性、便捷性和有效性。支持各级文旅部门、社会组织和企业建立文旅标准化信息平台,及时发布、传播标准化工作信息。

(三)加强标准化基础建设

1.加强标准化组织建设。健全各级文旅行政部门的标准化工作机构,落实经费和人员。建立浙江省文化和旅游标准化技术委员会,负责本专业领域地方标准的技术归口工作,并受行业主管部门的委托,承担本专业技术领域内地方标准的立项论证、技术审查、绩效评估和复审工作,指导各类标准编制、实施和各类标准化示范基地创建工作,开展或参与本专业领域内标准宣贯、培训等。鼓励各地建立文旅标准化技术委员会,积极推动第三方标准监督检验和认证机构的构建和完善。

2.培养标准化人才。建立文旅标准专家库。在全省逐步培养一批文旅标准化专业人才,培育一批标准研究和制定的文旅企事业单位及社会团体,形成有一定规模和业务水平的文旅标准化建设队伍。探索实行文旅标准化首席研究员制度。

3.加强标准理论研究。以省级文旅科研项目和厅级调研课题为抓手,引导和扶持文旅标准化基础研究。搭建政产学研用相结合的协作平台,命名建设一批文旅标准化研究基地,推出一批文旅标准化基础理论研究成果。

五、保障措施

(一)加强组织领导

把标准化工作作为推进"文化浙江""诗画浙江"建设的重要载体和抓手,全面推进文旅领域标准化建设。为加快文旅标准化体系建设,成立省文旅厅标准化工作领导小组,厅党组书记、厅长任组长,分管副厅长任副组长,协调解决标准化工作重大问题。领导小组下设办公室,办公室设在厅科技与教育处,强化对标准化日常工作的协调和推进。

(二)狠抓工作落实

召开省文旅厅标准化工作会议,对标准化工作进行部署和动员。各处室和各单位要迅速开展标准研制工作大调研,认真梳理已有的标准,视情适时开展立改废工作。根据发展需要,深入研究标准研制重点,区分先后缓急,确定4年工作计划,列出任务书、时间表。建立涵盖本行业发展重点领域的标准实施清单。

(三)加强投入保障

建立持续稳定的文旅标准化经费保障机制,重点支持重点标准的研制、参与国家和国际文旅标准化活动、标准化试点示范、宣传推广和人才培养等。积极争取各级配套资金和专项资金支持,引导和鼓励企业、社会加大对文旅标准化工作的投入。

(四)强化检查督促。对于省市场监督管理局下达的和省文旅厅标准化工作领导小组确定的年度目标任务,各处室、各单位要严格把握时间节点,保质保量地完成任务。省文旅厅标准化工作领导小组办公室负责标准实施的监督和统筹协调,每半年开展一次统计、分析、总结,每年组织对一批重要标准实施情况的监督检查,向厅标准化工作领导小组汇报标准化工作进展情况,建立标准实施情况的信息反馈、统计分析和通报机制。

附件:1.承担国家标准、行业标准及其他标准起草任务清单

2.省地方标准制修订意向性清单

附件1

承担国家标准、行业标准及其他标准起草任务清单

一、国家标准

1.旅游民宿设施与服务规范（承担处室：厅资源开发处，计划完成时间：2019年）

二、行业标准

2.全域红色旅游示范城市（承担处室：厅资源开发处，计划完成时间：2019年）

3.红色旅游示范小镇（承担处室：厅资源开发处，计划完成时间：2019年）

4.旅游民宿基本要求与评价（LB/T065—2017，修订）（承担处室：厅资源开发处，计划完成时间：2020年）

三、全国文旅相关行业指导委员会委托的其他标准

5.高职院校舞台艺术设计与制作专业教学标准（承担单位：浙江艺术职业学院，计划完成时间：2019年）

6.高职院校曲艺表演专业教学标准（承担单位：浙江艺术职业学院，计划完成时间：2019年）

7.高职院校舞蹈编导专业教学标准（承担单位：浙江艺术职业学院，计划完成时间：2019年）

8.高职院校音乐剧表演专业教学标准（承担单位：浙江艺术职业学院，计划完成时间：2019年）

9.高职院校歌舞表演专业教学标准（承担单位：浙江艺术职业学院，计划完成时间：2020年）

10.高职院校国际标准舞专业教学标准（承担单位：浙江艺术职业学院，计划完成时间：2020年）

11.高职院校现代流行音乐专业教学标准（承担单位：浙江艺术职业学院，计划完成时间：2020年）

12.高职院校音乐制作专业教学标准（承担单位：浙江艺术职业学院，计划完成时间：2020年）

13.高职院校钢琴调律专业教学标准（承担单位：浙江艺术职业学院，计划完成时间：2020年）

14.高职院校戏剧影视表演专业教学标准（修订）（承担单位：浙江艺术职业学院，计划完成时间：2019年）

15.高职院校戏曲表演专业教学标准（修订）（承担单位：浙江艺术职业学院，计划完成时间：2019年）

16.高职院校音乐表演专业教学标准（修订）（承担单位：浙江艺术职业学院，计划完成时间：2019年）

17.高职院校舞蹈表演专业教学标准（修订）（承担单位：浙江艺术职业学院，计划完成时间：2019年）

18.高职院校服装表演专业教学标准（修订）（承担单位：浙江艺术职业学院，计划完成时间：2020年）

19.群众文化活动直播录播工作规范（承担单位：省文化馆，计划完成时间：2020年）

附件2

省地方标准制修订意向性清单

一、建设标准

1.县级博物馆建设规范（承担处室与单位：省文物局博物馆处、浙江自然博物馆，计划完成时间：2020年）

2.乡村陈列馆建设规范（承担处室与单位：省文物局博物馆处、浙江自然博物馆，计划完成时间：2020年）

3.房车旅游服务区基本要求（DB33/T 911—2014，修订）（长三角通用区域标准，已被省市场监督管理局列入2019年第一批省地方标准制修订计划，承担处室与单位：厅公共服务处、省旅游标准化研究会，计划完成时间：2019年）

4.智慧琴房建设与管理规范（承担处室与单位：厅科技与教育处、浙江音乐学院，完成时间：2020年）

二、服务标准

5.博物馆开放服务规范（已被省市场监督管理局列入2019年第一批省地方标准制修订计划，承担处室与单位：省文物局博物馆处、浙江自然博物馆，计划完成时间：2019年）

6.公共美术馆服务规范（已被省市场监督管理局列入2019年第一批省地方标准制修订计划，承担处室与单位：厅艺术处、浙江美术馆，计划完成时间：2019年）

7.非遗（展示）馆服务规范（承担处室与单位：厅非遗处、省非遗保护中心，完成时间：2020年）

8.社区公共文化服务规范（承担处室：厅公共服务处，计划完成时间：2019年）

9.精品（美好）乡宿设施与服务规范（承担处室：厅资源开发处，计划完成时间：2020年）

10.研学旅行系列规范（承担处室和单位：厅产业发展处、浙江旅游职业学院，计划完成时间：2019年）

11.在线旅游导览服务规范（承担处室：厅政府数字化转型工作专项小组办公室、浙江旅游职业学院，计划完成时间：2020年）

12.国有文艺院团服务规范（承担处室与单位：厅艺术处、省文化艺术研究院，计划完成时间：2020年）

13.文化志愿服务规范（承担处室与单位：厅公共服务处、省文化馆，计划完成时间：2019年）

14.旅游志愿服务规范（承担处室与单位：厅公共服务处、省旅游标准化研究会，计划完成时间：2020年）

15.生态旅游区建设与服务规范（DB33/T634—2007，修订）（承担单位：厅产业发展处、省旅游标准化研究会，计划完成时间：2020年）

三、管理标准

16.文化和旅游大数据建设系列规范（承担处室与单位：厅政府数字化转型工作专项小组办公室、省文化和旅游信息中心，计划完成时间：2019年）

17.乡村旅游区运营管理与服务规范（承担处室与单位：厅推进乡村旅游专项小组办公室、浙江旅游职业学院，计划完成时间：2020年）

18.文化产业示范基地建设与服务规范（承担处室：厅产业发展处，完成时间：2020年）

19.不可移动文物管理规范（承担处室：省文物局文物处，计划完成时间：2022年）

20.考古出土文物管理规范（承担处室：省文物局文物处，计划完成时间：2022年）

21.文物利用工作规范（承担处室：省文物局文物处，完成时间：2022年）

22.未定级国有博物馆运行评估规范（承担处室：省文物局博物馆处，计划完成时间：2022年）

四、评价标准

23.品质饭店评价指南（已被省市场监督管理局列入2019年第一批省地方标准制修订计划，承担处室：厅市场管理处，计划完成时间：2019年）

24.会议服务机构等级划定和评定规范（长三角通用区域标准，已被省市场监督管理局列入2019年第一批省地方标准制修订计划，承担处室与单位：厅市场管理处、省旅游标准化研究会，计划完成时间：2019年）

25.景区乡镇（街道）创建指南（承担处室：厅资源开发处，计划完成时间：2019年）

26.景区县城（城区）创建指南（承担处室：厅资源开发处，计划完成时间：2019年）

27.非旅游类特色小镇3A级景区创建规范（承担处室与单位：厅资源开发处、浙江旅游职业学院，完成时间：2019年）

28.工业旅游基地评价指南（承担处室与单位：厅产业发展处、浙江旅游职业学院，计划完成时间：2020年）

29.中医药养生文化旅游基地评价指南（承担处室与单位：厅产业发展处、浙江旅游职业学院，计划完成时间：2021年）

30.传统工艺类非遗项目保护评估规范（承担处室与单位：厅非遗处、浙江艺术职业学院，计划完成时间：2020年）

31.美术馆评估定级指南（承担处室与单位：厅艺术处、浙江美术馆，计划完成时间：2021年）

32.餐馆星级的划分与评定（DB33/T 500—2004，修订）（承担单位：省旅游标准化研究会，计

划完成时间：2020 年）

33. 文化和旅游 IP 建设指南（承担处室：厅产业发展处，浙江旅游职业学院，省旅游标准化研究会，计划完成时间：2020 年）

34. 百县千碗工作指南（承担处室：厅产业发展处，浙江旅游职业学院，省文化和旅游信息中心，计划完成时间：2020 年）

（说明：以上标准目录为初步意向性目录，将根据形势发展和工作需要适时调整或增补新的标准内容，所有省地方标准均需经省市场监督管理局立项、核准并发布）

浙江省文化和旅游厅
关于印发景区镇（乡、街道）和景区城建设指南和试点单位的通知

浙文旅资源〔2019〕8 号

各市文化和旅游局：

为贯彻落实省政府全省"大花园"建设部署和百城千镇万村景区化工作要求，推进全域旅游发展，今年我厅将启动百城和千镇景区化工作，现将《浙江省景区城建设指南》（试行）、《浙江省景区镇（乡、街道）建设指南》（试行）和试点单位印发给你们。请各市结合实际，加强试点指导，确保工作成效。

特此通知。

附件：1. 浙江省景区城建设指南（试行）
2. 浙江省景区镇（乡、街道）建设指南（试行）
3. 试点单位名单

浙江省文化和旅游厅
2019 年 4 月 30 日

附件 1

浙江省景区城建设指南（试行）

浙江省景区城评定管理办法

第一章　总　则

第一条　依据《浙江省景区城服务与管理指南》（以下的"浙江省景区城"简称为"景区城"）及实施细则，特制定本办法。

第二条　景区城是以县（市、区）建城区为建设范围，文化禀赋底蕴深厚、人居环境优美和谐、休闲产品丰富多元、公共服务配套完善、综合管理保障有力的宜居、宜业、宜游的区域。

第三条　景区城等级的申请、评定、管理和监督适用本办法。

第四条　景区城的等级评定，遵循"自愿申报、分级评定、动态监管、持续发展"的原则。

第五条　凡在浙江省范围内的县（市、区），均可申请景区城等级评定。景区城等级从低到高依次划分为 3 个等级：AAA 级、AAAA 级和 AAAAA 级。

第六条　省文化和旅游厅负责《浙江省景区城服务与管理指南》及实施细则的编制工作，负责全省景区城等级评定的相关工作。

第二章　评定机构与证书标牌

第七条　AAA 级景区城的评定由省文化和旅游厅委托各设区市文化和旅游行政主管部门负责。

第八条 AAAA级、AAAAA级景区城的评定由各设区市文化和旅游行政主管部门初审后报省文化和旅游厅评定。

第九条 设区市文化和旅游行政主管部门的评定机构未严格按要求开展评定工作的,省文化和旅游厅可以撤销其评定权限。

第十条 景区城等级标牌由省文化和旅游厅统一设计、制作和颁发。景区城等级标牌,须置于景区城的显著位置,并在其宣传资料中标明等级。

第三章 申报与评定程序

第十一条 景区城的评定,严格按照"自检—申报—评定—公示—公告"的程序进行。

第十二条 景区城的等级评定,由景区城所在县(市、区)人民政府对照《浙江省景区城服务与管理指南》的相应标准自检自评后,向设区市文化和旅游行政主管部门提出初评或评定的申请。

第十三条 景区城等级评定应严格对照标准及细则开展现场检查和资料审查,根据评分细则评定景区城等级。

第四章 监督与管理

第十四条 AAA级景区城评定后应在各设区市文化和旅游行政主管部门官网公示、公告,并向省文化和旅游厅备案。AAAA级、AAAAA级景区城在省文化和旅游厅官网上公示,无重大且属实的投诉、异议后正式发文公告。

第十五条 景区城应按照省文化和旅游厅的要求,按时报送景区城统计数据和信息。

第十六条 AAAAA级景区城应在获得AAAA级景区城基础上申报。

第十七条 各设区市文化和旅游行政主管部门对辖区内的景区城进行日常监督检查。检查可采取重点抽查、定期明查和不定期暗访等方式进行。

景区城每三年复核一次。

第十八条 对发生以下情形的景区城,经调查情况属实,予以通报批评、降低或取消等级处理:

(一)发生重大安全责任事故或环境严重污染事件,造成重大社会影响的予以取消等级处理;

(二)对游客投诉处理不当造成社会影响的予以通报批评、降低或取消等级处理;

(三)复核不达标的予以通报批评、降低等级处理;

(四)被处以通报批评处理后,整改期满仍未达标的,将给予取消等级处理;

被取消等级的景区城,自取消等级之日起1年内不得重新申请。

第十九条 对已评定景区城等级的处理权限如下:

(一)各设区市文化和旅游行政主管部门有权对达不到标准要求的本区域内AAA级景区城作出通报批评、取消等级的处理,处理结果报省文化和旅游厅备案,对区域内AAAA级、AAAAA级景区城可向省文化和旅游厅提出处理建议;

(二)省文化和旅游厅有权对达不到标准规定的各等级景区城直接作出通报批评、降低或取消等级的处理,可撤销评定工作不力的设区市文化和旅游行政主管部门景区城评定权限。

第五章 附 则

第二十条 本办法由浙江省文化和旅游厅负责解释。

第二十一条 本办法自发布之日起施行。

浙江省景区城服务与管理指南

1 范围

本指南规定了浙江省景区城(以下简称"景区城")的基本条件、资源与环境、设施与服务、产品与业态、管理与保障和质量等级与划分。

本指南适用于行政建制的县(市、区)为单位的景区城建设。

2 术语和定义

本指南采用下列术语和定义。

2.1 景区城

以县(市、区)建城区为景区城范围,文化禀赋底蕴深厚、人居环境优美和谐、休闲产品丰富多元、公共服务配套完善、综合管理保障有力的宜居、宜业、宜游的区域。

3 质量等级与划分

3.1 景区城质量等级分为3个等级,由低到高依次为AAA级、AAAA级和AAAAA级景区城。

3.2 景区城质量等级的标牌由省文化和旅游厅统一规定。

4 基本条件

4.1 有建设主体与机制;

4.2 有明确的区域四至范围;

4.3 有景区城建设方案或实施行动计划;

4.4 有形象宣传口号;

4.5 有完善的资源保护和利用体系;

4.6 近5年已认定的荣誉或命名达到3项以上，包括国家、省级有关卫生、环保、文明、综合治理、平安创建等；

4.7 近3年内未发生重大社会治安事件或重大安全责任事故。

5 等级认定条件

5.1 资源与环境

5.1.1 资源禀赋

5.1.1.1 景区城所在地为历史文化名城、景区城内有历史文化街区；

5.1.1.2 景区城内有一定级别的文保单位；

5.1.1.3 景区城内有一定的文化场馆；

5.1.1.4 景区城内湿地公园、植物园等生态性景观资源。

5.1.2 区块风貌

5.1.2.1 景区城内有视觉良好的建筑风貌；

5.1.2.2 景区城有门户形象和街景；

5.1.2.3 景区城内有良好的城市公共基础设施；

5.1.2.4 景区城内有整体性、美观性、地域性和人性化的城市家具风貌。

5.1.3 环境

5.1.3.1 所在县（市、区）曾被评为文明城市或卫生城市；

5.1.3.2 所在县（市、区）曾获得综合治理或平安创建等荣誉；

5.1.3.3 所在县（市、区）曾获得其他不同级别的荣誉或命名。

5.2 设施与服务

5.2.1 交通

5.2.1.1 停车场管理有效，秩序良好，有节假日停车的保障措施；

5.2.1.2 有覆盖城区主要景点的交通体系；

5.2.1.3 有包含绿道、骑行道、游步道、水上交通等形式多样化的慢行系统；

5.2.1.4 提供共享自行车、共享汽车、游船等多样性的交通服务。

5.2.2 标识

5.2.2.1 旅游交通指引应符合规范、布局合理；

5.2.2.2 公共交通场所、文化场馆、公园、主要旅游区（点）、厕所、购物、餐饮场所等各种公共场所设有规范的公共标识标牌。公共信息图形符号规范；

5.2.2.3 有设置规范、分布合理的景区城导览图和主要景点景物介绍牌；

5.2.2.4 有采用智能化技术的电子导览、语音导览；

5.2.2.5 引导标识、景区城导览与景点景物介绍牌应有中英文两种以上对照。

5.2.3 厕所

5.2.3.1 景区城内所有厕所都应达到市政标准，旅游景点内有AAA级旅游厕所；

5.2.3.2 景区城区内各沿街单位、社区的厕所免费对外开放；

5.2.3.3 厕所应有良好的卫生环境，有一定的文化特色氛围。

5.2.4 咨询服务

5.2.4.1 在交通枢纽、商业（街）区等游客集散地设立旅游咨询服务中心（点），提供咨询、预定、受理游客投诉等服务功能，各种信息资料及时更新；

5.2.4.2 各酒店提供本地旅游信息宣传资料，服务人员可为游客提供咨询服务；

5.2.4.3 设有面向公众的旅游网站、App、微信公众号、旅游咨询和投诉电话，并在公共场所、网络平台标明；

5.2.4.4 旅游服务场所服务人员能用普通话接待，主要旅游接待场所（星级酒店、景点）有能够用英语会话的服务人员；

5.2.4.5 景区城有投诉途径和处理措施。

5.3 产品与业态

5.3.1 景区城公共文化业态

5.3.1.1 有利用博物馆、图书馆、文化馆、非遗馆和文物古迹等资源开发的旅游产品；

5.3.1.2 有一定休闲娱乐功能、设施齐全的公园；

5.3.1.3 有一定级别的会展商务、文化、体育赛事；

5.3.1.4 有常态性的公共文化演出。

5.3.2 旅游产品

5.3.2.1 美食

5.3.2.1.1 有相对集中的地方特色美食街区。餐饮环境良好、地域文化特色明显；

5.3.2.1.2 有地方品牌的美食；

5.3.2.1.3 有国际国内连锁餐饮品牌入驻；

5.3.2.1.4 在旅游者活动相对集中的区域和场所，有速食和地方特色小吃店。

5.3.2.2 美宿

5.3.2.2.1 有国际国内知名品牌酒店；

5.3.2.2.2 有一定数量的高等级饭店和主题特色饭店；

5.3.2.2.3 有特色鲜明的

民宿。

5.3.2.3 美购

5.3.2.3.1 有城市休闲商业综合体；

5.3.2.3.2 有具区域特色的文创商品；

5.3.2.3.3 有旅游购物商家并提供电子商务服务；

5.3.2.3.4 购物商场、超市设立具有本地特色的旅游商品。

5.3.2.4 休闲娱乐

5.3.2.4.1 景区城有本地民俗文化展演和体验活动；

5.3.2.4.2 有形式多样的休闲娱乐场所；

5.3.2.4.3 有地方特色夜市、社区活动等；

5.3.2.4.4 有夜游产品。

5.3.3 融合类旅游产品

5.3.3.1 有融合类旅游产品，包括：红色旅游、工业旅游、体育运动旅游、养生休闲旅游、商贸旅游、交通旅游、研学旅行和其他专项(或特种)旅游产品。

5.4 管理与保障

5.4.1 综合管理

5.4.1.1 有明确的景区城管理主体和相应的工作机制；

5.4.1.2 政府对景区城发展有专项资金或专项政策支持，有市场促销经费保障；

5.4.1.3 有健全的景区城规章制度，能有效实施景区城的管理。

5.4.2 旅游安全

5.4.2.1 有健全的旅游安全、食品安全、消防安全、气象灾害防御各项安全管理制度；

5.4.2.2 有必要的安全警示设施；

5.4.2.3 主要旅游区有完善的安全管理体系；

5.4.2.4 有公共安全和突发事件应急预案，设有避灾场所。

5.4.3 社会效益

5.4.3.1 对景区镇(乡、街道)、景区村庄建设有明显的带动作用；

5.4.3.2 县(市、区)知名度与影响力得到提高。

浙江省景区城服务与管理指南实施细则

【说明】

1. 根据《浙江省景区城服务与管理指南》和《浙江省景区城评定管理办法》制定本细则。本细则共分为两个部分：

细则一：基本条件评价表

细则二：认定条件评分表

2. 浙江省景区城需达到如下条件：

	细则一	细则二 (500分)		
		AAAAA	AAAA	AAA
浙江省景区城	达标	450	380	320

细则一：基本条件评价表

【说明】

基本条件评价表的评定结果分为"符合"和"不符合"2种，基本条件均符合时，总评为"符合"，有任意1个条件不符合，总评为"不符合"。

细则一评价总表

项　目	评价情况	负责人签字	评定日期
申请单体自评			
初评单位评价			
评定单位评价			

浙江省景区城基本条件

申报单位：　　　　　　　　　　　　　　　　　　　　　评定组长（签字）：

分类	序号	评价标准	符合情况（√）
建设主体与机制	1	建设申请主体及建设工作实施机制说明	
四至范围	2	建成区四至范围	
建设方案	3	有明确可操作的景区城建设方案（或实施行动计划）	
资源保护和利用	4	有完整的资源保护和利用体系，包括：资源保护和利用的制度、规范、细则等	
相关荣誉或命名	5	近5年有已认定的荣誉或命名3项以上，包括国家、浙江省的有关卫生、环保、文明、综合治理、平安创建等	
安全要求	6	近3年内景区城未发生重大社会治安事件或重大安全责任事故	
总体评价（符合、不符合）			

细则二：认定条件评分表

4个大项，赋值见下表：

【说明】

本细则共计500分，共分为

序号	项目分类	最高得分
1	资源与环境	140
2	设施与服务	130
3	产品与业态	170
4	管理与保障	60
6	总　分	500

细则二评分总表

	评分情况	负责人签字	评定日期
申报单位自评分			
初审单位评分			
评定组评分			

浙江省景区城细则二评分表

序号	评定项目	大项分值	分项分值	小项分值	自检得分	验收得分
1	资源与环境	140				
1.1	资源禀赋		50			
1.1.1	景区城所在地为国家级历史文化名城得5分,省级历史文化名城得3分。景区城范围内每有1个国家级历史文化街区得2分,每有1个省级历史文化街区得1分			10		
1.1.2	景区城内有1个国家级文保单位得5分,每有1个省级文保单位得3分,每有1个市、县(市、区)级文保单位得1分,最高10分			10		
1.1.3	景区城内每有1个国家级非遗代表性项目或国家级非遗项目得5分,每有1个省级得3分,每有一个市级得1分,每有1个县级得0.5分,最高10分			10		
1.1.4	景区城内每有1个文化场馆(图书馆、博物馆、文化馆、非遗馆、美术馆)得3分,最高15分			15		
1.1.5	有湿地公园、植物园等生态性资源,每有1类得5分			5		
1.2	区块风貌		60			
1.2.1	景区城整体城市肌理与建筑风貌很好得15分,较好10分,一般得5分			15		
1.2.2	门户形象景观和街景风貌			25		
1.2.2.1	有文化主题鲜明的门户形象得10分,一般得5分。门户形象景观和街景风貌没有的不得分					
1.2.2.2	景区城有文化的城市小品和地域文化展示充分的得15分,一般得10分,较少得5分,没有不得分					
1.2.3	城市公共环境设施,整体协调(5分),设计美观(5分),人性化(5分),体现地域特色(5分)			20		
1.3	环境与综合治理		30			
1.3.1	已获得国家级文明城市或卫生城市的得15分,获得省级文明城市或卫生城市的得10分,获得市级文明城市或卫生城市的得5分。最高得10分			15		
1.3.2	有获得国家级综合治理荣誉或平安创建的得15分,获得省级综合治理荣誉或平安创建的得10分,获得市级综合治理荣誉或平安创建的得5分			15		
2	设施与服务	130				
2.1	交通		40			
2.1.1	停车场管理完善、秩序良好、环境美观			10		
2.1.2	有可直达城区主要游览点公交系统,进出交通便利6分,候车站(点)设施完整美观,4分。共计10分			10		
2.1.3	有包含绿道、骑行道、游步道、水上交通等形式多样化的慢行系统。每有一种得3分,最高得10分			10		
2.1.4	提供有自行车、索道、游船、共享汽车等多样性的交通服务			10		
2.2	标识		40			
2.2.1	旅游交通指示标识标牌必须符合相应的国家标准,数量不足扣1分,不规范扣1分,最多扣5分			10		
2.2.2	以下场所设置规范、醒目的公共信息图形符号			15		
2.2.2.1	旅游景点、文化休闲场馆、公园、厕所、购物场所、餐饮场所及各种公共场馆等公共场所有公共标识标牌,数量不足扣1分,不规范扣1分,最多扣5分			10		

续 表

序号	评定项目	大项分值	分项分值	小项分值	自检得分	验收得分
2.2.2.2	公共信息图形符号必须符合相应的国家标准,不规范扣1分,最多扣5分			5		
2.2.3	有设置规范的景区城导览图、全景图和主要景点景物的说明标牌。酌情打分			5		
2.2.4	有采用智能化技术的电子导览、语音导览等			5		
2.2.5	交通指引标识、游客行人引导标识和景区导览与景点景物说明牌应为中英文对照,数量不足扣1分,不规范扣1分,最多扣5分			5		
2.3	厕所		20			
2.3.1	景区城内所有厕所都应符合市政厕所标准(6分),旅游景点内有3A级旅游厕所(4分)			10		
2.3.2	景区城区内各沿街单位、社区等场所的厕所能为游客开放			5		
2.3.3	所有厕所应有良好的卫生和一定的环境氛围打造			5		
2.4	服务咨询		30			
2.4.1	在交通中心、商业(街)区等游客集散地设立旅游咨询服务点,公布咨询、受理游客投诉电话号码,提供各种信息资料并及时更新,工作人员服务规范。酌情打分			5		
2.4.2	各酒店提供本地旅游信息宣传资料,服务人员可为游客提供咨询服务			5		
2.4.3	设有面向公众的旅游网页、App、微信公众号,并在公共场所和网络平台有明示。每有1项得2分			10		
2.4.4	旅游服务场所服务人员能用普通话接待客人,每发现1处不规范扣1分。最多扣3分			3		
2.4.5	主要旅游接待场所有能够用英语会话的服务人员,每发现1处不规范扣1分。最多扣3分			3		
2.4.6	景区城有投诉途径和处理措施			4		
3	产品与业态	170				
3.1	景区城公共文化业态		50			
3.1.1	有利用博物馆、图书馆、文化馆、非遗馆、美术馆、纪念馆、文物古迹等文化资源开发的旅游产品,每有1处得4分,最高得20分			20		
3.1.2	有一定休闲娱乐功能、设施完整、种类丰富的公园,每有1处得5分,最高得10分			10		
3.1.3	会展商务、文化、体育赛事产业发达,国家级1项得5分,省级1项得3分,市级1项得1分,最高10分			10		
3.1.4	公共文化场馆有常态性的音乐、戏剧、曲艺、舞蹈、杂技、语言等演出。每有1种得2分,最高10分			10		
3.2	旅游产品		100			
3.2.1	美食		20			
3.2.1.1	有集中的地方特色美食街区。餐饮环境良好、地域文化特色明显			5		
3.2.1.2	有地方品牌的美食,国字号得3分,省字号得2分,地方字号得1分,最高8分			8		
3.2.1.3	有国际国内连锁餐饮品牌入驻。每入驻1家得1分。最高5分			5		
3.2.1.4	在旅游者活动相对集中的地区和场所,有符合卫生标准的速食和小吃店			2		
3.2.2	美宿		25			

序号	评定项目	大项分值	分项分值	小项分值	自检得分	验收得分
3.2.2.1	每有国际品牌酒店得 3 分,国内知名品牌酒店得 2 分			10		
3.2.2.2	有高等级饭店,每有 1 家得 2 分,最高 6 分			6		
3.2.2.3	有文化特色饭店,每有 1 家得 1 分,最高 3 分			3		
3.2.2.4	有有特色鲜明的民宿等。每有 1 家得 1 分,金宿以上每有 1 家得 2 分,最高 4 分			6		
3.2.3	美购		20			
3.2.3.1	有城市休闲商业综合体			6		
3.2.3.2	有区域特征的文创商品,每有 1 款得 1 分,最高得 8 分			6		
3.2.3.3	有旅游购物商家并提供电子商务服务			4		
3.2.3.4	购物商场、购物街区或超市设立具有本地特色的旅游商品。每有 1 类得 1 分			4		
3.2.4	休闲娱乐		35			
3.2.4.1	有本地民俗特色文化展演和体验活动,每有 1 项得 2 分,最高得 6 分			6		
3.2.4.2	有形式多样的各种酒吧、茶吧、书吧等休闲娱乐场所,每有 1 种得 3 分,最高得 15 分			15		
3.2.4.3	有提供地方特色的夜市、社区活动等。每有 1 项(处)得 2 分,最高得 6 分			6		
3.2.4.4	有夜游产品,每有 1 种得 4 分,最高 8 分			8		
3.3	融合性旅游产品		20			
3.3.1	有融合性旅游产品包括:红色旅游、工业旅游、体育运动旅游、养生休闲旅游、商贸旅游、交通旅游、研学旅游项目和其他专项(或特种)旅游产品,每有 1 种可得 2 分,最高得分 20 分			20		
4	管理与保障	60				
4.1	综合管理		20			
4.1.1	有明确的管理主体和相应的工作机制			5		
4.1.2	有景区城特征的宣传口号			3		
4.1.3	政府对景区化发展有专项资金或专项政策支持			5		
4.1.4	县城景区市场促销经费有保障			2		
4.1.5	有健全的景区城规章制度,能有效实施景区城的管理			5		
4.2	旅游安全		20			
4.2.1	有健全的旅游安全、食品安全、消防安全、气象灾害防御各项安全管理制度			5		
4.2.2	有必要的安全提示和提醒设施。每发现 1 处隐患处未设置扣 1 分,最多扣 5 分			5		
4.2.3	主要旅游区有完整的安全管理系统			5		
4.2.4	有公共安全和突发事件应急预案,设有避灾场所			5		
4.3	社会效益		20			
4.3.1	带动景区镇(乡、街道)、景区村庄的创建情况,以是否完成创建任务为打分依据			20		
	总　　分	500				

浙江省景区城评定申报表

申报单位					
联系地址				邮编	
联系人		电话		手机	

申报条件情况（依据《细则》基本条件）：

景区城的四至范围：

市文化和旅游行政主管部门（初）审核意见：

（盖章）

年　月　日

浙江省景区城评定申报表

附件 2

浙江省景区镇（乡、街道）建设指南（试行）

浙江省景区镇（乡、街道）评定管理办法

第一章　总　则

第一条　依据《浙江省景区镇（乡、街道）服务与管理指南》及实施细则，特制定本办法。

第二条　景区镇（乡、街道）是以小城镇环境综合整治核定范围为景区镇核心建设范围、辐射全镇，景观环境优美，公共设施完善，旅游业态丰富，管理体系健全，体现主客共享的宜居、宜业、宜游区域。

第三条　景区镇（乡、街道，下同）等级的申请、评定、管理和监督适用本办法。

第四条　景区镇的等级评定，遵循"自愿申报、分级评定、动态监管、持续发展"的原则有序开展。

第五条　凡在浙江省范围内的乡、镇、街道，均可申请景区镇等级评定。景区镇从低到高依次为划分为 3 个等级：AAA 级、AAAA 级和 AAAAA 级。

第六条　省文化和旅游厅负责《浙江省景区镇（乡、街道）建设指南》及实施细则的编制工作，负责全省景区镇（乡、街道）等级评定的相关工作。

第二章　评定机构与证书标牌

第七条　AAA 级景区镇的评定由设区市文化和旅游部门负责评定；AAAA 级景区镇由设区市文化和旅游部门负责初评后报省文化和旅游厅核定；AAAAA 级景区镇由省文化和旅游厅负责评定。

第八条　设区市文化和旅游部门全面负责和掌握本地区各等级景区镇的新增和变动情况，加强动态监管。每年 12 月 10 日前将本地区景区镇评定数量及具体名单上报省文化和旅游厅备案。

第九条　设区市文化和旅游主管部门的评定机构未严格按要求开展评定工作的，省文化和旅游厅可以撤销其评定权限。

第十条　景区镇标牌由省文化和旅游厅统一设计，AAA、AAAA 级景区镇由各市制作、颁发；AAAAA 级景区镇由省文化和旅游厅制作、颁发。景区镇等级标牌应置于乡（镇、街道）显著位置，并在其宣传资料中标明等级。

第三章　申报与评定程序

第十一条　景区镇的评定，严格按照"自检—申报—评定—公示—公告"的程序进行。

第十二条　景区镇的等级评定，镇（乡、街道）人民政府对照《浙江省 A 级景区镇（乡、街道）建设指南》基本条件，经自检自评后，向县（市、区）文化和旅游部门提出申请。县（市、区）文化和旅游部门初步审核后将推荐意见上报设区市文化和旅游部门。

第十三条　景区镇等级评定中，设区市文化和旅游部门应严格对照标准及细则，开展现场检查和资料审查，根据评分细则进行景区镇等级的评定。

第四章　监督与管理

第十四条　AAA 级、AAAA 级景区镇应在设区的市文化和旅游部门官网上公示，AAA、AAAA 级景区镇公示后应及时向省文化和旅游厅报备。AAAAA 级景区镇应在省文化和旅游厅官网上公示，无重大且属实的投诉、异议后正式发文公告。

第十五条　景区镇应按照省文化和旅游厅的要求，按时报送相关统计数据和信息。

第十六条　AAAAA 级景区镇应在 AAAA 级景区镇认定 1 年后，方可申报。

申报范围全部在国家 AAAA 级以上旅游景区、省级以上旅游度假区范围之内，或所在乡镇已被评为省级旅游风情小镇的，可直接申报 AAAAA 级景区镇。

第十七条　所在地文化和旅游部门须加强日常指导、监督和检查，每三年进行一次复核。检查采取重点抽查、定期明查和不定期暗访等方式进行。AAA、AAAA 级景区镇的复核检查由

设区市文化和旅游部门负责，AAAAA级景区镇的复核检查由省文化和旅游厅负责。

第十八条 对发生以下情形的景区镇，经调查情况属实，予以通报批评、降低或取消等级处理：

（一）发生重大安全事故、环境严重污染事件或造成重大社会影响事件的予以取消等级处理；

（二）对游客投诉处理不当造成重大社会影响的予以通报批评、降低或取消等级处理；

（三）复核不达标的予以通报批评、降低等级处理；

（四）被处以通报批评处理后，整改期满仍未达标的，将给予降低或取消等级处理；

被取消等级的景区镇，自取消等级之日起1年内不得重新申报。

第十九条 省、市、县（市、区）文化和旅游部门通报批评或取消等级处理的权限如下：

（一）设区市文化和旅游部门有权对所辖区内达不到标准要求的AAA级景区镇作出通报批评、取消景区镇处理，处理结果报省文化和旅游厅备案。

（二）设区市文化和旅游部门对达不到标准要求的AAAA级和AAAAA景区镇可提出处理建议，报省文化和旅游厅处理。

（三）省文化和旅游厅有权对达不到标准规定的各等级景区镇直接作出通报批评、降低或取消等级的处理。

第五章 附 则

第二十条 本办法由浙江省文化和旅游厅负责解释。

第二十一条 本办法自发布之日起施行。

浙江省景区镇（乡、街道）服务与管理指南

1 范围

本指南规定了景区镇（乡、街道）（以下简称"景区镇"）的基本条件、资源与环境、产品与业态、设施与服务、管理与保障和质量等级与划分。

本指南适用于本省建制镇（乡、街道）为单位的景区镇建设。

2 定义

景区镇是指以小城镇环境综合整治核定范围为核心建设范围，辐射全镇，景观环境优美、公共设施完善，旅游业态丰富，管理体系健全，体现主客共享的宜居、宜业、宜游区域。

3 质量等级与划分

景区镇质量等级分为3个等级，由低到高依次为AAA级、AAAA级和AAAAA级。

4 基本条件

4.1 申报景区镇应有明确的四至范围。

4.2 所在乡、镇、街道应是省小城镇环境综合整治达标乡镇。

4.3 申报AAA级景区镇的其辖区范围内应有市域内知名的自然资源和人文资源；申报AAAA级景区镇的其辖区范围内应有省内知名的自然资源和人文资源；申报AAAAA级景区镇的其辖区范围内应有国内知名的自然资源和人文资源。

4.4 申报各等级景区镇的乡、镇、街道近2年内未发生过重大社会治安事件、环境严重污染事件或重大安全责任事故。

4.5 有明确的景区镇建设和管理主体。

5 认定条件

5.1 资源与环境

5.1.1 自然景观和文物古迹保护较好，保持自然景观和文物古迹的原真性和完整性。

5.1.2 有国家级、省级历史文化名镇（村）、传统村落、文化强镇、民俗文化村等相关荣誉。

5.1.3 所在乡镇村庄景区化工作成效良好。

5.1.4 生态环境氛围良好。污水集中处理、河道干净整洁、绿化覆盖率较高，植物与景观配置基本协调，环境美化效果较好。

5.1.5 公共区域视线可及范围内建筑物整体景观基本协调，街巷道路沿线立面整洁、美观、有地域特色。

5.1.6 有特色街景景观、小品设计，沿街立面有美化。

5.2 产品与业态

5.2.1 餐饮种类多样，有地域特色，严格执行食品卫生有关法规和标准，就餐环境整洁。

5.2.2 住宿床位数能够满足游客需要，鼓励开发民宿、主题文化酒店、乡村书吧、茶吧等业态。

5.2.3 旅游购物场所环境整洁，明码标价，无围追兜售、强买强卖现象。

5.2.4 旅游商品种类较丰富，有体现本地区文化特色的旅游纪念品、文创产品、手工艺品、土特产等。

5.2.5 有反映当地文化特色的文化礼堂、乡（镇、街道）史志、非遗等文化展示场所。

5.2.6 有传统风俗、传统工艺、节庆活动、民俗演艺等文化体验性项目，游客参与性强。

5.2.7 鼓励利用古建筑，名

人故居、故里,民居等文化资源开发旅游产品。

5.3 设施与服务

5.3.1 有进出乡(镇、街道)的便捷交通方式,有定点定时的乡(镇)、街道)公交。

5.3.2 有专门停车(船)场所。布局合理,容量基本满足需求。停车(船)场所管理完善,秩序良好。

5.3.3 各类引导标识(包括交通标识、景区镇全景图、导览图、标识牌、景物介绍牌等)内容完整、规范、醒目,位置合理、美观,维护良好。

5.3.4 游览(参观)线路合理、顺畅。

5.3.5 厕所布局合理,建筑造型与景观环境相协调,厕位数量基本满足需要,干净、卫生、整洁,标志标识醒目规范,免费使用。

5.3.6 建有适宜居民和游客休闲的绿道、游步道、公园绿地、休闲广场等公共游憩设施和空间。

5.3.7 有为游客提供信息、咨询、休息等服务功能的游客中心(点)。

5.3.8 移动通信信号全覆盖,游客集中区域基本实现 Wi-Fi 覆盖。

5.4 管理与保障

5.4.1 有明确的管理主体、完善的管理制度。

5.4.2 公共安全社会治理有序。

5.4.2.1 有公共安全及其他突发事件的应急预案,设有应急避灾避险场所。

5.4.2.2 隐患危险地段设置安全警示标志。

5.4.3 旅游投诉处理及时有效。

5.4.4 具有鲜明统一的形象标识和宣传口号,有效开展宣传推广。

5.4.5 倡导文明乡风,居(村)民与游客友好和睦相处,主客共享公共服务设施,服务人员具备良好的道德素质和职业素养。

浙江省景区城服务与管理指南实施细则

【说明】

1.根据《浙江省景区城服务与管理指南》和《浙江省景区城评定管理办法》制定本细则。本细则共分为两个部分:

细则一:基本条件评价表

细则二:认定条件评分表

2.浙江省景区城需达到如下条件:

	细则一	细则二 (500分)		
		AAAAA	AAAA	AAA
浙江省景区镇	达标	480	420	360

细则一:基本条件评价表

【说明】

基本条件评价表的评定结果分为"符合"和"不符合"2 种,基本条件均符合时,总评为"符合",有任意 1 个条件不符合,总评为"不符合"。

细则一评价总表

项 目	评价情况	负责人签字	评定日期
申请单体自评			
初评单位评价			
评定单位评价			

浙江省景区城基本条件

申报单位：　　　　　　　　　　　　　　　　　　　　　评定组长（签字）：

分类	序号	评价标准	符合情况（√）
范围要求	1	申报景区镇应有明确的四至范围	
环境要求	2	所在乡、镇、街道应是省小城镇环境综合整治达标乡镇	
资源要求	3	辖区范围内应有市域内知名的自然资源和人文资源；申报 AAAA 级景区镇的其辖区范围内应有省内知名的自然资源和人文资源；申报 AAAAA 级景区镇的其辖区范围内应有国内知名的自然资源和人文资源	
安全要求	4	景区镇的乡、镇、街道近 2 年内未发生过重大社会治安事件、环境严重污染事件或重大安全责任事故	
建设管理主体	5	有明确的景区镇建设和管理主体	
总体评价（符合、不符合）			

细则二：认定条件评分表　　4 个大项，赋值见下表：

【说明】

本细则共计 500 分，共分为

序号	项目分类	最高得分
1	资源与环境	150
2	设施与服务	160
3	产品与业态	120
4	管理与保障	70
6	总　分	500

细则二评分总表

	评分情况	负责人签字	评定日期
申报单位自评分			
初审单位评分			
评定组评分			

浙江省景区镇细则二评分表

序号	评定内容	各大项总分	各分项总分	各次分项总分	自检计分	评定计分
1	资源与环境	150				
1.1	自然景观和文物古迹		35			
1.1.1	自然景观和文物古迹的保护手段科学得力：有相应的制度（5 分）；保护设施设备完善（5 分）；人员职责明确（5 分）			15		
1.1.2	自然景观和文物古迹的保护效果：全面保持自然景观和文物古迹的原真性和完整性（10 分）；基本保持自然景观和文物古迹的原真性和完整性（7 分）；对自然景观和文物古迹的原真性和完整性无明显破坏（5 分）			10		

序号	评定内容	各大项总分	各分项总分	各次分项总分	自检计分	评定计分
1.1.3	有加强整体建筑风貌管控的举措,保持原有特色肌理和文化元素(10分),一般得5分			10		
1.2	获得历史文化相关荣誉[如历史文化名镇(村)、传统村落、文化强镇、民俗文化村等],每一项国家级荣誉、省级荣誉分别得5分、3分,最多得10分		10			
1.3	景区镇创建景区村庄工作,建成比例达到100%(10分);建成比例达到80%(7分);建成比例达到50%(5分)		10			
1.4	生态环境		35			
1.4.1	绿化覆盖率较高,植物与景观配置得当,景观与环境美化措施多样,效果较好(10分)			10		
1.4.2	环境综合整治效果显著,空气和水质量好得10分,良好得5分,一般得3分。被评为小城镇环境综合整治样板镇,另加10分			25		
1.5	建筑物		30			
1.5.1	公共区域内视线可及范围内的建筑物整体景观协调一致得15分,良好得10分,一般得5分			15		
1.5.2	街巷道路沿线立面整洁美观有特色得15分,良好得10分,一般得5分			15		
1.6	垃圾箱		20			
1.6.1	垃圾箱布局合理,标识明显,数量基本满足需要,造型美观与环境协调10分,良好得7分,一般得3分			10		
1.6.2	实行垃圾分类,有卫生保洁人员,垃圾清扫及时得10分,良好得7分,一般得3分			10		
1.7	特色街景景观和小品设计,对建筑物外立面、街道、街角或水域旁等点位进行美化(如花卉种植、墙面美化、立面改造等),效果好得10分,良好得7分,一般得3分			10		
2	产品与业态	160				
2.1	餐饮		35			
2.1.1	餐饮结构多样,种类丰富,每有1种得2分			10		
2.1.2	有经营地方特色美食为主的餐饮场所,每有1处得3分,有较强市场影响力的另加5分,最多15分			15		
2.1.3	涉旅场所餐饮经营者严格执行食品卫生有关法规和标准,就餐环境整洁美观得5分,良好得3分,一般得1分			5		
2.1.4	涉旅餐饮场所配备消毒设施(5分),每发现1处不达标扣1分,扣完为止			5		
2.2	住宿		40			
2.2.2	乡(镇、街道)范围内有星级酒店、主题酒店、民宿、营地等多类型住宿业态,每种类型得5分,最多20分			20		
2.2.3	乡(镇、街道)范围内有白金宿民宿1家得6分,有金宿民宿1家得4分,其他的每家得2分,最多得20分			20		
2.3	旅游购物		40			
2.3.1	有集中旅游购物场所,包括旅游购物街或旅游商店,每有1处得5分			10		

续　表

序号	评定内容	各大项总分	各分项总分	各次分项总分	自检计分	评定计分
2.3.2	对旅游购物场所进行规范化管理,环境整洁,秩序良好,无围追兜售、强买强卖现象。发现1处管理不当的情况视情节2—5分,扣完为止			5		
2.3.3	有统一的质量管理、价格管理(明码标价)、计量管理、售后服务管理等,每项1分,最多得5分			5		
2.3.4	特色旅游商品种类较丰富,有体现本地区文化特色的旅游纪念品、文创产品、手工艺品、土特产等4种。每一种里每一类得1分,每一种满分5分			20		
2.4	文化旅游		45			
2.5	有文化特色的文化礼堂、乡(镇、街道),有反映当地史志、非遗等文化场所,每有1个场所得5分,最多得15分			15		
2.6	能提供传统风俗、传统工艺、庙会集市、民俗演艺等文化互动体验项目,每有1项得5分,最多15分			15		
2.7	适当利用古建筑、民居、名人故居等文化资源植入旅游业态得15分,资源利用良好得10分,一般得5分			15		
3	设施与服务	120				
3.1	有定点定时的公共交通得5分;有多种进出乡(镇、街道)的交通工具得5分		10			
3.2	停车(船)场所		20			
3.2.1	停车场规模满足需求得10分,基本满足得5分;海岛型小城镇视情况得分			10		
3.2.2	停车场管理完善,秩序良好得10分,良好得7分,一般得3分			10		
3.3	核心游览区各类旅游引导标识(包括导游全景图、导览图、标识牌、景物介绍牌等)符合规范,内容完整规范,设置位置合理,视觉效果好得10分,每发现1处不达标扣1分,扣完为止		10			
3.4	有合理、顺畅的游览(参观)路线得10分,良好得7分,一般得3分		10			
3.5	厕所		20			
3.5.1	厕所布局合理,建筑造型与景观环境相协调得10分,良好得7分,一般得3分			10		
3.5.2	厕位数量基本满足需要得5分,男女比例适当得5分			10		
3.6	公共游憩空间		30			
3.6.1	建有适宜居民和游客休闲的绿道、游步道、公园绿地、休闲广场等公共游憩设施和空间,每有1处得5分,最多得20分			20		
3.6.2	公共游憩设施布局合理,数量基本满足需要,造型与环境协调得10分,良好得7分,一般得3分			10		
3.7	有为游客提供信息、咨询、休息等服务功能的场所得5分;能提供电子或语音讲解服务得5分		10			
3.8	完全覆盖移动通信信号,得5分,游客集中区域基本实现Wi-Fi覆盖得5分;发现1处通信受阻扣0.5分		10			
4	管理与保障	70				
4.1	管理制度与管理人员		10			
4.1.1	有明确的景区镇管理主体得5分			5		

序号	评定内容	各大项总分	各分项总分	各次分项总分	自检计分	评定计分
4.1.2	有完备的景区镇管理制度,且落实有效得5分			5		
4.2	公共安全		20			
4.2.1	有旺季引流、防火灾、防地震、防洪涝等公共安全及其他突发事件的应急预案,每种预案得1分,最高得5分;设有应急避灾避险场所得5分			10		
4.2.2	隐患危险地段设置安全警示标志,安全、消防设施完善得5分,并配有相应的安保人员得5分			10		
4.3	旅游投诉		15			
4.3.1	投诉制度健全得3分,人员设备落实得3分,投诉处理需及时、妥善得4分			10		
4.3.2	旅游服务投诉渠道(电话、信箱、微信、QQ等)畅通,每开通1种渠道得1分,最多得3分,向游客公布得2分			5		
4.4	有统一鲜明的形象标识得3分,有形象宣传口号得3分;进行宣传推广,每种推广方式得1分,最多得4分		10			
4.5	主客共享		15			
4.5.1	有倡导文明旅游和居民文明生活的制度或倡议,促进乡风文明得5分			5		
4.5.2	居民素质良好,热情好客,与游客友好和睦相处得5分			5		
4.5.3	旅游服务人员具备良好的道德素质和服务态度得5分			5		

＊评分细则中未明确注明范围的均指浙江省景区镇(乡、街道)的申报范围。

浙江省景区镇（乡、街道）评定申请表

申报单位名称＿＿＿＿＿＿　　申请等级＿＿＿＿＿＿　　申请单位（盖章）＿＿＿＿＿＿

申报镇（乡、街道）名称						
申请单位负责人		办公电话			手机	
运营单位联系人		电话/手机			传真	
申报详细四至范围与面积 （需附图说明）						
工作 人员	总人数		管理 人员	讲解 人员	保安 人员	环卫 人员
投入情况			带动就业人数		增加村集体效益 （万元）	
申报乡 （镇、街道） 吸引物	自然风景					
	建筑风貌					
	历史遗存					
	民俗文化					
	体验活动					
	特色产品					

建设与经营概况（行政归属单位、经营管理单位、《指南》基本条件达标等情况）

根据《浙江省景区镇服务与管理指南》和《浙江省景区镇评定管理办法》要求，＿＿＿＿＿＿＿（申报单位）申请评定＿＿＿＿＿＿＿，并将遵守下列准则：

(1)全面提供并填写申请报告的各项数据，对其真实性负责。

(2)接受验收和审核结果。

(3)所在乡镇政府、街道办事处推荐意见：

单位公章
年　月　日

县（市、区）推荐意见：

（盖章）
年　月　日

设区的市文化和旅游部门评定（初审）意见：

（盖章）
年　月　日

省文化和旅游厅评定（核定）意见：

（盖章）
年　月　日

附件 **3**

全省首批 AAAA 级景区城试点培育单位

杭州市桐庐县、宁波市海曙区、温州市洞头区、湖州市吴兴区、嘉兴市平湖市、绍兴市柯桥区、绍兴市新昌县、金华市浦江县、衢州市开化县、舟山市嵊泗县、台州市临海市、丽水市景宁畲族自治县

全省首批 AAAA 级景区镇试点培育单位

杭州市余杭区瓶窑镇、萧山区衙前镇、临安区清凉峰镇、桐庐县莪山乡、淳安县威坪镇

宁波市北仑区春晓街道、余姚市梁弄镇、宁海县胡陈乡、象山县茅洋乡

温州市文成县铜铃山镇、泰顺县雅阳镇、苍南县霞关镇、永嘉县大箬岩镇

湖州市南浔区善琏镇、德清市新市镇

嘉兴市南湖区凤桥镇、秀洲区王江泾镇

绍兴市柯桥区王坛镇、新昌县镜岭镇、上虞区陈溪乡、嵊州市崇仁镇

金华市兰溪市游埠镇、武义县桃溪镇、磐安县双峰乡

衢州市柯城区九华乡、衢江区峡川镇、江山市大陈乡

舟山市普陀区桃花镇、岱山县衢山镇

台州市仙居县淡竹乡、天台县龙溪乡、三门县亭旁镇

丽水市青田县高市乡、景宁畲族自治县东坑镇、松阳县新兴镇、缙云县仙都街道

浙江省文化和旅游厅
关于印发《浙江省旅游风情小镇认定办法》的通知

浙文旅资源〔2019〕9 号

各市文化和旅游局：

根据《浙江省人民政府办公厅关于印发浙江省旅游风情小镇创建工作实施办法的通知》规定，结合新时代文旅融合发展的要求，我厅对《浙江省旅游风情小镇认定办法》进行了修订，现印发你们，请根据工作实际，认真贯彻执行。《浙江省旅游风情小镇认定办法》（浙旅产业〔2017〕84 号）同时废止。

浙江省文化和旅游厅
2019 年 5 月 16 日

浙江省旅游风情小镇认定办法

第一章　总　则

第一条　坚持创新、协调、绿色、开放和共享的发展理念，践行"绿水青山就是金山银山"理念，积极推进旅游供给侧结构性改革，大力发展乡村旅游，有效保护、传承与弘扬浙江各地传统文化，实现乡村振兴与生态文明，促进浙江省旅游风情小镇的培育与认定。依据国家和省级有关法律、法规、政策性文件规定，特制定本办法。

第二条　浙江省旅游风情小镇（以下简称小镇）是指在行政建制镇（乡、街道）范围内，拥有独特的自然风景、建筑风貌、节会风俗、特产风物、餐饮风味和人物风采，以旅游休闲为主导功能，以规划保护为前提，人居环境优美和谐、地域风情丰富多彩、公共服务配套完善、综合管理保障有力的特定区块。

第三条　小镇创建认定采取"宽进严定、动态管理、验收命名"的方式有序开展。

第四条　小镇的认定工作由浙江省文化和旅游厅牵头，会同相关职能部门根据本办法具体组织认定验收，通过验收的认定为省级旅游风情小镇。

第二章　认定条件

第五条　认定条件分为申报要求与认定要求。申报要求是确认小镇培育的准入条件，认定要求是命名小镇的基本条件。

第六条　小镇应同时具备以下申报要求：

（一）有四至范围明确的特定边界空间；

（二）有保护较好、独具特色风情的资源条件；

（三）有良好的生态环境；

（四）有统一有效的管理运营机构；

（五）有一定的文化和旅游业态及完善的公共服务体系；

（六）有体系完整、切实可行的小镇创建方案，其中，必须含有小镇环境整治内容。

第七条　小镇应同时具备以下认定要求（具体指标见附件《浙江省旅游风情小镇评定细则》）

（一）必备性要求

1.小镇的保护与相应管理措施实施到位；

2.小城镇环境整治成效明显，生态环境优良；

3.小镇业态丰富；

4.小镇风情特色突出；

5.小镇公共服务体系完善；

6.主客共享，游客与居民满意度85％以上。

（二）小镇认定限定性要求：

1.3年内未发生重大旅游安全责任事故；

2.未发生恶性或群体性旅游市场事件；

3.无黄赌毒、三俗等旅游不文明现象；

4.无破坏生态环境和历史文化遗产等现象。

第三章　认定程序

第八条　认定程序分为创建审核和认定命名2个阶段。

第九条　培育创建审核阶段程序：

（一）各申报建制镇（乡、街道）（以下简称申报单位）参照本办法第六条要求，进行小镇培育创建的申报。申报时须同时提交以下材料：

1.《浙江省旅游风情小镇培育申报表》；

2.《浙江省旅游风情小镇创建方案》；

3.按申报条件提供相应的辅证材料。

（二）申报单位所属的县（市、区）政府提出推荐意见，设区（县、市）的市文化和旅游行政主管部门负责本市区域内申报单位的初审工作，并提出初审意见。

（三）省文化和旅游厅牵头，会同相关部门通过对申报单位实地考察、专家会审等形式，对符合申报要求的列入培育创建名单。

第十条　认定命名阶段程序：

（一）小镇创建单位所在地各县（区、市）人民政府按照本办法第七条要求，负责本区域小镇认定的申请。申请时须同时提交以下材料：

1.申请认定小镇的报告；

2.《浙江省旅游风情小镇评

定细则》自评表；

3.相应指标的辅证材料（含方案实施、规划实施、指标佐证等）；

4.由第三方出具的游客与居民满意度报告。

（二）设区（市、县）的市文化和旅游行政主管部门负责本市各区（市、县）申请的初审工作，并提出初审意见。

（三）省文化和旅游厅牵头，会同相关职能部门和专家对通过初审的小镇进行明查和暗访，并按《浙江省旅游风情小镇评定细则》进行打分，提出评审认定意见。

（四）省文化和旅游厅每年向省政府报告小镇认定结果，由省政府对符合认定条件的小镇予以命名。

第四章　激励机制

第十一条　宣传推广支持。将小镇作为"诗画浙江"的核心品牌来宣传，在境内外促销中予以重点推介。

第十二条　土地利用支持。符合《划拨用地目录》的集散中心、咨询中心、公共停车场、旅游厕所等与小镇建设配套的公益性基础设施，采用划拨方式供地。小镇区域内新建或扩建的重点建设项目可按照"坡地村镇"建设用地试点政策保障用地。

第十三条　资金支持。将小镇建设列入省文化和旅游补助及贴息专项资金分配因素，重点支持小镇建设。各县（市、区）政府应对小镇建设给予相应的资金和政策支持。

第十四条　金融支持。支持与各大金融机构战略合作，开发小镇建设金融产品重点支持小镇相关业态开发建设；引导浙商、央企、民企等各类资本投资小镇；鼓励采取PPP、EPC等模式投资小镇项目。

第五章　监督管理

第十五条　各县（市、区）人民政府对所辖小镇进行日常的监督与管理。

第十六条　实施小镇动态监测制度，实行运营数据季报制。

第十七条　每年一月份上报上一年小镇工作总结与本年度工作计划。

第十八条　由省文化和旅游厅牵头，会同相关职能部门对已经认定命名的小镇每三年进行一次复核，复核采取抽查的方式。

第十九条　在监管和复核过程中，实行退出机制，视出现问题的严重程度，实行通报、限期整改或取消称号处理，被取消称号的3年内不再受理其申报。

第六章　附　则

第二十条　本办法自发布之日起施行。《浙江省旅游风情小镇认定办法》（浙旅产业〔2017〕84号）自行废止。由省文化和旅游厅负责解释。

附件：1.浙江省旅游风情小镇创建单位申报表

2.浙江省旅游风情小镇评定细则

附件1

浙江省旅游风情小镇创建单位申报表

申报单位名称：＿＿＿＿＿＿＿＿＿　　　　联系人：＿＿＿＿＿＿

联系电话：＿＿＿＿＿＿＿　　　　　　　申报日期：＿＿＿＿＿＿

申报单位名称					
申报单位联系地址				邮编	
申报单位负责人		办公电话		手机	
申报单位联系人		电话/手机		传真	
申报区域详细范围与面积及明确的四至边界（需附图说明）					
申报资源基础条件	自然风景（地质地貌气候）				
	建筑风貌（最具代表性）				
	节会风俗（至少两种）				
	特产风物（品种、产量）				
	餐饮风味（地域、种类）				
	人物风采（历史、现代）				

文化和旅游业发展情况（经济发展水平、业态打造现状、公共服务完善程度、综合管理水平等）

申报单位承诺：

根据《浙江省人民政府办公厅关于印发浙江省旅游风情小镇创建工作实施办法的通知》（浙政办发〔2016〕144号）和《浙江省旅游风情小镇认定办法》（浙文旅资源〔2019〕9号）要求，(申报单位)申请创建，并将遵守下列准则：

(1)全面提供并填写申请报告的各项数据，对其真实性负责。

(2)接受验收和审核结果。

单位负责人签字：

单位公章

年　月　日

县（市、区）政府推荐意见：	设区的市文化和旅游主管部门审核意见：
（盖章） 年　月　日	（盖章） 年　月　日

附件 2

浙江省旅游风情小镇评定细则

序号	项目分类	最高得分
1	规划保护	110 分
2	风情体验	260 分
3	人居环境	90 分
4	公共服务	105 分
5	综合保障	135 分
6	总　分	700 分

说明:1. 总分为 700 分,浙江省旅游风情小镇的认定基本得分为 560 分。

2. 旅游风情小镇同时应出具由第三方组织调查的游客与居民满意度调查报告。景区游客满意度应达到 85% 以上。

浙江省文化和旅游厅　浙江省商务厅　浙江省市场监督管理局 浙江省教育厅　浙江省交通运输厅　浙江省机关事务管理局 关于印发《做实做好"诗画浙江·百县千碗"工程三年行动计划 (2019—2021 年)》的通知

浙文旅产〔2019〕9 号

各市、县(市、区)文化和旅游局,商务局,市场监督管理局,教育局,交通运输局,机关事务管理局:

为贯彻落实省政府的决策部署,推动"大花园"建设,促进文化和旅游"双万亿"产业高质量发展,更好地满足广大群众对美好生活的需求,浙江省文化和旅游厅联合相关部门制定了《做实做好"诗画浙江·百县千碗"工程三年行动计划(2019—2021 年)》。现印发给你们,请结合实际认真贯彻落实。

浙江省文化和旅游厅
浙江省商务厅
浙江省市场监督管理局
浙江省教育厅
浙江省交通运输厅
浙江省机关事务管理局
2019 年 6 月 11 日

关于做实做好"诗画浙江·百县千碗"工程三年行动计划
（2019—2021 年）

"诗画浙江·百县千碗"作为我省"大花园"建设"五养"工程的重要内容，自 2018 年 8 月启动以来，各地积极响应，全面发动，活动精彩纷呈。袁家军省长作出重要批示予以肯定。做实做好"百县千碗"被写入 2019 年省政府工作报告，成为省政府的一项重要品牌工程。为深入挖掘各地美食资源，传承我省美食文化，进一步扩大内需，推动放心消费，把"诗画浙江·百县千碗"打造成为一项利民惠民的民生工程，特制订本行动计划。

一、总体要求

（一）指导思想

以习近平新时代中国特色社会主义思想为指导，以实现高质量发展为目标，紧抓文旅融合的新契机，按照"政府引导、市场运作、企业主体、创新发展"的原则，进一步做实做强"诗画浙江·百县千碗"工程，助推文化和旅游"双万亿"产业高质量发展，为建设全国文化高地、中国最佳旅游目的地、全国文化和旅游融合发展样板地作出积极贡献。

（二）主要目标

通过 3 年的努力，打造群众广泛参与、国内知名度高的"诗画浙江·百县千碗"旅游美食品牌，基本形成集原料生产、加工、配送、制作、销售于一体的"诗画浙江·百县千碗"美食产业体系，美食文化得到传承弘扬和创新发展，旅游美食服务监管机制进一步健全，我省旅游美食产业高水平提升。

——全面提升浙江旅游美食的知名度和美誉度。将"诗画浙江·百县千碗"打造成为全国首个知名省级旅游美食 IP。让每个县（市、区）、每个设区市的"十大碗"特色美食家喻户晓。

——形成全民参与、大众受益的"诗画浙江·百县千碗"消费体系。开展不少于 100 场群众喜闻乐见的"诗画浙江·百县千碗"美食体验活动，重点培育一批放心消费实体，提供丰富的养眼养胃美食产品，推动"诗画浙江·百县千碗"走进千家万户。

——提升旅游美食产业的核心竞争力。建立健全认定标准，着力建设一批生态食材基地，培育一批具有核心竞争力的美食平台企业，强化"诗画浙江·百县千碗"美食质量安全，提升旅游美食的品质和竞争力。

——打造旅游美食文化传承发展的样板地。深入挖掘美食背后的文化内涵，讲好美食文化故事，形成"一菜一品"。建立人才培养培训体系，推行"诗画浙江·百县千碗"厨师持证上岗制度，培育一批"百县千碗"旅游美食工匠，提炼美食工匠精神，不断创新美食文化传承方式。

二、重点任务

（一）建设一批"诗画浙江·百县千碗"消费体验点

1. 打造一批美食镇、街、店。通过政府引导，市场化运作，以投资新建、改造提升等形式，建设 3—5 个以美食研发、培训、交流、体验等为主题的"诗画浙江·百县千碗"美食特色小镇；30 个左右"诗画浙江·百县千碗"文旅美食园或美食商业街；500 个左右"诗画浙江·百县千碗"特色美食店。

2. 开展"五进"计划。推动"诗画浙江·百县千碗"进景区、饭店、院校、机关食堂、高速服务区等公共服务场所，提升"诗画浙江·百县千碗"的覆盖范围。通过 3 年努力，实现"百县千碗"进 100 个 A 级景区（村、镇、城）、100 家旅游企业（饭店）、100 所大中学校、100 个机关食堂、10 对高速服务区。

3. 走进千家万户。推行嘉善"佳膳十碗"进万家活动模式，积极举办群众喜闻乐见、主动参与的"诗画浙江·百县千碗"主题活动，让"诗画浙江·百县千碗"走进千家万户，"诗画浙江·百县千碗"品牌深入人心。

4. 加强线上体验。推动"互联网＋美食"发展，利用互联网美食社交平台，推广"百县千碗"品牌，提供线上预订、线下消费的体验，促进全民消费，引导大众参与"诗画浙江·百县千碗"的体验、分享、传播、监督。

5. 推动省外落户。积极融入长三角区域一体化发展战略，鼓励社会资本在省外（重点支持在长三角及京津冀地区）投资开设"诗画浙江·百县千碗"旅游美食体验店。

（二）提升"诗画浙江·百县千碗"品牌核心竞争力

1.加强知识产权保护。以"游诗画浙江·品百县千碗"为主题IP，注册"诗画浙江·百县千碗"等品牌商标，设计"诗画浙江·百县千碗"品牌视觉系统，包括LOGO、色彩、周边衍生用品、文创产品等。

2.营造良好发展环境。鼓励各地筹设"诗画浙江·百县千碗"发展基金，重点扶持各地特色美食旗舰店、美食街（小镇）以及非遗美食项目等。遴选"诗画浙江·百县千碗"优质品牌企业，优先纳入省级重点商贸流通企业等评比认定。整合利用各大展会、美食节庆、厨艺大赛等活动，开展"诗画浙江·百县千碗"美食人文交流。

3.引导美食创业创新。制定"百县千碗"工作指南，引导和鼓励相关企业、个人围绕当地"百县千碗"旅游美食创业，不断创新营销方式，多点铺设门店，让本地人了解当地美食，让外地游客能品尝"在地味道"。

4.传承弘扬美食文化。挖掘"诗画浙江·百县千碗"美食背后的文化内涵，讲好浙江美食文化故事。形成"诗画浙江·百县千碗"一张美食地图、一套美食视频、一本美食图书、一首美食歌曲、一份美食榜单、一群美食达人，广泛开展"诗画浙江·百县千碗"科普宣传，传播美食文化。

（三）加大"诗画浙江·百县千碗"宣传推广力度

1.坚持上下联动。省、市、县（市、区）全面参与，上下联动，点面结合，形成合力。鼓励各地在省级活动的基础上，积极探索地方特色的美食主题推广活动。各地可申请以"浙江省文化和旅游厅主办"名义承办"诗画浙江·百县千碗"配套活动，鼓励开展有创意、接地气的美食推介。

2.加大省外宣传。面向上海、南京、苏州、合肥、南昌5个浙江主要客源城市，在城市公交、居民社区、写字楼等人流密集场所投放不少于500条以上"诗画浙江·百县千碗"形象广告，吸引更多省外游客关注"诗画浙江·百县千碗"工程。

3.加强媒体推介。提炼美食元素，形成富有浙江特色的旅游美食宣传系列成果。发挥抖音等短视频平台的传播作用，邀请网红、达人体验，打造"诗画浙江·百县千碗"网红美食、网红店铺、网红食客。加强与美团、飞猪等大型OTA平台及各大电台的合作，以视频、评选、活动、展示、比赛等多种方式，营造"诗画浙江·百县千碗"宣传推广氛围。

（四）建立"诗画浙江·百县千碗"质量评价体系

1.制定质量标准。以县（市、区）为单位制定县域"十大碗"食材选用、加工工艺、制作流程、口味口感、安全卫生及质量评价等标准，打响"诗画浙江·百县千碗"（××县、市、区）品牌。引导培育一批"诗画浙江·百县千碗"放心消费场所和一批"诗画浙江·百县千碗"食材供应场所，并予以认证授牌。

2.建立评价体系。建立"诗画浙江·百县千碗"旅游美食数据系统，对产业指数、消费指数进行监测分析，发布"诗画浙江·百县千碗"旅游美食大数据报告，动态更新入选菜品。

3.强化监督管理。从原料供应、烹饪制作、规范服务、质量把控等方面，加强"诗画浙江·百县千碗"美食服务安全监督管理。督促餐饮服务单位严格执行食品安全操作规范，依法查处违法违规行为。

（五）大力培养"诗画浙江·百县千碗"旅游美食人才

1.评定美食名匠。联合省级相关部门共同认定10名"诗画浙江·百县千碗"浙江旅游美食大师；评定100名浙江旅游美食工匠；培育1000名浙江旅游美食守艺人。

2.开展"送教上门"。根据各地需求，由浙江旅游职业学院等相关院校会同省餐饮协会、饭店业协会选派优秀师资开展"送教上门"活动。组织举办专题培训班，培训10000名"诗画浙江·百县千碗"旅游美食从业者和传承技师。

3.建立创新机制。培育创新团队，列入浙江省文旅创新团队评选范围；设立"诗画浙江·百县千碗"旅游美食研发项目，建立专家人才库，支持高校、科研院所、平台、企业等加大旅游美食的研究与开发，推动"诗画浙江·百县千碗"创新发展。

三、保障措施

（一）加强组织领导

建立省"诗画浙江·百县千碗"工作领导小组，加强统筹指导和协调。省文化和旅游厅会同省商务厅、省市场监管局、省交通运输厅、省教育厅、省机关事务管理局等部门，建立省级联席会议制度,协调解决"诗画浙江·百县千碗"工作推进中的重点和难点问题。各地也要建立健全相应的工作机制,加强沟通协调,合力推进工作。

(二)加大政策支持

省、市、县三级相关部门要统筹安排资金支持"诗画浙江·百县千碗"项目落地和活动开展。各级文化和旅游部门在安排旅游宣传推广资金时要优先保障支持"诗画浙江·百县千碗"宣传推广和品牌打造。各地要因地制宜研究出台相关扶持政策,调动各级各方力量,优先推动"诗画浙江·百县千碗"进入各级机关食堂,通过示范引领带动计划落地落实。

(三)加强质量监管

省文化和旅游厅将联合省商务厅、省市场监督管理局等相关部门,对"诗画浙江·百县千碗"实行授权经营。对不符合标准、不能保证质量、群众评价差的经营主体,省文化和旅游厅联合相关部门有权收回经营权。

(四)强化检查考核

将"诗画浙江·百县千碗"纳入各级文化和旅游部门年度考核的重点内容,纳入全域旅游示范创建评定项目。各地要结合实际,抓紧研究制定"诗画浙江·百县千碗"年度工作计划,进一步明确任务,强化责任,务求抓出成效。省文化和旅游厅适时将会同省级相关部门对各地工作落实情况进行督查。

附件:做实做好"百县千碗"主要任务分工表

附件

做实做好"百县千碗"主要任务分工表

任务	序号		具体内容	2019 年 主要任务	责任单位
(一)建设一批"诗画浙江·百县千碗"消费体验点	1	打造一批美食镇、街、店	建设 3—5 个以美食研发、培训、交流、体验等为主题的"诗画浙江·百县千碗"美食特色小镇;30 个左右"诗画浙江·百县千碗"文旅美食园或美食商业街;500 个左右"诗画浙江·百县千碗"特色美食店	建设 1 个"百县千碗"美食特色小镇;10 个左右市级"百县千碗"文旅美食园或美食商业街;100 个左右县级"百县千碗"特色美食店	省文旅厅、省发改委、省商务厅,省文旅信息中心以及各市、县(市、区)对应相关部门
	2	开展"五进"计划	通过三年努力,实现"百县千碗"进 100 个 A 级景区(村、镇、城)(省文旅厅牵头)、100 家旅游企业(饭店)(省文旅厅牵头)、100 所大中学校(省教育厅牵头)、100 个机关食堂(省机关事务管理局牵头)、10 对高速服务区(省交通运输厅牵头)	实现"百县千碗"进 30 个 A 级景区、30 家旅游企业(饭店)、30 所大中学校、100 个机关食堂、3 对高速服务区	省文旅厅、省教育厅、省机关事务管理局、省交通运输厅,省文旅信息中心以及各市、县(市、区)对应相关部门
	3	走进千家万户	推行嘉善"佳膳十碗"进万家活动模式,积极举办群众喜闻乐见、主动参与的"诗画浙江·百县千碗"主题活动,让"诗画浙江·百县千碗"走进千家万户,"诗画浙江·百县千碗"品牌深入人心	每个县(市、区)至少组织一场"百县千碗"主题活动	省文旅厅,省文旅信息中心以及各市、县(市、区)文旅局
	4	加强线上体验	推动"互联网+美食"发展,利用互联网美食社交平台,推广"百县千碗"品牌,提供线上预订、线下消费的体验,促进全民消费,引导大众参与"诗画浙江·百县千碗"的体验、分享、传播、监督	培育一批"百县千碗"线上店铺	省文旅厅,省文旅信息中心以及各市、县(市、区)文旅局
	5	推动省外落户	积极融入长三角区域一体化发展战略,鼓励社会资本在省外(重点支持在京津冀及长三角地区)投资开设"诗画浙江·百县千碗"旅游美食体验店	结合京津冀推介、旅游交易会组织投资对接会	省文旅厅,省文旅信息中心以及各市、县(市、区)文旅局

任务	序号		具体内容	2019 年主要任务	责任单位
（二）提升"诗画浙江·百县千碗"品牌核心竞争力	1	加强知识产权保护	以"游诗画浙江·品百县千碗"为主题 IP，注册"诗画浙江·百县千碗"等品牌商标，设计"诗画浙江·百县千碗"品牌视觉系统，包括 LOGO、色彩、周边衍生用品、文创产品等	注册"百县千碗"品牌商标，设计 LOGO	省文旅厅、省市场监管局，省文旅信息中心以及各市、县（市、区）对应相关部门
	2	营造良好发展环境	鼓励各地筹设"诗画浙江·百县千碗"发展基金，重点扶持各地特色美食旗舰店、美食街（小镇）以及非遗美食项目等。遴选"诗画浙江·百县千碗"优质品牌企业，优先纳入省级重点商贸流通企业等评比认定。整合利用各大展会、美食节庆、厨艺大赛等活动，开展"诗画浙江·百县千碗"美食人文交流	做好义乌"两大展会"、中国-中东欧国家博览会、旅游交易会等期间的"百县千碗"配套活动	省文旅厅、省商务厅，省文旅信息中心以及各市、县（市、区）对应相关部门
	3	引导美食创业创新	制定"百县千碗"工作指南，引导和鼓励相关企业、个人围绕当地"百县千碗"旅游美食创业，不断创新营销方式，多点开花铺设门店，让本地人了解当地美食，让外地游客能品尝"在地味道"	评定一批旅游美食企业	省文旅厅、省商务厅，省文旅信息中心以及各市、县对应相关部门
	4	传承弘扬美食文化	挖掘"诗画浙江·百县千碗"美食背后的文化内涵，讲好浙江美食文化故事。形成"诗画浙江·百县千碗"一张美食地图、一套美食视频、一本美食图书、一首美食歌曲、一份美食榜单、一群美食达人，广泛开展"诗画浙江·百县千碗"科普宣传，传播美食文化	完成"百县千碗"一张美食地图、一套美食视频、一本美食图书编制	省文旅厅，省文旅信息中心以及各市、县（市、区）文旅局
（三）加大"诗画浙江·百县千碗"宣传推广力度	1	坚持上下联动	省、市、县（市、区）全面参与，上下联动，点面结合，形成合力。鼓励各地在省级活动的基础上，积极探索地方特色的美食主题推广活动。各地可申请以"浙江省文化和旅游厅主办"名义承办"诗画浙江·百县千碗"配套活动，鼓励开展有创意、接地气的美食推介	将"百县千碗"品牌宣传推广纳入年度重点工作，采取多种形式进行宣传推广	省文旅厅，省文旅信息中心以及各市、县（市、区）文旅局
	2	加大省外宣传	面向上海、南京、苏州、合肥、南昌 5 个浙江主要客源城市，在城市公交、居民社区、写字楼等人流密集场所投放不少于 500 条以上"诗画浙江·百县千碗"形象广告，吸引更多省外游客关注"诗画浙江·百县千碗"工程	完成南京广告投放任务	省文旅厅，省文旅信息中心以及各市、县（市、区）文旅局
	3	加强媒体推介	提炼美食元素，形成富有浙江特色的旅游美食宣传系列成果。发挥抖音等短视频平台的传播作用，邀请网红、达人体验，打造"诗画浙江·百县千碗"网红美食、网红店铺、网红食客。加强与美团、飞猪等大型 OTA 平台及各大电台的合作，以视频、评选、活动、展示、比赛等多种方式，营造"诗画浙江·百县千碗"宣传推广氛围	争取部分"百县千碗"上线销售	省文旅厅，省文旅信息中心以及各市、县（市、区）文旅局
（四）建立"诗画浙江·百县千碗"质量评价体系	1	制定入选标准	以县（市、区）为单位制定"诗画浙江·百县千碗"食材选用、加工工艺、制作流程、口味口感、安全卫生及质量评价等标准体系。打响"诗画浙江·百县千碗"（××县、市、区）品牌引导培育一批"诗画浙江·百县千碗"放心消费场所，一批"诗画浙江·百县千碗"食材供应场所，并予以认证授牌	争取出台相关标准	省文旅厅、省商务厅、省市场监督管理局，省文旅信息中心以及各市、县（市、区）对应相关部门
	2	建立评价体系	建立"诗画浙江·百县千碗"旅游美食数据系统，对产业指数、消费指数进行监测分析，发布"诗画浙江·百县千碗"旅游美食大数据报告，动态更新入选菜品	初步建立评价系统	省文旅厅，省文旅信息中心以及各市、县（市、区）文旅局
	3	强化监督管理	从原料供应、烹饪制作、规范服务、质量把控等方面，加强"诗画浙江·百县千碗"美食服务安全监督管理。督促餐饮服务单位严格执行食品安全操作规范，依法查处违法违规行为	定期组织检查	省市场监督管理局、省文旅厅、省商务厅以及各市、县（市、区）对应相关部门

续 表

任务	序号		具体内容	2019年主要任务	责任单位
（五）大力培养"诗画浙江·百县千碗"旅游美食人才	1	评定美食名匠	联合省级相关部门共同认定10名"诗画浙江·百县千碗"浙江旅游美食大师；评定100名浙江旅游美食工匠；培育1000名浙江旅游美食守艺人	完成总人数30％的评定和培训任务	省文旅厅、省商务厅，浙江旅游职业技术学院、省文旅信息中心，各市、县（市、区）对应相关部门
	2	开展"送教上门"	根据各地需求，由浙江旅游职业学院等相关院校会同省餐饮协会、饭店业协会选派优秀师资开展"送教上门"活动。组织举办专题培训班，培训10000名"诗画浙江·百县千碗"旅游美食从业者和传承技师	培训1000名"百县千碗"旅游美食从业者和传承技师	省文旅厅、省商务厅，浙江旅游职业技术学院、省文旅信息中心，各市、县（市、区）文旅局、商务局
	3	建立创新机制	培育创新团队，列入浙江省文旅创新团队评选范围；设立"诗画浙江·百县千碗"旅游美食研发项目，建立专家人才库，支持高校、科研院所、平台、企业等加大旅游美食的研究与开发，推动"诗画浙江·百县千碗"创新发展	推动"百县千碗"旅游美食研究中心建设	省文旅厅、省商务厅，浙江旅游职业技术学院、省文旅信息中心，各市、县（市、区）文旅局、商务局

浙江省文化和旅游厅
关于印发《浙江省Ａ级旅游景区品质提升专项活动方案》的通知

浙文旅资源〔2019〕15 号

各市文化和旅游局：

《浙江省Ａ级旅游景区品质提升专项活动方案》已经厅长办公会议研究通过，现印发给你们，请结合本地实际，抓好组织实施。

浙江省文化和旅游厅
2019 年 8 月 19 日

浙江省Ａ级旅游景区品质提升专项活动方案

旅游景区是旅游业的核心要素，是旅游产品的重要形态，是文化和旅游业高质量发展的基础。为进一步迎合大众旅游时代，充分发挥旅游景区在新时代浙江"两个高水平"建设中的地位和作用，更好地满足人民群众对美好生活的向往和需求，推动我省Ａ级旅游景区高质量发展，特制定全省Ａ级旅游景区品质提升专项活动方案。

一、指导思想

以习近平新时代中国特色社会主义思想为指导，贯彻落实党的十九大和十九届二中、三中全会精神，按照"不忘初心、牢记使命"主题教育总体要求，立足当前，着眼长远，标本兼治，从社会最关心、行业最关注、群众最关切的直接问题入手，坚持一手抓整治，一手抓发展，推动全省旅游景区高质量发展，为建设全国文化高地、中国最佳旅游目的地和全国文旅融合样板地作出积极贡献。

二、总体目标

以高质量发展为统领，突出管理体制、业态产品、文化内涵、公共设施、智慧管理、景观环境、品牌宣传、服务质量、安全管理、共建共享10个重点，做大做强旅游景区，加快推进转型发展，努力使旅游景区生态环境更美、文化内涵更深、服务设施更全、服务品质更优、市场竞争力更强，实现政治效益、社会效益、经济效益、文化效益和生态效益的有机统一。到2020年底，争取全省新增5A级景区1—2家，新增4A级旅游景区20家，千万亿级大型综合景区20个，全省优质旅游经典景区达到50家。

三、主要原则

坚持转型升级。对标国内领先、国际一流，推动旅游景区从观光向休闲、度假转变，构建符合大众旅游时代的产品体系，加快门票经济向综合经济模式转变，不断提升旅游景区核心竞争力，不断增强旅游景区知名度和美誉度。

坚持品质提升。坚持以人为本，主客共享，推动旅游标准化服务向精细化服务转变，注重建设标准化、管理细节化、服务人性化，加强景区公共服务设施建设，提高旅游品位和品质，不断提高游客满意度。

坚持文旅融合。强化"宜融则融，能融尽融，以文促旅，以旅彰文"导向，推动文化场馆景区化和旅游景区博物馆化，加快文化和文物活化转化，鼓励旅游景区演艺发展，推动非遗文化元素植入，不断提升旅游景区文化内涵。

坚持生态优先。践行"绿水青山就是金山银山"理念，坚守生态保护的底线，推动旅游粗放开发向生态化集约化发展转变，更加注重资源能源节约和生态环境保护，让旅游景区的山更秀、水更清、景更美，成为"大花园"建设的样板地和示范区。

坚持智慧引领。倡导"互联网＋"，充分依托现代信息技术，探索未来景区建设，加快景区文旅数字化步伐，加快智慧旅游公共服务体系建设，加强景区管理、服务和经营智能化运作，不断提高旅游景区智慧化水平。

四、重点任务

（一）着力提升产品业态

实施景区"五名"工程，即让国家4A级以上高等级旅游景区及景区周边区域，努力打造一处名景，创作一台名戏，创意一批名品，推出一桌名菜，发展一批名宿，真正让游客享有多元化体验。围绕一家旅游景区拥有一个核心吸引物目标，以游客需求为导向，加强资源整合开发，打造经典景区或独特产品，提升旅游景区核心竞争力。依托特色村落、历史文化村落，深入开展万村景区化，建设一批乡村休闲度假景区，带动乡村振兴。整合提升特色医疗、中医药疗养、美容保健、康体养生和温泉、中草药等特色资源，培育一批康养型景区；以省级旅游度假区为载体，打造户外休闲、康体活动、垂钓、自行车、徒步健行、拓展运动、游轮游艇、房车基地、自驾车露营地等休闲景区；深入开展"百县千碗进景区"，因地制宜推出地方特色菜肴，满足广大游客的味蕾。到2020年，争取在景区及周边建成50家特色文

化主题酒店，10台全国著名的旅游演艺节目和上千种景区文化产品。

（二）着力提升文化品位

实施"文化润景"工程，开展文化"基因解码"，增强文化自信，挖掘景区文化的精髓，有效增加景区发展的文化含金量，发挥景区弘扬主旋律、传播正能力的主要作用。充分依托景区的文化资源和深厚底蕴，深入挖掘历史文化、地域特色文化、民族民俗文化，加快文旅重大项目建设，建设旅游化的文化展示场馆，建成20家文旅融合经典景区。鼓励创作地方文化旅游演艺项目、文创产品和伴手礼产品，建成特色文化主题酒店或精品民宿，提高景区旅游产品供给质量。强化景区的意识形态责任，创新景区文化的展陈、讲解方式，积极倡导讲品位、讲格调、讲责任，坚决抵制低俗、庸俗、媚俗的产品，增进旅游消费的文明程度，切实把景区建设成为弘扬社会主义核心价值观的重要阵地。

（三）着力提升公共设施

实施"E游全景"工程，加快旅游景区公共服务体系建设，提高旅游舒适度、便利度。有机统筹景区整治提升与灾后重建，加快损毁工程修复，切实完善景区公共设施，提高公共服务水平。深化厕所革命，全面提升旅游厕所品质，国家5A级旅游景区80％以上的旅游厕所达到3A级标准，4A级旅游景区60％的旅游厕所达到3A级标准，两年新建、改扩建旅游厕所2350座。迎合自驾游发展趋势，继续推进景区停车场建设。鼓励生态停车场和地下停车场建设。支持各地出

台节假日开放机关事业单位停车场等行之有效的缓解停车难的政策。主动对接美丽农村公路建设,加快通景公路的改造提升,规范和完善旅游交通标识,切实提高通行能力,缓解旺季高峰堵车问题。坚持"适度实用"原则,提升景区游客中心功能,成为游客集散、休憩、娱乐的功能区,真正成为游客的中心。加快完善景区标识标牌系统,做到布局合理、图形规范、维护良好。加快景区信息化设施建设,重点建设景区监测系统,探索建立旅游景区管理、咨询、营销、预订等一站式的综合服务平台,80%以上的4A级景区开发运维官方微信、微博等自媒体,4A级以上景区公共休息场所100%实现免费Wi-Fi覆盖。

(四)着力提升旅游消费

实施旅游"二次消费"工程,延长游客停留时间,推动从门票经济向综合经济转变,让旅游景区成为扩大旅游消费的主阵地。高等级景区人均消费达到200元/天以上。鼓励各地实施景区门票减免、淡季免费开放、演出门票打折等政策,举办文化旅游消费惠民活动,促进游客多元消费,力争年度300家A级旅游景区推出优惠政策。规范景区门票价格管理,鼓励景区降低门票价格,推广景区一票制,取消票中票。落实特殊人群的优惠政策,增设儿童年龄免票标准。推进文博场馆、红色旅游景区、城市公园等公益景区免费向游客开放。丰富产品供给,鼓励景区聚焦挖掘景区特色文化,发展夜间餐饮、购物、文化演出等项目,推出景区夜游精品线路,提升游客旅游体验度,进一步刺激消费,打造夜间经济,力争20%的景区开展夜游活动。

(五)着力提升服务水平

实施旅游服务"满意100"工程,坚持以游客为中心,加强景区共建共享,创建旅游优质服务单位,努力实现"人人满意、事事满意"。放心景区达到550家,游客满意度超过95%。着力推动理顺景区管理体制,加快破解行政管理体制、市场运营体制、保护和开发体制的瓶颈问题,理顺景区管委会、所在地政府、运营公司、文化和旅游行政部门之间的权责关系,妥善处理景区发展与周边地区利益瓜葛纠纷,形成科学高效、共建共享、运转有序的机制,推动旅游景区持续健康发展。加强游客咨询、投诉处理,坚决依法查处和整治行业中出现的各种违法违规经营行为,强化景区日常监管和综合协调能力及综合执法能力,不断优化旅游服务环境。探索旅游景区专业化管理公司,开展景区输出管理,提高景区规范化管理水平。加强景区安全设施建设,切实明确玻璃栈道、漂流、游乐项目、特种设备等高风险项目职能管理体系,强化景区高峰期流量监控和处置,实时发布景区游客容量状况、交通状况和安全状况,全面提升景区安全管理水平。鼓励景区编制多语种旅游指南和交通地图。定期组织旅游窗口行业人员开展外语培训,组建景区国际旅游志愿者服务队伍,营造国际化旅游环境氛围。坚持共建共享,引导当地群众与游客和谐相处,共享旅游发展成果。

(六)着力提升景区环境

实施景区"四化"工程,即推动旅游景区"洁化、绿化、美化、亮化",提高生态环境质量。洁化率达到100%,绿化率达到90%以上,美化率达到95%,亮化率达到60%。贯彻"保护生态和发展生态旅游相得益彰"理念,主动融入全省"大花园"、美丽城镇、美丽乡村、美丽河流建设大局,有机衔接"百城千镇万村"景区化、旅游风情小镇、大棚房整治、"五水共治"等工程,切实提升旅游景区环境质量。重中之重开展景区内外环境协调整治,加强景区可视范围内建筑立面风貌提升改造,确保建筑风格与景区整体环境协调相融,加强景区内外村庄(社区)的风貌提升,切实解决"景区内部像欧洲、外部像非洲"问题。对因台风"利奇马"影响受灾严重的景区,结合景区提升、美丽乡村和景区村庄建设精心组织灾后重建工作,恢复景区美丽环境。坚持景区开发建设走生态优先、绿色发展道路,建立景区开发建设环境影响评估机制,指导旅游景区核定和公布最大承载量,有效降低旅游活动对生态环境的影响,让景区成为建设美丽中国的实践样板。

五、实施步骤

旅游服务品质提升专项活动从2019年8月开始,到2020年8月结束,具体分3个阶段实施。

(一)动员部署阶段(2019年8月15日—9月15日)。制定《旅游景区品质提升专项活动方案》,召开活动动员会,部署工作,广泛宣传动员,营造良好工作氛围。

(二)全面推进阶段(2019年9月16日—2020年7月30日)。各市、县(市、区)和旅游景区,按照各自承担的工作任务,细化措施,落实责任,扎实开展工作,确保按期完成任务。

(三)总结评价阶段(2020年8月1日—8月31日)。各地对旅游景区服务品质提升专项活动开展总结评估,形成书面材料。省文化和旅游厅对活动开展情况进行检查评价。

六、保障措施

(一)加强组织领导。各地文化和旅游部门要充分认识到景区品质提升的重要意义,加强组织领导,将工作责任落实到岗、落实到人,坚持问题导向,紧盯景区高质量发展的短板,制定本地的活动方案,建立具体工作任务清单,确保各项工作取得实效。各地于9月15日前将活动方案上报厅资源开发处,进展情况实行季报制度,省厅将通报各地的进展情况。

(二)加强要素保障。加大对旅游景区提升发展的支持力度,多渠道筹集用于旅游景区提升发展方面的专项资金,重点用于支持景区游客中心、公共停车场、旅游厕所、标识标牌等公共服务设施建设。支持符合条件的旅游景区企业上市。研究制定差别化旅游用地政策,努力保障景区新型业态、产品项目用地。

(三)加强人才培养。实施人才兴旅战略,切实加强旅游景区人才培养、使用,大力引进、培养旅游规划、项目投资、建设运营、智慧景区、市场营销、管理服务等专业人才,建设景区资源评价专家、景区评定检查员、景区职业经理人3支队伍,强化景区管理服务一线员工培训,为旅游景区发展提供智力支持。

(四)加强对标创建。坚持创牌和保牌、真创和争创联动理念,对各地创建的A级景区,严格按照程序,加强现场指导,提高创建质量。重点把好5个关:一是严把高等级旅游景区创建方案可行关;二是严把旅游景区景观价值评价关;三是严把创建实效验收关;四是严把景区文旅融合关;五是严把管理服务质量关。

(五)加强动态管理。省文化和旅游厅对各地的活动成效开展评价,对成效明显的市,优先支持旅游品牌创建,对进展不力的市,视情调整或收回A级景区评定权。强化旅游景区提升发展动态管理,表彰一批优质旅游示范经典景区,加强动态复核或暗访,对整改工作不力、进展不快的景区,实施"三个一批"(摘牌一批、警告一批、通报一批),形成旅游景区优胜劣汰的动态监管机制。

浙江省文化和旅游厅　浙江省新闻出版(版权)局　浙江省电影局浙江省广播电视局　浙江省文物局关于进一步完善文化市场综合行政执法运行机制的通知

浙文旅执法〔2019〕17号

各市、县(市、区)文化和旅游局、新闻出版(版权)局、电影局、广播电视局、文物局:

为贯彻落实省委办公厅、省政府办公厅《关于深化文化市场综合行政执法改革的实施意见》,提高文化市场综合行政执法协作配合水平,明确责任边界,完善工作制度,提升行政管理效率和综合行政执法履职能力,现就进一步完善文化市场综合行政执法运行机制通知如下:

一、明确执法主体

《中华人民共和国行政处罚法》第十六条规定,国务院或者经国务院授权的省、自治区、直辖市人民政府可以决定一个行政机关行使有关行政机关的行政处罚权。省委办公厅、省政府办公厅《关于深化文化市场综合行政执法改革的实施意见》明确,市县两级整合组建文化市场综合行政执法队伍,统一行使文化、文物、出版、广播电视、电影、旅游市场行政执法职责,并承担"扫黄打非"有关工作任务,由同级文化和旅游部门负责管理并以文化和旅游部门名义实施执法。各地文化市场综合行政执法队伍办理文化、文物、出版、广播电视、电影、旅游市场行政处罚案件,均以文化和旅游部门名义实施。

二、建立协同机制

建立健全文化市场综合行政执法协同机制,形成分工负责、相互支持、密切配合的工作格局。

(一)各级文化和旅游部门统筹文化市场综合行政执法工作和综合行政执法队伍建设;其他各级有关行政管理部门在各自职责范围内指导、监督文化市场业务工作,对综合行政执法队伍执法办案不做直接布置,应通过文化和旅游部门归口统一受理。

(二)建立文化市场综合行政执法联席会议制度。联席会议由文化市场管理工作领导小组办公室召集,文化和旅游、新闻出版(版权)、电影、广播电视、文物行政部门和文化市场综合行政执法队伍负责人参加,原则上每季度召开一次。各相关部门在文化市场综合行政执法实施过程中,可根据需要提请召开全体或部分单位联席会议。联席会议主要研究解决文化市场综合行政执法队伍与相关业务主管部门需要协作配合的重大事项,协调解决综合行政执法中遇到的普遍性问题,协调推进重点联动执法工作等。

(三)建立文化市场综合行政执法联系单制度。新闻出版(版权)、电影、广播电视、文物等行政部门在源头监管、行政审批事中事后监管过程中发现违法行为须执法办案的,应当在3个工作日内以联系单方式移送同级文化和旅游部门。情况紧急的,应先行电话告知,并在24小时内移送;发现违法行为正在进行的,应先行采取必要的行政管理措施,并

及时移送或告知。相关业务主管部门移送的案件应当经部门领导批准、书面移送。案件移送应当附下列材料:

1.文化市场综合行政执法联系单(附后);

2.案件来源材料;

3.初步证明涉嫌违法的相关证据材料;

4.其他需要移送的材料。

文化和旅游部门受理移送部门移送案件后,应督促文化市场综合行政执法队伍依法办理,并在5个工作日内书面告知移送部门办理情况。文化市场综合行政执法队伍以文化和旅游部门名义做出行政处罚决定的,处罚结果于5个工作日内报相关业务主管部门备案。

(四)建立文化市场综合行政执法信息共享制度。各级文化和旅游、新闻出版(版权)、电影、广播电视、文物等行政部门应及时抄送上级出台的涉及划转的行政处罚权事项的法律法规、规范性文件及政策、规定,省内外各地执行情况等信息,避免法律法规和政策执行盲区。涉及上级部门工作要求的执法检查或专项行动中涉及的相关内容和数据,要按照上级工作进度要求及时抄送对方。

(五)建立文化市场综合行政执法首问责任制度。对于涉及划转的行政处罚权事项的信访举报,首先接到文化市场综合行政执法范围内的来电、来信、来访等信访举报的部门作为首问责任单位。

(六)建立文化市场综合行政执法人员培训制度。各级文化和旅游、新闻出版(版权)、电影、广播电视、文物等行政部门应当组

织综合行政执法队伍开展执法培训,加强对综合行政执法人员的业务指导。

(七)建立文化市场综合行政执法行政监督制度。各级文化和旅游、新闻出版(版权)、电影、广播电视、文物等行政部门认为本级综合执法队伍的执法行为不当或者有误的,应当向综合执法队伍提出书面意见。综合执法队伍收到书面意见后,应当在7个工作日内书面回复。综合执法队伍未书面回复的,应责令整改;情节严重的,对直接负责的主管人员和其他直接负责人员依法给予处分。

三、明确权责权限

各级文化市场综合行政执法队伍与文化和旅游、新闻出版(版权)、电影、广播电视、文物行政部门应根据相关规定明确的职能边界,切实做好行业监管与综合行政执法工作的对接。

(一)对依法已经取得相关行政审批事项的职责划分:各级文化和旅游、新闻出版(版权)、电影、广播电视、文物行政部门应依法履行政策制定、审查审批、检查监督职责,加强源头监管和行政审批事中事后监管;各级文化市场综合行政执法队伍应加强后续监管,加大行政监督检查力度,承接由同级文化和旅游部门归口移送的违法线索,严格审查,依法查处。

(二)对依法应取得而未取得相关行政审批事项的职责划分:各级文化和旅游、新闻出版(版权)、电影、广播电视、文物行政部门应加强监管,及时发现,督促改正,或统一由文化和旅游部门归口移送文化市场综合行政执法队

伍查处;文化市场综合行政执法队伍应加大巡查力度,力求做到早发现,早处置。文化市场综合行政执法队伍查处此类违法行为时,对能在规定期限内纠正或补办相关手续的,应与文化和旅游、新闻出版(版权)、电影、广播电视、文物行政部门主动对接,主动服务,依法纠正或补办相关手续;对逾期未纠正或不能补办相关手续的,要依法查处。

(三)对法律法规有明确法律责任但无行政审批规定的职责划分:各级文化和旅游、新闻出版(版权)、电影、广播电视、文物行政部门应加强行业规范,源头监管;各级文化市场综合行政执法队伍应加大巡查力度,依法查处相关违法行为。

(四)文化市场综合行政执法队伍与文化和旅游、新闻出版(版权)、电影、广播电视、文物行政部门因执法权责边界问题发生争议的,应充分协商;协商未果的,可提请同级编办或司法部门决定。

四、强化执法保障

(一)文化市场综合行政执法工作应当坚持党的全面领导,深入贯彻落实中央和省委关于归口领导、归口管理的要求,提高政治站位,强化文化执法的意识形态

属性,确保政治安全、文化安全。

(二)各级文化和旅游、新闻出版(版权)、电影、广播电视、文物行政部门应当积极支持文化市场综合行政执法队伍依法履行文化市场综合行政执法监督检查职责,及时提供相关执法保障。

(三)各级文化和旅游、新闻出版(版权)、电影、广播电视、文物行政部门应当将与文化市场综合行政执法事项相关的行政审批事项等管理信息通过网络系统共享或书面抄告等方式,于5个工作日内抄告文化市场综合行政执法队伍。

(四)各级文化市场综合行政执法队伍在查处违法行为时,需要文化和旅游、新闻出版(版权)、电影、广播电视、文物行政部门提供认定鉴定的,文化和旅游、新闻出版(版权)、电影、广播电视、文物行政部门应当在收到文化市场综合行政执法队伍相关执法协作文书后,于5个工作日内提供相关材料,出具书面意见和相关证据材料,并对材料的真实性、准确性负责。因特殊情况需延期的,应当事先告知。

(五)对于违法行为多发的领域和环节,各级文化市场综合行政执法队伍应当通报给文化和旅

游、新闻出版(版权)、电影、广播电视、文物等行政管理部门。行政管理部门应当及时进行分析、研究,完善制度建设,运用综合管理手段,从源头上预防或者减少违法行为的发生。

(六)各级文化市场综合行政执法队伍应当强化"互联网＋监管"理念,积极推广运用"行政执法监管平台"和"掌上执法"App,实现全流程电子化管理,及时向省监管平台数据库归集汇聚涉及文化市场综合行政执法业务的相关数据信息。

各地文物行政执法检查、处罚等工作,按照文化和旅游部、国家文物局《关于加强地方文物行政执法工作的通知》(文旅文物发〔2019〕52号)文件要求,参照本机制运行。

附件:文化市场综合行政执法联系单

浙江省文化和旅游厅
浙江省新闻出版(版权)局
浙江省电影局
浙江省广播电视局
浙江省文物局
2019年9月5日

附件

文化市场综合行政执法联系单

（　　）移字〔　　〕第　号

案　由				
当事人	名称（姓名）			
	法定代表人或负责人		联系电话	
	住所（住址）			
移送单位				
接收单位				
案情概要及移送理由				
移送清单				
移送单位意见	移送人签名： 联系电话： 移送单位（印章） 年　月　日			
接收单位意见	接收人签名： 联系电话： 接收单位（印章） 年　月　日			

浙江省文化和旅游厅关于印发
《浙江省文化和旅游市场"双随机、一公开"抽查监管工作细则》
《浙江省文化和旅游市场随机抽查事项清单》的通知

浙文旅执法〔2019〕19号

各市、县（市、区）文化和旅游局：

为深入贯彻落实《国务院关于在市场监管领域全面推行部门联合"双随机、一公开"监管的意见》（国发〔2019〕5号）、《浙江省人民政府关于在市场监管领域全面推行部门联合"双随机、一公开"监管 优化营商环境的实施意见》（浙政办发〔2019〕16号）等文件精神,结合我省文化和旅游工作实际,我厅制定了《浙江省文化和旅游市场"双随机、一公开"抽查监管工作细则》《浙江省文化和旅游市场随机抽查事项清单》。

现印发给你们,请认真贯彻实行。

浙江省文化和旅游厅
2019年9月30日

浙江省文化和旅游市场"双随机、一公开"抽查监管工作细则

第一条 为规范文化和旅游市场"双随机、一公开"抽查工作,保护公民、法人和其他组织的合法权益,维护公共利益和社会秩序,根据《国务院关于在市场监管领域全面推行部门联合"双随机、一公开"监管的意见》《国务院办公厅关于推广随机抽查规范事中事后监管的通知》《浙江省人民政府关于在市场监管领域全面推行部门联合"双随机、一公开"监管优化营商环境的实施意见》《浙江省人民政府办公厅关于全面推行"双随机"抽查监管的意见》等文件精神,结合我省文化和旅游执法工作实际,制定本细则。

本办法所称的"双随机、一公开"抽查是指根据事先公布的抽查事项清单和抽查工作计划,采取随机方式抽取被检查对象和执法人员,对照随机抽查相关业务标准开展执法检查,并将检查结果依法公开的监管工作机制。

第二条 本省行政区域内实施文化和旅游市场"双随机、一公开"抽查及相关监督管理,适用本细则。

第三条 各级文化和旅游部门内部应当确定"双随机、一公开"抽查工作的协调机构,负责"双随机、一公开"监管工作的日常监管、信息公开、情况汇报等工作。

第四条 实施"双随机、一公开"抽查工作应当遵循"职权法定、公平公正、随机抽取、协同推进"的原则,正确运用法治思维和法治方式履行监管职能,切实做到严格规范、文明执法。

第五条 全省文化和旅游市场"双随机、一公开"抽查事项清单由省文化和旅游厅依据法律法规的规定,结合权力清单和责任清单,统一确定公布,并根据法律法规规章的修订情况和实际工作需要实行动态调整。随机事项抽查的清单应当包括抽查依据、抽查项目、抽查主体、抽查内容、抽查比例和频次(均为一定幅度)、抽查方式和要求等。

各地文化和旅游行政部门可依据省文化和旅游厅确定的随机抽查事项清单,结合当地实际,增加随机抽查事项,经对外公布后组织实施。

第六条 全省文化和旅游行政部门"双随机、一公开"监管工作使用统一的浙江省行政执法监管平台"双随机"抽查模块进行,实行全程电子化管理和抽查检查信息的共享应用。

第七条 各级文化和旅游行政部门应根据各自监管权限,建立健全随机抽查对象名录库和执法检查人员名录库。抽查对象名录库要涵盖监管权限范围内所有被监管对象,但省市县三级原则上不重复纳入。执法检查人员名录库要涵盖本部门所有行使行政管理职能且已持有浙江省行政执法证的工作人员。个别检查人员或抽查对象数量比较少的地方,可以由设区市统筹建库。

上级文化和旅游行政部门可以根据随机抽查工作的实际需要,经与下级文化和旅游行政部门沟通后,将下级文化和旅游行政部门所属的执法人员纳入本级执法检查人员名录库,共同参与上级文化和旅游行政部门组织的抽查活动。

抽查对象名录库和执法检查人员名录库应当根据实际情况,适时进行调整。

第八条 各级文化和旅游行政部门应当加强执法检查人员的业务培训,重点掌握列入本部门抽查清单的每个事项的抽查内容、方式和程序。

第九条 省、市、县(市、区)3级文化和旅游行政部门应当分别制订年度抽查工作计划。年度抽查工作计划要明确各批次抽查的范围、数量和时间安排,充分考虑检查对象的覆盖面、监管力度和执法力量配比等情况,既要防止失管失衡,又要防止过度检查。

年度抽查工作计划可根据工作实际情况进行动态调整。

第十条 抽查工作计划的制定应当针对不同风险等级、信用水平的检查对象采取差异化分类监管,对于低风险检查对象和守信市场主体,可适当降低抽查比例和频次;对高风险检查对象和失信市场主体实施重点监督检查,适当提高抽查比例和频次。

原则上同一市场主体在1年

内被抽中实施"双随机、一公开"检查的次数不超过2次（含2次）。对重点行业和领域，有多次被投诉举报记录、列入经营异常名录、失信行为、严重违法违规记录等情形的，或因专项整治、特殊事件或上级部门指令等情况另行部署定向抽查的，不受比例和频次限制。

第十一条　各级文化和旅游行政部门在执行抽查计划时，应当在抽查系统中预先设置任务，按照"双随机、一公开"监管工作的要求以摇号方式随机抽取检查对象、随机抽取执法检查人员，每组检查人员不少于2人。涉及专业性较强的抽查工作，技术性、辅助性工作可通过购买服务的方式，聘请专业机构或人员完成。

第十二条　抽取的执法检查人员原则上不得更换，但因岗位调整、工作冲突、身体健康状况等特殊情况无法继续履行检查任务的，允许调整更换。调整更换人员需要报经任务执行部门领导同意后，在具备执法资格的其他人员中另行指派。

第十三条　执法检查人员与检查对象有利害关系的，应当申请回避。回避可采取与其他执法检查人员交换检查对象的方式，也可以采取不参与本次检查任务的方式。确定不参与本次检查任务的，在具备执法资格的其他人员中另行指派。

第十四条　"双随机、一公开"监管工作可以根据实际情况依法采取书面检查、实地核查、网络监测、抽样检测等方式，可以依法利用其他政府部门检查结论、司法机关生效文书和专业机构作出的专业结论，也可以委托专业机构开展审计、验资、评估、检验检测等第三方验证活动。委托专业机构实施抽查检查的，执法检查人员应当加强业务指导和监督。

第十五条　检查人员实施检查时，可依法查阅复制有关账册、合同和相关资料，向当事人、知情人调查了解有关情况。

第十六条　对被抽查对象实施检查时，检查人员应该按照《浙江省行政执法全过程记录工作办法（试行）》的要求，在"浙政钉"的"掌上执法"模块中如实记录抽查检查情况，做到抽查全程留痕，责任可追溯。

第十七条　检查人员在现场抽查过程中，发现抽查对象存在问题或有违法违规行为时，能当场提出整改意见的，当场提出整改意见；情况复杂，一时难以提出整改意见的，经集体研究并报部门领导同意后提出；需要立案查处的，按照《行政处罚法》的相关规定进行查处；涉嫌犯罪的，依法移交司法部门处理。

第十八条　因检查对象通过登记的住所（经营场所）无法联系、已注销、被撤销设立登记、被吊销营业执照及相关许可证、已迁移、已关闭停业或正在组织清算等情况，致使任务执行部门无法开展检查的，可以直接形成检查结果，视为完成本项检查任务。

第十九条　抽查情况及查处结果要依法及时向社会公布，并将失信记录及时纳入同级信用信息平台。

第二十条　各级文化和旅游行政部门应根据监管工作实际需要，积极探索开展跨部门、跨区域的联合抽查，提高执法效能。

第二十一条　检查人员实施检查时，不得妨碍抽查对象正常的生产经营活动，不得索取或收受监管对象的财物，不得谋取其他利益。对抽查监管工作中的违法违纪行为，由有权机关依法严肃处理。

第二十二条　各级文化和旅游行政部门实施"双随机、一公开"监管工作情况，纳入年度执法工作绩效考评范围。上级文化和旅游行政部门应当加强指导管理，组织督查检查和效能评估。

第二十三条　按照"尽职照单免责、失职照单问责"原则，落实"双随机、一公开"监管责任。

对未按要求进行抽查检查造成不良后果、未依法及时公示抽查检查结果造成不良后果、不执行或者拖延执行抽查任务、未对抽查检查中发现的涉嫌犯罪案件依法移送等情形，承担相应行政责任。

对已按照相关规定和抽查计划安排履行抽查检查职责、因现有专业技术手段限制未发现问题、检查对象发生事故与执法检查人员的抽查检查不存在因果关系、受委托的专业机构出具虚假报告等导致错误判定或者处理等情形，免予追究相关责任。

第二十四条　本办法自2019年10月1日起实施。有关法律法规规章及上级有关部门另有规定的，从其规定。

浙江省文化和旅游厅关于印发《浙江省曲艺传承发展行动计划》的通知

浙文旅非遗〔2019〕12号

各市文化和旅游局,厅属有关单位:

现将《浙江省曲艺传承发展行动计划》印发给你们,请结合实际,认真组织实施。

浙江省文化和旅游厅
2019年10月16日

浙江省曲艺传承发展行动计划

为贯彻落实文化和旅游部印发的《曲艺传承发展计划》精神,进一步推动浙江曲艺的传承发展,特制订本行动计划。

一、重要意义

曲艺是我国历史悠久、传统深厚的艺术门类,是人民群众喜闻乐见的精神文化生活方式之一,也是各族人民共同创造的非物质文化遗产(以下简称"非遗")。浙江的曲艺特色浓郁、种类众多,现有省级曲艺类非遗代表性项目49个,在中国曲艺传承、传播和发展的历史上有着独特贡献。随着经济社会的快速发展,传统表演艺术依存的文化生态发生了巨大的变化,曲艺的传承面临困难。根据文化和旅游部的相关计划制订我省的曲艺传承发展行动计划,对于传承中华文脉、坚定文化自信,满足人民群众日益增长的美好生活需要,推进"文化浙江""诗画浙江"建设具有重要意义。

二、总体要求

(一)指导思想

高举习近平新时代中国特色社会主义思想伟大旗帜,深入贯彻落实党的十九大精神和省第十四次党代会精神,坚持以人民为中心的工作导向,坚持以社会主义核心价值观为引领,坚持创造性转化、创新性发展,坚持政府主导、社会参与和各方协同的原则,全面落实文化和旅游部的统一部署,按照"科学保护,提高能力,弘扬价值,发展振兴"的思路,加强传承人群队伍建设,营造有利于曲艺传承发展的良好生态,推动出人、出书、出效益,让丰富多彩的曲坛艺术在文化浙江建设中活起来、亮起来、传下去。

(二)主要目标

实施"三项工程",建成"五个一批"。到2022年,曲艺传承人群队伍不断扩大,曲艺项目的传承传播载体进一步丰富,曲艺传承人群表演水平和创作能力明显提升。

到2025年,基本建立具有浙江特色、曲艺特点、时代特征的曲艺传承发展政策体系和工作机制,省级以上曲艺类非遗代表性项目的保护工作得到有效落实。打造成为曲艺生态良好、经典曲目涌现、名家新秀迭出、传播普及广泛和市场演出活跃的曲艺传承发展高地,浙江曲艺的保护传承和曲艺舞台艺术的繁荣发展得到全面推进。

三、重点任务

(一)实施曲艺传承人群培养工程

1.建设曲艺类非遗代表性传承人梯队。根据曲艺类非遗代表性项目的四级名录,按有关规定认定各级非遗代表性项目代表性传承人,鼓励技艺精湛、符合条件的特殊曲艺人才申报并进入非遗代表性传承人队伍。鼓励和支持各级非遗代表性传承人开展曲艺传习活动,并向国家级、省级曲艺类非遗代表性传承人发放传习补贴,每年组织开展"服务传承人月"活动,营造尊重、支持非遗传承的良好社会氛围。至2025年,省级曲艺类非遗代表性项目实现代表性传承人全覆盖,基本形成一支传承有序、项目全覆盖的代表性传承人队伍。

2.开展曲艺传承人群研修培训。以省内艺术类院校为依托，面向全省曲艺表演从业人员、创作人员和曲艺保护工作者，定期举办曲艺传承人群高级研修班和普及培训班，不断提高从业人员的传承能力。注重和加强曲艺代表性传承人带徒授艺工作，充分发挥代表性传承人的作用。

3.加强曲艺后备人才培养。依托浙江音乐学院、浙江艺术职业学院等院校，探索从中学阶段开始实施曲艺教育教学，培养后备人才。鼓励曲艺类非遗项目保护单位与相关专业艺术院校开展"订单式"人才联合培养，共享师资、共建课程，逐步形成长期合作机制。将青年曲艺表演人才、创作人才的培养纳入各级人才培养计划，支持参加全国性、全省性曲艺展演和曲艺比赛。至2022年，重点打造10名以上浙江曲艺新星；至2025年，推出一批新时代曲艺表演新人，推动浙江曲艺的"活态传承"。

（二）实施曲艺项目保护提升工程

1.开展曲艺项目和代表性传承人记录。根据曲艺的特点，组织开展省级以上曲艺类非遗代表性项目记录工作，采用现代技术手段，全面完整地采集曲（书）目，真实地记录代表性传承人的表演形态和风格。抢救曲艺资料，以建档的形式，搜集浙江曲艺各类文献和实物资料，整理保存散落于民间民俗活动中的曲艺史料。加强记录成果的转化和利用，通过多种形式进行传播，促进曲艺类非遗资源社会共享。至2025年，完成曲艺类国家级代表性项

目代表性传承人影像记录，组织各市对本地区省级曲艺类非遗代表性项目逐项完成建档，完成一批曲艺类非遗代表性项目的记录工作。

2.加强优秀曲艺作品的创作。以社会主义核心价值观为引领，树立正确的艺术审美观，强化本体、重视创新，以传统曲（书）目为基础，不断创作出无愧于时代、无愧于人民的优秀曲艺作品。支持项目保护单位和表演团体，分类别对传统曲目进行整理、改编或创作；抓好短篇曲（书）目的整理或创作，重点改编中长篇曲（书）目。组织专家指导传统曲目恢复和曲艺作品改编，推广经典曲艺作品，推出新人新作。至2022年，打造5部经创作、改编的中长篇曲（书）目登上一线舞台，并形成一定的影响力；至2025年，省级以上曲艺类非遗代表性项目都要围绕社会主义核心价值观复排经典或新创节目，创作出一批新时代主旋律曲艺优秀作品，真实反映当代人的喜怒哀乐，满足人民群众的精神文化需要。

3.搭建曲艺传播的立体平台。坚持传统和现代结合、"线上"与"线下"并重的思路，搭建起符合时代特点的曲艺传播有效平台。

支持曲艺项目驻场演出。项目所在地非遗保护中心、非遗馆，应积极为曲艺类非遗代表性项目保护单位、代表性传承人开展驻场演出提供免费或优惠场所，推动曲艺传承在社区。支持旅游景区、旅游景点开设曲艺书场。鼓励曲艺节目参加文化惠民演出活动，将曲艺演出纳入浙江省基本

公共文化服务配送系统，增加"高雅艺术进校园"曲艺场次数量和演出比重，推动曲艺进校园、进社区、进企业、进旅游景区、进农村文化礼堂。

利用现代传播技术，支持在广播中开设空中书场、在电视中开设曲艺栏目、在网上开发曲艺传播微视频，拉近曲艺与听众的距离，加强优秀曲艺节目在人民群众特别是青年人群体中的传播，扩大曲艺受众群体，提高曲艺的可见度。

搭建全省性的曲艺展演展示平台，每年举办"浙江好腔调"曲艺展演，组织省内项目参加全国"非遗曲艺周"等交流展示活动；定期举办"浙江省曲艺杂技魔术节"等比赛，促进优秀曲艺项目和青年表演人才脱颖而出。支持市县开展"钱塘余韵"等曲艺展演品牌活动。

至2022年，举办一轮全国性评书、评话、弹词、走书、鼓书、琴书等不同曲种展演，同步带动省级曲艺类非遗代表性项目的提升；至2025年，24个国家级曲艺类非遗代表性项目实现驻场演出，曲艺栏目在广播、电视、网络中的传播实现全覆盖，建成一批曲艺传播的品牌活动，基本做到曲艺资源共享信息在媒体宣传渠道的全面畅通，全社会参与曲艺传承保护的良好氛围基本形成。

（三）实施曲艺发展研究工程

1.组织研讨曲艺传承发展路径。与曲艺表演团体、高校、艺术研究机构加强合作，举办全国性曲艺传承发展论坛和交流展演，汇聚全国曲艺精英共同探讨曲艺传承发展路径。

2.开展曲艺传承发展专项研

究。将曲艺研究纳入文化基因解码工程的研究内容之中,发挥各项目保护地文化和旅游部门的积极性;深入研究曲艺项目的传承发展规律,重点挖掘整理曲艺所蕴含的文化内涵、当代价值和人文精神,形成一批有价值、高质量的研究成果。发挥浙江省非遗保护协会的作用,组织曲艺专委会专家每年分曲种开展针对性研究,从文本、音乐、表演等多方面入手,针对不同项目提出具体发展方向与计划。加强与教育部门的沟通,探讨曲艺在国民教育中的学科建设问题。

3.加强研究成果的整理出版。至 2025 年,完成我省国家级非遗代表作丛书 24 种曲艺项目的编纂出版,以及省级曲艺类非遗代表性项目《浙江好腔调——39 个曲种集萃》的编纂出版,制作"浙江好腔调——39 个曲种微视频"光盘。

四、保障措施

(一)加强组织领导

制定本行动计划,是指导开展非遗项目分类保护的重要举措。各级文化和旅游行政部门应强化曲艺传承发展的主体责任意识,增强弘扬中华优秀传统文化、培育社会主义核心价值观的文化自觉和政治担当,在本地区党委政府领导下,充分发挥曲艺传承发展工作的指导协调作用,组织制定相应工作方案和年度推进计划,有序组织实施。

(二)加大扶持力度

把曲艺传承发展纳入到各级财政的资金扶持范围,省非遗保护专项资金在转移支付中安排省级曲艺项目因素,支持各地开展曲艺类非遗代表性项目传承保护发展各项工作;各级政府要加强对曲艺传承发展的政策扶持,加大对保护保存、传承传播、人才培养、市场培育等方面的经费投入,对建设曲艺演出场所和开展曲艺驻场演出提供相关政策及经费扶持。

(三)凝聚社会合力

支持和鼓励曲艺家协会、非遗保护协会、项目保护单位和企业、社会团体、个人等社会力量,通过多种形式参与建设曲艺展示、传习场所和公共服务平台,通过兴办曲艺活动、提供项目资金投入等方式,举办曲艺的宣传、培训、研究和交流合作等,进一步营造全社会共同传承发展曲艺的良好环境。

(四)强化考核监督

各地要对列入省级以上曲艺类非遗代表性项目的保护工作开展一次"回头看",加强与项目保护单位、代表性传承人和曲艺表演团体的业务联系,按省文化和旅游厅统一部署组织对代表性项目保护工作、代表性传承人传习活动开展评估,一级抓一级,压紧压实责任。组织开展行动计划实施情况专项督查和第三方评估,确保各项目标任务落到实处。

浙江省文化和旅游厅
关于印发《行政执法公示办法(试行)》等办法的通知

浙文旅执法〔2019〕18 号

各市文化和旅游局:

为贯彻落实《国务院办公厅全面推行行政执法公示制度执法全过程记录制度 重大执法决定法制审核制度的指导意见》(国办发〔2018〕118 号)和《浙江省人民政府办公厅关于印发浙江省全面推行行政执法公示制度执法全过程记录制度重大执法决定法制审核制度实施方案的通知》(浙政办发〔2019〕20 号),浙江省文化和旅游厅制定了《行政执法公示办法(试行)》《行政执法全过程记录办法(试行)》《重大行政执法决定法制审核办法(试行)》。现印发给你们,请遵照执行。

特此通知。

浙江省文化和旅游厅
2019 年 10 月 28 日

浙江省文化和旅游厅行政执法公示办法（试行）

第一条 为规范行政执法行为，进一步提高全省文化和旅游系统行政执法工作透明度，保障和监督行政执法部门依法行政，切实保护公民、法人和其他组织的合法权益，根据《中华人民共和国行政处罚法》《中华人民共和国行政强制法》《中华人民共和国政府信息公开条例》等法律法规规定，结合浙江省文化和旅游系统行政执法实际，制定本办法。

第二条 全省文化和旅游系统公开行政执法主体、执法依据、执法规范、执法内容、执法结果、执法监督等行政执法信息（以下统称执法公示）适用本办法。法律、法规、规章以及规范性文件另有规定的，从其规定。

第三条 本办法所称行政执法公示是指各级文化市场综合行政执法机构采取一定方式，依法将本单位的行政执法职责、依据、范围、权限、标准、程序等行政执法内容向行政相对人和社会公众公开，接受社会监督的制度。

第四条 行政执法公示应当遵循合法、及时、准确、全面、便民的原则。

第五条 执法公示包括但不限于：

1.执法主体。包括文化市场综合行政执法机构的主体资格、执法权限、执法范围以及职责分工等。

2.执法依据。包括文化市场综合行政执法所依据的有关法律、法规、规章和相关的行政规范性文件等。

3.执法规范。包括工作规程、管理规范等规范行政执法行为的规定。

4.执法内容。包括文化市场综合行政执法检查、风险管理等执法工作部署、工作安排等。

5.执法结果。包括一般程序行政处罚结果、行政复议决定书等情况。

6.执法监督。包括涉及文化市场违法行为举报、行政执法投诉举报渠道等。

7.法律、法规、规章和规范性文件规定应当公开的其他行政执法信息。

公示信息涉及国家秘密、商业秘密或者个人隐私的，依有关规定处理。

第六条 执法公示以浙江省文化和旅游厅门户网站为主要载体，辅以相关网站、发布公告等方式，方便群众查询。

第七条 新颁布或修改、废止法律、法规、规章和规范性文件引起行政执法公示内容发生变化的，及时更新相关公示内容。

第八条 行政相对人对公示内容要求说明、解释的，应当指定人员做好释疑和解答工作。

第九条 对应当公示的行政执法内容而没有公示的，应限期改正；逾期不改的，予以通报批评；情节严重的，按有关规定追究责任。

第十条 本办法由省文化和旅游厅负责解释。

第十一条 本办法自发布之日起施行。

浙江省文化和旅游厅行政执法全过程记录办法（试行）

第一条 为加强文化和旅游市场执法检查工作，促进依法行政，规范行政执法人员的执法行为，保护公民、法人和其他组织的合法权益，制定本办法。

第二条 本办法适用于对文化和旅游市场进行行政检查和行政处罚的整个过程。文化市场综合行政执法机构在执法过程中必须进行全过程记录。

第三条 在行政执法过程中开展调查和行政检查，应按照下

列规定进行记录,国家和省级行政主管部门另有规定的,从其规定:

(一)询问(调查)当事人或者证人的,制作询问(调查)笔录等文字记录;

(二)实施现场检查(勘验)的,制作现场检查(勘验)笔录等文字记录;

(三)实施抽样取证的,制作抽样物品清单等文字记录;

(四)实施查封(扣押)的,制作查封(扣押)决定书、查封(扣押)物品(财产)清单等文字记录;

(五)组织听证的,制作听证通知书(公告)、听证笔录等文字记录;

(六)委托检验(检测、检疫、鉴定、评审)的,制作检验(检测、检疫、鉴定、评审)委托书;

(七)依法制作其他文字记录。

当事人或者有关人员拒绝接受调查和行政检查的,文化市场综合行政执法机构应记录具体情况。

第四条 除适用简易程序进行口头告知的外,文化市场综合行政执法机构依法告知当事人、利害关系人享有陈述权、申辩权的,应制作告知书或者在询问(调查)笔录、行政强制措施现场笔录中予以记录。

当事人、利害关系人进行口头陈述、申辩的,应制作陈述、申辩笔录;当事人、利害关系人口头放弃陈述、申辩的,应记录具体情况。对当事人、利害关系人提交的陈述、申辩和放弃陈述、申辩的书面材料,文化市场综合行政执法机构应予以保存。

第五条 询问(调查)笔录、现场检查(勘验)笔录、抽样物品清单、查封(扣押)物品(财产)清单、听证笔录、陈述申辩笔录(口头放弃陈述申辩记录)等直接涉及当事人或者有关人员权利、义务的记录,文化市场综合行政执法机构应交由当事人或者有关人员签字确认。

当事人或者有关人员拒绝签字确认的,文化市场综合行政执法机构应记录具体情况。

第六条 文化市场综合行政执法机构依法作出行政执法决定,需要采用书面形式的,应制作行政执法决定书,并由负责人签署审批意见。经集体讨论的,应记录集体讨论情况;经法制机构(法制员)审核的,应制作法制审核意见书或者在内部审批件上载明审核意见。

第七条 文化市场综合行政执法机构送达行政执法文书,按照下列规定进行记录:

(一)直接送达的,制作送达回证,由受送达人签收。

(二)留置送达的,在送达回证上注明情况,并可以根据依法采取的留置送达的具体情形,以拍照、录像、录音等相应方式予以记录。

(三)邮寄送达的,留存付邮凭证和回执;被邮政企业退回的,记录具体情况。

(四)通过传真、电子邮件等方式送达(行政执法决定书除外)的,采取电话录音、短信、截屏截图、屏幕录像等适当方式予以记录;通过传真方式送达的,还应在传真件上注明传真时间和受送达人的传真号码。

(五)委托送达的,在送达回证上注明情况。

(六)公告送达的,记录公告送达的原因、方式和过程,留存书面公告,并采取截屏截图、拍照、录像等适当方式予以记录。。

第八条 当事人逾期不履行行政执法决定,文化市场综合行政执法机构依法予以催告的,应记录相关情况或者制作催告书。

当事人不履行行政执法决定,需要依法强制执行的,文化市场综合行政执法机构应按照下列规定进行记录:

(一)文化市场综合行政执法机构有行政强制执行权的,应制作行政强制执行决定书、现场笔录等文字记录;

(二)申请人民法院强制执行的,应制作行政强制执行申请书。

第九条 除涉及国家秘密等不适宜音像记录的情形外,对下列行政执法行为的实施过程,文化市场综合行政执法机构可以进行音像记录:

(一)开展现场询问(调查)、现场检查(勘验)、抽样取证、听证等调查;

(二)实施限制公民人身自由,查封(扣押)物品(财产)等行政强制措施;

(三)以排除妨碍、恢复原状的方式实施行政强制执行;

(四)有当事人或者有关人员不配合行政执法的;

(五)需要进行音像记录的其他行为。

法律、法规、规章规定应对行政执法过程进行音像记录的,从其规定。

第十条 文化市场综合行政执法机构应按《浙江省行政执法文书材料立卷规范(试行)》等有关规定,对行政执法过程中形成的文字和音像记录进行立卷、归档和保管。

第十一条　文字记录内容及格式要符合法律、法规或规范性文件的要求，并有两名以上执法人员签字。

第十二条　音视频记录要及时整理，文件名以"日期＋地点＋事件＋执法人员姓名"的方式命名。

第十三条　电子材料保存在专用电脑上，要建立记录内容索引目录，方便查找和使用。

第十四条　本办法由省文化和旅游厅负责解释。

第十五条　本办法自发布之日起施行。

浙江省文化和旅游厅重大行政执法决定法制审核办法（试行）

第一条　为完善行政执法程序，保证行政执法决定的合法、有效，促进严格、规范、公正、文明执法，根据《中华人民共和国行政处罚法》《中华人民共和国行政许可法》《中华人民共和国行政强制法》《浙江省重大行政执法决定法制审核办法》等有关法律、法规、规章的规定，制定本办法。

第二条　厅承办业务处室以省文化和旅游厅名义作出重大行政执法决定前，应依照本办法规定由厅法制机构对拟作出决定的合法性、适当性进行法制审核；法律、法规、规章规定因情况紧急等原因，需作出即时性、应急性行政执法决定的除外。

第三条　省文化和旅游厅作出行政许可、行政处罚、行政强制等行政执法决定，具有下列情形之一的，应当在作出决定前进行法制审核：

（一）依法应组织听证或达到听证标准的；

（二）可能造成重大社会影响或引发社会风险的；

（三）当事人、利害关系人的权益可能受到重大影响；

（四）当事人、利害关系人人数较多或争议较大的；

（五）行政执法事项疑难、复杂的；

（六）拟做出不予行政许可决定或撤销行政许可决定的；

（七）拟做出不予行政处罚或减轻行政处罚的；

（八）法律、法规、规章以及国家和省级行政规范性文件规定的其他情形。

第四条　厅承办业务处室应当在重大行政执法调查终结、拟定处理决定后，作出重大行政执法决定前，及时将执法案卷移送厅法制机构审核。

厅法制机构认为移送材料不齐全的，可以要求厅承办业务处室在指定时间内补交。

第五条　重大行政执法决定法制审核主要内容：

（一）执法主体是否适格；

（二）事实是否清楚，证据是否确凿；

（三）程序是否合法、规范；

（四）适用法律、法规、规章是否准确，执行裁量基准是否适当；

（五）定性是否准确；

（六）行政执法文书是否规范、齐备；

（七）其他需要审核的内容。

第六条　厅法制机构应当自收到案卷之日起3个工作日内出具书面审核意见；因特殊情况需要延长期限的，可以适当延长，但最长不超过6个工作日。

第七条　重大行政执法决定法制审核以书面审核为主。必要时，厅法制机构可以向案件调查人员了解情况，听取意见建议，并可咨询厅法律顾问意见建议。

第八条　厅法制机构对案卷进行审核后，根据不同情况提出以下相应的书面审核意见：

（一）事实清楚、证据确凿、依据正确、结果适当、程序合法的，出具同意意见；

（二）事实不清、证据不足的，提出继续调查或不予作出行政执法决定意见；

（三）材料或者手续不齐全的，提出补充补齐意见；

（四）适用法律不当或裁量基准不当的，提出纠正意见；

（五）程序违法的，提出纠正意见；

（六）超出管辖范围的，提出移送意见；

（七）其他意见建议。

第九条　厅承办业务处室对法制审核意见应当研究采纳；对法制审核意见有异议的，可以提请厅法制机构重新审核;对法制机构重新审核的意见仍有异议的,可以提请文化和旅游厅集体研究决定。

第十条 法制审核书面意见

等相关记录应归档行政执法案卷。

第十一条 违反本办法规定,未执行重大行政执法决定法制审核制度的,责令改正;造成严

重后果的,按照规定追究有关人员责任。

第十二条 本办法自公布之日起施行。

浙江省文化和旅游厅关于印发《浙江省乡村民宿提质富民三年行动计划(2020—2022)》的通知

浙文旅资源〔2019〕21 号

各市文化和旅游局,厅属有关单位:

现将《浙江省乡村民宿提质富民三年行动计划（2020—

2022)》印发给你们,请结合实际,认真组织实施。

浙江省文化和旅游厅
2019 年 11 月 15 日

浙江省乡村民宿提质富民三年行动计划(2020—2022)

民宿作为新兴旅游业态,已成为我省乡村兴旺、农民增收的重要增长极和文旅系统落实乡村振兴战略的重要抓手之一。随着乡村振兴战略的不断深化,乡村民宿在带动农民增收致富上将发挥越来越重要的作用。为继续推动浙江民宿高质量发展,始终走在全国前列,打造“诗画浙江”“金名片”,特制定三年行动计划。

一、指导思想

以党的十九大报告中提出的乡村振兴战略为指导,全面贯彻落实《中共中央国务院关于实施乡村振兴战略的意见》(中发〔2018〕1 号)、《中共中央国务院关于坚持农业农村优先发展做好

“三农”工作的若干意见》(中发〔2019〕1 号)、《中共浙江省委浙江省人民政府全面实施乡村振兴战略高水平推进农业农村现代化行动计划(2018—2022 年)》和浙江省委第十四届三次全会精神,牢固树立创新、协调、绿色、开放、共享发展理念,聚焦文化和旅游融合高质量发展,民宿发展围绕全国文化高地、中国最佳旅游目的地、全国文化和旅游融合发展样板地建设目标,以“民宿姓民、民宿有主、民宿要融、民宿重情”为导向,重点引导当地群众发展民宿,全面提升民宿标准化、品牌化、产业化、品质化水平,提升民宿文化韵味,使浙江民宿始终走在前列、引领全国,为全国民宿发

展提供浙江样板。

二、发展目标

坚持以民为本,以乡村民宿提质富民为目标,全面提升浙江民宿的服务品质和文化素质,全面提升民宿产业的发展质量和水平,引导产业健康有序发展。推动乡村民宿成为促进农村经济发展、农业结构调整、农民增收致富的重要力量,成为建设美丽乡村的重要载体,让农民有实实在在的获得感、安全感和幸福感,使浙江成为中国民宿旅游目的地、中国民宿发展样板地。到 2022 年底全省累计创建等级民宿 1200家、民宿集聚区 50 个、文化主题民宿 200 家(其中非遗主题民宿不少于 100 家)。

三、基本原则

(一)坚持以民为本

根据资源环境禀赋和产业基础,因地制宜、科学制定路线图、时间表和任务书,集中力量培育具有当地文化特色的产品和区域品牌,坚持以"原居民、原住房、原生产、原生态、原生活"为民宿发展主体,让农民充分享受民宿发展成果。

(二)倡导绿色环保

坚持生态优先、绿色发展理念,将生态环保意识贯穿全程,坚守生态红线不动摇,通过民宿运营倡导绿色、环保、低碳生活方式,探索建立垃圾积分兑换、旧物回收利用、水资源循环利用等可持续发展机制体制。

(三)弘扬地方文化

以民宿为载体,保护优先,传承发展地方文化,加强文创产品宣传、开发力度,使民宿主人成为地方文化的传承者和弘扬者。科学、合法、合理利用各级文保单位开展旅游开发,探索利用县级文保单位发展文化主题民宿。

(四)加强资源整合

坚持"一盘棋"理念,整合全域旅游、乡村旅游、村落景区、"四条诗路"、"百千万"工程等工作成果,加强文旅融合,形成"资源共享、设施共用、平台互通、渠道共建、成果共享"的发展格局。

(五)实现共生共赢

城乡互动,主客共享,民宿主人和当地居民形成良好的邻里关系,实现城乡互动,协同发展,民宿经营活动促进地方经济、社会、文化的发展。

四、工作任务

(一)构建一个标准体系

通过标准全面提升民宿发展的基础管理水平。完成国家标准《旅游民宿设施与服务规范》报批稿,并争取尽快发布实施。开展文化主题民宿、非遗文化主题民宿等民宿新业态标准研究,出台一个文化主题(非遗)民宿地方标准,将在地文化注入民宿,使民宿拥有灵魂;通过民宿对在地文化进行包装和升华,推动乡村旅游多元住宿发展。

(二)培育一批示范样板

充分发挥等级民宿的示范引领作用,持续推出一批等级民宿,择优选拔一批民宿带动乡村发展的集聚区,进行全面提升,通过分类指导、加强统计监测等方式科学测算民宿产业对村集体增收、农民致富方面的带动作用,建成民宿带动乡村振兴集聚区(重点村)50个。

(三)实施一组推广工程

结合"诗画浙江"品牌打造,有重点、有计划、有步骤地开展宣传推广,策划5条浙江省考察精品线路(涵盖民宿集聚区、等级民宿、文化主题民宿)。通过网络、活动、高德地图、平台合作等方式多渠道推广浙江民宿。编著1本浙江特色民宿案例,总结提炼近年来浙江民宿发展典型案例,为投资创业提供借鉴,为农民致富提供示范,以期共同推进民宿产业的繁荣兴盛。编制浙江民宿年度蓝皮书,用翔实的数据反映浙江民宿发展现状,用数据说话用事实证明,解剖发展中的问题,分析浙江民宿发展阶段性情况,更好地为政府决策提供参谋,为行业指导提供遵循。

(四)引导一批乡村业态

通过民宿发展提升乡村综合管理水平,引导关联产业、新兴业态进入乡村,开发乡村音乐会、乡村书店、乡村工坊、自然课堂等文旅融合乡村旅游产品。举办一次民宿伴手礼大赛,满足多元旅游市场需求。把民宿由单一的住宿点培育为一条线、一个平台,如"住宿＋餐饮＋景点＋路线＋体验活动＋旅拍＋租车＋手工制品"等,结合当地特色,整合农业体验、牧业体验、民间工艺体验、自然体验、民俗体验、运动体验活动等,满足客人更高层次的需求。引导民宿集聚区和民宿开发研学旅游产品和社会实践等活动。

(五)培育一批文化主题民宿

突现民宿的文化内涵和地域风情,培育一批地方文化主题民宿,到2022年评定省级文化主题民宿200家(其中非遗主题民宿不少于100家)。

注重将民俗文化、耕读文化、名人故居、唐诗宋词歌咏地、非物质文化遗产等融入民宿产品中去。将特色文化内涵和地域元素融入民宿建设运营的全过程、旅游消费各环节和旅游活动各方面。通过民宿伴手礼大赛等活动,实现一宿一品、一宿一景、一宿一韵,让民宿成为传播和体验文化的重要途径。

(六)形成一批民宿区域品牌

引导各市、县和重点集聚区差异化发展,鼓励塑造各具特色的区域品牌,形成10个民宿区域品牌。通过《旅游民宿基本要求与评价》地方标准宣贯实施和民宿"服务品质"认证试点探索等方式,提升浙江民宿服务品质。通过分类指导、文化渗透、多业融合等方式优化浙江民宿的品类结构。通过浙江民宿特质内涵的梳理、提高品牌辨识度。评出一批带动力强的民宿致富带头人，带动当地就业、吸引原住民回归、提升产业发展、打响"此心安处是吾乡"浙江民宿品牌。

五、保障措施

（一）党政重视

将旅游民宿提质富民工作作为乡村振兴的重要抓手列入当地党委、政府重点工作，纳入政府年度工作计划和相关考核体系。由相关部门、行业协会和游客共同参与建立民宿发展评价考核机制。

（二）政策保障

探索创新乡村旅游用地、盘活农村闲置资源、出台金融扶持、设立专项发展资金、简化审批流程等民宿扶持政策。探索回购、租赁、置换等用地政策，盘活农村闲置资源（废弃学校、政府办公楼、粮油站、水管站、废弃农房等）；鼓励各地设立民宿发展专项资金，用于引导奖励、人才培养、品牌培育等；出台激励措施，吸引返乡青年、乡贤、企业家参与民宿发展；鼓励各地编制民宿发展专项规划，并建立民宿提质富民部门联席推进机制，将民宿提质富民工作作为乡村振兴和全域旅游发展的重要抓手。

（三）部门合力

加强与公安、自然资源、农业农村、市场监督管理等部门的合作，加强对民宿日常管理，在土地审批、证照办理、经营管理等方面提供技术支持和政策保障。鼓励各地采用政府购买服务等方式，组织本地从业人员就近就地参加乡村旅游食宿服务、管理运营、市场营销等技能培训。落实与省妇联持续推进《助力乡村旅游 促进巾帼创业三年行动计划（2018—2020年）》，全面开展巾帼示范民宿（农家乐）、最美民宿女主人寻找推荐活动，协助成立民宿女主人联盟，举办民间美食厨娘秀等活动。借助大专院校、科研机构智力资源，组建民宿发展智囊团，强化民宿发展的技术支撑，形成推动民宿协调、规范、健康发展的强劲合力。

（四）创新引导

强化村集体的统筹协调作用，探索实行股份公司、专业合作社等新型运营管理模式，培育农民专业合作社等新型经营主体。鼓励村民、村集体、投资者等各方建立紧密型利益联结机制，明确各方在投资、建设和运营等方面的权利义务。推动年轻人回乡与民宿发展相结合，鼓励和引导大学生返乡创业。引导乡村民宿投资者、经营者和村集体共同组成地区性行业协会、联合会等，发挥协会作用，加强行业自律。

（五）强化服务

乡村民宿是实现乡村振兴战略的重要途径，是全域旅游发展的重要内容。各地文旅主管部门要高度重视乡村民宿发展工作，强化服务意识，积极营造民宿健康发展的环境，落实省委"最多跑一次"的工作要求，简化民宿审批流程，加大民宿宣传推广力度，组织相关人员培训，全面指导本地区民宿产业发展，力争使乡村民宿在乡村振兴中发挥更大作用。

浙江省文化和旅游厅关于印发《浙江省旅游投诉调解规范》的通知

浙文旅执法〔2019〕20号

各市、县（市、区）文化和旅游局：

为深入贯彻落实《中华人民共和国旅游法》《浙江省旅游条例》《旅游投诉处理办法》，维护旅游者和旅游经营者的合法权益，进一步规范全省旅游投诉调解程序，提高调解人员的工作水平，结合我省旅游市场工作实际，我厅制定了《浙江省旅游投诉调解规范》。现印发给你们，请认真贯彻执行。

浙江省文化和旅游厅
2019年12月7日

浙江省旅游投诉调解规范

为贯彻落实《中华人民共和国旅游法》《浙江省旅游条例》《旅游投诉处理办法》，维护旅游者和旅游经营者合法权益，规范全省旅游投诉调解程序，提高旅游投诉调解人员的业务能力，制定本规范。

一、旅游投诉含义

旅游者认为旅游经营者损害其合法权益，请求文化和旅游主管部门、文化市场综合行政执法机构或者旅游投诉受理机构（统称"旅游投诉处理机构"），对双方发生的民事争议进行处理的行为。

二、投诉处理管辖

旅游投诉由旅游合同签订地或者被投诉人所在地县级以上地方旅游投诉处理机构管辖。

三、投诉调解原则

旅游投诉处理机构处理旅游投诉，实行调解制度。

旅游投诉处理机构应当在查明事实的基础上，遵循自愿、合法的原则进行调解，促使投诉人与被投诉人相互谅解，达成协议。

四、投诉调解范围

（一）投诉人认为旅游经营者违反合同约定的；

（二）因旅游经营者的责任致使投诉人人身、财产受到损害的；

（三）因不可抗力、意外事故致使旅游合同不能履行或者不能完全履行，投诉人与被投诉人发生争议的；

（四）其他损害旅游者合法权益的。

五、不予受理范围

（一）人民法院、仲裁机构、其他行政管理部门或者社会调解机构已经受理或者处理的；

（二）旅游投诉处理机构已经作出处理，且没有新情况、新理由的；

（三）不属于旅游投诉处理机构职责范围或者管辖范围的；

（四）超过旅游合同结束之日90天的；

（五）旅游经营者之间的经济纠纷。

属于前款第（三）项规定的情形的，旅游投诉处理机构应当及时告知投诉人向有管辖权的旅游投诉处理机构或者有关行政管理部门投诉。

六、投诉受理期限

旅游投诉处理机构接到投诉，应当在5个工作日内作出以下处理：

（一）投诉符合本规范规定的，予以受理；

（二）投诉不符合本规范规定的，应当向投诉人送达《旅游投诉不予受理通知书》，告知不予受理的理由。

七、投诉处理时限

旅游投诉处理机构处理旅游投诉，应当立案办理，填写《旅游投诉立案表》，并附有关投诉材料，在受理投诉之日起5个工作日内，将《旅游投诉受理通知书》和投诉书副本送达被投诉人。

被投诉人应当在接到通知之日起10日内作出书面答复，提出答辩的事实、理由和证据。

旅游投诉处理机构应当在受理旅游投诉之日起60日内处理投诉。

八、投诉调解程序

（一）调解前准备

1.审查证据材料。审阅投诉人提交的投诉材料、被投诉人提交的答辩材料。

2.梳理法律关系。从双方当事人提交的材料中梳理出相关法律行为之间的法律关系。

3.初步确定争议问题和焦点。分别联系或约见双方当事人，了解核实情况，收集相关证据材料。

4.草拟调解方案。依据相关法律法规，初步确定案件性质，区分双方当事人责任，拟定调查调解方案。

（二）组织调解

1.调解步骤

（1）调解人员征求双方当事人意见，确定调解时间，组织双方进行调解。

（2）核对双方当事人或其委托代理人的身份。

（3）介绍调解人员的姓名和职务，投诉人和被投诉人代表，询问双方有无回避申请。

（4）告知双方当事人，旅游投诉处理机构处理旅游投诉的方式是行政调解，调解遵循自愿、合法的原则，同时告知双方还可以通过与对方协商和解、申请仲裁或提起民事诉讼等方式,解决旅游纠纷。

(5)宣布调解规则。调解人员在调解开始前,应当向双方当事人宣布调解规则:第一,要求双方当事人在发言中紧紧围绕投诉事宜展开;第二,要求双方当事人在陈述事实和发表观点时,必须实事求是;第三,要求双方当事人在对方陈述时,不能随意打断对方的讲话。

(6)当事人陈述事实和理由。投诉人陈述事实、请求和理由。被投诉人就投诉事实、诉求、理由等提出答辩意见。

(7)调查质证和辩论。调解人员提出争议的主要问题和焦点,围绕主要问题和焦点进行调查。投诉人和被投诉人分别出示相关证据,并就证据的客观性、关联性、合法性等证据效力问题进行质证。

(8)提出调解方案。通过调查取证和质证,调解人员根据相关法律法规和规章规定分清各方责任,并确定赔偿标准和数额,提出解决方案。

2.制作法律文书

(1)双方当场达成调解协议的,应当制作《旅游投诉调解书》。载明投诉请求、查明的事实、处理过程和调解结果,由当事人双方签字并加盖旅游投诉处理机构印章。

(2)调解不成的,应终止调解,调解人员应当制作《旅游投诉终止调解书》,由双方当事人签字认可;如拒绝签字的,调解人员应在记录上注明情况。

(三)再次调解

初次调解不成,双方对事实和责任仍有争议,对赔偿请求仍有分歧,愿意在进一步补充证据材料后进行再次调解的,旅游投诉处理机构可以组织再次调解。

1.再次调解前准备

(1)再次调解前应对当事人提供的补充证据进行审查。如需委托其他旅游投诉处理机构协助调查的,应报领导批准后,以《旅游投诉调查取证委托书》委托其他旅游投诉处理机构协助调查。

(2)案情分析专题研讨。对补充证据审查完毕后,召集调解人员对案情进行分析研究,对重大疑难案件可邀请法律顾问或相关专业人士参加,制定再次调解方案。

2.再次调解实施

(1)再次调解,调解人员在征求双当事人意见后,确定再次调解时间。

(2)再次调解步骤。第一,调解人员引导双方当事人围绕争议事实、补充证据、法律适用、赔偿数额等进行质证和辩论。第二,调解人员根据查明事实和相关法律规定区分各方责任,提出调解意见,积极促成当事人和解或达成调解协议。

3.制作法律文书

(1)经过再次调解,双方达成调解协议的,应当制作《旅游投诉调解书》。

(2)经再次调解双方仍不能达成调解协议的,可终止调解,由调解人员制作《旅游投诉终止调解书》。

九、调解未果投诉的处理

调解不成的,或者调解书生效后没有执行的,建议投诉人可以按照国家法律、法规的规定,向仲裁机构申请仲裁或者向人民法院提起诉讼。

十、对涉嫌违法案件的处理

旅游投诉处理机构在处理旅游投诉中,发现被投诉人或者其从业人员有违法或犯罪行为的,应当按照法律、法规和规章的规定,做出行政处罚、向有关行政管理部门提出行政处罚建议或者移送司法机关。

十一、划拨质保金案件的处理

对调解不成的旅游投诉案件,如属旅游服务质量保证金赔付范围的旅游投诉案件,按照规定划拨旅行社质量保证金。

十二、分类登记归档

投诉处理结案后,调解人员应及时将投诉材料登记造册、形成案件卷宗,整理归档。

浙江省文化和旅游厅关于印发
《浙江省非物质文化遗产融合发展行动计划(2019—2022)》的通知

浙文旅非遗〔2019〕16 号

各市、县(市、区)文化和旅游局,厅属相关单位:

为推动我省非物质文化遗产与相关产业的融合发展,我厅研究制定了《浙江省非物质文化遗产融合发展行动计划(2019—2022)》,现印发给你们,请结合实际贯彻落实。

浙江省文化和旅游厅
2019 年 12 月 30 日

浙江省非物质文化遗产融合发展行动计划(2019—2022)

为顺应新时代文化和旅游发展的新要求,进一步促进我省非物质文化遗产(以下简称"非遗")与相关产业的融合发展,助推全国文化高地、中国旅游最佳目的地、全国文化和旅游融合发展样板地建设,结合我省实际,制定本行动计划。

一、总体要求

(一)指导思想

以习近平新时代中国特色社会主义思想为指导,按照"宜融则融、应融尽融,以文促旅、以旅彰文"的总体思路和"科学保护,提高能力,弘扬价值,发展振兴"的任务要求,坚持创造性转化创新性发展,加快非遗与相关产业的融合发展,将我省非遗资源优势转化为经济社会发展优势,努力实现非遗保护由数量规模型向质量效能型、注重抢救性保护向创新融合性发展的转变,不断增强非遗自身活力,满足人民群众日益增长的美好文化生活需求,力争将我省建设成为全国非遗融合发展的示范区。

(二)发展目标

按照融入时代、融入生活的要求,发掘各类非遗元素进入市场、融入旅游、走入生活,有效推动非遗融合发展。到 2022 年,非遗保护与相关产业良性互动的融合发展格局基本建立,形成非遗特色产业集群,培育 130 家非遗旅游景区,推出 10 条非遗精品旅游线路,开发 300 项非遗旅游商品,打造 30 项非遗 IP。

(三)基本原则

坚持创造性转化创新性发展,在保持非遗核心要素的基础上,将科学保护与合理利用有机结合,通过创意设计,实现非遗转化活化,在生产生活中展现当代价值,推动振兴发展。

坚持全面深度融入,将非遗深度融入产业、市场、旅游、生活等各个领域、各个环节,加强协作,激发活力,相互促进,协同发展。

坚持以人民为中心,开发提供富有文化内涵、具备时代特点、符合市场需求的非遗产品和服务,更好地满足人民群众对美好文化生活的向往。

二、重点任务

(一)融入产业——非遗特色产业集群培育工程

1. 扶持历史经典产业发展。贯彻落实省委、省政府特色小镇规划建设的战略部署,支持特色小镇历史经典产业传承发展。实施传统工艺振兴计划,保护核心技艺、完善相关生产环节开展生产性保护,建立传统工艺振兴目录,支持绍兴黄酒、龙泉青瓷、东阳木雕、青田石雕、开化根雕等特色优势产业做大做强,推动资源整合和集群发展,壮大企业群体,形成产业集聚效应,提升产业影响力和竞争力。至 2022 年,全省拥有省级以上非遗代表性项目的规上传统企业 100 家以上,培育形成一批规模体量大、市场前景好、支撑带动力强的非遗特色产业集群。

2.培育开发健康养生产业。依托浙江得天独厚的自然生态资源,充分挖掘传统医药类非遗项目资源,加强保护和传承运用,推动医养结合,探索健康养生新模式,建成一批中医文化养生服务基地,大力发展中医药健康旅游,打造一批知名品牌和健康服务产业集群,实现中医药健康养生文化创造性转化、创新性发展。重点支持打造桐君中药文化、朱丹溪中医药文化等传统医药文化品牌。

(二)融入市场——非遗IP打造工程

1.支持非遗文创产品开发。遵循市场规律,鼓励和支持非遗产品、创意衍生品研发设计、生产销售、品牌推广。鼓励从丰富多彩的民间传说故事、传统表演艺术、传统美术技艺、民俗礼仪节庆等优秀传统文化资源中提取非遗元素,通过创意转化、科技提升和市场运作,开发形成动漫、游戏、综艺、影视剧、艺术品等文化创意产品,丰富文化旅游产品供给,推动传统工艺振兴,支持一批非遗网络平台和企业的发展。鼓励有条件的地方将特色非遗资源引入商场,探索开设非遗专区,搭建展示、体验、销售平台,逐步培育形成一批特色鲜明、人气集聚、效益良好的非遗特色商场。组织开展优秀非遗旅游商品评选活动,培育和打造一批具有示范引领作用的优秀非遗旅游商品。至2022年,打造具有时代特点、浙江特色、创新融合的非遗IP 30项,评选公布优秀非遗旅游商品

300项。

2.支持发展非遗特色的夜间经济。夜间经济是衡量城市活力和居民生活质量的重要指标,是展示城市文化特色和底蕴的窗口。支持各地充分挖掘本地夜间休闲资源,与非遗深度融合,创新丰富夜间经济业态,塑造具有非遗特色的夜间体验项目,提升夜间经济文化内涵,打造城市特色品牌。支持发展夜间传统戏剧、曲艺演出以及山水实景演出,开展非遗展示体验等,满足人民群众的精神文化消费需求,促进消费升级,激发城市活力。至2022年,重点支持常态化演出的非遗特色演艺项目10个。

(三)融入旅游——非遗旅游项目开发工程

挖掘和整合特色非遗资源,推动非遗项目进景区、景点,探索将传统技艺、戏曲、民间传说等非遗元素融入旅游项目开发与旅游市场推广,丰富旅游产品文化内涵,提升旅游产品核心竞争力,促进非遗与旅游融合发展,实现社会效益和经济效益双丰收。

1.建设一批非遗旅游景区。依托非遗资源,培育建设一批主题突出、内涵丰富的非遗旅游景区(非遗主题小镇、民俗文化村),支持有条件的地方规划建设非遗项目集聚的非遗旅游街区,至2022年,建成省级非遗主题小镇50个、民俗文化村80个、非遗旅游街区10个。

2.打造一批文化生态保护区。围绕"诗路文化带"十大高地建设,以非遗保护传承为核心,以区域社会整体协调发展为要义,以体制机制创新为突破点,对非遗资源比较集聚、文化传统特色

鲜明的地区,鼓励创建一批省级文化生态保护区。通过文旅融合、业态融合、项目联合,推动我省非遗的整体性保护。积极推荐创建成效显著的地区申报国家级文化生态保护区。至2022年,省级文化生态保护区创建地区达到10个以上。

3.开发一批非遗旅游线路。根据各地资源特点,串珠成链,设计开发一批非遗主题旅游线路,包括非遗研学游、体验游等,加强管理运营,加大宣传推介,提高服务水平,培育形成非遗主题精品旅游线路。至2022年,全省打造非遗主题精品旅游线路10条。

4.发展一批非遗主题民宿。实施"非遗+民宿",鼓励各地深入挖掘非遗资源,将民宿与非遗有效对接,开发一批特色鲜明的非遗主题民宿,丰富民宿的传统文化内涵,探索培育一批非遗主题酒店,开辟非遗新的展示窗口,推动非遗与民宿、酒店融合发展,让游客全方位感受非遗魅力,推动乡村旅游融合发展。至2022年,培育省级非遗主题民宿30家、非遗主题酒店10家。

(四)融入生活——非遗展示体验工程

1.开展传统节日活动。结合"我们的节日"主题活动,以春节、元宵节、清明节、端午节、七夕节、中秋节、重阳节等传统节日为重点,鼓励有传统节日习俗、活动列入各级非遗代表性项目名录的地区,在传统节日期间结合当地民俗活动,策划组织富有特色的非遗宣传展示活动,形成欢乐、祥和的节日氛围,满足广大人民群众的节日文化需求。深入挖掘和阐释传统节日蕴含的文化内涵,引

导广大群众在积极参与中体验节日习俗。支持发展各类传统民俗节庆活动，通过创意设计，促进非遗的节庆、民俗与旅游休闲相结合，丰富传统节日内涵，弘扬优秀传统文化。

2.培育非遗展会品牌。重点办好中国（义乌）文化产品交易会非遗生活馆、浙江·中国非遗博览会（杭州工艺周）、宁波"温故"非遗展、阿拉非遗汇、年味温州非遗展、金华"婺风遗韵"非遗展等活动，进一步提升功能和档次。支持各地培育一批新的会展品牌，促进市场消费，推动我省非遗展会向市场化、规模化、专业化、国际化、品牌化方向发展。创新活动举办形式，有效融入旅游元素，将各类非遗展会活动打造成为浙江优秀传统文化宣传展示平台，群众、游客参观体验平台，文化和旅游消费平台。

3.建设非遗体验基地。坚持"见人、见物、见生活"，支持传统文化氛围深厚，非遗保护传承成效显著，有较好旅游要素配备，可为游客提供丰富多彩的非遗项目互动体验的地区建设非遗体验基地，以社会化运作为主，通过展示展演、现场观摩、互动体验等方式，增加游客对非遗的认知与感受，丰富游客的文化体验，让非遗重回百姓生活，促进非遗的传播普及，助力浙江"大花园"建设，推动乡村振兴。至2022年，全省建设100个运作规范、传承有效、体验良好的非遗体验基地。

4.打造非遗美食品牌。充分挖掘饮食类非遗资源，结合"诗画浙江·百县千碗"旅游美食推广系列活动，积极融入非遗元素，加大开发推广力度，树立非遗美食品牌，满足人民群众不断升级的消费需求和对美好生活的期盼。举办饮食类非遗传承人群专题研培班，提高非遗传承人群的当代实践水平和传承能力，改良制作、提高品质，进一步促进非遗融入现代生活。

5.推进非遗国际化传播。以提高国家文化软实力和中华文化影响力为宗旨，大力推进优秀传统文化交流与合作，加强非遗国际化传播，推动非遗"走出去"。积极融入"一带一路"建设，充分借助中国国际进口博览会、世界互联网大会、世界浙商大会等重要国际性展会和中国-中东欧国家非遗保护专家级论坛等重要平台，有效利用"欢乐春节""浙江文化节"等对外文化重要节展和"诗画浙江"旅游推介品牌，开展对外非遗展示交流活动，讲好浙江故事，打造一批国际化文化交流的非遗品牌，扩大浙江优秀传统文化的影响力。加大对浙江非遗资源的挖掘和整合力度，建立浙江非遗"走出去"资源（项目）库，实施一批海外展示传播精品项目，形成一批对外文化交流金名片。省本级重点打造"根与魂——浙江省非遗展演品牌，鼓励各地依据自身特色和优势探索创设各类非遗国际化传播平台和载体，形成层次丰富、渠道宽泛、形式多样的浙江非遗国际化传播新格局。至2022年，省本级和各设区市逐步形成10个非遗国际化传播品牌。

（五）人才培养——专业人才队伍建设工程

加强非遗代表性传承人队伍建设，培育选拔一批领军人才、拔尖人才、青年优秀人才，形成合理梯队。支持各级代表性传承人开展带徒授艺活动。深入实施非遗传承人群研修研习培训计划，提升技艺水平以及文化艺术素养、创新能力。开展"对话传承人"系列活动，促进同业与跨界交流，增强创新意识和能力。组织开展各类传统工艺技能大赛、非遗产品创意设计大赛，发现、扶持一批非遗与相关产业融合发展创意人才。举办非遗薪传展演展评系列活动、传统工艺大赛等，促进优秀年轻人才脱颖而出。开展长三角地区非遗展会和非遗"走亲"活动，建立健全跨地区人才合作交流机制。充实优化专家智库，为非遗融合发展提供学术支持和专业咨询。至2022年，遴选10名非遗保护领域领军人物。

三、保障措施

（一）强化组织领导

加强规划引领，将非遗融合发展行动计划纳入我省"十四五"非遗保护发展规划。强化各级文化和旅游行政主管部门的主体责任，将非遗融合发展情况纳入我省非遗保护发展指数评估体系，将融合成效作为评估指标之一。加强统筹协调，引导非遗的保存保护与合理利用同步开展，注重非遗知识产权保护，推动非遗融入现代生活。

（二）强化政策扶持

充分发挥财政资金引导作用，对进行非遗跨界融合，非遗类产品研发销售，举办非遗类节庆、赛事、展会，以及其他特色品牌活动等行为，给予财政资金补助。创新非遗保护经费投入方式，支持非遗产品展览展示活动和生产销售平台建设。建立多元化的投融资体制，拓宽融资渠道，鼓励和引导社会资本参与非遗资源开发。

（三）强化部门协作

深化文化和旅游、市场监管、经信、卫生健康、教育、环保、人力社保、公安等部门的合作力度和深度，发挥非遗代表性项目所属行业主管部门行业引导作用，确保非遗类产品符合各自行业法律法规和行业标准，帮助解决非遗代表性项目在传承发展中遇到的问题和难题，进一步促进主管部门在政策制定、活动开展、平台打造等方面，向非遗代表性项目倾斜，推动在政府层面上凝聚非遗保护共识，形成非遗传承发展合力。

（四）强化网络传播

积极探索"非遗＋网络"，广泛运用网络社区发布、网络直播、在线体验等手段扩大非遗传播，全面激发非遗传播的新动能。根据互联网传播特性和人群特征，推动市场量身打造相关非遗产品，支持非遗产品线上销售，鼓励传承人利用微信公众号、抖音视频等网络平台，培育新型消费市场，拉动非遗经济和文旅消费。

浙江省文化和旅游厅办公室
关于印发《浙江省数字文旅建设行动计划（至 2022 年）》的通知

浙文旅办〔2019〕15 号

各市、县（市、区）文化广电旅游局，省文物局，厅机关各处室、各工作专班，厅属各单位：

经厅长办公会议研究同意，现将《浙江省数字文旅建设行动计划（至 2022 年）》印发给你们，请结合实际认真组织实施。

浙江省文化和旅游厅办公室
2019 年 3 月 20 日

浙江省数字文旅建设行动计划（至 2022 年）

为顺应数字化发展趋势，贯彻落实《深化数字浙江建设实施方案》《浙江省深化"最多跑一次"改革推进政府数字化转型工作总体方案》等文件精神，全面推进数字文旅建设，以数字化技术变革驱动文旅创新发展、融合发展、转型发展、高质量发展，特制定本行动计划。

一、指导思想

以习近平新时代中国特色社会主义思想为指导，以数字科技创新为关键动力，坚持数据整合、文旅融合，坚持互联互通、共建共享，坚持上下联动、全省推进，系统布局我省文旅领域数字化建设，着力在数字化转型中培育文旅发展新动能，为建设全国文化高地、中国最佳旅游目的地、全国文化和旅游融合发展样板地奠定坚实基础，为全国数字文旅建设贡献经验。

二、发展目标

到 2022 年，我省数字文旅建设实现突破性进展，文旅数据资源体系基本完善，支撑数字文旅的应用体系基本建成，数字化技术在文旅领域得以全面应用，文旅干部的数字化思维明显增强，数字化驱动效应充分显现，数字文旅的浙江品牌全面打响，建成全国数字文旅示范省。

——政府数字化应用体系基本建成。围绕"最多跑一次"改革，实施"一合二通三畅"（合并、连通、顺畅）三大步骤，建成"浙江文旅数据仓"，实现信息孤岛 100％全打通、数据资源 100％全共享、网上办事 100％全开通，

"掌上办事、掌上办公"实现核心业务全覆盖,文旅市场实现"智慧监管",数字化支撑的统计分析、科学决策、治理能力显著提升,推进厅数字化转型工作走在前列。

——数字文旅产业规模、质量、创新能力领跑全国。培育2个以上辐射带动全省数字文旅产业发展核心区域和产业集群,培育30个以上具有引领性和示范性的龙头企业,培育20个以上国内外知名品牌,扩大和促进数字文旅消费,建成浙江省文旅重点项目投融资平台,形成比较完善的数字文旅产业链,特色数字文化产业核心竞争力明显增强。

——省市县互联互通的公共数字文旅服务网络基本形成。建立云共享环境下的公共文旅智能服务系统,提供更多基于大数据的个性化文旅服务,县级以上公共图书馆、文化馆、博物馆、美术馆、非遗馆均具备数字馆服务能力,线上线下互动式服务模式广泛应用,数字文旅服务与群众需求有效对接,公共数字文旅服务效能显著提升。

——数字文旅创新形成生态体系。制定统一的文旅数字化标准体系,文旅数据资源采集共享体系、开发应用体系基本建成,数字化技术在文旅领域得以全面应用,用数据决策、用数据管理、用数据服务、用数据创新的机制全面确立,创造出一系列新业态新模式。

三、主要任务

(一)加快建设浙江省文旅数据中心(浙江省文旅数据综合应用中心)

以现有浙江省旅游数据仓交换共享平台为基础,整合厅文旅核心业务系统,逐步归集各级文化和旅游资源数据,建立文旅数据资源目录,统一数据采集、交换标准,完成文旅数据的融合关联,提升数据仓平台云服务能力,为开发和完善相关产业管理、行业监管与公共服务的应用功能提供数据支撑。

1.建立文旅数据资源动态采集管理系统。全面采集全省旅游景点、文旅企业、公共文化场馆、文化演艺场所、文物遗存、非遗资源点等文化和旅游基础资源数据,形成"一馆一档""一景一档""一团一档"等主题数据库管理模式,展示全省文旅资源分布情况,明确各类文旅资源数量规模、等级结构、区域分布等基础情况,全面统一并精准管理全省文化和旅游资源。(2019年计划建成该系统。责任处室和单位:厅资源开发处、厅政府数字化转型工作专项小组办公室、省文化和旅游宣传推广信息中心。)

2.建立文旅数据归集融合常态化机制。开展全省范围内各级文旅信息化平台建设状况调研。加强全省文旅公共数据共享平台和交换平台建设。实施多种途径归集文旅数据。在原旅游数据仓的基础上,进一步归集融合文旅资源数据,建立文化和旅游数据资源目录,并与省大数据发展管理局做好数据互通。(争取2019—2020年实现目录100%确认,数据100%归集。责任处室和单位:厅政府数字化转型工作专项小组办公室、省文化和旅游宣传推广信息中心。)

3.建立文旅大数据开发应用机制。制定文旅数据资源共享建设方案和开发模型。强化文旅大数据的政府决策支撑功能,监测全省文旅运行,专题分析全省文旅产业发展情况、文旅新业态发展、文旅融合营销推广、市场秩序、文旅规划、资源开发等方面。探索建立数据资源开放利用机制,推动大数据开发应用创新,利用政务数据资源创新产品和服务,逐步建立社会各方广泛参与政府数据资源开放利用的良好氛围。(计划2019年重点开展大数据服务政府决策探索,今后逐年拓展应用范围。责任处室和单位:厅政府数字化转型工作专项小组办公室、省文化和旅游宣传推广信息中心、厅机关各处室。)

(二)加快推进数字政务建设

1.提升"最多跑一次"数字化便民服务。紧扣"一窗受理""一网服务"目标,积极推进文旅(文物)业务办理系统与浙江政务服务网"一窗受理"平台对接,实施政务服务无差别受理。推进文旅(文物)核心业务的申报、认定及审批事项业务协同与流程再造。深化电子签章、电子证照在政务服务领域的应用,提升网上办事便捷度,全面推行"最多跑一次"事项电子化归档。(争取到2020年"掌上办事"实现核心业务全覆盖。责任处室和单位:厅市场管理处、省文物局、省文化和旅游宣传推广信息中心。)

2.提升办公数字化应用平台。加快推进OA办公系统整合,建立省级文旅系统"掌上办公"平台,实现移动"掌上办公",实现省文化和旅游厅(省文物局)OA办公系统与政务"钉钉"平台的对接。加强电子公文交换平台建设,打通全省文旅系统电子收发系统。整合并完善文旅系统的统一信息门户体系,建立统一的省市县三级服务应用门户,建成集政府、企业、专家(个人)三大类用户的多层级、多角色的应用支撑、应用管理的统一云服务应用支撑系统。推进省级文化和旅游系统数字档案室建设。(计划2019年建立"掌上办公"平台,打通全省文旅系统电子公文交换平台。责任处室和单位:厅办公室、省文物局、省文化和旅游宣传推广信息中心。)

3.整合完善文化市场综合执法系统。建成浙江省文化市场综合执法指挥监控中心。打造浙江省文化市场综合执法数字化闭环管理系统。推动文物行政执法网络监管平台融入文化市场综合执法系统。根据大数据分析,对场所异常情况进行识别并预警,确保能够及时对突发事项、事件做到及时跟踪、重点跟进、全面掌握。接入浙政钉"掌上执法"应用系统。做好与省市场监管平台、浙江政务服务网行政处罚系统2.0、省统一政务咨询投诉举报平台、信用平台等其他政务应用平台的对接与协同。支持网络多媒体内容智能识别技术研究。(计划2019年建成综合执法指挥监控中心,完成与省市场监管平台等对接,2020—2022年探索数字智能执法。责任处室和单位:厅执法指导监督处、省文物局、省文化和旅游宣传推广信息中心。)

4.建设浙江省文旅人才服务与共享平台。开发建设全省文旅系统"专家库""项目库""成果库"三大模块,提供各类人才数量、结构、分布、素质能力、工作成果等准确信息,网罗全省各级文旅项目和人才需求信息,促进人才与项目对接,为人才提供施展才华的平台,发动全省文旅人才更加精准地服务"文化浙江""诗画浙江"建设。(计划2019年初步建成平台,开展试运行,2020年开始完善提升,并推广应用。责任处室和单位:厅人才工作领导小组办公室、厅人事处。)

5.建设省级文旅系统智慧党建平台。在省文化和旅游厅门户网上增设"省级文旅党建之家"模块,为系统党员干部提供学习交流、风采展示、典型宣传、理论研究、廉政提醒、廉政通报等功能的党建家园;推进智慧党建数据系统建设,通过数据采集、数据统计、数据分析、报表生成、积分管理等大数据应用为党建工作管理、在线考评、廉政监督、党内决策提供支持。(计划2019年初步完成建设任务。责任处室:厅直属机关党委、省文化和旅游宣传推广信息中心。)

(三)加快推动数字文旅产业创新发展

1.创建全国数字文旅产业示范省。认真贯彻《之江文化产业带建设规划》《推动数字文化产业发展三年行动计划》,争取建设全国数字文旅产业创新发展高地。探索浙江文旅产业云建设,实施文旅企业上云行动。持续推进浙江(金华)数字创意产业试验区建设,支持杭州白马湖生态创意园创建国家级文化产业示范园区,打造数字文化产业孵化基地。支持浙江国家音乐产业基地萧山园区、宁波音乐港等平台建设。支持省级数字文旅产业实验室建设。认定一批数字文化产业示范基地,支持一批数字文旅产业重点项目(园区),推介一批数字文旅产业特色项目,扩展数字文旅产业链。(争取2019—2022年全省数字文旅产业增加值年均增长高于全省生产总值增长预期,主要发展指标位居全国前列。责任处室和单位:厅产业发展处、浙江音乐学院。)

2.促进数字文旅消费。主动对接国家文旅消费大数据平台。加强大数据分析,丰富数字文旅消费业态,引导数字文旅消费行为,努力使数字文旅消费成为培育"双万亿"产业、拉动经济转型升级的新动能。将数字文旅消费纳入浙江省文旅消费季的重点内容,支持数字文旅产品开发,推广文化诚信消费柜等文旅消费新场景、新模式。利用大数据技术对旅游商品进行综合分析,结合地方特色对旅游商品进行创新设计,加强新产品开发,更好地满足旅客需求。不断积累和挖掘旅游消费者信息数据,通过大数据分析技术掌握消费者的消费行为和兴趣偏好,有针对性地制定营销战略和推广方案。(计划2019—2022推广一批"大数据＋文旅"消费重点项目,探索"大数据＋文旅"市场宣传推广新模式。责任处室和单位:厅产业发展处、省文化和旅游宣传推广信息中心。)

3.打造浙江省文旅项目投融资数字服务平台。加强基于大数据的投融资信息服务,提高项目—投资匹配度,提升投融资和项目建设效率。引导、健全我省文旅产业投资目录,吸引金融机构、产业基金、企业等各类资本投资文旅产业集聚区和文旅新业态、新产品,使其成为推动文旅有效投资的新引擎。大力推进列入省重点、服务业重点和总投资50亿元以上重大文旅项目建设。力争到 2022 年，全省在建文旅项目总投资超过 1.5 万亿元。（争取 2020 年底前完成该平台建设。责任处室和单位：厅产业发展处、厅资源开发处、省文化和旅游宣传推广信息中心。）

4.提升文旅产业统计分析系统。建设文化和旅游统计数据中心，升级省文旅统计和数据分析技术平台。探索建立文化和旅游经济运行综合监测与分析机制，打造文化和旅游运行的智慧监测平台，为文旅产业改革发展和投资决策提供参考。（计划 2020 年启动文旅统计和数据分析技术平台升级。责任处室和单位：厅科技与教育处、浙江旅游职业学院。）

（四）加快智慧旅游发展

1.提升"诗画浙江"全域旅游信息服务系统。整合全省文旅基础资源数据、优质文旅产品、特色文化资源等，打造一站式旅游公共服务。利用大数据、移动互联等技术，跨部门协同其他横向部门的数据资源，实现对旅游市场的有效监管、对游客的高质量公共服务、对诗画浙江品牌的有效推广、对旅游产业的高效率管理，全力助推浙江全国全域旅游示范省创建及"大花园"建设。总结推广温州市全国首批智慧旅游试点城市经验。（计划 2019 年对该系统进行扩容提升，并绘制文旅资源导航导览图，打造浙江文旅资讯网。责任处室和单位：厅政府数字化转型工作专项小组办公室、省文化和旅游宣传推广信息中心。）

2.积极推进智慧旅游数字化示范景区建设。推广一键智慧游模式，开展虚拟导游服务应用，支持利用人脸识别、指纹识别等技术改进游客体验。加强移动电子商务应用，利用智能手机等进行景区、门票等预订和线上支付。鼓励景区、度假区运用"无感支付"、反向寻车系统、实时剩余车位显示等应用实现智能停车。推进景区智慧型旅游厕所建设。推进 5G 的应用，利用信息化手段提升互动体验。推动北斗系统在山岳、滨海等旅游景区紧急救援中的应用。运用大数据对旅游景区信息关联分析，为景区流量控制及安全预警提供数据支持。（计划 2022 年底前完成 4A 级以上景区数据全部接入国家旅游应急指挥平台，实现对景区、度假区的突发事件、客流预测预警等指挥调控功能。责任处室和单位：厅资源开发处、省文化和旅游宣传推广信息中心。）

3.着力推进智慧乡村旅游。积极推进乡村旅游网络服务工程，选择一批有条件的重点旅游村实施信息化改造，利用网络整合乡村旅游各个要素，依托移动终端、微信等平台，实时宣传乡村旅游信息，强化网络宣传、咨询、预订和支付等功能，满足广大游客的个性化旅游消费理念。鼓励和引导乡村旅游与互联网等现代信息技术相结合，促进"旅游＋农业＋互联网"融合发展，推动旅游重点村与旅游电商、现代物流等企业建立合作关系，持续推进"乡村旅游后备厢工程""一村一品"产业建设专项行动。（争取 2022 年底前建立综合性的智慧乡村旅游基础服务系统，探索形成浙江特色的智慧乡村旅游发展主要模式。责任处室和单位：厅推进乡村旅游专项小组办公室、厅资源开发处、省文化和旅游宣传推广信息中心。）

（五）加快构建省市县互联互通的公共数字文化服务网络

1.探索建立公共文化服务物联网络。依托"浙江智慧文化云"，创新公共文化数字化服务方式，形成网上服务与阵地服务、流动服务有机结合的公共文化服务新格局。加强数字公共文化产品的供给。广泛开展数字文化资源订单式配送、场地网上预订、活动网上预约、网上评价反馈等服务，形成线上线下相结合、现实和虚拟相融合的服务模式，不断提高基层群众参与公共文化服务的便捷性和公共文化服务供给的精准性。（争取 2020 年底前初步建成公共文化服务物联网络。责任处室和单位：厅公共服务处、浙江图书馆。）

2.强化公共文化服务数字资源库建设。深入挖掘地方特色文化资源，着力建设反映浙江历史文化、地域文化、民风民俗等内容的特色文化数字资源。推动公共图书馆、文化馆、美术馆等公共文化机构资源数字化，加强数字资源利用，不断提高公共文化数字资源库的数量和品质。加快推进数字图书馆、数字文化馆、数字美术馆建设。（计划 2019 年完成全国数字文化馆建设试点任务，到 2020 年基本建成分级分布式数字文化资源体系。责任处室和单位：厅公共服务处、浙江图书馆、省文化馆、浙江美术馆。）

3.研发公共文化服务智能化终端。整合各类公共文化数字化资源，加强与院校、科研院所的合作，研发与现有公共文化信息化设施设备相衔接的智能化终端服务产品,提升公共文化设施信息化水平。鼓励公共文化机构建立互动体验空间,充分运用人机交互、虚拟现实、增强现实、3D打印等现代技术,设立阅读、舞蹈、音乐等交互式文化体验专区,增强公共文化服务互动性和趣味性。将全省基层文化服务站点纳入终端布点。(计划2019—2020年选择若干公共文化服务机构开展试点。责任处室和单位:厅公共服务处、浙江图书馆。)

(六)加快智慧文博建设

1.实施数字文物建设。实施"互联网＋中华文明"行动计划,加快推进文物资源的活化利用。利用高精度图片、影像、三维采集技术,实现对文物客观、完整的数字化存档。充分利用物联网、大数据、云计算等先进信息技术,建设全省文物数字资产管理系统,构建感知、监测、分析、管理、服务"五位一体"的文物管理新机制,在保障文物安全的基础上,实现文物数字资产从数据到信息到知识到价值的利用。全面提升浙江省文博单位的管理能力、服务能力和决策能力,推动浙江省文博单位的智慧化转型。(计划2022年底前完成全省文物数字资产管理系统建设。责任单位:省文物局、厅属文博单位。)

2.推进文物数字资源库建设。完成全省县级以上文物保护单位、国有馆藏文物、博物馆及博物馆展览信息、讲座活动信息的归集,加强博物馆公共服务综合管理平台建设,实现信息的实时更新发布和公众掌上查询。全面完成全省省级以上文物保护单位保护范围和建设控制地带信息的

数字化,建设全省文物保护单位"两划"范围地理信息平台。加强文物资源信息数据库建设。(计划2020年底前完成全省县级以上文物保护单位、国有馆藏文物、博物馆及其博物馆展览信息的归集,2022年底前完成浙江省文物保护单位保护范围和建设控制地带地理信息系统改造项目。责任单位:省文物局、厅属文博单位。)

3.推进博物馆智慧服务。利用小程序、人脸识别、万物识别、知识图谱、人工智能等先进信息技术,打造线上线下观众参观互动场景,使线下观众结合线上资源加深现场参观印象,使线上观众足不出户身临其境参观展览,吸引更多观众参观实体展览。利用博物馆公共服务综合管理平台的自主式策展和展览交流功能,完善馆际展览交流机制,培养策展人员的展览策划能力,促进博物馆推出更多精品展览。(计划2022年底前完成浙江数字博物馆建设项目。责任单位:省文物局、厅属博物馆。)

(七)加快智慧非遗建设

1.实施智慧保存。完善浙江省非遗保护数据库,建立全省非遗工作系统数据报送机制,做好与地方非遗保护数据库的对接;与国家非遗保护数据库及其他相关业务系统依据统一的标准进行接入,实现信息资源的全面整合与共享、业务应用的智能协同;建立用户管理系统,采集浙江非遗各数据库、非遗网、公共服务平台、App、微信等各客户端的用户信息及用户行为数据。(计划2019—2020年推进全省非遗保护数据库建设,做好与地方非遗保护数据库的对接,逐步实现全

省"一网式"运行与管理,并接入国家非遗保护数据库。责任处室和单位:厅非遗处、省非遗保护中心。)

2.实施智慧管理。建立浙江省非遗数据可视化平台,实现对全省省级以上非遗项目名录存续及保护状态实时监测,通过短信、微信等方式建立项目保护预警机制;根据非遗项目间的级别关系、项目与保护载体间关系等建立全省非遗保护的关系图谱;根据非遗保护数据库数据、客户端等用户信息及用户行为数据构建非遗保护智能分析系统,协助各级非遗行政部门制定政策措施。(计划2020年底前建成非遗数据可视化平台,2022年底前建成非遗保护智能分析系统。责任处室和单位:厅非遗处、省非遗保护中心。)

3.实施智慧传承。收集非遗传承教学课件及制作VR形式的教学课件,建立浙江省非遗数字化课件教学资源库;建立浙江省非遗网络传习所,让传承人可以打破时间、空间等局限,进行非遗传承教学。(计划2021年底前建成浙江省非遗数字化课件教学资源库,2022年底前建成浙江省非遗网络传习所。责任处室和单位:厅非遗处、省非遗保护中心。)

4.智慧传播。建设浙江省非遗公共服务平台,提供智能搜索引擎,实现知识信息资源和知识传播与数字化学习研究平台;收集梳理传统戏剧、曲艺等视频资料,打造线上浙江非遗视听馆;根据"诗路"文化带建设规划,构建浙江省非遗体验旅游平台,利用大数据分析计算及移动互联网技术,设计非遗体验旅游线路;打造

非遗旅游IP,从非遗的数据保护向非遗的体验传承转型发展;构建浙江省非遗展示场馆智能导览平台,实现智能化观览。(计划2020年底前建成浙江非遗视听馆,2021年底前建成浙江省非遗展示场馆智能导览平台。责任处室和单位:厅非遗处、省非遗保护中心。)

(八)加快推进厅属院校数字校园建设

1.开展"互联网+教学"建设行动。积极创建省级"互联网+教学"示范性院校。推进智慧教室、远程教室等"互联网+教学"设施建设,构建"互联网+教学"平台,推动课堂教学创新。重点建设省级及以上精品在线开放课程、"互联网+教学"省级课堂教学改革项目、"互联网+教学"省级示范课、省级虚拟仿真实验教学项目以及立体化新形态教材,力争获得省级以上专业教学资源库项目立项。积极推进数字音乐研究,力争两年内完成省级智慧琴房服务标准化试点任务。(计划2022年底前建成与高水平特色院校相适应的网络化、数字化、智能化、情境化、多样化智慧校园环境。责任单位:厅属院校、厅科技与教育处。)

2.开展"互联网+校务服务"改革行动。以服务驱动和技术支撑为主线,践行《教育信息化2.0行动计划》,全面推行"一站式服务"和"一张表管理",丰富服务载体,从PC端、移动端、触屏终端,构建全方位、全过程、全天候的"互联网+校务服务"体系,助力教育教学、管理和服务的改革发展,满足师生日益增长的多元化、个性化服务需求。(计划2020年底前实现校务服务事项网上办事、掌上办事全覆盖。责任单位:厅属院校、厅科技与教育处。)

3.开展"互联网+校园管理"创新行动。围绕"学校、教师、学生"三大类主体,挖掘数据潜在的信息和规律,为学校招生计划、师资队伍发展与人才培养政策、科研发展状况、学科建设情况等事项决策提供数据支撑,为教师、学生的成长档案建设、教学信息采集等工作提供个性化数据服务。探索人工智能在校园管理的创新应用,建设课程过程监控、校园安全实时监测系统等管理平台,实现校园精细化管理,提高校园管理效率。(计划2020年底前总结一批校园数字化管理成功经验,争取在同类院校中走在前列。责任单位:厅属院校、厅科技与教育处。)

四、保障措施

(一)强化组织领导

由厅科技与教育处、厅政府数字化转型工作专项小组办公室联合成立厅数字文旅建设推进办公室,做好组织实施、统筹推进等相关工作。研究建立建设项目决策咨询制度和评估体系,规范项目组织实施程序。各处室和相关单位要认真对照行动计划重点目标,细化年度目标与任务,确保各项工作落到实处。注重全省联动,组织各级文旅单位积极参与,在全省推出一批数字文旅建设示范单位。(责任处室和单位:厅科技与教育处、厅政府数字化转型工作专项小组办公室。)

(二)建立数字化标准体系

根据文旅大数据建设需求,建立健全覆盖技术、产品和管理等方面的数字化标准体系,以标准化提升全省文旅数字化发展水平。加强文旅数字化标准的宣贯应用,提升我省在全国文旅大数据的影响力。指导培育一批文旅大数据咨询研究、测试评估、技术和知识产权、投融资等专业化服务机构。(责任处室和单位:省文化和旅游宣传推广信息中心、厅科技与教育处。)

(三)支持数字文旅科研

指导和支持厅属院校和相关高校加强数字文旅类特色专业建设。利用好省文化和旅游厅与省科技厅科技协同创新机制、省级文旅科研项目等,支持数字文旅科研重点项目。发挥企业创新主体作用,整合产学研用资源优势联合攻关,研发大数据采集、传输、存储、管理、处理、分析、应用、可视化和安全等关键技术。(责任处室和单位:厅科技与教育处、厅属院校。)

(四)推动协同创新

加强数字文旅建设资金保障。引导金融机构扩大对数字文旅领域的信贷投放。加强数字文旅重点项目路演及推介活动,引导社会力量进入数字文旅领域。积极探索"政府主导+社会参与"政府数字化转型建设运营新模式,大力引进社会投资,推动基础网络设施、云计算设备、大数据平台和数字化应用平台的建设与运营。(责任处室和单位:厅财务处、厅产业发展处、厅政府数字化转型工作专项小组办公室、省文化和旅游宣传推广信息中心。)

(五)强化数字文旅安全管理

全面贯彻实施《中华人民共和国网络安全法》等法律法规和网络安全标准,开展数字化重大建设项目安全审查,落实关键基础设施保护制度和网络安全等级保护制度。强化个人和法人信息保护。加强网络安全技术防范，强化内容安全审核把关。建立重要数据使用管理和安全评价机制。建立数据安全责任制，明确相关部门负责人、要害信息系统运营单位负责人的数据安全责任。加强网络管理、数据管理和信用评价管理，明确各类管理运维人员的相关责任。（责任处室和单位：厅科技与教育处、省文化和旅游信息宣传推广中心。）

（六）加强督促考核

建立厅党组定期听取数字文旅建设工作汇报制度，建立健全考核机制，将数字文旅建设纳入厅目标责任制考核。开展重大任务落实情况督促检查和第三方评估，加强绩效评估和监督考核。认真总结好的经验和做法，加强宣传引导，形成上下联动、全省推进的良好工作氛围。（责任处室和单位：厅科技与教育处、厅政府数字化转型工作专项小组办公室、厅人事处。）

统计资料

ZHEJIANG CULTURE AND TOURISM YEARBOOK

2019 年浙江省文化发展指标

主要指标	计量单位	绝对量
文化事业费	亿元	79.90
人均文化事业费	元	136.57
文化事业费占财政支出的比重	%	0.79
平均每万人拥有公共图书馆建筑面积	平方米	223.36
人均拥有公共图书馆藏量	册	1.61
人均购书费	元	4.32
每万人拥有群众文化设施建筑面积	平方米	840.94
人均群众文化业务活动专项经费	元	17.50
艺术表演团体个数	个	1550
艺术表演团体国内演出观众人次	千人次	182612.27
艺术表演团体演出收入	千元	1746101
文化部门艺术表演团体经费自给率（事业）	%	18.97
文物藏品数量	件（套）	1558407
博物馆参观总人次	千人次	80296.48

说明：1. 人均购书费＝（新增藏量购置费 ＋ 新增数字资源购置费）/年末常住人口。
2. 艺术表演团体包含非文化部门数据。
3. 艺术表演团体经费自给率＝（总收入－财政补贴收入）/总支出。

2019 年浙江省旅游业主要指标

	指标	计量单位	绝对量	比上年增长（%）
旅游产业	旅游产业总产出（2018 年）	亿元	10766	—
	旅游产业增加值	亿元	4914	9.0
	旅游产业增加值占 GDP 比重	%	7.9	0.1（百分点）
旅游收入	旅游总收入	亿元	10911.0	9.0
	其中：国际旅游（外汇）收入	亿美元	26.7	2.9
	国内旅游收入	亿元	10726.7	9.1
旅游人数	接待游客总人数	亿人次	7.3	5.5
	其中：入境游客	万人次	467.1	1.9
	国内游客	亿人次	7.2	5.5
	旅行社组织出境游客	万人次	306.5	6.4

2019 年浙江省分市主要文化发展指标（一）

地区	文化事业费/万元	人均文化事业费/元	文化事业费占财政支出的比重/%	平均每万人拥有公共图书馆建筑面积/平方米	人均拥有公共图书馆藏量/册	人均购书费/元	每万人拥有群众文化设施建筑面积/平方米
杭州市	119306.9	115.16	0.61	179.46	1.77	4.32	663.47
宁波市	104781.5	122.67	0.59	232.26	1.46	3.31	1160.11
温州市	77745.5	83.60	0.72	229.57	1.48	3.47	1068.95
嘉兴市	70170.9	146.19	0.92	285.25	2.05	7.18	828.60
湖州市	26420.5	86.34	0.57	210.59	1.11	2.70	749.58
绍兴市	57125.0	112.96	0.89	189.14	1.27	2.49	634.17
金华市	43212.4	76.84	0.65	168.47	1.03	2.23	617.32
衢州市	22955.4	103.50	0.51	154.73	1.53	3.78	594.72
舟山市	20511.5	174.42	0.63	295.49	1.90	4.07	847.02
台州市	73260.2	119.12	0.95	224.75	1.41	2.33	625.80
丽水市	30770.7	139.05	0.58	246.77	1.24	5.63	1479.67

2019 年浙江省分市主要文化发展指标（二）

地区	人均群众文化业务活动专项经费/元	艺术表演团体个数/个	艺术表演团体国内演出观众人次/千人次	艺术表演团体演出收入/千元	文化部门艺术表演团体经费自给率（事业）/%	文物藏品数量/(件/套)	博物馆参观总人次/千人次
杭州市	16.89	132	11925.97	143746	29.77	170478	14457.74
宁波市	20.93	271	15371.50	252146	22.88	279567	9071.42
温州市	16.49	163	28796.93	122478	11.92	129197	5322.89
嘉兴市	26.33	22	1058.26	12470	1.88	141462	9961.22
湖州市	14.80	96	3684.53	21259	0	68994	3856.05
绍兴市	13.12	225	20541.90	235432	17.25	102282	5673.26
金华市	11.67	154	31390.35	291658	16.85	84305	4534.37
衢州市	11.67	48	6564.68	34120	7.44	32632	2561.11
舟山市	25.31	21	2358.70	15852	13.93	40591	1105.76
台州市	16.50	224	44201.22	418956	0	97655	9838.62
丽水市	20.96	185	14556.15	119075	0	54785	5057.73

2019 年浙江省分市主要文化发展指标（三）

地区	每万人拥有公共文化设施建筑面积/平方米	人均观看艺术表演、文博展览次数/人次	图书馆流通率/人次	每万人拥有非物质文化遗产项目个数/个	每百万人拥有非遗项目传承人数/人
杭州市	1522.79	5.39	1.58	0.18	19.50
宁波市	2931.02	3.96	1.82	0.11	9.13
温州市	1875.11	3.93	2.36	0.16	22.15
嘉兴市	1925.86	3.02	3.73	0.15	14.79
湖州市	2136.27	5.39	1.79	0.16	16.01
绍兴市	1725.08	5.93	1.59	0.17	21.36
金华市	1255.39	7.00	1.24	0.21	24.54
衢州市	965.34	4.56	2.06	0.34	41.93
舟山市	2532.70	3.30	1.95	0.32	19.56
台州市	1798.70	8.79	4.20	0.17	15.12
丽水市	2311.44	9.16	3.04	0.47	62.36

2019 年浙江省分市旅游产业主要指标

地区	旅游产业增加值/亿元	旅游产业增加值增速/%	旅游产业增加值占 GDP 比重/%
杭州市	1218.3	9.9	7.9
宁波市	870.8	8.7	7.3
温州市	571.3	10.3	8.6
嘉兴市	403.2	8.5	7.5
湖州市	269.1	13.0	8.6
绍兴市	416.5	9.7	7.2
金华市	378.2	7.9	8.3
衢州市	133.3	9.6	8.5
舟山市	113.4	9.9	8.3
台州市	358.1	8.0	7.0
丽水市	137.1	11.5	9.3

2019 年浙江省分市接待游客总人数和旅游总收入

地区	接待游客总人数		旅游总收入	
	绝对量/万人次	比上年增长/%	绝对量/亿元	比上年增长/%
杭州市	20813.7	15.1	4004.6	18.3
宁波市	14022.9	12.1	2330.9	16.2
温州市	13728.0	15.2	1550.7	16.2
嘉兴市	12028.1	12.4	1422.9	15.5
湖州市	13223.5	11.7	1529.1	12.7
绍兴市	11487.9	5.5	1306.9	10.4
金华市	14002.3	15.7	1579.8	16.9
衢州市	7870.3	5.6	595.8	12.0
舟山市	6859.8	11.0	1017.8	11.8
台州市	13169.6	11.3	1470.1	13.0
丽水市	7795.7	7.8	781.0	16.9

2019 年浙江省分市接待入境游客人数、国际旅游（外汇）收入

地区	入境游客人数		国际旅游（外汇）收入	
	绝对量/万人次	比上年增长/%	绝对量/万美元	比上年增长/%
杭州市	113.3	5.7	73659.5	−0.6
宁波市	76.2	−9.3	40309.7	−2.6
温州市	58.4	5.1	31928.5	9.3
嘉兴市	57.1	5.6	31157.1	6.2
湖州市	25.9	3.6	14984.3	8.6
绍兴市	15.2	2.4	7360.2	6.9
金华市	88.9	5.5	53211.9	6.2
衢州市	1.3	−4.1	593.0	1.1
舟山市	15.6	−14.5	8510.0	−9.7
台州市	13.9	8.6	4614.1	11.3
丽水市	1.2	16.9	494.4	24.8

2019 年浙江省分市国内旅游接待统计体系主要指标（一）

地区	接待国内过夜游客人数		住宿单位接待国内过夜游客人数		住宿单位接待人数占国内游客人数比重	
	绝对量/万人次	排名	绝对量/万人次	排名	占比/%	排名
全 省	37234.5	—	28838.1	—	40.0	—
杭州市	9046.4	1	6310.8	1	30.5	3
宁波市	5212.8	3	4013.9	3	28.8	7
温州市	6192.4	2	4539.0	2	33.2	1
嘉兴市	4312.2	7	2716.7	7	22.7	9
湖州市	4803.8	6	3826.6	4	29.0	6
绍兴市	4923.5	5	3476.0	6	30.3	4
金华市	5185.8	4	3578.2	5	25.7	8
衢州市	2522.9	11	1746.1	11	22.2	10
舟山市	3282.4	9	2052.1	10	30.0	5
台州市	3057.7	10	2090.6	9	15.9	11
丽水市	3747.2	8	2564.2	8	32.9	2

说明：全省数据不等于各市简单累加。

2019 年浙江省分市国内旅游接待统计体系主要指标（二）

地区	住宿单位接待国内过夜游客平均停留时间		常住居民人均接待住宿单位国内过夜游客数		旅行社接待人数占国内游客人数比重	
	绝对量/天	排名	绝对量/人次	排名	占比/%	排名
全 省	2.0	—	5.0	—	2.5	—
杭州市	1.6	6	6.3	7	2.7	1
宁波市	1.8	1	4.8	10	1.8	3
温州市	1.7	5	4.9	9	0.9	6
嘉兴市	1.5	7	5.7	8	0.9	7
湖州市	1.2	11	12.6	2	0.8	9
绍兴市	1.4	9	6.9	5	0.8	10
金华市	1.8	2	6.4	6	0.7	11
衢州市	1.2	10	7.9	4	1.0	5
舟山市	1.4	8	17.5	1	2.1	2
台州市	1.7	4	3.4	11	0.9	8
丽水市	1.8	3	11.6	3	1.2	4

2019 年浙江省旅游收入构成

项目	国际旅游(外汇)收入构成			国内旅游收入构成		
	2019 年/%	2018 年/%	增减/百分点	2019 年/%	2018 年/%	增减/百分点
总计	100	100	—	100	100	—
一、长途交通	30.6	29.9	0.7	17.8	16.5	1.3
二、景区游览	2.4	2.6	−0.2	9.1	7.0	2.1
三、住宿	21.3	21.0	0.3	23.4	21.8	1.6
四、餐饮	8.1	11.7	−3.6	21.3	19.3	2.0
五、娱乐	1.9	3.4	−1.5	4.0	6.5	−2.5
六、购物	23.1	19.8	3.3	17.4	21.5	−4.1
七、邮电通讯	0.5	1.4	−0.9	0.4	0.7	−0.3
八、市内交通	2.3	1.5	0.8	1.2	1.6	−0.4
九、其他	9.6	8.7	0.9	5.5	5.1	0.4

2019 年浙江省游客分市人均停留时间、人均花费

地区	人均停留时间		人均花费	
	国内过夜游客/(天/人次)	入境游客/(天/人次)	国内游客/(元/人次)	入境游客/(美元/人次)
全 省	2.1	2.5	1486	571
杭州市	1.9	2.6	1910	650
宁波市	2.0	2.2	1651	529
温州市	1.7	2.3	1118	547
嘉兴市	1.8	2.4	1171	546
湖州市	1.3	2.4	1151	578
绍兴市	1.6	2.5	1135	483
金华市	1.9	2.9	1109	598
衢州市	1.8	2.2	757	458
舟山市	1.9	2.3	1478	544
台州市	1.9	1.4	1115	333
丽水市	1.8	2.2	1002	416

2019年浙江省接待外国游客客源分布

	客源地	绝对量/人次	占外国游客/%	比上年增长/%
按地区分组	亚洲	1573425	47.7	7.1
	欧洲	685406	20.8	0.9
	美洲	531682	16.1	−1.0
	非洲	134589	4.1	24.1
	大洋洲	111606	3.4	5.0
接待主要国家	韩国	478206	14.5	22.6
	美国	348388	10.6	3.3
	日本	277727	8.4	−8.8
	马来西亚	150608	4.6	25.0
	印度	128070	3.9	16.1
	德国	111215	3.4	−1.5
	英国	93204	2.8	6.0
	澳大利亚	77905	2.4	7.2
	新加坡	74636	2.3	−3.3
	法国	74229	2.3	13.8
	加拿大	74080	2.2	−3.1
	意大利	63223	1.9	−7.0
	泰国	61460	1.9	25.4
	越南	60355	1.8	−10.7
	俄罗斯	53048	1.6	7.0
	印度尼西亚	44233	1.3	5.2
	荷兰	41676	1.3	−7.2
	西班牙	36181	1.1	−6.0
	瑞典	35157	1.1	−0.4
	菲律宾	31468	1.0	8.7
	伊朗	25875	0.8	11.4
	巴西	25702	0.8	10.7

说明:外国游客不包括中国港澳台地区游客。

2019 年浙江省接待国内游客客源分布

省（区、市）	占国内游客比重		
	2019 年/%	2018 年/%	占比增减/百分点
北京	1.0	1.6	−0.6
天津	0.3	0.9	−0.6
河北	0.4	1.5	−1.1
山西	0.3	1.3	−1.0
内蒙古	0.1	0.3	−0.2
辽宁	0.3	1.0	−0.7
吉林	0.3	0.8	−0.5
黑龙江	0.4	0.9	−0.5
上海	7.3	4.7	2.6
江苏	8.3	10.0	−1.7
浙江	65.8	53.5	12.3
安徽	2.6	3.8	−1.2
福建	2.1	2.8	−0.7
江西	2.3	2.3	0.0
山东	1.0	2.0	−1.0
河南	1.0	1.7	−0.7
湖北	1.1	1.6	−0.5
湖南	1.1	1.6	−0.5
广东	1.0	1.8	−0.8
广西	0.3	0.6	−0.3
海南	0.1	0.4	−0.3
重庆	0.4	1.0	−0.6
四川	0.9	1.4	−0.5
贵州	0.4	0.5	−0.1
云南	0.3	0.7	−0.4
西藏	0.0	0.2	−0.2
陕西	0.7	0.5	0.2
甘肃	0.2	0.3	−0.1
青海	0.1	0.2	−0.1
宁夏	0.1	0.2	−0.1
新疆	0.1	0.1	0.0

2019 年浙江省旅行社组织出境旅游目的地分布

	客源地	绝对量/人次	相当于出境游客的比重/%	比上年增长/%
按地区分组	亚洲	2953779	86.1	5.0
	欧洲	311477	9.1	10.3
	美洲	78190	2.3	−12.9
	大洋洲	74715	2.2	−9.7
	非洲	13600	0.4	−13.5
前往主要国家和地区	中国香港地区	92342	2.7	−19.8
	中国澳门地区	65305	1.9	3.4
	中国台湾地区	41832	1.2	62.7
	日本	685029	20.0	4.6
	越南	602596	17.6	−13.2
	泰国	549196	16.0	−2.1
	新加坡	160708	4.7	−5.2
	印度尼西亚	154290	4.5	−0.8
	马来西亚	136249	4.0	3.4
	菲律宾	123250	3.6	62.6
	韩国	118442	3.5	180.8
	柬埔寨	76434	2.2	−9.6
	俄罗斯	70368	2.1	39.1
	美国	67385	2.0	−12.4
	缅甸	59819	1.7	1072.2
	澳大利亚	50956	1.5	−7.7
	法国	41459	1.2	8.3
	意大利	33807	1.0	13.4
	德国	29934	0.9	9.7
	瑞士	25951	0.8	1.3
	英国	24379	0.7	−10.7
	阿拉伯联合酋长国	23056	0.7	0.2
	新西兰	22230	0.6	−11.8

2015—2019 年浙江省文化发展指标

主要指标	计量单位	2015 年	2016 年	2017 年	2018 年	2019 年
文化事业费	亿元	48.82	54.45	59.43	66.87	79.90
人均文化事业费	元	88.14	97.41	105.06	116.57	136.57
文化事业费占财政支出的比重	％	0.73	0.78	0.79	0.78	0.79
平均每万人拥有公共图书馆建筑面积	平方米	171.66	188.99	190.39	208.85	223.36
人均拥有公共图书馆藏量	册	1.13	1.25	1.38	1.50	1.61
人均购书费	元	3.21	3.52	3.83	4.06	4.32
每万人拥有群众文化设施建筑面积	平方米	677.44	732.16	743.99	785.07	840.94
人均群众文化业务活动专项经费	元	12.13	14.45	14.87	15.38	17.50
艺术表演团体个数	个	1024	1245	1420	1573	1550
艺术表演团体国内演出观众人次	千人次	153367	180405	210970	207875.72	182612.27
艺术表演团体演出收入	千元	1575001	4542775	4571377	4418731	1746101
文化部门艺术表演团体经费自给率(事业)	％	21.61	21.34	20.17	20.48	18.97
文物藏品数量	件(套)	1331284	1446109	1532324	1504325	1558407
博物馆参观总人次	千人次	45771	59565	64855	70053.91	80296

说明：1.人均购书费＝(新增藏量购置费 ＋ 新增数字资源购置费)/年末常住人口。

2.艺术表演团体包含非文化部门数据。

3.艺术表演团体经费自给率＝(总收入－财政补贴收入)/总支出。

2015—2019 年浙江省旅游产业主要指标

年份	旅游产业总产出/亿元	旅游产业增加值/亿元	旅游产业增加值占地区生产总值比重/％
2015	7409	2930	6.8
2016	8713	3356	7.1
2017	10023	3991	7.7
2018	10766	4507	7.8
2019	—	4914	—

说明：1.自 2017 年开始,全省旅游产业统计口径调整为"全域旅游产业"。

2.2019 年旅游产业总产出省统计局还未测算。

2015—2019 年浙江省接待入境游客人数、国际旅游（外汇）收入

年份	接待入境游客人数		国际旅游（外汇）收入	
	绝对值/万人次	比上年增长/%	绝对值/亿美元	比上年增长/%
2015	1012.0	8.8	67.9	13.7
2016	1120.3	10.7	74.3	9.5
2017	1211.7	8.3	82.8	10.5
2018	456.8	−4.2	26.0	−0.7
2019	467.1	1.9	26.7	2.9

说明：从2018年开始，全省入境旅游统计口径调整为"入境过夜游客"，"比上年增长"为可比口径。

2015—2019 年浙江省接待入境过夜外国游客和港澳台同胞人数

年份	外国游客		港澳同胞		台湾同胞	
	绝对量/人次	比上年增长/%	绝对量/人次	比上年增长/%	绝对量/人次	比上年增长/%
2015	6722552	9.6	1570727	5.8	1827105	8.7
2016	7316202	8.8	1871789	19.2	2015028	10.3
2017	8014956	7.6	1922931	8.5	2179452	10.8
2018	3234062	−4.3	478914	−12.8	854601	1.7
2019	3298281	2.8	469372	−5.7	903483	2.8

说明：从2018年开始，全省入境旅游统计口径调整为"入境过夜游客"，"比上年增长"为可比口径。

2015—2019 年浙江省接待国内游客人数和国内旅游收入

年份	接待国内游客人数		国内旅游收入	
	绝对量/万人次	比上年增长/%	绝对量/亿元	比上年增长/%
2015	52532.1	9.7	6720.0	13.0
2016	57330.3	9.1	7599.7	13.1
2017	62868.4	9.7	8763.9	15.3
2018	68386.4	8.8	9834.0	12.2
2019	72180.4	5.5	10726.7	9.1

2015—2019 年浙江省假日旅游接待收入情况

年份	假日	接待人数		旅游收入	
		绝对量/万人次	比上年增长/%	绝对量/亿元	比上年增长/%
2015	春节	1519.3	6.1	130.7	8.0
	国庆	4269.1	8.3	382.7	11.6
2016	春节	1806.9	18.9	157.4	20.5
	国庆	4655.6	9.1	431.5	12.8
2017	春节	2048.5	13.4	185.9	18.1
	国庆	5952.3	11.9	576.2	16.8
2018	春节	2227.9	8.8	211.1	13.6
	国庆	5742.9	10.3	565.5	12.2
2019	春节	2412.8	8.3	232.4	10.1
	国庆	5917.1	3.0	587.4	3.9

说明:假日接待数据为可比口径。

附　录

ZHEJIANG CULTURE AND TOURISM YEARBOOK

浙江省国家历史文化名城

杭州	国家级	第一批 1982 年	
绍兴	国家级	第一批 1982 年	
宁波	国家级	第二批 1986 年	
衢州	国家级	第三批 1994 年	
临海	国家级	第三批 1994 年	

金华	国家级	2007 年
嘉兴	国家级	2011 年
湖州	国家级	2014 年
温州	国家级	2016 年
龙泉	国家级	2017 年

浙江省省级历史文化名城

余姚	省级	第一批 1991 年
舟山	省级	第一批 1991 年
东阳	省级	第一批补 1996 年
兰溪	省级	第二批 2000 年
天台	省级	第二批 2000 年

松阳	省级	第二批 2000 年
瑞安	省级	第二批 2000 年
海宁	省级	单独 2010 年
丽水	省级	单独 2014 年
平阳	省级	单独 2015 年

浙江省全国文化先进单位

1995 年	诸暨市、萧山市
1996 年	慈溪市、嵊州市
1997 年	东阳市、平阳县、海宁市、宁波市海曙区
1998 年	嘉善县、义乌市、宁波市镇海区、上虞市

2000 年	乐清市、宁波市北仑区
2002 年	鄞县、兰溪市、海盐县
2005 年	长兴县、桐庐县、德清县
2009 年	平湖市、临海市、杭州市拱墅区
2014 年	杭州市江干区、龙泉市、玉环县、宁海县、瑞安市

浙江省中国民间文化艺术之乡

乐清市	乐清首饰龙、细纹刻纸
杭州市临安区	昌化鸡血石雕、现代民间绘画

平湖市	西瓜灯
诸暨市	书画、珍珠串缀

嵊州市　吹打乐、越剧

青田县　青田石雕

东阳市　木雕、竹编

海宁市　硖石灯彩

桐乡市　漫画

仙居县　针刺无骨花灯

浦江县　书画、剪纸

象山县　竹根雕

宁波市奉化区　现代民间绘画、布龙

普陀县　现代民间绘画

岱山县　现代民间绘画、渔歌号子、谢洋祭海

嵊泗县　民间绘画

长兴县　长兴百叶龙

海盐县　海盐滚灯

嘉善县　嘉善田歌、舞龙

遂昌县　昆曲十番

龙游县湖镇　　　　　硬头狮子

余姚市泗门镇　　　　犴舞

开化县苏庄镇　　　　苏庄草龙

舟山市定海区白泉镇　　舟山锣鼓

杭州市西湖区蒋村街道　龙舟胜会

杭州市余杭区　　　　　余杭滚灯、十八般武艺

杭州市萧山区楼塔镇　　细十番

江山市廿八都镇　　　　山歌

缙云县壶镇镇　　　　　钢叉舞

临海市白水洋镇　　　　黄沙狮子

景宁畲族自治县　　　　畲族山歌、畲族歌舞

三门县高枧乡　　　　　古亭抬阁

永康市唐先镇　　　　　九狮图

杭州市富阳区灵桥镇　　书画

临海市上盘镇　　　　　上盘花鼓

仙居县田市镇　　　　　鲤鱼跳龙门

衢州市柯城区沟溪乡　　农民画

乐清市象阳镇　　　　　黄杨木雕、石雕

嘉兴市秀洲区　　　　　秀洲农民画、
　　　　　　　　　　　现代民间绘画

湖州市南浔区善琏镇　　湖笔

东阳市湖溪镇　　　　　罗汉班

2019 年浙江省民间文化艺术之乡（2018 年度）

兰溪市　传统戏曲

海宁市斜桥镇　海宁皮影戏

绍兴市越城区孙端镇　祝福

桐庐县钟山乡　钟山石雕

宁波市鄞州区咸祥镇　八月半渔棉会

临海市大田街道　大田板龙

桐乡市洲泉镇　蚕花水会

德清县下渚湖街道　防风氏祭典

浦江县杭坪镇　杭坪摆祭

绍兴市柯桥区王坛镇　舜王庙会

天台县街头镇　和合文化

平湖市钟埭街道　打莲湘

龙游县詹家镇　笛子演奏

台州市黄岩区宁溪镇　"二月二"灯会

嘉兴市秀洲区油车港镇　七月七香桥会

宁海县桃源街道　宁海狮子

庆元县竹口镇　庆元唱灯

杭州市临安区湍口镇　传统歌舞

宁波市镇海区澥浦镇　澥浦农民画

杭州市富阳区银湖街道　舞龙

杭州市上城区彭埠街道　民间游戏

海盐县通元镇　灶画艺术

松阳县大东坝镇　山边马灯舞

绍兴市上虞区　越剧

新昌县梅渚镇　民间剪纸

台州市路桥区螺洋街道　螺洋莲花

长兴县李家巷镇　鸳鸯龙

温州市瓯海区茶山街道　百鸟灯扎制技艺

湖州市吴兴区东林镇　柳编技艺

浙江省国家级非物质文化遗产代表性项目名录

序号	项目名称	项目类别	所属地区	批次	保护单位
1	梁祝传说	民间文学	杭州市、宁波市、绍兴市上虞区	第一批	杭州市文化馆
2	白蛇传传说	民间文学	杭州市	第一批	杭州市文化馆
3	西施传说	民间文学	诸暨市	第一批	诸暨市文化馆
4	济公传说	民间文学	天台县	第一批	台州市天台山文化研究会
5	西湖传说	民间文学	杭州市	第二批	杭州图书馆
6	徐福东渡传说	民间文学	象山县、慈溪市	第二批	慈溪市徐福研究会、象山县文化馆
7	刘伯温传说	民间文学	文成县、青田县	第二批	文成县非物质文化遗产保护中心、青田县刘基研究会
8	徐文长故事	民间文学	绍兴市	第二批	绍兴市文化馆（绍兴市非物质文化遗产保护中心）
9	黄初平（黄大仙）传说	民间文学	金华市	第二批	金华黄大仙文化研究会
10	观音传说	民间文学	舟山市	第二批	舟山市普陀山风景名胜区管理委员会
11	苏东坡传说	民间文学	杭州市	第三批	杭州名人纪念馆（唐云艺术馆）
12	钱王传说	民间文学	杭州市临安区	第三批	杭州市临安区文化馆
13	布袋和尚传说	民间文学	宁波市奉化区	第三批	宁波市奉化区弥勒文化研究会
14	海洋动物故事	民间文学	温州市洞头区	第三批	温州市洞头区民间文艺工作者协会
15	王羲之传说	民间文学	绍兴市	第三批	绍兴市文化馆（绍兴市非物质文化遗产保护中心）
16	烂柯山的传说	民间文学	衢州市	第三批	衢州市非物质文化遗产保护中心
17	防风传说	民间文学	德清县	第三批	德清县文化馆
18	童谣（绍兴童谣）	民间文学	绍兴市	第四批扩展	绍兴市文化馆（绍兴市非物质文化遗产保护中心）
19	常山喝彩歌谣	民间文学	常山县	第四批	常山县文化馆
20	刘阮传说	民间文学	天台县	第四批	台州市天台山文化研究会
21	古琴艺术（浙派）	传统音乐	杭州市	第二批	杭州市非物质文化遗产保护中心
22	江南丝竹	传统音乐	杭州市	第二批	杭州艺术学校
23	十番音乐（楼塔细十番）	传统音乐	杭州市萧山区	第二批	杭州市萧山区楼塔细十番协会
24	十番音乐（遂昌昆曲十番）	传统音乐	遂昌县	第二批	遂昌县非物质文化遗产保护中心
25	海洋号子（象山渔民号子）	传统音乐	象山县	第三批扩展	象山县石浦文化馆
26	海洋号子（舟山渔民号子）	传统音乐	岱山县	第二批	岱山县非物质文化遗产保护中心
27	道教音乐（东岳观道教音乐）	传统音乐	平阳县	第三批扩展	平阳县非物质文化遗产

序号	项目名称	项目类别	所属地区	批次	保护单位
28	道教音乐（苍南正一派科仪音乐）	传统音乐	苍南县	第四批扩展	苍南县玉音乐团
29	畲族民歌	传统音乐	泰顺县、景宁畲族自治县	第三批扩展、第二批	泰顺县非物质文化遗产保护中心、景宁畲族自治县文物和非遗保护中心
30	嵊州吹打	传统音乐	嵊州市	第一批	嵊州市文化馆（嵊州市非物质文化遗产保护中心）
31	嘉善田歌	传统音乐	嘉善县	第二批	嘉善县文化馆
32	琵琶艺术（平湖派琵琶）	传统音乐	平湖市	第二批	平湖市非物质文化遗产保护管理中心
33	舟山锣鼓	传统音乐	舟山市	第一批	舟山市定海区非物质文化遗产保护中心
34	嘉善田歌	传统音乐	嘉善县	第二批	嘉善县文化馆
35	余杭滚灯	传统舞蹈	杭州市余杭区	第一批	杭州市余杭区文化馆
36	浦江板凳龙	传统舞蹈	浦江县	第一批	浦江县文化馆
37	黄沙狮子	传统舞蹈	临海市	第一批	临海市非物质文化遗产保护中心
38	滚灯（海盐滚灯）	传统舞蹈	海盐县	第二批	海盐县非物质文化遗产保护中心
39	十八蝴蝶	传统舞蹈	永康市	第二批	永康市民间艺术表演协会
40	大奏鼓	传统舞蹈	温岭市	第二批	温岭市石塘镇里箬村股份经济合作社
41	青田鱼灯舞	传统舞蹈	青田县	第二批	青田县非物质文化遗产研究保护中心
42	盾牌舞（藤牌舞）	传统舞蹈	瑞安市	第三批扩展	瑞安市非物质文化遗产保护中心
43	龙舞（奉化布龙）	传统舞蹈	宁波市奉化区	第一批	宁波市奉化区文化馆
44	龙舞（长兴百叶龙）	传统舞蹈	长兴县	第一批	长兴县文化馆
45	龙舞（兰溪断头龙）	传统舞蹈	兰溪市	第二批	兰溪市畲乡风情旅游发展有限公司
46	龙舞（碇步龙）	传统舞蹈	泰顺县	第三批扩展	泰顺县非物质文化遗产保护中心
47	龙舞（开化香火草龙）	传统舞蹈	开化县	第三批扩展	开化县非物质文化遗产保护中心
48	龙舞（坎门花龙）	传统舞蹈	玉环市	第三批扩展	玉环市坎门花龙活动中心
49	灯舞（上舍化龙灯）	传统舞蹈	安吉县	第四批扩展	安吉县上舍龙舞艺术团
50	灯舞（青田百鸟灯舞）	传统舞蹈	青田县	第四批扩展	青田县非物质文化遗产研究保护中心
51	竹马（淳安竹马）	传统舞蹈	淳安县	第四批	淳安县博物馆（淳安县文物管理委员会办公室、淳安县文物保护管理所、淳安县非物质文化遗产保护中心）
52	昆曲	传统戏剧	永嘉县	第一批	永嘉昆剧团（浙江永嘉昆曲传习所）
53	越剧	传统戏剧	嵊州市	第一批	嵊州市越剧艺术保护传承中心
54	宁海平调	传统戏剧	宁海县	第一批	宁海县平调艺术传承中心
55	泰顺药发木偶戏	传统戏剧	泰顺县	第一批	泰顺县非物质文化遗产保护中心

序号	项目名称	项目类别	所属地区	批次	保护单位
56	新昌调腔	传统戏剧	新昌县	第一批	新昌县调腔保护传承发展中心
57	海宁皮影戏	传统戏剧	海宁市	第一批	海宁市文化馆（海宁市非物质文化遗产保护中心）
58	浦江乱弹	传统戏剧	浦江县	第一批	浦江县文化馆
59	西安高腔	传统戏剧	衢州市	第一批	衢州市西安高腔传习所
60	台州乱弹	传统戏剧	台州市	第一批	浙江台州乱弹剧团
61	松阳高腔	传统戏剧	松阳县	第一批	松阳县文化馆
62	木偶戏（平阳木偶戏）	传统戏剧	平阳县	第二批	平阳木偶戏
63	木偶戏（单档布袋戏）	传统戏剧	苍南县	第二批	苍南县非物质文化遗产保护中心
64	木偶戏（泰顺提线木偶戏）	传统戏剧	泰顺县	第三批扩展	泰顺县非物质文化遗产保护中心
65	木偶戏（廿八都木偶戏）	传统戏剧	江山市	第三批扩展	江山市文化馆（市非物质文化遗产保护中心）
66	甬剧	传统戏剧	宁波市	第二批	宁波市甬剧团有限公司
67	姚剧	传统戏剧	余姚市	第二批	余姚市姚剧保护传承中心
68	瓯剧	传统戏剧	温州市	第二批	温州市瓯剧艺术研究院
69	绍剧	传统戏剧	绍兴市	第二批	浙江绍剧艺术研究院
70	婺剧	传统戏剧	金华市、江山市	第二批	浙江婺剧艺术研究院（浙江婺剧团）、江山市文化馆（市非物质文化遗产保护中心）
71	乱弹（诸暨西路乱弹）	传统戏剧	诸暨市	第三批扩展	诸暨市文化馆
72	淳安三角戏	传统戏剧	淳安县	第三批	淳安县文化馆
73	湖剧	传统戏剧	湖州市	第三批	湖州市文化馆、湖州市非物质文化遗产保护中心
74	醒感戏	传统戏剧	永康市	第三批	永康市民间艺术表演协会
75	目连戏（绍兴目连戏）	传统戏剧	绍兴市	第四批扩展	浙江绍剧艺术研究院
76	杭州小热昏	曲艺	杭州市	第一批	杭州滑稽艺术剧院演艺有限公司
77	温州鼓词	曲艺	瑞安市、平阳县	第一批、第三批扩展	瑞安市非物质文化遗产保护中心、平阳县非物质文化遗产保护中心
78	绍兴平湖调	曲艺	绍兴市	第一批	绍兴市文化馆（绍兴市非物质文化遗产保护中心）
79	绍兴莲花落	曲艺	绍兴市	第一批	绍兴市柯桥区文化发展中心（绍兴市柯桥区文化馆、绍兴市柯桥区图书馆、绍兴市柯桥区博物馆、绍兴市柯桥区文物保护管理所）
80	兰溪滩簧	曲艺	兰溪市	第一批	兰溪市文化馆（兰溪市非物质文化遗产保护中心）
81	滩簧（杭州滩簧）	曲艺	杭州市	第二批	杭州滑稽艺术剧院演艺有限公司
82	滩簧（绍兴滩簧）	曲艺	绍兴市	第二批	绍兴市文化馆（绍兴市非物质文化遗产保护中心）

序号	项目名称	项目类别	所属地区	批次	保护单位
83	杭州评词	曲艺	杭州市	第二批	杭州滑稽艺术剧院演艺有限公司
84	杭州评话	曲艺	杭州市	第二批	杭州滑稽艺术剧院演艺有限公司
85	独脚戏	曲艺	杭州市	第二批	杭州滑稽艺术剧院演艺有限公司
86	武林调	曲艺	杭州市	第二批	杭州滑稽艺术剧院演艺有限公司
87	四明南词	曲艺	宁波市	第二批	宁波市海曙区文化馆
88	宁波走书	曲艺	宁波市鄞州区、奉化区	第二批	宁波市鄞州区咸祥镇咸六村股份经济合作社、宁波市奉化区文化馆
89	温州莲花	曲艺	温州市鹿城区、永嘉县	第二批	温州市温馨瓯韵说唱团（普通合伙）、永嘉县曲艺家协会
90	绍兴词调	曲艺	绍兴市	第二批	绍兴市文化馆（绍兴市非物质文化遗产保护中心）
91	绍兴宣卷	曲艺	绍兴市柯桥区	第二批	绍兴市柯桥区非物质文化遗产保护中心
92	平湖钹子书	曲艺	平湖市	第二批	平湖市非物质文化遗产保护管理中心
93	金华道情	曲艺	金华市、义乌市	第二批	金华市非物质文化遗产保护中心
94	临海词调	曲艺	临海市	第二批	临海市非物质文化遗产保护中心
95	苏州评弹（苏州弹词）	曲艺	浙江省	第三批扩展	浙江曲艺杂技总团有限公司
96	唱新闻	曲艺	象山县	第三批	象山县文化馆
97	永康鼓词	曲艺	永康市	第三批扩展	永康市民间艺术表演协会
98	丽水鼓词	曲艺	丽水市莲都区	第四批	丽水市莲都区非物质文化遗产保护中心
99	线狮（九狮图）	传统体育、游艺与杂技	永康市、仙居县	第二批	永康市民间艺术表演协会、仙居县文化遗产保护中心
100	翻九楼	传统体育、游艺与杂技	杭州市、东阳市	第二批	杭州市萧山区浦阳镇民间文化研究协会
101	调吊	传统体育、游艺与杂技	绍兴市	第二批	绍兴市金寿昌调吊传习所
102	十八般武艺	传统体育、游艺与杂技	杭州市余杭区	第三批	杭州市余杭区文化馆
103	掼牛	传统体育、游艺与杂技	嘉兴市南湖区	第三批	嘉兴市海华武术馆
104	高杆船技	传统体育、游艺与杂技	桐乡市	第三批	桐乡市文化馆（桐乡市非物质文化遗产保护中心、桐乡市子恺画院）
105	迎罗汉	传统体育、游艺与杂技	缙云县	第三批	缙云县非物质文化遗产保护中心
106	线狮（草塔抖狮子）	传统体育、游艺与杂技	诸暨市	第四批扩展	诸暨市文化馆
107	金石篆刻（西泠印社）	传统美术	杭州市	第一批	西泠印社社务委员会
108	宁波朱金漆木雕	传统美术	宁波市	第一批	宁波市朱金漆木雕文化发展有限公司
109	乐清细纹刻纸	传统美术	乐清市	第一批	乐清市非物质文化遗产保护中心

序号	项目名称	项目类别	所属地区	批次	保护单位
110	乐清黄杨木雕	传统美术	乐清市	第一批	乐清市非物质文化遗产保护中心
111	嵊州竹编	传统美术	嵊州市	第一批	嵊州市文化馆（嵊州市非物质文化遗产保护中心）
112	硖石灯彩	传统美术	海宁市	第一批	海宁市文化馆（海宁市非物质文化遗产保护中心）
113	东阳木雕	传统美术	东阳市	第一批	东阳市非物质文化遗产保护中心
114	仙居花灯	传统美术	仙居县	第一批	仙居县文化遗产保护中心
115	青田石雕	传统美术	青田县	第一批	青田县石雕产业保护和发展中心
116	竹编（东阳竹编）	传统美术	东阳市	第二批	东阳市非物质文化遗产保护中心
117	剪纸（浦江剪纸）	传统美术	浦江县	第二批	浦江县文化馆
118	剪纸（桐庐剪纸）	传统美术	桐庐县	第四批	桐庐县文化遗产保护中心（博物馆、非遗馆）
119	竹刻（黄岩翻簧竹雕）	传统美术	台州市黄岩区	第二批	黄岩希望工艺厂
120	鸡血石雕	传统美术	杭州市临安区	第二批	浙江省昌化石雕厂
121	骨木镶嵌	传统美术	宁波市	第二批	宁波市江北腾骁骨木镶嵌制品有限公司
122	瓯绣	传统美术	温州市	第二批	温州市工艺美术研究院
123	瓯塑	传统美术	温州市	第二批	浙江云艺装饰有限公司
124	彩石镶嵌	传统美术	温州市鹿城区、瓯海区，仙居县	第二批	温州崇林斋工艺品有限公司、温州市瓯海区文化馆、仙居县文化遗产保护中心
125	乐清龙档	传统美术	乐清市	第二批	乐清市黄家龙档木雕艺术研究所
126	锡雕	传统美术	永康市	第二批	浙江荣盛达锡制品有限公司
127	麦秆剪贴	传统美术	浦江县	第二批	浦江云花工艺美术有限公司
128	宁波金银彩绣	传统美术	宁波市	第三批	宁波金银彩绣有限公司
129	宁波泥金彩漆	传统美术	宁海县	第三批	宁波东方艺术品有限公司
130	嘉兴灶头画	传统美术	嘉兴市	第三批	嘉兴市文化馆（嘉兴市非物质文化遗产保护中心）
131	木偶头雕刻（泰顺木偶头雕刻）	传统美术	泰顺县	第四批扩展	泰顺县方圆木偶工艺有限公司
132	张小泉剪刀锻制技艺	传统技艺	杭州市拱墅区	第一批	杭州张小泉集团有限公司
133	竹纸制作技艺	传统技艺	杭州市富阳区	第一批	杭州市富阳区富阳竹纸文化保护与传承发展促进会
134	绍兴黄酒酿制技艺	传统技艺	绍兴市	第一批	绍兴市黄酒行业协会
135	湖笔制作技艺	传统技艺	湖州市	第一批	湖州市善琏湖笔厂
136	天台山干漆夹纻髹饰技艺	传统技艺	天台县	第一批	台州传统艺术博物院
137	龙泉青瓷烧制技艺	传统技艺	龙泉市	第一批	龙泉市非物质文化遗产保护中心
138	龙泉宝剑锻制技艺	传统技艺	龙泉市	第一批	龙泉市非物质文化遗产保护中心

序号	项目名称	项目类别	所属地区	批次	保护单位
139	制扇技艺（王星记扇）	传统技艺	杭州市下城区（原）	第二批	杭州王星记扇业有限公司
140	铜雕技艺	传统技艺	杭州市	第二批	金星铜集团有限公司
141	西湖绸伞制作技艺	传统技艺	杭州市	第二批	杭州宋记绸伞有限公司
142	西湖龙井茶制作技艺	传统技艺	杭州市	第二批	杭州市西湖区龙井茶产业协会
143	余杭清水丝绵制作技艺	传统技艺	杭州市余杭区	第二批	杭州余杭塘北股份经济合作社
144	杭罗织造技艺	传统技艺	杭州市	第二批	杭州福兴丝绸有限公司
145	海盐晒制技艺	传统技艺	象山县	第二批	宁波信丰泰盐业科技有限公司
146	木活字印刷技术	传统技艺	瑞安市	第二批	瑞安市活字印刷协会
147	木拱桥传统营造技艺	传统技艺	泰顺县、庆元县	第二批	泰顺县非物质文化遗产保护中心、庆元县文化馆
148	石桥营造技艺	传统技艺	绍兴市	第二批	绍兴市古桥学会
149	双林绫绢织造技艺	传统技艺	湖州市	第二批	湖州云鹤双林绫绢有限公司
150	金华酒传统酿造技艺	传统技艺	金华市	第二批	金华酒行业协会
151	婺州举岩茶制作技艺	传统技艺	金华市	第二批	浙江采云间茶业有限公司
152	金华火腿腌制技艺	传统技艺	金华市	第二批	金华火腿行业协会
153	诸葛村古村落营造技艺	传统技艺	兰溪市	第二批	兰溪市诸葛旅游发展有限公司
154	东阳卢宅营造技艺	传统技艺	东阳市	第二批	东阳市非物质文化遗产保护中心
155	浦江郑义门营造技艺	传统技艺	浦江县	第二批	浦江县文物保护管理所（浦江县郑义门文物保护管理所）
156	俞源村古建筑群营造技艺	传统技艺	武义县	第二批	武义县文化馆
157	传统木船制造技艺	传统技艺	舟山市普陀区	第二批	浙江岑家木船文化发展有限公司
158	蚕丝织造技艺（杭州织锦技艺）	传统技艺	杭州市	第三批扩展	杭州都锦生实业有限公司
159	蚕丝织造技艺（辑里湖丝手工制作技）	传统技艺	湖州市南浔区	第三批扩展	湖州市南浔区文化馆
160	雕版印刷技艺（杭州雕版印刷技艺）	传统技艺	杭州市西湖区	第三批扩展	杭州黄小建雕版艺术工作室
161	传统棉纺织技艺（余姚土布制作技艺）	传统技艺	余姚市	第三批扩展	余姚市小曹娥镇朗海村股份经济合作社
162	绿茶制作技艺（紫笋茶制作技艺）	传统技艺	长兴县	第三批扩展	长兴县紫笋茶文化研究会
163	皮纸制作技艺（龙游皮纸制作技艺）	传统技艺	龙游县	第三批扩展	浙江龙游辰港宣纸有限公司
164	中式服装制作技艺（振兴祥中式服装制作技艺）	传统技艺	杭州市上城区	第三批	杭州利民中式服装股份有限公司
165	越窑青瓷烧制技艺	传统技艺	杭州市西湖区，慈溪市，绍兴市上虞区	第三批	杭州市西湖区贵山窑陶瓷艺术研究室、慈溪市越窑青瓷有限公司、绍兴上虞三雄陶瓷有限公司
166	蓝夹缬技艺	传统技艺	温州市	第三批	苍南县非物质文化遗产保护中心

序号	项目名称	项目类别	所属地区	批次	保护单位
167	白茶制作技艺（安吉白茶制作技艺）	传统技艺	安吉县	第三批扩展	浙江省湖州市安吉县溪龙乡黄杜村村民委员会
168	五芳斋粽子制作技艺	传统技艺	嘉兴市	第三批	五芳斋集团股份有限公司
169	木版水印技艺	传统技艺	杭州市下城区（原）	第四批扩展	杭州十竹斋艺术馆
170	竹纸制作技艺（泽雅屏纸制作技艺）	传统技艺	温州市瓯海区	第四批扩展	温州市瓯海区文化馆
171	龙档（乐清首饰龙）	传统技艺	乐清市	第四批扩展	乐清市非物质文化遗产保护中心
172	蓝印花布印染技艺	传统技艺	桐乡市	第四批扩展	桐乡市文化馆（桐乡市非物质文化遗产保护中心、桐乡市子恺画院）
173	婺州窑陶瓷烧制技艺	传统技艺	金华市婺城区	第四批	金华市婺窑小镇文化发展有限公司
174	传统制糖技艺（义乌红糖制作技艺）	传统技艺	义乌市	第四批	义乌市五亭现代农业开发有限公司
175	胡庆余堂中药文化	传统医药	杭州市	第一批	杭州胡庆余堂国药号有限公司
176	畲族医药（痧症疗法）	传统医药	丽水市	第二批	丽水市畲族医药研究会
177	中医传统制剂方法（朱养心传统膏药制作技艺）	传统医药	杭州市拱墅区	第三批扩展	杭州朱养心药业有限公司
178	中医传统制剂方法（方回春堂传统膏方制作技艺）	传统医药	杭州市上城区	第四批扩展	杭州方回春堂国药馆有限公司
179	正骨疗法（张氏骨伤疗法）	传统医药	杭州市富阳区	第三批扩展	杭州市富阳中医骨伤医院
180	正骨疗法（章氏骨伤疗）	传统医药	台州市	第三批扩展	台州章氏骨伤医院
181	中医诊疗法（董氏儿科医术）	传统医药	宁波市海曙区	第四批扩展	宁波市中医院
182	中药炮制技艺（武义寿仙谷中药炮制技艺）	传统医药	武义县	第四批扩展	金华寿仙谷药业有限公司
183	针灸（杨继洲针灸）	传统医药	衢州市	第四批扩展	衢州市中医医院
184	大禹祭典	民俗	绍兴市	第一批	绍兴市大禹陵景区管理处（绍兴市大禹陵文物保护所）
185	端午节（蒋村龙舟胜会）	民俗	杭州市西湖区	第三批扩展	杭州市西湖区蒋村龙舟协会
186	端午节（嘉兴端午习俗）	民俗	嘉兴市	第三批扩展	嘉兴市文化馆（嘉兴市非物质文化遗产保护中心）
187	端午节（五常龙舟胜会）	民俗	杭州市余杭区	第二批	杭州市余杭区非物质文化遗产保护办公室
188	宁海十里红妆婚俗	民俗	宁海县	第二批	宁海县十里红妆博物馆
189	汤和信俗	民俗	温州市龙湾区	第二批	温州市龙湾区海滨街道宁村村村民委员会
190	水乡社戏	民俗	绍兴市	第二批	绍兴市文化馆（绍兴市非物质文化遗产保护中心）
191	扫蚕花地	民俗	德清县	第二批	德清县文化馆
192	浦江迎会	民俗	浦江县	第二批	浦江县民间艺术表演协会
193	赶茶场	民俗	磐安县	第二批	磐安县文化馆

序号	项目名称	项目类别	所属地区	批次	保护单位
194	畲族三月三	民俗	景宁畲族自治县	第二批	景宁畲族自治县文物和非遗保护中心
195	渔民开洋	民俗	象山县	第二批	象山县文化馆
196	谢洋节	民俗	岱山县	第二批	岱山县非物质文化遗产保护中心
197	石浦—富岗如意信俗	民俗	象山县	第二批	象山县石浦文化馆
198	含山轧蚕花	民俗	桐乡市	第二批	湖州市南浔区善琏镇便民服务中心（湖州市南浔区善琏镇退役军人服务站）
199	庙会（方岩庙会）	民俗	永康市	第三批扩展	永康市方岩风景区投资经营有限公司
200	庙会（张山寨七七会）	民俗	缙云县	第三批扩展	缙云县非物质文化遗产保护中心
201	祭孔大典（南孔祭典）	民俗	衢州市	第三批扩展	衢州孔氏南宗家庙管理委员会
202	农历二十四节气（班春劝农）	民俗	遂昌县	第三批扩展	遂昌县非物质文化遗产保护中心
203	农历二十四节气（九华立春祭）	民俗	衢州市柯城区	第三批扩展	衢州市柯城区文化馆
204	农历二十四节气（三门祭冬）	民俗	三门县	第四批扩展	三门县非物质文化遗产保护中心
205	七夕节（石塘七夕习俗）	民俗	温岭市	第三批扩展	温岭市石塘镇东海村股份经济合作社
206	妈祖祭典（洞头妈祖祭典）	民俗	温州市洞头区	第三批扩展	温州市洞头区妈祖文化交流协会
207	祭祖习俗（太公祭）	民俗	文成县	第三批扩展	文成县非物质文化遗产保护中心
208	黄帝祭典（缙云轩辕祭典）	民俗	缙云县	第三批扩展	缙云县仙都旅游文化产业有限公司
209	网船会	民俗	嘉兴市秀洲区	第三批	嘉兴市秀洲区文物保护所（嘉兴市秀洲区非物质文化遗产保护中心）
210	径山茶宴	民俗	杭州市余杭区	第三批	杭州市余杭区径山万寿禅寺
211	元宵节（河上龙灯胜会）	民俗	杭州市萧山区	第四批扩展	杭州市萧山区河上龙灯胜会协会
212	元宵节（前童元宵行会）	民俗	宁海县	第四批扩展	宁海县文化馆
213	民间信俗（潮神祭祀）	民俗	海宁市	第四批扩展	海宁市文化馆（海宁市非物质文化遗产保护中心）
214	民间信俗（孝子祭）	民俗	杭州市富阳区	第四批扩展	杭州市富阳区周雄孝文化研究会
215	祭祖习俗（诸葛后裔祭祖）	民俗	兰溪市	第四批扩展	兰溪市诸葛旅游发展有限公司
216	婚俗（畲族婚俗）	民俗	景宁畲族自治县	第四批扩展	景宁畲族自治县文物和非遗保护中心
217	龙舞（鳌江划大龙）	民俗	平阳县	第四批扩展	平阳县鳌江镇大龙文化研究会

浙江省国家级非物质文化遗产代表性项目代表性传承人

序号	所属市	所属地区	姓名	项目名称	项目类别	批次
1	杭州市 （34人）	上城区	冯根生	胡庆余堂中药文化	传统医药	第一批
2			朱炳仁	杭州铜雕工艺	传统技艺	第三批
3			包文其	振兴祥中式服装制作技艺	传统技艺	第四批
4			俞柏堂	方回春堂传统膏方制作技艺	传统医药	第五批
5		下城区	魏立中	木版水印技艺	传统技艺	第五批
6		江干区	邵官兴	杭罗织造技艺	传统技艺	第五批
7		拱墅区	施金水	张小泉剪刀锻制技艺	传统技艺	第一批
8			徐祖兴	张小泉剪刀锻制技艺	传统技艺	第一批
9			张忠尧	张小泉剪刀锻制技艺	传统技艺	第五批
10		西湖区	嵇锡贵	越窑青瓷	传统技艺	第四批
11			黄小建	杭州雕版印刷术	传统技艺	第五批
12		萧山区	楼正寿	楼塔细十番	传统音乐	第三批
13			钱小占	翻九楼	传统体育、 游艺与竞技	第五批
14			傅叶茂	河上龙灯胜会	民俗	第五批
15		余杭区	汪妙林	余杭滚灯	传统舞蹈	第四批
16			俞彩根	蚕丝织造技艺 （余杭清水丝绵制作技艺）	传统技艺	第五批
17		富阳区	庄富泉	竹纸制作技艺	传统技艺	第一批
18			李法儿	竹纸制作技艺	传统技艺	第四批
19			张玉柱	中医正骨疗法（张氏骨伤疗法）	传统医药	第四批
20		临安区	钱高潮	石雕（鸡血石雕）	传统美术	第三批
21		淳安县	方炳坤	竹马（淳安竹马）	传统舞蹈	第五批
22		杭州市本级	周志华	小热昏	曲艺	第二批
23			安忠文	小热昏	曲艺	第二批
24			沈凤泉	江南丝竹	传统音乐	第三批
25			刘树根 （刘笑声）	独脚戏	曲艺	第三批
26			李自新	杭州评话	曲艺	第三批
27			胡正华	杭州评词	曲艺	第三批
28			杨继昌	西湖龙井茶制作技艺	传统技艺	第三批
29			宋志明	杭州西湖绸伞	传统技艺	第三批
30			徐晓英	古琴艺术（浙派）	传统音乐	第四批
31			郑云飞	古琴艺术（浙派）	传统音乐	第四批
32			徐长根 （徐筱安）	小热昏	曲艺	第五批
33			王桂凤	武林调	曲艺	第五批
34			孙亚青	王星记扇	传统美术	第五批

序号	所属市	所属地区	姓名	项目名称	项目类别	批次
35	宁波市 （16人）	海曙区	陈祥源	四明南词	曲艺	第五批
36			董幼祺	中医诊疗法（董氏儿科医术）	传统医药	第五批
37		鄞州区	陈明伟	镶嵌（骨木镶嵌）	传统美术	第三批
38			陈盖洪	宁波朱金漆木雕	传统美术	第三批
39			许谨伦	宁波金银彩绣技艺	传统技艺	第四批
40		余姚市	沈守良	姚剧	传统戏剧	第三批
41			王桂凤	传统纺织技艺（余姚土布制作技艺）	传统技艺	第五批
42		奉化区	陈行国	龙舞（奉化布龙）	传统舞蹈	第二批
43			张嘉国	布袋和尚传说	民间文学	第五批
44		象山县	史奇刚	晒盐技艺（海盐晒制技艺）	传统技艺	第三批
45			叶胜建	唱新闻	曲艺	第五批
46			韩素莲	渔民开洋节、谢洋节（开洋节）	民俗	第五批
47		宁海县	黄才良	宁波泥金彩漆	传统技艺	第四批
48			叶全民	宁海平调	传统戏剧	第四批
49			童全灿	元宵节（前童元宵行会）	民俗	第五批
50		宁波市本级	杨柳汀	甬剧	传统戏剧	第四批
51	温州市 （37人）	鹿城区	缪成金	彩石镶嵌	传统美术	第三批
52			戴春兰	温州莲花	曲艺	第三批
53			陈志雄	温州鼓词	曲艺	第四批
54		龙湾区	徐顺炜	民间信俗（汤和信俗）	民俗	第五批
55		瓯海区	林志文	泽雅屏纸制作技艺	传统技艺	第五批
56			谢炳华	镶嵌（彩石镶嵌）	传统美术	第五批
57		瑞安市	阮世池	温州鼓词	曲艺	第二批
58			林初寅	瑞安木活字印刷术	传统技艺	第三批
59			王超辉	瑞安木活字印刷术	传统技艺	第三批
60			徐巧青	盾牌舞（藤牌舞）	传统舞蹈	第五批
61		乐清市	林邦栋	剪纸（乐清细纹刻纸）	传统美术	第一批
62			陈余华	剪纸（乐清细纹刻纸）	传统美术	第一批
63			王笃纯	乐清黄杨木雕	传统美术	第三批
64			黄德清	龙档（乐清龙档）	传统美术	第三批
65			高公博	乐清黄杨木雕	传统美术	第四批
66			虞金顺	乐清黄杨木雕	传统美术	第四批
67			林顺奎	灯彩（乐清首饰龙）	传统技艺	第五批
68		洞头区	吴江	妈祖祭典（洞头妈祖祭典）	民俗	第五批
69			许根才	海洋动物故事	民间文学	第五批
70		永嘉县	林天文	永嘉昆剧	传统戏剧	第二批
71			林媚媚	永嘉昆剧	传统戏剧	第三批
72		平阳县	方克多	温州鼓词	曲艺	第二批
73			卓乃金	木偶戏（平阳木偶戏）	传统戏剧	第三批
74			吴立勋	道教音乐（东岳观道教音乐）	传统音乐	第五批
75		苍南县	吴明月	木偶戏（单档布袋戏）	传统戏剧	第三批
76		文成县	刘一侠	祭祖习俗（太公祭）	民俗	第五批
77		泰顺县	周尔禄	木偶戏（泰顺药发木偶戏）	传统戏剧	第二批
78			董直机	编梁木拱桥营造技艺	传统技艺	第三批
79			季桂芳	木偶戏（泰顺提线木偶戏）	传统戏剧	第四批
80			季天渊	木偶头雕刻（泰顺木偶头雕刻）	传统美术	第五批
81			林实乐	龙舞（碇步龙）	传统舞蹈	第五批
82			张良华	木偶戏（泰顺提线木偶戏）	传统戏剧	第五批
83		温州市本级	李子敏	瓯剧	传统戏剧	第三批
84			陈茶花	瓯剧	传统戏剧	第三批
85			周锦云	瓯塑	传统美术	第三批
86			孙来来	瓯剧	传统戏剧	第五批
87			施成权	瓯绣	传统美术	第五批

续 表

序号	所属市	所属地区	姓名	项目名称	项目类别	批次
88	嘉兴市（12人）	南湖区	韩海华	嘉兴掼牛	传统体育、游艺与杂技	第五批
89		海宁市	陈伟炎	灯彩（硖石灯彩）	传统美术	第一批
90			徐二男	皮影戏（海宁皮影戏）	传统戏剧	第二批
91			王钱松	皮影戏（海宁皮影戏）	传统戏剧	第三批
92			张坤荣	皮影戏（海宁皮影戏）	传统戏剧	第三批
93			沈圣标	皮影戏（海宁皮影戏）	传统戏剧	第三批
94			胡金龙	灯彩（硖石灯彩）	传统美术	第五批
95		平湖市	朱大祯	琵琶艺术（平湖派）	传统音乐	第三批
96			徐文珠	平湖钹子书	曲艺	第三批
97		桐乡市	屠荣祥	高杆船技	传统体育、游艺与杂技	第五批
98			周继明	蓝印花布印染技艺	传统美术	第五批
99		嘉善县	顾友珍	嘉善田歌	传统音乐	第三批
100	湖州市（7人）	南浔区	周康明	蚕丝织造技艺（双林绫绢织造技艺）	传统技艺	第三批
101			顾明琪	蚕丝织造技艺（辑里湖丝手工制作技艺）	传统技艺	第五批
102		长兴县	谈小明	龙舞（长兴百叶龙）	传统舞蹈	第二批
103			郑福年	绿茶制作技艺（长兴紫笋茶的制作技艺）	传统技艺	第五批
104		安吉县	杨森芳	灯舞（上舍化龙灯）	传统舞蹈	第五批
105		湖州市	邱昌明	湖笔制作技艺	传统技艺	第一批
106			许丽娟	湖剧	传统戏剧	第五批
107	绍兴市（21人）	诸暨市	蒋桂凤	诸暨西路乱弹	传统戏剧	第五批
108			赵伯林	线狮（草塔抖狮子）	传统体育、游艺与杂技	第五批
109		上虞区	陈秋强	梁祝传说	民间文学	第五批
110		嵊州市	俞樟根	嵊州竹编	传统美术	第一批
111			尹功祥	嵊州吹打	传统音乐	第二批
112		柯桥区	何云根	绍兴宣卷	曲艺	第三批
113		新昌县	蔡德锦	新昌调腔	传统戏剧	第二批
114			章华琴	新昌调腔	传统戏剧	第二批
115			吕月明	新昌调腔	传统戏剧	第五批
116		绍兴市本级	王阿牛	绍兴黄酒酿制技艺	传统技艺	第一批
117			郑关富	绍兴平湖调	曲艺	第二批
118			王玉英	绍兴平湖调	曲艺	第二批
119			倪齐全	绍兴莲花落	曲艺	第二批
120			胡兆海	绍兴莲花落	曲艺	第二批
121			金寿昌（金长林）	调吊	传统体育、游艺与杂技	第三批
122			宋小青	滩簧（绍兴滩簧）	曲艺	第三批
123			章宗义	绍剧	传统戏剧	第四批
124			刘建杨	绍剧	传统戏剧	第四批
125			姚百青	绍剧	传统戏剧	第五批
126			杨乃浚	王羲之传说	民间文学	第五批
127			吴传来	徐文长故事	民间文学	第五批

序号	所属市	所属地区	姓名	项目名称	项目类别	批次
128	金华市 （26人）	婺城区	陈新华	婺州窑陶瓷烧制技艺	传统技艺	第五批
129		兰溪市	王柏成	龙舞（兰溪断头龙）	传统舞蹈	第五批
130			诸葛议	祭祖习俗（诸葛后裔祭祖）	民俗	第五批
131		义乌市	叶英盛	金华道情	曲艺	第三批
132		东阳市	冯文土	东阳木雕	传统美术	第一批
133			陆光正	东阳木雕	传统美术	第一批
134			何福礼	东阳竹编	传统美术	第三批
135			吴初伟	东阳木雕	传统美术	第四批
136			黄小明	东阳木雕	传统美术	第五批
137			楼玉龙	翻九楼	传统体育、 游艺与杂技	第五批
138		永康市	应业根	锡雕	传统美术	第三批
139			胡金超	线狮（九狮图）	传统体育、 游艺与杂技	第三批
140			盛一原	永康锡雕	传统技艺	第五批
141			程忠信	庙会（方岩庙会）	民俗	第五批
142		武义县	李明炎	武义寿仙谷中药炮制技艺	传统医药	第五批
143		浦江县	吴善增	剪纸（浦江剪纸）	传统美术	第三批
144			张根志	抬阁（浦江迎会）	传统舞蹈	第三批
145			蒋云花	麦秆剪贴	传统美术	第五批
146		金华市本级	于良坤	火腿制作技艺（金华火腿腌制技艺）	传统技艺	第三批
147			朱顺根	金华道情	曲艺	第三批
148			郑兰香	婺剧	传统戏剧	第三批
149			葛素云	婺剧	传统戏剧	第三批
150			张建敏	婺剧	传统戏剧	第四批
151			陈美兰	婺剧	传统戏剧	第四批
152			吕敏湘	金华酒酿制技艺	传统技艺	第五批
153			徐勤纳	婺剧	传统戏剧	第五批
154	衢州市 （8人）	江山市	姜志谦	婺剧（变脸、耍牙）	传统戏剧	第三批
155			金宗怀	木偶戏（廿八都木偶戏）	传统戏剧	第五批
156		常山县	曾祥泰	常山喝彩歌谣	民间文学	第五批
157		龙游县	万爱珠	皮纸制作技艺（龙游皮纸制作技艺）	传统技艺	第四批
158		衢州市	汪家惠	高腔（西安高腔）	传统戏剧	第二批
159			严邦镇	高腔（西安高腔）	传统戏剧	第二批
160			金瑛	针灸（杨继洲针灸）	传统医药	第五批
161			孔祥楷	祭孔大典（南孔祭典）	民俗	第五批
162	舟山市 （2人）	定海区	高如丰	舟山锣鼓	传统音乐	第二批
163		普陀区	岑国和	传统木船制造技艺	传统技艺	第四批

续　表

序号	所属市	所属地区	姓名	项目名称	项目类别	批次
164	台州市 （12位）	黄岩区	罗启松	竹刻（黄岩翻簧竹雕）	传统美术	第三批
165		温岭市	陈其才	七夕节（石塘七夕习俗）	民俗	第四批
166			陈德福	鼓舞（大奏鼓）	传统舞蹈	第五批
167		临海市	王曰友	狮舞（黄沙狮子）	传统舞蹈	第二批
168		玉环市	鲍木顺	龙舞（坎门花龙）	传统舞蹈	第五批
169		三门县	杨兴亚	农历二十四节气（三门祭冬）	民俗	第五批
170		天台县	汤春甫	天台山干漆夹苎技艺	传统技艺	第四批
171		仙居县	李湘满	灯彩（仙居花灯）	传统美术	第一批
172			王汝兰	灯彩（仙居花灯）	传统美术	第五批
173		台州市本级	许定龙	台州乱弹	传统戏剧	第二批
174			傅林华	台州乱弹	传统戏剧	第二批
175			章岩友	中医正骨疗法（章氏骨伤疗法）	传统医药	第五批
176	丽水市 （16人）	龙泉市	沈新培	龙泉宝剑锻制技艺	传统技艺	第一批
177			徐朝兴	龙泉青瓷烧制技艺	传统技艺	第一批
178			夏侯文	龙泉青瓷烧制技艺	传统技艺	第四批
179			毛正聪	龙泉青瓷烧制技艺	传统技艺	第四批
180			张绍斌	龙泉青瓷烧制技艺	传统技艺	第五批
181		青田县	倪东方	青田石雕	传统美术	第三批
182			张爱廷	青田石雕	传统美术	第四批
183			张爱光	青田石雕	传统美术	第五批
184			郭秉强	灯舞（青田鱼灯舞）	传统舞蹈	第五批
185		缙云县	胡文相	庙会（张山寨七七会）	民俗	第四批
186		松阳县	吴陈基	松阳高腔	传统戏剧	第二批
187			陈春林	松阳高腔	传统戏剧	第二批
188			吴陈俊	松阳高腔	传统戏剧	第三批
189		庆元县	胡淼	木拱桥传统营造技艺	传统技艺	第五批
190		景宁畲族自治县	蓝陈启	畲族民歌	传统音乐	第三批
191			蓝余根	婚俗（畲族婚俗）	民俗	第五批
192	浙江省 （5人）	浙江昆剧团	汪世瑜	昆曲	传统戏剧	第二批
193		浙江音乐学院	林为林	昆曲	传统戏剧	第二批
194		浙江小百花越剧团	茅威涛	越剧	传统戏剧	第二批
195		浙江小百花越剧团	董柯娣	越剧	传统戏剧	第二批
196		浙江昆剧团	王世瑶	昆曲	传统戏剧	第五批

浙江省国家传统工艺振兴目录

（编号示例：项目编号"Ⅰ－FRZX－1"中，Ⅰ为批次，FRZX 为项目类别，1 为具体项目编号）

项目类别：纺染织绣（FRZX）

序号	项目编号	项目名称	分布地区
14	Ⅰ-FRZX-14	宁波金银彩绣	浙江省宁波市鄞州区
54	Ⅰ-FRZX-54	蓝印花布印染技艺	江苏省南通市，浙江省桐乡市，湖南省凤凰县、邵阳县
56	Ⅰ-FRZX-56	杭州织锦技艺	浙江省杭州市
57	Ⅰ-FRZX-57	杭罗织造技艺	浙江省杭州市
58	Ⅰ-FRZX-58	双林绫绢织造技艺	浙江省湖州市

项目类别：雕刻塑造（DKSZ）

序号	项目编号	项目名称	分布地区
140	Ⅰ-DKSZ-8	青田石雕	浙江省青田县
141	Ⅰ-DKSZ-9	鸡血石雕	浙江省杭州市临安区
153	Ⅰ-DKSZ-21	东阳木雕	浙江省东阳市
154	Ⅰ-DKSZ-22	乐清黄杨木雕	浙江省乐清市
161	Ⅰ-DKSZ-29	宁波朱金漆木雕	浙江省宁波市
170	Ⅰ-DKSZ-38	瓯塑	浙江省温州市

项目类别：金属加工（JSJG）

序号	项目编号	项目名称	分布地区
205	Ⅰ-JSJG-8	铜雕技艺	浙江省杭州市

项目类别：陶瓷烧造（TCSZ）

序号	项目编号	项目名称	分布地区
280	Ⅰ-TCSZ-9	龙泉青瓷烧制技艺	浙江省龙泉市
281	Ⅰ-TCSZ-10	越窑青瓷烧制技艺	浙江省杭州市，慈溪市，绍兴市上虞区

项目类别：文房制作（WFZZ）

序号	项目编号	项目名称	分布地区
309	Ⅰ-WFZZ-1	湖笔制作技艺	浙江省湖州市
316	Ⅰ-WFZZ-8	竹纸制作技艺	浙江省杭州市富阳区，福建省将乐县，四川省夹江县
318	Ⅰ-WFZZ-10	皮纸制作技艺	贵州省贞丰县、丹寨县，贵阳市乌当区，浙江省龙游县

项目类别：漆器髹饰（QQXS）

序号	项目编号	项目名称	分布地区
349	Ⅰ-QQXS-16	宁波泥金彩漆髹饰技艺	浙江省宁海县
350	Ⅰ-QQXS-17	骨木镶嵌制作技艺	浙江省宁波市

项目类别：印刷装裱（YSZB）

序号	项目编号	项目名称	分布地区
351	Ⅰ-YSZB-1	木版水印技艺	上海市，浙江省杭州市下城区（原）

项目类别：器具制作（QJZZ）

序号	项目编号	项目名称	分布地区
375	Ⅰ-QJZZ-11	龙泉宝剑锻制技艺	浙江省龙泉市
379	Ⅰ-QJZZ-15	王星记扇制作技艺	浙江省杭州市

浙江省中国历史文化名镇（村）

中国历史文化名镇（27 个）

第一批
桐乡市乌镇
嘉善县西塘镇
第二批
宁波市江北区慈城镇
象山县石浦镇
湖州市南浔区南浔镇
绍兴县安昌镇
第三批
宁海县前童镇
绍兴市越城区东浦镇
义乌市佛堂镇
江山市廿八都镇
第四批
德清县新市镇
富阳市龙门镇
永嘉县岩头镇
仙居县皤滩镇
第五批

景宁畲族自治县鹤溪镇
海宁市盐官镇
第六批
嵊州市崇仁镇
永康市芝英镇
松阳县西屏镇
岱山县东沙镇
第七批
慈溪市观海卫镇（鸣鹤）
平阳县顺溪镇
湖州市南浔区双林镇
湖州市南浔区菱湖镇
诸暨市枫桥镇
临海市桃渚镇
龙泉市住龙镇

中国历史文化名村（44 个）

第一批
武义县武阳镇郭洞村
武义县俞源乡俞源村

第三批

桐庐县江南镇深奥村

永康市前仓镇厚吴村

第四批

龙游县石佛乡三门源村

第五批

建德市大慈岩镇新叶村

永嘉县岩坦镇屿北村

金华市金东区傅村镇山头下村

仙居县白塔镇高迁村

庆元县松源镇大济村

乐清市仙溪镇南阁村

宁海县茶院乡许家山村

金华市婺城区汤溪镇寺平村

绍兴县稽东镇冢斜村

第六批

苍南县桥墩镇碗窑村

浦江县白马镇嵩溪村

缙云县新建镇河阳村

江山市大陈乡大陈村

湖州市南浔区和孚镇荻港村

磐安县盘峰乡榉溪村

淳安县浪川乡芹川村

苍南县矾山镇福德湾村

龙泉市西街街道下樟村

开化县马金镇霞山村

遂昌县焦滩乡独山村

安吉县鄣吴镇鄣吴村

丽水市莲都区雅溪镇西溪村

宁海县深甽镇龙宫村

第七批

建德市大慈岩镇上吴方村

建德市大慈岩镇李村村

桐庐县富春江镇茆坪村

宁波市海曙区章水镇李家坑村

宁波市鄞州区姜山镇走马塘村

慈溪市龙山镇方家河头村

余姚市大岚镇柿林村

义乌市佛堂镇倍磊村

磐安县尖山镇管头村

磐安县双溪乡梓誉村

江山市凤林镇南坞村

江山市石门镇清漾村

龙游县溪口镇灵山村

龙游县塔石镇泽随村

临海市东塍镇岭根村

天台县平桥镇张思村

说明：

第一批 2003 年 10 月 8 日公布；

第二批 2005 年 9 月 16 日公布；

第三批 2007 年 5 月 31 日公布；

第四批 2008 年 10 月 14 日公布；

第五批 2010 年 7 月 22 日公布；

第六批 2014 年 2 月 19 日公布；

第七批 2019 年 1 月 21 日公布。

浙江省中国历史文化街区

第一批

杭州市中山中路历史文化街区

龙泉市西街历史文化街区

兰溪市天福山历史文化街区

绍兴市蕺山（书圣故里）历史文化街区

浙江省全国重点文物保护单位

序号	名　　称	时　代	地　址	批次	
1	七里亭遗址	旧石器时代	长兴县	7	湖州市
2	上马坎遗址	旧石器时代	安吉县	7	湖州市
3	乌龟洞遗址	旧石器时代	建德市	7	杭州市
4	上山遗址	新石器时代	浦江县	6	金华市
5	跨湖桥遗址	新石器时代	杭州市萧山区	6	杭州市
6	小黄山遗址	新石器时代	嵊州市	7	绍兴市
7	河姆渡遗址	新石器时代	余姚市	2	宁波市
8	田螺山遗址	新石器时代	余姚市	7	宁波市
9	鲻山遗址	新石器时代	余姚市	7	宁波市
10	罗家角遗址	新石器时代	桐乡市	5	嘉兴市
11	谭家湾遗址	新石器时代	桐乡市	6	嘉兴市
12	马家浜遗址	新石器时代	嘉兴市南湖区	5	嘉兴市
13	南河浜遗址	新石器时代	嘉兴市南湖区	6	嘉兴市
14	良渚古城遗址	新石器时代	杭州市余杭区、德清县	4	杭州市、湖州市
15	庄桥坟遗址	新石器时代	平湖市	7	嘉兴市
16	新地里遗址	新石器时代	桐乡市	7	嘉兴市
17	好川遗址	新石器时代	遂昌县	7	丽水市
18	曹湾山遗址	新石器时代	温州市鹿城区	7	温州市
19	小古城遗址	新石器时代	杭州市余杭区	7	杭州市
20	钱山漾遗址	新石器时代至周	湖州市吴兴区	6	湖州市
21	塔山遗址	新石器时代至周	象山县	7	宁波市
22	昆山遗址	新石器时代至周	湖州市吴兴区	7	湖州市
23	德清原始瓷窑址	商至战国	德清县	7	湖州市
24	富盛窑址	周	绍兴市越城区	6	绍兴市
25	茅湾里窑址	春秋战国	杭州市萧山区	6	杭州市
26	小仙坛窑址	东汉	绍兴市上虞区	6	绍兴市
27	上林湖越窑遗址	东汉至宋	慈溪市	3、6、7	宁波市
28	凤凰山窑址群	三国至晋	绍兴市上虞区	7	绍兴市
29	大窑龙泉窑遗址	宋至明	龙泉市、庆元县	3、7、8	丽水市
30	郊坛下和老虎洞窑址	宋至元	杭州市西湖区	6	杭州市

序号	名 称	时 代	地 址	批次	
31	天目窑遗址群	宋至元	杭州市临安区	7	杭州市
32	铁店窑遗址	宋、元	金华市婺城区	5	金华市
33	泗洲造纸作坊遗址	宋	杭州市富阳区	7	杭州市
34	大溪东瓯古城遗址	西汉	温岭市	7	台州市
35	城山古城遗址	东汉	长兴县	7	湖州市
36	下菰城遗址	春秋	湖州市吴兴区	5	湖州市
37	安吉古城遗址、龙山越国贵族墓群	春秋至南北朝	安吉县	6、7	湖州市
38	临安城遗址	南宋	杭州市上城区	5	杭州市
39	永丰库遗址	元	宁波市海曙区	6	宁波市
40	小南海石室	宋至清	龙游县	7	衢州市
41	云和银矿遗址	明	云和县	7	丽水市
42	花岙兵营遗址	明至清	象山县	7	宁波市
43	鲤鱼山—老虎岭水坝遗址	新石器时代	杭州市余杭区	8	杭州市
44	嘉兴子城遗址	唐至清	嘉兴市南湖区	8	嘉兴市
45	坦头窑遗址	唐	永嘉县	8	温州市
46	沙埠窑遗址	唐宋	台州市黄岩区	8	台州市
47	浙南石棚墓群	商、周	瑞安、平阳、苍南	5	温州市
48	东阳土墩墓群	周	东阳市	6	金华市
49	绍兴越国贵族墓群	春秋至战国	绍兴市柯桥区	7	绍兴市
50	吕祖谦及家族墓	宋	武义县	7	金华市
51	宋六陵	南宋	绍兴市越城区	7	绍兴市
52	东钱湖墓葬群	宋至明	宁波市鄞州区	5、7	宁波市
53	高氏家族墓地	明	乐清市	6	温州市
54	印山越国王陵	春秋、战国	绍兴市柯桥区	5	绍兴市
55	长安画像石墓	汉至三国	海宁市	7	嘉兴市
56	吴越国王陵	五代	杭州市临安区、上城区	5、6	杭州市
57	大禹陵	清	绍兴市越城区	4	绍兴市
58	岳飞墓	南宋	杭州市西湖区	1	杭州市
59	赵孟𬒈墓	元	德清县	7	湖州市
60	吴镇墓	元	嘉善县	7	嘉兴市
61	于谦墓	明至清	杭州市西湖区	6	杭州市
62	台州府城墙	宋至清	临海市	5	台州市
63	衢州城墙	明至清	衢州市柯城区	6	衢州市
64	安城城墙	明至清	安吉县	6	湖州市

续　表

序号	名　称	时　代	地　址	批次	
65	桃渚城	明	临海市	5	台州市
66	永昌堡	明	温州市龙湾区	5	温州市
67	蒲壮所城	明至清	苍南县	4、6	温州市
68	俞源村古建筑群	元至清	武义县	5	金华市
69	诸葛、长乐村民居	明、清	兰溪市	4	金华市
70	芙蓉村古建筑群	明至清	永嘉县	6	温州市
71	芝堰村建筑群	明至中华民国	兰溪市	6	金华市
72	寺平村乡土建筑	明至清	金华市婺城区	7	金华市
73	鸡鸣山民居苑	明至清	龙游县	7	衢州市
74	河阳村乡土建筑	明至清	缙云县	7	丽水市
75	新叶村乡土建筑	明至中华民国	建德市	7	杭州市
76	崇仁村建筑群	清	嵊州市	6	绍兴市
77	斯氏古民居建筑群	清	诸暨市	5	绍兴市
78	郑义门古建筑群	清	浦江县	5	金华市
79	顺溪古建筑群	清	平阳县	6	温州市
80	东阳卢宅	明至清	东阳市	3	金华市
81	慈城古建筑群	明至清	宁波市江北区	6	宁波市
82	泰顺土楼	清至中华民国	泰顺县	7	温州市
83	吕府	明	绍兴市越城区	5	绍兴市
84	七家厅	明	金华市婺城区	7	金华市
85	莫氏庄园	清	平湖市	6	嘉兴市
86	黄山八面厅	清	义乌市	5	金华市
87	林宅	清	宁波市海曙区	7	宁波市
88	雪溪胡氏大院	清	泰顺县	7	温州市
89	陈阁老宅	清	海宁市	7	嘉兴市
90	马上桥花厅	清	东阳市	7	金华市
91	三门源叶氏民居	清	龙游县	7	衢州市
92	王守仁故居和墓	明	余姚市、绍兴市柯桥区	6	宁波市、绍兴市
93	孔氏南宗家庙	南宋至清	衢州市柯城区	4	衢州市
94	刘基庙及墓	明	文成县	5	温州市
95	榉溪孔氏家庙	清	磐安县	6	金华市
96	关西世家	明	龙游县	7	衢州市
97	绍衣堂和横山塔	明	龙游县	7	衢州市
98	西姜祠堂	明	兰溪市	7	金华市
99	楠溪江宗祠建筑群	明至清	永嘉县	7	温州市
100	南坞杨氏宗祠	明至清	江山市	7	衢州市
101	玉岩包氏宗祠	明至清	泰顺县	7	温州市

序号	名　称	时　代	地　址	批次	
102	华堂王氏宗祠	明至清	嵊州市	7	绍兴市
103	世德堂	明至清	兰溪市	7	金华市
104	上族祠	明至清	兰溪市	7	金华市
105	积庆堂	明至清	兰溪市	7	金华市
106	余庆堂	明至清	兰溪市	7	金华市
107	吴氏宗祠	明至清	衢州市衢江区	7	衢州市
108	三槐堂	明至清	龙游县	7	衢州市
109	北二蓝氏宗祠	清	衢州市柯城区	7	衢州市
110	宁海古戏台	清至中华民国	宁海县	6	宁波市
111	青藤书屋和徐渭墓	明	绍兴市越城区、柯桥区	6	绍兴市
112	天一阁	明至近代	宁波市海曙区	2,5	宁波市
113	文澜阁	清	杭州市西湖区	5	杭州市
114	玉海楼	清	瑞安市	4	温州市
115	嘉业堂藏书楼及小莲庄	清	湖州市南浔区	5	湖州市
116	白云庄和黄宗羲、万斯同、全祖望墓	明至中华民国	宁波市海曙区、余姚市、奉化区	6	宁波市
117	庆安会馆	清	宁波市鄞州区	5	宁波市
118	玉山古茶场	清	磐安县	6	金华市
119	胡庆余堂	清	杭州市上城区	3,6	杭州市
120	兰亭	清	绍兴市柯桥区	7	绍兴市
121	四连碓造纸作坊	明	温州市瓯海区	5	温州市
122	三卿口制瓷作坊	清	江山市	6	衢州市
123	庙沟后、横省石牌坊	宋、元	宁波市鄞州区	5	宁波市
124	南阁牌楼群	明	乐清市	5	温州市
125	金昭牌坊和宪台牌坊	明	永嘉县	7	温州市
126	舜王庙	清	绍兴市柯桥区	7	绍兴市
127	周宣灵王庙	清	衢州市柯城区	7	衢州市
128	西洋殿	清	庆元县	7	丽水市
129	保国寺	北宋	宁波市江北区	1	宁波市
130	延福寺	元	武义县	4	金华市
131	天宁寺大殿	宋至元	金华市婺城区	3	金华市
132	时思寺	元至清	景宁畲族自治县	5	丽水市
133	阿育王寺	元至清	宁波市鄞州区	6	宁波市
134	法雨寺	清	舟山市普陀区	6	舟山市
135	国清寺	清	天台县	5	台州市
136	天童寺	明至清	宁波市鄞州区	6	宁波市
137	凤凰寺	元至清	杭州市上城区	5	杭州市
138	圣井山石殿	明至清	瑞安市	6	温州市
139	普陀山普济寺	清	舟山市普陀区	7	舟山市

序号	名　称	时　代	地　址	批次	
140	宁波天宁寺	唐	宁波市海曙区	6	宁波市
141	功臣塔及功臣寺遗址	唐、五代	杭州市临安区	5、7	杭州市
142	闸口白塔	五代	杭州市上城区	3	杭州市
143	瑞隆感应塔	五代	台州市黄岩区	7	台州市
144	灵隐寺石塔和经幢	五代、北宋	杭州市西湖区	7	杭州市
145	保俶塔	五代、明、中华民国	杭州市西湖区	7	杭州市
146	湖镇舍利塔	宋	龙游县	5	衢州市
147	松阳延庆寺塔	宋	松阳县	6	丽水市
148	二灵塔	宋	宁波市鄞州区	7	宁波市
149	国安寺塔	宋	温州市龙湾区	7	温州市
150	观音寺石塔	宋	瑞安市	7	温州市
151	护法寺桥和塔	宋	苍南县	7	温州市
152	东化成寺塔	宋	诸暨市	7	绍兴市
153	龙德寺塔	宋	浦江县	7	金华市
154	南峰塔和福印山塔	宋	仙居县	7	台州市
155	乐清东塔	宋	乐清市	7	温州市
156	八卦桥和河西桥	宋	瑞安市	7	温州市
157	栖真寺五佛塔	宋	平阳县	7	温州市
158	六和塔	南宋	杭州市上城区	1	杭州市
159	飞英塔	南宋	湖州市吴兴区	3	湖州市
160	普陀山多宝塔	元	舟山市普陀区	6	舟山市
161	真如寺石塔	元	乐清市	7	温州市
162	普庆寺石塔	元	杭州市临安区	7	杭州市
163	巾山塔群	元	临海市	7、8	台州市
164	绮园	清	海盐县	5	嘉兴市
165	镇海口海防遗址	明至近代	宁波市镇海区、北仑区	4	宁波市
166	赤溪五洞桥	宋	苍南县	6	温州市
167	绍兴古桥群	宋至中华民国	绍兴市越城区、柯桥区	5、7	绍兴市
168	德清古桥群	宋、元、明	德清县	6、7	湖州市
169	古月桥	宋	义乌市	5	金华市
170	西山桥	南宋	建德市	7	杭州市
171	新河闸桥群	宋至清	温岭市	6	台州市
172	处州廊桥	明至中华民国	庆元县、龙泉市、景宁畲族自治县、青田县、松阳县	5、7	丽水市
173	古纤道	明至清	绍兴市柯桥区	3	绍兴市
174	潘公桥及潘孝墓	明至清	湖州市吴兴区	7	湖州市
175	泰顺廊桥	清	泰顺县	6	温州市
176	仕水碇步	清	泰顺县	6	温州市
177	双林三桥	清	湖州市南浔区	7	湖州市
178	通济堰	南朝至清	丽水市莲都区	5	丽水市

序号	名　称	时　代	地　址	批次	
179	它山堰	唐	宁波市海曙区	3	宁波市
180	独狻湖避塘	明至清	绍兴市越城区	7	绍兴市
181	盐官海塘及海神庙	清	海宁市	5	嘉兴市
182	独松关和古驿道	宋至清	安吉县、杭州市余杭区	6	湖州市、杭州市
183	大运河	春秋至今	杭州市、嘉兴市、湖州市、绍兴市、宁波市	6、7	杭州市区、余杭区、萧山区、嘉兴市区、海宁市、桐乡市、湖州市南浔区、德清市、绍兴市区、绍兴市柯桥区、绍兴市上虞区、宁波市区、余姚市
184	安吉永安寺塔	五代至南宋	安吉县	8	湖州市
185	义乌大安寺塔	北宋	义乌市	8	金华市
186	杭州忠义桥	南宋	杭州市西湖区	8	杭州市
187	灵鹫寺石塔	南宋	丽水市莲都区	8	丽水市
188	绍兴大善寺塔	南宋	绍兴市越城区	8	绍兴市
189	南渡广济桥	元、清	宁波市奉化区	8	宁波市
190	詹宝兄弟牌坊	明	松阳县	8	丽水市
191	梅城南峰塔和北峰塔	明	建德市	8	杭州市
192	独山石牌坊	明	遂昌县	8	丽水市
193	湖州潮音桥	明	湖州市吴兴区	8	湖州市
194	林应麒功德牌坊	明	仙居县	8	台州市
195	紫薇山民居	明	东阳市	8	金华市
196	石楠塘徐氏宗祠	明清	金华市婺城区	8	金华市
197	赤岸朱宅建筑群	明至中华民国	义乌市	8	金华市
198	厚吴村古建筑群	明至中华民国	永康市	8	金华市
199	吴文简祠	清	庆元县	8	丽水市
200	下柏石陈大宗祠	清	永康市	8	金华市
201	余姚通济桥	清	余姚市	8	宁波市
202	金清大桥	清	温岭市	8	台州市
203	江山文昌宫	清	江山市	8	衢州市
204	兰溪通洲桥	清	兰溪市	8	金华市
205	雅端村古建筑群	清	义乌市	8	金华市
206	塘下方大宗祠	清	义乌市	8	金华市
207	椒江戚继光祠	清	台州市椒江区	8	台州市
208	东阳白坦民宅	清	东阳市	8	金华市
209	仙居古越族岩画群	春秋、战国	仙居县	7	台州市
210	安国寺经幢	唐	海宁市	6	嘉兴市
211	法隆寺经幢	唐	金华市婺城区	6	金华市

续 表

序号	名　　称	时　　代	地　　址	批次	
212	龙兴寺经幢	唐	杭州市下城区（原）	7	杭州市
213	惠力寺经幢	唐	海宁市	7	嘉兴市
214	梵天寺经幢	五代	杭州市上城区	5	杭州市
215	大佛寺石弥勒像和千佛岩造像	南北朝	新昌县	7	绍兴市
216	飞来峰造像	五代至元	杭州市西湖区	2、6	杭州市
217	柯岩造像及摩崖题刻	宋、清	绍兴市柯桥区	7	绍兴市
218	宝成寺麻曷葛刺造像	元	杭州市上城区	5	杭州市
219	南山造像	元	杭州市余杭区	7	杭州市
220	南明山摩崖题刻	晋至中华民国	丽水市莲都区	7	丽水市
221	石门洞摩崖题刻	南北朝至中华民国	青田县	7	丽水市
222	顾渚贡茶院遗址及摩崖	唐至宋	长兴县	6	湖州市
223	仙都摩崖题记	唐至近代	缙云县	5	丽水市
224	汉建初元年买地刻石	东汉	绍兴市越城区	8	绍兴市
225	雁荡山龙鼻洞摩崖题记	唐至中华民国	乐清市	8	温州市
226	杭州孔庙碑林	唐至中华民国	杭州市上城区	8	杭州市
227	仙岩洞摩崖题记	宋、清	衢州市衢江区	8	衢州市
228	道场山祈年题记	元	湖州市吴兴区	8	湖州市
229	太平天国侍王府	1861 年	金华市婺城区	3	金华市
230	乍浦炮台	清	平湖市	7	嘉兴市
231	中国共产党第一次全国代表大会会址——嘉兴南湖中共"一大"会址	1921 年	嘉兴市南湖区	5	嘉兴市
232	红十三军军部旧址	1930 年	永嘉县	7	温州市
233	浙东抗日根据地旧址	1942—1945 年	余姚市、慈溪市	6	宁波市
234	新四军苏浙军区旧址	1943—1954 年	长兴县	5	湖州市
235	蒋氏故居	清至中华民国	宁波市奉化区	4、6	宁波市
236	绍兴鲁迅故居	1881—1898 年	绍兴市越城区	3	绍兴市
237	浙江秋瑾故居	中华民国	绍兴市越城区	3、6	绍兴市
238	蔡元培故居	近代	绍兴市越城区	5	绍兴市
239	章太炎故居	中华民国	杭州市余杭区	6	杭州市
240	尊德堂	1877 年	湖州市南浔区	7	湖州市
241	王国维故居	1886—1898 年	海宁市	6	嘉兴市
242	茅盾故居	1896—1910 年	桐乡市	3	嘉兴市
243	马寅初故居	清至中华民国	嵊州市、杭州市下城区	6	绍兴市、杭州市
244	龙山虞氏旧宅建筑群	1916—1929 年	慈溪市	5	宁波市
245	南浔张氏旧宅建筑群	1899—1906 年	湖州市南浔区	5	湖州市
246	莫干山别墅群	清至中华民国	德清县	6、7	湖州市
247	江北天主教堂	清	宁波市江北区	6	宁波市
248	嘉兴文生修道院与天主堂	1903 年、1930 年	嘉兴市南湖区	7	嘉兴市

序号	名　称	时　代	地　址	批次	
249	曹娥庙	1936 年	绍兴市上虞区	7	绍兴市
250	陈英士墓	1916 年	湖州市吴兴区	6	湖州市
251	钱塘江大桥	中华民国	杭州市西湖区	6	杭州市
252	钱业会馆	中华民国	宁波市海曙区	6	宁波市
253	浙江兴业银行旧址	1923 年	杭州市上城区	7	杭州市
254	西泠印社	近代	杭州市西湖区	5	杭州市
255	利济医学堂旧址	1885—1902 年	瑞安市	6	温州市
256	大通学堂和徐锡麟故居	清	绍兴市越城区	6	绍兴市
257	春晖中学旧址	清至中华民国	绍兴市上虞区	7	绍兴市
258	锦堂学校旧址	1909 年	慈溪市	7	宁波市
259	之江大学旧址	中华民国	杭州市西湖区	6	杭州市
260	笕桥中央航校旧址	中华民国	杭州市江干区	6	杭州市
261	浙江大学龙泉分校旧址	1939 年	龙泉市	7	丽水市
262	仓前粮仓	清至今	杭州市余杭区	7	杭州市
263	浙东沿海灯塔	清至中华民国	舟山市定海区、普陀区、嵊泗县、岱山县,宁波市镇海区、北仑区、象山县	5、7	舟山市、宁波市
264	坎门验潮所	1929 年	玉环市	7	台州市
265	沈钧儒故居	1921 年	嘉兴市南湖区	8	嘉兴市
266	英国驻温州领事馆旧址	1894—1924 年	温州市鹿城区	8	温州市
267	求是书院旧址	1897—1914 年	杭州市上城区	8	杭州市
268	恩泽医局旧址	1901—1951 年	临海市	8	台州市
269	浙江图书馆旧址	1909—1936 年	杭州市上城区、西湖区	8	杭州市
270	陈望道故居	清至中华民国	义乌市	8	金华市
271	史家庄花厅	中华民国	东阳市	8	金华市
272	仁爱医院旧址	1922 年	杭州市下城区	8	杭州市
273	第一届西湖博览会工业馆旧址	1928 年	杭州市西湖区	8	杭州市
274	"五四宪法"起草地旧址	1953—1954 年	杭州市西湖区	8	杭州市
275	一江山岛战役遗址	1955 年	台州市椒江区	8	台州市
276	王店粮仓群	20 世纪 50 年代	嘉兴市秀洲区	8	嘉兴市
277	江厦潮汐试验电站	1979 年	温岭市	8	台州市
278	西湖十景	南宋至清	杭州市西湖区	7	杭州市
279	太湖溇港	春秋至今	湖州市吴兴区	8	湖州市
280	钱塘江海塘海盐救海庙段和海宁段	明清至今	海盐县、海宁市	8	嘉兴市
281	矾山矾矿遗址	清至 1994 年	苍南县	8	温州市

浙江省国家公共文化服务体系示范区(项目)

第一批

　　一、示范区

　　宁波市鄞州区

　　二、示范项目

　　1.嘉兴市:城乡一体化公共图书馆服务体系建设

　　2.温州市:苍南农村文化中心建设创新模式

第二批

　　一、示范区

　　嘉兴市

　　二、示范项目

　　1.杭州市余杭区:乡镇综合文化站服务效能提升工程

　　2.绍兴市:电视图书馆绍兴模式

第三批

　　一、示范区

　　台州市

　　二、示范项目

　　1.丽水市:乡村春晚

　　2.温州市:"城市书网"公共图书馆现代服务模式

浙江省国家文化产业示范基地

浙江乐富创意产业投资有限公司

浙江中南卡通股份有限公司

杭州金海岸文化发展股份有限公司

华宝斋富翰文化有限公司

杭州宋城旅游发展股份有限公司

杭州神采飞扬娱乐有限公司

西泠印社集团有限公司

海伦钢琴股份有限公司

浙江大丰实业股份有限公司

宁波音王电声股份有限公司

美盛文化创意股份有限公司

华鸿控股集团有限公司

衢州醉根艺品有限公司

浙江台绣服饰有限公司

台州市绣都服饰有限公司

龙泉市金宏瓷业有限公司

浙江省全国爱国主义教育示范基地

第一批
> 南湖革命纪念馆
> 鲁迅故居及纪念馆
> 镇海口海防遗址
> 禹陵
> 河姆渡遗址博物馆

第二批
> 解放一江山岛烈士陵园
> 鄞县四明山革命烈士陵园
> 舟山鸦片战争纪念馆

第三批
> 侵浙日军投降仪式旧址（千人坑遗址）

第四批
> 浙江省博物馆、新四军苏浙军区纪念馆、温州浙南平阳革命根据地旧址群

2017 年新增
> 洞头先锋女子民兵连纪念馆

2019 年新增
> 秦山核电站

浙江省全国博物馆十大陈列展览精品获奖项目

第二届（1998 年度）
> 恐龙与海洋动物精品陈列（浙江自然博物馆）

第四届（2000 年度）
> 浙江七千年（浙江省博物馆）
> 最佳创意奖
> 宁波清代官宅陈列（宁波天一阁博物馆）
> 最受观众欢迎奖
> 浙江七千年（浙江省博物馆）

第五届（2001—2002 年度）
> 中国茶叶文化展（中国茶叶博物馆）

第六届（2003—2004 年度）
> 中国丝绸文化陈列（中国丝绸博物馆）
> 最佳内容设计奖
> 温州人（温州博物馆）
> 最佳服务奖
> 江南水乡文化陈列（杭州中国水乡文化博物馆）

第七届（2005—2006 年度）
> 吴兴赋——湖州历史与人文陈列（湖州市博物馆）

第八届（2007—2008 年度）
> 良渚文化——实证中华五千年文明（良渚博物院）
> 最佳创意奖
> 东方"神舟"——宁波海上丝绸之路主题展（宁波博物馆）
> 最佳服务奖
> 东方"神舟"——宁波海上丝绸之路主题展（宁波博物馆）

第九届（2009—2010 年度）
> "自然·生命·人"浙江自然博物馆基本陈列（浙江自然博物馆）
> 越地长歌——浙江历史文化陈列（浙江省博物馆）

第十届（2011—2012 年度）

南湖革命纪念馆新馆基本陈列（嘉兴南湖革命纪念馆）

钱塘匠心·天工集粹——杭州工艺美术精品陈列（杭州工艺美术馆）

惠世天工——中国古代发明创造文物展（浙江省博物馆）

优秀奖

珍藏杭州——杭州博物馆馆藏文物精品陈列（杭州博物馆）

第十二届（2014 年度）

优胜奖

"港通天下"中国港口历史陈列（宁波港口博物馆）

禾兴之源——史前时期的嘉兴（嘉兴博物馆）

第十三届（2015 年度）

中兴纪胜——南宋风物观止（浙江省博物馆）

生命·超越——中原文化中的动物映像（浙江自然博物馆）

优胜奖

最忆是杭州——杭州通史陈列（杭州博物馆）

第十四届（2016 年度）

中国丝绸和丝绸之路——锦程·更衣记（中国丝绸博物馆）

第十五届（2017 年度）

精品奖

明月入怀·中国团扇文化印象展（杭州工艺美术博物馆）

优胜奖

古道新知——丝绸之路文化遗产保护科技成果展（中国丝绸博物馆）

第十六届（2018 年度）

精品奖

良渚古城遗址是实证中华五千年文明史的圣地（良渚博物院）

优胜奖

越地宝藏——100 件文物讲述浙江故事（浙江省博物馆）

浙江省国家级 5A 级景区

杭州市西湖风景名胜区　2007 年

温州市雁荡山风景名胜区　2007 年

舟山市普陀山风景名胜区　2007 年

杭州市千岛湖风景名胜区　2010 年

宁波市奉化溪口·滕头旅游景区　2010 年

嘉兴市桐乡乌镇古镇旅游区　2010 年

金华市东阳横店影视城景区　2011 年

嘉兴市南湖旅游区　2011 年

杭州市西溪湿地旅游区　2011 年

绍兴市鲁迅故里·沈园景区　2012 年

衢州市开化根宫佛国文化旅游景区　2013 年

湖州市南浔古镇景区　2015 年

台州市天台山景区　2015 年

台州市神仙居景区　2015 年

衢州市江郎山·廿八都景区　2017 年

嘉兴市西塘古镇旅游景区　2017 年

宁波市天一阁·月湖景区　2018 年

丽水市缙云仙都景区　2019 年

浙江省国家级旅游度假区

杭州市湘湖旅游度假区　2015年　　　　湖州市太湖旅游度假区　2015年
宁波市东钱湖旅游度假区　2015年　　　湖州市安吉灵峰旅游度假区　2018年

浙江省国家全域旅游示范区

第一批
安吉县、江山市、宁海县

浙江省全国乡村旅游重点村镇

第一批
杭州市：淳安县枫树岭镇下姜村
宁波市：奉化区萧王庙街道滕头村、宁海县前童镇鹿山村
温州市：泰顺县竹里畲乡竹里村
湖州市：安吉县天荒坪镇余村村、长兴县水口乡顾渚村
嘉兴市：秀洲区新塍镇潘家浜村

金华市：兰溪市诸葛镇诸葛八卦村
衢州市：开化县华埠镇金星村、江山市大陈乡大陈村
舟山市：嵊泗县花鸟乡花鸟村
台州市：仙居县淡竹乡下叶村
丽水市：遂昌县湖山乡红星坪村、龙泉市宝溪乡溪头村

浙江省全国红色旅游经典景区

嘉兴市南湖风景名胜区（中共一大旧址）
绍兴市鲁迅故居及纪念馆
台州市解放一江山岛战役纪念地
温州市浙南（平阳）抗日根据地旧址
宁波市浙东（四明山）抗日根据地旧址
浙西南革命根据地旧址群（丽水市厦河中共浙

江省委机关旧址、龙泉市披云山苏维埃旧址、松阳县安岱后苏维埃旧址、遂昌县王村口苏维埃旧址，衢州市开化县中共浙皖特委旧址、中共闽浙赣省委旧址，温州市泰顺县中共浙闽边临时省委成立旧址）
湖州市新四军苏浙军区旧址群（长兴县新四军苏浙军区旧址、新四军苏浙军区一纵队司令部旧址、

新四军苏浙公学旧址,安吉县反顽自卫战指挥部旧址)

温州市永嘉县中国工农红军第十三军军部旧

址群

杭州市富阳区侵浙日军投降仪式旧址

温州市洞头先锋女子民兵连纪念馆

2019 年浙江省全域旅游示范县(市、区)(第一批)

杭州市:桐庐县、淳安县

宁波市:象山县、宁海县、奉化区

温州市:洞头区、永嘉县、文成县

湖州市:德清县、长兴县、安吉县

嘉兴市:嘉善县、桐乡市

绍兴市:柯桥区、新昌县

金华市:浦江县、磐安县

衢州市:江山市、开化县

舟山市:普陀区

台州市:天台县、仙居县

丽水市:缙云县、遂昌县、松阳县

浙江省 4A 级景区

序号	景区名称	所属地区
1	京杭大运河·杭州景区	
2	建德市七里扬帆景区	
3	建德市灵栖洞景区	
4	雷峰塔景区	
5	建德市大慈岩景区	
6	良渚博物院	
7	杭州山沟沟旅游景区	
8	杭州市余杭区双溪漂流景区	
9	玉皇山南基金小镇景区	杭州市
10	桐庐县浪石金滩景区	
11	运河·塘栖古镇景区	
12	杭州市富阳区景区名称杭州野生动物世界景区	
13	杭州梦想小镇景区	
14	杭州市上城区清河坊历史文化街区	
15	龙坞茶镇景区	
16	超山风景区	
17	千岛湖乐水小镇.文渊狮城景区	

序号	景区名称	所属地区
18	杭州市富阳区富春桃源景区	杭州市
19	宋城景区	
20	杭州市临安区浙西大峡谷景区	
21	浙江旅游职业学院国际教育旅游体验区	
22	杭州龙门古镇景区	
23	杭州市萧山区杭州长乔极地海洋公园景区	
24	桐庐县天子地生态风景区	
25	建德航空小镇景区	
26	杭州湘湖跨湖桥景区	
27	杭州市萧山区杭州东方文化园景区	
28	大明山景区	
29	杭州市萧山区杭州乐园景区	
30	杭州市临安区太湖源景区	
31	黄公望隐居地景区	
32	杭州市临安区天目山景区	
33	杭州市上城区皋亭山景区	
34	桐庐县桐庐垂云通天河景区	
35	桐庐县江南古村落景区	
36	桐庐县严子陵钓台景区	
37	桐庐县瑶琳仙境景区	
38	杭州市临安区东天目山景区	
39	中南百草原景区	湖州市
40	安吉县中国竹子博览园	
41	安吉县浙北大峡谷景区	
42	湖州市吴兴区移沿山生态景区	
43	安吉县杭州 Hello Kitty 乐园	
44	庚村景区	
45	长兴县水口乡水口茶文化景区	
46	仙山湖景区	
47	长兴县金钉子远古世界景区	
48	湖州原乡小镇景区	
49	湖州市菰城景区	
50	下渚湖湿地风景区	
51	安吉县余村景区	

续　表

序号	景区名称	所属地区
52	长兴县中国扬子鳄村景区	湖州市
53	德清莫干山风景区	
54	长兴县新四军苏浙军区旧址群景区	
55	湖州市吴兴区黄金湖岸景区	
56	安吉县江南天池景区	
57	长兴县太湖演艺小镇（太湖图影生态湿地文化园）景区	
58	安吉县浪漫山川景区	
59	荻港景区	
60	海盐县南北湖风景区	嘉兴市
61	海宁盐官观潮景区	
62	歌斐颂巧克力小镇	
63	海宁市海宁中国皮革城景区	
64	东湖景区	
65	碧云花海·十里水乡景区	
66	嘉兴云澜湾温泉景区	
67	嘉兴市南湖区湘家荡环湖景区	
68	嘉兴市南湖区梅花洲景区	
69	海盐县绮园景区	
70	武义县璟园景区	金华市
71	武义县大红岩景区	
72	义乌市国际商贸城购物旅游区	
73	兰溪市诸葛八卦村景区	
74	兰溪市六洞山风景区	
75	永康市方岩风景区	
76	双龙风景旅游区	
77	东阳市花园村景区	
78	金华市金东区锦林佛手文化园景区	
79	仙华山景区	
80	磐安县十八涡景区	
81	磐安县百杖潭景区	
82	浦江县神丽峡景区	
83	磐安县舞龙峡景区	
84	东阳市中国木雕城景区	
85	牛头山景区	
86	东阳市横店镇明清民居博览城	
87	东阳市横店镇华夏文化园景区	

序号	景区名称	所属地区
88	丽水市莲都区古堰画乡景区	丽水市
89	龙泉市宝溪景区	
90	松阴溪景区	
91	大木山茶园景区	
92	景宁畲族自治县云中大漈景区	
93	龙泉市中国青瓷小镇·披云青瓷文化园景区	
94	松阳县箬寮原始林景区	
95	遂昌县南尖岩景区	
96	丽水市莲都区东西岩景区	
97	景宁畲族自治县畲乡之窗景区	
98	云和县梯田景区	
99	云和县湖仙宫景区	
100	缙云县黄龙景区	
101	遂昌县神龙飞瀑景区	
102	庆元县百山祖景区	
103	庆元县巾子峰景区	
104	遂昌金矿国家矿山公园景区	
105	遂昌县千佛山景区	
106	青田县中国石雕文化旅游区	
107	青田县石门洞景区	
108	龙泉市龙泉山旅游度假景区	
109	梁祝文化园	宁波市
110	黄贤森林公园景区	
111	宁海县前童古镇旅游区	
112	宁波市杭州湾新区方特东方神画景区	
113	宁波市江北区慈城古县城景区	
114	东钱湖旅游度假区马山休闲旅游景区	
115	余姚市浙东"四明山"抗日根据地旧址群景区	
116	宁波市镇海区宁波帮博物馆景区	
117	宁波科学探索中心景区	
118	老外滩景区	
119	宁海县森林温泉景区	
120	宁海县伍山石窟景区	
121	余姚市天下玉苑风景区	

续　表

序号	景区名称	所属地区
122	宁波市海曙区五龙潭景区	宁波市
123	宁波市鄞州区宁波海洋世界	
124	宁波市镇海区澥浦镇郑氏十七房景区	
125	宁波博物馆景区	
126	象山县象山影视城景区	
127	石浦渔港古城景区	
128	宁波松兰山滨海旅游度假区	
129	天宫庄园景区	
130	象山县石浦中国渔村景区	
131	慈溪市龙山镇达蓬山景区	
132	宁波市江北区慈城镇五星村绿野山居	
133	余姚市丹山赤水景区	
134	宁波市北仑区九峰山旅游区	
135	宁波市镇海区九龙湖旅游区	
136	海天一洲景区	
137	宁波市杭州湾新区海皮岛景区	
138	宁波雅戈尔动物园景区	
139	宁波市镇海区招宝山旅游风景区	
140	宁波市江北区宁波市保国寺古建筑博物馆（景区）	
141	龙天红木小镇景区	衢州市
142	衢州江南儒城·水亭门景区	
143	梅树底景区	
144	龙游石窟旅游区	
145	民居苑景区	
146	衢州市柯城区桃源七里景区	
147	浮盖山景区	
148	古田山风景旅游区	
149	衢州市江山市仙霞关景区	
150	七彩长虹景区	
151	衢州市衢江区药王山景区	
152	衢州市衢江区天脊龙门景区	
153	三衢石林风景区	

序号	景区名称	所属地区
154	东湖景区	绍兴市
155	兰亭景区	
156	绍兴市上虞区中华孝德园	
157	新昌县十九峰景区	
158	大禹陵景区	
159	诸暨市珍珠小镇景区	
160	大佛寺文化旅游区	
161	绍兴市上虞区覆卮山景区	
162	新昌县丝绸世界旅游区	
163	五泄风景区	
164	诸暨市西施故里旅游区	
165	杭州湾海上花田景区	
166	绍兴市柯桥区绍兴乔波冰雪世界旅游区	
167	诸暨市米果果小镇景区	
168	绍兴东方山水乐园	
169	柯岩风景区	
170	绍兴市柯桥区大香林景区	
171	绍兴市柯桥区安昌古镇景区	
172	玉环市大鹿岛景区	台州市
173	仙居氧吧小镇景区	
174	玉环市漩门湾观光农业园景区	
175	仙居县永安溪休闲绿道景区	
176	天台县后岸乡居旅游	
177	三门县蛇蟠岛景区	
178	台州市黄岩区九峰景区	
179	台州市黄岩区柔川景区	
180	天台县南屏乡旅游景区	
181	台州市椒江区台州海洋世界	
182	临海市灵湖景区	
183	长屿硐天旅游区	
184	方山景区	
185	临海市江南长城旅游区	

序号	景区名称	所属地区
186	寨寮溪风景区	温州市
187	文成县森林氧吧小镇	
188	乐清市中雁荡山旅游区	
189	永嘉县楠溪江风景区	
190	温州市瓯海区茶山镇温州乐园	
191	氡泉景区	
192	温州瓯海泽雅景区	
193	泰顺县乌岩岭景区	
194	泰顺县廊桥文化园景区	
195	洞头半屏山-仙叠岩（同心小镇）	
196	温州市鹿城区江心屿景区	
197	浙江省玉苍山森林公园	
198	温州市鹿城区温州南塘文化旅游区	
199	温州市苍南县碗窑景区	
200	文成县龙麒源景区	
201	平阳县南麂列岛景区	
202	平阳县南雁荡山景区	
203	文成县铜铃山镇	
204	舟山市普陀区朱家尖旅游景区	舟山市
205	嵊泗东海五渔村	
206	沈家门渔港小镇景区	
207	舟山桃花岛风景旅游区	

浙江省省级旅游度假区

序号	度假区名称	所属地区
1	临安清凉峰旅游度假区	杭州市
2	宁波松兰山滨海旅游度假区	宁波市
3	镇海九龙湖旅游度假区	
4	宁海森林温泉旅游度假区	
5	宁波梅山湾旅游度假区	
6	余姚四明山旅游度假区	
7	宁波苏湖旅游度假区	

序号	度假区名称	所属地区
8	文成天湖旅游度假区	温州市
9	泰顺廊桥-氡泉旅游度假区	
10	长兴太湖图影旅游度假区	湖州市
11	吴兴西塞山旅游度假区	
12	南浔古镇旅游度假区	
13	安吉山川旅游度假区	
14	嘉兴湘家荡旅游度假区	嘉兴市
15	平湖九龙山旅游度假区	
16	嘉善大云温泉旅游度假区	
17	海宁盐官旅游度假区	
18	乌镇-石门旅游度假区	
19	嘉兴运河文化旅游度假区	
20	会稽山旅游度假区	绍兴市
21	鉴湖旅游度假区	
22	嵊州温泉旅游度假区	
23	五泄旅游度假区	
24	上虞曹娥江旅游度假区	
25	新昌天姥山·十里潜溪旅游度假区	
26	兰溪兰湖旅游度假区	金华市
27	武义温泉旅游度假区	
28	金华仙源湖旅游度假区	
29	磐安云山旅游度假区	
30	东阳东白山旅游度假区	
31	浦江仙华山旅游度假区	
32	义乌市佛堂旅游度假区	
33	龙游石窟旅游度假区	衢州市
34	开化钱江源旅游度假区	
35	常山三衢湖旅游度假区	
36	舟山群岛定海国际旅游度假区	舟山
37	舟山群岛普陀国际旅游度假区	
38	临海牛头山旅游度假区	台州市
39	神仙居旅游度假区	
40	台州绿心旅游度假区	
41	石塘半岛旅游度假区	
42	椒江大陈岛旅游度假区	

续 表

序号	度假区名称	所属地区
43	丽水瓯江风情旅游度假区	丽水市
44	景宁畲族风情旅游度假区	
45	松阳田园风情旅游度假区	
46	遂昌黄金旅游度假区	
47	云和湖旅游度假区	
48	龙泉青瓷文化旅游度假区	

2019 年浙江省非物质文化遗产旅游景区(第五批)

一、非遗主题小镇(20 个)

序号	所在区域	非遗活态展示方向
1	杭州市余杭区径山镇	径山茶文化
2	杭州市富阳区银湖街道金竺村	纸伞制作技艺
3	杭州市临安区湍口镇	民俗风情
4	桐庐县莪山畲族乡龙峰民族村	畲乡红曲酒酿造技艺
5	淳安县里商乡	里商仁灯
6	宁波市镇海区澥浦镇	浙东渔区民俗
7	瑞安市平阳坑镇	东源木活字印刷术
8	湖州市南浔区和孚镇	江南鱼桑文化
9	嘉兴市秀洲区新塍镇	传统糕点加工技艺
10	嘉善县干窑镇	京砖烧制技艺
11	海盐县通元镇	灶头画
12	桐乡市崇福镇	蓝印花布印染技艺
13	诸暨市同山镇	同山烧酒传统酿造技艺
14	金华市婺城区安地镇	传统技艺
15	兰溪市女埠街道	粮食砌
16	东阳非物质文化遗产街区	卢宅营造技艺
17	浦江县杭坪镇.	民俗风情
18	舟山市普陀区东极镇	渔民画
19	玉环市坎门街道	东海渔俗文化
20	龙泉市剑池街道	龙泉宝剑锻制技艺

二、民俗文化村（30 个）

序号	所在区域	申报单位
1	顾家溪村	杭州市萧山区戴村镇顾家溪村村民委员会
2	山沟沟村	杭州市余杭区鸬鸟镇山沟沟村村民委员会
3	六渚村	杭州市富阳区渌渚镇六渚村村民委员会
4	大章村	杭州市富阳区常绿镇大章村村民委员会
5	杨溪村	杭州市临安区清凉峰镇杨溪村村民委员会
6	上田村	杭州市临安区板桥镇上田村村民委员会
7	翔岗村	桐庐县凤川街道翔岗村村民委员会
8	赤川口村	淳安县汾口镇赤川口村村民委员会
9	峡山村	宁海县强蛟镇峡山村村民委员会
10	宁村村	温州市龙湾区海滨街道宁村村村民委员会
11	武阳村	文成县南田镇武阳村村民委员会
12	大丘坪村	泰顺县大安乡大丘坪村村民委员会
13	蠡山村	德清县钟管镇蠡山村村民委员会
14	方岩村	长兴县小浦镇方岩村村民委员会
15	三叉河村	平湖市新仓镇三叉河村村民委员会
16	丰山村	海盐县秦山街道丰山村村民委员会
17	清河村	桐乡市洲泉镇清河村村民委员会
18	华堂村	嵊州市金庭镇华堂村村民委员会
19	董村村	新昌县沙溪镇董村村村民委员会
20	蒲塘村	金华市金东区澧浦镇蒲塘村村民委员会
21	李宅村	东阳市城东街道李宅村村民委员会
22	稠岩村	义乌市后宅街道稠岩村村民委员会
23	东垄村	武义县桃溪镇东垄村村民委员会
24	岭干村	磐安县尚湖镇岭干村村民委员会
25	大公村	龙游县社阳乡大公村村民委员会
26	徐福文化村	岱山县岱东镇徐福文化村村民委员会
27	东山村	温岭市石塘镇东山村村民委员会
28	三堆村	庆元县百山祖镇三堆村村民委员会
29	胡村村	缙云县胡源乡胡村村村民委员会
30	安亭村	景宁畲族自治县渤海镇安亭村村民委员会

2019年浙江省工业旅游示范基地

杭州九阳小家电有限公司(杭州市钱塘新区)

杭州富伦生态科技有限公司(杭州市富阳区)

浙江致中和实业有限公司(建德市)

杭州笔海旅游管理有限公司(桐庐县)

浙江荃盛食品有限公司(宁波市海曙区)

慈溪市千峰翠青瓷有限公司(慈溪市)

宁波吉田智能洁具科技有限公司(宁波市奉化区)

育才控股集团有限公司(永嘉县)

湖州南太湖环保能源有限公司(湖州市南浔区)

浙江乐韵钢琴有限公司(德清县)

浙江大雅家时尚生活有限公司(嘉兴市秀洲区)

浙江省特种设备工业旅游区(海宁市)

浙江东方缘针织有限公司(诸暨市)

浙江梅轮电梯股份有限公司(绍兴市柯桥区)

浙江寿仙谷医药股份有限公司(武义县)

浙江安胜科技股份有限公司(永康市)

光大环保能源(衢州)有限公司(衢州市柯城区)

浙江江山健康蜂业有限公司(江山市)

浙江冠素堂食品有限公司(舟山市普陀区)

杰克缝纫机股份有限公司(台州市椒江区)

浙江星星便洁宝有限公司(台州市椒江区)

丽水市鱼跃酿造食品有限公司(丽水市莲都区)

浙江方格药业有限公司(庆元县)

2019年浙江省中医药文化养生旅游示范基地

杭州大下姜中医药文化养生基地(淳安县)

浙江敬存仁生物科技有限公司(淳安县)

温州华兴药材养生休闲园(文成县)

湖州安吉美林健康养生基地(安吉县)

嘉兴梅花洲中医药文化养生旅游基地(嘉兴市南湖区)

金华三溪堂国医药馆连锁有限公司(义乌市)

金华森山健康小镇(义乌市)

衢州益年堂农林科技有限公司(衢州市衢江区)

浙江枣椿堂农业发展有限公司(龙游县)

台州章氏骨伤医院(台州市路桥区)

丽水景宁畲族自治县畲医畲药展示馆(景宁畲族自治县)

丽水松阳善应见山堂中医药体验馆(松阳县)

2019年浙江省红色旅游教育基地(第三批)

杭州市萧山区衙前农民运动史迹群

杭州市淳安县枫树岭镇下姜村

温州市永嘉县中国工农红军第十三军军部旧址

温州市洞头区先锋女子民兵连纪念馆

湖州市长兴县新四军苏浙军区旧址群

湖州市安吉县天荒坪镇余村村

绍兴市鲁迅故里

衢州市开化县浙西革命斗争纪念馆(浙皖赣省委机关旧址、浙皖特委旧址、新四军集结组编旧址)

台州市大陈岛红色垦荒旧址

2019 年省级旅游风情小镇（第二批）

杭州市：萧山区河上镇、富阳区龙门镇、建德市乾潭镇

宁波市：奉化区溪口镇、余姚市大岚镇、慈溪市鸣鹤古镇

温州市：泰顺县竹里畲族乡、苍南县矾山镇、永嘉县岩头镇

湖州市：安吉县郭吴镇、长兴县小浦镇

嘉兴市：嘉善县大云镇、海宁市黄湾镇

绍兴市：新昌县东茗乡、诸暨市山下湖镇、嵊州市金庭镇

金华市：浦江县郑宅镇、磐安县尖山镇

衢州市：常山县何家乡、衢江区黄坛口乡

舟山市：嵊泗县五龙乡、普陀区桃花镇

台州市：温岭市石塘镇、三门县蛇蟠乡、天台县石梁镇

丽水市：遂昌县王村口镇、龙泉市宝溪乡、松阳县西屏街道

2019 年浙江省白金级民宿

民宿名称	所属地区
鱼儿的家、月亮工坊	杭州市
饮海三湾	宁波市
居云山舍	温州市
三秋美宿、尚庭民宿	湖州市
乌镇谭家栖巷民宿	嘉兴市
雪花谷隐山民宿	绍兴市
秘境梁家山民宿	金华市
金凤凰梧桐苑	衢州市
山乘小墅	舟山市
奢野一宅	台州市
鸣珂里石仓文化民宿	丽水市

浙江省五星级品质旅行社

序号	旅行社名称	地址
1	中国国旅(浙江)国际旅行社有限公司	杭州市上城区金隆花园南区二层商场3号
2	浙江省中国旅行社集团有限公司	杭州上城区光复路200号
3	杭州海外旅游有限公司	杭州市上城区西湖大道239号耀江广厦写字楼3楼
4	浙江海峡国际旅行社有限公司	杭州市上城区凤凰城4号1304室
5	浙江省中国国际旅行社有限公司	杭州市上城区钱江路639号12楼、15楼
6	浙江中山国际旅行社有限责任公司	杭州市上城区延安路135号涌金广场6楼A座
7	浙江捷登旅游有限公司	杭州市拱墅区武林广场29号杭州剧院内2楼
8	浙江新世界国际旅游股份有限公司	杭州市拱墅区凤起路361号国都商务大厦4楼A、B房
9	杭州市中国旅行社集团有限公司	杭州市拱墅区湖墅南路103号百大花园C区701、702、703
10	浙江光大国际旅游有限公司	杭州市西湖区学院路64号集锦饭店6号楼
11	浙江省中青国际旅游有限公司	杭州市西湖区黄龙路5号黄龙恒励大厦3楼
12	杭州国际旅行社有限公司	杭州市西湖区文三路90号东部软件园创新大厦(科技创新基地)B座4楼
13	杭州开元国际旅游有限公司	杭州市萧山区市心南路146号
14	杭州假日国际旅游有限公司	杭州市临平区南苑街道南大街326号21层2101室
15	宁波中国青年旅行社有限公司	宁波市海曙区柳汀街201号
16	浙江飞扬国际旅游集团股份有限公司	宁波市海曙区大沙泥街88号富茂大厦裙楼8—9楼
17	浙江达人旅业股份有限公司	宁波市江北区扬善路36号玛瑙大厦F座9楼
18	宁波康泰国际旅游有限公司	宁波市江北区环城北路东段647号
19	中国国旅(宁波)国际旅行社有限公司	宁波市鄞州区鄞县大道中段1357号503室
20	宁波中国旅行社集团有限公司	宁波市鄞州区天童北路939号
21	宁波中青旅旅游有限公司	宁波市鄞州区中兴路737号天润商座2幢2号4-1、4-2、4-3、4-4
22	宁波浙仑海外旅业集团有限公司	宁波市鄞州区和济街68号
23	温州市精诚国际旅行社有限公司	温州市鹿城区人民东路13号楼华宫大厦9楼
24	温州海外旅游有限公司	温州市鹿城区锦绣路锦城商务楼302、303室
25	温州国旅旅游有限公司	温州市鹿城区锦源路1号商贸楼2楼
26	瑞安市顺达国际旅游服务有限公司	瑞安市万松西路59—60号
27	嘉兴市假日国际旅行社有限公司	嘉兴市南湖区建国中路611号港澳商城E幢308室
28	湖州新国际旅行社有限公司	湖州市吴兴区飞英新村15幢
29	浙江美都旅游有限公司	德清县武康镇五里牌路70号2301室
30	湖州春秋国际旅行社有限公司	湖州市吴兴区飞英待道双马大厦2102室
31	湖州易行旅行服务有限公司	湖州市吴兴区爱山街道富城商楼南区A座403室
32	绍兴海外国际旅行社有限责任公司	绍兴市越城区环城西路438号9—12号
33	浙江三清国际旅游股份有限公司	金华市婺城区五一路666号通园大厦9楼
34	浙江华夏国际旅行社有限公司	台州市椒江区云西路1号601室
35	浙江商务国际旅行社有限公司	台州市路桥区路北管淋村新安西街748—752号
36	浙江假日国际旅行社有限公司	温岭市太平街道三星大道23幢A207室
37	丽水市旅游集散中心有限公司	丽水市莲都区大洋路192号

浙江省博物馆(纪念馆)名录

名称	所属地区	性质	质量等级	是否免费开放	地址
中国丝绸博物馆		文物系统国有博物馆	一级	是	杭州市西湖区玉皇山路 73-1 号
浙江省博物馆(浙江革命历史纪念馆)		文物系统国有博物馆	一级	是	武林馆区(浙江革命历史纪念馆):杭州区拱墅区西湖文化广场 29 号 孤山馆区:杭州市西湖区孤山路 25 号
浙江自然博物院		文物系统国有博物馆	一级	是	杭州馆:杭州市拱墅区朝晖街道西湖文化广场 6 号 安吉馆:安吉县梅园路 1 号
杭州博物馆		文物系统国有博物馆	一级	是	杭州市上城区粮道山 18 号
杭州西湖博物馆(西湖学研究院、杭州西湖风景名胜区档案馆)		文物系统国有博物馆	二级	是	杭州市上城区南山路 89 号
中国茶叶博物馆		文物系统国有博物馆	二级	是	双峰馆区:杭州市西湖区龙井路 88 号 龙井馆区:杭州市西湖区翁家山 268 区
杭州南宋官窑博物馆		文物系统国有博物馆	二级	是	杭州市上城区南复路 60 号
杭州工艺美术博物馆(杭州中国刀剪剑、扇业、伞业博物馆)		文物系统国有博物馆	二级	是	中国扇博物馆:杭州市拱墅区小河路 450 号 杭州工艺美术博物馆:杭州市拱墅区小河路 334 号 中国刀剪剑、中国伞博物馆:杭州市拱墅区小河路 336 号
中国湿地博物馆(杭州西溪研究所)	杭州市	其他行业国有博物馆	二级	是	杭州市西湖区天目山路 402 号
萧山博物馆		文物系统国有博物馆	二级	是	杭州市萧山区北干山南路 651 号
中国江南水乡文化博物馆		文物系统国有博物馆	二级	是	杭州市临平区临平南大街 95 号
胡庆余堂中药博物馆		非国有博物馆	二级	否	杭州市上城区大井巷 95 号
桐庐博物馆		文物系统国有博物馆	三级	是	桐庐县城南街道学圣路 646 号
中国财税博物馆		其他行业国有博物馆	未定级	是	杭州市上城区吴山广场 28 号
中国水利博物馆		其他行业国有博物馆	未定级	是	杭州市萧山区水博大道 1 号
浙江大学考古与艺术博物馆		文物系统国有博物馆	未定级	是	杭州市西湖区余杭塘路 866 号浙江大学紫金港校区内
中国美术学院民艺博物馆		文物系统国有博物馆	未定级	否	杭州市西湖区转塘街道象山路 352 号中国美术学院象山校区内
杭州名人纪念馆(唐云艺术馆)		文物系统国有博物馆	未定级	是	杭州市西湖区南山路 2-1 号
韩美林艺术馆		文物系统国有博物馆	未定级	是	杭州市西湖区桃源岭 3 号
岳飞纪念馆(俞曲园纪念馆)		文物系统国有博物馆	未定级	是	岳飞纪念馆:杭州市西湖区北山路 80 号 俞曲园纪念馆:杭州市西湖区后孤山路 32 号
连横纪念馆		文物系统国有博物馆	未定级	是	杭州市西湖区葛岭路 17 号
浙江辛亥革命纪念馆		文物系统国有博物馆	未定级	是	杭州市西湖区龙井路 138 号
马一浮纪念馆		文物系统国有博物馆	未定级	是	杭州市西湖区杨公堤 10 号花港公园蒋庄内
杭州李叔同纪念馆		文物系统国有博物馆	未定级	是	杭州市西湖区虎跑路 39 号虎跑公园内
杭州孔庙		文物系统国有博物馆	未定级	是	杭州市上城区府学巷 8 号
中国印学博物馆		其他行业国有博物馆	未定级	是	杭州市西湖区孤山后山路 10 号
浙江革命烈士纪念馆		其他行业国有博物馆	未定级	是	杭州市上城区万松岭路 100-1 号
杭州京杭大运河博物馆		文物系统国有博物馆	未定级	是	杭州市拱墅区运河文化广场 1 号
大韩民国临时政府杭州旧址纪念馆		其他行业国有博物馆	未定级	是	杭州市上城区长生路 55 号

续　表

名称	所属地区	性质	质量等级	是否免费开放	地址
"五四宪法"历史资料陈列馆		其他行业国有博物馆	未定级	是	北山街馆区:杭州市西湖区北山街 84 号 栖霞岭馆区:杭州市西湖区栖霞岭 54 号
西湖博览会博物馆		其他行业国有博物馆	未定级	是	杭州市西湖区北山路 41—42 号
钱塘江大桥纪念馆		其他行业国有博物馆	未定级	是	杭州市西湖区之江路 6 号
潘天寿纪念馆		其他行业国有博物馆	未定级	是	杭州市上城区南山路 212 号
浙江中医药博物馆		其他行业国有博物馆	未定级	是	杭州市滨江区滨文路 548 号
浙江旅游博物馆		其他行业国有博物馆	未定级	是	杭州市萧山区耕文路 399 号
龚自珍纪念馆		文物系统国有博物馆	未定级	是	杭州市上城区马坡巷 16 号
浙商博物馆		其他行业国有博物馆	未定级	是	杭州市西湖区教工路 149 号
良渚博物院		文物系统国有博物馆	未定级	是	杭州市余杭区美丽洲路 1 号
杭州市余杭章太炎故居纪念馆(杭州市余杭区章太炎研究中心)		文物系统国有博物馆	未定级	是	杭州市余杭区仓前街道仓前塘路 59 号
杭州市萧山跨湖桥遗址博物馆		文物系统国有博物馆	未定级	是	杭州市萧山区湘湖路 978 号
中国工农红军北上抗日先遣队纪念馆		其他行业国有博物馆	未定级	是	淳安县中洲镇厦山村泰夏自然村 1-1 号
叶浅予艺术馆		文物系统国有博物馆	未定级	是	桐庐县大奇山路 519 号
杭州万事利丝绸文化博物馆	杭州市	非国有博物馆	未定级	是	杭州市上城区天城路 68 号万事利科技大厦 B 座 3 楼
杭州高氏照相机博物馆		非国有博物馆	未定级	是	鉴定部:杭州市拱北永和坊 7 幢 1 楼 陈列部:杭州市拱墅区陆家坞 111 号
杭州南宋钱币博物馆		非国有博物馆	未定级	是	杭州市上城区酱园弄 12 号
杭州大光明眼镜博物馆		非国有博物馆	未定级	是	杭州市上城区延安路 238 号大光明眼镜
杭州华夏紫砂博物馆		非国有博物馆	未定级	是	杭州市上城区长生路 58 号西湖国贸中心 622 室
杭州笕桥抗战纪念馆		非国有博物馆	未定级	是	杭州市上城区机场路 250 号
杭州江南锡器博物馆		非国有博物馆	未定级	是	杭州市上城区机场路 250 号 6 幢 2 楼
马寅初纪念馆		非国有博物馆	未定级	是	杭州市拱墅区庆春路 210 号
杭州世界钱币博物馆		非国有博物馆	未定级	是	杭州市上城区景昙路 9 号西子国际 A 座 31 楼
杭州土火斋古陶瓷博物馆		非国有博物馆	未定级	是	杭州市上城区杭海路 1191 号
杭州西湖本山龙井茶叶博物馆		非国有博物馆	未定级	是	杭州市西湖区云栖路 7 号
浙江安贤生命博物馆		非国有博物馆	未定级	是	杭州市拱墅区半山临半路 181 号
浙江淳德中医药博物馆		非国有博物馆	未定级	是	杭州市上城区中山南路 453 号
浙江朱炳仁铜雕艺术博物馆		非国有博物馆	未定级	是	杭州市上城区河坊街 207—221 号
杭州江南明清古建筑博物馆		非国有博物馆	未定级	是	杭州市余杭区访溪路 38 号西溪国家湿地公园内
杭州西湖丝绸文化博物馆		非国有博物馆	未定级	是	杭州市西湖区梅岭南路梵村感应桥 1 号
杭州余杭禹昊博物馆		非国有博物馆	未定级	是	杭州市余杭区塘栖镇塘栖路 146 号
杭州市萧山区吴越历史文书博物馆		非国有博物馆	未定级	是	杭州市萧山区湘湖路 47 号
杭州市萧山区开运通宝民俗博物馆		非国有博物馆	未定级	是	杭州市萧山区潘水路山水苑 34-9 号
杭州市萧山区东沙农耕博物馆		非国有博物馆	未定级	是	杭州市萧山区瓜沥(坎山)纵五路 8 号
杭州市萧山区天福龟鳖博物馆		非国有博物馆	未定级	是	杭州市萧山区通惠北路 35 号
杭州市萧山区梦娜斯酒文化博物馆		非国有博物馆	未定级	是	杭州市萧山区河上镇凤坞村梦娜斯庄园 1 号楼
杭州市余杭区颉德文化博物馆		非国有博物馆	未定级	是	杭州市余杭区南苑街道世纪大道 652 号
淳安千岛湖自然博物馆		非国有博物馆	未定级	是	淳安县千岛湖镇梦姑路 158 号

名称	所属地区	性质	质量等级	是否免费开放	地址
杭州市萧山区湘湖吴越古文化博物馆	杭州市	非国有博物馆	未定级	是	杭州市萧山区北干山南路 453 号
浙江省现代陶瓷艺术博物馆		非国有博物馆	未定级	是	杭州市萧山区湘湖旅游度假区眉山路湘湖陶瓷艺术岛
杭州西湖龙井茶博物馆		非国有博物馆	未定级	是	杭州市西湖区龙坞茶镇九街 33 号
杭州海塘遗址博物馆		文物系统国有博物馆	未定级	是	杭州市上城区九睦路 109 号阿里体育中心 1 楼
杭州市临安区昌化鸡血石博物馆		其他行业国有博物馆	未定级	是	杭州市临安区锦城街道苕溪南路 11 号
临安博物馆		文物系统国有博物馆	未定级	是	杭州市临安区锦城街道天目路 800 号
淳安博物馆		文物系统国有博物馆	未定级	是	淳安县千岛湖镇青溪新城珍珠一路 113 号
富阳博物馆		文物系统国有博物馆	未定级	是	杭州市富阳区江滨西大道 159 号富春山馆内
宁波博物馆	宁波市	文物系统国有博物馆	一级	是	宁波市鄞州区首南中路 1000 号
宁波市天一阁博物馆		文物系统国有博物馆	二级	否	宁波市海曙区天一街 10 号
宁波帮博物馆		文物系统国有博物馆	二级	是	宁波市镇海区思源路 225 号
宁波中国港口博物馆		文物系统国有博物馆	二级	是	宁波市北仑区春晓街道港博路 6 号
宁波市保国寺古建筑博物馆		文物系统国有博物馆	二级	否	宁波市江北区洪塘街道鞍山村安东 49 号
河姆渡遗址博物馆		文物系统国有博物馆	二级	是	余姚市河姆渡镇浪墅桥村
余姚博物馆		文物系统国有博物馆	二级	是	余姚市舜水南路 1 号
浙东海事民俗博物馆		文物系统国有博物馆	三级	否	宁波市鄞州区江东北路 156 号
宁海县十里红妆博物馆		非国有博物馆	三级	是	宁海县徐霞客大道 1 号
柔石故居		文物系统国有博物馆	三级	是	宁海县跃龙街道柔石路 1 号
慈溪市博物馆		文物系统国有博物馆	三级	是	慈溪市科技路 909 号
镇海口海防历史纪念馆		文物系统国有博物馆	三级	是	宁波市镇海区招宝山路 10 号
溪口博物馆		文物系统国有博物馆	三级	是	宁波市奉化区溪口镇武岭西路 159 号
宁海县江南民间艺术馆		非国有博物馆	未定级	是	宁海县大佳何镇大佳何村
宁海县海洋生物博物馆		非国有博物馆	未定级	是	宁海县强蛟镇振兴东路 83 号
宁海环球海洋古船博物馆		非国有博物馆	未定级	是	宁海县强蛟镇新兴街 63 号
宁海县得心坊艺术馆		非国有博物馆	未定级	是	宁海县胡陈乡东张村
宁海东方艺术造像博物馆		非国有博物馆	未定级	是	宁海县跃龙街道外环西路 369 号
宁海县许家山石文化展示馆		非国有博物馆	未定级	是	宁海县茶院乡许家山
王锡桐起义遗址		文物系统国有博物馆	未定级	是	宁海县跃龙街道桃源南路 20 号
潘天寿故居		文物系统国有博物馆	未定级	是	宁海县桃源街道冠庄村
宁波市海曙区婚俗博物馆		非国有博物馆	未定级	是	宁波市海曙区石源路 410 号
宁波市海曙区居家博物园		非国有博物馆	未定级	是	宁波市海曙区高桥镇民乐村
宁波市海曙区王升大粮油工艺博物馆		非国有博物馆	未定级	是	宁波市海曙区高桥镇新庄村
宁波市海曙区赵大有宁式糕点博物馆		非国有博物馆	未定级	是	宁波市海曙区联丰中路 499 号
宁波市海曙区知青博物馆		非国有博物馆	未定级	是	宁波市海曙区横街镇乌岩许家
宁波市海曙区耕泽石刻博物馆		非国有博物馆	未定级	是	宁波市海曙区高桥镇岐阳村下边 1 号
宁波市海曙区黄古林草编博物馆		非国有博物馆	未定级	是	宁波市海曙区鄞县大道古林段 312 号
宁波市海曙区鱼文化博物馆		非国有博物馆	未定级	是	宁波市海曙区鄞江镇悬慈村鲍家墈 293 号
张苍水纪念馆		文物系统国有博物馆	未定级	是	宁波市海曙区苍水街 194 号
开明街鼠疫灾难陈列馆		文物系统国有博物馆	未定级	是	宁波市海曙区华楼巷 15 号天一广场党员服务中心 2 楼
大革命时期中共宁波地委旧址纪念馆		文物系统国有博物馆	未定级	是	宁波市解放南路 206 弄 17 号
鄞州革命烈士纪念馆		文物系统国有博物馆	未定级	是	宁波市海曙区章水镇通远路 1022 号
慈溪市东方博物馆		非国有博物馆	未定级	是	慈溪市孙塘南路南段 382 号
慈溪市吴越青瓷博物馆		非国有博物馆	未定级	是	慈溪市桥头镇五丰村周塘路 860 号

续　表

名称	所属地区	性质	质量等级	是否免费开放	地址
慈溪越韵陈列馆		非国有博物馆	未定级	是	慈溪市匡堰镇王家埭村南路 1 号
慈溪市赵府檀艺博物馆		非国有博物馆	未定级	是	慈溪市天元镇天潭路 86 号
慈溪市东方红像章博物馆		非国有博物馆	未定级	是	慈溪市横河镇秦堰村秦堰桥北区 5 号
慈溪市上林湖越窑青瓷博物馆		非国有博物馆	未定级	是	慈溪市新浦镇老街路 389 号
慈溪市上林遗风博物馆		非国有博物馆	未定级	是	慈溪市浒山街道世纪花园 21 号
慈溪市徐福红木博物馆		非国有博物馆	未定级	是	慈溪市龙山镇范市工业开发区湖滨北路 26 号
浙江中立古陶瓷博物馆		非国有博物馆	未定级	是	慈溪市古塘街道坎墩大道 155 号
慈溪市珍丽民俗博物馆		非国有博物馆	未定级	是	慈溪市白沙路街道三北大街 2323—2327 号
浙海关旧址博物馆		文物系统国有博物馆	未定级	是	宁波市江北区中马路 542 号
宁波服装博物馆		文物系统国有博物馆	未定级	是	宁波市鄞州区下应街道天工路蓝海巷 80 号
沙孟海书学院		文物系统国有博物馆	未定级	是	宁波市鄞州区钱湖东路 99 号
周尧昆虫博物馆		文物系统国有博物馆	未定级	是	宁波市鄞州区日丽西路 336 号
鄞州滨海博物馆		其他行业国有博物馆	未定级	是	宁波市鄞州区合兴路 188 号
宁波市鄞州区朱金漆木雕艺术馆		非国有博物馆	未定级	是	宁波市鄞州区横溪镇横溪村上街
宁波市鄞州区千工甬式家具博物馆		非国有博物馆	未定级	是	宁波市鄞州区邱隘镇人民南路 200 号
宁波市鄞州区甬宝斋锡镴器熨斗博物馆		非国有博物馆	未定级	是	宁波市鄞州区潘火街道潘火桥村蔡氏祠内
宁波市鄞州区沧海农耕博物馆		非国有博物馆	未定级	是	宁波市鄞州区首南街道桃江村
浙江华茂艺术教育博物馆	宁波市	非国有博物馆	未定级	是	宁波市鄞州区鄞县大道中段 2 号（华茂外国语学校内）
宁波鄞州陶瓷文化艺术馆		非国有博物馆	未定级	是	宁波市鄞州区云龙镇云莫路 88 号
鄞州区雪菜博物馆		非国有博物馆	未定级	是	宁波市鄞州区鄞县大道东吴段 58 号
宁波市鄞州区插花艺术馆		非国有博物馆	未定级	是	宁波市鄞州区天工路蓝海巷 58 号
宁波市鄞州紫林坊艺术馆		非国有博物馆	未定级	是	宁波市鄞州区日丽中路 666 号
宁波市鄞州区地质宝藏博物馆		非国有博物馆	未定级	是	宁波市鄞州区天童南路 2365 号五楼 509
宁波市鄞州区金银彩绣艺术馆		非国有博物馆	未定级	是	宁波市鄞州区启明路 818 号创新 128 园区 9 幢 68 号
象山县博物馆		文物系统国有博物馆	未定级	是	象山县丹东街道新华路 279 号
象山德和根艺美术馆		非国有博物馆	未定级	是	象山县丹东街道湖滨路 101 号
象山县才华剪纸博物馆		非国有博物馆	未定级	是	象山县东陈乡樟岙村伊兰山脚
象山县大旸博物馆		非国有博物馆	未定级	是	象山县丹东街道新华路 269 号
奉化历史文物陈列馆		文物系统国有博物馆	未定级	是	宁波市奉化区体育场路 56 号
王康乐艺术馆		其他行业国有博物馆	未定级	是	宁波市奉化区溪口镇溪南路 270 号
宁波市奉化区民间中医药博物馆		非国有博物馆	未定级	是	宁波市奉化区莼湖镇漂溪村
宁波市奉化区布袋弥勒博物馆		非国有博物馆	未定级	是	宁波市奉化区锦屏街道中塔路 12 号
浙东革命根据地纪念馆		文物系统国有博物馆	未定级	是	余姚市梁弄镇横坎头村
中国农机博物馆		其他行业国有博物馆	未定级	是	余姚市马渚镇渚北路 36 号
中国浙东越窑青瓷博物馆		非国有博物馆	未定级	是	余姚市梁弄镇高南村宋家岙
余姚市看云楼科举文化博物馆		非国有博物馆	未定级	是	余姚市泗门镇望安路 14 号成之庄
余姚市四明山书画院		非国有博物馆	未定级	是	余姚市大岚镇丹山路 1 号
余姚市寿宝斋工艺藏品博物馆		非国有博物馆	未定级	是	余姚市城区丰山路 358 号 4 楼
余姚市金桥奇石艺术馆		非国有博物馆	未定级	是	余姚市舜宇路 84 号
东钱湖民俗文化艺术馆		非国有博物馆	未定级	是	宁波市鄞州区钱东湖镇钱湖人家三期 96 幢
余姚市大呈博物馆		非国有博物馆	未定级	是	余姚市梁辉开发区中兴路 1 号
宁波市千峰越窑青瓷博物馆		非国有博物馆	未定级	是	宁波市鄞州区下应街道湾底村西江古村民国老街 D 区

名称	所属地区	性质	质量等级	是否免费开放	地址
温州博物馆		文物系统国有博物馆	一级	是	温州市鹿城区市府路 491 号
乐清市博物馆		文物系统国有博物馆	三级	是	乐清市晨曦路 299 号
瑞安博物馆		文物系统国有博物馆	三级	是	瑞安市嘉宁路 23 号
温州市龙湾区文博馆		文物系统国有博物馆	未定级	是	温州市龙湾区机场大道 501 号
瓯海博物馆		文物系统国有博物馆	未定级	是	温州市瓯海区行政管理中心 10 号楼
平阳县博物馆		文物系统国有博物馆	未定级	是	平阳县昆阳镇西城下南路 8 号
苏步青励志教育馆		文物系统国有博物馆	未定级	是	平阳县腾蛟镇腾带村励志路 8 号
苍南博物馆		文物系统国有博物馆	未定级	是	苍南县灵溪镇车站大道 563—583 号
泰顺县博物馆		文物系统国有博物馆	未定级	是	泰顺县罗阳镇文祥一路科技文化中心 4 楼
文成博物馆		文物系统国有博物馆	未定级	是	文成县文青路 1 号
温州市文天祥祠纪念馆		文物系统国有博物馆	未定级	是	温州市鹿城区江心屿公园东首
温州教育史馆		其他行业国有博物馆	未定级	是	温州市鹿城区松台街道胜昔桥路 54 号
洞头先锋女子民兵连纪念馆		其他行业国有博物馆	未定级	是	温州市洞头区北岙街道海霞村
永嘉红十三军军部旧址纪念馆		其他行业国有博物馆	未定级	是	永嘉县岩头镇五尺村
平阳县闽浙边抗日救亡干部学校纪念馆		其他行业国有博物馆	未定级	是	平阳县山门镇凤岭村
中共浙江省一大陈列馆		其他行业国有博物馆	未定级	是	平阳县凤卧镇凤林村
平阳县烈士纪念馆		其他行业国有博物馆	未定级	是	平阳县昆阳镇昆鳌路 275 号
温州龙湾区永昌博物馆	温州市	非国有博物馆	未定级	是	温州市龙湾区永中街道新城村王氏宗祠
白水民俗博物馆		非国有博物馆	未定级	是	温州市龙湾区永中街道天柱路 211—223 号
温州市维日康树贤艺术博物馆		非国有博物馆	未定级	是	温州市瓯海区森茂路 28 号
温州市洞头区东海贝雕艺术博物馆		其他行业国有博物馆	未定级	是	温州市洞头区南塘工业区九亩丘海创园
温州金洲动物博物馆		非国有博物馆	未定级	是	温州市洞头区灵昆街道双昆村龙昌路西 100 米
瑞安市季月泉纪念馆		非国有博物馆	未定级	是	瑞安市莘塍街道仙甲季村
瑞安市叶适纪念馆		非国有博物馆	未定级	是	瑞安市莘塍东街 446 号
瑞安市隆山知青纪念馆		非国有博物馆	未定级	是	瑞安市瑞光大道隆山公园南入口门楼
雷高升烈士纪念馆		非国有博物馆	未定级	是	瑞安市马屿镇后岸村
瑞安市杨衒里博物馆		非国有博物馆	未定级	是	瑞安市安阳路安庆小区 7 幢 102 室
瑞安市叶茂钱收藏馆		非国有博物馆	未定级	是	瑞安市公园路 84 号
瑞安市陈傅良纪念馆		非国有博物馆	未定级	是	瑞安市塘下镇陈宅村
肇平垟革命纪念馆		非国有博物馆	未定级	是	瑞安市塘下镇肇平垟中村
瑞安市瑞祥堂青铜镜收藏馆		非国有博物馆	未定级	是	瑞安市沿江西路 500 号
瑞安市抗美援朝历史教育馆		非国有博物馆	未定级	是	瑞安市烈士陵园内
瑞安市维加斯服装文化博物馆		非国有博物馆	未定级	是	瑞安市经济开发区三路 588 号
温州市采成蓝夹缬博物馆		非国有博物馆	未定级	是	瑞安市马屿镇净水村
苍南县鹅峰古籍馆		非国有博物馆	未定级	是	苍南县桥墩镇古树村 181 号
苍南县天韵奇石博物馆		非国有博物馆	未定级	是	苍南县藻溪镇建光村
苍南县碗窑博物馆		非国有博物馆	未定级	是	苍南县桥墩镇碗窑村
温州矾矿博物馆		非国有博物馆	未定级	是	苍南县矾山镇八一路 38 号
苍南县刘基文化博物馆		非国有博物馆	未定级	是	苍南县莒溪镇桥南村
永嘉县吴超征烈士纪念馆		非国有博物馆	未定级	是	永嘉县桥下镇韩埠村
永嘉瓯渠民俗博物馆		非国有博物馆	未定级	是	永嘉县金溪镇瓯渠村
温州尊越瓯菜博物馆		非国有博物馆	未定级	是	温州市瓯海区南白象镇头陀寺 4 号
温州市红欣盆景艺术博物馆		非国有博物馆	未定级	是	温州市黎明东路山下前巷 59 号
温州叶同仁中医药博物馆		其他行业国有博物馆	未定级	是	温州市瓯江路望江公园

续　表

名称	所属地区	性质	质量等级	是否免费开放	地址
湖州博物馆		文物系统国有博物馆	二级	是	湖州市吴兴区仁皇山街道吴兴路 1 号
德清博物馆		文物系统国有博物馆	三级	是	德清县武康街道云岫南路 7 号
吴昌硕纪念馆		文物系统国有博物馆	三级	是	安吉县昌硕街道安吉大道 2 号
长兴太湖博物馆		文物系统国有博物馆	三级	是	长兴县太湖街道中央大道 1 号
长兴县新四军苏浙军区纪念馆		文物系统国有博物馆	三级	是	长兴县煤山镇温塘村 55-1 号
湖州市南浔区徐迟文学馆		非国有博物馆	未定级	是	湖州市南浔区南浔镇园林路 98 号南浔文园内
湖州市南浔区姚珠珠舞蹈艺术博物馆		非国有博物馆	未定级	是	湖州市南浔区南浔镇园林路 98 号南浔文园内
湖州市南浔区红军长征追踪馆		非国有博物馆	未定级	是	湖州市南浔区南浔镇园林路 98 号南浔文园内
湖州市南浔区辑里湖丝博物馆		非国有博物馆	未定级	是	湖州市南浔区南浔镇辑里村 20 号
湖州菰城博物馆		非国有博物馆	未定级	是	湖州市吴兴区乌盆巷 1 弄 3 号
湖州瑞一历史文物博物馆		非国有博物馆	未定级	是	湖州市吴兴区太湖路 259—273 号
湖州知青博物馆		非国有博物馆	未定级	是	湖州市吴兴区妙西镇鸟之家庄园内
湖州太湖古木艺术博物馆		非国有博物馆	未定级	否	湖州太湖旅游度假区内
湖州太湖船模馆	湖州市	非国有博物馆	未定级	是	湖州市吴兴区红门馆前 106—108 号
湖州德泰恒博物馆		非国有博物馆	未定级	是	湖州市吴兴区衣裳街历史文化街区吉安巷 1 号
湖州谭建丞艺术馆		非国有博物馆	未定级	是	湖州市吴兴区田盛街 263 号
中国湖笔博物馆		其他行业国有博物馆	未定级	否	湖州市吴兴区莲花庄路 258 号
德清县莫干山陆有仁中草药博物馆		非国有博物馆	未定级	是	德清县舞阳街道舞阳街 1001 号
德清县蛇文化馆		非国有博物馆	未定级	是	德清县新市镇子思桥村
德清县莫干山艺术邮票馆		非国有博物馆	未定级	是	德清县莫干山镇黄郛西路 48 号
德清水样年华婚俗文化艺术馆		非国有博物馆	未定级	是	德清县舞阳街道舞阳街 939—969 号
德清桃花庄艺术博物馆		非国有博物馆	未定级	是	德清县阜溪街道临溪街 778 号
德清县欧诗漫珍珠博物院		非国有博物馆	未定级	是	德清县珍珠街 9 号
安吉县博物馆（诸乐三艺术馆）		文物系统国有博物馆	未定级	是	安吉县递铺镇东庄路 2 号
中国竹子博物馆		其他行业国有博物馆	未定级	否	安吉县中国竹子博览园内
春山收藏馆		非国有博物馆	未定级	是	安吉县中国竹子博览园内
和也睡眠文化博物馆		非国有博物馆	未定级	是	安吉县阳光工业园二区光竹山路 77 号
永裕现代竹产业生态博物馆		非国有博物馆	未定级	是	安吉孝丰竹产业园区内
安吉上张山民文化生态博物馆		非国有博物馆	未定级	是	安吉县报福镇上张村
长兴金钉子地质博物馆		其他行业国有博物馆	未定级	否	长兴县煤山镇新槐村葆青山麓
长兴一品堂雕刻博物馆		非国有博物馆	未定级	是	长兴县雉城街道太平洋商贸城 15 幢 25 号
长兴浙北古人类生活博物馆		非国有博物馆	未定级	是	长兴县和平镇中央广场 168 号
湖州通灵奇石艺术博物馆		非国有博物馆	未定级	是	湖州市吴兴妙西镇龙山村柳佳村 188 号
嘉兴博物馆（马家浜文化博物馆）		文物系统国有博物馆	二级	是	嘉兴博物馆：嘉兴市南湖区海盐塘路 485 号 马家浜文化博物馆：嘉兴市南湖区马家浜路 297 号
南湖革命纪念馆		其他行业国有博物馆	二级	是	嘉兴市南湖区烟雨路 186 号
平湖李叔同纪念馆	嘉兴市	文物系统国有博物馆	三级	是	平湖市当湖街道叔同路 29 号叔同公园内
平湖市莫氏庄园陈列馆		文物系统国有博物馆	三级	否	平湖市当湖街道人民西路 39 号
海盐县博物馆		文物系统国有博物馆	三级	是	海盐县武原街道新桥北路 122 号
海宁博物馆		文物系统国有博物馆	三级	是	海宁市西山路 542 号
桐乡市博物馆		文物系统国有博物馆	三级	是	桐乡市环园路 399 号
茅盾纪念馆		文物系统国有博物馆	三级	是	桐乡市乌镇镇观前街 17 号

名称	所属地区	性质	质量等级	是否免费开放	地址
君匋艺术院	嘉兴市	文物系统国有博物馆	三级	是	桐乡市庆丰南路 59 号
丰子恺纪念馆		文物系统国有博物馆	三级	是	桐乡市石门镇大井弄 1 号
桐乡市钟旭洲钱币艺术博物馆		文物系统国有博物馆	三级	是	桐乡市环园路 399 号
嘉兴美术馆（嘉兴市蒲华美术馆、嘉兴画院）		文物系统国有博物馆	未定级	是	嘉兴市南湖区中和街 28 号
嘉兴船文化博物馆		其他行业国有博物馆	未定级	是	嘉兴市南湖区栅堰路 278 号
嘉兴地方党史陈列馆		其他行业国有博物馆	未定级	是	嘉兴市秀洲区新塍镇蓬莱路 506 号
嘉兴毛泽东像章书画展览馆		非国有博物馆	未定级	是	嘉兴市南湖区海盐塘路 201 号
嘉兴五四文化博物馆		非国有博物馆	未定级	是	嘉兴市南湖区新文化广场文博楼 2 楼
嘉兴邮电博物馆		其他行业国有博物馆	未定级	是	嘉兴市南湖区环城东路 508 号
嘉兴电力博物馆		其他行业国有博物馆	未定级	是	嘉兴市南湖区环城西路 671 号
浙江东方地质博物馆		非国有博物馆	未定级	是	嘉兴市南湖区广益路 555 号国际中港城 5 楼
嘉兴丝绸博物馆		非国有博物馆	未定级	是	嘉兴市秀洲区中山西路 2710 号嘉欣丝绸工业园内
嘉兴市影上摄影史料馆		非国有博物馆	未定级	是	嘉兴市南湖区农翔路 805 号
嘉兴粽子文化博物馆		非国有博物馆	未定级	是	嘉兴市南湖区中基路 35 号
嘉善县博物馆		文物系统国有博物馆	未定级	是	嘉善县阳光东路 178 号
嘉善县吴镇纪念馆		文物系统国有博物馆	未定级	是	嘉善县花园路 178 号
嘉善县孙道临电影艺术馆		文物系统国有博物馆	未定级	是	嘉善县罗星街道嘉善大道 1 号
陆维钊书画院		文物系统国有博物馆	未定级	是	平湖市当湖街道乐园路 80—136 号
吴一峰艺术馆		文物系统国有博物馆	未定级	是	平湖市当湖街道当湖路 161 号当湖公园内
平湖博物馆		文物系统国有博物馆	未定级	是	平湖市当湖街道新华南路 999 号
张乐平纪念馆		其他行业国有博物馆	未定级	是	嘉兴市海盐县文昌东路 10 号
钱君匋艺术研究馆		文物系统国有博物馆	未定级	是	海宁市硖石街道西山路 493 号
海宁市张宗祥书画院		文物系统国有博物馆	未定级	是	海宁市仓基街 41 号
徐邦达艺术馆		文物系统国有博物馆	未定级	是	海宁市建设路 122 号
海宁谢氏艺术收藏馆		非国有博物馆	未定级	是	海宁市西山路 1000 号
海宁市晴雨楼藏砚馆		非国有博物馆	未定级	是	海宁市盐官镇古邑路 1 号海宁盐官观潮景区盐官古城内
绍兴博物馆	绍兴市	文物系统国有博物馆	二级	是	绍兴市越城区偏门直街 75 号
鲁迅纪念馆		文物系统国有博物馆	二级	是	绍兴市越城区鲁迅中路 235 号
上虞博物馆		文物系统国有博物馆	二级	是	绍兴市上虞人民中路 228 号
诸暨市博物馆		文物系统国有博物馆	三级	是	诸暨市东一路 18 号
越剧博物馆		文物系统国有博物馆	三级	是	嵊州市百步街 8 号
陆游纪念馆		其他行业国有博物馆	未定级	否	绍兴市越城区延安路 439 号
绍兴周恩来纪念馆		文物系统国有博物馆	未定级	是	绍兴市越城区劳动路 369 号
兰亭书法博物馆		其他行业国有博物馆	未定级	否	绍兴市柯桥区兰亭镇兰亭景区内
柯桥区博物馆		文物系统国有博物馆	未定级	是	绍兴市柯桥区明珠路 398 号
新昌博物馆		文物系统国有博物馆	未定级	是	新昌县鼓山西路 130 号
绍兴美术馆		非国有博物馆	未定级	是	绍兴市越城区城市广场 22 号
绍兴市越龙钱币博物馆		非国有博物馆	未定级	是	绍兴市越城区笔飞弄 7 号钱业会馆内
绍兴市荷湖乡土文化博物馆		非国有博物馆	未定级	是	绍兴市越城区斗门街道荷湖村
绍兴市石语堂玉石文化博物馆		非国有博物馆	未定级	是	绍兴市越城区东浦街道运河园内
绍兴市会稽金石博物馆		非国有博物馆	未定级	是	绍兴市越城区鉴湖镇坡塘小学西
绍兴市华脉书画博物馆		非国有博物馆	未定级	否	绍兴市越城区越西路 237 号

续　表

名称	所属地区	性质	质量等级	是否免费开放	地址
绍兴市镜湖湿地自然科学博物馆	绍兴市	非国有博物馆	未定级	否	绍兴市越城区群贤中路镜湖湿地儿童乐园内
中国酱文化博物馆		非国有博物馆	未定级	是	绍兴市柯桥区平水镇新桥村
绍兴市越中艺术博物馆		非国有博物馆	未定级	是	绍兴市柯桥区大香林景区内兜率天宫2楼
浙江中鑫艺术博物馆		非国有博物馆	未定级	是	绍兴市上虞区舜耕大道518号
诸暨市裕昌号民间艺术馆		非国有博物馆	未定级	是	诸暨市东白湖镇斯宅村160号
新昌县天姥中医博物馆		非国有博物馆	未定级	是	新昌县七星街道中柴路2号
新昌江南博物馆		非国有博物馆	未定级	是	新昌县七星街道浙江江南名茶市场B8幢2001号
绍兴汉生根雕艺术馆		非国有博物馆	未定级	是	绍兴市东浦街道环北路1号
绍兴市戴葆庭钱币文化博物馆		非国有博物馆	未定级	是	绍兴市越城区树下王路15号水街壹号文创园3号楼
永康博物馆	金华市	文物系统国有博物馆	二级	是	永康市文博路1号
东阳博物馆(中国木雕博物馆)		文物系统国有博物馆	三级	是	东阳博物馆:东阳市城南东路77号 中国木雕博物馆:东阳市世贸大道180号
兰溪市博物馆		文物系统国有博物馆	三级	是	兰溪市兰江街道横山路11号
浦江博物馆		文物系统国有博物馆	三级	是	浦江县浦阳街道新华东路68号
潘絜兹艺术馆		其他行业国有博物馆	未定级	是	武义县柳城畲族镇龙山公园内
艾青纪念馆		文物系统国有博物馆	未定级	是	金华市婺城区婺江东路248号
金华市婺城区婺江艺品博物馆(原金华婺州博物馆)		非国有博物馆	未定级	是	金华市婺城区白龙桥镇叶店村文化街2号
何氏三杰陈列馆		其他行业国有博物馆	未定级	是	金华市婺城区东市街66号
金华市博物馆		文物系统国有博物馆	未定级	是	金华市婺城区东市北街128号
金华市剪纸博物馆		非国有博物馆	未定级	是	金华市婺城区东市街50号
金华市木版年画博物馆		非国有博物馆	未定级	是	金华市金东区塘雅镇盘龙山庄内
金华满堂书画博物馆		非国有博物馆	未定级	是	金华市婺城区飘萍路98号
台湾义勇队纪念馆		其他行业国有博物馆	未定级	是	金华市婺城区酒坊巷84号
太平天国侍王府纪念馆		文物系统国有博物馆	未定级	是	金华市婺城区鼓楼里70号
金华市图书馆(严济慈纪念馆)		文物系统国有博物馆	未定级	是	金华市婺城区永康街288号
严军艺术馆		文物系统国有博物馆	未定级	是	金华市婺城区熙春巷39号
叶一苇艺术馆		文物系统国有博物馆	未定级	是	武义县武川中路18号
吴远谋绘画陈列馆		文物系统国有博物馆	未定级	是	武义县武川中路18号
吴有发绘画陈展馆		文物系统国有博物馆	未定级	是	武义县武川中路18号
磐安茶文化博物馆		文物系统国有博物馆	未定级	是	金华市磐安县玉山镇马塘村
吴茀之纪念馆		文物系统国有博物馆	未定级	是	浦江县书画街5号
浦江民间工艺博物馆		非国有博物馆	未定级	是	浦江县江滨西路15号
义乌市博物馆		文物系统国有博物馆	未定级	是	义乌市城中北路126号
永康市五金博物馆		其他行业国有博物馆	未定级	是	永康市五湖路1号
浙江林炎古陶瓷博物馆		非国有博物馆	未定级	是	永康市武义巷50号
永康市一原锡雕博物馆		非国有博物馆	未定级	是	永康市金山西路金山大厦25楼
永康市神雕铜文化博物馆		非国有博物馆	未定级	是	永康市望春东路172号
永康市知新博物馆		非国有博物馆	未定级	是	永康市紫薇中路138号
金华市南科古生物博物馆		非国有博物馆	未定级	是	永康市东城街道丽州中路20号
武义博物馆		文物系统国有博物馆	未定级	是	武义县温泉北路以东芳华路北侧地块
衢州博物馆	衢州市	文物系统国有博物馆	二级	是	衢州市柯城区新桥街98号
江山博物馆		文物系统国有博物馆	三级	是	江山市鹿溪北路297号
龙游县博物馆		文物系统国有博物馆	未定级	是	龙游县宝塔路46号
衢州市雅趣黄蜡石博物馆		非国有博物馆	未定级	是	衢州市迎和中路165—169、171—175号

名称	所属地区	性质	质量等级	是否免费开放	地址
舟山博物馆	舟山市	文物系统国有博物馆	三级	是	舟山市定海区海天大道 610 号海洋文化艺术中心内
舟山市徐正国博物馆		非国有博物馆	未定级	是	舟山市定海区环城南路 453 号
舟山市观音佛像美术馆		非国有博物馆	未定级	是	舟山市定海区人民北路 89 号
马岙博物馆		其他行业国有博物馆	未定级	是	舟山市定海区马岙街道白马街 199 号
舟山名人馆		其他行业国有博物馆	未定级	是	舟山市定海区总府路 132 号
舟山鸦片战争纪念馆		其他行业国有博物馆	未定级	是	舟山市定海区竹山公园内
舟山市莲花洋陨石博物馆		非国有博物馆	未定级	是	舟山市定海区监城街道融信·新新家园 18 幢 104 室
普陀博物馆		文物系统国有博物馆	未定级	是	舟山市普陀区沈家门街道缪家塘路 60 号
普陀五匠博物馆		非国有博物馆	未定级	是	舟山市普陀区展茅街道干施岙村中横路 1 号
岱山县海洋文化博物馆（中国台风博物馆、中国海洋渔业博物馆、中国海防博物馆、中国盐业博物馆、中国灯塔博物馆、中国岛礁博物馆）		其他行业国有博物馆	未定级	是	中国灯塔博物馆:岱山县高亭镇竹屿新区长剑大道 201 号 中国台风博物馆:岱山县东沙镇拷门大坝 中国海洋渔业博物馆:岱山县东沙镇解放路 203 号 中国海防博物馆:岱山县岱东镇黄嘴头 中国盐业博物馆:岱山县岱西镇万亩盐田 中国岛礁博物馆岱山县长涂镇铁登山
岱山县海曙综艺珍藏馆		非国有博物馆	未定级	是	岱山县高亭镇银舟公寓 14 幢
舟山市妙有堂艺术馆		非国有博物馆	未定级	是	舟山市定海区临城街道海月道 36 号
舟山平和民间文化博物馆		非国有博物馆	未定级	是	舟山市普陀区朱家尖月岙村
舟山瀛洲民间博物馆		非国有博物馆	未定级	是	舟山市定海区临城街道金岛路 153—155 号
台州博物馆	台州市	文物系统国有博物馆	未定级	是	台州市椒江区爱华路 168 号
台州刺绣博物馆		非国有博物馆	未定级	是	台州市椒江区前所街道椒北大街 20 号
台州心海书画艺术博物馆		非国有博物馆	未定级	是	台州市市府大道西段 2 号
椒江博物馆		文物系统国有博物馆	未定级	是	台州市椒江区海门老街 87 号
戚继光纪念馆		文物系统国有博物馆	未定级	是	台州市椒江区戚继光路 100 号
一江山岛登陆战纪念馆		其他行业国有博物馆	未定级	是	台州市椒江区青年路 518 号
黄岩博物馆		文物系统国有博物馆	未定级	是	台州市黄岩区二环南路 288 号
台州市黄岩区永宁书画博物馆		非国有博物馆	未定级	是	台州市黄岩区黄轴路 159 号
台州市黄岩区虔存艺术博物馆		非国有博物馆	未定级	是	台州市黄岩区头陀镇小里灰村
台州市黄岩区老俞民俗博物馆		非国有博物馆	未定级	是	台州市黄岩区宁溪镇乌岩头村
台州市路桥区博物馆		文物系统国有博物馆	未定级	是	台州市路桥区樱花路 505 号
三门县博物馆		文物系统国有博物馆	未定级	是	三门县玉城路 8 号
亭旁起义纪念馆		文物系统国有博物馆	未定级	是	三门县亭旁镇亭山路 55 号
浙江启明博物馆		非国有博物馆	未定级	是	三门县朝晖路 71 号
三门县高天祥艺术馆		非国有博物馆	未定级	是	三门县健跳镇大冲村
三门县章一山纪念馆		非国有博物馆	未定级	是	三门县朝晖路 8 号
天台博物馆		文物系统国有博物馆	未定级	是	天台县赤城街道国清路 333 号
天台山民俗博物馆		非国有博物馆	未定级	是	天台县始丰街道云锦路 199 号
仙居县委旧址纪念馆		文物系统国有博物馆	未定级	是	仙居县上张乡姚岸村
仙居竺梅枕文化博物馆		非国有博物馆	未定级	是	仙居县安洲街道艺城中路 11 号
王伯敏艺术史学馆		文物系统国有博物馆	未定级	是	温岭市太平街道锦屏南路 60 号
台州永红珍珠博物馆		非国有博物馆	未定级	是	温岭市城市新区中心大道 688 号

名称	所属地区	性质	质量等级	是否免费开放	地址
温岭市赵大佑纪念馆	台州市	非国有博物馆	未定级	是	温岭市大溪镇桥里村中心路 899 号
温岭市滨海革命纪念馆		非国有博物馆	未定级	是	温岭市滨海镇新北村
玉环市龙山民俗博物馆		非国有博物馆	未定级	是	玉环市玉城街道外马道村
临海市博物馆		文物系统国有博物馆	未定级	是	临海市临海大道 288 号
临海市郑广文纪念馆		文物系统国有博物馆	未定级	是	临海市古城街道望天台路 24 号
临海市兰文化博物馆		非国有博物馆	未定级	是	临海市古城街道紫砂岙路九畹兰花专业合作社
临海市梦宝来民俗博物馆		非国有博物馆	未定级	是	临海市江南长城望江门平海楼
台州府城刺绣博物馆		非国有博物馆	未定级	是	临海市古城街道天宁路 29 号
台州府城民俗博物馆		非国有博物馆	未定级	是	临海市古城街道灵江长塘岸村 1-1 号
临海市府城灯具博物馆		非国有博物馆	未定级	是	临海市古城街道灵江长塘岸村 1-1 号
临海市羊岩山文化博物馆		非国有博物馆	未定级	是	临海市河头镇羊岩茶文化园内
台州电影博物馆		非国有博物馆	未定级	是	临海市绿化路与柏叶路东北角(大洋影城内)
临海市洞港青年农场文博馆		非国有博物馆	未定级	是	临海市桃渚镇洞港青年农场内
张秀娟剪纸博物馆		非国有博物馆	未定级	是	临海市紫阳街 82 号
浙江省珠算协会国华珠算博物馆		非国有博物馆	未定级	是	临海市深甫西路 117 号
临海市永丰农耕文化博物馆		非国有博物馆	未定级	是	临海市永丰镇下塘园村
临海市老将军书画博物馆		非国有博物馆	未定级	是	临海市大洋街道柳堤 1 号
台州市吴子熊水晶艺术博物馆		非国有博物馆	未定级	是	台州市椒江区中心大道 398 号
台州市同康酒文化博物馆		非国有博物馆	未定级	是	台州市椒江区东海大道东段 989 号
临海市于至楼庭院艺术博物馆		非国有博物馆	未定级	是	临海市邵家渡街道邵牛东路 129 号
台州市台绣刺绣博物馆		非国有博物馆	未定级	是	台州市椒江区云西路 157—173 号
天台和合博物馆		非国有博物馆	未定级	是	天台县赤城街道国清路 102 号
丽水市博物馆	丽水市	文物系统国有博物馆	二级	是	丽水市莲都区大猷街 30 号
龙泉市博物馆(龙泉青瓷博物馆、龙泉宝剑博物馆)		文物系统国有博物馆	三级	是	龙泉青瓷博物馆:龙泉市剑川大道 256 号　龙泉宝剑博物馆:龙泉市公园路 1 号九姑山
中国庆元香菇博物馆		文物系统国有博物馆	三级	是	庆元县咏归路 6 号
缙云博物馆(李震坚艺术馆)		文物系统国有博物馆	三级	是	缙云县黄龙路 140 号
中国畲族博物馆		文物系统国有博物馆	三级	是	景宁畲族自治县人民南路 350 号
丽水摄影博物馆		其他行业国有博物馆	未定级	是	丽水市莲都区括苍路 583 号
丽水市处州青瓷博物馆		非国有博物馆	未定级	是	丽水市莲都区丽水学院东校区 15 栋 1 楼
丽水市处州三宝博物馆		非国有博物馆	未定级	是	丽水市莲都区中山街北 1—9 号
青田县石雕博物馆		其他行业国有博物馆	未定级	是	青田县瓯南街道江南大道 136-6 号
云和县匠心博物馆		非国有博物馆	未定级	是	云和县城西路 68-8 号
庆元县廊桥博物馆		文物系统国有博物馆	未定级	是	庆元县石龙街 1-1 号
遂昌汤显祖纪念馆		文物系统国有博物馆	未定级	是	遂昌县北街四弄 12 号
遂昌竹炭博物馆		非国有博物馆	未定级	是	遂昌县上江工业园区炭缘路 1 号
遂昌民俗博物馆		非国有博物馆	未定级	是	遂昌县水阁路 428 号
松阳博物馆		文物系统国有博物馆	未定级	是	松阳县西屏街道吴家山脚 1 号
景宁畲族自治县晓琴畲族民间陈列馆		非国有博物馆	未定级	是	景宁畲族自治县人民中路 211 号
景宁畲族自治县畲银博物馆		非国有博物馆	未定级	是	景宁畲族自治县鹤溪北路廊桥旁四合院
浙江紫竹艺术博物馆		非国有博物馆	未定级	是	龙泉市青瓷文化创意基地 17 号地块

浙江省文化和旅游机构简址

机构名称	地址	邮编	主要负责人
浙江省文化和旅游厅	杭州市西湖区曙光路 53 号	310013	褚子育
浙江省文物局	杭州市拱墅区教场路 26 号	310006	柳　河
浙江音乐学院	杭州市西湖区转塘街道浙音路 1 号	310012	王　瑞
浙江旅游职业学院	杭州市萧山区高教园区	311231	杜兰晓
浙江艺术职业学院	杭州市滨江区滨文路 518 号	310053	黄杭娟
中国丝绸博物馆	杭州市西湖区玉皇山路 73-1 号	310002	赵　丰
浙江图书馆	杭州市西湖区曙光路 73 号	310007	褚树青
浙江省文化馆	杭州市下城区武林路 71 号	310006	顾　炯
浙江美术馆	杭州市西湖区南山路 138 号	310002	应金飞
浙江省博物馆	杭州市西湖区孤山路 25 号	310007	陈水华
浙江自然博物院	杭州市拱墅区西湖文化广场 6 号	310014	严洪明
浙江省文物考古研究所	杭州市西湖区教工路 71 号	310014	刘　斌
浙江省非物质文化遗产保护中心	杭州市西湖区石函路 1 号	310007	郭　艺
浙江京昆艺术中心	杭州市西湖区曙光路 53 号	310002	翁国生
浙江小百花越剧院	杭州市西湖文化广场 C 区 8 号	310014	王滨梅
浙江交响乐团	杭州市西湖区转塘街道浙音路 1 号 浙江音乐学院音乐厅 5 楼	310006	郭义江
浙江省文化和旅游宣传推广信息中心	浙江省杭州市西湖区西溪商务大厦 4 楼	310063	林仁状
浙江省文物鉴定站 （国家文物进出境审核浙江管理处）	杭州市拱墅区教场路 26 号	310006	黄　斌
浙江演艺集团有限责任公司	杭州市拱墅区桥弄街 399 号运河大居室 3 层	310013	王文龙
浙江省古建筑设计研究院	杭州市文二西路 808 号西溪壹号 4 号楼	310030	卢远征
杭州市文化广电旅游局	杭州市上城区解放东路 18 号市民中心 A 座 7—9 楼	310026	楼俶捷
上城区文化和广电旅游体育局	杭州市上城区望潮 77 号东楼 14 层	310002	张　敏
下城区文化和广电旅游体育局	杭州市原下城区东晖路 101 号	310014	高晓岚
江干区文化和广电旅游体育局	杭州市原江干区庆春东路 1 号江干区政府综合楼南 6 楼	310016	余梅芳
拱墅区文化和广电旅游体育局	杭州市拱墅区北城街 55 号人防大厦 A 座 13 层	310015	张路红
西湖区文化和广电旅游体育局	杭州市西湖区古墩路 413-1 号	310012	裴国英
滨江区社会发展局	杭州市滨江区春晓路 580 号	310051	吕林青
萧山区文化和广电旅游体育局	杭州市萧山区市心中路 958 号	311202	陆佳伟

机构名称	地址	邮编	主要负责人
余杭区文化和广电旅游体育局	杭州市原余杭区东湖南路 52-2 号华源综合楼	311199	何军芳
富阳区文化和广电旅游体育局	杭州市富阳区鹿山街道江滨西大道 358 号区文化中心 A 座	311407	夏朝明
临安区文化和广电旅游体育局	杭州市临安区锦城街道钱王街 28 号职工之家 13—14 楼	311300	凌 理
建德市文化和广电旅游体育局	建德市新安江街道国信路 166 号	311600	龚 鑫
桐庐县文化和广电旅游体育局	桐庐县城南街道白云源路 1388 号	311500	雷启迪
淳安县文化和广电旅游体育局	淳安县千岛湖镇排岭南路 32 号	311700	方必盛
宁波市文化广电旅游局	宁波市鄞州区宁东路 835 号行政中心 9 号楼	315151	王 程
海曙区文化和广电旅游体育局	宁波市海曙区解放北路 148 号新金穗大楼 A 座	315099	郭 波
江北区文化广电旅游局	宁波市江北区江北大道 1 号深悦广场 7 号楼 5 楼	315020	周朝辉
镇海区文化和广电旅游体育局	宁波市镇海区沿江东路 618 号	315299	阮一心
北仑区文化和广电旅游体育局	宁波市北仑区四明山路 700 号太河商务楼 7 楼	315899	蔡建萍
鄞州区文化和广电旅游体育局	宁波市鄞州区惠风东路 568 号	315145	王力波
奉化区文化和广电旅游体育局	宁波市奉化区大成路 2 号城市文化中心	315599	柳一兵
余姚市文化和广电旅游体育局	余姚市谭家岭东路 2 号南雷大厦	315400	杨玉红
慈溪市文化和广电旅游体育局	慈溪市浒山街道新城大道北路 99 号	315300	房伟迪
宁海县文化和广电旅游体育局	宁海县桃源街道南畈路 5 号桃源大厦 B 座	315600	林仙菊
象山县文化和广电旅游体育局	象山县天安路 999 号南部新城商务楼 3 号楼	315709	陈淑萍
温州市文化广电旅游局	温州市鹿城区市府路 500 号市行政管理中心 6 楼、19 楼	325000	朱云华
鹿城区文化和广电旅游体育局	温州市鹿城区江滨西路怡浦园 2 幢 2 楼	325000	戴海波
龙湾区文化和广电旅游体育局	温州市龙湾区永中街道龙康路 91 号	325011	林新林
瓯海区文化和广电旅游体育局	温州市瓯海区娄桥街道瓯海区行政管理中心 3 号楼	325000	沈显武
洞头区文化和广电旅游体育局	温州市洞头区北岙街道通港路 2 号海洋渔业大楼	325700	郑雪园
乐清市文化和广电旅游体育局	乐清市行政管理中心 3 楼 A 区 A321	325600	徐晓斌
瑞安市文化和广电旅游体育局	瑞安市万松东路 178 号安阳大厦 21 楼	325200	陈 健
永嘉县文化和广电旅游体育局	永嘉县北城街道县前路 94 号县行政中心主楼 4 楼	325100	潘教勤
文成县文化和广电旅游体育局	文成县大峃镇文青路 1 号文化中心 6 楼	325300	王孟森
平阳县文化和广电旅游体育局	平阳县昆阳镇天来巷 8 号	325400	王扎艇
泰顺县文化和广电旅游体育局	泰顺县罗阳镇新城大道 117 号行政审批中心 9 楼	325500	赖立军
苍南县文化和广电旅游体育局	苍南县灵溪镇人民大道 555 号行政中心 3 楼	325800	林天望
湖州市文化广电旅游局	湖州市吴兴区安吉路 299 号	313000	楼 婷
吴兴区文化和广电旅游体育局	湖州市吴兴区八里店镇西山社区南区 58 幢	313000	蔡滨斌
南浔区文化和广电旅游体育局	湖州市南浔区南浔镇向阳路 601 号南浔区图书馆 3 楼	313009	周光宇
德清县文化和广电旅游体育局	德清县武康街道千秋东街 1 号县行政中心 B 座 8 楼	313200	朱海平
长兴县文化和广电旅游体育局	长兴县雉城街道锦乡路 8 号行政服务中心 D 座 5—6 楼	303100	何杰雄

机构名称	地址	邮编	主要负责人
安吉县文化和广电旅游体育局	安吉县天目路 389 号体育健身中心大楼	313300	彭忠心
嘉兴市文化广电旅游局	嘉兴市南湖区中山东路 922 号	314001	张　硕
南湖区文化和旅游局	嘉兴市南湖区湘溪路 22 号第二行政中心 10 楼	314021	步伟军
秀洲区文化和旅游局	嘉兴市秀洲区大德路 368 号	314031	沈晓珍
嘉善县文化和广电旅游体育局	嘉善县罗星街道钱家汇 8 号	314100	董铭勤
平湖市文化和广电旅游体育局	平湖市当湖街道胜利路 380 号	314200	吴东伟
海盐县文化和广电旅游体育局	海盐县武原街道中兴路 9 号	314300	张　妩
海宁市文化和广电旅游体育局	海宁市海州西路 226 号行政中心 2 号楼 3 楼	314400	张国华
桐乡市文化和广电旅游体育局	桐乡市梧桐街道环园路 578 号	314500	李新荣
绍兴市文化广电旅游局	绍兴市越城区洋江西路 530 号	312000	何俊杰
越城区文化广电旅游局	绍兴市越城区胜利东路 600 号迪荡综合服务大楼 11 楼	312000	杨嵩巍
柯桥区文化广电旅游局	绍兴市柯桥区柯桥街道百花路 1 号	312030	鲁立新
上虞区文化广电旅游局	绍兴市上虞区百官街道市民大道二路 1 号 5 楼	312300	王忠良
诸暨市文化广电旅游局	诸暨市东二路 39 号	311800	何永钢
嵊州市文化广电旅游局	嵊州市剡湖街道官河路 528 号	312400	汪正浩
新昌县文化广电旅游局	新昌县七星街道坎头村茶壶峧自然村 39 号	312500	高雪军
金华市文化广电旅游局	金华市婺城区丹溪路 1388 号财富大厦 23 楼	321017	方宪文
婺城区文化和旅游体育局	金华市婺城区宾虹西路 2666 号	321013	周文虎
金东区文化和旅游局	金华市金东区兰台街 33 号	321017	方伟红
兰溪市文化和广电旅游体育局	兰溪市振兴路 500 号企业服务中心 13 楼	321102	张　靓
东阳市文化和广电旅游体育局	东阳市江滨北街 18 号市政府东楼 2 楼	322103	马景斌
义乌市文化和广电旅游体育局	义乌市南门街 302 号	322099	王东升
永康市文化和广电旅游体育局	永康市金城路 15 号质监大楼 5 楼	321300	徐广涛
浦江县文化和广电旅游体育局	浦江县浦阳街道人民北路 38 号	322299	张国樟
武义县文化和广电旅游体育局	武义县壶山街道北岭四路 10 号	321299	董三军
磐安县文化和广电旅游体育局	磐安县安文街道壶厅西路 133 号	322399	陈　辉
衢州市文化广电旅游局	衢州市柯城区仙霞路 27 号	324003	周红燕
柯城区文化和旅游体育局	衢州市柯城区荷花西路 109 号柯城区行政中心 12 楼	324002	姜建铃
衢江区文化和广电旅游体育局	衢州市衢江区求真路 525 号	324022	杜莹莹
江山市文化广电旅游局	江山市南门路 1 号	324199	姜淑芬
龙游县文化和广电旅游体育局	龙游县文化东路 536 号	324400	严建军
常山县文化和广电旅游体育局	常山县文峰东路 115 号	324299	邹伟良
开化县文化和广电旅游体育局	开化县城关镇江滨南路 10 号	324300	金树明
舟山市文化和广电旅游体育局	舟山市海天大道 681 号市行政中心 2 号楼	316021	曹　泓

续 表

机构名称	地址	邮编	主要负责人
定海区文化和广电旅游体育局	舟山市定海区港务码头 1 号港务大厦 12 楼	316002	孙艳青
普陀区文化和广电旅游体育局	舟山市普陀区东港街道昌正街 169 号东港商务中心 3 号楼西 1 至 3 楼	316100	蔡敏波
岱山县文化和广电旅游体育局	岱山县高亭镇兰秀大道 481 号	316299	李仲仪
嵊泗县文化和广电旅游体育局	嵊泗县菜园镇望海路 265 号海景大厦 9—10 楼	202450	金飞珍
台州市文化和广电旅游体育局	台州市椒江区白云山南路 323 号	318001	吕振兴
椒江区文化和广电旅游体育局	台州市椒江区星明路 9 号 3—4 楼	318001	李先供
黄岩区文化和广电旅游体育局	台州市黄岩区行政大楼 15 楼	318020	叶慧洁
路桥区文化和广电旅游体育局	台州市路桥区财富大道 999 号	318053	姜金宇
临海市文化和广电旅游体育局	临海市临海大道(中)401 号	317000	王荣杰
温岭市文化和广电旅游体育局	温岭市太平街道方城路 58 号老市政府 2 幢	317500	李东飞
玉环市文化和广电旅游体育局	玉环市玉城街三潭路 1 号科技文化艺术中心	317600	舒建秋
天台县文化和广电旅游体育局	天台县始丰街道济公大道 80 号	317299	蒋朝永
仙居县文化和广电旅游体育局	仙居县安洲街道上林湾 55 号 3 号楼	317399	王牡丹
三门县文化和广电旅游体育局	三门县广场路 18 号县行政中心	317100	戴 峥
丽水市文化和广电旅游体育局	丽水市莲都区寿尔福北路 6 号	323020	徐兼明
莲都区文化和广电旅游体育局	丽水市莲都区解放街 288 号 5 楼	323604	蒋 嬿
龙泉市文化和广电旅游体育局	龙泉市中山东路 114 号移办大楼	323700	胡武海
青田县文化和广电旅游体育局	青田县鹤城街道新大街 58 号	323909	徐啸放
云和县文化和广电旅游体育局	云和县车站路 28 号	323699	朱振华
庆元县文化和广电旅游体育局	庆元县云鹤路 24 号	323800	叶其娇
缙云县文化和广电旅游体育局	缙云县黄龙路 48 号广电大楼	321400	施德金
遂昌县文化和广电旅游体育局	遂昌县古院新区兴文路 1 号遂昌县图书馆 4 楼	323399	叶孔贤
松阳县文化和广电旅游体育局	松阳县西屏街道白露岭路 29 号	323401	叶云宽
景宁畲族自治县文化和广电旅游体育局	景宁畲族自治县人民中路 171 号	323599	蓝利明

索引

ZHEJIANG CULTURE AND TOURISM YEARBOOK

索　引